I0818517

תורה כפשוטה

ספר שמות

הקדשת המחבר

לזכר

מרדכי חיים אמויאל הי"ד

וכל גיבורי ישראל

שחירפו חייהם על קידוש השם, על מולדתנו ועל ביטחון עמנו
אורם מאיר את חיינו לעולם

אליהו עסיס

שמות

Elie Assis
The Profound Peshat: Exodus

אליהו עסיס
תורה כפשוטה: ספר שמות

עורך אחראי: ראובן ציגלר
עורכת ראשית: אוריה מבורך
עורכת משנה: אפרת גרוס
עריכה לשונית: משה גרוס, שמואל מרצבך
הגהה: אביעד יחיאלי
עימוד: רינה בן גל
תמונת עטיפה: שמואל לעסרי

ספרי מגיד, הוצאת קורן
ת"ד 4044 ירושלים 9104001
טל': 02-6330530 פקס: 02-6330534

office@korenpub.com
www.korenpub.co.il

ISBN 978-965-526-383-1 מסת"ב10

Printed in Israel 2025 נדפס בישראל

This series is dedicated to our parents

Marjorie and Sammy Salem

Whose love for family, Torah and Israel inspire us always.
Our love for Tanach is to your credit.

חַכְמוֹת נָשִׁים בָּנְתָה בֵיתָהּ
(משלי יד, א)

וְזֹרֵעַ צְדָקָה שֶׂכֶר אֱמֶת
(משלי יא, יח)

With love and appreciation,
your children and grandchildren

Sefer Shemot is dedicated to our son

Sammy Salem

יום טוב סלם

May you continue to deepen your love for Torah,
and your genuine care for others

כִּי טוֹב־יוֹם בַּחֲצֵרֶיךָ מֵאָלֶף
(תהילים פד, יא)

Love,
Mommy and Daddy

תוכן העניינים

חלק א

חלק ב: ביאור

שמות

וארא

בא

בשלח

יתרו

משפטים

תרומה

תצוה

כי תישא

ויקהל

פקודי

מבוא

מבוא

המבנה של הספר ומשמעותו

ספר שמות הוא ספר מכונן בתולדות ימי ישראל וביחסי ה' וישראל כעם. סיפור היווצרות העם כעם ה', וכינון יחסי הברית בין ה' לישראל בספר שמות הוא התשתית של תולדות האומה במקרא כולו.

הספר עוסק בשני נושאים: הנושא הראשון הוא שעבוד ישראל במצרים והצלת ה' אותם משם לאחר שהכה מכה גדולה במצרים. הנושא השני הוא כריתת ברית בין ה' לישראל, המחייבת את ישראל לקבל את ה' כאלוה ולשמור את מצוותיו. מנגד, ה' יקבל את ישראל כעמו וישכון בקרבם, ולשם כך בונים ישראל משכן לנוכחות ה'. על פי ההבחנה בין שני נושאיו של הספר, הוא נחלק לשני חלקים:[1]

א', א – ט"ו, כא – שעבוד ישראל למצרים, המכות של ה' במצרים והגאולה של ישראל.

ט"ז, כב – מ', לח – הברית בין ישראל לה', העם מקבל את סמכותו של ה', ה' שוכן בקרב ישראל

לשני החלקים מבנה עומק משותף. לאחר תיאור השעבוד, ה' מצהיר שיושיע את ישראל ממצרים (ב', כד-כה; ו', ב-ח). הוא שולח את משה אל העם על מנת שיקבלו זאת והעם מקבלו (ד', לא). אך יש סיבוך בעלילה: בעקבות המפגש עם משה, פרעה מקשה את עבודת ישראל עוד יותר, ונוצר קרע בין העם למשה (ה', א-כג). החלק הזה מסתיים במימוש הבטחתו של ה' ובכך שישראל ראו את גודלו של ה' ונפלאותיו (י"ד, ל-לא). לאחר כריתת הברית, גם בחלק השני מופיעה הצהרה שה' שישכון בקרב ישראל (כ"ה, ח). ה' שולח את משה לצוות על ישראל שיתרמו לבניית המשכן ויבנו אותו. אך העלילה מסתבכת, ובעוד משה על ההר, חוטא העם בחטא העגל (ל"ב, א-ו). החטא מוביל לנתק עם ה', אך לאחר השתדלות של משה לאחות את הקרע, ה' מוכן לחדש את הברית עִם העַם. העם בונה את המשכן, ובסופו של חלק זה ישראל רואים שה' שוכן בתוכם (מ', לח). שני חלקי הספר עוסקים בהכרת ה': בחלק הראשון המצרים עוברים תהליך על מנת להכיר בה' (ז', ה; ז', יז; ח', ו; ח', יח; ט', יד, טז, כט; י', ט), וגם ישראל מכירים את ה', דרך מעשיו בהכאת מצרים (ו', א; י', ב; י"א, ז; ט"ז, ז, יב). בשיא הסיפור, בנס על הים, המצרים מגיעים להכרה זו במלואה (י"ד, יח, כה), וישראל

רואים את ידו הגדולה של ה׳ ומאמינים בו (י״ד, ל). בחלק השני, ישראל רואים את כבוד ה׳ באמצעות התגלותו ושכינתו בקרבם (כ׳, טו; כ״ד, י, יז; מ׳, לח).

החלק הראשון נפתח בשעבוד של העם למצרים. עיקר הסיפור הוא העימות בין ה׳ לפרעה, שבו ה׳ מנחית על פרעה מכות קשות ומביא את פרעה ואת ישראל להכיר בגדלותו. ישראל יוצאים ממצרים, אך פרעה רודף אחריהם. העימות בין פרעה, שרואה עצמו ריבון של העם, ובין ה׳, המבקש להציל את העם, מגיע לעימות חזיתי בים סוף, ובו ה׳ מכריע את המצרים ומטביע אותם בים. חלק זה מסתיים בשירת ישראל לה׳ על גדלותו. הראיה החזקה ביותר לכך שפרק ט״ו חותם את החלק הראשון היא שפרעה מופיע לאורך כל החלק הזה עד מפלתו. בשירת הים ישראל שרים על מפלתו, ומכאן ואילך אין הוא מופיע יותר. חלק זה מדגיש את כוחו הבלעדי של ה׳, והדבר בא לידי ביטוי מול מפלתו של פרעה מלך מצרים, רב הכוח והעוצמה בעולם. יציאת מצרים איננה נובעת מתפיסה הומנית של שחרור לשם חירותם של ישראל מתוך חמלה על מצבם בלבד. יציאת מצרים באה להראות את כוחו של ה׳ ואת גדלותו, ולממש את הבטחתו לאבות, הבטחת הזרע והארץ, לפיה ה׳ ייקח את העם לו לאומה נבחרת ויביאם לארץ הנבחרת.[2]

החלק השני של הספר כולל את המסע לסיני לשם כריתת ברית עם ה׳, לפיה ישראל מתחייבים לשמור את מצוות ה׳, וה׳ ייקח את ישראל לו לעם נבחר וישכון בתוכם. חלק זה מתחיל במסע של ישראל מים סוף ועד סיני (ט״ז-י״ח). במסע זה ה׳ מספק את צורכי העם, מצווה מצוות שונות ובוחן את העם האם הוא יכול לעמוד בחלקו בברית לשמור מצוותיו. מנגד, העם בוחן את ה׳ האם הוא בקרבו. זהו שלב הגישושים לפני כריתת הברית. משה מכין את העם לקראת כריתת ברית עם ה׳, והעם מביע נכונות ראשונית לקבלת הברית. במהלך התגלות מרשימה של ה׳ לישראל בהר סיני, הוא משמיע את עשרת הדיברות, ושאר המשפטים שומע משה מה׳ ומעביר אותם לעם. העם מקבל את הדרישות של ה׳ ונכרתת ברית ביניהם (כ״ד). משה עולה שוב להר כדי לקבל את לוחות הברית, שם הוא שומע מה׳ באופן מפורט ציוויים לבניית משכן, שבו ישכן ה׳ ובו יתוועד ה׳ עם משה. אלא שבירידתו מההר, משה רואה שהעם חטא בחטא העגל. הוא שובר את הלוחות, דבר המבטא את שבירת הברית שבין ישראל לה׳. משה פועל כדי לתקן את הברית עם ה׳, ולאחר שה׳ מתרצה, שוב עולה משה להר כדי לקבל את הלוחות השניים. משה מעביר לעם את ההוראות של בניית המשכן. המשכן נבנה, משה מעמיד את המשכן, ואז בהתגלות נוספת, המזכירה את ההתגלות של ה׳ בהר סיני, ה׳ שוכן בתוך המשכן.

הספר עוסק אפוא בשני נושאים מרכזיים: חלקו הראשון עוסק בגדלותו של ה׳ המתגלית בהכאה של ה׳ את מצרים והוצאת ישראל ממצרים. חלקו השני הוא סיפור כריתת הברית בין ה׳ לישראל, שבה ישראל מתחייבים לשמור את מצוות ה׳ וה׳ שוכן בתוכם.

בחלק הראשון של הספר, העם משועבד לפרעה ועובד אותו. לאחר שהשתחרר ממנו, העם נכנס לברית עם ה׳ ומתחייב לעשות את רצונו. בחלק השני של הספר, הקשר בינו לבין החלק הראשון מתבהר: אלה שני צדדים של אותו מטבע. בחלק הראשון ישראל היו ״שייכים״

למצרים. הם היו עבדים למצרים, וחיו במצרים. בחלק הראשון ה׳ מושיע את ישראל מיד מצרים, מכה במצרים ומוציא את ישראל למדבר. עם הברית בסיני, ה׳ בוחר בישראל להיות לו לעם. החלק השני עוסק במהות הקשר בין ישראל לה׳. העם בוחר את ה׳ להיות לו לאלוהים ולציית לו, ובונה לה׳ משכן שבו ה׳ ישכון.

שירת הים, החותמת את החלק הראשון, כוללת את שני המוטיבים האלה. בחלקה הראשון של השירה, הדגש העיקרי הוא על כוח ה׳, כסיכום של החלק הראשון של הספר. חלקה השני של השירה עוסק בהבאת ה׳ את ישראל לארץ ובהשכנת ה׳ בתוך ישראל. נושא זה קשור לחלקו השני של הספר העוסק במשכן ובשכינת ה׳ במשכן.[3]

ספר שמות בהקשר של התורה

ספר שמות הוא הספר השני של ספרי התורה. ספר בראשית מספר את סיפורם של אבות האומה, להם מבטיח ה׳ כמה פעמים שצאצאיהם יהיו עם גדול והוא ייתן להם את ארץ כנען (י״ב, ז, יד-יז; י״ז, ז-ח; כ״ו, ג-ד; כ״ח, יג-טו; ל״ה, יא-יב; מ״ח, ד). ספר שמות הוא תחילת המימוש של הבטחות ה׳: הספר נפתח בתיאור העם כעם רב (א׳, ז), ובהמשך מסופר כיצד ה׳ גואל את ישראל ממצרים על מנת להביא אותם לארץ כנען. בבראשית ה׳ כורת ברית עם אברהם (בראשית י״ז, א-יז) ובשמות ה׳ כורת ברית עם העם (כ״ד, א-יא).

ספר שמות ממשיך את הסיפור של יוסף בספר בראשית. בסיפור יוסף מסופר על מכירתו למצרים, ואחר כך על הצטרפות כל משפחתו, בת שבעים נפש, ליוסף במצרים (בראשית מ״ו). ספר שמות מתחיל בדיווח על ירידת משפחת ישראל למצרים והפיכת העם לגוי גדול ממשפחה אחת (א׳, ד-ז). בבראשית מסופר שמשפחת יעקב ישבה בארץ גושן (מ״ה, י; מ״ו, כח-כט, לד; מ״ז, א, ד, ו, כז; נ׳, ח), ובספר שמות גם כן נאמר שישראל ישבו בחבל ארץ זה (ח׳, יח; ט׳, כו). הסיפור של שעבוד ישראל במצרים הוא התממשות דברי ה׳ לאברהם בספר בראשית שכך יהיה (בראשית ט״ו, יג). במהלך ספר שמות חוזר מספר פעמים המסר לפיו הישועה של ה׳ היא מימוש של הבטחתו לאבות (ב׳, כד; ג׳, טז-יז; ו׳, ה; י״ג, ה, יא). ספר שמות הוא תחילת המימוש של הבטחת ה׳ לאבות כי ישראל יקבלו את הארץ, וביציאה ממצרים ה׳ מצהיר שהיציאה הזו היא שלב אחד בדרך להבאת ישראל לארץ המובטחת, שאותה ייתן להם (ו׳, ד-ח).

ספר שמות הוא גם המשך של סיפור הבריאה בבראשית א׳. בראשית א׳ מתאר את הבריאה בשישה ימים, וביום השביעי ה׳ עצר ממלאכה, בירך את יום השביעי וקידש אותו (בראשית ב׳, ב-ג). בעשרת הדיברות בספר שמות ה׳ מורה לישראל לשבות ביום השביעי, כמעשה ה׳ בבריאת העולם, משום שה׳ בירך את יום השבת וקידש אותו (כ׳, ח-יא). בניית המשכן היא אנלוגית לבריאת העולם, כפי שנבאר בהמשך עמ׳ 568-569. ה׳ כבורא עולם הוא גם אדון עליו ושולט בו. כאדון הטבע הוא מביא פגעי טבע על המצרים, וקורע את הים באמצעות הרוח כדי להעביר את ישראל ביבשה, ואז להטביע את המצרים בים. תיאורים אלה של כוח ה׳ הם המשך לתיאור שה׳ הוא בורא העולם בבראשית.

ספר שמות מסתיים בהתגלות ה׳ באוהל מועד שבתוך ישראל (מ׳, לד-לה), ובספר ויקרא ה׳ קורא למשה (ויקרא א׳, א) ומעביר אליו שורת הלכות הנובעות מכך שמשכן ה׳ בתוכם, הכוללת הלכות בענייני קורבנות והנהגות של טהרה וקדושה, שהן תוצאה של היות ה׳ בקרב ישראל. ספר שמות מסתיים בתיאור הענן על המשכן, המוביל את המסע של עם (מ׳, לו-לח), וספר במדבר מתאר את המסע של העם מסיני ועד בואם אל סף ארץ כנען, בעבר הירדן המזרחי.

בספר בראשית הגיבורים העיקריים של הספר הם האבות ויוסף, ואילו מתחילת ספר שמות עד סופו של ספר דברים, משה הוא הגיבור. משה מלווה את העם החל מהשעבוד של ישראל במצרים בתחילת ספר שמות ועד לבואם לערבות מואב, שם הוא נואם בפניהם נאומים גדולים טרם מותו. סיפור מותו של משה מסיים את ספר דברים ואת התורה כולה.

לצד היות הספר חלק מתיאור רחב המתחיל בספר בראשית ומסתיים בספר דברים, זהו ספר בעל עצמאות רעיונית ייחודית ומובדל משאר ספרי התורה. החלוקה בין הספרים אינה טכנית ולשם נוחות בלבד, אלא היא פועל יוצא של רעיונות המאפיינים כל ספר. בעוד ספר בראשית עוסק באישים יחידים שהם אבות האומה, ספר שמות עוסק כבר מתחילתו בישראל כעם. ספר בראשית עוסק בשאלת הזהות של האבות בהבחנה ממי שאינו כלול בברית, אך בספר שמות הזהות של ישראל כעם מובנת וברורה (גם לפרעה), והשאלה היא אם יקבלו עליהם העם את ה׳. הדבר עולה בשלושה צמתים עיקריים בספר: הראשון, בעת שמשה בא לישראל עם בשורת הגאולה (ד׳, כט-לא; ו׳, ט); השני, בברית בסיני, כאשר העם מוכן לקבל את ה׳ ולקבל את תנאי הברית (כ״ד, ז); והשלישי, לאחר כריתת הברית, בעבודתם את העגל. לאחר הצגת גדולתו של ה׳ במצרים, הספר מתרכז בכריתת ברית בין ה׳ לבין ישראל. זה קורה לאחר התגלות ה׳ לעם בסיני והסכמת העם להיות בברית עם ה׳, כאשר שיאו של הספר בנוכחות ה׳ בקרב ישראל. התפקיד של המשכן בספר שמות הוא מקום השראת ה׳ בקרב ישראל. ספר ויקרא ממשיך את סופו של ספר שמות, אך הוא מתרכז בהשלכות של משכן ה׳ בתוכם מבחינת העם: באפשרויות להקריב במקום זה קורבנות ובצורך לשמור ולהיזהר בקדושה משום שמשכן ה׳ בתוכם. ספר שמות עוסק בעיקר במה ישראל צריכים לעשות כדי להיות בברית עם ה׳, ומה מאפשר או מונע את הברית הזאת, או את נוכחות ה׳ בקרב ישראל. ספר ויקרא מתרכז בחובותיהם של ישראל בשל היות ה׳ בקרבם. אף שהספרים מהווים המשך אחד, עיסוקם שונה באופן מהותי.

בספר שמות מצויות פרשיות רבות שיש להן מקבילות בספר דברים, ואת הדיון במקבילות נערוך בדרך כלל בפירוש לספר דברים.

יציאת מצרים והברית בין ישראל במקרא

יציאת מצרים היא אירוע מכונן המוזכר פעמים רבות במקרא, יותר מכל אירוע אחר.[4] החשיבות של יציאת מצרים היא בהיותו אירוע שחשף את כוחו ואת ריבונותו של ה׳, והוביל ליצירת ברית בין ה׳ לישראל, שעליה מושתת המקרא כולו. סיפור יציאת מצרים הוא סיפור מכונן ביחס המגונן של ה׳ לישראל, שאותו יזכרו ויזכירו העם והנביאים (למשל: שופטים ו׳, יג;

שמ"א י"ב, ח; ישעיה י"א, טו-טז; מ"ג, טז-יח; ירמיה ב', ו; י"א, ג-ה; ל"ב, כ-כא; יחזקאל ט"ז, ח-יג; הושע ב', יז; י"ג, ד; עמוס ב', י-יא; מיכה ז', טו; תהלים ע"ח; ק"ה, קי"ד; קל"ה, ח-ט; קל"ו, י-טז). הסיפורים בספר שמות מהווים גם את הבסיס המחייב של ישראל ללכת בדרך ה', מה שנמצא בתשתית המקרא כולו.

בשל חשיבותו של האירוע, אין להתפלא שנצטוו ישראל לחגוג את יציאת מצרים לדורות ולספר עליה לבנים (י"ב, יז-כ, כד-כז; י"ג, ה-י, יד-טז). ברור אפוא מדוע חוקים רבים קשורים ליציאת מצרים (למשל, פסח ומצות: שמות י"ב, י"ג, ג-י, כ"ג, טו, ל"ד, יח; פסח ושבועות: דברים ט"ז, א-יב; בכור: י"ג, ב, יא-טז; ביכורים: דברים כ"ו, א-יב; יחס לגר, יתום ואלמנה: כ"ב, כ, דברים כ"ד, כ-כב; שבת: דברים ה', טו; הלכות עבד: ויקרא כ"ה, לט-נה; דברים ט"ו, יב-יח; ריבית: ויקרא כ"ה, לה-לח).

ספר שמות הוא ספר מכונן בייסוד היחסים בין ישראל לה', שנכרתו בברית. יחסי הברית מנוסחים במסגרת ההכנות לקראת מעמד הר סיני: "וְעַתָּה אִם שָׁמוֹעַ תִּשְׁמְעוּ בְּקֹלִי וּשְׁמַרְתֶּם אֶת בְּרִיתִי וִהְיִיתֶם לִי סְגֻלָּה מִכָּל הָעַמִּים כִּי לִי כָּל הָאָרֶץ: וְאַתֶּם תִּהְיוּ לִי מַמְלֶכֶת כֹּהֲנִים וְגוֹי קָדוֹשׁ" (י"ט, ה-ו). ה' מנסח את יחסי הברית עוד בטרם יצאו ישראל ממצרים: "וְלָקַחְתִּי אֶתְכֶם לִי לְעָם וְהָיִיתִי לָכֶם לֵאלֹהִים" (ו', ז). המקרא כולו מבוסס על יחסי הברית האלה, ועל כן במקורות רבים יחסי הברית מנוסחים באופן דומה להופעתם בספר שמות: למשל: ויקרא כ', כו; כ"ו, יב; שמ"ב ז', כד; מל"ב י"א, יז; ירמיה ז', כג; י"א, ד; כ"ד, ז; ל', כב; ל"א, א, לג; יחזקאל י"ד, יא; ל"ו, כח; ל"ז, כג, כז; ל"ח, כו-כח; הושע א', ט; זכריה ב', טו; ח', ח.

מתן תורה במדבר

התורה ניתנה במדבר, האם זה מכוון ומשמעותי?[5] האם יש משמעות לכך שה' לא הכניס את העם לארץ ורק אז נתן להם את התורה? לשאלה זו ניתנו הסברים רעיוניים חשובים אך רחוקים מפשוטו של מקרא.[6] ההסבר הפשוט הוא שהכניסה לארץ היא תוצאה של הברית שכרת העַם עִם ה'. הבאת העם לארץ היא חלק מתנאי הברית, שלפיה ה' יהיה אלוהיהם ויביאם לארץ, אבל רק לאחר שייווצרו יחסי ברית בין ה' לישראל. אילולי הסכימו ישראל לקבל את הברית עם ה', הוא לא היה מכניסם לארץ. לכן ייסוד יחסי הברית חייב להתרחש לפני שה' יביא את העם לארץ.

עמים נוצרים מתוך שייכות לאֶרץ ולחברה. ישראל נוצרו מחוץ לארצם, בהיותם עבדים למצרים, אך בעקבות הברית בסיני, הפכו לעם שהוא ישות אתנית מוכרת, ובעל זהות לאומית ודתית נבדלת. הם נכנסים לארץ המבוטחת לאחר שהפכו לעם במדבר, מחוץ לגבולות היישוב. רק לאחר שהעם נוסד, עם מערכת חוקים וסדרי משפט ואמונה דתית, הוא נכנס לארץ. נשים לב שהסדר הרגיל אצל עמים הוא הפוך: קודם יושבים בארץ, ואז נוצרת זהות ותרבות. החריגה הזו בהיווצרות ישראל קשורה במעמד המיוחד והמחייב של העם כעם ה' הנושא תפקיד וייעוד, ואינו חלק מההתפתחות הטבעית של יצירת עמים וחברות בעולם.

אולי נכון גם לומר שהזהות של ישראל במדבר, מחוץ לתחום היישוב, אפשרה לעם להיווצר בוואקום מסוים, ליצור את קשר הברית המחייב עם ה', ובמהלך השהות בסיני להתארגן במבנה חברתי כמתואר בספר במדבר.

התיאור של התקופה הראשונית שבה צמחו ניצני הברית בין ה' לישראל מופיע בכמה מקורות של נביאים: ירמיה ב', ב: "כֹּה אָמַר ה' זָכַרְתִּי לָךְ חֶסֶד נְעוּרַיִךְ אַהֲבַת כְּלוּלֹתָיִךְ לֶכְתֵּךְ אַחֲרַי בַּמִּדְבָּר בְּאֶרֶץ לֹא זְרוּעָה". הושע ב', טז–יז: "לָכֵן הִנֵּה אָנֹכִי מְפַתֶּיהָ וְהֹלַכְתִּיהָ... וְעָנְתָה שָׁמָּה כִּימֵי נְעוּרֶיהָ וּכְיוֹם עֲלֹתָהּ מֵאֶרֶץ מִצְרָיִם". הושע ט', י: "כַּעֲנָבִים בַּמִּדְבָּר מָצָאתִי יִשְׂרָאֵל כְּבִכּוּרָה בִתְאֵנָה בְּרֵאשִׁיתָהּ רָאִיתִי אֲבוֹתֵיכֶם".

היסטוריה וראליה

בשל מרכזיותו של סיפור היציאה ממצרים בהבנת תולדות ישראל, רבים ניסו למצוא עוגנים נוספים לסיפור זה מחוץ למקרא. חוקרים רבים עמדו על שאלות היסטוריות, ועל הראליה הגאוגרפית הקשורות לשעבוד ישראל במצרים, מיקומו של הר סיני, נסיעה במדבר, ועוד שאלות רבות. אולם, מלבד מה שכתוב בתורה ובעשרות מקומות בספרי המקרא, לא נמצאה עדות ישירה בת תקופת מצרים, המזכירה כי בני ישראל היו במצרים או עזבו אותה.[7] כנראה אין להתפלא על כך, שהרי לא היה מקובל במזרח הקדום שמלכים ידברו על כישלונותיהם, ולכן לא מפתיע שפרק זה בתולדות מצרים לא זכה לתיעוד מצרי.[8] ואולי גם האירוע המכונן של ישראל היה בעל חשיבות פחותה יותר אצל המצרים. אין בין החוקרים הסכמה לגבי זהותו של פרעה משעבד ישראל, וכן לא לגבי התקופה אליה יש לייחס את היציאה ממצרים.[9] למרות חוסר המידע המפורש ממקורות חוץ מקראיים, או העדר ממצאים ארכאולוגיים בסיני, קיימות עדויות עקיפות. כך למשל יש עדויות רבות למציאותה של אוכלוסייה שמית שהיגרה למצרים, ויש גם עדויות רבות על שמים שהיו עבדים במצרים.[10] ישנם מקורות מצריים המדברים על עבודת בנייה בלבנים, פפירוס מצרי מציין שפי־רעמסס נבנתה בידי עבדים ששמם עפירו,[11] שזוהו במחקר כעברים,[12] ואף שיש להסתפק בזיהוי זה של עפירו עם העברים, מקורות אלה מספקים רקע למדובר בספר שמות. השם 'ישראל' נזכר לראשונה בכתובת ניצחון של מלך מצרים מרנפתח, בנו של רעמסס השני, באחד ממסעות הניצחון שלו.[13]

נוסף לכך, הרקע של ישראל במצרים עולה מהימצאותן של מילים שאולות ממצרית בספר שמות: כך למשל: אבנט, אחלמה, איפה, אפוד, בד (בשתי המשמעויות בתורה, הן אריג והן מוט), גומא, הין, זפת, זֵר, זרת, חותם, חרטומים, חֵשֶׁב, טבעת, טוטפות, יאור, יעה, כפרת, כתם, לשם, נזר, נפך, סוף, סֹלת, פאר, פטדה, פרעה, קטורת סמים, שש, תולעת, שיטה, שני, תבה, תחרא.[14] לא מעט שמות של ישראלים בספר שמות נושאים שמות מצריים: מררי, מרים, פינחס, חור.[15] ספר שמות מזכיר את שמות המקומות פיתום ורעמסס, שהם שמות ידועים ממצרים. רעמסס הוא שם של מלכים בשושלת ה־19 של מצרים, ומשמעות השם היא 'האל רע הוליד אותו'.[16] משמעותו של פיתום הוא 'בית של אתום', שהוא אל מצרי.[17] השכיחות של מילים שאולות ממצרית בספר שמות היא גדולה יותר באופן יחסי מכל ספרי המקרא,

ומתבקשת המסקנה שמילים אלה הן עדות לכך שהכתובים הם בני הזמן של ישראל במצרים.[18] תופעות וחפצים שונים בסיפור בספר שמות מתאימים דווקא למצרים. כך, מכת צפרדעים משמעותית במצרים ולא בכנען,[19] השימוש בעצי שיטים שבנו בהם את המקדש מתאים לסיני ולא לכנען, והמילה 'שיטה' היא ממצרים.[20]

תפיסותיהם של עם ישראל, כפי שמתוארות בספר שמות, קשורות לתרבות מצרים, והן עדות לכך שהעימות התיאולוגי של ספר שמות הוא עם התפיסות של מצרים, כאשר הספר משקף את התקופה הזו. לאורכו של סיפור יציאת מצרים עולה הרעיון שהמכות על מצרים אמורות להביא את מצרים להכיר בגדולתו של ה', ואת ישראל להכיר בה'. הצורך בכך הוא מפאת השתלבותם של ישראל בתרבות במצרים. זו הסיבה לכך שה' מראה את כוחו מול פרעה, אבל גם מול אלוהי מצרים: "וּבְכָל אֱלֹהֵי מִצְרַיִם אֶעֱשֶׂה שְׁפָטִים אֲנִי ה'" (י"ב, יב). לא פלא אפוא שבשעת משבר חזרו ישראל למוכר להם במצרים וחטאו בעשיית עגל. אף שלפר היה מקום בתרבויות שונות במזרח הקדום, השור היה נעבד במצרים, ומתוך ההיכרות של ישראל עם פולחן זה בהיותם במצרים, חזרו אליו ישראל בעת משבר אמוני.[21]

המטרה של המקרא היא לתאר את דרך הנהגת ה' את עולמו, ולהעביר לשומעי לקחו מסרים אידיאולוגיים ומוסריים. לשם כך מתאר המקרא תדיר אירועים היסטוריים. אבל מגמה זו אינה לשם להעברת ידיעות היסטוריות בלבד, או לתיאור הליכים אנושיים, ובוודאי שהיא אינה כפופה לטעמם של היסטוריונים מודרניים, על סדר העדיפויות שלהם בכתיבה היסטורית. סיפורי המקרא מבליטים פרטים המתאימים למסרים אלה, ומשמיטים פרטים היסטוריים אחרים שאינם חלק ממסרים אלה, ומכאן שהתמונה ההיסטורית היא חלקית, במקרה הטוב. כך למשל, היסטוריון מודרני לא היה יכול לעבור בשתיקה על רוב שנות הנדודים של ישראל במדבר, כפי שעושה התורה. לעומת זאת, ספק אם היסטוריון היה מפרט תיאור כה נרחב את המשפטים ששמעו ישראל בסיני ממשה, ומציין בפרטי פרטים את המשכן וכליו. המגמות ההיסטוריות של התורה שונות בתכלית ממגמות של היסטוריונים מודרניים מערביים. מאחר שהסיפורים במקרא מכוונים למטרותיהם הרעיוניות, לעיתים נדירות מספק המקרא מידע עם תיארוך קונקרטי ויחס זמנים מוצק. תיאור השעבוד של ישראל במצרים בשמות א'-ה' הוא קצר וכוללני, ואין בו פרטים שניתן לבדוק כנגד הידוע במצרים בעת העתיקה. לכן כל ניסיון לבחון את הרקע ההיסטורי של תיאורים אלה נועד לכישלון. אפילו את שמו של פרעה, לא פרעה מימי יוסף ולא פרעה ששעבד את ישראל, אין המקרא מספק, ובכך התורה מבקשת להוציא את הסיפור מאירוע יחיד, חד־פעמי בתולדות העמים, ולתת לו פרספקטיבה המדגישה את גדולת ה' וישועתו לדורות.[22]

התורה עוסקת בתיאורים היסטוריים שעל ידם ניתן לראות כיצד ה' מנהיג את המציאות ומה הוא מצפה מישראל לעשות. כאמור, בניגוד לציפייתו של הקורא המודרני, התורה לא עוסקת בכל הפרטים ההיסטוריים שהתרחשו, גם אם יש להם חשיבות גדולה להבנה ההיסטורית של האירועים. כך למשל עולה בצורה אגבית בתיאור השושלת של בני אפרים (דה"א ז', כא-כג), ששבט אפרים הקדים לצאת ממצרים עוד לפני שמשה הוביל את העם ממצרים.[23] על

סמך ידיעה לא מופרך לשער שהיו אחרים שעזבו את מצרים לפני היציאה של העם ממצרים בהובלת משה. התורה עוברת על כך בשתיקה. את התורה צריך ללמוד לפי מגמותיה, ולנסות ולהיעזר בחומר הרב שהמחקר מספק על מנת להבינה באופן מיטבי.

התורה התעניינה עוד פחות בגאוגרפיה ובראליה המרחבית, ולכן הקורא המודרני שמתעניין בשאלת מיקומו של הר סיני או במסלול של ישראל במדבר ממצרים ועד הכניסה לארץ נתקל בקושי עצום לנוכח מיעוט החומר שהסיפור המקראי מספק לנו. נעשו מחקרים חשובים בתחומים אלה על מנת להבין את הראליה של הסיפורים המקראיים של השעבוד והיציאה ממצרים, אך הזיהויים של הר סיני ושל מרבית המקומות המוזכרים במסע ישראל במדבר מוטלים בספק. מחקרים המנסים לאתר את המקומות האלה ואת התוואי של מסעות ישראל במדבר אינם תורמים הרבה להבנת הכתובים.[24] אפילו אם היו זיהויים ודאיים, ספק רב אם מעבר להעשרת ידיעותינו המידע הזה היה תורם תרומה רבה להבנת הכתוב בתורה. הפירוש שלפניכם שואף להבין את ספר שמות, ולא לשחזר בעזרתו את ההיסטוריה והראליה של התיאורים המופיעים בתורה. פירוש זה אינו תלוי בממצא זה או אחר והוא יתרכז במשמעותם של הכתובים בלבד.

שיטת הפירוש

במדרשים המצויים בידינו, כגון תנחומא ורבה, ובמדרשים רבים המצויים בספרות תורה שבעל פה, בעיקר בתלמודים, חכמים השתמשו בדרך הדרש כדי לבאר את התורה. לעומתם, חכמים רבים בימי הביניים בספרד, אשכנז, צרפת וביזנטיון העלו על נס את פירוש הפשט. ישנם אפיונים ייחודיים לכל פרשן ולכל אסכולה שהתפתחה בגלויות השונות של ישראל במהלך קורות עמנו, ולא כאן המקום לפרוס יריעה זו. ניתן בהכללה לאפיין את תנועות הפשט בתקופה זו בהתרכזות בפירוש מדויק של המילה כמו גם בתשומת לב לתחביר של צירופים שונים. חכמים אלה עשו מהפכה ביחס לכתבי הקודש. הם יישמו מידע חדש שהתפתח בנוגע לשפה העברית, בעיקר מתוך השוואה לערבית ולארמית, בכדי לפרש מילים באופן שיטתי ומדויק. התנ"ך הפך להיות ספר הנלמד באופן מאורגן ומובנה, וכדרכה של תורה, התגלעו ויכוחים סוערים במטרה להבין את כתבי הקודש. עם זאת, רק לעיתים רחוקות פרשנים ידונו באופן שיטתי ושלם בהסתכלות כוללת על יחידות רחבות (רמב"ן, לעיתים, ואברבנאל יוצאי דופן בכך), בשאלות רוחב על משמעותם של הסיפורים, מתוך עיון מדוקדק בפרטים והצטרפותם לרעיון שלם. שאלות מעין אלו הן קומה נוספת על הפרשנות הקיימת, ובשום אופן אינן סותרות אותה ולא באות במקומה. בפירוש שלפניכם אני הולך בכיוון זה. אם הפרשנות של ימי הביניים מתרכזת בעיקר בשאלה "מה" כתוב, כאן נעסוק בעיקר בשאלה "למה". שאלות שתישאלנה תדיר הן – למה עניין מסוים מסופר בהרחבה ועניין אחר בקצרה? מדוע התורה חוזרת על עצמה? איך לבאר סתירות בכתוב? איך להסביר את הרציפות והסדר של הכתוב? כיצד מעוצבת דמות? מה המשמעות של הכתוב? מה המשמעות של הספר?

התשובות לשאלות שתישאלנה חייבות לעלות מתוך הכתובים עצמם. לא באמצעות מה שלא סופר, לא באמצעות כתוב במקום אחר, לא באמצעות אנלוגיות למקומות אחרים במקרא, ובוודאי לא על סמך מקורות חוץ מקראיים. כל אלה יכולים לסייע בדיון, לחדד את ההבנה, לרמוז לכיוונים של פרשנות, אבל אינם יכולים לבוא במקום מה שכתוב. המשמעות של הכתוב חייבת להיות מושלמת מתוך עצמה. בעת החדשה גישות ספרותיות תרמו תרומה מכרעת לניתוח המקרא. כמו שבימי הביניים התחדדו שיטות בבלשנות ולשון על ידי חכמים מתוך זיקה למה שהיה מקובל בעולמם, כך גם בימינו, אינטראקציה למדנית בניתוח טקסטים יצרה הזדמנויות חדשות להבין את דברי קודשנו. הבנת היחידה מתוכה, הבניית המשמעות הכוללת מתוך כלל הפרטים של הכתוב, מאירים באורות חדשים ובזוויות חדשות את התורה. אכן בכל יום יהיו בעינינו כחדשים.

עם זאת אין כוונת הפירוש לדבר גבוהה גבוהה, ליודעי חן, במושגים מקצועיים שאינם תמיד נחלת הכלל. כמו כן, אין כוונה לפרוס את כל הניתוחים והפירושים שנכתבו בעבר. היה נכון כמעט על כל משפט להוסיף הערת שוליים ולהציע את הנאמר בכל סוגיה. אלא שהדבר היה מכביד על הקורא ומאריך מאוד את הפירוש. הכוונה היא להציע פירוש פשט, על פי העקרונות שפרסתי לעיל, בלשון השווה לכל נפש. שאפתי לכתוב בדרך תמציתית וישירה, למען ירוץ הקורא בו. באמתחתי כתב יד הכולל דיונים והתייחסויות למה שנכתב שיצא לאור בע"ה בלעז, והרוצים יעיינו שם. לטובת הלומד, כללתי בסוף כל פרשייה פירושי מילים. גם כאן המטרה לא הייתה לספק מידע שלם, הכולל ניתוח לשוני, אלא לבאר ביאורים קצרים. המבקשים להעמיק בביאורי המילים יעיינו בפירושים המצויים. כאן בחרתי את הפירוש המסתבר והמקובל ביותר, ורק במקרים של ספקות כללתי כמה אפשרויות. המגמה הראשית של הספר היא לפשוט את משמעותם של כתבי קודשנו. אני תפילה שהדברים יהיו לרצון ואזכה לחשוף את עומק כוונת מקראות התורה בפני קוראיי, שיצעדו עימי באהבתי הגדולה לדברי תורתנו.

השימוש בספר שלפניכם

ספר זה מחולק לשניים למען נוחות הלומדים. בחלק הראשון מופיע ספר שמות בצירוף פירושי מילים. בחלק השני כלול פירוש העניין מתחת לפסוקים של המקרא שאליו הוא מתייחס. החלק הראשון נועד לקריאה רציפה של התורה בבתי כנסיות ולימוד רצוף של פוסקי התורה בצירוף פירושי המילים. החלק השני נועד ללימוד מעמיק של הפסוקים. לשם נוחות הלימוד, צירפנו את פסוקי התורה גם בחלק השני.

יש הבדלים רבים בעיצוב המקרא בין שני החלקים. בחלק הראשון המקרא מופיע על פי חלוקת המסורה, ובכלל זה החלוקה לפתוחות ולסתומות, וכן לפרשות ולעליות, כדרך שבה כותבים חומשים בכלל, וחומש קורן בפרט. כמו כן, הוספנו את ברכות העלייה לתורה ואת ההפטרות. לעומת זאת, בחלק השני החלוקה של פסוקי התורה היא תוכנית ויש בה הבחנה

בין סיפורת לבין שירה. השירה כתובה בדרך של התקבולת המקראית, כמו למשל בשירות הים. כך יובחן בנקל העיצוב השירי המיוחד של התורה, המאיר את השירה באופן משמעותי. לעומת זאת, השמטנו את הטעמים מהפסוקים בחלק זה. בחלק השני, חלק הפירוש, יש הערות שוליים והערות סיום. על מנת להקל על רצף הקריאה, מה שנצרך יותר לקריאה שוטפת מופיע בעמוד, ומה שהוא לתוספת מידע או הפנייה למקורות, מופיע בהערות סיום בסוף הספר.

* * *

אני מודה להוצאת קורן על שהשקיעו רבות להצלחת הפרויקט, הן בכרך הראשון שיצא על ספר במדבר, הן בכרך זה. למת׳יו ויהושע מילר, ולראובן ציגלר העורך האחראי. הוקרה מיוחדת לאוריה מבורך העורכת הראשית על תרומתה הנכבדה להפקת הסדרה כולה, ולהפקת כרך זה בפרט, ועל הערותיה המחכימות על כתב היד. לאפרת גרוס עורכת המשנה על מקצועיותה הרבה, לעורכי הלשון משה גרוס ושמואל מרצבך, לאביעד יחיאלי על ההגהה, לרינה בן גל על מלאכת העימוד המורכבת, ולשמואל לעסרי על העיצוב היפהפה של העימוד ושל העטיפה.

תודה לתלמידיי במחלקה לתנ״ך באוניברסיטת בר אילן ולבני קהילתי ׳אהבת ישראל׳, שעימם חלקתי את הרעיונות בספר זה. הדיונים והשאלות סייעו בידי לדייק ולחדד את הרעיונות שעלו בלימוד המשותף. תודה מיוחדת לחברי ג׳סי סלם על השתתפות במימון הפקת הספר.

הוריי יום טוב וקלרה ז״ל אינם איתנו זה כבר כמה שנים, אך הם מלווים אותי בכל עשייתי. לאורם אני הולך, ובדרך שסללו לי אני צועד.

תודה מעומק הנפש לאהוביי – לחנה, יום טוב, שלומי, ליאור, אליה ובניה, שנותנים לי את הכוח ללמוד וללמד. יברך ה׳ אותם בכל מעשיהם, ויעניק להם אורך ימים ושנות חיים ושלום תמיד.

ספר זה מוקדש לבן משפחתי מרדכי חיים אמויאל הי״ד, שיצא בתחילת המלחמה להגן על ישראל מיד צר. מרדכי התנדב למילואים ושירת שנה שלמה עד שנפל בלבנון בשמחת תורה תשפ״ד. בן 42 היה בנופלו.

מרדכי עזב הכול מתוך מסירות אין־סופית לעם, לארץ ולריבונו של עולם. הוא הותיר אחריו את אשתו רינה ואת ששת ילדיו, את הוריו האוהבים אהרן ואלומה, את אחיו, ג׳סי היקר והאהוב יוסי, ואת אחיותיו אורלי ואודליה. הספר מוקדש לו ולכל גיבורי ישראל שחירפו נפשם במלחמה להצלת ישראל.

בהתקרב חג החנוכה נברך את ה׳ על הניסים ועל הנפלאות, ועל הטובה אשר גמלנו: ״הוֹדוּ לַה׳ כִּי טוֹב, כִּי לְעוֹלָם חַסְדּוֹ״ (תהילים קי״ח, כט), ובציפייה לישועה שלמה: ״וַאֲנִי בַּה׳ אֲצַפֶּה, אוֹחִילָה לֵאלֹהֵי יִשְׁעִי יִשְׁמָעֵנִי אֱלֹהָי״ (מיכה ז׳, ז).

כסלו, תשפ״ו

ספר שמות

ברכות התורה

נוסח ספרדים

קודם מברך:

עולה: רַבָּנָן, בָּרְכוּ אֶת יְהֹוָה הַמְּבֹרָךְ.

קהל: בָּרוּךְ יְהֹוָה הַמְּבֹרָךְ לְעוֹלָם וָעֶד.

עולה: בָּרוּךְ יְהֹוָה הַמְּבֹרָךְ לְעוֹלָם וָעֶד.

בָּרוּךְ אַתָּה יְהֹוָה, אֱלֹהֵינוּ מֶלֶךְ הָעוֹלָם
אֲשֶׁר בָּחַר בָּנוּ מִכָּל־הָעַמִּים, וְנָתַן לָנוּ אֶת תּוֹרָתוֹ.
בָּרוּךְ אַתָּה יְהֹוָה, נוֹתֵן הַתּוֹרָה.

לאחר הקריאה מברך:

עולה: בָּרוּךְ אַתָּה יְהֹוָה, אֱלֹהֵינוּ מֶלֶךְ הָעוֹלָם
אֲשֶׁר נָתַן לָנוּ תּוֹרָתוֹ תּוֹרַת אֱמֶת
וְחַיֵּי עוֹלָם נָטַע בְּתוֹכֵנוּ.
בָּרוּךְ אַתָּה יְהֹוָה, נוֹתֵן הַתּוֹרָה.

נוסח אשכנז וספרד

קודם מברך:

עולה: בָּרְכוּ אֶת יהוה הַמְּבֹרָךְ.

קהל: בָּרוּךְ יהוה הַמְּבֹרָךְ לְעוֹלָם וָעֶד.

עולה: בָּרוּךְ יהוה הַמְּבֹרָךְ לְעוֹלָם וָעֶד.

בָּרוּךְ אַתָּה יהוה, אֱלֹהֵינוּ מֶלֶךְ הָעוֹלָם
אֲשֶׁר בָּחַר בָּנוּ מִכָּל הָעַמִּים, וְנָתַן לָנוּ אֶת תּוֹרָתוֹ.
בָּרוּךְ אַתָּה יהוה, נוֹתֵן הַתּוֹרָה.

לאחר הקריאה מברך:

עולה: בָּרוּךְ אַתָּה יהוה אֱלֹהֵינוּ מֶלֶךְ הָעוֹלָם
אֲשֶׁר נָתַן לָנוּ תּוֹרַת אֱמֶת וְחַיֵּי עוֹלָם נָטַע בְּתוֹכֵנוּ.
בָּרוּךְ אַתָּה יהוה, נוֹתֵן הַתּוֹרָה.

א

ישראל מתרבים במצרים

א ב וְאֵלֶּה שְׁמוֹת בְּנֵי יִשְׂרָאֵל הַבָּאִים מִצְרָיְמָה אֵת יַעֲקֹב אִישׁ וּבֵיתוֹ בָּאוּ: רְאוּבֵן
ג ד ה שִׁמְעוֹן לֵוִי וִיהוּדָה: יִשָּׂשכָר זְבוּלֻן וּבִנְיָמִן: דָּן וְנַפְתָּלִי גָּד וְאָשֵׁר: וַיְהִי כָּל־נֶפֶשׁ
ו יֹצְאֵי יֶרֶךְ־יַעֲקֹב שִׁבְעִים נָפֶשׁ וְיוֹסֵף הָיָה בְמִצְרָיִם: וַיָּמָת יוֹסֵף וְכָל־אֶחָיו וְכֹל
ז הַדּוֹר הַהוּא: וּבְנֵי יִשְׂרָאֵל פָּרוּ וַיִּשְׁרְצוּ וַיִּרְבּוּ וַיַּעַצְמוּ בִּמְאֹד מְאֹד וַתִּמָּלֵא
הָאָרֶץ אֹתָם:

עבודות ישראל למצרים

ח ט וַיָּקָם מֶלֶךְ־חָדָשׁ עַל־מִצְרָיִם אֲשֶׁר לֹא־יָדַע אֶת־יוֹסֵף: וַיֹּאמֶר אֶל־עַמּוֹ הִנֵּה עַם
י בְּנֵי יִשְׂרָאֵל רַב וְעָצוּם מִמֶּנּוּ: הָבָה נִתְחַכְּמָה לוֹ פֶּן־יִרְבֶּה וְהָיָה כִּי־תִקְרֶאנָה
יא מִלְחָמָה וְנוֹסַף גַּם־הוּא עַל־שֹׂנְאֵינוּ וְנִלְחַם־בָּנוּ וְעָלָה מִן־הָאָרֶץ: וַיָּשִׂימוּ
עָלָיו שָׂרֵי מִסִּים לְמַעַן עַנֹּתוֹ בְּסִבְלֹתָם וַיִּבֶן עָרֵי מִסְכְּנוֹת לְפַרְעֹה אֶת־פִּתֹם
יב וְאֶת־רַעַמְסֵס: וְכַאֲשֶׁר יְעַנּוּ אֹתוֹ כֵּן יִרְבֶּה וְכֵן יִפְרֹץ וַיָּקֻצוּ מִפְּנֵי בְּנֵי יִשְׂרָאֵל:
יג יד וַיַּעֲבִדוּ מִצְרַיִם אֶת־בְּנֵי יִשְׂרָאֵל בְּפָרֶךְ: וַיְמָרְרוּ אֶת־חַיֵּיהֶם בַּעֲבֹדָה קָשָׁה
בְּחֹמֶר וּבִלְבֵנִים וּבְכָל־עֲבֹדָה בַּשָּׂדֶה אֵת כָּל־עֲבֹדָתָם אֲשֶׁר־עָבְדוּ בָהֶם בְּפָרֶךְ:
טו וַיֹּאמֶר מֶלֶךְ מִצְרַיִם לַמְיַלְּדֹת הָעִבְרִיֹּת אֲשֶׁר שֵׁם הָאַחַת שִׁפְרָה וְשֵׁם הַשֵּׁנִית
טז פּוּעָה: וַיֹּאמֶר בְּיַלֶּדְכֶן אֶת־הָעִבְרִיּוֹת וּרְאִיתֶן עַל־הָאָבְנָיִם אִם־בֵּן הוּא וַהֲמִתֶּן
יז אֹתוֹ וְאִם־בַּת הִוא וָחָיָה: וַתִּירֶאןָ הַמְיַלְּדֹת אֶת־הָאֱלֹהִים וְלֹא עָשׂוּ כַּאֲשֶׁר
יח דִּבֶּר אֲלֵיהֶן מֶלֶךְ מִצְרָיִם וַתְּחַיֶּיןָ אֶת־הַיְלָדִים: וַיִּקְרָא מֶלֶךְ־מִצְרַיִם לַמְיַלְּדֹת שני
יט וַיֹּאמֶר לָהֶן מַדּוּעַ עֲשִׂיתֶן הַדָּבָר הַזֶּה וַתְּחַיֶּיןָ אֶת־הַיְלָדִים: וַתֹּאמַרְןָ הַמְיַלְּדֹת
אֶל־פַּרְעֹה כִּי לֹא כַנָּשִׁים הַמִּצְרִיֹּת הָעִבְרִיֹּת כִּי־חָיוֹת הֵנָּה בְּטֶרֶם תָּבוֹא אֲלֵהֶן

פירושי מילים

(א', ה) **ירך יעקב** – לשון נקייה לאיבר ההולדה (ראב"ע, בפירוש הארוך). (ו) **הדור** – כל האנשים שחיים בתקופה אחת. (ז) **וישרצו** – התרבו. (ח) **לא ידע** – לא הכיר. (י) **הבה נתחכמה לו** – "נייעץ עצת חכמה" (ראב"ע, פירוש קצר); "נערים עליו" (ריב"ש). **עלה מן הארץ** – יצאו ישראל ממצרים (בראשית מ"ה, כה; הושע ב', ב). (יא) **מסים** – עבודת כפייה (דברים כ', יא; מל"א ה', כז-כח). **ענתו** – להכניעם, לדכאם. **סבלותם** – נשיאת משאות כבדים (תהלים פ"א, ז). **ערי מסכנות** – ערי מחסנים (דה"ב ח', ד, ו; ל"ב, כח). (יב) **יפרץ** – התרבו, ומקום מושבם התרחב (בראשית כ"ח, יד). **ויקצו** – תיעבו. יחד עם "מפני", הכוונה שהם היו בפחד ואימה מפני ישראל (קדרי). (יג) **פרך** – קושי, אכזריות (ויקרא כ"ה, מג; יחזקאל ל"ד, ד). מילה שהיא במשמעות של שבירה וכתישה (רשב"ם). (יד) **וימררו את חייהם** – הפכו את חייהם למרים, הכאיבו להם. **חמר** – טיט, שממנו עושים לבנים. **לבנים** – אבני בניין. (טז) **אבנים** – כיסא העשוי משתי אבנים שעליו הייתה יושבת היולדת, כמו "ועושה מלאכה על האבנים" (ירמיהו י"ח, ג) (רש"י; ראב"ע). יש שהציעו שמדובר באיבריה הצנועים של האישה (שמות רבה א, יד).* לאחרונה הוצע, על פי עדויות חדשות, שבין שתי האבנים היו מניחים כרית, ועליה היו מניחים את התינוק שאך נולד.** (יט) **חָיוֹת הנה** – מלאות בחיות, בריאות וחזקות. ראב"ע: "יש להן כח חיים בלבב". המילה חַיּוֹת בפתח ובדגש היא ריבוי של חיה, כאן חָיוֹת בקמץ וללא דגש פירושו לחיות, במשמעות חִיוּת.

* A. Cohen, "Studies in Hebrew Lexicography", *AJSLL* 40 (1924), 153-185, here 157-159

** K. M. McGeough, "Birth Bricks Potter'sWheels, and Exodus 1, 16", *Biblica* 87 (2006), 305-318

כ כא הַמְיַלְּדֹת וַיִּלְדוּ: וַיֵּיטֶב אֱלֹהִים לַמְיַלְּדֹת וַיִּרֶב הָעָם וַיַּעַצְמוּ מְאֹד: וַיְהִי כִּי־יָרְאוּ
כב הַמְיַלְּדֹת אֶת־הָאֱלֹהִים וַיַּעַשׂ לָהֶם בָּתִּים: וַיְצַו פַּרְעֹה לְכָל־עַמּוֹ לֵאמֹר כָּל־הַבֵּן
הַיִּלּוֹד הַיְאֹרָה תַּשְׁלִיכֻהוּ וְכָל־הַבַּת תְּחַיּוּן:

לידת משה

ב א ב וַיֵּלֶךְ אִישׁ מִבֵּית לֵוִי וַיִּקַּח אֶת־בַּת־לֵוִי: וַתַּהַר הָאִשָּׁה וַתֵּלֶד בֵּן וַתֵּרֶא אֹתוֹ
ג כִּי־טוֹב הוּא וַתִּצְפְּנֵהוּ שְׁלֹשָׁה יְרָחִים: וְלֹא־יָכְלָה עוֹד הַצְּפִינוֹ וַתִּקַּח־לוֹ תֵּבַת
גֹּמֶא וַתַּחְמְרָה בַחֵמָר וּבַזָּפֶת וַתָּשֶׂם בָּהּ אֶת־הַיֶּלֶד וַתָּשֶׂם בַּסּוּף עַל־שְׂפַת
ד ה הַיְאֹר: וַתֵּתַצַּב אֲחֹתוֹ מֵרָחֹק לְדֵעָה מַה־יֵּעָשֶׂה לוֹ: וַתֵּרֶד בַּת־פַּרְעֹה לִרְחֹץ
עַל־הַיְאֹר וְנַעֲרֹתֶיהָ הֹלְכֹת עַל־יַד הַיְאֹר וַתֵּרֶא אֶת־הַתֵּבָה בְּתוֹךְ הַסּוּף וַתִּשְׁלַח
ו אֶת־אֲמָתָהּ וַתִּקָּחֶהָ: וַתִּפְתַּח וַתִּרְאֵהוּ אֶת־הַיֶּלֶד וְהִנֵּה־נַעַר בֹּכֶה וַתַּחְמֹל עָלָיו
ז וַתֹּאמֶר מִיַּלְדֵי הָעִבְרִים זֶה: וַתֹּאמֶר אֲחֹתוֹ אֶל־בַּת־פַּרְעֹה הַאֵלֵךְ וְקָרָאתִי לָךְ
ח אִשָּׁה מֵינֶקֶת מִן הָעִבְרִיֹּת וְתֵינִק לָךְ אֶת־הַיָּלֶד: וַתֹּאמֶר־לָהּ בַּת־פַּרְעֹה לֵכִי
ט וַתֵּלֶךְ הָעַלְמָה וַתִּקְרָא אֶת־אֵם הַיָּלֶד: וַתֹּאמֶר לָהּ בַּת־פַּרְעֹה הֵילִיכִי אֶת־
הַיֶּלֶד הַזֶּה וְהֵינִקִהוּ לִי וַאֲנִי אֶתֵּן אֶת־שְׂכָרֵךְ וַתִּקַּח הָאִשָּׁה הַיֶּלֶד וַתְּנִיקֵהוּ:
י וַיִּגְדַּל הַיֶּלֶד וַתְּבִאֵהוּ לְבַת־פַּרְעֹה וַיְהִי־לָהּ לְבֵן וַתִּקְרָא שְׁמוֹ מֹשֶׁה וַתֹּאמֶר כִּי מִן־

שלישי

משה בבגרותו

יא הַמַּיִם מְשִׁיתִהוּ: וַיְהִי ׀ בַּיָּמִים הָהֵם וַיִּגְדַּל מֹשֶׁה וַיֵּצֵא אֶל־אֶחָיו וַיַּרְא בְּסִבְלֹתָם
יב וַיַּרְא אִישׁ מִצְרִי מַכֶּה אִישׁ־עִבְרִי מֵאֶחָיו: וַיִּפֶן כֹּה וָכֹה וַיַּרְא כִּי אֵין אִישׁ וַיַּךְ
יג אֶת־הַמִּצְרִי וַיִּטְמְנֵהוּ בַּחוֹל: וַיֵּצֵא בַּיּוֹם הַשֵּׁנִי וְהִנֵּה שְׁנֵי־אֲנָשִׁים עִבְרִים נִצִּים
יד וַיֹּאמֶר לָרָשָׁע לָמָּה תַכֶּה רֵעֶךָ: וַיֹּאמֶר מִי שָׂמְךָ לְאִישׁ שַׂר וְשֹׁפֵט עָלֵינוּ הַלְהָרְגֵנִי
אַתָּה אֹמֵר כַּאֲשֶׁר הָרַגְתָּ אֶת־הַמִּצְרִי וַיִּירָא מֹשֶׁה וַיֹּאמַר אָכֵן נוֹדַע הַדָּבָר:
טו וַיִּשְׁמַע פַּרְעֹה אֶת־הַדָּבָר הַזֶּה וַיְבַקֵּשׁ לַהֲרֹג אֶת־מֹשֶׁה וַיִּבְרַח מֹשֶׁה מִפְּנֵי פַרְעֹה
טז וַיֵּשֶׁב בְּאֶרֶץ־מִדְיָן וַיֵּשֶׁב עַל־הַבְּאֵר: וּלְכֹהֵן מִדְיָן שֶׁבַע בָּנוֹת וַתָּבֹאנָה וַתִּדְלֶנָה

פירושי מילים

(כב) היארה – במצרית: הנהר, הכוונה לנהר הנילוס. (ב׳, א) וילך – רמב״ן: ״כי בכל מזדרז לעשות ענין חדש יאמר כן: ׳וילך ראובן וישכב את בלהה׳ (בראשית ל״ה, כב); ׳וילך ויקח את גומר בת דבלים׳ (הושע א׳, ג); ׳לכו ונמכרנו לישמעאלים׳ (בראשית ל״ז, כז)...״. וכן שד״ל. ויקח – נשא לאישה. (ב) טוב – יפה (רשב״ם), נעים, מובחר (שמ״א ט׳, ב), בריא. ותצפנהו – החביאה. ירחים – חודשים. (ג) גמא – צמח שממנו היו עושים פפירוסים. ותחמרה – ציפתה בחמר. חמר ובזפת – אספלט, חומר שחור ודביק העשוי משרף עצים. לא ברור אם יש הבדל בין החמר לזפת. סוף – צמחים הגדלים על היאור. (ד) ותתצב – התייצבה, נעמדה. (ה) נערותיה – שפחותיה. אמתה – שפחתה (חז״ל דרשו שאמתה היא ידה, אולם רש״י כבר ציין שזה דרש. וכן בניקוד, יד היא אַמָּה, לעומת אָמָה כאן). (ח) עלמה – נערה גדולה. (י) משה – זהו שם מצרי מצוי. במצרית בצורת הפועל משמעותו ׳להיוולד׳, וכשם עצם משמעותו ׳בן׳.* מופיע במקרא במדרש שם בעברית. אין מניעה שבת פרעה השתמשה בשפת העבריים בנתינת שם. (יא) סבלתם – נשיאת משאות כבדים, בהשאלה עינויים. (יג) נצים – מתקוטטים. (יד) ושפט – מי שעוסק במשפט או מנהיג. (טז) ותדלנה – שאבו מים.

* J. G. Griffiths, “The Egyptian Derivation of the Name Moses”, *JNES* 12 (1953), 225-231

יז וַתְּמַלֶּאנָה אֶת־הָרְהָטִים לְהַשְׁקוֹת צֹאן אֲבִיהֶן: וַיָּבֹאוּ הָרֹעִים וַיְגָרְשׁוּם וַיָּקָם
יח מֹשֶׁה וַיּוֹשִׁעָן וַיַּשְׁקְ אֶת־צֹאנָם: וַתָּבֹאנָה אֶל־רְעוּאֵל אֲבִיהֶן וַיֹּאמֶר מַדּוּעַ
יט מִהַרְתֶּן בֹּא הַיּוֹם: וַתֹּאמַרְןָ אִישׁ מִצְרִי הִצִּילָנוּ מִיַּד הָרֹעִים וְגַם־דָּלֹה דָלָה
כ לָנוּ וַיַּשְׁקְ אֶת־הַצֹּאן: וַיֹּאמֶר אֶל־בְּנֹתָיו וְאַיּוֹ לָמָּה זֶּה עֲזַבְתֶּן אֶת־הָאִישׁ קִרְאֶן
כא לוֹ וְיֹאכַל לָחֶם: וַיּוֹאֶל מֹשֶׁה לָשֶׁבֶת אֶת־הָאִישׁ וַיִּתֵּן אֶת־צִפֹּרָה בִתּוֹ לְמֹשֶׁה:
כב וַתֵּלֶד בֵּן וַיִּקְרָא אֶת־שְׁמוֹ גֵּרְשֹׁם כִּי אָמַר גֵּר הָיִיתִי בְּאֶרֶץ נָכְרִיָּה:
כג וַיְהִי בַיָּמִים הָרַבִּים הָהֵם וַיָּמָת מֶלֶךְ מִצְרַיִם וַיֵּאָנְחוּ בְנֵי־יִשְׂרָאֵל מִן־הָעֲבֹדָה

ה' שומע נאקת בני ישראל

כד וַיִּזְעָקוּ וַתַּעַל שַׁוְעָתָם אֶל־הָאֱלֹהִים מִן־הָעֲבֹדָה: וַיִּשְׁמַע אֱלֹהִים אֶת־נַאֲקָתָם
כה וַיִּזְכֹּר אֱלֹהִים אֶת־בְּרִיתוֹ אֶת־אַבְרָהָם אֶת־יִצְחָק וְאֶת־יַעֲקֹב: וַיַּרְא אֱלֹהִים
ג א אֶת־בְּנֵי יִשְׂרָאֵל וַיֵּדַע אֱלֹהִים: וּמֹשֶׁה הָיָה רֹעֶה אֶת־צֹאן יִתְרוֹ

ב רביעי

מינוי משה לשליחות

חֹתְנוֹ כֹּהֵן מִדְיָן וַיִּנְהַג אֶת־הַצֹּאן אַחַר הַמִּדְבָּר וַיָּבֹא אֶל־הַר הָאֱלֹהִים חֹרֵבָה:
ב וַיֵּרָא מַלְאַךְ יהוה אֵלָיו בְּלַבַּת־אֵשׁ מִתּוֹךְ הַסְּנֶה וַיַּרְא וְהִנֵּה הַסְּנֶה בֹּעֵר בָּאֵשׁ
ג וְהַסְּנֶה אֵינֶנּוּ אֻכָּל: וַיֹּאמֶר מֹשֶׁה אָסֻרָה־נָּא וְאֶרְאֶה אֶת־הַמַּרְאֶה הַגָּדֹל הַזֶּה
ד מַדּוּעַ לֹא־יִבְעַר הַסְּנֶה: וַיַּרְא יהוה כִּי סָר לִרְאוֹת וַיִּקְרָא אֵלָיו אֱלֹהִים מִתּוֹךְ
ה הַסְּנֶה וַיֹּאמֶר מֹשֶׁה מֹשֶׁה וַיֹּאמֶר הִנֵּנִי: וַיֹּאמֶר אַל־תִּקְרַב הֲלֹם שַׁל־נְעָלֶיךָ
ו מֵעַל רַגְלֶיךָ כִּי הַמָּקוֹם אֲשֶׁר אַתָּה עוֹמֵד עָלָיו אַדְמַת־קֹדֶשׁ הוּא: וַיֹּאמֶר
אָנֹכִי אֱלֹהֵי אָבִיךָ אֱלֹהֵי אַבְרָהָם אֱלֹהֵי יִצְחָק וֵאלֹהֵי יַעֲקֹב וַיַּסְתֵּר מֹשֶׁה פָּנָיו
ז כִּי יָרֵא מֵהַבִּיט אֶל־הָאֱלֹהִים: וַיֹּאמֶר יהוה רָאֹה רָאִיתִי אֶת־עֳנִי עַמִּי אֲשֶׁר
ח בְּמִצְרָיִם וְאֶת־צַעֲקָתָם שָׁמַעְתִּי מִפְּנֵי נֹגְשָׂיו כִּי יָדַעְתִּי אֶת־מַכְאֹבָיו: וָאֵרֵד
לְהַצִּילוֹ ׀ מִיַּד מִצְרַיִם וּלְהַעֲלֹתוֹ מִן־הָאָרֶץ הַהִוא אֶל־אֶרֶץ טוֹבָה וּרְחָבָה
אֶל־אֶרֶץ זָבַת חָלָב וּדְבָשׁ אֶל־מְקוֹם הַכְּנַעֲנִי וְהַחִתִּי וְהָאֱמֹרִי וְהַפְּרִזִּי וְהַחִוִּי
ט וְהַיְבוּסִי: וְעַתָּה הִנֵּה צַעֲקַת בְּנֵי־יִשְׂרָאֵל בָּאָה אֵלָי וְגַם־רָאִיתִי אֶת־הַלַּחַץ
י אֲשֶׁר מִצְרַיִם לֹחֲצִים אֹתָם: וְעַתָּה לְכָה וְאֶשְׁלָחֲךָ אֶל־פַּרְעֹה וְהוֹצֵא אֶת־עַמִּי
יא בְנֵי־יִשְׂרָאֵל מִמִּצְרָיִם: וַיֹּאמֶר מֹשֶׁה אֶל־הָאֱלֹהִים מִי אָנֹכִי כִּי אֵלֵךְ אֶל־פַּרְעֹה
יב וְכִי אוֹצִיא אֶת־בְּנֵי יִשְׂרָאֵל מִמִּצְרָיִם: וַיֹּאמֶר כִּי־אֶהְיֶה עִמָּךְ וְזֶה־לְּךָ הָאוֹת כִּי
אָנֹכִי שְׁלַחְתִּיךָ בְּהוֹצִיאֲךָ אֶת־הָעָם מִמִּצְרַיִם תַּעַבְדוּן אֶת־הָאֱלֹהִים עַל הָהָר

פירושי מילים

רהטים – כלי קיבול להשקות בהמות. (יט) דלה דלה – שאב. מקור לפני פועל נטוי בא להדגשה. (כ) איו – היכן הוא? (כא) ויואל – הסכים, נענה לבקשה. (כב) גר – אדם היושב שלא במולדתו. (כג) ויאנחו – נשפו נשיפה גדולה מרוב צער. שועתם – קריאתם לעזרה. (כד) נאקתם – זעקתם. (כה) וידע אלהים – שם ליבו ודעתו עליהם (ריב"ש). (ג', א) אחר המדבר – מעבר למדבר. רד"ק פירש "מקום מרעה הבהמות יקרא מדבר, רחוק מן העיר או סמוך לעיר", היינו שמשה חיפש אחר מרעה טוב, ספר השורשים, ערך דב"ר. (ב) מלאך – משורש לא"ך, במובן שליח. לבת אש – להבת אש (רס"ג, שד"ל), או לב האש (רש"י, ראב"ע). סנה – שיח מדברי. איננו אכל – אינו נשרף. (ג) אסרה – אפנה מן הדרך. (ד) סר – עזב את דרכו. (ה) הלם – לכאן. (ז) עני – סבל. נגשיו – לוחציו, השוטרים המפקחים על העבודה.

יג הַזֶּה: וַיֹּאמֶר מֹשֶׁה אֶל־הָאֱלֹהִים הִנֵּה אָנֹכִי בָא אֶל־בְּנֵי יִשְׂרָאֵל וְאָמַרְתִּי לָהֶם
יד אֱלֹהֵי אֲבוֹתֵיכֶם שְׁלָחַנִי אֲלֵיכֶם וְאָמְרוּ־לִי מַה־שְּׁמוֹ מָה אֹמַר אֲלֵהֶם: וַיֹּאמֶר
אֱלֹהִים אֶל־מֹשֶׁה אֶהְיֶה אֲשֶׁר אֶהְיֶה וַיֹּאמֶר כֹּה תֹאמַר לִבְנֵי יִשְׂרָאֵל אֶהְיֶה
טו שְׁלָחַנִי אֲלֵיכֶם: וַיֹּאמֶר עוֹד אֱלֹהִים אֶל־מֹשֶׁה כֹּה תֹאמַר אֶל־בְּנֵי יִשְׂרָאֵל יְהוָה
אֱלֹהֵי אֲבֹתֵיכֶם אֱלֹהֵי אַבְרָהָם אֱלֹהֵי יִצְחָק וֵאלֹהֵי יַעֲקֹב שְׁלָחַנִי אֲלֵיכֶם זֶה־
טז שְּׁמִי לְעֹלָם וְזֶה זִכְרִי לְדֹר דֹּר: לֵךְ וְאָסַפְתָּ אֶת־זִקְנֵי יִשְׂרָאֵל וְאָמַרְתָּ אֲלֵהֶם חמישי
יְהוָה אֱלֹהֵי אֲבֹתֵיכֶם נִרְאָה אֵלַי אֱלֹהֵי אַבְרָהָם יִצְחָק וְיַעֲקֹב לֵאמֹר פָּקֹד
יז פָּקַדְתִּי אֶתְכֶם וְאֶת־הֶעָשׂוּי לָכֶם בְּמִצְרָיִם: וָאֹמַר אַעֲלֶה אֶתְכֶם מֵעֳנִי מִצְרַיִם
אֶל־אֶרֶץ הַכְּנַעֲנִי וְהַחִתִּי וְהָאֱמֹרִי וְהַפְּרִזִּי וְהַחִוִּי וְהַיְבוּסִי אֶל־אֶרֶץ זָבַת חָלָב
יח וּדְבָשׁ: וְשָׁמְעוּ לְקֹלֶךָ וּבָאתָ אַתָּה וְזִקְנֵי יִשְׂרָאֵל אֶל־מֶלֶךְ מִצְרַיִם וַאֲמַרְתֶּם אֵלָיו
יְהוָה אֱלֹהֵי הָעִבְרִיִּים נִקְרָה עָלֵינוּ וְעַתָּה נֵלְכָה־נָּא דֶּרֶךְ שְׁלֹשֶׁת יָמִים בַּמִּדְבָּר
יט וְנִזְבְּחָה לַיהוָה אֱלֹהֵינוּ: וַאֲנִי יָדַעְתִּי כִּי לֹא־יִתֵּן אֶתְכֶם מֶלֶךְ מִצְרַיִם לַהֲלֹךְ וְלֹא
כ בְּיָד חֲזָקָה: וְשָׁלַחְתִּי אֶת־יָדִי וְהִכֵּיתִי אֶת־מִצְרַיִם בְּכֹל נִפְלְאֹתַי אֲשֶׁר אֶעֱשֶׂה
כא בְּקִרְבּוֹ וְאַחֲרֵי־כֵן יְשַׁלַּח אֶתְכֶם: וְנָתַתִּי אֶת־חֵן הָעָם־הַזֶּה בְּעֵינֵי מִצְרָיִם וְהָיָה
כב כִּי תֵלֵכוּן לֹא תֵלְכוּ רֵיקָם: וְשָׁאֲלָה אִשָּׁה מִשְּׁכֶנְתָּהּ וּמִגָּרַת בֵּיתָהּ כְּלֵי־כֶסֶף וּכְלֵי
ד א זָהָב וּשְׂמָלֹת וְשַׂמְתֶּם עַל־בְּנֵיכֶם וְעַל־בְּנֹתֵיכֶם וְנִצַּלְתֶּם אֶת־מִצְרָיִם: וַיַּעַן מֹשֶׁה
וַיֹּאמֶר וְהֵן לֹא־יַאֲמִינוּ לִי וְלֹא יִשְׁמְעוּ בְּקֹלִי כִּי יֹאמְרוּ לֹא־נִרְאָה אֵלֶיךָ יְהוָה:
ב ג וַיֹּאמֶר אֵלָיו יְהוָה מזה בְיָדֶךָ וַיֹּאמֶר מַטֶּה: וַיֹּאמֶר הַשְׁלִיכֵהוּ אַרְצָה וַיַּשְׁלִכֵהוּ מַה־זֶּה
ד אַרְצָה וַיְהִי לְנָחָשׁ וַיָּנָס מֹשֶׁה מִפָּנָיו: וַיֹּאמֶר יְהוָה אֶל־מֹשֶׁה שְׁלַח יָדְךָ וֶאֱחֹז
ה בִּזְנָבוֹ וַיִּשְׁלַח יָדוֹ וַיַּחֲזֶק־בּוֹ וַיְהִי לְמַטֶּה בְּכַפּוֹ: לְמַעַן יַאֲמִינוּ כִּי־נִרְאָה אֵלֶיךָ
ו יְהוָה אֱלֹהֵי אֲבֹתָם אֱלֹהֵי אַבְרָהָם אֱלֹהֵי יִצְחָק וֵאלֹהֵי יַעֲקֹב: וַיֹּאמֶר יְהוָה לוֹ
עוֹד הָבֵא־נָא יָדְךָ בְּחֵיקֶךָ וַיָּבֵא יָדוֹ בְּחֵיקוֹ וַיּוֹצִאָהּ וְהִנֵּה יָדוֹ מְצֹרַעַת כַּשָּׁלֶג:
ז וַיֹּאמֶר הָשֵׁב יָדְךָ אֶל־חֵיקֶךָ וַיָּשֶׁב יָדוֹ אֶל־חֵיקוֹ וַיּוֹצִאָהּ מֵחֵיקוֹ וְהִנֵּה־שָׁבָה
ח כִּבְשָׂרוֹ: וְהָיָה אִם־לֹא יַאֲמִינוּ לָךְ וְלֹא יִשְׁמְעוּ לְקֹל הָאֹת הָרִאשׁוֹן וְהֶאֱמִינוּ
ט לְקֹל הָאֹת הָאַחֲרוֹן: וְהָיָה אִם־לֹא יַאֲמִינוּ גַּם לִשְׁנֵי הָאֹתוֹת הָאֵלֶּה וְלֹא יִשְׁמְעוּן
לְקֹלֶךָ וְלָקַחְתָּ מִמֵּימֵי הַיְאֹר וְשָׁפַכְתָּ הַיַּבָּשָׁה וְהָיוּ הַמַּיִם אֲשֶׁר תִּקַּח מִן־הַיְאֹר

פירושי מילים

(טו) **זכרי** – במשמעות 'שמי' כמו: "לשמך ולזכרך תאות נפשי" (ישעיה כ"ו, ח); "זכר צדיק לברכה ושם רשעים ירקב" (משלי י', ז); (טז) **זקני ישראל** – מנהיגי העם. **פקד פקדתי** – זכרתי, שמתי לב. **העשוי לכם במצרים** – הנעשה לכם, היינו השעבוד. (יח) **ושמעו לקולך** – יסכימו לעשות אשר תגיד להם. **נקרה עלינו** – נזדמן לנו במקרה, באופן בלתי צפוי. (כא) **חן** – יופי, חביבות, ה' ייתן שתהיו חביבים ורצויים בעיני מצרים. (כב) **ונצלתם** – אולי מהשורש נצ"ל, במשמעות לרוקן (אונקלוס; רש"י), לבזוז (BDB § נצל). או מהשורש יצ"ל, הצילו מהמצרים בגלל השעבוד (ראב"ע). וראו רש"י. (ד', א) **והן** – מילת חיזוק, כמו והלוא. **ישמעו בקולי** – לא יסכימו לעשות אשר אומר להם. **כי** – אלא. (ו) **נא** – כאן כמילת חיזוק לציווי, ולא מילת בקשה. **בחיקך** – בית קיבול. כאן הכוונה כנראה לחלל שבין החזה לזרוע.

י וְהָיוּ לְדָם בַּיַּבָּשֶׁת׃ וַיֹּאמֶר מֹשֶׁה אֶל־יהוה בִּי אֲדֹנָי לֹא אִישׁ דְּבָרִים אָנֹכִי גַּם
מִתְּמוֹל גַּם מִשִּׁלְשֹׁם גַּם מֵאָז דַּבֶּרְךָ אֶל־עַבְדֶּךָ כִּי כְבַד־פֶּה וּכְבַד לָשׁוֹן אָנֹכִי׃
יא וַיֹּאמֶר יהוה אֵלָיו מִי שָׂם פֶּה לָאָדָם אוֹ מִי־יָשׂוּם אִלֵּם אוֹ חֵרֵשׁ אוֹ פִקֵּחַ אוֹ
יב עִוֵּר הֲלֹא אָנֹכִי יהוה׃ וְעַתָּה לֵךְ וְאָנֹכִי אֶהְיֶה עִם־פִּיךָ וְהוֹרֵיתִיךָ אֲשֶׁר תְּדַבֵּר׃
יג יד וַיֹּאמֶר בִּי אֲדֹנָי שְׁלַח־נָא בְּיַד־תִּשְׁלָח׃ וַיִּחַר־אַף יהוה בְּמֹשֶׁה וַיֹּאמֶר הֲלֹא
אַהֲרֹן אָחִיךָ הַלֵּוִי יָדַעְתִּי כִּי־דַבֵּר יְדַבֵּר הוּא וְגַם הִנֵּה־הוּא יֹצֵא לִקְרָאתֶךָ וְרָאֲךָ
טו וְשָׂמַח בְּלִבּוֹ׃ וְדִבַּרְתָּ אֵלָיו וְשַׂמְתָּ אֶת־הַדְּבָרִים בְּפִיו וְאָנֹכִי אֶהְיֶה עִם־פִּיךָ
טז וְעִם־פִּיהוּ וְהוֹרֵיתִי אֶתְכֶם אֵת אֲשֶׁר תַּעֲשׂוּן׃ וְדִבֶּר־הוּא לְךָ אֶל־הָעָם וְהָיָה
יז הוּא יִהְיֶה־לְּךָ לְפֶה וְאַתָּה תִּהְיֶה־לּוֹ לֵאלֹהִים׃ וְאֶת־הַמַּטֶּה הַזֶּה תִּקַּח בְּיָדֶךָ
אֲשֶׁר תַּעֲשֶׂה־בּוֹ אֶת־הָאֹתֹת׃
יח וַיֵּלֶךְ מֹשֶׁה וַיָּשָׁב ׀ אֶל־יֶתֶר חֹתְנוֹ וַיֹּאמֶר לוֹ אֵלְכָה־נָּא וְאָשׁוּבָה אֶל־אַחַי אֲשֶׁר־ ג ששי
יט בְּמִצְרַיִם וְאֶרְאֶה הַעוֹדָם חַיִּים וַיֹּאמֶר יִתְרוֹ לְמֹשֶׁה לֵךְ לְשָׁלוֹם׃ וַיֹּאמֶר יהוה
אֶל־מֹשֶׁה בְּמִדְיָן לֵךְ שֻׁב מִצְרָיִם כִּי־מֵתוּ כָּל־הָאֲנָשִׁים הַמְבַקְשִׁים אֶת־נַפְשֶׁךָ׃
כ וַיִּקַּח מֹשֶׁה אֶת־אִשְׁתּוֹ וְאֶת־בָּנָיו וַיַּרְכִּבֵם עַל־הַחֲמֹר וַיָּשָׁב אַרְצָה מִצְרָיִם
כא וַיִּקַּח מֹשֶׁה אֶת־מַטֵּה הָאֱלֹהִים בְּיָדוֹ׃ וַיֹּאמֶר יהוה אֶל־מֹשֶׁה בְּלֶכְתְּךָ לָשׁוּב
מִצְרַיְמָה רְאֵה כָּל־הַמֹּפְתִים אֲשֶׁר־שַׂמְתִּי בְיָדֶךָ וַעֲשִׂיתָם לִפְנֵי פַרְעֹה וַאֲנִי
כב אֲחַזֵּק אֶת־לִבּוֹ וְלֹא יְשַׁלַּח אֶת־הָעָם׃ וְאָמַרְתָּ אֶל־פַּרְעֹה כֹּה אָמַר יהוה בְּנִי
כג בְכֹרִי יִשְׂרָאֵל׃ וָאֹמַר אֵלֶיךָ שַׁלַּח אֶת־בְּנִי וְיַעַבְדֵנִי וַתְּמָאֵן לְשַׁלְּחוֹ הִנֵּה אָנֹכִי
כד כה הֹרֵג אֶת־בִּנְךָ בְּכֹרֶךָ׃ וַיְהִי בַדֶּרֶךְ בַּמָּלוֹן וַיִּפְגְּשֵׁהוּ יהוה וַיְבַקֵּשׁ הֲמִיתוֹ׃ וַתִּקַּח
צִפֹּרָה צֹר וַתִּכְרֹת אֶת־עָרְלַת בְּנָהּ וַתַּגַּע לְרַגְלָיו וַתֹּאמֶר כִּי חֲתַן־דָּמִים אַתָּה
כו לִי׃ וַיִּרֶף מִמֶּנּוּ אָז אָמְרָה חֲתַן דָּמִים לַמּוּלֹת׃
כז וַיֹּאמֶר יהוה אֶל־אַהֲרֹן לֵךְ לִקְרַאת מֹשֶׁה הַמִּדְבָּרָה וַיֵּלֶךְ וַיִּפְגְּשֵׁהוּ בְּהַר משה ואהרן עומדים בפני העם ובפני פרעה
כח הָאֱלֹהִים וַיִּשַּׁק־לוֹ׃ וַיַּגֵּד מֹשֶׁה לְאַהֲרֹן אֵת כָּל־דִּבְרֵי יהוה אֲשֶׁר שְׁלָחוֹ וְאֵת
כט כָּל־הָאֹתֹת אֲשֶׁר צִוָּהוּ׃ וַיֵּלֶךְ מֹשֶׁה וְאַהֲרֹן וַיַּאַסְפוּ אֶת־כָּל־זִקְנֵי בְּנֵי יִשְׂרָאֵל׃
ל וַיְדַבֵּר אַהֲרֹן אֵת כָּל־הַדְּבָרִים אֲשֶׁר־דִּבֶּר יהוה אֶל־מֹשֶׁה וַיַּעַשׂ הָאֹתֹת לְעֵינֵי
לא הָעָם׃ וַיַּאֲמֵן הָעָם וַיִּשְׁמְעוּ כִּי־פָקַד יהוה אֶת־בְּנֵי יִשְׂרָאֵל וְכִי רָאָה אֶת־עָנְיָם
ה א וַיִּקְּדוּ וַיִּשְׁתַּחֲוּוּ׃ וְאַחַר בָּאוּ מֹשֶׁה וְאַהֲרֹן וַיֹּאמְרוּ אֶל־פַּרְעֹה כֹּה־אָמַר יהוה שביעי

משה חוזר למצרים

פירושי מילים

(י) **בי** – נוסחת בקשה של נטילת רשות דיבור מרשות גבוהה, תמיד בא לפני "אדוני". **כבד פה וכבד לשון** – מטאפורה על קושי בדיבור. אפשר כי מדובר על מגבלה פיזית או מגבלה של יכולת ניסוח (ראו פירוש העניין). (יא) **אלם** – אדם שאינו יכול לדבר. **חרש** – אדם שאינו שומע. **פקח** – אדם רואה. (יח) **יתר** – יתרו, כמו 'גשם', 'גשמו' בנחמיה ו', א, ו (ראב"ע בפירוש הארוך) ושלמא (דה"א ב, יא) הוא שלמון (רות ד', כא) (ראב"ע, בפירושו הקצר). (כא) **מפתים** – סימנים לפועל ה'. (כג) **ותמאן** – תסרב. (כד) **מלון** – מקום לינה. (כה) **צר** – סכין מאבן (להבדיל מצור, שהוא סלע גדול). **ותכרת** – חתכה. (כו) **וירף** – הרפה ממנו, עזב אותו. **למולת** – בגלל המילה (מילה בצורת רבים). (לא) **פקד** – שם לב, זכר. **ויקדו** – הרכינו ראש.

ב אֱלֹהֵי יִשְׂרָאֵל שַׁלַּח אֶת־עַמִּי וְיָחֹגּוּ לִי בַּמִּדְבָּר: וַיֹּאמֶר פַּרְעֹה מִי יהוה אֲשֶׁר
אֶשְׁמַע בְּקֹלוֹ לְשַׁלַּח אֶת־יִשְׂרָאֵל לֹא יָדַעְתִּי אֶת־יהוה וְגַם אֶת־יִשְׂרָאֵל לֹא
ג אֲשַׁלֵּחַ: וַיֹּאמְרוּ אֱלֹהֵי הָעִבְרִים נִקְרָא עָלֵינוּ נֵלֲכָה־נָּא דֶּרֶךְ שְׁלֹשֶׁת יָמִים
ד בַּמִּדְבָּר וְנִזְבְּחָה לַיהוה אֱלֹהֵינוּ פֶּן־יִפְגָּעֵנוּ בַּדֶּבֶר אוֹ בֶחָרֶב: וַיֹּאמֶר אֲלֵהֶם
מֶלֶךְ מִצְרַיִם לָמָּה מֹשֶׁה וְאַהֲרֹן תַּפְרִיעוּ אֶת־הָעָם מִמַּעֲשָׂיו לְכוּ לְסִבְלֹתֵיכֶם:
ה ו וַיֹּאמֶר פַּרְעֹה הֵן־רַבִּים עַתָּה עַם הָאָרֶץ וְהִשְׁבַּתֶּם אֹתָם מִסִּבְלֹתָם: וַיְצַו פַּרְעֹה
ז בַּיּוֹם הַהוּא אֶת־הַנֹּגְשִׂים בָּעָם וְאֶת־שֹׁטְרָיו לֵאמֹר: לֹא תֹאסִפוּן לָתֵת תֶּבֶן
ח לָעָם לִלְבֹּן הַלְּבֵנִים כִּתְמוֹל שִׁלְשֹׁם הֵם יֵלְכוּ וְקֹשְׁשׁוּ לָהֶם תֶּבֶן: וְאֶת־מַתְכֹּנֶת
הַלְּבֵנִים אֲשֶׁר הֵם עֹשִׂים תְּמוֹל שִׁלְשֹׁם תָּשִׂימוּ עֲלֵיהֶם לֹא תִגְרְעוּ מִמֶּנּוּ כִּי־
ט נִרְפִּים הֵם עַל־כֵּן הֵם צֹעֲקִים לֵאמֹר נֵלְכָה נִזְבְּחָה לֵאלֹהֵינוּ: תִּכְבַּד הָעֲבֹדָה
י עַל־הָאֲנָשִׁים וְיַעֲשׂוּ־בָהּ וְאַל־יִשְׁעוּ בְּדִבְרֵי־שָׁקֶר: וַיֵּצְאוּ נֹגְשֵׂי הָעָם וְשֹׁטְרָיו
יא וַיֹּאמְרוּ אֶל־הָעָם לֵאמֹר כֹּה אָמַר פַּרְעֹה אֵינֶנִּי נֹתֵן לָכֶם תֶּבֶן: אַתֶּם לְכוּ קְחוּ
יב לָכֶם תֶּבֶן מֵאֲשֶׁר תִּמְצָאוּ כִּי אֵין נִגְרָע מֵעֲבֹדַתְכֶם דָּבָר: וַיָּפֶץ הָעָם בְּכָל־אֶרֶץ
יג מִצְרָיִם לְקֹשֵׁשׁ קַשׁ לַתֶּבֶן: וְהַנֹּגְשִׂים אָצִים לֵאמֹר כַּלּוּ מַעֲשֵׂיכֶם דְּבַר־יוֹם בְּיוֹמוֹ
יד כַּאֲשֶׁר בִּהְיוֹת הַתֶּבֶן: וַיֻּכּוּ שֹׁטְרֵי בְּנֵי יִשְׂרָאֵל אֲשֶׁר־שָׂמוּ עֲלֵהֶם נֹגְשֵׂי פַרְעֹה
טו לֵאמֹר מַדּוּעַ לֹא כִלִּיתֶם חָקְכֶם לִלְבֹּן כִּתְמוֹל שִׁלְשֹׁם גַּם־תְּמוֹל גַּם־הַיּוֹם: וַיָּבֹאוּ
טז שֹׁטְרֵי בְּנֵי יִשְׂרָאֵל וַיִּצְעֲקוּ אֶל־פַּרְעֹה לֵאמֹר לָמָּה תַעֲשֶׂה כֹה לַעֲבָדֶיךָ: תֶּבֶן
אֵין נִתָּן לַעֲבָדֶיךָ וּלְבֵנִים אֹמְרִים לָנוּ עֲשׂוּ וְהִנֵּה עֲבָדֶיךָ מֻכִּים וְחָטָאת עַמֶּךָ:
יז יח וַיֹּאמֶר נִרְפִּים אַתֶּם נִרְפִּים עַל־כֵּן אַתֶּם אֹמְרִים נֵלְכָה נִזְבְּחָה לַיהוה: וְעַתָּה

פירושי מילים

(ה', ג) **דבר** – מגפה. **חרב** – מוות על ידי חרב, במלחמה או שלא במלחמה. (ו) **הנוגשים** – הלוחצים את העם. **שוטרים** – באכדית פירוש המילה הוא לכתוב (בהתאם המילה 'שטר' בעברית מאוחרת).* השוטרים היו כפופים לנוגשים, והיו צריכים לדעת קרוא וכתוב כדי למלא את תפקידם בפיקוח על עבודת הכפייה.** (ז) **תבן** – קש קצוץ. **קששו** – מלשון קש, לאסוף את הקש. (ח) **מתכנת** – כמות, מכסה (יחזקאל מ"ה, יא; דה"ב כ"ד, יג). **נרפים** – חלשים, עצלים, בטלים מעבודה. (ט) **ישעו** – יפנו אל, יקוו, יבטחו (כמו "וישע אל הבל", בראשית ד', ד, או "ישעה האדם אל עושהו...ולא ישעה אל המזבחות" (ישעיה י"ז, ז-ח; ל"א, א) (רשב"ם; פירוש שני אצל ראב"ע הפירוש הקצר; אברבנאל; שד"ל). ורש"י פירש "יהגו וידברו... ודמה לו 'ואשעה בחקיך תמיד' (תהלים קי"ט, קיז)". **בדברי שקר** – דברי שוא והוואי (רש"י). (יא) **נגרע** – נפחת. (יג) **אצים** – מאיצים. (יד) **שמו עליהם** – הנוגשים מינו את השוטרים על בני ישראל. **כליתם חקכם** – סיימתם את הכמות הקבועה המוטלת עליכם לעשות. **ללבון** – עשיית לבנים, אבני בנייה. (טז) **וְחָטָאת** – ניקוד הח' בקמץ ולא בפתח. אולי המילה היא שם עצם (בצורת נפרד – רש"י; רשב"ם), היינו שהדבר הוא חטא לעמך. או פועל נסתרת בעבר מהופך (ראב"ע) או בעבר (עמוס חכם),

* קדרי, מילון, § שטר, שוטר (עמ' 1080); מ' ויינפלד, "'השוטר', משמעו ותפקידיו", בית מקרא כב (תשל"ז), 417-420.

** בכתובת שבה מוזכר רעמסס השני, קיימת רשימה של נוגשים, וליד כל שם מצוין היעד של ייצור לבנים, ואחר כך כמות הלבנים בפועל. K. A. Kitchen, "From the Brickfield of Egypt", *Tyndale Bulletin* 27 (1976), 137–147 here 141–142. וראו דייוויס, 1: 377.

יט לְכוּ עִבְדוּ וְתֶבֶן לֹא־יִנָּתֵן לָכֶם וְתֹכֶן לְבֵנִים תִּתֵּנוּ: וַיִּרְאוּ שֹׁטְרֵי בְנֵי־יִשְׂרָאֵל
כ אֹתָם בְּרָע לֵאמֹר לֹא־תִגְרְעוּ מִלִּבְנֵיכֶם דְּבַר־יוֹם בְּיוֹמוֹ: וַיִּפְגְּעוּ אֶת־מֹשֶׁה
כא וְאֶת־אַהֲרֹן נִצָּבִים לִקְרָאתָם בְּצֵאתָם מֵאֵת פַּרְעֹה: וַיֹּאמְרוּ אֲלֵהֶם יֵרֶא יהוה
עֲלֵיכֶם וְיִשְׁפֹּט אֲשֶׁר הִבְאַשְׁתֶּם אֶת־רֵיחֵנוּ בְּעֵינֵי פַרְעֹה וּבְעֵינֵי עֲבָדָיו לָתֶת־
כב חֶרֶב בְּיָדָם לְהָרְגֵנוּ: וַיָּשָׁב מֹשֶׁה אֶל־יהוה וַיֹּאמַר אֲדֹנָי לָמָה הֲרֵעֹתָה לָעָם מפטיר
כג הַזֶּה לָמָּה זֶּה שְׁלַחְתָּנִי: וּמֵאָז בָּאתִי אֶל־פַּרְעֹה לְדַבֵּר בִּשְׁמֶךָ הֵרַע לָעָם הַזֶּה
ו א וְהַצֵּל לֹא־הִצַּלְתָּ אֶת־עַמֶּךָ: וַיֹּאמֶר יהוה אֶל־מֹשֶׁה עַתָּה תִרְאֶה אֲשֶׁר אֶעֱשֶׂה
ב לְפַרְעֹה כִּי בְיָד חֲזָקָה יְשַׁלְּחֵם וּבְיָד חֲזָקָה יְגָרְשֵׁם מֵאַרְצוֹ: וַיְדַבֵּר

ד וארא

מינוי מחודש של משה והופעתו בפני העם ובפני פרעה

ג אֱלֹהִים אֶל־מֹשֶׁה וַיֹּאמֶר אֵלָיו אֲנִי יהוה: וָאֵרָא אֶל־אַבְרָהָם אֶל־יִצְחָק וְאֶל־
ד יַעֲקֹב בְּאֵל שַׁדָּי וּשְׁמִי יהוה לֹא נוֹדַעְתִּי לָהֶם: וְגַם הֲקִמֹתִי אֶת־בְּרִיתִי אִתָּם
ה לָתֵת לָהֶם אֶת־אֶרֶץ כְּנָעַן אֵת אֶרֶץ מְגֻרֵיהֶם אֲשֶׁר־גָּרוּ בָהּ: וְגַם ׀ אֲנִי שָׁמַעְתִּי
ו אֶת־נַאֲקַת בְּנֵי יִשְׂרָאֵל אֲשֶׁר מִצְרַיִם מַעֲבִדִים אֹתָם וָאֶזְכֹּר אֶת־בְּרִיתִי: לָכֵן
אֱמֹר לִבְנֵי־יִשְׂרָאֵל אֲנִי יהוה וְהוֹצֵאתִי אֶתְכֶם מִתַּחַת סִבְלֹת מִצְרַיִם וְהִצַּלְתִּי
ז אֶתְכֶם מֵעֲבֹדָתָם וְגָאַלְתִּי אֶתְכֶם בִּזְרוֹעַ נְטוּיָה וּבִשְׁפָטִים גְּדֹלִים: וְלָקַחְתִּי
אֶתְכֶם לִי לְעָם וְהָיִיתִי לָכֶם לֵאלֹהִים וִידַעְתֶּם כִּי אֲנִי יהוה אֱלֹהֵיכֶם הַמּוֹצִיא
ח אֶתְכֶם מִתַּחַת סִבְלוֹת מִצְרָיִם: וְהֵבֵאתִי אֶתְכֶם אֶל־הָאָרֶץ אֲשֶׁר נָשָׂאתִי אֶת־
יָדִי לָתֵת אֹתָהּ לְאַבְרָהָם לְיִצְחָק וּלְיַעֲקֹב וְנָתַתִּי אֹתָהּ לָכֶם מוֹרָשָׁה אֲנִי יהוה:
ט וַיְדַבֵּר מֹשֶׁה כֵּן אֶל־בְּנֵי יִשְׂרָאֵל וְלֹא שָׁמְעוּ אֶל־מֹשֶׁה מִקֹּצֶר רוּחַ וּמֵעֲבֹדָה
קָשָׁה:
יא וַיְדַבֵּר יהוה אֶל־מֹשֶׁה לֵּאמֹר: בֹּא דַבֵּר אֶל־פַּרְעֹה מֶלֶךְ מִצְרָיִם וִישַׁלַּח אֶת־
יב בְּנֵי־יִשְׂרָאֵל מֵאַרְצוֹ: וַיְדַבֵּר מֹשֶׁה לִפְנֵי יהוה לֵאמֹר הֵן בְּנֵי־יִשְׂרָאֵל לֹא־שָׁמְעוּ
אֵלַי וְאֵיךְ יִשְׁמָעֵנִי פַרְעֹה וַאֲנִי עֲרַל שְׂפָתָיִם:

פירושי מילים

היינו 'ועמך חוטא'. (יח) תכן – כמות, מכסה. (יט) ברע – מצב רע. ראו את ישראל במצב רע (רש"י); או ראו את עצמם במצב רע (ראב"ע). (כא) הבאשתם – הסרחתם, מטאפורה למיאוסם בעיני פרעה. (ו', ג) נודעתי – נתגליתי. (ד) וגם – נוסף למה שאמר קודם. אפשר שהמילה 'גם' היא לשם הדגשה, כעין אכן. כך אולי למשל: בראשית י"ז, טז; מ"ו, ד; ירמיה י"ב, ו.* ואולי כך המובן בפסוק הבא. (ה) נאקת – זעקת שבר. (ו) סבלות – נשיאת משא כבד, ובהשאלה התענו. בזרוע נטויה – כוח גדול. דימוי של לוחם המרים ידו על מנת להכות. שפטים גדולים – עונשים, מהלומות קשות. (ח) מורשה – נחלה לצמיתות העוברת מדור לדור. (ט) קצר רוח – אדם הנושם נשימות קצרות, כך אדם נושם כאשר הוא עמל, ואז הוא אינו מרוכז ואינו פנוי לשים ליבו לדבר. ההפך הוא 'ארך אפיים' שנשימותיו ארוכות וסדורות ודעתו מיושבת. (יב) ערל – זכר שלא נימול, בהשאלה ערל שפתיים – אטום, סתום בשפתיו, קשה דיבור. כמו "ערלה אזנם" בירמיה ו', י; או "ערל לב" בויקרא כ"ו, מא; דברים י', טז; ירמיה ד', ד; ט', כה; יחזקאל מ"ד, ז, ט.

* C. L. Labuschange, "The Emphasizing Particle *Gam* and Its Connotations", *Studie Biblia et Semitica*, Wageningen: H. Veenman and Sons, 1966, 193–203

יג וַיְדַבֵּר יְהוָה אֶל־מֹשֶׁה וְאֶל־אַהֲרֹן וַיְצַוֵּם אֶל־בְּנֵי יִשְׂרָאֵל וְאֶל־פַּרְעֹה מֶלֶךְ
יד מִצְרָיִם לְהוֹצִיא אֶת־בְּנֵי־יִשְׂרָאֵל מֵאֶרֶץ מִצְרָיִם: אֵלֶּה רָאשֵׁי בֵית־ שני
אֲבֹתָם בְּנֵי רְאוּבֵן בְּכֹר יִשְׂרָאֵל חֲנוֹךְ וּפַלּוּא חֶצְרֹן וְכַרְמִי אֵלֶּה מִשְׁפְּחֹת רְאוּבֵן:
טו וּבְנֵי שִׁמְעוֹן יְמוּאֵל וְיָמִין וְאֹהַד וְיָכִין וְצֹחַר וְשָׁאוּל בֶּן־הַכְּנַעֲנִית אֵלֶּה מִשְׁפְּחֹת
טז שִׁמְעוֹן: וְאֵלֶּה שְׁמוֹת בְּנֵי־לֵוִי לְתֹלְדֹתָם גֵּרְשׁוֹן וּקְהָת וּמְרָרִי וּשְׁנֵי חַיֵּי לֵוִי שֶׁבַע
יז יח וּשְׁלֹשִׁים וּמְאַת שָׁנָה: בְּנֵי גֵרְשׁוֹן לִבְנִי וְשִׁמְעִי לְמִשְׁפְּחֹתָם: וּבְנֵי קְהָת עַמְרָם
יט וְיִצְהָר וְחֶבְרוֹן וְעֻזִּיאֵל וּשְׁנֵי חַיֵּי קְהָת שָׁלֹשׁ וּשְׁלֹשִׁים וּמְאַת שָׁנָה: וּבְנֵי מְרָרִי
כ מַחְלִי וּמוּשִׁי אֵלֶּה מִשְׁפְּחֹת הַלֵּוִי לְתֹלְדֹתָם: וַיִּקַּח עַמְרָם אֶת־יוֹכֶבֶד דֹּדָתוֹ לוֹ
לְאִשָּׁה וַתֵּלֶד לוֹ אֶת־אַהֲרֹן וְאֶת־מֹשֶׁה וּשְׁנֵי חַיֵּי עַמְרָם שֶׁבַע וּשְׁלֹשִׁים וּמְאַת
כא כב כג שָׁנָה: וּבְנֵי יִצְהָר קֹרַח וָנֶפֶג וְזִכְרִי: וּבְנֵי עֻזִּיאֵל מִישָׁאֵל וְאֶלְצָפָן וְסִתְרִי: וַיִּקַּח
אַהֲרֹן אֶת־אֱלִישֶׁבַע בַּת־עַמִּינָדָב אֲחוֹת נַחְשׁוֹן לוֹ לְאִשָּׁה וַתֵּלֶד לוֹ אֶת־נָדָב
כד וְאֶת־אֲבִיהוּא אֶת־אֶלְעָזָר וְאֶת־אִיתָמָר: וּבְנֵי קֹרַח אַסִּיר וְאֶלְקָנָה וַאֲבִיאָסָף
כה אֵלֶּה מִשְׁפְּחֹת הַקָּרְחִי: וְאֶלְעָזָר בֶּן־אַהֲרֹן לָקַח־לוֹ מִבְּנוֹת פּוּטִיאֵל לוֹ לְאִשָּׁה
כו וַתֵּלֶד לוֹ אֶת־פִּינְחָס אֵלֶּה רָאשֵׁי אֲבוֹת הַלְוִיִּם לְמִשְׁפְּחֹתָם: הוּא אַהֲרֹן וּמֹשֶׁה
אֲשֶׁר אָמַר יְהוָה לָהֶם הוֹצִיאוּ אֶת־בְּנֵי יִשְׂרָאֵל מֵאֶרֶץ מִצְרַיִם עַל־צִבְאֹתָם:
כז הֵם הַמְדַבְּרִים אֶל־פַּרְעֹה מֶלֶךְ־מִצְרַיִם לְהוֹצִיא אֶת־בְּנֵי־יִשְׂרָאֵל מִמִּצְרָיִם הוּא
כח כט מֹשֶׁה וְאַהֲרֹן: וַיְהִי בְּיוֹם דִּבֶּר יְהוָה אֶל־מֹשֶׁה בְּאֶרֶץ מִצְרָיִם: וַיְדַבֵּר שלישי
יְהוָה אֶל־מֹשֶׁה לֵּאמֹר אֲנִי יְהוָה דַּבֵּר אֶל־פַּרְעֹה מֶלֶךְ מִצְרַיִם אֵת כָּל־אֲשֶׁר
ל אֲנִי דֹּבֵר אֵלֶיךָ: וַיֹּאמֶר מֹשֶׁה לִפְנֵי יְהוָה הֵן אֲנִי עֲרַל שְׂפָתַיִם וְאֵיךְ יִשְׁמַע אֵלַי
פַּרְעֹה:

ז א וַיֹּאמֶר יְהוָה אֶל־מֹשֶׁה רְאֵה נְתַתִּיךָ אֱלֹהִים לְפַרְעֹה וְאַהֲרֹן אָחִיךָ יִהְיֶה נְבִיאֶךָ:
ב אַתָּה תְדַבֵּר אֵת כָּל־אֲשֶׁר אֲצַוֶּךָּ וְאַהֲרֹן אָחִיךָ יְדַבֵּר אֶל־פַּרְעֹה וְשִׁלַּח אֶת־בְּנֵי־
ג יִשְׂרָאֵל מֵאַרְצוֹ: וַאֲנִי אַקְשֶׁה אֶת־לֵב פַּרְעֹה וְהִרְבֵּיתִי אֶת־אֹתֹתַי וְאֶת־מוֹפְתַי
ד בְּאֶרֶץ מִצְרָיִם: וְלֹא־יִשְׁמַע אֲלֵכֶם פַּרְעֹה וְנָתַתִּי אֶת־יָדִי בְּמִצְרָיִם וְהוֹצֵאתִי
ה אֶת־צִבְאֹתַי אֶת־עַמִּי בְנֵי־יִשְׂרָאֵל מֵאֶרֶץ מִצְרַיִם בִּשְׁפָטִים גְּדֹלִים: וְיָדְעוּ
מִצְרַיִם כִּי־אֲנִי יְהוָה בִּנְטֹתִי אֶת־יָדִי עַל־מִצְרָיִם וְהוֹצֵאתִי אֶת־בְּנֵי־יִשְׂרָאֵל
ו ז מִתּוֹכָם: וַיַּעַשׂ מֹשֶׁה וְאַהֲרֹן כַּאֲשֶׁר צִוָּה יְהוָה אֹתָם כֵּן עָשׂוּ: וּמֹשֶׁה בֶּן־שְׁמֹנִים
שָׁנָה וְאַהֲרֹן בֶּן־שָׁלֹשׁ וּשְׁמֹנִים שָׁנָה בְּדַבְּרָם אֶל־פַּרְעֹה:
ח ט וַיֹּאמֶר יְהוָה אֶל־מֹשֶׁה וְאֶל־אַהֲרֹן לֵאמֹר: כִּי יְדַבֵּר אֲלֵכֶם פַּרְעֹה לֵאמֹר תְּנוּ לָכֶם ה רביעי
י מוֹפֵת וְאָמַרְתָּ אֶל־אַהֲרֹן קַח אֶת־מַטְּךָ וְהַשְׁלֵךְ לִפְנֵי־פַרְעֹה יְהִי לְתַנִּין: וַיָּבֹא

פירושי מילים

(יג) ויצום – מינה אותם. (ז׳, א) נביאך – הדובר שלך. המשמעות הבסיסית של המילה היא זו, ומכאן השימוש בשם נביא כשליח ה׳ ואומר את דברו.* (ה) בנטתי ידי – כאשר ארים ידי. (ט) תנין – תמסח.

* וראו: CAD N1 35b

מֹשֶׁה וְאַהֲרֹן אֶל־פַּרְעֹה וַיַּעֲשׂוּ־כֵן כַּאֲשֶׁר צִוָּה יהוה וַיַּשְׁלֵךְ אַהֲרֹן אֶת־מַטֵּהוּ
יא לִפְנֵי פַרְעֹה וְלִפְנֵי עֲבָדָיו וַיְהִי לְתַנִּין: וַיִּקְרָא גַּם־פַּרְעֹה לַחֲכָמִים וְלַמְכַשְּׁפִים
יב וַיַּעֲשׂוּ גַם־הֵם חַרְטֻמֵּי מִצְרַיִם בְּלַהֲטֵיהֶם כֵּן: וַיַּשְׁלִיכוּ אִישׁ מַטֵּהוּ וַיִּהְיוּ לְתַנִּינִם
יג וַיִּבְלַע מַטֵּה־אַהֲרֹן אֶת־מַטֹּתָם: וַיֶּחֱזַק לֵב פַּרְעֹה וְלֹא שָׁמַע אֲלֵהֶם כַּאֲשֶׁר דִּבֶּר
יד טו יהוה: וַיֹּאמֶר יהוה אֶל־מֹשֶׁה כָּבֵד לֵב פַּרְעֹה מֵאֵן לְשַׁלַּח הָעָם: לֵךְ

מכת דם

אֶל־פַּרְעֹה בַּבֹּקֶר הִנֵּה יֹצֵא הַמַּיְמָה וְנִצַּבְתָּ לִקְרָאתוֹ עַל־שְׂפַת הַיְאֹר וְהַמַּטֶּה
טז אֲשֶׁר־נֶהְפַּךְ לְנָחָשׁ תִּקַּח בְּיָדֶךָ: וְאָמַרְתָּ אֵלָיו יהוה אֱלֹהֵי הָעִבְרִים שְׁלָחַנִי אֵלֶיךָ
יז לֵאמֹר שַׁלַּח אֶת־עַמִּי וְיַעַבְדֻנִי בַּמִּדְבָּר וְהִנֵּה לֹא־שָׁמַעְתָּ עַד־כֹּה: כֹּה אָמַר
יהוה בְּזֹאת תֵּדַע כִּי אֲנִי יהוה הִנֵּה אָנֹכִי מַכֶּה | בַּמַּטֶּה אֲשֶׁר־בְּיָדִי עַל־הַמַּיִם
יח אֲשֶׁר בַּיְאֹר וְנֶהֶפְכוּ לְדָם: וְהַדָּגָה אֲשֶׁר־בַּיְאֹר תָּמוּת וּבָאַשׁ הַיְאֹר וְנִלְאוּ מִצְרַיִם
יט לִשְׁתּוֹת מַיִם מִן־הַיְאֹר: וַיֹּאמֶר יהוה אֶל־מֹשֶׁה אֱמֹר אֶל־אַהֲרֹן
קַח מַטְּךָ וּנְטֵה־יָדְךָ עַל־מֵימֵי מִצְרַיִם עַל־נַהֲרֹתָם | עַל־יְאֹרֵיהֶם וְעַל־אַגְמֵיהֶם
וְעַל כָּל־מִקְוֵה מֵימֵיהֶם וְיִהְיוּ־דָם וְהָיָה דָם בְּכָל־אֶרֶץ מִצְרַיִם וּבָעֵצִים וּבָאֲבָנִים:
כ וַיַּעֲשׂוּ־כֵן מֹשֶׁה וְאַהֲרֹן כַּאֲשֶׁר | צִוָּה יהוה וַיָּרֶם בַּמַּטֶּה וַיַּךְ אֶת־הַמַּיִם אֲשֶׁר
כא בַּיְאֹר לְעֵינֵי פַרְעֹה וּלְעֵינֵי עֲבָדָיו וַיֵּהָפְכוּ כָּל־הַמַּיִם אֲשֶׁר־בַּיְאֹר לְדָם: וְהַדָּגָה
אֲשֶׁר־בַּיְאֹר מֵתָה וַיִּבְאַשׁ הַיְאֹר וְלֹא־יָכְלוּ מִצְרַיִם לִשְׁתּוֹת מַיִם מִן־הַיְאֹר וַיְהִי
כב הַדָּם בְּכָל־אֶרֶץ מִצְרָיִם: וַיַּעֲשׂוּ־כֵן חַרְטֻמֵּי מִצְרַיִם בְּלָטֵיהֶם וַיֶּחֱזַק לֵב־פַּרְעֹה
כג וְלֹא־שָׁמַע אֲלֵהֶם כַּאֲשֶׁר דִּבֶּר יהוה: וַיִּפֶן פַּרְעֹה וַיָּבֹא אֶל־בֵּיתוֹ וְלֹא־שָׁת לִבּוֹ
כד גַּם־לָזֹאת: וַיַּחְפְּרוּ כָל־מִצְרַיִם סְבִיבֹת הַיְאֹר מַיִם לִשְׁתּוֹת כִּי לֹא יָכְלוּ לִשְׁתֹּת
כה מִמֵּימֵי הַיְאֹר: וַיִּמָּלֵא שִׁבְעַת יָמִים אַחֲרֵי הַכּוֹת־יהוה אֶת־הַיְאֹר:

מכת צפרדעים

כו וַיֹּאמֶר יהוה אֶל־מֹשֶׁה בֹּא אֶל־פַּרְעֹה וְאָמַרְתָּ אֵלָיו כֹּה אָמַר יהוה שַׁלַּח אֶת־
כז עַמִּי וְיַעַבְדֻנִי: וְאִם־מָאֵן אַתָּה לְשַׁלֵּחַ הִנֵּה אָנֹכִי נֹגֵף אֶת־כָּל־גְּבוּלְךָ בַּצְפַרְדְּעִים:
כח וְשָׁרַץ הַיְאֹר צְפַרְדְּעִים וְעָלוּ וּבָאוּ בְּבֵיתֶךָ וּבַחֲדַר מִשְׁכָּבְךָ וְעַל־מִטָּתֶךָ וּבְבֵית
כט עֲבָדֶיךָ וּבְעַמֶּךָ וּבְתַנּוּרֶיךָ וּבְמִשְׁאֲרוֹתֶיךָ: וּבְכָה וּבְעַמְּךָ וּבְכָל־עֲבָדֶיךָ יַעֲלוּ

פירושי מילים

(יא) **חרטמי מצרים** – ראב"ע כתב שהמילה כנראה בלשון מצרים או כשדים (ומופיעה גם בהקשר הבבלי בדניאל א', כ). מקובל היום שהמילה מצרית, ומשמעותה קוסם מלומד.* **בלהטיהם** – מעשה כישוף. (יד) **כבד** – מתעקש. **מאן** – סירב. (יח) **דגה** – שם קיבוצי לכל הדגים. **ובאש** – הצחין. **ונלאו** -משורש לא"ה, יהיו עייפים מלשתות; לא יוכלו (ראו כא וכד). ראו רשב"ם בראשית י"ט, יא. (יט) **מקוה** – מאגר מים; מהשורש קו"ה, מים אסופים. (כג) **ולא שת ליבו** – לא שם. בניין קל של שית. (כז) **מאן** – מסרב. **אנכי נגף** – אני מביא מגפה. **גבולך** – ארצך, הארץ המתוחמת באמצעות גבול. (כח) **ושרץ** – יתרבה מאוד. **משארותיך** – כלים שלשים בהם בצק (י"ב, לד; דברים כ"ח, ה, יז). המילה אולי מגזרת שׂאור

* Th. O. Lambdin, "Egyptian Loan Words in the Old Testament" *Journal of the American Oriental Society* 73 (1953), 145-155 here 150-151. אפשרות אחרת ראו: D. B. Redford, *A Study of the Biblical Story of Joseph* (VTsup, 20), Leiden: Brill, 1970, 203-204

ח א הַצְפַרְדְּעִים: וַיֹּאמֶר יהוה אֶל־מֹשֶׁה אֱמֹר אֶל־אַהֲרֹן נְטֵה אֶת־יָדְךָ בְּמַטֶּךָ עַל־
הַנְּהָרֹת עַל־הַיְאֹרִים וְעַל־הָאֲגַמִּים וְהַעַל אֶת־הַצְפַרְדְּעִים עַל־אֶרֶץ מִצְרָיִם:
ב וַיֵּט אַהֲרֹן אֶת־יָדוֹ עַל מֵימֵי מִצְרָיִם וַתַּעַל הַצְּפַרְדֵּעַ וַתְּכַס אֶת־אֶרֶץ מִצְרָיִם:
ג ד וַיַּעֲשׂוּ־כֵן הַחַרְטֻמִּים בְּלָטֵיהֶם וַיַּעֲלוּ אֶת־הַצְפַרְדְּעִים עַל־אֶרֶץ מִצְרָיִם: וַיִּקְרָא
פַרְעֹה לְמֹשֶׁה וּלְאַהֲרֹן וַיֹּאמֶר הַעְתִּירוּ אֶל־יהוה וְיָסֵר הַצְפַרְדְּעִים מִמֶּנִּי וּמֵעַמִּי
ה וַאֲשַׁלְּחָה אֶת־הָעָם וְיִזְבְּחוּ לַיהוה: וַיֹּאמֶר מֹשֶׁה לְפַרְעֹה הִתְפָּאֵר עָלַי לְמָתַי ׀
אַעְתִּיר לְךָ וְלַעֲבָדֶיךָ וּלְעַמְּךָ לְהַכְרִית הַצְפַרְדְּעִים מִמְּךָ וּמִבָּתֶּיךָ רַק בַּיְאֹר
ו תִּשָּׁאַרְנָה: וַיֹּאמֶר לְמָחָר וַיֹּאמֶר כִּדְבָרְךָ לְמַעַן תֵּדַע כִּי־אֵין כַּיהוה אֱלֹהֵינוּ:
ז ח וְסָרוּ הַצְפַרְדְּעִים מִמְּךָ וּמִבָּתֶּיךָ וּמֵעֲבָדֶיךָ וּמֵעַמֶּךָ רַק בַּיְאֹר תִּשָּׁאַרְנָה: וַיֵּצֵא חמישי
מֹשֶׁה וְאַהֲרֹן מֵעִם פַּרְעֹה וַיִּצְעַק מֹשֶׁה אֶל־יהוה עַל־דְּבַר הַצְפַרְדְּעִים אֲשֶׁר־שָׂם
ט לְפַרְעֹה: וַיַּעַשׂ יהוה כִּדְבַר מֹשֶׁה וַיָּמֻתוּ הַצְפַרְדְּעִים מִן־הַבָּתִּים מִן־הַחֲצֵרֹת
יא וּמִן־הַשָּׂדֹת: וַיִּצְבְּרוּ אֹתָם חֳמָרִם חֳמָרִם וַתִּבְאַשׁ הָאָרֶץ: וַיַּרְא פַּרְעֹה כִּי הָיְתָה
יב הָרְוָחָה וְהַכְבֵּד אֶת־לִבּוֹ וְלֹא שָׁמַע אֲלֵהֶם כַּאֲשֶׁר דִּבֶּר יהוה: וַיֹּאמֶר מכת כינים
יהוה אֶל־מֹשֶׁה אֱמֹר אֶל־אַהֲרֹן נְטֵה אֶת־מַטְּךָ וְהַךְ אֶת־עֲפַר הָאָרֶץ וְהָיָה
יג לְכִנִּם בְּכָל־אֶרֶץ מִצְרָיִם: וַיַּעֲשׂוּ־כֵן וַיֵּט אַהֲרֹן אֶת־יָדוֹ בְמַטֵּהוּ וַיַּךְ אֶת־עֲפַר
הָאָרֶץ וַתְּהִי הַכִּנָּם בָּאָדָם וּבַבְּהֵמָה כָּל־עֲפַר הָאָרֶץ הָיָה כִנִּים בְּכָל־אֶרֶץ
יד מִצְרָיִם: וַיַּעֲשׂוּ־כֵן הַחַרְטֻמִּים בְּלָטֵיהֶם לְהוֹצִיא אֶת־הַכִּנִּים וְלֹא יָכֹלוּ וַתְּהִי
טו הַכִּנָּם בָּאָדָם וּבַבְּהֵמָה: וַיֹּאמְרוּ הַחַרְטֻמִּם אֶל־פַּרְעֹה אֶצְבַּע אֱלֹהִים הִוא
טז וַיֶּחֱזַק לֵב־פַּרְעֹה וְלֹא־שָׁמַע אֲלֵהֶם כַּאֲשֶׁר דִּבֶּר יהוה: וַיֹּאמֶר יהוה ו מכת ערוב
אֶל־מֹשֶׁה הַשְׁכֵּם בַּבֹּקֶר וְהִתְיַצֵּב לִפְנֵי פַרְעֹה הִנֵּה יוֹצֵא הַמָּיְמָה וְאָמַרְתָּ אֵלָיו
יז כֹּה אָמַר יהוה שַׁלַּח עַמִּי וְיַעַבְדֻנִי: כִּי אִם־אֵינְךָ מְשַׁלֵּחַ אֶת־עַמִּי הִנְנִי מַשְׁלִיחַ
בְּךָ וּבַעֲבָדֶיךָ וּבְעַמְּךָ וּבְבָתֶּיךָ אֶת־הֶעָרֹב וּמָלְאוּ בָּתֵּי מִצְרַיִם אֶת־הֶעָרֹב וְגַם
יח הָאֲדָמָה אֲשֶׁר־הֵם עָלֶיהָ: וְהִפְלֵיתִי בַיּוֹם הַהוּא אֶת־אֶרֶץ גֹּשֶׁן אֲשֶׁר עַמִּי עֹמֵד
יט עָלֶיהָ לְבִלְתִּי הֱיוֹת־שָׁם עָרֹב לְמַעַן תֵּדַע כִּי אֲנִי יהוה בְּקֶרֶב הָאָרֶץ: וְשַׂמְתִּי ששי
כ פְדֻת בֵּין עַמִּי וּבֵין עַמֶּךָ לְמָחָר יִהְיֶה הָאֹת הַזֶּה: וַיַּעַשׂ יהוה כֵּן וַיָּבֹא עָרֹב

פירושי מילים

(אברבנאל), או מהמילה שְׁאֵר, במובן מזון (רד"ק, ספר השורשים ערך שא"ר). (ח', ב) **הצפרדע** – שם עצם קיבוצי, צפרדעים רבים. (ד) **העתירו** – התפללו. (ה) **התפאר** – התגאה עליי, שאל דבר כאילו את גדול ממני, אבל בהתרחשות הדבר יתגלה ההפך. **להכרית** – להשמיד. ריב"ש: "אמור דבר שתתפאר לומר לא יוכל עשות דבר [זה], ותתפאר ששאלת דבר שלא אוכל עשוהו". (י) **חמרים חמרים** – ערמות צבורות של הצפרדעים. כפל המילה "חמרים" מורה על הערמות הרבות. (יא) **הרוחה** – הקלה (שמ"א ט"ז, כג), ההפך מצרה. (יב) **והך** – הכה. (יג) **הכנם** – שם עצם קיבוצי, נקבה יחידה, כמו "ותעל הצפרדע" פס' ב. (יח) **והפלאתי** – אבדיל (רש"י; ראב"ע; ריב"ש). ויש מפרשים במובן פלא. תרגום הארמי ירושלמי-ניאופיטי: "ואעבד ניסין ופליין בוימא ההוא"; רמב"ן פירש במובן זה, שזה פלא שיש הבדלה בין מצרים לגושן במכה זו (וכן בתרגום השבעים). (יט) **פדת** – הבדלה. כל ישועה היא הבדלה, וזו משמעות המילה גם כאן

כָּבֵד בֵּיתָה פַרְעֹה וּבֵית עֲבָדָיו וּבְכָל־אֶרֶץ מִצְרַיִם תִּשָּׁחֵת הָאָרֶץ מִפְּנֵי הֶעָרֹב׃
כא כב וַיִּקְרָא פַרְעֹה אֶל־מֹשֶׁה וּלְאַהֲרֹן וַיֹּאמֶר לְכוּ זִבְחוּ לֵאלֹהֵיכֶם בָּאָרֶץ׃ וַיֹּאמֶר
מֹשֶׁה לֹא נָכוֹן לַעֲשׂוֹת כֵּן כִּי תּוֹעֲבַת מִצְרַיִם נִזְבַּח לַיהוה אֱלֹהֵינוּ הֵן נִזְבַּח
כג אֶת־תּוֹעֲבַת מִצְרַיִם לְעֵינֵיהֶם וְלֹא יִסְקְלֻנוּ׃ דֶּרֶךְ שְׁלֹשֶׁת יָמִים נֵלֵךְ בַּמִּדְבָּר
כד וְזָבַחְנוּ לַיהוה אֱלֹהֵינוּ כַּאֲשֶׁר יֹאמַר אֵלֵינוּ׃ וַיֹּאמֶר פַּרְעֹה אָנֹכִי אֲשַׁלַּח אֶתְכֶם
וּזְבַחְתֶּם לַיהוה אֱלֹהֵיכֶם בַּמִּדְבָּר רַק הַרְחֵק לֹא־תַרְחִיקוּ לָלֶכֶת הַעְתִּירוּ בַּעֲדִי׃
כה וַיֹּאמֶר מֹשֶׁה הִנֵּה אָנֹכִי יוֹצֵא מֵעִמָּךְ וְהַעְתַּרְתִּי אֶל־יהוה וְסָר הֶעָרֹב מִפַּרְעֹה
מֵעֲבָדָיו וּמֵעַמּוֹ מָחָר רַק אַל־יֹסֵף פַּרְעֹה הָתֵל לְבִלְתִּי שַׁלַּח אֶת־הָעָם לִזְבֹּחַ
כו כז לַיהוה׃ וַיֵּצֵא מֹשֶׁה מֵעִם פַּרְעֹה וַיֶּעְתַּר אֶל־יהוה׃ וַיַּעַשׂ יהוה כִּדְבַר מֹשֶׁה
כח וַיָּסַר הֶעָרֹב מִפַּרְעֹה מֵעֲבָדָיו וּמֵעַמּוֹ לֹא נִשְׁאַר אֶחָד׃ וַיַּכְבֵּד פַּרְעֹה אֶת־לִבּוֹ
גַּם בַּפַּעַם הַזֹּאת וְלֹא שִׁלַּח אֶת־הָעָם׃

מכת דבר

ט א וַיֹּאמֶר יהוה אֶל־מֹשֶׁה בֹּא אֶל־פַּרְעֹה וְדִבַּרְתָּ אֵלָיו כֹּה־אָמַר יהוה אֱלֹהֵי
ב הָעִבְרִים שַׁלַּח אֶת־עַמִּי וְיַעַבְדֻנִי׃ כִּי אִם־מָאֵן אַתָּה לְשַׁלֵּחַ וְעוֹדְךָ מַחֲזִיק בָּם׃
ג הִנֵּה יַד־יהוה הוֹיָה בְּמִקְנְךָ אֲשֶׁר בַּשָּׂדֶה בַּסּוּסִים בַּחֲמֹרִים בַּגְּמַלִּים בַּבָּקָר
ד וּבַצֹּאן דֶּבֶר כָּבֵד מְאֹד׃ וְהִפְלָה יהוה בֵּין מִקְנֵה יִשְׂרָאֵל וּבֵין מִקְנֵה מִצְרָיִם
ה וְלֹא יָמוּת מִכָּל־לִבְנֵי יִשְׂרָאֵל דָּבָר׃ וַיָּשֶׂם יהוה מוֹעֵד לֵאמֹר מָחָר יַעֲשֶׂה יהוה
ו הַדָּבָר הַזֶּה בָּאָרֶץ׃ וַיַּעַשׂ יהוה אֶת־הַדָּבָר הַזֶּה מִמָּחֳרָת וַיָּמָת כֹּל מִקְנֵה מִצְרָיִם
ז וּמִמִּקְנֵה בְנֵי־יִשְׂרָאֵל לֹא־מֵת אֶחָד׃ וַיִּשְׁלַח פַּרְעֹה וְהִנֵּה לֹא־מֵת מִמִּקְנֵה
יִשְׂרָאֵל עַד־אֶחָד וַיִּכְבַּד לֵב פַּרְעֹה וְלֹא שִׁלַּח אֶת־הָעָם׃

מכת שחין

ח וַיֹּאמֶר יהוה אֶל־מֹשֶׁה וְאֶל־אַהֲרֹן קְחוּ לָכֶם מְלֹא חָפְנֵיכֶם פִּיחַ כִּבְשָׁן וּזְרָקוֹ
ט מֹשֶׁה הַשָּׁמַיְמָה לְעֵינֵי פַרְעֹה׃ וְהָיָה לְאָבָק עַל כָּל־אֶרֶץ מִצְרָיִם וְהָיָה עַל־הָאָדָם
י וְעַל־הַבְּהֵמָה לִשְׁחִין פֹּרֵחַ אֲבַעְבֻּעֹת בְּכָל־אֶרֶץ מִצְרָיִם׃ וַיִּקְחוּ אֶת־פִּיחַ הַכִּבְשָׁן
וַיַּעַמְדוּ לִפְנֵי פַרְעֹה וַיִּזְרֹק אֹתוֹ מֹשֶׁה הַשָּׁמָיְמָה וַיְהִי שְׁחִין אֲבַעְבֻּעֹת פֹּרֵחַ

פירושי מילים

(רש"י; ראב"ע). רשב"ם: "לשון הבדלה. וכן: ישועה והצלה וחלצה ופורקן – כולן לשון הפרשה והבדלה זה מזה".* (כד) **בעדי** – למעני, עבורי. (כה) **והעתרתי** – התפללתי. (ט', ב) **מאן** – מסרב. **ועודך** – אתה עדיין. (ג) **הויה** – הוֹוָה, מהשורש הי"ה, בצורת בינוני, במקום עתיד, להורות שיד ה' עומדת להיות במקנך.** **מקנך** – מלשון קניין, אבל תמיד בשימוש של בעלי חיים ברשותו של אדם. (ח) **חפניכם** – כפות ידיכם. **פיח כבשן** – אפר שחור העולה מתנור. הכבשן אינו מיועד לאוכל אלא להתכת מתכות. (ט) **שחין פרח אבעבעת** – דלקת המתפשטת בעור ויוצרת תפיחה בעור. גיזרונה של המילה שחין היא חום, כמו באכדית ahânuš, וכן המשמעות בערבית ובארמית.***

* וראו: מקינטוש, השורשים פרה ופרד, 548–555.
** פרופ הציע שהמשמעות היא 'אסון', כמו ישעיה מ"ז, יא; יחזקאל ז', כו.
*** אלמן, שחין, 33–34.

יא בָּאָדָם וּבַבְּהֵמָה: וְלֹא־יָכְלוּ הַחַרְטֻמִּים לַעֲמֹד לִפְנֵי מֹשֶׁה מִפְּנֵי הַשְּׁחִין כִּי־הָיָה
יב הַשְּׁחִין בַּחַרְטֻמִּם וּבְכָל־מִצְרָיִם: וַיְחַזֵּק יהוה אֶת־לֵב פַּרְעֹה וְלֹא שָׁמַע אֲלֵהֶם
יג כַּאֲשֶׁר דִּבֶּר יהוה אֶל־מֹשֶׁה: וַיֹּאמֶר יהוה אֶל־מֹשֶׁה הַשְׁכֵּם בַּבֹּקֶר מכת ברד
וְהִתְיַצֵּב לִפְנֵי פַרְעֹה וְאָמַרְתָּ אֵלָיו כֹּה־אָמַר יהוה אֱלֹהֵי הָעִבְרִים שַׁלַּח אֶת־
יד עַמִּי וְיַעַבְדֻנִי: כִּי ׀ בַּפַּעַם הַזֹּאת אֲנִי שֹׁלֵחַ אֶת־כָּל־מַגֵּפֹתַי אֶל־לִבְּךָ וּבַעֲבָדֶיךָ
טו וּבְעַמֶּךָ בַּעֲבוּר תֵּדַע כִּי אֵין כָּמֹנִי בְּכָל־הָאָרֶץ: כִּי עַתָּה שָׁלַחְתִּי אֶת־יָדִי וָאַךְ
טז אוֹתְךָ וְאֶת־עַמְּךָ בַּדָּבֶר וַתִּכָּחֵד מִן־הָאָרֶץ: וְאוּלָם בַּעֲבוּר זֹאת הֶעֱמַדְתִּיךָ
יז בַּעֲבוּר הַרְאֹתְךָ אֶת־כֹּחִי וּלְמַעַן סַפֵּר שְׁמִי בְּכָל־הָאָרֶץ: עוֹדְךָ מִסְתּוֹלֵל בְּעַמִּי שביעי
יח לְבִלְתִּי שַׁלְּחָם: הִנְנִי מַמְטִיר כָּעֵת מָחָר בָּרָד כָּבֵד מְאֹד אֲשֶׁר לֹא־הָיָה כָמֹהוּ
יט בְּמִצְרַיִם לְמִן־הַיּוֹם הִוָּסְדָה וְעַד־עָתָּה: וְעַתָּה שְׁלַח הָעֵז אֶת־מִקְנְךָ וְאֵת כָּל־
אֲשֶׁר לְךָ בַּשָּׂדֶה כָּל־הָאָדָם וְהַבְּהֵמָה אֲשֶׁר־יִמָּצֵא בַשָּׂדֶה וְלֹא יֵאָסֵף הַבַּיְתָה
כ וְיָרַד עֲלֵהֶם הַבָּרָד וָמֵתוּ: הַיָּרֵא אֶת־דְּבַר יהוה מֵעַבְדֵי פַּרְעֹה הֵנִיס אֶת־עֲבָדָיו
כא וְאֶת־מִקְנֵהוּ אֶל־הַבָּתִּים: וַאֲשֶׁר לֹא־שָׂם לִבּוֹ אֶל־דְּבַר יהוה וַיַּעֲזֹב אֶת־עֲבָדָיו
וְאֶת־מִקְנֵהוּ בַּשָּׂדֶה:
כב וַיֹּאמֶר יהוה אֶל־מֹשֶׁה נְטֵה אֶת־יָדְךָ עַל־הַשָּׁמַיִם וִיהִי בָרָד בְּכָל־אֶרֶץ מִצְרָיִם
כג עַל־הָאָדָם וְעַל־הַבְּהֵמָה וְעַל כָּל־עֵשֶׂב הַשָּׂדֶה בְּאֶרֶץ מִצְרָיִם: וַיֵּט מֹשֶׁה
אֶת־מַטֵּהוּ עַל־הַשָּׁמַיִם וַיהוה נָתַן קֹלֹת וּבָרָד וַתִּהֲלַךְ־אֵשׁ אָרְצָה וַיַּמְטֵר
כד יהוה בָּרָד עַל־אֶרֶץ מִצְרָיִם: וַיְהִי בָרָד וְאֵשׁ מִתְלַקַּחַת בְּתוֹךְ הַבָּרָד כָּבֵד מְאֹד
כה אֲשֶׁר לֹא־הָיָה כָמֹהוּ בְּכָל־אֶרֶץ מִצְרַיִם מֵאָז הָיְתָה לְגוֹי: וַיַּךְ הַבָּרָד בְּכָל־אֶרֶץ
מִצְרַיִם אֵת כָּל־אֲשֶׁר בַּשָּׂדֶה מֵאָדָם וְעַד־בְּהֵמָה וְאֵת כָּל־עֵשֶׂב הַשָּׂדֶה הִכָּה
כו הַבָּרָד וְאֶת־כָּל־עֵץ הַשָּׂדֶה שִׁבֵּר: רַק בְּאֶרֶץ גֹּשֶׁן אֲשֶׁר־שָׁם בְּנֵי יִשְׂרָאֵל לֹא
כז הָיָה בָּרָד: וַיִּשְׁלַח פַּרְעֹה וַיִּקְרָא לְמֹשֶׁה וּלְאַהֲרֹן וַיֹּאמֶר אֲלֵהֶם חָטָאתִי הַפָּעַם
כח יהוה הַצַּדִּיק וַאֲנִי וְעַמִּי הָרְשָׁעִים: הַעְתִּירוּ אֶל־יהוה וְרַב מִהְיֹת קֹלֹת אֱלֹהִים
כט וּבָרָד וַאֲשַׁלְּחָה אֶתְכֶם וְלֹא תֹסִפוּן לַעֲמֹד: וַיֹּאמֶר אֵלָיו מֹשֶׁה כְּצֵאתִי אֶת־הָעִיר
אֶפְרֹשׂ אֶת־כַּפַּי אֶל־יהוה הַקֹּלוֹת יֶחְדָּלוּן וְהַבָּרָד לֹא יִהְיֶה־עוֹד לְמַעַן תֵּדַע

פירושי מילים

(טו) ותכחד – תישמד. (יח) עודך מסתולל בעמי – מסתולל מהשורש סל״ל, במובן של מתרומם ומתנשא (ישעיה נ״ז, יד; ס״ב, כ; משלי ד׳, ח); עדיין אתה מתנשא על עמי (כך תרגום ירושלמי־ניאופיטי); שד״ל. או מלשון מסילה, היינו רומס, דורך, כובש (אונקלוס; רש״י; רשב״ם). כעת מחר – בשעה זו למחר (יהושע י״א, ו). הוסדה – נוצרה, מזמן שנבנתה. (יט) העז – מצא מקום מחסה (ישעיה ל׳, ב), בצורה אחרת מופיע השורש במשמעות דומה: מעוז. (כ) הניס – הבריח. (כג) ותהלך אש ארצה – האש ירדה מהשמיים לארץ, ואולי הכוונה לברקים. אש מתלקחת – עירוב של ברקים וברד (רש״י). או במובן של שלהבת (יחזקאל א׳, ד, אונקלוס). (כז) צדיק – צודק, בדין הביא עליי את המכות. (כח) ורב – ורב פועל בעבר עם ו״ו ההיפוך לעבר. ורב מהית – יהיה די מהיות המכה, היינו תשבות המכה (שד״ל). (כט) אפרש את כפי – פשט ידיים כלפיי מעלה בתפילה. יחדלון – ייפסקו.

ל כִּי לַיהוָה הָאָרֶץ: וְאַתָּה וַעֲבָדֶיךָ יָדַעְתִּי כִּי טֶרֶם תִּירְאוּן מִפְּנֵי יהוָה אֱלֹהִים:
לא לב וְהַפִּשְׁתָּה וְהַשְּׂעֹרָה נֻכָּתָה כִּי הַשְּׂעֹרָה אָבִיב וְהַפִּשְׁתָּה גִּבְעֹל: וְהַחִטָּה וְהַכֻּסֶּמֶת
לג לֹא נֻכּוּ כִּי אֲפִילֹת הֵנָּה: וַיֵּצֵא מֹשֶׁה מֵעִם פַּרְעֹה אֶת־הָעִיר וַיִּפְרֹשׂ כַּפָּיו אֶל־ מפטיר
לד יהוָה וַיַּחְדְּלוּ הַקֹּלוֹת וְהַבָּרָד וּמָטָר לֹא־נִתַּךְ אָרְצָה: וַיַּרְא פַּרְעֹה כִּי־חָדַל
לה הַמָּטָר וְהַבָּרָד וְהַקֹּלֹת וַיֹּסֶף לַחֲטֹא וַיַּכְבֵּד לִבּוֹ הוּא וַעֲבָדָיו: וַיֶּחֱזַק לֵב פַּרְעֹה
וְלֹא שִׁלַּח אֶת־בְּנֵי יִשְׂרָאֵל כַּאֲשֶׁר דִּבֶּר יהוָה בְּיַד־מֹשֶׁה:

בא ז

מכת ארבה

י א וַיֹּאמֶר יהוָה אֶל־מֹשֶׁה בֹּא אֶל־פַּרְעֹה כִּי־אֲנִי הִכְבַּדְתִּי אֶת־לִבּוֹ וְאֶת־לֵב עֲבָדָיו
ב לְמַעַן שִׁתִי אֹתֹתַי אֵלֶּה בְּקִרְבּוֹ: וּלְמַעַן תְּסַפֵּר בְּאׇזְנֵי בִנְךָ וּבֶן־בִּנְךָ אֵת אֲשֶׁר
ג הִתְעַלַּלְתִּי בְּמִצְרַיִם וְאֶת־אֹתֹתַי אֲשֶׁר־שַׂמְתִּי בָם וִידַעְתֶּם כִּי־אֲנִי יהוָה: וַיָּבֹא
מֹשֶׁה וְאַהֲרֹן אֶל־פַּרְעֹה וַיֹּאמְרוּ אֵלָיו כֹּה־אָמַר יהוָה אֱלֹהֵי הָעִבְרִים עַד־מָתַי
ד מֵאַנְתָּ לֵעָנֹת מִפָּנָי שַׁלַּח עַמִּי וְיַעַבְדֻנִי: כִּי אִם־מָאֵן אַתָּה לְשַׁלֵּחַ אֶת־עַמִּי
ה הִנְנִי מֵבִיא מָחָר אַרְבֶּה בִּגְבֻלֶךָ: וְכִסָּה אֶת־עֵין הָאָרֶץ וְלֹא יוּכַל לִרְאֹת אֶת־
הָאָרֶץ וְאָכַל ׀ אֶת־יֶתֶר הַפְּלֵטָה הַנִּשְׁאֶרֶת לָכֶם מִן־הַבָּרָד וְאָכַל אֶת־כׇּל־
ו הָעֵץ הַצֹּמֵחַ לָכֶם מִן־הַשָּׂדֶה: וּמָלְאוּ בָתֶּיךָ וּבָתֵּי כׇל־עֲבָדֶיךָ וּבָתֵּי כׇל־מִצְרַיִם
אֲשֶׁר לֹא־רָאוּ אֲבֹתֶיךָ וַאֲבוֹת אֲבֹתֶיךָ מִיּוֹם הֱיוֹתָם עַל־הָאֲדָמָה עַד הַיּוֹם
ז הַזֶּה וַיִּפֶן וַיֵּצֵא מֵעִם פַּרְעֹה: וַיֹּאמְרוּ עַבְדֵי פַרְעֹה אֵלָיו עַד־מָתַי יִהְיֶה זֶה לָנוּ
לְמוֹקֵשׁ שַׁלַּח אֶת־הָאֲנָשִׁים וְיַעַבְדוּ אֶת־יהוָה אֱלֹהֵיהֶם הֲטֶרֶם תֵּדַע כִּי אָבְדָה
ח מִצְרָיִם: וַיּוּשַׁב אֶת־מֹשֶׁה וְאֶת־אַהֲרֹן אֶל־פַּרְעֹה וַיֹּאמֶר אֲלֵהֶם לְכוּ עִבְדוּ אֶת־
ט יהוָה אֱלֹהֵיכֶם מִי וָמִי הַהֹלְכִים: וַיֹּאמֶר מֹשֶׁה בִּנְעָרֵינוּ וּבִזְקֵנֵינוּ נֵלֵךְ בְּבָנֵינוּ
י וּבִבְנוֹתֵנוּ בְּצֹאנֵנוּ וּבִבְקָרֵנוּ נֵלֵךְ כִּי חַג־יהוָה לָנוּ: וַיֹּאמֶר אֲלֵהֶם יְהִי כֵן יהוָה
יא עִמָּכֶם כַּאֲשֶׁר אֲשַׁלַּח אֶתְכֶם וְאֶת־טַפְּכֶם רְאוּ כִּי רָעָה נֶגֶד פְּנֵיכֶם: לֹא כֵן לְכוּ־
נָא הַגְּבָרִים וְעִבְדוּ אֶת־יהוָה כִּי אֹתָהּ אַתֶּם מְבַקְשִׁים וַיְגָרֶשׁ אֹתָם מֵאֵת פְּנֵי

פירושי מילים

(ל) **טרם תיראון** – עדיין לא תיראון (רש"י). אך נראה יותר פירוש ראב"ע: לא תיראון. (לא) **והפשתה** – צמח פשתים, שממנו עושים בדים. **נכתה** – הוכתה, נשברה. **אביב** – צמח צעיר ("אבי הנחל", שיה"ש ו', יא; "עדנו באיבו לא יקטף", איוב ח', יב), שיבולת בתחילת בישולה אז גרעיניה רכים. בל"ד, יח – אביב כתקופת שנה, היינו, העונה שבה התבואה היא במצב של אביב. **גבעל** – הֶלקט, היינו מעין גביע עשוי שמכיל את הפרי, כאן – זרעי הפשתן (לא כמו בימינו, שהגבעול הוא הקנה). (לב). **נכו** – הוכתה, הוכו, נשברו. (לב) **אפילת** – מאחרות (להבשיל).* (לג) **נתך** – נשפך, ירד. (י', א) **שתי** – אשים. (ב) **התעללתי** – פגעתי (שמ"א ו', ו; איכה א, כב) (ג) **מאנת** – תסרב, עבר במובן עתיד. **לענת** – להיכנע. (ד) **מאן** – מסרב. **בגבלך** – קו המסמן שטח מוגדר, אבל כאן ובמקומות אחרים במובן 'ארץ'. (ה) **עין הארץ** – מראה הארץ (רש"י; ריב"ש). וכהה את העיניים של מי שיושב בארץ (ראב"ע). כסה את השמש, שהוא עין הארץ (לקח טוב; אברבנאל). **את יתר הפלטה** – את מה שנשאר. (ז) **למוקש** – מלכודת, למכשול. הטרם תדע? – עדיין אינך יודע. (ח) **ויושב** – משה ואהרן הושבו לפרעה.

* וכן באכדית apālu II – לאחר.

יב פַּרְעֹה: וַיֹּאמֶר יְהוָה אֶל־מֹשֶׁה נְטֵה יָדְךָ עַל־אֶרֶץ מִצְרַיִם בָּאַרְבֶּה שני
וְיַעַל עַל־אֶרֶץ מִצְרָיִם וְיֹאכַל אֶת־כָּל־עֵשֶׂב הָאָרֶץ אֵת כָּל־אֲשֶׁר הִשְׁאִיר
יג הַבָּרָד: וַיֵּט מֹשֶׁה אֶת־מַטֵּהוּ עַל־אֶרֶץ מִצְרַיִם וַיהוָה נִהַג רוּחַ־קָדִים בָּאָרֶץ
יד כָּל־הַיּוֹם הַהוּא וְכָל־הַלָּיְלָה הַבֹּקֶר הָיָה וְרוּחַ הַקָּדִים נָשָׂא אֶת־הָאַרְבֶּה: וַיַּעַל
הָאַרְבֶּה עַל כָּל־אֶרֶץ מִצְרַיִם וַיָּנַח בְּכֹל גְּבוּל מִצְרָיִם כָּבֵד מְאֹד לְפָנָיו לֹא־הָיָה
טו כֵן אַרְבֶּה כָּמֹהוּ וְאַחֲרָיו לֹא יִהְיֶה־כֵּן: וַיְכַס אֶת־עֵין כָּל־הָאָרֶץ וַתֶּחְשַׁךְ הָאָרֶץ
וַיֹּאכַל אֶת־כָּל־עֵשֶׂב הָאָרֶץ וְאֵת כָּל־פְּרִי הָעֵץ אֲשֶׁר הוֹתִיר הַבָּרָד וְלֹא־נוֹתַר
טז כָּל־יֶרֶק בָּעֵץ וּבְעֵשֶׂב הַשָּׂדֶה בְּכָל־אֶרֶץ מִצְרָיִם: וַיְמַהֵר פַּרְעֹה לִקְרֹא לְמֹשֶׁה
יז וּלְאַהֲרֹן וַיֹּאמֶר חָטָאתִי לַיהוָה אֱלֹהֵיכֶם וְלָכֶם: וְעַתָּה שָׂא נָא חַטָּאתִי אַךְ הַפַּעַם
יח וְהַעְתִּירוּ לַיהוָה אֱלֹהֵיכֶם וְיָסֵר מֵעָלַי רַק אֶת־הַמָּוֶת הַזֶּה: וַיֵּצֵא מֵעִם פַּרְעֹה
יט וַיֶּעְתַּר אֶל־יְהוָה: וַיַּהֲפֹךְ יְהוָה רוּחַ־יָם חָזָק מְאֹד וַיִּשָּׂא אֶת־הָאַרְבֶּה וַיִּתְקָעֵהוּ
כ יָמָּה סּוּף לֹא נִשְׁאַר אַרְבֶּה אֶחָד בְּכֹל גְּבוּל מִצְרָיִם: וַיְחַזֵּק יְהוָה אֶת־לֵב פַּרְעֹה
וְלֹא שִׁלַּח אֶת־בְּנֵי יִשְׂרָאֵל:
כא וַיֹּאמֶר יְהוָה אֶל־מֹשֶׁה נְטֵה יָדְךָ עַל־הַשָּׁמַיִם וִיהִי חֹשֶׁךְ עַל־אֶרֶץ מִצְרָיִם וְיָמֵשׁ מכת חושך
כב חֹשֶׁךְ: וַיֵּט מֹשֶׁה אֶת־יָדוֹ עַל־הַשָּׁמָיִם וַיְהִי חֹשֶׁךְ־אֲפֵלָה בְּכָל־אֶרֶץ מִצְרַיִם
כג שְׁלֹשֶׁת יָמִים: לֹא־רָאוּ אִישׁ אֶת־אָחִיו וְלֹא־קָמוּ אִישׁ מִתַּחְתָּיו שְׁלֹשֶׁת יָמִים
כד וּלְכָל־בְּנֵי יִשְׂרָאֵל הָיָה אוֹר בְּמוֹשְׁבֹתָם: וַיִּקְרָא פַרְעֹה אֶל־מֹשֶׁה וַיֹּאמֶר לְכוּ שלישי
כה עִבְדוּ אֶת־יְהוָה רַק צֹאנְכֶם וּבְקַרְכֶם יֻצָּג גַּם־טַפְּכֶם יֵלֵךְ עִמָּכֶם: וַיֹּאמֶר מֹשֶׁה
כו גַּם־אַתָּה תִּתֵּן בְּיָדֵנוּ זְבָחִים וְעֹלֹת וְעָשִׂינוּ לַיהוָה אֱלֹהֵינוּ: וְגַם־מִקְנֵנוּ יֵלֵךְ
עִמָּנוּ לֹא תִשָּׁאֵר פַּרְסָה כִּי מִמֶּנּוּ נִקַּח לַעֲבֹד אֶת־יְהוָה אֱלֹהֵינוּ וַאֲנַחְנוּ לֹא־נֵדַע
כז מַה־נַּעֲבֹד אֶת־יְהוָה עַד־בֹּאֵנוּ שָׁמָּה: וַיְחַזֵּק יְהוָה אֶת־לֵב פַּרְעֹה וְלֹא אָבָה
כח לְשַׁלְּחָם: וַיֹּאמֶר־לוֹ פַרְעֹה לֵךְ מֵעָלָי הִשָּׁמֶר לְךָ אַל־תֹּסֶף רְאוֹת פָּנַי כִּי בְּיוֹם
כט רְאֹתְךָ פָנַי תָּמוּת: וַיֹּאמֶר מֹשֶׁה כֵּן דִּבַּרְתָּ לֹא־אֹסִף עוֹד רְאוֹת פָּנֶיךָ:

פירושי מילים

(יב) נטה ידך על ארץ מצרים בארבה – בשביל מכת הארבה (תרגום ירושלמי־יונתן; רש"י; ראב"ע); בכיוון הארבה (ספורנו); או הכאה על הארבה (ר' משה הכהן, מובא אצל ראב"ע).* (יג) נהג – הוליך. רוח קדים – רוח מזרחית. נשא – העביר. (יז) שא נא חטאתי – סלח לי. (יט) רוח ים – רוח מערבית. ויתקעהו ימה סוף – זרק ונעץ את הארבה בים סוף. (כא) וימש – מהשורש מש"ש, החושך היה חזק כל כך עד שהיה אפשר למשש אותו (רש"י; ראב"ע), ושד"ל הדגיש שאין הכוונה שמישׁשו את החושך, אלא שזו מליצה. אפשרות שנייה מהשורש מו"ש, במובן של השורש מש"ש (מופיע בראב"ע). אפשרות שלישית מהשורש אמ"ש, וחסר א' – ויאמש, היינו הלילה יאפיל (רשב"ם). (כב) אפלה – חושך, חשך אפלה – חושך מוחלט. (כג) ולא קמו איש מתחתיו – איש לא קם ממקומו בשל החושך. (כד) יצג – יונח, יישאר. (כה) גם אתה – המילה גם במשמעות של הדגשה.** (כו) פרסה – רגל של בהמה, הכוונה אפילו בהמה אחת. (כז) ולא אבה – ולא הסכים.

* וכן דייוויס, 638.

** יעקב, 286–287; חכם, קסב.

יא א וַיֹּאמֶר יְהוָה אֶל־מֹשֶׁה עוֹד נֶגַע אֶחָד אָבִיא עַל־פַּרְעֹה וְעַל־מִצְרַיִם אַחֲרֵי־כֵן ח הכרזה על מכת בכורות
ב יְשַׁלַּח אֶתְכֶם מִזֶּה כְּשַׁלְּחוֹ כָּלָה גָּרֵשׁ יְגָרֵשׁ אֶתְכֶם מִזֶּה: דַּבֶּר־נָא בְּאָזְנֵי הָעָם
ג וְיִשְׁאֲלוּ אִישׁ ׀ מֵאֵת רֵעֵהוּ וְאִשָּׁה מֵאֵת רְעוּתָהּ כְּלֵי־כֶסֶף וּכְלֵי זָהָב: וַיִּתֵּן יְהוָה
אֶת־חֵן הָעָם בְּעֵינֵי מִצְרָיִם גַּם ׀ הָאִישׁ מֹשֶׁה גָּדוֹל מְאֹד בְּאֶרֶץ מִצְרַיִם בְּעֵינֵי
ד עַבְדֵי־פַרְעֹה וּבְעֵינֵי הָעָם: וַיֹּאמֶר מֹשֶׁה כֹּה אָמַר יְהוָה כַּחֲצֹת רביעי
ה הַלַּיְלָה אֲנִי יוֹצֵא בְּתוֹךְ מִצְרָיִם: וּמֵת כָּל־בְּכוֹר בְּאֶרֶץ מִצְרַיִם מִבְּכוֹר פַּרְעֹה
הַיֹּשֵׁב עַל־כִּסְאוֹ עַד בְּכוֹר הַשִּׁפְחָה אֲשֶׁר אַחַר הָרֵחָיִם וְכֹל בְּכוֹר בְּהֵמָה:
ו וְהָיְתָה צְעָקָה גְדֹלָה בְּכָל־אֶרֶץ מִצְרָיִם אֲשֶׁר כָּמֹהוּ לֹא נִהְיָתָה וְכָמֹהוּ לֹא
ז תֹסִף: וּלְכֹל ׀ בְּנֵי יִשְׂרָאֵל לֹא יֶחֱרַץ־כֶּלֶב לְשֹׁנוֹ לְמֵאִישׁ וְעַד־בְּהֵמָה לְמַעַן
ח תֵּדְעוּן אֲשֶׁר יַפְלֶה יְהוָה בֵּין מִצְרַיִם וּבֵין יִשְׂרָאֵל: וְיָרְדוּ כָל־עֲבָדֶיךָ אֵלֶּה אֵלַי
וְהִשְׁתַּחֲווּ־לִי לֵאמֹר צֵא אַתָּה וְכָל־הָעָם אֲשֶׁר־בְּרַגְלֶיךָ וְאַחֲרֵי־כֵן אֵצֵא וַיֵּצֵא
ט מֵעִם־פַּרְעֹה בָּחֳרִי־אָף: וַיֹּאמֶר יְהוָה אֶל־מֹשֶׁה לֹא־יִשְׁמַע אֲלֵיכֶם
י פַּרְעֹה לְמַעַן רְבוֹת מוֹפְתַי בְּאֶרֶץ מִצְרָיִם: וּמֹשֶׁה וְאַהֲרֹן עָשׂוּ אֶת־כָּל־הַמֹּפְתִים
הָאֵלֶּה לִפְנֵי פַרְעֹה וַיְחַזֵּק יְהוָה אֶת־לֵב פַּרְעֹה וְלֹא־שִׁלַּח אֶת־בְּנֵי־יִשְׂרָאֵל
יב א מֵאַרְצוֹ: וַיֹּאמֶר יְהוָה אֶל־מֹשֶׁה וְאֶל־אַהֲרֹן בְּאֶרֶץ מִצְרַיִם לֵאמֹר: פסח
ב ג הַחֹדֶשׁ הַזֶּה לָכֶם רֹאשׁ חֳדָשִׁים רִאשׁוֹן הוּא לָכֶם לְחָדְשֵׁי הַשָּׁנָה: דַּבְּרוּ אֶל־
כָּל־עֲדַת יִשְׂרָאֵל לֵאמֹר בֶּעָשֹׂר לַחֹדֶשׁ הַזֶּה וְיִקְחוּ לָהֶם אִישׁ שֶׂה לְבֵית־אָבֹת
ד שֶׂה לַבָּיִת: וְאִם־יִמְעַט הַבַּיִת מִהְיוֹת מִשֶּׂה וְלָקַח הוּא וּשְׁכֵנוֹ הַקָּרֹב אֶל־בֵּיתוֹ
ה בְּמִכְסַת נְפָשֹׁת אִישׁ לְפִי אָכְלוֹ תָּכֹסּוּ עַל־הַשֶּׂה: שֶׂה תָמִים זָכָר בֶּן־שָׁנָה יִהְיֶה
ו לָכֶם מִן־הַכְּבָשִׂים וּמִן־הָעִזִּים תִּקָּחוּ: וְהָיָה לָכֶם לְמִשְׁמֶרֶת עַד אַרְבָּעָה עָשָׂר

פירושי מילים

(י״א, א) נגע – משמעות המילה הרבה פעמים היא ׳מחלה׳, כאן הכוונה מכה. כלה – את כולכם, עד האחרון שבכם, משמעות דומה בבראשית י״ח, כא (בדרך כלל פירוש המילה הוא במובן השלילי: חורבן. לעיתים משמעות המילה היא: שלמות, כוללנות, כמו ה׳, יג-יד; ל״א, יח; ל״ד, לג). (ב) נא – מילת חיזוק לפועל, ולא בקשה.* (ג) חן העם – יופי, חביבות, ה׳ ייתן שישראל יהיו חביבים ורצויים בעיני המצרים. (ד) כחצות – כמו בחצות, כאשר יגיע זמן חצות. חצות מלשון חצה, חילק. ריב״ש: ״כשתחצה הלילה, והיינו בחצות לילה״. (ה) בכור פרעה הישב על כסאו – הבן הבכור שעתיד לשבת על כיסא מלכותו של פרעה. הרחים – שתי אבנים המונחות זו על זו, וביניהם מניחים גרגירים כדי לטחון אותם. האבן העליונה נקראת רכב. התחתונה נקראת שכב, בלשון חכמים, בבלי ב״ב ב ע״א. מילון בן יהודה, יד, 6807. (ז) יחרץ – יחתך, ייעשה חריץ, ומכאן גם במשמעות של חידד = לנבוח. לא יחרץ כלב לשנו – לישראל לא יהיה אפילו נזק קל, אפילו הכלב לא יחדד את לשונו לנבוח כנגדם (רשב״ם; ריב״ש). יפלה – יבדיל. (ח) אשר ברגליך – אשר הולכים בעקבותיך (ראו שופטים ח׳, ה). (י״ב, ד) במכסת – כמו מכס, על פי חשבון הנפשות. תכסו על השה – תספרו את מספר האנשים שיאכלו את השה. (ו) משמרת – שיהיה

* ראו: P. Joûon and T. Muraoka, *A Grammar of Biblical Hebrew* (subsidia biblica, 27), Rome: Editrica Pontificio Instituto Biblico, 2006, § 105c.

ז יוֹם לַחֹדֶשׁ הַזֶּה וְשָׁחֲטוּ אֹתוֹ כֹּל קְהַל עֲדַת־יִשְׂרָאֵל בֵּין הָעַרְבָּיִם: וְלָקְחוּ מִן־
הַדָּם וְנָתְנוּ עַל־שְׁתֵּי הַמְּזוּזֹת וְעַל־הַמַּשְׁקוֹף עַל הַבָּתִּים אֲשֶׁר־יֹאכְלוּ אֹתוֹ בָּהֶם:
ח ט וְאָכְלוּ אֶת־הַבָּשָׂר בַּלַּיְלָה הַזֶּה צְלִי־אֵשׁ וּמַצּוֹת עַל־מְרֹרִים יֹאכְלֻהוּ: אַל־תֹּאכְלוּ
מִמֶּנּוּ נָא וּבָשֵׁל מְבֻשָּׁל בַּמָּיִם כִּי אִם־צְלִי־אֵשׁ רֹאשׁוֹ עַל־כְּרָעָיו וְעַל־קִרְבּוֹ:
י יא וְלֹא־תוֹתִירוּ מִמֶּנּוּ עַד־בֹּקֶר וְהַנֹּתָר מִמֶּנּוּ עַד־בֹּקֶר בָּאֵשׁ תִּשְׂרֹפוּ: וְכָכָה תֹּאכְלוּ
אֹתוֹ מָתְנֵיכֶם חֲגֻרִים נַעֲלֵיכֶם בְּרַגְלֵיכֶם וּמַקֶּלְכֶם בְּיֶדְכֶם וַאֲכַלְתֶּם אֹתוֹ בְּחִפָּזוֹן
יב פֶּסַח הוּא לַיהוָה: וְעָבַרְתִּי בְאֶרֶץ־מִצְרַיִם בַּלַּיְלָה הַזֶּה וְהִכֵּיתִי כָל־בְּכוֹר בְּאֶרֶץ
מִצְרַיִם מֵאָדָם וְעַד־בְּהֵמָה וּבְכָל־אֱלֹהֵי מִצְרַיִם אֶעֱשֶׂה שְׁפָטִים אֲנִי יְהוָה:
יג וְהָיָה הַדָּם לָכֶם לְאֹת עַל הַבָּתִּים אֲשֶׁר אַתֶּם שָׁם וְרָאִיתִי אֶת־הַדָּם וּפָסַחְתִּי
יד עֲלֵכֶם וְלֹא־יִהְיֶה בָכֶם נֶגֶף לְמַשְׁחִית בְּהַכֹּתִי בְּאֶרֶץ מִצְרָיִם: וְהָיָה הַיּוֹם הַזֶּה
טו לָכֶם לְזִכָּרוֹן וְחַגֹּתֶם אֹתוֹ חַג לַיהוָה לְדֹרֹתֵיכֶם חֻקַּת עוֹלָם תְּחָגֻּהוּ: שִׁבְעַת

פירושי מילים

השה שמור. **בין הערבים** – בין שני זמנים שהשמש נוטה. "הוא מעת נטות השמש למערב והוא משש שעות ומעליה עד הלילה. ואמר ערבים שהם שנים כי מעת שתתחיל השמש לנטות הוא הערב האחד ואחר ביאת השמש הוא הערב השני ובין הזמן הזה הוא מה שאומר עליו בין הערבים" (רד"ק, ספר השרשים, ערך ער"ב. וכן משנה פסחים ה', ג). ודעת ראב"ע: "והנה יש לנו שני ערבים, שם האחד – ערבית השמש, והיא ביאתו תחת הארץ, והערב השני – ביאת אורו הנראה בעבים. והנה יש ביניהם קרוב משעה ושליש שעה". וכן שד"ל. והסביר שבפסח דורות, כיוון שלא היה אפשר להשלים את העניין בין הערביים, היו מתחילים אחר חצות, אבל בפסח מצרים, ששחטו כולם בבית, שחטו בשעת אחר הצהריים. (ז) **מזוזת** – הקורות העומדות מימין ומשמאל לפתח. משקוף – מהשורש שק"ף – ראה, הביט. הקורה מעל שתי המזוזות "הנראה לעין כל בכניסת הבית" (רשב"ם; ריב"ש וכן רש"י). לפי ראב"ע, הכוונה לחלון "וישקף אבימלך...בעד החלון" (בראשית כ"ו, ח). (ט) **נא** – חי (אונקלוס; ראב"ע). ולרש"י הוא עד חצי בישולו. לדעת רשב"ם הכוונה לצלי קידר.* **בשל מבושל** – בדרך כלל בישול בתוך מים. אך לעיתים הכוונה כוללת יותר, להכשיר דבר לאכילה, גם על ידי אופנים אחרים, ובהם על ידי צלייה (דה"ב ל"ה, יג: "ויבשלו את הפסח באש כמשפט"). כך גם באכדית bašalu,** וכך יש להסביר את דברים ט"ז, ז.*** על פי ההקשר, יש להבין אם זה בישול ממש או צורה אחרת של הכנת אוכל. **כרעים** – רגלי הבהמה. **קרבו** – האיברים הפנימיים. (יא) **מתניכם חגרים** – המותניים חגורים בחגורה, במוכנות לצאת לדרך. בניגוד לאוכלים המתירים את חגורותיהם (בבלי שבת ט ע"ב). **פסח** – סדר העבודה המתואר לעיל. (יג) **ופסחתי** – שתי משמעויות אפשריות: לדלג על (מל"א י"ח, כא); לגונן, להציל (ישעיה ל"א, ה). ראו רש"י. (יב) **שפטים** – עונשים, מהלומות.

* ואולי פירש כך רשב"ם כיוון שהוא סובר שכל ההלכות קשורות בחיפזון, ואם הבשר נא, אין לך אכילה מהירה מזו.

** CAD B 135b.

*** H. ben Yoseph Tawil, *An Akkadian Lexical Companion for Biblical Hebrew*, New York: Ktav, 2009, 61; K. Peters, *Hebrew Lexical Semantic and Daily Life in Ancient Israel* (Biblical Interpretation Series. 146), Leiden: Brill, 2016, 100.

יָמִים מַצּוֹת תֹּאכֵלוּ אַךְ בַּיּוֹם הָרִאשׁוֹן תַּשְׁבִּיתוּ שְּׂאֹר מִבָּתֵּיכֶם כִּי ׀ כָּל־אֹכֵל
טו חָמֵץ וְנִכְרְתָה הַנֶּפֶשׁ הַהִוא מִיִּשְׂרָאֵל מִיּוֹם הָרִאשֹׁן עַד־יוֹם הַשְּׁבִעִי: וּבַיּוֹם
הָרִאשׁוֹן מִקְרָא־קֹדֶשׁ וּבַיּוֹם הַשְּׁבִיעִי מִקְרָא־קֹדֶשׁ יִהְיֶה לָכֶם כָּל־מְלָאכָה
יז לֹא־יֵעָשֶׂה בָהֶם אַךְ אֲשֶׁר יֵאָכֵל לְכָל־נֶפֶשׁ הוּא לְבַדּוֹ יֵעָשֶׂה לָכֶם: וּשְׁמַרְתֶּם
אֶת־הַמַּצּוֹת כִּי בְּעֶצֶם הַיּוֹם הַזֶּה הוֹצֵאתִי אֶת־צִבְאוֹתֵיכֶם מֵאֶרֶץ מִצְרָיִם
יח וּשְׁמַרְתֶּם אֶת־הַיּוֹם הַזֶּה לְדֹרֹתֵיכֶם חֻקַּת עוֹלָם: בָּרִאשֹׁן בְּאַרְבָּעָה עָשָׂר יוֹם
יט לַחֹדֶשׁ בָּעֶרֶב תֹּאכְלוּ מַצֹּת עַד יוֹם הָאֶחָד וְעֶשְׂרִים לַחֹדֶשׁ בָּעָרֶב: שִׁבְעַת יָמִים
שְׂאֹר לֹא יִמָּצֵא בְּבָתֵּיכֶם כִּי ׀ כָּל־אֹכֵל מַחְמֶצֶת וְנִכְרְתָה הַנֶּפֶשׁ הַהִוא מֵעֲדַת
כ יִשְׂרָאֵל בַּגֵּר וּבְאֶזְרַח הָאָרֶץ: כָּל־מַחְמֶצֶת לֹא תֹאכֵלוּ בְּכֹל מוֹשְׁבֹתֵיכֶם תֹּאכְלוּ
מַצּוֹת:

כא וַיִּקְרָא מֹשֶׁה לְכָל־זִקְנֵי יִשְׂרָאֵל וַיֹּאמֶר אֲלֵהֶם מִשְׁכוּ וּקְחוּ לָכֶם צֹאן לְמִשְׁפְּחֹתֵיכֶם חמישי
כב וְשַׁחֲטוּ הַפָּסַח: וּלְקַחְתֶּם אֲגֻדַּת אֵזוֹב וּטְבַלְתֶּם בַּדָּם אֲשֶׁר־בַּסַּף וְהִגַּעְתֶּם אֶל־
הַמַּשְׁקוֹף וְאֶל־שְׁתֵּי הַמְּזוּזֹת מִן־הַדָּם אֲשֶׁר בַּסָּף וְאַתֶּם לֹא תֵצְאוּ אִישׁ מִפֶּתַח־
כג בֵּיתוֹ עַד־בֹּקֶר: וְעָבַר יהוה לִנְגֹּף אֶת־מִצְרַיִם וְרָאָה אֶת־הַדָּם עַל־הַמַּשְׁקוֹף
וְעַל שְׁתֵּי הַמְּזוּזֹת וּפָסַח יהוה עַל־הַפֶּתַח וְלֹא יִתֵּן הַמַּשְׁחִית לָבֹא אֶל־בָּתֵּיכֶם
כד כה לִנְגֹּף: וּשְׁמַרְתֶּם אֶת־הַדָּבָר הַזֶּה לְחָק־לְךָ וּלְבָנֶיךָ עַד־עוֹלָם: וְהָיָה כִּי־תָבֹאוּ
אֶל־הָאָרֶץ אֲשֶׁר יִתֵּן יהוה לָכֶם כַּאֲשֶׁר דִּבֵּר וּשְׁמַרְתֶּם אֶת־הָעֲבֹדָה הַזֹּאת:
כו כז וְהָיָה כִּי־יֹאמְרוּ אֲלֵיכֶם בְּנֵיכֶם מָה הָעֲבֹדָה הַזֹּאת לָכֶם: וַאֲמַרְתֶּם זֶבַח־פֶּסַח
הוּא לַיהוה אֲשֶׁר פָּסַח עַל־בָּתֵּי בְנֵי־יִשְׂרָאֵל בְּמִצְרַיִם בְּנָגְפּוֹ אֶת־מִצְרַיִם וְאֶת־
כח בָּתֵּינוּ הִצִּיל וַיִּקֹּד הָעָם וַיִּשְׁתַּחֲווּ: וַיֵּלְכוּ וַיַּעֲשׂוּ בְּנֵי יִשְׂרָאֵל כַּאֲשֶׁר צִוָּה יהוה
כט אֶת־מֹשֶׁה וְאַהֲרֹן כֵּן עָשׂוּ: וַיְהִי ׀ בַּחֲצִי הַלַּיְלָה וַיהוה הִכָּה כָל־בְּכוֹר ט ששי
בְּאֶרֶץ מִצְרַיִם מִבְּכֹר פַּרְעֹה הַיֹּשֵׁב עַל־כִּסְאוֹ עַד בְּכוֹר הַשְּׁבִי אֲשֶׁר בְּבֵית הַבּוֹר מכת בכורות
ל וְכֹל בְּכוֹר בְּהֵמָה: וַיָּקָם פַּרְעֹה לַיְלָה הוּא וְכָל־עֲבָדָיו וְכָל־מִצְרַיִם וַתְּהִי צְעָקָה
לא גְדֹלָה בְּמִצְרָיִם כִּי־אֵין בַּיִת אֲשֶׁר אֵין־שָׁם מֵת: וַיִּקְרָא לְמֹשֶׁה וּלְאַהֲרֹן לַיְלָה
וַיֹּאמֶר קוּמוּ צְּאוּ מִתּוֹךְ עַמִּי גַּם־אַתֶּם גַּם־בְּנֵי יִשְׂרָאֵל וּלְכוּ עִבְדוּ אֶת־יהוה

פירושי מילים

(טו) **שאר** – בצק חמוץ. שמים גוש קטן של שאור בבצק שלא החמיץ כדי לזרז את החמצתה. (טז) **מקרא קדש** – מקרא, במובן היאספות. יום שבו נאספים לקדש אותו בבית ה׳ (רמב״ן לויקרא כ״ג, ב). (יט) **מחמצת** – שאור, נקרא מחמצת כי הוא מחמיץ את הבצק (ראו פס׳ טו). **אזרח** – אדם בעל זכויות מלאות. (כא) **הפסח** – את השה, קורבן הפסח. (כב) **סף** – כלי (רש״י; רשב״ם). ויש שפירשו שהכוונה למפתן הדלת (ראב״ע).* (כג) **המשחית** – המלאך המשחית (ריב״ש; רמב״ן). אפשר כי זו האנשה של ה׳ (הופמן, קל), או האנשה של המכה (סרנה). (כה) **העבדה הזאת** – עבודת הפסח. (כט) **הישב על כסאו** – בנו הבכור של פרעה, יורש העצר העתיד לשבת על כיסא פרעה. **בית הבור** – בית הסוהר.

* זו מחלוקת רבי ישמעאל ורבי עקיבא, מכילתא מסכתא דפסחא יא (הארוויטץ, 37).

לב כִּדְבַרְכֶם: גַּם־צֹאנְכֶם גַּם־בְּקַרְכֶם קְחוּ כַּאֲשֶׁר דִּבַּרְתֶּם וָלֵכוּ וּבֵרַכְתֶּם גַּם־אֹתִי:
לג וַתֶּחֱזַק מִצְרַיִם עַל־הָעָם לְמַהֵר לְשַׁלְּחָם מִן־הָאָרֶץ כִּי אָמְרוּ כֻּלָּנוּ מֵתִים:
לד וַיִּשָּׂא הָעָם אֶת־בְּצֵקוֹ טֶרֶם יֶחְמָץ מִשְׁאֲרֹתָם צְרֻרֹת בְּשִׂמְלֹתָם עַל־שִׁכְמָם:
לה וּבְנֵי־יִשְׂרָאֵל עָשׂוּ כִּדְבַר מֹשֶׁה וַיִּשְׁאֲלוּ מִמִּצְרַיִם כְּלֵי־כֶסֶף וּכְלֵי זָהָב וּשְׂמָלֹת:
לו וַיהוָה נָתַן אֶת־חֵן הָעָם בְּעֵינֵי מִצְרַיִם וַיַּשְׁאִלוּם וַיְנַצְּלוּ אֶת־מִצְרָיִם:

יציאת מצרים

לז וַיִּסְעוּ בְנֵי־יִשְׂרָאֵל מֵרַעְמְסֵס סֻכֹּתָה כְּשֵׁשׁ־מֵאוֹת אֶלֶף רַגְלִי הַגְּבָרִים לְבַד
לח לט מִטָּף: וְגַם־עֵרֶב רַב עָלָה אִתָּם וְצֹאן וּבָקָר מִקְנֶה כָּבֵד מְאֹד: וַיֹּאפוּ אֶת־הַבָּצֵק
אֲשֶׁר הוֹצִיאוּ מִמִּצְרַיִם עֻגֹת מַצּוֹת כִּי לֹא חָמֵץ כִּי־גֹרְשׁוּ מִמִּצְרַיִם וְלֹא יָכְלוּ
מ לְהִתְמַהְמֵהַּ וְגַם־צֵדָה לֹא־עָשׂוּ לָהֶם: וּמוֹשַׁב בְּנֵי יִשְׂרָאֵל אֲשֶׁר יָשְׁבוּ בְּמִצְרָיִם
מא שְׁלֹשִׁים שָׁנָה וְאַרְבַּע מֵאוֹת שָׁנָה: וַיְהִי מִקֵּץ שְׁלֹשִׁים שָׁנָה וְאַרְבַּע מֵאוֹת שָׁנָה
מב וַיְהִי בְּעֶצֶם הַיּוֹם הַזֶּה יָצְאוּ כָּל־צִבְאוֹת יְהוָה מֵאֶרֶץ מִצְרָיִם: לֵיל שִׁמֻּרִים הוּא
לַיהוָה לְהוֹצִיאָם מֵאֶרֶץ מִצְרָיִם הוּא־הַלַּיְלָה הַזֶּה לַיהוָה שִׁמֻּרִים לְכָל־בְּנֵי
יִשְׂרָאֵל לְדֹרֹתָם:

הוראות נוספות בעניין פסח

מג וַיֹּאמֶר יְהוָה אֶל־מֹשֶׁה וְאַהֲרֹן זֹאת חֻקַּת הַפָּסַח כָּל־בֶּן־נֵכָר לֹא־יֹאכַל בּוֹ:
מד מה וְכָל־עֶבֶד אִישׁ מִקְנַת־כָּסֶף וּמַלְתָּה אֹתוֹ אָז יֹאכַל בּוֹ: תּוֹשָׁב וְשָׂכִיר לֹא־יֹאכַל
מו בּוֹ: בְּבַיִת אֶחָד יֵאָכֵל לֹא־תוֹצִיא מִן־הַבַּיִת מִן־הַבָּשָׂר חוּצָה וְעֶצֶם לֹא תִשְׁבְּרוּ־
מז מח בוֹ: כָּל־עֲדַת יִשְׂרָאֵל יַעֲשׂוּ אֹתוֹ: וְכִי־יָגוּר אִתְּךָ גֵּר וְעָשָׂה פֶסַח לַיהוָה הִמּוֹל
לוֹ כָל־זָכָר וְאָז יִקְרַב לַעֲשֹׂתוֹ וְהָיָה כְּאֶזְרַח הָאָרֶץ וְכָל־עָרֵל לֹא־יֹאכַל בּוֹ:
מט נ תּוֹרָה אַחַת יִהְיֶה לָאֶזְרָח וְלַגֵּר הַגָּר בְּתוֹכְכֶם: וַיַּעֲשׂוּ כָּל־בְּנֵי יִשְׂרָאֵל כַּאֲשֶׁר
נא צִוָּה יְהוָה אֶת־מֹשֶׁה וְאֶת־אַהֲרֹן כֵּן עָשׂוּ: וַיְהִי בְּעֶצֶם הַיּוֹם הַזֶּה
הוֹצִיא יְהוָה אֶת־בְּנֵי יִשְׂרָאֵל מֵאֶרֶץ מִצְרַיִם עַל־צִבְאֹתָם:

שביעי
דין בכור

יג א ב וַיְדַבֵּר יְהוָה אֶל־מֹשֶׁה לֵּאמֹר: קַדֶּשׁ־לִי כָל־בְּכוֹר פֶּטֶר כָּל־רֶחֶם בִּבְנֵי יִשְׂרָאֵל

פירושי מילים

(לא) כדברכם – כמו שדברתם. (לג) ותחזק – הפעילו לחץ (יחזקאל י"ג, יד), או היו נחושים (דברים י"ב, כג; יהושע כ"ג, ו). (לד) טרם יחמץ – הבצק לא החמיץ ולא תפח. משארותם – כלים שבהם מניחים את הבצק (ראו ז', כח). צרות בשמלותם – קשורות בבגדיהם (משלי ל', ד). היו מניחים את המשארות על השכם וקושרים אותם לבגד. (לו) חן העם – יופי, חביבות, ה' ייתן שישראל יהיו חביבים ורצויים בעיני המצרים. וישאלום – השאילו להם. וינצלו – אולי מהשורש נצ"ל במשמעות לרוקן (אונקלוס; רש"י), לבזוז (BDB § נצל). או מהשורש יצ"ל, הצילו מהמצרים בגלל השעבוד (ראב"ע). ראו ג', כב. (לח) ערב רב – תערובת גדולה, רבה, של אנשים (של בני עמים שונים). (לט) עגות – לחם עגול שטוח. להתמהמה – להתעכב. צדה – אספקה של אוכל. (מא) בעצם היום הזה – באותו יום. המילה 'בעצם' מתייחסת לעצמות הגוף, כדי לציין דבר עיקרי, את המהות של הדבר. (מב) ליל שמרים – מלשון שמר, הלילה שמור (רש"י; רשב"ם; ריב"ש), או לילה של שמירה ראב"ע). (מד) מקנת כסף – קניין כסף. תושב – אדם היושב בביתו של אחר, ואינו בן בית. שכיר – אדם העובד בשכר. כאן הכוונה לנכרי, העובד בבית ישראל בשכר. (מח) גר – נכרי שגר בארץ. אזרח – אדם בעל זכויות מלאות. ערל – זכר שלא נימול. (י"ג, ב) קדש – הפרש, ואז יהיו קדושים (אונקלוס: השווה תרגומו בי"ט: "ותזמיננון", לתרגומו כאן: "אקדיש"). פטר כל רחם – פותח, בוקע את הרחם, היינו הראשון שיוצא מהרחם.

ג בְּאָדָ֖ם וּבַבְּהֵמָ֑ה לִ֖י הֽוּא׃ וַיֹּ֨אמֶר מֹשֶׁ֜ה אֶל־הָעָ֗ם זָכ֞וֹר אֶת־הַיּ֤וֹם הַזֶּה֙ אֲשֶׁ֨ר י חג המצות
יְצָאתֶ֤ם מִמִּצְרַ֙יִם֙ מִבֵּ֣ית עֲבָדִ֔ים כִּ֚י בְּחֹ֣זֶק יָ֔ד הוֹצִ֧יא יהוה אֶתְכֶ֖ם מִזֶּ֑ה וְלֹ֥א
ד ה יֵאָכֵ֖ל חָמֵֽץ׃ הַיּ֖וֹם אַתֶּ֣ם יֹצְאִ֑ים בְּחֹ֖דֶשׁ הָֽאָבִֽיב׃ וְהָיָ֣ה כִֽי־יְבִיאֲךָ֣ יהוה אֶל־אֶ֣רֶץ
הַֽכְּנַעֲנִ֡י וְהַֽחִתִּ֞י וְהָֽאֱמֹרִ֣י וְהַֽחִוִּ֣י וְהַיְבוּסִ֗י אֲשֶׁ֨ר נִשְׁבַּ֤ע לַאֲבֹתֶ֙יךָ֙ לָ֣תֶת לָ֔ךְ אֶ֛רֶץ
ו זָבַ֥ת חָלָ֖ב וּדְבָ֑שׁ וְעָבַדְתָּ֛ אֶת־הָעֲבֹדָ֥ה הַזֹּ֖את בַּחֹ֥דֶשׁ הַזֶּֽה׃ שִׁבְעַ֥ת יָמִ֖ים תֹּאכַ֣ל
ז מַצֹּ֑ת וּבַיּוֹם֙ הַשְּׁבִיעִ֔י חַ֖ג לַֽיהוָֽה׃ מַצּוֹת֙ יֵאָכֵ֔ל אֵ֖ת שִׁבְעַ֣ת הַיָּמִ֑ים וְלֹֽא־יֵרָאֶ֨ה לְךָ֜
ח חָמֵ֗ץ וְלֹֽא־יֵרָאֶ֥ה לְךָ֛ שְׂאֹ֖ר בְּכָל־גְּבֻלֶֽךָ׃ וְהִגַּדְתָּ֣ לְבִנְךָ֔ בַּיּ֥וֹם הַה֖וּא לֵאמֹ֑ר בַּעֲב֣וּר
ט זֶ֗ה עָשָׂ֤ה יהוה לִ֔י בְּצֵאתִ֖י מִמִּצְרָֽיִם׃ וְהָיָה֩ לְךָ֨ לְא֜וֹת עַל־יָדְךָ֗ וּלְזִכָּרוֹן֙ בֵּ֣ין עֵינֶ֔יךָ
י לְמַ֗עַן תִּהְיֶ֛ה תּוֹרַ֥ת יהוה בְּפִ֑יךָ כִּ֚י בְּיָ֣ד חֲזָקָ֔ה הוֹצִֽאֲךָ֥ יהוה מִמִּצְרָֽיִם׃ וְשָׁמַרְתָּ֛
אֶת־הַחֻקָּ֥ה הַזֹּ֖את לְמוֹעֲדָ֑הּ מִיָּמִ֖ים יָמִֽימָה׃
יא וְהָיָ֞ה כִּֽי־יְבִאֲךָ֤ יהוה֙ אֶל־אֶ֣רֶץ הַֽכְּנַעֲנִ֔י כַּאֲשֶׁ֛ר נִשְׁבַּ֥ע לְךָ֖ וְלַאֲבֹתֶ֑יךָ וּנְתָנָ֖הּ לָֽךְ׃ דין בכור
יב וְהַעֲבַרְתָּ֥ כָל־פֶּֽטֶר־רֶ֖חֶם לַֽיהוָ֑ה וְכָל־פֶּ֣טֶר ׀ שֶׁ֣גֶר בְּהֵמָ֗ה אֲשֶׁ֨ר יִהְיֶ֥ה לְךָ֛ הַזְּכָרִ֖ים
יג לַֽיהוָֽה׃ וְכָל־פֶּ֤טֶר חֲמֹר֙ תִּפְדֶּ֣ה בְשֶׂ֔ה וְאִם־לֹ֥א תִפְדֶּ֖ה וַעֲרַפְתּ֑וֹ וְכֹ֨ל בְּכ֥וֹר אָדָ֛ם
יד בְּבָנֶ֖יךָ תִּפְדֶּֽה׃ וְהָיָ֞ה כִּֽי־יִשְׁאָלְךָ֥ בִנְךָ֛ מָחָ֖ר לֵאמֹ֣ר מַה־זֹּ֑את וְאָמַרְתָּ֣ אֵלָ֔יו בְּחֹ֣זֶק מפטיר
טו יָ֗ד הוֹצִיאָ֧נוּ יהוה מִמִּצְרַ֖יִם מִבֵּ֥ית עֲבָדִֽים׃ וַיְהִ֗י כִּֽי־הִקְשָׁ֣ה פַרְעֹה֮ לְשַׁלְּחֵנוּ֒ וַיַּהֲרֹ֨ג
יהוה כָּל־בְּכוֹר֙ בְּאֶ֣רֶץ מִצְרַ֔יִם מִבְּכֹ֥ר אָדָ֖ם וְעַד־בְּכ֣וֹר בְּהֵמָ֑ה עַל־כֵּן֩ אֲנִ֨י זֹבֵ֜חַ
טז לַֽיהוָ֗ה כָּל־פֶּ֤טֶר רֶ֙חֶם֙ הַזְּכָרִ֔ים וְכָל־בְּכ֥וֹר בָּנַ֖י אֶפְדֶּֽה׃ וְהָיָ֤ה לְאוֹת֙ עַל־יָ֣דְכָ֔ה
יז וּלְטוֹטָפֹ֖ת בֵּ֣ין עֵינֶ֑יךָ כִּ֚י בְּחֹ֣זֶק יָ֔ד הוֹצִיאָ֥נוּ יהוה מִמִּצְרָֽיִם׃ וַיְהִ֗י בשלח
בְּשַׁלַּ֣ח פַּרְעֹה֮ אֶת־הָעָם֒ וְלֹא־נָחָ֣ם אֱלֹהִ֗ים דֶּ֚רֶךְ אֶ֣רֶץ פְּלִשְׁתִּ֔ים כִּ֥י קָר֖וֹב ה֑וּא כִּ֣י ׀ הנסיעה ממצרים
יח אָמַ֣ר אֱלֹהִ֗ים פֶּֽן־יִנָּחֵ֥ם הָעָ֛ם בִּרְאֹתָ֥ם מִלְחָמָ֖ה וְשָׁ֥בוּ מִצְרָֽיְמָה׃ וַיַּסֵּ֨ב אֱלֹהִ֧ים ׀

פירושי מילים

(ד) **האביב** – שיבולת שגרעיניה רכים. בחודש האביב זהו מצב הדגן, ולכן חודש זה קרוי כך. (ז) **שאר** – בצק חמוץ. שמים גוש קטן של שאור בבצק שלא החמיץ כדי לזרז את החמצתה. (ח) **בעבור זה** – בגלל זה או למען זה. (י) **למועדה** – בזמן שלה. (יב) **שגר בהמה** – ולד בהמה (אונקלוס). ובארמית לשון שילוח, וכן רש"י, רשב"ם וריב"ש, ביחס לוולד היוצא מן הרחם. (טז) **טוטפת** – אולי מהשורש נט"ף, תכשיט המשתלשל (ראו משנה שבת פרק ו', ה). (יז) **נחם** – הוביל אותם. כי קרוב הוא – אף על פי שקרוב הוא. ינחם – יתחרט. (יח) **ויסב** – הטה מן הדרך הישרה. וחמשים – נושאים כלי נשק (רש"י; ראב"ע; רמב"ן),* ואפשר גם נושאים מזון (ריב"ש); (כמו בראשית מ"א, לד).**

* מכילתא ויהי דבשלח פתיחתא (הארוויטץ, 77): "אין חמושים אלא מזויינים, שנא': 'ואתם תעברו חמשים (יהשע א', יד), וכתיב 'ויעברו בני ראובן ובני גד וחצי שבט המנשה חלוצים ארבעים אלף חלוצי צבא (ד', יג-יד)". ושם בהמשך על דרך הדרש: "ד"א וחמושים עלו אחד מחמישה וי"א אחד מחמשים וי"א אחד מחמש מאות". וירושלמי־יונתן תרגם (בתרגום לעברית): "וכל אחד עם חמישה טפלים עלו בני ישראל מארץ מצרים".

** ויש שהבינו שהמילה באה במשמעות המספר חמש. אפשר שזה בהקשר צבאי, כמו קבוצות של חמישים, או יחידות של חמישה, ראו *DCH* 3, p. 259. תרגום ירושלמי־יונתן פירש שאנשים הלכו עם חמישה ילדים קטנים. במדרש מכילתא (בשלח פתיחתא, מהדורת הארוויטץ עמ' 77) הכוונה אחד מחמישה, או אחד מ־5 או אף אחד מ־500 שיצאו ממצרים, והשאר מתו במכת חושך. ובעקבותיו רש"י (אך פירש אחד מחמישה).

יט אֶת־הָעָם דֶּרֶךְ הַמִּדְבָּר יַם־סוּף וַחֲמֻשִׁים עָלוּ בְנֵי־יִשְׂרָאֵל מֵאֶרֶץ מִצְרָיִם: וַיִּקַּח
מֹשֶׁה אֶת־עַצְמוֹת יוֹסֵף עִמּוֹ כִּי הַשְׁבֵּעַ הִשְׁבִּיעַ אֶת־בְּנֵי יִשְׂרָאֵל לֵאמֹר פָּקֹד
כ יִפְקֹד אֱלֹהִים אֶתְכֶם וְהַעֲלִיתֶם אֶת־עַצְמֹתַי מִזֶּה אִתְּכֶם: וַיִּסְעוּ מִסֻּכֹּת וַיַּחֲנוּ
כא בְאֵתָם בִּקְצֵה הַמִּדְבָּר: וַיהוָה הֹלֵךְ לִפְנֵיהֶם יוֹמָם בְּעַמּוּד עָנָן לַנְחֹתָם הַדֶּרֶךְ
כב וְלַיְלָה בְּעַמּוּד אֵשׁ לְהָאִיר לָהֶם לָלֶכֶת יוֹמָם וָלָיְלָה: לֹא־יָמִישׁ עַמּוּד הֶעָנָן
יוֹמָם וְעַמּוּד הָאֵשׁ לָיְלָה לִפְנֵי הָעָם:

מעבר ים סוף

יד א ב וַיְדַבֵּר יהוה אֶל־מֹשֶׁה לֵּאמֹר: דַּבֵּר אֶל־בְּנֵי יִשְׂרָאֵל וְיָשֻׁבוּ וְיַחֲנוּ לִפְנֵי פִּי הַחִירֹת
ג בֵּין מִגְדֹּל וּבֵין הַיָּם לִפְנֵי בַּעַל צְפֹן נִכְחוֹ תַחֲנוּ עַל־הַיָּם: וְאָמַר פַּרְעֹה לִבְנֵי
ד יִשְׂרָאֵל נְבֻכִים הֵם בָּאָרֶץ סָגַר עֲלֵיהֶם הַמִּדְבָּר: וְחִזַּקְתִּי אֶת־לֵב־פַּרְעֹה וְרָדַף
אַחֲרֵיהֶם וְאִכָּבְדָה בְּפַרְעֹה וּבְכָל־חֵילוֹ וְיָדְעוּ מִצְרַיִם כִּי־אֲנִי יהוה וַיַּעֲשׂוּ־כֵן:
ה וַיֻּגַּד לְמֶלֶךְ מִצְרַיִם כִּי בָרַח הָעָם וַיֵּהָפֵךְ לְבַב פַּרְעֹה וַעֲבָדָיו אֶל־הָעָם וַיֹּאמְרוּ
ו מַה־זֹּאת עָשִׂינוּ כִּי־שִׁלַּחְנוּ אֶת־יִשְׂרָאֵל מֵעָבְדֵנוּ: וַיֶּאְסֹר אֶת־רִכְבּוֹ וְאֶת־עַמּוֹ
ז לָקַח עִמּוֹ: וַיִּקַּח שֵׁשׁ־מֵאוֹת רֶכֶב בָּחוּר וְכֹל רֶכֶב מִצְרָיִם וְשָׁלִשִׁם עַל־כֻּלּוֹ:
ח וַיְחַזֵּק יהוה אֶת־לֵב פַּרְעֹה מֶלֶךְ מִצְרַיִם וַיִּרְדֹּף אַחֲרֵי בְּנֵי יִשְׂרָאֵל וּבְנֵי יִשְׂרָאֵל
ט יֹצְאִים בְּיָד רָמָה: וַיִּרְדְּפוּ מִצְרַיִם אַחֲרֵיהֶם וַיַּשִּׂיגוּ אוֹתָם חֹנִים עַל־הַיָּם כָּל־סוּס שני
י רֶכֶב פַּרְעֹה וּפָרָשָׁיו וְחֵילוֹ עַל־פִּי הַחִירֹת לִפְנֵי בַּעַל צְפֹן: וּפַרְעֹה הִקְרִיב וַיִּשְׂאוּ
בְנֵי־יִשְׂרָאֵל אֶת־עֵינֵיהֶם וְהִנֵּה מִצְרַיִם ׀ נֹסֵעַ אַחֲרֵיהֶם וַיִּירְאוּ מְאֹד וַיִּצְעֲקוּ בְנֵי־
יא יִשְׂרָאֵל אֶל־יהוה: וַיֹּאמְרוּ אֶל־מֹשֶׁה הֲמִבְּלִי אֵין־קְבָרִים בְּמִצְרַיִם לְקַחְתָּנוּ
יב לָמוּת בַּמִּדְבָּר מַה־זֹּאת עָשִׂיתָ לָּנוּ לְהוֹצִיאָנוּ מִמִּצְרָיִם: הֲלֹא־זֶה הַדָּבָר אֲשֶׁר
דִּבַּרְנוּ אֵלֶיךָ בְמִצְרַיִם לֵאמֹר חֲדַל מִמֶּנּוּ וְנַעַבְדָה אֶת־מִצְרָיִם כִּי טוֹב לָנוּ עֲבֹד
יג אֶת־מִצְרַיִם מִמֻּתֵנוּ בַּמִּדְבָּר: וַיֹּאמֶר מֹשֶׁה אֶל־הָעָם אַל־תִּירָאוּ הִתְיַצְּבוּ וּרְאוּ

פירושי מילים

(יט) **פקד יפקד** – אכן יזכור, ישים לבו אליכם. (כב) **לא ימיש** – לא זז ממקומו. אפשר שזה פועל יוצא, וה' הוא הנושא של הפועל, והמשמעות היא שה' לא ימיש את הענן מלפני העם (רשב"ם; ראב"ע). אך נראה שזה פועל עומד, והנושא של הפועל הוא הענן, כלומר הענן לא ימוש, לא יזוז, מלפני העם, כמו שנאמר על יהושע: "לא ימיש מתוך האהל" (ל"ג, יא) (שד"ל; חכם; וכן אונקלוס; יונתן-ירושלמי). (י"ד, ב) וישבו – לשוב אחורה (יונתן-ירושלמי; רש"י). **נכחו** – מולו. (ג) **נבכים** – מבולבלים (מהשורש בו"ך) (ראב"ע); פחות סבירה הדעה שהשורש הוא נב"ך, היינו מקור מים, כלומר שהם סגורים לפני נבכי ים (רש"י; רשב"ם). (ד) **אכבדה** – אתכבד. (ו) **ויאסר** – קשר, רתם את הסוסים למרכבתו. (ז) **רכב בחור** – רכב נבחר ומשובח. **שלשים** – שרים (רשב"ם). שלישי בהיררכייה לאחר המשנה למלך (ראב"ע הפירוש הקצר).* (ח) **ביד רמה** – הלכו ברוח גבוהה, גלויים לכול (אונקלוס) ובטוחים. רש"י: "בגבורה גבוהה ומפורסמת". (י) **פרעה הקריב** – היה הולך ומתקרב (חכם). או פועל יוצא, היינו הקריב את מחנהו (ראב"ע).

* ובתרגום השבעים אדם שלישי על המרכבה. וכן BDB. כנגד פירוש זה, משום שרק בחת היו שלושה על מרכבה, אך במצרים היו שניים, ראו: M.A. Littauer and J. H. Crouwel, "Chariots", *ABD* 1:888-892, here 888.

אֶת־יְשׁוּעַת יהוה אֲשֶׁר־יַעֲשֶׂה לָכֶם הַיּוֹם כִּי אֲשֶׁר רְאִיתֶם אֶת־מִצְרַיִם הַיּוֹם
יד לֹא תֹסִפוּ לִרְאֹתָם עוֹד עַד־עוֹלָם: יהוה יִלָּחֵם לָכֶם וְאַתֶּם תַּחֲרִשׁוּן:
טו טז יא שלישי וַיֹּאמֶר יהוה אֶל־מֹשֶׁה מַה־תִּצְעַק אֵלָי דַּבֵּר אֶל־בְּנֵי־יִשְׂרָאֵל וְיִסָּעוּ: וְאַתָּה
הָרֵם אֶת־מַטְּךָ וּנְטֵה אֶת־יָדְךָ עַל־הַיָּם וּבְקָעֵהוּ וְיָבֹאוּ בְנֵי־יִשְׂרָאֵל בְּתוֹךְ הַיָּם
יז בַּיַּבָּשָׁה: וַאֲנִי הִנְנִי מְחַזֵּק אֶת־לֵב מִצְרַיִם וְיָבֹאוּ אַחֲרֵיהֶם וְאִכָּבְדָה בְּפַרְעֹה
יח וּבְכָל־חֵילוֹ בְּרִכְבּוֹ וּבְפָרָשָׁיו: וְיָדְעוּ מִצְרַיִם כִּי־אֲנִי יהוה בְּהִכָּבְדִי בְּפַרְעֹה בְּרִכְבּוֹ
יט וּבְפָרָשָׁיו: וַיִּסַּע מַלְאַךְ הָאֱלֹהִים הַהֹלֵךְ לִפְנֵי מַחֲנֵה יִשְׂרָאֵל וַיֵּלֶךְ מֵאַחֲרֵיהֶם
כ וַיִּסַּע עַמּוּד הֶעָנָן מִפְּנֵיהֶם וַיַּעֲמֹד מֵאַחֲרֵיהֶם: וַיָּבֹא בֵּין ׀ מַחֲנֵה מִצְרַיִם וּבֵין
מַחֲנֵה יִשְׂרָאֵל וַיְהִי הֶעָנָן וְהַחֹשֶׁךְ וַיָּאֶר אֶת־הַלָּיְלָה וְלֹא־קָרַב זֶה אֶל־זֶה כָּל־
כא הַלָּיְלָה: וַיֵּט מֹשֶׁה אֶת־יָדוֹ עַל־הַיָּם וַיּוֹלֶךְ יהוה ׀ אֶת־הַיָּם בְּרוּחַ קָדִים עַזָּה
כב כָּל־הַלַּיְלָה וַיָּשֶׂם אֶת־הַיָּם לֶחָרָבָה וַיִּבָּקְעוּ הַמָּיִם: וַיָּבֹאוּ בְנֵי־יִשְׂרָאֵל בְּתוֹךְ
כג הַיָּם בַּיַּבָּשָׁה וְהַמַּיִם לָהֶם חוֹמָה מִימִינָם וּמִשְּׂמֹאלָם: וַיִּרְדְּפוּ מִצְרַיִם וַיָּבֹאוּ
כד אַחֲרֵיהֶם כֹּל סוּס פַּרְעֹה רִכְבּוֹ וּפָרָשָׁיו אֶל־תּוֹךְ הַיָּם: וַיְהִי בְּאַשְׁמֹרֶת הַבֹּקֶר
וַיַּשְׁקֵף יהוה אֶל־מַחֲנֵה מִצְרַיִם בְּעַמּוּד אֵשׁ וְעָנָן וַיָּהָם אֵת מַחֲנֵה מִצְרָיִם:
כה וַיָּסַר אֵת אֹפַן מַרְכְּבֹתָיו וַיְנַהֲגֵהוּ בִּכְבֵדֻת וַיֹּאמֶר מִצְרַיִם אָנוּסָה מִפְּנֵי יִשְׂרָאֵל
כִּי יהוה נִלְחָם לָהֶם בְּמִצְרָיִם:
כו רביעי וַיֹּאמֶר יהוה אֶל־מֹשֶׁה נְטֵה אֶת־יָדְךָ עַל־הַיָּם וְיָשֻׁבוּ הַמַּיִם עַל־מִצְרַיִם עַל־
כז רִכְבּוֹ וְעַל־פָּרָשָׁיו: וַיֵּט מֹשֶׁה אֶת־יָדוֹ עַל־הַיָּם וַיָּשָׁב הַיָּם לִפְנוֹת בֹּקֶר לְאֵיתָנוֹ
כח וּמִצְרַיִם נָסִים לִקְרָאתוֹ וַיְנַעֵר יהוה אֶת־מִצְרַיִם בְּתוֹךְ הַיָּם: וַיָּשֻׁבוּ הַמַּיִם
וַיְכַסּוּ אֶת־הָרֶכֶב וְאֶת־הַפָּרָשִׁים לְכֹל חֵיל פַּרְעֹה הַבָּאִים אַחֲרֵיהֶם בַּיָּם לֹא־
כט נִשְׁאַר בָּהֶם עַד־אֶחָד: וּבְנֵי יִשְׂרָאֵל הָלְכוּ בַיַּבָּשָׁה בְּתוֹךְ הַיָּם וְהַמַּיִם לָהֶם
ל חֹמָה מִימִינָם וּמִשְּׂמֹאלָם: וַיּוֹשַׁע יהוה בַּיּוֹם הַהוּא אֶת־יִשְׂרָאֵל מִיַּד מִצְרָיִם
לא וַיַּרְא יִשְׂרָאֵל אֶת־מִצְרַיִם מֵת עַל־שְׂפַת הַיָּם: וַיַּרְא יִשְׂרָאֵל אֶת־הַיָּד

פירושי מילים

(יד) **תחרשון** – תהיו בשקט, היינו לא תתלוננו יותר (ראב״ע). אפשר להבין במשמעות תהיו בשקט ולא תילחמו.* וכך יש להבין את תהלים כ״ח, א; פ״ג, ב; אסתר ד׳, יד. (טז) **ובקעהו** – קרע, פלג. (כד) **אשמרת הבוקר** – הלילה נחלק לשלושה חלקים, וכל חלק נקרא אשמורת. אשמורת הבוקר היא האשמורת האחרונה של הלילה, זו שלפני הבוקר. **ויהם** – הבהיל, הרס והשמיד (שופטים ד׳, טו). (כה) **ויסר אפן מרכבותיו** – הסיר את גלגלי המרכבות ממקומם. או אפשר אולי משורש סו״ר, סטה. היינו שהמרכבות נסעו בעקמומיות.** **וינהגהו בכבדות** – נהג את הרכב בקושי. (כז) **לאיתנו** – לחוזקו הראשון (אונקלוס; רש״י; ראב״ע). אפשר גם לפרש בתמידיות (ריב״ש; ראב״מ).*** **וינער** – נענע, הושלכו מעלה ומטה.

* ואבן ג׳נאח בספר הרקמה סבר שכתוב תחרישון, הכוונה תעמודון. וזו דוגמה למילה שהתורה התכוונה לזולתה. אבן ג׳נאח, ספר הרקמה, שער כח, עמ׳ שח (מהדורת וילנסקי).

** האוטמן, 2: 273. ובתרגום השבעים ובשומרוני "ויאסר", היינו שפרעה קשר את האופנים, היינו שחיזק אותם.

*** BDB.

הַגְּדֹלָה אֲשֶׁר עָשָׂה יהוה בְּמִצְרַיִם וַיִּירְאוּ הָעָם אֶת־יהוה וַיַּאֲמִינוּ בַּיהוה
וּבְמֹשֶׁה עַבְדּוֹ׃

שירת משה על הים

טו א אָז יָשִׁיר־מֹשֶׁה וּבְנֵי יִשְׂרָאֵל אֶת־הַשִּׁירָה הַזֹּאת לַיהוה וַיֹּאמְרוּ
לֵאמֹר אָשִׁירָה לַיהוה כִּי־גָאֹה גָּאָה סוּס
וְרֹכְבוֹ רָמָה בַיָּם׃
ב עָזִּי וְזִמְרָת יָהּ וַיְהִי־לִי
לִישׁוּעָה זֶה אֵלִי וְאַנְוֵהוּ אֱלֹהֵי
אָבִי וַאֲרֹמְמֶנְהוּ׃
ג יהוה אִישׁ מִלְחָמָה יהוה
שְׁמוֹ׃
ד מַרְכְּבֹת פַּרְעֹה וְחֵילוֹ יָרָה בַיָּם וּמִבְחַר
שָׁלִשָׁיו טֻבְּעוּ בְיַם־סוּף׃
ה תְּהֹמֹת יְכַסְיֻמוּ יָרְדוּ בִמְצוֹלֹת
כְּמוֹ־אָבֶן׃
ו יְמִינְךָ יהוה נֶאְדָּרִי בַּכֹּחַ יְמִינְךָ
יהוה תִּרְעַץ אוֹיֵב׃
ז וּבְרֹב גְּאוֹנְךָ תַּהֲרֹס
קָמֶיךָ תְּשַׁלַּח חֲרֹנְךָ יֹאכְלֵמוֹ כַּקַּשׁ׃
ח וּבְרוּחַ

פירושי מילים

(ט"ו, א) **אז ישיר** – אז בתוספת פועל בצורת יקטול מבטא את המיידיות בין האירוע בים לשירה על הים.* **שירה** – כמו שיר. **אשירה** – אני שר (עתיד מאורך, המביע הווה). **גאה גאה** – גבוה מאוד, עליון ומתנשא. **רמה** – השליך. (ב) **עזי** – נותן לי כוח, או מבצרי. אפשר אולי לפרש גם במשמעות של שיר זמר (תהלים צ"ו, א; דה"ב ל', כא).** **זמרת** – הזמרה שלי, השירה שלי (רשב"ם; ראב"ע).*** ראיה לפירוש זה הוא תהילים נ"ט, יח. רש"י וריב"ש פירשו זמרת מלשון חיתוך, "לא תזמר" (ויקרא כ"ה, ד), היינו שה' הכרית את האויבים. **אנוהו** – אנשאהו (כהקבלה ל"ארממנהו", או אפשר מלשון 'נוי' במובן אפארנו, אייפנו (רש"י; רשב"ם; שד"ל), וריב"ש פירש "אנוהו בשיר"; ראב"ע פירש במובן מעון, לעיתים מקום בהקשר של מרעה ולעיתים בהקשר של מקדש ה'. וכן אונקלוס, רמב"ן. **ארוממנהו** – ארומם את ה', אספר את רוממותו. (ד) **ירה** – השליך. **ומבחר** – המובחרים, הטובים. **שלשיו** – שרים (רשב"ם). שלישי בהירכיה לאחר המשנה למלך (ראב"ע הפירוש הקצר). וראו לעיל, הערה על י"ד, ז. **תהמת** – מים רבים. **יכסימו** – כיסו אותם. **במצולת** – מעמקי הים. (ו) **ימינך** – יד ימינך. **נאדרי בכח** – אדיר, עצום בכוחו. **תרעץ** – שבר (עתיד במשמעות עבר, מציאות חוזרת ונשנית, פעולה קבועה). (ז) **ברב גאונך** – בעליונות הגדולה עצומה שלך. **קמיך** – המתקוממים נגדך. **יאכלמו** – יאכל אותם. סיומת "מו" מציינת גוף שלישי רבים.

* I. Rabinowitz, " 'AZ Followed by Imperfect Verb-Form in Preterite Contexts, A Redactional Device in Biblical Hebrew", *VT* 34 (1984), 53-62 here 54. זה המובן גם בבמדבר כ"א, יז; יהושע י', יב; מל"א ח', א.

** קדרי, מילון, § עז 4.

*** וראו: S. E. Loewenstamm, "The Lord Is My Strength and My Glory", *VT* 19 (1969), 464-470; E. M. Good, "Exodus XV 2", *VT* 20 (1970), 358-359. במילון בן יהודה – "גבור ואמיץ מנצח ומכריע את אויביו" (אליעזר בן יהודה, מלון הלשון העברית הישנה והחדשה, כרך שלישי, ירושלים: הוצאת המקור, תש"מ, § זמרת, עמ' 1363). קרוס ופרידמן הציעו על בסיס ערבית דרומית שמשמעות המילה היא הגנה: F. M. Cross Jr. and D. N. Freedman, "The Song of Miriam", *JNES* 14 (1955), 237-250 here 243. S. B Parker, "Exodus XV 2 Again", *VT* 21 (1971), 373-379. משמעות זו של הפועל מופיעה כבר ב־BDB § זמר III. כנגד זאת ראו האוטמן, 2: 279.

אַפֶּיךָ נֶעֶרְמוּ מַיִם נִצְּבוּ כְמוֹ־נֵד

ט נֹזְלִים קָפְאוּ תְהֹמֹת בְּלֶב־יָם: אָמַר

אוֹיֵב אֶרְדֹּף אַשִּׂיג אֲחַלֵּק שָׁלָל תִּמְלָאֵמוֹ

י נַפְשִׁי אָרִיק חַרְבִּי תּוֹרִישֵׁמוֹ יָדִי: נָשַׁפְתָּ

בְרוּחֲךָ כִּסָּמוֹ יָם צָלְלוּ כַּעוֹפֶרֶת בְּמַיִם

יא אַדִּירִים: מִי־כָמֹכָה בָּאֵלִם יהוה מִי

כָּמֹכָה נֶאְדָּר בַּקֹּדֶשׁ נוֹרָא תְהִלֹּת עֹשֵׂה

יב יג פֶלֶא: נָטִיתָ יְמִינְךָ תִּבְלָעֵמוֹ אָרֶץ: נָחִיתָ

בְחַסְדְּךָ עַם־זוּ גָּאָלְתָּ נֵהַלְתָּ בְעָזְּךָ אֶל־נְוֵה

יד קָדְשֶׁךָ: שָׁמְעוּ עַמִּים יִרְגָּזוּן חִיל

טו אָחַז יֹשְׁבֵי פְּלָשֶׁת: אָז נִבְהֲלוּ אַלּוּפֵי

אֱדוֹם אֵילֵי מוֹאָב יֹאחֲזֵמוֹ רָעַד נָמֹגוּ

טז כֹּל יֹשְׁבֵי כְנָעַן: תִּפֹּל עֲלֵיהֶם אֵימָתָה

וָפַחַד בִּגְדֹל זְרוֹעֲךָ יִדְּמוּ כָּאָבֶן עַד־

יַעֲבֹר עַמְּךָ יהוה עַד־יַעֲבֹר עַם־זוּ

יז קָנִיתָ: תְּבִאֵמוֹ וְתִטָּעֵמוֹ בְּהַר נַחֲלָתְךָ מָכוֹן

פירושי מילים

(ח) **וברוח אפיך** – אוויר נשימת האף שלך. **נערמו מים** – המים נאספו, עמדו כמו ערמות. **נד נוזלים** – הנוזלים עמדו כמו חומה (אונקלוס; רש"י; ראב"ע). (ט) **תמלאמו נפשי** – נפשי תתמלא מהם (מהשלל). **אריק חרבי** – אשלוף את חרבי. וריב"ש פירש במובן של להתחמש בחרב, כמו "וירק את חניכיו" (בראשית י"ד, יד). **תורישמו** – ידי תוריש אותם, תשמיד. (י) **כסמו** – כיסו אותם. (י) **נשפת** – כמו נשבת. **במים אדירים** – מים עמוקים הזורמים בחוזקה. (יא) **נאדר בקדש** – אדיר בקדושה. **נורא תהלת** – מרוב גודל ה', יראים להגיד את תהילותיו (רש"י; ראב"ע; ריב"ש); כאשר אומרים את תהילות ה', הדבר גורם לשומעים לירא מה' (רשב"ם; ספורנו); התהילות על ה' הן נוראות, היינו גדולות ועצומות (שד"ל). **נאדר בקדש** – אדיר בקדש, במרום (ראב"ע; רמב"ן), **בקדש** – בקרב הקדושים. (יב) **תבלעמו** – הארץ בלעה אותם. (יג) **נחית** – הולכת. **זו** – אשר. **נהלת בעזך** – הובלת, נהגת בכוחך. **נוה קדשך** – מעונך הקדוש. (יד) **ירגזון** – ירעדו, יפחדו. **חיל אחז** – רעידות אחזו. (טו) **אילי מואב** – המנהיגים של מואב (יחזקאל י"ז, יג). **יאחזמו רעד** – אחזו אותם רעד. **נמגו** – נבהלו, נזדעזעו, פחדו פחד גדול. (טז) **ידמו** – ישתקו מאימה, מהשורש דמ"ם (אונקלוס; שד"ל). אפשר אולי גם להבין מהשורש דמ"ה, במובן להרוס (ישעיה ט"ו, א).* **עם זו קנית** – עם אשר קנית, העברת לרשותך (ראב"ע; ריב"ש), משמעות זו עולה מההתקבולת לחציו הראשון "עמך ה'". אפשר גם במשמעות יצרת, עשית (שד"ל). (יז) **תביאמו** – תביא אותם. **תטעמו** – תטע אותם, תקבע אותם. **בהר נחלתך** – ההר שהוא נחלתך, הכוונה לארץ ישראל (ירמיה ב', ז; תהלים ס"ח, י), או למקדש (ירמיה י"ב, ז; תהלים ע"ט, א). **מכון לשבתך** – בסיס, מקום ישיבתך. המילה "מכון" אינה חופפת למילה מקום, אלא היא כוללת משמעות של יציבות, קביעות, מיוסד ומבוסס, מהשורש כו"ן.

* דהוד הציע מהשורש נד"ה – להשליך, M. Dahood, "Nada 'To Hurl' in Ex 15:16", *Biblica* 43 (1962), 248f. כנגד זאת פרופ 1: 536. ידמו במובן יהיו דומים, היא בלתי סבירה גם כן. ראו פרופ, שם.

לשבתך פעלת יהוה מקדש אדני כוננו
יח יט ידיך: יהוה ׀ ימלך לעלם ועד: כי
בא סוס פרעה ברכבו ובפרשיו בים וישב יהוה עלהם את־מי
הים ובני ישראל הלכו ביבשה בתוך הים:

שירת מרים על הים

כ ותקח מרים הנביאה אחות אהרן את־התף בידה ותצאן כל־הנשים אחריה
כא בתפים ובמחלת: ותען להם מרים שירו ליהוה כי־גאה גאה סוס ורכבו רמה
כב בים: ויסע משה את־ישראל מים־סוף ויצאו אל־מדבר־שור

תלונת ישראל במרה

כג וילכו שלשת־ימים במדבר ולא־מצאו מים: ויבאו מרתה ולא יכלו לשתת
כד מים ממרה כי מרים הם על־כן קרא־שמה מרה: וילנו העם על־משה לאמר
כה מה־נשתה: ויצעק אל־יהוה ויורהו יהוה עץ וישלך אל־המים וימתקו המים
כו שם שם לו חק ומשפט ושם נסהו: ויאמר אם־שמוע תשמע לקול ׀ יהוה
אלהיך והישר בעיניו תעשה והאזנת למצותיו ושמרת כל־חקיו כל־המחלה
כז אשר־שמתי במצרים לא־אשים עליך כי אני יהוה רפאך: ויבאו — חמישי
אילמה ושם שתים עשרה עינת מים ושבעים תמרים ויחנו־שם על־המים:

טז

וילונו — תלונת ישראל על אוכל ומתן המן והשלו

א ויסעו מאילם ויבאו כל־עדת בני־ישראל אל־מדבר־סין אשר בין־אילם
ב ובין סיני בחמשה עשר יום לחדש השני לצאתם מארץ מצרים: וילינו כל־
ג עדת בני־ישראל על־משה ועל־אהרן במדבר: ויאמרו אלהם בני ישראל
מי־יתן מותנו ביד־יהוה בארץ מצרים בשבתנו על־סיר הבשר באכלנו
לחם לשבע כי־הוצאתם אתנו אל־המדבר הזה להמית את־כל־הקהל הזה
יב
ד ברעב: ויאמר יהוה אל־משה הנני ממטיר לכם לחם מן־השמים
ה ויצא העם ולקטו דבר־יום ביומו למען אנסנו הילך בתורתי אם־לא: והיה
ביום הששי והכינו את אשר־יביאו והיה משנה על אשר־ילקטו יום ׀ יום:
ו ויאמר משה ואהרן אל־כל־בני ישראל ערב וידעתם כי יהוה הוציא אתכם
ז מארץ מצרים: ובקר וראיתם את־כבוד יהוה בשמעו את־תלנתיכם על־

פירושי מילים

כוננו ידיך – יסדו, יצרו ידיך, השורש כו"ן, ראו משמעות בפירוש המילה בפסוק הקודם. (כב) **ויסע משה את ישראל** – משה הסיע את ישראל, הורה להם לנסוע. (כג, כה) **מרים/וימתקו** – מר לעיתים קרובות אינו טעם מוגדר כמו מר כלענה, אלא מסמן מים שאינם טובים לשתייה. לאחר זריקת העץ לתוך המים "וימתקו המים", אין הכוונה שטעמם הפך למתוק, אלא שהם הפכו ראויים לשתייה (ישעיה ה', כ; משלי כ"ז, ז). (כה) **ויורהו** – לימד, הדריך, הראה (בראשית מ"ו, כח; משלי ו', יג). אולי פועל זה מורה גם על הכוונת משה כיצד להשתמש בעץ (רמב"ן: "ויראהו לא נאמר אלא ויורהו, הורהו דרכו, כלומר שהורהו ולמדו דרכו של הקב"ה שהוא ממתיק המר במר"). (כו) **כי** – אלא (שד"ל: "כי שלפניו לא, ענינו אבל בהפך, אני רופאך, ואסיר מעליך כל מחלה..."). (ט"ז, ב) **וילונו** – התלוננו. (ה) **והכינו את אשר יביאו והיה משנה על אשר ילקטו יום יום** – ביום שישי הם יכינו את מה שיביאו וישמרו זאת למחרת כמשנה, על הכמות שאוספים בכל יום. **יום יום** – בכל יום.

ח יְהוָה וְנַחְנוּ מָה כִּי תלונו עָלֵינוּ: וַיֹּאמֶר מֹשֶׁה בְּתֵת יְהוָה לָכֶם בָּעֶרֶב בָּשָׂר תַּלִּינוּ
לֶאֱכֹל וְלֶחֶם בַּבֹּקֶר לִשְׂבֹּעַ בִּשְׁמֹעַ יְהוָה אֶת־תְּלֻנֹּתֵיכֶם אֲשֶׁר־אַתֶּם מַלִּינִם
ט עָלָיו וְנַחְנוּ מָה לֹא־עָלֵינוּ תְלֻנֹּתֵיכֶם כִּי עַל־יְהוָה: וַיֹּאמֶר מֹשֶׁה אֶל־אַהֲרֹן
י אֱמֹר אֶל־כָּל־עֲדַת בְּנֵי יִשְׂרָאֵל קִרְבוּ לִפְנֵי יְהוָה כִּי שָׁמַע אֵת תְּלֻנֹּתֵיכֶם: וַיְהִי
כְּדַבֵּר אַהֲרֹן אֶל־כָּל־עֲדַת בְּנֵי־יִשְׂרָאֵל וַיִּפְנוּ אֶל־הַמִּדְבָּר וְהִנֵּה כְּבוֹד יְהוָה
נִרְאָה בֶּעָנָן:
יא יב וַיְדַבֵּר יְהוָה אֶל־מֹשֶׁה לֵּאמֹר: שָׁמַעְתִּי אֶת־תְּלוּנֹּת בְּנֵי יִשְׂרָאֵל דַּבֵּר אֲלֵהֶם ששי
לֵאמֹר בֵּין הָעַרְבַּיִם תֹּאכְלוּ בָשָׂר וּבַבֹּקֶר תִּשְׂבְּעוּ־לָחֶם וִידַעְתֶּם כִּי אֲנִי יְהוָה
יג אֱלֹהֵיכֶם: וַיְהִי בָעֶרֶב וַתַּעַל הַשְּׂלָו וַתְּכַס אֶת־הַמַּחֲנֶה וּבַבֹּקֶר הָיְתָה שִׁכְבַת הַטַּל
יד סָבִיב לַמַּחֲנֶה: וַתַּעַל שִׁכְבַת הַטָּל וְהִנֵּה עַל־פְּנֵי הַמִּדְבָּר דַּק מְחֻסְפָּס דַּק כַּכְּפֹר
טו עַל־הָאָרֶץ: וַיִּרְאוּ בְנֵי־יִשְׂרָאֵל וַיֹּאמְרוּ אִישׁ אֶל־אָחִיו מָן הוּא כִּי לֹא יָדְעוּ מַה־
טז הוּא וַיֹּאמֶר מֹשֶׁה אֲלֵהֶם הוּא הַלֶּחֶם אֲשֶׁר נָתַן יְהוָה לָכֶם לְאָכְלָה: זֶה הַדָּבָר
אֲשֶׁר צִוָּה יְהוָה לִקְטוּ מִמֶּנּוּ אִישׁ לְפִי אָכְלוֹ עֹמֶר לַגֻּלְגֹּלֶת מִסְפַּר נַפְשֹׁתֵיכֶם
יז אִישׁ לַאֲשֶׁר בְּאָהֳלוֹ תִּקָּחוּ: וַיַּעֲשׂוּ־כֵן בְּנֵי יִשְׂרָאֵל וַיִּלְקְטוּ הַמַּרְבֶּה וְהַמַּמְעִיט:
יח וַיָּמֹדּוּ בָעֹמֶר וְלֹא הֶעְדִּיף הַמַּרְבֶּה וְהַמַּמְעִיט לֹא הֶחְסִיר אִישׁ לְפִי־אָכְלוֹ לָקָטוּ:
יט כ וַיֹּאמֶר מֹשֶׁה אֲלֵהֶם אִישׁ אַל־יוֹתֵר מִמֶּנּוּ עַד־בֹּקֶר: וְלֹא־שָׁמְעוּ אֶל־מֹשֶׁה וַיּוֹתִרוּ
כא אֲנָשִׁים מִמֶּנּוּ עַד־בֹּקֶר וַיָּרֻם תּוֹלָעִים וַיִּבְאַשׁ וַיִּקְצֹף עֲלֵהֶם מֹשֶׁה: וַיִּלְקְטוּ אֹתוֹ
כב בַּבֹּקֶר בַּבֹּקֶר אִישׁ כְּפִי אָכְלוֹ וְחַם הַשֶּׁמֶשׁ וְנָמָס: וַיְהִי ׀ בַּיּוֹם הַשִּׁשִּׁי לָקְטוּ לֶחֶם
כג מִשְׁנֶה שְׁנֵי הָעֹמֶר לָאֶחָד וַיָּבֹאוּ כָּל־נְשִׂיאֵי הָעֵדָה וַיַּגִּידוּ לְמֹשֶׁה: וַיֹּאמֶר אֲלֵהֶם
הוּא אֲשֶׁר דִּבֶּר יְהוָה שַׁבָּתוֹן שַׁבַּת־קֹדֶשׁ לַיהוָה מָחָר אֵת אֲשֶׁר־תֹּאפוּ אֵפוּ
וְאֵת אֲשֶׁר־תְּבַשְּׁלוּ בַּשֵּׁלוּ וְאֵת כָּל־הָעֹדֵף הַנִּיחוּ לָכֶם לְמִשְׁמֶרֶת עַד־הַבֹּקֶר:
כד וַיַּנִּיחוּ אֹתוֹ עַד־הַבֹּקֶר כַּאֲשֶׁר צִוָּה מֹשֶׁה וְלֹא הִבְאִישׁ וְרִמָּה לֹא־הָיְתָה־בּוֹ:
כה וַיֹּאמֶר מֹשֶׁה אִכְלֻהוּ הַיּוֹם כִּי־שַׁבָּת הַיּוֹם לַיהוָה הַיּוֹם לֹא תִמְצָאֻהוּ בַּשָּׂדֶה:

פירושי מילים

(ז) **ונחנו מה** – אנחנו לא חשובים. (ח) **מלינם** – מתלוננים. (יב) **בין הערבים** – בין שני זמנים שהשמש נוטה, וראו לעיל י״א, ו. (יג) **ותעל שכבת הטל** – הטל יתנדף, ואז מתגלה המן שתחתיו. (יד) **מחספס** – מילה יחידאית. אפשר שמשמעותה כבימינו: לא חלק (כמו בארמית 'חספניתא', חכם, שה). ראב״ע פירש 'עגול', ואונקלוס פירש 'מקולף', וכן רש״י: מגולה. רשב״ם פירש מפוזר. **דק ככפר** – המן התגלה כדבר דק על הארץ כמו טיפות של כפור. (טו) **מן** – מילת שאלה: מה (כך בשבעים; דונש [מהדורת פיליפאווסקי, עמ' 20]; לקח טוב; רשב״ם; שד״ל. לקח טוב ורשב״ם טענו שהמילה 'מן' היא במצרית). (טז) **לקטו** – אספו. **עמר לגלגלת** – עמר לכל אדם. עמר היא מידת נפח שמודדים יבש. עומר הוא עשירית האיפה, שזה בערך ארבעה ליטר. כמות זו הייתה מספיקה לאדם ליום. (יח) **וימדו בעמר** – לקטו מדדו לפי כמות של עומר. **ולא העדיף** – לא היה עודף למרבה. (כ) **בבקר בבקר** – מוקדם בבוקר, וראב״ע פירש קודם זרוח השמש. או בכל בוקר (ספורנו). **וירם** – התליע. **ויבאש** – הסריח. **ויקצף** – זעם. (כא) **וחם השמש ונמס** – כאשר גבר חום השמש המן נמס. (כב) **לחם משנה** – לחם בכמות כפולה. (כג) **שבתון** – שביתה ממלאכה. (כד) **הבאיש** – הסריח. **ורמה** – תולעים.

כו כז שֵׁשֶׁת יָמִים תִּלְקְטֻהוּ וּבַיּוֹם הַשְּׁבִיעִי שַׁבָּת לֹא יִהְיֶה־בּוֹ: וַיְהִי בַּיּוֹם הַשְּׁבִיעִי
כח יָצְאוּ מִן־הָעָם לִלְקֹט וְלֹא מָצָאוּ: וַיֹּאמֶר יהוה אֶל־מֹשֶׁה עַד־אָנָה יג
כט מֵאַנְתֶּם לִשְׁמֹר מִצְוֹתַי וְתוֹרֹתָי: רְאוּ כִּי־יהוה נָתַן לָכֶם הַשַּׁבָּת עַל־כֵּן הוּא נֹתֵן
לָכֶם בַּיּוֹם הַשִּׁשִּׁי לֶחֶם יוֹמָיִם שְׁבוּ | אִישׁ תַּחְתָּיו אַל־יֵצֵא אִישׁ מִמְּקֹמוֹ בַּיּוֹם
ל לא הַשְּׁבִיעִי: וַיִּשְׁבְּתוּ הָעָם בַּיּוֹם הַשְּׁבִעִי: וַיִּקְרְאוּ בֵית־יִשְׂרָאֵל אֶת־שְׁמוֹ מָן וְהוּא
לב כְּזֶרַע גַּד לָבָן וְטַעְמוֹ כְּצַפִּיחִת בִּדְבָשׁ: וַיֹּאמֶר מֹשֶׁה זֶה הַדָּבָר אֲשֶׁר צִוָּה יהוה
מְלֹא הָעֹמֶר מִמֶּנּוּ לְמִשְׁמֶרֶת לְדֹרֹתֵיכֶם לְמַעַן | יִרְאוּ אֶת־הַלֶּחֶם אֲשֶׁר הֶאֱכַלְתִּי
לג אֶתְכֶם בַּמִּדְבָּר בְּהוֹצִיאִי אֶתְכֶם מֵאֶרֶץ מִצְרָיִם: וַיֹּאמֶר מֹשֶׁה אֶל־אַהֲרֹן קַח
צִנְצֶנֶת אַחַת וְתֶן־שָׁמָּה מְלֹא־הָעֹמֶר מָן וְהַנַּח אֹתוֹ לִפְנֵי יהוה לְמִשְׁמֶרֶת
לד לְדֹרֹתֵיכֶם: כַּאֲשֶׁר צִוָּה יהוה אֶל־מֹשֶׁה וַיַּנִּיחֵהוּ אַהֲרֹן לִפְנֵי הָעֵדֻת לְמִשְׁמָרֶת:
לה וּבְנֵי יִשְׂרָאֵל אָכְלוּ אֶת־הַמָּן אַרְבָּעִים שָׁנָה עַד־בֹּאָם אֶל־אֶרֶץ נוֹשָׁבֶת אֶת־הַמָּן
לו אָכְלוּ עַד־בֹּאָם אֶל־קְצֵה אֶרֶץ כְּנָעַן: וְהָעֹמֶר עֲשִׂרִית הָאֵיפָה הוּא:

שביעי

יז א וַיִּסְעוּ כָּל־עֲדַת בְּנֵי־יִשְׂרָאֵל מִמִּדְבַּר־סִין לְמַסְעֵיהֶם עַל־פִּי יהוה וַיַּחֲנוּ בִּרְפִידִים

מסה ומריבה

ב וְאֵין מַיִם לִשְׁתֹּת הָעָם: וַיָּרֶב הָעָם עִם־מֹשֶׁה וַיֹּאמְרוּ תְּנוּ־לָנוּ מַיִם וְנִשְׁתֶּה
ג וַיֹּאמֶר לָהֶם מֹשֶׁה מַה־תְּרִיבוּן עִמָּדִי מַה־תְּנַסּוּן אֶת־יהוה: וַיִּצְמָא שָׁם הָעָם
לַמַּיִם וַיָּלֶן הָעָם עַל־מֹשֶׁה וַיֹּאמֶר לָמָּה זֶּה הֶעֱלִיתָנוּ מִמִּצְרַיִם לְהָמִית אֹתִי
ד וְאֶת־בָּנַי וְאֶת־מִקְנַי בַּצָּמָא: וַיִּצְעַק מֹשֶׁה אֶל־יהוה לֵאמֹר מָה אֶעֱשֶׂה לָעָם
ה הַזֶּה עוֹד מְעַט וּסְקָלֻנִי: וַיֹּאמֶר יהוה אֶל־מֹשֶׁה עֲבֹר לִפְנֵי הָעָם וְקַח אִתְּךָ
ו מִזִּקְנֵי יִשְׂרָאֵל וּמַטְּךָ אֲשֶׁר הִכִּיתָ בּוֹ אֶת־הַיְאֹר קַח בְּיָדְךָ וְהָלָכְתָּ: הִנְנִי עֹמֵד
לְפָנֶיךָ שָּׁם | עַל־הַצּוּר בְּחֹרֵב וְהִכִּיתָ בַצּוּר וְיָצְאוּ מִמֶּנּוּ מַיִם וְשָׁתָה הָעָם וַיַּעַשׂ
ז כֵּן מֹשֶׁה לְעֵינֵי זִקְנֵי יִשְׂרָאֵל: וַיִּקְרָא שֵׁם הַמָּקוֹם מַסָּה וּמְרִיבָה עַל־רִיב | בְּנֵי
יִשְׂרָאֵל וְעַל נַסֹּתָם אֶת־יהוה לֵאמֹר הֲיֵשׁ יהוה בְּקִרְבֵּנוּ אִם־אָיִן:

מלחמת עמלק

ח ט וַיָּבֹא עֲמָלֵק וַיִּלָּחֶם עִם־יִשְׂרָאֵל בִּרְפִידִם: וַיֹּאמֶר מֹשֶׁה אֶל־יְהוֹשֻׁעַ בְּחַר־לָנוּ
אֲנָשִׁים וְצֵא הִלָּחֵם בַּעֲמָלֵק מָחָר אָנֹכִי נִצָּב עַל־רֹאשׁ הַגִּבְעָה וּמַטֵּה הָאֱלֹהִים

פירושי מילים

(כח) מאנתם – סרבתם. (כט) שבו איש תחתיו – הישארו במקומכם (ראב"ע: באהליהם), ואל יצאו ללקוט מן. (לא) כזרע גד – זרע של הצמח הקרוי גד. בדרך כלל מזוהה על ידי תרגום ניאופיטי ויונתן-ירושלמי ככוסבר, וכן רש"י; ראב"ע הסתפק בכך. כצפיחת בדבש – כנראה עוגה דקה הטבולה בדבש.* (לג) צנצנת – כלי אחסון. צלוחית (אונקלוס; רש"י) רש"י כתב שהיא של חרס, ולקח טוב הציע שזה זהב, כף, נחושת ועוד, ואברבנאל כתב שהייתה זכוכית. שד"ל הביא בשם גזניוס שהכוונה לסל. (לה) ארץ נושבת – ארץ מיושבת או ראויה להיות מיושבת, בניגוד למדבר. (י"ז, א) למסעיהם – המסעות שלהם, בדילוג על חניות שלא הוזכרו. (ב) וירב – התקוטטו. מה – במובן: למה (י"ד, טו).** (ג) וילן – התלונן. מקני – צאן ובקר. (ו) הצור – הסלע.

* .BDB; *HALOT*

** קדרי, מילון, 584.

י בְּיָדִי: וַיַּעַשׂ יְהוֹשֻׁעַ כַּאֲשֶׁר אָמַר־לוֹ מֹשֶׁה לְהִלָּחֵם בַּעֲמָלֵק וּמֹשֶׁה אַהֲרֹן וְחוּר
יא עָלוּ רֹאשׁ הַגִּבְעָה: וְהָיָה כַּאֲשֶׁר יָרִים מֹשֶׁה יָדוֹ וְגָבַר יִשְׂרָאֵל וְכַאֲשֶׁר יָנִיחַ יָדוֹ
יב וְגָבַר עֲמָלֵק: וִידֵי מֹשֶׁה כְּבֵדִים וַיִּקְחוּ־אֶבֶן וַיָּשִׂימוּ תַחְתָּיו וַיֵּשֶׁב עָלֶיהָ וְאַהֲרֹן
וְחוּר תָּמְכוּ בְיָדָיו מִזֶּה אֶחָד וּמִזֶּה אֶחָד וַיְהִי יָדָיו אֱמוּנָה עַד־בֹּא הַשָּׁמֶשׁ:
יג וַיַּחֲלֹשׁ יְהוֹשֻׁעַ אֶת־עֲמָלֵק וְאֶת־עַמּוֹ לְפִי־חָרֶב:
יד וַיֹּאמֶר יהוה אֶל־מֹשֶׁה כְּתֹב זֹאת זִכָּרוֹן בַּסֵּפֶר וְשִׂים בְּאָזְנֵי יְהוֹשֻׁעַ כִּי־מָחֹה מפטיר
טו אֶמְחֶה אֶת־זֵכֶר עֲמָלֵק מִתַּחַת הַשָּׁמָיִם: וַיִּבֶן מֹשֶׁה מִזְבֵּחַ וַיִּקְרָא שְׁמוֹ יהוה ׀
טז נִסִּי: וַיֹּאמֶר כִּי־יָד עַל־כֵּס יָהּ מִלְחָמָה לַיהוה בַּעֲמָלֵק מִדֹּר דֹּר:
יח א וַיִּשְׁמַע יִתְרוֹ כֹהֵן מִדְיָן חֹתֵן מֹשֶׁה אֵת כָּל־אֲשֶׁר עָשָׂה אֱלֹהִים לְמֹשֶׁה וּלְיִשְׂרָאֵל יד יתרו
ב עַמּוֹ כִּי־הוֹצִיא יהוה אֶת־יִשְׂרָאֵל מִמִּצְרָיִם: וַיִּקַּח יִתְרוֹ חֹתֵן מֹשֶׁה אֶת־צִפֹּרָה
ג אֵשֶׁת מֹשֶׁה אַחַר שִׁלּוּחֶיהָ: וְאֵת שְׁנֵי בָנֶיהָ אֲשֶׁר שֵׁם הָאֶחָד גֵּרְשֹׁם כִּי אָמַר גֵּר
ד הָיִיתִי בְּאֶרֶץ נָכְרִיָּה: וְשֵׁם הָאֶחָד אֱלִיעֶזֶר כִּי־אֱלֹהֵי אָבִי בְּעֶזְרִי וַיַּצִּלֵנִי מֵחֶרֶב
ה פַּרְעֹה: וַיָּבֹא יִתְרוֹ חֹתֵן מֹשֶׁה וּבָנָיו וְאִשְׁתּוֹ אֶל־מֹשֶׁה אֶל־הַמִּדְבָּר אֲשֶׁר־הוּא
ו חֹנֶה שָׁם הַר הָאֱלֹהִים: וַיֹּאמֶר אֶל־מֹשֶׁה אֲנִי חֹתֶנְךָ יִתְרוֹ בָּא אֵלֶיךָ וְאִשְׁתְּךָ
ז וּשְׁנֵי בָנֶיהָ עִמָּהּ: וַיֵּצֵא מֹשֶׁה לִקְרַאת חֹתְנוֹ וַיִּשְׁתַּחוּ וַיִּשַּׁק־לוֹ וַיִּשְׁאֲלוּ אִישׁ־
ח לְרֵעֵהוּ לְשָׁלוֹם וַיָּבֹאוּ הָאֹהֱלָה: וַיְסַפֵּר מֹשֶׁה לְחֹתְנוֹ אֵת כָּל־אֲשֶׁר עָשָׂה יהוה
לְפַרְעֹה וּלְמִצְרַיִם עַל אוֹדֹת יִשְׂרָאֵל אֵת כָּל־הַתְּלָאָה אֲשֶׁר מְצָאָתַם בַּדֶּרֶךְ
ט וַיַּצִּלֵם יהוה: וַיִּחַדְּ יִתְרוֹ עַל כָּל־הַטּוֹבָה אֲשֶׁר־עָשָׂה יהוה לְיִשְׂרָאֵל אֲשֶׁר
י הִצִּילוֹ מִיַּד מִצְרָיִם: וַיֹּאמֶר יִתְרוֹ בָּרוּךְ יהוה אֲשֶׁר הִצִּיל אֶתְכֶם מִיַּד מִצְרַיִם
יא וּמִיַּד פַּרְעֹה אֲשֶׁר הִצִּיל אֶת־הָעָם מִתַּחַת יַד־מִצְרָיִם: עַתָּה יָדַעְתִּי כִּי־גָדוֹל
יב יהוה מִכָּל־הָאֱלֹהִים כִּי בַדָּבָר אֲשֶׁר זָדוּ עֲלֵיהֶם: וַיִּקַּח יִתְרוֹ חֹתֵן מֹשֶׁה עֹלָה
וּזְבָחִים לֵאלֹהִים וַיָּבֹא אַהֲרֹן וְכֹל ׀ זִקְנֵי יִשְׂרָאֵל לֶאֱכָל־לֶחֶם עִם־חֹתֵן מֹשֶׁה לִפְנֵי
יג הָאֱלֹהִים: וַיְהִי מִמָּחֳרָת וַיֵּשֶׁב מֹשֶׁה לִשְׁפֹּט אֶת־הָעָם וַיַּעֲמֹד הָעָם עַל־מֹשֶׁה שני

יתרו מתפעל מהטובה של ה׳ לישראל

מינוי שופטים כעצת יתרו

פירושי מילים

(יב) אמונה – ביציבות, בחוזק (רשב"ם; ראב"ע; רמב"ן). בא השמש – שקיעת החמה. מתחת השמים – בכל הארץ. (יג) ויחלש – יהושע החליש את עמלק, ניצח. ההפך מ"גבר" (יא; וראו יואל ד׳, י). (יד) ספר – שטר, מגילה (ירמיה ל"ו, ב). (טו) נסי – תורן, דגל. אפשרות אחרת: מעשה פלא. (טז) כס – כיסא מלכות.* מדר דר – לעולם. (י"ח, א) חתן – אבי אשתו של איש. (ב) שלוחיה – לאחר ששלח אותה לבית אביה. ויש מפרשים אחר שיתרו שלח מתנות לביתו (רשב"ם; ראב"ע). פועל הזה בהקשר של אישה בא תמיד במובן של גירושין (דברים כ"ב, כט; כ"ד, א, ג, ד; ירמיה ג׳, א; מלאכי ב׳, טז).** אבל נראה שזו לא הכוונה כאן (רשב"ם). (ח) על אודת – בדבר. תלאה – הקשיים, הייסורים. מצאתם בדרך – מצא אותם, קרה להם בדרך. (ט) ויחד – שמח. שורש חד"ה, חדוה (איוב ג׳, ו; תהלים כ"א, ז) (רש"י; רשב"ם). (יא) זדו – עשו בזדון, בכוונה רעה.

* BDB. רד"ק, ספר השורשים, § כסא. ופירש שהאות א׳ נפלה משום שזו מילה אחת כֵּסְיָה.

** שיטת ר׳ יהושע במכילתא מסכתא דעמלק א (הארוויטץ, עמ׳ 190).

יד מִן־הַבֹּקֶר עַד־הָעָרֶב: וַיַּרְא חֹתֵן מֹשֶׁה אֵת כָּל־אֲשֶׁר־הוּא עֹשֶׂה לָעָם וַיֹּאמֶר
מָה־הַדָּבָר הַזֶּה אֲשֶׁר אַתָּה עֹשֶׂה לָעָם מַדּוּעַ אַתָּה יוֹשֵׁב לְבַדֶּךָ וְכָל־הָעָם
טו נִצָּב עָלֶיךָ מִן־בֹּקֶר עַד־עָרֶב: וַיֹּאמֶר מֹשֶׁה לְחֹתְנוֹ כִּי־יָבֹא אֵלַי הָעָם לִדְרֹשׁ
טז אֱלֹהִים: כִּי־יִהְיֶה לָהֶם דָּבָר בָּא אֵלַי וְשָׁפַטְתִּי בֵּין אִישׁ וּבֵין רֵעֵהוּ וְהוֹדַעְתִּי
יז אֶת־חֻקֵּי הָאֱלֹהִים וְאֶת־תּוֹרֹתָיו: וַיֹּאמֶר חֹתֵן מֹשֶׁה אֵלָיו לֹא־טוֹב הַדָּבָר אֲשֶׁר
יח אַתָּה עֹשֶׂה: נָבֹל תִּבֹּל גַּם־אַתָּה גַּם־הָעָם הַזֶּה אֲשֶׁר עִמָּךְ כִּי־כָבֵד מִמְּךָ הַדָּבָר
יט לֹא־תוּכַל עֲשֹׂהוּ לְבַדֶּךָ: עַתָּה שְׁמַע בְּקֹלִי אִיעָצְךָ וִיהִי אֱלֹהִים עִמָּךְ הֱיֵה אַתָּה
כ לָעָם מוּל הָאֱלֹהִים וְהֵבֵאתָ אַתָּה אֶת־הַדְּבָרִים אֶל־הָאֱלֹהִים: וְהִזְהַרְתָּה אֶתְהֶם
אֶת־הַחֻקִּים וְאֶת־הַתּוֹרֹת וְהוֹדַעְתָּ לָהֶם אֶת־הַדֶּרֶךְ יֵלְכוּ בָהּ וְאֶת־הַמַּעֲשֶׂה
כא אֲשֶׁר יַעֲשׂוּן: וְאַתָּה תֶחֱזֶה מִכָּל־הָעָם אַנְשֵׁי־חַיִל יִרְאֵי אֱלֹהִים אַנְשֵׁי אֱמֶת
שֹׂנְאֵי בָצַע וְשַׂמְתָּ עֲלֵהֶם שָׂרֵי אֲלָפִים שָׂרֵי מֵאוֹת שָׂרֵי חֲמִשִּׁים וְשָׂרֵי עֲשָׂרֹת:
כב וְשָׁפְטוּ אֶת־הָעָם בְּכָל־עֵת וְהָיָה כָּל־הַדָּבָר הַגָּדֹל יָבִיאוּ אֵלֶיךָ וְכָל־הַדָּבָר
כג הַקָּטֹן יִשְׁפְּטוּ־הֵם וְהָקֵל מֵעָלֶיךָ וְנָשְׂאוּ אִתָּךְ: אִם אֶת־הַדָּבָר הַזֶּה תַּעֲשֶׂה וְצִוְּךָ
כד אֱלֹהִים וְיָכָלְתָּ עֲמֹד וְגַם כָּל־הָעָם הַזֶּה עַל־מְקֹמוֹ יָבֹא בְשָׁלוֹם: וַיִּשְׁמַע מֹשֶׁה
כה לְקוֹל חֹתְנוֹ וַיַּעַשׂ כֹּל אֲשֶׁר אָמָר: וַיִּבְחַר מֹשֶׁה אַנְשֵׁי־חַיִל מִכָּל־יִשְׂרָאֵל וַיִּתֵּן שלישי
אֹתָם רָאשִׁים עַל־הָעָם שָׂרֵי אֲלָפִים שָׂרֵי מֵאוֹת שָׂרֵי חֲמִשִּׁים וְשָׂרֵי עֲשָׂרֹת:
כו וְשָׁפְטוּ אֶת־הָעָם בְּכָל־עֵת אֶת־הַדָּבָר הַקָּשֶׁה יְבִיאוּן אֶל־מֹשֶׁה וְכָל־הַדָּבָר
כז הַקָּטֹן יִשְׁפּוּטוּ הֵם: וַיְשַׁלַּח מֹשֶׁה אֶת־חֹתְנוֹ וַיֵּלֶךְ לוֹ אֶל־אַרְצוֹ:
יט א בַּחֹדֶשׁ הַשְּׁלִישִׁי לְצֵאת בְּנֵי־יִשְׂרָאֵל מֵאֶרֶץ מִצְרָיִם בַּיּוֹם הַזֶּה בָּאוּ מִדְבַּר סִינָי: רביעי
ב וַיִּסְעוּ מֵרְפִידִים וַיָּבֹאוּ מִדְבַּר סִינַי וַיַּחֲנוּ בַּמִּדְבָּר וַיִּחַן־שָׁם יִשְׂרָאֵל נֶגֶד הָהָר: מעמד הר סיני
ג וּמֹשֶׁה עָלָה אֶל־הָאֱלֹהִים וַיִּקְרָא אֵלָיו יהוה מִן־הָהָר לֵאמֹר כֹּה תֹאמַר לְבֵית
ד יַעֲקֹב וְתַגֵּיד לִבְנֵי יִשְׂרָאֵל: אַתֶּם רְאִיתֶם אֲשֶׁר עָשִׂיתִי לְמִצְרָיִם וָאֶשָּׂא אֶתְכֶם
ה עַל־כַּנְפֵי נְשָׁרִים וָאָבִא אֶתְכֶם אֵלָי: וְעַתָּה אִם־שָׁמוֹעַ תִּשְׁמְעוּ בְּקֹלִי וּשְׁמַרְתֶּם

פירושי מילים

(יד) **יושב** – במובן לשבת בתפקיד כשופט (שופטים ד', ד-ה; ישעיה כ"ח, ו). (טו) **לדרש אלהים** – לבקש את הכרעת אלהים בחילוקי דעות. (יח) **נבל תבל** – תיחלש, כוחך יכלה. כפל לשון "נבל תבל" לחיזוק. **כבד ממך** – המטלה קשה מדי עבורך. (כא) **אנשי חיל** – אנשים בעלי כוח, בעלי יכולת, בתחום המשפט. **שונאי בצע** – מתרחקים מממון, רווח, שלא יגיע בדרך הישר. **שרי אלפים שרי מאות ושרי עשרות** – שר הממונה על אלף פקידים, שר הממונה על מאה ושר הממונה על עשרה (כך פירש ראב"ע בפירושו הארוך; וכן אברבנאל, וראו שד"ל). וחז"ל פירשו לכל עשרה היה שר ולכל מאה שר, ולכל אלף שר, היינו שהיו שש מאות – שרי אלפים, ששת אלפים – שרי מאות, שרי חמישים – שנים עשר אלף שרי חמישים, ושישים אלף שרי עשרות (מכילתא מסכתא דעמלק יתרו, ב [הארוויטץ, 198]; וכן רש"י). (כב) **ונשאו אתך** – ישתתפו איתך במשא הזה של העם. (כג) **על מקמו יבא בשלום** – העם שבא להישפט עתה יבוא אל ביתו בשלום, לאחר שייפסק הדין ביעילות. (י"ט, א) **בחודש** – יכול להתייחס לראשון לחודש או לחודש שלם. כאן כאפשרות הראשונה, כפי שעולה מהמשך הפסוק: "ביום הזה".

ו אֶת־בְּרִיתִ֑י וִהְיִ֨יתֶם לִ֤י סְגֻלָּה֙ מִכָּל־הָ֣עַמִּ֔ים כִּי־לִ֖י כָּל־הָאָֽרֶץ׃ וְאַתֶּ֧ם תִּהְיוּ־לִ֛י טו
ז מַמְלֶ֥כֶת כֹּהֲנִ֖ים וְג֣וֹי קָד֑וֹשׁ אֵ֚לֶּה הַדְּבָרִ֔ים אֲשֶׁ֥ר תְּדַבֵּ֖ר אֶל־בְּנֵ֥י יִשְׂרָאֵֽל׃ וַיָּבֹ֣א חמישי
מֹשֶׁ֔ה וַיִּקְרָ֖א לְזִקְנֵ֣י הָעָ֑ם וַיָּ֣שֶׂם לִפְנֵיהֶ֗ם אֵ֚ת כָּל־הַדְּבָרִ֣ים הָאֵ֔לֶּה אֲשֶׁ֥ר צִוָּ֖הוּ
ח יְהוָֽה׃ וַיַּעֲנ֨וּ כָל־הָעָ֤ם יַחְדָּו֙ וַיֹּ֣אמְר֔וּ כֹּ֛ל אֲשֶׁר־דִּבֶּ֥ר יְהוָ֖ה נַעֲשֶׂ֑ה וַיָּ֧שֶׁב מֹשֶׁ֛ה אֶת־
ט דִּבְרֵ֥י הָעָ֖ם אֶל־יְהוָֽה׃ וַיֹּ֨אמֶר יְהוָ֜ה אֶל־מֹשֶׁ֗ה הִנֵּ֨ה אָנֹכִ֜י בָּ֣א אֵלֶיךָ֮ בְּעַ֣ב הֶֽעָנָן֒
בַּעֲב֞וּר יִשְׁמַ֤ע הָעָם֙ בְּדַבְּרִ֣י עִמָּ֔ךְ וְגַם־בְּךָ֖ יַאֲמִ֣ינוּ לְעוֹלָ֑ם וַיַּגֵּ֥ד מֹשֶׁ֛ה אֶת־דִּבְרֵ֥י
י הָעָ֖ם אֶל־יְהוָֽה׃ וַיֹּ֨אמֶר יְהוָ֤ה אֶל־מֹשֶׁה֙ לֵ֣ךְ אֶל־הָעָ֔ם וְקִדַּשְׁתָּ֥ם הַיּ֖וֹם וּמָחָ֑ר
יא וְכִבְּס֖וּ שִׂמְלֹתָֽם׃ וְהָי֥וּ נְכֹנִ֖ים לַיּ֣וֹם הַשְּׁלִישִׁ֑י כִּ֣י ׀ בַּיּ֣וֹם הַשְּׁלִשִׁ֗י יֵרֵ֧ד יְהוָ֛ה לְעֵינֵ֥י
יב כָל־הָעָ֖ם עַל־הַ֥ר סִינָֽי׃ וְהִגְבַּלְתָּ֤ אֶת־הָעָם֙ סָבִ֣יב לֵאמֹ֔ר הִשָּׁמְר֥וּ לָכֶ֛ם עֲל֥וֹת בָּהָ֖ר
יג וּנְגֹ֣עַ בְּקָצֵ֑הוּ כָּל־הַנֹּגֵ֥עַ בָּהָ֖ר מ֥וֹת יוּמָֽת׃ לֹא־תִגַּ֨ע בּ֜וֹ יָ֗ד כִּֽי־סָק֤וֹל יִסָּקֵל֙ אוֹ־יָרֹ֣ה
יד יִיָּרֶ֔ה אִם־בְּהֵמָ֥ה אִם־אִ֖ישׁ לֹ֣א יִחְיֶ֑ה בִּמְשֹׁךְ֙ הַיֹּבֵ֔ל הֵ֖מָּה יַעֲל֥וּ בָהָֽר׃ וַיֵּ֧רֶד מֹשֶׁ֛ה
טו מִן־הָהָ֖ר אֶל־הָעָ֑ם וַיְקַדֵּשׁ֙ אֶת־הָעָ֔ם וַֽיְכַבְּס֖וּ שִׂמְלֹתָֽם׃ וַיֹּ֙אמֶר֙ אֶל־הָעָ֔ם הֱי֥וּ
טז נְכֹנִ֖ים לִשְׁלֹ֣שֶׁת יָמִ֑ים אַֽל־תִּגְּשׁ֖וּ אֶל־אִשָּֽׁה׃ וַיְהִי֩ בַיּ֨וֹם הַשְּׁלִישִׁ֜י בִּהְיֹ֣ת הַבֹּ֗קֶר
וַיְהִי֩ קֹלֹ֨ת וּבְרָקִ֜ים וְעָנָ֤ן כָּבֵד֙ עַל־הָהָ֔ר וְקֹ֥ל שֹׁפָ֖ר חָזָ֣ק מְאֹ֑ד וַיֶּחֱרַ֥ד כָּל־הָעָ֖ם
יז אֲשֶׁ֥ר בַּֽמַּחֲנֶֽה׃ וַיּוֹצֵ֨א מֹשֶׁ֧ה אֶת־הָעָ֛ם לִקְרַ֥את הָֽאֱלֹהִ֖ים מִן־הַֽמַּחֲנֶ֑ה וַיִּֽתְיַצְּב֖וּ
יח בְּתַחְתִּ֥ית הָהָֽר׃ וְהַ֤ר סִינַי֙ עָשַׁ֣ן כֻּלּ֔וֹ מִ֠פְּנֵי אֲשֶׁ֨ר יָרַ֥ד עָלָ֛יו יְהוָ֖ה בָּאֵ֑שׁ וַיַּ֤עַל
יט עֲשָׁנוֹ֙ כְּעֶ֣שֶׁן הַכִּבְשָׁ֔ן וַיֶּחֱרַ֥ד כָּל־הָהָ֖ר מְאֹֽד׃ וַיְהִי֙ ק֣וֹל הַשֹּׁפָ֔ר הוֹלֵ֖ךְ וְחָזֵ֣ק
כ מְאֹ֑ד מֹשֶׁ֣ה יְדַבֵּ֔ר וְהָאֱלֹהִ֖ים יַעֲנֶ֥נּוּ בְקֽוֹל׃ וַיֵּ֧רֶד יְהוָ֛ה עַל־הַ֥ר סִינַ֖י אֶל־רֹ֣אשׁ ששי
כא הָהָ֑ר וַיִּקְרָ֨א יְהוָ֧ה לְמֹשֶׁ֛ה אֶל־רֹ֥אשׁ הָהָ֖ר וַיַּ֥עַל מֹשֶֽׁה׃ וַיֹּ֤אמֶר יְהוָה֙ אֶל־
כב מֹשֶׁ֔ה רֵ֖ד הָעֵ֣ד בָּעָ֑ם פֶּן־יֶהֶרְס֤וּ אֶל־יְהוָה֙ לִרְא֔וֹת וְנָפַ֥ל מִמֶּ֖נּוּ רָֽב׃ וְגַ֧ם הַכֹּהֲנִ֛ים
כג הַנִּגָּשִׁ֥ים אֶל־יְהוָ֖ה יִתְקַדָּ֑שׁוּ פֶּן־יִפְרֹ֥ץ בָּהֶ֖ם יְהוָֽה׃ וַיֹּ֤אמֶר מֹשֶׁה֙ אֶל־יְהוָ֔ה לֹא־
יוּכַ֣ל הָעָ֔ם לַעֲלֹ֖ת אֶל־הַ֣ר סִינָ֑י כִּֽי־אַתָּ֞ה הַעֵדֹ֤תָה בָּ֙נוּ֙ לֵאמֹ֔ר הַגְבֵּ֥ל אֶת־
כד הָהָ֖ר וְקִדַּשְׁתּֽוֹ׃ וַיֹּ֨אמֶר אֵלָ֤יו יְהוָה֙ לֶךְ־רֵ֔ד וְעָלִ֥יתָ אַתָּ֖ה וְאַהֲרֹ֣ן עִמָּ֑ךְ
כה וְהַכֹּהֲנִ֣ים וְהָעָ֗ם אַל־יֶהֶרְס֛וּ לַעֲלֹ֥ת אֶל־יְהוָ֖ה פֶּן־יִפְרָץ־בָּֽם׃ וַיֵּ֥רֶד מֹשֶׁ֖ה אֶל־

פירושי מילים

(ה) **סגלה** – עושר, אוצר (מל"א כ"ט, ג; קהלת ב', ח). באופן מושאל המילה מתארת את היחס המיוחד של ישראל עם ה' לעומת היחס לשאר אומות, "בך בחר ה' אלהיך להיות לו לעם סגלה מכל העמים אשר על פני האדמה" (דברים ז', ו. ראו: י"ד, ב; כ"ו, יח). (ט) **עב הענן** – שתי מילים במשמעות דומה. הכוונה כאן לענן כבד (טז), כמו חושך אפלה. (יא) **נכנים** – מוכנים. (יב) **והגבלת** – קבע גבול. (יג) **ירה יירה** – יושלח (רש"י), יירו עליו חצים או אבנים (רשב"ם). **במשך היבל** – תקיעה ממושכת בשופר האיל. (טז) **ויחרד** – רעדו (מפחד). (יח) **עָשַׁן** – צורת פועל ולא שם עצם. **כעֶשן** – כעָשָׁן. **הכבשן** – תנור שבו שורפים לבנים. **ויחרד** – רעד. (יט) **יעננו** – עונה לו. (כא) **יהרסו** – יהרסו את הגבול (ראב"ע). ושד"ל הוסיף לבאר: "מושאל מהריסת הקיר, כי ההולך למקום שאסור לו כאילו פורץ גדר, וקרוב לזה מה פרצת (בראשית ל"ח, כט)". (כב) **יפרץ** – יכה, בא בהקשר של נכנסים לקודש ("פרף ה' פרץ בעזה", שמ"ב ו', ח). מילולית דומה למילה יהרסו בפסוק הקודם. העונש "פרץ" בא כנגד החטא "יהרסו".

עשרת הדיברות

כ א וַיְדַבֵּר אֱלֹהִים אֵת כָּל־הַדְּבָרִים הָאֵלֶּה הָעָם וַיֹּאמֶר אֲלֵהֶם:
ב לֵאמֹר: אָנֹכִי יהוה אֱלֹהֶיךָ אֲשֶׁר הוֹצֵאתִיךָ מֵאֶרֶץ מִצְרַיִם
ג ד מִבֵּית עֲבָדִים: לֹא־יִהְיֶה לְךָ אֱלֹהִים אֲחֵרִים עַל־פָּנָי: לֹא־תַעֲשֶׂה לְךָ פֶסֶל
וְכָל־תְּמוּנָה אֲשֶׁר בַּשָּׁמַיִם מִמַּעַל וַאֲשֶׁר בָּאָרֶץ מִתָּחַת וַאֲשֶׁר בַּמַּיִם מִתַּחַת
ה לָאָרֶץ: לֹא־תִשְׁתַּחֲוֶה לָהֶם וְלֹא תָעָבְדֵם כִּי אָנֹכִי יהוה אֱלֹהֶיךָ אֵל קַנָּא פֹּקֵד
ו עֲוֺן אָבֹת עַל־בָּנִים עַל־שִׁלֵּשִׁים וְעַל־רִבֵּעִים לְשֹׂנְאָי: וְעֹשֶׂה חֶסֶד לַאֲלָפִים
ז לְאֹהֲבַי וּלְשֹׁמְרֵי מִצְוֺתָי: לֹא תִשָּׂא אֶת־שֵׁם־יהוה אֱלֹהֶיךָ לַשָּׁוְא
כִּי לֹא יְנַקֶּה יהוה אֵת אֲשֶׁר־יִשָּׂא אֶת־שְׁמוֹ לַשָּׁוְא:
ח ט זָכוֹר אֶת־יוֹם הַשַּׁבָּת לְקַדְּשׁוֹ: שֵׁשֶׁת יָמִים תַּעֲבֹד וְעָשִׂיתָ כָּל־מְלַאכְתֶּךָ:
י וְיוֹם הַשְּׁבִיעִי שַׁבָּת לַיהוה אֱלֹהֶיךָ לֹא־תַעֲשֶׂה כָל־מְלָאכָה אַתָּה ׀ וּבִנְךָ
יא וּבִתֶּךָ עַבְדְּךָ וַאֲמָתְךָ וּבְהֶמְתֶּךָ וְגֵרְךָ אֲשֶׁר בִּשְׁעָרֶיךָ: כִּי שֵׁשֶׁת־יָמִים עָשָׂה
יהוה אֶת־הַשָּׁמַיִם וְאֶת־הָאָרֶץ אֶת־הַיָּם וְאֶת־כָּל־אֲשֶׁר־בָּם וַיָּנַח בַּיּוֹם
יב הַשְּׁבִיעִי עַל־כֵּן בֵּרַךְ יהוה אֶת־יוֹם הַשַּׁבָּת וַיְקַדְּשֵׁהוּ: כַּבֵּד
אֶת־אָבִיךָ וְאֶת־אִמֶּךָ לְמַעַן יַאֲרִכוּן יָמֶיךָ עַל הָאֲדָמָה אֲשֶׁר־יהוה אֱלֹהֶיךָ
יג נֹתֵן לָךְ: לֹא תִרְצָח לֹא
תִנְאָף לֹא תִגְנֹב לֹא־
יד תַעֲנֶה בְרֵעֲךָ עֵד שָׁקֶר: לֹא
תַחְמֹד בֵּית רֵעֶךָ לֹא־
תַחְמֹד אֵשֶׁת רֵעֶךָ וְעַבְדּוֹ וַאֲמָתוֹ וְשׁוֹרוֹ וַחֲמֹרוֹ וְכֹל אֲשֶׁר לְרֵעֶךָ:

שביעי

טו וְכָל־הָעָם רֹאִים אֶת־הַקּוֹלֹת וְאֶת־הַלַּפִּידִם וְאֵת קוֹל הַשֹּׁפָר וְאֶת־הָהָר

חרדת העם מהמעמד

טז עָשֵׁן וַיַּרְא הָעָם וַיָּנֻעוּ וַיַּעַמְדוּ מֵרָחֹק: וַיֹּאמְרוּ אֶל־מֹשֶׁה דַּבֵּר־אַתָּה עִמָּנוּ
יז וְנִשְׁמָעָה וְאַל־יְדַבֵּר עִמָּנוּ אֱלֹהִים פֶּן־נָמוּת: וַיֹּאמֶר מֹשֶׁה אֶל־הָעָם אַל־
תִּירָאוּ כִּי לְבַעֲבוּר נַסּוֹת אֶתְכֶם בָּא הָאֱלֹהִים וּבַעֲבוּר תִּהְיֶה יִרְאָתוֹ עַל־
יח פְּנֵיכֶם לְבִלְתִּי תֶחֱטָאוּ: וַיַּעֲמֹד הָעָם מֵרָחֹק וּמֹשֶׁה נִגַּשׁ אֶל־הָעֲרָפֶל אֲשֶׁר־שָׁם

מפטיר

יט הָאֱלֹהִים: וַיֹּאמֶר יהוה אֶל־מֹשֶׁה כֹּה תֹאמַר אֶל־בְּנֵי יִשְׂרָאֵל אַתֶּם

איסור עבודה זרה ודיני מזבח

כ רְאִיתֶם כִּי מִן־הַשָּׁמַיִם דִּבַּרְתִּי עִמָּכֶם: לֹא תַעֲשׂוּן אִתִּי אֱלֹהֵי כֶסֶף וֵאלֹהֵי

פירושי מילים

(כ׳, ג) על פני – נוסף עליי. רמב״ן: ״כי על פני הוא, שאני מסתכל ומביט בכל עת ובכל מקום בעושין כן. הדבר העשוי בפניו של אדם והוא עומד עליו יקרא על פניו, וכן: ׳ותעבור המנחה על פניו׳ (בראשית ל״ב, כב)...״. (ד) תמונה – צורה, דמות. (ה) אל קנא – קפדן. במקורו, המשמעות של קנ״א הפך לאדום חזק, הנוטה לשחור, והשורש הושאל להבעת כעס (שד״ל). פקד – מעניש. על שלשים ועל רבעים – דור שלישי ורביעי. (ו) לאלפים – אלף דורות (ראו דברים ז׳, ט). (ז) לא תשא – לא תרים. גם במובן נשא קול, אמר דבר (תהלים ט״ז, ד; נ׳, טז), ומכאן גם משא (מל״ב ט׳, כה; במדבר כ״ג, ז; ירמיה כ״ג, לג). לא ינקה – לא ימחול. (טו) לפידם – ברקים (ראו י״ט, טז; נחמיה ב׳, ה). וינעו – זזו ממקומם. (יז) על פניכם – עליכם.

כא זָהָב לֹא תַעֲשׂוּ לָכֶם׃ מִזְבַּח אֲדָמָה תַּעֲשֶׂה־לִּי וְזָבַחְתָּ עָלָיו אֶת־עֹלֹתֶיךָ וְאֶת־
שְׁלָמֶיךָ אֶת־צֹאנְךָ וְאֶת־בְּקָרֶךָ בְּכָל־הַמָּקוֹם אֲשֶׁר אַזְכִּיר אֶת־שְׁמִי אָבוֹא
כב אֵלֶיךָ וּבֵרַכְתִּיךָ׃ וְאִם־מִזְבַּח אֲבָנִים תַּעֲשֶׂה־לִּי לֹא־תִבְנֶה אֶתְהֶן גָּזִית כִּי
כג חַרְבְּךָ הֵנַפְתָּ עָלֶיהָ וַתְּחַלְלֶהָ׃ וְלֹא־תַעֲלֶה בְמַעֲלֹת עַל־מִזְבְּחִי אֲשֶׁר לֹא־תִגָּלֶה
עֶרְוָתְךָ עָלָיו׃

כא א ב וְאֵלֶּה הַמִּשְׁפָּטִים אֲשֶׁר תָּשִׂים לִפְנֵיהֶם׃ כִּי תִקְנֶה עֶבֶד עִבְרִי שֵׁשׁ שָׁנִים יַעֲבֹד טז משפטים
ג וּבַשְּׁבִעִת יֵצֵא לַחָפְשִׁי חִנָּם׃ אִם־בְּגַפּוֹ יָבֹא בְּגַפּוֹ יֵצֵא אִם־בַּעַל אִשָּׁה הוּא
ד וְיָצְאָה אִשְׁתּוֹ עִמּוֹ׃ אִם־אֲדֹנָיו יִתֶּן־לוֹ אִשָּׁה וְיָלְדָה־לוֹ בָנִים אוֹ בָנוֹת הָאִשָּׁה
ה וִילָדֶיהָ תִּהְיֶה לַאדֹנֶיהָ וְהוּא יֵצֵא בְגַפּוֹ׃ וְאִם־אָמֹר יֹאמַר הָעֶבֶד אָהַבְתִּי
ו אֶת־אֲדֹנִי אֶת־אִשְׁתִּי וְאֶת־בָּנָי לֹא אֵצֵא חָפְשִׁי׃ וְהִגִּישׁוֹ אֲדֹנָיו אֶל־הָאֱלֹהִים
וְהִגִּישׁוֹ אֶל־הַדֶּלֶת אוֹ אֶל־הַמְּזוּזָה וְרָצַע אֲדֹנָיו אֶת־אָזְנוֹ בַּמַּרְצֵעַ וַעֲבָדוֹ
ז לְעֹלָם׃ וְכִי־יִמְכֹּר אִישׁ אֶת־בִּתּוֹ לְאָמָה לֹא תֵצֵא כְּצֵאת הָעֲבָדִים׃
ח אִם־רָעָה בְּעֵינֵי אֲדֹנֶיהָ אֲשֶׁר־לֹא יְעָדָהּ וְהֶפְדָּהּ לְעַם נָכְרִי לֹא־יִמְשֹׁל לְמָכְרָהּ לוֹ
ט י בְּבִגְדוֹ־בָהּ׃ וְאִם־לִבְנוֹ יִיעָדֶנָּה כְּמִשְׁפַּט הַבָּנוֹת יַעֲשֶׂה־לָּהּ׃ אִם־אַחֶרֶת יִקַּח־לוֹ
יא שְׁאֵרָהּ כְּסוּתָהּ וְעֹנָתָהּ לֹא יִגְרָע׃ וְאִם־שְׁלָשׁ־אֵלֶּה לֹא יַעֲשֶׂה לָהּ וְיָצְאָה חִנָּם
יב יג אֵין כָּסֶף׃ מַכֵּה אִישׁ וָמֵת מוֹת יוּמָת׃ וַאֲשֶׁר לֹא צָדָה וְהָאֱלֹהִים
יד אִנָּה לְיָדוֹ וְשַׂמְתִּי לְךָ מָקוֹם אֲשֶׁר יָנוּס שָׁמָּה׃ וְכִי־יָזִד אִישׁ
טו עַל־רֵעֵהוּ לְהָרְגוֹ בְעָרְמָה מֵעִם מִזְבְּחִי תִּקָּחֶנּוּ לָמוּת׃ וּמַכֵּה
טז אָבִיו וְאִמּוֹ מוֹת יוּמָת׃ וְגֹנֵב אִישׁ וּמְכָרוֹ וְנִמְצָא בְיָדוֹ מוֹת
יז יח יוּמָת׃ וּמְקַלֵּל אָבִיו וְאִמּוֹ מוֹת יוּמָת׃ וְכִי־יְרִיבֻן
אֲנָשִׁים וְהִכָּה־אִישׁ אֶת־רֵעֵהוּ בְּאֶבֶן אוֹ בְאֶגְרֹף וְלֹא יָמוּת וְנָפַל לְמִשְׁכָּב׃
יט אִם־יָקוּם וְהִתְהַלֵּךְ בַּחוּץ עַל־מִשְׁעַנְתּוֹ וְנִקָּה הַמַּכֶּה רַק שִׁבְתּוֹ יִתֵּן וְרַפֹּא
כ יְרַפֵּא׃ וְכִי־יַכֶּה אִישׁ אֶת־עַבְדּוֹ אוֹ אֶת־אֲמָתוֹ בַּשֵּׁבֶט שני
כא וּמֵת תַּחַת יָדוֹ נָקֹם יִנָּקֵם׃ אַךְ אִם־יוֹם אוֹ יוֹמַיִם יַעֲמֹד לֹא יֻקַּם כִּי כַסְפּוֹ

המשפטים: בין אדם לחברו

פירושי מילים

(כא) אזכיר – לבטא, לומר, להוציא דבר מפיו. (כב) גזית – אבנים מסותתות. הנפת – הרמת. (כג) במעלת – מדרגות. תגלה – תיחשף. (כ"א, ב) ובשביעית – בשנה השביעית של העבדות. (ג) גפו – לבדו. רש"י ושד"ל הבינו במובן כנפו, בתוך לבושו. ריב"ש הסביר מלשון גופו. (ו) המזוזה – העמודים שמשני צדדי פתח. ורצע – ניקב. (ח) יעדה – ייחד אותה לקחתה לאישה. והפדה – יביא לפדיונה. (י) שארה – מזונותיה. כסותה – בגדיה. ענתה – דירתה, כמו מעון. או אפשר שמדובר ביחסי אישות (בראשית ל"ד, ב). לא יגרע – לא יפחות ממה מן הראוי לה. רמב"ן פירש הכול על יחסי אישות: שאר – קירוב בשר (ויקרא י"ח, ו); כסותה – כסות מיטתה; ועונתה – יחסי אישות. (יג) צדה – ארב. אנה – זימן. (יח) אגרוף – יד קמוצה (ישעיה נ"ח, ד), רמב"ן; ספורנו. או הכוונה לאבן או דבר קשה אחר (רס"ג; רשב"ם; ראב"ע). (יט) משענתו – מקל המשמש תמיכה להליכה. ונקה – נקי מעונש. שבתו – דמי שבתו, ביטולו ממלאכה. ורפא ירפא – דמי ריפויו.

כב הוּא׃ וְכִי־יִנָּצוּ אֲנָשִׁים וְנָגְפוּ אִשָּׁה הָרָה וְיָצְאוּ יְלָדֶיהָ וְלֹא יִהְיֶה
כג אָסוֹן עָנוֹשׁ יֵעָנֵשׁ כַּאֲשֶׁר יָשִׁית עָלָיו בַּעַל הָאִשָּׁה וְנָתַן בִּפְלִלִים׃ וְאִם־אָסוֹן יִהְיֶה
כד וְנָתַתָּה נֶפֶשׁ תַּחַת נָפֶשׁ׃ עַיִן תַּחַת עַיִן שֵׁן תַּחַת שֵׁן יָד תַּחַת יָד רֶגֶל תַּחַת רָגֶל׃
כה כו כְּוִיָּה תַּחַת כְּוִיָּה פֶּצַע תַּחַת פָּצַע חַבּוּרָה תַּחַת חַבּוּרָה׃ וְכִי־יַכֶּה
אִישׁ אֶת־עֵין עַבְדּוֹ אוֹ־אֶת־עֵין אֲמָתוֹ וְשִׁחֲתָהּ לַחָפְשִׁי יְשַׁלְּחֶנּוּ תַּחַת עֵינוֹ׃
כז וְאִם־שֵׁן עַבְדּוֹ אוֹ־שֵׁן אֲמָתוֹ יַפִּיל לַחָפְשִׁי יְשַׁלְּחֶנּוּ תַּחַת שִׁנּוֹ׃
כח וְכִי־יִגַּח שׁוֹר אֶת־אִישׁ אוֹ אֶת־אִשָּׁה וָמֵת סָקוֹל יִסָּקֵל הַשּׁוֹר וְלֹא יֵאָכֵל אֶת־
כט בְּשָׂרוֹ וּבַעַל הַשּׁוֹר נָקִי׃ וְאִם שׁוֹר נַגָּח הוּא מִתְּמֹל שִׁלְשֹׁם וְהוּעַד בִּבְעָלָיו וְלֹא
ל יִשְׁמְרֶנּוּ וְהֵמִית אִישׁ אוֹ אִשָּׁה הַשּׁוֹר יִסָּקֵל וְגַם־בְּעָלָיו יוּמָת׃ אִם־כֹּפֶר יוּשַׁת
לא עָלָיו וְנָתַן פִּדְיֹן נַפְשׁוֹ כְּכֹל אֲשֶׁר־יוּשַׁת עָלָיו׃ אוֹ־בֵן יִגָּח אוֹ־בַת יִגָּח כַּמִּשְׁפָּט
לב הַזֶּה יֵעָשֶׂה לּוֹ׃ אִם־עֶבֶד יִגַּח הַשּׁוֹר אוֹ אָמָה כֶּסֶף ׀ שְׁלֹשִׁים שְׁקָלִים יִתֵּן לַאדֹנָיו
לג וְהַשּׁוֹר יִסָּקֵל׃ וְכִי־יִפְתַּח אִישׁ בּוֹר אוֹ כִּי־יִכְרֶה אִישׁ בֹּר וְלֹא יְכַסֶּנּוּ
לד וְנָפַל־שָׁמָּה שּׁוֹר אוֹ חֲמוֹר׃ בַּעַל הַבּוֹר יְשַׁלֵּם כֶּסֶף יָשִׁיב לִבְעָלָיו וְהַמֵּת יִהְיֶה־
לה לּוֹ׃ וְכִי־יִגֹּף שׁוֹר־אִישׁ אֶת־שׁוֹר רֵעֵהוּ וָמֵת וּמָכְרוּ אֶת־הַשּׁוֹר הַחַי
לו וְחָצוּ אֶת־כַּסְפּוֹ וְגַם אֶת־הַמֵּת יֶחֱצוּן׃ אוֹ נוֹדַע כִּי שׁוֹר נַגָּח הוּא מִתְּמוֹל שִׁלְשֹׁם
לז וְלֹא יִשְׁמְרֶנּוּ בְּעָלָיו שַׁלֵּם יְשַׁלֵּם שׁוֹר תַּחַת הַשּׁוֹר וְהַמֵּת יִהְיֶה־לּוֹ׃ כִּי
יִגְנֹב־אִישׁ שׁוֹר אוֹ־שֶׂה וּטְבָחוֹ אוֹ מְכָרוֹ חֲמִשָּׁה בָקָר יְשַׁלֵּם תַּחַת הַשּׁוֹר וְאַרְבַּע־
כב א ב צֹאן תַּחַת הַשֶּׂה׃ אִם־בַּמַּחְתֶּרֶת יִמָּצֵא הַגַּנָּב וְהֻכָּה וָמֵת אֵין לוֹ דָּמִים׃ אִם־זָרְחָה
ג הַשֶּׁמֶשׁ עָלָיו דָּמִים לוֹ שַׁלֵּם יְשַׁלֵּם אִם־אֵין לוֹ וְנִמְכַּר בִּגְנֵבָתוֹ׃ אִם־הִמָּצֵא
ד תִמָּצֵא בְיָדוֹ הַגְּנֵבָה מִשּׁוֹר עַד־חֲמוֹר עַד־שֶׂה חַיִּים שְׁנַיִם יְשַׁלֵּם׃ כִּי שלישי
יַבְעֶר־אִישׁ שָׂדֶה אוֹ־כֶרֶם וְשִׁלַּח אֶת־בְּעִירֹה וּבִעֵר בִּשְׂדֵה אַחֵר מֵיטַב שָׂדֵהוּ
ה וּמֵיטַב כַּרְמוֹ יְשַׁלֵּם׃ כִּי־תֵצֵא אֵשׁ וּמָצְאָה קֹצִים וְנֶאֱכַל גָּדִישׁ אוֹ
ו הַקָּמָה אוֹ הַשָּׂדֶה שַׁלֵּם יְשַׁלֵּם הַמַּבְעִר אֶת־הַבְּעֵרָה׃ כִּי־יִתֵּן
אִישׁ אֶל־רֵעֵהוּ כֶּסֶף אוֹ־כֵלִים לִשְׁמֹר וְגֻנַּב מִבֵּית הָאִישׁ אִם־יִמָּצֵא הַגַּנָּב יְשַׁלֵּם
ז שְׁנָיִם׃ אִם־לֹא יִמָּצֵא הַגַּנָּב וְנִקְרַב בַּעַל־הַבַּיִת אֶל־הָאֱלֹהִים אִם־לֹא שָׁלַח יָדוֹ

פירושי מילים

(כב) אסון – תאונה, נזק. בפלילים – לפי החלטת הדיינים. (כט) מתמל שלשום – מליצה, הכוונה שנהג לנגוח בעבר (דברים י״ט, ו; יהושע ג׳, ד) (שד״ל). וחז״ל למדו מכאן שלוש נגיחות עד ששור תם הופך למועד.* (ל) כפר – כסף הניתן כדי להציל מעונש מוות. יושת – יושם. פדין נפשו – כופר תמורת פדיון נפשו. (כ״ב, א) במחתרת – חפירה על מנת לחדור לבית. מחתרת במובן לחתור, לחפור. אין לו דמים – במובן דם, מליצה שהמשמעות שלה היא שאין לו דין מוות, או שאין דמים הזועקים את עונשו. (ב) זרחה השמש עליו – אם ברור הדבר כשמש. דמים לו – יש לו דין מוות. (ד) יבער – שלח את בהמותיו לאכול ולרעות. בעירה – בהמתו. מיטב – הטוב ביותר. (ה) גדיש – עֲרֵמת תבואה. הקמה – שיבולים המוכנים להיקצר.

* מכילתא מסכתא דנזיקין י (הארוויטץ, 284); משנה וגמרא ב״ק כג ע״ב, כד ע״א.

ח בִּמְלֶאכֶת רֵעֵהוּ: עַל־כָּל־דְּבַר־פֶּשַׁע עַל־שׁוֹר עַל־חֲמוֹר עַל־שֶׂה עַל־שַׂלְמָה
עַל־כָּל־אֲבֵדָה אֲשֶׁר יֹאמַר כִּי־הוּא זֶה עַד הָאֱלֹהִים יָבֹא דְּבַר־שְׁנֵיהֶם אֲשֶׁר
ט יַרְשִׁיעֻן אֱלֹהִים יְשַׁלֵּם שְׁנַיִם לְרֵעֵהוּ: כִּי־יִתֵּן אִישׁ אֶל־רֵעֵהוּ
חֲמוֹר אוֹ־שׁוֹר אוֹ־שֶׂה וְכָל־בְּהֵמָה לִשְׁמֹר וּמֵת אוֹ־נִשְׁבַּר אוֹ־נִשְׁבָּה אֵין רֹאֶה:
י שְׁבֻעַת יהוה תִּהְיֶה בֵּין שְׁנֵיהֶם אִם־לֹא שָׁלַח יָדוֹ בִּמְלֶאכֶת רֵעֵהוּ וְלָקַח בְּעָלָיו
יא יב וְלֹא יְשַׁלֵּם: וְאִם־גָּנֹב יִגָּנֵב מֵעִמּוֹ יְשַׁלֵּם לִבְעָלָיו: אִם־טָרֹף יִטָּרֵף יְבִאֵהוּ עֵד
הַטְּרֵפָה לֹא יְשַׁלֵּם:
יג יד וְכִי־יִשְׁאַל אִישׁ מֵעִם רֵעֵהוּ וְנִשְׁבַּר אוֹ־מֵת בְּעָלָיו אֵין־עִמּוֹ שַׁלֵּם יְשַׁלֵּם: אִם־
טו בְּעָלָיו עִמּוֹ לֹא יְשַׁלֵּם אִם־שָׂכִיר הוּא בָּא בִּשְׂכָרוֹ: וְכִי־יְפַתֶּה אִישׁ
טז בְּתוּלָה אֲשֶׁר לֹא־אֹרָשָׂה וְשָׁכַב עִמָּהּ מָהֹר יִמְהָרֶנָּה לּוֹ לְאִשָּׁה: אִם־מָאֵן יְמָאֵן
יז אָבִיהָ לְתִתָּהּ לוֹ כֶּסֶף יִשְׁקֹל כְּמֹהַר הַבְּתוּלֹת: מְכַשֵּׁפָה לֹא תְחַיֶּה: המשפטים: בין אדם למקום
יח יט כָּל־שֹׁכֵב עִם־בְּהֵמָה מוֹת יוּמָת: זֹבֵחַ לָאֱלֹהִים יָחֳרָם בִּלְתִּי
כ כא לַיהוה לְבַדּוֹ: וְגֵר לֹא־תוֹנֶה וְלֹא תִלְחָצֶנּוּ כִּי־גֵרִים הֱיִיתֶם בְּאֶרֶץ מִצְרָיִם: כָּל־
כב אַלְמָנָה וְיָתוֹם לֹא תְעַנּוּן: אִם־עַנֵּה תְעַנֶּה אֹתוֹ כִּי אִם־צָעֹק יִצְעַק אֵלַי שָׁמֹעַ
כג אֶשְׁמַע צַעֲקָתוֹ: וְחָרָה אַפִּי וְהָרַגְתִּי אֶתְכֶם בֶּחָרֶב וְהָיוּ נְשֵׁיכֶם אַלְמָנוֹת וּבְנֵיכֶם
יְתֹמִים:
כד אִם־כֶּסֶף ׀ תַּלְוֶה אֶת־עַמִּי אֶת־הֶעָנִי עִמָּךְ לֹא־תִהְיֶה לוֹ כְּנֹשֶׁה לֹא־תְשִׂימוּן עָלָיו יז
כה כו נֶשֶׁךְ: אִם־חָבֹל תַּחְבֹּל שַׂלְמַת רֵעֶךָ עַד־בֹּא הַשֶּׁמֶשׁ תְּשִׁיבֶנּוּ לוֹ: כִּי הִוא כְסוּתֹה
לְבַדָּהּ הִוא שִׂמְלָתוֹ לְעֹרוֹ בַּמֶּה יִשְׁכָּב וְהָיָה כִּי־יִצְעַק אֵלַי וְשָׁמַעְתִּי כִּי־חַנּוּן
כז כח אָנִי: אֱלֹהִים לֹא תְקַלֵּל וְנָשִׂיא בְעַמְּךָ לֹא תָאֹר: מְלֵאָתְךָ וְדִמְעֲךָ רביעי
כט לֹא תְאַחֵר בְּכוֹר בָּנֶיךָ תִּתֶּן־לִי: כֵּן־תַּעֲשֶׂה לְשֹׁרְךָ לְצֹאנֶךָ שִׁבְעַת יָמִים יִהְיֶה
ל עִם־אִמּוֹ בַּיּוֹם הַשְּׁמִינִי תִּתְּנוֹ־לִי: וְאַנְשֵׁי־קֹדֶשׁ תִּהְיוּן לִי וּבָשָׂר בַּשָּׂדֶה טְרֵפָה

פירושי מילים

(ח) דבר פשע – חפץ שנעשה בו פשע, חטא. שלמה – בגד. (ט) נשבר – נפצע. נשבה – נבזז. (טו) לא ארשה – שאינה מאורסת, היינו פנויה. מהר ימהרנה – יפסוק עבורה מֹהר, תהלים ט״ז, ד (אין הכוונה מהר במובן זריזות, ראב״ע בפירוש הארוך) (טז) מאן ימאן – יסרב. מהר הבתולת – הכסף שנותן בעל לאבי האישה שאותה הוא נושא לאישה (רמב״ן ושד״ל על טו). רש״י פירש שהכוונה לכתובה.*
(יט) יחרם – ישמידו אותו. (כ) לא תונה – לא תעשוק, וחכמים פירשו זאת על הונאת דברים. לא תלחצנו – אל תדכא. (כד) כנשה – בעל התובע חובו. נשך – ריבית. (כה) חבל תחבל – תעקל, תיקח משכון. (כז) תאר – תקלל. (כח) מלאתך – תבואה שנגמרה בישולה. ודמעך – תירוש ושמן יצהר (רשב״ם; ראב״ע).

* יש מחלוקת אם הכתובה היא מהתורה או מדרבנן, כדי שלא יהיה קל בעיני הבעל לגרשה. וראו שד״ל. רמב״ן: ״...שהכתובה מדברי סופרים היא. אבל פירוש מוהר השלוחים שאדם משלח לארוסתו, כלי כסף וכלי זהב ובגדים (בראשית כ״ד, נג) לצרכי החופה והנשואין, והם הנקראים סבלונות בלשון חכמים״.

כג א לֹא תֹאכֵלוּן לַכֶּלֶב תַּשְׁלִכוּן אֹתוֹ׃ לֹא תִשָּׂא שֵׁמַע שָׁוְא אַל־תָּשֶׁת
ב יָדְךָ עִם־רָשָׁע לִהְיֹת עֵד חָמָס׃ לֹא־תִהְיֶה אַחֲרֵי־רַבִּים לְרָעֹת וְלֹא־תַעֲנֶה
ג ד עַל־רִב לִנְטֹת אַחֲרֵי רַבִּים לְהַטֹּת׃ וְדָל לֹא תֶהְדַּר בְּרִיבוֹ׃ כִּי
ה תִפְגַּע שׁוֹר אֹיִבְךָ אוֹ חֲמֹרוֹ תֹּעֶה הָשֵׁב תְּשִׁיבֶנּוּ לוֹ׃ כִּי־תִרְאֶה חֲמוֹר
ו שֹׂנַאֲךָ רֹבֵץ תַּחַת מַשָּׂאוֹ וְחָדַלְתָּ מֵעֲזֹב לוֹ עָזֹב תַּעֲזֹב עִמּוֹ׃ לֹא חמישי
ז תַטֶּה מִשְׁפַּט אֶבְיֹנְךָ בְּרִיבוֹ׃ מִדְּבַר־שֶׁקֶר תִּרְחָק וְנָקִי וְצַדִּיק אַל־תַּהֲרֹג כִּי לֹא־
ח ט אַצְדִּיק רָשָׁע׃ וְשֹׁחַד לֹא תִקָּח כִּי הַשֹּׁחַד יְעַוֵּר פִּקְחִים וִיסַלֵּף דִּבְרֵי צַדִּיקִים׃ וְגֵר
י לֹא תִלְחָץ וְאַתֶּם יְדַעְתֶּם אֶת־נֶפֶשׁ הַגֵּר כִּי־גֵרִים הֱיִיתֶם בְּאֶרֶץ מִצְרָיִם׃ וְשֵׁשׁ
יא שָׁנִים תִּזְרַע אֶת־אַרְצֶךָ וְאָסַפְתָּ אֶת־תְּבוּאָתָהּ׃ וְהַשְּׁבִיעִת תִּשְׁמְטֶנָּה וּנְטַשְׁתָּהּ
יב וְאָכְלוּ אֶבְיֹנֵי עַמֶּךָ וְיִתְרָם תֹּאכַל חַיַּת הַשָּׂדֶה כֵּן־תַּעֲשֶׂה לְכַרְמְךָ לְזֵיתֶךָ׃ שֵׁשֶׁת
יָמִים תַּעֲשֶׂה מַעֲשֶׂיךָ וּבַיּוֹם הַשְּׁבִיעִי תִּשְׁבֹּת לְמַעַן יָנוּחַ שׁוֹרְךָ וַחֲמֹרֶךָ וְיִנָּפֵשׁ
יג בֶּן־אֲמָתְךָ וְהַגֵּר׃ וּבְכֹל אֲשֶׁר־אָמַרְתִּי אֲלֵיכֶם תִּשָּׁמֵרוּ וְשֵׁם אֱלֹהִים אֲחֵרִים
יד טו לֹא תַזְכִּירוּ לֹא יִשָּׁמַע עַל־פִּיךָ׃ שָׁלֹשׁ רְגָלִים תָּחֹג לִי בַּשָּׁנָה׃ אֶת־חַג הַמַּצּוֹת
תִּשְׁמֹר שִׁבְעַת יָמִים תֹּאכַל מַצּוֹת כַּאֲשֶׁר צִוִּיתִךָ לְמוֹעֵד חֹדֶשׁ הָאָבִיב כִּי־בוֹ
טז יָצָאתָ מִמִּצְרָיִם וְלֹא־יֵרָאוּ פָנַי רֵיקָם׃ וְחַג הַקָּצִיר בִּכּוּרֵי מַעֲשֶׂיךָ אֲשֶׁר תִּזְרַע
יז בַּשָּׂדֶה וְחַג הָאָסִף בְּצֵאת הַשָּׁנָה בְּאָסְפְּךָ אֶת־מַעֲשֶׂיךָ מִן־הַשָּׂדֶה׃ שָׁלֹשׁ פְּעָמִים
יח בַּשָּׁנָה יֵרָאֶה כָּל־זְכוּרְךָ אֶל־פְּנֵי הָאָדֹן ׀ יְהוָה׃ לֹא־תִזְבַּח עַל־חָמֵץ דַּם־זִבְחִי
יט וְלֹא־יָלִין חֵלֶב־חַגִּי עַד־בֹּקֶר׃ רֵאשִׁית בִּכּוּרֵי אַדְמָתְךָ תָּבִיא בֵּית יְהוָה אֱלֹהֶיךָ
לֹא־תְבַשֵּׁל גְּדִי בַּחֲלֵב אִמּוֹ׃
כ הִנֵּה אָנֹכִי שֹׁלֵחַ מַלְאָךְ לְפָנֶיךָ לִשְׁמָרְךָ בַּדָּרֶךְ וְלַהֲבִיאֲךָ אֶל־הַמָּקוֹם אֲשֶׁר ששי
כא הֲכִנֹתִי׃ הִשָּׁמֶר מִפָּנָיו וּשְׁמַע בְּקֹלוֹ אַל־תַּמֵּר בּוֹ כִּי לֹא יִשָּׂא לְפִשְׁעֲכֶם כִּי שְׁמִי
כב בְּקִרְבּוֹ׃ כִּי אִם־שָׁמוֹעַ תִּשְׁמַע בְּקֹלוֹ וְעָשִׂיתָ כֹּל אֲשֶׁר אֲדַבֵּר וְאָיַבְתִּי אֶת־אֹיְבֶיךָ
כג וְצַרְתִּי אֶת־צֹרְרֶיךָ׃ כִּי־יֵלֵךְ מַלְאָכִי לְפָנֶיךָ וֶהֱבִיאֲךָ אֶל־הָאֱמֹרִי וְהַחִתִּי וְהַפְּרִזִּי
כד וְהַכְּנַעֲנִי הַחִוִּי וְהַיְבוּסִי וְהִכְחַדְתִּיו׃ לֹא־תִשְׁתַּחֲוֶה לֵאלֹהֵיהֶם וְלֹא תָעָבְדֵם וְלֹא
כה תַעֲשֶׂה כְּמַעֲשֵׂיהֶם כִּי הָרֵס תְּהָרְסֵם וְשַׁבֵּר תְּשַׁבֵּר מַצֵּבֹתֵיהֶם׃ וַעֲבַדְתֶּם אֵת יְהוָה

פירושי מילים

(כ"ג, א) לא תשא – אל תרים קולך. שמע – שמועות, דבר המשמעים. שוא – שקר. אל תשת ידך – אל תתן ידך. חמס – גזל, עוול. (ב) לרעת – לעשות רע. ולא תענה – לא תעיד. על ריב – מחלוקת, משפט. להטת – לסטות, לעוות דין. תהדר – תפאר, תגדל. בריבו – במחלקות, במשפטו. (ד) כי תפגע – אם תפגוש. (ה) רבץ – שכב. וחדלת מעזב לו – המנע מלעזוב אותו. עזב תעזב עמו – עזוב במשמעות של עזור (דברים ל"ב, לו; נחמיה ג', ח) (רש"י; רשב"ם). אפשר כי עזב במשמעות להתיר את המשא, שייפול מעל הבהמה (ראב"ע). (ו) אבינך – עני, מסכן. (יא) תשמטנה – נטוש אותה. ויתרם – את יתר התבואה. (יג) וינפש – ינשום לרווחה, ישיב את נפשו, ינוח (אונקלוס). (יד) שלש רגלים – שלוש פעמים. (טז) את מעשיך – כאן במשמעות של התוצרים של עבודתך. (כא) אל תמר בו – אל תתקומם נגדו (מהשורה מר"ה) (רש"י); אל תמיר אותו, תחליף אותו באחר (מהשורש מו"ר) (רשב"ם; ראב"ע).

כו אֱלֹהֵיכֶם וּבֵרַךְ אֶת־לַחְמְךָ וְאֶת־מֵימֶיךָ וַהֲסִרֹתִי מַחֲלָה מִקִּרְבֶּךָ׃ לֹא שביעי
כז תִהְיֶה מְשַׁכֵּלָה וַעֲקָרָה בְּאַרְצֶךָ אֶת־מִסְפַּר יָמֶיךָ אֲמַלֵּא׃ אֶת־אֵימָתִי אֲשַׁלַּח
לְפָנֶיךָ וְהַמֹּתִי אֶת־כָּל־הָעָם אֲשֶׁר תָּבֹא בָּהֶם וְנָתַתִּי אֶת־כָּל־אֹיְבֶיךָ אֵלֶיךָ
כח עֹרֶף׃ וְשָׁלַחְתִּי אֶת־הַצִּרְעָה לְפָנֶיךָ וְגֵרְשָׁה אֶת־הַחִוִּי אֶת־הַכְּנַעֲנִי וְאֶת־הַחִתִּי
כט מִלְּפָנֶיךָ׃ לֹא אֲגָרְשֶׁנּוּ מִפָּנֶיךָ בְּשָׁנָה אֶחָת פֶּן־תִּהְיֶה הָאָרֶץ שְׁמָמָה וְרַבָּה עָלֶיךָ
ל חַיַּת הַשָּׂדֶה׃ מְעַט מְעַט אֲגָרְשֶׁנּוּ מִפָּנֶיךָ עַד אֲשֶׁר תִּפְרֶה וְנָחַלְתָּ אֶת־הָאָרֶץ׃
לא וְשַׁתִּי אֶת־גְּבֻלְךָ מִיַּם־סוּף וְעַד־יָם פְּלִשְׁתִּים וּמִמִּדְבָּר עַד־הַנָּהָר כִּי ׀ אֶתֵּן בְּיֶדְכֶם
לב לג אֵת יֹשְׁבֵי הָאָרֶץ וְגֵרַשְׁתָּמוֹ מִפָּנֶיךָ׃ לֹא־תִכְרֹת לָהֶם וְלֵאלֹהֵיהֶם בְּרִית׃ לֹא
יֵשְׁבוּ בְּאַרְצְךָ פֶּן־יַחֲטִיאוּ אֹתְךָ לִי כִּי תַעֲבֹד אֶת־אֱלֹהֵיהֶם כִּי־יִהְיֶה לְךָ
לְמוֹקֵשׁ׃

כד
א וְאֶל־מֹשֶׁה אָמַר עֲלֵה אֶל־יהוה אַתָּה וְאַהֲרֹן נָדָב וַאֲבִיהוּא וְשִׁבְעִים מִזִּקְנֵי
ב יִשְׂרָאֵל וְהִשְׁתַּחֲוִיתֶם מֵרָחֹק׃ וְנִגַּשׁ מֹשֶׁה לְבַדּוֹ אֶל־יהוה וְהֵם לֹא יִגָּשׁוּ וְהָעָם
ג לֹא יַעֲלוּ עִמּוֹ׃ וַיָּבֹא מֹשֶׁה וַיְסַפֵּר לָעָם אֵת כָּל־דִּבְרֵי יהוה וְאֵת כָּל־הַמִּשְׁפָּטִים
ד וַיַּעַן כָּל־הָעָם קוֹל אֶחָד וַיֹּאמְרוּ כָּל־הַדְּבָרִים אֲשֶׁר־דִּבֶּר יהוה נַעֲשֶׂה׃ וַיִּכְתֹּב
מֹשֶׁה אֵת כָּל־דִּבְרֵי יהוה וַיַּשְׁכֵּם בַּבֹּקֶר וַיִּבֶן מִזְבֵּחַ תַּחַת הָהָר וּשְׁתֵּים עֶשְׂרֵה
ה מַצֵּבָה לִשְׁנֵים עָשָׂר שִׁבְטֵי יִשְׂרָאֵל׃ וַיִּשְׁלַח אֶת־נַעֲרֵי בְּנֵי יִשְׂרָאֵל וַיַּעֲלוּ עֹלֹת
ו וַיִּזְבְּחוּ זְבָחִים שְׁלָמִים לַיהוה פָּרִים׃ וַיִּקַּח מֹשֶׁה חֲצִי הַדָּם וַיָּשֶׂם בָּאַגָּנֹת וַחֲצִי
ז הַדָּם זָרַק עַל־הַמִּזְבֵּחַ׃ וַיִּקַּח סֵפֶר הַבְּרִית וַיִּקְרָא בְּאָזְנֵי הָעָם וַיֹּאמְרוּ כֹּל
ח אֲשֶׁר־דִּבֶּר יהוה נַעֲשֶׂה וְנִשְׁמָע׃ וַיִּקַּח מֹשֶׁה אֶת־הַדָּם וַיִּזְרֹק עַל־הָעָם וַיֹּאמֶר
ט הִנֵּה דַם־הַבְּרִית אֲשֶׁר כָּרַת יהוה עִמָּכֶם עַל כָּל־הַדְּבָרִים הָאֵלֶּה׃ וַיַּעַל מֹשֶׁה
י וְאַהֲרֹן נָדָב וַאֲבִיהוּא וְשִׁבְעִים מִזִּקְנֵי יִשְׂרָאֵל׃ וַיִּרְאוּ אֵת אֱלֹהֵי יִשְׂרָאֵל וְתַחַת
יא רַגְלָיו כְּמַעֲשֵׂה לִבְנַת הַסַּפִּיר וּכְעֶצֶם הַשָּׁמַיִם לָטֹהַר׃ וְאֶל־אֲצִילֵי בְּנֵי יִשְׂרָאֵל
יב לֹא שָׁלַח יָדוֹ וַיֶּחֱזוּ אֶת־הָאֱלֹהִים וַיֹּאכְלוּ וַיִּשְׁתּוּ׃ וַיֹּאמֶר יהוה
אֶל־מֹשֶׁה עֲלֵה אֵלַי הָהָרָה וֶהְיֵה־שָׁם וְאֶתְּנָה לְךָ אֶת־לֻחֹת הָאֶבֶן וְהַתּוֹרָה
יג וְהַמִּצְוָה אֲשֶׁר כָּתַבְתִּי לְהוֹרֹתָם׃ וַיָּקָם מֹשֶׁה וִיהוֹשֻׁעַ מְשָׁרְתוֹ וַיַּעַל מֹשֶׁה
יד אֶל־הַר הָאֱלֹהִים׃ וְאֶל־הַזְּקֵנִים אָמַר שְׁבוּ־לָנוּ בָזֶה עַד אֲשֶׁר־נָשׁוּב אֲלֵיכֶם
טו וְהִנֵּה אַהֲרֹן וְחוּר עִמָּכֶם מִי־בַעַל דְּבָרִים יִגַּשׁ אֲלֵהֶם׃ וַיַּעַל מֹשֶׁה אֶל־הָהָר

כריתת ברית של ישראל עם ה׳ בסיני

משה עולה לסיני

פירושי מילים

(כו) משכלה – אישה שמאבדת את ולדותיה. (כז) והמתי – אביא מהומה (מהשרש המ"ם). (כח) צרעה – סוג של מעופף שעקיצתו קשה. ויש מפרשים שזה סוג של מחלת צרעת. (לא) ושתי – ושמתי. וגרשתמו – תגרש אותו. (כ"ד, ד) מצבה – מבנה אבן לציון. (ה) נערי בני ישראל – נערים שהקריבו קורבנות, כנראה בכורים. (ו) אגנות – כלי קיבול לנוזלים. (ז) נעשה ונשמע – נציית. (י) כמעשה לבנת הספיר – לבנה של ספיר, שהיא אבן טובה. ואפשר לפרש לבנת ספיר, סיפור בצבע לבן. וכעצם השמים לטהר – מראה בהיר וטהור. (יא) אצלי בני ישראל – הגדולים שבבני ישראל. (יב) להורתם – ללמדם. (יד) בעל דברים – מי שיש לו עניין משפטי.

טו וַיְכַס הֶעָנָן אֶת־הָהָר׃ וַיִּשְׁכֹּן כְּבוֹד־יהוה עַל־הַר סִינַי וַיְכַסֵּהוּ הֶעָנָן שֵׁשֶׁת יָמִים מפטיר
יז וַיִּקְרָא אֶל־מֹשֶׁה בַּיּוֹם הַשְּׁבִיעִי מִתּוֹךְ הֶעָנָן׃ וּמַרְאֵה כְּבוֹד יהוה כְּאֵשׁ אֹכֶלֶת
יח בְּרֹאשׁ הָהָר לְעֵינֵי בְּנֵי יִשְׂרָאֵל׃ וַיָּבֹא מֹשֶׁה בְּתוֹךְ הֶעָנָן וַיַּעַל אֶל־הָהָר וַיְהִי
מֹשֶׁה בָּהָר אַרְבָּעִים יוֹם וְאַרְבָּעִים לָיְלָה׃

כה א ב וַיְדַבֵּר יהוה אֶל־מֹשֶׁה לֵּאמֹר׃ דַּבֵּר אֶל־בְּנֵי יִשְׂרָאֵל וְיִקְחוּ־לִי תְּרוּמָה מֵאֵת יח תרומה
ג כָּל־אִישׁ אֲשֶׁר יִדְּבֶנּוּ לִבּוֹ תִּקְחוּ אֶת־תְּרוּמָתִי׃ וְזֹאת הַתְּרוּמָה אֲשֶׁר תִּקְחוּ תרומה לבניית המשכן
ד ה מֵאִתָּם זָהָב וָכֶסֶף וּנְחֹשֶׁת׃ וּתְכֵלֶת וְאַרְגָּמָן וְתוֹלַעַת שָׁנִי וְשֵׁשׁ וְעִזִּים׃ וְעֹרֹת
ו אֵילִם מְאָדָּמִים וְעֹרֹת תְּחָשִׁים וַעֲצֵי שִׁטִּים׃ שֶׁמֶן לַמָּאֹר בְּשָׂמִים לְשֶׁמֶן הַמִּשְׁחָה
ז ח וְלִקְטֹרֶת הַסַּמִּים׃ אַבְנֵי־שֹׁהַם וְאַבְנֵי מִלֻּאִים לָאֵפֹד וְלַחֹשֶׁן׃ וְעָשׂוּ לִי מִקְדָּשׁ
ט וְשָׁכַנְתִּי בְּתוֹכָם׃ כְּכֹל אֲשֶׁר אֲנִי מַרְאֶה אוֹתְךָ אֵת תַּבְנִית הַמִּשְׁכָּן וְאֵת תַּבְנִית
י כָּל־כֵּלָיו וְכֵן תַּעֲשׂוּ׃ וְעָשׂוּ אֲרוֹן עֲצֵי שִׁטִּים אַמָּתַיִם וָחֵצִי אָרְכּוֹ הארון
יא וְאַמָּה וָחֵצִי רָחְבּוֹ וְאַמָּה וָחֵצִי קֹמָתוֹ׃ וְצִפִּיתָ אֹתוֹ זָהָב טָהוֹר מִבַּיִת וּמִחוּץ
יב תְּצַפֶּנּוּ וְעָשִׂיתָ עָלָיו זֵר זָהָב סָבִיב׃ וְיָצַקְתָּ לּוֹ אַרְבַּע טַבְּעֹת זָהָב וְנָתַתָּה עַל
אַרְבַּע פַּעֲמֹתָיו וּשְׁתֵּי טַבָּעֹת עַל־צַלְעוֹ הָאֶחָת וּשְׁתֵּי טַבָּעֹת עַל־צַלְעוֹ הַשֵּׁנִית׃
יג יד וְעָשִׂיתָ בַדֵּי עֲצֵי שִׁטִּים וְצִפִּיתָ אֹתָם זָהָב׃ וְהֵבֵאתָ אֶת־הַבַּדִּים בַּטַּבָּעֹת עַל
טו צַלְעֹת הָאָרֹן לָשֵׂאת אֶת־הָאָרֹן בָּהֶם׃ בְּטַבְּעֹת הָאָרֹן יִהְיוּ הַבַּדִּים לֹא יָסֻרוּ
טז יז מִמֶּנּוּ׃ וְנָתַתָּ אֶל־הָאָרֹן אֵת הָעֵדֻת אֲשֶׁר אֶתֵּן אֵלֶיךָ׃ וְעָשִׂיתָ כַפֹּרֶת זָהָב טָהוֹר שני
יח אַמָּתַיִם וָחֵצִי אָרְכָּהּ וְאַמָּה וָחֵצִי רָחְבָּהּ׃ וְעָשִׂיתָ שְׁנַיִם כְּרֻבִים זָהָב מִקְשָׁה
יט תַּעֲשֶׂה אֹתָם מִשְּׁנֵי קְצוֹת הַכַּפֹּרֶת׃ וַעֲשֵׂה כְּרוּב אֶחָד מִקָּצָה מִזֶּה וּכְרוּב־אֶחָד

פירושי מילים

(כ"ה, ב) **תרומה** – הפרשה לשם קדושה, משורש רו"ם, להגביהה. **ידבנו לבו** – יעורר אותו ליבו לנדב. (ד) **ותכלת** – חוטים צבועים תכלת. התכלת מופק מדם חילזון שבים. **וארגמן** – חוטים צבועים ארגמן, והוא אדום כהה. אף צבע זה מופק מאותו חילזון, אבל מעובד בצורה שונה. **ותולעת שני** – צמר הצבוע בצבע שני, הוא כנראה אדום בהיר, המופק מביצי חרקים קטנים, הקרויים כאן תולעת. **שש** – חוטי פשתן, הצבועים לבן דק.* **ועזים** – שערות של עיזים, שמהם טוו חוטים. (ה) **ערת אילים מאדמים** – עורות של אילים הצבועים אדום. האיל הוא הזכר של הכבשה. **וערת תחשים** – עורות של תחש. מעבר למלאכת המשכן נזכר רק ביחזקאל ט"ז, י, ושם משמע שהיו עושים מזה נעלים. לא ברור מהו התחש, והוצעו לכך זיהויים רבים. ועצי שטים – קרשים מעץ השיטה. (ז) **אבני שהם** – אבן יקרה (בראשית ב', יב). **אבני מלאים** – אבנים שניתן לשבץ אותן, ישימו אותן באפוד ובחושן. (ט) **תבנית** – תוכנית בנייה. (י) **ארון עצי שטים** – עשוי מעץ שיטים. (יא) **זר** – שפה המקיפה את שולי הארון. (יב) **ויצקת לו** – תתיך. **פעמתיו** – זוויות (אונקלוס; רש"י); אפשרות אחרת: רגליו (ראב"ע). **צלעו** – צידו. (יג) **בדי** – מוטות, לנשיאה של כלי. (טז) **העדת** – שני לוחות הברית, שעליהם כתובים עשרת הדיברות. (יז) **כפרת** – מכסה. כִּפֵּר במובן לכסות, כמו בראשית (ו', יד).** (יח) **כרבים** – תבנית דמות שצורתו מסופקת, ראו פירוש. **מקשה** – גוש אחד.

* רשב"ם וראב"ע הפירוש הקצר והארוך.

** רש"י; רשב"ם; ראב"ע; ראב"מ. וראו: י"מ גרינץ, מונחים קדומים בתורת כהנים (המשך), לשוננו לט (תשל"ה), 163–181, בעיקר 163–167.

כ מִקָּצֶה מִזֶּה מִן־הַכַּפֹּרֶת תַּעֲשׂוּ אֶת־הַכְּרֻבִים עַל־שְׁנֵי קְצוֹתָיו: וְהָיוּ הַכְּרֻבִים
פֹּרְשֵׂי כְנָפַיִם לְמַעְלָה סֹכְכִים בְּכַנְפֵיהֶם עַל־הַכַּפֹּרֶת וּפְנֵיהֶם אִישׁ אֶל־אָחִיו
כא אֶל־הַכַּפֹּרֶת יִהְיוּ פְּנֵי הַכְּרֻבִים: וְנָתַתָּ אֶת־הַכַּפֹּרֶת עַל־הָאָרֹן מִלְמָעְלָה וְאֶל־
כב הָאָרֹן תִּתֵּן אֶת־הָעֵדֻת אֲשֶׁר אֶתֵּן אֵלֶיךָ: וְנוֹעַדְתִּי לְךָ שָׁם וְדִבַּרְתִּי אִתְּךָ מֵעַל
הַכַּפֹּרֶת מִבֵּין שְׁנֵי הַכְּרֻבִים אֲשֶׁר עַל־אֲרוֹן הָעֵדֻת אֵת כָּל־אֲשֶׁר אֲצַוֶּה אוֹתְךָ
אֶל־בְּנֵי יִשְׂרָאֵל:

השולחן

כג כד וְעָשִׂיתָ שֻׁלְחָן עֲצֵי שִׁטִּים אַמָּתַיִם אָרְכּוֹ וְאַמָּה רָחְבּוֹ וְאַמָּה וָחֵצִי קֹמָתוֹ: וְצִפִּיתָ
כה אֹתוֹ זָהָב טָהוֹר וְעָשִׂיתָ לּוֹ זֵר זָהָב סָבִיב: וְעָשִׂיתָ לּוֹ מִסְגֶּרֶת טֹפַח סָבִיב וְעָשִׂיתָ
כו זֵר־זָהָב לְמִסְגַּרְתּוֹ סָבִיב: וְעָשִׂיתָ לּוֹ אַרְבַּע טַבְּעֹת זָהָב וְנָתַתָּ אֶת־הַטַּבָּעֹת
כז עַל אַרְבַּע הַפֵּאֹת אֲשֶׁר לְאַרְבַּע רַגְלָיו: לְעֻמַּת הַמִּסְגֶּרֶת תִּהְיֶיןָ הַטַּבָּעֹת
כח לְבָתִּים לְבַדִּים לָשֵׂאת אֶת־הַשֻּׁלְחָן: וְעָשִׂיתָ אֶת־הַבַּדִּים עֲצֵי שִׁטִּים וְצִפִּיתָ
כט אֹתָם זָהָב וְנִשָּׂא־בָם אֶת־הַשֻּׁלְחָן: וְעָשִׂיתָ קְּעָרֹתָיו וְכַפֹּתָיו וּקְשׂוֹתָיו וּמְנַקִּיֹּתָיו
ל אֲשֶׁר יֻסַּךְ בָּהֵן זָהָב טָהוֹר תַּעֲשֶׂה אֹתָם: וְנָתַתָּ עַל־הַשֻּׁלְחָן לֶחֶם פָּנִים
לְפָנַי תָּמִיד:

המנורה

לא וְעָשִׂיתָ מְנֹרַת זָהָב טָהוֹר מִקְשָׁה תֵּיעָשֶׂה הַמְּנוֹרָה יְרֵכָהּ וְקָנָהּ גְּבִיעֶיהָ כַּפְתֹּרֶיהָ
לב וּפְרָחֶיהָ מִמֶּנָּה יִהְיוּ: וְשִׁשָּׁה קָנִים יֹצְאִים מִצִּדֶּיהָ שְׁלֹשָׁה ׀ קְנֵי מְנֹרָה מִצִּדָּהּ
לג הָאֶחָד וּשְׁלֹשָׁה קְנֵי מְנֹרָה מִצִּדָּהּ הַשֵּׁנִי: שְׁלֹשָׁה גְבִעִים מְשֻׁקָּדִים בַּקָּנֶה הָאֶחָד
כַּפְתֹּר וָפֶרַח וּשְׁלֹשָׁה גְבִעִים מְשֻׁקָּדִים בַּקָּנֶה הָאֶחָד כַּפְתֹּר וָפָרַח כֵּן לְשֵׁשֶׁת
לד הַקָּנִים הַיֹּצְאִים מִן־הַמְּנֹרָה: וּבַמְּנֹרָה אַרְבָּעָה גְבִעִים מְשֻׁקָּדִים כַּפְתֹּרֶיהָ
לה וּפְרָחֶיהָ: וְכַפְתֹּר תַּחַת שְׁנֵי הַקָּנִים מִמֶּנָּה וְכַפְתֹּר תַּחַת שְׁנֵי הַקָּנִים מִמֶּנָּה
לו וְכַפְתֹּר תַּחַת־שְׁנֵי הַקָּנִים מִמֶּנָּה לְשֵׁשֶׁת הַקָּנִים הַיֹּצְאִים מִן־הַמְּנֹרָה: כַּפְתֹּרֵיהֶם
לז וּקְנֹתָם מִמֶּנָּה יִהְיוּ כֻּלָּהּ מִקְשָׁה אַחַת זָהָב טָהוֹר: וְעָשִׂיתָ אֶת־נֵרֹתֶיהָ שִׁבְעָה
לח וְהֶעֱלָה אֶת־נֵרֹתֶיהָ וְהֵאִיר עַל־עֵבֶר פָּנֶיהָ: וּמַלְקָחֶיהָ וּמַחְתֹּתֶיהָ זָהָב טָהוֹר:

פירושי מילים

(כ) סככים – מכסים. (כב) ונעדתי לך – איפגש איתך. (כה) טופח – טפח (מידת אורך). (כו) פאת – קצה. (כז) לעמת – ממול. (כח) לבתים לבדים – "אותן הטבעות יהיו בתים להכניס בהם הבתים" (רש"י). (כט) קערתיו – תבניות שלו. כפתיו – ספלים קטנים, כנראה שהיו שמים בהם את הלבונה (רש"י). קשותיו – יתדות (רש"י) או כוסות (ראב"ע). מנקיותיו – יתדות שהיו מצידי השולחן מלמטה ועד למעלה (רש"י). יסך – מלשון סכ"ך, שהקנים מפרידים בין שכבות הלחמים ומסוככים עליהם שלא יתעפשו (רש"י). אפשר גם לפרש משורש נס"ך, במובן שפך. במקרה זה הדבר מתייחס לקשוות, שהם לדעתו כלים מהם שופכים, כמו "קשות הנסך" (במדבר ד', ז, ראב"ע, הפירוש הארוך). (ל) לחם פנים – לפי רש"י, הצורה המיוחדת של הלחם (ראו פירוש), מאפשרת לראות אותו מצדדים שונים. רשב"ם פירש שראוי לשים את הלחם הזה לפני מכובדים. ראב"ע פירש שזה לחם ששמים לפני ה'. (לא) מקשה – גוש אחד. ירכה – בסיס המנורה. קנה – הגוף המרכזי של המנורה. (לג) גביעים משקדים – כוסיות בצורת שקד. (לו) קנתם – הקנים היוצאים מהם, מהכפתורים. (לז) העלה את נרותיה – ידליק את הנרות. על עבר פניה – ממול פני המנורה. אפשר שהמנורה כאן הכוונה לקנה המרכזי, היינו ששת הנרות היו מכוונים לאמצע. ואפשר שהכוונה שכל הנרות כוונו לעבר השולחן.

לט מ כִּכַּר זָהָב טָהוֹר יַעֲשֶׂה אֹתָהּ אֵת כָּל־הַכֵּלִים הָאֵלֶּה: וּרְאֵה וַעֲשֵׂה בְּתַבְנִיתָם

כו א אֲשֶׁר־אַתָּה מָרְאֶה בָּהָר: וְאֶת־הַמִּשְׁכָּן תַּעֲשֶׂה עֶשֶׂר יְרִיעֹת שֵׁשׁ

שלישי יט

ירִיעות: המשכן, האוהל והמכסה

ב מָשְׁזָר וּתְכֵלֶת וְאַרְגָּמָן וְתֹלַעַת שָׁנִי כְּרֻבִים מַעֲשֵׂה חֹשֵׁב תַּעֲשֶׂה אֹתָם: אֹרֶךְ ׀
הַיְרִיעָה הָאַחַת שְׁמֹנֶה וְעֶשְׂרִים בָּאַמָּה וְרֹחַב אַרְבַּע בָּאַמָּה הַיְרִיעָה הָאֶחָת
ג מִדָּה אַחַת לְכָל־הַיְרִיעֹת: חֲמֵשׁ הַיְרִיעֹת תִּהְיֶיןָ חֹבְרֹת אִשָּׁה אֶל־אֲחֹתָהּ וְחָמֵשׁ
ד יְרִיעֹת חֹבְרֹת אִשָּׁה אֶל־אֲחֹתָהּ: וְעָשִׂיתָ לֻלְאֹת תְּכֵלֶת עַל שְׂפַת הַיְרִיעָה
הָאֶחָת מִקָּצָה בַּחֹבָרֶת וְכֵן תַּעֲשֶׂה בִּשְׂפַת הַיְרִיעָה הַקִּיצוֹנָה בַּמַּחְבֶּרֶת הַשֵּׁנִית:
ה חֲמִשִּׁים לֻלָאֹת תַּעֲשֶׂה בַּיְרִיעָה הָאֶחָת וַחֲמִשִּׁים לֻלָאֹת תַּעֲשֶׂה בִּקְצֵה הַיְרִיעָה
ו אֲשֶׁר בַּמַּחְבֶּרֶת הַשֵּׁנִית מַקְבִּילֹת הַלֻּלָאֹת אִשָּׁה אֶל־אֲחֹתָהּ: וְעָשִׂיתָ חֲמִשִּׁים
קַרְסֵי זָהָב וְחִבַּרְתָּ אֶת־הַיְרִיעֹת אִשָּׁה אֶל־אֲחֹתָהּ בַּקְּרָסִים וְהָיָה הַמִּשְׁכָּן אֶחָד:
ז וְעָשִׂיתָ יְרִיעֹת עִזִּים לְאֹהֶל עַל־הַמִּשְׁכָּן עַשְׁתֵּי־עֶשְׂרֵה יְרִיעֹת תַּעֲשֶׂה אֹתָם:
ח אֹרֶךְ ׀ הַיְרִיעָה הָאַחַת שְׁלֹשִׁים בָּאַמָּה וְרֹחַב אַרְבַּע בָּאַמָּה הַיְרִיעָה הָאֶחָת
ט מִדָּה אַחַת לְעַשְׁתֵּי עֶשְׂרֵה יְרִיעֹת: וְחִבַּרְתָּ אֶת־חֲמֵשׁ הַיְרִיעֹת לְבָד וְאֶת־שֵׁשׁ
י הַיְרִיעֹת לְבָד וְכָפַלְתָּ אֶת־הַיְרִיעָה הַשִּׁשִּׁית אֶל־מוּל פְּנֵי הָאֹהֶל: וְעָשִׂיתָ חֲמִשִּׁים
לֻלָאֹת עַל שְׂפַת הַיְרִיעָה הָאֶחָת הַקִּיצֹנָה בַּחֹבָרֶת וַחֲמִשִּׁים לֻלָאֹת עַל שְׂפַת
יא הַיְרִיעָה הַחֹבֶרֶת הַשֵּׁנִית: וְעָשִׂיתָ קַרְסֵי נְחֹשֶׁת חֲמִשִּׁים וְהֵבֵאתָ אֶת־הַקְּרָסִים
יב בַּלֻּלָאֹת וְחִבַּרְתָּ אֶת־הָאֹהֶל וְהָיָה אֶחָד: וְסֶרַח הָעֹדֵף בִּירִיעֹת הָאֹהֶל חֲצִי
יג הַיְרִיעָה הָעֹדֶפֶת תִּסְרַח עַל אֲחֹרֵי הַמִּשְׁכָּן: וְהָאַמָּה מִזֶּה וְהָאַמָּה מִזֶּה בָּעֹדֵף
יד בְּאֹרֶךְ יְרִיעֹת הָאֹהֶל יִהְיֶה סָרוּחַ עַל־צִדֵּי הַמִּשְׁכָּן מִזֶּה וּמִזֶּה לְכַסֹּתוֹ: וְעָשִׂיתָ
מִכְסֶה לָאֹהֶל עֹרֹת אֵילִם מְאָדָּמִים וּמִכְסֵה עֹרֹת תְּחָשִׁים מִלְמָעְלָה:

רביעי

הקרשים

טו טז וְעָשִׂיתָ אֶת־הַקְּרָשִׁים לַמִּשְׁכָּן עֲצֵי שִׁטִּים עֹמְדִים: עֶשֶׂר אַמּוֹת אֹרֶךְ הַקָּרֶשׁ
יז וְאַמָּה וַחֲצִי הָאַמָּה רֹחַב הַקֶּרֶשׁ הָאֶחָד: שְׁתֵּי יָדוֹת לַקֶּרֶשׁ הָאֶחָד מְשֻׁלָּבֹת
יח אִשָּׁה אֶל־אֲחֹתָהּ כֵּן תַּעֲשֶׂה לְכֹל קַרְשֵׁי הַמִּשְׁכָּן: וְעָשִׂיתָ אֶת־הַקְּרָשִׁים לַמִּשְׁכָּן
יט עֶשְׂרִים קֶרֶשׁ לִפְאַת נֶגְבָּה תֵימָנָה: וְאַרְבָּעִים אַדְנֵי־כֶסֶף תַּעֲשֶׂה תַּחַת עֶשְׂרִים
הַקָּרֶשׁ שְׁנֵי אֲדָנִים תַּחַת־הַקֶּרֶשׁ הָאֶחָד לִשְׁתֵּי יְדֹתָיו וּשְׁנֵי אֲדָנִים תַּחַת־הַקֶּרֶשׁ

פירושי מילים

(כ"ו, א) שש משזר – חוטים של שש מושזרים. שש הוא פשתן. תכלת – חוטים צבועים תכלת. התכלת מופק מדם חילזון שבים. ארגמן – חוטים צבועים ארגמן, והוא אדום כהה. אף צבע זה מופק מאותו חילזון, אבל מעובד בצורה שונה. תלעת שני – צמר הצבוע בצבע שני, הוא כנראה אדום בהיר, המופק מביצי חרקים קטנים, הקרויים כאן תולעת. מעשה חשב – מעשה אומן. (ג) חברות – מחוברות. אשה אל אחתה – יריעה אל אחת אל האחרת. (ו) קרסי – ווים. (יב) סרח העדף – קצה היריעה העודפת מעבר לקצה המשכן ותלויה למטה. תסרח – תהיה תלויה למטה. (טו) עצי שטים – עצים מעץ השיטה. עמדים – ניצבים לאורכם. (יז) ידות – שתי בליטות שהיו בתחתית של קרש. משלבות – הידות זו מקבילה לזו, כמו שלבים בסולם (רש"י; רשב"ם; ראב"ע). או שכל אחת מהידות מוכנסת בתוך המגרעת של האדנים, היינו משולבות (אברבנאל). אשה אל אחתה – הידות אחת לעומת האחרת, או הידות לעומת המגרעת של האדנים. (יח) לפאת נגב תימנה – לצד דרום. (יט) אדני/אדנים – בסיס.

כ הָאֶחָד לִשְׁתֵּי יְדֹתָיו: וּלְצֶלַע הַמִּשְׁכָּן הַשֵּׁנִית לִפְאַת צָפוֹן עֶשְׂרִים קָרֶשׁ:
כא וְאַרְבָּעִים אַדְנֵיהֶם כָּסֶף שְׁנֵי אֲדָנִים תַּחַת הַקֶּרֶשׁ הָאֶחָד וּשְׁנֵי אֲדָנִים תַּחַת
כב כג הַקֶּרֶשׁ הָאֶחָד: וּלְיַרְכְּתֵי הַמִּשְׁכָּן יָמָּה תַּעֲשֶׂה שִׁשָּׁה קְרָשִׁים: וּשְׁנֵי קְרָשִׁים
כד תַּעֲשֶׂה לִמְקֻצְעֹת הַמִּשְׁכָּן בַּיַּרְכָתָיִם: וְיִהְיוּ תֹאֲמִם מִלְּמַטָּה וְיַחְדָּו יִהְיוּ תַמִּים
כה עַל־רֹאשׁוֹ אֶל־הַטַּבַּעַת הָאֶחָת כֵּן יִהְיֶה לִשְׁנֵיהֶם לִשְׁנֵי הַמִּקְצֹעֹת יִהְיוּ: וְהָיוּ
שְׁמֹנָה קְרָשִׁים וְאַדְנֵיהֶם כֶּסֶף שִׁשָּׁה עָשָׂר אֲדָנִים שְׁנֵי אֲדָנִים תַּחַת הַקֶּרֶשׁ
כו הָאֶחָד וּשְׁנֵי אֲדָנִים תַּחַת הַקֶּרֶשׁ הָאֶחָד: וְעָשִׂיתָ בְרִיחִם עֲצֵי שִׁטִּים חֲמִשָּׁה
כז לְקַרְשֵׁי צֶלַע־הַמִּשְׁכָּן הָאֶחָד: וַחֲמִשָּׁה בְרִיחִם לְקַרְשֵׁי צֶלַע־הַמִּשְׁכָּן הַשֵּׁנִית
כח וַחֲמִשָּׁה בְרִיחִם לְקַרְשֵׁי צֶלַע הַמִּשְׁכָּן לַיַּרְכָתַיִם יָמָּה: וְהַבְּרִיחַ הַתִּיכֹן בְּתוֹךְ
כט הַקְּרָשִׁים מַבְרִחַ מִן־הַקָּצֶה אֶל־הַקָּצֶה: וְאֶת־הַקְּרָשִׁים תְּצַפֶּה זָהָב וְאֶת־
ל טַבְּעֹתֵיהֶם תַּעֲשֶׂה זָהָב בָּתִּים לַבְּרִיחִם וְצִפִּיתָ אֶת־הַבְּרִיחִם זָהָב: וַהֲקֵמֹתָ
לא אֶת־הַמִּשְׁכָּן כְּמִשְׁפָּטוֹ אֲשֶׁר הָרְאֵיתָ בָּהָר: וְעָשִׂיתָ פָרֹכֶת תְּכֵלֶת ב חמישי
הפרוכת והמסך
לב וְאַרְגָּמָן וְתוֹלַעַת שָׁנִי וְשֵׁשׁ מָשְׁזָר מַעֲשֵׂה חֹשֵׁב יַעֲשֶׂה אֹתָהּ כְּרֻבִים: וְנָתַתָּה
אֹתָהּ עַל־אַרְבָּעָה עַמּוּדֵי שִׁטִּים מְצֻפִּים זָהָב וָוֵיהֶם זָהָב עַל־אַרְבָּעָה אַדְנֵי־כָסֶף:
לג וְנָתַתָּה אֶת־הַפָּרֹכֶת תַּחַת הַקְּרָסִים וְהֵבֵאתָ שָׁמָּה מִבֵּית לַפָּרֹכֶת אֵת אֲרוֹן
לד הָעֵדוּת וְהִבְדִּילָה הַפָּרֹכֶת לָכֶם בֵּין הַקֹּדֶשׁ וּבֵין קֹדֶשׁ הַקֳּדָשִׁים: וְנָתַתָּ אֶת־
לה הַכַּפֹּרֶת עַל אֲרוֹן הָעֵדֻת בְּקֹדֶשׁ הַקֳּדָשִׁים: וְשַׂמְתָּ אֶת־הַשֻּׁלְחָן מִחוּץ לַפָּרֹכֶת
וְאֶת־הַמְּנֹרָה נֹכַח הַשֻּׁלְחָן עַל צֶלַע הַמִּשְׁכָּן תֵּימָנָה וְהַשֻּׁלְחָן תִּתֵּן עַל־צֶלַע צָפוֹן:
לו וְעָשִׂיתָ מָסָךְ לְפֶתַח הָאֹהֶל תְּכֵלֶת וְאַרְגָּמָן וְתוֹלַעַת שָׁנִי וְשֵׁשׁ מָשְׁזָר מַעֲשֵׂה רֹקֵם:
לז וְעָשִׂיתָ לַמָּסָךְ חֲמִשָּׁה עַמּוּדֵי שִׁטִּים וְצִפִּיתָ אֹתָם זָהָב וָוֵיהֶם זָהָב וְיָצַקְתָּ לָהֶם
כז א חֲמִשָּׁה אַדְנֵי נְחֹשֶׁת: וְעָשִׂיתָ אֶת־הַמִּזְבֵּחַ עֲצֵי שִׁטִּים חָמֵשׁ אַמּוֹת ששי
המזבח
ב אֹרֶךְ וְחָמֵשׁ אַמּוֹת רֹחַב רָבוּעַ יִהְיֶה הַמִּזְבֵּחַ וְשָׁלֹשׁ אַמּוֹת קֹמָתוֹ: וְעָשִׂיתָ קַרְנֹתָיו
ג עַל אַרְבַּע פִּנֹּתָיו מִמֶּנּוּ תִּהְיֶיןָ קַרְנֹתָיו וְצִפִּיתָ אֹתוֹ נְחֹשֶׁת: וְעָשִׂיתָ סִּירֹתָיו לְדַשְּׁנוֹ

פירושי מילים

(כ) ולצלע – צד, דופן. (כב, כג, כז) ולירכתי/ירכתים – הצד המרוחק. ימה – כיוון מערב. (כג) מקצעות – פינות, זוויות המבנה. (כד) תאמים – צמודים בשווה, דבוקים. תמים על ראשו – יסתיימו בראש (כמו "תם עונך", איכה ד', כב). או אפשר שזה במשמעות של תואמים, כלומר התאמתם תהיה גם למעלה (כו) בריחם – מוט סוגר. (כח) התיכון – האמצעי. מבריח – עושה פעולת בריח, חיבור. (לא) פרכת – מהשורש פר"ך, להפריד, לפצל. (לב) וויהם – מתכת כפופה, כנראה בצורת מזלג, ולה שתי שיניים, בצורת האות וי"ו בעברית קדומה (רשב"ם). קרסים – המחברים את מחברות היריעות. (לה) נכח – מול. צלע – צד, דופן. (כ"ז, ב) קרנתיו – היו בארבע הפינות של המזבח, מוגבהים מעליו. (ג) סירתיו – רבים של 'סיר'. הסירים נועדו להכניס בהם את הדשן לאחר שמסירים אותו מהמזבח. לדשנו – הדשן הוא הפסולת של המזבח, לדשנו זו פעולת הסרת הדשן.

ד וְיָעָיו וּמִזְרְקֹתָיו וּמִזְלְגֹתָיו וּמַחְתֹּתָיו לְכָל־כֵּלָיו תַּעֲשֶׂה נְחֹשֶׁת: וְעָשִׂיתָ לּוֹ מִכְבָּר
מַעֲשֵׂה רֶשֶׁת נְחֹשֶׁת וְעָשִׂיתָ עַל־הָרֶשֶׁת אַרְבַּע טַבְּעֹת נְחֹשֶׁת עַל אַרְבַּע
ה קְצוֹתָיו: וְנָתַתָּה אֹתָהּ תַּחַת כַּרְכֹּב הַמִּזְבֵּחַ מִלְּמָטָּה וְהָיְתָה הָרֶשֶׁת עַד חֲצִי
ו ז הַמִּזְבֵּחַ: וְעָשִׂיתָ בַדִּים לַמִּזְבֵּחַ בַּדֵּי עֲצֵי שִׁטִּים וְצִפִּיתָ אֹתָם נְחֹשֶׁת: וְהוּבָא
ח אֶת־בַּדָּיו בַּטַּבָּעֹת וְהָיוּ הַבַּדִּים עַל־שְׁתֵּי צַלְעֹת הַמִּזְבֵּחַ בִּשְׂאֵת אֹתוֹ: נְבוּב
ט לֻחֹת תַּעֲשֶׂה אֹתוֹ כַּאֲשֶׁר הֶרְאָה אֹתְךָ בָּהָר כֵּן יַעֲשׂוּ: וְעָשִׂיתָ
אֵת חֲצַר הַמִּשְׁכָּן לִפְאַת נֶגֶב־תֵּימָנָה קְלָעִים לֶחָצֵר שֵׁשׁ מָשְׁזָר מֵאָה בָאַמָּה
י אֹרֶךְ לַפֵּאָה הָאֶחָת: וְעַמֻּדָיו עֶשְׂרִים וְאַדְנֵיהֶם עֶשְׂרִים נְחֹשֶׁת וָוֵי הָעַמֻּדִים
יא וַחֲשֻׁקֵיהֶם כָּסֶף: וְכֵן לִפְאַת צָפוֹן בָּאֹרֶךְ קְלָעִים מֵאָה אֹרֶךְ וְעַמֻּדָו עֶשְׂרִים
יב וְאַדְנֵיהֶם עֶשְׂרִים נְחֹשֶׁת וָוֵי הָעַמֻּדִים וַחֲשֻׁקֵיהֶם כָּסֶף: וְרֹחַב הֶחָצֵר לִפְאַת־יָם
יג קְלָעִים חֲמִשִּׁים אַמָּה עַמֻּדֵיהֶם עֲשָׂרָה וְאַדְנֵיהֶם עֲשָׂרָה: וְרֹחַב הֶחָצֵר לִפְאַת
יד קֵדְמָה מִזְרָחָה חֲמִשִּׁים אַמָּה: וַחֲמֵשׁ עֶשְׂרֵה אַמָּה קְלָעִים לַכָּתֵף עַמֻּדֵיהֶם
טו שְׁלֹשָׁה וְאַדְנֵיהֶם שְׁלֹשָׁה: וְלַכָּתֵף הַשֵּׁנִית חֲמֵשׁ עֶשְׂרֵה קְלָעִים עַמֻּדֵיהֶם שְׁלֹשָׁה
טז וְאַדְנֵיהֶם שְׁלֹשָׁה: וּלְשַׁעַר הֶחָצֵר מָסָךְ | עֶשְׂרִים אַמָּה תְּכֵלֶת וְאַרְגָּמָן וְתוֹלַעַת
יז שָׁנִי וְשֵׁשׁ מָשְׁזָר מַעֲשֵׂה רֹקֵם עַמֻּדֵיהֶם אַרְבָּעָה וְאַדְנֵיהֶם אַרְבָּעָה: כָּל־עַמּוּדֵי
יח הֶחָצֵר סָבִיב מְחֻשָּׁקִים כֶּסֶף וָוֵיהֶם כָּסֶף וְאַדְנֵיהֶם נְחֹשֶׁת: אֹרֶךְ הֶחָצֵר מֵאָה
בָאַמָּה וְרֹחַב | חֲמִשִּׁים בַּחֲמִשִּׁים וְקֹמָה חָמֵשׁ אַמּוֹת שֵׁשׁ מָשְׁזָר וְאַדְנֵיהֶם
יט נְחֹשֶׁת: לְכֹל כְּלֵי הַמִּשְׁכָּן בְּכֹל עֲבֹדָתוֹ וְכָל־יְתֵדֹתָיו וְכָל־יִתְדֹת הֶחָצֵר
כ נְחֹשֶׁת: וְאַתָּה תְּצַוֶּה | אֶת־בְּנֵי יִשְׂרָאֵל וְיִקְחוּ אֵלֶיךָ שֶׁמֶן זַיִת זָךְ
כא כָּתִית לַמָּאוֹר לְהַעֲלֹת נֵר תָּמִיד: בְּאֹהֶל מוֹעֵד מִחוּץ לַפָּרֹכֶת אֲשֶׁר עַל־הָעֵדֻת
יַעֲרֹךְ אֹתוֹ אַהֲרֹן וּבָנָיו מֵעֶרֶב עַד־בֹּקֶר לִפְנֵי יהוה חֻקַּת עוֹלָם לְדֹרֹתָם מֵאֵת
כח א בְּנֵי יִשְׂרָאֵל: וְאַתָּה הַקְרֵב אֵלֶיךָ אֶת־אַהֲרֹן אָחִיךָ וְאֶת־בָּנָיו אִתּוֹ
מִתּוֹךְ בְּנֵי יִשְׂרָאֵל לְכַהֲנוֹ־לִי אַהֲרֹן נָדָב וַאֲבִיהוּא אֶלְעָזָר וְאִיתָמָר בְּנֵי אַהֲרֹן:
ב ג וְעָשִׂיתָ בִגְדֵי־קֹדֶשׁ לְאַהֲרֹן אָחִיךָ לְכָבוֹד וּלְתִפְאָרֶת: וְאַתָּה תְּדַבֵּר אֶל־כָּל־

שביעי
החצר

מפטיר

תצוה כא
נר תמיד

ציווי לעשות בגדי הכהנים

פירושי מילים

ויעיו – כפות גדולות שבהן היו גורפים את הדשן מהזבל ובאמצעותן היו שמים את הדשן בסירים. מזרקתיו – כלים שדם הקורבן היה נוזל לתוכם על מנת לזורקו על המזבח. מזלגתיו – דומים למזלגות של ימינו, ובהם היו הופכים את הבשר שעל המזבח כדי שיתאכלו לגמרי על אש המזבח. ומחתתיו – באמצעות המחתות היו הופכים את הגחלים שעל המזבח. (ד) מכבר מעשה רשת נחושת – כמו כברה, עשויה מנחושת. מעשה רשת – עשוי רשת. (ה) כרכב – כמין פס בולט בחצי גובה המזבח. (ו) בדים – מוטות, לנשיאה של כלי. (ח) נבוב – חלול. (ט) קלעים – יריעות החצר, שקלעו אותן, היינו שקשרו אותם, מחוטי שש. פאה – צד. (י) חשקיהם – מלשון חשוק, מקיף, חובק. חוטי כסף שהקיפו את העמודים. (כ) זך – טהור. השמן זך, היינו משובח, שלא מעורבים בו חומרים אחרים. ראב"ע הסביר שאין הכוונה שהשמן זך, אלא שהזיתים משובחים. כתית – כתוש. להעלות – להדליק. תמיד – בקביעות. (כא) אוהל מועד – האוהל שבו ה' נועד עם בני ישראל (כ"ט, מב, מג). יערך – יסדר.

חַכְמֵי־לֵ֔ב אֲשֶׁ֥ר מִלֵּאתִ֖יו ר֣וּחַ חׇכְמָ֑ה וְעָשׂ֞וּ אֶת־בִּגְדֵ֧י אַהֲרֹ֛ן לְקַדְּשׁ֖וֹ לְכַהֲנוֹ־לִֽי׃
ד וְאֵ֨לֶּה הַבְּגָדִ֜ים אֲשֶׁ֣ר יַעֲשׂ֗וּ חֹ֤שֶׁן וְאֵפוֹד֙ וּמְעִ֔יל וּכְתֹ֥נֶת תַּשְׁבֵּ֖ץ מִצְנֶ֣פֶת וְאַבְנֵ֑ט
ה וְעָשׂ֨וּ בִגְדֵי־קֹ֜דֶשׁ לְאַהֲרֹ֥ן אָחִ֛יךָ וּלְבָנָ֖יו לְכַהֲנוֹ־לִֽי׃ וְהֵם֙ יִקְח֣וּ אֶת־הַזָּהָ֔ב וְאֶת־
הַתְּכֵ֖לֶת וְאֶת־הָֽאַרְגָּמָ֑ן וְאֶת־תּוֹלַ֥עַת הַשָּׁנִ֖י וְאֶת־הַשֵּֽׁשׁ׃
ו וְעָשׂ֖וּ אֶת־הָאֵפֹ֑ד זָ֠הָב תְּכֵ֨לֶת וְאַרְגָּמָ֜ן תּוֹלַ֧עַת שָׁנִ֛י וְשֵׁ֥שׁ מָשְׁזָ֖ר מַעֲשֵׂ֥ה חֹשֵֽׁב׃ האפוד
ז ח שְׁתֵּ֧י כְתֵפֹ֣ת חֹֽבְרֹ֗ת יִֽהְיֶה־לּ֛וֹ אֶל־שְׁנֵ֥י קְצוֹתָ֖יו וְחֻבָּֽר׃ וְחֵ֤שֶׁב אֲפֻדָּתוֹ֙ אֲשֶׁ֣ר עָלָ֔יו
ט כְּמַעֲשֵׂ֖הוּ מִמֶּ֣נּוּ יִהְיֶ֑ה זָהָ֗ב תְּכֵ֧לֶת וְאַרְגָּמָ֛ן וְתוֹלַ֥עַת שָׁנִ֖י וְשֵׁ֥שׁ מָשְׁזָֽר׃ וְלָ֣קַחְתָּ֔
י אֶת־שְׁתֵּ֖י אַבְנֵי־שֹׁ֑הַם וּפִתַּחְתָּ֣ עֲלֵיהֶ֔ם שְׁמ֖וֹת בְּנֵ֥י יִשְׂרָאֵֽל׃ שִׁשָּׁה֙ מִשְּׁמֹתָ֔ם עַ֖ל
הָאֶ֣בֶן הָאֶחָ֑ת וְאֶת־שְׁמ֞וֹת הַשִּׁשָּׁ֧ה הַנּוֹתָרִ֛ים עַל־הָאֶ֥בֶן הַשֵּׁנִ֖ית כְּתוֹלְדֹתָֽם׃
יא מַעֲשֵׂ֣ה חָרַשׁ֮ אֶ֒בֶן֒ פִּתּוּחֵ֣י חֹתָ֗ם תְּפַתַּח֙ אֶת־שְׁתֵּ֣י הָאֲבָנִ֔ים עַל־שְׁמֹ֖ת בְּנֵ֣י יִשְׂרָאֵ֑ל
יב מֻסַבֹּ֛ת מִשְׁבְּצ֥וֹת זָהָ֖ב תַּעֲשֶׂ֥ה אֹתָֽם׃ וְשַׂמְתָּ֞ אֶת־שְׁתֵּ֣י הָאֲבָנִ֗ים עַ֚ל כִּתְפֹ֣ת
הָאֵפֹ֔ד אַבְנֵ֥י זִכָּרֹ֖ן לִבְנֵ֣י יִשְׂרָאֵ֑ל וְנָשָׂא֩ אַהֲרֹ֨ן אֶת־שְׁמוֹתָ֜ם לִפְנֵ֧י יְהֹוָ֛ה עַל־שְׁתֵּ֥י
יג יד כְתֵפָ֖יו לְזִכָּרֹֽן׃ וְעָשִׂ֥יתָ מִשְׁבְּצֹ֖ת זָהָֽב׃ וּשְׁתֵּ֣י שַׁרְשְׁרֹת֮ זָהָ֣ב טָהוֹר֒ שני
מִגְבָּלֹ֛ת תַּעֲשֶׂ֥ה אֹתָ֖ם מַעֲשֵׂ֣ה עֲבֹ֑ת וְנָתַתָּ֛ה אֶת־שַׁרְשְׁרֹ֥ת הָעֲבֹתֹ֖ת עַל־
טו הַֽמִּשְׁבְּצֹֽת׃ וְעָשִׂ֜יתָ חֹ֤שֶׁן מִשְׁפָּט֙ מַעֲשֵׂ֣ה חֹשֵׁ֔ב כְּמַעֲשֵׂ֥ה אֵפֹ֖ד תַּעֲשֶׂ֑נּוּ חושן המשפט
טז זָ֠הָב תְּכֵ֨לֶת וְאַרְגָּמָ֜ן וְתוֹלַ֧עַת שָׁנִ֛י וְשֵׁ֥שׁ מָשְׁזָ֖ר תַּעֲשֶׂ֥ה אֹתֽוֹ׃ רָב֥וּעַ יִהְיֶ֖ה כָּפ֑וּל
יז זֶ֥רֶת אׇרְכּ֖וֹ וְזֶ֥רֶת רׇחְבּֽוֹ׃ וּמִלֵּאתָ֥ בוֹ֙ מִלֻּ֣אַת אֶ֔בֶן אַרְבָּעָ֖ה טוּרִ֣ים אָ֑בֶן ט֗וּר אֹ֤דֶם
יח יט פִּטְדָה֙ וּבָרֶ֔קֶת הַטּ֖וּר הָאֶחָֽד׃ וְהַטּ֖וּר הַשֵּׁנִ֑י נֹ֥פֶךְ סַפִּ֖יר וְיָהֲלֹֽם׃ וְהַטּ֖וּר הַשְּׁלִישִׁ֑י
כ לֶ֥שֶׁם שְׁב֖וֹ וְאַחְלָֽמָה׃ וְהַטּוּר֙ הָֽרְבִיעִ֔י תַּרְשִׁ֥ישׁ וְשֹׁ֖הַם וְיָשְׁפֵ֑ה מְשֻׁבָּצִ֥ים זָהָ֛ב יִהְי֖וּ
כא בְּמִלּוּאֹתָֽם׃ וְ֠הָאֲבָנִים תִּהְיֶ֜יןָ עַל־שְׁמֹ֧ת בְּנֵי־יִשְׂרָאֵ֛ל שְׁתֵּ֥ים עֶשְׂרֵ֖ה עַל־שְׁמֹתָ֑ם
כב פִּתּוּחֵ֤י חוֹתָם֙ אִ֣ישׁ עַל־שְׁמ֔וֹ תִּֽהְיֶ֕יןָ לִשְׁנֵ֥י עָשָׂ֖ר שָֽׁבֶט׃ וְעָשִׂ֧יתָ עַל־הַחֹ֛שֶׁן שַׁרְשֹׁ֥ת
כג גַּבְלֻ֖ת מַעֲשֵׂ֣ה עֲבֹ֑ת זָהָ֖ב טָהֽוֹר׃ וְעָשִׂ֙יתָ֙ עַל־הַחֹ֔שֶׁן שְׁתֵּ֖י טַבְּע֣וֹת זָהָ֑ב וְנָתַתָּ֗

פירושי מילים

(כ"ח, ג) **חכמי לב** – הלב הוא משכן החכמה במקרא, והחכמה היא לא רק שכלית, אלא מעשית. חכמת לב אפוא היא כישרון מקצועי. (ד) **כתונת תשבץ** – כתונת משובצת. (ו) **אפד** – בגד שחוגרים אותו (ויקרא ח', ז). **שש משזר** – חוטים של שש משוזרים. **מעשה חשב** – מעשה אומן. (ז) **כתפות** – רצועה שעל הכתפיים. **חברות** – מחוברות. **קצתיו** – קצוות האפוד. **וחבר** – מחוברות. **חשב אפדתו** – חשב הוא קשר, בהיפוך אותיות: חבש (יחזקאל כ"ז, כד). על דרך כבש = כשב. (ט) **אבני שהם** – אבן יקרה (בראשית ב', יב). **ופתחת** – תחקוק, תחרות. (י) **כתולדתם** – לפי סדר הלידה שלהם. (יא) **מעשה חרש** – מעשה אומן. **פתוחי חתם** – אותיות חקוקות כמו בחותם. **תפתח** – תחקוק. **מסבות** – מהשורש סב"ב, היינו שהמשבצות מסובבות את האבנים. **משבצות** – מסגרת (זהב). (יד) **מגבלת** – בגבול, בקצה במקום החיבור החושן והאפוד (רש"י). או הכוונה מלוטשות (ראב"ע). **מעשה עבת** – מעשה של קליעת חוטים (רש"י); או טבעות שרשרת תחובות זו בתוך זו (רשב"ם). (טז) **זרת** – מידת אורך בין קצה הזרת לקצה האגודל כאשר האצבעות פסוקות. וחכמים שיערו שמרחק זה הוא חצי אמה (ולאחרים שליש אמה). (יז) **מלאת** – מלא את האבנים בתוך המשבצות. (כ) **במלואתם** – בתוך המסגרות של המשבצות. (כא) **פתוחי חותם** – אותיות חקוקות, כמו בחותם. (כב) **שרשת גבלת** – שרשראות העשויות להיות בגבול, בקצה, במקום החיבור של חושן לאפוד. **מעשה עבת** – מעשה של קליעת חוטים (רש"י); או טבעות שרשרת

כד אֶת־שְׁתֵּי הַטַּבָּעוֹת עַל־שְׁנֵי קְצוֹת הַחֹשֶׁן: וְנָתַתָּה אֶת־שְׁתֵּי עֲבֹתֹת הַזָּהָב
כה עַל־שְׁתֵּי הַטַּבָּעֹת אֶל־קְצוֹת הַחֹשֶׁן: וְאֵת שְׁתֵּי קְצוֹת שְׁתֵּי הָעֲבֹתֹת תִּתֵּן עַל־
כו שְׁתֵּי הַמִּשְׁבְּצוֹת וְנָתַתָּה עַל־כִּתְפוֹת הָאֵפֹד אֶל־מוּל פָּנָיו: וְעָשִׂיתָ שְׁתֵּי טַבְּעוֹת
זָהָב וְשַׂמְתָּ אֹתָם עַל־שְׁנֵי קְצוֹת הַחֹשֶׁן עַל־שְׂפָתוֹ אֲשֶׁר אֶל־עֵבֶר הָאֵפֹד
כז בָּיְתָה: וְעָשִׂיתָ שְׁתֵּי טַבְּעוֹת זָהָב וְנָתַתָּה אֹתָם עַל־שְׁתֵּי כִתְפוֹת הָאֵפוֹד מִלְמַטָּה
כח מִמּוּל פָּנָיו לְעֻמַּת מַחְבַּרְתּוֹ מִמַּעַל לְחֵשֶׁב הָאֵפוֹד: וְיִרְכְּסוּ אֶת־הַחֹשֶׁן מִטַּבְּעֹתָו
אֶל־טַבְּעֹת הָאֵפוֹד בִּפְתִיל תְּכֵלֶת לִהְיוֹת עַל־חֵשֶׁב הָאֵפוֹד וְלֹא־יִזַּח הַחֹשֶׁן
כט מֵעַל הָאֵפוֹד: וְנָשָׂא אַהֲרֹן אֶת־שְׁמוֹת בְּנֵי־יִשְׂרָאֵל בְּחֹשֶׁן הַמִּשְׁפָּט עַל־לִבּוֹ
ל בְּבֹאוֹ אֶל־הַקֹּדֶשׁ לְזִכָּרֹן לִפְנֵי־יהוה תָּמִיד: וְנָתַתָּ אֶל־חֹשֶׁן הַמִּשְׁפָּט אֶת־
הָאוּרִים וְאֶת־הַתֻּמִּים וְהָיוּ עַל־לֵב אַהֲרֹן בְּבֹאוֹ לִפְנֵי יהוה וְנָשָׂא אַהֲרֹן אֶת־
לא מִשְׁפַּט בְּנֵי־יִשְׂרָאֵל עַל־לִבּוֹ לִפְנֵי יהוה תָּמִיד: וְעָשִׂיתָ אֶת־מְעִיל שלישי
לב הָאֵפוֹד כְּלִיל תְּכֵלֶת: וְהָיָה פִי־רֹאשׁוֹ בְּתוֹכוֹ שָׂפָה יִהְיֶה לְפִיו סָבִיב מַעֲשֵׂה אֹרֵג מעיל האפוד
לג כְּפִי תַחְרָא יִהְיֶה־לּוֹ לֹא יִקָּרֵעַ: וְעָשִׂיתָ עַל־שׁוּלָיו רִמֹּנֵי תְּכֵלֶת וְאַרְגָּמָן וְתוֹלַעַת
לד שָׁנִי עַל־שׁוּלָיו סָבִיב וּפַעֲמֹנֵי זָהָב בְּתוֹכָם סָבִיב: פַּעֲמֹן זָהָב וְרִמּוֹן פַּעֲמֹן זָהָב
לה וְרִמּוֹן עַל־שׁוּלֵי הַמְּעִיל סָבִיב: וְהָיָה עַל־אַהֲרֹן לְשָׁרֵת וְנִשְׁמַע קוֹלוֹ בְּבֹאוֹ
לו אֶל־הַקֹּדֶשׁ לִפְנֵי יהוה וּבְצֵאתוֹ וְלֹא יָמוּת: וְעָשִׂיתָ צִּיץ זָהָב טָהוֹר ציץ זהב,
לז וּפִתַּחְתָּ עָלָיו פִּתּוּחֵי חֹתָם קֹדֶשׁ לַיהוה: וְשַׂמְתָּ אֹתוֹ עַל־פְּתִיל תְּכֵלֶת וְהָיָה כתונת,
לח עַל־הַמִּצְנָפֶת אֶל־מוּל פְּנֵי־הַמִּצְנֶפֶת יִהְיֶה: וְהָיָה עַל־מֵצַח אַהֲרֹן וְנָשָׂא אַהֲרֹן מצנפת ואבנט
אֶת־עֲוֹן הַקֳּדָשִׁים אֲשֶׁר יַקְדִּישׁוּ בְּנֵי יִשְׂרָאֵל לְכָל־מַתְּנֹת קָדְשֵׁיהֶם וְהָיָה עַל־
לט מִצְחוֹ תָּמִיד לְרָצוֹן לָהֶם לִפְנֵי יהוה: וְשִׁבַּצְתָּ הַכְּתֹנֶת שֵׁשׁ וְעָשִׂיתָ מִצְנֶפֶת שֵׁשׁ
מ וְאַבְנֵט תַּעֲשֶׂה מַעֲשֵׂה רֹקֵם: וְלִבְנֵי אַהֲרֹן תַּעֲשֶׂה כֻתֳּנֹת וְעָשִׂיתָ לָהֶם בגדי בני אהרן

פירושי מילים

תחובות זו בזו (רשב"ם). (כד) **עבתת הזהב** – השרשראות שנזכרו בפס' כב. (כה) **המשבצות** – מסגרת (זהב). **כתפת האפד** – רצועות של האפוד שעל הכתפיים. (כו) **ביתה** – בצד הפונה לכיוון הבית, היינו הצד הפנימי, לכיוון הגוף. (כז) **לעמת מחברתו** – סמוך למקום חיבורן של כתפות האפוד אל חשב האפוד. **לחשב האפוד** – חגורת האפוד. (כח) **וירכסו** – ויחברו. **לא יזח** – לא יתנתק. (ל) **האורים** – אפשר מהמילה אור (או גם אפשר מהמילה ירה=להורות, תורה). ואת התמים – כנראה מהמילה תום, תמם = שלם. (לא) **כליל** – כולו. (לב) **פי ראשו** – פתח הבגד של הראש. **שפה** – רצועה המקיפה את פתח הצוואר. **מעשה ארג** – מעשה אריגה. פי **תחרא** – פתח הצוואר של שריון (אונקלוס; ירושלמי-יונתן). (לג) **רמני** – קישוט כדורי בצורת רימון. **שוליו** – השפה התחתונה של המעיל. (לו) **ציץ** – ציץ הוא פרח, ובהשאלה כאן: תכשיט. אפשר שהוא נקרא ציץ משום שהוא במצח במקום שבני אדם רואים, כמו: "מציץ מן החרכים" (שה"ש ב', ט) (רשב"ם). ראב"ע הסביר במובן של בלורית השער: "בציצת ראשי" (יחזקאל ח', ג). או משום שזה נוצץ (חזקוני). **פתחת עליו פתוחי חותם** – תחקוק צורות אותיות חקוקות. (לז) **על פתיל תכלת** – עם פתיל תכלת (ראב"ע). (לח) **ונשא עון** – העון יוסר, יכופר (ל"ד, ז; ויקרא י', יז; במדבר י"ד, יח). המשמעות יכולה גם להיות הפוכה, למשל להלן פס' מג. (לט) **ושבצת** – תעשה אותם צורות של משבצות. **מצנפת** – כובע, שאותו כורכים על הראש. מהשורש צנ"ף – לכרוך, לעטוף. **ואבנט** – חגורה, שאותו כורכים סביב המותן. **מעשה רקם** – מעשה מחט (בבלי יומא עב ע"ב).

הלבשת אהרן ובניו ומינויים

מא אַבְנֵטִים וּמִגְבָּעוֹת תַּעֲשֶׂה לָהֶם לְכָבוֹד וּלְתִפְאָרֶת: וְהִלְבַּשְׁתָּ אֹתָם אֶת־אַהֲרֹן
אָחִיךָ וְאֶת־בָּנָיו אִתּוֹ וּמָשַׁחְתָּ אֹתָם וּמִלֵּאתָ אֶת־יָדָם וְקִדַּשְׁתָּ אֹתָם וְכִהֲנוּ־לִי:

מכנסיים

מב מג וַעֲשֵׂה לָהֶם מִכְנְסֵי־בָד לְכַסּוֹת בְּשַׂר עֶרְוָה מִמָּתְנַיִם וְעַד־יְרֵכַיִם יִהְיוּ: וְהָיוּ
עַל־אַהֲרֹן וְעַל־בָּנָיו בְּבֹאָם ׀ אֶל־אֹהֶל מוֹעֵד אוֹ בְגִשְׁתָּם אֶל־הַמִּזְבֵּחַ לְשָׁרֵת

כב רביעי

הקדשת אהרן ובניו והמזבח

כט

א בַּקֹּדֶשׁ וְלֹא־יִשְׂאוּ עָוֺן וָמֵתוּ חֻקַּת עוֹלָם לוֹ וּלְזַרְעוֹ אַחֲרָיו: וְזֶה
הַדָּבָר אֲשֶׁר תַּעֲשֶׂה לָהֶם לְקַדֵּשׁ אֹתָם לְכַהֵן לִי לְקַח פַּר אֶחָד בֶּן־בָּקָר וְאֵילִם
ב שְׁנַיִם תְּמִימִם: וְלֶחֶם מַצּוֹת וְחַלֹּת מַצֹּת בְּלוּלֹת בַּשֶּׁמֶן וּרְקִיקֵי מַצּוֹת מְשֻׁחִים
ג בַּשָּׁמֶן סֹלֶת חִטִּים תַּעֲשֶׂה אֹתָם: וְנָתַתָּ אוֹתָם עַל־סַל אֶחָד וְהִקְרַבְתָּ אֹתָם
ד בַּסָּל וְאֶת־הַפָּר וְאֵת שְׁנֵי הָאֵילִם: וְאֶת־אַהֲרֹן וְאֶת־בָּנָיו תַּקְרִיב אֶל־פֶּתַח אֹהֶל
ה מוֹעֵד וְרָחַצְתָּ אֹתָם בַּמָּיִם: וְלָקַחְתָּ אֶת־הַבְּגָדִים וְהִלְבַּשְׁתָּ אֶת־אַהֲרֹן אֶת־
הַכֻּתֹּנֶת וְאֵת מְעִיל הָאֵפֹד וְאֶת־הָאֵפֹד וְאֶת־הַחֹשֶׁן וְאָפַדְתָּ לוֹ בְּחֵשֶׁב הָאֵפֹד:
ו ז וְשַׂמְתָּ הַמִּצְנֶפֶת עַל־רֹאשׁוֹ וְנָתַתָּ אֶת־נֵזֶר הַקֹּדֶשׁ עַל־הַמִּצְנָפֶת: וְלָקַחְתָּ
ח אֶת־שֶׁמֶן הַמִּשְׁחָה וְיָצַקְתָּ עַל־רֹאשׁוֹ וּמָשַׁחְתָּ אֹתוֹ: וְאֶת־בָּנָיו תַּקְרִיב וְהִלְבַּשְׁתָּם
ט כֻּתֳּנֹת: וְחָגַרְתָּ אֹתָם אַבְנֵט אַהֲרֹן וּבָנָיו וְחָבַשְׁתָּ לָהֶם מִגְבָּעֹת וְהָיְתָה לָהֶם
י כְּהֻנָּה לְחֻקַּת עוֹלָם וּמִלֵּאתָ יַד־אַהֲרֹן וְיַד־בָּנָיו: וְהִקְרַבְתָּ אֶת־הַפָּר לִפְנֵי אֹהֶל
יא מוֹעֵד וְסָמַךְ אַהֲרֹן וּבָנָיו אֶת־יְדֵיהֶם עַל־רֹאשׁ הַפָּר: וְשָׁחַטְתָּ אֶת־הַפָּר לִפְנֵי
יב יְהוָה פֶּתַח אֹהֶל מוֹעֵד: וְלָקַחְתָּ מִדַּם הַפָּר וְנָתַתָּה עַל־קַרְנֹת הַמִּזְבֵּחַ בְּאֶצְבָּעֶךָ
יג וְאֶת־כָּל־הַדָּם תִּשְׁפֹּךְ אֶל־יְסוֹד הַמִּזְבֵּחַ: וְלָקַחְתָּ אֶת־כָּל־הַחֵלֶב הַמְכַסֶּה
אֶת־הַקֶּרֶב וְאֵת הַיֹּתֶרֶת עַל־הַכָּבֵד וְאֵת שְׁתֵּי הַכְּלָיֹת וְאֶת־הַחֵלֶב אֲשֶׁר עֲלֵיהֶן
יד וְהִקְטַרְתָּ הַמִּזְבֵּחָה: וְאֶת־בְּשַׂר הַפָּר וְאֶת־עֹרוֹ וְאֶת־פִּרְשׁוֹ תִּשְׂרֹף בָּאֵשׁ מִחוּץ
טו לַמַּחֲנֶה חַטָּאת הוּא: וְאֶת־הָאַיִל הָאֶחָד תִּקָּח וְסָמְכוּ אַהֲרֹן וּבָנָיו אֶת־יְדֵיהֶם
טז עַל־רֹאשׁ הָאָיִל: וְשָׁחַטְתָּ אֶת־הָאָיִל וְלָקַחְתָּ אֶת־דָּמוֹ וְזָרַקְתָּ עַל־הַמִּזְבֵּחַ
יז סָבִיב: וְאֶת־הָאַיִל תְּנַתֵּחַ לִנְתָחָיו וְרָחַצְתָּ קִרְבּוֹ וּכְרָעָיו וְנָתַתָּ עַל־נְתָחָיו וְעַל־
יח רֹאשׁוֹ: וְהִקְטַרְתָּ אֶת־כָּל־הָאַיִל הַמִּזְבֵּחָה עֹלָה הוּא לַיהוָה רֵיחַ נִיחוֹחַ אִשֶּׁה

חמישי

יט לַיהוָה הוּא: וְלָקַחְתָּ אֵת הָאַיִל הַשֵּׁנִי וְסָמַךְ אַהֲרֹן וּבָנָיו אֶת־יְדֵיהֶם עַל־רֹאשׁ
כ הָאָיִל: וְשָׁחַטְתָּ אֶת־הָאַיִל וְלָקַחְתָּ מִדָּמוֹ וְנָתַתָּה עַל־תְּנוּךְ אֹזֶן אַהֲרֹן וְעַל־

פירושי מילים

(מ) **אבנטים** – חגורות. **מגבעות** – כובע כוהן הדיוט. (מא) **ומלאת את ידם** – תמנה אותם. (מג) **ולא ישאו עון** – שלא יהיה עוון עליהם (ויקרא ה׳, א, יז; ז׳, יח). להבדיל ממשמעות הפוכה לעיל פס׳ לח. (כ״ט, א) **תמימים** – שלמים, בלי מום. (ב) **ולחם מצות** – לחם שהוא מצה; לחם משמעו מאפה. **חלת מצת בלולת בשמן** – כיכרות דקות של לחם, שבשלב האפייה לשים עם שמן. **ורקיקי מצות משחים בשמן** – רקיקים הם מצות אפויות דקות מהחלות, ולאחר אפייתם מושחים אותם בשמן. (ד) **תקריב** – תקרב, תכניס. (ו) **נזר** – כתר. שם נוסף של הציץ. (ז) **ויצקת** – שפוך. (ט) **ומלאת יד** – תמנה אותם לתפקיד. (יב) **יסוד המזבח** – תחתית המזבח. (יח) **אשה** – קורבן העולה נשרף כליל האש המזבח. (כ) **תנוך** – חלק של האוזן, אפשר שהוא החלק הרך של האוזן (רד״ק, ספר השורשים § תנ״ך. או אולי הוא החלק האמצעי של האוזן, הבולט החוצה (ספרא, פרשתא ג פרק ג; רש״י כ״ט, כ).

תְּנ֤וּךְ אֹזֶן בָּנָיו הַיְמָנִית וְעַל־בֹּהֶן יָדָם הַיְמָנִית וְעַל־בֹּהֶן רַגְלָם הַיְמָנִית וְזָרַקְתָּ
כא אֶת־הַדָּם עַל־הַמִּזְבֵּחַ סָבִיב: וְלָקַחְתָּ מִן־הַדָּם אֲשֶׁר עַל־הַמִּזְבֵּחַ וּמִשֶּׁמֶן
הַמִּשְׁחָה וְהִזֵּיתָ עַל־אַהֲרֹן וְעַל־בְּגָדָיו וְעַל־בָּנָיו וְעַל־בִּגְדֵי בָנָיו אִתּוֹ וְקָדַשׁ הוּא
כב וּבְגָדָיו וּבָנָיו וּבִגְדֵי בָנָיו אִתּוֹ: וְלָקַחְתָּ מִן־הָאַיִל הַחֵלֶב וְהָאַלְיָה וְאֶת־הַחֵלֶב ׀
הַמְכַסֶּה אֶת־הַקֶּרֶב וְאֵת יֹתֶרֶת הַכָּבֵד וְאֵת ׀ שְׁתֵּי הַכְּלָיֹת וְאֶת־הַחֵלֶב אֲשֶׁר
כג עֲלֵיהֶן וְאֵת שׁוֹק הַיָּמִין כִּי אֵיל מִלֻּאִים הוּא: וְכִכַּר לֶחֶם אַחַת וְחַלַּת לֶחֶם שֶׁמֶן
כד אַחַת וְרָקִיק אֶחָד מִסַּל הַמַּצּוֹת אֲשֶׁר לִפְנֵי יהוה: וְשַׂמְתָּ הַכֹּל עַל כַּפֵּי אַהֲרֹן
כה וְעַל כַּפֵּי בָנָיו וְהֵנַפְתָּ אֹתָם תְּנוּפָה לִפְנֵי יהוה: וְלָקַחְתָּ אֹתָם מִיָּדָם וְהִקְטַרְתָּ
כו הַמִּזְבֵּחָה עַל־הָעֹלָה לְרֵיחַ נִיחוֹחַ לִפְנֵי יהוה אִשֶּׁה הוּא לַיהוה: וְלָקַחְתָּ אֶת־
הֶחָזֶה מֵאֵיל הַמִּלֻּאִים אֲשֶׁר לְאַהֲרֹן וְהֵנַפְתָּ אֹתוֹ תְּנוּפָה לִפְנֵי יהוה וְהָיָה לְךָ
כז לְמָנָה: וְקִדַּשְׁתָּ אֵת ׀ חֲזֵה הַתְּנוּפָה וְאֵת שׁוֹק הַתְּרוּמָה אֲשֶׁר הוּנַף וַאֲשֶׁר הוּרָם
כח מֵאֵיל הַמִּלֻּאִים מֵאֲשֶׁר לְאַהֲרֹן וּמֵאֲשֶׁר לְבָנָיו: וְהָיָה לְאַהֲרֹן וּלְבָנָיו לְחָק־עוֹלָם
מֵאֵת בְּנֵי יִשְׂרָאֵל כִּי תְרוּמָה הוּא וּתְרוּמָה יִהְיֶה מֵאֵת בְּנֵי־יִשְׂרָאֵל מִזִּבְחֵי
כט שַׁלְמֵיהֶם תְּרוּמָתָם לַיהוה: וּבִגְדֵי הַקֹּדֶשׁ אֲשֶׁר לְאַהֲרֹן יִהְיוּ לְבָנָיו אַחֲרָיו
ל לְמָשְׁחָה בָהֶם וּלְמַלֵּא־בָם אֶת־יָדָם: שִׁבְעַת יָמִים יִלְבָּשָׁם הַכֹּהֵן תַּחְתָּיו מִבָּנָיו
לא אֲשֶׁר יָבֹא אֶל־אֹהֶל מוֹעֵד לְשָׁרֵת בַּקֹּדֶשׁ: וְאֵת אֵיל הַמִּלֻּאִים תִּקָּח וּבִשַּׁלְתָּ
לב אֶת־בְּשָׂרוֹ בְּמָקֹם קָדֹשׁ: וְאָכַל אַהֲרֹן וּבָנָיו אֶת־בְּשַׂר הָאַיִל וְאֶת־הַלֶּחֶם אֲשֶׁר
לג בַּסָּל פֶּתַח אֹהֶל מוֹעֵד: וְאָכְלוּ אֹתָם אֲשֶׁר כֻּפַּר בָּהֶם לְמַלֵּא אֶת־יָדָם לְקַדֵּשׁ
לד אֹתָם וְזָר לֹא־יֹאכַל כִּי־קֹדֶשׁ הֵם: וְאִם־יִוָּתֵר מִבְּשַׂר הַמִּלֻּאִים וּמִן־הַלֶּחֶם עַד־
לה הַבֹּקֶר וְשָׂרַפְתָּ אֶת־הַנּוֹתָר בָּאֵשׁ לֹא יֵאָכֵל כִּי־קֹדֶשׁ הוּא: וְעָשִׂיתָ לְאַהֲרֹן וּלְבָנָיו
לו כָּכָה כְּכֹל אֲשֶׁר־צִוִּיתִי אֹתָכָה שִׁבְעַת יָמִים תְּמַלֵּא יָדָם: וּפַר חַטָּאת תַּעֲשֶׂה
לַיּוֹם עַל־הַכִּפֻּרִים וְחִטֵּאתָ עַל־הַמִּזְבֵּחַ בְּכַפֶּרְךָ עָלָיו וּמָשַׁחְתָּ אֹתוֹ לְקַדְּשׁוֹ:
לז שִׁבְעַת יָמִים תְּכַפֵּר עַל־הַמִּזְבֵּחַ וְקִדַּשְׁתָּ אֹתוֹ וְהָיָה הַמִּזְבֵּחַ קֹדֶשׁ קָדָשִׁים כָּל־
לח הַנֹּגֵעַ בַּמִּזְבֵּחַ יִקְדָּשׁ: וְזֶה אֲשֶׁר תַּעֲשֶׂה עַל־הַמִּזְבֵּחַ כְּבָשִׂים בְּנֵי־ ששי
לט שָׁנָה שְׁנַיִם לַיּוֹם תָּמִיד: אֶת־הַכֶּבֶשׂ הָאֶחָד תַּעֲשֶׂה בַבֹּקֶר וְאֵת הַכֶּבֶשׂ הַשֵּׁנִי עולת תמיד
מ תַּעֲשֶׂה בֵּין הָעַרְבָּיִם: וְעִשָּׂרֹן סֹלֶת בָּלוּל בְּשֶׁמֶן כָּתִית רֶבַע הַהִין וְנֵסֶךְ רְבִיעִת

פירושי מילים

(כא) והזית – זרוק. (כד) הנפת אתם תנופה – הולכה, תנועה, קדימה ואחורה, למעלה ולמטה. (כו) מלאים – בא מהמילה 'למלא', האייל שבאמצעותו הכוהנים ממלאים את ידם. למנה – חלק הניתן מהזבח. (כט) למשחה בהם – למשוח את הכוהנים בבגדים. אפשר להבין שאין כוונה למשיחה ממש, אלא במובן מושאל, להתמנות לתפקידם (רש"י; רשב"ם), ויש אפשרות להבין שמדובר במשיחה ממש (רמב"ן). (לג) כפר בהם – נתכפר בבשר ובלחם, שיאכלו בני אהרן. (לח) תמיד – בקביעות, בכל יום. (לט) בין הערבים – בין שני זמנים שהשמש נוטה, וראו לעיל י"א, ו. (מ) ועשרן – מידת יבש שהיא עשירית האיפה. בלול – נילוש. שמן כתית – שמן משובח היוצא מזיתים שנכתשו (ולא נתחנו בריחיים). רבע ההין – מידת נפח ללח. הין הוא בערך ארבעה ליטרים.

מא הַהִין יַיִן לַכֶּבֶשׂ הָאֶחָד: וְאֵת הַכֶּבֶשׂ הַשֵּׁנִי תַּעֲשֶׂה בֵּין הָעַרְבָּיִם כְּמִנְחַת הַבֹּקֶר
מב וּכְנִסְכָּהּ תַּעֲשֶׂה־לָּהּ לְרֵיחַ נִיחֹחַ אִשֶּׁה לַיהוה: עֹלַת תָּמִיד לְדֹרֹתֵיכֶם פֶּתַח
מג אֹהֶל־מוֹעֵד לִפְנֵי יהוה אֲשֶׁר אִוָּעֵד לָכֶם שָׁמָּה לְדַבֵּר אֵלֶיךָ שָׁם: וְנֹעַדְתִּי שָׁמָּה
מד לִבְנֵי יִשְׂרָאֵל וְנִקְדַּשׁ בִּכְבֹדִי: וְקִדַּשְׁתִּי אֶת־אֹהֶל מוֹעֵד וְאֶת־הַמִּזְבֵּחַ וְאֶת־אַהֲרֹן
מה וְאֶת־בָּנָיו אֲקַדֵּשׁ לְכַהֵן לִי: וְשָׁכַנְתִּי בְּתוֹךְ בְּנֵי יִשְׂרָאֵל וְהָיִיתִי לָהֶם לֵאלֹהִים:
מו וְיָדְעוּ כִּי אֲנִי יהוה אֱלֹהֵיהֶם אֲשֶׁר הוֹצֵאתִי אֹתָם מֵאֶרֶץ מִצְרַיִם לְשָׁכְנִי בְתוֹכָם
אֲנִי יהוה אֱלֹהֵיהֶם:

ל א ב וְעָשִׂיתָ מִזְבֵּחַ מִקְטַר קְטֹרֶת עֲצֵי שִׁטִּים תַּעֲשֶׂה אֹתוֹ: אַמָּה אָרְכּוֹ וְאַמָּה רָחְבּוֹ כג | שביעי | מזבח הקטורת
ג רָבוּעַ יִהְיֶה וְאַמָּתַיִם קֹמָתוֹ מִמֶּנּוּ קַרְנֹתָיו: וְצִפִּיתָ אֹתוֹ זָהָב טָהוֹר אֶת־גַּגּוֹ
ד וְאֶת־קִירֹתָיו סָבִיב וְאֶת־קַרְנֹתָיו וְעָשִׂיתָ לּוֹ זֵר זָהָב סָבִיב: וּשְׁתֵּי טַבְּעֹת זָהָב
תַּעֲשֶׂה־לּוֹ | מִתַּחַת לְזֵרוֹ עַל שְׁתֵּי צַלְעֹתָיו תַּעֲשֶׂה עַל־שְׁנֵי צִדָּיו וְהָיָה לְבָתִּים
ה לְבַדִּים לָשֵׂאת אֹתוֹ בָּהֵמָּה: וְעָשִׂיתָ אֶת־הַבַּדִּים עֲצֵי שִׁטִּים וְצִפִּיתָ אֹתָם זָהָב:
ו וְנָתַתָּה אֹתוֹ לִפְנֵי הַפָּרֹכֶת אֲשֶׁר עַל־אֲרֹן הָעֵדֻת לִפְנֵי הַכַּפֹּרֶת אֲשֶׁר עַל־הָעֵדֻת
ז אֲשֶׁר אִוָּעֵד לְךָ שָׁמָּה: וְהִקְטִיר עָלָיו אַהֲרֹן קְטֹרֶת סַמִּים בַּבֹּקֶר בַּבֹּקֶר בְּהֵיטִיבוֹ
ח אֶת־הַנֵּרֹת יַקְטִירֶנָּה: וּבְהַעֲלֹת אַהֲרֹן אֶת־הַנֵּרֹת בֵּין הָעַרְבַּיִם יַקְטִירֶנָּה קְטֹרֶת | מפטיר
ט תָּמִיד לִפְנֵי יהוה לְדֹרֹתֵיכֶם: לֹא־תַעֲלוּ עָלָיו קְטֹרֶת זָרָה וְעֹלָה וּמִנְחָה וְנֵסֶךְ
י לֹא תִסְּכוּ עָלָיו: וְכִפֶּר אַהֲרֹן עַל־קַרְנֹתָיו אַחַת בַּשָּׁנָה מִדַּם חַטַּאת הַכִּפֻּרִים
אַחַת בַּשָּׁנָה יְכַפֵּר עָלָיו לְדֹרֹתֵיכֶם קֹדֶשׁ־קָדָשִׁים הוּא לַיהוה:

יא יב וַיְדַבֵּר יהוה אֶל־מֹשֶׁה לֵּאמֹר: כִּי תִשָּׂא אֶת־רֹאשׁ בְּנֵי־יִשְׂרָאֵל לִפְקֻדֵיהֶם | כי תשא | מחצית השקל – כופר נפש
וְנָתְנוּ אִישׁ כֹּפֶר נַפְשׁוֹ לַיהוה בִּפְקֹד אֹתָם וְלֹא־יִהְיֶה בָהֶם נֶגֶף בִּפְקֹד אֹתָם:
יג זֶה | יִתְּנוּ כָּל־הָעֹבֵר עַל־הַפְּקֻדִים מַחֲצִית הַשֶּׁקֶל בְּשֶׁקֶל הַקֹּדֶשׁ עֶשְׂרִים גֵּרָה

פירושי מילים

(מא) כמנחת – בקורבן תמיד של בין הערביים תעשה את המנחות המתלוות לקורבן הכבש, כמו בעולת הבוקר, כמתואר בפס' כ. אשה – קורבן העולה נשרף כליל האש המזבח. (מב) אועד לכם שמה – איפגש איתכם שם. על שם שה' נועד עם ישראל במשכן, נקרא המקום אוהל מועד. (מג) ונועדתי שמה לבני ישראל – איפגש עם בני ישראל שם. (ל', א) מזבח מקטר קטרת – מזבח לשם הקטרת קטורת. קטרת – עשן (יחזקאל ח', יא). (ו) אועד לך שמה – איפגש עמך שם. (ז) סמים – בשמים המשמשים לקטורת. בבקר בבקר – "בכל יום בבוקר" (ראב"ע, בפירושו הקצר). בהטיבו את הנרות – ניקוי הנרות.* (ח) בהעלת – כשידליק. בין הערבים – בין שני זמנים שהשמש נוטה, וראו לעיל י"א, ו. (ט) ונסך לא תסכו – נוזלים ששופכים על הקורבן, אין לשפוך על מזבח הקטורת. (יב) תשא – תספור. הפירוש של פועל זה הוא להרים. ר"י כספי הסביר: "טעם תשא, כי הנפקד ירים ראשו כדי שיהיה גבוה מכל העם ויגישהו הפוקד". כפר נפשו – פדיון נפשו, כסף שמסיר ממנו דין מוות. כסף שבא לכפרה מאת ה'. נגף – מגפה. בפקד אתם – כשיספרו אותם. (יג) העבר על הפקדים – מי שסופרים אותו במפקד. הנספרים עוברים דרך מי שסופר מצד אחד לעבר השני (רש"י; ריב"ש). וראב"ע פירש שעבר משנותיו עשרים שנה. גרה – אחד חלקי עשרים של השקל. משערים שגרה היא כ־0.55 גרם.

* לפי רמב"ם, הלכות תמידין ומוספין, ג', י, הטבת נרות היא הדלקתם, וכן רלב"ג על פס' ז.

יד הַשֶּׁקֶל מַחֲצִית הַשֶּׁקֶל תְּרוּמָה לַיהוָה: כֹּל הָעֹבֵר עַל־הַפְּקֻדִים מִבֶּן עֶשְׂרִים
טו שָׁנָה וָמָעְלָה יִתֵּן תְּרוּמַת יהוה: הֶעָשִׁיר לֹא־יַרְבֶּה וְהַדַּל לֹא יַמְעִיט מִמַּחֲצִית
טז הַשָּׁקֶל לָתֵת אֶת־תְּרוּמַת יהוה לְכַפֵּר עַל־נַפְשֹׁתֵיכֶם: וְלָקַחְתָּ אֶת־כֶּסֶף הַכִּפֻּרִים
מֵאֵת בְּנֵי יִשְׂרָאֵל וְנָתַתָּ אֹתוֹ עַל־עֲבֹדַת אֹהֶל מוֹעֵד וְהָיָה לִבְנֵי יִשְׂרָאֵל לְזִכָּרוֹן
לִפְנֵי יהוה לְכַפֵּר עַל־נַפְשֹׁתֵיכֶם:

הכיור

יז יח וַיְדַבֵּר יהוה אֶל־מֹשֶׁה לֵּאמֹר: וְעָשִׂיתָ כִּיּוֹר נְחֹשֶׁת וְכַנּוֹ נְחֹשֶׁת לְרָחְצָה וְנָתַתָּ
יט אֹתוֹ בֵּין־אֹהֶל מוֹעֵד וּבֵין הַמִּזְבֵּחַ וְנָתַתָּ שָׁמָּה מָיִם: וְרָחֲצוּ אַהֲרֹן וּבָנָיו מִמֶּנּוּ
כ אֶת־יְדֵיהֶם וְאֶת־רַגְלֵיהֶם: בְּבֹאָם אֶל־אֹהֶל מוֹעֵד יִרְחֲצוּ־מַיִם וְלֹא יָמֻתוּ אוֹ
כא בְגִשְׁתָּם אֶל־הַמִּזְבֵּחַ לְשָׁרֵת לְהַקְטִיר אִשֶּׁה לַיהוָה: וְרָחֲצוּ יְדֵיהֶם וְרַגְלֵיהֶם
וְלֹא יָמֻתוּ וְהָיְתָה לָהֶם חָק־עוֹלָם לוֹ וּלְזַרְעוֹ לְדֹרֹתָם:

שמן המשחה

כב כג וַיְדַבֵּר יהוה אֶל־מֹשֶׁה לֵּאמֹר: וְאַתָּה קַח־לְךָ בְּשָׂמִים רֹאשׁ מָר־דְּרוֹר חֲמֵשׁ
מֵאוֹת וְקִנְּמָן־בֶּשֶׂם מַחֲצִיתוֹ חֲמִשִּׁים וּמָאתָיִם וּקְנֵה־בֹשֶׂם חֲמִשִּׁים וּמָאתָיִם:
כד כה וְקִדָּה חֲמֵשׁ מֵאוֹת בְּשֶׁקֶל הַקֹּדֶשׁ וְשֶׁמֶן זַיִת הִין: וְעָשִׂיתָ אֹתוֹ שֶׁמֶן מִשְׁחַת־קֹדֶשׁ
כו רֹקַח מִרְקַחַת מַעֲשֵׂה רֹקֵחַ שֶׁמֶן מִשְׁחַת־קֹדֶשׁ יִהְיֶה: וּמָשַׁחְתָּ בוֹ אֶת־אֹהֶל
כז מוֹעֵד וְאֵת אֲרוֹן הָעֵדֻת: וְאֶת־הַשֻּׁלְחָן וְאֶת־כָּל־כֵּלָיו וְאֶת־הַמְּנֹרָה וְאֶת־כֵּלֶיהָ
כח וְאֵת מִזְבַּח הַקְּטֹרֶת: וְאֶת־מִזְבַּח הָעֹלָה וְאֶת־כָּל־כֵּלָיו וְאֶת־הַכִּיֹּר וְאֶת־כַּנּוֹ:
כט ל וְקִדַּשְׁתָּ אֹתָם וְהָיוּ קֹדֶשׁ קָדָשִׁים כָּל־הַנֹּגֵעַ בָּהֶם יִקְדָּשׁ: וְאֶת־אַהֲרֹן וְאֶת־בָּנָיו
לא תִּמְשָׁח וְקִדַּשְׁתָּ אֹתָם לְכַהֵן לִי: וְאֶל־בְּנֵי יִשְׂרָאֵל תְּדַבֵּר לֵאמֹר שֶׁמֶן מִשְׁחַת־
לב קֹדֶשׁ יִהְיֶה זֶה לִי לְדֹרֹתֵיכֶם: עַל־בְּשַׂר אָדָם לֹא יִיסָךְ וּבְמַתְכֻּנְתּוֹ לֹא תַעֲשׂוּ
לג כָּמֹהוּ קֹדֶשׁ הוּא קֹדֶשׁ יִהְיֶה לָכֶם: אִישׁ אֲשֶׁר יִרְקַח כָּמֹהוּ וַאֲשֶׁר יִתֵּן מִמֶּנּוּ
לד עַל־זָר וְנִכְרַת מֵעַמָּיו: וַיֹּאמֶר יהוה אֶל־מֹשֶׁה קַח־לְךָ סַמִּים

קטורת הסמים

לה נָטָף ׀ וּשְׁחֵלֶת וְחֶלְבְּנָה סַמִּים וּלְבֹנָה זַכָּה בַּד בְּבַד יִהְיֶה: וְעָשִׂיתָ אֹתָהּ קְטֹרֶת

פירושי מילים

(טז) **כסף הכפורים** – הכסף שבא לכפר. (יח) **כנו** – בסיסו של הכיור. (כ) **להקטיר** – באופן בסיסי הכוונה להעלאת עשן מקטורת סמים. כאן הכוונה להקריב קורבן. **אשה** – קורבן (המוקרב באמצעות אש). (כג) **בשמים ראש** – בשמים שהם ראש, היינו חשובים ביותר (שה"ש ד׳, יד). **מר** – שרף. **דרור** – קרוש. ואונקלוס פירש טהור, מזוכך. (כה) **רקח מרקחת** – תערובת בשמים עם שמן. **מעשה רקח** – כדרך שעושים רוקחים. (לב) **שמן משחת קדש** – השמן מיועד למשיחה של דברים מקודשים למען היקדשם (ראב"מ; אברבנאל). או אפשר שהשמן הזה הוא קדוש (חכם). (לב) **מתכנתו** – מידתו, כמותו. (לג) **ירקח** – יערבב ויעשה מרקחת. (לד) **סמים** – בשמים (אונקלוס). רשב"ם ל׳, כג: "ונראה בעיני כי ׳בשמים׳ גידולי אילנות, כדכתיב: ׳הפיחי גני יזלו בשמיו׳ (שה"ש ד׳, טז), אבל סמים מיני שרף אילן או דברים שמוצאין מן הקרקע". הכתב והקבלה: "החשובים מבעלי הריח נקראו בשמים, ושאינם חשובים כל כך בריחם נקראו סמים". אפשר כי הסמים הם החומרים המעובדים מהבשמים, ואולי סמים הם לא תמיד בשמים נותני ריח, אבל הם חומרים בתוך הקטורת, כמו החלבנה (חכם, עמ׳ רסו והערה 472). **בד** – לבד. **בד בבד יהיה** – כל אחד מהסמים ירקח לבדו, לפני שיערבבו אותם (ראב"ע), או שמשקל כל הרכיבים יהיה שווה (תרגום ירושלמי-יונתן; רש"י).

לו רֹקַח מַעֲשֵׂה רוֹקֵחַ מְמֻלָּח טָהוֹר קֹדֶשׁ׃ וְשָׁחַקְתָּ מִמֶּנָּה הָדֵק וְנָתַתָּה מִמֶּנָּה
לִפְנֵי הָעֵדֻת בְּאֹהֶל מוֹעֵד אֲשֶׁר אִוָּעֵד לְךָ שָׁמָּה קֹדֶשׁ קָדָשִׁים תִּהְיֶה לָכֶם׃
לז וְהַקְּטֹרֶת אֲשֶׁר תַּעֲשֶׂה בְּמַתְכֻּנְתָּהּ לֹא תַעֲשׂוּ לָכֶם קֹדֶשׁ תִּהְיֶה לְךָ לַיהוָה׃
לח לא א אִישׁ אֲשֶׁר־יַעֲשֶׂה כָמוֹהָ לְהָרִיחַ בָּהּ וְנִכְרַת מֵעַמָּיו׃ וַיְדַבֵּר יְהוָה כד

מינוי בצלאל ואהליאב

ב אֶל־מֹשֶׁה לֵּאמֹר׃ רְאֵה קָרָאתִי בְשֵׁם בְּצַלְאֵל בֶּן־אוּרִי בֶן־חוּר לְמַטֵּה יְהוּדָה׃
ג ד וָאֲמַלֵּא אֹתוֹ רוּחַ אֱלֹהִים בְּחָכְמָה וּבִתְבוּנָה וּבְדַעַת וּבְכָל־מְלָאכָה׃ לַחְשֹׁב
ה מַחֲשָׁבֹת לַעֲשׂוֹת בַּזָּהָב וּבַכֶּסֶף וּבַנְּחֹשֶׁת׃ וּבַחֲרֹשֶׁת אֶבֶן לְמַלֹּאת וּבַחֲרֹשֶׁת
ו עֵץ לַעֲשׂוֹת בְּכָל־מְלָאכָה׃ וַאֲנִי הִנֵּה נָתַתִּי אִתּוֹ אֵת אָהֳלִיאָב בֶּן־אֲחִיסָמָךְ
ז לְמַטֵּה־דָן וּבְלֵב כָּל־חֲכַם־לֵב נָתַתִּי חָכְמָה וְעָשׂוּ אֵת כָּל־אֲשֶׁר צִוִּיתִךָ׃ אֵת
אֹהֶל מוֹעֵד וְאֶת־הָאָרֹן לָעֵדֻת וְאֶת־הַכַּפֹּרֶת אֲשֶׁר עָלָיו וְאֵת כָּל־כְּלֵי הָאֹהֶל׃
ח וְאֶת־הַשֻּׁלְחָן וְאֶת־כֵּלָיו וְאֶת־הַמְּנֹרָה הַטְּהֹרָה וְאֶת־כָּל־כֵּלֶיהָ וְאֵת מִזְבַּח
ט י הַקְּטֹרֶת׃ וְאֶת־מִזְבַּח הָעֹלָה וְאֶת־כָּל־כֵּלָיו וְאֶת־הַכִּיּוֹר וְאֶת־כַּנּוֹ׃ וְאֵת בִּגְדֵי
יא הַשְּׂרָד וְאֶת־בִּגְדֵי הַקֹּדֶשׁ לְאַהֲרֹן הַכֹּהֵן וְאֶת־בִּגְדֵי בָנָיו לְכַהֵן׃ וְאֵת שֶׁמֶן
הַמִּשְׁחָה וְאֶת־קְטֹרֶת הַסַּמִּים לַקֹּדֶשׁ כְּכֹל אֲשֶׁר־צִוִּיתִךָ יַעֲשׂוּ׃

השבת

יב יג וַיֹּאמֶר יְהוָה אֶל־מֹשֶׁה לֵּאמֹר׃ וְאַתָּה דַּבֵּר אֶל־בְּנֵי יִשְׂרָאֵל לֵאמֹר אַךְ אֶת־
שַׁבְּתֹתַי תִּשְׁמֹרוּ כִּי אוֹת הִוא בֵּינִי וּבֵינֵיכֶם לְדֹרֹתֵיכֶם לָדַעַת כִּי אֲנִי יְהוָה
יד מְקַדִּשְׁכֶם׃ וּשְׁמַרְתֶּם אֶת־הַשַּׁבָּת כִּי קֹדֶשׁ הִוא לָכֶם מְחַלְלֶיהָ מוֹת יוּמָת כִּי
טו כָּל־הָעֹשֶׂה בָהּ מְלָאכָה וְנִכְרְתָה הַנֶּפֶשׁ הַהִוא מִקֶּרֶב עַמֶּיהָ׃ שֵׁשֶׁת יָמִים יֵעָשֶׂה
מְלָאכָה וּבַיּוֹם הַשְּׁבִיעִי שַׁבַּת שַׁבָּתוֹן קֹדֶשׁ לַיהוָה כָּל־הָעֹשֶׂה מְלָאכָה בְּיוֹם
טז הַשַּׁבָּת מוֹת יוּמָת׃ וְשָׁמְרוּ בְנֵי־יִשְׂרָאֵל אֶת־הַשַּׁבָּת לַעֲשׂוֹת אֶת־הַשַּׁבָּת לְדֹרֹתָם
יז בְּרִית עוֹלָם׃ בֵּינִי וּבֵין בְּנֵי יִשְׂרָאֵל אוֹת הִוא לְעֹלָם כִּי־שֵׁשֶׁת יָמִים עָשָׂה יְהוָה

פירושי מילים

(לה) **רקח מעשה רוקח** – תערובת עשויה כאומנות שעושים רוקחים. **ממלח** – לתת מלח בתערובת (ראב״ע; רמב״ן); מעורבב היטב (אונקלוס; רש״י). (לו) **ושחקת ממנה הדק** – כתוש אותה דקה לאבקה. (לז) **במתכנתה** – מידתה, כמותה. (ל״א, ב) **קראתי בשם** – בחרתי, מיניתי לתפקיד. (ג) **אמלא אתו** – הענקתי לו, השרתי עליו. (ד) **לחשב מחשבת** – יכולת שכלית יצירתית להוציא דברים במחשבתו (ראב״ע הפירוש הקצר). מומחה לאומניות (רס״ג). אריגת מעשה חושב (רש״י). מתייחס לסוג של אריגה (למשל: כ״ו, א, לא). (ה) **ובחרשת אבן** – במשמעות הבסיסית של חרש הוא לחתוך. חרושת אבן הכוונה חיתוך של אבנים. **למלאת** – לעשות את האבנים למילוי, לשיבוץ. **ובחרשת עץ** – חיתוך של עץ. נגרות (רש״י). (י) **בגדי שרד** – על פי הארמית: סְרָדָא (ובדומה בסורית). בגד עשוי קלעים, הכוונה לבגד רשת (רש״י). הבדים שבהם כיסו את הכלים בעת נסיעה (רש״י; רשב״ם; ראב״ע; ריב״ש). אונקלוס פירש בגדי שירות (וכן באוגריתית).* היינו הבגדים של אהרן ובניו. לפי רמב״ן, אלה הם בגדי כוהן גדול. (יג) **אך** – מילת חיזוק כמו: בראשית כ״ט, יד; ירמיה ה׳, ד. כמו המילה אכן בעברית של ימינו (במקומות אחרים לעיתים משמעות המילה ׳רק׳, או ׳אבל׳). **אות** – סימן. (יד) **כי** – כאן במובן אכן. **מחלליה** – עשו אותה חולין. (טו) **שבת שבתון** – יום שבת שבו שובתים ממלאכה לגמרי.

* מ׳, הלד, ״סתומה מקראית ומקבילתה באוגריתית״, ארץ ישראל 3 (תשי״ד), 101–103.

יח שני אֶת־הַשָּׁמַיִם וְאֶת־הָאָרֶץ וּבַיּוֹם הַשְּׁבִיעִי שָׁבַת וַיִּנָּפַשׁ׃ וַיִּתֵּן
אֶל־מֹשֶׁה כְּכַלֹּתוֹ לְדַבֵּר אִתּוֹ בְּהַר סִינַי שְׁנֵי לֻחֹת הָעֵדֻת לֻחֹת אֶבֶן כְּתֻבִים
לב א בְּאֶצְבַּע אֱלֹהִים׃ וַיַּרְא הָעָם כִּי־בֹשֵׁשׁ מֹשֶׁה לָרֶדֶת מִן־הָהָר וַיִּקָּהֵל הָעָם עַל־
אַהֲרֹן וַיֹּאמְרוּ אֵלָיו קוּם ׀ עֲשֵׂה־לָנוּ אֱלֹהִים אֲשֶׁר יֵלְכוּ לְפָנֵינוּ כִּי־זֶה ׀ מֹשֶׁה
ב הָאִישׁ אֲשֶׁר הֶעֱלָנוּ מֵאֶרֶץ מִצְרַיִם לֹא יָדַעְנוּ מֶה־הָיָה לוֹ׃ וַיֹּאמֶר אֲלֵהֶם אַהֲרֹן
ג פָּרְקוּ נִזְמֵי הַזָּהָב אֲשֶׁר בְּאָזְנֵי נְשֵׁיכֶם בְּנֵיכֶם וּבְנֹתֵיכֶם וְהָבִיאוּ אֵלָי׃ וַיִּתְפָּרְקוּ
ד כָּל־הָעָם אֶת־נִזְמֵי הַזָּהָב אֲשֶׁר בְּאָזְנֵיהֶם וַיָּבִיאוּ אֶל־אַהֲרֹן׃ וַיִּקַּח מִיָּדָם וַיָּצַר
אֹתוֹ בַּחֶרֶט וַיַּעֲשֵׂהוּ עֵגֶל מַסֵּכָה וַיֹּאמְרוּ אֵלֶּה אֱלֹהֶיךָ יִשְׂרָאֵל אֲשֶׁר הֶעֱלוּךָ
ה מֵאֶרֶץ מִצְרָיִם׃ וַיַּרְא אַהֲרֹן וַיִּבֶן מִזְבֵּחַ לְפָנָיו וַיִּקְרָא אַהֲרֹן וַיֹּאמַר חַג לַיהוה
ו מָחָר׃ וַיַּשְׁכִּימוּ מִמָּחֳרָת וַיַּעֲלוּ עֹלֹת וַיַּגִּשׁוּ שְׁלָמִים וַיֵּשֶׁב הָעָם לֶאֱכֹל וְשָׁתוֹ
וַיָּקֻמוּ לְצַחֵק׃
ז וַיְדַבֵּר יהוה אֶל־מֹשֶׁה לֶךְ־רֵד כִּי שִׁחֵת עַמְּךָ אֲשֶׁר הֶעֱלֵיתָ מֵאֶרֶץ מִצְרָיִם׃
ח סָרוּ מַהֵר מִן־הַדֶּרֶךְ אֲשֶׁר צִוִּיתִם עָשׂוּ לָהֶם עֵגֶל מַסֵּכָה וַיִּשְׁתַּחֲווּ־לוֹ וַיִּזְבְּחוּ־לוֹ
ט וַיֹּאמְרוּ אֵלֶּה אֱלֹהֶיךָ יִשְׂרָאֵל אֲשֶׁר הֶעֱלוּךָ מֵאֶרֶץ מִצְרָיִם׃ וַיֹּאמֶר יהוה אֶל־
י מֹשֶׁה רָאִיתִי אֶת־הָעָם הַזֶּה וְהִנֵּה עַם־קְשֵׁה־עֹרֶף הוּא׃ וְעַתָּה הַנִּיחָה לִּי וְיִחַר־
יא אַפִּי בָהֶם וַאֲכַלֵּם וְאֶעֱשֶׂה אוֹתְךָ לְגוֹי גָּדוֹל׃ וַיְחַל מֹשֶׁה אֶת־פְּנֵי יהוה אֱלֹהָיו
וַיֹּאמֶר לָמָה יהוה יֶחֱרֶה אַפְּךָ בְּעַמֶּךָ אֲשֶׁר הוֹצֵאתָ מֵאֶרֶץ מִצְרַיִם בְּכֹחַ גָּדוֹל
יב וּבְיָד חֲזָקָה׃ לָמָּה יֹאמְרוּ מִצְרַיִם לֵאמֹר בְּרָעָה הוֹצִיאָם לַהֲרֹג אֹתָם בֶּהָרִים
יג וּלְכַלֹּתָם מֵעַל פְּנֵי הָאֲדָמָה שׁוּב מֵחֲרוֹן אַפֶּךָ וְהִנָּחֵם עַל־הָרָעָה לְעַמֶּךָ׃ זְכֹר
לְאַבְרָהָם לְיִצְחָק וּלְיִשְׂרָאֵל עֲבָדֶיךָ אֲשֶׁר נִשְׁבַּעְתָּ לָהֶם בָּךְ וַתְּדַבֵּר אֲלֵהֶם אַרְבֶּה
אֶת־זַרְעֲכֶם כְּכוֹכְבֵי הַשָּׁמָיִם וְכָל־הָאָרֶץ הַזֹּאת אֲשֶׁר אָמַרְתִּי אֶתֵּן לְזַרְעֲכֶם
יד וְנָחֲלוּ לְעֹלָם׃ וַיִּנָּחֶם יהוה עַל־הָרָעָה אֲשֶׁר דִּבֶּר לַעֲשׂוֹת לְעַמּוֹ׃
כה טו וַיִּפֶן וַיֵּרֶד מֹשֶׁה מִן־הָהָר וּשְׁנֵי לֻחֹת הָעֵדֻת בְּיָדוֹ לֻחֹת כְּתֻבִים מִשְּׁנֵי עֶבְרֵיהֶם
טז מִזֶּה וּמִזֶּה הֵם כְּתֻבִים׃ וְהַלֻּחֹת מַעֲשֵׂה אֱלֹהִים הֵמָּה וְהַמִּכְתָּב מִכְתַּב אֱלֹהִים

ה' נותן למשה את הלוחות

חטא עגל הזהב

פירושי מילים

(יז) וינפש – נשם לרווחה, ישיב את נפשו, ינוח (אונקלוס; רש"י). (יח) ככלותו – לאחר שסיים. עדות – שני לוחות העדות, הברית. (ל"ב, א) בשש – מאחר. (ב) פרקו – הסירו. נזמי הזהב – טבעת זהב, בדרך כלל לאף או עגיל לאוזן. (ד) ויצר – עיצב צורה. בחרט – אזמל. (ו) לצחק – לשיר ולרקוד (ירמיה ל"א, ד).* (ז) שחת – קלקלו. (ח) סרו – סטו. עגל מסכה – עגל שעשו אותו באמצעות התכה של זהב (ראב"ע). אפשר שהכוונה מתכת (אונקלוס; רש"י). (ט) קשה ערף – אינו מקבל מרות. (י) ויחר אפי בהם – אף לוהט, מטפורה לכעס. כשאדם כועס, אפו מאדים ומתחמם. ואכלם – אשמיד אותם. (יא) ויחל – התפלל. למה... יחרה אפך – אל תכעס. (יב) שוב מחרון אפך – חזור בך מכעסך. והנחם – התחרט. (טו) משני עבריהם – משני הצדדים.

* ר"י כספי; ראו שד"ל.

יז הִ֑וא חָר֖וּת עַל־הַלֻּחֹֽת׃ וַיִּשְׁמַ֧ע יְהוֹשֻׁ֛עַ אֶת־ק֥וֹל הָעָ֖ם בְּרֵעֹ֑ה וַיֹּ֙אמֶר֙ אֶל־מֹשֶׁ֔ה
יח ק֥וֹל מִלְחָמָ֖ה בַּֽמַּחֲנֶֽה׃ וַיֹּ֗אמֶר אֵ֥ין קוֹל֙ עֲנ֣וֹת גְּבוּרָ֔ה וְאֵ֥ין ק֖וֹל עֲנ֣וֹת חֲלוּשָׁ֑ה
יט ק֣וֹל עַנּ֔וֹת אָנֹכִ֖י שֹׁמֵֽעַ׃ וַֽיְהִ֗י כַּאֲשֶׁ֤ר קָרַב֙ אֶל־הַֽמַּחֲנֶ֔ה וַיַּ֥רְא אֶת־הָעֵ֖גֶל וּמְחֹלֹ֑ת
כ וַיִּֽחַר־אַ֣ף מֹשֶׁ֗ה וַיַּשְׁלֵ֤ךְ מִיָּדָו֙ אֶת־הַלֻּחֹ֔ת וַיְשַׁבֵּ֥ר אֹתָ֖ם תַּ֥חַת הָהָֽר׃ וַיִּקַּ֞ח אֶת־
הָעֵ֨גֶל אֲשֶׁ֤ר עָשׂוּ֙ וַיִּשְׂרֹ֣ף בָּאֵ֔שׁ וַיִּטְחַ֖ן עַ֣ד אֲשֶׁר־דָּ֑ק וַיִּ֙זֶר֙ עַל־פְּנֵ֣י הַמַּ֔יִם וַיַּ֖שְׁקְ
כא אֶת־בְּנֵ֥י יִשְׂרָאֵֽל׃ וַיֹּ֤אמֶר מֹשֶׁה֙ אֶֽל־אַהֲרֹ֔ן מֶֽה־עָשָׂ֥ה לְךָ֖ הָעָ֣ם הַזֶּ֑ה כִּֽי־הֵבֵ֥אתָ
כב עָלָ֖יו חֲטָאָ֥ה גְדֹלָֽה׃ וַיֹּ֣אמֶר אַהֲרֹ֔ן אַל־יִ֥חַר אַ֖ף אֲדֹנִ֑י אַתָּה֙ יָדַ֣עְתָּ אֶת־הָעָ֔ם
כג כִּ֥י בְרָ֖ע הֽוּא׃ וַיֹּ֣אמְרוּ לִ֔י עֲשֵׂה־לָ֣נוּ אֱלֹהִ֔ים אֲשֶׁ֥ר יֵלְכ֖וּ לְפָנֵ֑ינוּ כִּי־זֶ֣ה ׀ מֹשֶׁ֣ה
כד הָאִ֗ישׁ אֲשֶׁ֤ר הֶֽעֱלָ֙נוּ֙ מֵאֶ֣רֶץ מִצְרַ֔יִם לֹ֥א יָדַ֖עְנוּ מֶה־הָ֥יָה לֽוֹ׃ וָאֹמַ֤ר לָהֶם֙ לְמִ֣י זָהָ֔ב
כה הִתְפָּרָ֖קוּ וַיִּתְּנוּ־לִ֑י וָאַשְׁלִכֵ֣הוּ בָאֵ֔שׁ וַיֵּצֵ֖א הָעֵ֥גֶל הַזֶּֽה׃ וַיַּ֤רְא מֹשֶׁה֙ אֶת־הָעָ֔ם כִּ֥י
כו פָרֻ֖עַ ה֑וּא כִּֽי־פְרָעֹ֣ה אַהֲרֹ֔ן לְשִׁמְצָ֖ה בְּקָמֵיהֶֽם׃ וַיַּעֲמֹ֤ד מֹשֶׁה֙ בְּשַׁ֣עַר הַֽמַּחֲנֶ֔ה
כז וַיֹּ֕אמֶר מִ֥י לַיהוָ֖ה אֵלָ֑י וַיֵּאָסְפ֥וּ אֵלָ֖יו כָּל־בְּנֵ֥י לֵוִֽי׃ וַיֹּ֣אמֶר לָהֶ֗ם כֹּֽה־אָמַ֤ר יְהוָה֙
אֱלֹהֵ֣י יִשְׂרָאֵ֔ל שִׂ֥ימוּ אִישׁ־חַרְבּ֖וֹ עַל־יְרֵכ֑וֹ עִבְר֨וּ וָשׁ֜וּבוּ מִשַּׁ֤עַר לָשַׁ֙עַר֙ בַּֽמַּחֲנֶ֔ה
כח וְהִרְג֧וּ אִֽישׁ־אֶת־אָחִ֛יו וְאִ֥ישׁ אֶת־רֵעֵ֖הוּ וְאִ֥ישׁ אֶת־קְרֹבֽוֹ׃ וַיַּֽעֲשׂ֥וּ בְנֵֽי־לֵוִ֖י כִּדְבַ֣ר
כט מֹשֶׁ֑ה וַיִּפֹּ֤ל מִן־הָעָם֙ בַּיּ֣וֹם הַה֔וּא כִּשְׁלֹ֥שֶׁת אַלְפֵ֖י אִֽישׁ׃ וַיֹּ֣אמֶר מֹשֶׁ֗ה מִלְא֨וּ יֶדְכֶ֤ם
ל הַיּוֹם֙ לַֽיהוָ֔ה כִּ֛י אִ֥ישׁ בִּבְנ֖וֹ וּבְאָחִ֑יו וְלָתֵ֧ת עֲלֵיכֶ֛ם הַיּ֖וֹם בְּרָכָֽה׃ וַֽיְהִי֙ מִֽמָּחֳרָ֔ת
וַיֹּ֤אמֶר מֹשֶׁה֙ אֶל־הָעָ֔ם אַתֶּ֥ם חֲטָאתֶ֖ם חֲטָאָ֣ה גְדֹלָ֑ה וְעַתָּה֙ אֶֽעֱלֶ֣ה אֶל־יְהוָ֔ה
לא אוּלַ֥י אֲכַפְּרָ֖ה בְּעַ֥ד חַטַּאתְכֶֽם׃ וַיָּ֧שָׁב מֹשֶׁ֛ה אֶל־יְהוָ֖ה וַיֹּאמַ֑ר אָ֣נָּ֗א חָטָ֞א הָעָ֤ם
לב הַזֶּה֙ חֲטָאָ֣ה גְדֹלָ֔ה וַיַּעֲשׂ֥וּ לָהֶ֖ם אֱלֹהֵ֥י זָהָֽב׃ וְעַתָּ֖ה אִם־תִּשָּׂ֣א חַטָּאתָ֑ם וְאִם־
לג אַ֕יִן מְחֵ֣נִי נָ֔א מִסִּפְרְךָ֖ אֲשֶׁ֥ר כָּתָֽבְתָּ׃ וַיֹּ֥אמֶר יְהוָ֖ה אֶל־מֹשֶׁ֑ה מִ֚י אֲשֶׁ֣ר חָֽטָא־לִ֔י
לד אֶמְחֶ֖נּוּ מִסִּפְרִֽי׃ וְעַתָּ֞ה לֵ֣ךְ ׀ נְחֵ֣ה אֶת־הָעָ֗ם אֶ֤ל אֲשֶׁר־דִּבַּ֙רְתִּי֙ לָ֔ךְ הִנֵּ֥ה מַלְאָכִ֖י
לה יֵלֵ֣ךְ לְפָנֶ֑יךָ וּבְי֣וֹם פָּקְדִ֔י וּפָקַדְתִּ֥י עֲלֵהֶ֖ם חַטָּאתָֽם׃ וַיִּגֹּ֥ף יְהוָ֖ה אֶת־הָעָ֑ם עַ֚ל
א אֲשֶׁ֣ר עָשׂ֣וּ אֶת־הָעֵ֔גֶל אֲשֶׁ֥ר עָשָׂ֖ה אַהֲרֹֽן׃ וַיְדַבֵּ֨ר יְהוָ֤ה אֶל־מֹשֶׁה֙ לֵ֣ךְ לג
עֲלֵ֣ה מִזֶּ֔ה אַתָּ֣ה וְהָעָ֔ם אֲשֶׁ֥ר הֶעֱלִ֖יתָ מֵאֶ֣רֶץ מִצְרָ֑יִם אֶל־הָאָ֗רֶץ אֲשֶׁ֣ר נִשְׁבַּ֡עְתִּי
ב לְאַבְרָהָ֨ם לְיִצְחָ֤ק וּֽלְיַעֲקֹב֙ לֵאמֹ֔ר לְזַרְעֲךָ֖ אֶתְּנֶ֑נָּה׃ וְשָׁלַחְתִּ֥י לְפָנֶ֖יךָ מַלְאָ֑ךְ

פירושי מילים

(טז) חרות – חקוק. (יז) קול העם ברעה – קול תרועת העם. (יח) קול ענות גבורה – קול ענייה, קריאה, תרועת מנצחים. קול ענות חלושה – קולות שבר של מנוצחים. קול ענות – קול שירה וזמרה.*
(יט) מחלת – ריקודים. (כ) ויזר – פיזר. וישק – השקה, נתן לשתות. (כד) התפרקו – הסירו מעליהם.
(כה) פרע/פרעה – מגולה, קלונו נתגלה (רש"י). זנח, עזב (כמו משלי ד' טו) (רשב"ם). שמצה – גנות, לעג וקלס. בקמיהם – במי שקם עליהם – האויבים (תהלים ג', ב). (כט) מלאו ידכם – הוכשרתם, התמניתם. (לב) מחני – מחק אותי. ספרך – ספר החיים. (לד) ביום פקדי ופקדתי – ביום שאשים לב, שאבקר אותם, אעניש אותם. (לה) ויגף – עשה מגפה.

* ענות בשתי ההופעות הראשונות של הפסוק בבניין קל, וההופעה השלישית היא בבניין פיעל (דגש בנ').

ג וְגֵרַשְׁתִּי אֶת־הַכְּנַעֲנִי הָאֱמֹרִי וְהַחִתִּי וְהַפְּרִזִּי הַחִוִּי וְהַיְבוּסִי׃ אֶל־אֶרֶץ זָבַת
חָלָב וּדְבָשׁ כִּי לֹא אֶעֱלֶה בְּקִרְבְּךָ כִּי עַם־קְשֵׁה־עֹרֶף אַתָּה פֶּן־אֲכֶלְךָ בַּדָּרֶךְ׃
ד וַיִּשְׁמַע הָעָם אֶת־הַדָּבָר הָרָע הַזֶּה וַיִּתְאַבָּלוּ וְלֹא־שָׁתוּ אִישׁ עֶדְיוֹ עָלָיו׃
ה וַיֹּאמֶר יהוה אֶל־מֹשֶׁה אֱמֹר אֶל־בְּנֵי־יִשְׂרָאֵל אַתֶּם עַם־קְשֵׁה־עֹרֶף רֶגַע אֶחָד
אֶעֱלֶה בְקִרְבְּךָ וְכִלִּיתִיךָ וְעַתָּה הוֹרֵד עֶדְיְךָ מֵעָלֶיךָ וְאֵדְעָה מָה אֶעֱשֶׂה־לָּךְ׃
ו ז וַיִּתְנַצְּלוּ בְנֵי־יִשְׂרָאֵל אֶת־עֶדְיָם מֵהַר חוֹרֵב׃ וּמֹשֶׁה יִקַּח אֶת־הָאֹהֶל וְנָטָה־לוֹ ׀
מִחוּץ לַמַּחֲנֶה הַרְחֵק מִן־הַמַּחֲנֶה וְקָרָא לוֹ אֹהֶל מוֹעֵד וְהָיָה כָּל־מְבַקֵּשׁ יהוה
ח יֵצֵא אֶל־אֹהֶל מוֹעֵד אֲשֶׁר מִחוּץ לַמַּחֲנֶה׃ וְהָיָה כְּצֵאת מֹשֶׁה אֶל־הָאֹהֶל יָקוּמוּ
ט כָּל־הָעָם וְנִצְּבוּ אִישׁ פֶּתַח אָהֳלוֹ וְהִבִּיטוּ אַחֲרֵי מֹשֶׁה עַד־בֹּאוֹ הָאֹהֱלָה׃ וְהָיָה
י כְּבֹא מֹשֶׁה הָאֹהֱלָה יֵרֵד עַמּוּד הֶעָנָן וְעָמַד פֶּתַח הָאֹהֶל וְדִבֶּר עִם־מֹשֶׁה׃ וְרָאָה
כָל־הָעָם אֶת־עַמּוּד הֶעָנָן עֹמֵד פֶּתַח הָאֹהֶל וְקָם כָּל־הָעָם וְהִשְׁתַּחֲווּ אִישׁ פֶּתַח
יא אָהֳלוֹ׃ וְדִבֶּר יהוה אֶל־מֹשֶׁה פָּנִים אֶל־פָּנִים כַּאֲשֶׁר יְדַבֵּר אִישׁ אֶל־רֵעֵהוּ וְשָׁב
אֶל־הַמַּחֲנֶה וּמְשָׁרְתוֹ יְהוֹשֻׁעַ בִּן־נוּן נַעַר לֹא יָמִישׁ מִתּוֹךְ הָאֹהֶל׃
יב וַיֹּאמֶר מֹשֶׁה אֶל־יהוה רְאֵה אַתָּה אֹמֵר אֵלַי הַעַל אֶת־הָעָם הַזֶּה וְאַתָּה לֹא שלישי
הוֹדַעְתַּנִי אֵת אֲשֶׁר־תִּשְׁלַח עִמִּי וְאַתָּה אָמַרְתָּ יְדַעְתִּיךָ בְשֵׁם וְגַם־מָצָאתָ חֵן
יג בְּעֵינָי׃ וְעַתָּה אִם־נָא מָצָאתִי חֵן בְּעֵינֶיךָ הוֹדִעֵנִי נָא אֶת־דְּרָכֶךָ וְאֵדָעֲךָ לְמַעַן
יד טו אֶמְצָא־חֵן בְּעֵינֶיךָ וּרְאֵה כִּי עַמְּךָ הַגּוֹי הַזֶּה׃ וַיֹּאמַר פָּנַי יֵלֵכוּ וַהֲנִחֹתִי לָךְ׃ וַיֹּאמֶר
טז אֵלָיו אִם־אֵין פָּנֶיךָ הֹלְכִים אַל־תַּעֲלֵנוּ מִזֶּה׃ וּבַמֶּה ׀ יִוָּדַע אֵפוֹא כִּי־מָצָאתִי
חֵן בְּעֵינֶיךָ אֲנִי וְעַמֶּךָ הֲלוֹא בְּלֶכְתְּךָ עִמָּנוּ וְנִפְלֵינוּ אֲנִי וְעַמְּךָ מִכָּל־הָעָם אֲשֶׁר
עַל־פְּנֵי הָאֲדָמָה׃
יז וַיֹּאמֶר יהוה אֶל־מֹשֶׁה גַּם אֶת־הַדָּבָר הַזֶּה אֲשֶׁר דִּבַּרְתָּ אֶעֱשֶׂה כִּי־מָצָאתָ חֵן רביעי
יח יט בְּעֵינַי וָאֵדָעֲךָ בְּשֵׁם׃ וַיֹּאמַר הַרְאֵנִי נָא אֶת־כְּבֹדֶךָ׃ וַיֹּאמֶר אֲנִי אַעֲבִיר כָּל־טוּבִי
עַל־פָּנֶיךָ וְקָרָאתִי בְשֵׁם יהוה לְפָנֶיךָ וְחַנֹּתִי אֶת־אֲשֶׁר אָחֹן וְרִחַמְתִּי אֶת־אֲשֶׁר
כ כא אֲרַחֵם׃ וַיֹּאמֶר לֹא תוּכַל לִרְאֹת אֶת־פָּנָי כִּי לֹא־יִרְאַנִי הָאָדָם וָחָי׃ וַיֹּאמֶר
כב יהוה הִנֵּה מָקוֹם אִתִּי וְנִצַּבְתָּ עַל־הַצּוּר׃ וְהָיָה בַּעֲבֹר כְּבֹדִי וְשַׂמְתִּיךָ בְּנִקְרַת
כג הַצּוּר וְשַׂכֹּתִי כַפִּי עָלֶיךָ עַד־עָבְרִי׃ וַהֲסִרֹתִי אֶת־כַּפִּי וְרָאִיתָ אֶת־אֲחֹרָי וּפָנַי
לֹא יֵרָאוּ׃

פירושי מילים

(ל"ג, ג) **אכלך** – אשמיד אותך. (ד) **ולא שתו** – ולא שמו. **עדיו** – תכשיט. (ה) **עדיך** – תכשיטך. (ו) **ויתנצלו** – הורידו. (ז) **יקח** – צורת עתיד, במשמעות של עבר (ראב"ע). **ונטה לו** – מתח את יריעות האוהל. (יא) **נער** – כאן במובן משרת. **לא ימיש** – לא יזוז. (יד) **והנחתי** – אנחה אותך אל לכבוש את הארץ. משורש נח"ה (רשב"ם). אניח לך מכל אויביך מסביב. משורש נו"ח (ספורנו). ומאותו שורש אפשר גם: אניח את רוחך (ראב"מ). (טז) **ונפלינו** – נתייחד, ניבדל. (יט) **וחנתי** – אתן חנינה. (כב) **נקרת הצור** – בקע, חלל בתוך הצור. **ושכתי** – אסוכך, אכסה. **כפי** – ידי (אונקלוס הבין כך ולכן כדי להרחיק הגשמה תרגם: "ואגין במימרי"; רש"י). אולי משמעות המילה היא ענן (לקח טוב; רס"ג בתפסיר; ראב"ע הפירוש הקצר; ריב"ש; רלב"ג).

חמישי
צו ה׳ בדבר לוחות שניים

לד א וַיֹּאמֶר יהוה אֶל־מֹשֶׁה פְּסׇל־לְךָ שְׁנֵי־לֻחֹת אֲבָנִים כָּרִאשֹׁנִים וְכָתַבְתִּי עַל־הַלֻּחֹת
ב אֶת־הַדְּבָרִים אֲשֶׁר הָיוּ עַל־הַלֻּחֹת הָרִאשֹׁנִים אֲשֶׁר שִׁבַּרְתָּ: וֶהְיֵה נָכוֹן לַבֹּקֶר
ג וְעָלִיתָ בַבֹּקֶר אֶל־הַר סִינַי וְנִצַּבְתָּ לִי שָׁם עַל־רֹאשׁ הָהָר: וְאִישׁ לֹא־יַעֲלֶה עִמָּךְ
וְגַם־אִישׁ אַל־יֵרָא בְּכׇל־הָהָר גַּם־הַצֹּאן וְהַבָּקָר אַל־יִרְעוּ אֶל־מוּל הָהָר הַהוּא:
ד וַיִּפְסֹל שְׁנֵי־לֻחֹת אֲבָנִים כָּרִאשֹׁנִים וַיַּשְׁכֵּם מֹשֶׁה בַבֹּקֶר וַיַּעַל אֶל־הַר סִינַי כַּאֲשֶׁר
ה צִוָּה יהוה אֹתוֹ וַיִּקַּח בְּיָדוֹ שְׁנֵי לֻחֹת אֲבָנִים: וַיֵּרֶד יהוה בֶּעָנָן וַיִּתְיַצֵּב עִמּוֹ שָׁם
ו וַיִּקְרָא בְשֵׁם יהוה: וַיַּעֲבֹר יהוה ׀ עַל־פָּנָיו וַיִּקְרָא יהוה ׀ יהוה אֵל רַחוּם וְחַנּוּן
ז אֶרֶךְ אַפַּיִם וְרַב־חֶסֶד וֶאֱמֶת: נֹצֵר חֶסֶד לָאֲלָפִים נֹשֵׂא עָוֺן וָפֶשַׁע וְחַטָּאָה וְנַקֵּה
לֹא יְנַקֶּה פֹּקֵד ׀ עֲוֺן אָבוֹת עַל־בָּנִים וְעַל־בְּנֵי בָנִים עַל־שִׁלֵּשִׁים וְעַל־רִבֵּעִים:
ח ט וַיְמַהֵר מֹשֶׁה וַיִּקֹּד אַרְצָה וַיִּשְׁתָּחוּ: וַיֹּאמֶר אִם־נָא מָצָאתִי חֵן בְּעֵינֶיךָ אֲדֹנָי יֵלֶךְ־
נָא אֲדֹנָי בְּקִרְבֵּנוּ כִּי עַם־קְשֵׁה־עֹרֶף הוּא וְסָלַחְתָּ לַעֲוֺנֵנוּ וּלְחַטָּאתֵנוּ וּנְחַלְתָּנוּ:

ששי
חידוש הברית

י וַיֹּאמֶר הִנֵּה אָנֹכִי כֹּרֵת בְּרִית נֶגֶד כׇּל־עַמְּךָ אֶעֱשֶׂה נִפְלָאֹת אֲשֶׁר לֹא־נִבְרְאוּ
בְכׇל־הָאָרֶץ וּבְכׇל־הַגּוֹיִם וְרָאָה כׇל־הָעָם אֲשֶׁר־אַתָּה בְקִרְבּוֹ אֶת־מַעֲשֵׂה יהוה
יא כִּי־נוֹרָא הוּא אֲשֶׁר אֲנִי עֹשֶׂה עִמָּךְ: שְׁמׇר־לְךָ אֵת אֲשֶׁר אָנֹכִי מְצַוְּךָ הַיּוֹם הִנְנִי
יב גֹרֵשׁ מִפָּנֶיךָ אֶת־הָאֱמֹרִי וְהַכְּנַעֲנִי וְהַחִתִּי וְהַפְּרִזִּי וְהַחִוִּי וְהַיְבוּסִי: הִשָּׁמֶר לְךָ
פֶּן־תִּכְרֹת בְּרִית לְיוֹשֵׁב הָאָרֶץ אֲשֶׁר אַתָּה בָּא עָלֶיהָ פֶּן־יִהְיֶה לְמוֹקֵשׁ בְּקִרְבֶּךָ:
יג יד כִּי אֶת־מִזְבְּחֹתָם תִּתֹּצוּן וְאֶת־מַצֵּבֹתָם תְּשַׁבֵּרוּן וְאֶת־אֲשֵׁרָיו תִּכְרֹתוּן: כִּי לֹא
טו תִשְׁתַּחֲוֶה לְאֵל אַחֵר כִּי יהוה קַנָּא שְׁמוֹ אֵל קַנָּא הוּא: פֶּן־תִּכְרֹת בְּרִית לְיוֹשֵׁב
טז הָאָרֶץ וְזָנוּ ׀ אַחֲרֵי אֱלֹהֵיהֶם וְזָבְחוּ לֵאלֹהֵיהֶם וְקָרָא לְךָ וְאָכַלְתָּ מִזִּבְחוֹ: וְלָקַחְתָּ
יז מִבְּנֹתָיו לְבָנֶיךָ וְזָנוּ בְנֹתָיו אַחֲרֵי אֱלֹהֵיהֶן וְהִזְנוּ אֶת־בָּנֶיךָ אַחֲרֵי אֱלֹהֵיהֶן: אֱלֹהֵי
יח מַסֵּכָה לֹא תַעֲשֶׂה־לָּךְ: אֶת־חַג הַמַּצּוֹת תִּשְׁמֹר שִׁבְעַת יָמִים תֹּאכַל מַצּוֹת אֲשֶׁר
יט צִוִּיתִךָ לְמוֹעֵד חֹדֶשׁ הָאָבִיב כִּי בְּחֹדֶשׁ הָאָבִיב יָצָאתָ מִמִּצְרָיִם: כׇּל־פֶּטֶר רֶחֶם
כ לִי וְכׇל־מִקְנְךָ תִּזָּכָר פֶּטֶר שׁוֹר וָשֶׂה: וּפֶטֶר חֲמוֹר תִּפְדֶּה בְשֶׂה וְאִם־לֹא תִפְדֶּה
כא וַעֲרַפְתּוֹ כֹּל בְּכוֹר בָּנֶיךָ תִּפְדֶּה וְלֹא־יֵרָאוּ פָנַי רֵיקָם: שֵׁשֶׁת יָמִים תַּעֲבֹד וּבַיּוֹם
כב הַשְּׁבִיעִי תִּשְׁבֹּת בֶּחָרִישׁ וּבַקָּצִיר תִּשְׁבֹּת: וְחַג שָׁבֻעֹת תַּעֲשֶׂה לְךָ בִּכּוּרֵי קְצִיר
כג חִטִּים וְחַג הָאָסִיף תְּקוּפַת הַשָּׁנָה: שָׁלֹשׁ פְּעָמִים בַּשָּׁנָה יֵרָאֶה כׇּל־זְכוּרְךָ אֶת־

פירושי מילים

(ל״ד, א) **פסל** – חצוב באבן. (ג) **ירא** – יראה. (ז) **לאלפים** – אלפי דורות. **נשא עון** – סולח לעוון. **ונקה לא ינקה** – לא יינצל מעונש. **פקד עון** – מעניש על עוון. **שלשים** – דור שלישי. **רבעים** – דור רביעי. (ח) **ויקד** – השתחווה. (י) **נורא הוא** – מעורר יראה. (יב) **מוקש** – מכשול. (יג) **תתצון** – תהרסו. **מצבתם** – מבנה אבן, יכולה להיות לשימושים שונים, כאן לעבודה זרה. **אשריו** – יכול להיות עץ נעבד, או עמוד עשוי מעץ, או אלילה בשם אשרה. כאן הכוונה לאחת משתי האפשרויות הראשונות, משום השימוש בפועל כרת. (יד) **קנא** – קפדן. **שמו** – מהותו, תדמיתו. (יז) **מסכה** – יציקת מתכת. (יט) **פטר רחם** – פותח, בוקע את הרחם, היינו הראשון שיוצא מהרחם. **תזכר** – אם הולד תלד זכר (רש״י). ילקחו הזכרים (ראב״ע). (כב) **תקופת** – מחזור, סוף השנה (ראו כ״ג, טז).

פְּנֵי הָאָדֹן ׀ יהוה אֱלֹהֵי יִשְׂרָאֵל: כִּי־אוֹרִישׁ גּוֹיִם מִפָּנֶיךָ וְהִרְחַבְתִּי אֶת־גְּבֻלֶךָ כד
וְלֹא־יַחְמֹד אִישׁ אֶת־אַרְצְךָ בַּעֲלֹתְךָ לֵרָאוֹת אֶת־פְּנֵי יהוה אֱלֹהֶיךָ שָׁלֹשׁ פְּעָמִים
כה כו בַּשָּׁנָה: לֹא־תִשְׁחַט עַל־חָמֵץ דַּם־זִבְחִי וְלֹא־יָלִין לַבֹּקֶר זֶבַח חַג הַפָּסַח: רֵאשִׁית
בִּכּוּרֵי אַדְמָתְךָ תָּבִיא בֵּית יהוה אֱלֹהֶיךָ לֹא־תְבַשֵּׁל גְּדִי בַּחֲלֵב אִמּוֹ:
שביעי כז וַיֹּאמֶר יהוה אֶל־מֹשֶׁה כְּתָב־לְךָ אֶת־הַדְּבָרִים הָאֵלֶּה כִּי עַל־פִּי ׀ הַדְּבָרִים הָאֵלֶּה כז
כָּרַתִּי אִתְּךָ בְּרִית וְאֶת־יִשְׂרָאֵל: וַיְהִי־שָׁם עִם־יהוה אַרְבָּעִים יוֹם וְאַרְבָּעִים כח
לַיְלָה לֶחֶם לֹא אָכַל וּמַיִם לֹא שָׁתָה וַיִּכְתֹּב עַל־הַלֻּחֹת אֵת דִּבְרֵי הַבְּרִית עֲשֶׂרֶת
הַדְּבָרִים: וַיְהִי בְּרֶדֶת מֹשֶׁה מֵהַר סִינַי וּשְׁנֵי לֻחֹת הָעֵדֻת בְּיַד־מֹשֶׁה בְּרִדְתּוֹ מִן־ כט
הָהָר וּמֹשֶׁה לֹא־יָדַע כִּי קָרַן עוֹר פָּנָיו בְּדַבְּרוֹ אִתּוֹ: וַיַּרְא אַהֲרֹן וְכָל־בְּנֵי יִשְׂרָאֵל ל
אֶת־מֹשֶׁה וְהִנֵּה קָרַן עוֹר פָּנָיו וַיִּירְאוּ מִגֶּשֶׁת אֵלָיו: וַיִּקְרָא אֲלֵהֶם מֹשֶׁה וַיָּשֻׁבוּ לא
אֵלָיו אַהֲרֹן וְכָל־הַנְּשִׂאִים בָּעֵדָה וַיְדַבֵּר מֹשֶׁה אֲלֵהֶם: וְאַחֲרֵי־כֵן נִגְּשׁוּ כָּל־בְּנֵי לב
מפטיר יִשְׂרָאֵל וַיְצַוֵּם אֵת כָּל־אֲשֶׁר דִּבֶּר יהוה אִתּוֹ בְּהַר סִינָי: וַיְכַל מֹשֶׁה מִדַּבֵּר אִתָּם לג
וַיִּתֵּן עַל־פָּנָיו מַסְוֶה: וּבְבֹא מֹשֶׁה לִפְנֵי יהוה לְדַבֵּר אִתּוֹ יָסִיר אֶת־הַמַּסְוֶה עַד־ לד
צֵאתוֹ וְיָצָא וְדִבֶּר אֶל־בְּנֵי יִשְׂרָאֵל אֵת אֲשֶׁר יְצֻוֶּה: וְרָאוּ בְנֵי־יִשְׂרָאֵל אֶת־פְּנֵי לה
מֹשֶׁה כִּי קָרַן עוֹר פְּנֵי מֹשֶׁה וְהֵשִׁיב מֹשֶׁה אֶת־הַמַּסְוֶה עַל־פָּנָיו עַד־בֹּאוֹ לְדַבֵּר
ויקהל לה א אִתּוֹ: וַיַּקְהֵל מֹשֶׁה אֶת־כָּל־עֲדַת בְּנֵי יִשְׂרָאֵל וַיֹּאמֶר אֲלֵהֶם אֵלֶּה
השבת ב הַדְּבָרִים אֲשֶׁר־צִוָּה יהוה לַעֲשֹׂת אֹתָם: שֵׁשֶׁת יָמִים תֵּעָשֶׂה מְלָאכָה וּבַיּוֹם
הַשְּׁבִיעִי יִהְיֶה לָכֶם קֹדֶשׁ שַׁבַּת שַׁבָּתוֹן לַיהוה כָּל־הָעֹשֶׂה בוֹ מְלָאכָה יוּמָת:
ג לֹא־תְבַעֲרוּ אֵשׁ בְּכֹל מֹשְׁבֹתֵיכֶם בְּיוֹם הַשַּׁבָּת:
ד וַיֹּאמֶר מֹשֶׁה אֶל־כָּל־עֲדַת בְּנֵי־יִשְׂרָאֵל לֵאמֹר זֶה הַדָּבָר אֲשֶׁר־צִוָּה יהוה לֵאמֹר:
התרומה ה קְחוּ מֵאִתְּכֶם תְּרוּמָה לַיהוה כֹּל נְדִיב לִבּוֹ יְבִיאֶהָ אֵת תְּרוּמַת יהוה זָהָב וָכֶסֶף
ועושי ו ז וּנְחֹשֶׁת: וּתְכֵלֶת וְאַרְגָּמָן וְתוֹלַעַת שָׁנִי וְשֵׁשׁ וְעִזִּים: וְעֹרֹת אֵילִם מְאָדָּמִים וְעֹרֹת
המלאכה ח תְּחָשִׁים וַעֲצֵי שִׁטִּים: וְשֶׁמֶן לַמָּאוֹר וּבְשָׂמִים לְשֶׁמֶן הַמִּשְׁחָה וְלִקְטֹרֶת הַסַּמִּים:
ט וְאַבְנֵי־שֹׁהַם וְאַבְנֵי מִלֻּאִים לָאֵפוֹד וְלַחֹשֶׁן: וְכָל־חֲכַם־לֵב בָּכֶם יָבֹאוּ וְיַעֲשׂוּ אֵת
יא כָּל־אֲשֶׁר צִוָּה יהוה: אֶת־הַמִּשְׁכָּן אֶת־אָהֳלוֹ וְאֶת־מִכְסֵהוּ אֶת־קְרָסָיו וְאֶת־
יב קְרָשָׁיו אֶת־בְּרִיחָו אֶת־עַמֻּדָיו וְאֶת־אֲדָנָיו: אֶת־הָאָרֹן וְאֶת־בַּדָּיו אֶת־הַכַּפֹּרֶת
יג וְאֵת פָּרֹכֶת הַמָּסָךְ: אֶת־הַשֻּׁלְחָן וְאֶת־בַּדָּיו וְאֶת־כָּל־כֵּלָיו וְאֵת לֶחֶם הַפָּנִים:
יד טו וְאֶת־מְנֹרַת הַמָּאוֹר וְאֶת־כֵּלֶיהָ וְאֶת־נֵרֹתֶיהָ וְאֵת שֶׁמֶן הַמָּאוֹר: וְאֶת־מִזְבַּח
הַקְּטֹרֶת וְאֶת־בַּדָּיו וְאֵת שֶׁמֶן הַמִּשְׁחָה וְאֵת קְטֹרֶת הַסַּמִּים וְאֶת־מָסַךְ הַפֶּתַח

פירושי מילים

(כט) קרן – הפיץ קרני אור.* (לג) מסוה – כיסוי. (ל"ה, א) ויקהל – אסף. (ג) תבערו – תדליקו. משבתיכם – מקומות מגוריכם. (ה) תרומה – מה שמפרשים אל הקודש. משורש רו"ם, להרים.

* על ההבחנה בין קרני אור לקרנים של חיות: מחברת מנחם § קרן.

טז לְפֶתַח הַמִּשְׁכָּן: אֶת ׀ מִזְבַּח הָעֹלָה וְאֶת־מִכְבַּר הַנְּחֹשֶׁת אֲשֶׁר־לוֹ אֶת־בַּדָּיו
יז וְאֶת־כָּל־כֵּלָיו אֶת־הַכִּיֹּר וְאֶת־כַּנּוֹ: אֵת קַלְעֵי הֶחָצֵר אֶת־עַמֻּדָיו וְאֶת־אֲדָנֶיהָ
יח וְאֵת מָסַךְ שַׁעַר הֶחָצֵר: אֶת־יִתְדֹת הַמִּשְׁכָּן וְאֶת־יִתְדֹת הֶחָצֵר וְאֶת־מֵיתְרֵיהֶם:
יט אֶת־בִּגְדֵי הַשְּׂרָד לְשָׁרֵת בַּקֹּדֶשׁ אֶת־בִּגְדֵי הַקֹּדֶשׁ לְאַהֲרֹן הַכֹּהֵן וְאֶת־בִּגְדֵי בָנָיו
כ כא לְכַהֵן: וַיֵּצְאוּ כָּל־עֲדַת בְּנֵי־יִשְׂרָאֵל מִלִּפְנֵי מֹשֶׁה: וַיָּבֹאוּ כָּל־אִישׁ אֲשֶׁר־נְשָׂאוֹ שני
לִבּוֹ וְכֹל אֲשֶׁר נָדְבָה רוּחוֹ אֹתוֹ הֵבִיאוּ אֶת־תְּרוּמַת יהוה לִמְלֶאכֶת אֹהֶל מוֹעֵד
כב וּלְכָל־עֲבֹדָתוֹ וּלְבִגְדֵי הַקֹּדֶשׁ: וַיָּבֹאוּ הָאֲנָשִׁים עַל־הַנָּשִׁים כֹּל ׀ נְדִיב לֵב הֵבִיאוּ
חָח וָנֶזֶם וְטַבַּעַת וְכוּמָז כָּל־כְּלִי זָהָב וְכָל־אִישׁ אֲשֶׁר הֵנִיף תְּנוּפַת זָהָב לַיהוה:
כג וְכָל־אִישׁ אֲשֶׁר־נִמְצָא אִתּוֹ תְּכֵלֶת וְאַרְגָּמָן וְתוֹלַעַת שָׁנִי וְשֵׁשׁ וְעִזִּים וְעֹרֹת אֵילִם
כד מְאָדָּמִים וְעֹרֹת תְּחָשִׁים הֵבִיאוּ: כָּל־מֵרִים תְּרוּמַת כֶּסֶף וּנְחֹשֶׁת הֵבִיאוּ אֵת
תְּרוּמַת יהוה וְכֹל אֲשֶׁר נִמְצָא אִתּוֹ עֲצֵי שִׁטִּים לְכָל־מְלֶאכֶת הָעֲבֹדָה הֵבִיאוּ:
כה וְכָל־אִשָּׁה חַכְמַת־לֵב בְּיָדֶיהָ טָווּ וַיָּבִיאוּ מַטְוֶה אֶת־הַתְּכֵלֶת וְאֶת־הָאַרְגָּמָן
כו אֶת־תּוֹלַעַת הַשָּׁנִי וְאֶת־הַשֵּׁשׁ: וְכָל־הַנָּשִׁים אֲשֶׁר נָשָׂא לִבָּן אֹתָנָה בְּחָכְמָה
כז טָווּ אֶת־הָעִזִּים: וְהַנְּשִׂאִם הֵבִיאוּ אֵת אַבְנֵי הַשֹּׁהַם וְאֵת אַבְנֵי הַמִּלֻּאִים לָאֵפוֹד
כח וְלַחֹשֶׁן: וְאֶת־הַבֹּשֶׂם וְאֶת־הַשָּׁמֶן לְמָאוֹר וּלְשֶׁמֶן הַמִּשְׁחָה וְלִקְטֹרֶת הַסַּמִּים:
כט כָּל־אִישׁ וְאִשָּׁה אֲשֶׁר נָדַב לִבָּם אֹתָם לְהָבִיא לְכָל־הַמְּלָאכָה אֲשֶׁר צִוָּה יהוה
לַעֲשׂוֹת בְּיַד־מֹשֶׁה הֵבִיאוּ בְנֵי־יִשְׂרָאֵל נְדָבָה לַיהוה:
ל וַיֹּאמֶר מֹשֶׁה אֶל־בְּנֵי יִשְׂרָאֵל רְאוּ קָרָא יהוה בְּשֵׁם בְּצַלְאֵל בֶּן־אוּרִי בֶן־חוּר שלישי /שני/
לא לְמַטֵּה יְהוּדָה: וַיְמַלֵּא אֹתוֹ רוּחַ אֱלֹהִים בְּחָכְמָה בִּתְבוּנָה וּבְדַעַת וּבְכָל־
לב לג מְלָאכָה: וְלַחְשֹׁב מַחֲשָׁבֹת לַעֲשֹׂת בַּזָּהָב וּבַכֶּסֶף וּבַנְּחֹשֶׁת: וּבַחֲרֹשֶׁת אֶבֶן
לד לְמַלֹּאת וּבַחֲרֹשֶׁת עֵץ לַעֲשׂוֹת בְּכָל־מְלֶאכֶת מַחֲשָׁבֶת: וּלְהוֹרֹת נָתַן בְּלִבּוֹ
לה הוּא וְאָהֳלִיאָב בֶּן־אֲחִיסָמָךְ לְמַטֵּה־דָן: מִלֵּא אֹתָם חָכְמַת־לֵב לַעֲשׂוֹת כָּל־
מְלֶאכֶת חָרָשׁ ׀ וְחֹשֵׁב וְרֹקֵם בַּתְּכֵלֶת וּבָאַרְגָּמָן בְּתוֹלַעַת הַשָּׁנִי וּבַשֵּׁשׁ וְאֹרֵג עֹשֵׂי
לו א כָּל־מְלָאכָה וְחֹשְׁבֵי מַחֲשָׁבֹת: וְעָשָׂה בְצַלְאֵל וְאָהֳלִיאָב וְכֹל ׀ אִישׁ חֲכַם־לֵב
אֲשֶׁר נָתַן יהוה חָכְמָה וּתְבוּנָה בָּהֵמָּה לָדַעַת לַעֲשֹׂת אֶת־כָּל־מְלֶאכֶת עֲבֹדַת
ב הַקֹּדֶשׁ לְכֹל אֲשֶׁר־צִוָּה יהוה: וַיִּקְרָא מֹשֶׁה אֶל־בְּצַלְאֵל וְאֶל־אָהֳלִיאָב וְאֶל
כָּל־אִישׁ חֲכַם־לֵב אֲשֶׁר נָתַן יהוה חָכְמָה בְּלִבּוֹ כֹּל אֲשֶׁר נְשָׂאוֹ לִבּוֹ לְקָרְבָה
ג אֶל־הַמְּלָאכָה לַעֲשֹׂת אֹתָהּ: וַיִּקְחוּ מִלִּפְנֵי מֹשֶׁה אֵת כָּל־הַתְּרוּמָה אֲשֶׁר הֵבִיאוּ

פירושי מילים

(יט) שרד – על פי הארמית: סְרָדָא (ובדומה בסורית). בגד עשוי קלעים, הכוונה לבגד רשת (רש"י). (כא) נשאו לבו – ליבו עורר אותו. (כב) חח – טבעת לאוזן. ונזם – טבעת בדרך כלל לאף. וכומז – תכשיט נשים, צמיד לזרוע. (כד) מרים – תורם, מפריש אל הקודש. (כה) מטוה – שזירת חוטים. (כו) נשא לבן – ליבן עורר אותן. (לג) מלאכת מחשבת – עבודת אומנים מקצועית (אונקלוס). (לב) ולחשב מחשבות – לתכנן תוכניות (ראו לעיל, ל"א, ד). (לה) מלאכת חרש – מלאכת נגרות.

בְּנֵי יִשְׂרָאֵל לִמְלֶאכֶת עֲבֹדַת הַקֹּדֶשׁ לַעֲשֹׂת אֹתָהּ וְהֵם הֵבִיאוּ אֵלָיו עוֹד נְדָבָה
ד בַּבֹּקֶר בַּבֹּקֶר: וַיָּבֹאוּ כָּל־הַחֲכָמִים הָעֹשִׂים אֵת כָּל־מְלֶאכֶת הַקֹּדֶשׁ אִישׁ־אִישׁ
ה מִמְּלַאכְתּוֹ אֲשֶׁר־הֵמָּה עֹשִׂים: וַיֹּאמְרוּ אֶל־מֹשֶׁה לֵּאמֹר מַרְבִּים הָעָם לְהָבִיא
ו מִדֵּי הָעֲבֹדָה לַמְּלָאכָה אֲשֶׁר־צִוָּה יהוה לַעֲשֹׂת אֹתָהּ: וַיְצַו מֹשֶׁה וַיַּעֲבִירוּ
קוֹל בַּמַּחֲנֶה לֵאמֹר אִישׁ וְאִשָּׁה אַל־יַעֲשׂוּ־עוֹד מְלָאכָה לִתְרוּמַת הַקֹּדֶשׁ
ז וַיִּכָּלֵא הָעָם מֵהָבִיא: וְהַמְּלָאכָה הָיְתָה דַיָּם לְכָל־הַמְּלָאכָה לַעֲשׂוֹת אֹתָהּ
ח וְהוֹתֵר: וַיַּעֲשׂוּ כָל־חֲכַם־לֵב בְּעֹשֵׂי הַמְּלָאכָה אֶת־הַמִּשְׁכָּן עֶשֶׂר

רביעי

המשכן והיריעות

יְרִיעֹת שֵׁשׁ מָשְׁזָר וּתְכֵלֶת וְאַרְגָּמָן וְתוֹלַעַת שָׁנִי כְּרֻבִים מַעֲשֵׂה חֹשֵׁב עָשָׂה
ט אֹתָם: אֹרֶךְ הַיְרִיעָה הָאַחַת שְׁמֹנֶה וְעֶשְׂרִים בָּאַמָּה וְרֹחַב אַרְבַּע בָּאַמָּה
י הַיְרִיעָה הָאֶחָת מִדָּה אַחַת לְכָל־הַיְרִיעֹת: וַיְחַבֵּר אֶת־חֲמֵשׁ הַיְרִיעֹת אַחַת
יא אֶל־אֶחָת וְחָמֵשׁ יְרִיעֹת חִבַּר אַחַת אֶל־אֶחָת: וַיַּעַשׂ לֻלְאֹת תְּכֵלֶת עַל שְׂפַת
הַיְרִיעָה הָאֶחָת מִקָּצָה בַּמַּחְבָּרֶת כֵּן עָשָׂה בִּשְׂפַת הַיְרִיעָה הַקִּיצוֹנָה בַּמַּחְבֶּרֶת
יב הַשֵּׁנִית: חֲמִשִּׁים לֻלָאֹת עָשָׂה בַּיְרִיעָה הָאֶחָת וַחֲמִשִּׁים לֻלָאֹת עָשָׂה בִּקְצֵה
יג הַיְרִיעָה אֲשֶׁר בַּמַּחְבֶּרֶת הַשֵּׁנִית מַקְבִּילֹת הַלֻּלָאֹת אַחַת אֶל־אֶחָת: וַיַּעַשׂ
חֲמִשִּׁים קַרְסֵי זָהָב וַיְחַבֵּר אֶת־הַיְרִיעֹת אַחַת אֶל־אַחַת בַּקְּרָסִים וַיְהִי הַמִּשְׁכָּן
אֶחָד:

יד טו וַיַּעַשׂ יְרִיעֹת עִזִּים לְאֹהֶל עַל־הַמִּשְׁכָּן עַשְׁתֵּי־עֶשְׂרֵה יְרִיעֹת עָשָׂה אֹתָם: אֹרֶךְ
הַיְרִיעָה הָאַחַת שְׁלֹשִׁים בָּאַמָּה וְאַרְבַּע אַמּוֹת רֹחַב הַיְרִיעָה הָאֶחָת מִדָּה אַחַת
טז לְעַשְׁתֵּי עֶשְׂרֵה יְרִיעֹת: וַיְחַבֵּר אֶת־חֲמֵשׁ הַיְרִיעֹת לְבָד וְאֶת־שֵׁשׁ הַיְרִיעֹת לְבָד:
יז וַיַּעַשׂ לֻלָאֹת חֲמִשִּׁים עַל שְׂפַת הַיְרִיעָה הַקִּיצֹנָה בַּמַּחְבָּרֶת וַחֲמִשִּׁים לֻלָאֹת
יח עָשָׂה עַל־שְׂפַת הַיְרִיעָה הַחֹבֶרֶת הַשֵּׁנִית: וַיַּעַשׂ קַרְסֵי נְחֹשֶׁת חֲמִשִּׁים לְחַבֵּר
יט אֶת־הָאֹהֶל לִהְיֹת אֶחָד: וַיַּעַשׂ מִכְסֶה לָאֹהֶל עֹרֹת אֵילִם מְאָדָּמִים וּמִכְסֵה
כ עֹרֹת תְּחָשִׁים מִלְמָעְלָה: וַיַּעַשׂ אֶת־הַקְּרָשִׁים לַמִּשְׁכָּן עֲצֵי שִׁטִּים

חמישי

הקרשים

כא עֹמְדִים: עֶשֶׂר אַמֹּת אֹרֶךְ הַקָּרֶשׁ וְאַמָּה וַחֲצִי הָאַמָּה רֹחַב הַקֶּרֶשׁ הָאֶחָד:

פירושי מילים

(ל"ו, ג) **בבקר בבקר** – בכל בוקר (רס"ג בתפסיר; ראב"ע, הפירוש הארוך), או אולי פירושו: מוקדם בבוקר (אברבנאל). (ד) **איש ממלאכתו אשר המה עושים** – אנשים באו ממלאכות שונות של מלאכת המשכן שבהן הם עוסקים. (ה) **מדי** – מספיק. **העבדה למלאכה** – עבודת מלאכת הבנייה. (ו) **ויכלא העם מהביא** – פסק העם להביא. (ו) **יעשו עוד מלאכה** – יביאו תרומות. מלאכה כאן היא הבאת חומרי הגלם. (ז) **והמלאכה** – מלאכת הבאת מוצרי הגלם (רש"י). (ח) **שש משזר** – חוטים של שש מושזרים. שש הוא פשתן. **ותכלת** – חוטים צבועים תכלת. התכלת מופק מדם חילזון שבים. **וארגמן** – חוטים צבועים ארגמן, והוא אדום כהה. אף צבע זה מופק מאותו חילזון, אבל מעובד בצורה שונה. **ותלעת שני** – צמר הצבוע בצבע שני, הוא כנראה אדום בהיר, ומופק מביצי חרקים קטנים הקרויים כאן תולעת. **מעשה חשב** – מעשה אומן. (יא) **מחברת** – מקום החיבור של שני הבדים. (יג) **קרסי** – ווים. (כ) **עצי שטים** – עצים מעץ השיטה.

כב שְׁתֵּי יָדֹת לַקֶּרֶשׁ הָאֶחָד מְשֻׁלָּבֹת אַחַת אֶל־אֶחָת כֵּן עָשָׂה לְכֹל קַרְשֵׁי הַמִּשְׁכָּן׃
כג כד וַיַּעַשׂ אֶת־הַקְּרָשִׁים לַמִּשְׁכָּן עֶשְׂרִים קְרָשִׁים לִפְאַת נֶגֶב תֵּימָנָה׃ וְאַרְבָּעִים
אַדְנֵי־כֶסֶף עָשָׂה תַּחַת עֶשְׂרִים הַקְּרָשִׁים שְׁנֵי אֲדָנִים תַּחַת־הַקֶּרֶשׁ הָאֶחָד לִשְׁתֵּי
כה יְדֹתָיו וּשְׁנֵי אֲדָנִים תַּחַת־הַקֶּרֶשׁ הָאֶחָד לִשְׁתֵּי יְדֹתָיו׃ וּלְצֶלַע הַמִּשְׁכָּן הַשֵּׁנִית
כו לִפְאַת צָפוֹן עָשָׂה עֶשְׂרִים קְרָשִׁים׃ וְאַרְבָּעִים אַדְנֵיהֶם כָּסֶף שְׁנֵי אֲדָנִים תַּחַת
כז הַקֶּרֶשׁ הָאֶחָד וּשְׁנֵי אֲדָנִים תַּחַת הַקֶּרֶשׁ הָאֶחָד׃ וּלְיַרְכְּתֵי הַמִּשְׁכָּן יָמָּה עָשָׂה
כח כט שִׁשָּׁה קְרָשִׁים׃ וּשְׁנֵי קְרָשִׁים עָשָׂה לִמְקֻצְעֹת הַמִּשְׁכָּן בַּיַּרְכָתָיִם׃ וְהָיוּ תוֹאֲמִם
מִלְמַטָּה וְיַחְדָּו יִהְיוּ תַמִּים אֶל־רֹאשׁוֹ אֶל־הַטַּבַּעַת הָאֶחָת כֵּן עָשָׂה לִשְׁנֵיהֶם
ל לִשְׁנֵי הַמִּקְצֹעֹת׃ וְהָיוּ שְׁמֹנָה קְרָשִׁים וְאַדְנֵיהֶם כֶּסֶף שִׁשָּׁה עָשָׂר אֲדָנִים שְׁנֵי
לא אֲדָנִים שְׁנֵי אֲדָנִים תַּחַת הַקֶּרֶשׁ הָאֶחָד׃ וַיַּעַשׂ בְּרִיחֵי עֲצֵי שִׁטִּים חֲמִשָּׁה לְקַרְשֵׁי
לב צֶלַע־הַמִּשְׁכָּן הָאֶחָת׃ וַחֲמִשָּׁה בְרִיחִם לְקַרְשֵׁי צֶלַע־הַמִּשְׁכָּן הַשֵּׁנִית וַחֲמִשָּׁה
לג בְרִיחִם לְקַרְשֵׁי הַמִּשְׁכָּן לַיַּרְכָתַיִם יָמָּה׃ וַיַּעַשׂ אֶת־הַבְּרִיחַ הַתִּיכֹן לִבְרֹחַ בְּתוֹךְ
לד הַקְּרָשִׁים מִן־הַקָּצֶה אֶל־הַקָּצֶה׃ וְאֶת־הַקְּרָשִׁים צִפָּה זָהָב וְאֶת־טַבְּעֹתָם עָשָׂה
לה זָהָב בָּתִּים לַבְּרִיחִם וַיְצַף אֶת־הַבְּרִיחִם זָהָב׃ וַיַּעַשׂ אֶת־הַפָּרֹכֶת תְּכֵלֶת וְאַרְגָּמָן
לו וְתוֹלַעַת שָׁנִי וְשֵׁשׁ מָשְׁזָר מַעֲשֵׂה חֹשֵׁב עָשָׂה אֹתָהּ כְּרֻבִים׃ וַיַּעַשׂ לָהּ אַרְבָּעָה
לז עַמּוּדֵי שִׁטִּים וַיְצַפֵּם זָהָב וָוֵיהֶם זָהָב וַיִּצֹק לָהֶם אַרְבָּעָה אַדְנֵי־כָסֶף׃ וַיַּעַשׂ
מָסָךְ לְפֶתַח הָאֹהֶל תְּכֵלֶת וְאַרְגָּמָן וְתוֹלַעַת שָׁנִי וְשֵׁשׁ מָשְׁזָר מַעֲשֵׂה רֹקֵם׃
לח וְאֶת־עַמּוּדָיו חֲמִשָּׁה וְאֶת־וָוֵיהֶם וְצִפָּה רָאשֵׁיהֶם וַחֲשֻׁקֵיהֶם זָהָב וְאַדְנֵיהֶם
חֲמִשָּׁה נְחֹשֶׁת׃

הפרוכת והמסך

לז א וַיַּעַשׂ בְּצַלְאֵל אֶת־הָאָרֹן עֲצֵי שִׁטִּים אַמָּתַיִם וָחֵצִי אָרְכּוֹ וְאַמָּה וָחֵצִי רָחְבּוֹ כז
ב וְאַמָּה וָחֵצִי קֹמָתוֹ׃ וַיְצַפֵּהוּ זָהָב טָהוֹר מִבַּיִת וּמִחוּץ וַיַּעַשׂ לוֹ זֵר זָהָב סָבִיב׃
ג וַיִּצֹק לוֹ אַרְבַּע טַבְּעֹת זָהָב עַל אַרְבַּע פַּעֲמֹתָיו וּשְׁתֵּי טַבָּעֹת עַל־צַלְעוֹ הָאֶחָת
ד ה וּשְׁתֵּי טַבָּעֹת עַל־צַלְעוֹ הַשֵּׁנִית׃ וַיַּעַשׂ בַּדֵּי עֲצֵי שִׁטִּים וַיְצַף אֹתָם זָהָב׃ וַיָּבֵא

הארון

פירושי מילים

(כב) ידת – שתי בליטות שהיו בתחתית של קרש. משלבת – הידות זו מקבילה לזו, כמו שלבים בסולם (רש"י; רשב"ם; ראב"ע על כ"ו, יז). או שכל אחת מהידות מוכנסת בתוך המגרעת של האדנים, היינו משולבות (אברבנאל על כ"ו, יז). (כג) לפאת נגב תימנה – לצד דרום. (כד) אדני/אדנים – בסיס. (כה) ולצלע – צד, דופן (כ"ו, כז, לב). ולירכתי/ירכתים – הצד המרוחק. ימה – כיוון מערב. (כח) מקצעות – פינות, זוויות המבנה. (כט) תואמים – צמודים בשווה, דבוקים. תמים על ראשו – יסתיימו בראש (כמו "תם עונך", איכה ד', כב). או אפשר שזה במשמעות של תאומים, כלומר התאמתם תהיה גם למעלה (לב) בריחם – מוט סוגר. (לג) התיכון – האמצעי. לברח – עושה פעולת בריח, חיבור. (לד) ויצף – ציפה. (לה) פרכת – מהשורש פר"ך, להפריד, לפצל. (לו) וויהם – מתכת כפופה, כנראה בצורת מזלג ולה שתי שיניים, בצורת האות וי"ו בעברית קדומה (רשב"ם על כ"ו, לב). (ל"ז, א) הארן עצי שטים – עשוי מעץ שיטים. (ב) זר – שפה המקיפה את שולי הארון. (ג) ויצק לו – התיך. פעמתיו – זוויות (אונקלוס; רש"י על כ"ה, יב); אפשרות אחרת: רגליו (ראב"ע על כ"ה, יב). צלעו – צידו. (ד) בדי – מוטות, לנשיאה של כלי.

ו אֶת־הַבַּדִּים בַּטַּבָּעֹת עַל צַלְעֹת הָאָרֹן לָשֵׂאת אֶת־הָאָרֹן: וַיַּעַשׂ כַּפֹּרֶת זָהָב
ז טָהוֹר אַמָּתַיִם וָחֵצִי אָרְכָּהּ וְאַמָּה וָחֵצִי רָחְבָּהּ: וַיַּעַשׂ שְׁנֵי כְרֻבִים זָהָב מִקְשָׁה
ח עָשָׂה אֹתָם מִשְּׁנֵי קְצוֹת הַכַּפֹּרֶת: כְּרוּב־אֶחָד מִקָּצָה מִזֶּה וּכְרוּב־אֶחָד מִקָּצָה
ט מִזֶּה מִן־הַכַּפֹּרֶת עָשָׂה אֶת־הַכְּרֻבִים מִשְּׁנֵי קצוותו: וַיִּהְיוּ הַכְּרֻבִים פֹּרְשֵׂי כְנָפַיִם
לְמַעְלָה סֹכְכִים בְּכַנְפֵיהֶם עַל־הַכַּפֹּרֶת וּפְנֵיהֶם אִישׁ אֶל־אָחִיו אֶל־הַכַּפֹּרֶת הָיוּ
פְּנֵי הַכְּרֻבִים:

קְצוֹתָיו

השולחן

י וַיַּעַשׂ אֶת־הַשֻּׁלְחָן עֲצֵי שִׁטִּים אַמָּתַיִם אָרְכּוֹ וְאַמָּה רָחְבּוֹ וְאַמָּה וָחֵצִי קֹמָתוֹ:
יא יב וַיְצַף אֹתוֹ זָהָב טָהוֹר וַיַּעַשׂ לוֹ זֵר זָהָב סָבִיב: וַיַּעַשׂ לוֹ מִסְגֶּרֶת טֹפַח סָבִיב וַיַּעַשׂ
יג זֵר־זָהָב לְמִסְגַּרְתּוֹ סָבִיב: וַיִּצֹק לוֹ אַרְבַּע טַבְּעֹת זָהָב וַיִּתֵּן אֶת־הַטַּבָּעֹת עַל
יד אַרְבַּע הַפֵּאֹת אֲשֶׁר לְאַרְבַּע רַגְלָיו: לְעֻמַּת הַמִּסְגֶּרֶת הָיוּ הַטַּבָּעֹת בָּתִּים לַבַּדִּים
טו לָשֵׂאת אֶת־הַשֻּׁלְחָן: וַיַּעַשׂ אֶת־הַבַּדִּים עֲצֵי שִׁטִּים וַיְצַף אֹתָם זָהָב לָשֵׂאת
טז אֶת־הַשֻּׁלְחָן: וַיַּעַשׂ אֶת־הַכֵּלִים ׀ אֲשֶׁר עַל־הַשֻּׁלְחָן אֶת־קְעָרֹתָיו וְאֶת־כַּפֹּתָיו
וְאֵת מְנַקִּיֹּתָיו וְאֶת־הַקְּשָׂוֹת אֲשֶׁר יֻסַּךְ בָּהֵן זָהָב טָהוֹר:

ששי/שלישי/

המנורה

יז וַיַּעַשׂ אֶת־הַמְּנֹרָה זָהָב טָהוֹר מִקְשָׁה עָשָׂה אֶת־הַמְּנֹרָה יְרֵכָהּ וְקָנָהּ גְּבִיעֶיהָ
יח כַּפְתֹּרֶיהָ וּפְרָחֶיהָ מִמֶּנָּה הָיוּ: וְשִׁשָּׁה קָנִים יֹצְאִים מִצִּדֶּיהָ שְׁלֹשָׁה ׀ קְנֵי מְנֹרָה
יט מִצִּדָּהּ הָאֶחָד וּשְׁלֹשָׁה קְנֵי מְנֹרָה מִצִּדָּהּ הַשֵּׁנִי: שְׁלֹשָׁה גְבִעִים מְשֻׁקָּדִים
בַּקָּנֶה הָאֶחָד כַּפְתֹּר וָפֶרַח וּשְׁלֹשָׁה גְבִעִים מְשֻׁקָּדִים בְּקָנֶה אֶחָד כַּפְתֹּר וָפָרַח
כ כֵּן לְשֵׁשֶׁת הַקָּנִים הַיֹּצְאִים מִן־הַמְּנֹרָה: וּבַמְּנֹרָה אַרְבָּעָה גְבִעִים מְשֻׁקָּדִים
כא כַּפְתֹּרֶיהָ וּפְרָחֶיהָ: וְכַפְתֹּר תַּחַת שְׁנֵי הַקָּנִים מִמֶּנָּה וְכַפְתֹּר תַּחַת שְׁנֵי הַקָּנִים
מִמֶּנָּה וְכַפְתֹּר תַּחַת־שְׁנֵי הַקָּנִים מִמֶּנָּה לְשֵׁשֶׁת הַקָּנִים הַיֹּצְאִים מִמֶּנָּה:
כב כג כַּפְתֹּרֵיהֶם וּקְנֹתָם מִמֶּנָּה הָיוּ כֻּלָּהּ מִקְשָׁה אַחַת זָהָב טָהוֹר: וַיַּעַשׂ אֶת־נֵרֹתֶיהָ
כד שִׁבְעָה וּמַלְקָחֶיהָ וּמַחְתֹּתֶיהָ זָהָב טָהוֹר: כִּכָּר זָהָב טָהוֹר עָשָׂה אֹתָהּ וְאֵת
כָּל־כֵּלֶיהָ:

פירושי מילים

(ו) **כפרת** – מכסה. כופר במובן לכסות, כמו בראשית (ו', יד).* (ז) **כרבים** – תבנית דמות שצורתו מסופקת, ראו פירוש. **מקשה** – גוש אחד. (ט) **סככים** – מכסים. (יב) **טפח** – טפח (מידת אורך). (יג) **פאת** – קצה. (יד) **לעמת** – ממול. (כח) **בתים לבדים** – "אותן הטבעות יהיו בתים להכניס בהם הבתים" (רש"י על כ"ה, כז). (טז) **קערתיו** – תבניות שלו. **כפתיו** – ספלים קטנים, כנראה שהיו שמים בהם את הלבונה (רש"י על כ"ה, כט). **קשותיו** – יתדות (רש"י, שם). או כוסות (ראב"ע הקצר על כ"ה, כט). **מנקיותיו** – יתדות שהיו מצידי השולחן מלמטה ועד למעלה (רש"י). **יסך** – מלשון סכ"ך, שהקנים מפרידים בין שכבות הלחמים ומסוככים עליהם שלא יתעפשו (רש"י, שם). אפשר גם לפרש משורש נס"ך, במובן שפך. במקרה זה המילה מתייחסת לקשוות, שהם לדעתו כלים שמהם שופכים, כמו "קשות הנסך" במדבר ד', ז (ראב"ע, הפירוש הארוך לכ"ה, כט). (יז) **מקשה** – גוש אחד. **ירכה** – בסיס המנורה. **קנה** – הגוף המרכזי של המנורה. (יט) **גבעים משקדים** – כוסיות בצורת שקד. (כב) **וקנתם** – הקנים היוצאים מהם, מהכפתורים.

* רש"י; רשב"ם; ראב"ע; ראב"מ. וראו: י"מ גרינץ, מונחים קדומים בתורת כהנים (המשך), לשוננו לט (תשל"ה), 163-181, בעיקר 163-167.

מזבח הקטורת, שמן המשחה וקטורת הסמים

כה וַיַּ֥עַשׂ אֶת־מִזְבַּ֥ח הַקְּטֹ֖רֶת עֲצֵ֣י שִׁטִּ֑ים אַמָּ֨ה אָרְכּ֜וֹ וְאַמָּ֣ה רָחְבּ֗וֹ רָב֙וּעַ֙ וְאַמָּתַ֣יִם
כו קֹמָת֔וֹ מִמֶּ֖נּוּ הָי֥וּ קַרְנֹתָֽיו׃ וַיְצַ֨ף אֹת֜וֹ זָהָ֣ב טָה֗וֹר אֶת־גַּגּ֧וֹ וְאֶת־קִירֹתָ֛יו סָבִ֖יב
כז וְאֶת־קַרְנֹתָ֑יו וַיַּ֥עַשׂ ל֛וֹ זֵ֥ר זָהָ֖ב סָבִֽיב׃ וּשְׁתֵּי֩ טַבְּעֹ֨ת זָהָ֜ב עָֽשָׂה־ל֣וֹ ׀ מִתַּ֣חַת לְזֵר֗וֹ
כח עַ֚ל שְׁתֵּ֣י צַלְעֹתָ֔יו עַ֖ל שְׁנֵ֣י צִדָּ֑יו לְבָתִּ֣ים לְבַדִּ֔ים לָשֵׂ֥את אֹת֖וֹ בָּהֶֽם׃ וַיַּ֥עַשׂ אֶת־
כט הַבַּדִּ֖ים עֲצֵ֣י שִׁטִּ֑ים וַיְצַ֥ף אֹתָ֖ם זָהָֽב׃ וַיַּ֗עַשׂ אֶת־שֶׁ֤מֶן הַמִּשְׁחָה֙ קֹ֔דֶשׁ וְאֶת־קְטֹ֥רֶת
לח א הַסַּמִּ֖ים טָה֑וֹר מַעֲשֵׂ֖ה רֹקֵֽחַ׃ וַיַּ֛עַשׂ אֶת־מִזְבַּ֥ח הָעֹלָ֖ה עֲצֵ֣י שִׁטִּ֑ים חָמֵ֣שׁ

שביעי /רביעי/ מזבח העולה

ב אַמּ֨וֹת אָרְכּ֜וֹ וְחָמֵשׁ־אַמּ֤וֹת רָחְבּוֹ֙ רָב֔וּעַ וְשָׁלֹ֥שׁ אַמּ֖וֹת קֹמָתֽוֹ׃ וַיַּ֣עַשׂ קַרְנֹתָ֗יו עַ֚ל
ג אַרְבַּ֣ע פִּנֹּתָ֔יו מִמֶּ֖נּוּ הָי֣וּ קַרְנֹתָ֑יו וַיְצַ֥ף אֹת֖וֹ נְחֹֽשֶׁת׃ וַיַּ֜עַשׂ אֶת־כָּל־כְּלֵ֣י הַמִּזְבֵּ֗חַ
אֶת־הַסִּירֹ֤ת וְאֶת־הַיָּעִים֙ וְאֶת־הַמִּזְרָקֹ֔ת אֶת־הַמִּזְלָגֹ֖ת וְאֶת־הַמַּחְתֹּ֑ת כָּל־כֵּלָ֖יו
ד עָשָׂ֥ה נְחֹֽשֶׁת׃ וַיַּ֤עַשׂ לַמִּזְבֵּ֙חַ֙ מִכְבָּ֔ר מַעֲשֵׂ֖ה רֶ֣שֶׁת נְחֹ֑שֶׁת תַּ֥חַת כַּרְכֻּבּ֖וֹ מִלְּמַ֥טָּה
ה עַד־חֶצְיֽוֹ׃ וַיִּצֹ֞ק אַרְבַּ֧ע טַבָּעֹ֛ת בְּאַרְבַּ֥ע הַקְּצָוֺ֖ת לְמִכְבַּ֣ר הַנְּחֹ֑שֶׁת בָּתִּ֖ים לַבַּדִּֽים׃
ו וַיַּ֥עַשׂ אֶת־הַבַּדִּ֖ים עֲצֵ֣י שִׁטִּ֑ים וַיְצַ֥ף אֹתָ֖ם נְחֹֽשֶׁת׃ וַיָּבֵ֨א אֶת־הַבַּדִּ֜ים בַּטַּבָּעֹ֗ת
ז עַ֚ל צַלְעֹ֣ת הַמִּזְבֵּ֔חַ לָשֵׂ֥את אֹת֖וֹ בָּהֶ֑ם נְב֥וּב לֻחֹ֖ת עָשָׂ֥ה אֹתֽוֹ׃ וַיַּ֗עַשׂ

הכיור

ח אֵ֚ת הַכִּיּ֣וֹר נְחֹ֔שֶׁת וְאֵ֖ת כַּנּ֣וֹ נְחֹ֑שֶׁת בְּמַרְאֹת֙ הַצֹּ֣בְאֹ֔ת אֲשֶׁ֣ר צָֽבְא֔וּ פֶּ֖תַח אֹ֥הֶל
ט מוֹעֵֽד׃ וַיַּ֖עַשׂ אֶת־הֶחָצֵ֑ר לִפְאַ֣ת ׀ נֶ֣גֶב תֵּימָ֗נָה קַלְעֵ֤י הֶחָצֵר֙ שֵׁ֣שׁ

החצר

י מָשְׁזָ֔ר מֵאָ֖ה בָּאַמָּֽה׃ עַמּוּדֵיהֶ֣ם עֶשְׂרִ֔ים וְאַדְנֵיהֶ֥ם עֶשְׂרִ֖ים נְחֹ֑שֶׁת וָוֵ֧י הָעַמּוּדִ֛ים
יא וַחֲשֻׁקֵיהֶ֖ם כָּֽסֶף׃ וְלִפְאַ֨ת צָפ֜וֹן מֵאָ֣ה בָֽאַמָּ֗ה עַמּוּדֵיהֶ֤ם עֶשְׂרִים֙ וְאַדְנֵיהֶ֣ם עֶשְׂרִ֔ים
יב נְחֹ֑שֶׁת וָוֵ֧י הָעַמּוּדִ֛ים וַחֲשֻׁקֵיהֶ֖ם כָּֽסֶף׃ וְלִפְאַת־יָ֗ם קְלָעִים֙ חֲמִשִּׁ֣ים בָּֽאַמָּ֔ה
יג עַמּוּדֵיהֶ֥ם עֲשָׂרָ֖ה וְאַדְנֵיהֶ֣ם עֲשָׂרָ֑ה וָוֵ֧י הָעַמֻּדִ֛ים וַחֲשׁוּקֵיהֶ֖ם כָּֽסֶף׃ וְלִפְאַ֛ת קֵ֥דְמָה
יד מִזְרָ֖חָה חֲמִשִּׁ֥ים אַמָּֽה׃ קְלָעִ֛ים חֲמֵשׁ־עֶשְׂרֵ֥ה אַמָּ֖ה אֶל־הַכָּ֑תֵף עַמּוּדֵיהֶ֣ם שְׁלֹשָׁ֔ה
טו וְאַדְנֵיהֶ֖ם שְׁלֹשָֽׁה׃ וְלַכָּתֵ֣ף הַשֵּׁנִ֗ית מִזֶּ֤ה וּמִזֶּה֙ לְשַׁ֣עַר הֶֽחָצֵ֔ר קְלָעִ֕ים חֲמֵ֥שׁ עֶשְׂרֵ֖ה
טז אַמָּ֑ה עַמֻּדֵיהֶ֣ם שְׁלֹשָׁ֔ה וְאַדְנֵיהֶ֖ם שְׁלֹשָֽׁה׃ כָּל־קַלְעֵ֧י הֶחָצֵ֛ר סָבִ֖יב שֵׁ֥שׁ מָשְׁזָֽר׃

פירושי מילים

(כה) **הקטרת** – עשן (יחזקאל ח׳, יא). (כט) **שמן המשחה קדש** – השמן מיועד למשיחה של דברים מקודשים למען הקדשם (ראב״מ; אברבנאל על ל׳, כה), או אפשר שהשמן הזה הוא קדוש (חכם על ל׳, כה). **הסמים** – בשמים, המשמשים לקטורת. **מעשה רקח** – כדרך שעושים רוקחים, שמערבבים, כאן הכוונה לערבוב הבשמים עם השמן. (ל״ח, ב) **קרנתיו** – היו בארבע הפינות של המזבח, מוגבהים מעליו. (ג) **הסירת** – רבים של ׳סיר׳. הסירים נועדו להכניס בהם את הדשן לאחר שמסירים אותו מהמזבח. **היעים** – כפות גדולות שבהן היו גורפים את הדשן מהזבל ובאמצעותן היו שמים את הדשן בסירים. **המזרקת** – כלים שדם הקורבן היה נוזל לתוכם על מנת לזורקו על המזבח. **המזלגת** – דומים למזלגות של ימינו, ובהם היו הופכים את הבשר שעל המזבח, כדי שיתאכלו לגמרי על אש המזבח. **המחתת** – באמצעות המחתות היו הופכים את הגחלים שעל המזבח. (ד) **מכבר מעשה רשת נחשת** – כמו כברה, עשויה מנחושת. **מעשה רשת** – עשוי רשת. (ה) **כרכבו** – כמין פס בולט בחצי גובה המזבח. (ז) **הבדים** – מוטות, לנשיאה של כלי. **נבוב** – חלול. **מראת** – כלי שבו משתקפת דמות העומדת מולה. **צבאות** – מתאספות, מתקהלות. (ט) **לפאת** – צד. (ט, יב) **קלעי/קלעים** – יריעות החצר, שקלעו אותן, היינו שקשרו אותם, מחוטי שש. (י) **חשקיהם** – מלשון חשוק, מקיף, חובק. חוטי כסף שהקיפו את העמודים.

יז וְהָאֲדָנִים לָעַמֻּדִים נְחֹשֶׁת וָוֵי הָעַמּוּדִים וַחֲשׁוּקֵיהֶם כֶּסֶף וְצִפּוּי רָאשֵׁיהֶם כָּסֶף
יח וְהֵם מְחֻשָּׁקִים כֶּסֶף כֹּל עַמֻּדֵי הֶחָצֵר: וּמָסַךְ שַׁעַר הֶחָצֵר מַעֲשֵׂה רֹקֵם תְּכֵלֶת (מפטיר)
וְאַרְגָּמָן וְתוֹלַעַת שָׁנִי וְשֵׁשׁ מָשְׁזָר וְעֶשְׂרִים אַמָּה אֹרֶךְ וְקוֹמָה בְרֹחַב חָמֵשׁ
יט אַמּוֹת לְעֻמַּת קַלְעֵי הֶחָצֵר: וְעַמֻּדֵיהֶם אַרְבָּעָה וְאַדְנֵיהֶם אַרְבָּעָה נְחֹשֶׁת
כ וָוֵיהֶם כֶּסֶף וְצִפּוּי רָאשֵׁיהֶם וַחֲשֻׁקֵיהֶם כָּסֶף: וְכָל־הַיְתֵדֹת לַמִּשְׁכָּן וְלֶחָצֵר סָבִיב
כא נְחֹשֶׁת: אֵלֶּה פְקוּדֵי הַמִּשְׁכָּן מִשְׁכַּן הָעֵדֻת אֲשֶׁר פֻּקַּד עַל־פִּי (פקודי כח)
כב מֹשֶׁה עֲבֹדַת הַלְוִיִּם בְּיַד אִיתָמָר בֶּן־אַהֲרֹן הַכֹּהֵן: וּבְצַלְאֵל בֶּן־אוּרִי בֶן־חוּר (פקודי המשכן)
כג לְמַטֵּה יְהוּדָה עָשָׂה אֵת כָּל־אֲשֶׁר־צִוָּה יהוה אֶת־מֹשֶׁה: וְאִתּוֹ אָהֳלִיאָב בֶּן־
אֲחִיסָמָךְ לְמַטֵּה־דָן חָרָשׁ וְחֹשֵׁב וְרֹקֵם בַּתְּכֵלֶת וּבָאַרְגָּמָן וּבְתוֹלַעַת הַשָּׁנִי
כד וּבַשֵּׁשׁ: כָּל־הַזָּהָב הֶעָשׂוּי לַמְּלָאכָה בְּכֹל מְלֶאכֶת הַקֹּדֶשׁ וַיְהִי ׀
זְהַב הַתְּנוּפָה תֵּשַׁע וְעֶשְׂרִים כִּכָּר וּשְׁבַע מֵאוֹת וּשְׁלֹשִׁים שֶׁקֶל בְּשֶׁקֶל הַקֹּדֶשׁ:
כה וְכֶסֶף פְּקוּדֵי הָעֵדָה מְאַת כִּכָּר וְאֶלֶף וּשְׁבַע מֵאוֹת וַחֲמִשָּׁה וְשִׁבְעִים שֶׁקֶל
כו בְּשֶׁקֶל הַקֹּדֶשׁ: בֶּקַע לַגֻּלְגֹּלֶת מַחֲצִית הַשֶּׁקֶל בְּשֶׁקֶל הַקֹּדֶשׁ לְכֹל הָעֹבֵר עַל־
הַפְּקֻדִים מִבֶּן עֶשְׂרִים שָׁנָה וָמַעְלָה לְשֵׁשׁ־מֵאוֹת אֶלֶף וּשְׁלֹשֶׁת אֲלָפִים וַחֲמֵשׁ
כז מֵאוֹת וַחֲמִשִּׁים: וַיְהִי מְאַת כִּכַּר הַכֶּסֶף לָצֶקֶת אֵת אַדְנֵי הַקֹּדֶשׁ וְאֵת אַדְנֵי
כח הַפָּרֹכֶת מְאַת אֲדָנִים לִמְאַת הַכִּכָּר כִּכָּר לָאָדֶן: וְאֶת־הָאֶלֶף וּשְׁבַע הַמֵּאוֹת
כט וַחֲמִשָּׁה וְשִׁבְעִים עָשָׂה וָוִים לָעַמּוּדִים וְצִפָּה רָאשֵׁיהֶם וְחִשַּׁק אֹתָם: וּנְחֹשֶׁת
ל הַתְּנוּפָה שִׁבְעִים כִּכָּר וְאַלְפַּיִם וְאַרְבַּע־מֵאוֹת שָׁקֶל: וַיַּעַשׂ בָּהּ אֶת־אַדְנֵי פֶּתַח
אֹהֶל מוֹעֵד וְאֵת מִזְבַּח הַנְּחֹשֶׁת וְאֶת־מִכְבַּר הַנְּחֹשֶׁת אֲשֶׁר־לוֹ וְאֵת כָּל־כְּלֵי
לא הַמִּזְבֵּחַ: וְאֶת־אַדְנֵי הֶחָצֵר סָבִיב וְאֶת־אַדְנֵי שַׁעַר הֶחָצֵר וְאֵת כָּל־יִתְדֹת
לט א הַמִּשְׁכָּן וְאֶת־כָּל־יִתְדֹת הֶחָצֵר סָבִיב: וּמִן־הַתְּכֵלֶת וְהָאַרְגָּמָן וְתוֹלַעַת הַשָּׁנִי
עָשׂוּ בִגְדֵי־שְׂרָד לְשָׁרֵת בַּקֹּדֶשׁ וַיַּעֲשׂוּ אֶת־בִּגְדֵי הַקֹּדֶשׁ אֲשֶׁר לְאַהֲרֹן כַּאֲשֶׁר
צִוָּה יהוה אֶת־מֹשֶׁה:
ב ג וַיַּעַשׂ אֶת־הָאֵפֹד זָהָב תְּכֵלֶת וְאַרְגָּמָן וְתוֹלַעַת שָׁנִי וְשֵׁשׁ מָשְׁזָר: וַיְרַקְּעוּ אֶת־פַּחֵי (שני /חמישי/ האפוד ואבני השהם)
הַזָּהָב וְקִצֵּץ פְּתִילִם לַעֲשׂוֹת בְּתוֹךְ הַתְּכֵלֶת וּבְתוֹךְ הָאַרְגָּמָן וּבְתוֹךְ תּוֹלַעַת
ד הַשָּׁנִי וּבְתוֹךְ הַשֵּׁשׁ מַעֲשֵׂה חֹשֵׁב: כְּתֵפֹת עָשׂוּ־לוֹ חֹבְרֹת עַל־שְׁנֵי קְצוֹתָו חֻבָּר: (קְצוֹתָיו)

פירושי מילים

(כא) פקודי – חשבון כל החומרים. פקד – נספרו. (כג) חרש – נגר. וחושב – סוג של אריגה. (כד) תנופה – הגבהה, כמו תרומה, שמשמעה העברת בעלות. (כה) ככר – שלושת אלפים שקל. (כו) בקע – משקל של מחצית השקל, שקל שנקבע לשניים. לגלגלת – לאדם. העבר על הפקדים – מי שסופרים אותו במפקד. הנספרים עוברים דרך מי שסופר מצד אחד לעבר השני (ל', יג). (ל"ט, א) בגדי שרד – על פי הארמית: סְרָדָא (ובדומה בסורית). בגד עשוי קלעים, הכוונה לבגד רשת (רש"י). (ל"ט, ג) וירקעו – שטחו. פחי זהב – רקעו את הזהב עד שנעשו פחים – טסים שטוחים. וקצץ פתילם – חתכו לחוטים. בתוך התכלת... – שזרו את פתילי הזהב בתוך שאר החוטים. מעשה חשב – מעשה אומן. (ד) חברת – תפורות.

ה וְחֵשֶׁב אֲפֻדָּתוֹ אֲשֶׁר עָלָיו מִמֶּנּוּ הוּא כְּמַעֲשֵׂהוּ זָהָב תְּכֵלֶת וְאַרְגָּמָן וְתוֹלַעַת
ו שָׁנִי וְשֵׁשׁ מָשְׁזָר כַּאֲשֶׁר צִוָּה יהוה אֶת־מֹשֶׁה: וַיַּעֲשׂוּ אֶת־אַבְנֵי
הַשֹּׁהַם מֻסַבֹּת מִשְׁבְּצֹת זָהָב מְפֻתָּחֹת פִּתּוּחֵי חוֹתָם עַל־שְׁמוֹת בְּנֵי יִשְׂרָאֵל:
ז וַיָּשֶׂם אֹתָם עַל כִּתְפֹת הָאֵפֹד אַבְנֵי זִכָּרוֹן לִבְנֵי יִשְׂרָאֵל כַּאֲשֶׁר צִוָּה יהוה
אֶת־מֹשֶׁה:

החושן

ח וַיַּעַשׂ אֶת־הַחֹשֶׁן מַעֲשֵׂה חֹשֵׁב כְּמַעֲשֵׂה אֵפֹד זָהָב תְּכֵלֶת וְאַרְגָּמָן וְתוֹלַעַת שָׁנִי
ט וְשֵׁשׁ מָשְׁזָר: רָבוּעַ הָיָה כָּפוּל עָשׂוּ אֶת־הַחֹשֶׁן זֶרֶת אָרְכּוֹ וְזֶרֶת רָחְבּוֹ כָּפוּל:
י יא וַיְמַלְאוּ־בוֹ אַרְבָּעָה טוּרֵי אָבֶן טוּר אֹדֶם פִּטְדָה וּבָרֶקֶת הַטּוּר הָאֶחָד: וְהַטּוּר
יב יג הַשֵּׁנִי נֹפֶךְ סַפִּיר וְיַהֲלֹם: וְהַטּוּר הַשְּׁלִישִׁי לֶשֶׁם שְׁבוֹ וְאַחְלָמָה: וְהַטּוּר הָרְבִיעִי
יד תַּרְשִׁישׁ שֹׁהַם וְיָשְׁפֵה מוּסַבֹּת מִשְׁבְּצוֹת זָהָב בְּמִלֻּאֹתָם: וְהָאֲבָנִים עַל־שְׁמֹת
בְּנֵי־יִשְׂרָאֵל הֵנָּה שְׁתֵּים עֶשְׂרֵה עַל־שְׁמֹתָם פִּתּוּחֵי חֹתָם אִישׁ עַל־שְׁמוֹ לִשְׁנֵים
טו טז עָשָׂר שָׁבֶט: וַיַּעֲשׂוּ עַל־הַחֹשֶׁן שַׁרְשְׁרֹת גַּבְלֻת מַעֲשֵׂה עֲבֹת זָהָב טָהוֹר: וַיַּעֲשׂוּ
שְׁתֵּי מִשְׁבְּצֹת זָהָב וּשְׁתֵּי טַבְּעֹת זָהָב וַיִּתְּנוּ אֶת־שְׁתֵּי הַטַּבָּעֹת עַל־שְׁנֵי קְצוֹת
יז יח הַחֹשֶׁן: וַיִּתְּנוּ שְׁתֵּי הָעֲבֹתֹת הַזָּהָב עַל־שְׁתֵּי הַטַּבָּעֹת עַל־קְצוֹת הַחֹשֶׁן: וְאֵת
שְׁתֵּי קְצוֹת שְׁתֵּי הָעֲבֹתֹת נָתְנוּ עַל־שְׁתֵּי הַמִּשְׁבְּצֹת וַיִּתְּנֻם עַל־כִּתְפֹת הָאֵפֹד
יט אֶל־מוּל פָּנָיו: וַיַּעֲשׂוּ שְׁתֵּי טַבְּעֹת זָהָב וַיָּשִׂימוּ עַל־שְׁנֵי קְצוֹת הַחֹשֶׁן עַל־שְׂפָתוֹ
כ אֲשֶׁר אֶל־עֵבֶר הָאֵפֹד בָּיְתָה: וַיַּעֲשׂוּ שְׁתֵּי טַבְּעֹת זָהָב וַיִּתְּנֻם עַל־שְׁתֵּי כִתְפֹת
כא הָאֵפֹד מִלְּמַטָּה מִמּוּל פָּנָיו לְעֻמַּת מַחְבַּרְתּוֹ מִמַּעַל לְחֵשֶׁב הָאֵפֹד: וַיִּרְכְּסוּ
אֶת־הַחֹשֶׁן מִטַּבְּעֹתָיו אֶל־טַבְּעֹת הָאֵפֹד בִּפְתִיל תְּכֵלֶת לִהְיֹת עַל־חֵשֶׁב הָאֵפֹד
וְלֹא־יִזַּח הַחֹשֶׁן מֵעַל הָאֵפֹד כַּאֲשֶׁר צִוָּה יהוה אֶת־מֹשֶׁה:

שלישי/ששי/

המעיל

כב כג וַיַּעַשׂ אֶת־מְעִיל הָאֵפֹד מַעֲשֵׂה אֹרֵג כְּלִיל תְּכֵלֶת: וּפִי־הַמְּעִיל בְּתוֹכוֹ
כד כְּפִי תַחְרָא שָׂפָה לְפִיו סָבִיב לֹא יִקָּרֵעַ: וַיַּעֲשׂוּ עַל־שׁוּלֵי הַמְּעִיל רִמּוֹנֵי
כה תְּכֵלֶת וְאַרְגָּמָן וְתוֹלַעַת שָׁנִי מָשְׁזָר: וַיַּעֲשׂוּ פַעֲמֹנֵי זָהָב טָהוֹר וַיִּתְּנוּ
אֶת־הַפַּעֲמֹנִים בְּתוֹךְ הָרִמֹּנִים עַל־שׁוּלֵי הַמְּעִיל סָבִיב בְּתוֹךְ הָרִמֹּנִים:

פירושי מילים

(ו) **מסבת** – מהשורש סב"ב, היינו שהמשבצות מסובבות את האבנים. **משבצת** – מסגרת (זהב). **מפתחת** – חקוקות. **פתוחי חותם** – אותיות חקוקות כמו בחותם. (ט) **זרת** – מידת אורך בין קצה הזרת לקצה האגודל כאשר האצבעות פסוקות. וחכמים שיערו שמרחק זה הוא חצי אמה (ולאחרים שליש אמה). (יג) **מוסבת משבצת זהב במלאתם** – הזהב מקיף את האבנים המונחות במסגרות של המשבצות. (יד) **פתוחי חותם** – אותיות חקוקות כמו בחותם. (טו) **שרשרת גבלת** – שרשראות העשויות להיות בגבול, בקצה, במקום החיבור של החושן לאפוד. **מעשה עבת** – מעשה של קליעת חוטים; או טבעות שרשרת תחובות זו בזו (ראו לעיל: כ"ח, כב). (יז) **העבתת** – השרשראות. (יט) **ביתה** – בצד הפנימי. (כ) **לעמת מחברתו** – סמוך למקום חיבורן של כתפות האפוד אל חשב האפוד. (כא) **ולא יזח** – ולא יתנתק. (כב) **מעשה ארג** – מעשה אריגה. **כליל** – כולו. (כג) **פי המעיל** – פתח המעיל בצד ראשו. **כפי תחרא** – כמו פתח הצוואר של שריון (אונקלוס; ירושלמי-יונתן).

כו פַּעֲמֹן וְרִמֹּן פַּעֲמֹן וְרִמֹּן עַל־שׁוּלֵי הַמְּעִיל סָבִיב לְשָׁרֵת כַּאֲשֶׁר צִוָּה יְהוָה

הכותנות, המצנפת והמגבעות, המכנסיים והאבנט הציץ

כז אֶת־מֹשֶׁה: וַיַּעֲשׂוּ אֶת־הַכָּתְנֹת שֵׁשׁ מַעֲשֵׂה אֹרֵג לְאַהֲרֹן וּלְבָנָיו:
כח וְאֵת הַמִּצְנֶפֶת שֵׁשׁ וְאֶת־פַּאֲרֵי הַמִּגְבָּעֹת שֵׁשׁ וְאֶת־מִכְנְסֵי הַבָּד שֵׁשׁ מָשְׁזָר:
כט וְאֶת־הָאַבְנֵט שֵׁשׁ מָשְׁזָר וּתְכֵלֶת וְאַרְגָּמָן וְתוֹלַעַת שָׁנִי מַעֲשֵׂה רֹקֵם כַּאֲשֶׁר
ל צִוָּה יְהוָה אֶת־מֹשֶׁה: וַיַּעֲשׂוּ אֶת־צִיץ נֵזֶר־הַקֹּדֶשׁ זָהָב טָהוֹר
לא וַיִּכְתְּבוּ עָלָיו מִכְתַּב פִּתּוּחֵי חוֹתָם קֹדֶשׁ לַיהוָה: וַיִּתְּנוּ עָלָיו פְּתִיל תְּכֵלֶת לָתֵת

סיום בניית המשכן והצגתו למשה

לב עַל־הַמִּצְנֶפֶת מִלְמָעְלָה כַּאֲשֶׁר צִוָּה יְהוָה אֶת־מֹשֶׁה: וַתֵּכֶל כָּל־
עֲבֹדַת מִשְׁכַּן אֹהֶל מוֹעֵד וַיַּעֲשׂוּ בְּנֵי יִשְׂרָאֵל כְּכֹל אֲשֶׁר צִוָּה יְהוָה אֶת־מֹשֶׁה
כֵּן עָשׂוּ:

רביעי כט

לג וַיָּבִיאוּ אֶת־הַמִּשְׁכָּן אֶל־מֹשֶׁה אֶת־הָאֹהֶל וְאֶת־כָּל־כֵּלָיו קְרָסָיו קְרָשָׁיו בְּרִיחָו
לד וְעַמֻּדָיו וַאֲדָנָיו: וְאֶת־מִכְסֵה עוֹרֹת הָאֵילִם הַמְאָדָּמִים וְאֶת־מִכְסֵה עֹרֹת
לה הַתְּחָשִׁים וְאֵת פָּרֹכֶת הַמָּסָךְ: אֶת־אֲרוֹן הָעֵדֻת וְאֶת־בַּדָּיו וְאֵת הַכַּפֹּרֶת:
לו לז אֶת־הַשֻּׁלְחָן אֶת־כָּל־כֵּלָיו וְאֵת לֶחֶם הַפָּנִים: אֶת־הַמְּנֹרָה הַטְּהֹרָה אֶת־נֵרֹתֶיהָ
לח נֵרֹת הַמַּעֲרָכָה וְאֶת־כָּל־כֵּלֶיהָ וְאֵת שֶׁמֶן הַמָּאוֹר: וְאֵת מִזְבַּח הַזָּהָב וְאֵת שֶׁמֶן
לט הַמִּשְׁחָה וְאֵת קְטֹרֶת הַסַּמִּים וְאֵת מָסַךְ פֶּתַח הָאֹהֶל: אֵת ׀ מִזְבַּח הַנְּחֹשֶׁת
מ וְאֶת־מִכְבַּר הַנְּחֹשֶׁת אֲשֶׁר־לוֹ אֶת־בַּדָּיו וְאֶת־כָּל־כֵּלָיו אֶת־הַכִּיֹּר וְאֶת־כַּנּוֹ: אֵת
קַלְעֵי הֶחָצֵר אֶת־עַמֻּדֶיהָ וְאֶת־אֲדָנֶיהָ וְאֶת־הַמָּסָךְ לְשַׁעַר הֶחָצֵר אֶת־מֵיתָרָיו
מא וִיתֵדֹתֶיהָ וְאֵת כָּל־כְּלֵי עֲבֹדַת הַמִּשְׁכָּן לְאֹהֶל מוֹעֵד: אֶת־בִּגְדֵי הַשְּׂרָד לְשָׁרֵת
מב בַּקֹּדֶשׁ אֶת־בִּגְדֵי הַקֹּדֶשׁ לְאַהֲרֹן הַכֹּהֵן וְאֶת־בִּגְדֵי בָנָיו לְכַהֵן: כְּכֹל אֲשֶׁר־צִוָּה
מג יְהוָה אֶת־מֹשֶׁה כֵּן עָשׂוּ בְּנֵי יִשְׂרָאֵל אֵת כָּל־הָעֲבֹדָה: וַיַּרְא מֹשֶׁה אֶת־כָּל־
הַמְּלָאכָה וְהִנֵּה עָשׂוּ אֹתָהּ כַּאֲשֶׁר צִוָּה יְהוָה כֵּן עָשׂוּ וַיְבָרֶךְ אֹתָם מֹשֶׁה:

חמישי /שביעי/ הקמת המשכן

מ א ב וַיְדַבֵּר יְהוָה אֶל־מֹשֶׁה לֵּאמֹר: בְּיוֹם־הַחֹדֶשׁ הָרִאשׁוֹן בְּאֶחָד לַחֹדֶשׁ תָּקִים
ג אֶת־מִשְׁכַּן אֹהֶל מוֹעֵד: וְשַׂמְתָּ שָׁם אֵת אֲרוֹן הָעֵדוּת וְסַכֹּתָ עַל־הָאָרֹן אֶת־
ד הַפָּרֹכֶת: וְהֵבֵאתָ אֶת־הַשֻּׁלְחָן וְעָרַכְתָּ אֶת־עֶרְכּוֹ וְהֵבֵאתָ אֶת־הַמְּנֹרָה וְהַעֲלֵיתָ
ה אֶת־נֵרֹתֶיהָ: וְנָתַתָּה אֶת־מִזְבַּח הַזָּהָב לִקְטֹרֶת לִפְנֵי אֲרוֹן הָעֵדֻת וְשַׂמְתָּ אֶת־
ו מָסַךְ הַפֶּתַח לַמִּשְׁכָּן: וְנָתַתָּה אֵת מִזְבַּח הָעֹלָה לִפְנֵי פֶּתַח מִשְׁכַּן אֹהֶל־מוֹעֵד:
ז ח וְנָתַתָּ אֶת־הַכִּיֹּר בֵּין־אֹהֶל מוֹעֵד וּבֵין הַמִּזְבֵּחַ וְנָתַתָּ שָׁם מָיִם: וְשַׂמְתָּ אֶת־הֶחָצֵר
ט סָבִיב וְנָתַתָּ אֶת־מָסַךְ שַׁעַר הֶחָצֵר: וְלָקַחְתָּ אֶת־שֶׁמֶן הַמִּשְׁחָה וּמָשַׁחְתָּ אֶת־
י הַמִּשְׁכָּן וְאֶת־כָּל־אֲשֶׁר־בּוֹ וְקִדַּשְׁתָּ אֹתוֹ וְאֶת־כָּל־כֵּלָיו וְהָיָה קֹדֶשׁ: וּמָשַׁחְתָּ

פירושי מילים

(כח) פארי – כיסוי ראש. (כט) אבנט – חגורה, שאותו כורכים סביב המותן. (ל) נזר הקדש – כתר קדוש. מכתב – אותיות כתובות. פתוחי חותם – צורות אותיות חקוקות. (לב) ותכל – הסתיימה. (לג) קרסיו – ווים. (לז) נרת המערכה – נרות המסודרים בסדר. (מ', ג) וסכת – וכיסית. (ד) ערכת את ערכו – תסדר את סדר הלחם. העלית – תדליק.

אֶת־מִזְבַּח הָעֹלָה וְאֶת־כָּל־כֵּלָיו וְקִדַּשְׁתָּ אֶת־הַמִּזְבֵּחַ וְהָיָה הַמִּזְבֵּחַ קֹדֶשׁ
יא יב קָדָשִׁים: וּמָשַׁחְתָּ אֶת־הַכִּיֹּר וְאֶת־כַּנּוֹ וְקִדַּשְׁתָּ אֹתוֹ: וְהִקְרַבְתָּ אֶת־אַהֲרֹן
יג וְאֶת־בָּנָיו אֶל־פֶּתַח אֹהֶל מוֹעֵד וְרָחַצְתָּ אֹתָם בַּמָּיִם: וְהִלְבַּשְׁתָּ אֶת־אַהֲרֹן אֵת
יד בִּגְדֵי הַקֹּדֶשׁ וּמָשַׁחְתָּ אֹתוֹ וְקִדַּשְׁתָּ אֹתוֹ וְכִהֵן לִי: וְאֶת־בָּנָיו תַּקְרִיב וְהִלְבַּשְׁתָּ
טו אֹתָם כֻּתֳּנֹת: וּמָשַׁחְתָּ אֹתָם כַּאֲשֶׁר מָשַׁחְתָּ אֶת־אֲבִיהֶם וְכִהֲנוּ לִי וְהָיְתָה לִהְיֹת
טז לָהֶם מָשְׁחָתָם לִכְהֻנַּת עוֹלָם לְדֹרֹתָם: וַיַּעַשׂ מֹשֶׁה כְּכֹל אֲשֶׁר צִוָּה יהוה אֹתוֹ כֵּן
יז עָשָׂה: וַיְהִי בַּחֹדֶשׁ הָרִאשׁוֹן בַּשָּׁנָה הַשֵּׁנִית בְּאֶחָד לַחֹדֶשׁ הוּקַם ששי
יח הַמִּשְׁכָּן: וַיָּקֶם מֹשֶׁה אֶת־הַמִּשְׁכָּן וַיִּתֵּן אֶת־אֲדָנָיו וַיָּשֶׂם אֶת־קְרָשָׁיו וַיִּתֵּן אֶת־
יט בְּרִיחָיו וַיָּקֶם אֶת־עַמּוּדָיו: וַיִּפְרֹשׂ אֶת־הָאֹהֶל עַל־הַמִּשְׁכָּן וַיָּשֶׂם אֶת־מִכְסֵה
כ הָאֹהֶל עָלָיו מִלְמָעְלָה כַּאֲשֶׁר צִוָּה יהוה אֶת־מֹשֶׁה: וַיִּקַּח וַיִּתֵּן
אֶת־הָעֵדֻת אֶל־הָאָרֹן וַיָּשֶׂם אֶת־הַבַּדִּים עַל־הָאָרֹן וַיִּתֵּן אֶת־הַכַּפֹּרֶת עַל־הָאָרֹן
כא מִלְמָעְלָה: וַיָּבֵא אֶת־הָאָרֹן אֶל־הַמִּשְׁכָּן וַיָּשֶׂם אֵת פָּרֹכֶת הַמָּסָךְ וַיָּסֶךְ עַל אֲרוֹן
כב הָעֵדוּת כַּאֲשֶׁר צִוָּה יהוה אֶת־מֹשֶׁה: וַיִּתֵּן אֶת־הַשֻּׁלְחָן בְּאֹהֶל
כג מוֹעֵד עַל יֶרֶךְ הַמִּשְׁכָּן צָפֹנָה מִחוּץ לַפָּרֹכֶת: וַיַּעֲרֹךְ עָלָיו עֵרֶךְ לֶחֶם לִפְנֵי יהוה
כד כַּאֲשֶׁר צִוָּה יהוה אֶת־מֹשֶׁה: וַיָּשֶׂם אֶת־הַמְּנֹרָה בְּאֹהֶל מוֹעֵד
כה נֹכַח הַשֻּׁלְחָן עַל יֶרֶךְ הַמִּשְׁכָּן נֶגְבָּה: וַיַּעַל הַנֵּרֹת לִפְנֵי יהוה כַּאֲשֶׁר צִוָּה יהוה
כו אֶת־מֹשֶׁה: וַיָּשֶׂם אֶת־מִזְבַּח הַזָּהָב בְּאֹהֶל מוֹעֵד לִפְנֵי הַפָּרֹכֶת:
כז כח וַיַּקְטֵר עָלָיו קְטֹרֶת סַמִּים כַּאֲשֶׁר צִוָּה יהוה אֶת־מֹשֶׁה: וַיָּשֶׂם אֶת־ שביעי
כט מָסַךְ הַפֶּתַח לַמִּשְׁכָּן: וְאֵת מִזְבַּח הָעֹלָה שָׂם פֶּתַח מִשְׁכַּן אֹהֶל־מוֹעֵד וַיַּעַל
ל עָלָיו אֶת־הָעֹלָה וְאֶת־הַמִּנְחָה כַּאֲשֶׁר צִוָּה יהוה אֶת־מֹשֶׁה: וַיָּשֶׂם
לא אֶת־הַכִּיֹּר בֵּין־אֹהֶל מוֹעֵד וּבֵין הַמִּזְבֵּחַ וַיִּתֵּן שָׁמָּה מַיִם לְרָחְצָה: וְרָחֲצוּ
לב מִמֶּנּוּ מֹשֶׁה וְאַהֲרֹן וּבָנָיו אֶת־יְדֵיהֶם וְאֶת־רַגְלֵיהֶם: בְּבֹאָם אֶל־אֹהֶל מוֹעֵד
לג וּבְקָרְבָתָם אֶל־הַמִּזְבֵּחַ יִרְחָצוּ כַּאֲשֶׁר צִוָּה יהוה אֶת־מֹשֶׁה: וַיָּקֶם אֶת־
הֶחָצֵר סָבִיב לַמִּשְׁכָּן וְלַמִּזְבֵּחַ וַיִּתֵּן אֶת־מָסַךְ שַׁעַר הֶחָצֵר וַיְכַל מֹשֶׁה אֶת־
הַמְּלָאכָה:

לד לה וַיְכַס הֶעָנָן אֶת־אֹהֶל מוֹעֵד וּכְבוֹד יהוה מָלֵא אֶת־הַמִּשְׁכָּן: וְלֹא־יָכֹל מֹשֶׁה מפטיר
לָבוֹא אֶל־אֹהֶל מוֹעֵד כִּי־שָׁכַן עָלָיו הֶעָנָן וּכְבוֹד יהוה מָלֵא אֶת־הַמִּשְׁכָּן: התגלות ה' במשכן
לו לז וּבְהֵעָלוֹת הֶעָנָן מֵעַל הַמִּשְׁכָּן יִסְעוּ בְּנֵי יִשְׂרָאֵל בְּכֹל מַסְעֵיהֶם: וְאִם־לֹא יֵעָלֶה
לח הֶעָנָן וְלֹא יִסְעוּ עַד־יוֹם הֵעָלֹתוֹ: כִּי עֲנַן יהוה עַל־הַמִּשְׁכָּן יוֹמָם וְאֵשׁ תִּהְיֶה
לַיְלָה בּוֹ לְעֵינֵי כָל־בֵּית־יִשְׂרָאֵל בְּכָל־מַסְעֵיהֶם:

פירושי מילים

(טו) והיתה להית להם משחתם לכהונת עולם – המשיחה שלהם, היינו מינוים, היה לעולם. (כג) ערך לחם – סידור הלחם. (כד) נכח – כנגד. ירך – צד. (לג) ויכל – סיים. (לד) ויכס – כיסה.

הפטרות

ברכות ההפטרה

נוסח ספרדים

לפני קריאת ההפטרה בנביא, המפטיר מברך:

בָּרוּךְ אַתָּה יְהֹוָה, אֱלֹהֵינוּ מֶלֶךְ הָעוֹלָם, אֲשֶׁר בָּחַר בִּנְבִיאִים טוֹבִים, וְרָצָה בְדִבְרֵיהֶם הַנֶּאֱמָרִים בֶּאֱמֶת. בָּרוּךְ אַתָּה יְהֹוָה, הַבּוֹחֵר בַּתּוֹרָה וּבְמֹשֶׁה עַבְדּוֹ וּבְיִשְׂרָאֵל עַמּוֹ וּבִנְבִיאֵי הָאֱמֶת וְהַצֶּדֶק.

אחר קריאת ההפטרה המפטיר מברך:

גֹּאֲלֵנוּ יְהֹוָה צְבָאוֹת שְׁמוֹ קְדוֹשׁ יִשְׂרָאֵל:

בָּרוּךְ אַתָּה יְהֹוָה, אֱלֹהֵינוּ מֶלֶךְ הָעוֹלָם, צוּר כָּל הָעוֹלָמִים, צַדִּיק בְּכָל־הַדּוֹרוֹת, הָאֵל הַנֶּאֱמָן, הָאוֹמֵר וְעוֹשֶׂה, מְדַבֵּר וּמְקַיֵּם, כִּי כָל־דְּבָרָיו אֱמֶת וָצֶדֶק. נֶאֱמָן אַתָּה הוּא יְהֹוָה אֱלֹהֵינוּ וְנֶאֱמָנִים דְּבָרֶיךָ, וְדָבָר אֶחָד מִדְּבָרֶיךָ אָחוֹר לֹא יָשׁוּב רֵיקָם, כִּי אֵל מֶלֶךְ נֶאֱמָן אָתָּה. בָּרוּךְ אַתָּה יְהֹוָה, הָאֵל הַנֶּאֱמָן בְּכָל דְּבָרָיו.

רַחֵם עַל צִיּוֹן כִּי הִיא בֵּית חַיֵּינוּ, וְלַעֲלוּבַת־נֶפֶשׁ תּוֹשִׁיעַ בִּמְהֵרָה בְיָמֵינוּ. בָּרוּךְ אַתָּה יְהֹוָה, מְשַׂמֵּחַ צִיּוֹן בְּבָנֶיהָ.

שַׂמְּחֵנוּ יְהֹוָה אֱלֹהֵינוּ בְּאֵלִיָּהוּ הַנָּבִיא עַבְדֶּךָ, וּבְמַלְכוּת בֵּית דָּוִד מְשִׁיחָךְ, בִּמְהֵרָה יָבוֹא וְיָגֵל לִבֵּנוּ. עַל כִּסְאוֹ לֹא יֵשֵׁב זָר, וְלֹא יִנְחֲלוּ עוֹד אֲחֵרִים אֶת־כְּבוֹדוֹ, כִּי בְשֵׁם קָדְשְׁךָ נִשְׁבַּעְתָּ לוֹ, שֶׁלֹּא יִכְבֶּה נֵרוֹ לְעוֹלָם וָעֶד. בָּרוּךְ אַתָּה יְהֹוָה, מָגֵן דָּוִד.

עַל הַתּוֹרָה וְעַל הָעֲבוֹדָה וְעַל הַנְּבִיאִים וְעַל יוֹם הַשַּׁבָּת הַזֶּה, שֶׁנָּתַתָּ לָּנוּ, יְהֹוָה אֱלֹהֵינוּ, לִקְדֻשָּׁה וְלִמְנוּחָה, לְכָבוֹד וּלְתִפְאָרֶת. עַל הַכֹּל יְהֹוָה אֱלֹהֵינוּ אֲנַחְנוּ מוֹדִים לָךְ וּמְבָרְכִים אוֹתָךְ, יִתְבָּרַךְ שִׁמְךָ בְּפִי כָּל־חַי תָּמִיד לְעוֹלָם וָעֶד. בָּרוּךְ אַתָּה יְהֹוָה, מְקַדֵּשׁ הַשַּׁבָּת.

נוסח אשכנז וספרד

לפני קריאת ההפטרה בנביא, המפטיר מברך:

בָּרוּךְ אַתָּה יהוה אֱלֹהֵינוּ מֶלֶךְ הָעוֹלָם אֲשֶׁר בָּחַר בִּנְבִיאִים טוֹבִים, וְרָצָה בְדִבְרֵיהֶם הַנֶּאֱמָרִים בֶּאֱמֶת. בָּרוּךְ אַתָּה יהוה, הַבּוֹחֵר בַּתּוֹרָה וּבְמֹשֶׁה עַבְדּוֹ וּבְיִשְׂרָאֵל עַמּוֹ וּבִנְבִיאֵי הָאֱמֶת וָצֶדֶק.

אחר קריאת ההפטרה המפטיר מברך:

בָּרוּךְ אַתָּה יהוה אֱלֹהֵינוּ מֶלֶךְ הָעוֹלָם, צוּר כָּל הָעוֹלָמִים, צַדִּיק בְּכָל הַדּוֹרוֹת, הָאֵל הַנֶּאֱמָן, הָאוֹמֵר וְעוֹשֶׂה, הַמְדַבֵּר וּמְקַיֵּם, שֶׁכָּל דְּבָרָיו אֱמֶת וָצֶדֶק. נֶאֱמָן אַתָּה הוּא יהוה אֱלֹהֵינוּ וְנֶאֱמָנִים דְּבָרֶיךָ, וְדָבָר אֶחָד מִדְּבָרֶיךָ אָחוֹר לֹא יָשׁוּב רֵיקָם, כִּי אֵל מֶלֶךְ נֶאֱמָן (וְרַחֲמָן) אָתָּה. בָּרוּךְ אַתָּה יהוה, הָאֵל הַנֶּאֱמָן בְּכָל דְּבָרָיו.

רַחֵם עַל צִיּוֹן כִּי הִיא בֵּית חַיֵּינוּ, וְלַעֲלוּבַת נֶפֶשׁ תּוֹשִׁיעַ בִּמְהֵרָה בְיָמֵינוּ. בָּרוּךְ אַתָּה יהוה, מְשַׂמֵּחַ צִיּוֹן בְּבָנֶיהָ.

שַׂמְּחֵנוּ יהוה אֱלֹהֵינוּ בְּאֵלִיָּהוּ הַנָּבִיא עַבְדֶּךָ, וּבְמַלְכוּת בֵּית דָּוִד מְשִׁיחֶךָ, בִּמְהֵרָה יָבוֹא וְיָגֵל לִבֵּנוּ. עַל כִּסְאוֹ לֹא יֵשֶׁב זָר, וְלֹא יִנְחֲלוּ עוֹד אֲחֵרִים אֶת כְּבוֹדוֹ, כִּי בְשֵׁם קָדְשְׁךָ נִשְׁבַּעְתָּ לּוֹ שֶׁלֹּא יִכְבֶּה נֵרוֹ לְעוֹלָם וָעֶד. בָּרוּךְ אַתָּה יהוה, מָגֵן דָּוִד.

עַל הַתּוֹרָה וְעַל הָעֲבוֹדָה וְעַל הַנְּבִיאִים וְעַל יוֹם הַשַּׁבָּת הַזֶּה, שֶׁנָּתַתָּ לָּנוּ יהוה אֱלֹהֵינוּ לִקְדֻשָּׁה וְלִמְנוּחָה, לְכָבוֹד וּלְתִפְאָרֶת. עַל הַכֹּל יהוה אֱלֹהֵינוּ אֲנַחְנוּ מוֹדִים לָךְ וּמְבָרְכִים אוֹתָךְ, יִתְבָּרַךְ שִׁמְךָ בְּפִי כָּל חַי תָּמִיד לְעוֹלָם וָעֶד. בָּרוּךְ אַתָּה יהוה, מְקַדֵּשׁ הַשַּׁבָּת.

הפטרת שמות

ישעיה לאשכנזים הַבָּאִים יַשְׁרֵשׁ יַעֲקֹב יָצִיץ וּפָרַח יִשְׂרָאֵל וּמָלְאוּ פְנֵי־תֵבֵל ו כז
תְּנוּבָה׃ הַכְּמַכַּת מַכֵּהוּ הִכָּהוּ אִם־כְּהֶרֶג הֲרֻגָיו הֹרָג׃ בְּסַאסְּאָה ז ח
בְּשַׁלְחָהּ תְּרִיבֶנָּה הָגָה בְּרוּחוֹ הַקָּשָׁה בְּיוֹם קָדִים׃ לָכֵן בְּזֹאת יְכֻפַּר עֲוֹן־יַעֲקֹב ט
וְזֶה כָּל־פְּרִי הָסִר חַטָּאתוֹ בְּשׂוּמוֹ ׀ כָּל־אַבְנֵי מִזְבֵּחַ כְּאַבְנֵי־גִר מְנֻפָּצוֹת לֹא־יָקֻמוּ
אֲשֵׁרִים וְחַמָּנִים׃ כִּי עִיר בְּצוּרָה בָּדָד נָוֶה מְשֻׁלָּח וְנֶעֱזָב כַּמִּדְבָּר שָׁם יִרְעֶה עֵגֶל י
וְשָׁם יִרְבָּץ וְכִלָּה סְעִפֶיהָ׃ בִּיבֹשׁ קְצִירָהּ תִּשָּׁבַרְנָה נָשִׁים בָּאוֹת מְאִירוֹת אוֹתָהּ כִּי יא
לֹא עַם־בִּינוֹת הוּא עַל־כֵּן לֹא־יְרַחֲמֶנּוּ עֹשֵׂהוּ וְיֹצְרוֹ לֹא יְחֻנֶּנּוּ׃ וְהָיָה יב
בַּיּוֹם הַהוּא יַחְבֹּט יְהוָה מִשִּׁבֹּלֶת הַנָּהָר עַד־נַחַל מִצְרָיִם וְאַתֶּם תְּלֻקְּטוּ לְאַחַד
אֶחָד בְּנֵי יִשְׂרָאֵל׃ וְהָיָה ׀ בַּיּוֹם הַהוּא יִתָּקַע בְּשׁוֹפָר גָּדוֹל וּבָאוּ יג
הָאֹבְדִים בְּאֶרֶץ אַשּׁוּר וְהַנִּדָּחִים בְּאֶרֶץ מִצְרָיִם וְהִשְׁתַּחֲווּ לַיהוָה בְּהַר הַקֹּדֶשׁ
בִּירוּשָׁלָם׃ הוֹי עֲטֶרֶת גֵּאוּת שִׁכֹּרֵי אֶפְרַיִם וְצִיץ נֹבֵל צְבִי תִפְאַרְתּוֹ א כח
אֲשֶׁר עַל־רֹאשׁ גֵּיא־שְׁמָנִים הֲלוּמֵי יָיִן׃ הִנֵּה חָזָק וְאַמִּץ לַאדֹנָי כְּזֶרֶם בָּרָד ב
שַׂעַר קָטֶב כְּזֶרֶם מַיִם כַּבִּירִים שֹׁטְפִים הִנִּיחַ לָאָרֶץ בְּיָד׃ בְּרַגְלַיִם תֵּרָמַסְנָה ג
עֲטֶרֶת גֵּאוּת שִׁכּוֹרֵי אֶפְרָיִם׃ וְהָיְתָה צִיצַת נֹבֵל צְבִי תִפְאַרְתּוֹ אֲשֶׁר עַל־ ד
רֹאשׁ גֵּיא שְׁמָנִים כְּבִכּוּרָהּ בְּטֶרֶם קַיִץ אֲשֶׁר יִרְאֶה הָרֹאֶה אוֹתָהּ בְּעוֹדָהּ בְּכַפּוֹ
יִבְלָעֶנָּה׃ בַּיּוֹם הַהוּא יִהְיֶה יְהוָה צְבָאוֹת לַעֲטֶרֶת צְבִי וְלִצְפִירַת ה
תִּפְאָרָה לִשְׁאָר עַמּוֹ׃ וּלְרוּחַ מִשְׁפָּט לַיּוֹשֵׁב עַל־הַמִּשְׁפָּט וְלִגְבוּרָה מְשִׁיבֵי ו
מִלְחָמָה שָׁעְרָה׃ וְגַם־אֵלֶּה בַּיַּיִן שָׁגוּ וּבַשֵּׁכָר תָּעוּ כֹּהֵן וְנָבִיא שָׁגוּ בַשֵּׁכָר נִבְלְעוּ ז
מִן־הַיַּיִן תָּעוּ מִן־הַשֵּׁכָר שָׁגוּ בָּרֹאֶה פָּקוּ פְּלִילִיָּה׃ כִּי כָּל־שֻׁלְחָנוֹת מָלְאוּ קִיא ח
צֹאָה בְּלִי מָקוֹם׃ אֶת־מִי יוֹרֶה דֵעָה וְאֶת־מִי יָבִין שְׁמוּעָה גְּמוּלֵי ט
מֵחָלָב עַתִּיקֵי מִשָּׁדָיִם׃ כִּי צַו לָצָו צַו לָצָו קַו לָקָו קַו לָקָו זְעֵיר שָׁם זְעֵיר שָׁם׃ י
כִּי בְּלַעֲגֵי שָׂפָה וּבְלָשׁוֹן אַחֶרֶת יְדַבֵּר אֶל־הָעָם הַזֶּה׃ אֲשֶׁר ׀ אָמַר אֲלֵיהֶם זֹאת יא יב
הַמְּנוּחָה הָנִיחוּ לֶעָיֵף וְזֹאת הַמַּרְגֵּעָה וְלֹא אָבוּא שְׁמוֹעַ׃ וְהָיָה לָהֶם דְּבַר־יְהוָה יג
צַו לָצָו צַו לָצָו קַו לָקָו קַו לָקָו זְעֵיר שָׁם זְעֵיר שָׁם לְמַעַן יֵלְכוּ וְכָשְׁלוּ אָחוֹר
וְנִשְׁבָּרוּ וְנוֹקְשׁוּ וְנִלְכָּדוּ׃
לָכֵן כֹּה־אָמַר יְהוָה אֶל־בֵּית יַעֲקֹב אֲשֶׁר פָּדָה אֶת־אַבְרָהָם לֹא־עַתָּה יֵבוֹשׁ כב כט
יַעֲקֹב וְלֹא עַתָּה פָּנָיו יֶחֱוָרוּ׃ כִּי בִרְאֹתוֹ יְלָדָיו מַעֲשֵׂה יָדַי בְּקִרְבּוֹ יַקְדִּישׁוּ שְׁמִי כג
וְהִקְדִּישׁוּ אֶת־קְדוֹשׁ יַעֲקֹב וְאֶת־אֱלֹהֵי יִשְׂרָאֵל יַעֲרִיצוּ׃

ירמיה לספרדים דִּבְרֵי יִרְמְיָהוּ בֶּן־חִלְקִיָּהוּ מִן־הַכֹּהֲנִים אֲשֶׁר בַּעֲנָתוֹת בְּאֶרֶץ בִּנְיָמִן׃ אֲשֶׁר הָיָה א ב א
דְבַר־יְהוָה אֵלָיו בִּימֵי יֹאשִׁיָּהוּ בֶן־אָמוֹן מֶלֶךְ יְהוּדָה בִּשְׁלֹשׁ־עֶשְׂרֵה שָׁנָה לְמָלְכוֹ׃
וַיְהִי בִּימֵי יְהוֹיָקִים בֶּן־יֹאשִׁיָּהוּ מֶלֶךְ יְהוּדָה עַד־תֹּם עַשְׁתֵּי־עֶשְׂרֵה שָׁנָה לְצִדְקִיָּהוּ ג
בֶן־יֹאשִׁיָּהוּ מֶלֶךְ יְהוּדָה עַד־גְּלוֹת יְרוּשָׁלַם בַּחֹדֶשׁ הַחֲמִישִׁי׃ וַיְהִי ד
אֶצָּרְךָ דְבַר־יְהוָה אֵלַי לֵאמֹר׃ בְּטֶרֶם אצורך בַבֶּטֶן יְדַעְתִּיךָ וּבְטֶרֶם תֵּצֵא מֵרֶחֶם ה

ו הקדשתיך נביא לגוים נתתיך: ואמר אהה אדני יהוה הנה לא־ידעתי דבר
ז כי־נער אנכי: ויאמר יהוה אלי אל־תאמר נער אנכי כי על־כל־אשר אשלחך
ח תלך ואת כל־אשר אצוך תדבר: אל־תירא מפניהם כי־אתך אני להצלך
ט נאם־יהוה: וישלח יהוה את־ידו ויגע על־פי ויאמר יהוה אלי הנה נתתי
י דברי בפיך: ראה הפקדתיך | היום הזה על־הגוים ועל־הממלכות לנתוש
יא ולנתוץ ולהאביד ולהרוס לבנות ולנטוע: ויהי דבר־יהוה אלי לאמר
יב מה־אתה ראה ירמיהו ואמר מקל שקד אני ראה: ויאמר יהוה אלי היטבת
יג לראות כי־שקד אני על־דברי לעשתו: ויהי דבר־יהוה | אלי שנית
יד לאמר מה אתה ראה ואמר סיר נפוח אני ראה ופניו מפני צפונה: ויאמר יהוה
טו אלי מצפון תפתח הרעה על כל־ישבי הארץ: כי | הנני קרא לכל־משפחות
ממלכות צפונה נאם־יהוה ובאו ונתנו איש כסאו פתח | שערי ירושלם ועל
טז כל־חומתיה סביב ועל כל־ערי יהודה: ודברתי משפטי אותם על כל־רעתם
יז אשר עזבוני ויקטרו לאלהים אחרים וישתחוו למעשי ידיהם: ואתה תאזר
מתניך וקמת ודברת אליהם את כל־אשר אנכי אצוך אל־תחת מפניהם פן־
יח אחתך לפניהם: ואני הנה נתתיך היום לעיר מבצר ולעמוד ברזל ולחמות
יט נחשת על־כל־הארץ למלכי יהודה לשריה לכהניה ולעם הארץ: ונלחמו
ב א אליך ולא־יוכלו לך כי־אתך אני נאם־יהוה להצילך: ויהי
ב דבר־יהוה אלי לאמר: הלך וקראת באזני ירושלם לאמר כה אמר יהוה
זכרתי לך חסד נעוריך אהבת כלולתיך לכתך אחרי במדבר בארץ לא
ג זרועה: קדש ישראל ליהוה ראשית תבואתה כל־אכליו יאשמו רעה תבא
אליהם נאם־יהוה:

הפטרת וארא

בראש חודש שבט קוראים את ההפטרה בעמ' 97.

כח כה כה־אמר אדני יהוה בקבצי | את־בית ישראל מן־העמים אשר נפצו בם (יחזקאל)
ונקדשתי בם לעיני הגוים וישבו על־אדמתם אשר נתתי לעבדי ליעקב:
כו וישבו עליה לבטח ובנו בתים ונטעו כרמים וישבו לבטח בעשותי שפטים
כט א בכל השאטים אתם מסביבותם וידעו כי אני יהוה אלהיהם: בשנה
ב העשרית בעשרי בשנים עשר לחדש היה דבר־יהוה אלי לאמר: בן־אדם
ג שים פניך על־פרעה מלך מצרים והנבא עליו ועל־מצרים כלה: דבר ואמרת
כה־אמר | אדני יהוה הנני עליך פרעה מלך־מצרים התנים הגדול הרבץ בתוך
ד יאריו אשר אמר לי יארי ואני עשיתני: ונתתי חחיים בלחייך והדבקתי דגת־ (חַחִים)
יאריך בקשקשתיך והעליתיך מתוך יאריך ואת כל־דגת יאריך בקשקשתיך
ה תדבק: ונטשתיך המדברה אותך ואת כל־דגת יאריך על־פני השדה תפול
ו לא תאסף ולא תקבץ לחית הארץ ולעוף השמים נתתיך לאכלה: וידעו

ז כָּל־יֹשְׁבֵי מִצְרַיִם כִּי אֲנִי יְהוָה יַעַן הֱיוֹתָם מִשְׁעֶנֶת קָנֶה לְבֵית יִשְׂרָאֵל׃ בְּתָפְשָׂם
בְּךָ בכפך תֵּרוֹץ וּבָקַעְתָּ לָהֶם כָּל־כָּתֵף וּבְהִשָּׁעֲנָם עָלֶיךָ תִּשָּׁבֵר וְהַעֲמַדְתָּ לָהֶם בַּכַּף
ח כָּל־מָתְנָיִם׃ לָכֵן כֹּה אָמַר אֲדֹנָי יֱהוִֹה הִנְנִי מֵבִיא עָלַיִךְ חָרֶב וְהִכְרַתִּי
ט מִמֵּךְ אָדָם וּבְהֵמָה׃ וְהָיְתָה אֶרֶץ־מִצְרַיִם לִשְׁמָמָה וְחָרְבָּה וְיָדְעוּ כִּי־אֲנִי יְהוָה יַעַן
י אָמַר יְאֹר לִי וַאֲנִי עָשִׂיתִי׃ לָכֵן הִנְנִי אֵלֶיךָ וְאֶל־יְאֹרֶיךָ וְנָתַתִּי אֶת־אֶרֶץ מִצְרַיִם
יא לְחָרְבוֹת חֹרֶב שְׁמָמָה מִמִּגְדֹּל סְוֵנֵה וְעַד־גְּבוּל כּוּשׁ׃ לֹא תַעֲבָר־בָּהּ רֶגֶל אָדָם
יב וְרֶגֶל בְּהֵמָה לֹא תַעֲבָר־בָּהּ וְלֹא תֵשֵׁב אַרְבָּעִים שָׁנָה׃ וְנָתַתִּי אֶת־אֶרֶץ מִצְרַיִם
שְׁמָמָה בְּתוֹךְ ׀ אֲרָצוֹת נְשַׁמּוֹת וְעָרֶיהָ בְּתוֹךְ עָרִים מָחֳרָבוֹת תִּהְיֶיןָ שְׁמָמָה
יג אַרְבָּעִים שָׁנָה וַהֲפִצֹתִי אֶת־מִצְרַיִם בַּגּוֹיִם וְזֵרִיתִים בָּאֲרָצוֹת׃ כִּי
כֹּה אָמַר אֲדֹנָי יֱהוִֹה מִקֵּץ אַרְבָּעִים שָׁנָה אֲקַבֵּץ אֶת־מִצְרַיִם מִן־הָעַמִּים אֲשֶׁר־
יד נָפֹצוּ שָׁמָּה׃ וְשַׁבְתִּי אֶת־שְׁבוּת מִצְרַיִם וַהֲשִׁבֹתִי אֹתָם אֶרֶץ פַּתְרוֹס עַל־אֶרֶץ
טו מְכוּרָתָם וְהָיוּ שָׁם מַמְלָכָה שְׁפָלָה׃ מִן־הַמַּמְלָכוֹת תִּהְיֶה שְׁפָלָה וְלֹא־תִתְנַשֵּׂא
טז עוֹד עַל־הַגּוֹיִם וְהִמְעַטְתִּים לְבִלְתִּי רְדוֹת בַּגּוֹיִם׃ וְלֹא יִהְיֶה־עוֹד לְבֵית יִשְׂרָאֵל
יז לְמִבְטָח מַזְכִּיר עָוֺן בִּפְנוֹתָם אַחֲרֵיהֶם וְיָדְעוּ כִּי אֲנִי אֲדֹנָי יֱהוִֹה׃ וַיְהִי
בְּעֶשְׂרִים וָשֶׁבַע שָׁנָה בָּרִאשׁוֹן בְּאֶחָד לַחֹדֶשׁ הָיָה דְבַר־יְהוָה אֵלַי לֵאמֹר׃
יח בֶּן־אָדָם נְבוּכַדְרֶאצַּר מֶלֶךְ־בָּבֶל הֶעֱבִיד אֶת־חֵילוֹ עֲבֹדָה גְדוֹלָה אֶל־צֹר כָּל־
רֹאשׁ מֻקְרָח וְכָל־כָּתֵף מְרוּטָה וְשָׂכָר לֹא־הָיָה לוֹ וּלְחֵילוֹ מִצֹּר עַל־הָעֲבֹדָה
יט אֲשֶׁר־עָבַד עָלֶיהָ׃ לָכֵן כֹּה אָמַר אֲדֹנָי יֱהוִֹה הִנְנִי נֹתֵן לִנְבוּכַדְרֶאצַּר
מֶלֶךְ־בָּבֶל אֶת־אֶרֶץ מִצְרָיִם וְנָשָׂא הֲמֹנָהּ וְשָׁלַל שְׁלָלָהּ וּבָזַז בִּזָּהּ וְהָיְתָה שָׂכָר
כ לְחֵילוֹ׃ פְּעֻלָּתוֹ אֲשֶׁר־עָבַד בָּהּ נָתַתִּי לוֹ אֶת־אֶרֶץ מִצְרָיִם אֲשֶׁר עָשׂוּ לִי נְאֻם
כא אֲדֹנָי יֱהוִֹה׃ בַּיּוֹם הַהוּא אַצְמִיחַ קֶרֶן לְבֵית יִשְׂרָאֵל וּלְךָ אֶתֵּן פִּתְחוֹן־פֶּה בְּתוֹכָם
וְיָדְעוּ כִּי־אֲנִי יְהוָה׃

הפטרת בא

מו יג הַדָּבָר אֲשֶׁר דִּבֶּר יְהוָה אֶל־יִרְמְיָהוּ הַנָּבִיא לָבוֹא נְבוּכַדְרֶאצַּר מֶלֶךְ בָּבֶל ירמיה
יד לְהַכּוֹת אֶת־אֶרֶץ מִצְרָיִם׃ הַגִּידוּ בְמִצְרַיִם וְהַשְׁמִיעוּ בְמִגְדּוֹל וְהַשְׁמִיעוּ בְנֹף
טו וּבְתַחְפַּנְחֵס אִמְרוּ הִתְיַצֵּב וְהָכֵן לָךְ כִּי־אָכְלָה חֶרֶב סְבִיבֶיךָ׃ מַדּוּעַ נִסְחַף
טז אַבִּירֶיךָ לֹא עָמַד כִּי יְהוָה הֲדָפוֹ׃ הִרְבָּה כּוֹשֵׁל גַּם־נָפַל אִישׁ אֶל־רֵעֵהוּ וַיֹּאמְרוּ
יז קוּמָה ׀ וְנָשֻׁבָה אֶל־עַמֵּנוּ וְאֶל־אֶרֶץ מוֹלַדְתֵּנוּ מִפְּנֵי חֶרֶב הַיּוֹנָה׃ קָרְאוּ שָׁם פַּרְעֹה
יח מֶלֶךְ־מִצְרַיִם שָׁאוֹן הֶעֱבִיר הַמּוֹעֵד׃ חַי־אָנִי נְאֻם־הַמֶּלֶךְ יְהוָה צְבָאוֹת שְׁמוֹ
יט כִּי כְּתָבוֹר בֶּהָרִים וּכְכַרְמֶל בַּיָּם יָבוֹא׃ כְּלֵי גוֹלָה עֲשִׂי לָךְ יוֹשֶׁבֶת בַּת־מִצְרָיִם
כ כִּי־נֹף לְשַׁמָּה תִהְיֶה וְנִצְּתָה מֵאֵין יוֹשֵׁב׃ עֶגְלָה יְפֵה־פִיָּה מִצְרָיִם קֶרֶץ
כא מִצָּפוֹן בָּא בָא׃ גַּם־שְׂכִרֶיהָ בְקִרְבָּהּ כְּעֶגְלֵי מַרְבֵּק כִּי־גַם־הֵמָּה הִפְנוּ נָסוּ יַחְדָּיו
כב לֹא עָמָדוּ כִּי יוֹם אֵידָם בָּא עֲלֵיהֶם עֵת פְּקֻדָּתָם׃ קוֹלָהּ כַּנָּחָשׁ יֵלֵךְ כִּי־בְחַיִל
כג יֵלֵכוּ וּבְקַרְדֻּמּוֹת בָּאוּ לָהּ כְּחֹטְבֵי עֵצִים׃ כָּרְתוּ יַעְרָהּ נְאֻם־יְהוָה כִּי לֹא יֵחָקֵר כִּי

כד כה רַבּוּ מֵאַרְבֶּה וְאֵין לָהֶם מִסְפָּר׃ הֹבִישָׁה בַּת־מִצְרָיִם נִתְּנָה בְּיַד עַם־צָפוֹן׃ אָמַר
יְהוָה צְבָאוֹת אֱלֹהֵי יִשְׂרָאֵל הִנְנִי פוֹקֵד אֶל־אָמוֹן מִנֹּא וְעַל־פַּרְעֹה וְעַל־מִצְרַיִם
כו וְעַל־אֱלֹהֶיהָ וְעַל־מְלָכֶיהָ וְעַל־פַּרְעֹה וְעַל הַבֹּטְחִים בּוֹ׃ וּנְתַתִּים בְּיַד מְבַקְשֵׁי
נַפְשָׁם וּבְיַד נְבוּכַדְרֶאצַּר מֶלֶךְ־בָּבֶל וּבְיַד עֲבָדָיו וְאַחֲרֵי־כֵן תִּשְׁכֹּן כִּימֵי־קֶדֶם
כז נְאֻם־יְהוָה׃ וְאַתָּה אַל־תִּירָא עַבְדִּי יַעֲקֹב וְאַל־תֵּחַת יִשְׂרָאֵל כִּי
הִנְנִי מוֹשִׁעֲךָ מֵרָחוֹק וְאֶת־זַרְעֲךָ מֵאֶרֶץ שִׁבְיָם וְשָׁב יַעֲקוֹב וְשָׁקַט וְשַׁאֲנַן וְאֵין
כח מַחֲרִיד׃ אַתָּה אַל־תִּירָא עַבְדִּי יַעֲקֹב נְאֻם־יְהוָה כִּי אִתְּךָ אָנִי כִּי אֶעֱשֶׂה כָלָה
בְּכָל־הַגּוֹיִם ׀ אֲשֶׁר הִדַּחְתִּיךָ שָׁמָּה וְאֹתְךָ לֹא־אֶעֱשֶׂה כָלָה וְיִסַּרְתִּיךָ לַמִּשְׁפָּט
וְנַקֵּה לֹא אֲנַקֶּךָּ׃

הפטרת בשלח

ד ד וּדְבוֹרָה אִשָּׁה נְבִיאָה אֵשֶׁת לַפִּידוֹת הִיא שֹׁפְטָה אֶת־יִשְׂרָאֵל בָּעֵת הַהִיא׃ שופטים האשכנזים מתחילים כאן
ה וְהִיא יוֹשֶׁבֶת תַּחַת־תֹּמֶר דְּבוֹרָה בֵּין הָרָמָה וּבֵין בֵּית־אֵל בְּהַר אֶפְרָיִם וַיַּעֲלוּ
ו אֵלֶיהָ בְּנֵי יִשְׂרָאֵל לַמִּשְׁפָּט׃ וַתִּשְׁלַח וַתִּקְרָא לְבָרָק בֶּן־אֲבִינֹעַם מִקֶּדֶשׁ נַפְתָּלִי
וַתֹּאמֶר אֵלָיו הֲלֹא־צִוָּה ׀ יְהוָה אֱלֹהֵי־יִשְׂרָאֵל לֵךְ וּמָשַׁכְתָּ בְּהַר תָּבוֹר וְלָקַחְתָּ
ז עִמְּךָ עֲשֶׂרֶת אֲלָפִים אִישׁ מִבְּנֵי נַפְתָּלִי וּמִבְּנֵי זְבֻלוּן׃ וּמָשַׁכְתִּי אֵלֶיךָ אֶל־נַחַל
קִישׁוֹן אֶת־סִיסְרָא שַׂר־צְבָא יָבִין וְאֶת־רִכְבּוֹ וְאֶת־הֲמוֹנוֹ וּנְתַתִּיהוּ בְּיָדֶךָ׃
ח ט וַיֹּאמֶר אֵלֶיהָ בָּרָק אִם־תֵּלְכִי עִמִּי וְהָלָכְתִּי וְאִם־לֹא תֵלְכִי עִמִּי לֹא אֵלֵךְ׃ וַתֹּאמֶר
הָלֹךְ אֵלֵךְ עִמָּךְ אֶפֶס כִּי לֹא תִהְיֶה תִּפְאַרְתְּךָ עַל־הַדֶּרֶךְ אֲשֶׁר אַתָּה הוֹלֵךְ כִּי
י בְיַד־אִשָּׁה יִמְכֹּר יְהוָה אֶת־סִיסְרָא וַתָּקָם דְּבוֹרָה וַתֵּלֶךְ עִם־בָּרָק קֶדְשָׁה׃ וַיַּזְעֵק
בָּרָק אֶת־זְבוּלֻן וְאֶת־נַפְתָּלִי קֶדְשָׁה וַיַּעַל בְּרַגְלָיו עֲשֶׂרֶת אַלְפֵי אִישׁ וַתַּעַל עִמּוֹ
יא דְּבוֹרָה׃ וְחֶבֶר הַקֵּינִי נִפְרָד מִקַּיִן מִבְּנֵי חֹבָב חֹתֵן מֹשֶׁה וַיֵּט אָהֳלוֹ עַד־אֵלוֹן
יב בצענים אֲשֶׁר אֶת־קֶדֶשׁ׃ וַיַּגִּדוּ לְסִיסְרָא כִּי עָלָה בָּרָק בֶּן־אֲבִינֹעַם הַר־תָּבוֹר׃ בְּצַעֲנַנִּים
יג וַיַּזְעֵק סִיסְרָא אֶת־כָּל־רִכְבּוֹ תְּשַׁע מֵאוֹת רֶכֶב בַּרְזֶל וְאֶת־כָּל־הָעָם אֲשֶׁר אִתּוֹ
יד מֵחֲרֹשֶׁת הַגּוֹיִם אֶל־נַחַל קִישׁוֹן׃ וַתֹּאמֶר דְּבֹרָה אֶל־בָּרָק קוּם כִּי זֶה הַיּוֹם אֲשֶׁר
נָתַן יְהוָה אֶת־סִיסְרָא בְּיָדֶךָ הֲלֹא יְהוָה יָצָא לְפָנֶיךָ וַיֵּרֶד בָּרָק מֵהַר תָּבוֹר וַעֲשֶׂרֶת
טו אֲלָפִים אִישׁ אַחֲרָיו׃ וַיָּהָם יְהוָה אֶת־סִיסְרָא וְאֶת־כָּל־הָרֶכֶב וְאֶת־כָּל־הַמַּחֲנֶה
טז לְפִי־חֶרֶב לִפְנֵי בָרָק וַיֵּרֶד סִיסְרָא מֵעַל הַמֶּרְכָּבָה וַיָּנָס בְּרַגְלָיו׃ וּבָרָק רָדַף אַחֲרֵי
הָרֶכֶב וְאַחֲרֵי הַמַּחֲנֶה עַד חֲרֹשֶׁת הַגּוֹיִם וַיִּפֹּל כָּל־מַחֲנֵה סִיסְרָא לְפִי־חֶרֶב לֹא
יז נִשְׁאַר עַד־אֶחָד׃ וְסִיסְרָא נָס בְּרַגְלָיו אֶל־אֹהֶל יָעֵל אֵשֶׁת חֶבֶר הַקֵּינִי כִּי שָׁלוֹם
יח בֵּין יָבִין מֶלֶךְ־חָצוֹר וּבֵין בֵּית חֶבֶר הַקֵּינִי׃ וַתֵּצֵא יָעֵל לִקְרַאת סִיסְרָא וַתֹּאמֶר
אֵלָיו סוּרָה אֲדֹנִי סוּרָה אֵלַי אַל־תִּירָא וַיָּסַר אֵלֶיהָ הָאֹהֱלָה וַתְּכַסֵּהוּ בַּשְּׂמִיכָה׃
יט וַיֹּאמֶר אֵלֶיהָ הַשְׁקִינִי־נָא מְעַט־מַיִם כִּי צָמֵאתִי וַתִּפְתַּח אֶת־נֹאוד הֶחָלָב וַתַּשְׁקֵהוּ
כ וַתְּכַסֵּהוּ׃ וַיֹּאמֶר אֵלֶיהָ עֲמֹד פֶּתַח הָאֹהֶל וְהָיָה אִם־אִישׁ יָבֹא וּשְׁאֵלֵךְ וְאָמַר
כא הֲיֵשׁ־פֹּה אִישׁ וְאָמַרְתְּ אָיִן׃ וַתִּקַּח יָעֵל אֵשֶׁת־חֶבֶר אֶת־יְתַד הָאֹהֶל וַתָּשֶׂם אֶת־

הַמַּקֶּ֣בֶת בְּיָדָ֗הּ וַתָּב֤וֹא אֵלָיו֙ בַּלָּ֔אט וַתִּתְקַ֤ע אֶת־הַיָּתֵד֙ בְּרַקָּת֔וֹ וַתִּצְנַ֖ח בָּאָ֑רֶץ
וְהֽוּא־נִרְדָּ֥ם וַיָּ֖עַף וַיָּמֹֽת׃ וְהִנֵּ֣ה בָרָק֮ רֹדֵ֣ף אֶת־סִֽיסְרָא֒ וַתֵּ֤צֵא יָעֵל֙ לִקְרָאת֔וֹ כב
וַתֹּ֣אמֶר ל֔וֹ לֵ֣ךְ וְאַרְאֶ֔ךָּ אֶת־הָאִ֖ישׁ אֲשֶׁר־אַתָּ֣ה מְבַקֵּ֑שׁ וַיָּבֹ֣א אֵלֶ֔יהָ וְהִנֵּ֤ה סִֽיסְרָא֙
נֹפֵ֣ל מֵ֔ת וְהַיָּתֵ֖ד בְּרַקָּתֽוֹ׃ וַיַּכְנַ֤ע אֱלֹהִים֙ בַּיּ֣וֹם הַה֔וּא אֵ֖ת יָבִ֣ין מֶֽלֶךְ־כְּנָ֑עַן לִפְנֵ֖י כג
בְּנֵ֥י יִשְׂרָאֵֽל׃ וַתֵּ֨לֶךְ יַד־בְּנֵֽי־יִשְׂרָאֵ֗ל הָל֣וֹךְ וְקָשָׁ֔ה עַ֖ל יָבִ֣ין מֶֽלֶךְ־כְּנָ֑עַן עַ֚ד אֲשֶׁ֣ר כד
הִכְרִ֔יתוּ אֵ֖ת יָבִ֥ין מֶֽלֶךְ־כְּנָֽעַן׃

הספרדים מתחילים כאן

וַתָּ֣שַׁר   דְּבוֹרָ֔ה   וּבָרָ֖ק   בֶּן־אֲבִינֹ֑עַם   בַּיּ֥וֹם   הַה֖וּא ה א
לֵאמֹֽר׃   בִּפְרֹ֤עַ פְּרָעוֹת֙ בְּיִשְׂרָאֵ֔ל   בְּהִתְנַדֵּ֖ב ב
עָ֑ם בָּרְכ֖וּ יְהוָֽה׃   שִׁמְע֣וּ מְלָכִ֔ים הַאֲזִ֖ינוּ ג
רֹֽזְנִ֑ים   אָנֹכִ֗י לַֽיהוָה֙ אָנֹכִ֣י אָשִׁ֔ירָה   אֲזַמֵּ֕ר
לַיהוָ֖ה אֱלֹהֵ֥י יִשְׂרָאֵֽל׃   יְהוָ֗ה בְּצֵאתְךָ֤ ד
מִשֵּׂעִיר֙   בְּצַעְדְּךָ֙ מִשְּׂדֵ֣ה אֱד֔וֹם   אֶ֣רֶץ
רָעָ֔שָׁה גַּם־שָׁמַ֖יִם נָטָ֑פוּ   גַּם־עָבִ֖ים נָ֥טְפוּ
מָֽיִם׃   הָרִ֥ים נָזְל֖וּ מִפְּנֵ֣י יְהוָ֑ה   זֶ֣ה ה
סִינַ֔י מִפְּנֵ֕י יְהוָ֖ה אֱלֹהֵ֥י יִשְׂרָאֵֽל׃   בִּימֵ֞י שַׁמְגַּ֤ר בֶּן־ ו
עֲנָת֙   בִּימֵ֣י יָעֵ֔ל חָדְל֖וּ אֳרָח֑וֹת   וְהֹלְכֵ֣י
נְתִיב֔וֹת יֵלְכ֕וּ אֳרָח֖וֹת עֲקַלְקַלּֽוֹת׃   חָדְל֧וּ פְרָז֛וֹן בְּיִשְׂרָאֵ֖ל ז
חָדֵ֑לּוּ   עַ֤ד שַׁקַּ֙מְתִּי֙ דְּבוֹרָ֔ה   שַׁקַּ֥מְתִּי
אֵ֖ם בְּיִשְׂרָאֵֽל׃   יִבְחַר֙ אֱלֹהִ֣ים ח
חֲדָשִׁ֔ים   אָ֖ז לָחֶ֣ם שְׁעָרִ֑ים   מָגֵ֤ן
אִם־יֵרָאֶה֙ וָרֹ֔מַח   בְּאַרְבָּעִ֥ים אֶ֖לֶף
בְּיִשְׂרָאֵֽל׃   לִבִּי֙ לְחוֹקְקֵ֣י יִשְׂרָאֵ֔ל   הַמִּֽתְנַדְּבִ֖ים ט
בָּעָ֑ם בָּרְכ֖וּ יְהוָֽה׃   רֹכְבֵי֙ אֲתֹנ֣וֹת י
צְחֹר֔וֹת   יֹשְׁבֵ֖י עַל־מִדִּ֑ין   וְהֹלְכֵ֥י
עַל־דֶּ֖רֶךְ שִֽׂיחוּ׃   מִקּ֣וֹל מְחַֽצְצִ֗ים בֵּ֚ין יא
מַשְׁאַבִּ֔ים   שָׁ֤ם יְתַנּוּ֙ צִדְק֣וֹת יְהוָ֔ה   צִדְקֹ֥ת
פִּרְזֹנ֖וֹ בְּיִשְׂרָאֵ֑ל   אָ֛ז יָרְד֥וּ לַשְּׁעָרִ֖ים עַם־
יְהוָֽה׃   ע֤וּרִי עוּרִי֙ דְּבוֹרָ֔ה   ע֥וּרִי יב
ע֖וּרִי דַּבְּרִי־שִׁ֑יר   ק֥וּם בָּרָ֛ק וּֽשֲׁבֵ֥ה שֶׁבְיְךָ֖ בֶּן־
אֲבִינֹֽעַם׃   אָ֚ז יְרַ֣ד שָׂרִ֔יד לְאַדִּירִ֖ים עָ֑ם   יְהוָ֕ה יג
יְרַד־לִ֖י בַּגִּבּוֹרִֽים׃   מִנִּ֣י אֶפְרַ֗יִם שָׁרְשָׁם֙ יד
בַּעֲמָלֵ֔ק   אַחֲרֶ֥יךָ בִנְיָמִ֖ין בַּעֲמָמֶ֑יךָ   מִנִּ֣י
מָכִ֗יר יָֽרְדוּ֙ מְחֹ֣קְקִ֔ים   וּמִ֨זְּבוּלֻ֔ן מֹשְׁכִ֖ים בְּשֵׁ֥בֶט
סֹפֵֽר׃   וְשָׂרֵ֤י בְּיִשָּׂשכָר֙ עִם־דְּבֹרָ֔ה   וְיִשָּׂשכָר֙ טו
כֵּ֣ן בָּרָ֔ק   בָּעֵ֖מֶק שֻׁלַּ֣ח

בְּרַגְלָיו בִּפְלַגּוֹת רְאוּבֵן גְּדֹלִים
טז חִקְקֵי־לֵב׃ לָמָּה יָשַׁבְתָּ בֵּין
הַמִּשְׁפְּתַיִם לִשְׁמֹעַ שְׁרִקוֹת עֲדָרִים לִפְלַגּוֹת
יז רְאוּבֵן גְּדוֹלִים חִקְרֵי־לֵב׃ גִּלְעָד בְּעֵבֶר הַיַּרְדֵּן
שָׁכֵן וְדָן לָמָּה יָגוּר אֳנִיּוֹת אָשֵׁר
יָשַׁב לְחוֹף יַמִּים וְעַל מִפְרָצָיו
יח יִשְׁכּוֹן׃ זְבֻלוּן עַם חֵרֵף נַפְשׁוֹ לָמוּת וְנַפְתָּלִי
יט עַל מְרוֹמֵי שָׂדֶה׃ בָּאוּ מְלָכִים
נִלְחָמוּ אָז נִלְחֲמוּ מַלְכֵי כְנַעַן בְּתַעְנַךְ
עַל־מֵי מְגִדּוֹ בֶּצַע כֶּסֶף לֹא
כ לָקָחוּ׃ מִן־שָׁמַיִם נִלְחָמוּ הַכּוֹכָבִים
כא מִמְּסִלּוֹתָם נִלְחֲמוּ עִם סִיסְרָא׃ נַחַל קִישׁוֹן
גְּרָפָם נַחַל קְדוּמִים נַחַל קִישׁוֹן תִּדְרְכִי
כב נַפְשִׁי עֹז׃ אָז הָלְמוּ עִקְּבֵי־
כג סוּס מִדַּהֲרוֹת דַּהֲרוֹת אַבִּירָיו׃ אוֹרוּ
מֵרוֹז אָמַר מַלְאַךְ יְהוָה אֹרוּ אָרוֹר
יֹשְׁבֶיהָ כִּי לֹא־בָאוּ לְעֶזְרַת יְהוָה לְעֶזְרַת
כד יְהוָה בַּגִּבּוֹרִים׃ תְּבֹרַךְ מִנָּשִׁים
יָעֵל אֵשֶׁת חֶבֶר הַקֵּינִי מִנָּשִׁים
כה בָּאֹהֶל תְּבֹרָךְ׃ מַיִם שָׁאַל חָלָב
כו נָתָנָה בְּסֵפֶל אַדִּירִים הִקְרִיבָה חֶמְאָה׃ יָדָהּ
לַיָּתֵד תִּשְׁלַחְנָה וִימִינָהּ לְהַלְמוּת
עֲמֵלִים וְהָלְמָה סִיסְרָא מָחֲקָה רֹאשׁוֹ וּמָחֲצָה
כז וְחָלְפָה רַקָּתוֹ׃ בֵּין רַגְלֶיהָ כָּרַע נָפַל
שָׁכָב בֵּין רַגְלֶיהָ כָּרַע נָפָל בַּאֲשֶׁר
כח כָּרַע שָׁם נָפַל שָׁדוּד׃ בְּעַד הַחַלּוֹן נִשְׁקְפָה
וַתְּיַבֵּב אֵם סִיסְרָא בְּעַד הָאֶשְׁנָב מַדּוּעַ
בֹּשֵׁשׁ רִכְבּוֹ לָבוֹא מַדּוּעַ אֶחֱרוּ פַּעֲמֵי
כט מַרְכְּבוֹתָיו׃ חַכְמוֹת שָׂרוֹתֶיהָ תַּעֲנֶינָּה אַף־
ל הִיא תָּשִׁיב אֲמָרֶיהָ לָהּ׃ הֲלֹא יִמְצְאוּ יְחַלְּקוּ
שָׁלָל רַחַם רַחֲמָתַיִם לְרֹאשׁ גֶּבֶר שְׁלַל
צְבָעִים לְסִיסְרָא שְׁלַל צְבָעִים
לא רִקְמָה צֶבַע רִקְמָתַיִם לְצַוְּארֵי שָׁלָל׃ כֵּן
יֹאבְדוּ כָל־אוֹיְבֶיךָ יְהוָה וְאֹהֲבָיו כְּצֵאת הַשֶּׁמֶשׁ
בִּגְבֻרָתוֹ וַתִּשְׁקֹט הָאָרֶץ אַרְבָּעִים שָׁנָה׃

הפטרת יתרו

ו א בִּשְׁנַת־מוֹת הַמֶּלֶךְ עֻזִּיָּהוּ וָאֶרְאֶה אֶת־אֲדֹנָי יֹשֵׁב עַל־כִּסֵּא רָם וְנִשָּׂא וְשׁוּלָיו ישעיה
ב מְלֵאִים אֶת־הַהֵיכָל: שְׂרָפִים עֹמְדִים ׀ מִמַּעַל לוֹ שֵׁשׁ כְּנָפַיִם שֵׁשׁ כְּנָפַיִם לְאֶחָד
ג בִּשְׁתַּיִם ׀ יְכַסֶּה פָנָיו וּבִשְׁתַּיִם יְכַסֶּה רַגְלָיו וּבִשְׁתַּיִם יְעוֹפֵף: וְקָרָא זֶה אֶל־זֶה
ד וְאָמַר קָדוֹשׁ ׀ קָדוֹשׁ קָדוֹשׁ יְהוָה צְבָאוֹת מְלֹא כָל־הָאָרֶץ כְּבוֹדוֹ: וַיָּנֻעוּ אַמּוֹת
ה הַסִּפִּים מִקּוֹל הַקּוֹרֵא וְהַבַּיִת יִמָּלֵא עָשָׁן: וָאֹמַר אוֹי־לִי כִי־נִדְמֵיתִי כִּי אִישׁ
טְמֵא־שְׂפָתַיִם אָנֹכִי וּבְתוֹךְ עַם־טְמֵא שְׂפָתַיִם אָנֹכִי יֹשֵׁב כִּי אֶת־הַמֶּלֶךְ יְהוָה
ו צְבָאוֹת רָאוּ עֵינָי: וַיָּעָף אֵלַי אֶחָד מִן־הַשְּׂרָפִים וּבְיָדוֹ רִצְפָּה בְּמֶלְקַחַיִם לָקַח
ז מֵעַל הַמִּזְבֵּחַ: וַיַּגַּע עַל־פִּי וַיֹּאמֶר הִנֵּה נָגַע זֶה עַל־שְׂפָתֶיךָ וְסָר עֲוֺנֶךָ וְחַטָּאתְךָ
ח תְּכֻפָּר: וָאֶשְׁמַע אֶת־קוֹל אֲדֹנָי אֹמֵר אֶת־מִי אֶשְׁלַח וּמִי יֵלֶךְ־לָנוּ וָאֹמַר הִנְנִי
ט שְׁלָחֵנִי: וַיֹּאמֶר לֵךְ וְאָמַרְתָּ לָעָם הַזֶּה שִׁמְעוּ שָׁמוֹעַ וְאַל־תָּבִינוּ וּרְאוּ רָאוֹ וְאַל־
י תֵּדָעוּ: הַשְׁמֵן לֵב־הָעָם הַזֶּה וְאָזְנָיו הַכְבֵּד וְעֵינָיו הָשַׁע פֶּן־יִרְאֶה בְעֵינָיו וּבְאָזְנָיו
יא יִשְׁמָע וּלְבָבוֹ יָבִין וָשָׁב וְרָפָא לוֹ: וָאֹמַר עַד־מָתַי אֲדֹנָי וַיֹּאמֶר עַד אֲשֶׁר אִם־שָׁאוּ
יב עָרִים מֵאֵין יוֹשֵׁב וּבָתִּים מֵאֵין אָדָם וְהָאֲדָמָה תִּשָּׁאֶה שְׁמָמָה: וְרִחַק יְהוָה אֶת־
יג הָאָדָם וְרַבָּה הָעֲזוּבָה בְּקֶרֶב הָאָרֶץ: וְעוֹד בָּהּ עֲשִׂרִיָּה וְשָׁבָה וְהָיְתָה לְבָעֵר
ז א כָּאֵלָה וְכָאַלּוֹן אֲשֶׁר בְּשַׁלֶּכֶת מַצֶּבֶת בָּם זֶרַע קֹדֶשׁ מַצַּבְתָּהּ:* וַיְהִי הספרדים מסיימים כאן
בִּימֵי אָחָז בֶּן־יוֹתָם בֶּן־עֻזִּיָּהוּ מֶלֶךְ יְהוּדָה עָלָה רְצִין מֶלֶךְ־אֲרָם וּפֶקַח בֶּן־
ב רְמַלְיָהוּ מֶלֶךְ־יִשְׂרָאֵל יְרוּשָׁלַ͏ִם לַמִּלְחָמָה עָלֶיהָ וְלֹא יָכֹל לְהִלָּחֵם עָלֶיהָ: וַיֻּגַּד
לְבֵית דָּוִד לֵאמֹר נָחָה אֲרָם עַל־אֶפְרָיִם וַיָּנַע לְבָבוֹ וּלְבַב עַמּוֹ כְּנוֹעַ עֲצֵי־יַעַר
ג מִפְּנֵי־רוּחַ: וַיֹּאמֶר יְהוָה אֶל־יְשַׁעְיָהוּ צֵא־נָא לִקְרַאת אָחָז אַתָּה
וּשְׁאָר יָשׁוּב בְּנֶךָ אֶל־קְצֵה תְּעָלַת הַבְּרֵכָה הָעֶלְיוֹנָה אֶל־מְסִלַּת שְׂדֵה כוֹבֵס:
ד וְאָמַרְתָּ אֵלָיו הִשָּׁמֵר וְהַשְׁקֵט אַל־תִּירָא וּלְבָבְךָ אַל־יֵרַךְ מִשְּׁנֵי זַנְבוֹת הָאוּדִים
ה הָעֲשֵׁנִים הָאֵלֶּה בָּחֳרִי־אַף רְצִין וַאֲרָם וּבֶן־רְמַלְיָהוּ: יַעַן כִּי־יָעַץ עָלֶיךָ אֲרָם רָעָה
ו אֶפְרַיִם וּבֶן־רְמַלְיָהוּ לֵאמֹר: נַעֲלֶה בִיהוּדָה וּנְקִיצֶנָּה וְנַבְקִעֶנָּה אֵלֵינוּ וְנַמְלִיךְ
מֶלֶךְ בְּתוֹכָהּ אֵת בֶּן־טָבְאַל:
ט ה כִּי־יֶלֶד יֻלַּד־לָנוּ בֵּן נִתַּן־לָנוּ וַתְּהִי הַמִּשְׂרָה עַל־שִׁכְמוֹ וַיִּקְרָא שְׁמוֹ פֶּלֶא יוֹעֵץ
ו אֵל גִּבּוֹר אֲבִי־עַד שַׂר־שָׁלוֹם: לםרבה הַמִּשְׂרָה וּלְשָׁלוֹם אֵין־קֵץ עַל־כִּסֵּא לְמַרְבֵּה
דָּוִד וְעַל־מַמְלַכְתּוֹ לְהָכִין אֹתָהּ וּלְסַעֲדָהּ בְּמִשְׁפָּט וּבִצְדָקָה מֵעַתָּה וְעַד־עוֹלָם
קִנְאַת יְהוָה צְבָאוֹת תַּעֲשֶׂה־זֹּאת:

הפטרת משפטים

בראש חודש אדר א׳ קוראים את ההפטרה בעמ׳ 97. בערב ראש חודש אדר
א׳ קוראים את ההפטרה בעמ׳ 98. בשבת פרשת שקלים, גם אם חל בה ראש
חודש או ערב ראש חודש אדר, קוראים את ההפטרה בעמ׳ 100.

לד ח הַדָּבָר אֲשֶׁר־הָיָה אֶל־יִרְמְיָהוּ מֵאֵת יְהוָה אַחֲרֵי כְּרֹת הַמֶּלֶךְ צִדְקִיָּהוּ בְּרִית ירמיה

ט אֶת־כָּל־הָעָם אֲשֶׁר בִּירוּשָׁלִַם לִקְרֹא לָהֶם דְּרוֹר׃ לְשַׁלַּח אִישׁ אֶת־עַבְדּוֹ וְאִישׁ
אֶת־שִׁפְחָתוֹ הָעִבְרִי וְהָעִבְרִיָּה חָפְשִׁים לְבִלְתִּי עֲבָד־בָּם בִּיהוּדִי אָחִיהוּ אִישׁ׃
י וַיִּשְׁמְעוּ כָל־הַשָּׂרִים וְכָל־הָעָם אֲשֶׁר־בָּאוּ בַבְּרִית לְשַׁלַּח אִישׁ אֶת־עַבְדּוֹ וְאִישׁ
יא אֶת־שִׁפְחָתוֹ חָפְשִׁים לְבִלְתִּי עֲבָד־בָּם עוֹד וַיִּשְׁמְעוּ וַיְשַׁלֵּחוּ׃ וַיָּשׁוּבוּ אַחֲרֵי־כֵן
וַיָּשִׁבוּ אֶת־הָעֲבָדִים וְאֶת־הַשְּׁפָחוֹת אֲשֶׁר שִׁלְּחוּ חָפְשִׁים ויכבישום לַעֲבָדִים וַיִּכְבְּשׁוּם
יב וְלִשְׁפָחוֹת׃ וַיְהִי דְבַר־יְהוָה אֶל־יִרְמְיָהוּ מֵאֵת יְהוָה לֵאמֹר׃
יג כֹּה־אָמַר יְהוָה אֱלֹהֵי יִשְׂרָאֵל אָנֹכִי כָּרַתִּי בְרִית אֶת־אֲבוֹתֵיכֶם בְּיוֹם הוֹצִאִי
יד אוֹתָם מֵאֶרֶץ מִצְרַיִם מִבֵּית עֲבָדִים לֵאמֹר׃ מִקֵּץ שֶׁבַע שָׁנִים תְּשַׁלְּחוּ אִישׁ
אֶת־אָחִיו הָעִבְרִי אֲשֶׁר־יִמָּכֵר לְךָ וַעֲבָדְךָ שֵׁשׁ שָׁנִים וְשִׁלַּחְתּוֹ חָפְשִׁי מֵעִמָּךְ
טו וְלֹא־שָׁמְעוּ אֲבוֹתֵיכֶם אֵלַי וְלֹא הִטּוּ אֶת־אָזְנָם׃ וַתָּשֻׁבוּ אַתֶּם הַיּוֹם וַתַּעֲשׂוּ
אֶת־הַיָּשָׁר בְּעֵינַי לִקְרֹא דְרוֹר אִישׁ לְרֵעֵהוּ וַתִּכְרְתוּ בְרִית לְפָנַי בַּבַּיִת אֲשֶׁר־
טז נִקְרָא שְׁמִי עָלָיו׃ וַתָּשֻׁבוּ וַתְּחַלְּלוּ אֶת־שְׁמִי וַתָּשִׁבוּ אִישׁ אֶת־עַבְדּוֹ וְאִישׁ אֶת־
שִׁפְחָתוֹ אֲשֶׁר־שִׁלַּחְתֶּם חָפְשִׁים לְנַפְשָׁם וַתִּכְבְּשׁוּ אֹתָם לִהְיוֹת לָכֶם לַעֲבָדִים
יז וְלִשְׁפָחוֹת׃ לָכֵן כֹּה־אָמַר יְהוָה אַתֶּם לֹא־שְׁמַעְתֶּם אֵלַי לִקְרֹא
דְּרוֹר אִישׁ לְאָחִיו וְאִישׁ לְרֵעֵהוּ הִנְנִי קֹרֵא לָכֶם דְּרוֹר נְאֻם־יְהוָה אֶל־הַחֶרֶב
יח אֶל־הַדֶּבֶר וְאֶל־הָרָעָב וְנָתַתִּי אֶתְכֶם לזועה לְכֹל מַמְלְכוֹת הָאָרֶץ׃ וְנָתַתִּי אֶת־ לְזַעֲוָה
הָאֲנָשִׁים הָעֹבְרִים אֶת־בְּרִתִי אֲשֶׁר לֹא־הֵקִימוּ אֶת־דִּבְרֵי הַבְּרִית אֲשֶׁר כָּרְתוּ
יט לְפָנָי הָעֵגֶל אֲשֶׁר כָּרְתוּ לִשְׁנַיִם וַיַּעַבְרוּ בֵּין בְּתָרָיו׃ שָׂרֵי יְהוּדָה וְשָׂרֵי יְרוּשָׁלִַם
כ הַסָּרִסִים וְהַכֹּהֲנִים וְכֹל עַם הָאָרֶץ הָעֹבְרִים בֵּין בִּתְרֵי הָעֵגֶל׃ וְנָתַתִּי אוֹתָם בְּיַד
אֹיְבֵיהֶם וּבְיַד מְבַקְשֵׁי נַפְשָׁם וְהָיְתָה נִבְלָתָם לְמַאֲכָל לְעוֹף הַשָּׁמַיִם וּלְבֶהֱמַת
כא הָאָרֶץ׃ וְאֶת־צִדְקִיָּהוּ מֶלֶךְ־יְהוּדָה וְאֶת־שָׂרָיו אֶתֵּן בְּיַד אֹיְבֵיהֶם וּבְיַד מְבַקְשֵׁי
כב נַפְשָׁם וּבְיַד חֵיל מֶלֶךְ בָּבֶל הָעֹלִים מֵעֲלֵיכֶם׃ הִנְנִי מְצַוֶּה נְאֻם־יְהוָה וַהֲשִׁבֹתִים
אֶל־הָעִיר הַזֹּאת וְנִלְחֲמוּ עָלֶיהָ וּלְכָדוּהָ וּשְׂרָפֻהָ בָאֵשׁ וְאֶת־עָרֵי יְהוּדָה אֶתֵּן
שְׁמָמָה מֵאֵין יֹשֵׁב׃
לג כה כו כֹּה אָמַר יְהוָה אִם־לֹא בְרִיתִי יוֹמָם וָלָיְלָה חֻקּוֹת שָׁמַיִם וָאָרֶץ לֹא־שָׂמְתִּי׃ גַּם־
זֶרַע יַעֲקוֹב וְדָוִד עַבְדִּי אֶמְאַס מִקַּחַת מִזַּרְעוֹ מֹשְׁלִים אֶל־זֶרַע אַבְרָהָם יִשְׂחָק
וְיַעֲקֹב כִּי־אשוב אֶת־שְׁבוּתָם וְרִחַמְתִּים׃ אָשִׁיב

הפטרת תרומה

בשבת פרשת שקלים, גם אם חל בה ראש חודש או ערב ראש חודש אדר, קוראים את ההפטרה בעמ׳ 100. בשבת פרשת זכור קוראים את ההפטרה בעמ׳ 101. בראש חודש אדר א׳ קוראים את ההפטרה בעמ׳ 97.

ה כו וַיהוָה נָתַן חָכְמָה לִשְׁלֹמֹה כַּאֲשֶׁר דִּבֶּר־לוֹ וַיְהִי שָׁלֹם בֵּין חִירָם וּבֵין שְׁלֹמֹה מלכים א׳
כז וַיִּכְרְתוּ בְרִית שְׁנֵיהֶם׃ וַיַּעַל הַמֶּלֶךְ שְׁלֹמֹה מַס מִכָּל־יִשְׂרָאֵל וַיְהִי הַמַּס שְׁלֹשִׁים
כח אֶלֶף אִישׁ׃ וַיִּשְׁלָחֵם לְבָנוֹנָה עֲשֶׂרֶת אֲלָפִים בַּחֹדֶשׁ חֲלִיפוֹת חֹדֶשׁ יִהְיוּ בַלְּבָנוֹן
כט שְׁנַיִם חֳדָשִׁים בְּבֵיתוֹ וַאֲדֹנִירָם עַל־הַמַּס׃ וַיְהִי לִשְׁלֹמֹה שִׁבְעִים

ל אֶלֶף נֹשֵׂא סַבָּל וּשְׁמֹנִים אֶלֶף חֹצֵב בָּהָר: לְבַד מִשָּׂרֵי הַנִּצָּבִים לִשְׁלֹמֹה אֲשֶׁר
עַל־הַמְּלָאכָה שְׁלֹשֶׁת אֲלָפִים וּשְׁלֹשׁ מֵאוֹת הָרֹדִים בָּעָם הָעֹשִׂים בַּמְּלָאכָה:
לא וַיְצַו הַמֶּלֶךְ וַיַּסִּעוּ אֲבָנִים גְּדֹלוֹת אֲבָנִים יְקָרוֹת לְיַסֵּד הַבָּיִת אַבְנֵי גָזִית:
לב וַיִּפְסְלוּ בֹּנֵי שְׁלֹמֹה וּבֹנֵי חִירוֹם וְהַגִּבְלִים וַיָּכִינוּ הָעֵצִים וְהָאֲבָנִים לִבְנוֹת
א ו הַבָּיִת: וַיְהִי בִשְׁמוֹנִים שָׁנָה וְאַרְבַּע מֵאוֹת שָׁנָה לְצֵאת בְּנֵי־יִשְׂרָאֵל
מֵאֶרֶץ־מִצְרַיִם בַּשָּׁנָה הָרְבִיעִית בְּחֹדֶשׁ זִו הוּא הַחֹדֶשׁ הַשֵּׁנִי לִמְלֹךְ שְׁלֹמֹה
ב עַל־יִשְׂרָאֵל וַיִּבֶן הַבַּיִת לַיהוה: וְהַבַּיִת אֲשֶׁר בָּנָה הַמֶּלֶךְ שְׁלֹמֹה לַיהוה שִׁשִּׁים־
ג אַמָּה אָרְכּוֹ וְעֶשְׂרִים רָחְבּוֹ וּשְׁלֹשִׁים אַמָּה קוֹמָתוֹ: וְהָאוּלָם עַל־פְּנֵי הֵיכַל הַבַּיִת
ד עֶשְׂרִים אַמָּה אָרְכּוֹ עַל־פְּנֵי רֹחַב הַבָּיִת עֶשֶׂר בָּאַמָּה רָחְבּוֹ עַל־פְּנֵי הַבָּיִת: וַיַּעַשׂ
ה לַבָּיִת חַלּוֹנֵי שְׁקֻפִים אֲטֻמִים: וַיִּבֶן עַל־קִיר הַבַּיִת יָצִוע סָבִיב אֶת־קִירוֹת הַבַּיִת יָצִיעַ
ו סָבִיב לַהֵיכָל וְלַדְּבִיר וַיַּעַשׂ צְלָעוֹת סָבִיב: הַיָּצִוע הַתַּחְתֹּנָה חָמֵשׁ בָּאַמָּה רָחְבָּהּ הַיָּצִיעַ
וְהַתִּיכֹנָה שֵׁשׁ בָּאַמָּה רָחְבָּהּ וְהַשְּׁלִישִׁית שֶׁבַע בָּאַמָּה רָחְבָּהּ כִּי מִגְרָעוֹת נָתַן
ז לַבַּיִת סָבִיב חוּצָה לְבִלְתִּי אֲחֹז בְּקִירוֹת הַבָּיִת: וְהַבַּיִת בְּהִבָּנֹתוֹ אֶבֶן־שְׁלֵמָה
ח מַסָּע נִבְנָה וּמַקָּבוֹת וְהַגַּרְזֶן כָּל־כְּלִי בַרְזֶל לֹא־נִשְׁמַע בַּבַּיִת בְּהִבָּנֹתוֹ: פֶּתַח
הַצֵּלָע הַתִּיכֹנָה אֶל־כֶּתֶף הַבַּיִת הַיְמָנִית וּבְלוּלִּים יַעֲלוּ עַל־הַתִּיכֹנָה וּמִן־הַתִּיכֹנָה
ט אֶל־הַשְּׁלִשִׁים: וַיִּבֶן אֶת־הַבַּיִת וַיְכַלֵּהוּ וַיִּסְפֹּן אֶת־הַבַּיִת גֵּבִים וּשְׂדֵרֹת בָּאֲרָזִים:
י וַיִּבֶן אֶת־הַיָּצִוע עַל־כָּל־הַבַּיִת חָמֵשׁ אַמּוֹת קוֹמָתוֹ וַיֶּאֱחֹז אֶת־הַבַּיִת בַּעֲצֵי הַיָּצִיעַ
יא יב אֲרָזִים: וַיְהִי דְּבַר־יהוה אֶל־שְׁלֹמֹה לֵאמֹר: הַבַּיִת הַזֶּה אֲשֶׁר־אַתָּה
בֹנֶה אִם־תֵּלֵךְ בְּחֻקֹּתַי וְאֶת־מִשְׁפָּטַי תַּעֲשֶׂה וְשָׁמַרְתָּ אֶת־כָּל־מִצְוֺתַי לָלֶכֶת
יג בָּהֶם וַהֲקִמֹתִי אֶת־דְּבָרִי אִתָּךְ אֲשֶׁר דִּבַּרְתִּי אֶל־דָּוִד אָבִיךָ: וְשָׁכַנְתִּי בְּתוֹךְ
בְּנֵי יִשְׂרָאֵל וְלֹא אֶעֱזֹב אֶת־עַמִּי יִשְׂרָאֵל:

הפטרת תצוה

בשבת פרשת זכור או פורים משולש בירושלים קוראים את ההפטרה בעמ׳ 101.

מג י אַתָּה בֶן־אָדָם הַגֵּד אֶת־בֵּית־יִשְׂרָאֵל אֶת־הַבַּיִת וְיִכָּלְמוּ מֵעֲוֺנוֹתֵיהֶם וּמָדְדוּ יחזקאל
יא אֶת־תָּכְנִית: וְאִם־נִכְלְמוּ מִכֹּל אֲשֶׁר־עָשׂוּ צוּרַת הַבַּיִת וּתְכוּנָתוֹ וּמוֹצָאָיו
וּמוֹבָאָיו וְכָל־צוּרֹתָו וְאֵת כָּל־חֻקֹּתָיו וְכָל־צוּרֹתָו וְכָל־תּוֹרֹתָו הוֹדַע אוֹתָם
יב וּכְתֹב לְעֵינֵיהֶם וְיִשְׁמְרוּ אֶת־כָּל־צוּרָתוֹ וְאֶת־כָּל־חֻקֹּתָיו וְעָשׂוּ אוֹתָם: זֹאת
תּוֹרַת הַבָּיִת עַל־רֹאשׁ הָהָר כָּל־גְּבֻלוֹ סָבִיב ׀ סָבִיב קֹדֶשׁ קָדָשִׁים הִנֵּה־זֹאת
יג תּוֹרַת הַבָּיִת: וְאֵלֶּה מִדּוֹת הַמִּזְבֵּחַ בָּאַמּוֹת אַמָּה אַמָּה וָטֹפַח וְחֵיק הָאַמָּה
יד וְאַמָּה־רֹחַב וּגְבוּלָהּ אֶל־שְׂפָתָהּ סָבִיב זֶרֶת הָאֶחָד וְזֶה גַּב הַמִּזְבֵּחַ: וּמֵחֵיק
הָאָרֶץ עַד־הָעֲזָרָה הַתַּחְתּוֹנָה שְׁתַּיִם אַמּוֹת וְרֹחַב אַמָּה אֶחָת וּמֵהָעֲזָרָה
טו הַקְּטַנָּה עַד־הָעֲזָרָה הַגְּדוֹלָה אַרְבַּע אַמּוֹת וְרֹחַב הָאַמָּה: וְהַהַרְאֵל אַרְבַּע
טז אַמּוֹת וּמֵהָאֲרִאֵיל וּלְמַעְלָה הַקְּרָנוֹת אַרְבַּע: וְהָאֲרִאֵיל שְׁתֵּים עֶשְׂרֵה אֹרֶךְ
יז בִּשְׁתֵּים עֶשְׂרֵה רֹחַב רָבוּעַ אֶל אַרְבַּעַת רְבָעָיו: וְהָעֲזָרָה אַרְבַּע עֶשְׂרֵה אֹרֶךְ

בְּאַרְבַּע עֶשְׂרֵה רֹחַב אֶל אַרְבַּעַת רְבָעֶיהָ וְהַגְּבוּל סָבִיב אוֹתָהּ חֲצִי הָאַמָּה
יח וְהַחֵיק־לָהּ אַמָּה סָבִיב וּמַעֲלֹתֵהוּ פְּנוֹת קָדִים: וַיֹּאמֶר אֵלַי בֶּן־אָדָם כֹּה אָמַר
אֲדֹנָי יֱהֹוִה אֵלֶּה חֻקּוֹת הַמִּזְבֵּחַ בְּיוֹם הֵעָשׂוֹתוֹ לְהַעֲלוֹת עָלָיו עוֹלָה וְלִזְרֹק
יט עָלָיו דָּם: וְנָתַתָּה אֶל־הַכֹּהֲנִים הַלְוִיִּם אֲשֶׁר הֵם מִזֶּרַע צָדוֹק הַקְּרֹבִים אֵלַי נְאֻם
כ אֲדֹנָי יֱהֹוִה לְשָׁרְתֵנִי פַּר בֶּן־בָּקָר לְחַטָּאת: וְלָקַחְתָּ מִדָּמוֹ וְנָתַתָּה עַל־אַרְבַּע
קַרְנֹתָיו וְאֶל־אַרְבַּע פִּנּוֹת הָעֲזָרָה וְאֶל־הַגְּבוּל סָבִיב וְחִטֵּאתָ אוֹתוֹ וְכִפַּרְתָּהוּ:
כא כב וְלָקַחְתָּ אֵת הַפָּר הַחַטָּאת וּשְׂרָפוֹ בְּמִפְקַד הַבַּיִת מִחוּץ לַמִּקְדָּשׁ: וּבַיּוֹם הַשֵּׁנִי
תַּקְרִיב שְׂעִיר־עִזִּים תָּמִים לְחַטָּאת וְחִטְּאוּ אֶת־הַמִּזְבֵּחַ כַּאֲשֶׁר חִטְּאוּ בַּפָּר:
כג כד בְּכַלּוֹתְךָ מֵחַטֵּא תַּקְרִיב פַּר בֶּן־בָּקָר תָּמִים וְאַיִל מִן־הַצֹּאן תָּמִים: וְהִקְרַבְתָּם
כה לִפְנֵי יְהוָה וְהִשְׁלִיכוּ הַכֹּהֲנִים עֲלֵיהֶם מֶלַח וְהֶעֱלוּ אוֹתָם עֹלָה לַיהוָה: שִׁבְעַת
יָמִים תַּעֲשֶׂה שְׂעִיר־חַטָּאת לַיּוֹם וּפַר בֶּן־בָּקָר וְאַיִל מִן־הַצֹּאן תְּמִימִים יַעֲשׂוּ:
כו כז שִׁבְעַת יָמִים יְכַפְּרוּ אֶת־הַמִּזְבֵּחַ וְטִהֲרוּ אֹתוֹ וּמִלְאוּ יָדָו: וִיכַלּוּ אֶת־הַיָּמִים וְהָיָה
בַיּוֹם הַשְּׁמִינִי וָהָלְאָה יַעֲשׂוּ הַכֹּהֲנִים עַל־הַמִּזְבֵּחַ אֶת־עוֹלוֹתֵיכֶם וְאֶת־שַׁלְמֵיכֶם
וְרָצָאתִי אֶתְכֶם נְאֻם אֲדֹנָי יֱהֹוִה:

הפטרת כי תשא

בפורים משולש בירושלים קוראים את ההפטרה בעמ׳ 101.
בשבת פרשת פרה קוראים את ההפטרה בעמ׳ 102.

מלכים א׳
האשכנזים מתחילים כאן

יח א וַיְהִי יָמִים רַבִּים וּדְבַר־יְהוָה הָיָה אֶל־אֵלִיָּהוּ בַּשָּׁנָה הַשְּׁלִישִׁית לֵאמֹר לֵךְ הֵרָאֵה
ב אֶל־אַחְאָב וְאֶתְּנָה מָטָר עַל־פְּנֵי הָאֲדָמָה: וַיֵּלֶךְ אֵלִיָּהוּ לְהֵרָאוֹת אֶל־אַחְאָב
ג וְהָרָעָב חָזָק בְּשֹׁמְרוֹן: וַיִּקְרָא אַחְאָב אֶל־עֹבַדְיָהוּ אֲשֶׁר עַל־הַבָּיִת וְעֹבַדְיָהוּ
ד הָיָה יָרֵא אֶת־יְהוָה מְאֹד: וַיְהִי בְּהַכְרִית אִיזֶבֶל אֵת נְבִיאֵי יְהוָה וַיִּקַּח עֹבַדְיָהוּ
ה מֵאָה נְבִאִים וַיַּחְבִּיאֵם חֲמִשִּׁים אִישׁ בַּמְּעָרָה וְכִלְכְּלָם לֶחֶם וָמָיִם: וַיֹּאמֶר
אַחְאָב אֶל־עֹבַדְיָהוּ לֵךְ בָּאָרֶץ אֶל־כָּל־מַעְיְנֵי הַמַּיִם וְאֶל כָּל־הַנְּחָלִים אוּלַי ׀
ו נִמְצָא חָצִיר וּנְחַיֶּה סוּס וָפֶרֶד וְלוֹא נַכְרִית מֵהַבְּהֵמָה: וַיְחַלְּקוּ לָהֶם אֶת־הָאָרֶץ
ז לַעֲבָר־בָּהּ אַחְאָב הָלַךְ בְּדֶרֶךְ אֶחָד לְבַדּוֹ וְעֹבַדְיָהוּ הָלַךְ בְּדֶרֶךְ־אֶחָד לְבַדּוֹ: וַיְהִי
עֹבַדְיָהוּ בַּדֶּרֶךְ וְהִנֵּה אֵלִיָּהוּ לִקְרָאתוֹ וַיַּכִּרֵהוּ וַיִּפֹּל עַל־פָּנָיו וַיֹּאמֶר הַאַתָּה זֶה
ח ט אֲדֹנִי אֵלִיָּהוּ: וַיֹּאמֶר לוֹ אָנִי לֵךְ אֱמֹר לַאדֹנֶיךָ הִנֵּה אֵלִיָּהוּ: וַיֹּאמֶר מֶה חָטָאתִי
י כִּי־אַתָּה נֹתֵן אֶת־עַבְדְּךָ בְּיַד־אַחְאָב לַהֲמִיתֵנִי: חַי ׀ יְהוָה אֱלֹהֶיךָ אִם־יֶשׁ־גּוֹי
וּמַמְלָכָה אֲשֶׁר לֹא־שָׁלַח אֲדֹנִי שָׁם לְבַקֶּשְׁךָ וְאָמְרוּ אָיִן וְהִשְׁבִּיעַ אֶת־הַמַּמְלָכָה
יא וְאֶת־הַגּוֹי כִּי לֹא יִמְצָאֶכָּה: וְעַתָּה אַתָּה אֹמֵר לֵךְ אֱמֹר לַאדֹנֶיךָ הִנֵּה אֵלִיָּהוּ:
יב וְהָיָה אֲנִי ׀ אֵלֵךְ מֵאִתָּךְ וְרוּחַ יְהוָה ׀ יִשָּׂאֲךָ עַל אֲשֶׁר לֹא־אֵדָע וּבָאתִי לְהַגִּיד
יג לְאַחְאָב וְלֹא יִמְצָאֲךָ וַהֲרָגָנִי וְעַבְדְּךָ יָרֵא אֶת־יְהוָה מִנְּעֻרָי: הֲלֹא־הֻגַּד לַאדֹנִי
אֵת אֲשֶׁר־עָשִׂיתִי בַּהֲרֹג אִיזֶבֶל אֵת נְבִיאֵי יְהוָה וָאַחְבִּא מִנְּבִיאֵי יְהוָה מֵאָה
יד אִישׁ חֲמִשִּׁים חֲמִשִּׁים אִישׁ בַּמְּעָרָה וָאֲכַלְכְּלֵם לֶחֶם וָמָיִם: וְעַתָּה אַתָּה אֹמֵר לֵךְ

טו אֱמֹר לַאדֹנֶיךָ הִנֵּה אֵלִיָּהוּ וַהֲרָגָנִי: וַיֹּאמֶר אֵלִיָּהוּ חַי יהוה צְבָאוֹת אֲשֶׁר עָמַדְתִּי
טז לְפָנָיו כִּי הַיּוֹם אֵרָאֶה אֵלָיו: וַיֵּלֶךְ עֹבַדְיָהוּ לִקְרַאת אַחְאָב וַיַּגֶּד־לוֹ וַיֵּלֶךְ אַחְאָב
יז לִקְרַאת אֵלִיָּהוּ: וַיְהִי כִּרְאוֹת אַחְאָב אֶת־אֵלִיָּהוּ וַיֹּאמֶר אַחְאָב אֵלָיו הַאַתָּה זֶה
יח עֹכֵר יִשְׂרָאֵל: וַיֹּאמֶר לֹא עָכַרְתִּי אֶת־יִשְׂרָאֵל כִּי אִם־אַתָּה וּבֵית אָבִיךָ בַּעֲזָבְכֶם
יט אֶת־מִצְוֺת יהוה וַתֵּלֶךְ אַחֲרֵי הַבְּעָלִים: וְעַתָּה שְׁלַח קְבֹץ אֵלַי אֶת־כָּל־יִשְׂרָאֵל
אֶל־הַר הַכַּרְמֶל וְאֶת־נְבִיאֵי הַבַּעַל אַרְבַּע מֵאוֹת וַחֲמִשִּׁים וּנְבִיאֵי הָאֲשֵׁרָה
כ אַרְבַּע מֵאוֹת אֹכְלֵי שֻׁלְחַן אִיזָבֶל: *וַיִּשְׁלַח אַחְאָב בְּכָל־בְּנֵי יִשְׂרָאֵל וַיִּקְבֹּץ (הספרדים מתחילים כאן)
כא אֶת־הַנְּבִיאִים אֶל־הַר הַכַּרְמֶל: וַיִּגַּשׁ אֵלִיָּהוּ אֶל־כָּל־הָעָם וַיֹּאמֶר עַד־מָתַי
אַתֶּם פֹּסְחִים עַל־שְׁתֵּי הַסְּעִפִּים אִם־יהוה הָאֱלֹהִים לְכוּ אַחֲרָיו וְאִם־הַבַּעַל
כב לְכוּ אַחֲרָיו וְלֹא־עָנוּ הָעָם אֹתוֹ דָּבָר: וַיֹּאמֶר אֵלִיָּהוּ אֶל־הָעָם אֲנִי נוֹתַרְתִּי
כג נָבִיא לַיהוה לְבַדִּי וּנְבִיאֵי הַבַּעַל אַרְבַּע־מֵאוֹת וַחֲמִשִּׁים אִישׁ: וְיִתְּנוּ־לָנוּ שְׁנַיִם
פָּרִים וְיִבְחֲרוּ לָהֶם הַפָּר הָאֶחָד וִינַתְּחֻהוּ וְיָשִׂימוּ עַל־הָעֵצִים וְאֵשׁ לֹא יָשִׂימוּ
כד וַאֲנִי אֶעֱשֶׂה | אֶת־הַפָּר הָאֶחָד וְנָתַתִּי עַל־הָעֵצִים וְאֵשׁ לֹא אָשִׂים: וּקְרָאתֶם
בְּשֵׁם אֱלֹהֵיכֶם וַאֲנִי אֶקְרָא בְשֵׁם־יהוה וְהָיָה הָאֱלֹהִים אֲשֶׁר־יַעֲנֶה בָאֵשׁ הוּא
כה הָאֱלֹהִים וַיַּעַן כָּל־הָעָם וַיֹּאמְרוּ טוֹב הַדָּבָר: וַיֹּאמֶר אֵלִיָּהוּ לִנְבִיאֵי הַבַּעַל
בַּחֲרוּ לָכֶם הַפָּר הָאֶחָד וַעֲשׂוּ רִאשֹׁנָה כִּי אַתֶּם הָרַבִּים וְקִרְאוּ בְּשֵׁם אֱלֹהֵיכֶם
כו וְאֵשׁ לֹא תָשִׂימוּ: וַיִּקְחוּ אֶת־הַפָּר אֲשֶׁר־נָתַן לָהֶם וַיַּעֲשׂוּ וַיִּקְרְאוּ בְשֵׁם־הַבַּעַל
מֵהַבֹּקֶר וְעַד־הַצָּהֳרַיִם לֵאמֹר הַבַּעַל עֲנֵנוּ וְאֵין קוֹל וְאֵין עֹנֶה וַיְפַסְּחוּ עַל־
כז הַמִּזְבֵּחַ אֲשֶׁר עָשָׂה: וַיְהִי בַצָּהֳרַיִם וַיְהַתֵּל בָּהֶם אֵלִיָּהוּ וַיֹּאמֶר קִרְאוּ בְקוֹל־גָּדוֹל
כח כִּי־אֱלֹהִים הוּא כִּי־שִׂיחַ וְכִי־שִׂיג לוֹ וְכִי־דֶרֶךְ לוֹ אוּלַי יָשֵׁן הוּא וְיִקָץ: וַיִּקְרְאוּ
כט בְּקוֹל גָּדוֹל וַיִּתְגֹּדְדוּ כְּמִשְׁפָּטָם בַּחֲרָבוֹת וּבָרְמָחִים עַד־שְׁפָךְ־דָּם עֲלֵיהֶם: וַיְהִי
כַּעֲבֹר הַצָּהֳרַיִם וַיִּתְנַבְּאוּ עַד לַעֲלוֹת הַמִּנְחָה וְאֵין־קוֹל וְאֵין־עֹנֶה וְאֵין קָשֶׁב:
ל וַיֹּאמֶר אֵלִיָּהוּ לְכָל־הָעָם גְּשׁוּ אֵלַי וַיִּגְּשׁוּ כָל־הָעָם אֵלָיו וַיְרַפֵּא אֶת־מִזְבַּח יהוה
לא הֶהָרוּס: וַיִּקַּח אֵלִיָּהוּ שְׁתֵּים עֶשְׂרֵה אֲבָנִים כְּמִסְפַּר שִׁבְטֵי בְנֵי־יַעֲקֹב אֲשֶׁר
לב הָיָה דְבַר־יהוה אֵלָיו לֵאמֹר יִשְׂרָאֵל יִהְיֶה שְׁמֶךָ: וַיִּבְנֶה אֶת־הָאֲבָנִים מִזְבֵּחַ
לג בְּשֵׁם יהוה וַיַּעַשׂ תְּעָלָה כְּבֵית סָאתַיִם זֶרַע סָבִיב לַמִּזְבֵּחַ: וַיַּעֲרֹךְ אֶת־הָעֵצִים
לד וַיְנַתַּח אֶת־הַפָּר וַיָּשֶׂם עַל־הָעֵצִים: וַיֹּאמֶר מִלְאוּ אַרְבָּעָה כַדִּים מַיִם וְיִצְקוּ
לה עַל־הָעֹלָה וְעַל־הָעֵצִים וַיֹּאמֶר שְׁנוּ וַיִּשְׁנוּ וַיֹּאמֶר שַׁלֵּשׁוּ וַיְשַׁלֵּשׁוּ: וַיֵּלְכוּ הַמַּיִם
לו סָבִיב לַמִּזְבֵּחַ וְגַם אֶת־הַתְּעָלָה מִלֵּא־מָיִם: וַיְהִי | בַּעֲלוֹת הַמִּנְחָה וַיִּגַּשׁ אֵלִיָּהוּ
הַנָּבִיא וַיֹּאמַר יהוה אֱלֹהֵי אַבְרָהָם יִצְחָק וְיִשְׂרָאֵל הַיּוֹם יִוָּדַע כִּי־אַתָּה אֱלֹהִים
לז בְּיִשְׂרָאֵל וַאֲנִי עַבְדֶּךָ ובדבריך עָשִׂיתִי אֵת כָּל־הַדְּבָרִים הָאֵלֶּה: עֲנֵנִי יהוה עֲנֵנִי (וּבִדְבָרְךָ)
וְיֵדְעוּ הָעָם הַזֶּה כִּי־אַתָּה יהוה הָאֱלֹהִים וְאַתָּה הֲסִבֹּתָ אֶת־לִבָּם אֲחֹרַנִּית:
לח וַתִּפֹּל אֵשׁ־יהוה וַתֹּאכַל אֶת־הָעֹלָה וְאֶת־הָעֵצִים וְאֶת־הָאֲבָנִים וְאֶת־הֶעָפָר
לט וְאֶת־הַמַּיִם אֲשֶׁר־בַּתְּעָלָה לִחֵכָה: וַיַּרְא כָּל־הָעָם וַיִּפְּלוּ עַל־פְּנֵיהֶם וַיֹּאמְרוּ
יהוה הוּא הָאֱלֹהִים יהוה הוּא הָאֱלֹהִים:

הפטרת ויקהל

בשבת פרשת שקלים קוראים את ההפטרה בעמ׳ 100. בשבת פרשת פרה קוראים את ההפטרה בעמ׳ 102. בשבת פרשת החודש קוראים את ההפטרה בעמ׳ 105.
כאשר ויקהל ופקודי מחוברות קוראים את ההפטרה בעמ׳ 94.

ז יג יד וַיִּשְׁלַח הַמֶּלֶךְ שְׁלֹמֹה וַיִּקַּח אֶת־חִירָם מִצֹּר׃ בֶּן־אִשָּׁה אַלְמָנָה הוּא מִמַּטֵּה (מלכים א׳ לספרדים)
נַפְתָּלִי וְאָבִיו אִישׁ־צֹרִי חֹרֵשׁ נְחֹשֶׁת וַיִּמָּלֵא אֶת־הַחָכְמָה וְאֶת־הַתְּבוּנָה וְאֶת־
הַדַּעַת לַעֲשׂוֹת כָּל־מְלָאכָה בַּנְּחֹשֶׁת וַיָּבוֹא אֶל־הַמֶּלֶךְ שְׁלֹמֹה וַיַּעַשׂ אֶת־כָּל־
טו מְלַאכְתּוֹ׃ וַיָּצַר אֶת־שְׁנֵי הָעַמּוּדִים נְחֹשֶׁת שְׁמֹנֶה עֶשְׂרֵה אַמָּה קוֹמַת הָעַמּוּד
טז הָאֶחָד וְחוּט שְׁתֵּים־עֶשְׂרֵה אַמָּה יָסֹב אֶת־הָעַמּוּד הַשֵּׁנִי׃ וּשְׁתֵּי כֹתָרֹת עָשָׂה
לָתֵת עַל־רָאשֵׁי הָעַמּוּדִים מֻצַק נְחֹשֶׁת חָמֵשׁ אַמּוֹת קוֹמַת הַכֹּתֶרֶת הָאֶחָת
יז וְחָמֵשׁ אַמּוֹת קוֹמַת הַכֹּתֶרֶת הַשֵּׁנִית׃ שְׂבָכִים מַעֲשֵׂה שְׂבָכָה גְּדִלִים מַעֲשֵׂה
שַׁרְשְׁרוֹת לַכֹּתָרֹת אֲשֶׁר עַל־רֹאשׁ הָעַמּוּדִים שִׁבְעָה לַכֹּתֶרֶת הָאֶחָת וְשִׁבְעָה
יח לַכֹּתֶרֶת הַשֵּׁנִית׃ וַיַּעַשׂ אֶת־הָעַמּוּדִים וּשְׁנֵי טוּרִים סָבִיב עַל־הַשְּׂבָכָה הָאֶחָת
לְכַסּוֹת אֶת־הַכֹּתָרֹת אֲשֶׁר עַל־רֹאשׁ הָרִמֹּנִים וְכֵן עָשָׂה לַכֹּתֶרֶת הַשֵּׁנִית׃
יט כ וְכֹתָרֹת אֲשֶׁר עַל־רֹאשׁ הָעַמּוּדִים מַעֲשֵׂה שׁוּשַׁן בָּאוּלָם אַרְבַּע אַמּוֹת׃ וְכֹתָרֹת
עַל־שְׁנֵי הָעַמּוּדִים גַּם־מִמַּעַל מִלְּעֻמַּת הַבֶּטֶן אֲשֶׁר לְעֵבֶר שבכה וְהָרִמּוֹנִים (הַשְּׂבָכָה)
כא מָאתַיִם טֻרִים סָבִיב עַל הַכֹּתֶרֶת הַשֵּׁנִית׃ וַיָּקֶם אֶת־הָעַמֻּדִים לְאֻלָם הַהֵיכָל
וַיָּקֶם אֶת־הָעַמּוּד הַיְמָנִי וַיִּקְרָא אֶת־שְׁמוֹ יָכִין וַיָּקֶם אֶת־הָעַמּוּד הַשְּׂמָאלִי
כב וַיִּקְרָא אֶת־שְׁמוֹ בֹּעַז׃ וְעַל רֹאשׁ הָעַמּוּדִים מַעֲשֵׂה שׁוֹשָׁן וַתִּתֹּם מְלֶאכֶת
כג הָעַמּוּדִים׃ וַיַּעַשׂ אֶת־הַיָּם מוּצָק עֶשֶׂר בָּאַמָּה מִשְּׂפָתוֹ עַד־שְׂפָתוֹ
כד עָגֹל ׀ סָבִיב וְחָמֵשׁ בָּאַמָּה קוֹמָתוֹ וקוה שְׁלֹשִׁים בָּאַמָּה יָסֹב אֹתוֹ סָבִיב׃ וּפְקָעִים (וְקָו)
מִתַּחַת לִשְׂפָתוֹ ׀ סָבִיב סֹבְבִים אֹתוֹ עֶשֶׂר בָּאַמָּה מַקִּפִים אֶת־הַיָּם סָבִיב שְׁנֵי
כה טוּרִים הַפְּקָעִים יְצֻקִים בִּיצֻקָתוֹ׃ עֹמֵד עַל־שְׁנֵי עָשָׂר בָּקָר שְׁלֹשָׁה פֹנִים ׀ צָפוֹנָה
וּשְׁלֹשָׁה פֹנִים ׀ יָמָּה וּשְׁלֹשָׁה ׀ פֹּנִים נֶגְבָּה וּשְׁלֹשָׁה פֹּנִים מִזְרָחָה וְהַיָּם עֲלֵיהֶם
כו מִלְמָעְלָה וְכָל־אֲחֹרֵיהֶם בָּיְתָה׃ וְעָבְיוֹ טֶפַח וּשְׂפָתוֹ כְּמַעֲשֵׂה שְׂפַת־כּוֹס פֶּרַח
שׁוֹשָׁן אַלְפַּיִם בַּת יָכִיל׃

ז מ וַיַּעַשׂ חִירוֹם אֶת־הַכִּיֹּרוֹת וְאֶת־הַיָּעִים וְאֶת־הַמִּזְרָקוֹת וַיְכַל חִירָם לַעֲשׂוֹת (מלכים א׳ לאשכנזים)
מא אֶת־כָּל־הַמְּלָאכָה אֲשֶׁר עָשָׂה לַמֶּלֶךְ שְׁלֹמֹה בֵּית יְהוָה׃ עַמֻּדִים שְׁנַיִם וְגֻלֹּת
הַכֹּתָרֹת אֲשֶׁר־עַל־רֹאשׁ הָעַמֻּדִים שְׁתָּיִם וְהַשְּׂבָכוֹת שְׁתַּיִם לְכַסּוֹת אֶת־שְׁתֵּי
מב גֻּלּוֹת הַכֹּתָרֹת אֲשֶׁר עַל־רֹאשׁ הָעַמּוּדִים׃ וְאֶת־הָרִמֹּנִים אַרְבַּע מֵאוֹת לִשְׁתֵּי
הַשְּׂבָכוֹת שְׁנֵי־טוּרִים רִמֹּנִים לַשְּׂבָכָה הָאֶחָת לְכַסּוֹת אֶת־שְׁתֵּי גֻּלֹּת הַכֹּתָרֹת
מג אֲשֶׁר עַל־פְּנֵי הָעַמּוּדִים׃ וְאֶת־הַמְּכֹנוֹת עָשֶׂר וְאֶת־הַכִּיֹּרֹת עֲשָׂרָה עַל־הַמְּכֹנוֹת׃
מד מה וְאֶת־הַיָּם הָאֶחָד וְאֶת־הַבָּקָר שְׁנֵים־עָשָׂר תַּחַת הַיָּם׃ וְאֶת־הַסִּירוֹת וְאֶת־הַיָּעִים
וְאֶת־הַמִּזְרָקוֹת וְאֵת כָּל־הַכֵּלִים האהל אֲשֶׁר עָשָׂה חִירָם לַמֶּלֶךְ שְׁלֹמֹה בֵּית (הָאֵלֶּה)
מו יְהוָה נְחֹשֶׁת מְמֹרָט׃ בְּכִכַּר הַיַּרְדֵּן יְצָקָם הַמֶּלֶךְ בְּמַעֲבֵה הָאֲדָמָה בֵּין סֻכּוֹת וּבֵין

מז צָרְתָֽן׃ וַיַּנַּח שְׁלֹמֹה אֶת־כׇּל־הַכֵּלִים מֵרֹב מְאֹד מְאֹד לֹא נֶחְקַר מִשְׁקַל הַנְּחֹֽשֶׁת׃
מח וַיַּעַשׂ שְׁלֹמֹה אֵת כׇּל־הַכֵּלִים אֲשֶׁר בֵּית יְהֹוָה אֵת מִזְבַּח הַזָּהָב וְאֶת־הַשֻּׁלְחָן
מט אֲשֶׁר עָלָיו לֶחֶם הַפָּנִים זָהָֽב׃ וְאֶת־הַמְּנֹרוֹת חָמֵשׁ מִיָּמִין וְחָמֵשׁ מִשְּׂמֹאל
נ לִפְנֵי הַדְּבִיר זָהָב סָגוּר וְהַפֶּרַח וְהַנֵּרֹת וְהַמֶּלְקַחַיִם זָהָֽב׃ וְהַסִּפּוֹת וְהַמְזַמְּרוֹת
וְהַמִּזְרָקוֹת וְהַכַּפּוֹת וְהַמַּחְתּוֹת זָהָב סָגוּר וְהַפֹּתוֹת לְדַלְתוֹת הַבַּיִת הַפְּנִימִי
לְקֹדֶשׁ הַקֳּדָשִׁים לְדַלְתֵי הַבַּיִת לַהֵיכָל זָהָֽב׃

הפטרת פקודי

הפטרה לפרשת פקודי גם כאשר ויקהל ופקודי מחוברות. בשבת פרשת שקלים קוראים את ההפטרה בעמ׳ 100. בשבת פרשת פרה קוראים את ההפטרה בעמ׳ 102. בשבת פרשת החודש קוראים את ההפטרה בעמ׳ 105.

מלכים א׳
הספרדים מתחילים כאן

מ ז וַיַּעַשׂ חִירוֹם אֶת־הַכִּיֹּרוֹת וְאֶת־הַיָּעִים וְאֶת־הַמִּזְרָקוֹת וַיְכַל חִירָם לַעֲשׂוֹת
מא אֶת־כׇּל־הַמְּלָאכָה אֲשֶׁר עָשָׂה לַמֶּלֶךְ שְׁלֹמֹה בֵּית יְהֹוָֽה׃ עַמֻּדִים שְׁנַיִם וְגֻלֹּת
הַכֹּתָרֹת אֲשֶׁר־עַל־רֹאשׁ הָעַמֻּדִים שְׁתָּיִם וְהַשְּׂבָכוֹת שְׁתַּיִם לְכַסּוֹת אֶת־שְׁתֵּי
מב גֻּלֹּת הַכֹּתָרֹת אֲשֶׁר עַל־רֹאשׁ הָעַמּוּדִֽים׃ וְאֶת־הָרִמֹּנִים אַרְבַּע מֵאוֹת לִשְׁתֵּי
הַשְּׂבָכוֹת שְׁנֵי־טוּרִים רִמֹּנִים לַשְּׂבָכָה הָאֶחָת לְכַסּוֹת אֶת־שְׁתֵּי גֻּלֹּת הַכֹּתָרֹת
מג אֲשֶׁר עַל־פְּנֵי הָעַמּוּדִֽים׃ וְאֶת־הַמְּכֹנוֹת עָשֶׂר וְאֶת־הַכִּיֹּרֹת עֲשָׂרָה עַל־הַמְּכֹנֽוֹת׃
מד מה וְאֶת־הַיָּם הָאֶחָד וְאֶת־הַבָּקָר שְׁנֵים־עָשָׂר תַּחַת הַיָּֽם׃ וְאֶת־הַסִּירוֹת וְאֶת־הַיָּעִים
וְאֶת־הַמִּזְרָקוֹת וְאֵת כׇּל־הַכֵּלִים האהל אֲשֶׁר עָשָׂה חִירָם לַמֶּלֶךְ שְׁלֹמֹה בֵּית (הָאֵלֶּה)
מו יְהֹוָה נְחֹשֶׁת מְמֹרָֽט׃ בְּכִכַּר הַיַּרְדֵּן יְצָקָם הַמֶּלֶךְ בְּמַעֲבֵה הָאֲדָמָה בֵּין סֻכּוֹת וּבֵין
מז צָרְתָֽן׃ וַיַּנַּח שְׁלֹמֹה אֶת־כׇּל־הַכֵּלִים מֵרֹב מְאֹד מְאֹד לֹא נֶחְקַר מִשְׁקַל הַנְּחֹֽשֶׁת׃
מח וַיַּעַשׂ שְׁלֹמֹה אֵת כׇּל־הַכֵּלִים אֲשֶׁר בֵּית יְהֹוָה אֵת מִזְבַּח הַזָּהָב וְאֶת־הַשֻּׁלְחָן
מט אֲשֶׁר עָלָיו לֶחֶם הַפָּנִים זָהָֽב׃ וְאֶת־הַמְּנֹרוֹת חָמֵשׁ מִיָּמִין וְחָמֵשׁ מִשְּׂמֹאל
נ לִפְנֵי הַדְּבִיר זָהָב סָגוּר וְהַפֶּרַח וְהַנֵּרֹת וְהַמֶּלְקַחַיִם זָהָֽב׃ וְהַסִּפּוֹת וְהַמְזַמְּרוֹת
וְהַמִּזְרָקוֹת וְהַכַּפּוֹת וְהַמַּחְתּוֹת זָהָב סָגוּר וְהַפֹּתוֹת לְדַלְתוֹת הַבַּיִת הַפְּנִימִי

הספרדים מסיימים כאן
האשכנזים מתחילים כאן

נא לְקֹדֶשׁ הַקֳּדָשִׁים לְדַלְתֵי הַבַּיִת לַהֵיכָל זָהָֽב׃* *וַתִּשְׁלַם כׇּל־הַמְּלָאכָה
אֲשֶׁר עָשָׂה הַמֶּלֶךְ שְׁלֹמֹה בֵּית יְהֹוָה וַיָּבֵא שְׁלֹמֹה אֶת־קׇדְשֵׁי ׀ דָּוִד אָבִיו אֶת־
א ח הַכֶּסֶף וְאֶת־הַזָּהָב וְאֶת־הַכֵּלִים נָתַן בְּאֹצְרוֹת בֵּית יְהֹוָֽה׃ אָז יַקְהֵל
שְׁלֹמֹה אֶת־זִקְנֵי יִשְׂרָאֵל אֶת־כׇּל־רָאשֵׁי הַמַּטּוֹת נְשִׂיאֵי הָאָבוֹת לִבְנֵי יִשְׂרָאֵל
אֶל־הַמֶּלֶךְ שְׁלֹמֹה יְרוּשָׁלָ͏ִם לְהַעֲלוֹת אֶת־אֲרוֹן בְּרִית־יְהֹוָה מֵעִיר דָּוִד הִיא צִיּֽוֹן׃
ב וַיִּקָּהֲלוּ אֶל־הַמֶּלֶךְ שְׁלֹמֹה כׇּל־אִישׁ יִשְׂרָאֵל בְּיֶרַח הָאֵתָנִים בֶּחָג הוּא הַחֹדֶשׁ
ג ד הַשְּׁבִיעִֽי׃ וַיָּבֹאוּ כֹּל זִקְנֵי יִשְׂרָאֵל וַיִּשְׂאוּ הַכֹּהֲנִים אֶת־הָאָרֽוֹן׃ וַיַּעֲלוּ אֶת־אֲרוֹן
יְהֹוָה וְאֶת־אֹהֶל מוֹעֵד וְאֶת־כׇּל־כְּלֵי הַקֹּדֶשׁ אֲשֶׁר בָּאֹהֶל וַיַּעֲלוּ אֹתָם הַכֹּהֲנִים
ה וְהַלְוִיִּֽם׃ וְהַמֶּלֶךְ שְׁלֹמֹה וְכׇל־עֲדַת יִשְׂרָאֵל הַנּוֹעָדִים עָלָיו אִתּוֹ לִפְנֵי הָאָרוֹן
ו מְזַבְּחִים צֹאן וּבָקָר אֲשֶׁר לֹא־יִסָּפְרוּ וְלֹא יִמָּנוּ מֵרֹֽב׃ וַיָּבִאוּ הַכֹּהֲנִים אֶת־אֲרוֹן

בְּרִית־יהוה אֶל־מְקוֹמוֹ אֶל־דְּבִיר הַבַּיִת אֶל־קֹדֶשׁ הַקֳּדָשִׁים אֶל־תַּחַת כַּנְפֵי
ז הַכְּרוּבִים: כִּי הַכְּרוּבִים פֹּרְשִׂים כְּנָפַיִם אֶל־מְקוֹם הָאָרוֹן וַיָּסֹכּוּ הַכְּרֻבִים עַל־
ח הָאָרוֹן וְעַל־בַּדָּיו מִלְמָעְלָה: וַיַּאֲרִכוּ הַבַּדִּים וַיֵּרָאוּ רָאשֵׁי הַבַּדִּים מִן־הַקֹּדֶשׁ
ט עַל־פְּנֵי הַדְּבִיר וְלֹא יֵרָאוּ הַחוּצָה וַיִּהְיוּ שָׁם עַד הַיּוֹם הַזֶּה: אֵין בָּאָרוֹן רַק שְׁנֵי
לֻחוֹת הָאֲבָנִים אֲשֶׁר הִנִּחַ שָׁם מֹשֶׁה בְּחֹרֵב אֲשֶׁר כָּרַת יהוה עִם־בְּנֵי יִשְׂרָאֵל
י בְּצֵאתָם מֵאֶרֶץ מִצְרָיִם: וַיְהִי בְּצֵאת הַכֹּהֲנִים מִן־הַקֹּדֶשׁ וְהֶעָנָן מָלֵא אֶת־בֵּית
יא יהוה: וְלֹא־יָכְלוּ הַכֹּהֲנִים לַעֲמֹד לְשָׁרֵת מִפְּנֵי הֶעָנָן כִּי־מָלֵא כְבוֹד־יהוה אֶת־
יב יג בֵּית יהוה: אָז אָמַר שְׁלֹמֹה יהוה אָמַר לִשְׁכֹּן בָּעֲרָפֶל: בָּנֹה בָנִיתִי
יד בֵּית זְבֻל לָךְ מָכוֹן לְשִׁבְתְּךָ עוֹלָמִים: וַיַּסֵּב הַמֶּלֶךְ אֶת־פָּנָיו וַיְבָרֶךְ אֵת כָּל־קְהַל
טו יִשְׂרָאֵל וְכָל־קְהַל יִשְׂרָאֵל עֹמֵד: וַיֹּאמֶר בָּרוּךְ יהוה אֱלֹהֵי יִשְׂרָאֵל אֲשֶׁר דִּבֶּר
טז בְּפִיו אֵת דָּוִד אָבִי וּבְיָדוֹ מִלֵּא לֵאמֹר: מִן־הַיּוֹם אֲשֶׁר הוֹצֵאתִי אֶת־עַמִּי אֶת־
יִשְׂרָאֵל מִמִּצְרַיִם לֹא־בָחַרְתִּי בְעִיר מִכֹּל שִׁבְטֵי יִשְׂרָאֵל לִבְנוֹת בַּיִת לִהְיוֹת שְׁמִי
יז שָׁם וָאֶבְחַר בְּדָוִד לִהְיוֹת עַל־עַמִּי יִשְׂרָאֵל: וַיְהִי עִם־לְבַב דָּוִד אָבִי לִבְנוֹת בַּיִת
יח לְשֵׁם יהוה אֱלֹהֵי יִשְׂרָאֵל: וַיֹּאמֶר יהוה אֶל־דָּוִד אָבִי יַעַן אֲשֶׁר הָיָה עִם־לְבָבְךָ
יט לִבְנוֹת בַּיִת לִשְׁמִי הֱטִיבֹתָ כִּי הָיָה עִם־לְבָבֶךָ: רַק אַתָּה לֹא תִבְנֶה הַבָּיִת כִּי
כ אִם־בִּנְךָ הַיֹּצֵא מֵחֲלָצֶיךָ הוּא־יִבְנֶה הַבַּיִת לִשְׁמִי: וַיָּקֶם יהוה אֶת־דְּבָרוֹ אֲשֶׁר
דִּבֵּר וָאָקֻם תַּחַת דָּוִד אָבִי וָאֵשֵׁב ׀ עַל־כִּסֵּא יִשְׂרָאֵל כַּאֲשֶׁר דִּבֶּר יהוה וָאֶבְנֶה
כא הַבַּיִת לְשֵׁם יהוה אֱלֹהֵי יִשְׂרָאֵל: וָאָשִׂם שָׁם מָקוֹם לָאָרוֹן אֲשֶׁר־שָׁם בְּרִית יהוה
אֲשֶׁר כָּרַת עִם־אֲבֹתֵינוּ בְּהוֹצִיאוֹ אֹתָם מֵאֶרֶץ מִצְרָיִם:

עשרת הדיברות שבפרשת יתרו

בטעם העליון

אָנֹכִי יְהוָה אֱלֹהֶיךָ אֲשֶׁר הוֹצֵאתִיךָ מֵאֶרֶץ מִצְרַיִם
מִבֵּית עֲבָדִים לֹא יִהְיֶה לְךָ אֱלֹהִים אֲחֵרִים עַל־פָּנַי לֹא תַעֲשֶׂה־לְךָ פֶסֶל ׀
וְכָל־תְּמוּנָה אֲשֶׁר בַּשָּׁמַיִם ׀ מִמַּעַל וַאֲשֶׁר בָּאָרֶץ מִתַּחַת וַאֲשֶׁר בַּמַּיִם ׀
מִתַּחַת לָאָרֶץ לֹא־תִשְׁתַּחֲוֶה לָהֶם וְלֹא תָעָבְדֵם כִּי אָנֹכִי יְהוָה אֱלֹהֶיךָ
אֵל קַנָּא פֹּקֵד עֲוֹן אָבֹת עַל־בָּנִים עַל־שִׁלֵּשִׁים וְעַל־רִבֵּעִים לְשֹׂנְאָי וְעֹשֶׂה
חֶסֶד לַאֲלָפִים לְאֹהֲבַי וּלְשֹׁמְרֵי מִצְוֹתָי: לֹא תִשָּׂא אֶת־שֵׁם־יְהוָה
אֱלֹהֶיךָ לַשָּׁוְא כִּי לֹא יְנַקֶּה יְהוָה אֵת אֲשֶׁר־יִשָּׂא אֶת־שְׁמוֹ לַשָּׁוְא:
זָכוֹר אֶת־יוֹם הַשַּׁבָּת לְקַדְּשׁוֹ שֵׁשֶׁת יָמִים תַּעֲבֹד וְעָשִׂיתָ כָל־
מְלַאכְתֶּךָ וְיוֹם הַשְּׁבִיעִי שַׁבָּת ׀ לַיהוָה אֱלֹהֶיךָ לֹא תַעֲשֶׂה כָל־
מְלָאכָה אַתָּה וּבִנְךָ וּבִתֶּךָ עַבְדְּךָ וַאֲמָתְךָ וּבְהֶמְתֶּךָ וְגֵרְךָ אֲשֶׁר
בִּשְׁעָרֶיךָ כִּי שֵׁשֶׁת־יָמִים עָשָׂה יְהוָה אֶת־הַשָּׁמַיִם וְאֶת־הָאָרֶץ
אֶת־הַיָּם וְאֶת־כָּל־אֲשֶׁר־בָּם וַיָּנַח בַּיּוֹם הַשְּׁבִיעִי עַל־כֵּן בֵּרַךְ
יְהוָה אֶת־יוֹם הַשַּׁבָּת וַיְקַדְּשֵׁהוּ: כַּבֵּד אֶת־אָבִיךָ
וְאֶת־אִמֶּךָ לְמַעַן יַאֲרִכוּן יָמֶיךָ עַל הָאֲדָמָה אֲשֶׁר־יְהוָה אֱלֹהֶיךָ
נֹתֵן לָךְ: לֹא תִרְצָח: לֹא
תִנְאָף: לֹא תִגְנֹב: לֹא -
תַעֲנֶה בְרֵעֲךָ עֵד שָׁקֶר: לֹא
תַחְמֹד בֵּית רֵעֶךָ לֹא -
תַחְמֹד אֵשֶׁת רֵעֶךָ וְעַבְדּוֹ וַאֲמָתוֹ וְשׁוֹרוֹ וַחֲמֹרוֹ וְכֹל אֲשֶׁר לְרֵעֶךָ:

קְרִיאוֹת וְהַפְטָרוֹת לְשַׁבָּתוֹת מְיֻחָדוֹת

מפטיר לשבת ראש חודש

כח ט וּבְיוֹם הַשַּׁבָּת שְׁנֵי־כְבָשִׂים בְּנֵי־שָׁנָה תְּמִימִם וּשְׁנֵי עֶשְׂרֹנִים סֹלֶת מִנְחָה במדבר
י בְּלוּלָה בַשֶּׁמֶן וְנִסְכּוֹ: עֹלַת שַׁבַּת בְּשַׁבַּתּוֹ עַל־עֹלַת הַתָּמִיד וְנִסְכָּהּ:
יא וּבְרָאשֵׁי חָדְשֵׁיכֶם תַּקְרִיבוּ עֹלָה לַיהוָה פָּרִים בְּנֵי־בָקָר שְׁנַיִם וְאַיִל אֶחָד
יב כְּבָשִׂים בְּנֵי־שָׁנָה שִׁבְעָה תְּמִימִם: וּשְׁלֹשָׁה עֶשְׂרֹנִים סֹלֶת מִנְחָה בְּלוּלָה
בַשֶּׁמֶן לַפָּר הָאֶחָד וּשְׁנֵי עֶשְׂרֹנִים סֹלֶת מִנְחָה בְּלוּלָה בַשֶּׁמֶן לָאַיִל הָאֶחָד:
יג וְעִשָּׂרֹן עִשָּׂרוֹן סֹלֶת מִנְחָה בְּלוּלָה בַשֶּׁמֶן לַכֶּבֶשׂ הָאֶחָד עֹלָה רֵיחַ נִיחֹחַ
יד אִשֶּׁה לַיהוָה: וְנִסְכֵּיהֶם חֲצִי הַהִין יִהְיֶה לַפָּר וּשְׁלִישִׁת הַהִין לָאַיִל וּרְבִיעִת
טו הַהִין לַכֶּבֶשׂ יָיִן זֹאת עֹלַת חֹדֶשׁ בְּחָדְשׁוֹ לְחָדְשֵׁי הַשָּׁנָה: וּשְׂעִיר עִזִּים
אֶחָד לְחַטָּאת לַיהוָה עַל־עֹלַת הַתָּמִיד יֵעָשֶׂה וְנִסְכּוֹ:

הפטרת שבת ראש חודש

אם ר״ח חל בשבת וראשון הספרדים מוסיפים פסוק ראשון ואחרון מהפטרת 'מָחָר חֹדֶשׁ' בעמ׳ 98.

סו א כֹּה אָמַר יהוה הַשָּׁמַיִם כִּסְאִי וְהָאָרֶץ הֲדֹם רַגְלָי אֵי־זֶה בַיִת אֲשֶׁר תִּבְנוּ־לִי ישעיה
ב וְאֵי־זֶה מָקוֹם מְנוּחָתִי: וְאֶת־כָּל־אֵלֶּה יָדִי עָשָׂתָה וַיִּהְיוּ כָל־אֵלֶּה נְאֻם־יהוה
ג וְאֶל־זֶה אַבִּיט אֶל־עָנִי וּנְכֵה־רוּחַ וְחָרֵד עַל־דְּבָרִי: שׁוֹחֵט הַשּׁוֹר מַכֵּה־אִישׁ זוֹבֵחַ
הַשֶּׂה עֹרֵף כֶּלֶב מַעֲלֵה מִנְחָה דַּם־חֲזִיר מַזְכִּיר לְבֹנָה מְבָרֵךְ אָוֶן גַּם־הֵמָּה בָּחֲרוּ
ד בְּדַרְכֵיהֶם וּבְשִׁקּוּצֵיהֶם נַפְשָׁם חָפֵצָה: גַּם־אֲנִי אֶבְחַר בְּתַעֲלֻלֵיהֶם וּמְגוּרֹתָם
אָבִיא לָהֶם יַעַן קָרָאתִי וְאֵין עוֹנֶה דִּבַּרְתִּי וְלֹא שָׁמֵעוּ וַיַּעֲשׂוּ הָרַע בְּעֵינַי וּבַאֲשֶׁר
ה לֹא־חָפַצְתִּי בָּחָרוּ: שִׁמְעוּ דְּבַר־יהוה הַחֲרֵדִים אֶל־דְּבָרוֹ אָמְרוּ
אֲחֵיכֶם שֹׂנְאֵיכֶם מְנַדֵּיכֶם לְמַעַן שְׁמִי יִכְבַּד יהוה וְנִרְאֶה בְשִׂמְחַתְכֶם וְהֵם
ו ז יֵבֹשׁוּ: קוֹל שָׁאוֹן מֵעִיר קוֹל מֵהֵיכָל קוֹל יהוה מְשַׁלֵּם גְּמוּל לְאֹיְבָיו: בְּטֶרֶם
ח תָּחִיל יָלָדָה בְּטֶרֶם יָבוֹא חֵבֶל לָהּ וְהִמְלִיטָה זָכָר: מִי־שָׁמַע כָּזֹאת מִי רָאָה
כָּאֵלֶּה הֲיוּחַל אֶרֶץ בְּיוֹם אֶחָד אִם־יִוָּלֵד גּוֹי פַּעַם אֶחָת כִּי־חָלָה גַּם־יָלְדָה צִיּוֹן
ט אֶת־בָּנֶיהָ: הַאֲנִי אַשְׁבִּיר וְלֹא אוֹלִיד יֹאמַר יהוה אִם־אֲנִי הַמּוֹלִיד וְעָצַרְתִּי
י אָמַר אֱלֹהָיִךְ: שִׂמְחוּ אֶת־יְרוּשָׁלִַם וְגִילוּ בָהּ כָּל־אֹהֲבֶיהָ שִׂישׂוּ אִתָּהּ
יא מָשׂוֹשׂ כָּל־הַמִּתְאַבְּלִים עָלֶיהָ: לְמַעַן תִּינְקוּ וּשְׂבַעְתֶּם מִשֹּׁד תַּנְחֻמֶיהָ לְמַעַן
יב תָּמֹצּוּ וְהִתְעַנַּגְתֶּם מִזִּיז כְּבוֹדָהּ: כִּי־כֹה ׀ אָמַר יהוה הִנְנִי נֹטֶה־אֵלֶיהָ
כְּנָהָר שָׁלוֹם וּכְנַחַל שׁוֹטֵף כְּבוֹד גּוֹיִם וִינַקְתֶּם עַל־צַד תִּנָּשֵׂאוּ וְעַל־בִּרְכַּיִם
יג תְּשָׁעֳשָׁעוּ: כְּאִישׁ אֲשֶׁר אִמּוֹ תְּנַחֲמֶנּוּ כֵּן אָנֹכִי אֲנַחֶמְכֶם וּבִירוּשָׁלִַם תְּנֻחָמוּ:

יד וּרְאִיתֶם וְשָׂשׂ לִבְּכֶם וְעַצְמוֹתֵיכֶם כַּדֶּשֶׁא תִפְרַחְנָה וְנוֹדְעָה יַד־יהוה אֶת־עֲבָדָיו
טו וְזָעַם אֶת־אֹיְבָיו׃ כִּי־הִנֵּה יהוה בָּאֵשׁ יָבוֹא וְכַסּוּפָה מַרְכְּבֹתָיו לְהָשִׁיב בְּחֵמָה
טז אַפּוֹ וְגַעֲרָתוֹ בְּלַהֲבֵי־אֵשׁ׃ כִּי בָאֵשׁ יהוה נִשְׁפָּט וּבְחַרְבּוֹ אֶת־כָּל־בָּשָׂר וְרַבּוּ
יז חַלְלֵי יהוה׃ הַמִּתְקַדְּשִׁים וְהַמִּטַּהֲרִים אֶל־הַגַּנּוֹת אַחַר אחד בַּתָּוֶךְ אֹכְלֵי בְּשַׂר אַחַת
יח הַחֲזִיר וְהַשֶּׁקֶץ וְהָעַכְבָּר יַחְדָּו יָסֻפוּ נְאֻם־יהוה׃ וְאָנֹכִי מַעֲשֵׂיהֶם וּמַחְשְׁבֹתֵיהֶם
יט בָּאָה לְקַבֵּץ אֶת־כָּל־הַגּוֹיִם וְהַלְּשֹׁנוֹת וּבָאוּ וְרָאוּ אֶת־כְּבוֹדִי׃ וְשַׂמְתִּי בָהֶם אוֹת
וְשִׁלַּחְתִּי מֵהֶם ׀ פְּלֵיטִים אֶל־הַגּוֹיִם תַּרְשִׁישׁ פּוּל וְלוּד מֹשְׁכֵי קֶשֶׁת תּוּבַל וְיָוָן
הָאִיִּים הָרְחֹקִים אֲשֶׁר לֹא־שָׁמְעוּ אֶת־שִׁמְעִי וְלֹא־רָאוּ אֶת־כְּבוֹדִי וְהִגִּידוּ אֶת־
כ כְּבוֹדִי בַּגּוֹיִם׃ וְהֵבִיאוּ אֶת־כָּל־אֲחֵיכֶם ׀ מִכָּל־הַגּוֹיִם ׀ מִנְחָה ׀ לַיהוה בַּסּוּסִים
וּבָרֶכֶב וּבַצַּבִּים וּבַפְּרָדִים וּבַכִּרְכָּרוֹת עַל הַר קָדְשִׁי יְרוּשָׁלִַם אָמַר יהוה כַּאֲשֶׁר
כא יָבִיאוּ בְנֵי יִשְׂרָאֵל אֶת־הַמִּנְחָה בִּכְלִי טָהוֹר בֵּית יהוה׃ וְגַם־מֵהֶם אֶקַּח לַכֹּהֲנִים
כב לַלְוִיִּם אָמַר יהוה׃ כִּי כַאֲשֶׁר הַשָּׁמַיִם הַחֲדָשִׁים וְהָאָרֶץ הַחֲדָשָׁה אֲשֶׁר אֲנִי עֹשֶׂה
כג עֹמְדִים לְפָנַי נְאֻם־יהוה כֵּן יַעֲמֹד זַרְעֲכֶם וְשִׁמְכֶם׃ וְהָיָה מִדֵּי־חֹדֶשׁ בְּחָדְשׁוֹ
כד וּמִדֵּי שַׁבָּת בְּשַׁבַּתּוֹ יָבוֹא כָל־בָּשָׂר לְהִשְׁתַּחֲוֹת לְפָנַי אָמַר יהוה׃ וְיָצְאוּ וְרָאוּ
בְּפִגְרֵי הָאֲנָשִׁים הַפֹּשְׁעִים בִּי כִּי תוֹלַעְתָּם לֹא תָמוּת וְאִשָּׁם לֹא תִכְבֶּה וְהָיוּ
דֵרָאוֹן לְכָל־בָּשָׂר׃

וְהָיָה מִדֵּי־חֹדֶשׁ בְּחָדְשׁוֹ וּמִדֵּי שַׁבָּת בְּשַׁבַּתּוֹ
יָבוֹא כָל־בָּשָׂר לְהִשְׁתַּחֲוֹת לְפָנַי אָמַר יהוה׃

הפטרת שבת ערב ראש חודש

כ יח יט וַיֹּאמֶר־לוֹ יְהוֹנָתָן מָחָר חֹדֶשׁ וְנִפְקַדְתָּ כִּי יִפָּקֵד מוֹשָׁבֶךָ׃ וְשִׁלַּשְׁתָּ תֵּרֵד מְאֹד שמואל א׳
וּבָאתָ אֶל־הַמָּקוֹם אֲשֶׁר־נִסְתַּרְתָּ שָּׁם בְּיוֹם הַמַּעֲשֶׂה וְיָשַׁבְתָּ אֵצֶל הָאֶבֶן
כ כא הָאָזֶל׃ וַאֲנִי שְׁלֹשֶׁת הַחִצִּים צִדָּה אוֹרֶה לְשַׁלַּח־לִי לְמַטָּרָה׃ וְהִנֵּה אֶשְׁלַח
אֶת־הַנַּעַר לֵךְ מְצָא אֶת־הַחִצִּים אִם־אָמֹר אֹמַר לַנַּעַר הִנֵּה הַחִצִּים ׀ מִמְּךָ
כב וָהֵנָּה קָחֶנּוּ וָבֹאָה כִּי־שָׁלוֹם לְךָ וְאֵין דָּבָר חַי־יהוה׃ וְאִם־כֹּה אֹמַר לָעֶלֶם הִנֵּה
כג הַחִצִּים מִמְּךָ וָהָלְאָה לֵךְ כִּי שִׁלַּחֲךָ יהוה׃ וְהַדָּבָר אֲשֶׁר דִּבַּרְנוּ אֲנִי וָאָתָּה
כד הִנֵּה יהוה בֵּינִי וּבֵינְךָ עַד־עוֹלָם׃ וַיִּסָּתֵר דָּוִד בַּשָּׂדֶה וַיְהִי הַחֹדֶשׁ
כה וַיֵּשֶׁב הַמֶּלֶךְ על־הַלֶּחֶם לֶאֱכוֹל׃ וַיֵּשֶׁב הַמֶּלֶךְ עַל־מוֹשָׁבוֹ כְּפַעַם ׀ בְּפַעַם אֶל־
אֶל־מוֹשַׁב הַקִּיר וַיָּקָם יְהוֹנָתָן וַיֵּשֶׁב אַבְנֵר מִצַּד שָׁאוּל וַיִּפָּקֵד מְקוֹם דָּוִד׃
כו וְלֹא־דִבֶּר שָׁאוּל מְאוּמָה בַּיּוֹם הַהוּא כִּי אָמַר מִקְרֶה הוּא בִּלְתִּי טָהוֹר הוּא
כז כִּי־לֹא טָהוֹר׃ וַיְהִי מִמָּחֳרַת הַחֹדֶשׁ הַשֵּׁנִי וַיִּפָּקֵד מְקוֹם דָּוִד
וַיֹּאמֶר שָׁאוּל אֶל־יְהוֹנָתָן בְּנוֹ מַדּוּעַ לֹא־בָא בֶן־יִשַׁי גַּם־תְּמוֹל גַּם־הַיּוֹם אֶל־
כח הַלָּחֶם׃ וַיַּעַן יְהוֹנָתָן אֶת־שָׁאוּל נִשְׁאֹל נִשְׁאַל דָּוִד מֵעִמָּדִי עַד־בֵּית לָחֶם׃
כט וַיֹּאמֶר שַׁלְּחֵנִי נָא כִּי זֶבַח מִשְׁפָּחָה לָנוּ בָּעִיר וְהוּא צִוָּה־לִי אָחִי וְעַתָּה אִם־
מָצָאתִי חֵן בְּעֵינֶיךָ אִמָּלְטָה נָּא וְאֶרְאֶה אֶת־אֶחָי עַל־כֵּן לֹא־בָא אֶל־שֻׁלְחַן

ל הַמֶּלֶךְ: וַיִּחַר־אַף שָׁאוּל בִּיהוֹנָתָן וַיֹּאמֶר לוֹ בֶּן־נַעֲוַת הַמַּרְדּוּת
לא הֲלוֹא יָדַעְתִּי כִּי־בֹחֵר אַתָּה לְבֶן־יִשַׁי לְבָשְׁתְּךָ וּלְבֹשֶׁת עֶרְוַת אִמֶּךָ: כִּי כָל־
הַיָּמִים אֲשֶׁר בֶּן־יִשַׁי חַי עַל־הָאֲדָמָה לֹא תִכּוֹן אַתָּה וּמַלְכוּתֶךָ וְעַתָּה שְׁלַח וְקַח
לב אֹתוֹ אֵלַי כִּי בֶן־מָוֶת הוּא: וַיַּעַן יְהוֹנָתָן אֶת־שָׁאוּל אָבִיו וַיֹּאמֶר אֵלָיו
לג לָמָּה יוּמַת מֶה עָשָׂה: וַיָּטֶל שָׁאוּל אֶת־הַחֲנִית עָלָיו לְהַכֹּתוֹ וַיֵּדַע יְהוֹנָתָן כִּי־
לד כָלָה הִיא מֵעִם אָבִיו לְהָמִית אֶת־דָּוִד: וַיָּקָם יְהוֹנָתָן מֵעִם הַשֻּׁלְחָן
בָּחֳרִי־אָף וְלֹא־אָכַל בְּיוֹם־הַחֹדֶשׁ הַשֵּׁנִי לֶחֶם כִּי נֶעְצַב אֶל־דָּוִד כִּי הִכְלִמוֹ
לה אָבִיו: וַיְהִי בַבֹּקֶר וַיֵּצֵא יְהוֹנָתָן הַשָּׂדֶה לְמוֹעֵד דָּוִד וְנַעַר קָטֹן עִמּוֹ:
לו וַיֹּאמֶר לְנַעֲרוֹ רֻץ מְצָא־נָא אֶת־הַחִצִּים אֲשֶׁר אָנֹכִי מוֹרֶה הַנַּעַר רָץ וְהוּא־
לז יָרָה הַחֵצִי לְהַעֲבִרוֹ: וַיָּבֹא הַנַּעַר עַד־מְקוֹם הַחֵצִי אֲשֶׁר יָרָה יְהוֹנָתָן וַיִּקְרָא
לח יְהוֹנָתָן אַחֲרֵי הַנַּעַר וַיֹּאמֶר הֲלוֹא הַחֵצִי מִמְּךָ וָהָלְאָה: וַיִּקְרָא יְהוֹנָתָן אַחֲרֵי
הַנַּעַר מְהֵרָה חוּשָׁה אַל־תַּעֲמֹד וַיְלַקֵּט נַעַר יְהוֹנָתָן אֶת־הַחִצִּי וַיָּבֹא אֶל־אֲדֹנָיו: הַחִצִּים
לט מ וְהַנַּעַר לֹא־יָדַע מְאוּמָה אַךְ יְהוֹנָתָן וְדָוִד יָדְעוּ אֶת־הַדָּבָר: וַיִּתֵּן יְהוֹנָתָן אֶת־
מא כֵּלָיו אֶל־הַנַּעַר אֲשֶׁר־לוֹ וַיֹּאמֶר לוֹ לֵךְ הָבֵיא הָעִיר: הַנַּעַר בָּא וְדָוִד קָם מֵאֵצֶל
הַנֶּגֶב וַיִּפֹּל לְאַפָּיו אַרְצָה וַיִּשְׁתַּחוּ שָׁלֹשׁ פְּעָמִים וַיִּשְּׁקוּ ׀ אִישׁ אֶת־רֵעֵהוּ וַיִּבְכּוּ
מב אִישׁ אֶת־רֵעֵהוּ עַד־דָּוִד הִגְדִּיל: וַיֹּאמֶר יְהוֹנָתָן לְדָוִד לֵךְ לְשָׁלוֹם אֲשֶׁר נִשְׁבַּעְנוּ
שְׁנֵינוּ אֲנַחְנוּ בְּשֵׁם יהוה לֵאמֹר יהוה יִהְיֶה ׀ בֵּינִי וּבֵינֶךָ וּבֵין זַרְעִי וּבֵין זַרְעֲךָ
עַד־עוֹלָם:

הפטרת פרשת שקלים

מפטיר: שמות ל, יא–טז, עמ׳ 61–62.

כאשר שבת פרשת שקלים חלה בראש חודש אדר, מוציאים שלושה ספרי תורה, בשני קוראים את החלק של ראש חודש, במדבר כח, ט–טו בעמ׳ 97, ובשלישי את המפטיר לפרשת שקלים.

יא יז וַיִּכְרֹת יְהוֹיָדָע אֶת־הַבְּרִית בֵּין יְהוָה וּבֵין הַמֶּלֶךְ וּבֵין הָעָם לִהְיוֹת לְעָם — מלכים ב׳ הספרדים מתחילים כאן
יח לַיהוָה וּבֵין הַמֶּלֶךְ וּבֵין הָעָם׃ וַיָּבֹאוּ כָל־עַם הָאָרֶץ בֵּית־הַבַּעַל וַיִּתְּצֻהוּ
אֶת־מִזְבְּחֹתָו וְאֶת־צְלָמָיו שִׁבְּרוּ הֵיטֵב וְאֵת מַתָּן כֹּהֵן הַבַּעַל הָרְגוּ לִפְנֵי
יט הַמִּזְבְּחוֹת וַיָּשֶׂם הַכֹּהֵן פְּקֻדֹּת עַל־בֵּית יְהוָה׃ וַיִּקַּח אֶת־שָׂרֵי הַמֵּאוֹת
וְאֶת־הַכָּרִי וְאֶת־הָרָצִים וְאֵת ׀ כָּל־עַם הָאָרֶץ וַיֹּרִידוּ אֶת־הַמֶּלֶךְ מִבֵּית
יְהוָה וַיָּבוֹאוּ דֶּרֶךְ־שַׁעַר הָרָצִים בֵּית הַמֶּלֶךְ וַיֵּשֶׁב עַל־כִּסֵּא הַמְּלָכִים׃
כ וַיִּשְׂמַח כָּל־עַם־הָאָרֶץ וְהָעִיר שָׁקָטָה וְאֶת־עֲתַלְיָהוּ הֵמִיתוּ בַחֶרֶב בֵּית
יב א ב מלך׃ *בֶּן־שֶׁבַע שָׁנִים יְהוֹאָשׁ בְּמָלְכוֹ׃ בִּשְׁנַת־שֶׁבַע לְיֵהוּא — הַמֶּלֶךְ
מָלַךְ יְהוֹאָשׁ וְאַרְבָּעִים שָׁנָה מָלַךְ בִּירוּשָׁלִָם וְשֵׁם אִמּוֹ צִבְיָה מִבְּאֵר שָׁבַע׃ — האשכנזים והתימנים מתחילים כאן
ג ד וַיַּעַשׂ יְהוֹאָשׁ הַיָּשָׁר בְּעֵינֵי יְהוָה כָּל־יָמָיו אֲשֶׁר הוֹרָהוּ יְהוֹיָדָע הַכֹּהֵן׃ רַק
ה הַבָּמוֹת לֹא־סָרוּ עוֹד הָעָם מְזַבְּחִים וּמְקַטְּרִים בַּבָּמוֹת׃ וַיֹּאמֶר יְהוֹאָשׁ
אֶל־הַכֹּהֲנִים כֹּל כֶּסֶף הַקֳּדָשִׁים אֲשֶׁר יוּבָא בֵית־יְהוָה כֶּסֶף עוֹבֵר אִישׁ
כֶּסֶף נַפְשׁוֹת עֶרְכּוֹ כָּל־כֶּסֶף אֲשֶׁר יַעֲלֶה עַל לֶב־אִישׁ לְהָבִיא בֵּית יְהוָה׃
ו יִקְחוּ לָהֶם הַכֹּהֲנִים אִישׁ מֵאֵת מַכָּרוֹ וְהֵם יְחַזְּקוּ אֶת־בֶּדֶק הַבַּיִת לְכֹל
ז אֲשֶׁר־יִמָּצֵא שָׁם בָּדֶק׃ וַיְהִי בִּשְׁנַת עֶשְׂרִים וְשָׁלֹשׁ שָׁנָה לַמֶּלֶךְ
ח יְהוֹאָשׁ לֹא־חִזְּקוּ הַכֹּהֲנִים אֶת־בֶּדֶק הַבָּיִת׃ וַיִּקְרָא הַמֶּלֶךְ יְהוֹאָשׁ לִיהוֹיָדָע
הַכֹּהֵן וְלַכֹּהֲנִים וַיֹּאמֶר אֲלֵהֶם מַדּוּעַ אֵינְכֶם מְחַזְּקִים אֶת־בֶּדֶק הַבָּיִת
ט וְעַתָּה אַל־תִּקְחוּ־כֶסֶף מֵאֵת מַכָּרֵיכֶם כִּי־לְבֶדֶק הַבַּיִת תִּתְּנֻהוּ׃ וַיֵּאֹתוּ
הַכֹּהֲנִים לְבִלְתִּי קְחַת־כֶּסֶף מֵאֵת הָעָם וּלְבִלְתִּי חַזֵּק אֶת־בֶּדֶק הַבָּיִת׃
י וַיִּקַּח יְהוֹיָדָע הַכֹּהֵן אֲרוֹן אֶחָד וַיִּקֹּב חֹר בְּדַלְתּוֹ וַיִּתֵּן אֹתוֹ אֵצֶל הַמִּזְבֵּחַ
בימין בְּבוֹא־אִישׁ בֵּית יְהוָה וְנָתְנוּ־שָׁמָּה הַכֹּהֲנִים שֹׁמְרֵי הַסַּף אֶת־כָּל־ — מִיָּמִין
יא הַכֶּסֶף הַמּוּבָא בֵית־יְהוָה׃ וַיְהִי כִּרְאוֹתָם כִּי־רַב הַכֶּסֶף בָּאָרוֹן וַיַּעַל סֹפֵר
יב הַמֶּלֶךְ וְהַכֹּהֵן הַגָּדוֹל וַיָּצֻרוּ וַיִּמְנוּ אֶת־הַכֶּסֶף הַנִּמְצָא בֵית־יְהוָה׃ וְנָתְנוּ
אֶת־הַכֶּסֶף הַמְתֻכָּן עַל־יַד עֹשֵׂי הַמְּלָאכָה הפקדים בֵּית יְהוָה וַיּוֹצִיאֻהוּ — הַמֻּפְקָדִים
יג לְחָרָשֵׁי הָעֵץ וְלַבֹּנִים הָעֹשִׂים בֵּית יְהוָה׃ וְלַגֹּדְרִים וּלְחֹצְבֵי הָאֶבֶן וְלִקְנוֹת
עֵצִים וְאַבְנֵי מַחְצֵב לְחַזֵּק אֶת־בֶּדֶק בֵּית־יְהוָה וּלְכֹל אֲשֶׁר־יֵצֵא עַל־הַבַּיִת
יד לְחָזְקָה׃ אַךְ לֹא יֵעָשֶׂה בֵּית יְהוָה סִפּוֹת כֶּסֶף מְזַמְּרוֹת מִזְרָקוֹת חֲצֹצְרוֹת
טו כָּל־כְּלִי זָהָב וּכְלִי־כָסֶף מִן־הַכֶּסֶף הַמּוּבָא בֵית־יְהוָה׃ כִּי־לְעֹשֵׂי הַמְּלָאכָה
טז יִתְּנֻהוּ וְחִזְּקוּ־בוֹ אֶת־בֵּית יְהוָה׃ וְלֹא יְחַשְּׁבוּ אֶת־הָאֲנָשִׁים אֲשֶׁר יִתְּנוּ

יז אֶת־הַכֶּסֶף עַל־יָדָם לָתֵת לְעֹשֵׂי הַמְּלָאכָה כִּי בֶאֱמֻנָה הֵם עֹשִׂים: כֶּסֶף
אָשָׁם וְכֶסֶף חַטָּאוֹת לֹא יוּבָא בֵּית יהוה לַכֹּהֲנִים יִהְיוּ:

קריאת פרשת זכור

כה יז יח זָכוֹר אֵת אֲשֶׁר־עָשָׂה לְךָ עֲמָלֵק בַּדֶּרֶךְ בְּצֵאתְכֶם מִמִּצְרָיִם: אֲשֶׁר קָרְךָ — דברים
בַּדֶּרֶךְ וַיְזַנֵּב בְּךָ כָּל־הַנֶּחֱשָׁלִים אַחֲרֶיךָ וְאַתָּה עָיֵף וְיָגֵעַ וְלֹא יָרֵא אֱלֹהִים:
יט וְהָיָה בְּהָנִיחַ יהוה אֱלֹהֶיךָ ׀ לְךָ מִכָּל־אֹיְבֶיךָ מִסָּבִיב בָּאָרֶץ אֲשֶׁר־יהוה
אֱלֹהֶיךָ נֹתֵן לְךָ נַחֲלָה לְרִשְׁתָּהּ תִּמְחֶה אֶת־זֵכֶר עֲמָלֵק מִתַּחַת הַשָּׁמָיִם
לֹא תִּשְׁכָּח:

מפטיר לפורים משולש: שמות יז, ח–טז, עמ׳ 42–43.

הפטרת פרשת זכור

יד נב וַתְּהִי הַמִּלְחָמָה חֲזָקָה עַל־פְּלִשְׁתִּים כֹּל יְמֵי שָׁאוּל וְרָאָה שָׁאוּל כָּל־אִישׁ — התימנים מתחילים כאן; שמואל א׳
טו א גִּבּוֹר וְכָל־בֶּן־חַיִל וַיַּאַסְפֵהוּ אֵלָיו: *וַיֹּאמֶר שְׁמוּאֵל אֶל־שָׁאוּל — הספרדים מתחילים כאן
אֹתִי שָׁלַח יהוה לִמְשָׁחֳךָ לְמֶלֶךְ עַל־עַמּוֹ עַל־יִשְׂרָאֵל וְעַתָּה שְׁמַע לְקוֹל
ב דִּבְרֵי יהוה: *כֹּה אָמַר יהוה צְבָאוֹת פָּקַדְתִּי אֵת אֲשֶׁר־ — האשכנזים מתחילים כאן
ג עָשָׂה עֲמָלֵק לְיִשְׂרָאֵל אֲשֶׁר־שָׂם לוֹ בַּדֶּרֶךְ בַּעֲלֹתוֹ מִמִּצְרָיִם: עַתָּה
לֵךְ וְהִכִּיתָה אֶת־עֲמָלֵק וְהַחֲרַמְתֶּם אֶת־כָּל־אֲשֶׁר־לוֹ וְלֹא תַחְמֹל עָלָיו
וְהֵמַתָּה מֵאִישׁ עַד־אִשָּׁה מֵעֹלֵל וְעַד־יוֹנֵק מִשּׁוֹר וְעַד־שֶׂה מִגָּמָל וְעַד־
ד חֲמוֹר: וַיְשַׁמַּע שָׁאוּל אֶת־הָעָם וַיִּפְקְדֵם בַּטְּלָאִים מָאתַיִם
ה אֶלֶף רַגְלִי וַעֲשֶׂרֶת אֲלָפִים אֶת־אִישׁ יְהוּדָה: וַיָּבֹא שָׁאוּל עַד־עִיר עֲמָלֵק
ו וַיָּרֶב בַּנָּחַל: וַיֹּאמֶר שָׁאוּל אֶל־הַקֵּינִי לְכוּ סֻּרוּ רְדוּ מִתּוֹךְ עֲמָלֵקִי פֶּן־
אֹסִפְךָ עִמּוֹ וְאַתָּה עָשִׂיתָה חֶסֶד עִם־כָּל־בְּנֵי יִשְׂרָאֵל בַּעֲלוֹתָם מִמִּצְרָיִם
ז וַיָּסַר קֵינִי מִתּוֹךְ עֲמָלֵק: וַיַּךְ שָׁאוּל אֶת־עֲמָלֵק מֵחֲוִילָה בּוֹאֲךָ שׁוּר
ח אֲשֶׁר עַל־פְּנֵי מִצְרָיִם: וַיִּתְפֹּשׂ אֶת־אֲגַג מֶלֶךְ־עֲמָלֵק חָי וְאֶת־כָּל־הָעָם
ט הֶחֱרִים לְפִי־חָרֶב: וַיַּחְמֹל שָׁאוּל וְהָעָם עַל־אֲגָג וְעַל־מֵיטַב הַצֹּאן וְהַבָּקָר
וְהַמִּשְׁנִים וְעַל־הַכָּרִים וְעַל־כָּל־הַטּוֹב וְלֹא אָבוּ הַחֲרִימָם וְכָל־הַמְּלָאכָה
י נְמִבְזָה וְנָמֵס אֹתָהּ הֶחֱרִימוּ: וַיְהִי דְּבַר יהוה אֶל־שְׁמוּאֵל
יא לֵאמֹר: נִחַמְתִּי כִּי־הִמְלַכְתִּי אֶת־שָׁאוּל לְמֶלֶךְ כִּי־שָׁב מֵאַחֲרַי וְאֶת־דְּבָרַי
יב לֹא הֵקִים וַיִּחַר לִשְׁמוּאֵל וַיִּזְעַק אֶל־יהוה כָּל־הַלָּיְלָה: וַיַּשְׁכֵּם שְׁמוּאֵל
לִקְרַאת שָׁאוּל בַּבֹּקֶר וַיֻּגַּד לִשְׁמוּאֵל לֵאמֹר בָּא־שָׁאוּל הַכַּרְמֶלָה וְהִנֵּה
יג מַצִּיב לוֹ יָד וַיִּסֹּב וַיַּעֲבֹר וַיֵּרֶד הַגִּלְגָּל: וַיָּבֹא שְׁמוּאֵל אֶל־שָׁאוּל וַיֹּאמֶר
יד לוֹ שָׁאוּל בָּרוּךְ אַתָּה לַיהוה הֲקִימֹתִי אֶת־דְּבַר יהוה: וַיֹּאמֶר שְׁמוּאֵל

טו וּמֶה קוֹל־הַצֹּאן הַזֶּה בְּאָזְנָי וְקוֹל הַבָּקָר אֲשֶׁר אָנֹכִי שֹׁמֵעַ׃ וַיֹּאמֶר שָׁאוּל
מֵעֲמָלֵקִי הֱבִיאוּם אֲשֶׁר חָמַל הָעָם עַל־מֵיטַב הַצֹּאן וְהַבָּקָר לְמַעַן זְבֹחַ
טז לַיהוָה אֱלֹהֶיךָ וְאֶת־הַיּוֹתֵר הֶחֱרַמְנוּ׃ וַיֹּאמֶר שְׁמוּאֵל אֶל־
שָׁאוּל הֶרֶף וְאַגִּידָה לְּךָ אֵת אֲשֶׁר דִּבֶּר יְהוָה אֵלַי הַלָּיְלָה ויאמרו לוֹ וַיֹּאמֶר
יז דַּבֵּר׃ וַיֹּאמֶר שְׁמוּאֵל הֲלוֹא אִם־קָטֹן אַתָּה בְּעֵינֶיךָ רֹאשׁ שִׁבְטֵי
יח יִשְׂרָאֵל אָתָּה וַיִּמְשָׁחֲךָ יְהוָה לְמֶלֶךְ עַל־יִשְׂרָאֵל׃ וַיִּשְׁלָחֲךָ יְהוָה בְּדָרֶךְ
וַיֹּאמֶר לֵךְ וְהַחֲרַמְתָּה אֶת־הַחַטָּאִים אֶת־עֲמָלֵק וְנִלְחַמְתָּ בוֹ עַד־כַּלּוֹתָם
יט אֹתָם׃ וְלָמָּה לֹא־שָׁמַעְתָּ בְּקוֹל יְהוָה וַתַּעַט אֶל־הַשָּׁלָל וַתַּעַשׂ הָרַע בְּעֵינֵי
כ יְהוָה׃ וַיֹּאמֶר שָׁאוּל אֶל־שְׁמוּאֵל אֲשֶׁר שָׁמַעְתִּי בְּקוֹל יְהוָה
וָאֵלֵךְ בַּדֶּרֶךְ אֲשֶׁר־שְׁלָחַנִי יְהוָה וָאָבִיא אֶת־אֲגַג מֶלֶךְ עֲמָלֵק וְאֶת־עֲמָלֵק
כא הֶחֱרַמְתִּי׃ וַיִּקַּח הָעָם מֵהַשָּׁלָל צֹאן וּבָקָר רֵאשִׁית הַחֵרֶם לִזְבֹּחַ לַיהוָה
כב אֱלֹהֶיךָ בַּגִּלְגָּל׃ וַיֹּאמֶר שְׁמוּאֵל הַחֵפֶץ לַיהוָה בְּעֹלוֹת וּזְבָחִים
כג כִּשְׁמֹעַ בְּקוֹל יְהוָה הִנֵּה שְׁמֹעַ מִזֶּבַח טוֹב לְהַקְשִׁיב מֵחֵלֶב אֵילִים׃ כִּי
חַטַּאת־קֶסֶם מֶרִי וְאָוֶן וּתְרָפִים הַפְצַר יַעַן מָאַסְתָּ אֶת־דְּבַר יְהוָה וַיִּמְאָסְךָ
כד מִמֶּלֶךְ׃ וַיֹּאמֶר שָׁאוּל אֶל־שְׁמוּאֵל חָטָאתִי כִּי־עָבַרְתִּי אֶת־
כה פִּי־יְהוָה וְאֶת־דְּבָרֶיךָ כִּי יָרֵאתִי אֶת־הָעָם וָאֶשְׁמַע בְּקוֹלָם׃ וְעַתָּה שָׂא
כו נָא אֶת־חַטָּאתִי וְשׁוּב עִמִּי וְאֶשְׁתַּחֲוֶה לַיהוָה׃ וַיֹּאמֶר שְׁמוּאֵל אֶל־שָׁאוּל
לֹא אָשׁוּב עִמָּךְ כִּי מָאַסְתָּה אֶת־דְּבַר יְהוָה וַיִּמְאָסְךָ יְהוָה מִהְיוֹת מֶלֶךְ
כז כח עַל־יִשְׂרָאֵל׃ וַיִּסֹּב שְׁמוּאֵל לָלֶכֶת וַיַּחֲזֵק בִּכְנַף־מְעִילוֹ וַיִּקָּרַע׃ וַיֹּאמֶר אֵלָיו
שְׁמוּאֵל קָרַע יְהוָה אֶת־מַמְלְכוּת יִשְׂרָאֵל מֵעָלֶיךָ הַיּוֹם וּנְתָנָהּ לְרֵעֲךָ הַטּוֹב
כט מִמֶּךָּ׃ וְגַם נֵצַח יִשְׂרָאֵל לֹא יְשַׁקֵּר וְלֹא יִנָּחֵם כִּי לֹא אָדָם הוּא לְהִנָּחֵם׃
ל וַיֹּאמֶר חָטָאתִי עַתָּה כַּבְּדֵנִי נָא נֶגֶד זִקְנֵי־עַמִּי וְנֶגֶד יִשְׂרָאֵל וְשׁוּב עִמִּי
לא וְהִשְׁתַּחֲוֵיתִי לַיהוָה אֱלֹהֶיךָ׃ וַיָּשָׁב שְׁמוּאֵל אַחֲרֵי שָׁאוּל וַיִּשְׁתַּחוּ שָׁאוּל
לב לַיהוָה׃ וַיֹּאמֶר שְׁמוּאֵל הַגִּישׁוּ אֵלַי אֶת־אֲגַג מֶלֶךְ עֲמָלֵק
לג וַיֵּלֶךְ אֵלָיו אֲגַג מַעֲדַנֹּת וַיֹּאמֶר אֲגַג אָכֵן סָר מַר־הַמָּוֶת׃ וַיֹּאמֶר שְׁמוּאֵל
כַּאֲשֶׁר שִׁכְּלָה נָשִׁים חַרְבֶּךָ כֵּן־תִּשְׁכַּל מִנָּשִׁים אִמֶּךָ וַיְשַׁסֵּף שְׁמוּאֵל אֶת־
לד אֲגַג לִפְנֵי יְהוָה בַּגִּלְגָּל׃* וַיֵּלֶךְ שְׁמוּאֵל הָרָמָתָה וְשָׁאוּל עָלָה התימנים מסיימים כאן
אֶל־בֵּיתוֹ גִּבְעַת שָׁאוּל׃

קריאת פרשת פרה

יט א ב וַיְדַבֵּר יְהוָה אֶל־מֹשֶׁה וְאֶל־אַהֲרֹן לֵאמֹר׃ זֹאת חֻקַּת הַתּוֹרָה אֲשֶׁר־צִוָּה במדבר
יְהוָה לֵאמֹר דַּבֵּר ׀ אֶל־בְּנֵי יִשְׂרָאֵל וְיִקְחוּ אֵלֶיךָ פָרָה אֲדֻמָּה תְּמִימָה אֲשֶׁר
ג אֵין־בָּהּ מוּם אֲשֶׁר לֹא־עָלָה עָלֶיהָ עֹל׃ וּנְתַתֶּם אֹתָהּ אֶל־אֶלְעָזָר הַכֹּהֵן

ד וְהוֹצִיא אֹתָהּ אֶל־מִחוּץ לַמַּחֲנֶה וְשָׁחַט אֹתָהּ לְפָנָיו׃ וְלָקַח אֶלְעָזָר הַכֹּהֵן
מִדָּמָהּ בְּאֶצְבָּעוֹ וְהִזָּה אֶל־נֹכַח פְּנֵי אֹהֶל־מוֹעֵד מִדָּמָהּ שֶׁבַע פְּעָמִים׃
ה וְשָׂרַף אֶת־הַפָּרָה לְעֵינָיו אֶת־עֹרָהּ וְאֶת־בְּשָׂרָהּ וְאֶת־דָּמָהּ עַל־פִּרְשָׁהּ
ו יִשְׂרֹף׃ וְלָקַח הַכֹּהֵן עֵץ אֶרֶז וְאֵזוֹב וּשְׁנִי תוֹלָעַת וְהִשְׁלִיךְ אֶל־תּוֹךְ שְׂרֵפַת
ז הַפָּרָה׃ וְכִבֶּס בְּגָדָיו הַכֹּהֵן וְרָחַץ בְּשָׂרוֹ בַּמַּיִם וְאַחַר יָבֹא אֶל־הַמַּחֲנֶה
ח וְטָמֵא הַכֹּהֵן עַד־הָעָרֶב׃ וְהַשֹּׂרֵף אֹתָהּ יְכַבֵּס בְּגָדָיו בַּמַּיִם וְרָחַץ בְּשָׂרוֹ
ט בַּמָּיִם וְטָמֵא עַד־הָעָרֶב׃ וְאָסַף ׀ אִישׁ טָהוֹר אֵת אֵפֶר הַפָּרָה וְהִנִּיחַ מִחוּץ
לַמַּחֲנֶה בְּמָקוֹם טָהוֹר וְהָיְתָה לַעֲדַת בְּנֵי־יִשְׂרָאֵל לְמִשְׁמֶרֶת לְמֵי נִדָּה
י חַטָּאת הִוא׃ וְכִבֶּס הָאֹסֵף אֶת־אֵפֶר הַפָּרָה אֶת־בְּגָדָיו וְטָמֵא עַד־הָעָרֶב
יא וְהָיְתָה לִבְנֵי יִשְׂרָאֵל וְלַגֵּר הַגָּר בְּתוֹכָם לְחֻקַּת עוֹלָם׃ הַנֹּגֵעַ בְּמֵת לְכָל־
יב נֶפֶשׁ אָדָם וְטָמֵא שִׁבְעַת יָמִים׃ הוּא יִתְחַטָּא־בוֹ בַּיּוֹם הַשְּׁלִישִׁי וּבַיּוֹם
הַשְּׁבִיעִי יִטְהָר וְאִם־לֹא יִתְחַטָּא בַּיּוֹם הַשְּׁלִישִׁי וּבַיּוֹם הַשְּׁבִיעִי לֹא יִטְהָר׃
יג כָּל־הַנֹּגֵעַ בְּמֵת בְּנֶפֶשׁ הָאָדָם אֲשֶׁר־יָמוּת וְלֹא יִתְחַטָּא אֶת־מִשְׁכַּן יהוה
טִמֵּא וְנִכְרְתָה הַנֶּפֶשׁ הַהִוא מִיִּשְׂרָאֵל כִּי מֵי נִדָּה לֹא־זֹרַק עָלָיו טָמֵא יִהְיֶה
יד עוֹד טֻמְאָתוֹ בוֹ׃ זֹאת הַתּוֹרָה אָדָם כִּי־יָמוּת בְּאֹהֶל כָּל־הַבָּא אֶל־הָאֹהֶל
טו וְכָל־אֲשֶׁר בָּאֹהֶל יִטְמָא שִׁבְעַת יָמִים׃ וְכֹל כְּלִי פָתוּחַ אֲשֶׁר אֵין־צָמִיד
טז פָּתִיל עָלָיו טָמֵא הוּא׃ וְכֹל אֲשֶׁר־יִגַּע עַל־פְּנֵי הַשָּׂדֶה בַּחֲלַל־חֶרֶב אוֹ
יז בְמֵת אוֹ־בְעֶצֶם אָדָם אוֹ בְקָבֶר יִטְמָא שִׁבְעַת יָמִים׃ וְלָקְחוּ לַטָּמֵא
יח מֵעֲפַר שְׂרֵפַת הַחַטָּאת וְנָתַן עָלָיו מַיִם חַיִּים אֶל־כֶּלִי׃ וְלָקַח אֵזוֹב וְטָבַל
בַּמַּיִם אִישׁ טָהוֹר וְהִזָּה עַל־הָאֹהֶל וְעַל־כָּל־הַכֵּלִים וְעַל־הַנְּפָשׁוֹת אֲשֶׁר
יט הָיוּ־שָׁם וְעַל־הַנֹּגֵעַ בַּעֶצֶם אוֹ בֶחָלָל אוֹ בַמֵּת אוֹ בַקָּבֶר׃ וְהִזָּה הַטָּהֹר
עַל־הַטָּמֵא בַּיּוֹם הַשְּׁלִישִׁי וּבַיּוֹם הַשְּׁבִיעִי וְחִטְּאוֹ בַּיּוֹם הַשְּׁבִיעִי וְכִבֶּס
כ בְּגָדָיו וְרָחַץ בַּמַּיִם וְטָהֵר בָּעָרֶב׃ וְאִישׁ אֲשֶׁר־יִטְמָא וְלֹא יִתְחַטָּא וְנִכְרְתָה
הַנֶּפֶשׁ הַהִוא מִתּוֹךְ הַקָּהָל כִּי אֶת־מִקְדַּשׁ יהוה טִמֵּא מֵי נִדָּה לֹא־זֹרַק
כא עָלָיו טָמֵא הוּא׃ וְהָיְתָה לָהֶם לְחֻקַּת עוֹלָם וּמַזֵּה מֵי־הַנִּדָּה יְכַבֵּס בְּגָדָיו
כב וְהַנֹּגֵעַ בְּמֵי הַנִּדָּה יִטְמָא עַד־הָעָרֶב׃ וְכֹל אֲשֶׁר־יִגַּע־בּוֹ הַטָּמֵא יִטְמָא
וְהַנֶּפֶשׁ הַנֹּגַעַת תִּטְמָא עַד־הָעָרֶב׃

הפטרת פרשת פרה

יחזקאל

לו טז יז וַיְהִי דְבַר־יהוה אֵלַי לֵאמֹר׃ בֶּן־אָדָם בֵּית יִשְׂרָאֵל יֹשְׁבִים עַל־אַדְמָתָם
וַיְטַמְּאוּ אוֹתָהּ בְּדַרְכָּם וּבַעֲלִילוֹתָם כְּטֻמְאַת הַנִּדָּה הָיְתָה דַרְכָּם לְפָנָי׃
יח וָאֶשְׁפֹּךְ חֲמָתִי עֲלֵיהֶם עַל־הַדָּם אֲשֶׁר־שָׁפְכוּ עַל־הָאָרֶץ וּבְגִלּוּלֵיהֶם
יט טִמְּאוּהָ׃ וָאָפִיץ אֹתָם בַּגּוֹיִם וַיִּזָּרוּ בָּאֲרָצוֹת כְּדַרְכָּם וְכַעֲלִילוֹתָם

כ שְׂפָתַיִם: וַיָּבוֹא אֶל־הַגּוֹיִם אֲשֶׁר־בָּאוּ שָׁם וַיְחַלְּלוּ אֶת־שֵׁם קׇדְשִׁי
כא בֶּאֱמֹר לָהֶם עַם־יְהֹוָה אֵלֶּה וּמֵאַרְצוֹ יָצָאוּ: וָאֶחְמֹל עַל־שֵׁם קׇדְשִׁי
כב אֲשֶׁר חִלְּלֻהוּ בֵּית יִשְׂרָאֵל בַּגּוֹיִם אֲשֶׁר־בָּאוּ שָׁמָּה: לָכֵן
אֱמֹר לְבֵית־יִשְׂרָאֵל כֹּה אָמַר אֲדֹנָי יֱהֹוִה לֹא לְמַעַנְכֶם אֲנִי עֹשֶׂה בֵּית
יִשְׂרָאֵל כִּי אִם־לְשֵׁם־קׇדְשִׁי אֲשֶׁר חִלַּלְתֶּם בַּגּוֹיִם אֲשֶׁר־בָּאתֶם שָׁם:
כג וְקִדַּשְׁתִּי אֶת־שְׁמִי הַגָּדוֹל הַמְחֻלָּל בַּגּוֹיִם אֲשֶׁר חִלַּלְתֶּם בְּתוֹכָם וְיָדְעוּ
כד הַגּוֹיִם כִּי־אֲנִי יְהֹוָה נְאֻם אֲדֹנָי יֱהֹוִה בְּהִקָּדְשִׁי בָכֶם לְעֵינֵיהֶם: וְלָקַחְתִּי
אֶתְכֶם מִן־הַגּוֹיִם וְקִבַּצְתִּי אֶתְכֶם מִכׇּל־הָאֲרָצוֹת וְהֵבֵאתִי אֶתְכֶם
כה אֶל־אַדְמַתְכֶם: וְזָרַקְתִּי עֲלֵיכֶם מַיִם טְהוֹרִים וּטְהַרְתֶּם מִכֹּל טֻמְאוֹתֵיכֶם
כו וּמִכׇּל־גִּלּוּלֵיכֶם אֲטַהֵר אֶתְכֶם: וְנָתַתִּי לָכֶם לֵב חָדָשׁ וְרוּחַ חֲדָשָׁה אֶתֵּן
כז בְּקִרְבְּכֶם וַהֲסִרֹתִי אֶת־לֵב הָאֶבֶן מִבְּשַׂרְכֶם וְנָתַתִּי לָכֶם לֵב בָּשָׂר: וְאֶת־
רוּחִי אֶתֵּן בְּקִרְבְּכֶם וְעָשִׂיתִי אֵת אֲשֶׁר־בְּחֻקַּי תֵּלֵכוּ וּמִשְׁפָּטַי תִּשְׁמְרוּ
כח וַעֲשִׂיתֶם: וִישַׁבְתֶּם בָּאָרֶץ אֲשֶׁר נָתַתִּי לַאֲבֹתֵיכֶם וִהְיִיתֶם לִי לְעָם וְאָנֹכִי
כט אֶהְיֶה לָכֶם לֵאלֹהִים: וְהוֹשַׁעְתִּי אֶתְכֶם מִכֹּל טֻמְאוֹתֵיכֶם וְקָרָאתִי אֶל־
ל הַדָּגָן וְהִרְבֵּיתִי אֹתוֹ וְלֹא־אֶתֵּן עֲלֵיכֶם רָעָב: וְהִרְבֵּיתִי אֶת־פְּרִי הָעֵץ
לא וּתְנוּבַת הַשָּׂדֶה לְמַעַן אֲשֶׁר לֹא תִקְחוּ עוֹד חֶרְפַּת רָעָב בַּגּוֹיִם: וּזְכַרְתֶּם
אֶת־דַּרְכֵיכֶם הָרָעִים וּמַעַלְלֵיכֶם אֲשֶׁר לֹא־טוֹבִים וּנְקֹטֹתֶם בִּפְנֵיכֶם עַל
לב עֲוֺנֹתֵיכֶם וְעַל תּוֹעֲבוֹתֵיכֶם: לֹא לְמַעַנְכֶם אֲנִי־עֹשֶׂה נְאֻם אֲדֹנָי יֱהֹוִה יִוָּדַע
לָכֶם בּוֹשׁוּ וְהִכָּלְמוּ מִדַּרְכֵיכֶם בֵּית יִשְׂרָאֵל:
לג כֹּה אָמַר אֲדֹנָי יֱהֹוִה בְּיוֹם טַהֲרִי אֶתְכֶם מִכֹּל עֲוֺנוֹתֵיכֶם וְהוֹשַׁבְתִּי אֶת־
לד הֶעָרִים וְנִבְנוּ הֶחֳרָבוֹת: וְהָאָרֶץ הַנְּשַׁמָּה תֵּעָבֵד תַּחַת אֲשֶׁר הָיְתָה שְׁמָמָה
לה לְעֵינֵי כׇּל־עוֹבֵר: וְאָמְרוּ הָאָרֶץ הַלֵּזוּ הַנְּשַׁמָּה הָיְתָה כְּגַן־עֵדֶן וְהֶעָרִים
לו הֶחֳרֵבוֹת וְהַנְשַׁמּוֹת וְהַנֶּהֱרָסוֹת בְּצוּרוֹת יָשָׁבוּ: וְיָדְעוּ הַגּוֹיִם אֲשֶׁר יִשָּׁאֲרוּ
סְבִיבוֹתֵיכֶם כִּי ׀ אֲנִי יְהֹוָה בָּנִיתִי הַנֶּהֱרָסוֹת נָטַעְתִּי הַנְּשַׁמָּה אֲנִי יְהֹוָה
לז דִּבַּרְתִּי וְעָשִׂיתִי:* כֹּה אָמַר אֲדֹנָי יֱהֹוִה עוֹד זֹאת אִדָּרֵשׁ
לח לְבֵית־יִשְׂרָאֵל לַעֲשׂוֹת לָהֶם אַרְבֶּה אֹתָם כַּצֹּאן אָדָם: כְּצֹאן קׇדָשִׁים
כְּצֹאן יְרוּשָׁלַםִ בְּמוֹעֲדֶיהָ כֵּן תִּהְיֶינָה הֶעָרִים הֶחֳרֵבוֹת מְלֵאוֹת צֹאן אָדָם
וְיָדְעוּ כִּי־אֲנִי יְהֹוָה:

*הספרדים והתימנים מסיימים כאן

הפטרת פרשת החודש

מפטיר: שמות יב, א–כ, עמ' 31–33.

כאשר שבת פרשת החודש חלה בראש חודש ניסן, מוציאים שלושה ספרי תורה, בשני קוראים את הקריאה לראש חודש, במדבר כח, ט–טו בעמ' 97, ובשלישי את המפטיר לפרשת החודש.

מה ט כֹּה־אָמַר אֲדֹנָי יֱהוִה רַב־לָכֶם נְשִׂיאֵי יִשְׂרָאֵל חָמָס וָשֹׁד הָסִירוּ וּמִשְׁפָּט

יחזקאל

התימנים מתחילים כאן

י וּצְדָקָה עֲשׂוּ הָרִימוּ גְרֻשֹׁתֵיכֶם מֵעַל עַמִּי נְאֻם אֲדֹנָי יֱהוִה: מֹאזְנֵי־צֶדֶק
יא וְאֵיפַת־צֶדֶק וּבַת־צֶדֶק יְהִי לָכֶם: הָאֵיפָה וְהַבַּת תֹּכֶן אֶחָד יִהְיֶה לָשֵׂאת
מַעְשַׂר הַחֹמֶר הַבָּת וַעֲשִׂירִת הַחֹמֶר הָאֵיפָה אֶל־הַחֹמֶר יִהְיֶה מַתְכֻּנְתּוֹ:
יב וְהַשֶּׁקֶל עֶשְׂרִים גֵּרָה עֶשְׂרִים שְׁקָלִים חֲמִשָּׁה וְעֶשְׂרִים שְׁקָלִים עֲשָׂרָה
יג וַחֲמִשָּׁה שֶׁקֶל הַמָּנֶה יִהְיֶה לָכֶם: זֹאת הַתְּרוּמָה אֲשֶׁר תָּרִימוּ שִׁשִּׁית
יד הָאֵיפָה מֵחֹמֶר הַחִטִּים וְשִׁשִּׁיתֶם הָאֵיפָה מֵחֹמֶר הַשְּׂעֹרִים: וְחֹק הַשֶּׁמֶן
הַבַּת הַשֶּׁמֶן מַעְשַׂר הַבַּת מִן־הַכֹּר עֲשֶׂרֶת הַבַּתִּים חֹמֶר כִּי־עֲשֶׂרֶת הַבַּתִּים
טו חֹמֶר: וְשֶׂה־אַחַת מִן־הַצֹּאן מִן־הַמָּאתַיִם מִמַּשְׁקֵה יִשְׂרָאֵל לְמִנְחָה
טז וּלְעוֹלָה וְלִשְׁלָמִים לְכַפֵּר עֲלֵיהֶם נְאֻם אֲדֹנָי יֱהוִה: *כֹּל הָעָם

האשכנזים מתחילים כאן

יז הָאָרֶץ יִהְיוּ אֶל־הַתְּרוּמָה הַזֹּאת לַנָּשִׂיא בְּיִשְׂרָאֵל: וְעַל־הַנָּשִׂיא יִהְיֶה
הָעוֹלוֹת וְהַמִּנְחָה וְהַנֶּסֶךְ בַּחַגִּים וּבֶחֳדָשִׁים וּבַשַּׁבָּתוֹת בְּכָל־מוֹעֲדֵי
בֵּית יִשְׂרָאֵל הוּא־יַעֲשֶׂה אֶת־הַחַטָּאת וְאֶת־הַמִּנְחָה וְאֶת־הָעוֹלָה
יח וְאֶת־הַשְּׁלָמִים לְכַפֵּר בְּעַד בֵּית־יִשְׂרָאֵל: *כֹּה־אָמַר אֲדֹנָי

הספרדים מתחילים כאן

יֱהוִה בָּרִאשׁוֹן בְּאֶחָד לַחֹדֶשׁ תִּקַּח פַּר־בֶּן־בָּקָר תָּמִים וְחִטֵּאתָ אֶת־
יט הַמִּקְדָּשׁ: וְלָקַח הַכֹּהֵן מִדַּם הַחַטָּאת וְנָתַן אֶל־מְזוּזַת הַבַּיִת וְאֶל־אַרְבַּע
כ פִּנּוֹת הָעֲזָרָה לַמִּזְבֵּחַ וְעַל־מְזוּזַת שַׁעַר הֶחָצֵר הַפְּנִימִית: וְכֵן תַּעֲשֶׂה
כא בְּשִׁבְעָה בַחֹדֶשׁ מֵאִישׁ שֹׁגֶה וּמִפֶּתִי וְכִפַּרְתֶּם אֶת־הַבָּיִת: בָּרִאשׁוֹן
בְּאַרְבָּעָה עָשָׂר יוֹם לַחֹדֶשׁ יִהְיֶה לָכֶם הַפָּסַח חָג שְׁבֻעוֹת יָמִים מַצּוֹת
כב יֵאָכֵל: וְעָשָׂה הַנָּשִׂיא בַּיּוֹם הַהוּא בַּעֲדוֹ וּבְעַד כָּל־עַם הָאָרֶץ פַּר חַטָּאת:
כג וְשִׁבְעַת יְמֵי־הֶחָג יַעֲשֶׂה עוֹלָה לַיהוָה שִׁבְעַת פָּרִים וְשִׁבְעַת אֵילִים
כד תְּמִימִם לַיּוֹם שִׁבְעַת הַיָּמִים וְחַטָּאת שְׂעִיר עִזִּים לַיּוֹם: וּמִנְחָה אֵיפָה
כה לַפָּר וְאֵיפָה לָאַיִל יַעֲשֶׂה וְשֶׁמֶן הִין לָאֵיפָה: בַּשְּׁבִיעִי בַּחֲמִשָּׁה עָשָׂר
יוֹם לַחֹדֶשׁ בֶּחָג יַעֲשֶׂה כָאֵלֶּה שִׁבְעַת הַיָּמִים כַּחַטָּאת כָּעֹלָה וְכַמִּנְחָה
מו א וְכַשָּׁמֶן: כֹּה־אָמַר אֲדֹנָי יֱהוִה שַׁעַר הֶחָצֵר הַפְּנִימִית הַפֹּנֶה
קָדִים יִהְיֶה סָגוּר שֵׁשֶׁת יְמֵי הַמַּעֲשֶׂה וּבְיוֹם הַשַּׁבָּת יִפָּתֵחַ וּבְיוֹם הַחֹדֶשׁ
ב יִפָּתֵחַ: וּבָא הַנָּשִׂיא דֶּרֶךְ אוּלָם הַשַּׁעַר מִחוּץ וְעָמַד עַל־מְזוּזַת הַשַּׁעַר
וְעָשׂוּ הַכֹּהֲנִים אֶת־עוֹלָתוֹ וְאֶת־שְׁלָמָיו וְהִשְׁתַּחֲוָה עַל־מִפְתַּן הַשַּׁעַר
ג וְיָצָא וְהַשַּׁעַר לֹא־יִסָּגֵר עַד־הָעָרֶב: וְהִשְׁתַּחֲווּ עַם־הָאָרֶץ פֶּתַח הַשַּׁעַר

ד הַהוּא בַּשַּׁבָּתוֹת וּבֶחֳדָשִׁים לִפְנֵי יְהוָה: וְהָעֹלָה אֲשֶׁר־יַקְרִב הַנָּשִׂיא לַיהוָה
ה בְּיוֹם הַשַּׁבָּת שִׁשָּׁה כְבָשִׂים תְּמִימִם וְאַיִל תָּמִים: וּמִנְחָה אֵיפָה לָאַיִל
ו וְלַכְּבָשִׂים מִנְחָה מַתַּת יָדוֹ וְשֶׁמֶן הִין לָאֵיפָה: וּבְיוֹם הַחֹדֶשׁ פַּר בֶּן־בָּקָר
ז תְּמִימִם וְשֵׁשֶׁת כְּבָשִׂים וָאַיִל תְּמִימִם יִהְיוּ: וְאֵיפָה לַפָּר וְאֵיפָה לָאַיִל
ח יַעֲשֶׂה מִנְחָה וְלַכְּבָשִׂים כַּאֲשֶׁר תַּשִּׂיג יָדוֹ וְשֶׁמֶן הִין לָאֵיפָה: וּבְבוֹא הַנָּשִׂיא
ט דֶּרֶךְ אוּלָם הַשַּׁעַר יָבוֹא וּבְדַרְכּוֹ יֵצֵא: וּבְבוֹא עַם־הָאָרֶץ לִפְנֵי יְהוָה
בַּמּוֹעֲדִים הַבָּא דֶּרֶךְ שַׁעַר צָפוֹן לְהִשְׁתַּחֲוֺת יֵצֵא דֶּרֶךְ־שַׁעַר נֶגֶב וְהַבָּא
דֶּרֶךְ־שַׁעַר נֶגֶב יֵצֵא דֶּרֶךְ־שַׁעַר צָפוֹנָה לֹא יָשׁוּב דֶּרֶךְ הַשַּׁעַר אֲשֶׁר־בָּא
יא בּוֹ כִּי נִכְחוֹ יצאו: וְהַנָּשִׂיא בְּתוֹכָם בְּבוֹאָם יָבוֹא וּבְצֵאתָם יֵצֵאוּ: וּבַחַגִּים — יֵצֵא
וּבַמּוֹעֲדִים תִּהְיֶה הַמִּנְחָה אֵיפָה לַפָּר וְאֵיפָה לָאַיִל וְלַכְּבָשִׂים מַתַּת יָדוֹ
יב וְשֶׁמֶן הִין לָאֵיפָה:* וְכִי־יַעֲשֶׂה הַנָּשִׂיא נְדָבָה עוֹלָה אוֹ־שְׁלָמִים — התימנים מסיימים כאן
נְדָבָה לַיהוָה וּפָתַח לוֹ אֶת־הַשַּׁעַר הַפֹּנֶה קָדִים וְעָשָׂה אֶת־עֹלָתוֹ וְאֶת־
שְׁלָמָיו כַּאֲשֶׁר יַעֲשֶׂה בְּיוֹם הַשַּׁבָּת וְיָצָא וְסָגַר אֶת־הַשַּׁעַר אַחֲרֵי צֵאתוֹ:
יג וְכֶבֶשׂ בֶּן־שְׁנָתוֹ תָּמִים תַּעֲשֶׂה עוֹלָה לַיּוֹם לַיהוָה בַּבֹּקֶר בַּבֹּקֶר תַּעֲשֶׂה
יד אֹתוֹ: וּמִנְחָה תַעֲשֶׂה עָלָיו בַּבֹּקֶר בַּבֹּקֶר שִׁשִּׁית הָאֵיפָה וְשֶׁמֶן שְׁלִישִׁית
טו הַהִין לָרֹס אֶת־הַסֹּלֶת מִנְחָה לַיהוָה חֻקּוֹת עוֹלָם תָּמִיד: ועשו אֶת־הַכֶּבֶשׂ — יַעֲשׂוּ
טז וְאֶת־הַמִּנְחָה וְאֶת־הַשֶּׁמֶן בַּבֹּקֶר בַּבֹּקֶר עוֹלַת תָּמִיד:* כֹּה־ — הספרדים מסיימים כאן
אָמַר אֲדֹנָי יְהוִה כִּי־יִתֵּן הַנָּשִׂיא מַתָּנָה לְאִישׁ מִבָּנָיו נַחֲלָתוֹ הִיא לְבָנָיו
יז תִּהְיֶה אֲחֻזָּתָם הִיא בְּנַחֲלָה: וְכִי־יִתֵּן מַתָּנָה מִנַּחֲלָתוֹ לְאַחַד מֵעֲבָדָיו
וְהָיְתָה לּוֹ עַד־שְׁנַת הַדְּרוֹר וְשָׁבַת לַנָּשִׂיא אַךְ נַחֲלָתוֹ בָּנָיו לָהֶם תִּהְיֶה:
יח וְלֹא־יִקַּח הַנָּשִׂיא מִנַּחֲלַת הָעָם לְהוֹנֹתָם מֵאֲחֻזָּתָם מֵאֲחֻזָּתוֹ יַנְחִל אֶת־
בָּנָיו לְמַעַן אֲשֶׁר לֹא־יָפֻצוּ עַמִּי אִישׁ מֵאֲחֻזָּתוֹ:

ביאור לספר שמות

ישראל מתרבים במצרים, א׳, א–ז

א ב וְאֵלֶּה שְׁמוֹת בְּנֵי יִשְׂרָאֵל הַבָּאִים מִצְרָיְמָה אֵת יַעֲקֹב אִישׁ וּבֵיתוֹ בָּאוּ. רְאוּבֵן שִׁמְעוֹן לֵוִי וִיהוּדָה.
ג ד ה יִשָּׂשכָר זְבוּלֻן וּבִנְיָמִן. דָּן וְנַפְתָּלִי גָּד וְאָשֵׁר. וַיְהִי כׇּל־נֶפֶשׁ יֹצְאֵי יֶרֶךְ־יַעֲקֹב שִׁבְעִים נָפֶשׁ וְיוֹסֵף
ו ז הָיָה בְמִצְרָיִם. וַיָּמׇת יוֹסֵף וְכׇל־אֶחָיו וְכֹל הַדּוֹר הַהוּא. וּבְנֵי יִשְׂרָאֵל פָּרוּ וַיִּשְׁרְצוּ וַיִּרְבּוּ וַיַּעַצְמוּ
בִּמְאֹד מְאֹד וַתִּמָּלֵא הָאָרֶץ אֹתָם.

פירוש העניין

פרק א הוא הקדמה לספר כולו. הוא מסביר את הנסיבות שבהן השתעבד העם למצרים, והוא גם הרקע לסיפור השחרור מהשעבוד והיציאה ממצרים.

הספר פותח ברשימת יעקב ובניו שירדו מצרימה (א-ה). וי"ו החיבור ("וְאֵלֶּה שְׁמוֹת") קושרת את ספר שמות לספר בראשית, והנאמר בתחילת שמות מתבסס על הידוע בבראשית. רשימה זו היא קיצור של רשימת משפחת יעקב שירדה למצרים בבראשית מ"ו, ח-כז. ברשימה שם מנויים כל שבעים השמות של בני משפחת יעקב, ואילו כאן נמנו רק יעקב ושנים עשר בניו, ובקצרה נאמר שכל משפחת יעקב, שבעים נפש, ירדו למצרים, ובכלל זה יוסף, שכבר היה במצרים (ה). סדר הבנים אינו זהה בשני המקומות. בבראשית מ"ו הסדר הוא בני לאה, בני זלפה, בני רחל ולבסוף בני בלהה. ואילו כאן הסדר הוא בני לאה, בני רחל (רק בנימין, כי יוסף נמנה בנפרד), ואחר כך בני השפחות, קודם בני בלהה ואחר כך בני זלפה. סדר זה דומה לרשימת הבנים בבראשית ל"ה, כג-כו. המספר "שִׁבְעִים" מבטא שלמות, ומורה על יחידה נפרדת ושלמה, כמו שהמספר של שבעים העמים בבראשית י' מבטא את השלמות של האנושות לאחר המבול.

הקישור של התקופה החדשה לקודמתה נועד להצביע על התמורה הגדולה שחלה בין תקופת יעקב ובניו שירדו למצרים לתקופה החדשה המתארת כאן את צאצאי המשפחה (ו-ז). התקופה החדשה מתאפיינת בשתי נקודות מרכזיות: הראשונה, יוסף ואחיו וכל הדור שירד למצרים כבר מתו (ו).* השנייה, עתה מספרם של בני ישראל רב מאוד: "וּבְנֵי יִשְׂרָאֵל פָּרוּ וַיִּשְׁרְצוּ וַיִּרְבּוּ וַיַּעַצְמוּ בִּמְאֹד מְאֹד וַתִּמָּלֵא הָאָרֶץ אֹתָם" (ז). הנקודה הראשונה מסבירה מדוע ישראל כבר לא נשאו חן בעיני מצרים. פסוק זה הוא המשכו של סיפור יוסף בספר בראשית, המספר על מעמדו הרם של יוסף במצרים, שבזכותו נשאה חן גם משפחתו בעיני פרעה. כאשר יוסף ואחיו וכל בני הדור ההוא מתו, אבד הבסיס לנשיאת חן העם בעיני מצרים. הנקודה השנייה מסבירה את הרקע לעוינות של מצרים כלפי בני ישראל: היותם רבים מספרית. שתי תמורות אלה הן הרקע בשינוי היחס של המצרים לישראל, כפי שמתואר בהמשך הפסוקים.

באמצעות החזרה לספר בראשית, מדגימה ההקדמה לספר שמות כיצד המשפחה שירדה למצרים הפכה עתה לעם עצום. העם הוא מרכזו של סיפור התורה מכאן ואילך. יחד עם זאת, ההבטחה לאבות עדיין לא התממשה: העם פרה ורבה אבל לא בארץ שה' הבטיח. כעת הפריון הופך להיות בעיה עבור ישראל, כי בגינו ישעבדו אותם המצרים. הספר פותח בדרמה של הימצאות ישראל במצרים ובתהייה כיצד תתממשנה הבטחות ה' לאבות לקראת היציאה של ישראל משם.

הפתיחה של ספר שמות דומה לפתיחת ספר בראשית. בבראשית ה' מברך: "פְּרוּ וּרְבוּ וּמִלְאוּ אֶת הָאָרֶץ" (א', כח; ט', א), והמציאות המתוארת של ישראל כאן היא: "פָּרוּ וַיִּשְׁרְצוּ וַיִּרְבּוּ וַיַּעַצְמוּ בִּמְאֹד מְאֹד וַתִּמָּלֵא הָאָרֶץ אֹתָם" (ז). בבראשית מתוארת תחילת האנושות, וכאן,

* רשב"ם וספורנו. אולם ראב"ע (בפירושו הארוך) פירש שכל הדור ההוא מתייחס לדור המצרים שמתו.

אם כן, היא תחילתו של ישראל כעם. מה שמופיע בבראשית כברכה לעתיד* מופיע כעת כמציאות של עם ישראל, כאשר הפריון של ישראל במצרים מוצג כמימוש התוכנית האלוהית בבריאתו את העולם.

נשים לב כי השינוי הגדול שעברו ישראל בהפיכתם ממשפחה לעם גדול, מודגש בארבעה פעלים: פרו, ישרצו, ירבו, יעצמו. הריבוי אצל אדם בכלל ובישראל בפרט מופיע בדרך כלל באמצעות שני פעלים: פרה רבה (בראשית א׳, כח; ט׳, א; י״ז, כ; כ״ח, ג; ל״ה, יא; מ״ז, כז; ויקרא כ״ו, ט; ירמיה ג׳, טז; יחזקאל ל״ו, יא). המילה ׳שרץ׳ מופיעה בדרך כלל ביחס לחיות (למשל: בראשית א׳, כ; שמות ז׳, כח; דברים י״ד, יט). הצירוף של ׳פרה׳, ׳רבה׳ ו׳שרץ׳ מופיע בעוד שני מקומות בלבד, פעם אחת אצל חיות (בראשית ח׳, יז), ורק בהופעה אחת נוספת אצל בני אדם (בראשית ט׳, ז). בשום מקום במקרא הופעה כזו של ארבעת הפעלים אינה מצויה, חוץ מפסוק זה, וכאן אף מתווסף תואר הפועל – ״בִּמְאֹד מְאֹד״. ניכר שהמקרא מתאר את הריבוי של ישראל במצרים באופן יוצא דופן.

למרות היותו שנים רבות במצרים, עם ישראל לא איבד את זהותו, מה שבא לידי ביטוי בכינוי ״בְּנֵי יִשְׂרָאֵל״, המופיע בתחילת הקטע ובסופו (א, ז). זהותם הנבדלת תרמה גם היא לתפיסתם ככוח מאיים על ידי פרעה.

* הריבוי של ישראל הוא מימוש ההבטחה לאבות (בראשית י״ג, טז; ט״ו, ה; י״ז, ב, ו; כ״ב, יז; כ״ו, ד, כד; כ״ח, ג, יד; ל״ב, יב; ל״ה, יא; מ״ח, ג).

שעבוד ישראל למצרים, א׳, ח–כב

ח ט וַיָּקָם מֶלֶךְ־חָדָשׁ עַל־מִצְרָיִם אֲשֶׁר לֹא־יָדַע אֶת־יוֹסֵף. וַיֹּאמֶר אֶל־עַמּוֹ הִנֵּה עַם בְּנֵי יִשְׂרָאֵל רַב
י וְעָצוּם מִמֶּנּוּ. הָבָה נִתְחַכְּמָה לוֹ פֶּן־יִרְבֶּה וְהָיָה כִּי־תִקְרֶאנָה מִלְחָמָה וְנוֹסַף גַּם־הוּא עַל־שֹׂנְאֵינוּ
יא וְנִלְחַם־בָּנוּ וְעָלָה מִן־הָאָרֶץ. וַיָּשִׂימוּ עָלָיו שָׂרֵי מִסִּים לְמַעַן עַנֹּתוֹ בְּסִבְלֹתָם וַיִּבֶן עָרֵי מִסְכְּנוֹת
יב לְפַרְעֹה אֶת־פִּתֹם וְאֶת־רַעַמְסֵס. וְכַאֲשֶׁר יְעַנּוּ אֹתוֹ כֵּן יִרְבֶּה וְכֵן יִפְרֹץ וַיָּקֻצוּ מִפְּנֵי בְּנֵי יִשְׂרָאֵל.
יג יד וַיַּעֲבִדוּ מִצְרַיִם אֶת־בְּנֵי יִשְׂרָאֵל בְּפָרֶךְ. וַיְמָרְרוּ אֶת־חַיֵּיהֶם בַּעֲבֹדָה קָשָׁה בְּחֹמֶר וּבִלְבֵנִים וּבְכָל־
טו עֲבֹדָה בַּשָּׂדֶה אֵת כָּל־עֲבֹדָתָם אֲשֶׁר־עָבְדוּ בָהֶם בְּפָרֶךְ. וַיֹּאמֶר מֶלֶךְ מִצְרַיִם לַמְיַלְּדֹת הָעִבְרִיֹּת
טז אֲשֶׁר שֵׁם הָאַחַת שִׁפְרָה וְשֵׁם הַשֵּׁנִית פּוּעָה. וַיֹּאמֶר בְּיַלֶּדְכֶן אֶת־הָעִבְרִיּוֹת וּרְאִיתֶן עַל־הָאָבְנָיִם
יז אִם־בֵּן הוּא וַהֲמִתֶּן אֹתוֹ וְאִם־בַּת הִוא וָחָיָה. וַתִּירֶאןָ הַמְיַלְּדֹת אֶת־הָאֱלֹהִים וְלֹא עָשׂוּ כַּאֲשֶׁר
יח דִּבֶּר אֲלֵיהֶן מֶלֶךְ מִצְרָיִם וַתְּחַיֶּיןָ אֶת־הַיְלָדִים. וַיִּקְרָא מֶלֶךְ־מִצְרַיִם לַמְיַלְּדֹת וַיֹּאמֶר לָהֶן מַדּוּעַ
יט עֲשִׂיתֶן הַדָּבָר הַזֶּה וַתְּחַיֶּיןָ אֶת־הַיְלָדִים. וַתֹּאמַרְןָ הַמְיַלְּדֹת אֶל־פַּרְעֹה כִּי לֹא כַנָּשִׁים הַמִּצְרִיֹּת
כ הָעִבְרִיֹּת כִּי־חָיוֹת הֵנָּה בְּטֶרֶם תָּבוֹא אֲלֵהֶן הַמְיַלֶּדֶת וְיָלָדוּ. וַיֵּיטֶב אֱלֹהִים לַמְיַלְּדֹת וַיִּרֶב הָעָם
כא כב וַיַּעַצְמוּ מְאֹד. וַיְהִי כִּי־יָרְאוּ הַמְיַלְּדֹת אֶת־הָאֱלֹהִים וַיַּעַשׂ לָהֶם בָּתִּים. וַיְצַו פַּרְעֹה לְכָל־עַמּוֹ
לֵאמֹר כָּל־הַבֵּן הַיִּלּוֹד הַיְאֹרָה תַּשְׁלִיכֻהוּ וְכָל־הַבַּת תְּחַיּוּן.

פירוש העניין

סיפור השעבוד מתחיל בפסוקים ח-כב ומהווה הקדמה לכל סיפור יציאת מצרים (ב׳-ט״ו). הקטע מתחיל בשתי הנקודות שנזכרו בהקדמה: ראשית, קם מלך חדש שלא הכיר את יוסף, ולכן היחס הטוב שקיבלו ישראל בזכות יוסף, השתנה (ח). שנית, הריבוי של ישראל הוא הסיבה שבה משתמש פרעה כדי לשנות את היחס של עמו כלפי ישראל. מעתה הוא רוצה לענות את ישראל ולשעבדם (ט). פרעה פונה אל ״עַמּוֹ״ ומכנה את ישראל בכינוי החריג ״עַם בְּנֵי יִשְׂרָאֵל״. בפעם הראשונה ישראל מכונים ׳עם׳. ההבחנה וההבדלה בין ישראל למצרים הייתה ניכרת בסיפורי יוסף, וכעת נפתח הספר בהבדלה בין ישראל למצרים בעיני פרעה.

לפרעה היו שתי תוכניות לישראל: הראשונה לענות אותם בעבודה קשה, והשנייה להמית את כל הבנים הנולדים לישראל. בהתאם לשתי תוכניות אלה הקטע נחלק לשניים:

ח-יד – יוזמת פרעה לענות את ישראל ולהעבידם בפרך;
טו-כב – יוזמות פרעה להרוג את הבנים הנולדים בישראל.

פרעה פונה לעמו בדאגה מפני ההתרבות של ישראל, העשויה להיות בעוכרם בעת מלחמה, אם ישראל יצטרפו לאויבי מצרים. התוצאה, ״וְעָלָה מִן הָאָרֶץ״, פירושה שישראל יעזבו את מצרים.* פרעה אינו מעוניין שישראל יעזבו את מצרים, אף כי לא ברור למה, ולכן הוא מבקש למצוא דרך שהם יישארו במצרים מבלי לסכן אותה. פרעה פונה לעמו בהצעה, ״הָבָה נִתְחַכְּמָה לוֹ״, כלומר, להערים על ישראל או להתנהג עימם בחוכמה. לא נאמר באילו תחבולות השתמשו המצרים כדי להערים על ישראל ולהביאם למצב של עבדות. הפנייה של פרעה לעמו כדי לשעבד את ישראל כנראה קשורה בהערמה שלהם על ישראל, מה שפרעה לא היה יכול לעשות בעצמו. אבל בעיקר הדבר נועד להציג את האחריות של העם המצרי למצב של ישראל ולא רק את אחריותו של פרעה.[1] לכן גם בתחילת השעבוד נאמר ״וַיָּשִׂימוּ עָלָיו שָׂרֵי מִסִּים״ (יא), בצורת רבים המכלילה בפעולת השעבוד את פרעה ואת עמו.

שרי מיסים הם עבודת כפייה (׳מס׳ משמעותו במקרא עבודת כפייה ולא תשלום כסף). פרעה מינה שרי מיסים שיפקחו על העבודה של ישראל. העבודה היא עבודת עינוי, של נשיאת משאות כבדים לשם בניית ערים של מחסנים (יא; מל״א ט׳, יט; דה״ב ח׳, ד, ו; ט״ז, ד; י״ז, יב; ל״ב, כח).[2] השעבוד של העם יחליש את ישראל וגם ישבור את רוחם, כפי שעולה מתגובת פרעה כלפי רצון העם לצאת ממצרים, מאוחר יותר בסיפור: ״כִּי נִרְפִּים הֵם עַל כֵּן הֵם צֹעֲקִים לֵאמֹר נֵלְכָה נִזְבְּחָה לֵאלֹהֵינוּ״ (ה׳, ח2). לכן הכביד עוד את העבודה על העם: ״לֹא תֹאסִפוּן לָתֵת תֶּבֶן לָעָם לִלְבֹּן הַלְּבֵנִים כִּתְמוֹל שִׁלְשֹׁם הֵם יֵלְכוּ וְקֹשְׁשׁוּ לָהֶם תֶּבֶן. וְאֶת מַתְכֹּנֶת הַלְּבֵנִים אֲשֶׁר הֵם עֹשִׂים תְּמוֹל שִׁלְשֹׁם תָּשִׂימוּ עֲלֵיהֶם לֹא תִגְרְעוּ מִמֶּנּוּ (ה׳, ז-ח1).

* רשב״ם; ראב״ע; ריב״ש. הגמרא בסוטה יא ע״א, הבינה שכוונת פרעה היא שהמצרים יעלו, היינו יגורשו מן הארץ, וכן רש״י; וכן הוא בשמות רבה א ט (מירקין, חלק א, 20).

נוסף לשעבוד, פרעה מבקש להמית את כל הזכרים הילודים בישראל (טו-כב). הוא פונה למיילדות העבריות בהוראה להמית את התינוקות הזכרים ולהחיות את הנקבות (טז).* יש שתי אפשרויות להבין את הצירוף ה"מְיַלְּדֹת הָעִבְרִיֹּת" – הראשונה, שהמיילדות הן עבריות (רשב"ם), השנייה, שמיילדות את הנשים העבריות (ריב"ש; אברבנאל).[3] גם לפי האפשרות השנייה מסתבר שהמיילדות היו מבני ישראל.** אולם המיילדות יראו את ה׳ ולא ביצעו את צו פרעה. בפסוק כ׳ נאמר "וַיֵּיטֶב אֱלֹהִים לַמְיַלְּדֹת וַיִּרֶב הָעָם וַיַּעַצְמוּ מְאֹד". ומייד בפסוק הבא (כא) נאמר: "וַיְהִי כִּי יָרְאוּ הַמְיַלְּדֹת אֶת הָאֱלֹהִים וַיַּעַשׂ לָהֶם בָּתִּים". רש"י וראב"ע פירשו שהטוב שאלוהים הטיב להם הוא הבתים שעשה להם, כמפורט בפסוק הבא. אולם הקושי בפירוש זה הוא שבאופן לא ברור, בין שני ההיגדים כתוב "וַיִּרֶב הָעָם וַיַּעַצְמוּ מְאֹד". לכן נראה שהפירוש של הפועל "וַיֵּיטֶב" אינו הגמול שגמל להם ה׳, אלא שהוא הטיב אותן, היינו הצליח אותן במעשי ההולדה שלהן את העבריות, והתוצאה של הצלחתן הייתה שהעם התרבה. בתמורה לכך, ה׳ העניק להן שכר ועשה להן בתים (כא).*** אם כן, עמידתן של המיילדות מול פרעה הצליחה – פרעה לא הצליח להביא אותן לעשות את רצונו.

כפי שעולה מן הכתוב, המטרה של פרעה היא למעט את העם. עם זאת, ההיגיון של פרעה להמית את התינוקות ממין זכר דווקא, אינו נהיר. אילו רצה להגדיל את כוח העבודה שלו, אין היגיון להשמיד את התינוקות הזכרים, ואם רצה למתן את הריבוי של ישראל, היה יותר הגיוני להמית גם את התינוקות הנקבות.[4] אף שנעשו ניסיונות שונים להסביר את ההיגיון של מהלך זה,[5] נראה שהמטרה שלו היא להשליט פחד ואימה.[6] מה שחשוב לענייננו הוא, שהצו הזה של פרעה מעצים עוד יותר את הפלא של הופעת משה כמציל העם, ועל כך נרחיב להלן.[7]

מה היחס בין שתי ההחלטות של פרעה, הראשונה לענות את ישראל ולשעבד אותם, והשנייה להמית את התינוקות הזכרים? אפשרות ראשונה היא שהפנייה למיילדות נבעה מכך שהוא לא הצליח למעט את ישראל באמצעות העינוי.[8] אפשרות שנייה היא לראות זאת כשתי יוזמות נפרדות שאמורות להשיג יחד את המטרה הכוללת של פרעה. האפשרות השנייה נראית לי עדיפה, משום שכנגד הריבוי של ישראל בעקבות השעבוד, פרעה הקשה את השעבוד יותר

* ראב"ע מסביר שהן האחראיות על שאר המיילדות. לפי ספורנו הן היו המיילדות במקום אחד, אבל היו מיילדות אחרות במקומות אחרים.

** ריב"ש שפירש כאפשרות השנייה, כותב שמסתבר שהן היו עבריות, וכן משמע מהפסוקים. יש הסבורים שהן מצריות, ראו: פירוש רבי יהודה החסיד על התורה, פס׳ טו, עמ׳ 72; פירושי התורה לר׳ יהודה החסיד, (מהדיר יצחק לנגה), ירושלים, תשל"ה; האוטמן, 1: 223. אבל השמות שלהן הם בעברית.

*** בכיוון זה פירש ר"י כספי: "וייטב אלוהים למילדות – אמר אבן עזרא היא הטוב הנזכר אח"כ, וזה אינו נכון, כי מה ענין לאמר אחריו ׳וירב העם׳, גם שתכף ישנה לומר ׳ויהי כי יראו׳ (כא). אבל הטעם בזה כאמרו ׳המה מטיבים את לבם׳ (שופטים י"ט, כב), וכבר הודעתיך כי בנין הפעול הוא על הפועל הרחוק אי זה רחק שיהיה, גם ידוע כי השם הוא הפועל הראשון לכל, והכונה בזה שאף על פי שנודע ענינן לפרעה, רצוני מרותן פיו עד שחרה אפו עליהן, הן, השם הטיב לבם עד שהיו בשמחה ובטוב לבב, ולא שתו לבם לעונש פרעה ושקדו במלאכתן כמשפטן, ולכן ׳וירב העם׳, כי לולי המילדות העומדות אצל היולדות ימיתו בנים גם נשים לאין מספר".

(יג-יד). ולכן נראה יותר שהמתת הילודים הזכרים אינה באה כפתרון להצלחה המוגבלת בשעבוד של ישראל.[9]

גזרות השעבוד וההמתה עומדות בניגוד חריף כנגד הבטחות הזרע וארץ של ה׳ לאבות. בברכת הארץ ה׳ מבטיח שייתן לישראל את ארץ כנען, ובברכת הזרע ההבטחה היא לריבוי העם. כנגד שתי הבטחות ה׳, באות שתי גזרות פרעה: כנגד תוכניתו של ה׳ לתת לישראל את ארץ כנען, המצרים משעבדים את ישראל, הופכים אותם לעם של עבדים, ללא זיקה לארץ וללא אפשרות ללכת לארץ היעודה שלהם. הגזרה השנייה של פרעה, להמית את הילדים הזכרים, סותרת את התוכנית של ה׳ להרבות את ישראל ככוכבי השמיים וכחול שעל שפת הים.

באור זה נבין גם את הסירוב של פרעה לאפשר לעם לצאת ממצרים. התוכנית של פרעה היא הפוכה מהתוכנית של ה׳. התורה לא פירטה את המניעים של פרעה עד תום, אלא ביקשה בעיקר להציג את פרעה כמי שפועל בניגוד לתוכניות של ה׳. ניתן אם כן לומר שהחלק הראשון של ספר שמות עוסק בהתנגשות בין תוכניותיו של פרעה לישראל ובין תוכניותיו של ה׳ לישראל. כבר בראשית השעבוד פרעה מוצג כניגודו של ה׳, וכמי שפועל כנגד התוכניות של ה׳ לישראל.[10] העימות של פרעה עם ה׳ הוא הרקע לתוכנית של ה׳ להכות את מצרים על מנת להראות לפרעה את כוחו. מכאן גם הדרישה כי מתוך הכרה זו של פרעה בה׳, יאפשר לישראל לעבוד אותו.

עיון מעמיק יותר בפסקה זו יחשוף שכל אחד משני החלקים מחולק לשניים:

החלק הראשון – השעבוד של ישראל:
ח-יב – יוזמה של פרעה לשים מיסים על ישראל, אך ישראל מתרבים יותר.
יג-יד – המצרים משעבדים את ישראל.

החלק השני – גזרת פרעה להרוג את התינוקות הזכרים:
טו-כא – הצו של פרעה למיילדות העבריות להמית את הבנים. סירוב המיילדות לבצעו. ישראל מתרבים יותר.
כב – צו פרעה לעמו להשליך ליאור את הבנים.

טיבה של חלוקה זו מתבאר לאור החתימה הדומה של הרכיב הראשון בחלק הראשון, והרכיב הראשון בחלק השני. בעקבות עינוי ישראל במס עובד ובניית פתום ורעמסס, התוכנית של פרעה למעט את ישראל לא צלחה, ולהפך, באופן מפתיע הם התרבו יותר: "וְכַאֲשֶׁר יְעַנּוּ אֹתוֹ כֵּן יִרְבֶּה וְכֵן יִפְרֹץ" (יב). מצב זה גרם למצוקה עוד יותר גדולה בקרב המצרים, מצרים למעשה פחדו מישראל (יב). עתה נוכל להבין את מקומו של פסוק יג לאחר זאת: פסוק זה מתאר את השעבוד ששעבדו המצרים את ישראל, יתר על מה שנאמר קודם. בפס׳ יא נאמר שהם שעבדו את ישראל לבנות את ערי המסכנות, פתום ורעמסס. אך לאחר שפעולה זו לא הניבה את מה שציפה פרעה, והעם המשיך לרבות, פרעה הפעיל לחץ גדול יותר.[11] עתה, בנוסף לעבודה שתוארה לעיל, הם עובדים בחומר ובלבנים, היינו בעשיית טיט על מנת לייצר ממנו לבנים

לבנייה, ובעבודות שונות בשדה. יש להניח שהכוונה לכל העבודות החקלאיות בשדה, עבור כל המצרים, ולא רק לפרעה. הרחבת העבודה כללה גם תוספת עינוי. מעתה נאמר שהמצרים העבידו את ישראל בפרך וגם מררו את חייהם.

מבנה דומה קיים גם לגבי גזרת פרעה להמית את הבנים הנולדים. לאחר שהמיילדות לא קיימו את צו פרעה נאמר: "וַיִּרֶב הָעָם וַיַּעַצְמוּ מְאֹד" (כא). כמו בגזרת השעבוד, גם גזרת המתת הבנים משיגה את התוצאה ההפוכה, ושוב ישראל מתעצמים, במקום להתמעט (כ). בתגובה למצב זה, פרעה גוזר שוב גזרה, והפעם חמורה יותר – הוא גוזר על המצרים להטביע את התינוקות הזכרים של בני ישראל (כב). מעתה יכול כל מצרי להפוך למבצע הפקודה של פרעה. אף שלא נאמר במפורש שהכוונה לילדי העברים, הדבר ברור מההקשר לגזרה הקודמת למיילדות.*

נשים לב שמה שמאפיין את ההחמרה בשתי הגזרות, הן גזרת השעבוד הן גזרת המתת הבנים, הוא שהן הופכות לרלוונטיות לעם המצרי ולא רק לפרעה: ישראל נאלצו לעבוד לכל המצרים (יג), ועל כל מצרי היה מוטל להמית את הבנים הישראלים (כב). כך סיפור השעבוד של ישראל מתחיל בפרעה ומתרחב לכלל המצרים: מעתה גם הם מושא של ענישה מצד ה׳, וגם הם מעורבים בפעולות השונות של גאולת ישראל, כפי שיתבהר בהמשך הסיפור.

הדגם הזה מלמד על עוצמת העימות בין מצרים לישראל. לא בקלות השיגו המצרים את מבוקשם בשעבוד ישראל ובגזרת המתת התינוקות הזכרים. אדרבה, התוצאה של שתי הפעולות האלה הייתה הפוכה: ישראל התרבו יותר, מה שהצריך את המצרים להפעיל לחץ כבד יותר בשני התחומים. ניכר שהמצרים נחושים לפגוע פגיעה ממשית בישראל, וניכרת גם העמידה של ישראל. הדיאלוג בין המיילדות לפרעה מלמד על התחכום שלהן ונכונותן להסתכן באי־עמידה בצו פרעה מתוך יראתן את אלוהים. הן טוענות שהנשים העבריות הן בריאות וממהרות ללדת (רשב״ם),** ללא צורך במיילדת, כך שלפני שהן עצמן מגיעות, היולדת העברייה כבר ילדה. לא זו בלבד שהן לא נפגעות מפרעה על כך, ה׳ מתגמל אותן ועושה להן בתים, היינו מרבה את זרען או בונה להן משפחות (רש״י; ראב״ע; דברים כ״ה, ט; שמ״ב ז׳, יא; מל״א ב׳, כד).***

על הרקע הזה ניכר מקומו של ה׳ בסיפור. הן בסירוב המיילדות לפעול בצו פרעה מתוך יראת אלוהים, הן בשכר שה׳ נותן למיילדות על פועלן. את מקומו של ה׳ מרגישים גם בגזרה הראשונה, כשבניגוד לכל היגיון, ככל שהמצרים עינו את ישראל, ישראל התרבו יותר.[12] אף שפרעה מצליח לשעבד את ישראל, הוא מוצג בצורה מעט מגוחכת כמי שאינו מצליח

* כך ריב״ש ואברבנאל. וכן בתרגום השבעים ובשומרוני: "כל הבן הילוד לעברים". המדרש במסכת סוטה יב ע״א פירש שהוא ציווה שימיתו גם את כל הזכרים המצריים, וכן פירש רש״י.

** המילה ׳חַיוֹת׳ כתובה בפתח, במשמעות, של חיות. ׳חָיוֹת׳ בקמץ הכוונה ריבוי של חיית השדה. התלמוד בסוטה יא ע״ב וכן שמות רבה א טז (מירקין, חלק א, 29) מסבירים חיות – בעלי חיים.

*** רשב״ם פירש שפרעה עשה להן בתים לא כשכר אלא על מנת לשמור עליהן שלא ילכו ליילד את העבריות. וכן ר׳ יצחק עראמה.

להמעיטם באמצעות עינויים. בדיאלוג עם המיילדות, הוא מוצג באופן מגוחך במיוחד, כמי שנופל בפח שעה שקיבל את הסברן הלא־משכנע לחוסר הציות שלהן לצו שלו. יש בדבר גם אירוניה, ששתי נשים עבריות הן העומדות לפני שליט חזק ומצליחות להשיג את מבוקשן, לטובת ישראל ובניגוד לציוויו.[13]

פרק זה מציב את הרקע לעימות בין מצרים לישראל, בין המשעבד למשועבד, בין המענה למעונה, שיתעצם בהמשך סיפור היציאה של ישראל ממצרים. הסיפור גם מציב את ה׳ ברקע הסיפור, וכבר מתעוררת השאלה מה יעשה ה׳ בהמשך הסיפור, לאחר שפרעה יפעל חזיתית באופן המונע את יישום הבטחות ה׳ לאבות. אולם כבר בפתח הדברים מוצגות הדמויות: ישראל, שרוחם לא נשברת ואף אינם מתמעטים; פרעה, המוצג בצורה מגוחכת כמי שאינו מצליח במטרותיו ביחס לישראל; וה׳, שמוצג כריבון שרצונו ייעשה. מעבר לכך, השעבוד של ישראל הוא המוטיבציה הראשית ליציאה ממצרים. פרעה המשעבד של ישראל הוא הגורם לשאיפה לצאת ממנה, וכך תתגשמנה תוכניות ה׳ לקיים את הבטחות הזרע והארץ לאבות.[14]

סיפור לידת משה, ב׳, א–י

ב וַיֵּלֶךְ אִישׁ מִבֵּית לֵוִי וַיִּקַּח אֶת־בַּת־לֵוִי. וַתַּהַר הָאִשָּׁה וַתֵּלֶד בֵּן וַתֵּרֶא אֹתוֹ כִּי־טוֹב הוּא וַתִּצְפְּנֵהוּ
ג שְׁלֹשָׁה יְרָחִים. וְלֹא־יָכְלָה עוֹד הַצְּפִינוֹ וַתִּקַּח־לוֹ תֵּבַת גֹּמֶא וַתַּחְמְרָה בַחֵמָר וּבַזָּפֶת וַתָּשֶׂם בָּהּ
ד ה אֶת־הַיֶּלֶד וַתָּשֶׂם בַּסּוּף עַל־שְׂפַת הַיְאֹר. וַתֵּתַצַּב אֲחֹתוֹ מֵרָחֹק לְדֵעָה מַה־יֵּעָשֶׂה לוֹ. וַתֵּרֶד בַּת־
פַּרְעֹה לִרְחֹץ עַל־הַיְאֹר וְנַעֲרֹתֶיהָ הֹלְכֹת עַל־יַד הַיְאֹר וַתֵּרֶא אֶת־הַתֵּבָה בְּתוֹךְ הַסּוּף וַתִּשְׁלַח
ו אֶת־אֲמָתָהּ וַתִּקָּחֶהָ. וַתִּפְתַּח וַתִּרְאֵהוּ אֶת־הַיֶּלֶד וְהִנֵּה־נַעַר בֹּכֶה וַתַּחְמֹל עָלָיו וַתֹּאמֶר מִיַּלְדֵי
ז הָעִבְרִים זֶה. וַתֹּאמֶר אֲחֹתוֹ אֶל־בַּת־פַּרְעֹה הַאֵלֵךְ וְקָרָאתִי לָךְ אִשָּׁה מֵינֶקֶת מִן הָעִבְרִיֹּת וְתֵינִק
ח ט לָךְ אֶת־הַיָּלֶד. וַתֹּאמֶר־לָהּ בַּת־פַּרְעֹה לֵכִי וַתֵּלֶךְ הָעַלְמָה וַתִּקְרָא אֶת־אֵם הַיָּלֶד. וַתֹּאמֶר לָהּ
בַּת־פַּרְעֹה הֵילִיכִי אֶת־הַיֶּלֶד הַזֶּה וְהֵינִקִהוּ לִי וַאֲנִי אֶתֵּן אֶת־שְׂכָרֵךְ וַתִּקַּח הָאִשָּׁה הַיֶּלֶד וַתְּנִיקֵהוּ.
י וַיִּגְדַּל הַיֶּלֶד וַתְּבִאֵהוּ לְבַת־פַּרְעֹה וַיְהִי־לָהּ לְבֵן וַתִּקְרָא שְׁמוֹ מֹשֶׁה וַתֹּאמֶר כִּי מִן־הַמַּיִם מְשִׁיתִהוּ.

פירוש העניין

כל הדמויות בסיפור זה הן אנונימיות. איש משבט לוי לוקח לאישה את בת לוי. גם בהמשך, האחות ובת פרעה אינן מוזכרות בשמן. רק בסופו של הקטע ייקרא התינוק הנולד בשם משה. הוא הגיבור העיקרי של הסיפור. כאן מסופר על הולדת המושיע וצמיחתו, והוא גיבור התורה מכאן ואילך.

הפסוק הראשון משרה אווירה רגילה ושגרתית משהו, איש לוי לוקח לאישה את בת לוי (א). הדמויות אנונימיות כיוון שהן לא עיקרו של הסיפור, וגם הזיקה בין האיש לאישה נראית חסרת חשיבות מיוחדת: טבע העולם שאיש לוקח אישה. רק בהמשך (ו׳, כ) ייאמר שמדובר בעמרם בנו של קהת, הנושא לאישה את דודתו, יוכבד בת לוי. מנישואין אלה הרתה האישה וילדה בן. אף שההיריון נזכר מייד לאחר הנישואין, עבר זמן רב מאז שנישאו ועד שנולד משה, שכן יש לו אחות שכבר מספיק גדולה כדי לשמור עליו. סמיכות הנישואין להיריון האישה והולדת הילד באה להציג במהירות את עיקר הסיפור.[1] הסימן הראשון לשינוי מהמציאות הרגילה הופיע שכשהוולד נולד, והאם ראתה "כִּי טוֹב הוּא" (ב). לאחר שהאם שמרה את התינוק במשך שלושה חודשים ואין עוד אפשרות להחביאו מפני המצרים הסובבים, היא מכינה תיבה, סל קטן, המכוסה בטיט לבל יחדרו אליו מים, ומחביאה את התינוק בתוך הסל בין קני הסוף הקרובים לשפת היאור.[2] מעשה זה נראה נואש וחסר סיכוי. כיצד תינוק חסר אונים יכול לשרוד בהיותו בתוך תיבה המונחת ביאור?! יותר משזו נראית תוכנית הצלה, זו נראית פעולה מתוך ייאוש, מתוך תקווה קלושה שיקרה דבר בניגוד מוחלט למצופה ויביא להצלת התינוק. וכך אכן קרה. אחות התינוק ניצבה מרחוק. לא לשמור עליו הופקדה, אלא לבדוק מה יעלה בגורל אחיה. אירוני ביותר הוא שפרעה ציווה את המצרים שישליכו את התינוקות הישראל ליאור, והנה אימו מחביאה אותו בתוך היאור. מקום האסון הוא מקום ההצלה, וממנו צומחת הישועה.

נקודת המפנה של הסיפור היא ירידתה של בת פרעה לרחוץ על היאור. ביאור היא רואה את התיבה (ה). המתח גדול, שכן דווקא בתו של פרעה, שגזר את גזרת המוות על הילדים הישראלים, היא שמוצאת אותו. לא מופרך לחשוב שהיא, מכל האנשים במצרים, תהיה נאמנה לרצון אביה. אולם כאשר היא פותחת את התיבה ומגלה תינוק, היא חומלת עליו, אף שמייד היא יודעת שהוא עברי. אחותו, שנשארה שם רק כדי לדעת מה יעלה בגורל התינוק, מציעה לבת פרעה למצוא לו מיניקת. בת פרעה מסכימה ומעבירה את התינוק חזרה לאם התינוק. לא זו בלבד שהתינוק חוזר לאימו, בת פרעה אף מציעה לה שכר כדי להיניק את התינוק עבורה. הילד נשאר אצל אימו עד שגדל, ואז היא מחזירה את התינוק לבת פרעה. הסיפור אינו מתרכז בהיבט הטרגי של הדבר, אלא מכוון כולו לצד הלאומי של ישועת ישראל. הילד גדל כבנה של בת פרעה, והיא קוראת לו משה מכיוון שהוא נִמְשָׁה מן המים (ראו: תהלים י״ח, יז). אך משה לא רק נמשה באופן סביל. נשים לב שהשם משה הוא בצורת הפעיל, במשמעות של "הוא מָשָׁה אחרים", כנראה על שם סופו, שהוא עתיד למשות את העם ממצרים ומים סוף.[3] וכך גם מוזכר משה בישעיה ס״ג, יא: "וַיִּזְכֹּר יְמֵי עוֹלָם מֹשֶׁה עַמּוֹ אַיֵּה הַמַּעֲלֵם מִיָּם אֵת רֹעֵי צֹאנוֹ".

סיפור הצלתו של משה בידי בת פרעה והגיעו לארמון הוא מופלא. לא זו בלבד שהילד ניצל, והוא ניצל דווקא ממקום המוות – מן היאור, הוא ניצל דווקא בידי בתו של פרעה, זה שגזר את הגזרה על המתת הילדים. כך מגיע משה לגדול בתוך הארמון, מחוץ למעגל העבדות. כל זאת בניגוד לתוכנית של פרעה. פרעה היה מקור השעבוד של ישראל, והוא גם הבית שממנו צומח המושיע מפני השעבוד. לא זו בלבד שהוא אינו מצליח להשמיד את הילדים היהודיים, בתו היא זו אשר בחמלתה מכניסה את משה לארמון המלך, והוא עתיד להציל את ישראל מעבדות לפרעה.

ה׳ אינו מוזכר בסיפור זה אף לא פעם אחת, אבל ניכר שהוא פועל מאחורי הקלעים, בתוכנית הפוכה לתוכניתו של פרעה. הצלת משה בידי בת פרעה מזכירה את הצלתם של ישראל בידי ה׳ בדברי ה׳ למשה בהתגלות בסנה. על בת פרעה נאמר: ״וַתֵּרֶד בַּת פַּרְעֹה״, ואז: ״**וַתֵּרֶא** אֶת הַתֵּבָה״, ו״**וַתִּשְׁלַח** אֶת אֲמָתָהּ וַתִּקָּחֶהָ״, והיא ראתה בתיבה תינוק בוכה: ״**וַתִּרְאֵהוּ** אֶת הַיֶּלֶד וְהִנֵּה נַעַר **בֹּכֶה**״ (ב׳, ה–ו). ובדומה אמר ה׳ למשה: ״וַיֹּאמֶר ה׳ **רָאֹה רָאִיתִי**... וְאֶת **צַעֲקָתָם** שָׁמַעְתִּי... וָאֵרֵד לְהַצִּילוֹ... וְעַתָּה הִנֵּה **צַעֲקַת** בְּנֵי יִשְׂרָאֵל בָּאָה אֵלָי וְגַם **רָאִיתִי** אֶת הַלַּחַץ... וְעַתָּה לְכָה **וְאֶשְׁלָחֲךָ**״ (ג׳, ז–ט).[4] זיקה זו, בין פעולות בת פרעה להצלת משה לבין דברי ה׳ למשה על אודות הצלת ישראל, באה לרמוז לכך שמעשה בת פרעה הוא פעולה שה׳ מתכנן עבור הצלת ישראל והיא תתגלה בדברי ה׳ למשה בסנה.

הסיפור מניח מציאות קשה של עם ישראל במצרים, כך שכנראה, היה זה מראה שכיח למצוא תינוקות עבריים נטושים. ואכן בת פרעה מייד הבחינה שמדובר בילד עברי.[5] הסיפור אינו מתייחס לנקודות מהותיות בהתרחשות. למשל: מה הרגישה האם כאשר שמה את התינוק בתיבה ביאור? כיצד הרגישה כאשר נודע לה שהתינוק ניצל? איך הרגישה כאשר מסרה את הילד לבת פרעה? כל הנקודות האנושיות האלה אינן מקבלות התייחסות, וזאת כדי להתרכז בהצגת העיקר, והוא ההצלה המופלאה של משה והגיעו להיות בן לבת פרעה. סיפור משה בתיבה מציג את הקושי שבהשארתו בחיים של משה – איך ניצל באופן מופלא, חזר לאימו לתקופה מסוימת וגדל בשלום בבית פרעה. מעבר לכך, סיפור הצלת משה צופה את הצלת ישראל על ידי משה.[6] משה נמשך מהיאור, ואף ישראל יינצלו על מי ים סוף.

הגיבורים המרכזיים של הסיפור הם כולן נשים. אביו של משה מוזכר בתחילת הסיפור, אבל ההצלה של משה היא על ידי בת פרעה, אחות משה ואם משה, ובסיפור הקודם היו אלה שפרה ופועה שעמדו מול פרעה בגבורה ומנעו את מותם של התינוקות הזכרים. יש משמעות רבה לעובדה שהגיבורות המרכזיות של הסיפור הן נשים דווקא. הנשים כאן פועלות בכוח הגדול שניתן להן – כוח הילודה ומתן החיים – ולכן במקרא, פעמים רבות נשים הן אלה שמצילות ממוות. כך גם בסיפור זה, המקדים את עלייתו של המושיע, יש מקום מרכזי לתפקידן של הנשים בלידתו, בהצלתו ובגידולו.[7] בשעה שפרעה מבקש לקחת חיים, דווקא נשים הן אלו שעומדות ומצילות חיים.

בת פרעה נותנת שם למשה, ובכך נראה שהיא מאמצת אותו. הוא גדל בבית פרעה, והשאלה היא אם יגדל כישראלי או כמצרי כבן למשפחת המלוכה. מכאן פלא נוסף: כבר בשלב זה יש למשה זהות ישראלית, כפי שיתברר בהמשך הסיפור.

משה בבגרותו, ב׳, יא–כב

יא וַיְהִי בַּיָּמִים הָהֵם וַיִּגְדַּל מֹשֶׁה וַיֵּצֵא אֶל־אֶחָיו וַיַּרְא בְּסִבְלֹתָם וַיַּרְא אִישׁ מִצְרִי מַכֶּה אִישׁ־עִבְרִי
יב יג מֵאֶחָיו. וַיִּפֶן כֹּה וָכֹה וַיַּרְא כִּי אֵין אִישׁ וַיַּךְ אֶת־הַמִּצְרִי וַיִּטְמְנֵהוּ בַּחוֹל. וַיֵּצֵא בַּיּוֹם הַשֵּׁנִי וְהִנֵּה
יד שְׁנֵי־אֲנָשִׁים עִבְרִים נִצִּים וַיֹּאמֶר לָרָשָׁע לָמָּה תַכֶּה רֵעֶךָ. וַיֹּאמֶר מִי שָׂמְךָ לְאִישׁ שַׂר וְשֹׁפֵט עָלֵינוּ
טו הַלְהָרְגֵנִי אַתָּה אֹמֵר כַּאֲשֶׁר הָרַגְתָּ אֶת־הַמִּצְרִי וַיִּירָא מֹשֶׁה וַיֹּאמַר אָכֵן נוֹדַע הַדָּבָר. וַיִּשְׁמַע
פַּרְעֹה אֶת־הַדָּבָר הַזֶּה וַיְבַקֵּשׁ לַהֲרֹג אֶת־מֹשֶׁה וַיִּבְרַח מֹשֶׁה מִפְּנֵי פַרְעֹה וַיֵּשֶׁב בְּאֶרֶץ־מִדְיָן
טז וַיֵּשֶׁב עַל־הַבְּאֵר. וּלְכֹהֵן מִדְיָן שֶׁבַע בָּנוֹת וַתָּבֹאנָה וַתִּדְלֶנָה וַתְּמַלֶּאנָה אֶת־הָרְהָטִים לְהַשְׁקוֹת
יז יח צֹאן אֲבִיהֶן. וַיָּבֹאוּ הָרֹעִים וַיְגָרְשׁוּם וַיָּקָם מֹשֶׁה וַיּוֹשִׁעָן וַיַּשְׁקְ אֶת־צֹאנָם. וַתָּבֹאנָה אֶל־רְעוּאֵל
יט אֲבִיהֶן וַיֹּאמֶר מַדּוּעַ מִהַרְתֶּן בֹּא הַיּוֹם. וַתֹּאמַרְןָ אִישׁ מִצְרִי הִצִּילָנוּ מִיַּד הָרֹעִים וְגַם־דָּלֹה דָלָה
כ לָנוּ וַיַּשְׁקְ אֶת־הַצֹּאן. וַיֹּאמֶר אֶל־בְּנֹתָיו וְאַיּוֹ לָמָּה זֶּה עֲזַבְתֶּן אֶת־הָאִישׁ קִרְאֶן לוֹ וְיֹאכַל לָחֶם.
כא כב וַיּוֹאֶל מֹשֶׁה לָשֶׁבֶת אֶת־הָאִישׁ וַיִּתֵּן אֶת־צִפֹּרָה בִתּוֹ לְמֹשֶׁה. וַתֵּלֶד בֵּן וַיִּקְרָא אֶת־שְׁמוֹ גֵּרְשֹׁם
כִּי אָמַר גֵּר הָיִיתִי בְּאֶרֶץ נָכְרִיָּה.

פירוש העניין

סיפורו של משה מדלג משלב היותו תינוק להיותו בוגר (יא). המילה "וַיִּגְדַּל" בפסוק הקודם (י), פירושה שהוא כבר לא זקוק להנקה או לטיפול צמוד של האם כפי שהיה בקטנותו (כמו בראשית כ"א, ח), ופס' יא מדבר על היותו גדול ועומד על דעתו. הדבר הראשון שמסופר על משה הבוגר, הוא שהוא יוצא אל אחיו ורואה אותם עובדים בסבל (יא). מפעים שמשה, שגדל בכל השנים בבית פרעה כבן לבת פרעה, יודע את זהותו ומזדהה עם אחיו העברים, הסובלים תחת העינוי של מצרים. אף שהדבר לא נאמר, הרציפות של הסיפורים מלמדת שהזיקה של משה לעמו קשורה לעובדה שמשה גדל בשנותיו הראשונות בבית אימו. אף שמשה גדל בארמון המוגן של פרעה, הוא אינו נשאר באזור הנוחות ויוצא לראות בסבל אחיו, להזדהות עם בני עמו הסובלים. פעמיים הכתוב משתמש במילה "אֶחָיו" כדי להדגיש נקודה זו (יא). מעשה זה מלמד גם על הזהות העצמית שלו כחלק מהעברים, אף שהם עבדים והוא בן חורין בבית מלך מצרים.

ביציאתו מהארמון משה נוכח בשלושה עימותים. בראשון איש מצרי מכה איש עברי (יא), והכתוב מדגיש שהמוכה הוא "מֵאֶחָיו". כאשר הוא מבחין שאין מי שרואה אותו, הוא הורג את המצרי. דאגתו שלא יתגלה מלמדת על הסיכון הגדול של משה. אכן כאשר הדבר נודע לפרעה, הוא מבקש להמיתו. למרות הסיכון האישי הגדול, משה הורג את המצרי כדי להציל את העברי.*

למחרת, כאשר רואה שני עברים מבני עמו רבים, הפעם אינו מכה את הפוגע אלא מטיח בו דברים: "וַיֹּאמֶר לָרָשָׁע לָמָּה תַכֶּה רֵעֶךָ" (יג). כאשר בתגובה הרשע מזכיר לו שהוא הרג את המצרי, משה מבין שמה שעשה למצרי נודע, והוא נאלץ לברוח ממצרים אחרי שפרעה שומע על הדבר ומבקש להמיתו.

משה ברח למדיין "וַיֵּשֶׁב בְּאֶרֶץ מִדְיָן" – היינו התיישב במקום, השתקע שם. מדיין הייתה איגוד שבטים נוודים בשטחים מדבריים נרחבים. לפי הסיפורים השונים במקרא, נראה שהתפרסו בשטחים שבהם נדדו ישראל במדבר, בסיני, באזור מפרץ אילת, וכן באזור של המדבר הסורי עד האזורים מדרום לאילת, ובמדבר שממזרח לעבר הירדן המזרחי.[8] משה ברח לאזור של מדיין משום ששם לא שלטו המצרים. משה היה זר במצרים כאשר הזדהה עם אחיו העבדים, ועתה הוא מגיע למדיין כמצרי, אף שאינו מזדהה בזהות זו. הפסוק מסתיים בידיעה שהוא התיישב על הבאר (טו). בניגוד לתחילת הפסוק, שבה מילה זו מציינת את מגוריו במדיין, בהופעה השנייה של הפועל הכוונה שהתיישב בפועל על הבאר. הציון הכפול של הפועל "ישב" מציין את מגוריו החדשים, אך הישיבה השנייה מלמדת על חוסר האונים של משה, על שברח ממצרים למדיין ואין לו לאן לפנות, ועתה הוא יושב ליד הבאר. כעת

* מכילתא דשירה א (הורוויץ, 117): "והיכן מצינו במשה שנתן נפשו עליהם? שנאמר: 'ויהי בימים ההם ויגדל משה ויצא אל אחיו וירא בסבלותם' (שמות ב', יא), וכתיב: 'ויפן כה וכה', הא לפי שנתן נפשו עליהם נקרא על שמו".

אפשר להבין את הסדר ההפוך של הפעלים: הפועל הראשון מציין את ההשתקעות של משה במדיין, אך זה יקרה רק בסוף הסיפור. כרגע הוא רק יושב על הבאר. הסדר הזה מכוון להראות שההשתקעות שלו במדיין השאירה אותו לבד וחסר אונים. מה יהיה גורלו עתה, לאחר שגלה ממצרים ואינו יכול לשוב?

כשמשה מגיע לבאר הוא פוגש את שבע בנותיו של כוהן מדיין. מפגש זה טומן בחובו שתי משמעויות: אחת הגלויה לקורא בלבד, ואחת המנוגדת לה לגמרי, הגלויה למשה. הרובד הגלוי לקורא מתרכז באופן שבו משה רואה כיצד רועים מגרשים מהבאר את בנות כוהן מדיין. זהו סיפור טריוויאלי של גברים המנצלים את כוחם כדי לעקוף את התור ולהשקות את צאנם לפני הנשים. משה קם להציל את הרועות ומשקה את צאנן. אף שמשה אינו מקומי, שוב הוא אינו עומד מנגד, מציל את הרועות ואף מסייע להן לספק מים לעדר שלהן. לפני שנשוב לסיפור המפגש על הבאר של משה עם בנות כוהן מדיין ונעמוד על הרובד הנסתר של הסיפור למשה, נביט על שלושת הסיפורים הללו שבהם היה מעורב.

לאחר הסיפורים האלה יתגלה ה׳ למשה וימנה אותו למושיע של ישראל (ג׳-ד׳), וכשיחזור למצרים יהיה בן שמונים בשעה שיעמוד לפני פרעה. מכל שמונים שנות חיי משה, התורה אינה מספרת כמעט דבר. מטרתם של סיפורים אלה היא לאפיין את דמותו של משה ולהסביר את בחירתו על ידי ה׳ להושיע את ישראל. משה דואג לעמו ומשום כך יוצא מהארמון לראות בצרת עמו. הריגת המצרי שהכה עברי הוא מעשה נוסף, שבו מסתכן משה לעמוד לצד עמו ובייחוד בעת צרה. מעניין כי הפועל "וַיַּךְ", המתאר ההרג של משה את המצרי (יא-יב), הוא הפועל שבו ישתמש הכתוב לציין את הפגיעה של ה׳ במצרים (ג׳, כ; י״ב, יב, יג, כט; ז׳ יז, כ, כה; ח׳, יב, יג; ט׳, טו, כה). העזרה שמושיט משה לבנות מוצג בפועל "וַיּוֹשִׁעָן" (יז), ו"הִצִּילָנוּ" (יט), ובאותם פעלים משתמש הכתוב כדי לדבר על ישועת ה׳ את ישראל מידי מצרים (יש״ע: י״ד, ל; נצ״ל: ג׳, ח; ו׳, ו; י״ב, כז; י״ח, ט-י). מעבר לכך, הסיפורים השונים מייצגים דגמים שונים, שבכולם עומד משה לימין החלש והצודק. במקרה הראשון, שבו מצרי מכה עברי, משה עומד לצד אחיו. גם במקרה השני, שבו שני עברים רבים, אין משה עומד מן הצד ושוב הוא מתערב לטובת הצודק ונגד הרשע. לאחר ששילם מחיר כבד על ההתערבויות האלה, שבגינן נאלץ לגלות למדיין, הדבר הראשון שהוא רואה הוא חבורת רועים גברים שמנצלים לרעה את כוחם אל מול נשים רועות. שני הצדדים במקרה זה זרים לו, הם אינם מבני עמו והוא גולה בארץ זרה. אך שוב, משה אינו עומד מנגד ומסייע לחלש כנגד החזק שמנצל את כוחו. מכל הביוגרפיה של משה עד היותו בן שמונים אין אנו יודעים דבר לבד מזאת. הסיפורים הללו, המציגים את הדאגה של משה לעמו ואת טבעו כמי שעומד תמיד לצידו של החלש והצודק, מציבים את משה כאדם הראוי להנהיג את ישראל, ולכן ה׳ מינה אותו לתפקיד המושיע.[9]

נשוב עתה לסיפור השלישי על אודות המפגש של משה עם שבע בנות כהן מדיין בבאר, ונברר תחילה את ההקשר המשפחתי שלו. מיהו אביהן של הבנות? בפס׳ יח נאמר שרעואל הוא אביהן של הבנות, אך משה פונה אל יתר/יתרו (ד׳, יח), ובמקום אחר מצאנו שחובב

הוא שמו של חותן משה (במדבר י׳, כט; שופטים ד׳, יא). בבמדבר י׳, כט נאמר שחובב הוא בנו של רעואל. מסתברת דעת רשב״ם ורמב״ן, שרעואל הוא אביו של אב הבנות, וכשנאמר כאן אביהן הכוונה לאב אביהן. תופעה זו מוכרת במקרא (מפיבשת נקרא בן שאול אף שהוא נכדו, שמ״ב י״ט, כה; יהוא נקרא בן נמשי, אבל הוא נכדו, מל״א י״ט, טז; מל״ב ט׳, כ). לפי הסבר זה, היו לחותן משה שני שמות: יתרו וחובב. גם תופעה זו מוכרת. כך למשל לגדעון יש שני שמות, וכן ליעקב. ייתכן שהשם יתרו אינו שם פרטי אלא כינוי של כבוד, כמו הוד מעלתו.[10] אפשרות אחרת היא שרעואל הוא אב ציפורה, וחובב הוא אחיה של ציפורה, גיס משה (ראב״ע על במדבר י׳, כח, בפירושו הראשון).

אף שהסיפור בא ללמד על אופיו של משה, ברובד הגלוי למשה, מה שאירע לו מצוי במישור אחר לחלוטין. הסיפור עצמו עוסק בעניין פעוט, יום־יומי, אולם דווקא בסיפור זה קצב הסיפור מואט. על אף הקיצור של הסיפור, ובייחוד בהשוואה לקיצור הנמרץ שבו מסופר הסיפור עד כאן, באופן מפליא הוא מפורט בפרטים מאוד: היות האב כוהן מדיין ואב לשבע בנות, שאינן מוזכרות בהמשך הסיפור לבד מציפורה, והפירוט של דרך השקיית הצאן. מפתיע גם המשך הסיפור, הכולל פירוט של הדיאלוג בין הבנות לאב על חזרתן המוקדמת באותו יום, בניגוד למה שהיה בכל יום אחר. חשיבותו של הסיפור היא בכך שהוא מהווה מענה למצוקת הבדידות שהביאה את משה אל הבאר כשהגיע ממצרים למדיין. המעשה הטוב של משה עורר את רעואל לשאול מדוע הן לא קראו לאיש לבוא עימהן לאכול. העזרה שהושיט משה לבנות רעואל היא אשר הביאה את רעואל לוודא שהן תשובנה אליו ותקראנה לו על מנת לאכול איתם לחם. אבל לא רק לחם מצא משה. הוא מצא בית חדש. רעואל נתן לו את בתו ציפורה לאישה, וממנה נולד לו בן, שקרא לו על שם תחושת הגלות שבה הוא נמצא: ״וַיִּקְרָא אֶת שְׁמוֹ גֵּרְשֹׁם כִּי אָמַר גֵּר הָיִיתִי בְּאֶרֶץ נָכְרִיָּה״ (כב). כמובן שהוא מתכוון להיותו נוכרי במדיין לאחר שנאלץ לברוח למצרים. שם זה משקף את דברי ה׳ לאברהם: ״גֵר יִהְיֶה זַרְעֲךָ בְּאֶרֶץ לֹא לָהֶם וַעֲבָדוּם וְעִנּוּ אֹתָם אַרְבַּע מֵאוֹת שָׁנָה״ (בראשית ט״ו, יג), אף כי הכוונה של ה׳ היא על הגרות של ישראל במצרים. פועל זה מופיע בפעולת משה בגירוש הרועים (יז), וכן מופיע כמה פעמים בהמשך שפרעה יגרש את ישראל מארצו (ו׳, א; י״א, א; י״ב, לט). אפשר שהשם גרשום הוא מדרש שם של הפועל גר״ש.[11]

ישנה סתירה בין מה שהקורא מצפה ממשה ובין מה שמשה עצמו חושב. הקורא מתוודע לדמותו של משה שיושיע את ישראל, והוא לומד מהסיפורים הקצרים, כולל מסיפור משה במדיין, על דמותו של משה כמתאים להיות המושיע. דמותו של משה כמנהיג, כזכור, עלתה בדברי העברי הרשע. בה בעת שסיפור ההצלה של בנות רעואל מלמד את קורא על דמותו של משה כמי שעומד תמיד לימין החלש והצודק, הוא גם מציין בפנינו שמשה מצא בית בגלות, רחוק ממצרים ורחוק מאחיו, בלי אפשרות לחזור לשם. הסיפור התחיל בישיבתו של משה על הבאר: ״וַיֵּשֶׁב עַל הַבְּאֵר״, אבל הסיפור מסתיים בישיבתו בבית רעואל: ״וַיּוֹאֶל מֹשֶׁה לָשֶׁבֶת אֶת הָאִישׁ״ (כא). הסיפור מתחיל בבדידותו של משה, בהיותו חסר בית, ומסתיים בתמונת ביתו החדש של משה, בנישואיו עם ציפורה ובהולדת בנו. סיפור הישועה של משה את ישראל

נראה אבוד. ועם זאת, הסיפור מסתיים ברמז לבאות. משה בנה בית חדש, אבל הוא מרגיש בארץ נוכרייה. תחושת הזהות שלו עם בני עמו הביאה אותו לצאת מהארמון לראות באחיו, ותחושת הזרות שלו במדיין היא רמז לכך שמשה לא ישתקע במדיין.

מה המשמעות של גלות משה למדיין? מדוע סיפור זה חשוב להבנת הסיפור של ישועת ישראל ממצרים? נדמה שסיפור זה, כמו הסיפור של הנחת משה בתיבה והצלתו, הוא סיבוך נוסף בעלילה המציג את מורכבות הישועה. הסיפור של משה בבגרותו הוא הקדמה, שבעזרתה יבין הקורא שמדובר במושיע של ישראל. אולם הסיפור של גלות משה למדיין נראה כסופו של סיפור צמיחת משה. הוא מוצא את עצמו הרחק מאוד ממצרים, ללא יכולת לשוב אליה. בנימה זו חותם משה את קריאתו שם בנו. סיבוך זה אמור להעצים את המינוי של משה לקראת תפקידו כמושיע של ישראל. הזיקה בין תחילת הסיפור לסופו מדגישה את התקווה שאוכזבה. הסיפור החל בנישואים של הורי משה, לידתו וקריאת שמו, והמשכו בהצלתו ובתחילת הרצון של משה לראות את אחיו ולסייע להם. הסיפור מסתיים בבריחתו ממצרים, בנישואיו עם ציפורה ולידת בנו גרשום, המבטאים את היותו בארץ נוכרייה.

סיפורו של משה בתיבה על היאור מלמד בעיקר שהשגחת ה׳ עליו – להוציא אותו ממציאות של עבדות ולהביאו אל בית פרעה, ושם יגדל להיות המנהיג של ישראל בצאתם ממצרים. סיפור בגרותו של משה מלמד על תכונותיו של משה, כמי שדואג לעמו ודואג לחלש, ובשל כך מתאים להושיע את ישראל. רעיונות אלו מובעים במפורש בדברי העברי הרשע המטיח במשה: "מִי שָׂמְךָ לְאִישׁ שַׂר וְשֹׁפֵט עָלֵינוּ". בדברים אלה ניכר כיצד התנהלותו של משה התפרשה: הוא פעל כמנהיג וכשופט, והוא מוכן גם להסתכן בשל כך. הוא המנהיג המתאים להנהיג את ישראל. יחד עם זאת, הסיפור מסתיים בהשתקעות משה במדיין, מה שנראה כחיסול אפשרות הישועה.

מינוי משה לשליחות, ב׳, כג - ד׳, כו

כג וַיְהִי בַיָּמִים הָרַבִּים הָהֵם וַיָּמָת מֶלֶךְ מִצְרַיִם וַיֵּאָנְחוּ בְנֵי־יִשְׂרָאֵל מִן־הָעֲבֹדָה וַיִּזְעָקוּ וַתַּעַל
כד שַׁוְעָתָם אֶל־הָאֱלֹהִים מִן־הָעֲבֹדָה. וַיִּשְׁמַע אֱלֹהִים אֶת־נַאֲקָתָם וַיִּזְכֹּר אֱלֹהִים אֶת־בְּרִיתוֹ אֶת־
כה אַבְרָהָם אֶת־יִצְחָק וְאֶת־יַעֲקֹב. וַיַּרְא אֱלֹהִים אֶת־בְּנֵי יִשְׂרָאֵל וַיֵּדַע אֱלֹהִים.

ג א וּמֹשֶׁה הָיָה רֹעֶה אֶת־צֹאן יִתְרוֹ חֹתְנוֹ כֹּהֵן מִדְיָן וַיִּנְהַג אֶת־הַצֹּאן אַחַר הַמִּדְבָּר וַיָּבֹא אֶל־
ב הַר הָאֱלֹהִים חֹרֵבָה. וַיֵּרָא מַלְאַךְ יהוה אֵלָיו בְּלַבַּת־אֵשׁ מִתּוֹךְ הַסְּנֶה וַיַּרְא וְהִנֵּה הַסְּנֶה בֹּעֵר
ג בָּאֵשׁ וְהַסְּנֶה אֵינֶנּוּ אֻכָּל. וַיֹּאמֶר מֹשֶׁה אָסֻרָה־נָּא וְאֶרְאֶה אֶת־הַמַּרְאֶה הַגָּדֹל הַזֶּה מַדּוּעַ לֹא־
ד יִבְעַר הַסְּנֶה. וַיַּרְא יהוה כִּי סָר לִרְאוֹת וַיִּקְרָא אֵלָיו אֱלֹהִים מִתּוֹךְ הַסְּנֶה וַיֹּאמֶר מֹשֶׁה מֹשֶׁה
ה וַיֹּאמֶר הִנֵּנִי. וַיֹּאמֶר אַל־תִּקְרַב הֲלֹם שַׁל־נְעָלֶיךָ מֵעַל רַגְלֶיךָ כִּי הַמָּקוֹם אֲשֶׁר אַתָּה עוֹמֵד
ו עָלָיו אַדְמַת־קֹדֶשׁ הוּא. וַיֹּאמֶר אָנֹכִי אֱלֹהֵי אָבִיךָ אֱלֹהֵי אַבְרָהָם אֱלֹהֵי יִצְחָק וֵאלֹהֵי יַעֲקֹב
ז וַיַּסְתֵּר מֹשֶׁה פָּנָיו כִּי יָרֵא מֵהַבִּיט אֶל־הָאֱלֹהִים. וַיֹּאמֶר יהוה רָאֹה רָאִיתִי אֶת־עֳנִי עַמִּי אֲשֶׁר
ח בְּמִצְרָיִם וְאֶת־צַעֲקָתָם שָׁמַעְתִּי מִפְּנֵי נֹגְשָׂיו כִּי יָדַעְתִּי אֶת־מַכְאֹבָיו. וָאֵרֵד לְהַצִּילוֹ מִיַּד מִצְרַיִם
וּלְהַעֲלֹתוֹ מִן־הָאָרֶץ הַהִוא אֶל־אֶרֶץ טוֹבָה וּרְחָבָה אֶל־אֶרֶץ זָבַת חָלָב וּדְבָשׁ אֶל־מְקוֹם הַכְּנַעֲנִי
ט וְהַחִתִּי וְהָאֱמֹרִי וְהַפְּרִזִּי וְהַחִוִּי וְהַיְבוּסִי. וְעַתָּה הִנֵּה צַעֲקַת בְּנֵי־יִשְׂרָאֵל בָּאָה אֵלָי וְגַם־רָאִיתִי
י אֶת־הַלַּחַץ אֲשֶׁר מִצְרַיִם לֹחֲצִים אֹתָם. וְעַתָּה לְכָה וְאֶשְׁלָחֲךָ אֶל־פַּרְעֹה וְהוֹצֵא אֶת־עַמִּי בְנֵי־
יא יִשְׂרָאֵל מִמִּצְרָיִם. וַיֹּאמֶר מֹשֶׁה אֶל־הָאֱלֹהִים מִי אָנֹכִי כִּי אֵלֵךְ אֶל־פַּרְעֹה וְכִי אוֹצִיא אֶת־בְּנֵי
יב יִשְׂרָאֵל מִמִּצְרָיִם. וַיֹּאמֶר כִּי־אֶהְיֶה עִמָּךְ וְזֶה־לְּךָ הָאוֹת כִּי אָנֹכִי שְׁלַחְתִּיךָ בְּהוֹצִיאֲךָ אֶת־הָעָם
יג מִמִּצְרַיִם תַּעַבְדוּן אֶת־הָאֱלֹהִים עַל הָהָר הַזֶּה. וַיֹּאמֶר מֹשֶׁה אֶל־הָאֱלֹהִים הִנֵּה אָנֹכִי בָא אֶל־
בְּנֵי יִשְׂרָאֵל וְאָמַרְתִּי לָהֶם אֱלֹהֵי אֲבוֹתֵיכֶם שְׁלָחַנִי אֲלֵיכֶם וְאָמְרוּ־לִי מַה־שְּׁמוֹ מָה אֹמַר אֲלֵהֶם.
יד וַיֹּאמֶר אֱלֹהִים אֶל־מֹשֶׁה אֶהְיֶה אֲשֶׁר אֶהְיֶה וַיֹּאמֶר כֹּה תֹאמַר לִבְנֵי יִשְׂרָאֵל אֶהְיֶה שְׁלָחַנִי
טו אֲלֵיכֶם. וַיֹּאמֶר עוֹד אֱלֹהִים אֶל־מֹשֶׁה כֹּה תֹאמַר אֶל־בְּנֵי יִשְׂרָאֵל יהוה אֱלֹהֵי אֲבֹתֵיכֶם אֱלֹהֵי
טז אַבְרָהָם אֱלֹהֵי יִצְחָק וֵאלֹהֵי יַעֲקֹב שְׁלָחַנִי אֲלֵיכֶם זֶה־שְּׁמִי לְעֹלָם וְזֶה זִכְרִי לְדֹר דֹּר. לֵךְ וְאָסַפְתָּ
אֶת־זִקְנֵי יִשְׂרָאֵל וְאָמַרְתָּ אֲלֵהֶם יהוה אֱלֹהֵי אֲבֹתֵיכֶם נִרְאָה אֵלַי אֱלֹהֵי אַבְרָהָם יִצְחָק וְיַעֲקֹב
יז לֵאמֹר פָּקֹד פָּקַדְתִּי אֶתְכֶם וְאֶת־הֶעָשׂוּי לָכֶם בְּמִצְרָיִם. וָאֹמַר אַעֲלֶה אֶתְכֶם מֵעֳנִי מִצְרַיִם אֶל־
יח אֶרֶץ הַכְּנַעֲנִי וְהַחִתִּי וְהָאֱמֹרִי וְהַפְּרִזִּי וְהַחִוִּי וְהַיְבוּסִי אֶל־אֶרֶץ זָבַת חָלָב וּדְבָשׁ. וְשָׁמְעוּ לְקֹלֶךָ
וּבָאתָ אַתָּה וְזִקְנֵי יִשְׂרָאֵל אֶל־מֶלֶךְ מִצְרַיִם וַאֲמַרְתֶּם אֵלָיו יהוה אֱלֹהֵי הָעִבְרִיִּים נִקְרָה עָלֵינוּ
יט וְעַתָּה נֵלֲכָה־נָּא דֶּרֶךְ שְׁלֹשֶׁת יָמִים בַּמִּדְבָּר וְנִזְבְּחָה לַיהוה אֱלֹהֵינוּ. וַאֲנִי יָדַעְתִּי כִּי לֹא־יִתֵּן
כ אֶתְכֶם מֶלֶךְ מִצְרַיִם לַהֲלֹךְ וְלֹא בְּיָד חֲזָקָה. וְשָׁלַחְתִּי אֶת־יָדִי וְהִכֵּיתִי אֶת־מִצְרַיִם בְּכֹל נִפְלְאֹתַי
כא אֲשֶׁר אֶעֱשֶׂה בְּקִרְבּוֹ וְאַחֲרֵי־כֵן יְשַׁלַּח אֶתְכֶם. וְנָתַתִּי אֶת־חֵן הָעָם־הַזֶּה בְּעֵינֵי מִצְרַיִם וְהָיָה

כב כִּי תֵלֵכוּן לֹא תֵלְכוּ רֵיקָם. וְשָׁאֲלָה אִשָּׁה מִשְּׁכֶנְתָּהּ וּמִגָּרַת בֵּיתָהּ כְּלֵי־כֶסֶף וּכְלֵי זָהָב וּשְׂמָלֹת
ד א וְשַׂמְתֶּם עַל־בְּנֵיכֶם וְעַל־בְּנֹתֵיכֶם וְנִצַּלְתֶּם אֶת־מִצְרָיִם. וַיַּעַן מֹשֶׁה וַיֹּאמֶר וְהֵן לֹא־יַאֲמִינוּ לִי
ב וְלֹא יִשְׁמְעוּ בְּקֹלִי כִּי יֹאמְרוּ לֹא־נִרְאָה אֵלֶיךָ יהוה. וַיֹּאמֶר אֵלָיו יהוה מזה בְיָדֶךָ וַיֹּאמֶר מַטֶּה.
ג ד וַיֹּאמֶר הַשְׁלִיכֵהוּ אַרְצָה וַיַּשְׁלִכֵהוּ אַרְצָה וַיְהִי לְנָחָשׁ וַיָּנָס מֹשֶׁה מִפָּנָיו. וַיֹּאמֶר יהוה אֶל־מֹשֶׁה
ה שְׁלַח יָדְךָ וֶאֱחֹז בִּזְנָבוֹ וַיִּשְׁלַח יָדוֹ וַיַּחֲזֶק־בּוֹ וַיְהִי לְמַטֶּה בְּכַפּוֹ. לְמַעַן יַאֲמִינוּ כִּי־נִרְאָה אֵלֶיךָ
ו יהוה אֱלֹהֵי אֲבֹתָם אֱלֹהֵי אַבְרָהָם אֱלֹהֵי יִצְחָק וֵאלֹהֵי יַעֲקֹב. וַיֹּאמֶר יהוה לוֹ עוֹד הָבֵא־נָא יָדְךָ
ז בְּחֵיקֶךָ וַיָּבֵא יָדוֹ בְּחֵיקוֹ וַיּוֹצִאָהּ וְהִנֵּה יָדוֹ מְצֹרַעַת כַּשָּׁלֶג. וַיֹּאמֶר הָשֵׁב יָדְךָ אֶל־חֵיקֶךָ וַיָּשֶׁב
ח יָדוֹ אֶל־חֵיקוֹ וַיּוֹצִאָהּ מֵחֵיקוֹ וְהִנֵּה־שָׁבָה כִּבְשָׂרוֹ. וְהָיָה אִם־לֹא יַאֲמִינוּ לָךְ וְלֹא יִשְׁמְעוּ לְקֹל
ט הָאֹת הָרִאשׁוֹן וְהֶאֱמִינוּ לְקֹל הָאֹת הָאַחֲרוֹן. וְהָיָה אִם־לֹא יַאֲמִינוּ גַּם לִשְׁנֵי הָאֹתוֹת הָאֵלֶּה
וְלֹא יִשְׁמְעוּן לְקֹלֶךָ וְלָקַחְתָּ מִמֵּימֵי הַיְאֹר וְשָׁפַכְתָּ הַיַּבָּשָׁה וְהָיוּ הַמַּיִם אֲשֶׁר תִּקַּח מִן־הַיְאֹר וְהָיוּ
י לְדָם בַּיַּבָּשֶׁת. וַיֹּאמֶר מֹשֶׁה אֶל־יהוה בִּי אֲדֹנָי לֹא אִישׁ דְּבָרִים אָנֹכִי גַּם מִתְּמוֹל גַּם מִשִּׁלְשֹׁם
יא גַּם מֵאָז דַּבֶּרְךָ אֶל־עַבְדֶּךָ כִּי כְבַד־פֶּה וּכְבַד לָשׁוֹן אָנֹכִי. וַיֹּאמֶר יהוה אֵלָיו מִי שָׂם פֶּה לָאָדָם
יב אוֹ מִי־יָשׂוּם אִלֵּם אוֹ חֵרֵשׁ אוֹ פִקֵּחַ אוֹ עִוֵּר הֲלֹא אָנֹכִי יהוה. וְעַתָּה לֵךְ וְאָנֹכִי אֶהְיֶה עִם־פִּיךָ
יג יד וְהוֹרֵיתִיךָ אֲשֶׁר תְּדַבֵּר. וַיֹּאמֶר בִּי אֲדֹנָי שְׁלַח־נָא בְּיַד־תִּשְׁלָח. וַיִּחַר־אַף יהוה בְּמֹשֶׁה וַיֹּאמֶר
הֲלֹא אַהֲרֹן אָחִיךָ הַלֵּוִי יָדַעְתִּי כִּי־דַבֵּר יְדַבֵּר הוּא וְגַם הִנֵּה־הוּא יֹצֵא לִקְרָאתֶךָ וְרָאֲךָ וְשָׂמַח
טו בְּלִבּוֹ. וְדִבַּרְתָּ אֵלָיו וְשַׂמְתָּ אֶת־הַדְּבָרִים בְּפִיו וְאָנֹכִי אֶהְיֶה עִם־פִּיךָ וְעִם־פִּיהוּ וְהוֹרֵיתִי אֶתְכֶם
טז אֵת אֲשֶׁר תַּעֲשׂוּן. וְדִבֶּר־הוּא לְךָ אֶל־הָעָם וְהָיָה הוּא יִהְיֶה־לְּךָ לְפֶה וְאַתָּה תִּהְיֶה־לּוֹ לֵאלֹהִים.
יז וְאֶת־הַמַּטֶּה הַזֶּה תִּקַּח בְּיָדֶךָ אֲשֶׁר תַּעֲשֶׂה־בּוֹ אֶת־הָאֹתֹת.

יח וַיֵּלֶךְ מֹשֶׁה וַיָּשָׁב אֶל־יֶתֶר חֹתְנוֹ וַיֹּאמֶר לוֹ אֵלְכָה־נָּא וְאָשׁוּבָה אֶל־אַחַי אֲשֶׁר־בְּמִצְרַיִם וְאֶרְאֶה
הַעוֹדָם חַיִּים וַיֹּאמֶר יִתְרוֹ לְמֹשֶׁה לֵךְ לְשָׁלוֹם.

יט וַיֹּאמֶר יהוה אֶל־מֹשֶׁה בְּמִדְיָן לֵךְ שֻׁב מִצְרָיִם כִּי־מֵתוּ כָּל־הָאֲנָשִׁים הַמְבַקְשִׁים אֶת־נַפְשֶׁךָ.
כ וַיִּקַּח מֹשֶׁה אֶת־אִשְׁתּוֹ וְאֶת־בָּנָיו וַיַּרְכִּבֵם עַל־הַחֲמֹר וַיָּשָׁב אַרְצָה מִצְרָיִם וַיִּקַּח מֹשֶׁה אֶת־מַטֵּה
כא הָאֱלֹהִים בְּיָדוֹ. וַיֹּאמֶר יהוה אֶל־מֹשֶׁה בְּלֶכְתְּךָ לָשׁוּב מִצְרַיְמָה רְאֵה כָּל־הַמֹּפְתִים אֲשֶׁר־שַׂמְתִּי
כב בְיָדֶךָ וַעֲשִׂיתָם לִפְנֵי פַרְעֹה וַאֲנִי אֲחַזֵּק אֶת־לִבּוֹ וְלֹא יְשַׁלַּח אֶת־הָעָם. וְאָמַרְתָּ אֶל־פַּרְעֹה כֹּה
כג אָמַר יהוה בְּנִי בְכֹרִי יִשְׂרָאֵל. וָאֹמַר אֵלֶיךָ שַׁלַּח אֶת־בְּנִי וְיַעַבְדֵנִי וַתְּמָאֵן לְשַׁלְּחוֹ הִנֵּה אָנֹכִי
כד כה הֹרֵג אֶת־בִּנְךָ בְּכֹרֶךָ. וַיְהִי בַדֶּרֶךְ בַּמָּלוֹן וַיִּפְגְּשֵׁהוּ יהוה וַיְבַקֵּשׁ הֲמִיתוֹ. וַתִּקַּח צִפֹּרָה צֹר וַתִּכְרֹת
כו אֶת־עָרְלַת בְּנָהּ וַתַּגַּע לְרַגְלָיו וַתֹּאמֶר כִּי חֲתַן־דָּמִים אַתָּה לִי. וַיִּרֶף מִמֶּנּוּ אָז אָמְרָה חֲתַן דָּמִים
לַמּוּלֹת.

פירוש העניין

ה׳ שומע את נאקת בני ישראל, ב׳, כג-כה

פסוקים כג-כה הם נקודת המפנה בגורלם של ישראל, וכאן מתחיל סיפור הישועה. הקטע נפתח בידיעה שמה שמסופר כאן התרחש עשרות שנים לאחר מה שסופר בפרק הקודם. אכן, משה בפרק הקודם הוא בחור, ואילו לאחר המינוי, כשהוא עומד לפני פרעה, הוא בן שמונים (ז׳, ז). ידיעה זו חשובה כדי להבין את יחסו של משה למינויו להלן. רק זאת נאמר לעת עתה, שמשה בינתיים כנראה איבד תקווה לשוב למצרים, וכל שכן לפעול לגאולת ישראל. על דמותו של משה העולה בפרק ב׳ לעומת דמותו בפרקים ג׳-ד׳ נרחיב להלן.

נמסר שפרעה בינתיים מת. ואף שידיעה זו אינה חשובה להקשר המיידי, היא נמסרה כאן כדי להכין את חזרתו של משה למצרים בצו ה׳, כיוון שמת פרעה שרצה להמיתו.

נקודת המפנה פותחת בתיאור מצבם של בני ישראל: "וַיֵּאָנְחוּ בְנֵי יִשְׂרָאֵל מִן הָעֲבֹדָה וַיִּזְעָקוּ". המשפט פותח בפועל "וַיֵּאָנְחוּ" ומסתיים בפועל חזק יותר – "וַיִּזְעָקוּ", תוך העדר המושא המתבקש, שהם זעקו אל ה׳. ניתן ללמוד מכך שזו הייתה זעקת כאב מהעבודה ולא זעקה אל ה׳.[1] זאת בניגוד לתיאור בדברים כ״ו, ז. כדי להדגיש זאת נאמר באופן כפול: "וַיֵּאָנְחוּ... מִן הָעֲבֹדָה", ושוב נאמר "וַתַּעַל שַׁוְעָתָם אֶל הָאֱלֹהִים מִן הָעֲבֹדָה". הדגש הכפול של המילים "מִן הָעֲבֹדָה" (כג) מעצים את מצבו הקשה של העם, ולפיכך את גדולת הישועה של ה׳. העדר הזעקה אל ה׳ נובע מריחוקם מה׳ ומחוסר הקשר עימו. כל זה ישתנה בהמשך, כאשר משה יכיר לעם ישראל את ה׳ וידבר בשמו, והם גם יכירו אותו דרך נפלאותיו וייווכחו בעוצמתו הבלעדית. התיאור הראשוני הזה של אי־הכרת העם את ה׳ מצביע על התהליך שיעבור העם, שבמהלכו יכיר את גדולתו של ה׳, ובסופו אף יכרות עימו ברית. מעבר לכך, אי־הפנייה של העם אל ה׳ מדגישה שנקודת המפנה בגורלם של ישראל תלויה בה׳ לבדו, ולא בפנייה של העם אליו.

בארבע מילים תיארה התורה את הצעקה של ישראל מהעבודה: "וַיֵּאָנְחוּ... וַיִּזְעָקוּ... שַׁוְעָתָם... נַאֲקָתָם". תגובת אלוהים לאנחת העם וזעקתו מתבטאת בחמישה היגדים, המכילים חמישה פעלים: "וַתַּעַל", "וַיִּשְׁמַע", "וַיִּזְכֹּר", "וַיַּרְא", "וַיֵּדַע" (ארבעת הפעלים האחרונים הם פעולות שה׳ מבצע) וגם באזכור חוזר של שם אלוהים בכל אחד מחמשת ההיגדים:

(כג) וַתַּעַל שַׁוְעָתָם אֶל הָאֱלֹהִים מִן הָעֲבֹדָה.
(כד) וַיִּשְׁמַע אֱלֹהִים אֶת נַאֲקָתָם
וַיִּזְכֹּר אֱלֹהִים אֶת בְּרִיתוֹ אֶת אַבְרָהָם אֶת יִצְחָק וְאֶת יַעֲקֹב.
(כה) וַיַּרְא אֱלֹהִים אֶת בְּנֵי יִשְׂרָאֵל
וַיֵּדַע אֱלֹהִים.

התיאור הרחב של היענות ה׳ מבליט את התערבותו לטובתם ואת תחילת השינוי בגורלם בזכותו. תגובותיו של ה׳ מוצגות בהדרגה עולה: הפועל ׳וַתַּעַל׳ (כג) מתייחס לשוועת העם העולה אל אלוהים, שעדיין אינו פועל. בהיגד הבא יש העצמה, שכן ה׳ שומע את נאקתם של ישראל (כד1). ההיגד השלישי מתאר את ה׳ הזוכר את הברית לאבות (כד2). בשני ההיגדים הראשונים הזעקה והנאקה של העם חוללו את השינוי. ההיגד השלישי הוא המרכזי ומכיל התייחסות לברית האבות. בשני ההיגדים האחרונים (כה) ה׳ פועל לא כמי שנענה לזעקת העם, כמו בשני ההיגדים הראשונים, אלא כמי שפועל מעצמו. בהיגד הרביעי ה׳ רואה את בני ישראל. לא נאמר שהוא רואה את צרתם אלא אותם, וזה ביטוי לקשר אינטימי יותר. הפועל החזק ביותר הוא ״וַיֵּדַע אֱלֹהִים״, אך לא נאמר מה הוא יודע.[2] משפט זה הוא נקי, לא עצם הצרה משפיעה עליו, לא ההבטחה לאבות ולא מה שהוא רואה את בני ישראל, אלא ה׳ בעצמו לבדו יודע.

ההתגלות ה׳ למשה בסנה ומינויו למושיע, ג׳, א - ד׳, יז

סיפור זה הוא ארוך ומורכב. תחילתו בהתגלות ה׳ למשה בסנה (ג׳, א-ו); ה׳ מטיל על משה את התפקיד להושיע את ישראל (ג׳, ז-י); משה מתנגד לקבלת התפקיד ומקיים על כך דיאלוג עם ה׳, עד למינויו (ג׳, יא – ד׳, יז). חלק זה כולל חמש הסתייגויות של משה וחמש תשובות של ה׳ להסתייגויותיו. ההסתייגות הראשונה של משה – ג׳, יא, ותשובת ה׳ – ג׳, יב; ההסתייגות השנייה של משה – ג׳, יג, ותשובת ה׳ – ג׳, יד-כב; ההסתייגות השלישית של משה – ד׳, א, ותשובת ה׳ – ד׳, ב-ט; ההסתייגות הרביעית של משה – ד׳, י, ותשובת ה׳ – ד׳, יא-יב; ההסתייגות החמישית של משה – ד׳, יג, ותשובת ה׳ – ד׳, יד-יז.

התגלות ה׳ למשה בסנה, א-ו

סיפור המינוי של משה פותח במילים ״וּמֹשֶׁה הָיָה רֹעֶה אֶת צֹאן יִתְרוֹ חֹתְנוֹ כֹּהֵן מִדְיָן״ (א). וי״ו החיבור קושרת את הסיפור הזה לפסוקים הקודמים: ה׳ שמע את זעקת העם, ועתה החל לפעול באמצעות מינוי משה למושיע. קישור זה לא מצביע רק על סדר העניינים. ניתן לראות שיש לו חשיבות נוספת, בשל הקדמת ״וּמֹשֶׁה״ לפועל ״הָיָה״, בניגוד לסדר הרגיל במקרא, שבו הפועל קודם לנושא. הקדמת הנושא כאן באה להראות את ההמשכיות למה שנאמר קודם: ה׳ ידע, ובהתאם לכך ה׳ ממנה את משה להוציא את ישראל ממצרים, כפי שיתואר בהמשך הפסוקים. אולם משה אינו יודע על כך דבר ובאותה שעה הוא רועה את צאן חותנו, כוהן מדיין. פרט זה נמסר כי הוא מקושר בתודעת הקורא אל הסיפור הקודם, שבו משה נותר חסר בית עד שלקחו יתרו כוהן מדיין ונתן לו אישה ואפשרות לשבת עימו. זהו ההקשר שבתוכו חי משה, ולא עם אחיו במצרים, כפי שהיה לפני שברח משם. רעיית הצאן של חותנו מצביעה על זיקתו לחותנו ולמדיין, ומראה את הנפילה הגדולה בין היותו בנו של בת פרעה בארמון המלוכה במצרים, ובין היותו רועה את צאן חותנו במדבר. נוסף לכך, הסיפור של רעיית הצאן

מדגים את שגרת חייו של משה עד לרגע שבו ה' מתגלה אליו. אך יש לרעיית הצאן היבט נוסף: היות משה רועה צאן מקרב אותו להיות מנהיג. ה'רועה' במקומות אחרים במקרא הוא מטאפורה למנהיג הדואג לעמו כמו רועה הדואג לצאנו (למשל אצל דוד – שמ"א י"ז, טו שמ"ב ה', ב; ה' – תהילים כ"ג; ישעיהו מ', י-יא; עמוס ז', טו).

רעיית הצאן הביאה את משה למדבר חורב, להר האלוהים, הוא המקום שבו עתיד ה' לתת את התורה לישראל. אך כל זה לא ידוע בסיפור עדיין, ואף משה אינו יודע זאת. משה יהיה מופתע מהמראה שיתגלה אליו בהר, אבל הקורא כבר נרמז לכך, באמצעות כינוי המקום הר האלוהים. משה, שהוביל את צאנו להר האלוהים, עתיד להוביל את העם להר האלוהים להתגלות נוספת של ה', הפעם לכל העם. אף שהמקום נקרא כאן חורב, ולא סיני, הוא מזוהה במקומות אחרים עם השם סיני.[3] בהתאם לכך נראה שיש קשר בין המילה "סנה" הדומה בצלילה ל"סיני",[4] וגם בכך יש הטרמה של התגלות ה' בסנה להתגלותו בסיני.

פסוקים ב-ה הם תיאור מראה ההתגלות של ה' אל משה. בהתאם לכך, השורש רא"ה מופיע שמונה פעמים בפסוקים ב-ז. ה' מתגלה אליו באמצעות סנה בוער באש. האש מייצגת פעמים רבות את ה' במקרא, וכך גם כאן. כך למשל בברית בן הבתרים (בראשית ט"ו, יז), בעמוד האש לפני ישראל בלכתם במדבר (שמות י"ג, כא; במדבר י"ד, כד; דברים א', לב-לג), בהר סיני (שמות י"ט, יח; כ"ד, יז; דברים ד', יב; ה', ד, יט-כ, כג), ובמשכן (מ', לח).[5] זו התגלות ראשונה של ה' אל משה והתגלות ראשונה של ה' מאז סיפורי האבות. כיוון שזהו הדיבור הראשון של ה' אל משה, הדבר חִייב התגלות רבת רושם. עניין זה יסביר את מהות המראה: כיוון שהאש היא ייצוג של אלוהים, ולא מראה טבעי של בעירת עץ, האש אינה נכבית.* הייחוד של המראה הוא שהסנה הוא דבר קל לבעירה מהירה, בניגוד לעץ, ולכן הפלא היה גדול כאשר הסנה לא אוכל.[6] המשמעות של הישארות האש היא שבהיות האש ייצוג של אלוהים, היא קבועה. בדומה לכך אפשר לומר על האש בהר סיני ועמוד האש שהלך לפני המחנה, שלא היה חומר בעירה שיצר את האש. אולם משה אינו מבין זאת, כמובן, ולכן הוא מתקרב לסנה כדי לראות ולהבין. הרצון של משה להתקרב ולראות מדגים בצורה בולטת את העובדה שמשה הוא 'טירון' בדיבור עם אלוהים וטרם חווה התגלות כזו בחייו.

ה' פונה אל משה כדי למנוע ממנו מלהתקרב, שלא יראה את מראה האש בסנה. אזהרה זו למשה היא חלק מהבנה מקראית רחבה שאין לאדם להביט בקודש, לגעת בו או להתקרב אליו. עניין זה משתמע מאיסור ההתקרבות להר סיני בעת ההתגלות של ה' בזמן נתינת התורה, מהשמירה של הלוויים על המשכן על מנת שלא ימותו, וממקומות נוספים במקרא. הסרת הנעליים, שעליה ה' מצווה את משה מחמת שהמקום קדוש, מביעה כבוד למקום הקדוש.[7] קדושת המקום נובעת מההתגלות של ה' שם עתה, ואין מעבר לכך קדושה למקום. אין אנו מכירים במקרא חוץ ממקום זה, וממקבילו ביהושע (ה', טו), שיש חובת הסרת נעליים במקום קדוש.

* יבער – היינו יבער כדרך שעצים בוערים בדרך כלל, שהאש אוכלת אותם. ריב"ש פירש "יבער" מלשון יתכלה, כמו "ביערתי הקודש מן הבית" (דברים כ"ו, יג).

לא כתוב שמשה הסיר את נעליו, אבל הדבר משתמע בבירור מהפסוקים. לאחר הציווי של ה׳ בפס׳ ה, המתחיל במילים "וַיֹּאמֶר אַל תִּקְרַב הֲלֹם", שוב נאמר בפס׳ ו "וַיֹּאמֶר אָנֹכִי אֱלֹהֵי...". החזרה על המילה ׳ויאמר׳ בפסוק ו, אף שלא היה דיבור של משה באמצע, היא משום שהייתה הפסקה של דבר אחר בינתיים – הורדת נעליו של משה. לאחר שמשה הוריד את נעליו, שב אלוהים לדבר אליו בדיבור חדש, לכן נאמר שוב ׳ויאמר׳.[8] ברור כי צו זה מפורט כאן כדי ליצור את הרושם המתאים של האירוע הדרמטי, שבו פוגש משה לראשונה את דבר ה׳ ונאמר לו שהוא יתמנה למנהיג העם וימלא את שליחות ה׳ להושיע את ישראל.

ראשוניות המפגש של משה עם ה׳ עולה באזכורים השונים של שם ה׳. בתחילה כתוב "וַיֵּרָא מַלְאַךְ ה׳ אֵלָיו בְּלַבַּת אֵשׁ" (ב). המלאך כאן הוא האש, היינו ה׳ התגלה למשה באמצעות האש בסנה, ונקרא מלאך.[9] שמו של ה׳ כתוב בפס׳ ד: "וַיַּרְא ה׳ כִּי סָר לִרְאוֹת", זו ההתגלות מצד ה׳, והיא התגלות מאירה וקרובה בשם הוויה. אולם כאשר מתרחש דיבור עם משה, הוא עדיין אינו במעלה של קבלת הדיבור הקרוב והאינטימי של ה׳, ולכן בדיבור עצמו, כשמתגלה אליו ה׳, השימוש הוא בשם "אֱלֹהִים" (ד2), המאופיין בריחוק בהשוואה לשם הוויה. בגלל הריחוק בשלב זה מה׳, משה ירא מלהביט במראה, ושוב מוזכר שם אלוהים (ו). אולם לאחר שה׳ הציג את עצמו בפני משה כאלוהי האבות (ו), ה׳ מדבר אתו בשם הוויה (ז). משה עובר תהליך של התקרבות אל ה׳. את קולו של ה׳ משה שומע ומבין, וכאשר ה׳ קורא לו "מֹשֶׁה מֹשֶׁה", עונה לו משה "הִנֵּנִי". משה מוכן ומזומן לקבל את דברי ה׳, אך נראה שלא מהר כל כך יקבל משה עליו את המשימה.

הדיאלוג בין ה׳ למשה בדבר מינויו למנהיג שיוציא את ישראל ממצרים, ארוך מאוד, והוא מהדיאלוגים הארוכים במקרא (ג׳, ב – ד׳, יז). ה׳ פותח בדברים אל משה (ז-י), ולאחריהם בפי משה יש חמש שאלות ותמיהות (יא; יג; ד׳, א; י; יג), כאשר על כל שאלה ותמיהה ה׳ עונה (יב; יד-כב; ד׳, ב-ט; יא-יב; יד-יז).

לאחר ההתגלות עצמה, ה׳ פונה למשה ומציג את עצמו: "וַיֹּאמֶר אָנֹכִי אֱלֹהֵי אָבִיךָ אֱלֹהֵי אַבְרָהָם אֱלֹהֵי יִצְחָק וֵאלֹהֵי יַעֲקֹב" (ו). ה׳ פותח בהצגתו כאלוהי אביו של משה, ובכך מתחיל את הדיבור עימו על בסיס אישי.[10] אך מייד ה׳ מציג את עצמו כאלוהי האבות, ובכך נותן למפגש שלו עם משה מבט לאומי והיסטורי. מאז שה׳ דיבר עם האבות, אין דיבור של ה׳ עם בן אנוש. כאשר משה מגלה את זהותו של אלוהים הוא מסתיר את פניו וירא מלהביט את אלוהים (ו). זוהי תגובתו של משה עתה, אך בהמשך הוא ייכנס לתוך הענן אשר שם האלוהים (י״ט, כ; כ׳, יח; כ״ד, טו-יח), יראה את ה׳ (ל״ג, יח) ויביט באלוהים – "וּתְמֻנַת ה׳ יַבִּיט" (במדבר י״ב, ח).[11] וראו מל״א י״ט, יג.

מינוי משה למושיע, ז–י

ה׳ פותח את דבריו בכך שראה את צרת עמו, מכאוביו וצעקתו בשל נוגשיו, והחליט להציל את ישראל ולהעלות אותו אל הארץ הטובה (ז-ח). זו הפעם הראשונה שהארץ מכונה "אֶרֶץ

זָבַת חָלָב וּדְבָשׁ", וזו הפעם הראשונה שה' קורא לישראל "עַמִּי". ייחוד הארץ והעם בדברי ה' מתקשר לברכת הזרע והארץ שה' בירך בה את האבות.

לאחר הצהרתו כי הוא בא להציל את ישראל ולהעלותם לארץ הטובה בפסוקים ז-ח, שוב אומר ה' למשה, בפסוקים ט-י, שצעקת בני ישראל הגיעה אליו. הוא אומר לו שראה את הלחץ שהמצרים לוחצים את בני ישראל, ולכן הוא שולח אותו לפרעה, כדי שיוציא את ישראל ממצרים. הכפילות בין פסוקים ז-ח וט-י מכוונת. ראיה לכך היא שהמידע הכפול בפסוק ט חוזר על הנאמר בפסוק ז בסדר הפוך: (ז) "**רָאֹה רָאִיתִי** אֶת עֳנִי עַמִּי אֲשֶׁר **בְּמִצְרָיִם** וְאֶת **צַעֲקָתָם** שָׁמַעְתִּי מִפְּנֵי נֹגְשָׂיו כִּי יָדַעְתִּי אֶת מַכְאֹבָיו"; (ט) "וְעַתָּה הִנֵּה **צַעֲקַת** בְּנֵי יִשְׂרָאֵל בָּאָה אֵלָי וְגַם **רָאִיתִי** אֶת הַלַּחַץ אֲשֶׁר **מִצְרַיִם** לֹחֲצִים אֹתָם". פסוקים ז-ח הם ההחלטה של ה' להוציא את ישראל ממצרים ולהביא אותם לארץ הטובה, אך אין בהם מינוי של משה לתפקיד. השמטת פסוק ח הייתה נותנת את כל המידע ברצף אחד ללא חזרות. לעומת זאת, בפסוקים ט-י חסרה ההבאה של ישראל לכנען, אבל נוסף המינוי של משה לתפקיד. כפילות מכוונת זו באה להפריד בין ההחלטה של ה' להושיע את ישראל להחלטה למנות את משה למושיע. ההפרדה הזו הגיונית, שכן בפסוקים הארוכים שיבואו אחר כך נראה שלא בקלות משה נעתר לבקשת ה' ממנו. הוא שואל שאלות, מערים קשיים, וכשנותר ללא שאלות, הוא עדיין מנסה להדוף ממנו את המינוי ומציע, באופן סתמי, שה' ימנה אדם אחר. גם לאחר שמשה קיבל את התפקיד, עוד יעלה ספק מספר פעמים מצד משה, האם יצליח לעמוד בו. כך למשל כאשר פוגש המלאך את משה ומשפחתו במלון, ואחר כך, כאשר השליחות הראשונה של משה אינה מצליחה, שוב מעלה משה את ספקותיו בפני אלוהים (ו', יב). התורה ביקשה להפריד את ההחלטה הנחושה של ה' להציל את ישראל מהמינוי של משה, כדי להעביר לקורא כבר בשלב הזה את הרעיון שהחלטת ה' היא בלתי תלויה במשה. משה הוא האיש שדרכו ה' מבצע את תוכניתו, אבל התוכנית היא חלוטה ואינה תלויה בדבר: ה' עומד להוציא את ישראל ממצרים ולהביאם אל הארץ המובטחת.

1. תמיהת משה הראשונה ותשובת ה', יא-יב

(יא) וַיֹּאמֶר מֹשֶׁה אֶל הָאֱלֹהִים מִי אָנֹכִי כִּי אֵלֵךְ אֶל פַּרְעֹה וְכִי אוֹצִיא אֶת בְּנֵי יִשְׂרָאֵל מִמִּצְרָיִם.

(יב) וַיֹּאמֶר כִּי אֶהְיֶה עִמָּךְ וְזֶה לְּךָ הָאוֹת כִּי אָנֹכִי שְׁלַחְתִּיךָ בְּהוֹצִיאֲךָ אֶת הָעָם מִמִּצְרַיִם תַּעַבְדוּן אֶת הָאֱלֹהִים עַל הָהָר הַזֶּה.

תגובת משה מסויגת. הוא מקטין עצמו וטוען שאינו ראוי לעמוד לפני פרעה מלך מצרים: "מִי אָנֹכִי כִּי אֵלֵךְ אֶל פַּרְעֹה וְכִי אוֹצִיא אֶת בְּנֵי יִשְׂרָאֵל מִמִּצְרָיִם" (יא). משה איננו הנבחר היחיד שמסתייג. גם גדעון וירמיהו הביעו הסתייגות להתמנות לתפקיד (שופטים ו', טו; ירמיהו א',

ו). לא ברור כיצד יש להבין הצטנעותו של משה. אולי הוא מתכוון שאינו מסוגל לבצע את התפקיד,[12] או שאינו ראוי לעמוד מול פרעה ולהוציא את ישראל,[13] או שאינו ראוי להיות שליח של אלוהים.[14] אפשר אולי כי התחמקותו נובעת מאכזבתו לאחר שנאלץ לברוח ממצרים בעקבות הריב בין הישראלים הניצים, וייתכן שהתייאש מלסייע להם. ברור רק שמשה רואה עצמו קטן לעומת גודל המשימה. הוא מסתייג משני הדברים שאמר לו ה׳. ה׳ ציווה אותו ללכת לפרעה, וכן להוציא את בני ישראל ממצרים. כנגד זאת אמר, מי הוא שילך לפרעה, ומי הוא שיוציא את ישראל ממצרים (רשב״ם).

הצטנעותו של משה חשובה לאישיותו כמנהיג, שאינו פועל לטובת עצמו אלא רק לטובת העם. כפי שאמר משה בסיפור קרח: ״לֹא חֲמוֹר אֶחָד מֵהֶם נָשָׂאתִי״ (במדבר ט״ז, טו). משה לא התנהג בשררה ולא חיפש את טובתו האישית, ולכן מתאים להושיע את העם.[15] התאמתו לתפקיד המושיע עלתה בסיפורים הקודמים, כפי שעמדנו על כך לעיל, ועתה מצטרפת תכונה מהותית נוספת של משה המציגה אותו כמתאים להיות המושיע של ישראל.

תשובת ה׳ לספקו העצמי של משה מורכבת משני חלקים: כנגד זאת שהקטין עצמו, ה׳ אומר למשה שהוא יהיה עימו (יב1). בכך מסכים ה׳ עם הספק של משה, אך אומר לו שהוא יהיה איתו, ובזכות זאת יצליח לעמוד לפני פרעה ויצליח להוציא את העם ממצרים.[16] החלק השני בתשובת ה׳ הוא שהוא נותן לו אות: ״וְזֶה לְּךָ הָאוֹת כִּי אָנֹכִי שְׁלַחְתִּיךָ בְּהוֹצִיאֲךָ אֶת הָעָם מִמִּצְרַיִם תַּעַבְדוּן אֶת הָאֱלֹהִים עַל הָהָר הַזֶּה״ (יב2). רבו הפירושים בהבנת דברי ה׳, ותחילה יש להבין מהי כוונת מילת היחס ״זה״, ומהו הסימן שה׳ נתן למשה. אפשרות אחת היא שהכוונה היא שהסנה הוא האות (רש״י, ראב״ע). פירוש זה מעט קשה, שכן הסנה לא הוזכר בפסוקים האחרונים. אפשרות אחרת העולה מהמשך הפסוק היא שמעמד הר סיני הוא הסימן לכך (ריב״ש; רמב״ן).[17] הקושי על פירוש זה הוא שהסימן שאלוהים שלחו צריך להתברר הרבה קודם ליציאה ממצרים, ועוד במעבר ים סוף נאמר שהאמינו בה׳ ובמשה עבדו. אפשרות שלישית היא ש״זה״ מתייחס לתחילתו של הפסוק, היינו שההבטחה שה׳ יהיה עימו היא האות שה׳ שלחו.[18] לפי פירוש זה נראה כי העובדה שה׳ יהיה עם משה, ושמשה ירגיש שה׳ עימו, היא האות שה׳ שלח אותו. לפי הפירושים הראשון והשלישי, המשך הפסוק ״בְּהוֹצִיאֲךָ אֶת הָעָם מִמִּצְרַיִם תַּעַבְדוּן אֶת הָאֱלֹהִים עַל הָהָר הַזֶּה״ הוא עניין נוסף, ואינו חלק מהאות שה׳ נותן.[19] אפשר לפרש שסופו של האות הזה יתרחש כאשר יגיעו העם למקום הזה, לחורב, לעבוד את ה׳. אותו מעמד יהיה סוף התהליך של היציאה ממצרים, ואז ידע משה שה׳ שלחו, כשהשלים את המשימה.[20]

2. תמיהת משה השנייה ותשובת ה׳, יג-כב

(יג) וַיֹּאמֶר מֹשֶׁה אֶל הָאֱלֹהִים הִנֵּה אָנֹכִי בָא אֶל בְּנֵי יִשְׂרָאֵל וְאָמַרְתִּי לָהֶם אֱלֹהֵי אֲבוֹתֵיכֶם שְׁלָחַנִי אֲלֵיכֶם וְאָמְרוּ לִי מַה שְּׁמוֹ מָה אֹמַר אֲלֵהֶם:

(יד) וַיֹּאמֶר אֱלֹהִים אֶל מֹשֶׁה אֶהְיֶה אֲשֶׁר אֶהְיֶה וַיֹּאמֶר כֹּה תֹאמַר לִבְנֵי יִשְׂרָאֵל אֶהְיֶה שְׁלָחַנִי אֲלֵיכֶם: (טו) וַיֹּאמֶר עוֹד אֱלֹהִים אֶל מֹשֶׁה כֹּה תֹאמַר אֶל בְּנֵי יִשְׂרָאֵל ה׳ אֱלֹהֵי אֲבֹתֵיכֶם אֱלֹהֵי אַבְרָהָם אֱלֹהֵי יִצְחָק וֵאלֹהֵי יַעֲקֹב שְׁלָחַנִי אֲלֵיכֶם זֶה שְּׁמִי לְעֹלָם וְזֶה זִכְרִי לְדֹר דֹּר: חמישי (טז) לֵךְ וְאָסַפְתָּ אֶת זִקְנֵי יִשְׂרָאֵל וְאָמַרְתָּ אֲלֵהֶם ה׳ אֱלֹהֵי אֲבֹתֵיכֶם נִרְאָה אֵלַי אֱלֹהֵי אַבְרָהָם יִצְחָק וְיַעֲקֹב לֵאמֹר פָּקֹד פָּקַדְתִּי אֶתְכֶם וְאֶת הֶעָשׂוּי לָכֶם בְּמִצְרָיִם: (יז) וָאֹמַר אַעֲלֶה אֶתְכֶם מֵעֳנִי מִצְרַיִם אֶל אֶרֶץ הַכְּנַעֲנִי וְהַחִתִּי וְהָאֱמֹרִי וְהַפְּרִזִּי וְהַחִוִּי וְהַיְבוּסִי אֶל אֶרֶץ זָבַת חָלָב וּדְבָשׁ: (יח) וְשָׁמְעוּ לְקֹלֶךָ וּבָאתָ אַתָּה וְזִקְנֵי יִשְׂרָאֵל אֶל מֶלֶךְ מִצְרַיִם וַאֲמַרְתֶּם אֵלָיו ה׳ אֱלֹהֵי הָעִבְרִיִּים נִקְרָה עָלֵינוּ וְעַתָּה נֵלְכָה נָּא דֶּרֶךְ שְׁלֹשֶׁת יָמִים בַּמִּדְבָּר וְנִזְבְּחָה לַה׳ אֱלֹהֵינוּ: (יט) וַאֲנִי יָדַעְתִּי כִּי לֹא יִתֵּן אֶתְכֶם מֶלֶךְ מִצְרַיִם לַהֲלֹךְ וְלֹא בְּיָד חֲזָקָה: (כ) וְשָׁלַחְתִּי אֶת יָדִי וְהִכֵּיתִי אֶת מִצְרַיִם בְּכֹל נִפְלְאֹתַי אֲשֶׁר אֶעֱשֶׂה בְּקִרְבּוֹ וְאַחֲרֵי כֵן יְשַׁלַּח אֶתְכֶם: (כא) וְנָתַתִּי אֶת חֵן הָעָם הַזֶּה בְּעֵינֵי מִצְרָיִם וְהָיָה כִּי תֵלֵכוּן לֹא תֵלְכוּ רֵיקָם: (כב) וְשָׁאֲלָה אִשָּׁה מִשְּׁכֶנְתָּהּ וּמִגָּרַת בֵּיתָהּ כְּלֵי כֶסֶף וּכְלֵי זָהָב וּשְׂמָלֹת וְשַׂמְתֶּם עַל בְּנֵיכֶם וְעַל בְּנֹתֵיכֶם וְנִצַּלְתֶּם אֶת מִצְרָיִם:

התמיהה השנייה של משה היא מה לענות לעם כשישאלו לשמו של אלוהי אבותם (יג). אם בתגובה הראשונה משה הסתפק על עצמו, בשאלתו השנייה הוא שואל על ה׳ השולח אותו. רבו הפירושים להבין את שאלתו של משה. נראה לפרש שמשה ביקש לדעת את שמו המיוחד של ה׳ משום שלא ידע אותו (רשב״ם), שהרי עד כה ה׳ הציג עצמו כאלוהי אבות ישראל (ו). בנוסף לכך, ייתכן שהעם שכח את שמו של ה׳ במשך שנות השעבוד הארוכות.[21] אפשר גם שאת שמו של ה׳ הם ידעו, אלא שרצו לבדוק אם אכן משה מדבר בשמו. אבל משה, שהיה מנותק מה׳, לא ידע את שמו.[22] רבים חשבו שלא ייתכן שמשה או העם לא ידעו את שמו של ה׳, ואם לא ידעו מה יעזור להגיד להם? ולכן הבינו שהשאלה היא על תכונותיו של ה׳, באיזו מידה ממידותיו של ה׳ התגלה ה׳ אל משה, או עניין אמיתותו של ה׳.[23]

הבנת השאלה של משה כרוכה בהבנת התשובה של ה׳. השאלה בדבר שמו של ה׳ עלתה בפי משה אחרי שה׳ אמר שהם יעבדו את אלוהים בהר הזה כשיצאו ממצרים (יב) (יש לשים לב שה׳ עדיין אינו משתמש בשמו, אלא בשם הגנרי ׳אלוהים׳). על אמירה זו של ה׳, משה שואל מה הוא יענה לעם אם ישאלו מה שמו של האלוהים שאותו הם יעבדו. הרי לא ייתכן לעבוד את אלוהים מבלי לדעת למי הם עובדים.[24] נוסף לכך, הידיעה מהו השם של האל הנעבד יכולה ליצור קשר אינטימי מיוחד של ישראל עם ה׳ ולהביא להכרת ייחודו של האל שאותו הם עובדים.

על שאלת משה עונה ה׳: ״אֶהְיֶה אֲשֶׁר אֶהְיֶה וַיֹּאמֶר כֹּה תֹאמַר לִבְנֵי יִשְׂרָאֵל אֶהְיֶה שְׁלָחַנִי אֲלֵיכֶם״ (יד). תשובת ה׳ מלאת מסתורין וקשה מאוד להבנה. הדבר אינו מפתיע לאור הנשגבות של ה׳ וחוסר האפשרות של בני אנוש לראותו, להכירו ולהבינו. במקרא, אין לה׳ דמות. הוא נעלה מכל חומר ואסור לעשותו כל דמות ופסל. גם כאשר משה, גדול הנביאים שדיבר אל ה׳ פנים אל פנים, רצה לראות את ה׳, אמר לו ה׳ שהוא אינו יכול, אלא רק את אחוריו (ל״ג,

יח-כג). מהותו של ה׳ נשגבה, וגם הייצוג שלו על ידי שמו לוט בערפל. אין פלא אפוא מדוע תשובת ה׳ למשה בדבר שמו סתומה מאוד והעמימות הגדולה אפשרה פירושים רבים ומגוונים. לא מפליא שאונקלוס לא תרגם זאת אלא השאיר את המילים הללו בעברית. ועם כל הקושי, יש להשתדל ולהבין את הדברים, למרות המוגבלות שבדבר.

תחילתה של תשובת ה׳ ("אֶהְיֶה אֲשֶׁר אֶהְיֶה", יד1) היא תשובה למשה, ואילו המשכו של המשפט ("כֹּה תֹאמַר לִבְנֵי יִשְׂרָאֵל אֶהְיֶה שְׁלָחַנִי אֲלֵיכֶם", יד2) הוא מה שה׳ אומר למשה להעביר לבני ישראל. בעוד בחלק הראשון של המשפט המילה "אהיה" מתפקדת כפועל, בחלקו השני של המשפט ("אֶהְיֶה שְׁלָחַנִי אֲלֵיכֶם"), המילה "אהיה" מתפקדת כשם עצם. השורש של המילה "אהיה", הוא הו"ה, בדומה לשורש של השם המפורש (הויה). ברור לגמרי כי הצורה "אהיה" קשורה לשם המפורש, שמשמעותו הבסיסית קשורה לשורש הו"ה במובן של נמצא, חי, קיים. מסתבר כי אין להבין את הצורה "אהיה" במובן עתיד אלא במובן של פעולה חוזרת, כלומר, השם מבטא את הרעיון שמציאותו של ה׳ היא קבועה ומעל הזמן.[25]

רבים הבינו את תשובת ה׳ ככזו שבאה להעיד על תכונותיו. כך למשל תרגום ירושלמי כותב: "דין דאמר והוה עלמא אמר והוה כולא" (=הוא שאמר והיה העולם, אמר והכול היה). בניסוח פילוסופי קובע רמב"ם: "...הנמצא אשר הוא ׳הנמצא׳ או ׳מחויב המציאות׳".[26] דברים אלה דומים למה שכתב קודם לכן רס"ג, והביאו ראב"ם בפירושו לפסוק זה:

> כמו שידוע תרגם ר׳ סעדיה ז"ל אהיה אשר אהיה ׳אלאזלי אלדי לם יזל׳ ("הקדמון שלא פסק") [והתרגום היותר נכון שיתורגם ׳אלאזלי אלדי לא יזאל׳ ("הקדמון שאינו פוסק")] וכזה מצאתי לו בפירושו הארוך, שהרי **אהיה** רמז לקדמוניות שאין לה ראשית, **ואשר אהיה** רמז לתמידיות ונצחיות שאין לה אחרית וענין הקדמוניות (בעבר) דבוקה בו התמידיות לעתיד, אמנם (אע"פ כן) התרגום היותר נכון הוא מה שהזכרתי, ואין בזה לא שינוי ולא חילוף ממה שהזכיר אבא מרי ז"ל בביאור השם הנכבד הזה שהוא מורה על מחויב המציאות כי מחויב המציאות דבוקות בו הקדמוניות והתמידיות והנצחיות ויצר הלשון ויקצר בענינים האלוהיים הנשגבים האלה.

היתרון בהסברים אלה הוא שהם נותנים הסבר עמוק לדיאלוג בין משה לה׳. הבעיה היא שיש בהם העמסה גדולה של רעיונות על הביטוי "אֶהְיֶה אֲשֶׁר אֶהְיֶה". קושי זה נכון גם להסברו של רמב"ן, הסבור שהדיאלוג אינו עוסק במהותו של ה׳ אלא בשאלה באיזו מידה אלוהית יוציא ה׳ את העם ממצרים.

רשב"ם צעד בכיוון אחר והציע שהשאלה של משה הייתה כפשוטה – מה שמו של ה׳. לדעתו, תשובת ה׳ היא ששמו הוא "אהיה". לדבריו, השם המפורש הוא בצורת גוף שלישי, ואילו "אהיה" הוא שמו בצורת גוף ראשון, כיאה בפיו של ה׳ המדבר על עצמו. ריב"ש מקשה על פירוש זה, שאם כך, למילה "אהיה" הייתה צריכה להיות קדושת השם, ואין זה כך. ועוד, שבכל מקום שה׳ מדבר בגוף ראשון ומזכיר את שמו, אין הוא משתמש בשם "אהיה", אלא

בשם הוויה, כמו למשל: "אָנֹכִי ה' אֱלֹהֶיךָ", ולא 'אנכי אהיה אלהיך', וכך בשום מקום לא כתוב "נאם אהיה", אלא תמיד "נאם הויה".

נוסף לקשר בין המילה "אהיה" לשם הוויה, המילה "אהיה" מהדהדת את ההבטחה של ה' למשה: "כִּי אֶהְיֶה עִמָּךְ" (יב). בהתאם לכך יש לומר שהתשובה של ה' אינה כינוי שמו, אלא האופן שבו מנהיג את ישראל: הוא מבטיח שהוא יהיה עימם. הבטחה זו חוזרת במקומות מספר (ד', טו; וקשור לזה גם ו', ז; כ"ט, מה). אבל לפי פירוש זה, לא מובן הצירוף "אֶהְיֶה אֲשֶׁר אֶהְיֶה", כמו גם התוספת בצלע הבאה, שבה ה' אומר למשה להגיד לישראל: "אֶהְיֶה שְׁלָחַנִי אֲלֵיכֶם". לא בכדי, רש"י, שפירש בכיוון זה, נאלץ לתת למשפט זה פירוש דרשני. עם זאת, ההבחנה של רש"י שלביטוי "אֶהְיֶה אֲשֶׁר אֶהְיֶה" יש יחס מסוים עם ההבטחה של ה' "כִּי אֶהְיֶה עִמָּךְ", הינה מדויקת. כעת נדרש הסבר שיבאר את הזיקה בין המילה "אהיה" ובין שם הוויה. בכיוון זה פירש גם ריב"ש, שהמשמעות של "אהיה" היא שה' היה, הווה ויהיה. לדעתו "אהיה" הוא כינוי לשם ה', המבטא משמעות של נוכחות ה' והשגחתו, ולא שמו ממש. אך גם לפי פירוש זה, אין מענה לצירוף "אֶהְיֶה אֲשֶׁר אֶהְיֶה".

האפשרות הסבירה יותר היא שההיגד "אֶהְיֶה אֲשֶׁר אֶהְיֶה" אינו מתכוון לשמו של ה', אלא מדובר בתשובה מתחמקת של ה' מלגלות את שמו. זו תשובה שלמעשה מסתירה את שמו.[27] אין ה' מתכוון להגיד מהו שמו, אלא הוא אומר למשה ששמו הוא מה שהוא ואינו מגלה לו מעבר לכך. הדבר עולה בפשטות מהמילים "אֶהְיֶה אֲשֶׁר אֶהְיֶה", דגם המצוי במקרא, ותמיד מסתיר מידע. כך למשל בכמה מקומות: שמ"א כ"ג, יג: "וַיִּתְהַלְּכוּ בַּאֲשֶׁר יִתְהַלָּכוּ"; שמות ט"ז, כג: "אֵת אֲשֶׁר תֹּאפוּ אֵפוּ וְאֵת אֲשֶׁר תְּבַשְּׁלוּ בַּשֵּׁלוּ"; ל"ג, יט: "וְחַנֹּתִי אֶת אֲשֶׁר אָחֹן וְרִחַמְתִּי אֶת אֲשֶׁר אֲרַחֵם"; שמ"ב ט"ו, כ: "וַאֲנִי הוֹלֵךְ עַל אֲשֶׁר אֲנִי הוֹלֵךְ"; מל"ב ח', א: "וְגוּרִי בַּאֲשֶׁר תָּגוּרִי". גם במפגשים נוספים בין בני אדם למלאכים במקרא, כאשר האדם שואל לשמו של המלאך, הלה אינו עונה לו בצורה ישירה. כך למשל, במפגש של יעקב עם ה"איש" בנחל יבוק, עונה לו האיש: "לָמָּה זֶּה תִּשְׁאַל לִשְׁמִי" (בראשית ל"ב, ל). ובתשובה לשאלת מנוח "מִי שְׁמֶךָ", ענה לו המלאך: "לָמָּה זֶּה תִּשְׁאַל לִשְׁמִי וְהוּא פֶלִאי" (שופטים י"ג, יז-יח). המקרה של משה חמור יותר, מכיוון שהוא שואל לשמו של ה', ולא לשמו של המלאך כמו במקרים האחרים. עם זאת, בדבריו "אֶהְיֶה אֲשֶׁר אֶהְיֶה", ה' לא רק אומר לו שאינו מגלה את שמו, אלא גם מהדהד את מה שאמר לו קודם "כִּי אֶהְיֶה עִמָּךְ". בכך יש משמעות כפולה למושג: מצד אחד ה' מסתיר את שמו, אהיה אשר אהיה, אבל מצד שני, אומר לו מה שבשמו של ה' אפשר לדעת, וזה שה' נמצא עם העם ומשגיח עליו. את שמו אי אפשר לדעת, אבל אפשר לדעת מה הוא עבור בני ישראל: הוא נמצא והווה כל הזמן. המילה "אהיה" משמשת אפוא במובן כפול: היא רומזת לשם הוויה, ובה בעת מזכירה את ההבטחה של ה' שיהיה עם משה ועם ישראל. בעצם, כפי שפירשנו, זו משמעות אחרת, כיוון שהכינוי של ה' קשור בחוויה של ישראל שה' מצוי עימם ושומר עליו.

נראה לי שהסיבה שה' אינו אומר למשה את שמו היא מפאת נשגבותו של האלוהים ואי האפשרות לתפוס אותו. בפעם הראשונה שמשה מבקש לדעת את שמו של

אלוהים, ה׳ מסביר לו דבר מהותי בו, שאדם אינו יכול לתפוס את ה׳, ואפילו את שמו אינו יכול לדעת.

הבנה זו מאפשרת לנו להבין את ההוראה של ה׳ למשה בשאלה מה עליו לומר לבני ישראל: ״כֹּה תֹאמַר לִבְנֵי יִשְׂרָאֵל אֶהְיֶה שְׁלָחַנִי אֲלֵיכֶם״. ה׳ לא אומר למשה להתחמק מלתת לישראל את שמו. תחת זאת, הוא אומר לו לומר לישראל ״אֶהְיֶה שְׁלָחַנִי אֲלֵיכֶם״. נראה שאין הוא מתכוון להגיד ש״אהיה״ הוא שמו של ה׳, אלא כינויו. בניגוד למשה, שמסוגל להבין שלא ניתן לחשוף את שמו של אלוהים, העם היה צריך לקבל מסר פשוט יותר. כאשר ה׳ אומר למשה להגיד לעם ששמו של ה׳ הוא ״אהיה״, זהו למעשה הכינוי שה׳ מבקש שהעם יכיר. כינוי זה מבטא את המהות העיקרית של הקשר של העם עם ה׳, והוא שאלוהים הווה עם העַם – הוא נמצא איתו.

בזהירות וביראה אני מבקש להציע את האפשרות שגם השם המפורש אינו שמו של ה׳ אלא הייצוג של שמו, המבטא את נצחיותו ואת השגחתו על ישראל, אבל כמובן שאינו כל מהותו, שהיא נשגבת מיכולת בני אדם לתפוס, אפילו בשם.

הכרת השם היא תנאי לקשר עם האל, אבל הכרת השם עשויה להמעיט מחשיבותו של האל בעיני העובדים אותו. לא בכדי כשהעם היה שומע את השם המפורש, הוא היה נופל ומשתחווה,[28] ולא בכדי אין אנו יודעים היום לבטא את השם המפורש, וחלף זאת משתמשים בכינויים. העדר השימוש בשם ה׳, והשכחה של העם כיצד לבטא את השם המפורש, נובעים מהיחס הנשגב אל ה׳ ואל שמו. נשגבות זו עולה בפעם הראשונה שה׳ מציג את שמו ובמסתורין האופף אותו, ובעצם אין הוא מגלה את שמו, אלא רק אומר איך יקראו לו ישראל, ותו לא.

עם זאת, ה׳ עונה למשה, משום שמדובר במפגש ראשון של ה׳ עם משה ובהתגלות ראשונה של ה׳ עם בני דור העבדים במצרים. עם כל הקושי להבין את תשובת ה׳, דבריו הם יסוד גדול בהכרת ה׳, שבו ה׳ מציג את עצמו בפני משה ואומר לו כיצד להציג אותו בפני העם.

בפסוק טו באה תשובה נוספת של ה׳: ״וַיֹּאמֶר עוֹד אֱלֹהִים אֶל מֹשֶׁה כֹּה תֹאמַר אֶל בְּנֵי יִשְׂרָאֵל ה׳ אֱלֹהֵי אֲבֹתֵיכֶם אֱלֹהֵי אַבְרָהָם אֱלֹהֵי יִצְחָק וֵאלֹהֵי יַעֲקֹב שְׁלָחַנִי אֲלֵיכֶם זֶה שְּׁמִי לְעֹלָם וְזֶה זִכְרִי לְדֹר דֹּר״. בתשובה הראשונה בפסוק יד מדובר על שמו של ה׳, או ליתר דיוק, כפי שהסברנו, מה העם יכול לדעת על שמו של ה׳. לעומת זאת התשובה השנייה בפסוק טו נוגעת למה שהם היו יכולים לדעת במסורת אבותיהם, ולכן הוא נקרא: ״ה׳ אֱלֹהֵי אֲבֹתֵיכֶם אֱלֹהֵי אַבְרָהָם אֱלֹהֵי יִצְחָק וֵאלֹהֵי יַעֲקֹב״.[29] פסוק טו מזהה בין שמו של ה׳ ובין מה שהם הכירו כאלוהי אבותם עד כה. ה׳ מוסיף: ״זֶה שְּׁמִי לְעֹלָם וְזֶה זִכְרִי לְדֹר דֹּר״. כאן באה במפורש נצחיותו של ה׳ (ראו תהילים קל״ה, יג: ״ה׳ שִׁמְךָ לְעוֹלָם ה׳ זִכְרְךָ לְדֹר וָדֹר״). ועל נצחיותו של ה׳ המשורר בתהילים אומר: ״כִּי זֶה אֱלֹהִים אֱלֹהֵינוּ עוֹלָם וָעֶד הוּא יְנַהֲגֵנוּ עַל מוּת״ (מ״ח, טו).

מהותי כאן שה׳ מתייחס בעצמו לשמו, משום שבקריאת שם יש רעיון של אדנות של נותן השם,[30] ולכן ה׳ הוא זה שמציג עצמו בשמו לראשונה למשה.[31]

ה׳ מוסיף ואומר למשה יותר ממה ששאל אותו, ונותן לו הוראות מפורטות מה עליו לעשות ומה יקרה בעתיד (טז-כב). ההוראה הראשונה שנותן ה׳ למשה היא לאסוף את זקני

ישראל ולהציג בפניהם את ה׳ ואת היותו אלוהי אברהם, יצחק ויעקב, שתוכניתו היא להושיע את ישראל ולהביאם לארץ כנען (טז-יז). זקני ישראל הם מנהיגי השבטים לפני הופעתו של משה, ואנו מוצאים אותם בכמה מקומות: בעת היציאה של העם ממצרים והנדודים במדבר (ג׳, טז, יח; ד׳, כט; י״ב, כא; י״ז, ה-ו; י״ח, יב; י״ט, ז; כ״ד, א; ט, יד; במדבר י״א, טז; י״א, כד, ל; ט״ז, כה), וגם לאחר הכניסה לארץ (יהושע כ״ד, לא; שופטים ב׳, ז). עם התהוות ההנהגה החדשה של משה, ככל הנראה ירד מעמד הזקנים. הלשון שבה משתמש ה׳: ״פָּקֹד פָּקַדְתִּי אֶתְכֶם״, מזכירה את דברי יוסף לאחיו טרם מותו (בראשית נ׳, כד). בכך מודגשת התוכנית ארוכת הטווח של ה׳,[32] שיביא את ישראל אל ארץ הכנעני, שהיא ארץ טובה (יז). ה׳ מבשר מייד למשה שהזקנים ישמעו בקולו (יח1).

השלב השני הוא לבוא לפרעה יחד עם זקני ישראל ולבקש ממנו ללכת מרחק שלושת ימים במדבר כדי לזבוח לה׳ אלהי ישראל (יח). אכן, לאחר היציאה ממצרים זובחים העם לה׳ בהר סיני (כ״ד, ה) ושם נכנסים עם ה׳ בברית (כ״ד, א-יא). הבקשה מפרעה אינה לשחרר את ישראל. הכוונה בכך להראות את יחסו של פרעה, שאפילו ליציאה לשלושה ימים לא הסכים (אברבנאל).[33] ה׳ אומר למשה שפרעה לא יאפשר לישראל לצאת, וימשיך בסירובו גם לאחר שה׳ יפעיל כוח כנגד מצרים. הוא מבשר לו שרק לאחר שהוא יכה את מצרים, ישלח פרעה את ישראל (יט-כ). משמעו של הכתוב ״וְלֹא בְּיָד חֲזָקָה״ הוא שיכול להיות שפרעה לא ייתן לישראל ללכת אפילו ביד חזקה, אלא רק לאחר שה׳ יעשה נפלאות רבות (רמב״ן). אפשרות אחרת היא להבין את המילה ״ולא״ במשמעות ״אלא״ ביד חזקה (שד״ל), או כל עוד לא תהיה יד חזקה (חכם).*

הבשורה השלישית מתייחסת ליציאה ממצרים. ה׳ מודיע למשה שעם יציאתם ממצרים, העם לא יצא בידיים ריקות (כא-כב), כפי שכבר הבטיח לאברהם (בראשית ט״ו, יד).

אם כן, ה׳ פירש למשה את אשר עליו לעשות לישראל ולפרעה, מה תהיה תגובת הזקנים ותגובת פרעה, וחותם בבשורה על היציאה ברכוש רב. ה׳ מבשר למשה שבתחילה פרעה לא ייתן לישראל ללכת, כדי שמשה יהיה מוכן לכך ולא יתייאש מהתהליך הארוך הצפוי, וגם כדי להראות שה׳ יודע מראש מה יהיה ושולט בכול.

מדוע ה׳ נותן הוראות אלה, יחד עם תיאור העתיד הצפוי, דווקא עכשיו ולא בתחילת דבריו למשה? אפשרות אחת היא שאלוהים מעביר למשה את הדברים בקצב מדוד, כדי לא להעמיס עליו מההתחלה. אך ייתכן שהעובדה שה׳ מבשר למשה בדיוק את שעתיד לקרות, כולל הקשיים וההצלחות, מלמדת עד כמה משה לא היה בטוח במשימה שה׳ שולח אותו ועד כמה היה זקוק לתמיכת ה׳.

* אונקלוס, רשב״ם וראב״ע פירשו זאת על ידו החזקה של פרעה. כלומר, שלא ישלח אתכם מייד, אבל לא בגלל ידו החזקה, אלא כי אקשה את ליבו, כפי שנרמז בפסוק הבא. הקושי לפירוש זה הוא שבכל סיפורי יציאת מצרים, המושג ״יד חזקה״ מתייחס לידו של ה׳. אברבנאל פירש זאת על ידם של ישראל, היינו שישראל לא יצליחו לצאת מהעבדות של מצרים בידם החזקה, אף שהם רבים.

3. תמיהת משה השלישית ותשובת ה׳, ד׳, א–ט

(ד׳, א) וַיַּעַן מֹשֶׁה וַיֹּאמֶר וְהֵן לֹא יַאֲמִינוּ לִי וְלֹא יִשְׁמְעוּ בְּקֹלִי כִּי יֹאמְרוּ לֹא נִרְאָה אֵלֶיךָ ה׳:

(ב) וַיֹּאמֶר אֵלָיו ה׳ מזה מַה זֶּה בְיָדֶךָ וַיֹּאמֶר מַטֶּה: (ג) וַיֹּאמֶר הַשְׁלִיכֵהוּ אַרְצָה וַיַּשְׁלִכֵהוּ אַרְצָה וַיְהִי לְנָחָשׁ וַיָּנָס מֹשֶׁה מִפָּנָיו: (ד) וַיֹּאמֶר ה׳ אֶל מֹשֶׁה שְׁלַח יָדְךָ וֶאֱחֹז בִּזְנָבוֹ וַיִּשְׁלַח יָדוֹ וַיַּחֲזֶק בּוֹ וַיְהִי לְמַטֶּה בְּכַפּוֹ: (ה) לְמַעַן יַאֲמִינוּ כִּי נִרְאָה אֵלֶיךָ ה׳ אֱלֹהֵי אֲבֹתָם אֱלֹהֵי אַבְרָהָם אֱלֹהֵי יִצְחָק וֵאלֹהֵי יַעֲקֹב: (ו) וַיֹּאמֶר ה׳ לוֹ עוֹד הָבֵא נָא יָדְךָ בְּחֵיקֶךָ וַיָּבֵא יָדוֹ בְּחֵיקוֹ וַיּוֹצִאָהּ וְהִנֵּה יָדוֹ מְצֹרַעַת כַּשָּׁלֶג: (ז) וַיֹּאמֶר הָשֵׁב יָדְךָ אֶל חֵיקֶךָ וַיָּשֶׁב יָדוֹ אֶל חֵיקוֹ וַיּוֹצִאָהּ מֵחֵיקוֹ וְהִנֵּה שָׁבָה כִּבְשָׂרוֹ: (ח) וְהָיָה אִם לֹא יַאֲמִינוּ לָךְ וְלֹא יִשְׁמְעוּ לְקֹל הָאֹת הָרִאשׁוֹן וְהֶאֱמִינוּ לְקֹל הָאֹת הָאַחֲרוֹן: (ט) וְהָיָה אִם לֹא יַאֲמִינוּ גַּם לִשְׁנֵי הָאֹתוֹת הָאֵלֶּה וְלֹא יִשְׁמְעוּן לְקֹלֶךָ וְלָקַחְתָּ מִמֵּימֵי הַיְאֹר וְשָׁפַכְתָּ הַיַּבָּשָׁה וְהָיוּ הַמַּיִם אֲשֶׁר תִּקַּח מִן הַיְאֹר וְהָיוּ לְדָם בַּיַּבָּשֶׁת:

הציפייה היא שלאחר שהבטיח ה׳ למשה שיהיה עימו, חשף את כינוי שמו "אהיה", נתן לו הוראות מפורטות מה לעשות, ואף אמר לו מה עתיד להיות, ובפרט שזקני ישראל יקבלו אותו – משה יוכל ללכת בבטחה למלא את המשימה שה׳ הטיל עליו. אולם למשה נולד ספק חדש. הוא חושש שבני ישראל לא יאמינו לו שה׳ נגלה אליו. ספק זה סותר את מה שה׳ אמר לו במפורש שהם ישמעו לקולו (יח1).[34] בנקודה זו ברור כי ההסתייגויות של משה אינן מציגות אותו באור חיובי (רמב״ן). כך גם במדרש שמות רבה ג, יב: "ויען משה ויאמר והן לא יאמינו לי – אותה שעה דיבר משה לא כהוגן, הקב״ה אמר לו (ג׳, יח) ׳ושמעו לקולך׳ והוא אמר: ׳והן לא יאמינו לי׳. מיד השיבו הקב״ה בשיטתו, נתן לו אותות לפי דבריו".[35] נראה כי הייתה כוונה להציגו באופן זה, על פי העולה בהמשך, כאשר משה ידבר עם ישראל הוא יראה להם את האותות, והם לא יפקפקו אם ה׳ דיבר איתו. נראה אפוא שהתכלית בהצגת האותות הייתה כדי שהעם יאמינו במשה, אף שלא יסתפקו בו. אולם כאן ה׳ נותן למשה את האותות כמענה לספק שהעלה, וניכר שהתורה ביקשה כאן להציג את משה כמי שממשיך להסתפק. וייתכן שהעובדה שה׳ נותן למשה את האותות מלמדת שיש צדק בחששו של משה – העם אכן יסתפק בשליחתו, ולכן יש צורך באותות המוכיחים שמשה אכן שליח של ה׳.

אלוהים מצייד את משה בשלושה אותות: האות הראשון הוא הפיכת המטה שלו לנחש בעת שמשה משליכו, והפיכתו חזרה למטה כאשר הוא אוחז בזנב הנחש (ב–ד). האות השני הוא הכנסת היד לחיק והוצאתה משם מצורעת, ושוב היא שבה לקדמותה כאשר משה מכניס ומוציא את ידו בפעם השנייה (ו). הציפייה היא שאחרי האות הראשון העם כבר יאמין שה׳ אלוהי אבותם נגלה למשה, אך אם לא יאמינו, יבוא האות השני. אם שני האותות האלה לא יספיקו, ה׳ נותן למשה אות שלישי, שכאשר ייקח מים מהיאור וישפוך ליבשה הם ייהפכו לדם ביבשה. אלוהים מפעיל את שני האותות הראשונים על משה. משה אף נבהל

מהנחש ובורח ממנו (ג). אולם באות השלישי ה׳ מספר למשה מה לעשות בבוא העת כשיעמוד לפני העם. כמובן, שאי אפשר להתנסות באות השלישי, שכן משה היה בחורב ולא ביאור. נשאלת השאלה מדוע לא הסתפק ה׳ גם בשני האותות הראשונים, בתיאור בלבד. מדוע היה עליו לבצע אותם על משה באותו מעמד. ייתכן כי העובדה שה׳ עורך את האותות האלה על משה בשלב הזה מלמדת על הצורך של משה באותות כדי לחזקו. שוב עולה הקושי של משה לקבל את השליחות, ואולי לא רק מהטעמים שהוא מציין, אלא גם מהצורך בחיזוק ביטחון גם לו.[36] ייתכן שהעובדה שמשה לא חווה את האות השלישי עשויה להעניק לו תחושה שבהמשך יתרחש עוד הרבה יותר ממה שהוא יכול לתפוס בשלב כה מוקדם של האירועים.

קשה לדעת מה המשמעות של האותות האלה. ייתכן שעצם הפלא הוא המהותי כאן, ואין לחפש משמעויות באותות אלה דווקא, וייתכן שדווקא רצוי לדלות משמעות מהאופי הספציפי של האותות הללו. ישנם הסברים רבים למשמעויות השונות שיש לכל אחד מן האותות.[37] נראה שיש לבדוק את המשמעות בתוך ההקשר של סיפורי היציאה ממצרים. למטה של משה (ושל אהרן) יש תפקיד חשוב בסיפור היציאה ממצרים ובסיפורי המדבר בכלל. גם ידו של משה מחוללת מכות על מצרים. לעיתים המטה והיד של משה נזכרים יחד, ולעיתים רק המטה או רק היד. כך למשל במכת הדם נאמר: "קַח מַטְּךָ וּנְטֵה יָדְךָ" (ז׳, יט; וראו עוד: ח׳, א, יב; ט׳, כב-כג, י׳, יב-יג, כא-כב; י״ד, טז, ועוד). האותות שנתן ה׳ למשה עם המטה שנהפך לנחש, והיד שהצטרעה, קשורים בקשר הדוק למכות שמשה מטיל על המצרים באמצעות המטה ובאמצעות ידו. האותות הללו באים ללמד שכשמשה ישתמש במטהו ובידו, התוצאה תהיה נפלאה. אך לא ידו או המטה המחוללים את הניסים אלא ה׳, כאשר משה הוא הצינור שבאמצעותו ה׳ פועל. כדי להמחיש זאת היטב למשה, לישראל ולמצרים, ולקורא, ה׳ מבצע את האותות על משה. רעיון זה בא לידי ביטוי באמירה החוזרת שיד ה׳ היא שהוציאה את ישראל ממצרים (ג׳, כ; ו׳, א; י״ג, ג, יד, טז; י״ד, לא; ל״ב, יא).[38] משה נבהל מהמטה כשהפך לנחש וברח. בריחתו מלמדת שלא הוא חולל את המעשה אלא ה׳. כך הוא הדבר בנוגע לידו של משה. ידו היא יד רגילה שעלולה לחלות בצרעת. ה׳ הפך אותה למצורעת וה׳ הוא זה שריפא אותה. אין לידו של משה כוח, אלא מה שנותן אלוהים למשה. מסר מהותי זה עובר למשה ולכל הצופים באותות אלה.

נשים לב שבשני האותות הראשונים, מוטיב ההיפוך הוא יסודי, אך באות השלישי המים נהפכים לדם ולא כתוב שהם חוזרים להיות מים רגילים. אות מי היאור ההופכים לדם אינו מסר לישראל אלא למצרים, החיים מהיאור, והוא חשוב לכלכלתם ולקיומם. המסר למצרים הוא שמקור כוחם חסר ערך לעומת ה׳. השלטון על היאור הוא השלטון על מצרים, ולכן אות זה, המופנה למצרים, חשוב מאוד. למשמעות ממשית זאת של הפיכת היאור לדם יש משמעות מטאפורית במים ובדם. המים נותנים חיים ומבטאים משמעות של חיים (ירמיהו י״ז, יג; זכריה י״ד, ח-ט), ואילו שפיכת דם משקפת מוות (ז׳, יז-יח, כא; בראשית ט׳, ו).[39] אף שמשה לא היה יכול לקיים את האות בחורב, הסיבה שהוא לא התנסה בו כי הוא לא היה רלוונטי לו. אות זה יהפוך להיות המכה הראשונה על מצרים (ז׳, יד-כה).

שלושת האותות – המטה, היד והמים, באים יחד במכת הדם: "הִנֵּה אָנֹכִי מַכֶּה **בַּמַּטֶּה** אֲשֶׁר **בְּיָדִי** עַל **הַמַּיִם** אֲשֶׁר בַּיְאֹר וְנֶהֶפְכוּ לְדָם" (ז׳, יז). הצירוף של יסודות אלה מופיע שוב במכה האחרונה על מצרים, בקריעת ים סוף: "וְאַתָּה הָרֵם אֶת **מַטְּךָ** וּנְטֵה אֶת **יָדְךָ** עַל **הַיָּם** וּבְקָעֵהוּ" (י״ד, טז). אף שבים סוף אין מוטיב פלא של הפיכת המים לדם, במקומו יש פלא של בקיעת הים.

4. תמיהת משה הרביעית, ותשובת ה׳, י–יב

(י) וַיֹּאמֶר מֹשֶׁה אֶל ה׳ בִּי אֲדֹנָי לֹא אִישׁ דְּבָרִים אָנֹכִי גַּם מִתְּמוֹל גַּם מִשִּׁלְשֹׁם גַּם מֵאָז דַּבֶּרְךָ אֶל עַבְדֶּךָ כִּי כְבַד פֶּה וּכְבַד לָשׁוֹן אָנֹכִי:

(יא) וַיֹּאמֶר ה׳ אֵלָיו מִי שָׂם פֶּה לָאָדָם אוֹ מִי יָשׂוּם אִלֵּם אוֹ חֵרֵשׁ אוֹ פִקֵּחַ אוֹ עִוֵּר הֲלֹא אָנֹכִי ה׳: (יב) וְעַתָּה לֵךְ וְאָנֹכִי אֶהְיֶה עִם פִּיךָ וְהוֹרֵיתִיךָ אֲשֶׁר תְּדַבֵּר:

לאחר שקיבל מה׳ תשובות ביחס לשמו, ואותות שבאמצעותם ישכנע את שומעיו שהוא שליח נאמן של ה׳, חוזר שוב משה לפקפק ביכולותיו: "בִּי אֲדֹנָי לֹא אִישׁ דְּבָרִים אָנֹכִי גַּם מִתְּמוֹל גַּם מִשִּׁלְשֹׁם גַּם מֵאָז דַּבֶּרְךָ אֶל עַבְדֶּךָ כִּי כְבַד פֶּה וּכְבַד לָשׁוֹן אָנֹכִי" (י). הפעם אין משה מצטנע באופן כללי, אלא מפרט מדוע הוא אינו יכול לדבר עם פרעה ועם ישראל, משום שהוא כבד פה וכבד לשון. השליחות של משה דורשת להסביר ולשכנע, הן את ישראל הן את פרעה, אך משה טוען שהוא אינו מסוגל לכך. יש שהבינו שמשמעות דברי משה היא שהוא מגמגם,[40] או שחיתוך דיבורו היה לקוי (ריב״ש; ראב״ם). ראב״ע בפירושו הארוך פירש שלא היה יכול להוציא מפיו כמה מהאותיות (וכן אברבנאל). לעומת זאת, אחרים פירשו שאין הכוונה למוגבלות גופנית, אלא שמשה לא היה בקי בלשון מצרים (רשב״ם). ואפשר שמשה אומר שאינו בקי בתורת הנאום והשכנוע, ואינו איש דברים (ספורנו; שד״ל).[41]

בהתאם לחששו של משה שאין הוא יכול לדבר, בפסוקים יא–יז המילה ׳פה׳ מופיעה שבע פעמים, והשורש דב״ר חמש פעמים. משה אומר שהוא היה כבד פה בעבר, אבל גם מאז שה׳ החל לדבר איתו הדבר לא השתנה, אף שאלוהים אמר לו שהוא יהיה עם פיו. בעיה זו שבפי משה כלולה בתמיהה הראשונה שלו: "מִי אָנֹכִי". על כך ענה לו ה׳ "כִּי אֶהְיֶה עִמָּךְ". התשובה של ה׳ שהוא יהיה איתו היא כללית מאוד וכוללת גם את מה שה׳ אומר בשפה דומה לתמיהתו עתה: "וְאָנֹכִי אֶהְיֶה עִם פִּיךָ".[42] לא פלא שה׳ גוער במשה על תמיהתו הנוכחית.

בתחילה ה׳ אינו עונה תשובה ישירה. לפני שה׳ עונה למשה, הוא משיב למשה בשאלה רטורית שבה תמה על שמשה אינו מכיר בגדולתו: "מִי שָׂם פֶּה לָאָדָם אוֹ מִי יָשׂוּם אִלֵּם אוֹ חֵרֵשׁ אוֹ פִקֵּחַ אוֹ עִוֵּר" (ד׳, יא). הרי ה׳ הוא שברא את האדם והוא נתן לו פה לדבר, והוא יכול

לתת למשה יכולת לדבר אף אם הוא כבד פה ולשון. תשובתו של ה׳, המדברת עליו כבורא, טומנת בחובה ביקורת על משה, שהיה צריך לדעת זאת. על שאלתו הרטורית הזו ה׳ עונה בעצמו מייד: ״הֲלֹא אָנֹכִי ה׳״, באופן שמחזק את הביקורת על משה.

להיותו של משה כבד פה יש תפקיד מרכזי במשמעות של הסיפור. לא הכריזמה של משה היא שעומדת במרכז ולא יכולת הדיבור והשכנוע שלו, אלא מעשיו של ה׳ להוציא את ישראל ממצרים ולשים דברים בפיו של משה. עניין זה ישוב ויעלה בו׳, יב, ל.

5. תגובת משה החמישית ותגובת ה׳, יג–יז

(יג) וַיֹּאמֶר בִּי אֲדֹנָי שְׁלַח נָא בְּיַד תִּשְׁלָח:

(יד) וַיִּחַר אַף ה׳ בְּמֹשֶׁה וַיֹּאמֶר הֲלֹא אַהֲרֹן אָחִיךָ הַלֵּוִי יָדַעְתִּי כִּי דַבֵּר יְדַבֵּר הוּא וְגַם הִנֵּה הוּא יֹצֵא לִקְרָאתֶךָ וְרָאֲךָ וְשָׂמַח בְּלִבּוֹ: (טו) וְדִבַּרְתָּ אֵלָיו וְשַׂמְתָּ אֶת הַדְּבָרִים בְּפִיו וְאָנֹכִי אֶהְיֶה עִם פִּיךָ וְעִם פִּיהוּ וְהוֹרֵיתִי אֶתְכֶם אֵת אֲשֶׁר תַּעֲשׂוּן: (טז) וְדִבֶּר הוּא לְךָ אֶל הָעָם וְהָיָה הוּא יִהְיֶה לְּךָ לְפֶה וְאַתָּה תִּהְיֶה לּוֹ לֵאלֹהִים: (יז) וְאֶת הַמַּטֶּה הַזֶּה תִּקַּח בְּיָדֶךָ אֲשֶׁר תַּעֲשֶׂה בּוֹ אֶת הָאֹתֹת:

התגובה החמורה והקשה ביותר של משה היא החמישית והאחרונה: ״וַיֹּאמֶר בִּי אֲדֹנָי שְׁלַח נָא בְּיַד תִּשְׁלָח״ (יג). הפעם ללא הסבר, וללא שאלה או תמיהה, משה מבקש בפשטות מה׳ שישחרר אותו מהמשימה ויטיל אותה על אחר (רשב״ם; ריב״ש).[43] משה אינו חפץ בשליחות ללא קשר לשאלותיו ולפתרונותיו של ה׳.[44] עתה ה׳ כועס על משה: ״וַיִּחַר אַף ה׳ בְּמֹשֶׁה״. ה׳ אינו מתייחס לתוכן דבריו, אלא רוצה שמשה יוציא את ישראל ממצרים. עם זאת, ה׳ נענה במשהו לבקשת משה, ואולי אף מעניש אותו על יחסו (רש״י, פס׳ יד). במקום שמשה ידבר אל העם ואל פרעה, משה יעביר את הדברים לאהרן, ואהרן ידבר לפני פרעה והעם: ״הֲלֹא אַהֲרֹן אָחִיךָ הַלֵּוִי יָדַעְתִּי כִּי דַבֵּר יְדַבֵּר הוּא וְגַם הִנֵּה הוּא יֹצֵא לִקְרָאתֶךָ וְרָאֲךָ וְשָׂמַח בְּלִבּוֹ״ (יד). אומנם התפקיד העיקרי של המנהיג לא נלקח ממנו, כפי שרצה, אולם חלק מתפקידו, כמי שמדבר עם פרעה ועם העם, הועבר לאהרן. אולי משום כך מכונה כאן אהרן הלוי, כשמו כן הוא, אהרן מלווה את משה והוא ידבר בשמו. כשאלוהים ענה למשה בשלב הקודם, הוא אמר: ״וְאָנֹכִי אֶהְיֶה עִם פִּיךָ וְהוֹרֵיתִיךָ אֲשֶׁר תְּדַבֵּר״ (יב). כלומר משה היה אמור לדבר בעצמו באופן בלעדי. עתה, אהרן ישתתף עם משה בדיבור, וה׳ יהיה עם שניהם בדיבורם: ״וְאָנֹכִי אֶהְיֶה עִם פִּיךָ וְעִם פִּיהוּ״ (טו), כאשר עיקר הדיבור יהיה תפקידו של אהרן. אהרן ידבר והוא יהיה הפה של משה לדבר את הדברים אל העם (״וְדִבֶּר הוּא לְךָ אֶל הָעָם וְהָיָה הוּא יִהְיֶה לְּךָ לְפֶה״), ואילו משה יורה לו את אשר יעשה (״וְאַתָּה תִּהְיֶה לּוֹ לֵאלֹהִים״), היינו ״שר ושופט, מה שתצוה לו יעשה״ (רשב״ם).

נראה שיש נימה של ביקורת כלפי משה, בהצגת דמותו של אהרן על ידי ה'. ראשית, ה' אומר על אהרן: "יָדַעְתִּי כִּי דַבֵּר יְדַבֵּר הוּא", וזאת בניגוד למשה, האומר שהוא לא איש דברים. שנית, ה' אומר שאהרן יוצא לקראת משה, והוא שמח – בניגוד לתגובתו של משה כעת מול אלוהים.[45] בנוסף, אהרן לא יצא מעצמו לקראת משה אלא ה' יורה לו כן (ד', כז).

דברי ה' מסתיימים בהוראה למשה לקחת את המטה ולבצע עימו את האותות. ה' אומר למשה שלצד הסיוע שהוא מקבל מאהרן, המטה הוא שיחולל את האותות. לא עליו מוטל לעשות את המופלא, אלא הכול ייעשה על ידי ה', הפועל באמצעות המטה של משה.

משמעות הדיאלוג של משה עם ה'

משה העלה בפני ה' חמש הסתייגויות על מינויו להוציא את ישראל ממצרים. הראשונה עסקה בחוסר היכולת שלו להושיע, השנייה בזהותו של ה', השלישית בחשש שהעם לא יאמין, הרביעית עסקה שוב בחוסר היכולת שלו והחמישית היא התנערות משה מהתפקיד ללא הסבר.

עלינו לשאול, כיצד אפשר להסביר את ההסתייגות של משה מהשליחות שאליה ה' ממנה אותו? מדוע התורה פירטה בפירוט רב את הדיאלוג הזה, שבו משה עומד בפעם הראשונה בפני אלוהים, ומתגלה כמי שאינו מוכן לקבל על עצמו את תפקיד המושיע, גם לאחר שה' נותן לו את כל הביטחונות והאותות ומבשר לו את שעתיד לקרות? נוסף לכך, יש להבין את הסתייגותו העיקשת ללכת בשליחות ה' להושיע את ישראל, הנראית כסתירה לדמותו בצעירותו, עת יצא לראות בצרת עמו והתערב לטובת אחיו, תוך סיכון עצמי גדול. אין זכר עתה לפעלתנות הזאת ולאכפתיות של אז. כדבריו האחרונים לה', "שְׁלַח נָא בְּיַד תִּשְׁלָח", משה לא רוצה להיות מעורב. כיצד עלינו להבין את השינוי הגדול בדמותו של משה? התשובה דלעיל על אודות ענוותנותו של משה, המתאימה לדמותו של מנהיג, אין בה מענה שלם לכך. בסיפור זה איננו נחשפים לענווה בלבד, אלא להסתייגות קשה מהמינוי.

כשהיה צעיר, משה יצא בנמרצות לראות בצרת עמו, ובתוך כך הרג מצרי והתערב בריב בין עברים. משה התנהג כמנהיג אחראי ויוזם. העברי הרשע הבחין בכך, ולא לחינם הטיח בו שהוא מתנהג כשר וכשופט. התנהלותו זו גרמה לגלותו ממצרים ולהשתקעותו במדיין, שם חש כגולה. מסתבר כי לאחר עשרות שנים של חיים במדיין, חל שינוי מרחיק לכת בדמותו של משה. משה מקטין עצמו בפני ה' ומסתייג באופן עיקש מהמינוי שלו לשליח. לא מן הנמנע שהתוצאה הקשה של הפעלתנות שלו במצרים בצעירותו, וחלוף שנים רבות מאז, הם שגרמו למשה להשתנות ולהיות חסר ביטחון, ולפיכך הסתייג מהשליחות שהטיל עליו ה'. לאחר כל החוויות שחווה משום היותו יוזמתי, נמרץ ומוכן לקבל אחריות ולהסתכן, משה נשבר והשתנה. נוסף לזה, אם להתחשב גם בגילו הצעיר כשיצא אל אחיו, והיותו עתה מבוגר, בן כשמונים, בהתגלות בסנה, ובעקבות ניתוקו ממצרים ומאחיו, נוכל להבין את השינוי שחל בו. אך מה המשמעות של הצגה זו של משה? מדוע הוא מוצג בשני הקטבים האלה?

נראה בעיניי ששבירתו של משה הכרחית בתהליך הישועה. משה התגלה כמתאים לתפקיד, ולכן ה׳ מתעקש שהוא יהיה המושיע של ישראל. אבל אם הוא היה פועל מכוח דמותו שהוצגה בבחרותו, הישועה הייתה נזקפת גם לאישיותו המיוחדת. העובדה שיצא לגלות, שקע במדיין ואיבד ככל הנראה את רצונו לשוב למצרים, מציגה את הפיכתו של משה למושיע של ישראל כזכותו של ה׳. ה׳ הוא זה שאילץ אותו להיות מושיע, נתן לו כוח והנחה אותו בכל מעשיו, ואף היה עם פיו, להנחות אותו מה יגיד. ואף שמשה יקבל תפקיד משמעותי בתיווך של ה׳ את האירועים, אין לאישיותו תפקיד בהצלחת ה׳ להושיע את עמו. כפי שראינו, הכוונה הייתה לראות שאין מדובר בידו של משה ובמטה שלו, שהם עושים את האותות, אלא זהו מעשה ה׳. אף הצטרפותו של אהרן למשה ממעיטה ממעלתו של משה. מעתה תפקידו של משה נחצה לשניים, משה מעביר את הדברים לאהרן, ואהרן מעביר את הדברים לעם ולפרעה, כך שדמותו של משה מצטמצמת עוד יותר. באופן הזה, הישועה נזקפת באופן מוחלט לה׳. ה׳ הוא המושיע הבלעדי של ישראל.[46]

משה שב למצרים, ד׳, יח–כו

סיפור המינוי של משה התחיל בשעה שמשה רעה את צאן חותנו והגיע לחורב (ג׳, א). המשך הסיפור הוא כשמשה שב לחותנו (ד׳, יח). משה מבקש ממנו שייתן לו לשוב למצרים, כדי לראות אם אחיו עדיין חיים, ויתרו משלח את משה לשלום (יח). המתח האפשרי בין משה, המבקש לשוב ממדיין לאחיו במצרים, ובין העובדה שהוא גר עכשיו אצל יתרו, עולה באמצעות משחק מילים בפועל ׳שוב׳. על משה נאמר ״וַיָּשָׁב״ אל יתרו, שבמדיין, והוא מבקש ממנו ״אֵלְכָה נָּא וְאָשׁוּבָה אֶל אַחַי אֲשֶׁר בְּמִצְרַיִם״ (יח). השורש שו״ב מופיע פעמיים נוספות (יט, כ), והשורש הל״ך ארבע פעמים (יח, כא). משה לא מספר לחותנו את הסיבה האמיתית לחזרתו למצרים, וייתכן שהסיבה לכך היא משום שהוא לא יכול לדבר עם יתרו על התגלות ה׳ אליו. אפשר לראות בכך את המשך הצטנעותו של משה, אבל ייתכן גם לראות בכך את חוסר ההפנמה המלאה שלו את מה שהוא אמור לעשות. בנוסף לכך, סיום הסיפור במפגש של משה עם חותנו, בבקשת הרשות לשוב למצרים, מלמד על מעמדו המוגבל של משה מול חותנו.[47] ייתכן שדגש זה בא להמעיט מגדולתו של משה, כדי להדגיש שה׳ הוא המושיע של ישראל, ומשה הוא רק השליח, האמצעי לכך.

לאחר שמשה ביקש מיתרו לשוב למצרים, הציפייה היא שהוא יתחיל בחזרתו מייד. אולם משה אינו יוצא לדרכו עד שה׳ פונה אליו שוב, הפעם במדיין, מורה לו לשוב למצרים ומוסיף: ״כִּי מֵתוּ כָּל הָאֲנָשִׁים הַמְבַקְשִׁים אֶת נַפְשֶׁךָ״ (יט). בעת ההתגלות בסנה, לא נראה שההוראה למשה לשוב למצרים הייתה תלויה בבשורה החדשה על מותם של מבקשי נפשו, וגם כאשר משה פונה ליתרו, אין הדבר תלוי במידע חדש זה. ישנו ניגוד גדול בין האותות והמופתים שעליהם מדבר ה׳ בעת מינויו בסנה, לבין ההימנעות של משה ללכת למצרים

בינתיים. יתר על כן, לא דובר על האנשים שמבקשים את נפשו קודם לכן, ומשה כלל אינו יודע אם הם חיים או לא. נראה אפוא שישנה כאן השהיה נוספת של משה מללכת ולבצע את שליחותו. לפי ראב"ע התמהמהות זו של משה נמשכה ימים רבים לאחר ההתגלות בסנה (פירושו הקצר).[48] נראה כי שוב התורה מציגה את משה בחולשתו, ושוב הדבר מכוון כדי למקד את ההצלחה הגדולה של משה בהוצאת ממצרים בהשגחת ה', שחוזר ונותן לו דברי עידוד וביטחון, ומאיץ בו לפעול.[49]

תיאור היציאה של משה עם אשתו ובניו על החמור, נטול הדר של מושיע (כ), ומשרת את המגמה של תיאור דמות משה והתנהלותו. משה יודע את תכלית הליכתו למצרים, כמודגש שהוא לוקח את מטה האלוהים בידו (כ2), כפי שציווה אותו ה' (יז). לראשונה מצוין כאן שהמטה הוא "מַטֵּה הָאֱלֹהִים". אף שהמטה הוא המטה של משה, הוא נקרא כאן מטה האלוהים כיוון שבו ייעשו האותות ובאמצעותו תתחולל הישועה. מטה האלוהים, המסמל את פעולות ה', הוא העומד מול כוחו ועוצמתו של פרעה, שהמטה שלו מסמל את שלטונו. העם יראה במו עיניו את פעולותיו של ה', אך השימוש במטה נועד לתת לעם תחושה ממשית וסמלית של השגחת ה'.[50]

כאמור, נראה כי חלף זמן רב מאז ההתגלות בסנה, לכן מובן מדוע ה' מזכיר למשה שוב את עיקרי הדברים. מבחינת סדר הדברים, נראה שפסוק כ מתרחש לאחר מה שכתוב בפסוק כא. קודם כתוב שה' אמר לו לחזור, וכדי להראות את הציות המיידי של משה, נאמר מייד שהוא ביצע זאת (כ). אך הכתוב חוזר לנקודת הזמן לפני שיצא כדי לומר מה עוד ציווה ה' אותו (כא–כב). ייתכן שהחזרה על ההוראות ועל המופתים משקפת את הצורך לחזק את משה שוב, כאשר הוא הולך לבצע את המשימה שהטיל עליו ה'.

ההוראות שנותן עתה ה' למשה ממוקדות יותר: עליו לעשות מופתים בפני פרעה, לומר לפרעה את המסר המדויק שה' מעביר לו, ולזכור שפרעה לא יאפשר לישראל לצאת. הדרישה המופיעה בשלב הזה היא לשחרר את העם מעבדות על מנת לעבוד את ה', ולא שחרור לכמה ימים כפי שיופיע אחר כך. בהתאם למה שאמר לו ה' קודם, שהוא ישים בפיו את אשר הוא צריך להגיד, אומר לו ה' שיגיד לפרעה שישראל הוא בכורו (ראו גם: ירמיהו ב', ג), היינו העם החביב עליו (ריב"ש),[51] וכמו שהבכור מוקדש לה' ושייך לו (י"ג, א–יג; כ"ב, כח; ל"ד, יט–כ), כך גם ישראל. על פרעה לשחרר את ישראל, כדי שיעבדו את ה', ואם לא, הוא יהרוג את בכורו של פרעה. זוהי מידה כנגד מידה: אם פרעה יפגע בישראל – בכורו של ה' – יפגע ה' בבכור פרעה. מכל המכות שיבואו על מצרים, הזכיר ה' את המכה הזו בשל היותה מידה כנגד מידה,[52] פסגת העונשים על שעבוד ישראל והקשה והאחרונה שבהן (י"א, א–ח; י"ב, כח–לג). ה' אמר למשה להתרות בפרעה דווקא במכה זו, כדי שידע מה הדבר החמור שיארע לו אם לא יסכים. זוהי נקודה חדשה שלא עלתה קודם בדברי ה' למשה, אבל היא תואמת את התחייבותו של ה' למשה שהוא יגיד לו את שהוא צריך לומר (ד', יב).[53]

כנגד הידיעה כאן שמשה חוזר עם אשתו ובניו למצרים, מי"ח ד עולה שמשפחת משה הייתה במדיין בזמן שמשה היה במצרים. נראה כי מסיבה שלא הובאה כאן, בשלב מסוים חזרו

אשתו ובניו של משה למדיין.* המדרש מציע כי ציפורה ובניה חזרו עם משה לאחר שנכשל בהוצאת ישראל ממצרים. בו׳, א, כאשר ה׳ שוב שולח את משה ללכת לפרעה, משה נמצא במדיין, והפעם הוא לא לוקח את אשתו ובניו איתו.**

סיפור משה במלון בדרך ממדיין למצרים מפתיע וקשה להבנה (כד–כו). ה׳ פוגש את משה ומבקש להמיתו. כנראה מדובר על מלאך שאחז במשה ופגע בו,*** אך לא נאמר על מה. הדעה המקובלת היא שהיה זה על שלא מל את בנו, והסבר זה סביר, משום שהעניין נפתר ברגע שציפורה לוקחת צור, חותכת את עורלת בנה ומלה אותו.**** המשמעות של ״וַתַּגַּע לְרַגְלָיו״ היא כנראה דם המילה ניגר, או שציפורה התיזה את הדם לרגליו (כמו י״ב, כב: ״וְהִגַּעְתֶּם אֶל הַמַּשְׁקוֹף״).[54] אפשרות אחת שהכוונה לרגלי התינוק,[55] אפשרות נוספת היא לרגלי משה.[56] נראה כי לדם הברית הייתה השפעה על הריפוי של משה.[57] לאחר שציפורה מלה את בנה, עדיין לא ניצל משה, שכן זה כתוב רק אחר כך, ולכן אמרה לו שהוא חתן דמים לה, היינו שהוא עומד למות, ויש לפרש דמים במובן של מוות.***** אלא שאז המלאך מרפה ממנו והוא נרפא, וציפורה אומרת שהוא ״חֲתַן דָּמִים לַמּוּלֹת״, היינו, שהדם הוא דם המילה, שבו ניצל משה.

מה משמעות הסיפור? נראה שהסיפור בא להדגיש שוב את מוגבלותו של משה ואת כפיפותו לאלוהים. אף שזה עתה מונה לתפקיד רם בידי ה׳, גם הוא מצוי בסכנה אם לא ישמור את רצון ה׳. כך גם נבין את מיקומו של הסיפור בתחילת תפקודו של משה בשליחות ה׳.

אך אפשר להציע גם הסבר נוסף, מתוך הקשרו הרחב של סיפור משה עד כה. סיפור משה מתחילתו משקף בכמה נקודות מרכזיות את הסיפור של ישראל בכלל. משה היה בתיבה וניצל, כפי שישראל ניצלו בים סוף. אלוהים נגלה אל משה בהר באלוהים בחורב באש הסנה, והוא יתגלה לכל ישראל באותו מקום באש במעמד הר סיני. משה גילה התלהבות גדולה לראות בצרת עמו, אך התקרר לגמרי לאחר שנכווה ונאלץ לברוח למדיין, ולא היה מוכן לגאול את ישראל. כך ישראל קיבלו את בשורת הגאולה ממשה כאשר הגיע אליהם בראשונה, אך לאחר

* לפי המכילתא, אהרן שכנע את משה להחזיר את אשתו ואת בניו למצרים. מכילתא דרבי ישמעאל יתרו א (הארואווטץ, 190–191). וכן רש״י על י״ח, ב.

** שמות רבה פרשה ה׳, יט (מירקין, חלק א, 101): ״ויצאו נגשי העם ושטריו – כיון שגזר כן, הלך משה למדין ועשה ששה חדשים, ואהרן היה יושב במצרים, ואותה שעה החזיר משה אשתו ובניו למדין״.

*** אונקלוס; רשב״ם; ראב״ע. יש שפירשו שהוא ביקש להמית את בנו אליעזר משום שלא נימול, כך רבנו חננאל. ושד״ל פירש שהכוונה לבנו הבכור של משה, גרשום. וכן פירש גם בלאו. לדעתו, הריגת בנו הבכור גרשום קשורה להריגת בנו בכורו של פרעה. הסיבה שהמשחית בא להורגו הוא משום שה׳ כעס על משה שלא הסכים לקבל את השליחות (ד׳, יד). ולפי פירוש זה, משתלב סיפור זה באופן מלא עם הנושא של פרקים אלה, המינוי של משה. הקושי של ההסבר הוא שהמשחית יצא לנגוף אחרי שמשה כבר קיבל את השליחות וכבר יצא לדרכו למצרים. י׳, בלאו, ״חתן דמים״, תרביץ כו (תשי״ז), 1–3.

**** רש״י; רשב״ם וראב״ע פירשו שזה עונש על שמשה התעצל בהליכתו למצרים ולקח עימו את אשתו ובניו.

***** פירשנו כאן שהחתן המוזכר בדברי ציפורה הוא משה, כדעת אונקלוס, רש״י, ורשב״ם. אך יש הסבורים שהחתן הוא הילד, ראו ירושלמי נדרים ג, ט; וכן בבלי נדרים לא ע״ב. מחלוקת חכמים אם החתן הוא משה או התינוק, וכן ראב״ע בפירוש הקצר והארוך, שהכוונה לתינוק.

שפרעה הקשה את מצב העם, הם לא היו מוכנים לשמוע לו יותר על הגאולה. משה מבקש מיתרו לשוב למצרים, ומשה מבקש בשם העם מפרעה לעזוב את מצרים. בטרם העם עוזבים את מצרים, הם טובלים את המזוזות בדם הפסח, לאחר שקיימו את ברית המילה, וכך ניצלים ממוות וזוכים לצאת ממצרים. בדומה לכך, בדרך ממדיין לארץ, דם ברית המילה מציל את משה ממוות ומאפשר לו להמשיך בדרכו למצרים.[58] הדמיון בין הקורות את משה לקורות העם בא אולי להכין אותו לבאות. הנפילה שהוא חווה כאשר נרדף אחרי פרעה ונאלץ לגלות, עד שעבר מנמרצות ואכפתיות כלפי עמו להימנעות ועמידה מהצד, מכינה אותו להמשך: העם יראה את הבשורה הגדולה של הישועה, אך לאחר מכן ייפול בייאוש ולא ירצה לשתף פעולה עם משה. בנוסף לכך, אולי החוויה של משה, המקבילה לחוויה שתעבור על העם, הופכת אותו לחלק מהעם; אף שלא היה עבד, הוא היה גולה ונרדף. עתה יוכל המנהיג להזדהות עם צרת עמו ולהושיעו.

עמידתו של משה בפני העם ובפני פרעה, ד׳, כז – ו׳, א

כז וַיֹּאמֶר יהוה אֶל־אַהֲרֹן לֵךְ לִקְרַאת מֹשֶׁה הַמִּדְבָּרָה וַיֵּלֶךְ וַיִּפְגְּשֵׁהוּ בְּהַר הָאֱלֹהִים וַיִּשַּׁק־לוֹ.
כח כט וַיַּגֵּד מֹשֶׁה לְאַהֲרֹן אֵת כָּל־דִּבְרֵי יהוה אֲשֶׁר שְׁלָחוֹ וְאֵת כָּל־הָאֹתֹת אֲשֶׁר צִוָּהוּ. וַיֵּלֶךְ מֹשֶׁה
ל וְאַהֲרֹן וַיַּאַסְפוּ אֶת־כָּל־זִקְנֵי בְּנֵי יִשְׂרָאֵל. וַיְדַבֵּר אַהֲרֹן אֵת כָּל־הַדְּבָרִים אֲשֶׁר־דִּבֶּר יהוה אֶל־
לא מֹשֶׁה וַיַּעַשׂ הָאֹתֹת לְעֵינֵי הָעָם. וַיַּאֲמֵן הָעָם וַיִּשְׁמְעוּ כִּי־פָקַד יהוה אֶת־בְּנֵי יִשְׂרָאֵל וְכִי רָאָה
אֶת־עָנְיָם וַיִּקְּדוּ וַיִּשְׁתַּחֲווּ.

ה א וְאַחַר בָּאוּ מֹשֶׁה וְאַהֲרֹן וַיֹּאמְרוּ אֶל־פַּרְעֹה כֹּה־אָמַר יהוה אֱלֹהֵי יִשְׂרָאֵל שַׁלַּח אֶת־עַמִּי וְיָחֹגּוּ לִי
ב בַּמִּדְבָּר. וַיֹּאמֶר פַּרְעֹה מִי יהוה אֲשֶׁר אֶשְׁמַע בְּקֹלוֹ לְשַׁלַּח אֶת־יִשְׂרָאֵל לֹא יָדַעְתִּי אֶת־יהוה וְגַם
ג אֶת־יִשְׂרָאֵל לֹא אֲשַׁלֵּחַ. וַיֹּאמְרוּ אֱלֹהֵי הָעִבְרִים נִקְרָא עָלֵינוּ נֵלֲכָה־נָּא דֶּרֶךְ שְׁלֹשֶׁת יָמִים בַּמִּדְבָּר
ד וְנִזְבְּחָה לַיהוה אֱלֹהֵינוּ פֶּן־יִפְגָּעֵנוּ בַּדֶּבֶר אוֹ בֶחָרֶב. וַיֹּאמֶר אֲלֵהֶם מֶלֶךְ מִצְרַיִם לָמָּה מֹשֶׁה וְאַהֲרֹן
ה תַּפְרִיעוּ אֶת־הָעָם מִמַּעֲשָׂיו לְכוּ לְסִבְלֹתֵיכֶם. וַיֹּאמֶר פַּרְעֹה הֵן־רַבִּים עַתָּה עַם־הָאָרֶץ וְהִשְׁבַּתֶּם
ו ז אֹתָם מִסִּבְלֹתָם. וַיְצַו פַּרְעֹה בַּיּוֹם הַהוּא אֶת־הַנֹּגְשִׂים בָּעָם וְאֶת־שֹׁטְרָיו לֵאמֹר. לֹא תֹאסִפוּן
ח לָתֵת תֶּבֶן לָעָם לִלְבֹּן הַלְּבֵנִים כִּתְמוֹל שִׁלְשֹׁם הֵם יֵלְכוּ וְקֹשְׁשׁוּ לָהֶם תֶּבֶן. וְאֶת־מַתְכֹּנֶת הַלְּבֵנִים
אֲשֶׁר הֵם עֹשִׂים תְּמוֹל שִׁלְשֹׁם תָּשִׂימוּ עֲלֵיהֶם לֹא תִגְרְעוּ מִמֶּנּוּ כִּי־נִרְפִּים הֵם עַל־כֵּן הֵם צֹעֲקִים
ט לֵאמֹר נֵלְכָה נִזְבְּחָה לֵאלֹהֵינוּ. תִּכְבַּד הָעֲבֹדָה עַל־הָאֲנָשִׁים וְיַעֲשׂוּ־בָהּ וְאַל־יִשְׁעוּ בְּדִבְרֵי־שָׁקֶר.
י יא וַיֵּצְאוּ נֹגְשֵׂי הָעָם וְשֹׁטְרָיו וַיֹּאמְרוּ אֶל־הָעָם לֵאמֹר כֹּה אָמַר פַּרְעֹה אֵינֶנִּי נֹתֵן לָכֶם תֶּבֶן. אַתֶּם לְכוּ
יב קְחוּ לָכֶם תֶּבֶן מֵאֲשֶׁר תִּמְצָאוּ כִּי אֵין נִגְרָע מֵעֲבֹדַתְכֶם דָּבָר. וַיָּפֶץ הָעָם בְּכָל־אֶרֶץ מִצְרָיִם לְקֹשֵׁשׁ
יג יד קַשׁ לַתֶּבֶן. וְהַנֹּגְשִׂים אָצִים לֵאמֹר כַּלּוּ מַעֲשֵׂיכֶם דְּבַר־יוֹם בְּיוֹמוֹ כַּאֲשֶׁר בִּהְיוֹת הַתֶּבֶן. וַיֻּכּוּ שֹׁטְרֵי
בְּנֵי יִשְׂרָאֵל אֲשֶׁר־שָׂמוּ עֲלֵהֶם נֹגְשֵׂי פַרְעֹה לֵאמֹר מַדּוּעַ לֹא כִלִּיתֶם חָקְכֶם לִלְבֹּן כִּתְמוֹל שִׁלְשֹׁם
טו גַּם־תְּמוֹל גַּם־הַיּוֹם. וַיָּבֹאוּ שֹׁטְרֵי בְּנֵי יִשְׂרָאֵל וַיִּצְעֲקוּ אֶל־פַּרְעֹה לֵאמֹר לָמָּה תַעֲשֶׂה כֹה לַעֲבָדֶיךָ.
טז יז תֶּבֶן אֵין נִתָּן לַעֲבָדֶיךָ וּלְבֵנִים אֹמְרִים לָנוּ עֲשׂוּ וְהִנֵּה עֲבָדֶיךָ מֻכִּים וְחָטָאת עַמֶּךָ. וַיֹּאמֶר נִרְפִּים
יח אַתֶּם נִרְפִּים עַל־כֵּן אַתֶּם אֹמְרִים נֵלְכָה נִזְבְּחָה לַיהוה. וְעַתָּה לְכוּ עִבְדוּ וְתֶבֶן לֹא־יִנָּתֵן לָכֶם וְתֹכֶן
יט לְבֵנִים תִּתֵּנוּ. וַיִּרְאוּ שֹׁטְרֵי בְנֵי־יִשְׂרָאֵל אֹתָם בְּרָע לֵאמֹר לֹא־תִגְרְעוּ מִלִּבְנֵיכֶם דְּבַר־יוֹם בְּיוֹמוֹ.
כ כא וַיִּפְגְּעוּ אֶת־מֹשֶׁה וְאֶת־אַהֲרֹן נִצָּבִים לִקְרָאתָם בְּצֵאתָם מֵאֵת פַּרְעֹה. וַיֹּאמְרוּ אֲלֵהֶם יֵרֶא יהוה
עֲלֵיכֶם וְיִשְׁפֹּט אֲשֶׁר הִבְאַשְׁתֶּם אֶת־רֵיחֵנוּ בְּעֵינֵי פַרְעֹה וּבְעֵינֵי עֲבָדָיו לָתֶת־חֶרֶב בְּיָדָם לְהָרְגֵנוּ.

כב כג וַיָּשָׁב מֹשֶׁה אֶל־יהוה וַיֹּאמַר אֲדֹנָי לָמָה הֲרֵעֹתָה לָעָם הַזֶּה לָמָּה זֶּה שְׁלַחְתָּנִי. וּמֵאָז בָּאתִי אֶל־
ו א פַּרְעֹה לְדַבֵּר בִּשְׁמֶךָ הֵרַע לָעָם הַזֶּה וְהַצֵּל לֹא־הִצַּלְתָּ אֶת־עַמֶּךָ. וַיֹּאמֶר יהוה אֶל־מֹשֶׁה עַתָּה
תִרְאֶה אֲשֶׁר אֶעֱשֶׂה לְפַרְעֹה כִּי בְיָד חֲזָקָה יְשַׁלְּחֵם וּבְיָד חֲזָקָה יְגָרְשֵׁם מֵאַרְצוֹ.

פירוש העניין

מבנה הסיפור

סיפור זה מתאר את תחילת שליחותם של משה ואהרן, ומספר על כישלונם להביא ישועה כאשר לא רק שלא הצליחו בכך, אלא הם גרמו להחמרת המצב. השוטרים מאשימים את משה ואהרן בסופו של הסיפור, אף שמתחילה האמין העם (ובכלל זה השוטרים, מייצגי העם) שמשה מבשר את הישועה. להלן נבחן את מהותה של נפילה בלתי צפויה זו. הסיפור נחלק לחמישה חלקים:

ד׳, כז-כח – משה פוגש את אהרן ומעביר לו את דברי ה׳ בדבר מינוים לשליחים.

כט-לא – משה ואהרן מציגים את דבר ה׳ לזקני ישראל, והעם מאמין להם.

ה׳, א-ה – משה ואהרן מבקשים מפרעה לשלוח את ישראל כדי לעבוד את ה׳, ופרעה מסרב.

ו-יט – פרעה מקשה את העבודה על ישראל ומגיב בתקיפות על צעקת השוטרים אודות המצב החדש.

ה׳, כ-ו׳, א – השוטרים גוערים במשה ואהרן, משה מתלונן בפני ה׳ על הרעת המצב, ותשובת ה׳ היא שה׳ יעניש את פרעה והעם יצא ממצרים.

משה נפגש עם אהרן, ד׳, כז-כח

הסיפור נפתח בדברי ה׳ לאהרן ללכת לקראת משה אל המדבר, והם נפגשים בהר האלוהים, היינו בחורב. מכיוון שמשה כבר בדרכו ממדיין, יש להניח שהר חורב נמצא בין מדיין למצרים. לא מצוין תפקיד להר האלוהים במפגש ביניהם. ניתן אולי לשער כי אזכור המקום רומז לכך שאהרן התרשם מהתגלותו של ה׳ למשה שם, כאשר משה סיפר לו על ההתגלות ועל האותות, ועתה אהרן יכול להצטרף למשימה.

משה ואהרן מבשרים לעם את דבר הגאולה, והעם מאמין, ד׳, כט-לא

ללא כל עיכוב, וללא תיאור הדרך חזרה למצרים, הכתוב מספר שמשה ואהרן אספו את זקני ישראל, בדיוק כפי שציווה ה׳ (ג׳, טז). אהרן מבשר להם את הדברים שאלוהים אמר למשה לומר להם, ועושה בפניהם את האותות. אין פירוט מה הוא אמר להם וגם אין פירוט של האותות. גם תשובת העם קצרה, אין בה שאלות ותמיהות. הם מאמינים מייד. השמועה שה׳ בא להציל את ישראל מעוניים, ששמע צעקתם, מתקבלת ללא שאלות, והם משתחווים. הקבלה המיידית של העם את משה ואת שליחותו עומדת בניגוד חריף לספקות הרבים שהעלה משה

כששאל את ה׳ מה יענה לעם כשישאלו אותו מה שמו (ג׳, יג) וכשהסתפק שמא לא יאמינו לו (ד׳, א).

מעניין לציין שמשה ואהרן אספו את ״זִקְנֵי בְּנֵי יִשְׂרָאֵל״, אבל את האותות הם עשו לעיני ״הָעָם״, והעם השתחווה והאמין. ייתכן שמדובר רק על זקני העם, וייתכן שהצטרפו אליהם רבים מהעם, ובכל אופן, כיוון שהם מייצגים את כל העם, מודגש שהעם האמין וקיבל את המסר של ה׳ באמצעות משה ואהרן. אף שאהרן מבצע את האותות, לא נאמר שהעם ביקש אותם או שהעלה כל ספק, ונראה כי העם מקבל את המסר של משה ואהרן מייד. הניגוד בין החששות של משה ביחס לעם ובין מה שהיה במציאות מגלה כי החששות של משה לגבי העם היו מופרזים. יותר ממה שהם מעידים על העם הם מעידים על משה. ההקבלה המיידית והנחרצת של העם באה להבליט את היפוך המצב בהמשך הסיפור והאכזבה הגדולה המתלווית לכך, גם אצל העם וגם אצל משה.

משה ואהרן מבקשים מפרעה לשחרר את העם, והוא מסרב ואף מקשה את סבלם, ה׳, א–יט

עתה משה ואהרן עוברים למשימתם השנייה ודורשים מפרעה בשם ה׳ אלוהי ישראל לשלח את העם לחגוג לאלוהים במדבר (ה׳, א). בקשה זו היא על פי מה שאלוהים אמר למשה בג׳, יח, כג. הפנייה של משה בשם ה׳, שאותו הוא מכנה אלוהי ישראל, היא כנגד תפיסת פרעה שהוא אדונם של ישראל. הבקשה מתרכזת בחגיגה לה׳, וכך היציאה ממצרים ממוסגרת קודם כול במשמעותה התיאולוגית, שה׳ הוא האלוה של ישראל. הבקשה של משה ואהרן כאן היא ככל הנראה שפרעה ישחרר את ישראל מעבדות על מנת שיעבדו את ה׳. אף שהדבר לא נאמר במפורש, זהו הרושם העולה מבקשתם, גם לאור העובדה שהם עדיין אינם מגבילים את היציאה לשלושה ימי חג. אין פלא שתשובת פרעה למשה מתרכזת בראש ובראשונה בהתנגדות לה׳, שאותה הוא מדגיש פעמיים, ורק בסוף דבריו יש סירוב לשלח את ישראל: ״מִי ה׳ אֲשֶׁר אֶשְׁמַע בְּקֹלוֹ לְשַׁלַּח אֶת יִשְׂרָאֵל לֹא יָדַעְתִּי אֶת ה׳ וְגַם אֶת יִשְׂרָאֵל לֹא אֲשַׁלֵּחַ״ (ב). ייתכן שפרעה אינו מכיר את ה׳, אך ייתכן שהכוונה היא שהוא לא מכיר בו. משה ואהרן דורשים את ההכרה בה׳, ולכן פרעה צריך להישמע לו, ואילו המגמה של פרעה הפוכה, לכן הוא לא מוכן לשלח את העם.[1] דברים אלה של פרעה בתחילת סיפור היציאה של ישראל ממצרים הופכים את הנושא לעיקרי בסיפור, והוא התהליך שפרעה יעבור בהכרת גדולתו וריבונותו של ה׳ (ז׳, ד, יז; ח׳, ו, יט; ט׳, יד, טז, כט). לא ישראל פקפקו בה׳, כחששו של משה בסנה, אלא פרעה.

בשל תגובת פרעה המתנגדת לה׳, באה פנייה שנייה של משה ואהרן והיא מרוככת יותר ודיפלומטית (ג). ראשית, הם אינם מכנים את ה׳ בשמו אלא בשם כללי – ״אֱלֹהֵי הָעִבְרִים״. בפנייה זו הם אינם מתרכזים בזהותו של ה׳, כדי שפרעה לא יוכל לטעון שאינו מכירו. הנקודה החשובה היא שבפנייה השנייה של משה ואהרן אין הם מעבירים ציווי של ה׳, אלא רק מציינים שאלוהי העברים התגלה אליהם, ומציגים את הבקשה בשמם: ״נֵלֲכָה

נָּא דֶּרֶךְ שְׁלֹשֶׁת יָמִים בַּמִּדְבָּר וְנִזְבְּחָה לַה' אֱלֹהֵינוּ" (ג). נדגיש שבקשה זו היא הבקשה שעליה ציווה ה' בג', יח. אין הם מעלימים את שמו של ה', אבל לא הוא הפוקד על פרעה בפנייה זו. הם מציגים את היוזמה ללכת לעבוד את ה', ככזו שהגיעה מצד העם. לשונם אינה מאיימת כלפי פרעה, אלא להפך, ישראל רוצים לצאת והם עצמם פוחדים שאם הם לא יעבדו את ה', הם ייפגעו מדֶבר או בחרב (רשב"ם). יש שפירשו שיש בכך רמז של איום לפרעה (רש"י), או שהפגיעה תכלול גם את ישראל וגם את המצרים, שבתוכם הם חיים (ראב"ע).

הפנייה הראשונה של משה ואהרן היא חריפה ונחרצת, ואילו הפנייה השנייה רכה יותר ואין בה התרסה כלפי פרעה, אף שניתן היה לצפות שסדר הטיעונים יהיה הפוך. יש לסדר הזה שתי מטרות: הראשונה להעמיד מתחילה את ה' במרכז העניין כריבון, ואת פרעה כמי שעומד כנגד ה'. המטרה השנייה היא להראות שאפילו לפנייה המכבדת את פרעה, ואף שהבקשה באה מאת העם לעבוד את ה', אין פרעה מסכים.[2] ה' ציווה את משה להעביר לפרעה את הנוסח השני של הבקשה, אולם משה העביר קודם את הראשונה, שאותה ה' לא ציווה, כדי להעמיד ביתר נחרצות את ה' במרכז ואת פרעה כמי שפועל לעומת ה'. עניין זה בולט במיוחד לאור התפיסה של הפרעונים את עצמם כאלים.[3]

לבקשה השנייה של משה ואהרן פרעה אינו מתייחס ישירות. חרף זאת הוא מטיח בהם שהם מפריעים לעם לעבוד, ומצווה עליהם: "לְכוּ לְסִבְלֹתֵיכֶם" (ד). אף שמשה ואהרן לא היו עבדים, הוא אומר להם זאת כנציגי העם.[4] כעת שוב פונה פרעה למשה ואהרן בלשון דומה: "וַיֹּאמֶר פַּרְעֹה הֵן רַבִּים עַתָּה עַם הָאָרֶץ וְהִשְׁבַּתֶּם אֹתָם מִסִּבְלֹתָם" (ה). במשפט הראשון פרעה אינו מתייחס לבקשת משה ואהרן, ובמשפט השני פרעה מתייחס לבקשה באופן ישיר ומסביר שאינו נעתר לה משום שהעם רב ולא ניתן להפסיקם מסבלותם.[5] אפשר שהוא מתכוון שהבקשה מוגזמת ולא הגיוני שכל כך הרבה אנשים יצאו, ואולי הוא מתייחס לבעיה שהוא אינו יכול לשחרר את העם מכיוון שעבודתם רבה כל כך ויהיה נזק גדול מדי בהפסקת העבודה (רש"י; ראב"ע, פירוש הארוך).

פרעה אינו מסתפק בסירוב לבקשת משה ואהרן. עוד באותו יום הוא מבקש לדכא את רוח העם ולהשבית מהם כל רצון ושאיפה לעבוד את אלוהיהם, מעבר לעיסוק בעבודות הכפייה (ו–ט). לשם כך הוא מכביד יותר את עבודתם. הכבדת העבודה גורמת לקרע בין העם למשה ואהרן, כפי שנראה בהמשך, ואולי זו גם הייתה כוונתו של פרעה. פרעה מצווה את הנוגשים המצריים, המתעללים בעבדים העברים וממונים על פיקוח על העבודה, ואת השוטרים הישראלים, שפיקחו על עבודת אחיהם העבדים, שמעתה לא יספקו את התבן לעבדים, אלא הם יצטרכו בעצמם לקושש אותו.[6] קישוש תבן הוא איסוף הקש, שהוא הפסולת של החיטה או השעורה, ואותו היו מערבבים עם חמר ומכינים מהתערובת את הלבנים. הנוגשים הבהירו שתוספת העבודה הזו אינה באה על חשבון התפוקה, ועליהם לעמוד באותו קצב עבודה כמו בזמן שניתן להם התבן (יב). מעבר לעבודה המאומצת מאוד שהוטלה על בני ישראל, איסוף התבן לא היה מלאכה פשוטה והם נאלצו להתפזר בכל הארץ על מנת לעשות זאת (יב). מסתבר שהעם לא עמד במשימה ולא ייצר די לבנים, והנוגשים היכו את השוטרים הישראלים על כך (יד).

השוטרים הישראלים מתלוננים לפרעה שלא ניתן להם תבן ובכל זאת הם חייבים לייצר לבנים באותו קצב של ייצור.[7] מצב בלתי אפשרי זה, הם טוענים, גורם להם, לשוטרים, להיות מוכים ולישראל להיות חטאים, כי אינם ממלאים אחר צו פרעה (טז). תשובתם לפרעה מצביעה על יחסם לפרעה, שהוא הפוך מדברי משה ואהרן. אפשרות אחת היא ש"עַמֶּךָ" הכוונה למצרים (אונקלוס; רש"י; רשב"ם). היינו שפעולת פרעה מביאה את המצרים לידי חטא כלפי ישראל. ואולי הם מדברים על החטא של העם, אבל מתכוונים לחטא של פרעה, אך אינם יכולים להטיח זאת בפירוש בפניו (ראב"ם; רלב"ג). אפשרות שנייה היא שב"עַמֶּךָ" הם מתכוונים לישראל (אברבנאל; ספורנו). במילה זו מבקשים השוטרים ליצור אמפתיה אצל פרעה, שיראה בישראל את עמו וירחם עליהם. מעבר לכך, נראה שהשוטרים מנסים להפוך את הטענה הבסיסית שאותה טענו משה ואהרן בדבר המחויבות של ישראל לאלוהיהם. כאמור, על כך יצא קצפו של פרעה, ועתה מנסים השוטרים לפייסו על ידי ביטול דברי משה ואהרן באמצעות הצהרה שישראל הם עמו של פרעה והוא אדונם. אך פרעה עונה בקשיות ובעקביות. הוא אומר להם שהם נרפים ולכן מבקשים לצאת לזבוח לה', ושולח אותם לעבודתם, לאסוף את התבן ולעמוד בקצב ייצור הלבנים (יז-יח).

התוצאה היא: "וַיִּרְאוּ שֹׁטְרֵי בְנֵי יִשְׂרָאֵל אֹתָם בְּרָע לֵאמֹר לֹא תִגְרְעוּ מִלִּבְנֵיכֶם דְּבַר יוֹם בְּיוֹמוֹ" (יט). את מי ראו שוטרי ישראל? יש על כך שתי תשובות: תשובה אחת היא שהשוטרים ראו את עצמם ברע, היינו חשו ברע בשל מה שנאלצו להגיד לעם או בשל מה ששמעו מפרעה, שלא יגרעו מכמות הלבנים (ראב"ע). תשובה שנייה היא שהם ראו את ישראל ברע וענו להם בצורה חריפה את דברי פרעה (רש"י).

השוטרים גוערים במשה ואהרן, משה מאשים את ה' ותשובתו, ה', כ–ו', א

השוטרים פוגשים את משה ואהרן, שעמדו וחיכו להם עד שיצאו מאת פרעה. תיאור זה של משה ואהרן מחכים לשוטרים מציג את דאגתם וציפייתם שיצליחו במשימתם אצל פרעה להקל את העול מעל בני ישראל. תמונה זו, של משה ואהרן המחכים למוצא פיהם של השוטרים, משקפת את תקוותם שהשוטרים יצליחו להפחית מעול העבודה והדבר יקל על הנזק שנגרם בפנייתם הכושלת לפרעה. היא גם משקפת את היפוך התפקידים בין השוטרים למשה ואהרן, ואת מצבם הנחות יחסית להבטחה הגדולה שאפפה אותם בעת שבאו בשליחות ה'. עתה, במקום שהם יצליחו אצל פרעה, הם מחכים בחוץ ומצפים שהשוטרים, עובדי פרעה, יצליחו להיטיב עם בני ישראל במקצת.

אך לא כך היה. השוטרים אינם מצליחים לשכנע את פרעה, והם מטיחים דברים קשים במשה ואהרן: "וַיֹּאמְרוּ אֲלֵהֶם יֵרֶא ה' עֲלֵיכֶם וְיִשְׁפֹּט אֲשֶׁר הִבְאַשְׁתֶּם אֶת רֵיחֵנוּ בְּעֵינֵי פַרְעֹה וּבְעֵינֵי עֲבָדָיו לָתֶת חֶרֶב בְּיָדָם לְהָרְגֵנוּ" (כא). "יֵרֶא ה' עֲלֵיכֶם" מתפרש כראייה ממש, היינו שה' יראה את מעשיהם וישפוט אותם, או אפשר שהכוונה היא להתגלות ה', שישפוט אותם על

מעשיהם, היינו שיעניש אותם. דברים אלה של השוטרים מגלים שייתכן שהם מפקפקים בעצם ההתגלות של ה' למשה. אין להם תלונות על ה', אלא על משה ועל אהרן. תלונתם היא שהם גרמו לעם להיות סרוחים בעיני פרעה ועבדיו, ועתה יש לפרעה סיבה לפגוע בהם ולהמיתם.

השוטרים סבורים שהנזק שנעשה חמור. אין מדובר בתוספת עבודה ומאמץ בלבד, אלא במצב של סכנת מוות. טענת השוטרים שמשה ואהרן נתנו חרב בידי פרעה להרוג אותם (כא) מהדהדת את הסברו של משה שיש לעבוד את ה' במדבר: "פֶּן יִפְגָּעֵנוּ בַּדֶּבֶר אוֹ בֶחָרֶב" (ג). השוטרים טוענים שהמציאות לאחר בוא משה ואהרן הפוכה ממה שתכננו. משה ואהרן אינם עונים לשוטרים. אין להם מה לענות, שכן הם גרמו לנזק חמור ואין בפיהם מענה ופתחון פה. פרעה הצליח לגרום ל"הפרד ומשול" בקרב ישראל.[8]

כאשר משה ואהרן הגיעו הם קראו לזקני העם, אולם עתה השוטרים הם שמטיחים דברים בהם, ולא הזקנים שקיבלו אותם.[9] פער זה הוא גדול ונראה שההתעלמות של הזקנים ממשה ואהרן נובעת מחוסר יכולת לפנות אליהם בשל העבודה הקשה או משום אובדן האמון. כעת אף לדבר איתם הזקנים אינם מוכנים.

משה ואהרן נכשלו. הם עומדים במוקד הנזק הגדול שנפל על העם, ועל כן הם מואשמים. משה שב לדבר עם ה'[10] ומטיח בפניו את תחושת השבר – "לָמָה הֲרֵעֹתָה לָעָם הַזֶּה" (כב), ומוסיף שמאז שבא לפרעה לדבר בשם ה' – "הֵרַע לָעָם הַזֶּה" (כג). משה מסיים את תלונתו במילים "וְהַצֵּל לֹא הִצַּלְתָּ אֶת עַמֶּךָ", כהבטחת ה' למשה בעת המינוי. בהתאם להתייחסות של ה' לישראל כ"עַמִּי", משה קובע שהם "עַמֶּךָ". אך בניגוד למה שה' אמר, המצב הוא "וְהַצֵּל לֹא הִצַּלְתָּ".

משה הסתפק אם העם יאמין או לא, אך הוא לא שיער באף אחד מספקותיו שהוא יביא רעה לעמו. כאשר משה מטיח באלוהים "לָמָּה זֶּה שְׁלַחְתָּנִי", הוא ממשיך את הוויכוח שהיה לו עם אלוהים בסיפור המינוי. שם ביקש משה שה' לא ישלח אותו, וה' אילץ אותו ללכת למלא את השליחות בעל כורחו, בהבטחות חוזרות שהוא יביא גאולה לעם. עתה כאילו אומר משה, "הרי אמרתי לך לא לשלוח אותי". מסתבר שמשה חוזר לנקודה הקודמת שלו בהתדיינות שלו עם ה' בסנה. נראה כי הוא אינו רוצה להמשיך לפעול כשליחו של אלוהים להוציא את ישראל ממצרים. ועכשיו יש לו סיבה נוספת, שאותה לא ידע מראש: השליחות הזו הביאה נזק גדול יותר ולא תועלת. את הרע הזה משה מייחס לה'. ה' הוא שהרע לעמו, במקום להציל אותו![11] כפי שנראה, לנקודת השפל הזו שאליה מגיע משה, יש תפקיד תיאולוגי. הייאוש שאחז במשה בא להאדיר את ה' לבדו כמי שיושיע את ישראל, כפי שה' יאמר למשה מייד בפסוק הבא, בתגובתו לתלונת משה.

את המילה האחרונה אומר ה': "וַיֹּאמֶר ה' אֶל מֹשֶׁה עַתָּה תִרְאֶה אֲשֶׁר אֶעֱשֶׂה לְפַרְעֹה כִּי בְיָד חֲזָקָה יְשַׁלְּחֵם וּבְיָד חֲזָקָה יְגָרְשֵׁם מֵאַרְצוֹ" (ו', א). ה' ממשיך להבטיח את הצלחת הישועה ושהמצב ישתנה: במקום שפרעה יחזיק בישראל הוא יגרשם מארצו. דברי ה' חותמים את השיח ואין אנו שומעים כיצד הגיב משה. אולי הדבר משקף את שבירתו של משה, ואולי

אף את הקרע בין משה לבין ה׳, ולעומת זאת, את נחישותו של ה׳ להושיע את עמו. הישועה תלויה בו בלבד.

הסיפור מסתיים בקושי רב ובתמיהה כיצד העלילה יכולה להמשיך מנקודת שפל זו. כיצד משה הבין את דברי ה׳? אפשר שהבין שהמשך הישועה שה׳ הבטיח אינו באמצעותו, שכן הוא כבר נכשל. וכשה׳ אומר "עַתָּה תִרְאֶה אֲשֶׁר אֶעֱשֶׂה לְפַרְעֹה", ייתכן מאוד שמשה הבין שאת המשך הישועה יעשה ה׳ בכבודו ובעצמו ללא תיווך של משה.

ו׳, ב, אינו המשך הדיאלוג בין ה׳ למשה, אלא זו פתיחה לדיאלוג חדש,[12] והדיאלוג בין ה׳ למשה נגמר במתח וריחוק.

עם ראשית השליחות של משה נוצר שבר גדול יותר, הן במצבו של העם, הן בקרע בין משה לעם והן בייאוש שאחז במשה. הקטע נפתח בהצלחה של משה ואהרן במפגש שלהם עם זקני ישראל. בניגוד לחששות של משה, העם מייד האמינו להם. הם סבורים שה׳ ראה את עוניים ופקד אותם. כפי שה׳ אמר, פרעה לא קיבל את בשורת משה וסירב לשלח את ישראל. אולם כאן נוצרת בעיה שמשה לא ציפה לה, והיא שפרעה הקשה את השעבוד על ישראל יותר. שוטרי ישראל מאשימים בכך את משה ואת אהרן, ומשה פונה לה׳ בדברים קשים, שהמצב הורע לישראל מאז שבא אל פרעה. הדברים נחתמים בדברי ה׳ על גורלו של פרעה ושישראל יצאו ביד חזקה. אבל מה שקרה עומד בניגוד למה שציפה משה. משה ידע שהעם יקבל אותו, ואף ידע שפרעה לא. אבל הוא לא ידע שני דברים שקרו בסופו של דבר: ראשית, שפרעה יקשה את השעבוד יותר, ועוד יותר משמעותי, שישראל יאשימו אותו ואת ואהרן בהרעת המצב. לא זו בלבד שהשליחות מול פרעה נכשלה, אלא המצב הורע. ומה שחשב משה בעקבות דברי ה׳, שהאותות יביאו את העם להאמין, התברר גם הוא כלא נכון: מסתבר שבסוף העם לא האמין, אבל מסיבה הרבה יותר חמורה מבחינת משה – הם מאשימים אותו בהחמרה בעוצמת השעבוד. מה שקרה הוא ניגוד מושלם למה שמצופה בסיפור המינוי של משה. כיצד אפשר להמשיך מהנקודה הנמוכה הזאת?

מינוי מחודש של משה ועמידתו לפני העם ולפני פרעה, ו׳, ב – ז׳, יג

ב ג וַיְדַבֵּר אֱלֹהִים אֶל־מֹשֶׁה וַיֹּאמֶר אֵלָיו אֲנִי יהוה. וָאֵרָא אֶל־אַבְרָהָם אֶל־יִצְחָק וְאֶל־יַעֲקֹב בְּאֵל
ד שַׁדָּי וּשְׁמִי יהוה לֹא נוֹדַעְתִּי לָהֶם. וְגַם הֲקִמֹתִי אֶת־בְּרִיתִי אִתָּם לָתֵת לָהֶם אֶת־אֶרֶץ כְּנָעַן אֵת
ה אֶרֶץ מְגֻרֵיהֶם אֲשֶׁר־גָּרוּ בָהּ. וְגַם אֲנִי שָׁמַעְתִּי אֶת־נַאֲקַת בְּנֵי יִשְׂרָאֵל אֲשֶׁר מִצְרַיִם מַעֲבִדִים
ו אֹתָם וָאֶזְכֹּר אֶת־בְּרִיתִי. לָכֵן אֱמֹר לִבְנֵי־יִשְׂרָאֵל אֲנִי יהוה וְהוֹצֵאתִי אֶתְכֶם מִתַּחַת סִבְלֹת מִצְרַיִם
ז וְהִצַּלְתִּי אֶתְכֶם מֵעֲבֹדָתָם וְגָאַלְתִּי אֶתְכֶם בִּזְרוֹעַ נְטוּיָה וּבִשְׁפָטִים גְּדֹלִים. וְלָקַחְתִּי אֶתְכֶם לִי
לְעָם וְהָיִיתִי לָכֶם לֵאלֹהִים וִידַעְתֶּם כִּי אֲנִי יהוה אֱלֹהֵיכֶם הַמּוֹצִיא אֶתְכֶם מִתַּחַת סִבְלוֹת מִצְרָיִם.
ח וְהֵבֵאתִי אֶתְכֶם אֶל־הָאָרֶץ אֲשֶׁר נָשָׂאתִי אֶת־יָדִי לָתֵת אֹתָהּ לְאַבְרָהָם לְיִצְחָק וּלְיַעֲקֹב וְנָתַתִּי
ט אֹתָהּ לָכֶם מוֹרָשָׁה אֲנִי יהוה. וַיְדַבֵּר מֹשֶׁה כֵּן אֶל־בְּנֵי יִשְׂרָאֵל וְלֹא שָׁמְעוּ אֶל־מֹשֶׁה מִקֹּצֶר
י יא רוּחַ וּמֵעֲבֹדָה קָשָׁה. וַיְדַבֵּר יהוה אֶל־מֹשֶׁה לֵּאמֹר. בֹּא דַבֵּר אֶל־פַּרְעֹה מֶלֶךְ מִצְרָיִם וִישַׁלַּח
יב אֶת־בְּנֵי־יִשְׂרָאֵל מֵאַרְצוֹ. וַיְדַבֵּר מֹשֶׁה לִפְנֵי יהוה לֵאמֹר הֵן בְּנֵי־יִשְׂרָאֵל לֹא־שָׁמְעוּ אֵלַי וְאֵיךְ
יִשְׁמָעֵנִי פַרְעֹה וַאֲנִי עֲרַל שְׂפָתָיִם.

יג וַיְדַבֵּר יהוה אֶל־מֹשֶׁה וְאֶל־אַהֲרֹן וַיְצַוֵּם אֶל־בְּנֵי יִשְׂרָאֵל וְאֶל־פַּרְעֹה מֶלֶךְ מִצְרָיִם לְהוֹצִיא אֶת־
בְּנֵי־יִשְׂרָאֵל מֵאֶרֶץ מִצְרָיִם.

יד אֵלֶּה רָאשֵׁי בֵית־אֲבֹתָם בְּנֵי רְאוּבֵן בְּכֹר יִשְׂרָאֵל חֲנוֹךְ וּפַלּוּא חֶצְרֹן וְכַרְמִי אֵלֶּה מִשְׁפְּחֹת
טו רְאוּבֵן. וּבְנֵי שִׁמְעוֹן יְמוּאֵל וְיָמִין וְאֹהַד וְיָכִין וְצֹחַר וְשָׁאוּל בֶּן־הַכְּנַעֲנִית אֵלֶּה מִשְׁפְּחֹת שִׁמְעוֹן.
טז יז וְאֵלֶּה שְׁמוֹת בְּנֵי־לֵוִי לְתֹלְדֹתָם גֵּרְשׁוֹן וּקְהָת וּמְרָרִי וּשְׁנֵי חַיֵּי לֵוִי שֶׁבַע וּשְׁלֹשִׁים וּמְאַת שָׁנָה.
יח בְּנֵי גֵרְשׁוֹן לִבְנִי וְשִׁמְעִי לְמִשְׁפְּחֹתָם. וּבְנֵי קְהָת עַמְרָם וְיִצְהָר וְחֶבְרוֹן וְעֻזִּיאֵל וּשְׁנֵי חַיֵּי קְהָת
יט כ שָׁלֹשׁ וּשְׁלֹשִׁים וּמְאַת שָׁנָה. וּבְנֵי מְרָרִי מַחְלִי וּמוּשִׁי אֵלֶּה מִשְׁפְּחֹת הַלֵּוִי לְתֹלְדֹתָם. וַיִּקַּח עַמְרָם
אֶת־יוֹכֶבֶד דֹּדָתוֹ לוֹ לְאִשָּׁה וַתֵּלֶד לוֹ אֶת־אַהֲרֹן וְאֶת־מֹשֶׁה וּשְׁנֵי חַיֵּי עַמְרָם שֶׁבַע וּשְׁלֹשִׁים
כא כב כג וּמְאַת שָׁנָה. וּבְנֵי יִצְהָר קֹרַח וָנֶפֶג וְזִכְרִי. וּבְנֵי עֻזִּיאֵל מִישָׁאֵל וְאֶלְצָפָן וְסִתְרִי. וַיִּקַּח אַהֲרֹן אֶת־
אֱלִישֶׁבַע בַּת־עַמִּינָדָב אֲחוֹת נַחְשׁוֹן לוֹ לְאִשָּׁה וַתֵּלֶד לוֹ אֶת־נָדָב וְאֶת־אֲבִיהוּא אֶת־אֶלְעָזָר
כד כה וְאֶת־אִיתָמָר. וּבְנֵי קֹרַח אַסִּיר וְאֶלְקָנָה וַאֲבִיאָסָף אֵלֶּה מִשְׁפְּחֹת הַקָּרְחִי. וְאֶלְעָזָר בֶּן־אַהֲרֹן
לָקַח־לוֹ מִבְּנוֹת פּוּטִיאֵל לוֹ לְאִשָּׁה וַתֵּלֶד לוֹ אֶת־פִּינְחָס אֵלֶּה רָאשֵׁי אֲבוֹת הַלְוִיִּם לְמִשְׁפְּחֹתָם.
כו הוּא אַהֲרֹן וּמֹשֶׁה אֲשֶׁר אָמַר יהוה לָהֶם הוֹצִיאוּ אֶת־בְּנֵי יִשְׂרָאֵל מֵאֶרֶץ מִצְרַיִם עַל־צִבְאֹתָם.
כז כח הֵם הַמְדַבְּרִים אֶל־פַּרְעֹה מֶלֶךְ־מִצְרַיִם לְהוֹצִיא אֶת־בְּנֵי־יִשְׂרָאֵל מִמִּצְרָיִם הוּא מֹשֶׁה וְאַהֲרֹן.
וַיְהִי בְּיוֹם דִּבֶּר יהוה אֶל־מֹשֶׁה בְּאֶרֶץ מִצְרָיִם.

כט וַיְדַבֵּר יהוה אֶל־מֹשֶׁה לֵּאמֹר אֲנִי יהוה דַּבֵּר אֶל־פַּרְעֹה מֶלֶךְ מִצְרַיִם אֵת כָּל־אֲשֶׁר אֲנִי דֹּבֵר אֵלֶיךָ.
ל וַיֹּאמֶר מֹשֶׁה לִפְנֵי יהוה הֵן אֲנִי עֲרַל שְׂפָתַיִם וְאֵיךְ יִשְׁמַע אֵלַי פַּרְעֹה.

ז א ב וַיֹּאמֶר יהוה אֶל־מֹשֶׁה רְאֵה נְתַתִּיךָ אֱלֹהִים לְפַרְעֹה וְאַהֲרֹן אָחִיךָ יִהְיֶה נְבִיאֶךָ. אַתָּה תְדַבֵּר אֵת
ג כָּל־אֲשֶׁר אֲצַוֶּךָּ וְאַהֲרֹן אָחִיךָ יְדַבֵּר אֶל־פַּרְעֹה וְשִׁלַּח אֶת־בְּנֵי־יִשְׂרָאֵל מֵאַרְצוֹ. וַאֲנִי אַקְשֶׁה אֶת־
ד לֵב פַּרְעֹה וְהִרְבֵּיתִי אֶת־אֹתֹתַי וְאֶת־מוֹפְתַי בְּאֶרֶץ מִצְרָיִם. וְלֹא־יִשְׁמַע אֲלֵכֶם פַּרְעֹה וְנָתַתִּי אֶת־
ה יָדִי בְּמִצְרָיִם וְהוֹצֵאתִי אֶת־צִבְאֹתַי אֶת־עַמִּי בְנֵי־יִשְׂרָאֵל מֵאֶרֶץ מִצְרַיִם בִּשְׁפָטִים גְּדֹלִים. וְיָדְעוּ
ו מִצְרַיִם כִּי־אֲנִי יהוה בִּנְטֹתִי אֶת־יָדִי עַל־מִצְרָיִם וְהוֹצֵאתִי אֶת־בְּנֵי־יִשְׂרָאֵל מִתּוֹכָם. וַיַּעַשׂ מֹשֶׁה
ז וְאַהֲרֹן כַּאֲשֶׁר צִוָּה יהוה אֹתָם כֵּן עָשׂוּ. וּמֹשֶׁה בֶּן־שְׁמֹנִים שָׁנָה וְאַהֲרֹן בֶּן־שָׁלֹשׁ וּשְׁמֹנִים שָׁנָה
בְּדַבְּרָם אֶל־פַּרְעֹה.

ח ט וַיֹּאמֶר יהוה אֶל־מֹשֶׁה וְאֶל־אַהֲרֹן לֵאמֹר. כִּי יְדַבֵּר אֲלֵכֶם פַּרְעֹה לֵאמֹר תְּנוּ לָכֶם מוֹפֵת וְאָמַרְתָּ
י אֶל־אַהֲרֹן קַח אֶת־מַטְּךָ וְהַשְׁלֵךְ לִפְנֵי־פַרְעֹה יְהִי לְתַנִּין. וַיָּבֹא מֹשֶׁה וְאַהֲרֹן אֶל־פַּרְעֹה וַיַּעֲשׂוּ־כֵן
יא כַּאֲשֶׁר צִוָּה יהוה וַיַּשְׁלֵךְ אַהֲרֹן אֶת־מַטֵּהוּ לִפְנֵי פַרְעֹה וְלִפְנֵי עֲבָדָיו וַיְהִי לְתַנִּין. וַיִּקְרָא גַּם־פַּרְעֹה
יב לַחֲכָמִים וְלַמְכַשְּׁפִים וַיַּעֲשׂוּ גַם־הֵם חַרְטֻמֵּי מִצְרַיִם בְּלַהֲטֵיהֶם כֵּן. וַיַּשְׁלִיכוּ אִישׁ מַטֵּהוּ וַיִּהְיוּ
יג לְתַנִּינִם וַיִּבְלַע מַטֵּה־אַהֲרֹן אֶת־מַטֹּתָם. וַיֶּחֱזַק לֵב פַּרְעֹה וְלֹא שָׁמַע אֲלֵהֶם כַּאֲשֶׁר דִּבֶּר יהוה.

פירוש העניין

משמעות הסיפור

חלק זה כופל באופן ניכר את היחידה הקודמת (ג', א – ו', א) ונותן רושם של פנייה ראשונה של ה' אל משה, העומדת כמקבילה ליחידה הקודמת ולא כהמשכה. בו', ב, ה' מציג עצמו בפני משה "אֲנִי ה'" ואומר שלא התגלה לאבות אלא בשמו "אֵל שַׁדָּי". הצגה זו של ה' מזכירה את ההתגלות של ה' למשה בסנה, שבו הוא גילה לו את שמו (ג', יג-טו). ה' אומר ששמע את נאקת בני ישראל והוא מתכוון להציל אותם מסבלות מצרים, לקחת את ישראל לו לעם ולהביא אותם אל הארץ שהבטיח לאבות (ו', ד-ח). דברים אלה הם הכפלה, אף כי לא שלמה, של מה שאמר ה' למשה בסנה (ג', ז-ח). גם כאן שולח ה' את משה לבני ישראל על מנת למסור להם את מסר הגאולה (ו', ו, כמו גם בג', טז-יז). משה נשלח לפרעה על מנת שישלח את ישראל ממצרים (ו', יא, יג, כט). וכך גם ביחידה הקודמת (ג', י, יח). משה הסתייג משליחותו של ה' בטענה שהוא ערל שפתיים (ו', יב, ל), ובסיפור בסנה טען משה בדומה שהוא כבד פה ולשון (ד', י, יג).[1] בשני הסיפורים ה' אומר למשה שאהרן ידבר במקומו (ד', יד-טז; ז', א-ב). בשניהם ה' מבשר למשה שהוא יקשה את לב פרעה ובתחילה לא ישלח את ישראל, אבל לאחר שיעשה מופתים ויכה את מצרים, ישלח אותם פרעה (ג', יט-כ, כא-כג; ז', ג-ה). בשני הסיפורים משה פונה לפרעה לשלח את העם, ובשניהם הוא מסרב (ה', א-ה; ז', ח-יג). בשני הסיפורים משה מבשר לעם את בשורת הגאולה. בסיפור הראשון הם מקבלים את משה, ובשני הם לא שומעים אליו (ד', ל-לא; ו', ט).

נוסף להכפלה של רכיבי השליחות השונים, הנראים מיותרים בסיפור השליחות השני, נקודות מסוימות נותנות רושם של סיפור עצמאי שאינו תלוי בקודם. כך למשל, השושלת של בני לוי עד משה ואהרן (ו', יד-כה), כוללת גם הציון של גילם (ז', י), כדי להסביר מיהם משה ואהרן שאלוהים שלח לפרעה (ו', כו-כח).

הדרך הטובה ביותר להסביר את הכפילות הזו היא שהשליחות השנייה היא מינוי מחודש של משה לאחר שהשליחות הראשונה נכשלה.[2] בסיפור הראשון אלוהים אמר למשה שהעם יאמין אך פרעה לא ישלח את העם. אף כי שתי בשורות אלה נאמרו, התגשמותן במציאות הייתה קשה בהרבה מהאופן שנאמרו בבשורה למשה. בהתחלה העם האמין בהתלהבות למשה, אך הסיפור הסתיים בקרע בין משה לבין העם, שעליו לא ידע משה מראש. גם במפגש של משה עם פרעה הייתה הפתעה לרעה. אומנם ה' אמר למשה שפרעה לא ישלח את העם, אך משה לא ציפה שבמקום זאת יקשה פרעה את השעבוד יותר. מבחינתו של משה, השליחות נחלה כישלון חרוץ, ולכן משה מטיח בה' דברים קשים. אף שה' השיב לו שהתוכנית תצליח, משה לא עונה לו על כך. משה טוען כלפי ה', "לָמָּה זֶּה שְׁלַחְתָּנִי", והדברים הם חיזוק לדבריו מראש "שְׁלַח נָא בְּיַד תִּשְׁלָח". סיומו של הסיפור בתחושת כישלון של משה ובהטחת דברים כלפי ה'. משה חזר לנקודת המוצא שאין הוא חפץ בשליחות, רק שעתה יש לו טיעונים חזקים נוספים מדוע לא לקבל על עצמו את התפקיד. הסיפור הראשון הסתיים בתוספת ערעור של

היחסים בין פרעה לישראל ומשה, בקרע בין משה לעם, ואף בקרע בין משה לה׳. עתה צריך להתחיל מחדש. משה צריך לקבל מינוי חדש ולהתחיל את השליחות שוב.[3]

גם בשליחות השנייה, כמו בראשונה, משה ואהרן באים לישראל ולפרעה. אך שני המפגשים האלה שונים בתכלית, וההבדלים ביניהם הם המפתח להבנת מהות הסיפור. בסיפור השליחות הראשון משה הסתפק אם העם ישמעו בקולו או לא. אך כפי שה׳ אמר, העם האמינו מייד ואף לא ביקשו אותות, כאשר המפגש עִמם הסתיים בהשתחוויה של העם לה׳ (ד׳, לא). לעומת זאת, בסיפור השליחות השני, משה לא רק שלא מתווכח, אלא שהוא אפילו לא מדבר. הוא מבצע את שליחותו, אך נראה שהוא מבצע אותה בעל כורחו ללא אמונה בהצלחתו וללא מוטיבציה. ואכן כצפוי, העם אינו מקבל את הבשורה: ״וַיְדַבֵּר מֹשֶׁה כֵּן אֶל בְּנֵי יִשְׂרָאֵל וְלֹא שָׁמְעוּ אֶל מֹשֶׁה מִקֹּצֶר רוּחַ וּמֵעֲבֹדָה קָשָׁה״ (ט). ניתן להסביר את תגובתו של העם אם סיפור זה מניח את קיומו של הסיפור הקודם. לאחר הכישלון של השליחות הקודמת, העם אינו מוכן עוד לשמוע.

גם המפגש עם פרעה בשליחות השנייה שונה מהראשונה. בשליחות הראשונה משה מדבר עם פרעה ודורש ממנו לשחרר את ישראל לעבוד את ה׳. בשליחות השנייה, משה אינו מדבר עם פרעה כלל, אלא מייד מאתגר אותו באות המטה שהופך לתנין. פרעה מאותגר במיוחד מהעובדה שלאחר שחרטומי מצרים הפכו גם הם את מטותיהם לתנינים, המטה של אהרן בלע את המטות שלהם. באירוע זה הראה משה לפרעה את הכוח שהוא מייצג, ושכוח זה גובר על כוחו של פרעה. אות זה הוא הפתיחה לכל מכות מצרים, שבכל אחת מהן יראה משה לפרעה את כוחו של ה׳, המסוגל לפגוע קשות בפרעה. אם כן, בשליחות זו, פרעה לא התבקש לשלוח את העם, אלא משה ואהרן מביאים את פרעה להתעמת עם השאלה למי הכוח. לא סביר לראות מפגש זה במנותק מהמפגש הראשון, שכן מסתבר שקודם תינתן לפרעה הזדמנות להוציא את העם ממצרים מרצונו, ורק לאחר שיסרב יתחיל ה׳ להכות את מצרים במכות.

אם כן, שליחות זו היא המשך ותוצאה של השליחות הקודמת. עם זאת, בשליחות השנייה משה לא מתמנה להוציא את ישראל ממצרים כמו בשליחות הראשונה (ג׳, י).[4] מבחינת בני ישראל, אף שהאמינו בתחילה, מפאת עומס העבודה הגובר, עתה אין הם מקבלים את משה. מבחינת פרעה, ניתנה לו הזדמנות לשלח את ישראל ברצון, ומשסירב לעשות זאת מתוך רצונו, בשליחות השנייה אין משה פותח בדיבור עם פרעה אלא מתחיל את מסכת האותות והמופתים שבמהלכם יוכה פרעה ובסופם ישלח את ישראל.

מה המשמעות של הכפלת הסיפור? מה נותנים שני הסיפורים יחדיו שאין בכל אחד לבדו? מדוע היה צריך לעבור את המינוי הכפול ואת השליחות המחודשת? ובכן, נראה כי סיפור השליחות הראשון מביא את המצב לשפל גדול. הן מבחינת העבודה הקשה של העם, הן מבחינת האמון של העם שנשבר והן מבחינת הסירוב המוחלט של פרעה לשחרר את ישראל, ושאיפתו החדשה לדכא את רוחם באופן שלא יבקשו יותר לצאת. וכך היה. כאשר בסיפור השני בא משה לעם בשם ה׳, הם לא שמעו אליו מקוצר רוח ומעבודה קשה. סיפור השליחות הראשון מסתיים בקרע בין משה לעם, בייאוש של משה ובקרע בינו לה׳. במצב הנמוך הזה,

שאין בו שום תקווה הנראית לעין, בשיא החושך, נותר ה׳ לבדו כמושיע. הגאולה תלויה לא באמונת העם ולא בשיתוף פעולה עם פרעה, הפועל נחרצות שהעם כבר לא ירצה לדרוש או לבקש דבר. הגאולה לא תלויה גם במשה המושיע, שלכתחילה הגיע בחוסר התלהבות, ועתה משנכשל, המוטיבציה שלו פחותה הרבה יותר ואין לעם אמון בו. כשאין שום יסוד של תקווה, יתגלה ה׳ לבדו כמושיע, ללא כל עזרה, וללא שום גורם שותף, לא מצרים, לא העם, ואפילו לא משה. בניגוד לסיפורים רבים אחרים שבהם ישנה פעילות אלוהית ולצידה גם פעילות אנושית, הרי בסיפור זה, הצד האנושי בגאולה מתגמד מאוד, ורק ה׳ לבדו הוא הגואל המושיע. מטרת הכישלון הראשון של סיפור היציאה היא להעצים את קושי השעבוד, לשבור את העם יותר, להראות שאין תוחלת וציפייה מפרעה וממצרים, ואפילו שבירת רוחו של משה. הסיפור שלנו הוא הביטוי המובהק ביותר של התפיסה: ״וְנִשְׂגַּב ה׳ לְבַדּוֹ״.

מבנה הסיפור

הסיפור מתחיל בהתגלות ה׳ למשה, שבה מוטל עליו תפקיד השליחות לבשר לישראל את בשורת הגאולה ולבקש מפרעה לשלוח את ישראל מארצו (ו׳, ב–יא), והוא מסתיים בבואם של משה ואהרן לפרעה ובסירובו להיענות לבקשה (ז׳, ח–יג). מבנה זה דומה למבנה של הסיפור הקודם הכולל התגלות, מינוי, וביצוע השליחות בפני העם ובפני פרעה. לפי מבנה זה, האות של הפיכת המטה לתנין בפני פרעה שייך לסיפור זה, ולא לסיפור המכות על מצרים.[5]

מבנה הסיפור הוא:

ו׳, ב–ט – ה׳ מתגלה למשה, מבשר לו על גאולת ישראל ומצווה אותו להעביר את המסר לעם, אך הם לא שומעים אליו בשל קוצר רוחם ועבודתם הקשה.

י–יג – הציווי של ה׳ למשה לבוא לפרעה ולדרוש ממנו לשלח את ישראל, הסתייגותו של משה, ומינוי משה ואהרן לתפקיד.

יד–כז – תולדות בני לוי, לשם הצגת משה ואהרן.

כח–ל – חזרה על המינוי של משה לדבר עם פרעה ועל הסתייגותו של משה.

ז׳, א–ז – ה׳ עונה למשה שאהרן יצטרף עימו וידבר בשמו, ה׳ אומר כי יקשה את ליבו של פרעה וירבה את המופתים במצרים עד שיצאו ישראל והמצרים ידעו את ה׳, ומשה ואהרן הולכים בצו ה׳.

ח–יג – משה פונה לפרעה ועושה בפניו אות של הפיכת המטה לתנין, אך פרעה מחזק את ליבו.

ה׳ מתגלה למשה ומבשר לו על הגאולה, אך העם אינו שומע, ו׳, ב–ט

לאחר הכישלון של השליחות הראשונה, שב ה׳ להתגלות למשה ולבשר לו שהוא יגאל את ישראל מהשעבוד ויביא אותם אל הארץ הטובה. מכיוון שהשליחות הקודמת נכשלה, לא ברור שהמשך הישועה של ה׳ תהיה באמצעות משה. אולי מו׳, א, משתמע שה׳ יושיע את העם בכבודו ובעצמו. לכן היה צריך לחדש את השליחות, ויש צורך במינוי חדש ובהתגלות חדשה של ה׳ למשה, המבשרת גם את המטרת השליחות.

דברי ה׳ אל משה מתחלקים לשניים: ב-ה – דברים שאומר ה׳ אל משה; ו-ח – דברים שמשה מצווה להגיד לעם. שני החלקים מתחילים בהצגת ה׳ – ״אֲנִי ה׳״ (ב), ״לָכֵן אֱמֹר לִבְנֵי יִשְׂרָאֵל אֲנִי ה׳״ (ו). הקטע מסתיים באמירה ״אֲנִי ה׳״ (ח), מה שיוצר מעטפת של הקטע כולו. פעם נוספת בקטע מצווה ה׳ את משה להופיע בפני העם ולהודיע להם את ישועתו הצפויה, ולכן נאמר שוב: ״וִידַעְתֶּם כִּי אֲנִי ה׳ אֱלֹהֵיכֶם״ (ז). הנוסחה מופיעה שוב בדברי ה׳ למשה בפס׳ כט. הביטוי ״אֲנִי ה׳״ הוא אפוא מוטיב מרכזי בקטע והבסיס להצגת בשורת הגאולה על ידי ה׳.

עם חידוש השליחות, יש צורך שה׳ יציג עצמו בהתגלות החדשה לפני משה ויאמר: ״אֲנִי ה׳״. זוהי נוסחה של הצגה עצמית בעת ההתגלות של ה׳ למשה, ולא נוסחה שבה ה׳ מגלה את שמו.[6] דוגמה כזו מצאנו בדברי פרעה ליוסף. כאשר הוא מציב בפני יוסף את הסמכותיות שלו, הוא אומר לו: ״אֲנִי פַרְעֹה וּבִלְעָדֶיךָ לֹא יָרִים אִישׁ אֶת יָדוֹ...״ (בראשית מ״א, מד). אין זו הצגה ראשונה של פרעה ליוסף, אלא הצגת המעמד שלו. כך גם כאן – ה׳ מציג את עצמו בפני משה, תוך הדגשת הריבונות של ה׳ המשתמעת מכך. פעמים רבות צירוף זה מופיע כשה׳ מציג עצמו (בראשית ט״ו, ז; שמות י״ב, יב). כך ה׳ מציג עצמו גם בתחילת עשרת הדיברות: ״אָנֹכִי ה׳ אֱלֹהֶיךָ״ (כ׳, ב).[7] להצגה זו גם משמעות תיאולוגית. במהלך המכות על מצרים יוזכר שוב ושוב שהמסר שהעולה מהן הוא שמצרים ידעו את ה׳ ואת עוצמתו, ״וְיָדְעוּ מִצְרַיִם כִּי אֲנִי ה׳״ (ז׳, ה, יז; ח׳, יח; י׳, ב; י״ד, ד, יח), ואף ישראל ידעו זאת (ו׳, ז; ט״ז, יב; כ״ט, מו; ל״א, יג). ולכן, בתחילת התהליך ה׳ מציג עצמו כמי שעומד לחולל את האירועים הבאים – מכות מצרים וגאולת ישראל. נוסף לכך, הצגה זו של ה׳ בפתח דבריו היא המשך ישיר להתגלות של ה׳ למשה בשמו, ושל המשמעות העולה משמו: ״אֶהְיֶה אֲשֶׁר אֶהְיֶה״ (ג׳, יד-טו). והנה לאחר זמן, כאשר ה׳ מתגלה אל משה שוב, הוא מציג עצמו בשם שהוא כבר מכיר מההתגלות הראשונה של ה׳ למשה. פסוק זה מקביל למפגש של משה עם ה׳ בסנה, אך בהבדל ניכר, והוא ששם הייתה זו התגלות ראשונה של ה׳ למשה. לכן היה אז צורך בהתגלות מרשימה וייחודית במראה הסנה, והסבר של ה׳ על מהותו הנקשרת בשמו. מכיוון ששם זו הייתה התגלות ראשונה של ה׳ למשה, לפני שה׳ גילה את שמו, הוא התגלה כאלוהי האבות (ג׳, ו). רק בהמשך הדו־שיח ה׳ מבשר למשה את שמו (ג׳, יד-טו), משום שלמרות שמדובר בשליחות חדשה ובמינוי חדש, משה כבר דיבר עם ה׳, ולכן ה׳ יכול להציג את עצמו מיד בשמו המיוחד.

פסוק ג קשה במיוחד ורבו בו הספקות והפירושים. נראה כי מבחינה תחבירית, האות ב' במילה "בְּאֵל שַׁדָּי" נמשכת לה', והיינו: "וָאֵרָא... בְּאֵל שַׁדָּי וּ[ב]שְׁמִי ה' לֹא נוֹדַעְתִּי" (ראב"ע בפירושו הארוך). מה הכוונה שה' התגלה לאבות "בְּאֵל שַׁדָּי", ומה הכוונה במילים "וּשְׁמִי ה' לֹא נוֹדַעְתִּי לָהֶם"? אכן פעמיים ה' מתגלה לאבות בשמו "אל שדי". בפעם הראשונה לאברם: "וַיֵּרָא ה' אֶל אַבְרָם וַיֹּאמֶר אֵלָיו אֲנִי אֵל שַׁדַּי" (בראשית י"ז, א), ופעם שנייה ליעקב: "וַיֹּאמֶר לוֹ אֱלֹהִים אֲנִי אֵל שַׁדַּי" (ל"ה, יא). השם "אל שדי" מופיע עוד ארבע פעמים בספר בראשית: כ"ח, ג; מ"ג, יד; מ"ח, ג; מ"ט, כה.[8] אם כן, מדויק לומר שה' הציג עצמו בפני האבות כ"אל שדי". עם זאת, אף כי משתמע שזו הפעם הראשונה שה' מתגלה לבן אנוש ומציג עצמו "אֲנִי ה'", למעשה ה' כבר התגלה פעמיים לאבות בשם ה': לאברהם בט"ו, ז: "וַיֹּאמֶר אֵלָיו אֲנִי ה' אֲשֶׁר הוֹצֵאתִיךָ מֵאוּר כַּשְׂדִּים"; וליעקב כ"ח, יג: "וְהִנֵּה ה' נִצָּב עָלָיו וַיֹּאמַר אֲנִי ה' אֱלֹהֵי אַבְרָהָם אָבִיךָ וֵאלֹהֵי יִצְחָק".

יש שניסו להסביר שהאבות לא הכירו את שם ה', והאזכורים של שם ה' בבראשית הם השלכה לאחור, כלומר האבות לא ידעו את השם המפורש והדבר נכתב בתורה לאחר זמן (שיטת ר' ישועה, מובאת אצל ראב"ע בפירוש הארוך). אולם הסבר זה אינו מניח את הדעת. נראה כי האבות הכירו את שם ה', ואפילו קראו בשמו (י"ב, ח; י"ג, ד; כ"א, לג; כ"ו, כה). נאמר על אנוש שקרא בשם ה' (ד', כו), ואברהם קרא להר המוריה "ה' יִרְאֶה" (כ"ב, יד). גם מקריאת שמות תיאופוריים עולה שהכירו את שם ה': כך עולה מקריאת יהודה בשם על ידי לאה – "הַפַּעַם אוֹדֶה אֶת ה' עַל כֵּן קָרְאָה שְׁמוֹ יְהוּדָה" (כ"ט, לה), ומקריאת יוסף בשם על ידי רחל – "וַתִּקְרָא אֶת שְׁמוֹ יוֹסֵף לֵאמֹר יֹסֵף ה' לִי בֵּן אַחֵר" (בראשית ל', כד). לא מסתברת דעת רס"ג, שהכוונה היא שה' לא התגלה בשם ה' בלבד, אלא לעיתים התגלה בשם ה' ולעיתים ב"אל שדי". כי אם כן, מה משמעותו של הפסוק?

נאמר "וּשְׁמִי ה' לֹא נוֹדַעְתִּי לָהֶם". נודעתי בבניין נפעל, ולא 'הודעתי' בבניין הפעיל. אם היה נאמר 'הודעתי', המשמעות הייתה שה' לא גילה את שמו, אבל "נודעתי" אין הכוונה שהוא לא הודיע לאבות את שמו, אלא שהוא נודע, היינו התגלה אליהם ב"אל שדי", ולא התגלה אליהם בשם הוויה (רש"י).[9] כך גם המשמעות בבמדבר י"ב, ו: "אִם יִהְיֶה נְבִיאֲכֶם ה' בַּמַּרְאָה אֵלָיו אֶתְוַדָּע בַּחֲלוֹם אֲדַבֶּר בּוֹ".[10]

מכאן פרשנים רבים הבינו שהכוונה היא שמבחינת איכות ההתגלות, ה' לא התגלה בשם הוויה אלא בשם "אל שדי". הוצעו הסברים רבים להבין את ההבדל בין התגלות באל שדי לעומת התגלות בשם הוויה. המכנה המשותף להסברים רבים הוא שההתגלות למשה "אֲנִי ה'" היא בהירה יותר וגלויה יותר מכפי שהייתה לאבות.[11] יש שניסחו שההתגלות ב"אל שדי" מאפיינת את שלב ההבטחות, וההתגלות בשם ה' מאפיינת את קיומן (רש"י; רשב"ם; ריב"ש; רמב"ן).[12] כאשר ה' דיבר לאברהם בשעה שהוציא אותו מאור כשדים על מנת לתת לו את ארץ כנען, הוא הבטיח לתת אותה לזרעו. אברהם שאל "בַּמָּה אֵדַע כִּי אִירָשֶׁנָּה" (בראשית ט"ו, ח), והתשובה היא הבטחה לעתיד. בדומה לכך, כאשר ה' התגלה ליעקב, הוא הבטיח לו כי בעתיד "לְךָ אֶתְּנֶנָּה וּלְזַרְעֲךָ אַחֲרֶיךָ" (שם ל"ה, יב). עלתה סברה ש"אל שדי" היא התגלות בדרך

הטבע, ואילו התגלות בשם ה' היא בניסים ונפלאות.[13] אפשרות נוספת היא שההתגלות בשם הוויה היא לעם ואילו "אל שדי" היא ליחידים.[14] אפשר שהברית באל שדי לאבות עדיין לא הייתה שלמה, לעומת הברית עתה בשם ה'.[15] בניסוחים אחרים יש שהדגישו שההתגלות של שם ה' באירועים של יציאת מצרים הייתה בהקשר של גדולה, עוצמה, כבוד וריבונות, רחמים וצדק.[16] דוגמת זה אנו מוצאים בתהילים פ"ג, יט: "וְיֵדְעוּ כִּי אַתָּה שִׁמְךָ ה' לְבַדֶּךָ עֶלְיוֹן עַל כָּל הָאָרֶץ". ובהקדמת למכת הדבר אומר משה לפרעה בשם ה': "וְאוּלָם בַּעֲבוּר זֹאת הֶעֱמַדְתִּיךָ בַּעֲבוּר הַרְאֹתְךָ אֶת כֹּחִי וּלְמַעַן סַפֵּר שְׁמִי בְּכָל הָאָרֶץ" (ט', טז). ובשירת הים גדולת ה' ושמו באים יחדיו: "ה' אִישׁ מִלְחָמָה ה' שְׁמוֹ" (ט"ו, ג).

קשה לקבוע במדויק מהו ההבדל בין התגלות בשם ה' לעומת התגלות באל שדי, אבל בצורה כללית ניתן לנסח, על פי הדעות לעיל, שההבחנה היא ברמת ההתגלות ליוצאים ממצרים ובאיכותה, לעומת ההתגלות לאבות. ההתגלות ביציאת מצרים הייתה גדולה ועצומה יותר, ואף אינטימית יותר (במדבר י"ב, ו-ח). ניתן לבסס הסבר זה מתוך עיון בהתגלויות השונות לאבות ב"אל שדי" ובשם ה'. ה' התגלה לאבות פעמיים ב"אל שדי", ואף שהתגלה פעמיים גם בהצגה "אני ה'", יש הבדל גדול בין ההתגלות בשם ה' לאברהם וליעקב ובין ההתגלות בשם ה' למשה. לאברהם ויעקב ההתגלות בשם ה' הייתה צמודה לתואר נוסף: לאברהם אמר ה': "וַיֹּאמֶר אֵלָיו אֲנִי ה' אֲשֶׁר הוֹצֵאתִיךָ מֵאוּר כַּשְׂדִּים", וליעקב אמר ה': "אֲנִי ה' אֱלֹהֵי אַבְרָהָם אָבִיךָ וֵאלֹהֵי יִצְחָק". ניכר שבשתי התגלויות אלה יש ערפול מסוים בהכרה של האבות, ולכן לצד הגילוי של ה' בשמו, הוא גם הוסיף משהו מהחוויה האישית של אברהם ושל יעקב כדי להבהיר העניין. אצל אברהם, החוויה שה' מזכיר אותה היא הוצאתו מאור כשדים, ואצל יעקב, ההתגלות בשם ה' מתבארת בזיקה של יעקב לאלוהי אבותיו. לעומת זאת, ה' אומר למשה בפשטות "אֲנִי ה'", בלי תוספת הסבר מיהו (ב). ה' יכול להציג את עצמו כך למשה לאחר שכבר גילה לו את שמו והמהות האלוהית הנגזרת משמו בהתגלות בסנה. ההבדל אפוא הוא בסוג ההתגלות בין האבות למשה.

אכן גם במקומות אחרים הודעת שמו של ה' נועדה להראות את כוחו או תכונה אחרת שלו, אבל היא לא מבטאת את הודעת שמו: "לְהוֹדִיעַ שִׁמְךָ לְצָרֶיךָ מִפָּנֶיךָ גּוֹיִם יִרְגָּזוּ" (ישעיה ס"ד, א). "לָכֵן הִנְנִי מוֹדִיעָם בַּפַּעַם הַזֹּאת אוֹדִיעֵם אֶת יָדִי וְאֶת גְּבוּרָתִי וְיָדְעוּ כִּי שְׁמִי ה'" (ירמיה ט"ז, כא). "וְשִׁלַּחְתִּי אֵשׁ בְּמָגוֹג וּבְיֹשְׁבֵי הָאִיִּים לָבֶטַח וְיָדְעוּ כִּי אֲנִי ה'. וְאֶת שֵׁם קָדְשִׁי אוֹדִיעַ בְּתוֹךְ עַמִּי יִשְׂרָאֵל וְלֹא אַחֵל אֶת שֵׁם קָדְשִׁי עוֹד וְיָדְעוּ הַגּוֹיִם כִּי אֲנִי ה' קָדוֹשׁ בְּיִשְׂרָאֵל" (יחזקאל ל"ט, ו-ז). יחזקאל כ', ה, ט, הוא יישום מכוון של הפסוק כאן, ושם מפורש שהשורש יד"ע בבניין נפעל הוא ההתגלות של ה' בכוחו ועוצמתו: "כֹּה אָמַר אֲדֹנָי ה' בְּיוֹם בָּחֳרִי בְיִשְׂרָאֵל וָאֶשָּׂא יָדִי לְזֶרַע בֵּית יַעֲקֹב וָאִוָּדַע לָהֶם בְּאֶרֶץ מִצְרָיִם וָאֶשָּׂא יָדִי לָהֶם לֵאמֹר אֲנִי ה' אֱלֹהֵיכֶם... וָאַעַשׂ לְמַעַן שְׁמִי לְבִלְתִּי הֵחֵל לְעֵינֵי הַגּוֹיִם אֲשֶׁר הֵמָּה בְתוֹכָם אֲשֶׁר נוֹדַעְתִּי אֲלֵיהֶם לְעֵינֵיהֶם לְהוֹצִיאָם מֵאֶרֶץ מִצְרָיִם". גם בתהילים פ"ג, יט: "וְיֵדְעוּ כִּי אַתָּה שִׁמְךָ ה' לְבַדֶּךָ עֶלְיוֹן עַל כָּל הָאָרֶץ", אין מדובר בידיעת שם ה' אלא בגדולתו בכל הארץ. זו כנראה ההבחנה שה' עושה בדבריו למשה בין ההתגלות לאבות באל שדי ובין ההתגלות לישראל בעת היציאה ממצרים.[17]

אך ההבחנה בין השמות לא תהיה שלמה מבלי שנתייחס למשמעות השם "שדי". יש הגוזרים את המילה משד"ד, היינו בעל כוח "מנצח ותקיף".[18] יש שהציעו שהמילה גזורה מהמילה 'שדי' במובן של הרים, כמו באכדית,[19] או משדיים, היינו האל הנותן פריון, או שדה, כמו באוגריתית.[20] השם "שדין" במובן של אלים מופיע בכתובת בלעם מתל דיר עלא.[21] דיון באפשרויות השונות עלו במחקר.[22] על כל פנים, נראה שהשם שדי, כמו השם אל, לא היה ייחודי לישראל, ועמים שונים השתמשו בשמות אלו, לעומת שם הוויה, שהוא ייחודי לישראל.

מבחינה תחבירית יש לפרש את הצירוף "אל שדי" באחד מהפירושים הבאים: 1. המילה הראשונה היא שם עצם והשנייה היא תואר השם; 2. האפשרות השנייה היא ששתי המילים הן שמות עצם. לפי זה, אפשר שהיחס בין שמות העצם הוא שהשני מסביר את הראשון, היינו אל שהוא שדי, כמו אל אלוהי ישראל, אל שהוא אלוהי ישראל, או אל עולם, אל שהוא עולם. אפשרות זו מסתברת יותר מכיוון שהמילה שדי מופיעה בנפרד כשם ה'; 3. אפשרות אחרת היא שהיחס בין שמות העצם הוא יחס של שייכות (גנטיב), היינו אל של שדי.[23]

נמשיך בביאור הפסוקים. ה' נותן שני הסברים להוצאת ישראל ממצרים והבאתם לארץ כנען, כאשר כל הסבר פותח במילה "וְגַם" (ד-ה). ההסבר הראשון הוא שה' הבטיח לאבות לתת להם את ארץ כנען (ד), והשני הוא שה' שמע את נאקת השעבוד של בני ישראל, וזה הביאו לזכור עתה את בריתו עם האבות (ה).

ה' אומר למשה להעביר לישראל את בשורת הגאולה (ו), הכוללת את הנאמר בפסוקים ו-ט. באותה לשון שבה ה' נגלה אל משה, הוא מבקש להעביר לעם את שמו. במעמד הסנה, העברת השם לישראל הייתה קשה להבנה ומלאה במסתורין. כאן ה' מבקש לפנות לעם באופן ישיר: "אֲנִי ה'". כאמור, הקטע כאן הוא המשך לסיפור הקודם, ולכן חסרה בו הראשוניות שמתבטאת שם. משום כך, בסיפור הקודם מתעוררת השאלה מצד משה "וְאָמְרוּ לִי מַה שְּׁמוֹ מָה אֹמַר אֲלֵהֶם", ואילו כאן הם כבר מודעים למהותו של השולח. הסיבה לבקשת ה' ממשה להציג אותו – "לָכֵן אֱמֹר לִבְנֵי יִשְׂרָאֵל אֲנִי ה'", היא מכיוון שזו שליחות מחודשת.

החלטת ה' להושיע את ישראל מתוארת בפירוט רב, וכוללת שבעה פעלים המתארים את מעשיו למען ישראל (ו-ח):

1. (ו) **וְהוֹצֵאתִי** אֶתְכֶם מִתַּחַת סִבְלֹת מִצְרַיִם,
2. **וְהִצַּלְתִּי** אֶתְכֶם מֵעֲבֹדָתָם,
3. **וְגָאַלְתִּי** אֶתְכֶם בִּזְרוֹעַ נְטוּיָה וּבִשְׁפָטִים גְּדֹלִים:
4. (ז) **וְלָקַחְתִּי** אֶתְכֶם לִי לְעָם,
5. **וְהָיִיתִי** לָכֶם לֵאלֹהִים וִידַעְתֶּם כִּי אֲנִי ה' אֱלֹהֵיכֶם הַמּוֹצִיא אֶתְכֶם מִתַּחַת סִבְלוֹת מִצְרָיִם:
6. (ח) **וְהֵבֵאתִי** אֶתְכֶם אֶל הָאָרֶץ אֲשֶׁר נָשָׂאתִי אֶת יָדִי לָתֵת אֹתָהּ לְאַבְרָהָם לְיִצְחָק וּלְיַעֲקֹב
7. **וְנָתַתִּי** אֹתָהּ לָכֶם מוֹרָשָׁה אֲנִי ה':

פסוקים אלה מתארים את התהליך של גאולת ישראל, והם נחלקים לשלושה שלבים: השלב הראשון הוא שלב הגאולה ממצרים (ו). שלב זה מתואר באריכות באמצעות שלושה היגדים

הפותחים בשלושה פעלים שונים: "וְהוֹצֵאתִי", "וְהִצַּלְתִּי", "וְגָאַלְתִּי". יש מדרג מתגבר בין הפעלים, המעצים את גדולת הישועה. הפעלים "וְהוֹצֵאתִי", "וְהִצַּלְתִּי", מופיעים באופן ניכר בסיפור היציאה ממצרים (יצ"א: ג', י; ז', ד; י"ב, יז; י"ג, ט; י"ח, א כ', ב; ל"ב, יא; נצ"ל: ג', ח; י"ח, ד, ח, ט, י). לעומת זאת הפועל "וְגָאַלְתִּי" נדיר ומופיע רק עוד פעם אחת, בט"ו, יג.

השלב השני הוא יצירת זיקה של ברית, וזאת באמצעות שני היגדים הפותחים בפעלים "וְלָקַחְתִּי", "וְהָיִיתִי": ה' ייקח את ישראל לו לעם ויהיה להם לאלוהים, והעם ידע שה' הוציא אותם מהסבל של מצרים (ז). שוב יש הדרגתיות: הפעולה הראשונה היא יצירת הברית: "וְלָקַחְתִּי אֶתְכֶם לִי לְעָם". השלב הבא הוא הקשר המתמשך בעקבות כך עם ה': "וְהָיִיתִי לָכֶם לֵאלֹהִים".

השלב השלישי הוא הבאת העם לארץ ונתינתה לישראל כירושה, כפי שהבטיח לאבות (ח). שלב זה מיוצג על ידי שני היגדים הפותחים בשני פעלים: "וְהֵבֵאתִי", "וְנָתַתִּי". גם כאן יש סדר – השלב הראשון הוא הבאת העם לארץ, השלב הבא הוא נתינת הארץ לעם למורשה קבועה.

התגלות ה' בשמו "אֲנִי ה'" מתממשת בהחלטתו להציל את ישראל, לכרות עימם ברית ולהביאם אל הארץ, ובאה לידי ביטוי בפעלים שה' משתמש בגוף ראשון. התגלות זו מתפרטת ביישום מעשי של גילוי שמו. אין כאן גילוי שם, אלא גילוי איכותי של מעשי ה' ביחס לישראל וכריתת ברית עימו.

סדר הדברים הוא כסדר שהדברים יתרחשו. יציאת מצרים היא השלב הראשון, ולאחריה, במעמד הר סיני, ה' ייקח את ישראל לו לעם (י"ט, ד), והעם יהיה סגולה לה' (י"ט, ה-ו). רק לאחר מכן, בשלב השלישי, ימשיך העם במסעו, ובו יביא ה' את העם לארץ, לתת להם אותה מורשה. היציאה ממצרים והכניסה לארץ הן מימוש ההבטחה לאבות ("נָשָׂאתִי אֶת יָדִי", ח), ותוצאה של שמיעת ה' את צרת עמו, והן חלק מיחסי הברית שייווצרו בין העם לה' במעמד בסיני. דבריו אלו של ה' תחומים במבנה מעטפת – הם פותחים ומסתיימים במילים "אֲנִי ה'" (ו, ח). זהו המסר המרכזי שצריך משה להעביר לעם – שה' מתכוון להושיע אותם, והוא לבדו יעשה זאת. לכן הלשונות של פעולות ה' למען עמו הן בגוף ראשון: "וְהוֹצֵאתִי... וְהִצַּלְתִּי... וְגָאַלְתִּי... וְלָקַחְתִּי... וְהָיִיתִי... וְהֵבֵאתִי... וְנָתַתִּי".[24]

בשליחות השנייה של משה, ה' מדבר במפורש על כריתת ברית בין ה' ובין ישראל לאחר הגאולה ממצרים והכניסה לארץ. מעניין שבשליחות הראשונה, בבשורתו למשה, ה' דיבר על הגאולה ממצרים וכן על מימוש ההבטחות לאבות להביא את ישראל לארץ (ג', ז-ח), אך נעדרה משם התייחסות לברית בין העם לה'. כפי שהעלינו קודם, הרעיון העומד מאחורי שני המינויים של משה הוא שלאחר המינוי הראשון היה שבר מוחלט, גם של העם וגם של משה. התוצאה היא שהגאולה מיוחסת לה' לבדו, ללא שיתוף פעולה של העם וללא פעולה יזומה מנהיגותית ומשמעותית של משה. אך השבר המוחלט של העם, צריך להיות ביחס לבשורת הגאולה, ולא לערער על עצם הברית עם ה'. הייאוש של העם ושל משה היה יכול לבוא רק כלפי עצם הגאולה, אבל לא כלפי הבשורה שהגאולה היא חלק מהברית בין ישראל לה'. לאחר שהעם הגיע לנקודה הנמוכה ביותר, רק אז ה' מגלה שהגאולה של העם היא

חלק מכריתת הברית עם ה'. הברית אינה פועל יוצא של רצון העם לצאת משעבוד מצרים, אלא הופכת להיות נושא משמעותי בפני עצמו. ייתכן שזו הסיבה שנושא הברית עולה רק בשליחות השנייה של משה, כאשר אין שום שיתוף פעולה מצד העם, ולא בשלב ראשוני יותר, שבו ה' התקבל ברצון על ידי העם.

משה עושה כפי שה' ציווה אותו, אך העם איננו שומע, מקוצר רוח ומעבודה קשה (ט). העם איננו שומע, כלומר, לא מקבל את הדברים. הוא לא מציית למשה ואינו מוכן לצאת ממצרים. העבודה הקשה גרמה לרוחם של ישראל להיות שפלה. הם לא היו מסוגלים להתרומם ולהביט מעבר למצב שבו הם היו שרויים, כדברי רש"י: "כל מי שהוא מיצר, רוחו ונשמתו קצרה, ואינו יכול להאריך בנשימתו". התוכנית של פרעה להכביד את העבודה על העם כדי שלא "ישעו בדברי שקר" הצליחה. למרות הסיפור הקודם, אין מדובר בחוסר אמונה בה' ובמשה, אלא בחוסר יכולת להיענות משום הכבדת העבודה (רמב"ן). כאמור, מצבו של העם, שלא היה מסוגל אפילו לחשוב על יציאה ממצרים, היה בנקודת שפל, שממנה רק כוחו של ה' יכול להוציאו, ולהביא את הגאולה. ואכן משה לא ידבר עם העם לאורך מכות מצרים, והפעם הבאה שהוא פונה אליהם תהיה בי"א, ב.

ה' שולח את משה לפרעה, משה מסתייג, שושלת בני לוי, ה' מצרף למשה את אהרן, ו', י – ז', ז

כמו בשליחות הראשונה, לאחר שמשה מדבר עם העם, הוא מצטווה ללכת לדרוש מפרעה להוציא את העם ממצרים (י-יא). בתגובה לבקשת ה' ללכת לפרעה, הוא טוען שאם העם לא קיבל את דברו, פרעה בוודאי שלא יקבל. נוסף לכך, משה אומר "וַאֲנִי עֲרַל שְׂפָתָיִם". משמעות המילה "ערל" היא סתום, היינו ששפתיו סתומות ואינן נפתחות ולכן אינו יכול לדבר. בסיפור הקודם אמר משה שהוא "כְבַד פֶּה וּכְבַד לָשׁוֹן", ועתה הוא אומר שהוא ערל שפתיים, שזהו פגם חמור יותר.[25] אם יש התדרדרות ביכולת הדיבור של משה, אולי היא תוצאה של המפגשים הראשונים של משה עם העַם ועִם פרעה בסיפור הקודם, ועִם העָם בסיפור זה. עם זאת, אין הכרח שהיה מגמגם. ייתכן שהיה לו קושי בדיבור בגלל קשיי השפה, או שלא הייתה לו יכולת שכנוע. משה אינו מסרב ללכת לפרעה, וה' אינו מתייחס לקושייתו איך ישמע אליו פרעה, אך בהמשך יורה על כך שאהרן ילך עימו לדבר אל פרעה. הפעם הסירוב של משה ללכת לפרעה אינו משמעותי בסיפור, ומשה יבצע את שליחותו. נראה כי תגובת משה אינה עיקשת, משום שתגובתו כאן היא המשך לדיאלוג הראשון של ה' עִם משה בסנה ועל דברי ה' אליו שם.[26]

תשובת ה' למשה שאהרן יצטרף אליו מופיעה בז', א-ב. מה שכתוב בינתיים (יג-כח) הוא מאמר מוסגר.[27] אכן פסוקים כט-ל הם חזרה כמעט מילה במילה על הנאמר בפסוקים י-יב, ויש לראותם כחזרה מקשרת (אף שנראה להלן שהעניין מורכב יותר). בין שאלת משה לתשובת ה', התורה הציגה את השושלת של בני לוי עד משה ואהרן כדי להציגם.

לאחר תשובת משה, ה׳ אומר למשה ואהרן: "וַיְדַבֵּר ה׳ אֶל מֹשֶׁה וְאֶל אַהֲרֹן וַיְצַוֵּם אֶל בְּנֵי יִשְׂרָאֵל וְאֶל פַּרְעֹה מֶלֶךְ מִצְרָיִם לְהוֹצִיא אֶת בְּנֵי יִשְׂרָאֵל מֵאֶרֶץ מִצְרָיִם" (יג). משמעות הפועל "וַיְצַוֵּם" היא – מינה אותם להוציא את ישראל ממצרים. פסוק זה הוא תקציר מה שיפרט ה׳ בז׳, א-ז. סיכום הדברים כאן בא להראות שה׳ לא שעה לפנייתו של משה אליו, ובעל כורחו מינה אותו לתפקיד. רק אחר כך בא הפירוט כיצד דברי ה׳ הם מענה לספקו של משה. המינוי כאן של משה ואהרן מקביל למינוי של משה בסנה, אולם השליחות ההיא הסתיימה בכישלון ובפירוק החבילה. עתה מקבלים משה ואהרן מינוי מחודש, ומכיוון שכך, הדברים חוזרים.[28]

עתה עובר הכתוב לתאר את השושלת של בני לוי עד משה ואהרן. כיוון שהמטרה של הקטע היא לייחס את משה ואהרן ללוי, התחילה רשימת היוחסין מראובן (רש״י; רשב״ם ראב״ע, פירושו הקצר). רשימת היוחסין כוללת את ראובן, שמעון ולוי בלבד, ולא את שאר השבטים. יש להניח שזו ראשיתה של רשימת יוחסין, והיא הובאה רק עד לוי כדי לציין את משה ואהרן,[29] כפי שעולה מההקדמה: "אֵלֶּה רָאשֵׁי בֵית אֲבֹתָם". הסיבה לציטוט של הרשימה מתחילתה, הכוללת את ראובן ושמעון, היא אולי לתת תוקף לרשימת היוחסין של משה ואהרן.[30] ולכן הרשימות של ראובן ושמעון הובאו בקצרה, לעומת של לוי. הרשימה מתחילה בראובן בכור ישראל, אך אין הכוונה בכור שבטי ישראל, אלא הבן הבכור של ישראל-יעקב.

רשימת הבנים של ראובן ושמעון שווה לרשימת היוחסין בבראשית מ״ה, ח-י. לאחר הצגת בני לוי: גרשון, קהת ומררי, כמו בבראשית מ״ה, יא, מרחיבה הרשימה מעבר למה שנמסר שם. נמסר גילו של לוי (טז), בניו של גרשון (יז), בני קהת (יח), ובני מררי (יט). המקרא אינו ממשיך בתיאור יוחסיהן של משפחות גרשון ומררי, וממשיך ביוחסין של קהת. מרכזיותו של ענף זה עולה כבר מכך שבין שלושת בניו של לוי, רק שנות חייו של קהת נרשמו (יח). המקרא עובר לנישואיו של קהת עם יוכבד דודתו. יוכבד הייתה בתו של לוי ואחותם של גרשון, קהת ומררי.[31] לפני מתן תורה עדיין לא חלו איסורי עריות (ויקרא י״ח, יב-יג; כ׳, יט-כ). הכתוב לא ביאר כאן את כל צאצאי קהת. הכתוב הזכיר את משה ואהרן, את בני משה ובני אהרן, אך מבני יצהר הזכיר בפירוט רק את בני קורח. שושלת בני עוזיאל בן קהת הוזכרה אף היא. לעומת זאת, לא הוזכרו בני חברון בן קהת. רשב״ם מסביר שהתורה הזכירה כאן שמות שיופיעו בהמשך הסיפורים, ולכן לא הוזכר כאן חברון, שלא הוא או בניו נזכרים בתורה. לעומת זאת, יצהר הוזכר עבור קורח, ועוזיאל עבור בניו מישאל ואלצפן, שיוזכרו בויקרא י׳, ד. כמובן שהוזכרו כאן בני אהרן הכוהנים, וגם פינחס, המוזכר בסיפור בעל פעור.[32] אך לא הוזכרו בני איתמר, שלא נזכרו בתורה.

קשה להבין כיצד קהת, שהוא בן לוי, הוליד ארבעה בנים, ובימי נכדו משה יש 8600 זכרים מבן חודש ומעלה. מתקבלת על הדעת הצעתו של שד״ל (על פס׳ כ), שלוי, קהת ועמרם לא היו אב ובן תכופים, אלא היו כמה דורות ביניהם. לפיכך "בן" אין הכוונה בן ישיר, אלא צאצא. הבנה זו תסביר את אורך השהות של ישראל במצרים, שלא הייתה בת ארבעה דורות אלא הרבה יותר מכך, עד שישראל התרבו מאוד.

הצגת סדר היוחסין כאן ולא בתחילת הסיפור היא משום שסיפור היציאה ממצרים מתחיל כאן. השליחות הקודמת הסתיימה בכישלון, ועתה, עם המינוי המחודש והשליחות השנייה, מתחיל בפועל הליך היציאה ממצרים.

לאחר היציאה מסדר האירועים לשם הצגת השושלת של משה ואהרן, חוזר הכתוב לנקודה שבה היא הופסקה – לציווי ה׳ את משה ואהרן לבוא אל פרעה להוציא את ישראל ממצרים (כו-כז). השליחות הכפולה שלהם מוזכרת שוב. פסוק כו מדבר על שליחת משה לבני ישראל להוציאם מארץ מצרים, המתוארים כמי שיצאו ממצרים בגבורה כצבא. פסוק כז מתייחס לשליחות השנייה של משה ואהרן, ללכת לפרעה ולבקש את רשותו לצאת ממצרים. כבר ראינו שמטרה אחת של היציאה ממצרים היא שישראל ידעו את ה׳, ולזה מתאים פסוק כו. מטרה שנייה, שתבוא להלן (ז׳, ה), היא שהמצרים ידעו את ה׳, ובהתאם לכך השליחות אל פרעה. למטרה זו מתאים הכתוב בפסוק כז. האזכור של משה ואהרן כאן מלא בהוד בעיקר על ידי הציון ״הוּא אַהֲרֹן וּמֹשֶׁה״ בתחילת פסוק כו, ובחתימה בסוף פסוק כז, בהיפוך הסדר: ״הוּא מֹשֶׁה וְאַהֲרֹן״. ייתכן שסיבת היפוך הסדר היא שבתחילה הקדים את אהרן, לפי סדר הלידה (כ, כו), אולם כאשר מדבר על השליחות, הקדים את משה, לפי סדר החשיבות.[33]

פסוק כח סתום, שכן הוא פותח משפט בתיאור זמן, אך חסר משפט עיקרי. הפירוש המקובל הוא שהפסוק מחובר לפסוק הבא, למרות הפרשה הסתומה ביניהם (רש״י; ראב״ע): היינו ״וַיְהִי בְּיוֹם... וַיְדַבֵּר...״.[34] תרגום יונתן פירש את הפרשה הסתומה בכך שהמשפט אינו קשור להמשך אלא עומד לעצמו, והוא משפט חסר, והתרגום השלים: ״והוה ביומא דמליל י״י עם משה בארעא דמצרים **הוה אהרן מצית אודניה ושמע מה דמליל עמיה** (=היה אהרן מטה אוזנו ושומע מה שדיבר אליו)״.[35] אפשרות אחרת היא שבעלי המסורה העמידו את הפסוק בנפרד כדי להבליט את הפסוק המכריז שה׳ דיבר למשה במצרים לאחר שהוצגה רשימת היוחסין.[36] לפי זה, פסוק זה אינו תיאור זמן המקדים את הפסוק הבא, אלא סיכום של מה שנאמר קודם, שבזמן הזה דיבר ה׳ אל משה ואהרן במצרים. היתרון בפירוש הזה הוא שהוא מונע כפילות בין פסוקים כח לכט: ״וַיְהִי בְּיוֹם דִּבֶּר ה׳ אֶל מֹשֶׁה... וַיְדַבֵּר ה׳ אֶל מֹשֶׁה״.

פסוקים כט-ל הם הכפלה של פסוקים י-יב, והם חזרה מקשרת לנקודה שבה הסיפור סטה ממקומו.[37] בפסוק כט המילים ״אֲנִי ה׳״ הן חזרה על תחילת דבריו של ה׳ בפסוק ב, וההמשך הוא חזרה על הנאמר בפסוקים יא-יב. יש בהסבר זה כמה קשיים משום שהניסוח של כט-ל אינו זהה ליא-יב, והשינויים עקביים. ראשית, בפסוק יא, ה׳ אומר למשה את תוכן דרישתו ממנו – ללכת לפרעה על מנת שיגיד לו לשלח את ישראל מארצו. לעומת זאת, בפסוק כט המקביל, ה׳ אינו נותן לו את תוכן השליחות, אלא מצווה עליו באופן כללי שיגיד למלך מצרים: ״אֵת כָּל אֲשֶׁר אֲנִי דֹּבֵר אֵלֶיךָ״. בין תשובת משה לה׳ בפסוק יב ובין תשובתו בפסוק ל, ישנו פער גדול יותר. בפסוק יב משה מקשה על אלוהים, איך פרעה ישמע אליו אם לא שמעו אליו בני ישראל, ומוסיף שהוא ערל שפתיים. לעומת זאת, בפסוק ל משה אינו תולה את ספקו בדבר היענותו של פרעה אלא רק בעובדה שהוא ערל שפתיים, וגם ההערה שישראל שלא שמעו אליו הושמטה. הבדלים משמעותיים אלה אינם מאפשרים לראותם כחזרה

על אותם דברים לשם חזרה מקשרת בלבד. נראה שצריך לאמץ את הפירוש שפסוקים כט-ל אינם הכפלה של מה שנאמר בפסוקים י-יב, אלא ניסוחם מחדש כך שה' מציג עצמו בצורה אחרת, וכן משה מוצג כמי שהתנגדותו אינה חריפה.[38] לאחר שמשה הקשה על ה', שוב פונה ה' למשה, אבל הפעם הוא מציג את עצמו "אֲנִי ה'", כדי למנוע שוב התנגדות מצד משה. ה' אינו אומר למשה מה להגיד, אלא אומר לו שידבר לפני פרעה את אשר הוא יאמר אליו. הפעם משה אינו מקשה על ה', אלא מדבר ברכות ושואל שאלה. יתר על כן, בעוד שבדיאלוג הקודם משה טען שלא ייתכן שפרעה ישמע אליו אם לא שמעו אליו ישראל, הפעם הוא לא מדבר על ישראל, אלא תולה את הדבר רק בעצמו, שהוא ערל שפתיים. השאלה הראשונה של משה הייתה בעצם קושיה – האם השליחות בכלל יכולה להצליח, ועתה השאלה היא – איך ובאיזה אופן היא תתבצע כך שזה יצליח. חיזוק לטענה שפסוקים אלה אינם חזרה מקשרת הוא היפוך הרכיבים בפסוק ל2. בפסוק יב משה הקשה על ה' איך ישמע אליו פרעה אם העם לא שמע אליו, וטענתו "וַאֲנִי עֲרַל שְׂפָתָיִם" הייתה חיזוק לטענה שאין סבירות שפרעה ישמע. כלומר מדובר בשאלה רטורית. לעומת זאת בפסוק ל, כאמור, ההתייחסות לישראל נעלמה, ואין זו קושיה אל ה', אלא שאלה עניינית שמתמקדת בטענה שהוא ערל שפתיים בלבד. על השאלה הזו עונה ה' בפירוט שאהרן ידבר בשמו, כפי שמפורט בפסוקים הבאים.

ה' עונה למשה שהוא יהיה אלוהים לפרעה ואהרן יהיה נביאו (ז', א). בעקבות אונקלוס, רבים פירשו "אלוהים" במובן שופט ורודה.[39] מושג זה מופיע גם בד', טז, בתיאור היחסים בין משה לאהרן, וגם שם מסבירים כך את המושג. יש שהבינו "אלוהים" במובנו הרגיל, כדוגמת ראב"ע שפירש שכוונת הדברים היא שמשה יהיה כדמות מלאך. שד"ל הסביר שזו מטאפורה – כשמשה אומר דברים לפרעה על ידי אהרן, הדבר דומה לדיבור של ה' על ידי נביא. אפשר גם להסביר שמשה הוא אלוהים לפרעה[40] במובן זה שהוא מעביר את דבר אלוהים, או שהוא איש אלוהי שמעביר את דבריו.[41] בנוגע למושג "נביא" המופיע כאן בתיאור של אהרן כנביאו של משה, יש שפירשו "נביאו" מלשון ניב שפתיים, היינו שידבר בשם משה (רשב"ם). בפשטות יש לומר שהמשמעות הראשונית של המילה "נביא" היא דובר, מבשר.[42] המובן של המשפט הוא אפוא שמשה יקבל הוראות מה', והוא יעביר אותן לאהרן, כפי שמבהיר פסוק ב. הוראה זו באה כבר בד', טז. כבר הסברנו שדבריו של ה' בו', ב-יג הם מינוי מחודש של משה ושל אהרן, לאור כישלון השליחות הראשונה. לאחר שהחבילה התפרקה, היה צורך למנות את משה שוב. משה ואהרן הלכו לדרכם לנוכח הכישלון,[43] ועכשיו היה צורך לשוב ולהחזיר את משה למשימה תוך הגדרה מחודשת של התפקיד.

שוב ה' מסביר למשה שהגאולה לא תהיה מהירה. הואהיקשה את ליבו של פרעה ולא ישלח את העם ממצרים, וזאת כדי להראות את האותות והמופתים (ג). שוב ה' אומר שפרעה לא ישמע, ולאחר שה' יכה את מצרים אז יוציא ה' את ישראל (ד-ה). הדבר כתוב פעמיים (ג; ד-ה): בפעם הראשונה ביקש ה' להרגיע את משה ולומר לו שהוא עומד מאחורי הסירוב של פרעה לשלח את העם, כדי שמשה והעם לא יתייאשו וידעו שכל שיתרחש הוא לפי התוכנית האלוהית (ג). עתה נוספה מטרה חדשה, והיא שהמצרים ידעו את ה' באמצעות האותות

והמופתים (ה). סיבת המופתים שיעשה ה׳ מתפתחת במהלך הסיפור של מכות מצרים. באירוע הסנה, מטרת הכאת מצרַים היא כדי להוציא את ישראל מתוכה, לאחר שפרעה לא יסכים שישראל יצאו ממנה (ג׳, כ). כך גם עולה מדברי ה׳ למשה כאשר הוא היה בדרכו למצרים (ד׳, כא-כג). בהתגלות המחודשת, בהקשר הברית בין ה׳ לישראל, נאמר שהמטרה של המופתים של ה׳ במצרים היא כדי שישראל ידעו את ה׳ (ו׳, ו-ז). עתה מתגלה הטעם השלישי של הכאת מצרים בשפטים גדולים והוצאת ישראל מתוכה, והוא כדי שמצרים ידעו את ה׳ (ז׳, ה). רעיון זה יופיע במהלך המכות של ה׳ על פרעה ועל מצרים (ז׳, ה, יז; ח׳, ו, יח; ט׳, יד, טז, כט; י״א, ט), ואחר כך במפלת מצרים בים סוף (י״ד, ד, יח).

סיפור המינוי מסתיים בידיעה: ״וַיַּעַשׂ מֹשֶׁה וְאַהֲרֹן כַּאֲשֶׁר צִוָּה ה׳ אֹתָם כֵּן עָשׂוּ״ (ו). אין הכוונה שהם עשו עכשיו דבר מסוים, שהרי הם טרם התחילו בשליחותם. הכוונה כאן היא לסכם את אשר יבוא אחר כך, שמשה ואהרן עשו כצו ה׳.[44] לאור ספקותיו של משה במהלך המינויים, עכשיו כשההליך החל, הכתוב ביקש לומר שכל ההיסוסים הסתיימו,[45] ומשה ואהרן פועלים עתה בדיוק כפי שה׳ ציווה.

הקטע נחתם בגילים של משה ואהרן בעומדם לפני פרעה (ז). ייתכן כי מטרת האזכור היא להצביע על הפער בגילו ובאופיו של משה בין הליכתו הראשונה של כאשר היה צעיר, וחם ליבו, אז התנקש במצרי והתעמת עם העברי, ובין אופיו עתה, כאשר הוא בן שמונים, והוא מיושב בדעתו והולך מתוך שליחות ה׳ בלבד.[46]

משה ואהרן נשלחים אל פרעה כדי שישחרר את ישראל, ז׳, ח–יג

כמו בסיפור השליחות הראשון, שבו פנה משה קודם לעם ואחר כך לפרעה, כך גם כאן: לאחר שפנה משה לעם (ו׳, ט) משה הולך עתה לפרעה (ז׳, ח-יג). סיפור זה הוא אפוא חלק אינטגרלי מסיפור המינוי המחודש של משה שמתחיל בו׳, ב.[47] כמו בסיפור המינוי הראשון של ה׳ את משה, גם בחידוש המינוי כאן, משה מצטווה להעביר לעם את בשורת של הגאולה ולדרוש מפרעה את שחרורם. לאחר סירובו של פרעה יתחיל סיפור עשר המכות, ובעקבותיהן ישחרר פרעה את ישראל. משה עושה מופת לפני פרעה, בהופכו את המטה לנחש, אך אין בו מכה, ולכן הסיפור שייך לסיפור המינוי המחודש של משה ולא לסיפור המכות. עם זאת, סיפור זה משמש גם הקדמה לסיפור עשר המכות על מצרים. אף שבניגוד למכות, אין פרעה או המצרים נפגעים פגיעה גופנית, בכל זאת נעשה בפני פרעה מופת ובעקבותיו נאמר שפרעה לא שמע אליהם (יג), מבנה שדומה למבנה הסיפור של המכות. כהקדמה לסיפור המכות משה מדגים את כוחו של ה׳ לפרעה, כדי לאפשר לו לקבל את ריבונותו של ה׳ ולשלוח את ישראל מארצו. משזה לא קרה, ה׳ מתחיל את מסכת המכות על פרעה עד שהלה יוציא את ישראל בעל כורחו.

הכתוב אינו מספר מה אמר משה לפרעה, אבל ברור מסוף הפסוק שמשה דרש מפרעה לשחרר את ישראל: ״וַיֶּחֱזַק לֵב פַּרְעֹה וְלֹא שָׁמַע אֲלֵהֶם״ (יג).[48] דברי משה לפרעה לא הובאו, ואולי משום שזו הפעם השנייה שהם עומדים בפני פרעה, הקורא יכול להסיק את תוכן הפגישה

השנייה מדבריהם בפגישה הראשונה (ה׳, א, ג). נראה בעיקר שדברי משה הושמטו שכיוון שפרעה עמד בסירובו, לא רצתה התורה לשקף את עמידתו מול ה׳, אלא למקד את העניין בפעולות של ה׳ כנגדו על ידי משה ואהרן.

המופת הוא יוזמה של ה׳, האומר למשה ולאהרן מה לעשות אם יבקש פרעה מופת (ט), ונעשה על ידם בחזרה מדויקת על צו ה׳ ובתוספת הבהרה "וַיַּעֲשׂוּ כֵן כַּאֲשֶׁר צִוָּה ה׳" (י). המטרה היא להציג את משה ואהרן, העושים מופתים ייחודיים כשליחי ה׳, ולא בכוח עצמם.

אהרן משליך את מטהו לפני פרעה והוא הופך לתנין. פשוט מהכתובים שהמטה הוא המטה של אהרן.* יש מקומות במקרא שבהם תנין מופיע בהקבלה לנחש, ואולי זהו שם אחר לנחש (למשל דברים ל״ב, לג; תהילים צ״א, יג).[49] אולם נראה מכמה מקומות שהתנין הוא בעל חיים אחר השוכן במים, וזהה לתנין של ימינו (יחזקאל כ״ט, ג; ל״ב, ב).[50] לא נאמר שפרעה ביקש זאת, אבל בדברי ה׳ נאמר שאם פרעה יבקש מופת, יש לעשות לו את המופת, ולכן מתקבל על הדעת שפרעה ביקש מופת. והדבר מסתבר מההיגיון, שמשה ואהרן אינם יכולים לעשות בפני פרעה מעשים על דעת עצמם, אלא ברצונו של ה׳. פרעה קורא לחכמים המכשפים, שהם חרטומי מצרים, ובאמצעות קסמיהם גם הם הופכים את המטות שלהם לתנינים. פעולה זו מתחילה תחרות בין משה ואהרן לפרעה, האם משה ואהרן באים עם כוח ייחודי כנגד כוחות הכישוף של פרעה באמצעות חרטומיו. העובדה שפרעה מצליח באמצעות קסמיו לעשות מופת דומה, היא הוכחה שכוחם של משה ואהרן אינו גדול משלו בעיניו. הכתוב מבחין בין מעשה משה ואהרן, שעשו את הדבר כמעשה פלאי של אלוהים, ובין החרטומים, שעשו זאת בכישוף: "וַיַּעֲשׂוּ גַם הֵם חַרְטֻמֵּי מִצְרַיִם בְּלַהֲטֵיהֶם כֵּן" (ז׳, יא). אומנם כבר עכשיו המופת של משה ואהרן הוא יוצא דופן, שכן רק חכמיו המיוחדים של פרעה יכולים לעשות כמותו. אולם בסיפור זה יש גם הכרעה: התנין שנוצר ממטה אהרן בלע את תניניהם של חכמי פרעה שנוצרו ממטותיהם.[51] אירוע זה בוודאי נותן יתרון מכריע למשה ואהרן. בליעה זו מסמלת את הכוח העודף של משה ואהרן על פרעה. אף על פי כן, יתרון זה לא השפיע על פרעה. חזק ליבו והוא לא שמע לבקשתם של משה ואהרן. מעמדם של החרטומים בסיפור ילך ויפחת עד שהם יהיו הראשונים שיכירו בעליונותו של ה׳ (ח׳, טז).

אפשר כי המשמעות של אות התנין קשורה באמונת המצרים הקדמונים שהתנין הוא אל. היו מקדשים שאף החזיקו תנינים חיים ובמותם היו חונטים וקוברים אותם. התמסח היה טורף חזק, שבבגרותו טרף בעלי חיים גדולים ואפילו בני אדם.[52] ביחזקאל כ״ט, ג, עולה שפרעה זוהה עם תנין (לקח טוב; שכל טוב; ריב״ש).[53] ניתן להבין שבליעת התנינים של פרעה בפי התנין ממטה אהרן נועדה לסמל את כוחו של ה׳ המתגבר על כוח האמונה האלילית של פרעה או על מלכותו של פרעה, וזאת בהתאם למה שאמר ה׳, "וְיָדְעוּ מִצְרַיִם כִּי אֲנִי ה׳". הסימן הראשון לנחיתות המטות של החרטומים ביחס למטה של אהרן אולי קשור בכך שהמטה סימל את מלכותו של פרעה.[54]

* ראו ראב״ע שהיה רק מטה אחד, הוא מטה האלוהים שנעשו בו האותות כולם. וכן אלכסנדר, 202.

מה שחשוב בסיפור זה, בניגוד לסיפור הקודם (ג׳, א – ד׳, יז), הוא שכאן מתחיל תהליך של אינטראקציה בין משה לפרעה. בשליחות הראשונה, פרעה לא הכיר בה׳ ולא נענה לבקשת משה. לעומת זאת, בשליחות השנייה משה מציג מופת בפני פרעה ומראה לו את כוחו של ה׳.

על אף הדמיון, מופת זה אינו האות שנתן משה לסנה, שם מטהו הפך לנחש. ההבדלים ביניהם האותות משמעותיים. ראשית, בסנה מדובר על המטה של משה, ואילו כאן מדובר על מטה אהרן.[55] שנית, בסנה המטה הפך לנחש, ואילו כאן המטה הפך לתנין. שלישית, בסנה הנחש הפך חזרה למטה, ואילו כאן הדבר לא נאמר. רביעית, בסנה מטרת האות יחד עם שני אותות נוספים הייתה לשכנע את העם שיאמינו שה׳ שלח את משה, ואילו כאן הנמען של האות הוא פרעה. חמישית, בסנה היה זה אות שהצטרף לשני אותות נוספים, וכאן המופת עומד לעצמו. שישית, בסנה עיקר האות היה שהמטה הפך לנחש וחזר להיות מטה, ואילו כאן המופת הוא שהמטה הפך לתנין ושהתנין של אהרן בלע את תניני מטות החרטומים.

פרעה לא היה מוכן לשלח את ישראל מעבדות לאחר המופת שעשו משה ואהרן (יג), ומעתה יעבור פרעה סדרה של עשר מכות עד שיעשה זאת.

עשר המכות והמופתים והיציאה ממצרים, ז׳, יד – י״ג, טז

המשמעות של מכות מצרים

באמצעות המכות הרבות המתוארות מכאן ואילך, ה׳ מביא את מלך מצרים להיות נכון לשלח את העם מארצו: ״וְשָׁלַחְתִּי אֶת יָדִי וְהִכֵּיתִי אֶת מִצְרַיִם בְּכֹל נִפְלְאֹתַי אֲשֶׁר אֶעֱשֶׂה בְּקִרְבּוֹ וְאַחֲרֵי כֵן יְשַׁלַּח אֶתְכֶם״ (ג׳, כ).

אבל מעבר לכך, סיפור מכות מצרים הוא סיפור המאבק בין אלוהים לפרעה, עד שידע פרעה את ה׳, שהוא בעל הכוח הנעלה, ויוציא את ישראל, עמו של ה׳, ממצרים. מאבק זה, שהחל באופן סמוי בפרק א׳ והפך ישיר במפגש הראשון של משה עם פרעה (ה׳), מגיע לעימות גלוי במכות מצרים ולמיצוי והכרעה בסיפור קריעת ים סוף. המכות על מצרים הן מענה של ה׳ לדברי הרהב של פרעה: ״מִי ה׳ אֲשֶׁר אֶשְׁמַע בְּקֹלוֹ לְשַׁלַּח אֶת יִשְׂרָאֵל לֹא יָדַעְתִּי אֶת ה׳ וְגַם אֶת יִשְׂרָאֵל לֹא אֲשַׁלֵּחַ״ (ה׳, ב). מטרת המכות היא להביא את פרעה והמצרים לדעת את ה׳: ״וְיָדְעוּ מִצְרַיִם כִּי אֲנִי ה׳ בִּנְטֹתִי אֶת יָדִי עַל מִצְרָיִם וְהוֹצֵאתִי אֶת בְּנֵי יִשְׂרָאֵל מִתּוֹכָם״ (ז׳, ה). מטרה זו נזכרת מספר פעמים לאורך תיאורי המכות, במכת דם: ״בְּזֹאת תֵּדַע כִּי אֲנִי ה׳״ (ז׳, יז); במכת צפרדע: ״לְמַעַן תֵּדַע כִּי אֵין כַּה׳ אֱלֹהֵינוּ״ (ח׳, ו); במכת ערוב: ״לְמַעַן תֵּדַע כִּי אֲנִי ה׳ בְּקֶרֶב הָאָרֶץ״ (ח׳, יח); במכת דבר: ״בַּעֲבוּר תֵּדַע כִּי אֵין כָּמֹנִי בְּכָל הָאָרֶץ... בַּעֲבוּר הַרְאֹתְךָ אֶת כֹּחִי וּלְמַעַן סַפֵּר שְׁמִי בְּכָל הָאָרֶץ״ (ט׳, יד-טז); במכת ברד: ״לְמַעַן תֵּדַע כִּי לַה׳ הָאָרֶץ״ (ט׳, כט); ובמכת בכורות: ״לְמַעַן רְבוֹת מוֹפְתַי בְּאֶרֶץ מִצְרָיִם״ (י״א, ט). כנראה בגלל עוצמתה ומעמדה של מצרים בעולם, המטרה היא שהמצרים יעבירו את מסר גדלותו של ה׳ בכל העולם: ״בַּעֲבוּר הַרְאֹתְךָ אֶת כֹּחִי וּלְמַעַן סַפֵּר שְׁמִי בְּכָל הָאָרֶץ״ (ט׳, טז). ה׳ אינו מטיל מכה אחת אנושה שבעקבותיה יוציא פרעה את העם ממצרים, אלא עשר מכות, שהן אותות ומופתים שה׳ עושה בארץ, שבהצטברותם יחד עולה עוצמתו של ה׳ ושליטתו במציאות בצורה הדרגתית ומרשימה. נשים לב שעשר המכות אינן מנטרלות את כוחו של פרעה, אלא מביאות אותו להכרה בדבר גדולת ה׳. איבוד כוחו של פרעה ייעשה רק אחרי שישחרר את העם וירדוף אחריהם בתוך ים סוף.

מטרה נוספת של המכות היא להביא את ישראל לדעת את ה׳ ולהפוך אותם לעם ה׳: ״לָכֵן אֱמֹר לִבְנֵי יִשְׂרָאֵל אֲנִי ה׳ וְהוֹצֵאתִי אֶתְכֶם מִתַּחַת סִבְלֹת מִצְרַיִם וְהִצַּלְתִּי אֶתְכֶם מֵעֲבֹדָתָם וְגָאַלְתִּי אֶתְכֶם בִּזְרוֹעַ נְטוּיָה וּבִשְׁפָטִים גְּדֹלִים: וְלָקַחְתִּי אֶתְכֶם לִי לְעָם וְהָיִיתִי לָכֶם לֵאלֹהִים וִידַעְתֶּם כִּי אֲנִי ה׳ אֱלֹהֵיכֶם הַמּוֹצִיא אֶתְכֶם מִתַּחַת סִבְלוֹת מִצְרָיִם״ (ו׳, ו-ז). בלשון דומה כתוב במכת הארבה: ״לְמַעַן תְּסַפֵּר בְּאָזְנֵי בִנְךָ... אֵת אֲשֶׁר הִתְעַלַּלְתִּי בְּמִצְרַיִם וְאֶת אֹתֹתַי אֲשֶׁר שַׂמְתִּי בָם וִידַעְתֶּם כִּי אֲנִי ה׳״ (י׳, ב). במכת בכורות מובא במפורש מסר לישראל שה׳ הפלה אותם

ממכות שפגעו במצרים (י״א, ז). המטרה של ריבוי המכות על מצרים מופיעה במכת הארבה (י׳, ב) ובמכת בכורות (י״א, ט).

הפנייה החוזרת של משה ואהרן לפרעה היא לשחרר את העם לעבוד את ה׳ (ה׳, א, ג; ז׳, טז, כו; ח׳, יז, כא-כד; ט׳, א, יג; י׳, ח-יא, כד-כו; י״ב, לא-לב). פעם אחת בלבד באה דרישה מפרעה לשחרר את ישראל מעבדות (ו׳, יא, וראו גם ז׳, ב), זאת אף על פי שהדיבור החוזר של ה׳ למשה ולבני ישראל הוא על שחרורם מעבדות מצרים (ג׳, י, טז-יז, כ; ד׳, לא; ה׳, כג – ו׳, א; ו׳, ב-ח; י״ב, יז, כה; י״ג, ג, יד, יט). נראה כי הסיבה לדרישה מאת פרעה לשחרר את העם לעבוד את ה׳, ולא לשחרר מעבדות, היא קודם כול פרקטית. הסיכויים שפרעה יאפשר להם לצאת מעבדות קלוש. אבל הסבר זה אינו מספק, שכן אם הרעיון העומד מאחורי מכות מצרים הוא להביא את פרעה בכוח להוציא את ישראל, היה ניתן להפעיל כוח, ואולי כוח גדול יותר, עד שהיה משחרר את ישראל. לכן נראה שהבקשה לשלח את ישראל לעבוד את ה׳ היא כדי למקד את הדיון בשאלה התיאולוגית, האם פרעה מכיר בריבונות של ה׳, ולא בשאלה המוסרית-חברתית. הסירוב של פרעה נובע מכך שהוא אומר לכתחילה: ״לֹא יָדַעְתִּי אֶת ה׳ וְגַם אֶת יִשְׂרָאֵל לֹא אֲשַׁלֵּחַ״ (ה׳, ב). מכות מצרים מעבירות אותו תהליך עד ידיעתו את ה׳ והכרה בגדולתו (ט׳, כז; י״ב, לא-לב), ולא תהליך של נכונות לשחרר את עם העבדים מעבדותם.

המאבק התיאולוגי נגד אלוהי מצרים אינו מודגש בספר שמות, אך בכל זאת יש לו הדים: ״וּבְכָל אֱלֹהֵי מִצְרַיִם אֶעֱשֶׂה שְׁפָטִים אֲנִי ה׳״ (י״ב, יב). וכן בסיכום המסעות: ״וּמִצְרַיִם מְקַבְּרִים אֵת אֲשֶׁר הִכָּה ה׳ בָּהֶם כָּל בְּכוֹר וּבֵאלֹהֵיהֶם עָשָׂה ה׳ שְׁפָטִים״ (במדבר ל״ג, ד). וראו גם שמות ט״ו, יא, וכן ירמיה מ״ו, כה.

סיפור מעבר ישראל דרך ים סוף הוא השיא של סיפור מכות מצרים, וגם בו מופיעות שתי המטרות: המטרה של ידיעת העם את אלוהים: ״וַיַּרְא יִשְׂרָאֵל אֶת הַיָּד הַגְּדֹלָה אֲשֶׁר עָשָׂה ה׳ בְּמִצְרַיִם וַיִּירְאוּ הָעָם אֶת ה׳ וַיַּאֲמִינוּ בַּה׳ וּבְמֹשֶׁה עַבְדּוֹ״ (י״ד, לא) והמטרה של ידיעת מצרים את ה׳: ״וְיָדְעוּ מִצְרַיִם כִּי אֲנִי ה׳״ (י״ד, ד, יח).

כל המכות מסתיימות בחיזוקו או בקישויו של לב פרעה (ז׳, כב; ח׳, כא; ח׳, טו, כח, ט׳, ז; ט׳, יב, לה; י׳, כ, כז; י״א, י; וכן לפני תחילת המכות (ז׳, יג). רק במכה האחרונה, במכת בכורות, שלח פרעה את העם מארצו (י״ב, לא-לג).

בחלק מהמכות שה׳ מביא על מצרים בא השורש נכ״ה (ג׳, כ; ז׳, כה; ט׳, טו, כה, לא; י״ב, יב, יג, כט). השורש נג״ף גם מוזכר בהקשר זה (ז׳, כז; ט׳, יד; י״ב, יג, כג, כז), וכן נג״ע (י״א, א). מושגים אלה משקפים את אחת ממטרותיהן של המכות: להביא אותם לשחרר את ישראל. המכות הן התגלות כוח ה׳ מול מצרים, ולכן הן נקראות אות (ג׳, כ; ד׳, יז, כא; ז׳, ג; י׳, א, ב) או מופת (ד׳, כא; ז׳, ג, ט; י״א, ט). במושגים אלה מכונות המכות על מצרים גם במקומות אחרים בתורה ובנ״ך (דברים ד׳, לד; ירמיה ל״ב, כ-כא; תהילים ע״ח, מג-נא; ק״ה, כז). השימוש במילים אותות ומופתים משקף את המטרה הנוספת של המכותל – להרשים את פרעה בכוחו של ה׳ ולהביא את פרעה ואת מצרים לדעת את ה׳ ואת כוחו, באמצעות עימות

בין ה' לבינם. רעיון זה עולה כבר בבליעת המטה של אהרן את המטות של חרטומי מצרים, המכונה מופת (ז', ט). כבר בנקודה זו מתחיל העימות בין ה' לפרעה.[1]

מבנה המכות

ניכר שיש העצמה כללית בעוצמת המכות (אף שאין זו העצמה בין כל מכה ומכה), וככל שמתקדמות המכות הכאב של המצרים הולך וגובר, עד שפרעה ומצרים מגיעים למצב שהם אינם יכולים לסבול יותר את המצב ופרעה משחרר את ישראל ממצרים.[2] הפיכת המים לדם גרמה למות הדגה ולמניעת אפשרות לשתות מים מהיאור. הצפרדעים עלו לכל מקום המחיה במצרים, בתוך הבתים, ושרצו בכל מקום. מכת כינים כבר פגעה בגופם של האנשים ושל החיות. הערוב נכנס לבתים והארץ נשחתה. במכת דבר בפעם הראשונה יש מוות: מקנה מצרים מתו במכה זו. מכת שחין גרמה חולי גופני בבהמה וגם באדם. מכת ברד הכתה באדם, בבהמה ובתבואות הארץ. הארבה חיסל את ירק הארץ ממה שנשאר ממכת הברד. מכת חושך הייתה מצב קיצוני הנמשך שלושה ימים, עד שאנשים לא הצליחו לזוז. ומכת בכורות הייתה הקשה מכולן ופגעה בנפש בכל בית מצרים.

ההעצמה של המכות מתבטאת בכך שבשלוש המכות הראשונות, היינו במכות דם, צפרדע וכינים, אהרן הוא המכה במטהו שלו, ובמכה השביעית, השמינית והתשיעית, היינו במכת ברד, ארבה וחושך, משה נוטה ידו. אין הרמת מטה או יד במכות הרביעית, החמישית והשישית. נראה שיש העצמה בכך שמשה הוא העושה פעולה זו במכות האחרונות, לעומת אהרן במכות הראשונות. מוטיב זה משקף נקודה נוספת, והיא שההתגברות במכות באה לידי ביטוי בהתגלות ה' במכות האחרונות. במכת הברד התגלות ה' באה לידי ביטוי בכך שה' נתן גם קולות ועירב אש בתוך הברד, ובהדגשה שה' הוא מחולל המכה (ט', כג). מעורבותו של ה' מפורשת גם בהבאת הארבה והסרתו (י', יג, יט). מכת חושך היא אמצעי של התגלות ה' לפני המכה הגדולה של מכת בכורות, אשר אף היא כרוכה בעשייה גלויה של ה' (י"ב, כט). ה' הוא המחולל את מפלת המצרים בים סוף בתוך התגלותו המרשימה באירועים (י"ד, יט-כה).

הקושי המתגבר של המכות בא לידי ביטוי גם בתגובת מצרים למכות. במכת דם חרטומי מצרים חיקו גם הם את המכה, והמכה כלל לא השפיעה על פרעה. במכת צפרדע גם החרטומים הצליחו לעשות את המכה, ולמרות הקושי שבה, לאחר שמשה הסיר אותה ורווח לפרעה, הוא הכביד את ליבו. במכת כינים כבר לא יכלו החרטומים לעשות את המכה. ממכת ערוב והלאה, המכה הייתה רק על המצרים ולא על ישראל. במכת ערוב פרעה מראה לראשונה סימנים לנכונות לשלח את העם, אך לאחר שמשה הסיר את המכה פרעה התחרט. במכת שחין נאמר שהחרטומים לא יכלו לעמוד מפני השחין. על מכת ברד נאמר שלא הייתה כמכה הזאת מאז היווסדה של מצרים, ופרעה מתוודה בפני משה ואהרן שהוא חטא ומבקש ממשה להתפלל לה' להסיר ממנו את המכה. במכת ארבה עבדי פרעה דורשים מפרעה לשחרר את ישראל וטוענים כלפי פרעה שהוא אינו מודע לכך שמצרים הולכת לאבדון. גם במכה

זו נאמר שכמוה לא ראו במצרים עד אותו זמן. בעקבות זאת שוב קורא פרעה למשה ואהרן, ומביע נכונות לשלח את הגברים בלבד. במכת חושך פרעה כבר מציע שהילדים יצאו, רק שישאירו את הצאן והבקר. ניכר אפוא מהתגובות של פרעה ועבדיו שמצבם הולך ומחמיר ככל שהמכות באות על מצרים.

הניצחון של ה׳ על פרעה הוא באמצעות איתני הטבע הפועלים נגדו, המלמדים על שלטונו המוחלט של ה׳ על הטבע. המכות באות מהמים (מכת דם וצפרדע), מהארץ (כינים), באמצעות הרוח (ארבה) ומהשמיים (שחין וברד). במכות דם וצפרדע אהרן מכה במטה שבידו על המים (ז׳, יט, כ; ח׳, א, ב). במכת כינים מכה אהרן במטהו שבידו על עפר הארץ (ח׳, יב, יג), ובמכת ארבה משה נוטה ידו על ארץ מצרים (י׳, יב, יג). במכת שחין משה זורק פיח לשמיים (ט׳, ח, י). במכת ברד וחושך משה נוטה ידו במטהו לשמיים (ט׳, כב, כג; י׳, כב). המכה האחרונה והסופית של ה׳ על מצרים היא במפלת פרעה בים סוף (י״ד), והסיום הוא בשירת הלל על ידי העם, המהללים את ה׳ על ישועתו שבאה לידי ביטוי בשינוי טבע הזרימה של הים (ט״ו).[3]

מבנה אחד ברור של המכות הוא חלוקתן לשלישיות (על פי סימנו של רבי יהודה: דצ״ך עד״ש באח״ב).[4] בשתי המכות הראשונות בכל שלישייה יש דרישה מפרעה לשלח את ישראל לעבוד את ה׳ ואיום אם לא יעשה זאת: כך במכת דם – ז׳, טו-טז, יז; צפרדע – ז׳, כו, כז; ערוב – ח׳, טז, יז; דבר – ט׳, א, ב-ג; ברד – ט׳, יג, יד; ארבה – י׳, א-ג, ד. לעומת זאת, במכה השלישית בכל סדרה אין דרישה ואין איום: כך במכות: כינים, שחין וחושך.[5] במכה הראשונה בכל שלישייה ה׳ מצווה את משה להתייצב לפני פרעה בבוקר כאשר פרעה יוצא למי היאור: דם – ז׳, טו; ערוב – ח׳, טז; ברד – ט׳, יג. במכה השנייה בכל שלישייה נאמר למשה ״בֹּא אֶל פַּרְעֹה״: צפרדע – ז׳ כו; דבר – ט׳, א; ארבה – י׳, א. תיאורי המכה השלישית בכל סדרה קצרים יחסית: מכת כינים בת ארבעה פסוקים, שחין חמישה פסוקים, וחושך תשעה פסוקים.

מבנה נוסף הוא זיקה בין זוגות של מכות: הזוג הראשון, מכות דם וצפרדע, קשורות ביאור. הזוג השני, כינים וערוב, הן מכות של חרקים (לפי הדעה שהערוב הוא מכת חרקים), או של בעלי חיים (אם המכה היא של חיות טורפות). הזוג השלישי, דבר ושחין, הן מחלות, הראשונה פוגעת בבעלי חיים והשנייה פוגעת גם בבני אדם. הזוג הרביעי, ברד וארבה, פגעו בעיקר בצמחייה, ומפורש שהארבה חיסל את מה שהותיר הברד. הזוג החמישי, חושך ומכת בכורות, היו בחושך.[6]

ארגון המכות במבנים מסודרים מדגים את התכנון והכוונה שמאחורי המכות, וזאת על מנת להעצים את מעשי ה׳ המחולל את האירועים, אל מול כוחו של פרעה מלך מצרים. הדבר נכון גם לארגון המכות לפי סיווגים הקשורים באימתני הטבע, שכך ה׳ מתגלה כשולט בטבע. מטרה זו של האותות מושגת גם באמצעות האזהרות והאיומים של משה לפרעה לפני כל מכה, ובהסרת המכה על ידי משה לבקשת פרעה. המשא ומתן החוזר ונשנה של פרעה מול משה, מלמד אותו שוב ושוב את כוחו של ה׳.

ה׳ דורש מפרעה שש פעמים ״שַׁלַּח עַמִּי וְיַעַבְדֻנִי״ (דם: ז׳, טז; צפרדע: ז׳, כו; ערוב: ח׳, יז; דבר: ט׳, ב; ברד: ט, יג; ארבה: י׳, ג). העובדה שהיה צורך בעשר מכות מלמדת עד כמה היה קשה לשנות את עמדתו של פרעה ועד כמה ביקש להיאחז בתפיסתו בדבר גדלותו, בד בבד עם הזלזול המופגן שלו בה׳. בתהליך הדרגתי לומד פרעה את כוחו של ה׳, עד לכיליון כוחו שלו בטביעת חילו בים סוף. עניין זה מתחזק ביותר לאחר שהחרטומים מצליחים לעשות את האותות דם וצפרדע, אך לא מצליחים להוציא כינים, ומכך מסיקים שמכה זו היא אצבע אלוהים (ח׳, טו). למסקנה זו החרטומים מגיעים כבר בתחילת התהליך של המכות, אך פרעה בעיקשותו מגיע להכרה בגדלותו של ה׳ רק במכת ברד (ט׳, כז). אומנם, בהסרת המכה שוב מכביד פרעה את ליבו, כך שיש צורך בעוד מכות עד להכרתו המלאה ומפלתו הסופית.

מכת דם, ז׳, יד–כה

יד טו וַיֹּאמֶר יהוה אֶל־מֹשֶׁה כָּבֵד לֵב פַּרְעֹה מֵאֵן לְשַׁלַּח הָעָם. לֵךְ אֶל־פַּרְעֹה בַּבֹּקֶר הִנֵּה יֹצֵא הַמַּיְמָה
טז וְנִצַּבְתָּ לִקְרָאתוֹ עַל־שְׂפַת הַיְאֹר וְהַמַּטֶּה אֲשֶׁר־נֶהְפַּךְ לְנָחָשׁ תִּקַּח בְּיָדֶךָ. וְאָמַרְתָּ אֵלָיו יהוה
אֱלֹהֵי הָעִבְרִים שְׁלָחַנִי אֵלֶיךָ לֵאמֹר שַׁלַּח אֶת־עַמִּי וְיַעַבְדֻנִי בַּמִּדְבָּר וְהִנֵּה לֹא־שָׁמַעְתָּ עַד־כֹּה.
יז כֹּה אָמַר יהוה בְּזֹאת תֵּדַע כִּי אֲנִי יהוה הִנֵּה אָנֹכִי מַכֶּה בַּמַּטֶּה אֲשֶׁר־בְּיָדִי עַל־הַמַּיִם אֲשֶׁר בַּיְאֹר
יח וְנֶהֶפְכוּ לְדָם. וְהַדָּגָה אֲשֶׁר־בַּיְאֹר תָּמוּת וּבָאַשׁ הַיְאֹר וְנִלְאוּ מִצְרַיִם לִשְׁתּוֹת מַיִם מִן־הַיְאֹר.

יט וַיֹּאמֶר יהוה אֶל־מֹשֶׁה אֱמֹר אֶל־אַהֲרֹן קַח מַטְּךָ וּנְטֵה־יָדְךָ עַל־מֵימֵי מִצְרַיִם עַל־נַהֲרֹתָם עַל־
יְאֹרֵיהֶם וְעַל־אַגְמֵיהֶם וְעַל כָּל־מִקְוֵה מֵימֵיהֶם וְיִהְיוּ־דָם וְהָיָה דָם בְּכָל־אֶרֶץ מִצְרַיִם וּבָעֵצִים
כ וּבָאֲבָנִים. וַיַּעֲשׂוּ־כֵן מֹשֶׁה וְאַהֲרֹן כַּאֲשֶׁר צִוָּה יהוה וַיָּרֶם בַּמַּטֶּה וַיַּךְ אֶת־הַמַּיִם אֲשֶׁר בַּיְאֹר לְעֵינֵי
כא פַרְעֹה וּלְעֵינֵי עֲבָדָיו וַיֵּהָפְכוּ כָּל־הַמַּיִם אֲשֶׁר־בַּיְאֹר לְדָם. וְהַדָּגָה אֲשֶׁר־בַּיְאֹר מֵתָה וַיִּבְאַשׁ הַיְאֹר
וְלֹא־יָכְלוּ מִצְרַיִם לִשְׁתּוֹת מַיִם מִן־הַיְאֹר וַיְהִי הַדָּם בְּכָל־אֶרֶץ מִצְרָיִם.

כב כג וַיַּעֲשׂוּ־כֵן חַרְטֻמֵּי מִצְרַיִם בְּלָטֵיהֶם וַיֶּחֱזַק לֵב־פַּרְעֹה וְלֹא־שָׁמַע אֲלֵהֶם כַּאֲשֶׁר דִּבֶּר יהוה. וַיִּפֶן
כד פַּרְעֹה וַיָּבֹא אֶל־בֵּיתוֹ וְלֹא־שָׁת לִבּוֹ גַּם־לָזֹאת. וַיַּחְפְּרוּ כָל־מִצְרַיִם סְבִיבֹת הַיְאֹר מַיִם לִשְׁתּוֹת
כה כִּי לֹא יָכְלוּ לִשְׁתֹּת מִמֵּימֵי הַיְאֹר. וַיִּמָּלֵא שִׁבְעַת יָמִים אַחֲרֵי הַכּוֹת־יהוה אֶת־הַיְאֹר.

פירוש העניין

כיוון שפרעה לא הסכים לשלח את ישראל, ה׳ מכה בו ובמצרים. המכה הראשונה היא מכת דם, שבה הפך ה׳ את כל מימי מצרים לדם. תכלית המכה היא ללחוץ על פרעה לשחרר את ישראל. היאור הוא מקור החיים של המצרים, ובהפיכתו לדם הוא נעשה מקור של זיהום. המגמה של המכה היא להראות את כוחו של ה׳, המונע מהם את מקור חיותם ומסוגל להפוך חיים למוות. אולי בשל כך המכה הראשונה הייתה ביאור, שבו היו תלויים חיי המצרים. כיוון שפרעה ראה את עצמו כאדון היאור, ייתכן שזו הסיבה מדוע דווקא בו החל ה׳ להכות את מצרים (ראו יחזקאל כ״ט, ג). מעבר להיות היאור מקור חיים, הוא גם נתפס בעיני המצרים כאלוה, האחראי על הפוריות של האדמה ושל בני האדם.[7] המכה הראשונה היא אפוא גם הוכחת כוחו של ה׳ אל מול אלוה הנילוס של מצרים. משמעותי הדבר גם שהמכה הראשונה היא במי היאור, שהרי לשם ציווה פרעה להשליך את התינוקות הזכרים.[8]

סיפור מכת דם נחלק לשלושה: ציווי ה׳ למשה להתרות בפרעה, יד-יט; המכה – כ-כא; תגובת פרעה – כב-כה. דברי משה לפרעה חסרים בתיאור זה, אבל הם נלמדים מההקשר: המכה מתחילה, ומכאן שפרעה לא שמע למשה.

ציווי ה׳ למשה להתרות בפרעה, יד-יט

במכות שבהן יש התראה, היא מופיעה בתחילת תיאור המכה (ז׳, כז; ח׳, טז; ט׳, א; ט׳, יג; י׳, א). לעומת זאת, במכת הדם ההתראה מופיעה רק אחרי שה׳ אומר למשה ״כָּבֵד לֵב פַּרְעֹה מֵאֵן לְשַׁלַּח הָעָם״ (ז׳, יד). פתיחת המכה באופן זה נועדה להסביר בפתח המכות כולן את הסיבה להן. הציפייה הייתה כי פרעה ישלח את העם מייד לאחר שמשה ביקש זאת ממנו בעקבות התגלות הסנה (ה׳, א-ד), ואחר כך בעקבות אות המטה שהפך לתנין (ז׳, ח-יג). משלא נענה פרעה לבקשות אלה, ה׳ מביא מכות על מצרים ובסופן פרעה משלח את העם. לפני תחילת המכות כולן, ה׳ מסביר שהצורך להכות במצרים נובע מסירובו של פרעה לשלוח את ישראל מארצו.

ה׳ מצווה את משה ללכת בבוקר לפרעה, הנמצא ביאור. גם במכת ערוב וברד יימצא פרעה ביאור (ח׳, טז; ט׳, יג). לא נאמר מדוע פרעה היה שם.[9] ייתכן שביאור המפגש הוא עם פרעה נטול ההדר והמלכותיות, לעומת המפגשים בין משה לפרעה שהתקיימו בארמון פרעה (ז׳, כו; ט׳, א; י׳, א).[10] מה שחשוב הוא שבמפגש זה על היאור פרעה יראה את המופת של הפיכת היאור לדם. כפי שנראה בהמשך, ההבחנה בין מכה המתרחשת לעיני פרעה, לעומת מכה המתרחשת לעיני שאר מצרים, היא יסוד חשוב במכה זו. משה מצטווה לקחת את המטה שעשה את האותות בידו (טו). זהו המטה של משה שאותו הפך ה׳ לנחש (ד׳, ב-ד), והוא היה מיועד לשכנע את ישראל (ד׳, ל). עדיין לא נעשתה שום מכה ואין כל סיבה שפרעה ישנה את דעתו לאחר חיזוק ליבו אחרי בליעת המטות של חרטומיו. בכל זאת, בראש מכת הדם ה׳ מצווה את משה לומר לפרעה לשלח את ישראל על מנת לעבוד את ה׳, בציון העובדה שהוא

לא שלח את ישראל עד כה (טז2), וזאת כדי להסביר מדוע יקבל פרעה מכות מאת מה׳. תחילת פסוק יז הוא ציטוט של דברי ה׳ אל משה: ״בְּזֹאת תֵּדַע כִּי אֲנִי ה׳״. המשכו של הפסוק הוא בדברי משה לפרעה: ״הִנֵּה אָנֹכִי מַכֶּה בַּמַּטֶּה אֲשֶׁר בְּיָדִי עַל הַמַּיִם אֲשֶׁר בַּיְאֹר וְנֶהֶפְכוּ לְדָם״, כלומר משה מכה במטה אשר בידו.[11] אומנם, ייתכן שה׳ הוא המכה את מי מצרים בחלקו השני של הפסוק, הנסמך על הנושא ׳ה׳׳ בחלקו הראשון. אם כך, יש כאן דו־משמעות מכוונת המטמיעה את הרעיון שאף שכשאהרן מכה בידו על המים, זו בעצם יד ה׳.[12]

חציו הראשון של הפסוק הוא בגוף ראשון מפי ה׳, ומהדהד את הקביעה: ״אֲנִי ה׳״. פרעה כבר שמע על זהותו של ה׳: ״כֹּה אָמַר ה׳ אֱלֹהֵי יִשְׂרָאֵל״ (ה׳, א), ועל כך ענה: ״לֹא יָדַעְתִּי אֶת ה׳״ (ה׳, ב). זו הסיבה לכך שבפתח המכות ה׳ שוב מזדהה בשמו בפני פרעה. הדיבור בגוף ראשון בפי ה׳ הוא על מנת להעצים את מקומו.

התוצאה של הפיכת המים ביאור לדם היא שהדגה תמות, היאור יסריח והמצרים לא יצליחו לשתות ממנו מים (ז). יש מפרשים שמכיוון שהיאור הפך לדם לא יכלו המצרים לשתות, אבל מדויק בפסוק שהסיבה שלא יכלו לשתות היא משום שהיאור הסריח בשל מיתת הדגה. הדבר מדויק גם בתיאור המכה: המים הפכו לדם (כ), הדגה מתה, היאור באש, ומייד לאחר מכן נאמר שלא יכלו המצרים לשתות מים מן היאור (כא). ייתכן המכה היא גם בהיעדר האפשרות לאכול מדגי היאור, שהוא מזון מרכזי במצרים (במדבר י״א, ה).

לא נאמר שמשה אמר לפרעה את הדברים האלה, מכיוון שכצפוי, פרעה לא הסכים, ולא היה צורך לחזור על כל הפרטים שנאמרו. התורה בחרה לפרט את הדברים בפי ה׳ אל משה, ולא של מפי משה אל פרעה, אף שזה היה מבליט את סרבנותו, משום שהעדיפה להדגיש מתחילה את כוחו של ה׳ כמחולל המכות.

המכה, כ–כא

ה׳ מצווה את משה לצוות את אהרן לקחת את מטהו ולנטות את ידו על כל מימי מצרים, על הנהרות, היאורים, האגמים ועל כל מקווה המים, על מנת שכל מימי ארץ מצרים יהפכו לדם, שיופיע אפילו בעצים ובאבנים (יט). הכוונה לכלים העשויים מאבן ומעץ שבהם אחסנו המצרים מים.[13] שתי נקודות בתיאור צו ה׳ למשה בדבר המכה אינן תואמות את מה שאמר ה׳ למשה בהתראה לפרעה: בשלב התכנון, ה׳ אמר למשה שהוא יטה במטה שהפך לנחש, ואז המים ייהפכו לדם. זה היה במטה של משה (ד׳, ב–ג). ואילו כאן ה׳ אומר למשה לצוות את אהרן להניף בידו את המטה שלו. ההבדל השני הוא שבדברי ההתראה של ה׳ (יז) מי היאור ייהפכו לדם, אולם בהוראת ה׳ בתחילת המכה משמע שכל מימי מצרים ייהפכו לדם (יט).

בביצוע הצו נאמר ״וַיַּעֲשׂוּ כֵן מֹשֶׁה וְאַהֲרֹן כַּאֲשֶׁר צִוָּה ה׳״ (כ), אך מייד אחר כך נאמר בלשון יחיד ״וַיָּרֶם בַּמַּטֶּה״. הכוונה היא שאהרן היכה במטה (רשב״ם),[14] ואז הפכו המים ביאור לדם (כ2). אף שה׳ אמר למשה להגיד לפרעה שמשה יכה במטהו אשר בידו, אין הדבר סותר את מה שאמר אחר כך ה׳ למשה, שאהרן יעשה זאת, משום שה׳ כבר אמר למשה שהוא יהיה אלוהים לאהרן ואהרן יהיה נביאו. אף שבפועל אהרן הוא זה שביצע את הפעולה, היא נקראת

על שם משה, שכן אהרן הוא שלוחו. תופעה זו אינה ייחודית כאן. בכמה מהמכות, אהרן נוטה את ידו, אך ה׳ בדבריו אומר שהוא נטה את ידו על מצרים (ז׳, ה; ט׳, טו).[15] גם במכת ים סוף ישנה כפילות – משה נוטה ידו (י״ד, כז), אך ישראל רואים את ידו הגדולה של ה׳ (לא). הטיית היד נאמרת על ה׳, על משה שנשלח על ידי ה׳, או על אהרן כאשר הוא נוטה ידו, בשמו, כשליחו של משה. ה׳ שולח את משה ומשה שולח את אהרן, ולכן ניתן לייחס את אותה הפעולה לה׳, למשה או לאהרן. גם במכת דם ההבנה הפשוטה היא שה׳ מצווה את משה לנטות את ידו, אף שבפועל אהרן עושה זאת בשמו. כאשר משה עומד לפני פרעה, הוא מדגיש את מקומו שלו, ולא את מקומו של אהרן שליחו. המטה שאוחז אהרן בידו אינו המטה האישי שלו, אלא המטה של משה שבו עשה את האותות לפני ישראל (ראב״ע).[16] מדוע במכה זו יש כפילות בין הצו של ה׳ שמשה יטה במטה, ואחר כך הצו שאהרן יעשה זאת? הסיבה לכך היא כנראה מכיוון שזו המכה הראשונה: במכה זו משה עומד לפני פרעה, כאשר המטרה היא להציג את משה כשליח ה׳ לחולל את המכות, ואת אהרן כמבצע את חלקן בפועל. כך מובן שמשה הוא זה שעומד מאחורי המכות כולן, גם במכות הבאות שאותן יבצע אהרן.

שאלה מרכזית היא אילו מים נהפכו לדם: האם רק מימי היאור, כפי שמשתמע מפסוקים יז-יח, או כל מימי מצרים גם מחוץ ליאור, כפי שמשתמע מפסוק יט? יחס כפול זה מופיע בתיאור המכה: בפסוק כ ובתחילתו של פסוק כא מודגש שהמכה הייתה ביאור בלבד – ״וַיֵּהָפְכוּ כָּל הַמַּיִם אֲשֶׁר בַּיְאֹר לְדָם. וְהַדָּגָה אֲשֶׁר בַּיְאֹר מֵתָה וַיִּבְאַשׁ הַיְאֹר וְלֹא יָכְלוּ מִצְרַיִם לִשְׁתּוֹת מַיִם מִן הַיְאֹר״. אך סופו של הפסוק מוסיף ״וַיְהִי הַדָּם בְּכָל אֶרֶץ מִצְרָיִם״. ניתן להסביר שתי ידיעות אלה לאור מקומו של פרעה בסיפור: משה מצטווה להתייצב בפני פרעה היוצא ליאור. היאור הוא מקומו של פרעה ובשימושו. לכן הכוונה להדגיש קודם כול כיצד רואה פרעה את המכה, כיצד היא משפיעה עליו מנקודת מבטו. התורה מדגישה בנפרד את מה שקרה ביאור, בהשפעה ישירה על פרעה ולנגד עיניו: ״וַיַּךְ אֶת הַמַּיִם אֲשֶׁר בַּיְאֹר לְעֵינֵי פַרְעֹה וּלְעֵינֵי עֲבָדָיו וַיֵּהָפְכוּ כָּל הַמַּיִם אֲשֶׁר בַּיְאֹר לְדָם״ (כ). ביאור, הפיכת המים לדם הייתה עבור פרעה ועבדיו, אף שהשפיעה על כל מצרים. מצד שני אכן כל מימי מצרים הפכו לדם, וזו מכה המיועדת עבור כל מצרים. שני דגשים אלה, כיצד רואה פרעה את המכה ביאור, וכיצד המכה משפיעה על כל המצרים, מופיעים בפסוקים אלו. הבחנה זו מופיעה גם במכת צפרדע. כאשר משה מדבר עם פרעה, הוא מזכיר את הצפרדעים היוצאות מן היאור (ז׳, כח), וכאשר מדובר על המכה בפועל, מודגש שהיא הייתה בכל מצרים (ח׳, א-ג).

תגובת פרעה – כב-כה

גם חרטומי מצרים הצליחו להפוך מים לדם בקסמיהם. הדבר גרם לחיזוק ליבו של פרעה, ומודגש שה׳ צפה זאת מראש (כב). פרעה ראה שפעולת הפיכת המים לדם על ידי משה איננה ייחודית, ולכן הפלא איבד את עוצמתו בעיניו. פרעה לא שת ליבו גם לזאת (כג), הכוונה למכת הדם, לאחר שגם בליעת התנינים של החרטומים חיזקה את ליבו (טו). בשני המקרים האלה, החרטומים עשו פעולה הדומה למה שעשו משה ואהרן.

מייד לאחר שכתוב שפרעה לא שם ליבו לזאת, נאמר שהמצרים חפרו בסביבות היאור כדי למצוא מים (כד). יש ניגוד בין פרעה, שלא שת ליבו, ובין עמו, שהמכה פגעה בהם והיה קשה להם למצוא מים. בניגוד למכות אחרות, נראה שמכת הדם לא פגעה בפרעה, והסיבה שהוא חיזק את ליבו הייתה שגם החרטומים הצליחו להפוך מים לדם.

כיצד יש להבין את הידיעה שהחרטומים הפכו מים לדם, אם כל המים במצרים כבר הפכו לדם? ייתכן שהמים הפכו לדם רק לזמן קצר ומייד חזרו להיות מים, ולכן יכלו החרטומים לבצע את המעשה בדם שחזר להיות מים (ריב״ש, על כ-כג).[17] אפשר גם שהחרטומים חפרו סביבות היאור ואת המים שהתגלו שם הם הפכו לדם (ראב״ע הקצר על כב). אפשרות נוספת היא שהמים במצרים לא הפכו לדם בבת אחת, והחרטומים עשו את המעשה במים שהיו בכליהם לפני שהפכו לדם (שד״ל). אפשר גם שאף שנאמר שכל המים הפכו לדם, הדבר נאמר מנקודת המבט של המצרים, שחשו את גודל המכה, אך בפועל לא כל המים הפכו לדם. דבר דומה מופיע גם במכת כינים, שבה נאמר שעפר הארץ הפך לכינים (ח׳, יג), אך ברור שלא כל העפר של מצרים הפך כינים.

בכל המכות, הידיעה שליבו של פרעה חזק או כבד במופיעה בסוף המכה (ח׳, יא, טו, כח; ט׳, ז, יב, לד-לה; י׳, כ). במכת דם ידיעה זו אינה מופיעה בסוף (גם במכת חושך הידיעה אינה מופיעה בסוף, ונדון בכך כשנעסוק במכת חושך). לאחר פסוק זה, המדבר על הקשיית ליבו של פרעה, נאמר שפרעה לא שת ליבו לזאת ושב לביתו (כג). אמירה זו נראית סתמית ולא חשובה, אך אם נבין את ההקשר שלה, נעמוד על חשיבותה: מקום ההתרחשות של המכה הוא על שפת היאור. משה פגש את פרעה ביאור והראה לו את כוח ה׳, כיצד הוא הופך את היאור לדם. השיבה של פרעה אל ביתו מראה עד כמו הוא לא החשיב את מה שראה. שיבתו לביתו, כבכל יום רגיל שבו הוא יורד אל היאור ושב אל ביתו, היא הצהרת התעלמות ומבטאת ניתוק מהשטח. בעוד פרעה שב לביתו, המצרים בצרתם נאלצים לחפור מסביב ליאור על מנת למצוא מי שתייה (כד). פרעה לא שת ליבו למה שמשה חולל, אבל הוא גם לא שם ליבו לצרת עמו. היחס של פרעה לעמו לא מקבל מקום מרכזי בהמשך הסיפור, אך בפתח סיפור המכות, ביקשה התורה להראות את יחסו של פרעה לא רק למשה ואהרן ולה׳, אלא גם לעמו. פרעה מתבצר בדעותיו ונכנס לביתו, בעוד שעמו סובלים בחוץ בחיפושם אחר מי שתייה. תוספת זו של היחס של פרעה לעמו אינה חלק מהמאבק התיאולוגי שהמקרא חושף ביחס לפרעה, ולכן היא מופיע לאחר הידיעה שהוא חיזק את ליבו.

בפסוק האחרון של המכה נאמר: ״וַיִּמָּלֵא שִׁבְעַת יָמִים אַחֲרֵי הַכּוֹת ה׳ אֶת הַיְאֹר״ (כה). אפשרות אחת היא שהמכה נמשכה שבעה ימים, שבהם המים היו לדם (רש״י; רשב״ם). אפשרות אחרת היא ששבעת הימים אינם משך זמן מכת הדם, אלא פרק הזמן עד המכה הבאה (אברבנאל). לפי האפשרות השנייה, פסוק זה הוא מעבר למכה הבאה. ידיעה זו באה רק בין מכת דם לבין מכת צפרדע, אולי משום ששתי המכות גורמות לבאישת היאור (ז׳, כא, ח׳, י), והיה צריך פרק זמן של שבעה ימים לרפא את היאור לפני ששוב ניתן יהיה לפגוע בו. נציין ששבעה ימים במקרא הם זמן של טיהור מטומאה.[18]

מכת צפרדע, ז׳, כו – ח׳, יא

כו כז וַיֹּאמֶר יהוה אֶל־מֹשֶׁה בֹּא אֶל־פַּרְעֹה וְאָמַרְתָּ אֵלָיו כֹּה אָמַר יהוה שַׁלַּח אֶת־עַמִּי וְיַעַבְדֻנִי.
כח וְאִם־מָאֵן אַתָּה לְשַׁלֵּחַ הִנֵּה אָנֹכִי נֹגֵף אֶת־כָּל־גְּבוּלְךָ בַּצְפַרְדְּעִים. וְשָׁרַץ הַיְאֹר צְפַרְדְּעִים וְעָלוּ
כט וּבָאוּ בְּבֵיתֶךָ וּבַחֲדַר מִשְׁכָּבְךָ וְעַל־מִטָּתֶךָ וּבְבֵית עֲבָדֶיךָ וּבְעַמֶּךָ וּבְתַנּוּרֶיךָ וּבְמִשְׁאֲרוֹתֶיךָ. וּבְכָה
וּבְעַמְּךָ וּבְכָל־עֲבָדֶיךָ יַעֲלוּ הַצְפַרְדְּעִים.

ח א וַיֹּאמֶר יהוה אֶל־מֹשֶׁה אֱמֹר אֶל־אַהֲרֹן נְטֵה אֶת־יָדְךָ בְּמַטֶּךָ עַל־הַנְּהָרֹת עַל־הַיְאֹרִים וְעַל־
ב הָאֲגַמִּים וְהַעַל אֶת־הַצְפַרְדְּעִים עַל־אֶרֶץ מִצְרָיִם. וַיֵּט אַהֲרֹן אֶת־יָדוֹ עַל מֵימֵי מִצְרָיִם וַתַּעַל
ג הַצְּפַרְדֵּעַ וַתְּכַס אֶת־אֶרֶץ מִצְרָיִם. וַיַּעֲשׂוּ־כֵן הַחַרְטֻמִּים בְּלָטֵיהֶם וַיַּעֲלוּ אֶת־הַצְפַרְדְּעִים עַל־
אֶרֶץ מִצְרָיִם.

ד וַיִּקְרָא פַרְעֹה לְמֹשֶׁה וּלְאַהֲרֹן וַיֹּאמֶר הַעְתִּירוּ אֶל־יהוה וְיָסֵר הַצְפַרְדְּעִים מִמֶּנִּי וּמֵעַמִּי וַאֲשַׁלְּחָה
ה אֶת־הָעָם וְיִזְבְּחוּ לַיהוה. וַיֹּאמֶר מֹשֶׁה לְפַרְעֹה הִתְפָּאֵר עָלַי לְמָתַי אַעְתִּיר לְךָ וְלַעֲבָדֶיךָ וּלְעַמְּךָ
ו לְהַכְרִית הַצְפַרְדְּעִים מִמְּךָ וּמִבָּתֶּיךָ רַק בַּיְאֹר תִּשָּׁאַרְנָה. וַיֹּאמֶר לְמָחָר וַיֹּאמֶר כִּדְבָרְךָ לְמַעַן תֵּדַע
ז ח כִּי־אֵין כַּיהוה אֱלֹהֵינוּ. וְסָרוּ הַצְפַרְדְּעִים מִמְּךָ וּמִבָּתֶּיךָ וּמֵעֲבָדֶיךָ וּמֵעַמֶּךָ רַק בַּיְאֹר תִּשָּׁאַרְנָה.
ט וַיֵּצֵא מֹשֶׁה וְאַהֲרֹן מֵעִם פַּרְעֹה וַיִּצְעַק מֹשֶׁה אֶל־יהוה עַל־דְּבַר הַצְפַרְדְּעִים אֲשֶׁר־שָׂם לְפַרְעֹה.
י וַיַּעַשׂ יהוה כִּדְבַר מֹשֶׁה וַיָּמֻתוּ הַצְפַרְדְּעִים מִן־הַבָּתִּים מִן־הַחֲצֵרֹת וּמִן־הַשָּׂדֹת. וַיִּצְבְּרוּ אֹתָם
יא חֳמָרִם חֳמָרִם וַתִּבְאַשׁ הָאָרֶץ. וַיַּרְא פַּרְעֹה כִּי הָיְתָה הָרְוָחָה וְהַכְבֵּד אֶת־לִבּוֹ וְלֹא שָׁמַע אֲלֵהֶם
כַּאֲשֶׁר דִּבֶּר יהוה.

המכה השנייה היא מכת צפרדע והיא קשורה בקשר הדוק למכת דם: ראשית, הצפרדעים שרצו גם הן ביאור. שנית, כשם שהדגה הבאישה במכת דם (ז׳, יח, כא), גם ערמות הצפרדעים שנערמו בסיום המכה, הבאישו את הארץ (ח׳, י). גם במכה זו ניכר שהיאור, שהיה מקור החיים של המצרים, הפך להיות מקור לפגעים וצחנה. הכוח האלוהי שייחסו המצרים ליאור נפגע מהמכה של ה׳, בדומה למה שראינו לעיל במכת דם.[19]

כאמור במכה הראשונה, משה מתייצב בפני פרעה ביאור, ואילו במכה השנייה, משה הולך לפרעה, כנראה לארמונו. כך בכל סדרה של שלוש מכות: הראשונה מתרחשת ביאור והשנייה בארמונו של פרעה.

גם הסיפור על מכה זו נחלק לשלושה: ההתראה לפרעה – ז׳, כו-כט; המכה – ח׳, א-ג; תגובת פרעה – ח׳, ד-יא. כמו במכת דם, לא מסופר שמשה ביצע את צו ה׳ וגם לא מפורט שמשה ציווה את אהרן. ההנחה היא שמשה עשה זאת ופרעה לא נענה לבקשתו. בשתי הנקודות הפירוט הוא בתיאור צו ה׳ ולא בביצוע, כדי להדגיש את מאבקו של ה׳ כנגד פרעה.

ציווי ה׳ להתרות בפרעה, ז׳, כו-כט

ה׳ מצווה את משה לבוא אל פרעה, והכוונה כנראה לארמונו (ראב״ע),[20] ולדרוש ממנו לשלח את ישראל על מנת לעבוד אותו (ז׳, כו). ה׳ מאיים על פרעה שאם לא ייענה לדרישה, הוא ייגוף את כל ארצו בצפרדעים שיעלו מן היאור וייכנסו לביתו, לחדר משכבו, למיטתו, לתנורו ולמשארותיו (כז-כח). במכת דם פרעה נחשף למכה בהיותו ביאור, הוא נכנס לביתו והמכה לא פגעה בו. ואילו במכת צפרדע הכתוב מתאר עד כמה המכה השפיעה עליו באופן אישי (כח). כדי להדגיש את עוצמת המכה, נאמר שוב שהמכה תבוא עליו, על עמו ועל כל עבדיו (כט).

המכה, ח׳, א-ג

כמו במכת דם, ה׳ מצווה את משה לצוות את אהרן לנטות במטה בידו על המים של היאורים, האגמים והנהרות, והצפרדע תעלה מהמים ותכסה את הארץ (ח׳, א). כך עשה אהרן וכך היה (ב). גם החרטומים העלו צפרדעים (ג).[21] פעולת החרטומים כאן דומה לפעולת החרטומים במכת דם, אלא שבמכה זו, באופן אירוני פעולתם הגבירה את המכה (ג2).

כמו במכת דם, יש חוסר התאמה בין מה שהתריע ה׳ לפרעה ובין מה שכתוב אחר כך בתיאור המכה. גם כאן, הדגש על שריצת היאור צפרדעים הוא בדברים הנאמרים לפרעה (ג׳, כח), אולם בתיאור המכה, מקור הצפרדעים אינו דווקא מן היאור (ד׳, ב). ההבחנה הזו, כמו במכת הדם, היא להבליט את נקודת התצפית של פרעה, וההשפעה של המכה עליו, בנפרד מהשפעת המכה על כל מצרים.

תגובת פרעה והסרת המכה, ח׳, ד–יא

לעומת מכת דם שלא הביאה לריכוך בעמדת פרעה, מכת צפרדע, שפגעה גם בו באופן אישי, מביאה את פרעה לקרוא למשה ואהרן ולבקש מהם להתפלל אל ה׳ שיסיר ממנו ומעמו את הצפרדעים. בפעם הראשונה ניכר שיש סימני שבירה אצל פרעה, כשהוא מסכים לשלח את העם לזבוח לה׳ (ד). יתרון כוחו של ה׳ על פני כוחם של החרטומים מתגלה כאן בבירור: אומנם החרטומים הצליחו להוסיף צפרדעים, אך הם לא הצליחו להסיר את המכה, ולשם כך נזקק פרעה למשה ואהרן. כדי להראות את שליטתו המוחלטת ה׳, משה מבקש מפרעה שיבחר זמן שהמכה תוסר מכל הארץ (ה).[22] פרעה לא מבקש הסרה מיידית של המכה, אלא שהיא תוסר למחרת. אף שטבע הסובל הוא שסבלו יוסר מייד, נראה שפרעה ביקש לאתגר את אלוהים ולבחון עד כמה הוא שולט במכה, וזאת על חשבון טובתו וטובת עמו. משה מקבל זאת ומודיע לפרעה שהמטרה בכך היא שפרעה ידע כי אין כמו ה׳ אלוהים (ו). שוב מדגיש משה את הסרת המכה מכל הארץ – מפרעה, מעבדיו ומעמו, אבל "רַק בַּיְאֹר תִּשָּׁאַרְנָה". זאת על מנת שפרעה יבחין בגודלו של ה׳, כאשר יראה שאכן המכה סרה מכל הארץ, חוץ מאשר מהיאור (ז). מכת דם הוסרה מעצמה, ואילו במכת צפרדע כבר ניכר עבור פרעה, שהרי ה׳ הסיר את המכה רק לאחר שפרעה ביקש ממשה ואהרן שיתפללו אליו.

משה ואהרן יצאו מהפגישה עם פרעה, התפללו אל ה׳ שיסיר את הצפרדעים, וה׳ נענה לבקשתם (ח–ט). משתמע שהיוזמה לכך באה מאת משה, וה׳ הסכים למה שאמר משה לפרעה (ראב״ע בפירושו הארוך לפסוק ח). הצפרדעים מתו, ופגריהם נצברו בערמות, מה שגרם לצחנה בארץ (י). למרות מה שהבטיח פרעה, הוא לא עמד בדיבורו, ולאחר שהייתה הרווחה בעקבות הסרת הצפרדעים, שוב הקשה את ליבו. העניין מסתיים בכך שהקשיית הלב היא בדיוק כפי שאמר ה׳ מראש. בכך המקרא מבקש להראות שלא רק הניצחון הוא של אלוהים, אלא גם את התנהלותו של פרעה ה׳ צפה מראש.

בניגוד למכת דם, שבה היכולת של החרטומים להפוך מים לדם היא הסיבה שפרעה חיזק את ליבו (ז׳, כב), במכת צפרדע לא נאמר שפרעה הכביד את ליבו לאחר שהחרטומים הצליחו להעלות צפרדע מהיאור (ח׳, ג), אלא רק לאחר שהמכה סרה והייתה רווחה (ח׳, יא).

מכת כינים, ח׳, יב–טו

יב וַיֹּאמֶר יהוה אֶל־מֹשֶׁה אֱמֹר אֶל־אַהֲרֹן נְטֵה אֶת־מַטְּךָ וְהַךְ אֶת־עֲפַר הָאָרֶץ וְהָיָה לְכִנִּם בְּכָל־
יג אֶרֶץ מִצְרָיִם. וַיַּעֲשׂוּ־כֵן וַיֵּט אַהֲרֹן אֶת־יָדוֹ בְמַטֵּהוּ וַיַּךְ אֶת־עֲפַר הָאָרֶץ וַתְּהִי הַכִּנָּם בָּאָדָם
יד וּבַבְּהֵמָה כָּל־עֲפַר הָאָרֶץ הָיָה כִנִּים בְּכָל־אֶרֶץ מִצְרָיִם. וַיַּעֲשׂוּ־כֵן הַחַרְטֻמִּים בְּלָטֵיהֶם לְהוֹצִיא
אֶת־הַכִּנִּים וְלֹא יָכֹלוּ וַתְּהִי הַכִּנָּם בָּאָדָם וּבַבְּהֵמָה.

טו וַיֹּאמְרוּ הַחַרְטֻמִּם אֶל־פַּרְעֹה אֶצְבַּע אֱלֹהִים הִוא וַיֶּחֱזַק לֵב־פַּרְעֹה וְלֹא־שָׁמַע אֲלֵהֶם כַּאֲשֶׁר
דִּבֶּר יהוה.

פירוש העניין

המכה השלישית היא מכת כינים, והיא פגעה באדם ובבהמה. בניגוד לשתי המכות הראשונות, במכה זו אין התראה וה׳ מורה מייד על תחילת המכה. בהתאם לחלוקת המכות לשלישיות, במכה השלישית בכל סדרה אין התראה, וכך הדבר במכת שחין וחושך. במכה זו גם לא נאמר שמטרתה היא שפרעה ידע את ה׳, כמופיע בשתי המכות הראשונות בכל שלישייה, בסגנון: ״לְמַעַן תֵּדַע כִּי אֲנִי ה׳״.

תיאור המכה נחלק לשניים: המכה – ח׳, יב-יד; תגובת פרעה – ח׳, טו.

המכה, ח׳, יב-יד

ה׳ מורה למשה להורות לאהרן לנטות במטהו ולהכות על הארץ ואז כל הארץ תתמלא בכינים. לא ברור מהן הכינים. הדעה הרווחת היא שהכינים הן חרקים קטנים העוקצים את הגוף (Pediculus), ויש אומרים שהכוונה לסוג של יתוש (Culices).[23] אין דרך לקבוע מבין אפשרויות אלה, ואולי הכינים הן דבר אחר לגמרי.

עפר הארץ הופך לכינים (ראב״ע): ״עֲפַר הָאָרֶץ וְהָיָה לְכִנִּם״, (יב); ״כָּל עֲפַר הָאָרֶץ הָיָה כִנִּים בְּכָל אֶרֶץ מִצְרָיִם״ (יג). אולם אפשר שהדבר היה מנקודת המבט של המצרים, שסבלו מהרבה כינים עד כי חשבו שהעפר נהיה כינים (שד״ל).

ביחס למכות דם וצפרדע, במכת כינים חלה החמרה. גם במכה זו החרטומים מנסים בלהטים להוציא כינים, אך בניגוד למכות הקודמות הם אינם מצליחים. רש״י פירש שהחרטומים ניסו להוציא כינים, היינו ליצור עוד כינים, וזו המשמעות של הפועל ׳להוציא׳ בסיפור הבריאה (בראשית א׳, יב, כד). ריב״ש פירש שהם ניסו להוציא את הכינים, היינו להסיר את הכינים (וכן אברבנאל; כך המשמעות של הפועל בבראשית מ״ה, א).[24] בהתאם לסיפור עד כה, נראה לפרש שבמכה זו, כמו בקודמותיה, החרטומים ניסו לחקות את משה ואהרן ולא להסיר את המכה. פסוק יד חותם בעוצמת המכה, שהייתה באדם ובבהמה.

תגובת פרעה, ח׳, טו

לאחר שהחרטומים אינם מצליחים להוציא כינים, הם מבינים בפעם הראשונה שהכוח של משה אינו קסם אלא כוחו של ה׳ – ״וַיֹּאמְרוּ הַחַרְטֻמִּם אֶל פַּרְעֹה אֶצְבַּע אֱלֹהִים הִוא״ (טו). זו הפעם האחרונה שהחרטומים ינסו להתמודד עם המכות שמביאים משה ואהרן. הם השתכנעו בכוחו של אלוהים. לאור מסקנה זו של החרטומים, אנו מצפים שפרעה יתרצה גם הוא וישחרר את העם. אך ציפייה זו נכזבת, ושוב פרעה מחזק את ליבו. כאמור, את הדבר הזה צפה ה׳, ולכן אין לראות בחיזוק ליבו סימן לכוח. חיזוק של לב פרעה הוא בהתאם לתוכנית של ה׳.

מכת ערוב, ח׳, טז–כח

טז וַיֹּאמֶר יהוה אֶל־מֹשֶׁה הַשְׁכֵּם בַּבֹּקֶר וְהִתְיַצֵּב לִפְנֵי פַרְעֹה הִנֵּה יוֹצֵא הַמָּיְמָה וְאָמַרְתָּ אֵלָיו כֹּה
יז אָמַר יהוה שַׁלַּח עַמִּי וְיַעַבְדֻנִי. כִּי אִם־אֵינְךָ מְשַׁלֵּחַ אֶת־עַמִּי הִנְנִי מַשְׁלִיחַ בְּךָ וּבַעֲבָדֶיךָ וּבְעַמְּךָ
יח וּבְבָתֶּיךָ אֶת־הֶעָרֹב וּמָלְאוּ בָּתֵּי מִצְרַיִם אֶת־הֶעָרֹב וְגַם הָאֲדָמָה אֲשֶׁר־הֵם עָלֶיהָ. וְהִפְלֵיתִי בַיּוֹם
הַהוּא אֶת־אֶרֶץ גֹּשֶׁן אֲשֶׁר עַמִּי עֹמֵד עָלֶיהָ לְבִלְתִּי הֱיוֹת־שָׁם עָרֹב לְמַעַן תֵּדַע כִּי אֲנִי יהוה בְּקֶרֶב
יט הָאָרֶץ. וְשַׂמְתִּי פְדֻת בֵּין עַמִּי וּבֵין עַמֶּךָ לְמָחָר יִהְיֶה הָאֹת הַזֶּה.

כ וַיַּעַשׂ יהוה כֵּן וַיָּבֹא עָרֹב כָּבֵד בֵּיתָה פַרְעֹה וּבֵית עֲבָדָיו וּבְכָל־אֶרֶץ מִצְרַיִם תִּשָּׁחֵת הָאָרֶץ
מִפְּנֵי הֶעָרֹב.

כא כב וַיִּקְרָא פַרְעֹה אֶל־מֹשֶׁה וּלְאַהֲרֹן וַיֹּאמֶר לְכוּ זִבְחוּ לֵאלֹהֵיכֶם בָּאָרֶץ. וַיֹּאמֶר מֹשֶׁה לֹא נָכוֹן לַעֲשׂוֹת
כֵּן כִּי תּוֹעֲבַת מִצְרַיִם נִזְבַּח לַיהוה אֱלֹהֵינוּ הֵן נִזְבַּח אֶת־תּוֹעֲבַת מִצְרַיִם לְעֵינֵיהֶם וְלֹא יִסְקְלֻנוּ.
כג כד דֶּרֶךְ שְׁלֹשֶׁת יָמִים נֵלֵךְ בַּמִּדְבָּר וְזָבַחְנוּ לַיהוה אֱלֹהֵינוּ כַּאֲשֶׁר יֹאמַר אֵלֵינוּ. וַיֹּאמֶר פַּרְעֹה אָנֹכִי
אֲשַׁלַּח אֶתְכֶם וּזְבַחְתֶּם לַיהוה אֱלֹהֵיכֶם בַּמִּדְבָּר רַק הַרְחֵק לֹא־תַרְחִיקוּ לָלֶכֶת הַעְתִּירוּ בַּעֲדִי.
כה וַיֹּאמֶר מֹשֶׁה הִנֵּה אָנֹכִי יוֹצֵא מֵעִמָּךְ וְהַעְתַּרְתִּי אֶל־יהוה וְסָר הֶעָרֹב מִפַּרְעֹה מֵעֲבָדָיו וּמֵעַמּוֹ
כו מָחָר רַק אַל־יֹסֵף פַּרְעֹה הָתֵל לְבִלְתִּי שַׁלַּח אֶת־הָעָם לִזְבֹּחַ לַיהוה. וַיֵּצֵא מֹשֶׁה מֵעִם פַּרְעֹה
כז וַיֶּעְתַּר אֶל־יהוה. וַיַּעַשׂ יהוה כִּדְבַר מֹשֶׁה וַיָּסַר הֶעָרֹב מִפַּרְעֹה מֵעֲבָדָיו וּמֵעַמּוֹ לֹא נִשְׁאַר אֶחָד.
כח וַיַּכְבֵּד פַּרְעֹה אֶת־לִבּוֹ גַּם בַּפַּעַם הַזֹּאת וְלֹא שִׁלַּח אֶת־הָעָם.

מכת ערוב היא המכה הרביעית, והראשונה בשלישייה השנייה של המכות. בדומה למכת דם, הראשונה בשלישייה הראשונה, משה נשלח לפרעה היוצא למים. הערוב מוזכר רק בהקשר של מכות מצרים (תהילים ע"ח, מה; ק"ה, לא). יש ספק לגבי מהותה של מכה זו, וכבר חלקו בכך תנאים.[25] הדעה המקובלת היא שהערוב היה ערבוביה של חיות טרף שפשטו על מצרים,[26] או סוג של זאבים.[27] תהילים ע"ח, מה, תומך בכיוון זה: "יְשַׁלַּח בָּהֶם עָרֹב וַיֹּאכְלֵם". אפשרות שנייה היא שמדובר בהתפשטות של מעין חרקים.[28] מסתבר כי הלשון של תכונת המכה – "וּמָלְאוּ בָּתֵּי מִצְרַיִם" מתאימה לדעה האחרונה.

גם תיאור מכה זו נחלק לשלושה חלקים: התראה של משה לפרעה – ח', טז-יט; המכה – ח', כ; תגובת פרעה והסרת המכה – ח', כא-כח.

ההתראה לפרעה, ח', טז-יט

ה' מצווה את משה להתייצב לפני פרעה כשהלה יוצא למי היאור. הפעם לא כתוב במפורש שפרעה יצא ליאור, אולי כדי לקצר, בהסתמכות על דברי ה'. אולי הדבר מפורש במכת דם משום שהמכה הייתה על המים, ואילו כאן המכה אינה קשורה למי היאור, אלא היאור מתפקד כאן כמקום המפגש בלבד.

שוב נאמר למשה שעליו לדרוש מפרעה: "כֹּה אָמַר ה' שַׁלַּח עַמִּי וְיַעַבְדֻנִי" (טז). הדרישה היא לשלח את ישראל לעבוד את ה', ומעבר לכך נדרש מפרעה להכיר בה', שכן משה מצטט אותו "כֹּה אָמַר ה'", ומסיים את דבר ה' בדיבור בגוף ראשון – "וְיַעַבְדֻנִי". אם לא ישחרר את העם, ה' מאיים על פרעה שיכה אותו, את עבדיו ואת עמו בערוב, שימלאו את כל בתי מצרים ואת אדמתה. ה' דורש מפרעה "**שַׁלַּח** את העם", ומאיים שאם אינו "**מְשַׁלֵּחַ**" את עמו, הוא "**ישליח**" בו ובעמו את הערוב (יז). משחק המילים בין הדרישה לשלח ובין העונש, משקף את הרעיון של מידה כנגד מידה.

מכה זו היא המכה הראשונה שבה נאמר שיש הבחנה בין מצרים לבין ארץ גושן (יח-יט), ושם לא ייפגעו ישראל מהערוב.[29] ידיעה זו היא המשך הסיפור בספר בראשית המתאר את היישוב של בני יעקב בארץ גושן (מ"ה, י; מ"ו, כח-כט, לד; מ"ז, א, ד, ו, כז; נ', ח). שוב נאמר שהתוצאה תהיה שפרעה ידע "כִּי אֲנִי ה' בְּקֶרֶב הָאָרֶץ" (יח). במכה זו הדבר נלמד מעצם היות המכה על מצרים בלבד ולא על ישראל. אולי ההבחנה הזו היא הסיבה לשינוי בניסוח. במכת דם המטרה הייתה – "בְּזֹאת תֵּדַע כִּי אֲנִי ה'" (ז', יז), ובמכת צפרדע, בדומה לכך, נאמר – "לְמַעַן תֵּדַע כִּי אֵין כַּה' אֱלֹהֵינוּ" (ח', ז). ואילו הניסוח במכת ערוב, "כִּי אֲנִי ה' בְּקֶרֶב הָאָרֶץ", נובע מכך שהמכה הכתה באדמת המצרים, אך לא בארץ גושן (ח', יח).

ההפרדה בין מצרים לבין ישראל היא מהותית במכה זו, ולכן הדבר מודגש שוב: "וְשַׂמְתִּי פְדֻת בֵּין עַמִּי וּבֵין עַמֶּךָ" (יט). פעמיים מודגשת השייכות של ישראל לה' – "עַמִּי" (יח, יט). אומנם, באזכור הראשון ההבחנה היא בין השטחים שישראל ומצרים שכנו בהם: "אֶרֶץ גֹּשֶׁן

אֲשֶׁר עַמִּי עֹמֵד עָלֶיהָ" (יח) ובין "הָאֲדָמָה אֲשֶׁר הֵם עָלֶיהָ" (יז). לעומת זאת, ההבחנה בפסוק יט היא בין "עַמִּי" ובין "עַמֶּךָ".

במכת צפרדע התזמון של הסרת המכה היווה הוכחה לכוחו של ה' ולכך שהמכה היא ממנו (ח', ה). גם במכת הערוב התזמון הוא חשוב, שבה משה קובע שהמכה תהיה למחרת (יט2).

המכה, ח', כ

בניגוד לשלוש המכות הראשונות, שנעשו בהרמת ידו של אהרן ובמטהו, השלישייה השנייה של המכועל מבוצעות באופן ישיר על ידי ה'. מכת ערוב הכבדה באה על בית פרעה ובית עבדיו, בכל ארץ מצרים, ובפעם הראשונה נאמר שהארץ נשחתה בגלל המכה. ניכר שממכה למכה, יש העצמה של הפגיעה.

תגובת פרעה והסרת המכה, והכבדת לב פרעה, ח', כא–כח

כמו במכת צפרדע, גם במכה זו פרעה קורא למשה ולאהרן, אלא שהפעם הוא אינו פותח בבקשה אלא באמירה חד־משמעית שהוא ישלח את העם לזבוח לה', רק שהוא מאפשר זאת בתוך ארץ מצרים, ולא במדבר כבקשתם. משה עונה לו באריכות ובעמידה איתנה שאין הם יכולים לזבוח בארץ כי זביחה זו היא תועבת מצרים, והמצרים יסקלו אותם כשיראו זאת.[30] אין לדעת אם זו תועבה משום שבהמות אלה הן קדושות לאליליהן (רש"י), או להפך, משום שנחשבו בהמות מאוסות (רשב"ם). ראב"ע אומר שהמצרים התנגדו להקרבת בעלי חיים או אכילתם.[31] ואולי אפשר שמשה דחה אותו בקש. משה קובע שהם יצאו למדבר במרחק של שלושה ימים הליכה ושם יזבחו לה' אלוהיהם, כפי שהוא יצווה אותם. אף שמשה אינו מבקש זאת, אלא קובע עובדה, פרעה מוותר על דרישתו הראשונית ומאפשר להם לצאת למדבר כל עוד שלא ירחיקו מדי, אך מייד מבקש שהם יתפללו עבורו. עם זאת, פרעה מדגיש את סמכותו כשמוסיף את כינוי הגוף לפני הפועל, "אָנֹכִי אֲשַׁלַּח אֶתְכֶם".[32] הנכונות של פרעה לוותר במשא ומתן ישיר עם משה מלמדת על המצוקה הגדולה שהוא שרוי בה.

משה קובע שהערוב יוסר למחרת, אך מזהיר את פרעה לבל יהתל בהם שוב, כפי שעשה במכת צפרדע. משה יוצא ומתפלל לה', וה' נעתר לתפילתו ומסיר את הערוב לגמרי, אך שוב פרעה מחזק את ליבו ולא משלח את העם כפי שהבטיח. בשלוש המכות הקודמות בא הפועל "וְלֹא **שָׁמַע**" (ז', כב; ח', יא, טו), אולם בסיום מכה זו נאמר: "וַיַּכְבֵּד פַּרְעֹה... וְלֹא **שִׁלַּח**". הבחירה בפועל זה היא המשך של הפועל "שַׁלַּח", המופיע בתחילת המכה, בדרישה מפרעה לשלח את העם ובתיאור המכה: "מַשְׁלִיחַ בְּךָ... אֶת הֶעָרֹב" (יז). שוב נאמר שאת הדבר צפה ה', כדי להדגיש שאף שרצונו של ה' טרם התממש, ה' צפה את הכבדת לב פרעה.

מכת דבר, ט׳, א–ז

א וַיֹּאמֶר יהוה אֶל־מֹשֶׁה בֹּא אֶל־פַּרְעֹה וְדִבַּרְתָּ אֵלָיו כֹּה־אָמַר יהוה אֱלֹהֵי הָעִבְרִים שַׁלַּח אֶת־עַמִּי
ב ג וְיַעַבְדֻנִי. כִּי אִם־מָאֵן אַתָּה לְשַׁלֵּחַ וְעוֹדְךָ מַחֲזִיק בָּם. הִנֵּה יַד־יהוה הוֹיָה בְּמִקְנְךָ אֲשֶׁר בַּשָּׂדֶה
ד בַּסּוּסִים בַּחֲמֹרִים בַּגְּמַלִּים בַּבָּקָר וּבַצֹּאן דֶּבֶר כָּבֵד מְאֹד. וְהִפְלָה יהוה בֵּין מִקְנֵה יִשְׂרָאֵל וּבֵין
ה מִקְנֵה מִצְרָיִם וְלֹא יָמוּת מִכָּל־לִבְנֵי יִשְׂרָאֵל דָּבָר. וַיָּשֶׂם יהוה מוֹעֵד לֵאמֹר מָחָר יַעֲשֶׂה יהוה
הַדָּבָר הַזֶּה בָּאָרֶץ.

ו וַיַּעַשׂ יהוה אֶת־הַדָּבָר הַזֶּה מִמָּחֳרָת וַיָּמָת כֹּל מִקְנֵה מִצְרָיִם וּמִמִּקְנֵה בְנֵי־יִשְׂרָאֵל לֹא־מֵת אֶחָד.

ז וַיִּשְׁלַח פַּרְעֹה וְהִנֵּה לֹא־מֵת מִמִּקְנֵה יִשְׂרָאֵל עַד־אֶחָד וַיִּכְבַּד לֵב פַּרְעֹה וְלֹא שִׁלַּח אֶת־הָעָם.

פירוש העניין

המכה החמישית היא מכת דבר. הדבר הוא מחלה מדבקת מאוד הבאה כמגפה (מל"א ח׳, לז), והוא הראשון מבין שתי מכות שהן מחלות. לעיתים הדֶּבֶר פוגע בבני אדם (ה׳, ג; במדבר י"ד, יב; דברים כ"ח, כא; שמ"ב כ"ד, טו; ירמיה י"ד, יב), אך כאן מדובר על מגפת דבר הפוגעת בחיות (ירמיה כ"ו, ו). להלן במכת ברד נראה שה׳ מנע במכוון את האפשרות שבני אדם ייפגעו ממכה זו.

תיאור מכה זו נחלק לשלושה: ההתראה לפרעה – ט׳, א-ה; המכה – ט׳, ו; תגובת פרעה – ט׳, ז.

ההתראה לפרעה, ט׳, א-ה

מכת דבר היא המכה השנייה בשלישייה השנייה של המכות. כמו במכה השנייה בכל שלישייה, משה הולך לארמונו של פרעה: "בֹּא אֶל פַּרְעֹה" (ט׳, א). נאמר כאן למשה לבוא אל פרעה לאחר שבמכה הקודמת נאמר שמשה יצא מעם פרעה (ח׳, כה). שוב הדרישה מפרעה היא לשלח את העם כדי לעבוד את ה׳ (א). הפעם האיום עליו הוא שאם הוא לא ישחרר את העם וימשיך להחזיק בהם, יכה ה׳ בדבר את החיות אשר בשדה, את הסוסים, החמורים, הגמלים, הבקר והצאן. הפסוק חותם את כובד המכה בפירוט כל החיות שייפגעו בדבר (ג).

כמו במכת ערוב, גם כאן פרעה מיודע שה׳ יפלה בין המצרים לישראל – המכה תבוא רק על המצרים, וממקנה ישראל לא ימותו כלל (ד). הבחנה זו שוב מלמדת על כוחו של ה׳ להכות במצרים ולבדל את ישראל מתוצאות המכות. גם ההבטחה שהמכה תתחיל למחרת מחזקת את כוחו של ה׳, הקובע מתי תתחיל המכה על מצרים (ה).

המכה, ו

כאמור, במכה זו, כמו בכל שלוש המכות בסדרה השנייה, לא אהרן ולא משה מרימים את ידם להכות, אלא הפעולה מיוחסת ישירות לה׳: "וַיַּעַשׂ ה׳ אֶת הַדָּבָר הַזֶּה מִמָּחֳרָת" (ו).

המכה במקנה של מצרים גדולה יותר מהנאמר בהתראה: כל המקנה של מצרים מת. ועל אף הנאמר בפסוק זה, אין לומר שכל המקנה של מצרים מת, שכן חיות ובהמות מוזכרות במכות שחין וברד (ריב"ש). אולי הכוונה למקנה אשר בשדה (ג).[33] ואולי גם לא כל המקנה שבשדות מתו, והדבר נאמר על דרך ההפלגה (ראב"ע; רלב"ג, פירוש המילות) והסגנון המקראי.[34] ייחודה של מכה זו הוא בכך שממקנה ישראל לא מת אפילו אחד (ו), כפי שאמר ה׳ בהתראה למכה.

תגובת פרעה, ז

הפעם פרעה לא קורא למשה ולאהרן להסיר את המכה, כנראה משום שמתו כל החיות החולות במחלת הדבר ולא היה מה להסיר (ריב"ש פס' ז). שוב כבד ליבו של פרעה והוא לא שלח את העם, אף על פי, ואולי משום, שממקנה ישראל לא מת אף לא אחד. פרעה אינו נכנע לקבל את המשמעות של המכות על מצרים ואת העובדה שהמכות האלה לא הזיקו לישראל.

מכת שחין, ט׳, ח–יב

ח וַיֹּאמֶר יהוה אֶל־מֹשֶׁה וְאֶל־אַהֲרֹן קְחוּ לָכֶם מְלֹא חָפְנֵיכֶם פִּיחַ כִּבְשָׁן וּזְרָקוֹ מֹשֶׁה הַשָּׁמַיְמָה
ט לְעֵינֵי פַרְעֹה. וְהָיָה לְאָבָק עַל כָּל־אֶרֶץ מִצְרָיִם וְהָיָה עַל־הָאָדָם וְעַל־הַבְּהֵמָה לִשְׁחִין פֹּרֵחַ
י אֲבַעְבֻּעֹת בְּכָל־אֶרֶץ מִצְרָיִם. וַיִּקְחוּ אֶת־פִּיחַ הַכִּבְשָׁן וַיַּעַמְדוּ לִפְנֵי פַרְעֹה וַיִּזְרֹק אֹתוֹ מֹשֶׁה
הַשָּׁמָיְמָה וַיְהִי שְׁחִין אֲבַעְבֻּעֹת פֹּרֵחַ בָּאָדָם וּבַבְּהֵמָה.

יא וְלֹא־יָכְלוּ הַחַרְטֻמִּים לַעֲמֹד לִפְנֵי מֹשֶׁה מִפְּנֵי הַשְּׁחִין כִּי־הָיָה הַשְּׁחִין בַּחַרְטֻמִּם וּבְכָל־מִצְרָיִם.
יב וַיְחַזֵּק יהוה אֶת־לֵב פַּרְעֹה וְלֹא שָׁמַע אֲלֵהֶם כַּאֲשֶׁר דִּבֶּר יהוה אֶל־מֹשֶׁה.

פירוש העניין

המכה השישית היא שחין. השחין הוא מחלת עור קשה המתפשטת בגוף (ויקרא י"ג, יח-כ; דברים כ"ח, כז, לה; מל"א כ', ז; איוב ב', ז).[35] מכה זו היא השלישית בשלישייה השנייה של המכות. בהתאם לכך אין התראה במכה זו, כמו במכה השלישית בסדרה הראשונה, מכת כינים, והמכה השלישית בשלישייה השלישית, מכת חושך. אין התייחסות במכה זו להבחנה בין ישראל למצרים, אבל מודגש שהחרטומים לא יכלו לעמוד לפני משה, שכמובן לא נפגע מהמכה, וזה ככל הנראה משום שישראל לא נפגעו ממכה זו גם כן. אומנם ראב"ע טוען שבמכה זו ישראל לא הובדלו (בפירושו הארוך על פסוק ט). מכה זו כנראה לא גרמה למוות, שכן אם היה כך, הכתוב לא היה נמנע מלומר זאת (שד"ל על פסוק ט).

סיפור מכה זו נחלק לשניים: תיאור המכה, ט', ח-י; תגובת החרטומים ופרעה, ט', יא-יב.

המכה, ט', ח-י

במכה זו ה' מצווה את משה ואת אהרן לקחת אפר של פיח כבשן, ושמשה יזרוק את האפר לשמיים לעיני פרעה (ח). הזריקה היא לאוויר לכיוון השמיים. הפיח יתפזר בכל ארץ מצרים ויהפוך לשחין בבהמה ובאדם (ט), וכך עשו (י). במכות הראשונות אהרן הוא זה שנטה ידו, ובשלישייה האחרונה משה נטה את ידו. במכה זו משה ואהרן עושים חלק מהפעולה יחדיו, משה ואהרן לוקחים פיח כבשן בחופניהם יחדיו, ומשה זרק את האפר לכיוון השמיים. לא נאמר איך בדיוק הפעולה נעשתה. ריב"ש מסביר שאהרן חפן ומשה זרק. ואפשר שמשה זרק את שבידו ואחר כך לקח את שבידי אהרן וזרק שוב (ראב"ם; אברבנאל).[36]

תגובת החרטומים ופרעה, ט', יא-יב

לאחר שלא נזכרו החרטומים במכה הרביעית והחמישית, הם מוזכרים שוב במכה זו, אך לא כמי שמנסים לעשות את המכה, אלא כמי שאינם מסוגלים לעמוד בפני משה מפני עוצמת המכה (יא). תיאור זה מלמד שבכל המכות עמדו החרטומים לפני משה. מכאן ואילך לא יוזכרו החרטומים יותר, והכתוב בא להראות את כישלונם מול משה ואהרן. נראה גם שבהעדרם, נותר פרעה במערכה לבדו ללא סיוע (רמב"ן לפס' יב). אולי קשורה בכך גם העובדה שאהרן לא השתתף בצורה פעילה במכות הבאות. נראה כי הדבר תואם את תוכניתו של ה' מראש, שאהרן יהיה נביאו של משה, וזאת כנגד העוזרים של פרעה. בהעדר עוזרים לפרעה, גם אהרן סיים את תפקידו, ומשה ופרעה נשארו לבדם בזירה. הידיעה בדבר החרטומים נאמרת כאן כדי להנגיד זאת לתגובה של פרעה: החרטומים קיבלו את הלקח ואת המסר, והפסיקו לעמוד לפני משה ואהרן מתוך כניעה לכוחם. לעומת זאת, פרעה אינו משחרר את ישראל. עם זאת, בפעם הראשונה נאמר שה' הקשה את ליבו של פרעה, לעומת המכות הקודמות שבהן פרעה הקשה את ליבו. משתמע כאן שאילולי עשה זאת ה', גם פרעה היה נכנע כמו חרטומיו. אלא

שלאחר שפרעה הקשה את ליבו כל כך הרבה פעמים, ה׳ מבקש להראות לו את עוצמתו, באמצעות מכות נוספות, ולכן הוא הקשה את ליבו. הפסוק מבהיר שזו הייתה התוכנית של אלוהים מראש (יב).

מכת ברד, ט׳, יג–לה

יג וַיֹּאמֶר יהוה אֶל־מֹשֶׁה הַשְׁכֵּם בַּבֹּקֶר וְהִתְיַצֵּב לִפְנֵי פַרְעֹה וְאָמַרְתָּ אֵלָיו כֹּה־אָמַר יהוה אֱלֹהֵי
יד הָעִבְרִים שַׁלַּח אֶת־עַמִּי וְיַעַבְדֻנִי. כִּי בַּפַּעַם הַזֹּאת אֲנִי שֹׁלֵחַ אֶת־כָּל־מַגֵּפֹתַי אֶל־לִבְּךָ וּבַעֲבָדֶיךָ
טו וּבְעַמֶּךָ בַּעֲבוּר תֵּדַע כִּי אֵין כָּמֹנִי בְּכָל־הָאָרֶץ. כִּי עַתָּה שָׁלַחְתִּי אֶת־יָדִי וָאַךְ אוֹתְךָ וְאֶת־עַמְּךָ
טז בַּדָּבֶר וַתִּכָּחֵד מִן־הָאָרֶץ. וְאוּלָם בַּעֲבוּר זֹאת הֶעֱמַדְתִּיךָ בַּעֲבוּר הַרְאֹתְךָ אֶת־כֹּחִי וּלְמַעַן סַפֵּר
יז יח שְׁמִי בְּכָל־הָאָרֶץ. עוֹדְךָ מִסְתּוֹלֵל בְּעַמִּי לְבִלְתִּי שַׁלְּחָם. הִנְנִי מַמְטִיר כָּעֵת מָחָר בָּרָד כָּבֵד מְאֹד
יט אֲשֶׁר לֹא־הָיָה כָמֹהוּ בְּמִצְרַיִם לְמִן־הַיּוֹם הִוָּסְדָה וְעַד־עָתָּה. וְעַתָּה שְׁלַח הָעֵז אֶת־מִקְנְךָ וְאֵת
כָּל־אֲשֶׁר לְךָ בַּשָּׂדֶה כָּל־הָאָדָם וְהַבְּהֵמָה אֲשֶׁר־יִמָּצֵא בַשָּׂדֶה וְלֹא יֵאָסֵף הַבַּיְתָה וְיָרַד עֲלֵהֶם
כ הַבָּרָד וָמֵתוּ. הַיָּרֵא אֶת־דְּבַר יהוה מֵעַבְדֵי פַּרְעֹה הֵנִיס אֶת־עֲבָדָיו וְאֶת־מִקְנֵהוּ אֶל־הַבָּתִּים.
כא וַאֲשֶׁר לֹא־שָׂם לִבּוֹ אֶל־דְּבַר יהוה וַיַּעֲזֹב אֶת־עֲבָדָיו וְאֶת־מִקְנֵהוּ בַּשָּׂדֶה.

כב וַיֹּאמֶר יהוה אֶל־מֹשֶׁה נְטֵה אֶת־יָדְךָ עַל־הַשָּׁמַיִם וִיהִי בָרָד בְּכָל־אֶרֶץ מִצְרָיִם עַל־הָאָדָם וְעַל־
כג הַבְּהֵמָה וְעַל כָּל־עֵשֶׂב הַשָּׂדֶה בְּאֶרֶץ מִצְרָיִם. וַיֵּט מֹשֶׁה אֶת־מַטֵּהוּ עַל־הַשָּׁמַיִם וַיהוה נָתַן קֹלֹת
כד וּבָרָד וַתִּהֲלַךְ־אֵשׁ אָרְצָה וַיַּמְטֵר יהוה בָּרָד עַל־אֶרֶץ מִצְרָיִם. וַיְהִי בָרָד וְאֵשׁ מִתְלַקַּחַת בְּתוֹךְ
כה הַבָּרָד כָּבֵד מְאֹד אֲשֶׁר לֹא־הָיָה כָמֹהוּ בְּכָל־אֶרֶץ מִצְרַיִם מֵאָז הָיְתָה לְגוֹי. וַיַּךְ הַבָּרָד בְּכָל־אֶרֶץ
מִצְרַיִם אֵת כָּל־אֲשֶׁר בַּשָּׂדֶה מֵאָדָם וְעַד־בְּהֵמָה וְאֵת כָּל־עֵשֶׂב הַשָּׂדֶה הִכָּה הַבָּרָד וְאֶת־כָּל־
כו עֵץ הַשָּׂדֶה שִׁבֵּר. רַק בְּאֶרֶץ גֹּשֶׁן אֲשֶׁר־שָׁם בְּנֵי יִשְׂרָאֵל לֹא הָיָה בָּרָד.

כז וַיִּשְׁלַח פַּרְעֹה וַיִּקְרָא לְמֹשֶׁה וּלְאַהֲרֹן וַיֹּאמֶר אֲלֵהֶם חָטָאתִי הַפָּעַם יהוה הַצַּדִּיק וַאֲנִי וְעַמִּי
כח הָרְשָׁעִים. הַעְתִּירוּ אֶל־יהוה וְרַב מִהְיֹת קֹלֹת אֱלֹהִים וּבָרָד וַאֲשַׁלְּחָה אֶתְכֶם וְלֹא תֹסִפוּן לַעֲמֹד.
כט וַיֹּאמֶר אֵלָיו מֹשֶׁה כְּצֵאתִי אֶת־הָעִיר אֶפְרֹשׂ אֶת־כַּפַּי אֶל־יהוה הַקֹּלוֹת יֶחְדָּלוּן וְהַבָּרָד לֹא יִהְיֶה־
ל עוֹד לְמַעַן תֵּדַע כִּי לַיהוה הָאָרֶץ. וְאַתָּה וַעֲבָדֶיךָ יָדַעְתִּי כִּי טֶרֶם תִּירְאוּן מִפְּנֵי יהוה אֱלֹהִים.
לא לב וְהַפִּשְׁתָּה וְהַשְּׂעֹרָה נֻכָּתָה כִּי הַשְּׂעֹרָה אָבִיב וְהַפִּשְׁתָּה גִּבְעֹל. וְהַחִטָּה וְהַכֻּסֶּמֶת לֹא נֻכּוּ כִּי אֲפִילֹת
לג הֵנָּה. וַיֵּצֵא מֹשֶׁה מֵעִם פַּרְעֹה אֶת־הָעִיר וַיִּפְרֹשׂ כַּפָּיו אֶל־יהוה וַיַּחְדְּלוּ הַקֹּלוֹת וְהַבָּרָד וּמָטָר לֹא־
לד נִתַּךְ אָרְצָה. וַיַּרְא פַּרְעֹה כִּי־חָדַל הַמָּטָר וְהַבָּרָד וְהַקֹּלֹת וַיֹּסֶף לַחֲטֹא וַיַּכְבֵּד לִבּוֹ הוּא וַעֲבָדָיו.
לה וַיֶּחֱזַק לֵב פַּרְעֹה וְלֹא שִׁלַּח אֶת־בְּנֵי יִשְׂרָאֵל כַּאֲשֶׁר דִּבֶּר יהוה בְּיַד־מֹשֶׁה.

פירוש העניין

מכת ברד היא המכה השביעית וניכר שהיא שיא של המכות עד כה, בהתאם למספר שבע הרווח במקרא. היא הארוכה מכל תיאורי המכות, ומשמעותית יותר מבחינה זו שה׳ מגדיר אותה כ״כָּל מַגֵּפֹתַי״ (יד). התיאור הדרמטי של המכה, בשילוב של קולות, אש וברד, וגם מטר (לג, לד), מחזק את היותה של המכה שיא. האש והקולות במקרא הם ייצוגים של ה׳, וניכר כי במכה השביעית הנוכחות של ה׳ הייתה בולטת יותר מבמכות הקודמות. בהתאם לכך, המטרה של המכה הזו היא גדולה יותר. הפעם משה אומר שפרעה ידע שהארץ שייכת לה׳, וזה על ידי הגדרת המכה ״קֹלֹת אֱלֹהִים וּבָרָד״ בפי פרעה ובתגובה ראשונה של פרעה שמאשים עצמו כרשע ואת ה׳ כצדיק.

מכה זו היא הראשונה של השלישייה השלישית של המכות, ולכן שוב משה מצטווה להשכים בבוקר ולהתייצב לפני פרעה (יג). גם מכה זו פגעה במצרים בלבד ולא בישראל. כמו במכת שחין, מכה זו פוגעת גם היא הן בבהמות הן באדם (ט׳, ט-י; יט, כב).

תיאור המכה נחלק לשלושה חלקים: ההתראה לפרעה, ט׳, יג-כא; המכה, ט׳, כב-כו; תגובת פרעה, ט׳, כז-לה.

ההתראה לפרעה, ט׳, יג-כא

בניגוד למכות הראשונות בכל שלישייה – הדם והערוב, במכת ברד לא נאמר שמשה עומד לפני פרעה על היאור. אפשר שהדבר בא בקיצור כאן, ועלינו ללמוד מהמקבילות שזה היה ביאור, ואפשר שהפעם המפגש לא היה ביאור (ראב״ע), אך ההתייצבות בבוקר אצל פרעה שומרת על המבנה של המכות.

שוב ה׳ דורש מפרעה באותה לשון כמו במכות הקודמות – ״שַׁלַּח אֶת עַמִּי וְיַעַבְדֻנִי״ (יג). האיום כעת הוא הגדול ביותר עד כה: ״כִּי בַּפַּעַם הַזֹּאת אֲנִי שֹׁלֵחַ אֶת כָּל מַגֵּפֹתַי אֶל לִבְּךָ וּבַעֲבָדֶיךָ וּבְעַמֶּךָ״ (יד). הדרישה לפרעה היא ״שַׁלַּח״, והאיום הוא באמצעות אותו פועל, ״שֹׁלֵחַ״, מידה כנגד מידה. גם הפעם מטרת המכה היא שפרעה ידע שאין כמו ה׳: ״בַּעֲבוּר תֵּדַע כִּי אֵין כָּמֹנִי בְּכָל הָאָרֶץ״ (יד). אפשרות אחת להסביר את כוונת ה׳ במילים ״כָּל מַגֵּפֹתַי״ היא שמדובר על אופי מכת ברד, הכולל קולות וגם אש המתלקחת בתוך הברד (ראב״ע).[37] אפשרות נוספת היא שלשון זו מורה על העוצמה של המכה הזו (רש״י), או לְהֶזֵּקָהּ הרחב (ריב״ש; שד״ל). אפשר גם שייחודה של מכה זו הוא בהתגלות מיוחדת של ה׳ באמצעות קולות ואש (כפי שנראה להלן), ולכן נקראת המכה ״כָּל מַגֵּפֹתַי״.[38] אפשרות נוספת היא שמשפט זה הוא הקדמה לשלוש המכות האחרונות, שהן חמורות ביותר (אברבנאל; ספורנו).[39]

ה׳ מסביר לפרעה שאילו היה רוצה, הוא כבר היה מכחיד אותו במכת דֶּבֶר, ושהוא לא מיצה עימו את המכה ההיא כדי שיחזיק מעמד יותר זמן, על מנת להראות לו את כוח ה׳ ושיספר את שם ה׳ בכל העולם (טו-טז).[40] זו הפעם הראשונה שישנה פרספקטיבה על מעמד ה׳ בכל העולם. בהתאם לכוונה זו, פסוקים יד-טז חותמים במילה ״אָרֶץ״.

אלוהים מדבר בגוף ראשון לפרעה באמצעות משה – "עוֹדְךָ מִסְתּוֹלֵל בְּעַמִּי" – פרעה מתנשא על ישראל ואינו משלח אותם. בכך היחס שלו לישראל, עמו של ה', היא פגיעה בה' (יז). לכן ה' מביא על פרעה מכה כבדה מאוד. כבר באיומו של ה' מתוארת מכת ברד כמכה שלא הייתה כמותה במצרים מאז ומעולם (יח).

ה' מאתגר את פרעה מול התפיסות שלו. הוא אומר לו שיציל את כל אשר לו בשדה, ויכניס הכול לבתים, ואם לא, כל מקנהו וכל אנשיו שיישארו בחוץ, ימותו על ידי הברד, ורק מי שיהיה במקום מוגן יינצל (יט). ה' משתמש בפועל "**שְׁלַח** הָעֵז אֶת מִקְנְךָ", כדי לתאר את האפשרות של פרעה להינצל בפועל שבו הוא השתמש כדי לדרוש מפרעה לשלח את העם "**שַׁלַּח** אֶת עַמִּי", וכן בפועל שבו יחולל ה' את המכה "אֲנִי **שֹׁלֵחַ** אֶת כָּל מַגֵּפֹתַי". דברים אלו, כנראה, לא השפיעו על פרעה, אבל בפעם הראשונה, נעשית הבחנה בין אלו שיראו את ה', והניסו את עבדיהם ואת המקנה שלהם לבתים, ובין אלו שלא יראו את ה' ולא נקטו בפעולה זו (כ–כא). ה' מזהיר ומאפשר למי שיראו אותו להינצל מהמכה כדי לממש את המטרה – הכרתם בגדולת ה'. לאור המטרה להביא את מצרים להכרה בגדולת ה' (ז', ה), המקרא מציין שהיו מצרים שכבר יראו את ה', האמינו לאזהרות של משה והצילו את השייך להם.[41]

המכה, ט', כב–כו

ה' מצווה את משה לנטות במטה אשר בידו על השמיים (כב), שמכיוונם יורד הברד. בשלוש המכות הראשונות אהרן הכה במטה, ובשלוש השניות לא הייתה הכאה. עכשיו, בשלישייה השלישית משה מכה במטהו כחלק מההעצמה של המכות. ה' מבשר שוב שהמכה תפגע באדם ובבהמה, ונוספת כאן גם פגיעה בעשב השדה של מצרים (כב). תיאור המכה יוצא דופן – משה אומנם מטה את ידו על השמיים, אך מפורש שה' עשה את המכה: "וַה' נָתַן קֹלֹת וּבָרָד וַתִּהֲלַךְ אֵשׁ אָרְצָה" (כג). ושוב מודגש בהמשך הפסוק: "וַיַּמְטֵר ה' בָּרָד עַל אֶרֶץ מִצְרָיִם" (כג). זאת בהשוואה לכל המכות שבהן התיאור מתרכז בהתרחשות: "וַיֵּהָפְכוּ כָּל הַמַּיִם אֲשֶׁר בַּיְאֹר לְדָם" (ז', כ); "וַתַּעַל הַצְּפַרְדֵּעַ" (ח', ב); "וַתְּהִי הַכִּנָּם בָּאָדָם וּבַבְּהֵמָה" (ח', יג). במכת ערוב ודבר מוצגת התערבות ה' בצורה מפורשת יותר: "וַיַּעַשׂ ה' כֵּן וַיָּבֹא עָרֹב כָּבֵד" (ח', כ); "וַיַּעַשׂ ה' אֶת הַדָּבָר הַזֶּה מִמָּחֳרָת וַיָּמָת כֹּל מִקְנֵה מִצְרָיִם" (ט', ו). במכת שחין התופעה מתוארת אך ללא ייחוסה לה': "וַיְהִי שְׁחִין" (ט', י). מכת ברד אינה מתוארת כמו במכות קודמות, אלא היא מוצגת ישירות כמעשה ה'. הסבר אחד להבדל זה הוא העוצמה היתרה של מכת הברד, שבאה לידי ביטוי לא רק במכה עצמה, אלא גם בייחוסה אל ה'. אך נדמה שיש כאן נקודה מהותית נוספת. במכת ברד באה לידי ביטוי מיוחד התגלות ה'. מכת ברד באה ביחד עם קולות שה' נתן, ועם אש בתוך הברד. גם הקולות וגם האש מופיעים בהתגלויות שונות, ובראשם התגלות ה' בסיני: "וַיְהִי קֹלֹת וּבְרָקִים וְעָנָן כָּבֵד עַל הָהָר... מִפְּנֵי אֲשֶׁר יָרַד עָלָיו ה' בָּאֵשׁ" (י"ט, טז, יח). המקרא מבקש לומר שבמכה זו הייתה התגלות של ה', שהקולות מזכירים את קול ה', והאש הייתה מעין ייצוג של נוכחות ה', כמו במקומות אחרים.[42] גם בתהילים י"ח התגלות

ה׳ מתוארת באמצעות קולות ה׳, ברד ואש: ״וַיֵּט שָׁמַיִם וַיֵּרַד וַעֲרָפֶל תַּחַת רַגְלָיו... מִנֹּגַהּ נֶגְדּוֹ עָבָיו עָבְרוּ בָּרָד וְגַחֲלֵי אֵשׁ. וַיַּרְעֵם בַּשָּׁמַיִם ה׳ וְעֶלְיוֹן יִתֵּן קֹלוֹ בָּרָד וְגַחֲלֵי אֵשׁ״ (י-טו). פרעה אכן יבין בהמשך שהקולות הם קולות אלוהים (כח).

לאחר שהמכה תוארה כמעשה ה׳, שוב המקרא מתאר כיצד היא התרחשה בארץ. שוב מתואר ייחודה: ״וַיְהִי בָרָד וְאֵשׁ מִתְלַקַּחַת בְּתוֹךְ הַבָּרָד״, ומייד באה הערכה של המכה ככבדה מאוד, שלא הייתה כמוה במצרים: ״כָּבֵד מְאֹד אֲשֶׁר לֹא הָיָה כָמֹהוּ בְּכָל אֶרֶץ מִצְרַיִם מֵאָז הָיְתָה לְגוֹי״ (כד). נזקיה של מכת ברד היו באדם ובבהמה, ובפעם הראשונה, כדי להוסיף עוד נופך של העצמה, נאמר שהמכה הייתה גם בצמחיית השדות (כה). גם מכה זו פגעה רק במצרים ולא בישראל, שישבו בארץ גושן (כו).

תגובת פרעה, כז-לה

פרעה קורא למשה ולאהרן, ובפעם הראשונה מתוודה על רשעותו לעומת צדקת ה׳. מטרת המכות הייתה להביא את פרעה לדעת את ה׳, ולראשונה במכת הברד זה קורה. שוב פרעה מבקש ממשה להתפלל לה׳, ומבקש באופן מפורש שקולות אלוהים והברד ייפסקו. הוא מבטיח לשחרר את העם ולא לעכב אותם יותר (כח). פרעה משתמש במושג ״קֹלֹת אֱלֹהִים״, אבל משה מחדד ואומר ״אֶפְרֹשׂ אֶת כַּפַּי אֶל ה׳ הַקֹּלוֹת יֶחְדָּלוּן״ (כט), ובפועל כך עושה: ״וַיִּפְרֹשׂ כַּפָּיו אֶל ה׳ וַיַּחְדְּלוּ הַקֹּלוֹת״ (לג).[43] משה אף מדגיש במפורש את הזהות בין ה׳ לאלוהים – ״מִפְּנֵי ה׳ אֱלֹהִים״ (ל).

זו הפעם הראשונה שפרעה מבטיח לשחרר את העם. במכת צפרדע ביקש פרעה שמשה ואהרן יתפללו להסרת המכה, אך הוא לא הבטיח דבר בתמורה (ח׳, ד). במכת ערוב פרעה היה מוכן לשחרר את העם, אבל רק על מנת לזבוח לה׳ בתוך מצרים, וכשהסכים פרעה שזה יהיה במדבר, הגביל אותם במרחק (ח׳, כא-כד). הפעם פרעה מסכים לשלח את העם, ללא כל סייג או מגבלה (כח). עוצמת המכה וההתגלות האלוהית הביאה לשינוי גדול ביחסו של פרעה.

משה מסכים להתפלל אל ה׳ להפסקת המכה, שהקולות ייפסקו ולא יהיה עוד ברד, כדי לחזק את הכרתו של פרעה שה׳ שולט בארץ. הכרה זו היא החזקה ביותר עד כה. במכות דם וצפרדע ההכרה שובראליה היא שפרעה ידע את ה׳ (ז׳, יז, ו). במכת ערוב מדובר על ידיעתו של פרעה שה׳ נמצא בארץ (ח׳, יח), ובהתראה של מכת ברד נאמר אף שאין כמו ה׳ בארץ (ט׳, יד). יתר על כן, במכה זו מתגלה שהמטרה שלה היא שפרעה יראה את כוחו של ה׳, ואף יהיה שגרירו לספר את שמו בכל הארץ (טז). לא רק בעצם המכה, אלא בהסרת המכה, המטרה היא שפרעה יבין שהארץ שייכת לה׳, והמשמעות היא שה׳ הוא האדון הבלעדי של העולם (ט׳, כט). ההכרה בדבר הריבונות של ה׳ על כל הארץ באה לידי ביטוי בדגש מיוחד על המילה ״אָרֶץ״, המופיעה שתים עשרה פעמים בתיאור מכה זו. האיום הוא בהכחדת פרעה מן הארץ (טו). מודגש שהמכה הייתה בכל ארץ מצרים, ועל כל אשר בה, באדם, בבהמה ובצומח (טו, כב, כה). משה מכה במטהו על השמיים והמכה פוגעת בארץ. הברד היה על

ארץ מצרים (כג), ומודגש שכמוהו לא היה בכל ארץ מצרים (כד). התוצאה של המכה היא הגדלת שמו של ה׳ בכל הארץ ושלו כל הארץ (יד, טז, כט). השלטון של ה׳ בארץ בא לידי ביטוי בכך שאף שהמכה הייתה בכל ארץ מצרים, היא לא פגעה בארץ גושן, שבה שכנו בני ישראל (כו).[44] אף שנראה שפרעה הגיע להכרה בה׳, משה מצנן את דבריו באמירתו שאף על פי שפרעה אומר את הדברים הנכונים, הוא יודע שהוא ועבדיו אינם יראים מפני ה׳ (ל).

כהמשך למה שאמר משה באים פסוקים המתארים את הצמחייה שנהרסה בברד לעומת הצמחייה ששרדה את המכה (לא-לב). הפשתה והשעורה נהרסו על ידי הברד כיוון שהם כבר היו בשלים ולכן נשברו. לעומת זאת, החיטה והכוסמת מאחרות להבשיל, ומכיוון שלא צמחו עדיין, לא נהרסו בברד (אברבנאל). לפי רש״י, ההבדל הוא שהשעורה והפשתן הם קשים ולכן נשברו, ואילו הכוסמת וחיטה גמישות ולכן לא נשברו. סדר האזכור של הפשתה והשעורה הוא בהיפוך הסדר (לא). ידיעה זו באה בין בקשת פרעה ממשה להתפלל אל ה׳, ותשובת משה שהוא יתפלל בעד פרעה (כו-ל), ובין התפילה של משה (לג). הסיבה למיקומה של הידיעה בדבר הצומח בין הבקשה לתפילה והתפילה עצמה היא כדי לציין איזו צמחייה נותרה מהברד לקראת המכה הבאה שתפגע בעיקר בצמחייה. יש עוד צמחייה שלא חיסל הברד, שאותה יחסל הארבה.[45]

קביעתו של משה שפרעה ועבדיו עדיין לא יראים את ה׳ התבררה כנכונה: לאחר שמשה מתפלל אל ה׳, ופרעה רואה שהמטר, הברד והקולות פסקו, הוא ועבדיו הכבידו את ליבם, פרעה חיזק את ליבו ולא שלח את בני ישראל כפי שהבטיח. בפעם הראשונה בתיאור המכות, נוסף להכבדת ליבו, נאמר על פרעה ״וַיֹּסֶף לַחֲטֹא״ (לד). תיאור זה נועד להנגיד לדברי הווידוי שאמר למשה ״חָטָאתִי הַפָּעַם״ (כז). אף שהתוודה שחטא, חזר פרעה לסורו וחטא בשנית. גם הפעם, כדי להראות בכל זאת את העליונות של ה׳, הכתוב מדגיש שה׳ צפה זאת מראש (לה). הכפילות בפסוקים לד-לה נובעת מכך שבפסוק לד הדגש הוא על פרעה שהכביד את ליבו, בהיפוך למה שאמר שיעשה, ואילו פסוק לה מאיר יותר את ה׳, שצפה את הכבדת ליבו של פרעה.

מכת ארבה, י', א–כ

א וַיֹּאמֶר יהוה אֶל־מֹשֶׁה בֹּא אֶל־פַּרְעֹה כִּי־אֲנִי הִכְבַּדְתִּי אֶת־לִבּוֹ וְאֶת־לֵב עֲבָדָיו לְמַעַן שִׁתִי
ב אֹתֹתַי אֵלֶּה בְּקִרְבּוֹ. וּלְמַעַן תְּסַפֵּר בְּאָזְנֵי בִנְךָ וּבֶן־בִּנְךָ אֵת אֲשֶׁר הִתְעַלַּלְתִּי בְּמִצְרַיִם וְאֶת־
ג אֹתֹתַי אֲשֶׁר־שַׂמְתִּי בָם וִידַעְתֶּם כִּי־אֲנִי יהוה. וַיָּבֹא מֹשֶׁה וְאַהֲרֹן אֶל־פַּרְעֹה וַיֹּאמְרוּ אֵלָיו כֹּה־
ד אָמַר יהוה אֱלֹהֵי הָעִבְרִים עַד־מָתַי מֵאַנְתָּ לֵעָנֹת מִפָּנָי שַׁלַּח עַמִּי וְיַעַבְדֻנִי. כִּי אִם־מָאֵן אַתָּה
ה לְשַׁלֵּחַ אֶת־עַמִּי הִנְנִי מֵבִיא מָחָר אַרְבֶּה בִּגְבֻלֶךָ. וְכִסָּה אֶת־עֵין הָאָרֶץ וְלֹא יוּכַל לִרְאֹת אֶת־
הָאָרֶץ וְאָכַל אֶת־יֶתֶר הַפְּלֵטָה הַנִּשְׁאֶרֶת לָכֶם מִן־הַבָּרָד וְאָכַל אֶת־כָּל־הָעֵץ הַצֹּמֵחַ לָכֶם מִן־
ו הַשָּׂדֶה. וּמָלְאוּ בָתֶּיךָ וּבָתֵּי כָל־עֲבָדֶיךָ וּבָתֵּי כָל־מִצְרַיִם אֲשֶׁר לֹא־רָאוּ אֲבֹתֶיךָ וַאֲבוֹת אֲבֹתֶיךָ
מִיּוֹם הֱיוֹתָם עַל־הָאֲדָמָה עַד הַיּוֹם הַזֶּה וַיִּפֶן וַיֵּצֵא מֵעִם פַּרְעֹה.

ז וַיֹּאמְרוּ עַבְדֵי פַרְעֹה אֵלָיו עַד־מָתַי יִהְיֶה זֶה לָנוּ לְמוֹקֵשׁ שַׁלַּח אֶת־הָאֲנָשִׁים וְיַעַבְדוּ אֶת־יהוה
ח אֱלֹהֵיהֶם הֲטֶרֶם תֵּדַע כִּי אָבְדָה מִצְרָיִם. וַיּוּשַׁב אֶת־מֹשֶׁה וְאֶת־אַהֲרֹן אֶל־פַּרְעֹה וַיֹּאמֶר אֲלֵהֶם
ט לְכוּ עִבְדוּ אֶת־יהוה אֱלֹהֵיכֶם מִי וָמִי הַהֹלְכִים. וַיֹּאמֶר מֹשֶׁה בִּנְעָרֵינוּ וּבִזְקֵנֵינוּ נֵלֵךְ בְּבָנֵינוּ
י וּבִבְנוֹתֵנוּ בְּצֹאנֵנוּ וּבִבְקָרֵנוּ נֵלֵךְ כִּי חַג־יהוה לָנוּ. וַיֹּאמֶר אֲלֵהֶם יְהִי כֵן יהוה עִמָּכֶם כַּאֲשֶׁר
יא אֲשַׁלַּח אֶתְכֶם וְאֶת־טַפְּכֶם רְאוּ כִּי רָעָה נֶגֶד פְּנֵיכֶם. לֹא כֵן לְכוּ־נָא הַגְּבָרִים וְעִבְדוּ אֶת־יהוה
כִּי אֹתָהּ אַתֶּם מְבַקְשִׁים וַיְגָרֶשׁ אֹתָם מֵאֵת פְּנֵי פַרְעֹה.

יב וַיֹּאמֶר יהוה אֶל־מֹשֶׁה נְטֵה יָדְךָ עַל־אֶרֶץ מִצְרַיִם בָּאַרְבֶּה וְיַעַל עַל־אֶרֶץ מִצְרָיִם וְיֹאכַל אֶת־
יג כָּל־עֵשֶׂב הָאָרֶץ אֵת כָּל־אֲשֶׁר הִשְׁאִיר הַבָּרָד. וַיֵּט מֹשֶׁה אֶת־מַטֵּהוּ עַל־אֶרֶץ מִצְרַיִם וַיהוה נִהַג
יד רוּחַ־קָדִים בָּאָרֶץ כָּל־הַיּוֹם הַהוּא וְכָל־הַלָּיְלָה הַבֹּקֶר הָיָה וְרוּחַ הַקָּדִים נָשָׂא אֶת־הָאַרְבֶּה. וַיַּעַל
הָאַרְבֶּה עַל כָּל־אֶרֶץ מִצְרַיִם וַיָּנַח בְּכֹל גְּבוּל מִצְרָיִם כָּבֵד מְאֹד לְפָנָיו לֹא־הָיָה כֵן אַרְבֶּה כָּמֹהוּ
טו וְאַחֲרָיו לֹא יִהְיֶה־כֵּן. וַיְכַס אֶת־עֵין כָּל־הָאָרֶץ וַתֶּחְשַׁךְ הָאָרֶץ וַיֹּאכַל אֶת־כָּל־עֵשֶׂב הָאָרֶץ וְאֵת
כָּל־פְּרִי הָעֵץ אֲשֶׁר הוֹתִיר הַבָּרָד וְלֹא־נוֹתַר כָּל־יֶרֶק בָּעֵץ וּבְעֵשֶׂב הַשָּׂדֶה בְּכָל־אֶרֶץ מִצְרָיִם.

טז יז וַיְמַהֵר פַּרְעֹה לִקְרֹא לְמֹשֶׁה וּלְאַהֲרֹן וַיֹּאמֶר חָטָאתִי לַיהוה אֱלֹהֵיכֶם וְלָכֶם. וְעַתָּה שָׂא נָא
יח חַטָּאתִי אַךְ הַפַּעַם וְהַעְתִּירוּ לַיהוה אֱלֹהֵיכֶם וְיָסֵר מֵעָלַי רַק אֶת־הַמָּוֶת הַזֶּה. וַיֵּצֵא מֵעִם פַּרְעֹה
יט וַיֶּעְתַּר אֶל־יהוה. וַיַּהֲפֹךְ יהוה רוּחַ־יָם חָזָק מְאֹד וַיִּשָּׂא אֶת־הָאַרְבֶּה וַיִּתְקָעֵהוּ יָמָּה סּוּף לֹא
כ נִשְׁאַר אַרְבֶּה אֶחָד בְּכֹל גְּבוּל מִצְרָיִם. וַיְחַזֵּק יהוה אֶת־לֵב פַּרְעֹה וְלֹא שִׁלַּח אֶת־בְּנֵי יִשְׂרָאֵל.

פירוש העניין

המכה השמינית היא מכת ארבה שחיסלה את הצמחייה והפריעה רבות לחיי המצרים. על מכה זו נאמר, בדומה לנאמר במכת ברד, שלא נראתה כמותה בעבר (ט׳, כד; י׳, ו). פעמיים נאמר במכה זו שהיא חיסלה את הצמחייה שהותיר הברד (ה, טו), ויש לראות בה המשכה והשלמתה של המכה הקודמת. מכה זו היא השנייה בשלישייה השלישית של המכות, ובהתאם לכך, כמו במכת צפרדע ודבר, שהן המכות השניות בשתי השלישיות הקודמות, משה נשלח לפגוש את פרעה ככל הנראה בארמונו.

מבנה מכה זו שונה מהמכות עד כה והוא כולל ארבעה חלקים: ההתראה לפרעה – י׳, א-ו; עבדי פרעה מאיצים בפרעה לשלח את העם, ופרעה נושא ונותן עם משה ואהרן – י׳, ז-יא; המכה – י׳, יב-טו; תגובת פרעה – י׳, טז-כ. מבנה זה מלמד על מצבם הקשה של המצרים, שמתגבר ממכה למכה. בעקבות ההתראה, עבדי פרעה נשברים ודורשים מפרעה לשלח את העם. כבר ראינו במכת שחין שהחרטומים נשברו ולא יכלו לעמוד לפני משה ואהרן, ועתה גם עבדי פרעה אינם יכולים לעמוד בלחץ המכות. בעקבות פניית עבדיו, פרעה קורא למשה ולאהרן ומוכן עוד קודם המכה לשלח את העם, אבל בתנאים שלו, שאינם מוסכמים על משה ואהרן. מכה זו היא שלב משמעותי בשבירה של פרעה והיא תגיע לידי מיצוי רק במכת בכורות.

במכת ארבה לא נאמר שהייתה הבחנה בין מצרים לארץ גושן.

ההתראה לפרעה, י׳, א-ו

ה׳ מצווה את משה ללכת לפרעה, אך לא כתוב מה ה׳ אמר לו להגיד לפרעה. זה יתבאר מההמשך, כאשר ידבר משה עם פרעה בשם ה׳. ה׳ מסביר למשה את מטרת המכות: המטרה הראשונה היא להשית את המכות על מצרים. אין כאן פירוט לגבי המסקנות שאמורים המצרים להסיק מזה, אך הן פורטו כמה פעמים עד כה (ז׳, ה, יז; ח׳, ו; ט׳, יד, טז, כט). מטרה שנייה היא שישראל יספרו לדורות הבאים את עלילותיו של ה׳ כנגד פרעה ואת כל האותות שעשה במצרים, על מנת שישראל ידעו את ה׳ (ב). מטרה זו נאמרה עוד במינוי של משה בו׳, ז. הציווי לספר לבנים עולה בהמשך התנ״ך כמה פעמים והוא היסוד של חג הפסח (י״ב, כז; י״ג, ח, יד-טו; דברים ד׳, ט; על העברת סיפורי נפלאות לבנים – תהילים מ״ד, ב; ע״ח, ב).

דברי ההתראה של משה ואהרן לפרעה בפעם הראשונה אינם מופיעים בדברי ה׳ למשה, אלא בדיבור שלהם עם פרעה בלבד. הסיבה לשינוי זה היא משום שבפעם הראשונה פרעה ינהל משא ומתן עם משה ואהרן, מייד לאחר ההתראה ולפני התרחשות המכה.

שוב באה דרישה מפרעה: ״שַׁלַּח עַמִּי וְיַעַבְדֻנִי״, אך הפעם יש טענה כלפי פרעה שעד כה הוא סירב להיכנע לה׳ – ״עַד מָתַי מֵאַנְתָּ לֵעָנֹת מִפָּנָי״ (ג). ככל שהמכות מתקדמות, כך הדברים לפרעה נוקבים יותר. עתה יש דרישה ברורה שהוא חייב להיכנע לה׳. הפעם ה׳ מאיים שאם לא ישלח את העם, הוא יביא על מצרים ארבה שיהיה כה רב עד שאי אפשר יהיה לראות

את הארץ. הנזק של הארבה יהיה בכך שהוא יאכל את כל הצמחייה שנותרה מהברד וייכנס לבתי המצרים. מכה זו קשה כל כך עד שלא נראתה כמוה מאז שישבו המצרים במצרים (ו).

תגובת עבדי פרעה והניסיון של פרעה למנוע את המכה, י׳, ז–יא

כרגיל, בתחילה פרעה אינו מגיב לאיום זה מפי משה ואהרן. אולם הפעם עבדי פרעה נזעקים ומאיצים בפרעה לשחרר את העם בשל הנזק שנגרם למצרים, ומתוך חשש שמצרים תאבד תחת המכות שניחתו עליה (ז). יש כאן העצמה משמעותית. מדובר על יוזמה שבאה לפני שהמכה החלה, מתוך היענות להתראה ולאיום של משה ואהרן. בשונה מתגובותיו של פרעה עד כה, שהגיעו בהשפעת הסבל שחווה בעת התרחשות המכות, דבריהם של עבדי פרעה באים כעת מתוך הכרה באמיתות דבריו של משה, ומתוך הבנה שהאיום שלו יתממש. השכנוע של מצרים הוא המשך של מגמת התרופפות המעגלים שסובבים את פרעה, שהתבטאה עד עתה בחוסר היכולת של החרטומים לעמוד לפני משה ואהרן במכת שחין, וכן בתגובה של המצרים, שיראו מה׳ והכניסו את עבדיהם ומקניהם לבתים מפני הברד. ההעצמה כאן באה לידי ביטוי בכך שעבדי פרעה כבר משוכנעים באמיתות כוחו של ה׳, כפי שהדבר בא לידי ביטוי בשליחותו של משה.

פרעה משתכנע ובפעם הראשונה קורא למשה ולאהרן להגיע איתו להסכם לפני שהמכה יוצאת לפועל. הוא מציע להם לעבוד את אלוהיהם, כפי שביקשו, אך הוא מבקש לדעת מי ילך לאירוע זה (ח). משה עונה בעמידה איתנה ובביטחון שכולם יבואו לחגוג. הוא מפרט את כל סוגי האוכלוסייה, ובכך נותן ביטוי לעמידה האיתנה שלו מול פרעה (ט). הוא מנמק את רצונו בכך שזה חג לה׳, ולכן מתבקש שכולם ישתתפו בו.

תשובת פרעה פותחת באפשרות שהוא ישלח אותם וה׳ יהיה איתם אם יעשה זאת, שהרי "רָעָה נֶגֶד פְּנֵיכֶם" (י). אפשרות אחת להבנת הביטוי הזה, היא שפרעה חושף שכוונתם רעה (אונקלוס; רשב"ם),[46] ואולי הוא מתכוון שכוונתם לצאת לזבוח ולא לחזור. אפשרות שנייה היא שפרעה אומר שאילו היה שולח את כולם יקרה לישראל אסון, וכדי למנוע זאת הוא מוכן שהגברים בלבד ילכו לעבוד את ה׳ (תרגום יונתן-ירושלמי; רמב"ן). מכיוון שפרעה מגרש אותם מייד מעם פניו, נראה שדבריו אינם דברי עצה כבפירוש השני, אלא דברי הטחה במשה, כפירוש הראשון. פרעה מוכן לשלוח אותם לעבוד את אלוהיהם, אבל הוא אינו מוכן לאבד את שליטתו על העם ואת ריבונותו. מסיבה זו משה מתנגד. השחרור של העם לעבוד את ה׳ בא ללמד את פרעה על עליונותו של ה׳, ולכן השחרור צריך להיות שלם ולכלול את כל העם.

המכה, י׳, יב–טו

כיוון שפרעה לא הסכים לדרישת משה וגירש את משה ואהרן מלפניו, המכה מתחילה. ה׳ מצווה את משה להכות במטה על ארץ מצרים ומזכיר שהפגיעה העיקרית של הארבה היא

בצמחייה שנשארה מהברד (יב). משה מכה במטהו על ארץ מצרים ורוח ממזרח מנשבת במשך יממה שלמה, עד שבבוקר כבר יש בארץ ארבה כבד על כל מצרים. שוב המקרא מעיד שתופעה כזו היא ייחודית, שלא הייתה כמוה ולא תהיה. זהו משפט מופלג, ובדומה לו נאמר על הארבה בנבואת יואל (ב׳, ב). הארבה כיסה את כל הארץ ולכן היה חושך (טו). נזק זה לא נאמר בהתראה, ויש בכך אפקט של העצמה. בהתראה נאמר שהארבה יחסל את שארית הירק של הארץ, ובתיאור המכה זה מפורט בהרחבה, תוך דגש שלא נותר ירק מהעשב ומהעצים בכל ארץ מצרים (טו).

בספר יואל נקשרת משמעות של התגלות ה׳ למכת ארבה,[47] ומשמעות זו אינה עולה בשמות.[48]

תגובת פרעה למכה, י׳, טז–כ

בעקבות המכה, פרעה שוב קורא למשה ולאהרן כדי שיסירו את המכה. הוא מתוודה על חטאו גם לה׳ וגם למשה ואהרן ומבקש שיסלחו לו ויתפללו עבורו שהמכה תוסר ממנו (טז–יז). בדברי פרעה עוצמת המכה נראית גדולה יותר ממה שתואר עד כה. עיקר המכה היה החיסול של הצומח, ופחות הודגשה ההפרעה של הארבה לחיים של המצרים. עתה עולה שמכת ארבה נתפסה כמכת מוות: ״וְיָסֵר מֵעָלַי רַק אֶת הַמָּוֶת הַזֶּה״ (יז).

ה׳ נענה מייד לתפילת משה. כנגד הרוח המזרחית שהביאה את הארבה, באה עתה רוח מערבית מהים (התיכון), ומעיפה את הארבה לים סוף, הנמצא מזרחית למצרים, ולא נשאר בארץ אפילו ארבה אחד. הרוח שהביאה את הארבה נשבה במשך יממה שלמה, ועל הרוח המערבית שהעיפה את הארבה לים סוף נאמר ״חָזָק מְאֹד״. חיסול הארבה דרש רוח חזקה יותר. ה׳ הוא זה שהביא רוח קדים שנשא את הארבה (יג), וה׳ הוא שהפך את הרוח והביאה מכיוון הים כדי שתסלק את הארבה. מכאן שה׳ הוא השולט ברוחות. חיסול הארבה בים סוף על ידי רוח שה׳ הביא הוא ככל הנראה רמז מקדים לחיסולו של פרעה בים סוף, שנחצה על ידי רוח שה׳ הוליך. על הארבה נאמר ״לֹא נִשְׁאַר אַרְבֶּה אֶחָד״ (י׳, יט), ועל המצרים בים סוף נאמר: ״לֹא נִשְׁאַר בָּהֶם עַד אֶחָד״ (י״ד, כח).[49]

גם במכה זו הסרת המכה היא פלא. ראשית, הדבר בא לידי ביטוי בכך שלא נשאר ארבה אחד בכל מצרים. שנית, השלטון המוחלט של ה׳ בטבע שוב התגלה. ה׳ התריע על בוא המכה, מייד לאחר מכן נוצרת רוח מזרחית שמביאה את הארבה, ואחר כך, במענה לבקשת פרעה ממשה, ה׳ מביא רוח הפוכה מצד מערב כדי לסלק את הארבה. ה׳ שולט ברוחות ובטבע בכלל. המכה מסתיימת בכך שלאחר הסרת המכה, ליבו של פרעה שוב התחזק והוא לא שלח את ישראל (כז). אומנם פרעה לא אמר שישלח את העם, אלא רק התוודה שהוא חטא, אבל משתמע מהכרה זו שהוא ישמע בקול ה׳. ה׳ חיזק את לב פרעה, משמע שהוא גם שולט גם בבני אדם ובהחלטותיהם.

מכת חושך, י׳, כא-כט

כא כב וַיֹּאמֶר יהוה אֶל־מֹשֶׁה נְטֵה יָדְךָ עַל־הַשָּׁמַיִם וִיהִי חֹשֶׁךְ עַל־אֶרֶץ מִצְרָיִם וְיָמֵשׁ חֹשֶׁךְ. וַיֵּט מֹשֶׁה
כג אֶת־יָדוֹ עַל־הַשָּׁמָיִם וַיְהִי חֹשֶׁךְ־אֲפֵלָה בְּכָל־אֶרֶץ מִצְרַיִם שְׁלֹשֶׁת יָמִים. לֹא־רָאוּ אִישׁ אֶת־אָחִיו
וְלֹא־קָמוּ אִישׁ מִתַּחְתָּיו שְׁלֹשֶׁת יָמִים וּלְכָל־בְּנֵי יִשְׂרָאֵל הָיָה אוֹר בְּמוֹשְׁבֹתָם.

כד וַיִּקְרָא פַרְעֹה אֶל־מֹשֶׁה וַיֹּאמֶר לְכוּ עִבְדוּ אֶת־יהוה רַק צֹאנְכֶם וּבְקַרְכֶם יֻצָּג גַּם־טַפְּכֶם יֵלֵךְ
כה כו עִמָּכֶם. וַיֹּאמֶר מֹשֶׁה גַּם־אַתָּה תִּתֵּן בְּיָדֵנוּ זְבָחִים וְעֹלֹת וְעָשִׂינוּ לַיהוה אֱלֹהֵינוּ. וְגַם־מִקְנֵנוּ יֵלֵךְ
עִמָּנוּ לֹא תִשָּׁאֵר פַּרְסָה כִּי מִמֶּנּוּ נִקַּח לַעֲבֹד אֶת־יהוה אֱלֹהֵינוּ וַאֲנַחְנוּ לֹא־נֵדַע מַה־נַּעֲבֹד
כח אֶת־יהוה עַד־בֹּאֵנוּ שָׁמָּה יהוה אֶת־לֵב פַּרְעֹה וְלֹא אָבָה לְשַׁלְּחָם. וַיֹּאמֶר־לוֹ פַרְעֹה לֵךְ מֵעָלָי
כט הִשָּׁמֶר לְךָ אַל־תֹּסֶף רְאוֹת פָּנַי כִּי בְּיוֹם רְאֹתְךָ פָנַי תָּמוּת. וַיֹּאמֶר מֹשֶׁה כֵּן דִּבַּרְתָּ לֹא־אֹסִף עוֹד
רְאוֹת פָּנֶיךָ.

פירוש העניין

מכת החושך היא השלישית בשלישייה השלישית של המכות, ובהתאם לכך, כמו במכת כינים ושחין, אין במכה זו התראה לפרעה.

תיאור המכה נחלק לשניים: המכה – י', כא-כג; תגובת פרעה למכה, ודו־השיח שלו עם משה – י', כד-כט.

המכה, י', כא-כג

ללא התראה, ה' אומר למשה להטות בידו על השמיים ויהיה חושך (כא). אין ציווי שמשה יטה במטהו. יש האומרים שמידע זה חסר וצריך להשלימו מהמכות האחרות (ראב"ע בפירושו הארוך),[50] ואפשר שבמכה לפני האחרונה משה מכה בידו בלי המטה, להורות על גדולת המכה, שבה משה פועל לבדו ללא כלים. במכה האחרונה ה' יפעל בעצמו ללא סיוע ממשה ואהרן. משה עשה על פי מה שציווה אותו ה', והיה חושך מוחלט למשך שלושה ימים (כב). הדגמה של עוצמת החושך היא שהאדם לא היה יכול לראות את חברו, ולכן, בגלל החושך הכבד, איש לא זז ממקומו. פלא המכה הוא שגם עתה החושך היה למצרים בלבד, ואילו "לְכָל בְּנֵי יִשְׂרָאֵל הָיָה אוֹר בְּמוֹשְׁבֹתָם" (כג).

דברי ה' "וִיהִי חֹשֶׁךְ" (כא) הפוכים לדבריו בסיפור בריאת העולם: "יְהִי אוֹר" (בראשית א', ג). כמו בריאת האור, ניתן לראות כאן סוג של בריאה חדשה, כפי שבא לידי ביטוי בדבריו של ישעיהו: "יוֹצֵר אוֹר וּבוֹרֵא חֹשֶׁךְ" (מ"ה, ז).[51] ייתכן שהיפוך זה נועד להדגים את גודל השעה והחורבן, שהוא מקביל בעוצמתו והפוך לבריאת האור, שהוא טוב. מוטיב החושך מצוי כבר במכת ארבה, ויופיע גם במכת בכורות (י"א, ד; י"ב, יב, כט-לא, מב) וגם בנפילת מצרים בים סוף (י"ד, כ-כא).[52] אם האור מסמל את הטוב ואת הגאולה, החושך מסמל את החורבן ואת הרע, תוהו ובוהו (עמוס ה', יח; ישעיה ס', א-ג; נ"ח, י; נ"ט, ט-י; ירמיה ד', כז-כח; י"ג, טז; ישעיה מ"ז, ה-ז; יחזקאל ל', יח; ל"ב, ז-ח). החושך הוא זמן המשפט של ה' את הרשעים (שמ"א ב', ט; איוב י"ב, כד-כה; ישעיה ה', כט-ל), ונקשר במאורעות יום ה' (ישעיה י"ג, ט-י; יואל ב', ב, י; עמוס ה', יח; ח', ט; צפניה א', טו). כל זה הינו חלק מרעיון גדול יותר, שחושך נקשר בהתגלות ה' (שמות כ', כא; דברים ה', כג; שמ"ב כ"ב, יב=תהילים י"ח, יב)

תגובת פרעה ודו־השיח עם משה, י', כד-כט

שוב פרעה קורא למשה ולאהרן (כד). נראה שהוא פנה למשה לאחר שלושה ימים כשהמכה כבר הוסרה (ירושלמי־יונתן; ראב"ע הפירוש הארוך; ריב"ש; אברבנאל; שד"ל). פנייה זו של פרעה לראשונה לאחר שהמכה הוסרה מלמדת עד כמה קשה הייתה מכת חושך, יחד עם הצטברות המכות עד כה. ואפילו שפרעה לא נמצא במצוקה בעיצומה של המכה, רשמיה הטביעו עליו חותם. במכות הקודמות פרעה היה מוכן לוויתורים כל עוד המכה הייתה בעיצומה, אך לאחר

שהוסרה המכה פרעה התחרט. במכה זו זה לא היה כך. לאחר המכה פרעה מראה נכונות לוויתורים. מצד אחד, המשא ומתן שמקיים פרעה עם משה, לא מתרחש בזמן שאימת המכה עליו, ובכך ניכרת נקודת שבירתו. מצד שני, מתגלה כאן גם חוסר נכונותו לשלוח את העם לפי התנאים של משה. לכן תבוא עליו המכה הסופית, מכת בכורות, שלאחריה ישלח את העם ללא תנאי.[53]

פרעה מוכן להגיע עם משה לפשרה מרחיקת לכת יותר ממה שהציע עד כה. הוא מוכן שכל הגברים והנשים יצאו, והוא מסכים שיצאו גם הטף (כד), לעומת מכת ארבה שבה הוא הסכים שרק הגברים יצאו. אך משה סירב גם להצעה זו, והתעקש שכולם יצאו עם כל בהמותיהם, שאפילו בהמה אחת לא תישאר. נימוקו של משה הוא שהם הולכים להקריב לה׳ ואינם יודעים מה יקריבו לו עד שיגיע לשם. ועוד אומר משה שפרעה עצמו ייתן זבחים שאותם יזבחו לה׳ (כה-כו). דרישה זו של משה מעידה על כך שפרעה מסרב לקבל את מרותו של ה׳, ולכן משה מתעקש שהיציאה של ישראל ממצרים תלווה במחווה כלפי ה׳ מצד פרעה. גם הפעם תשובתו של משה לפרעה היא איתנה ומלאת ביטחון. נראה שגם כאן המניע של משה לסרב הוא שהיציאה ממצרים צריכה להיות לפי התנאים שלו, ולא של פרעה. פרעה על ידי הצבת התנאים שלו, מתאמץ להישאר בשליטה, ולכן מסרב שוב לדרישת משה. הפעם לא נאמר שהמכה הוסרה, מכיוון שכבר נאמר שהיא הייתה באורך של שלושה ימים וכבר הסתיימה.

בפעם הראשונה מכה זו מסתיימת בכך שפרעה מסלק מעל פניו את משה, תוך כדי איום שאם משה יבוא לראות את פניו, פרעה יוציאו להורג (כח). משה עונה לפרעה, שוב בכבוד ובצורה איתנה, שהוא מקבל את דברי פרעה ושהוא אינו מתכוון לראות את פרעה יותר (כט). אף שהאיום נשמע מפי פרעה, תשובת משה היא איום נרמז חזרה לפרעה, שכן במכות רבות פרעה ביקש לראות את משה על מנת לבקש ממנו להתפלל להסרת המכה, או שהוא עצמו יזם משא ומתן לשחרור העם. כאשר משה אומר שהוא מקבל את דברי פרעה ולא יוסיף לראות פניו, הוא עצמו מאיים על פרעה ואומר שבכך שלא יראה אותו הוא גם לא יוכל להיות לו לעזר כפי שהיה עד כה. בניגוד לדברים אלה, מפגש נוסף יתקיים ביניהם, ולהלן נעמוד על ההסבר לניגוד זה.

המכה התשיעית מסתיימת בפרידה קשה של פרעה ומשה, בקרע ביניהם ובידיעה שכל דיבור ביניהם אינו אפשרי יותר, לקראת המכה הבאה שהיא זו שתכריע את המערכה באופן סופי ולאחריה ישראל יצאו ממצרים.

מכת בכורות, מצוות הפסח והיציאה ממצרים, י״א, א – י״ג, טז

א וַיֹּאמֶר יהוה אֶל־מֹשֶׁה עוֹד נֶגַע אֶחָד אָבִיא עַל־פַּרְעֹה וְעַל־מִצְרַיִם אַחֲרֵי־כֵן יְשַׁלַּח אֶתְכֶם
ב מִזֶּה כְּשַׁלְּחוֹ כָּלָה גָּרֵשׁ יְגָרֵשׁ אֶתְכֶם מִזֶּה. דַּבֶּר־נָא בְּאָזְנֵי הָעָם וְיִשְׁאֲלוּ אִישׁ מֵאֵת רֵעֵהוּ וְאִשָּׁה
ג מֵאֵת רְעוּתָהּ כְּלֵי־כֶסֶף וּכְלֵי זָהָב. וַיִּתֵּן יהוה אֶת־חֵן הָעָם בְּעֵינֵי מִצְרָיִם גַּם הָאִישׁ מֹשֶׁה גָּדוֹל
מְאֹד בְּאֶרֶץ מִצְרַיִם בְּעֵינֵי עַבְדֵי־פַרְעֹה וּבְעֵינֵי הָעָם.

ד ה וַיֹּאמֶר מֹשֶׁה כֹּה אָמַר יהוה כַּחֲצֹת הַלַּיְלָה אֲנִי יוֹצֵא בְּתוֹךְ מִצְרָיִם. וּמֵת כָּל־בְּכוֹר בְּאֶרֶץ מִצְרַיִם
ו מִבְּכוֹר פַּרְעֹה הַיֹּשֵׁב עַל־כִּסְאוֹ עַד בְּכוֹר הַשִּׁפְחָה אֲשֶׁר אַחַר הָרֵחָיִם וְכֹל בְּכוֹר בְּהֵמָה. וְהָיְתָה
ז צְעָקָה גְדֹלָה בְּכָל־אֶרֶץ מִצְרָיִם אֲשֶׁר כָּמֹהוּ לֹא נִהְיָתָה וְכָמֹהוּ לֹא תֹסִף. וּלְכֹל בְּנֵי יִשְׂרָאֵל לֹא
יֶחֱרַץ־כֶּלֶב לְשֹׁנוֹ לְמֵאִישׁ וְעַד־בְּהֵמָה לְמַעַן תֵּדְעוּן אֲשֶׁר יַפְלֶה יהוה בֵּין מִצְרַיִם וּבֵין יִשְׂרָאֵל.
ח וְיָרְדוּ כָל־עֲבָדֶיךָ אֵלֶּה אֵלַי וְהִשְׁתַּחֲווּ־לִי לֵאמֹר צֵא אַתָּה וְכָל־הָעָם אֲשֶׁר־בְּרַגְלֶיךָ וְאַחֲרֵי־כֵן
ט אֵצֵא וַיֵּצֵא מֵעִם־פַּרְעֹה בָּחֳרִי־אָף. וַיֹּאמֶר יהוה אֶל־מֹשֶׁה לֹא־יִשְׁמַע אֲלֵיכֶם פַּרְעֹה
י לְמַעַן רְבוֹת מוֹפְתַי בְּאֶרֶץ מִצְרָיִם. וּמֹשֶׁה וְאַהֲרֹן עָשׂוּ אֶת־כָּל־הַמֹּפְתִים הָאֵלֶּה לִפְנֵי פַרְעֹה
וַיְחַזֵּק יהוה אֶת־לֵב פַּרְעֹה וְלֹא־שִׁלַּח אֶת־בְּנֵי־יִשְׂרָאֵל מֵאַרְצוֹ.

יב א ב וַיֹּאמֶר יהוה אֶל־מֹשֶׁה וְאֶל־אַהֲרֹן בְּאֶרֶץ מִצְרַיִם לֵאמֹר. הַחֹדֶשׁ הַזֶּה לָכֶם רֹאשׁ חֳדָשִׁים רִאשׁוֹן
ג הוּא לָכֶם לְחָדְשֵׁי הַשָּׁנָה. דַּבְּרוּ אֶל־כָּל־עֲדַת יִשְׂרָאֵל לֵאמֹר בֶּעָשֹׂר לַחֹדֶשׁ הַזֶּה וְיִקְחוּ לָהֶם אִישׁ
ד שֶׂה לְבֵית־אָבֹת שֶׂה לַבָּיִת. וְאִם־יִמְעַט הַבַּיִת מִהְיֹת מִשֶּׂה וְלָקַח הוּא וּשְׁכֵנוֹ הַקָּרֹב אֶל־בֵּיתוֹ
ה בְּמִכְסַת נְפָשֹׁת אִישׁ לְפִי אָכְלוֹ תָּכֹסּוּ עַל־הַשֶּׂה. שֶׂה תָמִים זָכָר בֶּן־שָׁנָה יִהְיֶה לָכֶם מִן־הַכְּבָשִׂים
ו וּמִן־הָעִזִּים תִּקָּחוּ. וְהָיָה לָכֶם לְמִשְׁמֶרֶת עַד אַרְבָּעָה עָשָׂר יוֹם לַחֹדֶשׁ הַזֶּה וְשָׁחֲטוּ אֹתוֹ כֹּל קְהַל
ז עֲדַת־יִשְׂרָאֵל בֵּין הָעַרְבָּיִם. וְלָקְחוּ מִן־הַדָּם וְנָתְנוּ עַל־שְׁתֵּי הַמְּזוּזֹת וְעַל־הַמַּשְׁקוֹף עַל הַבָּתִּים
ח אֲשֶׁר־יֹאכְלוּ אֹתוֹ בָּהֶם. וְאָכְלוּ אֶת־הַבָּשָׂר בַּלַּיְלָה הַזֶּה צְלִי־אֵשׁ וּמַצּוֹת עַל־מְרֹרִים יֹאכְלֻהוּ.
ט אַל־תֹּאכְלוּ מִמֶּנּוּ נָא וּבָשֵׁל מְבֻשָּׁל בַּמָּיִם כִּי אִם־צְלִי־אֵשׁ רֹאשׁוֹ עַל־כְּרָעָיו וְעַל־קִרְבּוֹ. וְלֹא־
יא תוֹתִירוּ מִמֶּנּוּ עַד־בֹּקֶר וְהַנֹּתָר מִמֶּנּוּ עַד־בֹּקֶר בָּאֵשׁ תִּשְׂרֹפוּ. וְכָכָה תֹּאכְלוּ אֹתוֹ מָתְנֵיכֶם חֲגֻרִים
יב נַעֲלֵיכֶם בְּרַגְלֵיכֶם וּמַקֶּלְכֶם בְּיֶדְכֶם וַאֲכַלְתֶּם אֹתוֹ בְּחִפָּזוֹן פֶּסַח הוּא לַיהוה. וְעָבַרְתִּי בְאֶרֶץ־
מִצְרַיִם בַּלַּיְלָה הַזֶּה וְהִכֵּיתִי כָל־בְּכוֹר בְּאֶרֶץ מִצְרַיִם מֵאָדָם וְעַד־בְּהֵמָה וּבְכָל־אֱלֹהֵי מִצְרַיִם
יג אֶעֱשֶׂה שְׁפָטִים אֲנִי יהוה. וְהָיָה הַדָּם לָכֶם לְאֹת עַל הַבָּתִּים אֲשֶׁר אַתֶּם שָׁם וְרָאִיתִי אֶת־הַדָּם
יד וּפָסַחְתִּי עֲלֵכֶם וְלֹא־יִהְיֶה בָכֶם נֶגֶף לְמַשְׁחִית בְּהַכֹּתִי בְּאֶרֶץ מִצְרָיִם. וְהָיָה הַיּוֹם הַזֶּה לָכֶם
טו לְזִכָּרוֹן וְחַגֹּתֶם אֹתוֹ חַג לַיהוה לְדֹרֹתֵיכֶם חֻקַּת עוֹלָם תְּחָגֻּהוּ. שִׁבְעַת יָמִים מַצּוֹת תֹּאכֵלוּ אַךְ
בַּיּוֹם הָרִאשׁוֹן תַּשְׁבִּיתוּ שְּׂאֹר מִבָּתֵּיכֶם כִּי כָּל־אֹכֵל חָמֵץ וְנִכְרְתָה הַנֶּפֶשׁ הַהִוא מִיִּשְׂרָאֵל מִיּוֹם

הָרִאשֹׁן עַד־יוֹם הַשְּׁבִעִי. וּבַיּוֹם הָרִאשׁוֹן מִקְרָא־קֹדֶשׁ וּבַיּוֹם הַשְּׁבִיעִי מִקְרָא־קֹדֶשׁ יִהְיֶה לָכֶם טז
כָּל־מְלָאכָה לֹא־יֵעָשֶׂה בָהֶם אַךְ אֲשֶׁר יֵאָכֵל לְכָל־נֶפֶשׁ הוּא לְבַדּוֹ יֵעָשֶׂה לָכֶם. וּשְׁמַרְתֶּם אֶת־ יז
הַמַּצּוֹת כִּי בְּעֶצֶם הַיּוֹם הַזֶּה הוֹצֵאתִי אֶת־צִבְאוֹתֵיכֶם מֵאֶרֶץ מִצְרָיִם וּשְׁמַרְתֶּם אֶת־הַיּוֹם הַזֶּה
לְדֹרֹתֵיכֶם חֻקַּת עוֹלָם. בָּרִאשֹׁן בְּאַרְבָּעָה עָשָׂר יוֹם לַחֹדֶשׁ בָּעֶרֶב תֹּאכְלוּ מַצֹּת עַד יוֹם הָאֶחָד יח
וְעֶשְׂרִים לַחֹדֶשׁ בָּעָרֶב. שִׁבְעַת יָמִים שְׂאֹר לֹא יִמָּצֵא בְּבָתֵּיכֶם כִּי כָּל־אֹכֵל מַחְמֶצֶת וְנִכְרְתָה יט
הַנֶּפֶשׁ הַהִוא מֵעֲדַת יִשְׂרָאֵל בַּגֵּר וּבְאֶזְרַח הָאָרֶץ. כָּל־מַחְמֶצֶת לֹא תֹאכֵלוּ בְּכֹל מוֹשְׁבֹתֵיכֶם כ
תֹּאכְלוּ מַצּוֹת.

וַיִּקְרָא מֹשֶׁה לְכָל־זִקְנֵי יִשְׂרָאֵל וַיֹּאמֶר אֲלֵהֶם מִשְׁכוּ וּקְחוּ לָכֶם צֹאן לְמִשְׁפְּחֹתֵיכֶם וְשַׁחֲטוּ כא
הַפָּסַח. וּלְקַחְתֶּם אֲגֻדַּת אֵזוֹב וּטְבַלְתֶּם בַּדָּם אֲשֶׁר־בַּסַּף וְהִגַּעְתֶּם אֶל־הַמַּשְׁקוֹף וְאֶל־שְׁתֵּי כב
הַמְּזוּזֹת מִן־הַדָּם אֲשֶׁר בַּסָּף וְאַתֶּם לֹא תֵצְאוּ אִישׁ מִפֶּתַח־בֵּיתוֹ עַד־בֹּקֶר. וְעָבַר יהוה לִנְגֹּף כג
אֶת־מִצְרַיִם וְרָאָה אֶת־הַדָּם עַל־הַמַּשְׁקוֹף וְעַל שְׁתֵּי הַמְּזוּזֹת וּפָסַח יהוה עַל־הַפֶּתַח וְלֹא יִתֵּן
הַמַּשְׁחִית לָבֹא אֶל־בָּתֵּיכֶם לִנְגֹּף. וּשְׁמַרְתֶּם אֶת־הַדָּבָר הַזֶּה לְחָק־לְךָ וּלְבָנֶיךָ עַד־עוֹלָם. וְהָיָה כד כה
כִּי־תָבֹאוּ אֶל־הָאָרֶץ אֲשֶׁר יִתֵּן יהוה לָכֶם כַּאֲשֶׁר דִּבֵּר וּשְׁמַרְתֶּם אֶת־הָעֲבֹדָה הַזֹּאת. וְהָיָה כו
כִּי־יֹאמְרוּ אֲלֵיכֶם בְּנֵיכֶם מָה הָעֲבֹדָה הַזֹּאת לָכֶם. וַאֲמַרְתֶּם זֶבַח־פֶּסַח הוּא לַיהוה אֲשֶׁר פָּסַח כז
עַל־בָּתֵּי בְנֵי־יִשְׂרָאֵל בְּמִצְרַיִם בְּנָגְפּוֹ אֶת־מִצְרַיִם וְאֶת־בָּתֵּינוּ הִצִּיל וַיִּקֹּד הָעָם וַיִּשְׁתַּחֲווּ. וַיֵּלְכוּ כח
וַיַּעֲשׂוּ בְּנֵי יִשְׂרָאֵל כַּאֲשֶׁר צִוָּה יהוה אֶת־מֹשֶׁה וְאַהֲרֹן כֵּן עָשׂוּ.

וַיְהִי בַּחֲצִי הַלַּיְלָה וַיהוה הִכָּה כָל־בְּכוֹר בְּאֶרֶץ מִצְרַיִם מִבְּכֹר פַּרְעֹה הַיֹּשֵׁב עַל־כִּסְאוֹ עַד בְּכוֹר כט
הַשְּׁבִי אֲשֶׁר בְּבֵית הַבּוֹר וְכֹל בְּכוֹר בְּהֵמָה. וַיָּקָם פַּרְעֹה לַיְלָה הוּא וְכָל־עֲבָדָיו וְכָל־מִצְרַיִם וַתְּהִי ל
צְעָקָה גְדֹלָה בְּמִצְרָיִם כִּי־אֵין בַּיִת אֲשֶׁר אֵין־שָׁם מֵת. וַיִּקְרָא לְמֹשֶׁה וּלְאַהֲרֹן לַיְלָה וַיֹּאמֶר לא
קוּמוּ צְּאוּ מִתּוֹךְ עַמִּי גַּם־אַתֶּם גַּם־בְּנֵי יִשְׂרָאֵל וּלְכוּ עִבְדוּ אֶת־יהוה כְּדַבֶּרְכֶם. גַּם־צֹאנְכֶם גַּם־ לב
בְּקַרְכֶם קְחוּ כַּאֲשֶׁר דִּבַּרְתֶּם וָלֵכוּ וּבֵרַכְתֶּם גַּם־אֹתִי. וַתֶּחֱזַק מִצְרַיִם עַל־הָעָם לְמַהֵר לְשַׁלְּחָם לג
מִן־הָאָרֶץ כִּי אָמְרוּ כֻּלָּנוּ מֵתִים. וַיִּשָּׂא הָעָם אֶת־בְּצֵקוֹ טֶרֶם יֶחְמָץ מִשְׁאֲרֹתָם צְרֻרֹת בְּשִׂמְלֹתָם לד
עַל־שִׁכְמָם. וּבְנֵי־יִשְׂרָאֵל עָשׂוּ כִּדְבַר מֹשֶׁה וַיִּשְׁאֲלוּ מִמִּצְרַיִם כְּלֵי־כֶסֶף וּכְלֵי זָהָב וּשְׂמָלֹת. וַיהוה לה לו
נָתַן אֶת־חֵן הָעָם בְּעֵינֵי מִצְרַיִם וַיַּשְׁאִלוּם וַיְנַצְּלוּ אֶת־מִצְרָיִם.

וַיִּסְעוּ בְנֵי־יִשְׂרָאֵל מֵרַעְמְסֵס סֻכֹּתָה כְּשֵׁשׁ־מֵאוֹת אֶלֶף רַגְלִי הַגְּבָרִים לְבַד מִטָּף. וְגַם־עֵרֶב רַב לז לח
עָלָה אִתָּם וְצֹאן וּבָקָר מִקְנֶה כָּבֵד מְאֹד. וַיֹּאפוּ אֶת־הַבָּצֵק אֲשֶׁר הוֹצִיאוּ מִמִּצְרַיִם עֻגֹת מַצּוֹת כִּי לט
לֹא חָמֵץ כִּי־גֹרְשׁוּ מִמִּצְרַיִם וְלֹא יָכְלוּ לְהִתְמַהְמֵהַּ וְגַם־צֵדָה לֹא־עָשׂוּ לָהֶם. וּמוֹשַׁב בְּנֵי יִשְׂרָאֵל מ
אֲשֶׁר יָשְׁבוּ בְּמִצְרָיִם שְׁלֹשִׁים שָׁנָה וְאַרְבַּע מֵאוֹת שָׁנָה. וַיְהִי מִקֵּץ שְׁלֹשִׁים שָׁנָה וְאַרְבַּע מֵאוֹת מא
שָׁנָה וַיְהִי בְּעֶצֶם הַיּוֹם הַזֶּה יָצְאוּ כָּל־צִבְאוֹת יהוה מֵאֶרֶץ מִצְרָיִם. לֵיל שִׁמֻּרִים הוּא לַיהוה מב
לְהוֹצִיאָם מֵאֶרֶץ מִצְרָיִם הוּא־הַלַּיְלָה הַזֶּה לַיהוה שִׁמֻּרִים לְכָל־בְּנֵי יִשְׂרָאֵל לְדֹרֹתָם.

מג מד וַיֹּאמֶר יהוה אֶל־מֹשֶׁה וְאַהֲרֹן זֹאת חֻקַּת הַפָּסַח כָּל־בֶּן־נֵכָר לֹא־יֹאכַל בּוֹ. וְכָל־עֶבֶד אִישׁ

מה מו מִקְנַת־כָּסֶף וּמַלְתָּה אֹתוֹ אָז יֹאכַל בּוֹ. תּוֹשָׁב וְשָׂכִיר לֹא־יֹאכַל בּוֹ. בְּבַיִת אֶחָד יֵאָכֵל לֹא־תוֹצִיא

מז מח מִן־הַבַּיִת מִן־הַבָּשָׂר חוּצָה וְעֶצֶם לֹא תִשְׁבְּרוּ־בוֹ. כָּל־עֲדַת יִשְׂרָאֵל יַעֲשׂוּ אֹתוֹ. וְכִי־יָגוּר אִתְּךָ

גֵּר וְעָשָׂה פֶסַח לַיהוה הִמּוֹל לוֹ כָל־זָכָר וְאָז יִקְרַב לַעֲשֹׂתוֹ וְהָיָה כְּאֶזְרַח הָאָרֶץ וְכָל־עָרֵל לֹא־

מט נ יֹאכַל בּוֹ. תּוֹרָה אַחַת יִהְיֶה לָאֶזְרָח וְלַגֵּר הַגָּר בְּתוֹכְכֶם. וַיַּעֲשׂוּ כָּל־בְּנֵי יִשְׂרָאֵל כַּאֲשֶׁר צִוָּה יהוה

אֶת־מֹשֶׁה וְאֶת־אַהֲרֹן כֵּן עָשׂוּ.

נא וַיְהִי בְּעֶצֶם הַיּוֹם הַזֶּה הוֹצִיא יהוה אֶת־בְּנֵי יִשְׂרָאֵל מֵאֶרֶץ מִצְרַיִם עַל־צִבְאֹתָם.

יג א ב וַיְדַבֵּר יהוה אֶל־מֹשֶׁה לֵּאמֹר. קַדֶּשׁ־לִי כָל־בְּכוֹר פֶּטֶר כָּל־רֶחֶם בִּבְנֵי יִשְׂרָאֵל בָּאָדָם וּבַבְּהֵמָה

לִי הוּא.

ג וַיֹּאמֶר מֹשֶׁה אֶל־הָעָם זָכוֹר אֶת־הַיּוֹם הַזֶּה אֲשֶׁר יְצָאתֶם מִמִּצְרַיִם מִבֵּית עֲבָדִים כִּי בְּחֹזֶק יָד

ד ה הוֹצִיא יהוה אֶתְכֶם מִזֶּה וְלֹא יֵאָכֵל חָמֵץ. הַיּוֹם אַתֶּם יֹצְאִים בְּחֹדֶשׁ הָאָבִיב. וְהָיָה כִי־יְבִיאֲךָ

יהוה אֶל־אֶרֶץ הַכְּנַעֲנִי וְהַחִתִּי וְהָאֱמֹרִי וְהַחִוִּי וְהַיְבוּסִי אֲשֶׁר נִשְׁבַּע לַאֲבֹתֶיךָ לָתֶת לָךְ אֶרֶץ זָבַת

ו חָלָב וּדְבָשׁ וְעָבַדְתָּ אֶת־הָעֲבֹדָה הַזֹּאת בַּחֹדֶשׁ הַזֶּה. שִׁבְעַת יָמִים תֹּאכַל מַצֹּת וּבַיּוֹם הַשְּׁבִיעִי

ז חַג לַיהוה. מַצּוֹת יֵאָכֵל אֵת שִׁבְעַת הַיָּמִים וְלֹא־יֵרָאֶה לְךָ חָמֵץ וְלֹא־יֵרָאֶה לְךָ שְׂאֹר בְּכָל־גְּבֻלֶךָ.

ח ט וְהִגַּדְתָּ לְבִנְךָ בַּיּוֹם הַהוּא לֵאמֹר בַּעֲבוּר זֶה עָשָׂה יהוה לִי בְּצֵאתִי מִמִּצְרָיִם. וְהָיָה לְךָ לְאוֹת

עַל־יָדְךָ וּלְזִכָּרוֹן בֵּין עֵינֶיךָ לְמַעַן תִּהְיֶה תּוֹרַת יהוה בְּפִיךָ כִּי בְּיָד חֲזָקָה הוֹצִאֲךָ יהוה מִמִּצְרָיִם.

י וְשָׁמַרְתָּ אֶת־הַחֻקָּה הַזֹּאת לְמוֹעֲדָהּ מִיָּמִים יָמִימָה.

יא יב וְהָיָה כִּי־יְבִאֲךָ יהוה אֶל־אֶרֶץ הַכְּנַעֲנִי כַּאֲשֶׁר נִשְׁבַּע לְךָ וְלַאֲבֹתֶיךָ וּנְתָנָהּ לָךְ. וְהַעֲבַרְתָּ כָל־

יג פֶּטֶר־רֶחֶם לַיהוה וְכָל־פֶּטֶר שֶׁגֶר בְּהֵמָה אֲשֶׁר יִהְיֶה לְךָ הַזְּכָרִים לַיהוה. וְכָל־פֶּטֶר חֲמֹר תִּפְדֶּה

יד בְשֶׂה וְאִם־לֹא תִפְדֶּה וַעֲרַפְתּוֹ וְכֹל בְּכוֹר אָדָם בְּבָנֶיךָ תִּפְדֶּה. וְהָיָה כִּי־יִשְׁאָלְךָ בִנְךָ מָחָר לֵאמֹר

טו מַה־זֹּאת וְאָמַרְתָּ אֵלָיו בְּחֹזֶק יָד הוֹצִיאָנוּ יהוה מִמִּצְרַיִם מִבֵּית עֲבָדִים. וַיְהִי כִּי־הִקְשָׁה פַרְעֹה

לְשַׁלְּחֵנוּ וַיַּהֲרֹג יהוה כָּל־בְּכוֹר בְּאֶרֶץ מִצְרַיִם מִבְּכֹר אָדָם וְעַד־בְּכוֹר בְּהֵמָה עַל־כֵּן אֲנִי זֹבֵחַ

טז לַיהוה כָּל־פֶּטֶר רֶחֶם הַזְּכָרִים וְכָל־בְּכוֹר בָּנַי אֶפְדֶּה. וְהָיָה לְאוֹת עַל־יָדְכָה וּלְטוֹטָפֹת בֵּין עֵינֶיךָ

כִּי בְּחֹזֶק יָד הוֹצִיאָנוּ יהוה מִמִּצְרָיִם.

פירוש העניין

המכה העשירית היא השיא של מכות ה׳ במצרים, ובעקבותיה יצאו ישראל ממצרים. תשע המכות עד כה אלו תופעות שהן פחות או יותר טבעיות, שבאו בעיקר בתזמון מתוכנן ובעוצמה גדולה וייחודית. לעומתן, מכת בכורות אינה טבעית, שכן אין פגע הפוגע בבכורות דווקא. מבחינה זו ישנה העצמה ביחס למכות הקודמות, ובעיקר משום שמכה זו פגעה בכל המצרים כולם, ובכלל זה בפרעה. במכה זו שוב נאמר שהיא פגעה רק במצרים ולא בישראל, וזאת כדי שישראל ידעו שה׳ מבחין בין ישראל למצרים (י״א, ז). מבחינת המצרים, המטרה של המכה לגרום להם להכיר בה׳ ולהשתחוות לו (י״א, ח) ולמען ריבוי המופתים על ארץ מצרים (י״א, ט).

מגוון הנושאים ביחידה זו גדול. הפרשה משלבת בין תיאור המכה, היציאה ממצרים, מצוות עשיית הפסח, דינים השייכים לפסח דורות ולחג המצות, ודיני הבכורות. הפרשה פותחת בהתראה על מכת בכורות (י״א, א-ח) ובסיכום לכל המכות (ט-י). אך לפני התרחשות המכה, ישראל מצטווים על עשיית הפסח ועושים כמצווה, ובכלל זה ציוויים על פסח וחג המצות לדורות (י״ב, א-כח). רק לאחר מכן מתוארת מכת בכורות (י״ב, כט-ל) שבעקבותיה פרעה משלח את ישראל ממצרים והם יוצאים ממנה (י״ב, לא-מב). שוב חוזר נושא הפסח, הפעם מצוות פסח לדורות (מג-נ), שוב חזרה לסיפור יציאת מצרים (נא) ושוב הלכות הקשורות לחג המצות ולבכור (י״ג, א-טז).

השילוב בין עשיית הפסח לסיפור מכת בכורות וסיפור היציאה ממצרים הוא משום שהדברים התרחשו בעת ובעונה אחת: באותו לילה הכה ה׳ את בכורות מצרים, ובה בעת עשו ישראל את הפסח. בלילה ישראל היו מוכנים ליציאה ממצרים, וכנראה בבוקר יצאו ממנה. דבר זה ניכר מאוד בהשוואה בין האירוע של תיאור הצלת ישראל שקיימו את הפסח (י״ב, יג) לתיאור כיצד בו זמנית ה׳ מכה כל בכור במצרים (י״ב, כט-ל).

מעבר להתרחשות הסימולטנית, השילוב בין שני הנושאים מהותי מבחינת המסרים התיאולוגיים של סיפור היציאה ממצרים. העובדה שמכת בכורות וחגיגת הפסח, ובעקבותיהן היציאה ממצרים, התרחשו בעת ובעונה אחת, בלילה אחד, היא תולדה ישירה של המטרות המוצהרות של מכות מצרים, כפי שנוסחו במהלך הסיפור. מטרה אחת מופנית לפרעה ומטרה אחת מופנית לישראל. מטרה אחת היא שפרעה ידע את גודלו של ה׳, שאין כמו ה׳, שהארץ שלו ושהוא שולט בטבע. מטרה אחרת היא שישראל ידעו את ה׳. בלילה של מכת מכורות וחגיגת הפסח מגיעות לשיאן שתי המטרות האלה. מצרים הוכו במכת בכורות, הקשה והכואבת מכולן, שלאחריה הכירו פרעה ועבדיו בכוחו של ה׳ ושחררו את ישראל ממצרים. במכת בכורות שוב ראו ישראל שהם הובדלו לטובה ולא הוכו במכה. עתה חייבת לבא הכרה מפורשת בה׳ ובהצהרת נאמנות לו לפני שיצאו ממצרים. ולכן באותו לילה שהמצרים מוכים, שבמהלכו ישחררו את ישראל, הישראלים הם שיפנימו את המסר האלוהי ויקיימו את מצוות ה׳ לחגוג את הפסח.[54] בעקבות זאת יצאו ישראל ממצרים. ישראל נגאלו מתוך הכרה בה׳ והתחייבות לו, ולאחר שהמצרים הוכו הם הכירו בגדולת ה׳.

יחידה זו היא שילוב של סיפור וחוק. יש בה שלושה תכנים עיקריים: מכת בכורות (י"א, ד-ח; י"ב, כט-ל), עשיית הפסח (י"ב, א-יג, כח) וסיפור היציאה ממצרים (י"א, לא-מא). כנגד זאת יש פירוט של שלושה חוקים בהתאם לרכיבי הסיפור: כנגד מכת בכורות והצלת בכורות ישראל באים דיני בכור (י"ג, ב, יא-טז); כנגד עשיית הפסח במצרים בא חוק פסח דורות בארבעה עשר בניסן (י"ב, יד, כד-כז, מב, מג-מט); וכנגד היציאה ממצרים בא דין חג המצות (י"ב, טו-כ; י"ג, ג-י). כפי שנראה להלן, חג הפסח מציין את פסח מצרים, וחג המצות מציין את היציאה ממצרים. כנגד שלושת העניינים האלה מופיעים שלושה קטעים המבשרים בשורה לבנים. י"ב, כז, הוא התשובה לבנים על שאלתם בדבר הפסח; י"ג, ח, הוא הציווי לספר לבנים את סיפור היציאה ממצרים בהקשר של חג המצות; והתשובה לשאלת הבנים בי"ג, יד-טו, היא על קיום מצוות בכור. הבנה זו של שלושת הנושאים מלכדת את כל החומר של היחידה, מי"א, א – י"ג, טז, ליחידה אחת מגובשת.

מכת בכורות, התוכנית של ה׳ וההתראה לפרעה, י"א

פסוקים א-ג הם דברי ה׳ למשה על מכה נוספת שינחית ה׳ על פרעה ולאחריה ישלח את בני ישראל, ופסוקים ד-ח הם דברי משה לפרעה על מכת בכורות שתבוא עליו ועל עמו. דברי משה לפרעה נאמרו באותו מעמד של הדיאלוג ביניהם בסיום מכת חושך (י׳, כד-כט), ובי"א, ד-ח, מופיע המשך הדיאלוג הזה.[55] מסקנה זו עולה משתי נקודות: ראשית, דברי משה לפרעה אינם מתחילים בהליכתו של משה אל פרעה, כמו במכות אחרות, אלא בדיבור: "וַיֹּאמֶר מֹשֶׁה כֹּה אָמַר ה׳" (ד). שנית, מכת חושך הסתיימה בסילוק משה בידי פרעה ובדרישתו שמשה לא יראה עצמו בפניו (י׳, כח-כט), ולכן מסתבר שאת הדברים האלה אמר משה לפרעה לפני שהלך ממנו, ויש להדגיש שלא נאמר שם שמשה עזב את פרעה.

לפיכך נחלקו הדעות מתי דיבר ה׳ למשה (א-ג). אפשרות אחת היא שהוא אמר לו את הדברים בעודו עומד לפני פרעה.[56] אך אפשרות זו אינה מסתברת, משום שאין בדברים אלה דבר שמשה מצטווה להגיד לפרעה, להפך, המסר של הדברים הוא למשה ולעם לבדם. אפשרות אחרת היא שה׳ אמר את הדברים למשה במדיין, כמבואר בד׳, כג.[57] אפשרות זו קשה, שכן ה׳ אומר "עוֹד נֶגַע אֶחָד", היינו שהדברים נאמרו לאחר מכת חושך ולפני מכת בכורות. האפשרות המסתברת היא שה׳ אמר למשה את הדברים האלה לאחר מכת חושך ולפני שהלך לפרעה, היינו בין פסוק כג לפסוק כד בפרק י׳ (שד"ל).[58] לפי פירוש זה, הדברים לא נכתבו במקומם, משום שאין אנו יודעים עדיין שפרעה לא ישלח את העם בעקבות מכת חושך, ולכן אי אפשר היה לכתוב עדיין "עוֹד נֶגַע אֶחָד" לפני סיום מכת חושך. במקום זאת, הדברים באו לאחר מכת חושך וכהקדמה למכה האחרונה, מכת בכורות.

לפי זה, דברי משה לפרעה בפסוקים ד-ח, הם המשך ישיר של הדיאלוג ביניהם לאחר מכת חושך בפסוק כט. לפיכך יש לומר, שבניגוד לרושם בסיום מכת חושך כביכול משה עזב מייד את פרעה, הוא למעשה המשיך לעמוד לפניו ולאיים עליו במכת בכורות בפסוקים

ד-ח, ורק בסיום דברי האיום שלו נאמר – "וַיֵּצֵא מֵעִם פַּרְעֹה בָּחֳרִי אָף" (ח). ואף על פי כן, חלק זה של הדיאלוג כתוב בנפרד ממכת חושך, ונמצא בתיאור מכת בכורות, ונראה כאילו זה דיבור חדש. הכוונה של הפסוקים היא להציג את הדברים הללו כהתחלה חדשה ולהציג באור חדש את העמידה של משה לפני פרעה, כפי שנראה להלן.

דברי ה' למשה לפני מכת בכורות הינם חריגים ביחס למכות האחרות. בדרך כלל המכות נפתחות בדברי ה' למשה להתחיל במכה. במכת בכורות, האחרונה במכות, שוב ה' פונה למשה, אבל לא על מנת להתחיל את המכה ולא כדי לדבר עם פרעה, אלא כדי להכין את משה ואת בני ישראל לכך שזו המכה האחרונה. עליהם לדעת שבעקבותיה פרעה ישלח את ישראל, והם יצטרכו לבקש מהמצרים כלי כסף וכלי זהב. השינוי מהסדר הרגיל של המכות מכין את משה ואת העם לקראת היציאה ממצרים. הכנה זו היא גם בתחום הפרקטי שבו העם יבקש כלים מהמצרים, אבל גם להכין אותם לקראת השיא של פעולות ה' והכרה בגדולתו, מה שיבוא לידי ביטוי בעשיית הפסח על ידי העם.

ה' פותח את דבריו למשה ואומר שהוא יביא עוד מכה אחת על פרעה ועל כל מצרים, ושבעקבותיה פרעה יגרש את ישראל (א). דברי ה' אלו מבשרים את סיומו של סיפור מכות מצרים עם שחרור ישראל. הודעת ה' מדגימה את שלטונו במה שמתרחש, בדומה לפעמים הקודמות שבהן בישר שפרעה יחזק את ליבו ולא ישחרר את ישראל.

ה' מצווה את משה לצוות את העם להתכונן ליציאה ממצרים, ומורה להם שכל אחד מהם, איש ואישה, יבקשו מהמצרים כלי כסף וכלי זהב (ב). אין הכוונה שייקחו בהשאלה אלא שיבקשו מהם להעניק להם.[59] המטרה בכך היא לממש את מה שה' אמר בתחילה, שישראל יצאו ממצרים ברכוש גדול (ג', כא-כב) ואת הבטחתו לאברהם (בראשית ט"ו, יד).[60] ה' נתן את חן העם בעיני מצרים, היינו שישראל נשאו חן בעיניהם במקום לתעב אותם. חשוב מכך – המכות הביאו לגדולת משה בעיני המצרים ובעיני עבדי פרעה: "וַיִּתֵּן ה' אֶת חֵן הָעָם בְּעֵינֵי מִצְרָיִם גַּם הָאִישׁ מֹשֶׁה גָּדוֹל מְאֹד בְּאֶרֶץ מִצְרַיִם בְּעֵינֵי עַבְדֵי פַרְעֹה וּבְעֵינֵי הָעָם" (ג). מודגש שישראל נשאו חן בעיני מצרים על ידי ה' – "וַיִּתֵּן ה'...". נשיאת חינם של ישראל בעיני המצרים היא תוצאה של גדולת ה' שהביאם לכך, וגרם להם גם להעריך את משה כאיש גדול.[61]

ידיעה זו חשובה שכן היא מתרחשת לפני מכת בכורות. הידיעה על גדולת משה בעיני המצרים ובעיני עבדי פרעה אינה כוללת את פרעה עצמו. פרעה יוכרע רק בעקבות מכת בכורות (י"ב, לא-לב). גדלותו של משה תבוא לידי ביטוי כאשר לאחר איומיו על פרעה בעניין מכת בכורות יצא מעִמו בחורי אף (ח).

לא מדווח שמשה העביר לעם את הציוויים שה' ציווה אותו בפסוקים ב-ג. לא היה אפשר לדווח על כך כאן משום שמתוך ההקשר משה עדיין עומד לפני פרעה. בפועל העם יבקש כלים מהמצרים (י"ב, לה), כך שהדיווח שמשה אמר זאת לעם מיותר.

ההתראה שמשה מתרה את פרעה בשם ה' (ד-ח) אינה מופיעה במפורש כצו ה' אל משה, בניגוד לרוב המכות. ברוב המכות, ההתראה מופיעה בדברי ה' אל משה, אבל לא נשנית שוב בדיווח של משה לפרעה (כך במכת דם, צפרדע, ערוב, דבר וברד. רק במכת ארבה באה

ההתראה של ה' למשה וגם של משה לפרעה).[62] במכות הקודמות הסירוב של פרעה מוצג כהתנגדות ישירה לדברי ה'. במכת ארבה פרעה נכנס למשא ומתן עם משה לשחרר את העם עוד לפני המכה, וההתראה באה כדי להמשיך משם את הדיאלוג. במכת בכורות הכוונה היא להציג את דמותו של משה כמי שעומד וממשיך להתרות בפרעה. זאת כדי להראות שמשה שליח ה' עושה כמצוות ה' ללא מורא, על אף האיום של פרעה שימית אותו אם יוסיף לראות את פניו (י', כח). אף שמשה קיבל את הדברים של פרעה שם ואמר שלא יוסיף לראות את פניו, העובדה שהוא ממשיך לדבר עם פרעה לאחר סגירת הדיון עם פרעה מדגימה את עמידתו של משה לפני פרעה כשליח ה'.

משה אינו דורש מפרעה לשחרר את ישראל. המכה האחרונה תבוא בלי אפשרות של פרעה להימנע ממנה ובכל מקרה. השינוי מהדגם הקבוע מעלה אצל הקוראים את התחושה שאנו בסיום המכות של מצרים והנה מגיע שחרור עם ישראל.

ה' מבטיח שימותו בכורות הבהמות ובני האדם, החל מבכור פרעה, האמור לרשת אותו כמלך מצרים, ועד האנשים הפשוטים ביותר, כמו בכור השפחה העובדת ברחיים, שהיא מלאכה פשוטה ביותר ועובדים בה האנשים בעלי מעמד הנמוך ביותר (ה).[63] דברים אלה הם יישום של האיום בד', כג. ההתייחסות לבכור היא בדרך כלל כצאצא הראשון לאימו, לכן נזכרת השפחה, אבל הכתוב רצה להדגיש את תוצאות המכה על פרעה עצמו, ולכן דיבר על הבכור שלו. מכה זו היא הקשה ביותר, ובגינה תהיה צעקת שבר גדולה בכל מצרים שלא הייתה ולא תהיה כמוה (ו). צעקת מצרים היא כנגד הצעקה של ישראל בגלל השעבוד למצרים (ב', כג; ג', ז, ט; ה', טו). מכה זו, שתבוא על המצרים ולא תפגע בישראל, תביא את מצרים לדעת את ה' (ז). ברגע שהמצרים ידעו את ה' לאמיתו, הם ירדו למשה וישתחוו לו (ח). השתחוויה זו מבטאת תחינה למשה, המפורשת מייד אחר כך: "וְהִשְׁתַּחֲווּ לִי לֵאמֹר: צֵא אַתָּה...". אבל ההשתחוויה למשה מבטאת גם הכרה בגדולתו, כפי שנאמר בפסוק ג. ההכרה בגדולת משה היא ביטוי להכרה בישועת ה' וגדולתו ובכך שמשה הוא שליחו. אולי חוסר ההבחנה בגוף ראשון בין פסוק ד, שבו ה' הוא הדובר – "אֲנִי יוֹצֵא בְּתוֹךְ מִצְרָיִם", לפסוק ח, שבו משה הוא הדובר – "וְהִשְׁתַּחֲווּ לִי", נועדה לייחס את ההשתחוויה למשה, ועם זאת להכיל את המשמעות של השתחוויה לה'.[64] האמירה של המצרים למשה "צֵא" נראית שאינה מוגבלת ליציאה לשלושה ימים לעבודת ה', אלא ליציאה קבועה ממצרים. ומשה אומר שלאחר מכן "אֵצֵא", היינו ישראל יצאו ממצרים (ג', י, יב; ז', ד-ה ועוד).

לאחר שאמר את הדברים הללו לפרעה, משה יוצא ממנו בכעס (ח) אך לא נאמר מה הייתה תגובת פרעה. עד כאן, כשמשה ואהרן דיברו עם פרעה, הוא ענה להם. נראה שהשתיקה של פרעה בהתראה של מכת בכורות מבטאת את חששו ואת תחילת כניעתו. פרעה אומר למשה בסוף מכת חושך לא להוסיף לראות את פניו, והנה משה עומד לפני פרעה, מאיים עליו ומבשר לו רעות. פרעה אינו עונה, ומשה יוצא בחורי אף ממנו.[65] הדבר מורה על שינוי מערכת היחסים ביניהם ומאזן את מה שהיה נראה כסיום הפגישה בי', כח-כט. אז, יציאת משה בכעס הייתה כתגובה להתעקשותו של פרעה שלא לשחרר את ישראל. עתה, רגע לפני

המכה העשירית, פרעה כנוע יותר, ומשה משוחרר יותר לבטא את יחסו של ה׳ כלפי פרעה: משה יהיה אלוהים לפרעה, כפי שה׳ אמר לו מראש. אף שמדובר באותה שיחה בין פרעה למשה, בסוף מכת חושך עמידתו של פרעה הייתה חזקה ויהירה, וסיומה של אותה פגייה אחר הבשורה על מכת בכורות שינה את מאזן הכוחות בין משה לפרעה.

דברי ה׳ למשה שפרעה לא ישמע להם, כדי שה׳ ירבה את המופתים במצרים, והדיווח שמשה ואהרן עשו את כל המופתים לפני פרעה ובתגובה פרעה חיזק את ליבו (ט-י), הם דברי סיכום לכל ההתרחשות – מתחילת בוא משה ואהרן לפרעה ועד כה.[66] ישנה כאן חזרה על דברים דומים שנאמרו לפני תחילת המכות (ז׳, ג-ד, יד), כדי להראות שמה שקרה הוא לפי התוכנית האלוהית. סיכום כל המכות עד כה בא לבשר את המעבר למכה האחרונה. במכה הבאה ה׳ כבר לא יחזק את לב פרעה, והוא ישלח את בני ישראל. מטרת הסיפור היא להראות שכוחו של ה׳ הוא שהביא להוצאת ישראל ממצרים ולא נתינת הרשות מצד פרעה. המטרה בסיפור המכות על מצרים היא להראות את ריבונותו המוחלטת של ה׳, לא רק בעצם המכות, אלא אף בשליטה של ה׳ בתגובות של פרעה למתרחש.

מצוות עשיית הפסח, י״ב, א-כח

משמעות הפסח

חלק זה כולל את ההוראות של ה׳ למשה, שאותן עליו להעביר לעם על מנת להיערך לקראת היציאה ממצרים. ההוראות כוללות הנחיות להכנות ליציאה לדרך: מותניים חגורים, נעליים ברגליים ומקל הליכה ביד (יא). אך עיקר ההוראות הוא הפירוט של דין הפסח. עיקר דין הפסח הוא ההתכוננות ליציאה ממצרים, כפי שעולה מההוראה הכללית שמסבירה חלק גדול מפרטי הדינים, ובתוכם האכילה בחיפזון, כדי להיות מוכנים לרגע היציאה.

רק מי שעשה את הפסח ונתן דם על המשקופים והמזוזות ניצל ממכת בכורות. מי שלא עשה את הפסח ולא התכונן ליציאה ממצרים, נפגע במכה. בעוד שבמכות קודמות ישנה הבחנה בין המצרים לישראל, במכת בכורות כל המצרים נפגעו, וכעת ההבחנה היא בתוך ישראל – אלה שנשמעו לה׳ לעשות את הפסח לעומת אלה שלא עשו את הפסח. כך יש להסביר את הציווי לקחת את השה ארבעה ימים לפני מועד השחיטה. על כל אחד מישראל להחליט אם הוא רוצה להישאר במצרים או שהוא רוצה להשתייך לעם ה׳ היוצא ממצרים. יש להבין את הפסח כמעין התחייבות של המקיימים את הפסח להיות שייכים לה׳, ובתמורה ה׳ מתחייב לגונן על אלה שהחליטו לצאת ולהיות שייכים לעם ה׳ הנבדלים מהמצרים. הפסח אפוא הוא ברית הדדית בין ישראל לה׳. הדם על המשקופים והמזוזות מבטא את שני צדדי הברית: זהו סימן של החוגגים המטמיעים בביתם את ההתחייבות ללכת בדרך ה׳ ולשמור את מצוותיו, וזהו סימן לאלוהים להגן על בית זה מפני מכת בכורות. דם הברית מופיע אחר כך גם בברית סיני (כ״ד, ה-ח), כאשר תיכרת הברית המחייבת בין העם לה׳ בעת שה׳ נותן להם את מצוותיו. דם

הברית מוזכר גם אצל זכריה (ט׳, יא). בברית המילה עולה גם עניין הדם בברית והכוח המגן שלו, כפי שניכר בסיפור המילה של ציפורה את בנה (ד׳, כה-כו). הברית בין ישראל כעם לבין אלוהים, נכרתת בסיני, ואילו הברית כאן באמצעות הפסח היא ברית מקדימה לברית זו. היא מבטאת רצון והתחייבות של אנשים מבני ישראל לצאת ממצרים ולהיות מובדלים לה׳.

נראה כי בהקשר זה יש להבין גם את אכילת הבשר. בברית שעשום יעקב ולבן, יעקב זבח וקרא לבני בריתו לאכול איתו גם לחם (בראשית ל״א, נד). גם בטקס הברית בסיני העם ישב לאכול ולשתות (כ״ד, יא). נראה כי גם כאן, האכילה של הזבח היא חלק מהתחייבות הברית של אלה שנתנו את הדם על המזוזות והמשקופים.

יש להדגיש שפסח מצרים אינו קורבן, כפי שניתן לחשוב בטעות.[67] אומנם יש איסור להותיר מהבשר, ואת הנותר יש לשרוף, כמו בקורבן, אולם טעם האיסור להותיר שונה. ככל הנראה, בפסח האיסור להותיר מהבשר בא לבטא את אמונת החוגגים שהם יוצאים ממצרים, ולכן אינם שומרים בשר למועד מאוחר. מי שמותיר מן הבשר מצביע על ספקנותו אם ה׳ יוציאו ממצרים, ולכן חייב כרת. הדמיון בין נתינת דם הפסח על המשקופים והמזוזות לנתינת דם על המזבח הוא חיצוני בלבד, ואין הפעולות דומות במהות, ורק בדוחק ובאופן מדרשי ניתן לדמות ביניהן. מעבר לזה אין דמיון בין דין הפסח כאן לדיני קורבן. לעומת פסח מצרים, שאינו קורבן, פסח דורות הוא קורבן, והוא זכר לפסח הראשון במצרים. פסח דורות הוא קורבן מבחינה זו שהכבש או העז נשחטים בעזרה, דמם ניתן על יסוד המזבח, בנוסף לדינים שונים בפסח דורות שהם לזיכרון לפסח הראשון. הבחנה זו בין פסח מצרים לפסח דורות מדויקת בפסוקים. על פסח דורות נאמר שהוא זבח: "וַאֲמַרְתֶּם זֶבַח פֶּסַח הוּא לה׳" (כז), אך המילה זבח לא נאמרה בשום מקום בפסח מצרים. גם בדברים בא הפועל זבח בפסח דורות (ט״ז, ב, ה, ו).

חלקי הפרשה

פרשה זו נחלקת לשלושה חלקים:

ציווי ה׳ למשה ואהרן בעניין מצוות פסח במצרים – א-יג, ובעניין פסח דורות וחג המצות – יד-כ,

משה מצווה את העם בעניין הפסח, במצרים ולדורות – כא-כז1

העם עושה את המצווה כפי שצווה – כז2-כח.

ציווי ה׳ למשה א-כ

ציווי ה׳ למשה ואהרן בעניין מצוות פסח במצרים – א-יג

את הציווי בדבר הפסח ה׳ אומר למשה ואהרן. מודגש שזה היה בארץ מצרים (א) כדי לרמוז לפסח דורות, שבו יחגגו מחדש בכל שנה את הפסח הראשון במצרים, לפני שהעם יצא ממנה.[68] נוסף לכך, הכנת הפסח כבר בעשור לחודש, בעוד ישראל במצרים, חושפת את הכוונות של ישראל שגלויות למצרים. התחייבות העם לה׳ צריכה להיות מוצהרת וגלויה.

הדבר הראשון שה׳ מצווה את משה ואהרן לומר לעם הוא שחודש היציאה ממצרים נקבע בידי ה׳ כחודש הראשון בלוח השנה (ב). קביעה זו הופכת את היציאה ממצרים לנקודת ההתחלה של העם, ל״יום ההולדת״ שלו – ״רִאשׁוֹן הוּא לָכֶם״. ספירת כל החודשים לחודש זה משאירה בכל יום במשך השנה את הזיכרון הלאומי של אירוע יציאת מצרים. אמירה זו של ה׳ למשה להגיד לעם, מתווספת כאמירה נפרדת של ה׳ להורות לעם על הפסח (ג ואילך), מה שמלמד על חשיבות הקביעה שחודש היציאה הוא החודש ראשון (רמב״ן).

הציווי השני של ה׳ הוא על עשיית הפסח. הפנייה של ה׳ למשה היא ״דַּבְּרוּ אֶל כָּל עֲדַת יִשְׂרָאֵל״, ובהמשך בא הצירוף – ״כֹּל קְהַל עֲדַת יִשְׂרָאֵל״ (ו). המובן של המילים 'עדה' ו'קהל' זהה.[69] שתי המילים מייצגות משמעות של התכנסות – התוועדות והתקהלות. זו הפעם הראשונה שהעם נקרא ״עדה״, הפעם הראשונה שמופיע הצירוף ״עֲדַת יִשְׂרָאֵל״ והפעם היחידה שבא הצירוף ״קְהַל עֲדַת״. חגיגת הפסח בחודש הראשון, חודש היציאה ממצרים, הופכת את ישראל לעדה, לקהל.

הציווי בדבר הפסח מתחיל בהתארגנות כבר בעשירי לחודש זה. ביום זה יש לייעד שֶׂה ולשמור עליו עד י״ד בחודש שבו יעשו את הפסח (ג). הסיבה ללקיחת השה כבר בעשור לחודש היא משום שכפי שאמרנו לעיל, הפסח הוא ברית והלקיחה של השה מראש היא חלק מההכנה לקראת שינוי משמעותי בזהות של העם.[70] גם את הירדן העם עברו בעשירי לחודש (יהושע ד׳, יט) ואולי יש לכך משמעות. גם בפסח כאן וגם במעבר הירדן, העשירי לחודש הוא הזמן שבו העם מתכונן לקראת הברית: בשתי ההזדמנויות יסופר מייד על חגיגת הפסח, וביהושע יסופר גם בהרחבה על ברית המילה.

החגיגה נעשית בחבורות לפי גודל המשפחה. על כל חבורה לקחת שה ולאכול אותו בשלמותו בליל פסח, בלי להותיר מהבשר. לכן אם המשפחה קטנה מדי, ״מִהְיֹת מִשֶּׂה״, היינו שאינם מסוגלים לאכול שה שלם, עליהם להצטרף לקבוצה נוספת כדי שהקבוצה כולה תוכל לאכול את השה (ג-ד).[71] שה יכול להיות כבש וגם עז (דברים ד׳, ד), ועליו להיות זכר בן שנה ותמים (ה). ביום י״ד בחודש בין הערביים כל החבורות בישראל צריכות לשחוט את השה (ו).

את דם השה יש לתת על המשקוף ועל מזוזות הבתים שבהם יאכלו את הפסח (ז). לפי סדר הפעולות, מייד מתואר מה לעשות אחר כך (ח-יא). רק בפסוק יג יוסבר שהמטרה של נתינת הדם על המזוזות והמשקופים היא אות: כשה׳ יבוא להכות את בכורות מצרים הוא יראה את הדם ויפסח על הבתים שנתנו בהם דם, וכך הם לא יינגפו. יש להדגיש שנתינת הדם היא גם אות לבני ישראל – ״וְהָיָה הַדָּם לָכֶם לְאֹת״. באמצעות נתינת דם על המזוזות והמשקופים מובע רצון להיות כלולים בברית. לדם אין תפקיד מאגי בהצלת ישראל, אלא ביטוי, סימן, לרצון של העם לכרות ברית, וכנגד זה ה׳ מציל את אלה הרוצים להיות עימו בברית. הברית היא זו שמצילה את העם, ולא הדם. הדם נבחר לסמן את הברית כי הוא מבטא חיים (ויקרא י״ז, יד). בהתאם לתפיסה זו נוצרה דעה מדרשית שהדם היה תערובת של דם הפסח ודם ברית המילה.[72]

ההוראות בדבר אכילת הבשר מפורטות מאוד. יש לאכול את הבשר צלי בלבד, לא מבושל במים ולא נא. את הבשר יש לצלות בחלק אחד כולל כל חלקיו ("רֹאשׁוֹ עַל כְּרָעָיו וְעַל קִרְבּוֹ"). יש לאכול את כל הבשר ואין להותיר ממנו, ומה שנותר ממנו בבוקר יש לשרוף. יש לאכול את הבשר מוכנים ליציאה לדרך, כאשר המותניים חגורים בחגורה כמי שמוכנים ליציאה לדרך (מל"ב ד', כט). יש לנעול נעליים ולשים מקלות הליכה ביד הסועדים, כדי לבטא את המוכנות ואת ההכרה בכך שלאחר סעודה זו הם יוצאים ממצרים. לכן יש לאכול את כל הבשר, לא להשאיר כלום למועד מאוחר יותר, מתוך אמונה שהם לא יישארו במצרים, בדומה לאופן האכילה. כיאה למי שמוכן ליציאה לדרך, האכילה היא בחיפזון. נראה כי גם ההכנה של הבשר לאכילה היא למען החיפזון. כדי להזדרז בהכנה, אין לחתוך את הבשר, אלא לצלות את כולו בשלמות. הבישול האיטי במים נאסר, והותר רק צלי האש, המכין את הבשר מהר יותר.[73] עם זאת, בשר נא לא הותר, אף שזה החסכוני ביותר בזמן. ואולי הסיבה היא שכיוון שזו סעודת ברית, האכילה צריכה להיות כרוכה בהכנה, המבטאת את ההכנה לקראת האירוע המשמעותי של סעודת הברית. האכילה צריכה להיות דרך כבוד והדר, ולא אכילה גסה ובהמית. ואולי יש ליהנות מהאכילה גם באמצעות הנאה מריח הבשר ולא רק מטעמו, ולכן נאסר בשר נא.[74] עם הבשר יש לאכול מצות ומרורים. המצה מסמנת את הסעודה החפוזה (כמו בבראשית י"ט, ג; שופטים ו', יט; שמ"א כ"ח, כד), ובעיקר את צרת השעבוד,[75] ואכילת המרור גם היא באה כנגד המרורים שהם סבלו במצרים (א', יד).

בלילה, בעת שהעם יעשה את הפסח, יעבור ה' בארץ מצרים ויכה את כל בכורי האדם והבהמה (יג). המכה מיוחסת לה' כיוון שזו המכה האחרונה שבעקבותיה ישלח פרעה את העם. המטרה הייתה, כאמור, להגדיל את ה', ולכן במכה זו המעורבות של ה' מודגשת יותר מבמכות אחרות (י"ב, יב, כג, כז, כט). דגש זה בא לידי ביטוי בדיבור ה' ובשימוש שש פעמים בגוף ראשון: ועברתי, והכיתי, אעשה, וראיתי, ופסחתי, והכיתי (יב-יג). מכיוון שזו המכה הניצחת על פרעה, והאדרת שמו של ה' מגיעה לשיאה, משמעותה המכה היא שגם אלוהי מצרים הובסו: "וּבְכָל אֱלֹהֵי מִצְרַיִם אֶעֱשֶׂה שְׁפָטִים אֲנִי ה'" (ראו ל"ג, ד; אולי זו הכוונה גם בו', ו). אלוהי מצרים לא הוזכרו עד כה, אולי כדי להביע את אפסותם.[76] הסיומת "אֲנִי ה'" מהדהדת את הצגת ה' את עצמו בו', ב, וכאן היא מגיעה לשיא כאשר שמו של ה' יוכר בעליונותו על פני אלים אחרים. בעת שה' עובר והורג במצרים, הוא פוסח על בתי ישראל ומציל אותם מפגיעה. בעת ובעונה אחת באה מכה למצרים והצלה לישראל.

ציווי חג פסח וחג המצות לדורות – יד-כ

מייד לאחר הציווי על פסח מצרים בא הציווי על פסח לדורות (יד) ועל מצוות חג המצות לדורות (טו-כ). ראשית ניתנת הוראה בקיצור, שיש לחגוג את היום הזה לדורות, היינו את הפסח ביום הארבעה עשר כזיכרון לפסח מצרים, וחוק זה מוגדר כחוקת עולם (יד).[77]

הפסוקים הבאים מדברים על חג שנקרא מצות (טו-כ), שאותו יש לחוג במשך שבעה ימים. הראשון והשביעי הם ימי שבתון שאסורה בהם מלאכה חוץ מאשר מלאכת אוכל נפש

(טז). בחג זה יש להשבית את השאור מהבתים ונאסרה בו אכילת חמץ. בימים אלה יש לאכול מצות (טו) והעובר על איסורים אלה חייב כרת.[78] שוב נאמר באופן כללי "וּשְׁמַרְתֶּם אֶת הַמַּצּוֹת" ומצורפת לכך סיבה, שה׳ הוציא את ישראל ממצרים, ולכן יש חובה לשמור את היום זה לדורות כחוקת עולם (יז). הציווי "וּשְׁמַרְתֶּם אֶת הַמַּצּוֹת" (יז) הוא לשמור את אכילת המצות ביום זה (רשב"ם).[79] בסיום החוק חוזר האיסור ששאור לא יימצא בבית, כמו גם האיסור לאכול חמץ (יט), וזאת לשם הגדרת החייבים באיסור חמץ: האיסור הוא על בן ישראל ועל הגרים שגרים עם ישראל, ומודגש שהוא חל בכל מקום שישראל יושבים בו (יט2-כ). ההסבר לאכילת מצות יופיע רק בהמשך, כשיסופר שהעם יצא ממצרים, ומתוך לחץ שהמצרים הלחיצו את ישראל לצאת מארצם מהר, לא הספיק בצקם להחמיץ. הציווי על חג המצות כאן אינו במקומו, כפי שיובהר להלן. אף שהדבר ברור, יש להדגיש שבמצרים לא חגגו את חג המצות, שכן חג זה מציין את עצם היציאה ממצרים.

יש להבדיל את הפסח מהמצות (כעולה בבירור גם מויקרא כ"ג, ה-ו; במדבר כ"ח, טז-יז; יחזקאל מ"ה, כא; עזרא ו׳, יט-כב). זמנו של חג הפסח הוא י"ד בין הערביים, והוא נמשך עד ט"ו בבוקר. לעומת זאת, חג המצות מתחיל בליל ט"ו, ומשך החג הוא שבעה ימים. כיוון שפסח שני נחוג בידי מי שהיה אנוס ולא חגג את הפסח בזמנו, אף הוא מתחיל בבין הערביים י"ד בחודש השני עד בוקרו של ט"ו. חג הפסח נחוג במצרים, ואילו חג המצות לא נחוג במצרים, זהו חג זיכרון את היציאה ממצרים, עבור הדורות הבאים.

מה היחס בין חג הפסח לחג המצות? לשני החגים לדורות מטרות שונות – שמירת חג המצות היא לשם חגיגה של היציאה ממצרים: "וּשְׁמַרְתֶּם אֶת הַמַּצּוֹת כִּי בְּעֶצֶם הַיּוֹם הַזֶּה הוֹצֵאתִי אֶת צִבְאוֹתֵיכֶם מֵאֶרֶץ מִצְרָיִם" (יז). לעומת זאת, פסח לדורות נחוג על מנת לחזור ולשחזר את פסח מצרים בכל שנה, כפי שנאמר במפורש: "וּשְׁמַרְתֶּם אֶת הָעֲבֹדָה הַזֹּאת. וַאֲמַרְתֶּם זֶבַח פֶּסַח הוּא לַה׳ אֲשֶׁר פָּסַח עַל בָּתֵּי בְנֵי יִשְׂרָאֵל בְּמִצְרַיִם בְּנָגְפּוֹ אֶת מִצְרַיִם וְאֶת בָּתֵּינוּ הִצִּיל" (כה-כז). בחגיגת הפסח משחזרים את הברית של פסח מצרים, את ההתחייבות של העם לנאמנות לה׳ ואת השמירה של ה׳ על ישראל, שבתמורה לכך חגגו את הפסח. בכל שנה מציינים מחדש בחגיגת הפסח את השייכות לברית עם ה׳.

בפסוקים הבאים (כד-כז) מעביר משה לעם רק את הציווי לגבי הפסח, ולא על שבעת ימי חג המצות. הציווי של משה לעם בעניין חג המצות יופיע להלן בי"ג, ג-י. כיצד יש להבין זאת? אפשרות אחת היא שה׳ לא אמר את הציווי על חג המצות הזה בנקודה זו אלא רק כשהגיעו לסוכות (י"ב, לז), באותה הזדמנות שציווה ה׳ את משה בעניין דין בכור (י"ג, ב) ומייד לפני שמשה העביר לעם את נושא חג המצות לעם (ג-י). אפשרות שנייה היא שמראש ה׳ מצווה את משה בדבר מועד המצות לדורות, אך רק בשלב מאוחר יותר, לאחר שיצאו ממצרים, בסוכות, העביר משה את צו ה׳ אליו לעם. מדוע הציווי על חג המצות לדורות נזכר כאן? הרי עדיין לא דובר על חג המצות אלא על חג הפסח בלבד. ההסבר לכך טמון בהבדל בין חג הפסח לחג המצות שזה עתה הסברנו. חג הפסח מבטא את ההצלה של בתי ישראל מפגיעה ממכת בכורות בעת שהעם הראה נאמנות לה׳. אך חג הפסח הוא תחילתו של תהליך, והמשכו הוא

היציאה ממצרים. כבר בתוכנית על הפסח באה בשורה שלעתיד יקיימו העם את המצוות כדי להנציח את היציאה ממצרים, אך לא היה שייך להגיד לעם בשורה זו עדיין, משום שהם לא יצאו ממצרים. בשלב זה מעביר משה לעם את עניין חג המצות לדורות, אך את עניין המצות במצרים יעביר משה לעם לאחר שהם יצאו בפועל ממצרים.

משה מצווה את העם את עניין הפסח, במצרים ולדורות – כא-כז

משה קורא לזקני ישראל ומצווה אותם את אשר ציווה אותם ה' על הפסח. האזכור של זקני ישראל בנקודה זו הוא משמעותי, שכן בתחילה הם הוזכרו כאשר משה בא אליהם להציג להם את דבר ה', ואז הם קיבלו אותו (ד', כט-לא). אך לאחר מכן העם דחה אותו והזקנים לא הוזכרו שוב. לאחר שהעם דחה את משה ואהרן, נזכרים כאן זקני ישראל כמתווכים את דבר ה' בסופו של התהליך שהחל שם.

אין פירוט של כל מה שה' ציווה את משה, ובמקום זאת יש פירוט של דברים שלא התבארו בידי ה'. משה הוסיף שיש לקחת אגודת אזוב, היינו קבוצת ענפים קטנים של אזוב, לטבול אותה בדם ולתת את הדם על המזוזות והמשקוף (כב1). עוד הוסיף משה שלאחר זאת, אין לצאת מהבתים עד הבוקר (כב2). אפשר שזאת משום שיש סכנה בחוץ, וכשניתנה רשות למשחית לחבל הוא אינו מבחין, והדם על המזוזות והמשקוף מגן על היושבים בפנים בלבד (רש"י; רשב"ם).[80] אבל נראה לחדד שההישארות בבית אינה משום הסכנה בחוץ, אלא משום המשמעות הסימבולית של ההישארות בפנים: מי שנשאר בפנים לאחר ששם את הדם, מכליל את עצמו בברית עם ה' וניצל. אך מי שיוצא החוצה, מוציא עצמו מכלל בני הבית וכורתי הברית עם ה', ולכן המכה תפגע בו. בזמן שהם יושבים בביתם, ובעת שהם אוכלים את בשר הפסח, משה מסביר שה' יעבור ויגוף את מצרים. ה' יפסח על הבתים שבהם יש דם על המשקופים והמזוזות, וכך לא ייפגעו ישראל שעשו כמצווה. כמובן שלאור הסברים אלה, אין ניגוד בין האיסור לצאת מהבית עד בוקר ובין היציאה ממצרים בהוראת משה לצאת (לא), מה עוד שכפי שנראה להלן, העם יצא בבוקר ולא בלילה.

משה פירט לעם את עניין מתן הדם על המשקופים והמזוזות, והציוויים בדבר הפסח לא נכתבו. יש לכך חשיבות. דומה כי בראש ובראשונה על האנשים מישראל להחליט אם הם רוצים לצאת ממצרים, אם הם מאמינים בה', ולפי זה אם הם מתכוונים לתת את הדם ועל המזוזות. עניין לקיחת השה ועשיית הפסח הוא פועל יוצא של החלטה זו, ואין צורך לכתוב פרטים אלה שבאו קודם בדברי ה' למשה. זו הסיבה שמשה מדגיש בדבריו את עיקר נושא הברית, שבא לידי ביטוי בדם הניתן.

משה חותם את דבריו בציווי על חגיגת הפסח לדורות. ציווי זה כפול ומדגיש את חשיבות שמירת הפסח:

"וּשְׁמַרְתֶּם אֶת הַדָּבָר הַזֶּה לְחָק לְךָ וּלְבָנֶיךָ עַד עוֹלָם.
וְהָיָה כִּי תָבֹאוּ אֶל הָאָרֶץ אֲשֶׁר יִתֵּן ה' לָכֶם כַּאֲשֶׁר דִּבֵּר וּשְׁמַרְתֶּם אֶת הָעֲבֹדָה הַזֹּאת"
(כד-כה).

פסוקים אלה פותחים ומסיימים בציווי "וּשְׁמַרְתֶּם". בפתיחה נאמר "אֶת הַדָּבָר הַזֶּה" ובחתימה נאמר: "אֶת הָעֲבֹדָה הַזֹּאת". בפסוק הראשון נאמר שהחיוב לשמור את הפסח הוא חוק עולם, ובמשפט השני ישנה התייחסות ספציפית לשמור את הפסח בעת הכניסה לארץ. הציווי על השמירה של הפסח בעת הכניסה לארץ, לאחר שכבר נקבע שיש לשמור את הפסח לעולם, בא אולי לחדד שהשמירה של חוק הפסח היא אפילו כאשר ההבטחה של ה׳ להביאם אל הארץ תתממש והעם ייגאל סופית משעבוד מצרים ויכנס לארץ שה׳ הבטיח להם.[81] ההתייחסות להבטחה של ה׳ היא מה שנאמר בסנה, ג׳, ח, ובשליחות השנייה של משה אל העם, ו׳, ח.

הכוונה בציווי לדורות היא למצוות הפסח ולא למתן דם על המזוזות והמשקופים, שאין זו מצווה לדורות (רמב"ן). אך לא מפורט הציווי על הפסח, אלא יש כאן הסבר לתכלית של מצווה זו לדורות (כד-כז1). המטרה היא שכאשר ישאלו הבנים מדוע עושים את עבודת זבח הפסח, האבות יספרו לבניהם על ליל היציאה ממצרים שבו ה׳ נגף את המצרים והציל את בתי ישראל. כאשר משה מדבר עִם העַם, הנושא המיידי של חג הפסח הוא העולה בדבריו, ומתאים שהוא גם ידבר על הפרספקטיבה העתידית של הפסח לדורות.

העם עושה את המצווה כפי שהצטווה – כז2–כח

כאשר העם שמע את דברי משה, הוא קד והשתחווה כאות לכך שקיבל את דברי ה׳ (כז2). פעולת הקידה וההשתחוויה של העם מופיעה בפעם הראשונה שמשה ואהרן דיברו אל העם (ד׳, לא). אולם מאז אותה נקודה העם נסוג, מקוצר רוח ומעבודה קשה, בשל העובדה שפרעה הגביר את לחץ העבודה על ישראל. עשר המכות היו תהליך שבו פרעה אמור היה לדעת את ה׳, וכך גם ישראל. העובדה שישראל לא ייפגעו מהמכה תהווה עדות לכך שה׳ יפלה אותם ממצרים (ז). עוד קודם המכה האחרונה, נדרשת מהעם אמונה בה׳ ושידיעתם את ה׳ תגרום להם לעשות מעשה מוצהר של אמונה באלוהים. ההשתחוויה של העם מבטאת את קבלת משה ואהרן, וכן את ה׳, לאחר שהם ראו את המכות על מצרים, שמהן הם ניצלו. מעבר לכך, הם אמורים להתנתק ממצרים ומאמונותיה, ולשם כך הם צריכים לדעת שהם מובדלים מהם בחוויה עמוקה. את זה הם מסיקים מהעובדה שלא נפגעו ממכות מצרים ובפרט ממכת בכורות. מייד לאחר מכן כתוב בקצרה שהעם הלך ועשה כפי שה׳ ציווה את משה ואהרן לצוות אותם (כח). הדגש הכפול בפסוק, בתחילתו: "וַיֵּלְכוּ וַיַּעֲשׂוּ", ובחתימת הפסוק: "כֵּן עָשׂוּ", בא להראות את ציות העם לציווי ה׳.

מכת בכורות, היציאה של ישראל ממצרים והפסח, י״ב, כט-מב

לאחר ההוראות המפורטות של הפסח וקיומן בידי העם, חוזר עניין מכת בכורות. הניסוח של מכת בכורות דומה לתיאור המכה בדברי ההתראה של משה לפרעה, כדי להדגים שהמציאות הייתה באופן מדויק כפי שצפה אותה משה:

י״א, ד-י	י״ב, כט-לג
(ד) וַיֹּאמֶר מֹשֶׁה כֹּה אָמַר ה׳ כַּחֲצֹת הַלַּיְלָה אֲנִי יוֹצֵא בְּתוֹךְ מִצְרָיִם: (ה) וּמֵת כָּל בְּכוֹר בְּאֶרֶץ מִצְרַיִם מִבְּכוֹר פַּרְעֹה הַיֹּשֵׁב עַל כִּסְאוֹ עַד בְּכוֹר הַשִּׁפְחָה אֲשֶׁר אַחַר הָרֵחָיִם וְכֹל בְּכוֹר בְּהֵמָה. (ו) וְהָיְתָה צְעָקָה גְדֹלָה בְּכָל אֶרֶץ מִצְרָיִם אֲשֶׁר כָּמֹהוּ לֹא נִהְיָתָה וְכָמֹהוּ לֹא תֹסִף. (ח) וְיָרְדוּ כָל עֲבָדֶיךָ אֵלֶּה אֵלַי וְהִשְׁתַּחֲווּ לִי לֵאמֹר צֵא אַתָּה וְכָל הָעָם אֲשֶׁר בְּרַגְלֶיךָ וְאַחֲרֵי כֵן אֵצֵא (י) ...וַיְחַזֵּק ה׳ אֶת לֵב פַּרְעֹה וְלֹא שִׁלַּח אֶת בְּנֵי יִשְׂרָאֵל מֵאַרְצוֹ.	(כט) וַיְהִי בַּחֲצִי הַלַּיְלָה וַה׳ הִכָּה כָל בְּכוֹר בְּאֶרֶץ מִצְרַיִם מִבְּכֹר פַּרְעֹה הַיֹּשֵׁב עַל כִּסְאוֹ עַד בְּכוֹר הַשְּׁבִי אֲשֶׁר בְּבֵית הַבּוֹר וְכֹל בְּכוֹר בְּהֵמָה. (ל) ...וַתְּהִי צְעָקָה גְדֹלָה בְּמִצְרָיִם כִּי אֵין בַּיִת אֲשֶׁר אֵין שָׁם מֵת. (לא) וַיִּקְרָא לְמֹשֶׁה וּלְאַהֲרֹן לַיְלָה וַיֹּאמֶר קוּמוּ צְּאוּ מִתּוֹךְ עַמִּי גַּם אַתֶּם גַּם בְּנֵי יִשְׂרָאֵל וּלְכוּ עִבְדוּ אֶת ה׳ כְּדַבֶּרְכֶם... (לג) וַתֶּחֱזַק מִצְרַיִם עַל הָעָם לְמַהֵר לְשַׁלְּחָם מִן הָאָרֶץ כִּי אָמְרוּ כֻּלָּנוּ מֵתִים.

באמצע הלילה ה׳ הורג כל בכור במצרים, החל בבכור פרעה המלך וכלה בבכורות מהשכבות הנמוכות בחברה, ואפילו את השבויים בבית האסורים וכן את בכורות הבהמות (כט). מודגש במַכָּה זו שה׳ הוא המכֶּה, כפי שהדבר הודגש בדברי ה׳ בי״א, ד; י״ב, יב. בהתאם לדגש זה, סדר המילים הוא הפוך, "וַה׳ הִכָּה", במקום הסדר הרגיל במקרא, שבו הפועל קודם לנושא. היפוך הסדר כאן נועד להדגיש את התערבותו הישירה של ה׳.[82] המכה הקשה הזו שספגו בית פרעה וכל מצרים הביאה את פרעה לקום בעוד לילה ולהיווכח בגודל המכה: "כִּי אֵין בַּיִת אֲשֶׁר אֵין שָׁם מֵת" (ל). בגלל זאת קורא פרעה למשה ולאהרן ומשלח את בני ישראל, ובכלל זה גם את הצאן והבקר, כפי שדרשו משה ואהרן (לא-לב). עתה בפעם הראשונה מסכים לכך פרעה. אירוני הדבר שלאחר מכת חושך פרעה סילק את משה ואהרן מעל פניו ואסר עליו לראותו שוב (י׳, כח), ועתה במצוקתו, הוא קורא למשה ולאהרן.

שוב פרעה משתמש בשם "בְּנֵי יִשְׂרָאֵל" (לא; ראו א׳, ט). לאחר כל המכות שבאו על מצרים ולא פגעו בישראל, הוא מכיר בישראל כישות נפרדת ומוגדרת ושולח אותם על פי בקשתם, לעבוד את אלוהיהם. הוא גם מכיר בגדולתו וריבונותו של ה׳. הוא מאפשר לישראל לעבוד את ה׳, אך הוא אינו משלח אותם לצמיתות יימצרים (לא2).[83] יש להדגיש שפרעה הסכים לכך בשל המכות הגדולות שהביאו משה ואהרן על עמו, ולכן הוא מנסח – "קוּמוּ צְּאוּ מִתּוֹךְ עַמִּי". היותם בתוך עמו והפגיעה במצרים היא שהכניעה את פרעה, כפי שה׳ צפה מראש. עם

זאת, מעניין שפרעה מכיר בנחיתותו ובגדלותם של משה ואהרן, והוא רוצה שהרשות שהוא נותן להם תיזקף לזכותו. לכן פרעה מבקש מהם – "וּבֵרַכְתֶּם גַּם אֹתִי" (לב). משמעות נוספת למילים אלו היא שהוא מבקש ברכה כהיפוך לכל המכות שנחתו עליו עד כה.[84]

לא רק פרעה רצה ביציאתם של ישראל ממצרים. גם המצרים רצו בכך והם ממהרים לשלח את ישראל מתוך פחד שהם כולם מתים (לג). השימוש בפועל "וַתֶּחֱזַק מִצְרַיִם", בא כניגוד לחיזוק לב פרעה עד כאן וסירובו לשלח את העם. עתה, כאשר העם משלח את ישראל, בא אותו פועל להדגים את ההיפוך שחל במצרים ביחס לישראל. ה׳ הוא מחולל ההיפוך הזה.

ההזדרזות של המצרים לשלח את העם מנעה מישראל את האפשרות להתכונן כראוי ולהכין להם צידה לדרך, ולכן הלחם שהם ביקשו להכין למסע לא החמיץ. הם לקחו את הבצק על שכמם לפני שהספיקו לאפות אותו. אין אלה המצות שעליהן דובר בעניין האכילה עם הפסח. ה׳ ציווה לעשות את הפסח ולאכול אותו עם מצות ומרורים, עוד טרם מכת בכורות וטרם היציאה ממצרים (ח). אכילת המצות עם הפסח אינה משום שהלחם לא הספיק להחמיץ, אלא לשם ציון השעבוד במצרים, בדומה לאכילת המרורים, המזכירים באופן ברור את קושי השעבוד (א׳, יד). חג המצות (בניגוד לחג הפסח) חוגג את היציאה ממצרים, וחג זה נקרא מצות על שם חיפזון היציאה ושהלחם שהכינו לקראת היציאה לא הספיק להחמיץ. עניין זה ביחס לחג המצות עולה גם בדברים ט״ז, ג – "לֹא תֹאכַל עָלָיו חָמֵץ". איסור זה מתייחס לפסח ולחובה לאכול עליו חמץ, כמו בפסח מצרים. לעומת זאת, האכילה של המצות והאיסור של חמץ הם זכר ליציאה ממצרים, אז יצאו בחיפזון ובצקם שהכינו לדרך לא הספיק להחמיץ: "שִׁבְעַת יָמִים תֹּאכַל עָלָיו מַצּוֹת לֶחֶם עֹנִי כִּי בְחִפָּזוֹן יָצָאתָ מֵאֶרֶץ מִצְרַיִם לְמַעַן תִּזְכֹּר אֶת יוֹם צֵאתְךָ מֵאֶרֶץ מִצְרַיִם" (שם).

למרות המהירות, הכתוב מדגיש שישראל הספיקו לבקש מהמצרים כלי כסף וזהב. ה׳ נתן את חן העם בעיני מצרים והמצרים נתנו להם כלים יקרי ערך, כפי שאמר ה׳ שיקרה עוד בתחילת המינוי של משה ובהתראה למכת בכורות (ג׳, כא-כב; י״א, ב).

אף שהעם החל את הכנותיו ליציאה בלילה (מקל ביד, נעליים ברגליים ומותניים חגורים), יש להדגיש שהעם יצא ממצרים בבוקר ט״ו ולא בליל ט״ו. דבר זה עולה מכמה מקומות. ראשית, מהציווי לשרוף באש את בבוקר את מה הנותר מהפסח (י). וכן מהציווי לא לצאת מהבית בלילה עד הבוקר (כב). הדבר משתמע גם מפסוק יז: "בְּעֶצֶם הַיּוֹם הַזֶּה הוֹצֵאתִי אֶת צִבְאוֹתֵיכֶם מֵאֶרֶץ מִצְרָיִם". וכן מהנאמר בבמדבר ל״ג, ג, שישראל יצאו ממצרים ממחרת הפסח בחמישה עשר בחודש. הידיעה בדברים ט״ז, א, שהם יצאו בלילה, מתייחסת לתהליך ההכנה ליציאה, שהחל בלילה.

העם יצא ממצרים, במסע ראשון מרעמסס במצרים לסוכות (לז). המעבר מרעמסס לסוכות הוא היציאה בפועל של העם ממצרים, וזו תחילת הדרך לכיוון סיני (י״ג, כ; י״ד, ב, ט; ט״ו, כב, כז; ט״ז, א; י״ז, א; י״ט, א-ב), ואחר כך לארץ המובטחת. מספר היוצאים היה כשש מאות אלף גברים, ובמספר זה לא כלולים נשים וילדים. לבד ממספר בני ישראל הצטרפו גם ערב רב, היינו תערובת של אנשים מלאומים שונים שאינם מבני ישראל (לח). יש להניח שאלה

בעיקר מצרים שהתרשמו מכל מעשי ה׳ במצרים והצטרפו בשל כך לישראל.[85] אלו הם כנראה האספסוף שעליהם דובר בבמדבר י״א, ד (ראב״ע). גם המקנה של ישראל היה גדול מאוד (לח). הידיעה בדבר הריבוי של ישראל באה כנגד חששו של פרעה שבגינו החל לשעבד את ישראל. הוא חשש ״פֶּן יִרְבֶּה״ (א׳, י), והנה העם הוא עצום במספרו, ועוד נוספו עליהם גם ערב רב אשר לא מבני ישראל, כך שחששו התגשם יותר ממה שציפה. הוא חשש שמא ״וְעָלָה מִן הָאָרֶץ״ (שם), והנה עלו רבים, ובכללם ערב רב, ומקנה כבד מאוד, ״וְגַם עֵרֶב רַב עָלָה אִתָּם״. הניגוד בין מחשבותיו של פרעה בתחילת השעבוד להתגשמות חששותיו וכישלון תוכניותיו בסוף השעבוד מדגים את נחיתותו אל מול ריבונותו של ה׳ ותוכניותיו.

שוב חוזר ומעיד המקרא שהבצק שהכינו ישראל לקחת איתם לא הספיק להחמיץ וישראל לא הספיקו להצטייד לדרך, בגלל המהירות שבה גורשו ממצרים (לט). עתה כשיצאו ממצרים מסכם הכתוב את משך הזמן שישראל ישבו שם: ארבע מאות ושלושים שנה (מ). באופן חגיגי הכתוב קובע: ״וַיְהִי מִקֵּץ שְׁלֹשִׁים שָׁנָה וְאַרְבַּע מֵאוֹת שָׁנָה וַיְהִי בְּעֶצֶם הַיּוֹם הַזֶּה יָצְאוּ כָּל צִבְאוֹת ה׳ מֵאֶרֶץ מִצְרָיִם״ (מא). היוצאים ממצרים מכונים כאן ״כָּל צִבְאוֹת ה׳״, משום שאלה נאמני ה׳ שעשו את הפסח והביעו אמונה באלוהים ורצון להשתייך אליו, וזאת לעומת מי שלא קיים את הפסח. הכינוי צבאות ה׳ בא ללמד על טיבם של אלה שיצאו, שאין הם מובחנים על פי הזהות שלהם כישראל אלא על פי הזיקה לה׳. הם לא יצאו בחשאי אלא כצבא ה׳ בניצחון ולאחר הכנעה של פרעה.

תקופת שהות בני ישראל במצרים במשך ארבע מאות ושלושים שנה (מ) תואמת את מה שאמר ה׳ לאברהם בברית בין הבתרים: ״וַעֲבָדוּם וְעִנּוּ אֹתָם אַרְבַּע מֵאוֹת שָׁנָה״ (ט״ו, יג).[86] החישוב של משך הזמן של ישראל במצרים, ובתוך כך תקופת השעבוד ובמיוחד כיצד לחשב זמן זה לאור הידיעה שקהת בן לוי היה מיורדי מצרים והוא סבו של משה, אינו נהיר. וכבר עמדנו לעיל על קושי נוסף הקשור לכך, והוא שקהת בן לוי הוליד ארבעה בנים, ובימי נכדו משה יש 8600 זכרים מבן חודש ומעלה. לבעיה זו הבאנו את פתרון שד״ל, שלוי, קהת ועמרם לא היו אב ובן ישירים אלא היו מספר דורות ביניהם. כך השהות במצרים לא הייתה בת ארבעה דורות אלא יותר מזה.

סיפור היציאה ממצרים מסתיים בקביעה שליל היציאה ממצרים נקרא ״לֵיל שִׁמֻּרִים״. מושג זה אולי מכוון לפעולת השמירה ששמר ה׳ על בני ישראל לבל ימותו (ראב״ע). אפשר גם לפרש שה׳ שמר את היום וציפה ליום הזה שבו יוציאם ממצרים, ״לשון המתנה: כמו ואביו שמר את הדבר (ברא׳ ל״ז, יא)״ (רש״י; רשב״ם; ריב״ש). כנגד היות הלילה הזה ״לֵיל שִׁמֻּרִים הוּא לַה׳ לְהוֹצִיאָם מֵאֶרֶץ מִצְרָיִם״, בדורות הבאים ישראל ישמרו בלילה הזה את חוקי הפסח ״שִׁמֻּרִים לְכָל בְּנֵי יִשְׂרָאֵל״ (רמב״ן; אברבנאל). ואכן מייד באות הלכות נוספות הנוגעות לפסח דורות.

השלמה לדיני פסח, מג-נ

פסוקים אלה הם השלמה של חוקים בעניין פסח דורות (ראב"ע, הפירוש הארוך לפסוק כה, אף כי לדעת רמב"ן הלכות אלה שייכות גם בפסח מצרים). לאחר שבפסוק מב נאמר שהלילה הזה יהיה ליל שימורים, באים כאן חוקים הקשורים לטיבו של לילה זה לדורות.[87] החובה לשמור פסח לדורות עולה בפסוק יד, אך שם נאמר רק שיש לקיים את הפסח תמיד. פסח דורות נזכר שוב בפסוקים כה-כז, כדי שישאלו על כך הבנים, ובתגובה יספרו להם האבות על הצלת ישראל במצרים. בשני אזכורים אלה לא נזכרו חוקי פסח דורות וכאן יש השלמה לכך. אך מדוע פסוקים אלה לא הופיעו לעיל באחד האזכורים של פסח? נראה כי מקומה של פסקה זו היא לאחר פסוק כה-כז. הראיה לכך היא שהפסקה כאן מסתיימת בדיווח על עשיית הפסח (נ), אף שבוודאי אין מקום לפסוק זה כאן, שהרי כבר יצאו ממצרים והם נמצאים בסוכות, וכמובן קיימו את הפסח לפני שעזבו את מצרים. אכן פסוק נ, המתאר את הביצוע של הפסח, הוא הכפלה של פסוק כח, וניסוח הפסוקים כמעט זהה. לכן נראה שמקומם של פסוקים מג-נ הוא במקום שבו ביצעו ישראל את הפסח, היינו לאחר כז. כאשר הפסקה הועברה ממקומה נשארה הידיעה שהם קיימו את הפסח בשני המקומות, וזאת כדי לציין מהיכן פסוקים אלה הועברו. הם הועברו ממקומם כדי ליצור רצף של הלכות הנוגעות לאירועים להמשך הדורות: י"ב, מג-נ – הלכות הנוגעות לפסח; י"ג, א-ב, יא-טז – הלכות הנוגעות לבכור; וי"ג, ג-י – הלכות הנוגעות לחג הפסח. שלושת תחומי ההלכה הזו הם כנגד שלושת הנושאים העיקרים בפרשה, כפי שהסברנו לעיל.

פסח דורות הוא זיכרון לפסח שעשו במצרים שבזכותו העושים אותו ניצלו. טבעי הדבר שבחג הפסח לדורות אין עניין לתת דם על המזוזות ועל המשקופים ואין אכילה בחיפזון. ההלכות כאן ברובן הן בעניין מי חייב בפסח ומי אינו יכול להשתתף בפסח, ובנוגע למסגרת החג (יוצא דופן סעיף 4). ארבע הלכות לדורות מצוינות כאן: 1. בן נכר אינו יכול להשתתף בפסח (מג). וכן גם תושבים ושכירים שהם בני נכר לא יאכלו מהפסח (מה). אולם עבדים וגרים ישתתפו בפסח אם הם נימולים (מד, מח-מט); 2. ערל אינו יכול לקיים את הפסח, ורק מי שהוא נימול יקיים את הפסח (מח); 3. אף שהמצווה של הפסח היא על כל עדת ישראל, הוא נעשה במסגרת משפחתית בבית ואסור להוציא מן הבשר מחוץ לבית (מו); 4. אין לשבור עצמות מבשר הפסח (מו).

בן נכר הכוונה לנוכרי (ראב"ע). חכמים למדו שגם משומד אינו אוכל מהפסח (מכילתא מסכתא דפסחא בא, טו [הורוויץ, 53]; אונקלוס; רש"י; ריב"ש; רמב"ן), וכך נהגו להלכה, אף שאין זה פשוטו של מקרא (שד"ל). לעומת זאת, עבד שהוא רכושו של אדונו חייב למול (כך גם בבראשית י"ז, יב-יג), ובתור מקנת כספו של ישראל הוא חייב בפסח. רק עבד נוכרי הוא מקנת כספו של ישראל, אך תושב ושכיר אסורים לאכול מהפסח (מה). יש הסבורים שתושב ושכיר הם ישראל (ראב"ע; ריבש), ונראה יותר שתושב ושכיר הם נוכרים, ולהבדיל מעבד, הם אינם קניין כספו של ישראל. תושב הוא נוכרי השוכן בבית ישראל, ושכיר הוא נוכרי שעובד

אצלו בשכר (שד"ל).[88] לפי חכמים, הגר המדובר כאן הוא גר צדק, היינו שהתגייר (מכילתא מסכתא דפסחא בא, טו [הורוויץ, 56]), אך פשוטו של מקרא הוא שמדובר בגר תושב (ר"י קרא; שד"ל). רק אם הגר נימול הוא יוכל לעשות את הפסח.

ערל הוא ישראלי שלא נימול. ודאי שהלכה זו מתקיימת אם לא נימול במזיד, אך גם אם הייתה מניעה, כגון ישראל במדבר שלא יכלו למול (ראב"ע הפירוש הארוך), או אם לא נימול באונס משום שאחיו מתו מחמת מילה ולכן לא נימול (רש"י; רשב"ם), הוא לא יכול לעשות את הפסח.

שני ציוויים אלה, על איסור לבן נכר ולערל לאכול מהפסח, הם תולדה של מהות הפסח כברית עם ה'. כיוון שעשיית הפסח היא ברית בין המקיימים את הפסח לה', אין מקום למי שאינו בן ישראל לקחת חלק בפסח. בדומה לכך, המילה היא ברית עם ה', ולכן המילה היא תנאי מקדים לקיום הברית עם ה' באמצעות ההשתתפות בפסח.[89] זו הסיבה שמי שלא קיים את הפסח ומי שלא נימול, אף שאלה מצוות עשה, חייבים כרת.[90] אי קיום מצוות אלה אינו הפרה של מצוות פרטיות, אלא הפרה של מצווה בסיסית בקיום קשר הברית של העם עם ה'.

החובה לאכול את הפסח בבית אחד ולא להוציא ממנו החוצה נובעת מהאופי של הפסח: זהו מעשה ברית, ולכן רק מי שכלול בברית יכול לאכול מן הפסח. חכמים למדו מכך את עניין המנייה על הפסח, ובהתאם לכך הגדירו שרק מי שנמנה על הפסח יכול לאכול ממנו.[91]

ההסבר לאיסור לשבור עצם הוא אולי משום שהאכילה צריכה להיות בחיפזון (רשב"ם; ריב"ש), או מפני כבוד הפסח, שלא יהיה בו זלזול (רלב"ג); או שאכילת הפסח תהיה אכילה דרך חירות ולא דרך אכילת עבדים (שד"ל).[92]

הקטע של חוקת הפסח מסתיים באמירה שישראל עשו כפי שציווה את משה ואת אהרן (נ). הדגש על עשיית המצווה מובא באמצעות הניסוח הכפול: "וַיַּעֲשׂוּ כָּל בְּנֵי יִשְׂרָאֵל... כֵּן עָשׂוּ". פסוק זה הוא חזרה כמעט מדויקת על הנאמר מייד לאחר שמשה ציווה אותם בדבר הפסח בפסוק כח, כולל הכפילות של הפועל 'עשו': "וַיֵּלְכוּ וַיַּעֲשׂוּ כָּל בְּנֵי יִשְׂרָאֵל כַּאֲשֶׁר צִוָּה ה' אֶת מֹשֶׁה וְאֶת אַהֲרֹן כֵּן עָשׂוּ". כיוון שהתורה חזרה לפרט את דיני הפסח, הרצון היה שוב להדגיש את מה שכבר נאמר – שישראל עשו כמצווה וקיימו את הפסח, כחזרה על מה שנאמר לעיל בפסוק כח (אברבנאל).[93] וכמו שאמרנו לעיל, החזרה היא הסימן למעבר של פסוקים מג-נ, ממקומם לאחר כז1, למקומם הנוכחי.

יש לציין שלא נאמר כאן שמי שטמא אינו יכול לאכול מהפסח, דין שעולה בבמדבר ט', א-יד (עזרא ו', יט-כב; דה"ב ל', ג). דין האיסור על טמא לאכול אינו פְּסול במהותו של האדם, כמו הפסולים האחרים. כאן התורה ציינה רק את מי שחייב ומי שאסור לו להשתתף במהות העניין. האיסור לאכול מהפסח בטומאה הוא רק לדורות, משום שפסח מצרים לא היה קורבן, כאמור, לעומת פסח דורות שהוא קורבן, ומצד היותו קורבן נאסר לאוכלו בטומאה.[94] זו הסיבה שלא הייתה בעיה להיות טמא בפסח מצרים. מה עוד שלא הייתה דרך להיטהר בשלב הזה וטרם ניתנו דיני טומאה וטהרה. אם כן, היות האדם טמא לא היה חיסרון בכריתת הברית והכללתו בצבאות ה'.

חתימת היציאה ממצרים, נא

סיפור זה נחתם בסיכום העיקר, והוא שה׳ הוציא את בני ישראל ממצרים. ואף שמשפט זה נאמר כבר בפסוק מא, חזר הכתוב לומר זאת, לאחר שנוספו החוקים הנוספים של פסח דורות, כסיכום של הקטע כולו. בפסוק מד הדגש הוא שישראל יצאו ממצרים, אבל בסיכום הקטע כולו מודגש שה׳ הוא שהוציא את ישראל ממצרים.

הוראות בעניין חג המצות ודין בכור, י״ג, א–טז

בסיום סיפור יציאת מצרים באים ברצף שלושת הדינים הקשורים באירועים שעלו ביחידה זו. לעיל באו דיני פסח, ועתה מצטרפים עוד שני נושאים: דיני חג המצוות ודיני בכור. כך בחתימת היחידה באים שלושת הנושאים המרכיבים את סיפור היציאה: דין הפסח כנגד עשיית הפסח במצרים; דיני חג המצות לציון היציאה ממצרים; ודיני בכור כנגד הצלת ישראל ממכת בכורות, שבה הוכו המצרים. חוקים אלה אינם נספח לסיפור היציאה ממצרים, אלא חלק אורגני בנוי היטב של הסיפור המחולק לשלושה רכיבים, שכנגדם באים שלושה חוקים.

הציווי בדבר דין בכור נאמר למשה לאחר שישראל יצאו ממצרים, כנראה בסוכות, בתחנה הראשונה לאחר היציאה (י״ב, לז).[95] תחילה, ה׳ מצווה את משה על דין הבכור בקצרה (י״ג, א–ב). כאשר משה פונה לעם, ראשית הוא מעביר לעם את דין חג המצוות (י״ג, ג–י) ולאחר מכן מעביר להם את דין הבכור בהרחבה (י״ג, יא–טז).

הוראת משה לעם בדבר חג המצות (י״ג, ג–י) נסמכת על ציווי ה׳ בי״ב, טו–כ, לפני תיאור היציאה ממצרים. ציווי ה׳ הופיע שם כדי לבשר את היציאה ממצרים ואת החשיבות להנציח את הדבר לדורות, עוד בשלב שעסקו בפסח. עתה לפני שמעביר משה את צו ה׳ בעניין מצוות בכורות, הוא מעביר להם קודם את דין חג המצות (שד״ל, על פס׳ ג). הצענו בדיוננו לעיל את האפשרות שצו ה׳ בדבר חג המצות התרחש כאן בסמוך לצו על דין בכור, וניתן בחניה של סוכות, אך הועבר לשם מהטעמים שהזכרנו לעיל.

אין קושי בכך שציווי ה׳ למשה מקוצר, והפירוט בא בדברי משה אל העם. לעיתים נדירות יותר יבוא פירוט כפול של דברי ה׳ למשה ושל משה לעם. אך סדר הפסוקים העוסקים בבכור ובמצות דורש הסבר. מדוע לאחר שה׳ ציווה את משה את דין בכור (ב), מוזכר קודם הדין של חג המצות (ג–י) ורק אחר כך דין בכור בפירוט (יא–טז)? ככל הנראה, ההסבר לכך הוא שדין בכור, הנובע מסיפור הצלת הבכורות של ישראל, הוא רלוונטי רק אם כל ישראל יצאו ממצרים, ובכללם בכורות ישראל. ולכן לפני דין בכור, המציין את הצלת הבכורות, יש להקדים את עניין היציאה ממצרים. בנוסף, שני החוקים מדברים על קיום מצוות אלה בעת הכניסה לארץ (י״ג, ה, יא). כדי לדבר על הכניסה לארץ יש לציין את חגיגת היציאה ממצרים, ורק אחר כך אפשר לציין את הצלת הבכורות.

הקשר בין דין חג המצות ודין הבכור עולה מזיקות מובהקות בין שני החוקים. בפתח שני החוקים נכתב – "וְהָיָה כִּי יְבִיאֲךָ ה׳ אֶל אֶרֶץ הַכְּנַעֲנִי[...] כַּ/אֲשֶׁר נִשְׁבַּע [לְךָ וְ]לַאֲבֹתֶיךָ " (ה׳,

יא). החוקים גם מסתיימים בצורה דומה: – "וְהָיָה [לְךָ] לְאוֹת עַל יָדְךָ/כָה] וּלְזִכָּרוֹן/וּלְטוֹטָפֹת בֵּין עֵינֶיךָ... כִּי בְּיָד חֲזָקָה/בְּחֹזֶק יָד הוֹצִאֲךָ/הוֹצִיאָנוּ ה' מִמִּצְרָיִם" (ט, טז). בנוסף לכך, בשני החוקים באה הוראה להסביר את הדבר לבנים. בעניין חג המצות – "וְהִגַּדְתָּ לְבִנְךָ בַּיּוֹם הַהוּא לֵאמֹר בַּעֲבוּר זֶה עָשָׂה ה' לִי בְּצֵאתִי מִמִּצְרָיִם" (ח), ובעניין הבכור – "וְהָיָה כִּי יִשְׁאָלְךָ בִנְךָ מָחָר לֵאמֹר מַה זֹּאת וְאָמַרְתָּ אֵלָיו בְּחֹזֶק יָד הוֹצִיאָנוּ ה' מִמִּצְרָיִם... עַל כֵּן אֲנִי זֹבֵחַ לַה' כָּל פֶּטֶר רֶחֶם הַזְּכָרִים וְכָל בְּכוֹר בָּנַי אֶפְדֶּה" (יד-טו). ועוד, שתי מצוות אלה הן זיכרון ליציאת מצרים – חג המצות נסוב על עצם היציאה ודין בכור נסוב על הצלת בכורות ישראל ממכת בכורות: "וְהָיָה לְךָ לְאוֹת עַל יָדְךָ וּלְזִכָּרוֹן בֵּין עֵינֶיךָ... כִּי בְּיָד חֲזָקָה הוֹצִאֲךָ ה' מִמִּצְרָיִם" (ט); "וְהָיָה לְאוֹת עַל יָדְכָה וּלְטוֹטָפֹת בֵּין עֵינֶיךָ כִּי בְּחֹזֶק יָד הוֹצִיאָנוּ ה' מִמִּצְרָיִם" (טז).

חג המצות, ג–י

קטע זה עוסק בזיכרון מעשי ה' במצרים והוצאת ישראל ממצרים. הקטע נפתח בציווי: "**זָכוֹר** אֶת הַיּוֹם הַזֶּה אֲשֶׁר **יְצָאתֶם מִמִּצְרַיִם** מִבֵּית עֲבָדִים **כִּי בְּחֹזֶק יָד** הוֹצִיא ה' אֶתְכֶם מִזֶּה" (ג), ומסתיים במילים: "וְהָיָה לְךָ לְאוֹת עַל יָדְךָ **וּלְזִכָּרוֹן** בֵּין עֵינֶיךָ... **כִּי בְּיָד חֲזָקָה הוֹצִאֲךָ ה' מִמִּצְרָיִם**" (ט).

משה מעביר לעם את הציווי לזכור את היום הזה שבו הם יצאו מבית עבדים ממצרים על ידי ה'. זיכרון היום נעשה בשמירה על חג המצות, כאשר הדין העיקרי של חג המצות הוא האיסור לאכול חמץ: "וְלֹא יֵאָכֵל חָמֵץ" (ג). לאחר ציווי כללי על חג המצות (ג), הכתוב עובר לפרט את המצווה (ד-י). יום היציאה ממצרים הוא בחודש האביב. אביב הוא עונה בשנה, ונקל לזכור את בואו של חודש האביב לפי מזג האוויר המאפיין את העונה. בהגיע חודש האביב, יש לשים לב שזהו הזמן שיצאו ישראל ממצרים. לאחר שקבע הכתוב את היציאה ממצרים בהווה, מייד עובר הכתוב לציין את החובה של שמירת חג המצות בעתיד (ה-י), כאשר ה' יביא את ישראל לארץ. הציווי לקיים את חג המצות בארץ כוונתו אפילו בארץ, כלומר אפילו שהעם כבר יהיה משוחרר, יגיע אל הארץ שהובטחה ושעבוד מצרים יהיה נחלת העבר, אפילו אז יש לקיים את חג המצות (ריב"ש; חזקוני).[96] "וְעָבַדְתָּ אֶת הָעֲבֹדָה הַזֹּאת בַּחֹדֶשׁ הַזֶּה" (ה), "הָעֲבֹדָה הַזֹּאת" היא עבודת חג המצות, כמתבאר בפסוק הבא – "שִׁבְעַת יָמִים תֹּאכַל מַצֹּת".[97] זאת בניגוד ל"עֲבֹדָה" בי"ב, כו, ששם הכוונה לפסח.

דין אכילת מצה הוא במשך שבעה ימים, והיום השביעי הוא חג לה' (ו). לא נאמר כאן שהיום הראשון הוא חג לה', אולי משום שהיום הראשון הוזכר בפסוק ג, וכאן הוסיף את שאר הימים, ובכלל זה שאף היום השביעי הוא חג.[98] ואפשר שההתייחסות לאכילת מצה ביום הראשון היא במסגרת חג הפסח, בעיקרו של יום בעת קורבן הפסח, ואילו כאן דיבר על אכילת מצה בבית.[99] תיאור משך החג בספר דברים שונה מתיאורו כאן. בעוד שכאן כתוב שהחג נמשך שבעת ימים, בדברים ט"ז, ח כתוב: "שֵׁשֶׁת יָמִים תֹּאכַל מַצּוֹת וּבַיּוֹם הַשְּׁבִיעִי עֲצֶרֶת". ההבדל נובע מכך שבדברים, חג המצות מופיעה מייד לאחר תיאור הפסח, שהוא בעצם החג הראשון, ולכן נקבע שיש לאכול מצות עוד שישה ימים. לעומת זאת, כאן עניין חג המצות

אינו סמוך לפסח, ולכן הכתוב התייחס לחיוב לאכול מצות שבעת ימים. פסוק ז חוזר אל דין אכילת מצה במשך שבעה ימים, אך לא כדי להסביר את משך זמנו של החג, כמו בפסוק הקודם, אלא להסביר שאכילת מצה כרוכה באיסור שייראה חמץ ושאור בכל גבול ישראל, "במקום שהוא רשותך" (ראב"ע).

ההסבר לבנים "בַּעֲבוּר זֶה" הוא שאנו מקיימים את חג המצות בגלל מה שעשה ה׳ במצרים כאשר הוא הוציא את ישראל משם (רשב"ם; רמב"ן). לעומת זאת, רש"י וראב"ע פירשו "בַּעֲבוּר זֶה", היינו – למען זה, למען קיום המצוות, עשה ה׳ את הנפלאות במצרים. בניגוד לי"ב, כו, וי"ג, יד (וכן דברים ו׳, כ), כאן דברי האב לבן אינם תגובה לשאלת הבן אלא מגיעים מיוזמת האב. נראה כי ההבדל הוא שבשאר המקרים מדובר על דברים יוצאי דופן, כמו הפסח או קורבן בכור, ולכן טבעי שהבן ישאל. אך כאן מדובר על פעולה לא בולטת ולא חריגה של אכילת מצות, ולכן טבעי יותר שהאב יוזם את ההסבר.

לקראת סיום הפרשייה העוסקת בזיכרון האירועים באה הוראה כי מעשי ה׳ במצרים להוצאת ישראל משם יהיו "לְאוֹת עַל יָדְךָ וּלְזִכָּרוֹן בֵּין עֵינֶיךָ" (ט). פשוטו של מקרא הוא כדברי רשב"ם: "יהיה לך לזכרון תמיד, כאילו כתוב על ידך, כעין ׳שימני כחותם על לבך׳, (שה"ש ח׳, ו)". והוא גם הפירוש הראשון של ראב"ע: "על דרך: קשרם על גרגרתיך כתבם על לוח לבך (משלי ג׳, ג) ויהי טעם **לאות** כמו: סימן".[100] חז"ל נתנו למצווה מן התורה יישום מעשי באמצעות הפרשיות הכתובות בתוך התפילין (רש"י). הזיכרון הקבוע של חג המצות, שהוא זכר ליציאת מצרים, מתרחש באמצעות סימן על היד ובין העיניים, כדי שתורת ה׳, היינו המצווה של חג המצות, תהיה קבועה ושגורה בפיו של אדם (ראב"ע).

הפרשייה חותמת בציווי כללי לשמור את "הַחֻקָּה הַזֹּאת", היינו את חוק חג המצות,* במועד, היינו בחודש האביב, "מִיָּמִים יָמִימָה", היינו משנה לשנה,[101] לתמיד, משום שזו מצווה לדורות. הפסח מכונה חוקה בתחילת הפסקה הקודמת, העוסקת בפסח דורות (י"ב, מג), וחג המצות מכונה חוקה בסוף הקטע העוסק בחג המצות לדורות (י"ג, י).

דין בכור, י"ג, יא–טז

דין בכור מופיע בכמה מקומות בתורה: כ"ב, כח–כט; ל"ד, יט–כ; ויקרא כ"ז, כו–כז; במדבר י"ח, טו–יח; דברים ט"ו, יט–כג. בראש הפסקה הקודמת מופיע הציווי של ה׳ – "קַדֶּשׁ לִי כָל בְּכוֹר". קדש במובן של הפרשה – להפריש את הבכור לה׳.[102] משמעות זו עולה מהחלפת הפועל "קַדֶּשׁ לִי כָל בְּכוֹר" בדברי ה׳ לפועל "וְהַעֲבַרְתָּ כָל פֶּטֶר רֶחֶם לַה׳" (יב). אם כן, הציווי הוא להעביר לה׳, ולאו דווקא לעשות פעולה של הקדשת החפץ.[103] בכור פטר רחם הוא

* בהתאם למה שפירשנו שהחוק כאן עוסק בחג המצות. עם זאת, מרבית הפרשנים פירשו זאת על הפסח (רשב"ם; ראב"ע; אברבנאל). וחכמים דרשו מכאן את העניין על מצוות תפילין (בבלי עירובין צו ע"א). והדבר נתון במחלוקות תנאים, במכילתא דרשב"י, י"ג, י (אפשטיין-מלמד, 41): "ר׳ אליעזר אומר זאת חוקת הפסח, ר׳ עקיבא אומר זאת חוקת תפילין". ראב"ע (בפירוש הקצר) פירש שמשפט זה עולה גם על הפסח וגם על תפילין.

הראשון הפותח את רחם אימו, וההוראה היא שיש להקדיש גם את בכור הבהמה וגם את בכור האדם (ב).

לא נאמר מה ייעשה בבכורות המוקדשים לה׳, ופירוט זה יבוא בדברי משה על העם. תחילת פסוק יב היא הוראה כללית – ״וְהַעֲבַרְתָּ כָל פֶּטֶר רֶחֶם לַה׳״. מכאן יבוא הפירוט של מה יש לעשות בסוגים השונים של הבכורות בשלושה משפטים הפותחים במילה ״וְכָל״.

הסוג הראשון הוא בכור הבהמה, ואותו יש לתת לה׳ (יב), היינו להקריב אותו לקורבן (טו). הסוג השני הוא בכור חמור, ומכיוון שאין אפשרות להקריבו על המזבח, יש לפדות אותו בשה. לא מפורש מה ייעשה בשה, ועל פי פשוטו של מקרא נראה שיש לתתו למקדש,[104] וכנראה להקריב אותו כקורבן. אומנם חכמים הבינו שאת השה יש לתת לכוהן, והוא יכול לעשות בו גם שימוש של חולין. אם לא נעשה פדיון בכור חמור, אסור לעשות בו כל שימוש, ולכן יש להמית אותו (״וערפתו״). מכל החיות הטמאות דין בכור שייך רק בחמור, כנראה משום שזו החיה הטמאה היחידה שאדם גידל בביתו (ראב״ע).[105]

הסוג השלישי הוא בכור אדם. הערוץ היחידי אצל בכור האדם הוא לפדות אותו, ולא כמו שקרה בתקופת יחזקאל, כאשר חלק מהעם הבינו בטעות חמורה שיש להקריב את הבכור, כפי שעולה מתוכחת יחזקאל כ׳, כו. אפשרות אחת להבין את הדין הזה היא שמדובר על פדיון הבכורות לאחר שהתקדשו הלוויים בשנה השנייה, כשהוקם המשכן, כמסופר בבמדבר ג׳, מז (רשב״ם על פסוק יג), כך שהוא מתייחס גם לדין פדיון בבמדבר י״ח, טז. לפי גישה זו, ההלכה הרשומה כאן היא מאוחרת, והיא תלויה בדחיית הבכורות ובבחירת הלוויים תמורתם. גם רמב״ן (על פס׳ יא) מסביר באופן דומה, אלא שהוסיף להסביר שהתורה לא פירטה את דרך הפדיון עתה אלא רק כשהם הוחלפו בלוויים. הקושי בפירוש זה הוא שפרשייה זו הכתובה כאן נאמרת ללא שניתן להבין את סיבת העניין, שכן נושא דחיית הבכורות ובחירת הלוויים טרם עלה. עוד לא ברור מה דינו של בכור אדם לפני השנה השנייה. קשה להסביר שהם הוקדשו לעבודת המקדש,[106] שכן לא היה מקדש עד השנה השנייה, ואם כן, מה דינם של בכורות מעתה ועד בניית המקדש? לכן נראה לי לפרש שהפדיון המדובר כאן אינו הפדיון שעליו מדובר בספר במדבר. מכיוון שהבכורות הם לה׳, הדבר היחידי שניתן לעשות הוא לפדות אותם. בלי פדיון הם שייכים לה׳, אבל אין דרך לתת את בכור האדם לה׳, מכיוון שאסור להקריב אדם (כמו בהמה), ואסור להמית אותו (כמו חמור). הדרך היחידה הקיימת היא לפדותו. יש להניח שהכוונה לפדות אותם בשה. דבר זה מתיישב עם העובדה שגם על הבהמה וגם על החמור מדובר על הלכה מיידית. לפי הבנה זו, מסתבר גם שכאשר התורה קבעה שיש לפדות בכור אדם ולא פירטה איך לפדות, היא סמכה על מה שכתוב קודם בעניין חמור, שיש לפדותו בשה. הפדיון שעליו מדובר בספר במדבר הוא פדיון אחר. לאחר הקמת המקדש, הבכורות היו צריכים לעבוד במשכן, אך הם נדחו והלוויים נבחרו לכך. כיוון שהבכורות נבחרו לעבוד במשכן, היה צריך לעשות פדיון אחר: פדיון מהיותם עובדי המקדש לחולין. מעשה זה הוא מעשה חד־פעמי שמטרתו לפדות את כל הבכורים. מצוות הפדיון לדורות, הנוהגת עד ימינו, איננה המשך של הפדיון המתואר בבמדבר, אלא יישום של מצוות פדיון כאן.

גם לגבי מצווה זו התורה מציגה שאלה של הבנים בדבר קיום מצוות בכור – "וְהָיָה כִּי יִשְׁאָלְךָ בִנְךָ מָחָר" (יד). התורה מציגה את המענה על שאלה זו כאשר היא מפרטת את הוצאת ישראל ממצרים מבית עבדים על ידי ה׳ בחוזק יד. פירוט מכת בכורות הוא מרכזי בתשובת האב לבנו: כאשר פרעה לא שלח את ישראל בנקל, ה׳ הרג את כל בכורי מצרים, באדם ובבהמה. האב מסביר שמשום כך הוא זובח לה׳ את בכורות זכרי הבהמה, ואת בכורות האדם הוא פודה. כאמור, יש להבדיל בין שאלות הבנים השונות בפרשיות אלה. בי"ב, כו, שאלת הבנים הייתה על עבודת הפסח, בי"ג, ח, ההסבר לבנים היה על קיום חג המצות, ובי"ג, יד-טו שאלת הבנים היא על קיום מצוות בכור.

מכיוון שה׳ לא פגע בבכורות ישראל, כל הבכורות הופכים להיות שייכים לה׳, ולפיכך אסור לעשות בהם מלאכת חול. בכורות בהמה שאפשר לתת לה׳ מקריבים כזבח, אולם את בכורות החמור והאדם, שלא ניתן לתתם ה׳, יש לפדות. במקרה של חמור, יש גם אפשרות שלא לפדות, אבל אז אסור להשתמש בו בשימוש חול ויש לערוף אותו. את בכור האדם אין אפשרות אלא לפדות.

את המילים "וְהָיָה כִּי יְבִאֲךָ" אפשר להבין כהוראה שמצווה זו נוהגת רק בארץ, משעה שה׳ יביא את העם אל הארץ (רמב"ן על פס׳ א). אך פשוטו של מקרא הוא שהמצווה הזו נוהגת גם במצרים ובמדבר, והכוונה היא שאפילו בארץ ימשיך החיוב של בכור (ריב"ש; חזקוני).[107]

הקטע מסתיים בציווי לעם שמצוות הבכור תהיה "וְהָיָה לְאוֹת עַל יָדְכָה וּלְטוֹטָפֹת בֵּין עֵינֶיךָ" (טז), כלומר, מטרתה היא זיכרון שה׳ הוציא את ישראל ממצרים בחוזק יד.

חתימה

אף שישראל יצאו ממצרים, הסיפור של היציאה טרם הסתיים. ישראל נמצאים עתה בסוכות שבתוך ארץ מצרים. רק בסיפור הבא ישראל יעזבו את סוכות כדי לעבור את ים סוף, ובינתיים פרעה יחזק את ליבו ויצא לרדוף אחרי ישראל. הסיום במכת בכורות של היציאה ממצרים הוא סיום מדומה. הסיפור ממשיך במרדף של פרעה אחרי בני ישראל ובמכה האחרונה שינחית ה׳ על פרעה.

סיפור מעבר ים סוף, י״ג, יז – י״ד, לא

יז וַיְהִי בְּשַׁלַּח פַּרְעֹה אֶת־הָעָם וְלֹא־נָחָם אֱלֹהִים דֶּרֶךְ אֶרֶץ פְּלִשְׁתִּים כִּי קָרוֹב הוּא כִּי אָמַר אֱלֹהִים
יח פֶּן־יִנָּחֵם הָעָם בִּרְאֹתָם מִלְחָמָה וְשָׁבוּ מִצְרָיְמָה. וַיַּסֵּב אֱלֹהִים אֶת־הָעָם דֶּרֶךְ הַמִּדְבָּר יַם־סוּף
יט וַחֲמֻשִׁים עָלוּ בְנֵי־יִשְׂרָאֵל מֵאֶרֶץ מִצְרָיִם. וַיִּקַּח מֹשֶׁה אֶת־עַצְמוֹת יוֹסֵף עִמּוֹ כִּי הַשְׁבֵּעַ הִשְׁבִּיעַ
כ אֶת־בְּנֵי יִשְׂרָאֵל לֵאמֹר פָּקֹד יִפְקֹד אֱלֹהִים אֶתְכֶם וְהַעֲלִיתֶם אֶת־עַצְמֹתַי מִזֶּה אִתְּכֶם. וַיִּסְעוּ
כא מִסֻּכֹּת וַיַּחֲנוּ בְאֵתָם בִּקְצֵה הַמִּדְבָּר. וַיהוה הֹלֵךְ לִפְנֵיהֶם יוֹמָם בְּעַמּוּד עָנָן לַנְחֹתָם הַדֶּרֶךְ וְלַיְלָה
כב בְּעַמּוּד אֵשׁ לְהָאִיר לָהֶם לָלֶכֶת יוֹמָם וָלָיְלָה. לֹא־יָמִישׁ עַמּוּד הֶעָנָן יוֹמָם וְעַמּוּד הָאֵשׁ לָיְלָה
יד א ב לִפְנֵי הָעָם. וַיְדַבֵּר יהוה אֶל־מֹשֶׁה לֵּאמֹר. דַּבֵּר אֶל־בְּנֵי יִשְׂרָאֵל וְיָשֻׁבוּ וְיַחֲנוּ לִפְנֵי פִּי הַחִירֹת בֵּין
ג מִגְדֹּל וּבֵין הַיָּם לִפְנֵי בַּעַל צְפֹן נִכְחוֹ תַחֲנוּ עַל־הַיָּם. וְאָמַר פַּרְעֹה לִבְנֵי יִשְׂרָאֵל נְבֻכִים הֵם בָּאָרֶץ
ד סָגַר עֲלֵיהֶם הַמִּדְבָּר. וְחִזַּקְתִּי אֶת־לֵב־פַּרְעֹה וְרָדַף אַחֲרֵיהֶם וְאִכָּבְדָה בְּפַרְעֹה וּבְכָל־חֵילוֹ וְיָדְעוּ
מִצְרַיִם כִּי־אֲנִי יהוה וַיַּעֲשׂוּ־כֵן.

ה וַיֻּגַּד לְמֶלֶךְ מִצְרַיִם כִּי בָרַח הָעָם וַיֵּהָפֵךְ לְבַב פַּרְעֹה וַעֲבָדָיו אֶל־הָעָם וַיֹּאמְרוּ מַה־זֹּאת עָשִׂינוּ
ו ז כִּי־שִׁלַּחְנוּ אֶת־יִשְׂרָאֵל מֵעָבְדֵנוּ. וַיֶּאְסֹר אֶת־רִכְבּוֹ וְאֶת־עַמּוֹ לָקַח עִמּוֹ. וַיִּקַּח שֵׁשׁ־מֵאוֹת רֶכֶב
ח בָּחוּר וְכֹל רֶכֶב מִצְרָיִם וְשָׁלִשִׁם עַל־כֻּלּוֹ. וַיְחַזֵּק יהוה אֶת־לֵב פַּרְעֹה מֶלֶךְ מִצְרַיִם וַיִּרְדֹּף אַחֲרֵי
ט בְּנֵי יִשְׂרָאֵל וּבְנֵי יִשְׂרָאֵל יֹצְאִים בְּיָד רָמָה: וַיִּרְדְּפוּ מִצְרַיִם אַחֲרֵיהֶם וַיַּשִּׂיגוּ אוֹתָם חֹנִים עַל־הַיָּם
י כָּל־סוּס רֶכֶב פַּרְעֹה וּפָרָשָׁיו וְחֵילוֹ עַל־פִּי הַחִירֹת לִפְנֵי בַּעַל צְפֹן. וּפַרְעֹה הִקְרִיב וַיִּשְׂאוּ בְנֵי־
יִשְׂרָאֵל אֶת־עֵינֵיהֶם וְהִנֵּה מִצְרַיִם נֹסֵעַ אַחֲרֵיהֶם וַיִּירְאוּ מְאֹד וַיִּצְעֲקוּ בְנֵי־יִשְׂרָאֵל אֶל־יהוה.
יא וַיֹּאמְרוּ אֶל־מֹשֶׁה הֲמִבְּלִי אֵין־קְבָרִים בְּמִצְרַיִם לְקַחְתָּנוּ לָמוּת בַּמִּדְבָּר מַה־זֹּאת עָשִׂיתָ לָּנוּ
יב לְהוֹצִיאָנוּ מִמִּצְרָיִם. הֲלֹא־זֶה הַדָּבָר אֲשֶׁר דִּבַּרְנוּ אֵלֶיךָ בְמִצְרַיִם לֵאמֹר חֲדַל מִמֶּנּוּ וְנַעַבְדָה
יג אֶת־מִצְרָיִם כִּי טוֹב לָנוּ עֲבֹד אֶת־מִצְרַיִם מִמֻּתֵנוּ בַּמִּדְבָּר. וַיֹּאמֶר מֹשֶׁה אֶל־הָעָם אַל־תִּירָאוּ
הִתְיַצְּבוּ וּרְאוּ אֶת־יְשׁוּעַת יהוה אֲשֶׁר־יַעֲשֶׂה לָכֶם הַיּוֹם כִּי אֲשֶׁר רְאִיתֶם אֶת־מִצְרַיִם הַיּוֹם לֹא
יד תֹסִפוּ לִרְאֹתָם עוֹד עַד־עוֹלָם. יהוה יִלָּחֵם לָכֶם וְאַתֶּם תַּחֲרִשׁוּן.

טו טז וַיֹּאמֶר יהוה אֶל־מֹשֶׁה מַה־תִּצְעַק אֵלָי דַּבֵּר אֶל־בְּנֵי־יִשְׂרָאֵל וְיִסָּעוּ. וְאַתָּה הָרֵם אֶת־מַטְּךָ
יז וּנְטֵה אֶת־יָדְךָ עַל־הַיָּם וּבְקָעֵהוּ וְיָבֹאוּ בְנֵי־יִשְׂרָאֵל בְּתוֹךְ הַיָּם בַּיַּבָּשָׁה. וַאֲנִי הִנְנִי מְחַזֵּק אֶת־
יח לֵב מִצְרַיִם וְיָבֹאוּ אַחֲרֵיהֶם וְאִכָּבְדָה בְּפַרְעֹה וּבְכָל־חֵילוֹ בְּרִכְבּוֹ וּבְפָרָשָׁיו. וְיָדְעוּ מִצְרַיִם כִּי־אֲנִי
יט יהוה בְּהִכָּבְדִי בְּפַרְעֹה בְּרִכְבּוֹ וּבְפָרָשָׁיו. וַיִּסַּע מַלְאַךְ הָאֱלֹהִים הַהֹלֵךְ לִפְנֵי מַחֲנֵה יִשְׂרָאֵל וַיֵּלֶךְ
כ מֵאַחֲרֵיהֶם וַיִּסַּע עַמּוּד הֶעָנָן מִפְּנֵיהֶם וַיַּעֲמֹד מֵאַחֲרֵיהֶם. וַיָּבֹא בֵּין מַחֲנֵה מִצְרַיִם וּבֵין מַחֲנֵה
כא יִשְׂרָאֵל וַיְהִי הֶעָנָן וְהַחֹשֶׁךְ וַיָּאֶר אֶת־הַלָּיְלָה וְלֹא־קָרַב זֶה אֶל־זֶה כָּל־הַלָּיְלָה. וַיֵּט מֹשֶׁה אֶת־יָדוֹ
עַל־הַיָּם וַיּוֹלֶךְ יהוה אֶת־הַיָּם בְּרוּחַ קָדִים עַזָּה כָּל־הַלַּיְלָה וַיָּשֶׂם אֶת־הַיָּם לֶחָרָבָה וַיִּבָּקְעוּ הַמָּיִם.

כב כג וַיָּבֹאוּ בְנֵי־יִשְׂרָאֵל בְּתוֹךְ הַיָּם בַּיַּבָּשָׁה וְהַמַּיִם לָהֶם חוֹמָה מִימִינָם וּמִשְּׂמֹאלָם. וַיִּרְדְּפוּ מִצְרַיִם
כד וַיָּבֹאוּ אַחֲרֵיהֶם כֹּל סוּס פַּרְעֹה רִכְבּוֹ וּפָרָשָׁיו אֶל־תּוֹךְ הַיָּם. וַיְהִי בְּאַשְׁמֹרֶת הַבֹּקֶר וַיַּשְׁקֵף יהוה
כה אֶל־מַחֲנֵה מִצְרַיִם בְּעַמּוּד אֵשׁ וְעָנָן וַיָּהָם אֵת מַחֲנֵה מִצְרָיִם. וַיָּסַר אֵת אֹפַן מַרְכְּבֹתָיו וַיְנַהֲגֵהוּ
בִּכְבֵדֻת וַיֹּאמֶר מִצְרַיִם אָנוּסָה מִפְּנֵי יִשְׂרָאֵל כִּי יהוה נִלְחָם לָהֶם בְּמִצְרָיִם.

כו וַיֹּאמֶר יהוה אֶל־מֹשֶׁה נְטֵה אֶת־יָדְךָ עַל־הַיָּם וְיָשֻׁבוּ הַמַּיִם עַל־מִצְרַיִם עַל־רִכְבּוֹ וְעַל־פָּרָשָׁיו.
כז וַיֵּט מֹשֶׁה אֶת־יָדוֹ עַל־הַיָּם וַיָּשָׁב הַיָּם לִפְנוֹת בֹּקֶר לְאֵיתָנוֹ וּמִצְרַיִם נָסִים לִקְרָאתוֹ וַיְנַעֵר יהוה
כח אֶת־מִצְרַיִם בְּתוֹךְ הַיָּם. וַיָּשֻׁבוּ הַמַּיִם וַיְכַסּוּ אֶת־הָרֶכֶב וְאֶת־הַפָּרָשִׁים לְכֹל חֵיל פַּרְעֹה הַבָּאִים
כט אַחֲרֵיהֶם בַּיָּם לֹא־נִשְׁאַר בָּהֶם עַד־אֶחָד. וּבְנֵי יִשְׂרָאֵל הָלְכוּ בַיַּבָּשָׁה בְּתוֹךְ הַיָּם וְהַמַּיִם לָהֶם
חֹמָה מִימִינָם וּמִשְּׂמֹאלָם.

ל וַיּוֹשַׁע יהוה בַּיּוֹם הַהוּא אֶת־יִשְׂרָאֵל מִיַּד מִצְרָיִם וַיַּרְא יִשְׂרָאֵל אֶת־מִצְרַיִם מֵת עַל־שְׂפַת הַיָּם.
לא וַיַּרְא יִשְׂרָאֵל אֶת־הַיָּד הַגְּדֹלָה אֲשֶׁר עָשָׂה יהוה בְּמִצְרַיִם וַיִּירְאוּ הָעָם אֶת־יהוה וַיַּאֲמִינוּ בַּיהוה
וּבְמֹשֶׁה עַבְדּוֹ.

פירוש העניין

סיפור ים סוף כשיאו של סיפור מכות מצרים

סיפור המעבר של ישראל בים סוף והמפלה של פרעה וחילו בים הוא שיאו של סיפור השעבוד והגאולה שהחל בתחילת הספר. סיפור היציאה ממצרים עוד לא הסתיים, ואף שישראל כבר יצאו ממצרים, המצרים רודפים אחריהם. לא ברור אם רצו להשיב את ישראל למצרים או לקחת את שללם ולהמית אותם, אך ברור שפרעה התחרט על ששילח את ישראל מעבדות (ה). סיפור זה הוא הסיפור החותם את היציאה. זהו השלב שבו סיפור השעבוד למצרים מסתיים, ישראל יוצאים סופית ממצרים וצבא מצרים מת. עד כה, משה דיבר עם פרעה על יציאה לשלושה ימים לעבוד את ה׳ במדבר. לאחר שפרעה רודף את ישראל ונופל במפלה קשה על הים, ולאחר שישראל עוברים לצדו השני של הים, הם משתחררים משלטון פרעה ואימתו, ואין סיכוי שישובו חזרה למצרים. בכך הושלמה היציאה ממצרים מתוך כוונה שלא לחזור אליה.

מבחינה זו, סיפור ים סוף הוא חלק מסיפור מכות מצרים ושיאו בים, כאשר פרעה מקבל את המכה הקשה מכולן. הסיום של סיפור מכות מצרים במכת בכורות הקשה, שבעקבותיה הסכים פרעה לשלוח את העם, הוא סיום מדומה. זאת משום שפרעה לא שחרר את העם ממצרים לצמיתות, והוא ממשיך בניסיונו לפגוע בישראל. למעשה, בשלב זה ישראל טרם יצאו סופית ממצרים. הסיפור אינו מסתיים במכת בכורות, בעיקר משום שרק לאחר סיפור ים סוף יגיע פרעה להכרה שלמה בגדלותו של ה׳. ועוד, סיפור מצרים מסתיים ביציאה השלמה של ישראל ממצרים רק לאחר שאמונתם של ישראל בה׳ תעלה לרמה גבוהה יותר, כאשר יאמרו שירה לה׳.

היותו של סיפור זה סיומו של סיפור שעבוד מצרים וגאולת ישראל משם, בא לידי ביטוי בהשוואה בין פתיחת הסיפור לסופו. בתחילת הסיפור נאמר "וַיְהִי בְּשַׁלַּח פַּרְעֹה אֶת הָעָם" (י״ג, יז). הפועל ׳בשלח׳ מבטא את נכונותו של פרעה לשלוח את ישראל ממצרים. הם יצאו ברשותו לאחר מכות חזקות שבאו עליו, ומטרת היציאה הייתה לצאת לזמן מוגבל, לעבוד את ה׳ ולחזור. אך סופו של הסיפור מדגיש שה׳ הושיע את ישראל מיד מצרים, ושמדובר בישועה סופית – "וַיּוֹשַׁע ה׳ בַּיּוֹם הַהוּא אֶת יִשְׂרָאֵל מִיַּד מִצְרָיִם" (י״ד, ל). אומנם, לאחר היציאה ממצרים, ישראל עדיין קשורים לשם, הן מבחינה זו שפרעה הוא זה שנתן להם ללכת, והן מבחינה זו שהם סבורים שהם אמורים לחזור. דבר זה ניכר מאוד באמצעו של הסיפור, כאשר העם נמצא בתווך בין הים לפרעה, ואומרים למשה – "טוֹב לָנוּ עֲבֹד אֶת מִצְרַיִם מִמֻּתֵנוּ בַּמִּדְבָּר" (י״ד, יב). הזיקה למצרים קיימת גם בתודעת פרעה והמצרים, וגם בתודעת העם. מטרתו של סיפור ים סוף היא לנתק את ישראל ממצרים, הן מבחינת המצרים והן מבחינת ישראל. בסופו של הסיפור מתברר שלא פרעה שילח את ישראל ממצרים, אלא ה׳ הוציא את ישראל משם.[1]

משמעות הסיפור

מעבר להבנה שסיפור ים סוף הוא חלק ממכות מצרים ומהווה מימוש של מטרות המכות, יש לחדד את המטרות של סיפור המעבר של ישראל בים סוף ומפלת מצרים בים. הסיפור מציג מלחמה של פרעה בישראל ואת רצון ה׳ להושיע את עמו, במגמה להראות את גדולתו של ה׳. עד כה ה׳ הכה את מצרים באמצעות מכות שונות שבעקבותיהן פרעה נקט במעשים פסיביים של חוסר נכונות לקבל את דרישת משה לאפשר לישראל לצאת ממצרים ובנכונות לסבול את המכות השונות שניתכו עליו. גדולתו של ה׳ באה לידי ביטוי במכות השונות שנחתו על פרעה ומצרים. לאחר פעולת השעבוד בפרק א׳, והחמרת השעבוד בפרק ד׳, פרעה אינו עושה דבר אקטיבי נגד ישראל או נגד ה׳. בסיפור ים סוף, פרעה יוצא לראשונה למלחמה יזומה כנגד ישראל, ובעצם למאבק גלוי מול אלוהים. מאבק זה של פרעה יביא בסופו של דבר למימוש גדולתו של ה׳ שנלחם כנגד מצרים. בסופו של הסיפור יראו מצרים את גדולת ה׳ – ״וְיָדְעוּ מִצְרַיִם כִּי אֲנִי ה׳״ (יח); ״וַיֹּאמֶר מִצְרַיִם אָנוּסָה מִפְּנֵי יִשְׂרָאֵל כִּי ה׳ נִלְחָם לָהֶם בְּמִצְרָיִם״ (כה). העיקר בסיפור זה הוא שה׳ נלחם במצרים בים (כד). אירוע מעין זה מצאנו רק במכת בכורות, כאשר ה׳ הכה כל בכור. אולם מעשה זה היה בלילה, ומצרים ראו רק את התוצאה ולא את ה׳ שנלחם במצרים. בים סוף, ה׳ נלחם במצרים והם נוכחו לראות זאת (כה). מטרת סיפור ים סוף היא לגרום למצרים לדעת את ה׳ ולראות את גודלו של ה׳ בגלוי. הדבר מתרחש כתוצאה מהמהומה שה׳ גורם לצבא מצרים בים. צבא מצרים מכיר שה׳ נלחם בישראל, ובשלב זה הוא מבקש לנוס.

מטרה שנייה של הסיפור היא שישראל יראו את ישועת אלוהים (יג), ייראו ממנו ויאמינו בו ובמשה (לא). מסר זה עובר לעם בעיקר במותם של המצרים באמצעות נס קריעת המים ובהטבעת המצרים בים סוף. העימות בין מצרים לישראל וה׳ מגיע בסיפור זה לשיאו, ובאחרית הסיפור יראו ישראל את ידו הגדולה של ה׳ והאמונה שלהם בו תהיה שלמה: ״וַיַּרְא יִשְׂרָאֵל אֶת מִצְרַיִם מֵת עַל שְׂפַת הַיָּם. וַיַּרְא יִשְׂרָאֵל אֶת הַיָּד הַגְּדֹלָה אֲשֶׁר עָשָׂה ה׳ בְּמִצְרַיִם וַיִּירְאוּ הָעָם אֶת ה׳ וַיַּאֲמִינוּ בַּה׳ וּבְמֹשֶׁה עַבְדּוֹ״ (ל-לא).[2] לעומת מצרים שטבעו במי ים סוף, ישראל עברו ביבשה, כי ה׳ הגן עליהם כשהפריד בין המצרים לישראל בעמוד האש וענן. לא נס קריעת הים הוא העיקר, אלא ההגנה של ה׳ על ישראל בענן ובאש. ולא מפלת מצרים היא העיקר, אלא המלחמה של האש והענן – מלחמת ה׳ במצרים.

המסר הזה מתחזק אל נוכח תחושת האימה של ישראל ותלונתם על שמשה הוציאם ממצרים בעת שהים לפניהם והמצרים רודפים אחריהם (י-יב). בתגובה לכך משה מכין את העם לראות את אשר יעשה להם ולמצרים (יג). אכן דברים אלה של משה אל העם בעיצומו של האירוע מתממשים בסופו:

יג: וַיֹּאמֶר מֹשֶׁה אֶל הָעָם אַל תִּירָאוּ הִתְיַצְּבוּ וּרְאוּ אֶת יְשׁוּעַת ה׳ אֲשֶׁר יַעֲשֶׂה לָכֶם הַיּוֹם כִּי אֲשֶׁר רְאִיתֶם אֶת מִצְרַיִם הַיּוֹם לֹא תֹסִפוּ לִרְאֹתָם עוֹד עַד עוֹלָם.

ל-לא: וַיּוֹשַׁע ה׳ בַּיּוֹם הַהוּא אֶת יִשְׂרָאֵל מִיַּד מִצְרָיִם **וַיַּרְא יִשְׂרָאֵל אֶת מִצְרַיִם מֵת עַל שְׂפַת הַיָּם**: וַיַּרְא יִשְׂרָאֵל אֶת הַיָּד הַגְּדֹלָה **אֲשֶׁר עָשָׂה** ה׳ בְּמִצְרַיִם וַיִּירְאוּ הָעָם אֶת ה׳ וַיַּאֲמִינוּ בַּה׳ וּבְמֹשֶׁה עַבְדּוֹ.

בהתאם לשני הנמענים של הסיפור, יש בו גם שני ניסים, המיועדים כל אחד מהם לנמען אחר. נס אחד הוא קריעת ים סוף ושיבת המים על המצרים וטביעתם, לעומת הצלת ישראל שהלכו ביבשה. הנמען העיקרי של נס זה הוא ישראל: "וַיַּרְא יִשְׂרָאֵל אֶת מִצְרַיִם מֵת עַל שְׂפַת הַיָּם. וַיַּרְא יִשְׂרָאֵל אֶת הַיָּד הַגְּדֹלָה אֲשֶׁר עָשָׂה ה׳ בְּמִצְרַיִם" (ל-לא). הנס השני הוא המהומה שה׳ הביא על צבא מצרים בהיותם בתוך הים ביבשה, שבעקבותיה ביקשו מצרים לנוס מפני ישראל: "וַיֹּאמֶר מִצְרַיִם אָנוּסָה מִפְּנֵי יִשְׂרָאֵל כִּי ה׳ נִלְחָם לָהֶם בְּמִצְרָיִם" (כה).

הסיפור והשירה מעמידים את הלקח שלמדו מצרים לעומת הלקח שלמדו ישראל, זה כנגד זה, כדיבור פנימי שלהם, בתוספת פועל בצורת עתיד מוארך, ותוכן הַמַּפָּלָה לעומת הישועה:

י"ד, כה:	ט"ו, א
וַיֹּאמֶר מִצְרַיִם	וַיֹּאמְרוּ לֵאמֹר
אָנוּסָה מִפְּנֵי יִשְׂרָאֵל	אָשִׁירָה לַה׳
כִּי ה׳ נִלְחָם לָהֶם בְּמִצְרָיִם	כִּי גָאֹה גָּאָה סוּס וְרֹכְבוֹ רָמָה בַיָּם

כפילות תיאור הענן והאש בסיפור מתאימה לשני הממדים של האירוע – הכרת מצרים בה׳ ואמונת ישראל בה׳. התיאור של מלאך ה׳ הנוסע לפני מחנה ישראל, העובר אל מאחורי המחנה (יט1), הוא הכנה לשלב הבא, שבו ה׳ יכה את מצרים בעמוד אש וענן (כד). עמוד הענן עבר גם הוא מלפני המחנה אל מאחוריו (יט2) כדי לחצוץ בין מחנה ישראל למחנה מצרים, להחשיך את מחנה מצרים ולהאיר את מחנה ישראל (כ). אף שמדובר באירוע אחד, יש לו שתי מטרות, ולכל מטרה הוקדש תיאור נפרד.

כאמור לעיל בסיפורי השליחות של משה, הכפילות של השליחות נועדה להציג את ה׳ לבדו כמי שמושיע את ישראל ממצרים. ה׳ נלחם במצרים באופן מוחשי: הוא משקיף על מצרים בעמוד הענן והאש ומביא מהומה על המצרים. ה׳ נלחם בעבור ישראל ומצרים מודעים לכך (כד-כה). לעומת מכת בכורות, שגם בה נלחם ה׳ במצרים, אך מקומו של משה היה מינימלי, בקריעת ים סוף משה יוזם ופעולת החזקת המטה שלו על הים מציגה את מקומו המודגש באירועים. כאן עולה שהעם קיבל את משה כעבדו של ה׳.

העיקר בסיפור זה איננו קריעת הים והמוות של המצרים בים, היות שהשלטון של ה׳ בטבע והשימוש בתופעות הטבע כדי לממש את רצונו, עולים כבר באופן מובהק בסיפורי עשר המכות. אומנם יש מקורות במקרא שמהם עולה שסיפור זה עוסק במלחמתו וניצחונו של ה׳ על הים (ישעיה נ"א, ט-יא; מ"ג, טז; י"א, טו-טז; תהילים קי"ד).[3] אין בסיפור ים סוף רמזים למיתולוגיה זו או למלחמה של ה׳ כנגד הים. המקורות במקרא שמהם משתמע כך, ואף

בהקשר של סיפור ים סוף, אינם מלמדים על משמעותו של סיפור ים סוף כפי שהוא מסופר בספר שמות, אלא רק על מה שהעסיק את המקורות הללו ומה שהם השליכו על סיפור ים סוף או שיכלו להסיק ממנו, אף שאין זו כוונת הסיפור וזו אינה משמעותו כאן.

מבנה הסיפור

הסיפור נחלק לארבעה חלקים וחתימה:

- י"ג, יז – י"ד, ד – מסע ישראל לים,
- י"ד, ה-יד – מרדף פרעה את ישראל,
- י"ד, טו-כה – קריעת הים, ישראל חוצים ואחריהם המצרים,
- י"ד, כו-כט – השבת המים על פרעה וצבאו וטביעתם בים,
- י"ד, ל-לא – חתימת הסיפור.

מסע ישראל לים, י"ג, יז – י"ד, ד

תחילת הנסיעה לים, י"ג, יז-כב

לאחר דיני בכור, חוזר סיפור היציאה ממצרים. בי"ב, לז, נאמר שהעם עבר מרעמסס לסוכות, שנמצאת בקצה המזרחי של מצרים, ובקטע זה מסופר על המעבר מסוכות לאיתם, שנמצאת בקצה המדבר (כ). הכתוב מתחיל בתיאור זמן – "וַיְהִי בְּשַׁלַּח פַּרְעֹה אֶת הָעָם". השימוש בפועל 'שלח' הוא כדי להדגים שהפעולה שעשה פרעה היא בהתאם למה שה' אמר ולמה שמשה דרש ממנו – "וְאַחֲרֵי כֵן יְשַׁלַּח אֶתְכֶם" (ג', כ); "כֹּה אָמַר ה' אֱלֹהֵי יִשְׂרָאֵל שַׁלַּח אֶת עַמִּי" (ה', א); "אֲשֶׁר אֶעֱשֶׂה לְפַרְעֹה כִּי בְיָד חֲזָקָה יְשַׁלְּחֵם" (ו', א); "בֹּא דַבֵּר אֶל פַּרְעֹה מֶלֶךְ מִצְרָיִם וִישַׁלַּח אֶת בְּנֵי יִשְׂרָאֵל מֵאַרְצוֹ" (ו', יא).

ה' הסב את העם דרך המדבר מחשש שאם ילכו בדרך הקצרה והנוחה, שהיא דרך ארץ פלשתים (יז-יח), ייתקל העם במלחמה וירצה לשוב למצרים. ואכן בהיותו במדבר רצה העם בכמה הזדמנויות לשוב למצרים (במדבר י"ד, ג-ד; י"א, ה). יש משחק מילים בין "וְלֹא **נָחָם** אֱלֹהִים" ל"פֶּן **יִנָּחֵם** הָעָם". ה' לא הוביל (נחם) אותם בדרך בעייתית כדי שהעם לא יתחרט (יינחם) על היציאה.[4] דרך ארץ פלשתים היא כנראה הדרך העיקרית בין מצרים לכנען, הסמוכה לחוף.[5] בדרך זו היו מבצרים מצריים רבים, וההליכה בדרך זו הייתה רוויה בעימותים צבאיים עם המצרים.[6] אפשרות אחרת היא שהחשש היה שהמעבר בדרך זו היה מביא למלחמה עם הפלשתים.[7] אפשרות שלישית היא שבדרך קצרה זו היו מתחילים מהר מדי להילחם בכנענים.[8]

יש להניח שדרך המדבר כשמה כן היא – דרך מדברית המאתגרת מבחינת תנאי השטח. אכן, הדרך של ישראל במדבר תהיה רצופה בקשיים, בחוסר במים ואוכל. הכתוב קובע שישראל יצאו ממצרים חמושים, היינו מצוידים באוכל לקראת הדרך במדבר (כמו: "וְחִמֵּשׁ אֶת אֶרֶץ

מִצְרָיְמָה", בר' מ"א, לד; ריב"ש). לפי פירוש זה, ידיעה זו באה לתת מענה לכך שהם הלכו בדרך המדבר. נראה יותר לפרש שהם יצאו חמושים, היינו עם כלי מלחמה. כלומר שאף על פי שלא הלכו דרך פלשתים, שהייתה בה סכנה של מלחמה, לא היה זה משום שישראל לא היו מסוגלים להילחם, שכן הם היו חמושים (רש"י; רמב"ן), ואף שנמנעה מהם מלחמה בדרך לכנען, הם מסוגלים להילחם על הארץ (רשב"ם). ספורנו ושד"ל הסבירו להפך, שאף שהיו חמושים, הם לא היו מסוגלים להילחם מסיבות פסיכולוגיות, משום שלא היה להם אומץ והם פחדו.[9] ה' הוביל אותם בדרך במדבר המובילה לים סוף,[10] שמקומו לא ידוע לנו.[11]

משה לקח את עצמות יוסף (יט), ובכך קיים את השבועה שהשביע יוסף את אחיו בטרם מותו (בראשית נ', כה). יוסף הביא את משפחתו למצרים ולפני מותו העביר לאחיו מסר שהם עתידים לצאת משם (נ', כב-כו). עתה נסגר המעגל וסיפור הירידה של יוסף ואחיו למצרים מסתיים בהעלאת משה את עצמות יוסף עמהם, לקבורה בארץ. ספר בראשית מסתיים בהנחתו של יוסף בארון, קבורה ארעית, מתוך ציפייה לצאתו של העם ממצרים כדי לממש את ההבטחה ליוסף. עתה משה מממש הבטחה זו והיא תושלם בסיפור קבורת יוסף בסוף ספר יהושע (כ"ד, לב). ידיעה זו מופיעה כאן, במסע השני מסוכות לאיתם, ולא במסע הראשון מרעמסס לסוכות (י"ז, לז), משום ששם התיאור היה מקוצר, בהתאם ליציאה החפוזה ממצרים, ועתה אפשר להשלים פרט זה.

לאחר שנאמר באיזו דרך נחה ה' את העם, מוסבר כיצד הוא נחה אותם:[12] "וַה' הֹלֵךְ לִפְנֵיהֶם" (כא) מתייחס לבני ישראל, שעל מסעם דובר בפסוק כ, והוזכרו במפורש בפסוק יט. ידיעה זו חשובה כאן, כדי להבין כיצד יעברו ישראל בדרך המדבר על כל אתגריה. עמוד הענן הלך לפני מחנה ישראל ביום ועמוד האש הלך לפניהם בלילה. האש והענן הם ייצוג של ה', "וַה' הֹלֵךְ לִפְנֵיהֶם יוֹמָם בְּעַמּוּד עָנָן... וְלַיְלָה בְּעַמּוּד אֵשׁ" (כא). תיאור הענן והאש כמובילים את הדרך מצוי גם בבמדבר ט', טו-כג. עמוד הענן היה אמור להראות להם את הדרך ביום, ועמוד האש בלילה, שבדרך כל אינו זמן מסע. הנוכחות הקבועה של הענן והאש נתנה תחושה קבועה של נוכחות ה' עימם. הענן והאש מופיעים כייצוגים של ה' בט"ז, י: "וַיִּפְנוּ אֶל הַמִּדְבָּר וְהִנֵּה כְּבוֹד ה' נִרְאָה בֶּעָנָן". התגלויות נוספות של ה' הן בענן או באש. כך התגלות ה' למשה בסנה: "וַיֵּרָא מַלְאַךְ ה' אֵלָיו בְּלַבַּת אֵשׁ" (ג', ב), ובהתגלות בהר סיני: "הִנֵּה אָנֹכִי בָּא אֵלֶיךָ בְּעַב הֶעָנָן בַּעֲבוּר יִשְׁמַע הָעָם בְּדַבְּרִי עִמָּךְ וְגַם בְּךָ יַאֲמִינוּ לְעוֹלָם" (י"ט, ט); "וְהַר סִינַי עָשַׁן כֻּלּוֹ מִפְּנֵי אֲשֶׁר יָרַד עָלָיו ה' בָּאֵשׁ" (י"ט, יח); ושוב בכ"ד, טו-יח: "וַיְכַס הֶעָנָן אֶת הָהָר. וַיִּשְׁכֹּן כְּבוֹד ה' עַל הַר סִינַי וַיְכַסֵּהוּ הֶעָנָן שֵׁשֶׁת יָמִים. וַיִּקְרָא אֶל מֹשֶׁה בַּיּוֹם הַשְּׁבִיעִי מִתּוֹךְ הֶעָנָן. וּמַרְאֵה כְּבוֹד ה' כְּאֵשׁ אֹכֶלֶת בְּרֹאשׁ הָהָר לְעֵינֵי בְּנֵי יִשְׂרָאֵל"; ובסוף הספר, בהתגלות ה' במשכן בסיום בנייתו: "וַיְכַס הֶעָנָן אֶת אֹהֶל מוֹעֵד וּכְבוֹד ה' מָלֵא אֶת הַמִּשְׁכָּן. וְלֹא יָכֹל מֹשֶׁה לָבוֹא אֶל אֹהֶל מוֹעֵד כִּי שָׁכַן עָלָיו הֶעָנָן וּכְבוֹד ה' מָלֵא אֶת הַמִּשְׁכָּן" (מ', לד-לה); "וַיִּפְנוּ אֶל אֹהֶל מוֹעֵד וְהִנֵּה כִסָּהוּ הֶעָנָן וַיֵּרָא כְּבוֹד ה'" (במדבר י"ז, ז). התגלות ה' מעל הכפורת באמצעות ענן – "כִּי בֶּעָנָן אֵרָאֶה עַל הַכַּפֹּרֶת" (ויקרא ט"ז, ב). בשמות מ', לח, מוגדר הענן "עֲנַן ה'", ושוב מודגש שזה היה לעיני בני ישראל (וראו גם: במדבר י', לד; י"ד, יד). כבר ביציאה ממצרים הידיעה

שה׳ מוביל את בני ישראל באמצעות הענן והאש הייתה מוחשית וממשית לעיניהם. ידיעה זו היא מבוא לנאמר בסיפור מעבר ים סוף, שם יהיה לעמוד האש ולעמוד הענן, המייצגים את ה׳, תפקיד מרכזי במפלת מצרים ובהצלת ישראל (יט-כ, כד), כפי שנראה להלן.

שינוי מסלול מסע ישראל וחיזוק לב פרעה, א–ד

ה׳ מתכנן את כל האירוע על הים. הוא משנה את המסלול של ישראל ומצווה אותם לשוב מאיתם, אשר בקצה המדבר, ולחנות לפני פי החירות בין מגדול ובין הים, לפני בעל צפון על הים (ב). לשווא נחפש את זיהויי המקומות האלה ואת התוואי של הנסיעה, אך ברור שיש כאן שינוי בתוואי הדרך וחזרה לעמידה לפני הים. הכוונה במהלך הזה היא להביא את ישראל למבוי סתום ולהגביר את הסכנה של העם, אך גם לתת לפרעה את הרושם שישראל אבודים במדבר ובכך להגביר את המוטיבציה שלו לרדוף אחרי ישראל (ג). ואכן מייד נאמר שה׳ מתכוון לחזק את ליבו של פרעה על מנת שירדוף אחרי ישראל, ובכך ידעו מצרים את ה׳, וה׳ יתכבד במפלת פרעה וחילו (ד). ראשיתו של הסיפור אפוא היא הַעֲמָדָה של הבמה על ידי ה׳ לקראת אירוע העימות של פרעה עם ה׳, מפלת מצרים והצלת ישראל.

מרדף פרעה את ישראל ותגובתם, י״ד, ה–יד

הסיפור מתחיל בנקודת התצפית של פרעה: ״וַיֻּגַּד לְמֶלֶךְ מִצְרַיִם כִּי בָרַח הָעָם״ (ה). כשפרעה נתן לישראל לצאת, הוא שחררם עקב בקשתם לעבוד את ה׳ (״כדברכם״, י״ב, לא). אפשר שנמסר לפרעה על המסע של בני ישראל שנראה ממנו כי כוונתם לברוח ולא לחזור למצרים לאחר הזבח,[13] בניגוד למה שביקשו (ה׳, א-ג; ז׳, טז; ח׳, כא-כד; י׳, ח-יא). אפשר גם שעבר מועד שלושת הימים שביקשו משה ואהרן. נראה שמאז הלילה של מכת בכורות, פרעה עבר התפכחות. השינוי בדעת פרעה נראה פתאומי. הוא מוצג כמי שלפתע שם לב למתרחש. עד עתה הוא היה תחת הרושם הקשה של מכת בכורות, וכעת, כשהתפקח והבין את המשמעויות, הוא מתחרט על ששילח את ישראל מעבדות מצרים.

פסוק ד מתאר את התוכנית של אלוהים להקשות את ליבו של פרעה, ואילו פסוק ה מתאר את השינוי בהחלטה של פרעה בעקבות שינוי דעתו. אלה שני היבטים של המציאות, המציאות האלוהית, מחד גיסא, ונקודת התצפית האנושית של פרעה, מאידך גיסא. בהתאם להחלטתו, פרעה לוקח את רכבו ואת עמו (ו). הכתוב מפרט שפרעה לקח עימו שש מאות רכב נבחר משובח, ועל כל אלה שלישים (ז).[14] מתואר כי צבא חיל פרעה היה גדול. בפסוק ו מתואר חיל הרגלים שלקח עימו, ואת צי רכבו הכולל ככל הנראה רכב רב, חוץ מאשר הרכב המובחר בפסוק ז.[15] הפירוט הנוסף בפסוק ז, והחזרה על מה שנאמר בפסוק ו, יוצרים רושם של צבא עוצמתי וחזק.

לאחר הצגת נקודת התצפית של פרעה במעשיו, הכתוב חוזר שוב לומר שה׳ הוא שחיזק את ליבו של פרעה לרדוף אחר בני ישראל אף שהידיעה על חיזוק לב פרעה באה כבר קודם (ד), עתה לאחר שהכתוב תיאר בפירוט את מעשי פרעה, הכתוב מזכיר שוב שרדיפת פרעה

את ישראל היא חלק מהתוכנית של ה׳. ובניגוד למחשבתו של פרעה, ש״נְבֻכִים הֵם בָּאָרֶץ״ (ג), ישראל מתוארים כעת כיוצאים ממצרים ״בְּיָד רָמָה״ ולא כבורחים (ח).

כבר בפסוק הקודם (ח) נאמר שהמצרים רדפו אחרי ישראל, אך שם זה נאמר מנקודת התצפית של ה׳, שחיזק את לב פרעה, ועתה זה נאמר מנקודת התצפית של מצרים (ט). תיאור המרדף של פרעה וחילו מפורט באריכות דרמטית היוצרת תחושת סכנה, כפי שתשתקף בתגובת ישראל. הכתוב מתאר את המצרים רודפים אחרי ישראל ומשיגים אותם כאשר הם חונים על הים. אך שוב, כדי להגביר את תחושת הסכנה, הכתוב מציין במילים מאיימות יותר שמדובר ב״כָּל סוּס רֶכֶב פַּרְעֹה וּפָרָשָׁיו וְחֵילוֹ״ (ט). הם הגיעו למקום חנייתם של ישראל ״עַל פִּי הַחִירֹת לִפְנֵי בַּעַל צְפֹן״ (ט), וכדי ליצור תחושת איום מיידי נאמר מייד – ״וּפַרְעֹה הִקְרִיב״ (י).

נקודת התצפית עוברת לישראל. הם נושאים עיניהם, רואים את המצרים רודפים אחריהם ויראים מאוד.[16] התגובה הראשונה של העם היא צעקה אל ה׳ (י). מייד לאחר מכן הם מתלוננים אל משה על שהוציא אותם ממצרים למות במדבר, בעוד שהם היו מעדיפים להמשיך להיות עבדים במצרים. חמש פעמים ישראל מזכירים את מצרים (יא–יב), דבר המלמד על הרהורי חרטה על היציאה. הם אף טוענים כלפי משה שזו הייתה טענתם מראש, עוד לפני שיצאו ממצרים – ״חֲדַל מִמֶּנּוּ וְנַעַבְדָה אֶת מִצְרָיִם״ (יב). אף שהכתוב לא העיד על טענה כזו שהושמעה כלפי משה, נראה כי כאשר הם לא שמעו אל משה מקוצר רוח ומעבודה קשה (ו׳, ט), חלק מהעם טען גם טענות מסוג זה.[17] והדברים עולים בקנה אחד עם דברי שוטרי ישראל למשה ואהרן: ״יֵרֶא ה׳ עֲלֵיכֶם וְיִשְׁפֹּט אֲשֶׁר הִבְאַשְׁתֶּם אֶת רֵיחֵנוּ בְּעֵינֵי פַרְעֹה וּבְעֵינֵי עֲבָדָיו״ (ה׳, כא). העם כעת במצוקה ובחשש גדול, ונוקט בשתי פעולות הפוכות – הוא צועק אל ה׳ ומתפלל אליו,[18] אך בצרתו הוא גם מתלונן.* יש לשים לב שהם צועקים אל ה׳ אך התלונה היא כלפי משה. הצעקה אל ה׳ והתלונה כלפי משה מקדימות את סופו של הסיפור, אז יאמינו בה׳ וגם במשה.

תשובת משה חזקה, בטוחה ומנחמת, ללא ביקורתיות. הוא אומר לעם לא לירא ומכין אותם להתכונן לראות את הישועה שה׳ יעשה להם. אף שה׳ לא אמר לו זאת, הוא היה יכול להבין שמשהו גדול עתיד להתרחש מדברי ה׳ אליו – ״וְאִכָּבְדָה בְּפַרְעֹה וּבְכָל חֵילוֹ״ (ד). משה אומר להם שהמפלה של מצרים תהיה שלמה וישראל לא יראו את מצרים בגדולתם כמו היום עוד לעולם (יג).[19]

* רמב״ן מתקשה מדוע הם צעקו אל ה׳ וגם התלוננו באופן הזה אל משה. לכן פירש שקבוצות שונות הגיבו בצורות שונות, יש שצעקו ויש שהתלוננו ובעטו: ״איננו נראה כי בני אדם הצועקים אל י״י להושיעם יבעטו בישועה אשר עשה להם ויאמרו כי טוב להם שלא הצילם. אבל הנכון שנפרש שהם כתות, והכתוב יספר כל מה שעשו כלם. אמר כי הכת האחת צועקת אל י״י, והאחרת מכחשת בנביאו ואינה בוחרת בישועה הנעשת להם, [ויאמרו כי טוב להם שלא הצילם]. ועל זאת כתוב: וימרו על ים בים סוף (תהלים ק״ו, ז), ולכך יחזיר הכתוב **בני ישראל** פעם אחרת: **ויצעקו בני ישראל אל י״י** – כי הטובים שבהם צעקו אל י״י והנשארים מרו בדברו״. פירוש זה עולה כבר בתרגום יונתן, המתרגם בפסוק יא: ״ואמרו רשיעי דרא למשה״. אברבנאל חלק על רמב״ן, אך סבר שהצעקה אל ה׳ אינה מתוך תפילה אלא מתוך תלונה. נראה כי באמת אין קושי שמתוך מצוקה אותם אנשים גם יצעקו אל ה׳ וגם יתלוננו על שיצאו ממצרים.

משה מכין את העם לאירוע החשוב ביותר שהיה עד כה למצרים. משה אומר לעם: "אַל תִּירָאוּ הִתְיַצְּבוּ וּרְאוּ אֶת יְשׁוּעַת ה' אֲשֶׁר יַעֲשֶׂה לָכֶם הַיּוֹם" (יג). משפט זה אינו אומר בהכרח שהעם לא יעשה דבר. בלשון דומה יהושפט אומר לעם לפני צאתם למלחמה נגד שכני יהודה ממזרח: "לֹא לָכֶם לְהִלָּחֵם בָּזֹאת הִתְיַצְּבוּ עִמְדוּ וּרְאוּ אֶת יְשׁוּעַת ה' עִמָּכֶם יְהוּדָה וִירוּשָׁלַם אַל תִּירְאוּ וְאַל תֵּחַתּוּ מָחָר צְאוּ לִפְנֵיהֶם וַה' עִמָּכֶם" (דה"ב כ', יז). גם בפסוק זה נאמר לצד "הִתְיַצְּבוּ עִמְדוּ וּרְאוּ", גם "מָחָר צְאוּ לִפְנֵיהֶם וַה' עִמָּכֶם". משמע שהם אינם עומדים ממש, אלא יוצאים למלחמה. אכן במלחמה זו הם יילחמו, אף שיהושפט אמר לעם להתייצב ולראות, כעולה מפסוקים כא-כד. אם כן, "הִתְיַצְּבוּ וּרְאוּ" אין הכוונה בהכרח עמידה פסיבית, אלא זהו מטבע לשון שמשמעותו להביט ולהבחין. מהמשך הסיפור של ים סוף יתברר שהם לא יילחמו, אך הם גם לא יעמדו, אלא ילכו ביבשה בים סוף בעת שה' יכה את המצרים.[20]

משה חותם את דבריו – "ה' יִלָּחֵם לָכֶם וְאַתֶּם תַּחֲרִשׁוּן" (יד). באירוע בים סוף ה' יילחם לבדו במצרים. העם לא יעשה דבר, ומכאן יתברר להם גודלו של ה' והם יאמינו בו. זו הפעם היחידה שמציאות זו תתרחש. כבר במלחמה בעמלק יילחם העם, ובוודאי במלחמות על הארץ. אולם בקרב הראשון שעימו העם מתמודד כרגע, העם צופה על המתרחש, וה' מנצח לבדו את המצרים.* העובדה שדברים אלה בסיפור מוצגים כיוזמה של משה מעצימה את דמותו כפי שהדבר יעלה במפורש בהמשך (לא).

קריעת הים, ישראל חוצים ואחריהם המצרים, י"ד, טו-כה

סיפור האירוע (טו-כט) נחלק לשני חלקים: החלק הראשון מתחיל בציווי למשה לנטות את ידו, אז נבקעו המים, ישראל עברו ביבשה והמצרים הלכו בעקבותיהם (טו-כה). אירוע זה התרחש בלילה (כ), עד אשמורת הבוקר (כד). החלק השני הוא נטיית ידו של משה על המים, המים חוזרים למסלולם ומטביעים את המצרים (כו-כט). פעולה זו התרחשה לפנות בוקר (כז).

ה' מצווה את משה לנטות ידו על הים והמים ייבקעו, טו-יח

דברי ה' אל משה "מַה תִּצְעַק אֵלָי" (טו) מכוונים כנראה לצעקה של העם לה'. ה' מייחס למשה את צעקת העם, כנציגו של העם (ראב"ע).[21] אפשר אולי שאף משה צעק אל ה', אך הדיווח על כך חסר (רש"י).[22] ה' מצווה את משה להרים את מטהו ולנטות ידו על הים, ומבשר למשה שני דברים: ראשית, שהים ייבקע וישראל יוכלו לעבור ביבשה, ושנית, שהוא מחזק את לב

* ראב"ע בפירושו הארוך כתב על כך: "יש לתמוה: איך יירא מחנה גדול משש מאות אלף איש מן הרודפים אחריהם, ולמה לא ילחמו על נפשם ועל בניהם. התשובה: כי המצרים היו אדונים לישראל, וזה הדור היוצא ממצרים למד מנעוריו לסבול עול מצרים ונפשו שפלה, ואיך יוכל עתה להלחם עם אדוניו. והיו ישראל נרפים ולא היו מלומדי מלחמה, הלא תראו כי עמלק בא בעם מעט, ולולי תפילת משה היה חולש ישראל. והשם לבדו, כי הוא עושה גדולות (איוב ה', ט), לו נתכנו עלילות (שמ"א ב', ג) סבב שמתו כל העם היוצא ממצרים הזכרים (יהושע ה', ד), אין בהם כח להלחם בכנענים, עד שקם דור המדבר, שלא ראו גלות והיתה להם נפש גבוהה, כאשר הזכרתי בדברי משה בפרשת ואלה שמות".

פרעה ויגרום לו לרדוף אחרי ישראל אל היבשה שבתוך בים. אז ידעו מצרים את ה׳, וה׳ יתכבד במפלת פרעה, רכבו ופרשיו. יש כאן חזרה על מה שנאמר בי״ד, ד. לשם הדגשה, הדבר נאמר פעמיים (יז, ויח), אך הנמענים בשני הפסוקים שונים. בפסוק יח נאמר בפירוש שמצרים ידעו את ה׳, כאשר ה׳ יתכבד בפרעה וחילו. לעומת זאת פסוק יז הוא המשך של מה שמשה יגיד לעם, כלומר הנמען הוא ישראל, שבעיניהם ה׳ יתכבד במפלת פרעה, חילו, רכבו ופרשיו.

עמוד הענן עובר למאחורי המחנה ומבדיל בין ישראל למצרים, יט–כ

עתה, כשנמצאות שתי הקבוצות בתוך היבשה שבים, נאמר שמלאך האלוהים, שהלך עד עתה בראש המחנה, עובר לסופו של מחנה ישראל (יט), ובכך הוא מפריד בין ישראל למצרים. מכיוון שלא דובר עד כה על מלאך ה׳ שהלך בראש העם, יש להסביר שמלאך האלוהים הוא הענן שהלך לפני מחנה ישראל, ועתה עבר למאחורי המחנה. חלקו השני של הפסוק קובע שעמוד הענן שהיה לפני העם הלך ועמד מאחוריהם, בדיוק כפי שנאמר על המלאך בתחילת הפסוק. התפקיד של חלקו השני של הפסוק הוא לזהות את עמוד הענן עם המלאך (ריב״ש; אברבנאל; ספורנו).* הדבר כבר מבואר בי״ג, כא, שה׳ הולך לפניהם בעמוד ענן, וכאן יש התייחסות כפולה, לענן ולמלאך ה׳. אך בעוד שבי״ג, כא, נאמר שה׳ הולך בעמוד ענן, כאן הדבר בא כשני תיאורים, הענן בנפרד ומלאך ה׳ בנפרד. מכיוון שלעיל בי״ג, כא, נאמר בהיגד אחד ״וַה׳ הֹלֵךְ לִפְנֵיהֶם יוֹמָם בְּעַמּוּד עָנָן״, ואילו כאן האמירה התפצלה לשניים ״ה׳״ בהיגד אחד ואילו ״הֶעָנָן״ בהיגד שני, לא היה נכון לכתוב ה׳ אלא מלאך ה׳.

הסיבה העיקרית לדגש הנפרד על הענן בפסוק יט, היא משום התפקיד הכפול של הענן במעבר מלפני המחנה למאחוריו. תכלית אחת היא שמתוך הענן ה׳ יילחם כנגד המצרים, כמתואר בפסוק כד: ״וַיַּשְׁקֵף ה׳ אֶל מַחֲנֵה מִצְרַיִם בְּעַמּוּד אֵשׁ וְעָנָן וַיָּהָם אֵת מַחֲנֵה מִצְרָיִם״. תכלית זו מיוצגת בכינוי של הענן כמלאך ה׳ בפסוק יט, כי ה׳ הוא זה שיילחם במחנה במצרים מהענן ומהאש. התכלית השנייה היא להגן על ישראל, והיא מיוצגת בענן. בשני אופנים הענן הגן על ישראל: ראשית, בהפרדה בין מחנה ישראל למצרים – ״וְלֹא קָרַב זֶה אֶל זֶה כָּל הַלָּיְלָה״ (כ). שנית, המעבר של הענן בין ישראל למצרים יצר חושך עבור המצרים והפריד את המצרים מהאור שהיה לישראל.[23] לישראל היה אור בזכות עמוד האש, והאור הזה נחסם עבור המצרים בעמוד הענן. שתי אפשרויות להבנה הטכנית של תפקיד הענן כחוצץ בפני האור: אפשרות אחת היא שהענן הלך אחרי מחנה ישראל, אך עמוד האש נשאר במקומו בראש מחנה ישראל, וכך היה לישראל אור (רש״י). אפשרות שנייה היא שמצד המצרים נראה ענן, אך מצד ישראל הוא נראה אש, וכך היה אור לישראל מאחוריהם (ראב״ע בפירוש הקצר

* לחיזוק שיטה זו הזכיר אברבנאל את תהילים ק״ד, ד: ״אבל מלאך האלוהים הנזכר כאן הוא עמוד האש שהוא נקרא מלאך ע״ד (תהילים ק״ד, ד): ׳עושה מלאכיו רוחות משרתיו אש לוהט׳״. וכן ריב״ש. ורשב״ם הפריד בין השניים, לדעתו המלאך הוא המסיע את הענן לפני בני ישראל, והוא שהסיע את הענן עתה אחרי המחנה. וכן גם ראב״ע. ראב״ע הסביר שיש מלאך בתוך הענן, וחלק על האפשרות שהענן הוא המלאך. גם צ׳ילדס (227) סבר שהיו שם גם ענן וגם מלאך.

לי"ג, כא; רמב"ן; אברבנאל). אפשרות זו נראית יותר, שכן נראה שלא היו שתי תופעות, אחת עמוד ענן ושנייה עמוד אש, אלא שביום העמוד היה נראה כענן, ובלילה היה נראה כאש. בלילה הזה, מהצד המצרי העמוד נראה ענן, ומצד ישראל נראה אש. הבנה זו, שאותה תופעה נראתה כאש בלילה ובענן בלילה, עולה בבמדבר ט', טו-טז: "וּבְיוֹם הָקִים אֶת הַמִּשְׁכָּן כִּסָּה הֶעָנָן אֶת הַמִּשְׁכָּן... וּבָעֶרֶב יִהְיֶה עַל הַמִּשְׁכָּן כְּמַרְאֵה אֵשׁ עַד בֹּקֶר. כֵּן יִהְיֶה תָמִיד הֶעָנָן יְכַסֶּנּוּ וּמַרְאֵה אֵשׁ לָיְלָה" (ראו להלן).

חציית המים, הצלת ישראל והכאת מצרים

כמצווה עליו, משה נוטה את ידו על הים. ה' מוליך רוח מזרחית עזה, הים הופך ליבשה והמים נבקעים לשניים (כא). הרמת ידו של משה היא שהניעה את ההליך, שבעקבותיו הוליך ה' רוח לייבש את המים. כפל התיאורים מאיר את פעולת משה מצד אחד, ואת פעולת ה' מצד שני. בפסוק זה מצטרפים מעשה משה בהרמת ידו עם מעשה ה' בהולכת רוח חזקה המבקעת את המים. לכן הכפילות בתיאורים – בתיאור המדגיש את מעשה ה' נאמר "וַיָּשֶׂם אֶת הַיָּם לֶחָרָבָה", אך בסוף הפסוק נאמר וַיִּבָּקְעוּ הַמָּיִם", ואת הבקיעה יש לייחס להרמת ידו של משה. עתה מתאפשר לישראל לעבור ביבשה, כאשר משני עבריהם עומדות חומות מים (כב). חומות המים מימין ומשמאל מגינות על ישראל מפני המים שלא ישטפו ויטביעו אותם. המצרים הלכו אחרי ישראל, ומודגש שוב: "כֹּל סוּס פַּרְעֹה רִכְבּוֹ וּפָרָשָׁיו" (כג).

מסע זה נמשך כנראה כמה שעות אל תוך הלילה, ואז נאמר "וַיְהִי בְּאַשְׁמֹרֶת הַבֹּקֶר וַיַּשְׁקֵף ה' אֶל מַחֲנֵה מִצְרַיִם בְּעַמּוּד אֵשׁ וְעָנָן וַיָּהָם אֵת מַחֲנֵה מִצְרָיִם" (כד). אשמורת הבוקר היא כנראה תחילת החלק השלישי של הלילה. ה' השקיף על מחנה מצרים בעמוד אש וענן. אולי היו שני עמודים, עמוד ענן ועמוד אש,[24] אך כאמור, נראה שהיה עמוד אחד והוא היה יכול להיראות כענן או כאש. כאן ההתייחסות אליו היא בשני אופניו של העמוד (ראו לעיל). ייתכן שהדגש הזה בא להראות את ההגנה על ישראל באמצעות הענן, וההתקפה על מצרים באמצעות האש – נראה שהמבט של ה' מעמוד האש והענן הוא שהימם את מחנה מצרים, ואולי היה זה באמצעות ברקים ורעמים שיצאו מעמוד האש (שד"ל).

המהומה במחנה מצרים הביאה לפירוק הגלגלים מהמרכבות, מה שגרם למחנה מצרים לנסוע בקושי. "וַיָּסַר אֵת אֹפַן מַרְכְּבֹתָיו" – יש מפרשים שהנושא של הפועל 'ויסר' הוא ה', שהוזכר בפסוק הקודם. לפיכך הסבירו שה' גרם לפירוק הגלגלים, מה שגרם לכבדות הנסיעה של המרכבות.[25] ויש מפרשים שהמצרים הם הנושא, היינו שהמצרים הסירו את הגלגלים, כדי שיהיה להם קל יותר לנוס, אולם זה לא צלח.[26] קצת קשה על פירוש זה, שכן המצרים היו רותמים מרכבה לסוסים, אבל סוסיהם לא היו מתאימים לרכיבה עליהם.[27] ויש מפרשים ש'ויסר' הכוונה שהם ניסו להטות את כיוון נסיעתם (למשל שמ"ב ו', י).[28] כך או כך, מצבם הקשה של המצרים הביא אותם לתחושה של תבוסה ורצון לנוס. השימוש בפועל זה הוא משחק מילים: הביטוי "וַיֶּאְסֹר אֶת רִכְבּוֹ" (ו), נאמר כאשר פרעה החליט לרדוף אחרי ישראל, וכשהובס נאמר "וַיָּסַר אֵת אֹפַן מַרְכְּבֹתָיו". המצרים הבינו שה' נלחם בהם עבור ישראל: "וַיֹּאמֶר

מִצְרַיִם אָנוּסָה מִפְּנֵי יִשְׂרָאֵל כִּי ה׳ נִלְחָם לָהֶם בְּמִצְרָיִם" (כה). והנה התרחש מה שמשה אמר לישראל – "ה׳ יִלָּחֵם לָכֶם וְאַתֶּם תַּחֲרִישׁוּן". ישראל לא עשו דבר, וה׳ בעצמו נלחם במצרים ויצר שם מהומה שהביאה למפלתם. כמו כן התממש כאן מה שה׳ אמר מתחילת המכות על מצרים, שהמטרה של המכות ושל מפלת פרעה בים סוף היא שמצרים ידעו את ה׳ (ז׳, ד-ה, יז; ח׳, ו, יט; ט׳, יד-טז, כט; י"א, ט; י"ד, ד).

השבת המים על פרעה וצבאו וטביעתם בים, י"ד, כו-כט

ה׳ מצווה את משה שוב לנטות ידו על המים, והמים שבים למקומם ומטביעים את מצרים, הרכב והפרשים (כו). כך משה עושה לפנות בוקר. המים חוזרים למקומם, ובעוד המצרים בורחים לאחוריהם, המים מתפשטים לכיוונם, כך שהם למעשה נסו לקראת המים, בהם הם טבעו ובתוכם נוערו (כז). המים כיסו את כל חיל פרעה, הרכב והפרשים עד שלא נשאר אחד שניצל (כח). נראה כי העונש של טביעת המצרים בים סוף הוא מידה כנגד מידה על השלכת התינוקות של ישראל ביאור על ידי המצרים בצו פרעה (א׳, כב).

בתחילת הנס, כאשר משה נטה ידו, היו שני תיאורים – אחד של ייבוש המים, המדגיש את ה׳, ואחד של בקיעת המים, הקשורה למשה. גם בסיום יש כפל דומה של דגשים. משה נטה את ידו והמים שבו לאיתנם על חיל פרעה (כז1), ונוסף לכך, ה׳ עושה פעולה של ניעור המצרים במים (כז2). לאחר שיבת המים ולאחר שניערו את המצרים מעלה ומטה, שבו המים ונרגעו וכיסו את כל חיל פרעה, ואפילו אחד מהם לא נשאר (כח). פסוק כח אינו חוזר על הנאמר בפסוק כז. בפסוק כז מדובר על שיבת המים למקומם וניסיונם של המצרים לנוס, תוך שהם למעשה נכנסים בעל כורחם אל לב הים הסוער. פסוק כח מתמקד בתיאור של המים לאחר הסערה, של המצרים טבועים מתחת למימי ים סוף ובתוצאה שאף אחד מהם לא ניצל. תיאור הנעשה במחנה מצרים עומד לעומת בני ישראל שהלכו בתוך הים, אך ביבשה, בעוד שהמים היו להם לחומה מימינם ומשמאלם (כט).

האם גם פרעה מת בים? מתוך שזה לא נאמר במפורש אפשר אולי להבין שהוא לא מת, אך לעומת זה אפשר להבין שגורלו היה כמו כל חייליו. בתהילים קל"ו, טו, נאמר שפרעה מת: "וְנִעֵר פַּרְעֹה וְחֵילוֹ בְיַם סוּף". במכילתא הדבר נתון במחלוקת: רבי יהודה אומר שהוא מת, ואילו רבי נחמיה אומר שהוא לא מת.[29]

חתימת המאורע, ואמונת ישראל בה׳ ובמשה, ל-לא

הסיפור מסתיים בחתימה הקובעת שה׳ הושיע את ישראל מיד מצרים, ושישראל ראו את ידו הגדולה של ה׳ שהביאה למפלת מצרים על הים, וכתוצאה מכך ישראל יראו את ה׳ והאמינו בו ובמשה. סיכום זה תואם את מה שאמר משה לישראל, לאחר שהעם התלונן בפניו, שהעם יראה את ישועת ה׳ ואת מפלת מצרים: "אַל תִּירָאוּ הִתְיַצְּבוּ וּרְאוּ אֶת יְשׁוּעַת ה׳ אֲשֶׁר יַעֲשֶׂה לָכֶם

הַיּוֹם כִּי אֲשֶׁר רְאִיתֶם אֶת מִצְרַיִם הַיּוֹם לֹא תֹסִיפוּ לִרְאֹתָם עוֹד עַד עוֹלָם" (יג). בנוסף לכך העם האמין גם במשה, מה שמשה לא אמר מראש, כנראה בשל נגיעתו בעניין ומתוך ענוותנותו. הוא מתגדל בהיותו שליחו של ה' ונציגו, ומודגש כי "בְמֹשֶׁה עַבְדּוֹ". מעמדו של משה התחזק בשל פעולותיו באירוע, הן בדברי החיזוק שלו את העם הן ביודעו מה עתיד ה' לעשות, אף שלא נאמר שה' אמר לו זאת. כמובן שמעורבותו של משה בנטיית ידו ובקיעת ים סוף ואחר כך בנטיית ידו כאשר המים שבו למסלולם, מדגימה את חשיבותו באירוע.

הכפילות של מסקנות האירוע, הן באמונה בה' והן בחיזוק מעמדו של משה, עולה באופן ברור בפסוק כא, כאשר משה מרים את ידו מחד גיסא, ומאידך גיסא כתוב שה' הוליך רוח קדים. התוצאה של מעשה ה' היא הפיכת המים לחרבה, והתוצאה של מעשה משה היא שהמים נבקעו. אותה כפילות קיימת בעקבות הפעולה השנייה של נטיית ידו של משה: מצד אחד המים שבו לאיתנם, ומודגש שה' ניער את המצרים בתוך הים, ומצד שני מודגש שהמים שבו וכיסו את חיל הרכב והפרשים (כז-כח).

בשעת סכנה, העם התגלה ברפיון אמונתו במשה, ובעקיפין גם בה'. סיפור הנס בים בא כנגד הספקנות הזו ומחזק את אמונתו של העם בה' ובמשה שליחו של ה'.

שירות הים, ט"ו, א-כא

לאחר הנס של הצלת ישראל והטבעת המצרים בים סוף, ישראל פוצחים בשירה של שבח לגדולתו של ה'. שתי שירות נאמרו: שירת משה וישראל (א-יח) ושירת מרים (ט"ו, כא).

פסוק יט מופיע ברוב הדפוסים כחלק מהשירה, וחלוקת הפסוק היא על פי החלוקה של המילים בשיטת אריח על גבי לבנה. דעת ראב"ע היא שפסוק זה הוא חלק מן השירה.[30] אבל יש כתבי יד של המקרא שבהם פסוק זה נכתב ללא רווחים, מתוך תפיסה שהוא לא חלק מהשירה.[31] זו דעה נפוצה בקרב פרשנים רבים, למשל רמב"ן ורשב"ם (למרות הפרשה הפתוחה לאחר פסוק יט).[32] העובדה שפסוק זה כתוב ללא תקבולת וללא מקצב שירי מוכיחה שהפסוק הוא פרוזה ואינו חלק מהשירה (זו טענת רמב"ן).

אפשר לראות את פסוק יט כסיכום סיפורי לאחר השירה של משה.[33] לפי פירוש זה, "כִּי" מתפרש כסיבה, היינו הבהרה שהשירה נאמרה על האירוע בים סוף. אולם יש ללכת בעקבות פרשנים רבים, שפסוק זה הוא הקדמה בצורה של פרוזה לשירת מרים (רשב"ם; ריב"ש; רמב"ן). "כִּי בָא" פירושו: "כאשר בא", היינו שפסוק יט הוא משפט תיאור זמן המקדים את שירת מרים: "כאשר בא סוס פרעה", אז "וַתִּקַּח מִרְיָם".

נראה שמטרת הפסוק היא לסכם את הסיפור שבגינו אמרה מרים את השירה. כך יוצא שלפני שירת משה מופיע הסיפור בפרק י"ד, ולפני שירת מרים מופיעה תמצית הסיפור (ט"ו, יט-כ). אם כן, המבנה של היחידה כולה הוא לסירוגין סיפור ושירה: סיפור (י"ד), שירת משה (ט"ו, א-יח), סיפור (ט"ו, יט-כ), שירת מרים (כא).

שירת משה, ט״ו, א–יח

א אָז יָשִׁיר־מֹשֶׁה וּבְנֵי יִשְׂרָאֵל אֶת־הַשִּׁירָה הַזֹּאת לַיהוה וַיֹּאמְרוּ לֵאמֹר
אָשִׁירָה לַּיהוה כִּי־גָאֹה גָּאָה סוּס וְרֹכְבוֹ רָמָה בַיָּם.
ב עָזִּי וְזִמְרָת יָהּ וַיְהִי־לִי לִישׁוּעָה
זֶה אֵלִי וְאַנְוֵהוּ אֱלֹהֵי אָבִי וַאֲרֹמְמֶנְהוּ.
ג יהוה אִישׁ מִלְחָמָה יהוה שְׁמוֹ.
ד מַרְכְּבֹת פַּרְעֹה וְחֵילוֹ יָרָה בַיָּם וּמִבְחַר שָׁלִשָׁיו טֻבְּעוּ בְיַם־סוּף.
ה תְּהֹמֹת יְכַסְיֻמוּ יָרְדוּ בִמְצוֹלֹת כְּמוֹ־אָבֶן.
ו יְמִינְךָ יהוה נֶאְדָּרִי בַּכֹּחַ יְמִינְךָ יהוה תִּרְעַץ אוֹיֵב.
ז וּבְרֹב גְּאוֹנְךָ תַּהֲרֹס קָמֶיךָ תְּשַׁלַּח חֲרֹנְךָ יֹאכְלֵמוֹ כַּקַּשׁ.
ח וּבְרוּחַ אַפֶּיךָ נֶעֶרְמוּ מַיִם נִצְּבוּ כְמוֹ־נֵד נֹזְלִים קָפְאוּ תְהֹמֹת בְּלֶב־יָם.
ט אָמַר אוֹיֵב אֶרְדֹּף אַשִּׂיג אֲחַלֵּק שָׁלָל תִּמְלָאֵמוֹ נַפְשִׁי אָרִיק חַרְבִּי תּוֹרִישֵׁמוֹ יָדִי.
י נָשַׁפְתָּ בְרוּחֲךָ כִּסָּמוֹ יָם צָלְלוּ כַּעוֹפֶרֶת בְּמַיִם אַדִּירִים.
יא מִי־כָמֹכָה בָּאֵלִם יהוה מִי כָּמֹכָה נֶאְדָּר בַּקֹּדֶשׁ
נוֹרָא תְהִלֹּת עֹשֵׂה פֶלֶא.
יב נָטִיתָ יְמִינְךָ תִּבְלָעֵמוֹ אָרֶץ.
יג נָחִיתָ בְחַסְדְּךָ עַם־זוּ גָּאָלְתָּ נֵהַלְתָּ בְעָזְּךָ אֶל־נְוֵה קָדְשֶׁךָ.
יד שָׁמְעוּ עַמִּים יִרְגָּזוּן חִיל אָחַז יֹשְׁבֵי פְּלָשֶׁת.
טו אָז נִבְהֲלוּ אַלּוּפֵי אֱדוֹם אֵילֵי מוֹאָב יֹאחֲזֵמוֹ רָעַד נָמֹגוּ כֹּל יֹשְׁבֵי כְנָעַן.
טז תִּפֹּל עֲלֵיהֶם אֵימָתָה וָפַחַד בִּגְדֹל זְרוֹעֲךָ יִדְּמוּ כָּאָבֶן
עַד־יַעֲבֹר עַמְּךָ יהוה עַד־יַעֲבֹר עַם־זוּ קָנִיתָ.
יז תְּבִאֵמוֹ וְתִטָּעֵמוֹ בְּהַר נַחֲלָתְךָ
מָכוֹן לְשִׁבְתְּךָ פָּעַלְתָּ יהוה מִקְּדָשׁ אֲדֹנָי כּוֹנְנוּ יָדֶיךָ.
יח יהוה יִמְלֹךְ לְעֹלָם וָעֶד.

פירוש העניין

היחס בין הסיפור לשירות ומשמעות השירות

כדרך שירת המקרא, שירת הים איננה משחזרת את סיפור העלילה שבפרק י״ד.[34] עם זאת, יש כמה נקודות דמיון בין השירה לסיפור: ראשית, פרעה, חילו ושלישיו טבעו בים סוף (ט״ו, ד, י; י״ד, כו-כז; השלישים נזכרו בי״ד, ז), והמים כיסו אותם (ט״ו, ה; י״ד, כח). שנית, בסיפור וגם בשירה, המצרים רדפו אחרי ישראל לתוך הים (י״ד, כג; ט״ו, ט). שלישית, המים עמדו כמו נד או חומה (ט״ו, ח; י״ד, כב), וחזרו למקומם באמצעות רוח (ט״ו, י), ובסיפור, גם קריעת הים הייתה באמצעות רוח (י״ד, כא). יש גם קשרים לשוניים בין השירה לסיפור: ישועה (י״ד, יג; ט״ו, ב); כיסוי (י״ד, כח; ט״ו, ה, י); רוח (י״ד, כא; ט״ו, ח, י); רדיפה (י״ד, ד, ח, ט, כג; ט״ו, ט); השגה (י״ד, ט; ט״ו, ט); מרכבה (י״ד, ט; ט״ו, ד); חיל (י״ד, ד; ט״ו, ד); שליש (י״ד, ז; ט״ו, ד). למרות קשרים הדוקים אלה, העיקר בשירה אינו לספר את האירוע, ואכן על פי השירה לבד לא ניתן לשחזר אותו.

הדגשים בסיפור ובשירה שונים. בסיפור, הדגש הוא על הצלת ישראל מידי המצרים על ידי התערבות ה׳ בנס. ה׳ הטביע את המצרים בים, ישראל עברו את הים ביבשה, וכתוצאה מכך המצרים הכירו בגדולת ה׳ וישראל האמינו בה׳. לעומת זאת, השירה אינה מתרכזת בהצלת ישראל (לבד מדברי העם – ״וַיְהִי לִי לִישׁוּעָה״, ב), אלא היא שבח על גדולת ה׳. אין בשירה מבט לאחור לסיפורי המכות ויציאת מצרים. להפך, ההסתכלות בשירה היא לעתיד, לעבר ההתנחלות בארץ וייסוד המקדש. האירוע בים מתאר את גדולת ה׳, שבאה לידי ביטוי בשלטון על הטבע, בפגיעה מוחצת בפרעה ובמצרים, וגם בהטלת מורא על עמי כנען וסביבתו, בהבאת ישראל לארץ, בייסוד מקדש לה׳ ובמלכותו הנצחית. השבח על גדולת ה׳ הובי המאחד את כל הנקודות האלה. גדולת ה׳ בים, בחלקה הראשון של השירה, באה לידי מימוש בחלקה השני של השירה, ביסוד מקדש ה׳ ובמלכותו. גם בשירת מרים יש שתי נקודות בלבד: שירה על גדלות ה׳, הבאה ליד ביטוי בהשלכת סוס פרעה ורכבו בים, ואין בדבריה אף לא מילה אחת על גאולת ישראל. הדגש בשירה הוא על גדולת ה׳, ובהתאם לכך בשירה, האויב הוא אויב ה׳ (״קָמֶיךָ״, ז). אף שנזכר שרצון האויב הוא לרדוף ולהוריש (ט), וברור שהכוונה לישראל, לא מפליא שהדבר אינו מפורש. יתר על כן, אפילו המעבר של ישראל בתוך הים ביבשה לא נזכר משום שהשירה אינה עוסקת בישראל אלא בה׳. אין זה משום שהשירה אינה עוסקת באותו אירוע שמתואר בפרק י״ד, אלא משום שהדגש הוא אחר, ולכן התיאורים אינם חופפים. אילו הם היו חופפים לגמרי, לא היה צורך בתוכן השירה, ואפשר היה להסתפק בהצגת העובדה שישראל אמרו שירה. השירה היא שיר הלל לה׳.[35]

גדולת ה׳ וכוחו באים כניגוד לכל האלים האחרים של הגויים (ט״ו, יא). השירה אפוא היא חתימה נאה לסיפורי השעבוד, המכות על מצרים והיציאה ממצרים, מבחינה זו שכאן התגלה מה שעלה בתחילה, שמצרים וישראל יָדעו את ה׳. השירה (ט״ו) היא שיאה של ההכרה

בגדולת ה׳ שהתחילה בתחילת הספר. לעומת זאת, סיפור ים סוף (י״ד) הוא הסיום של הסיפור של ישראל, שהחל בשעבוד של ישראל במצרים ומסתיים בשחרור הסופי של ישראל מהמצרים.

בעיוננו למשמעות של סיפור קריעת ים סוף ראינו שזו הפעם הראשונה שיש עימות חזיתי בין ה׳ לפרעה, היוצא למלחמה בישראל ובעצם בה׳. המתח בין ה׳ לפרעה מגיע לשיא בשירה. פרעה ניגש ביהירות לרדוף אחרי ישראל, אך מודגש פעמים מספר שה׳ משליך ומוריד אותו, כאשר מנגד מודגשות עליונותו וגדלותו של ה׳. יתר על כן, פרעה מגיע עם סוסים, רכבים ושלישים, ואילו ה׳ הוא איש מלחמה, "איש" אחד מול כל צבא פרעה.

הבדל נוסף בין הסיפור לשירה הוא היחס למשה. מקומו של משה בסיפור הוא דומיננטי, אף שהוא פועל בשליחות ה׳. סיכום הסיפור מדגיש את האמונה של העם במשה, במיוחד לאחר שהעם פקפק בו במהלך האירוע (י״ד, לא). לעומת זאת, מקומו של משה בשירה נעדר לחלוטין. שירת הים היא שיר שבח לה׳ לבדו.[36]

לחלקה שני של השירה אין זכר בסיפור עצמו. החלק השני של השירה הוא שבח לה׳ על שהוביל את העם אל הארץ ותיאור האימה שנפלה על העמים בכנען ובסביבתם. נראה כי האימה שנפלה על עמי כנען וסביבתם היא בשל מעשי ה׳ בים סוף. בסופה של השירה מופיע תיאור של הגעת ישראל לארץ הקודש והקמת מקדש ה׳. הפסוק האחרון משקף את רעיון השיא של כל חלקי השירה – המלכות הנצחית של ה׳ – "ה׳ יִמְלֹךְ לְעֹלָם וָעֶד" (יח). השירה היא שיר אמונה של ישראל בה׳, והיא הרחבה וביטוי של האמונה של ישראל בה׳ כפי שעלה בסיפור בי״ד, לא. התעלמותה של השירה מסיפורי המכות ויציאת מצרים, והתרכזותה בקריעת הים ואחר כך במסע לארץ, כיבושה וייסוד מקדש ומלכות ה׳, מלמדת שהתפקיד של השירה לתת ליציאה ממצרים ולהצלה בים סוף הקשר תיאולוגי והיסטורי רחב. היציאה מעבדות לחירות איננה עומדת לעצמה, אלא היא חלק מהבאת ישראל לארץ, נחלת ה׳, וייסוד מלכות ה׳. השירה הזו קרויה בפינו ׳שירת הים׳, אך זהו הנושא רק של החלק הראשון של השירה (א2-יב), ואילו החלק השני של השירה עוסק בהבאת ישראל לארץ, בפחד האויבים מישראל ובהקמת מקדש. אין בחלק השני של השירה התייחסות כלשהי לאירוע בים סוף.

שירת הים היא מרכזו של ספר שמות. חלקו הראשון של הספר עוסק בגבורת ה׳ במכות מצרים והוצאת ישראל מתוכה, וכך חלקה הראשון של שירת משה עוסק בגדולת ה׳. חלקו השני של הספר עוסק בברית עם ה׳ ובהתגלות ה׳, קודם בהר סיני ואחר כך במשכן, וכך חלקה השני של השירה עוסק בהבאת ישראל לארץ ובמקדשו של ה׳.[37]

מבנה שירת משה וישראל

השירה נחלקת לשני חלקים על פי תוכנה:[38]

א2-יב – שבח והלל לה׳ על נצחונו את פרעה בים.

א2-ה – שבח לה׳ על מפלת מצרים, המשורר מדבר על ה׳ בגוף שלישי.

ו-יב – שבח לה׳ על מפלת מצרים, המשורר מדבר אל ה׳ בגוף שני.

יג-יח – ה׳ מנהיג את עמו לארץ קודשו, ופחד העמים; ה׳ מייסד את מקדשו ומולך לעולם.

יג-יז1 – הנהגת ה׳ את עמו עד להבאתו לארץ קודשו ולנחלתו, פחד העמים.

יז2-יח – ה׳ מייסד את מקדשו ואת מלכותו הנצחית.

פסוק א2 הוא תמצית של פסוקים א-יב והקדמה להם, ופסוק יג הוא תמצית של פסוקים יג-יח והקדמה להם. א2 מתחיל בהזמנה אישית לשיר לה׳ על גדולתו משום שמצרים נזרקו לים. תוכן זה יתפרט בהמשך עד פסוק יב. פסוק יג מתאר את הובלת העם שה׳ גאל אל נווה קודשו של ה׳, ותוכן זה מתפרט בפסוקים יד-יז. החלק הראשון מסתיים בגדלותו של ה׳ אל מול אלים אחרים (יא), ואילו החלק השני מסתיים במקדש ה׳ ובמלכותו הנצחית (יז-יח).[39]

החלוקה של השירה על פי הגופים היא שבפסוקים א-ה משה וישראל שרים על ה׳ בגוף שלישי, ומפסוק ו עד סוף השירה הם מדברים אל ה׳ בגוף שני. המעבר לגוף שני מבטא את תחושת הקרבה היתרה שחשים השרים, לאחר שביטאו את גדולת ה׳ על שהושיע אותם והכרית את מצרים בים. עתה הם ממשיכים לשבח את ה׳ והפעם מתוך קרבה גדולה יותר, בדיבור ישיר אל ה׳.

פירוש העניין

שירת משה וישראל, ט״ו, א–יח

א1 – הקדמה לשירה

לפני השירה באה הקדמה בסגנון סיפורי, הקובעת שבעקבות האירוע על הים, משה ובני ישראל שרו לה׳ את השירה שתבוא מייד (א1). משפט זה כמובן אינו חלק מהשירה. השירה היא לה׳, והיא יכולה להתפרש בשני אופנים – שירה אל ה׳ או שירה על ה׳. קשה להכריע בין האפשרויות. השירה היא אכן על גדולתו, אבל מפסוקים ו–יז, הדברים מופנים אליו. משה ובני ישראל הם הדוברים (א1). שיר השבח לה׳ בפי משה הוא טבעי, ובפיהם של בני ישראל עולה כתוצאה מהמפגש שלהם עם ידו הגדולה של ה׳ שעוררה אותם להאמין בו (י״ד, לא)

המילים ״אָז יָשִׁיר״ מראות את המיידיות במעבר מהסיפור לשירה. השבח והאמונה בגדולת ה׳ נאמרים מייד על הים, כאשר ישראל רואים לנגד עיניהם את הפלא של הצלתם ואת המצרים נופלים ומתים על שפת הים.

א2–יב – שבח והלל לה׳ על ניצחונו על פרעה בים, א2–יב

הפתיחה היא שבח לגדולתו ועליונותו של ה׳, ומבשרת את שיפורט בשירה. הדובר של השירה, ״אָשִׁירָה״, הוא משה וכל אחד מבני ישראל, שהוזכרו בתחילת הפסוק.[40] בפתיחתה, השירה מעמידה את גדולתו של ה׳, ״אָשִׁירָה לַה׳ כִּי גָאֹה גָּאָה״, היינו שהוא מרומם ונישא, וכנגדה את מפלת מצרים בידי ה׳, ״סוּס וְרֹכְבוֹ רָמָה בַיָּם״. בעוד ה׳ גאה, היינו גבוה, את המצרים הוא השפיל והשליך לים. זוהי הקדמה לשירה, הכוללת שני מוטיבים מרכזיים שלה, שיפורטו בהמשך. השירה מעמידה פעלים רבים הקשורים בגובה, על מעשי ה׳ (גאה, אנוהו, ארממנהו, נאדרי, נערמו, נצבו, גאונך), ולעומת זאת פעלים הקשורים לירידה ולנפילה של פרעה ומצרים (רמה, ירה, טבעו, ירדו, צללו, תבלעמו).

פסוקים ב–ג מרחיבים את הצלע ״כִּי גָאֹה גָּאָה״, ופסוקים ד–ה מרחיבים את הצלע ״סוּס וְרֹכְבוֹ רָמָה בַיָּם״. המשורר מודיע שה׳ (יה) הוא עוזי וזמרתי, היינו שה׳ הוא הכוח שלו, ולו הוא מזמר על שהיה לו לישועה.[41] צירוף דומה מופיע בישעיה י״ב, ב; תהילים קי״ח, יד. המשורר קובע ״זֶה אֵלִי״, ובכך הוא מקבל את ה׳ כאל שלו, ולכן ״אַנְוֵהוּ״, הוא מרומם אותו.[42] ה׳ מרומם בגלל מעשיו, מעשי ישועתו, וישראל מרוממים אותו במילים בדברי השבח שלהם. בכינוי של ה׳ כאלוהי אבי משמע שהקשר בין ה׳ לישראל, שנוצר עכשיו בגאולה ממצרים, יסודו בהיות ה׳ אלוהי האבות.

בהמשך החלק הראשון יתואר ה׳ כמי שמנצח את האויב בים, וכאן הכינוי של ה׳ הוא ״אִישׁ מִלְחָמָה״ (ג), המתאר את כוח ה׳ במלחמה ובניצחון (תהילים כ״ד, ח). כמובן שאין זה חריג, ובהרבה מקומות ישנן התייחסויות אנושיות לה׳ (אף, יד, זרוע, אצבע ועוד). מטאפורה

זו משמשת לתפקיד נוסף, והוא להעמיד את ה׳ ״כאיש אחד״ מול כל צבאו של פרעה, שיש בו מרכבות, חיל ושלישים. עתה ניתן להבין את ההמשך – ״ה׳ שְׁמוֹ״, והקשרו לחלקו הראשון. כנגד זה שה׳ הוצג כאיש מלחמה, נאמר מייד שמהותו של ה׳ אינה בתכונות אנושיות אלא בשמו. בשמו בלבד הוא מנצח את אויביו. וייתכן שהכוונה של הביטוי ״ה׳ שמו״ היא לתהילתו של ה׳ (בראשית י״א, ד; י״ב, ב).[43] ההיגד ״ה׳ שְׁמוֹ״ מהדהד את הצגת ה׳ בסיפור המינוי של משה להוציא את בני ישראל ולהציג בפניהם את ה׳ ״אֲנִי ה׳״ (ו׳, ו). מטרת המכות של המצרים הייתה בין השאר שישראל ידעו את ה׳ (ו׳, ז; י׳, ב), והנה בהצהרה של המשורר ״ה׳ שְׁמוֹ״ מטרה זו מומשה בשלמות.

עתה הכתוב עובר לתאר את מעשה ה׳ כנגד המצרים בים, כפירוט של סופו של פסוק א. פסוק ד פותח בלשון דומה לפסוק א, ומתאר כיצד ה׳ זרק את פרעה וחילו לים, ובכלל זה טביעת שלישיו (ד), שהוזכרו גם בסיפור (י״ד, ז), וכיצד המים כיסו אותם בעוד הם ירדו למצולות הים (ה), בדומה לסיפור (י״ד, כח).

תיאור זה של מפלת מצרים מסתיים בהאדרת כוחו של ה׳ (ו), כאשר באמצעות ימינו, ה׳, העצום בכוחו, שבר את אויב. אפשר שהפועל ׳תרעץ׳ הוא בגוף שלישי נקבה, ואז, יד ה׳ היא שרצצה את האויב, או לחלופין, אפשר שזה גוף שני זכר, ואז ה׳ הוא שרצץ את האויב. יש להעדיף את האפשרות השנייה, משום שבפסוקים האלה המשורר מדבר ישירות אל ה׳ בגוף שני.

פסוקים ז–י, חוזרים על הנאמר בפסוקים ב–ה. פסוקים ז–ח, שבים לעסוק בגדולת ה׳, בדומה לפסוקים ב–ג. ופסוקים ח–י, עוסקים שוב במפלת מצרים בים, בדומה לפסוקים ד–ה.

נראה לפי זה כי פסוק ו, המאדיר את ה׳, הוא סיכום התיאור של גבורת ה׳ על הים, ופסוק יא הכתוב בסגנון דומה לפסוק ו, הוא חתימת התיאור השני, בדברי האדרה של ה׳; בשני הפסוקים כפילות מילולית בתחילתם, ובשניהם המילה ׳נאדר׳ היא מילת מפתח לשם ה׳:

יְמִינְךָ ה׳ נֶאְדָּרִי בַּכֹּחַ, יְמִינְךָ ה׳ תִּרְעַץ אוֹיֵב

מִי כָמֹכָה בָּאֵלִם ה׳, מִי כָּמֹכָה נֶאְדָּר בַּקֹּדֶשׁ

החזרה של פסוקים ו–י על הנאמר בפסוקים ג–ה, היא מפאת השינוי בגוף המדבר. בפסקים ג–ה, המשורר מדבר על ה׳ בגוף שלישי, ואילו החזרה בפסוקים ו–י היא משום שהפנייה של הדובר היא ישירה אל ה׳. השבח בשירה מכאן ואילך הוא בדיבור ישיר של העם אל ה׳ בגוף שני. נראה כי כפילות זו באה להדגים את ההתפתחות של ישראל ביחס לה׳ במהלך השירה. בתחילה השבח, ה׳ הוא מרוחק והדיבור עליו הוא בגוף שלישי. עם תיאור הצלת ישראל בידי ה׳ והטבעת המצרים בים נוצרה קרבה של העם לה׳, והעם מסוגל עתה להפנות את הדברים ישירות אל ה׳. יש להדגיש שהשינוי בגוף המדבר כבר מתרחש בחתימת התיאור הראשון, בפסוק ו. לאחר שהמשורר תיאר את גדלות ה׳ בפסוקים ג–ה, דברי ההתפעלות שלו מה׳ בחתימת הדברים באים בגוף שני. לאחר שהתרחשה קרבה בין המשורר לה׳, הוא שב לתאר

את ה׳ בגוף שני, ובחתימה (יא), גם התיאור של גדלות ה׳ מגיע לשיא נוסף, בהשוואת גדלותו של ה׳ לאלים אחרים.

בתיאור השני בפסוקים ז-ט, מתוארים מעשי ה׳ על הים. בגדולתו הרבה, ה׳ הרס את הקמים עליו ושלח בהם את חרון אפו. חרון אפו מדומה לאש במקומות רבים, והקמים עליו מדומים לקש הנשרף מהר (ז). ניצחונו של ה׳ על אויביו הוא מוחלט ומהיר. יש לשים לב שהאויב מתקומם כנגד ה׳. כמובן שהתיאור הוא של המצרים שהתקוממו כנגד ישראל. אך בניגוד לסיפור שעיקרו הוא הניסיון של מצרים לרדוף אחר ישראל, בשירה רעיון זה נדחק לשוליים, ואילו הרעיון המרכזי הוא שהאויב הוא אויב ה׳, ואותו ה׳ מנצח. המילה ״קָמֶיךָ״ נבחרה משום שהיא ממלאת תפקיד במערכת של הפעלים שהוזכרה קודם – לה׳ מיוחסים פעלים של גובה, וגורל המצרים בא לידי ביטוי בפעלים של נפילה ונמיכות. עתה העמידה של המצרים מול ה׳ מיוצגת על ידי פועל מאותו שדה סמנטי, כדי לתאר אחר כך את מפלתם, צלילתם במים כעופרת (י).

פסוק ח ממשיך לתאר את גודלו של ה׳, אבל הפעם בטבע. רוח אפו של ה׳ הערימה את המים לנד נוזלים, והכתוב מתאר באופן ציורי כיצד הם קפאו בלב ים. תיאור זה מקביל לתיאור בסיפור (י״ד, כא-כב). אלא שבסיפור התיאור מדגיש את הצלתם של ישראל, שיכלו כעת לעבור את הים ביבשה, ואת מפלת המצרים שרדפו אחריהם בין עמודי המים וטבעו לבסוף. ואילו בשירה, התיאור הזה מדגיש את כוחו של ה׳, שבא לידי ביטוי בשליטתו על טבע המים. המעבר של ישראל בים לא נזכר כלל.

בפסוקים ט-י מסופר על המשך העלילה בים. פסוק ט מתאר את כוונתו של האויב לרדוף, לחלק את שלל הביזה, לכבוש אותם ולהשמידם (ראב״ע; ריב״ש, במדבר ל״ג, נה).[44] מילוי הנפש בשלל הוא משחק מילים בהיפוך עם הורקת החרב על מנת להורישם.[45] היומרה של מצרים למלא נפשם בשלל של ישראל היא ניגוד לכך שהם עצמם נאכלו ונבלעו (״יֹאכְלֵמוֹ כַּקַּשׁ״, ז; ״תִּבְלָעֵמוֹ אָרֶץ״, יב). ביומרתו פרעה מתכנן תוכנית גדולה בהסתמכות על כוח חרבו ועל ידו. ידו של פרעה עומדת כנגד ידו של ה׳, המוזכרת חמש פעמים בשירה (ימין – ו, יב; זרוע – טז; יד – יז). ״יד״ היא מילת מפתח בניצחון על הים בסיפור, בפרק י״ד: ידו של משה – טו, כא, כו. ידו של ה׳ – לא. מצרים ולא ישראל נזכרו כאן, זאת בהתאם למטרת השירה, להדגיש את כוחו של ה׳, מבלי להבליט את הנסיבות הספציפיות של האירוע. כנגד הכוונה היומרנית של האויב, ה׳ מחזיר שוב בנשיפת רוח את המים למקומם. הם מכסים את האויב, והאויב טובע במים אדירים (י). האירוניה שברברבנות של פרעה מודגמת בעוצמת מפלתם של המצרים ובטביעתם המהירה בים, כעופרת היורדת בתוך מים עמוקים. נשיפת הרוח כאן מזכירה את רוח הקדים שה׳ הביא ה׳ על מנת לייבש את הים (י״ד, כא).

פסוקים יא-יב הם החתימה של החלק הראשון של השירה. פסוקים אלה מעמידים את ייחודו של ה׳ לעומת האלים האחרים. כאמור לעיל, חתימה זו מקבילה לחתימה של התיאור הראשון בפסוק ו. ייחודו של ה׳ עולה מבחינה סגנונית בתקבולת ובחזרה בפסוק, בשאלה רטורית חגיגית: ״מִי כָמֹכָה בָּאֵלִם ה׳ מִי כָּמֹכָה נֶאְדָּר בַּקֹּדֶשׁ״ (יא). בשל הקושי בכך שהפסוק

מתייחס לאלים אחרים, יש שפירשו ש'אלים' הכוונה לחזקים (רש"י; אברבנאל) או למלאכים (ראב"ע; ראב"ם; רמב"ן). אך פשוטו של מקרא מורה שהכוונה לאלוהי העמים (שד"ל). אין בפסוק כדי להצביע על הכרה באמיתות אלים אחרים, אלא הכוונה לומר שאין בקרב מי שקרויים "בָּאֵלִם", ישות שהיא כמו ה'.[46] במקומות רבים במקרא מודגשות גדולתו ואמיתתו של ה' לעומת אלוהים אחרים (למשל: מל"א ח', כג; ירמיה י', י-יא; תהילים י"ח, לב; פ"ו, ח; צ"ו, ד-ה; צ"ז, ט; קל"ה, ה). מכיוון שהפרשנים שהובאו לעיל פירשו אלים כמלאכים, הם הבינו את המילה "בַּקֹּדֶשׁ" כישויות קדושות, כגון מלאכים (תהילים פ"ט, ו, ח).[47] אבל כיוון שפירשנו שמדובר על האלים של העמים, אשר הם קוראים להם "בָּאֵלִם", כך יש לפרש בקודש, היינו אלים שהם קדושים לדעת העמים, שלגביהם קובע הפסוק שה' הוא הקדוש באמת לעומתם (שד"ל). "נֶאְדָּר בַּקֹּדֶשׁ" פירושו אפוא אדיר בקרב הנשגבים הנבדלים, הם האלים המוזכרים בפסוק.[48]

ה' הוא נורא תהילות, היינו התהילות על ה' הן נוראות, כלומר גדולות ועצומות (שד"ל), או שגורמות לשומעים לירא (רשב"ם; ספורנו), או שמי שאומר את נוראותיו, שהן גדולות, נעשה ירא (רש"י; ראב"ע; ריב"ש; רמב"ן). ה' הוא "עֹשֵׂה פֶלֶא", היינו שהוא עושה דברים שהם נפלאים מהטבע (ספורנו), עושה מעשים נפלאים, כלומר מעשים נשגבים.

לאחר סיום תיאור האירועים שבהם משתקפת גדולתו של ה' (יא), חוזר הכתוב שוב לגורל האויבים, לבליעת המצרים באדמה בהינף יְמִינוֹ של ה'. החזרה בסיום החלק הראשון לגורל האויבים היא משתי סיבות: ראשית, כדי לסכם את נושא האדרת ה' באירוע של הים, לפני שבפסוק הבא תעבור השירה לנושא הבא. שנית, כאמור לעיל, אף שבפסוק יג מתחיל נושא חדש של הובלת ישראל לארץ, לעומת פסוק יב, המדבר בבירור על האירוע על הים, מבחינה סגנונית פסוק יב קשור לפסוק יג, הפותחים שניהם בצורת פועל דומה – "נָטִיתָ" ו"נָחִיתָ". מכאן שיש המשכיות בין הפסוקים. המשכיות זו היא טבעית לאור העובדה שזה שיר אחד, והחיבור הסגנוני בין שני הפסוקים הוא מכוון דווקא לאור חילוף הנושא. ייתכן שהסיבה לחזרה כאן לאירועי הים לאחר חתימת הנושא בהאדרתו של ה', היא כדי להראות רצף בין נושא הניצחון בים לנושא העלילה החדשה בפסוקים יג ואילך, העוסקים בהושבת ישראל בארץ, הקמת מקדש לה' והאדרת מלכותו.

בפסוק י, כיסוי המים מיוחס לרוח, בהתאם למה שנאמר בסיפור, שרוח ה' הביא לייבוש הים (י"ד, כא). לעומת זאת, בפסוק יב, הפעולה של הטבעת המצרים מיוחסת לידו של ה'. פעולות ה' מואנשות באופן מגוון ושונה. גם בישעיה י"א, טו, יש חילוף צמוד בין יד ה' לרוחו: "וְהֶחֱרִים ה' אֵת לְשׁוֹן יָם מִצְרַיִם וְהֵנִיף יָדוֹ עַל הַנָּהָר בַּעְיָם רוּחוֹ". מעבר לכך, המוטיב של יד ה' מופיע בסיפור באופן כללי כאשר מתבצע ייחוס של הניצחון לה': "וַיַּרְא יִשְׂרָאֵל אֶת הַיָּד הַגְּדֹלָה" (י"ד, לא). אבל דווקא נטיית ידו בייבוש המים על ידי משה מוזכרת בסיפור. נראה שלכך מתייחסת השירה (רשב"ם). אף שמשה נוטה את ידו בסיפור, בשירה הפעולה מיוחסת לה'. זאת משום שה' עומד מאחורי הפעולה של משה, וכאמור, השירה אינה מתייחסת למקומו של משה באירועים, אלא מייחסת את הכול באופן בלעדי לה' – לכן פעולה שנעשתה בסיפור

בידי משה בציווי ה׳, מיוחסת בשירה לה׳. בהתאם לכך, ה׳ מדבר תדיר על נטיית ידו של משה או של אהרן כדי לחולל את המכה (ז׳, כ; ח׳, יג; ט׳, כב; י׳, יב, כא-כב), אך משה מדבר על יד ה׳ (ט׳, ג).

הביטוי "תִּבְלָעֵמוֹ אָרֶץ" עשוי להיראות מפתיע, שכן קודם לכן מתואר שהמים כיסו אותם והם טבעו במים (י). יש כאן גם סתירה לסיפור, שלפיו ישראל ראו את המצרים מתים על שפת הים, בניגוד למתואר כאן, שהם נבלעו באדמה. אלא שיש להסביר את המוטיב של בליעת הארץ כתיאור פיגורטיבי ולא כמציאות ממשית (ראב"ע).[49] האירוניה כאן היא שהמצרים תכננו למלא את נפשם בשלל ישראל, והם עצמם נבלעו בארץ. מה עלה בפועל בגורלם של המצרים? יש להניח שמצרים רבים טבעו ומקצתם נשטפו לשפת הים.

ה׳ מנהיג את עמו לארץ קודשו והעמים פוחדים; ה׳ מייסד את מקדשו ומולך לעולם, יג-יח

ה׳ לא רק פוגע באויבים אלא מנהיג את העם, ובהתאם לכך חלקה השני של השירה עובר לתאר את ההובלה של ה׳ את ישראל בדרך אל "נְוֵה קָדְשֶׁךָ" (יג). תיאור דומה לזה מצוי למשל בתהילים ע"ח, נב-נג. אפשרות אחת היא ש"נְוֵה קָדְשֶׁךָ" הכוונה לארץ ישראל (רשב"ם; ריב"ש; שד"ל).[50] אכן בכמה מקומות ארץ ישראל קרויה ׳נוה׳ (בירמיה י׳, כה; כ"ג, ג; תהילים ע"ט, ז). אפשרות נוספת היא שהכוונה לבית המקדש (רמב"ן; רלב"ג),[51] ויש שהבינו שהכוונה להר סיני (ראב"ע).[52] אם הכוונה היא לארץ ישראל או למקדש, הרי שפסוק זה מקדים את המאוחר, והוא סיכום ומבוא של מה שייאמר בהמשך השירה (יד-יז).

התיאורים בחלק זה כתובים בזמן עבר וכוונתם לעתיד, שהרי הם לא התרחשו עדיין (ראב"ע, פירוש א לפסוק יג). צורה זו, הקרויה עבר נבואי, באה לעיתים קרובות כדי להצביע על ביטחון כאילו האירועים כבר התרחשו.[53]

הובלת העם בידי ה׳ היא בחסדו ובעוזו (יג). הצירוף של חסד ועוז ביחס לה׳, מופיע גם בתהילים נ"ט, י-יא, יז-יח; ס"ב, יב-יג. על עוזו של ה׳ הרחיבה השירה בחלק הראשון, כשדיברה על הכרתת האויבים (ב), בחלק השני עולה כי גם גאולת ישראל היא בעוז של ה׳ – "נֵהַלְתָּ בְעָזְּךָ". עם זאת, גאולת ישראל היא משום חסדו של ה׳ ורחמיו על עמו – "בְחַסְדְּךָ".

העמים שמעו על הנס בים סוף ורעדו מאימה (יד-טז). הפחד הוא העיקר בפסוקים אלה, ומילים רבות מכוונות להביע זאת: ירגזון, חיל אחז, נבהלו, יאחזמו רעד, נמגו, אימתה, פחד, ידמו. שבע מילים של פחד ועוד צירוף נוסף – "יִדְּמוּ כָּאָבֶן", היינו שהם יהיו דוממים, משותקים, ולא יזוזו, כמו אבן. בין העמים הוזכרו פלשת, אדום ומואב. מדובר בעמים שנמצאים מחוץ לכנען וחששו מישראל. לבסוף מוזכרים היושבים בכנען (טו), לשם ישראל יועדו ללכת. התיאור של הפחד שאחז בעמים, ולא הניצחון על עמי כנען, מוכיח שאכן אין מדובר על כיבוש הארץ, אלא על ההשפעה של אירועי ים סוף על העמים. אכן יש כמה אזכורים של עמים ששמעו על אירועים אלה והדבר גרם לפחד מעימות עם ישראל: יתרו המדייני (י"ח, א); רחב (יהושע ב׳, י), הגבעונים (יהושע ט׳, ט); הפלשתים (שמ"א, ד׳, ח) וכל העולם (דברים ב׳, כה).

אימה זו שורה על העמים כל עוד יעברו ישראל על פניהם בדרכם לארץ (ראב"ע; רמב"ן לפסוק יד; אברבנאל).[54] וכך אכן מקובל השימוש בפועל 'לעבור בארץ' במקומות רבים (וספציפית ביחס למעבר בארץ במדבר ובעבר הירדן עד בואם לארץ: במדבר כ', יז-כא; דברים ב', ד, ח, כז-כח; כ"ט, טו; יהושע כ"ד, יז). אף שהשמועה על ים סוף גרמה לאימה, ייתכן שגם לשירה יש תפקיד בפחד העמים. השירה שאותה אומרים ישראל בקול מגיעה לאוזני השומעים וגורמת להם לאימה.[55] אכן לפי זה, לא מפתיע שרחב מצטטת את שירת הים (יהושע ב', ט).[56] הסימולטניות בין שירת ישראל ופחד העמים מתבטאת במילה "אָז": על ישראל נאמר "אָז יָשִׁיר מֹשֶׁה וּבְנֵי יִשְׂרָאֵל" (א), ועל העמים נאמר "אָז נִבְהֲלוּ אַלּוּפֵי אֱדוֹם אֵילֵי מוֹאָב..." (טו).

על המצרים נאמר שהם ירדו במצולות המים כמו אבן (ה), ובדומה לזה נאמר על העמים בכנען ובסביבתו שהם דממו כאבן (טז). אף שקודם דובר על חיסול המצרים (ה), וכאן על האימה של הכנענים ושכניהם, השימוש באותה מטאפורה מדגיש את פחדם של האחרונים, שגורלם יהיה כגורל מצרים. "תִּפֹּל עֲלֵיהֶם אֵימָתָה וָפַחַד" יכול להתפרש כתיאור של מה שיקרה בעתיד או כייחול שכך יקרה.

לאחר התיאור של פחד האויבים, שיאה של השירה הוא הבאת ישראל "בְּהַר נַחֲלָתְךָ", נטיעתו שם ובניית המקדש בידי ה' (יז). לפסוק זה שלוש צלעות:

תְּבִאֵמוֹ וְתִטָּעֵמוֹ בְּהַר נַחֲלָתְךָ,
מָכוֹן לְשִׁבְתְּךָ פָּעַלְתָּ ה',
מִקְּדָשׁ אֲדֹנָי כּוֹנְנוּ יָדֶיךָ.

היחס בין הצלעות נתון בספק. אפשר שהצלע הראשונה נפרדת משתי הצלעות האחרונות. לפי אפשרות זו, שתי הצלעות האחרונות מדברות על נושא המקדש, ואילו הצלע הראשונה היא צלע יחידה ללא תקבולת, העוסקת בהבאת ישראל להר נחלת ה'. אפשרות שנייה היא ששלוש הצלעות הן חלק מהיגד אחד, ואז יש להבין שהפועל "תְּבִאֵמוֹ" בחלק הראשון שייך גם בחלקים האחרונים של המשפט, היינו שה' יביא את ישראל וייטע אותו בהר נחלתו, במכון לשבתו שהוא פעל לעשותו ובמקדש שאותו הוא כונן.[57] אפשר גם להבין כדברי ריב"ש: "בהר נחלתך – שהוא מכון לשבתך שפעלת והכינות לך, ואל מקום **המקדש אשר כוננו ידיך**".

נטיעת העם בהר נחלת ה' משמעה שהם יחיו שם במציאות קבועה, שורשית ומוגנת.[58] "הַר נַחֲלָתְךָ" יכול להתייחס למקום המקדש (רלב"ג; ספורנו),[59] כפי שגם מופיע במקומות אחרים (ישעיה ב', ג; ל', כט; מיכה ד', ב; זכריה ח', ג; תהילים כ"ד, ג; צ"ט, ה, ט). אבל מכיוון שהאמור הוא ישיבת ישראל ונטיעתם, מסתבר יותר שמדובר על ארץ ישראל בכללה (ראב"ם; אברבנאל; שד"ל),[60] במקומות אחרים משמש ביטוי זה לכינוי הארץ בכללה (ירמיה ב', ז; ט"ז, ח; מלאכי א', ג).

הצלעות השנייה והשלישית של הפסוק אינן מתייחסות לישראל ולהבאת ישראל לארץ, אלא לה' ולמקדשו. שני חלקי הפסוק אומרים דבר דומה במילים שונות, שה' הוא שבנה את

מקדשו. הצלע השנייה של הפסוק מדברת על "מָכוֹן", היינו מקומו של ה' – מקדשו (מל"א, ח', יב). מילה זו נושאת משמעות של יציבות, קביעות ונצחיות (כך ביחס למקדש ה': תהילים ט', ח; צ"ג, ב; וכן ביחס למלכות דוד: שמ"ב ז', יג; טז; משלי כ"ט, יד). המקדש הוא מקום ישיבת ה' – בדומה לכיסא מלכותו, ההתייחסות למקדש היא כאל כיסא מלכות ה' (מל"א, ח', יג; תהילים פ"ט, טו; צ"ז, ב; קל"ב, יג). ביטוי זה מקדים את הרעיון של מלכות ה' בפסוק יח. "פָּעַלְתָּ ה'", היינו עשית, בנית (תהילים ז', יד; משלי ט"ז, ד; במדבר כ"ג, כג; דברים ל"ב, כז; ה' כבונה את מקדשו: תהילים ע"ח, סט).

בצלע השלישית של הפסוק מוזכר המקדש במפורש. גם כאן, בהקבלה לצלע השנייה, מדובר על ה' שכונן את מקדשו. הפועל כונן הוא משורש כו"ן, ושם העצם של הפועל הנזכר בצלע השנייה הוא "מָכוֹן", מה שמבטא קביעות ויציבות של המקדש. ההתייחסות למקדש שאותו בנה ה' לעצמו כיציב ונצחי מקדים את ההתייחסות למלכות ה' הנצחית, שתוזכר בפסוק הבא.

בצלע השלישית של הפסוק נאמר "אֲדֹנָי", בפנייה ישירה אל ה'. מלכותו הנשגבה של ה' וריבונותו שתוארה בשירה, והעובדה שה' יביא את ישראל להר נחלתו של ה', הופכות את ישראל לעבדים לה' והוא לאדונם. לכן ההתייחסות למקדש ה' שהוא מקום שבתו מסתיימת בשם אדנות, והדבר מקדים את מלכותו הנצחית של ה'.[61]

אין הכרח שמדובר על מקדש ה' שיקום בשילה או בירושלים. ייתכן מאוד שמדובר במשכן, שאף הוא מכונה מקדש (כ"ה, ח).[62] ומסתבר כך, שכן גם כשייבנה מקדש, הוא יכיל בתוכו את תוכן המשכן, ומה שמשתנה הוא המבנה, אוהל נייד או בניין קבע. הסיום של השירה במקדש ה' ובפעולות של ה' לשבתו, היינו שהוא בנה את מקדשו, מקדים את חלקו השני של הספר, שבו יתואר בניין המשכן. תיאורו הנוכחי של ה' הבונה את מקדשו דומה לתיאורים מקראיים אחרים (תהילים ע"ח, סט; קמ"ז, ב).[63] כך יש להבין את ההוראות המפורטות של ה' לגבי בניין המשכן. המשכן נבנה אומנם בידי בצלאל וצוותו, אך את התכנון עשה ה' בפירוט, וה' אף הראה למשה את תבניתו בהר. מעבר לכך אין סתירה בין האמירה כאן שה' בנה את מקדשו לעומת הנאמר על בצלאל שבנה את המשכן או על שלמה שבנה את המקדש בירושלים. ייחוס הפעולה לה' או לשליחו היא נפוצה במקרא ביחס לפעולות שונות. כפי שלמשל דובר כאן בשירה על ידו של ה', ובסיפור מוזכרת בעיקר ידו של משה. יד ה' הכריעה את האויב המצרי (ו), זרוע ה' הביאה לאימה ופחד על העמים (טז), ויד ה' כוננה את מקדשו (יז).

השירה מסתיימת במלכותו הנצחית של ה': "ה' יִמְלֹךְ לְעֹלָם וָעֶד" (יח). משפט זה נאמר ללא תקבולת, אלא בצלע יחידה, ובכך יש חריגה ממבנה המשפטים בשירה. צלע בודדת זו היא שיאה של השירה ומבטאת רעיון נשגב של מלכות ה' הנצחית לאחר ניצחונו על מצרים, הבאת ישראל לנווה קודשו של ה', נטיעתו בהר נחלת ה' ובניית מקדשו – כל אלה מביאים להכרה במלכותו הנצחית של ה'.

הפועל 'ימלוך' הוא בצורת עתיד.[64] ייתכן שהכוונה היא להביע את הרעיון שה' עדיין לא הביא את ישראל לארץ והמקדש עדיין לא נבנה, ולכן מלכות ה' טרם ניכרת במלואה.[65]

ההסתכלות היא לעתיד – כאשר ישלים ה׳ את תוכניתו, תתרחש ההכרה במלכותו הנצחית. עם זאת, בפי משה וישראל המציאות העתידית הזאת כבר מקרינה להווה. גדולת ה׳ בשירה היא גם הגדולה של מי שמשבח באופן זה את ה׳, בהכרת מעשיו בעבר ובאמונה ובציפייה למעשי ה׳ בעתיד. נראה יותר שצורת הפועל אינה עתיד, אלא צורה המבטאת פעולה חוזרת ונשנית, פעולה תמידית. לפיכך משמעות הפסוק היא: ה׳ מולך לעולם ועד.[66]

מבוא סיפורי ושירת מרים, ט"ו, יט–כא

כִּי בָא סוּס פַּרְעֹה בְּרִכְבּוֹ וּבְפָרָשָׁיו בַּיָּם וַיָּשֶׁב יהוה עֲלֵהֶם אֶת־מֵי הַיָּם וּבְנֵי יִשְׂרָאֵל הָלְכוּ בַיַּבָּשָׁה יט
בְּתוֹךְ הַיָּם. וַתִּקַּח מִרְיָם הַנְּבִיאָה אֲחוֹת אַהֲרֹן אֶת־הַתֹּף בְּיָדָהּ וַתֵּצֶאןָ כָל־הַנָּשִׁים אַחֲרֶיהָ בְּתֻפִּים כ
וּבִמְחֹלֹת. וַתַּעַן לָהֶם מִרְיָם כא

שִׁירוּ לַיהוה כִּי־גָאֹה גָּאָה   סוּס וְרֹכְבוֹ רָמָה בַיָּם.

מבוא סיפורי ושירת מרים, ט"ו, יט–כ

פסוק יט הוא תיאור מקוצר של סיפור ים סוף בפרק י"ד, ובו מוזכרים מפלת מצרים וישועת ישראל. בתקציר זה נאמר שפרעה וחילו נכנסו לים וה' השיב עליהם את מי הים, ואילו ישראל עברו ביבשה בתוך הים. אופיו של הפסוק כתקציר של הסיפור ניכר, שכן אילולא הסיפור המלא בפרק י"ד, היה קשה להבין את מלוא המשמעות של פסוק זה.

כאמור, יש שהבינו שפסוק זה הוא חלק מהשירה או סיכום שלה, אך לפי פרשנים רבים, יש לראות את הפסוק הזה כמבוא לשירת מרים. לפני השירה מופיע סיפור המבהיר את הסיבה לשירה, כפי שהסיפור בפרק י"ד מקדים את שירת משה ובני ישראל.

התיאור של שירת מרים מרשים יותר מתיאור השירה של משה ובני ישראל. מרים יוצאת עם תוף בידה, ואחריה ובעקבותיה יוצאות נשים נוספות אף הן בתופים ובמחולות. מרים מוצגת כנביאה ואחות אהרן, וזו ההצגה הראשונה שלה בספר. ייתכן שהמקרא מציג אותה כאחות אהרן ולא כאחות משה, כדי לאפיין את שירתה לכבוד ה' בלבד ולא לכבוד אחיה. אכן, כפי שהזכרתי לעיל, מקומו של משה נפקד בשירה, והתהילה היא לה' לבדו.

שירה זו היא כאמור החתימה של סיפור שעבוד מצרים והיציאה משם. סיפור זה נפתח ומסתיים במעשי נשים. המיילדות פעלו להצלת התינוקות של ישראל, אחות משה ואימו פעלו להצלתו, וחלק זה מסתיים בשבח ה' על ידי מרים.[67]

שירת מרים, ט"ו, כא

השורה היחידה של השירה זהה כמעט לשורה הראשונה של שירת משה, אלא שמשה אמר "אָשִׁירָה" ומרים שרה "שִׁירוּ". שני הסברים ליחס בין שתי השירות: אפשרות אחת היא, שבעקבות שירת משה ובני ישראל, יזמה מרים שירה לנשים וקראה להן "שִׁירוּ".[68] לפי הסבר זה, ייתכן שתוכן השיר של מרים היה דומה מאוד למה ששר משה או זהה לו, ולכן לא נכתב מה המשך השירה.[69] אפשרות שנייה היא שמרים היא זו שיזמה את השירה ואמרה "שִׁירוּ" לכל ישראל, ובעקבות קריאתה, שרו משה וישראל את השיר "אָשִׁירָה".[70] נראה שיש להיצמד לסדר ההתרחשות המוצג בכתוב. מחזקת את אפשרות זו העובדה שהקריאה של מרים מכוונת לנשים בלבד, בעוד הכותרת של שירת משה ובני ישראל היא כללית. נראה כי לאחר השירה של משה ובני ישראל יזמה מרים שירה ייחודית לנשים. כך או כך, החשיבות של המידע על מרים היא שכל ישראל, גברים ונשים, הללו את ה' ושרו את שבחו.

המסע מים סוף עד רפידים, ט״ו, כב – י״ח, כז

משמעות הסיפורים

סיפור היציאה ממצרים והשחרור מפרעה הסתיים. חיל פרעה מת בים, ישראל חופשיים עתה מכל זיקה למצרים ועתה מתחיל סיפור ההליכה של העם במדבר. התוכנית של ה׳ להציל את ישראל מעבדות מצרים ולגאול אותם בשפטים גדולים ממצרים התממשה (ו׳, ו). הכניסה של ישראל למדבר על פי התוכנית היא לשם הבאתם אל ארץ כנען הטובה והרחבה, ארץ זבת חלב ודבש (ג׳, ח), הארץ שה׳ הבטיח לתתה לאבות ולישראל למורשה (ו׳, ח). בכך ה׳ יהיה אלוהים לישראל, כפי שהבטיח למשה: ״וְלָקַחְתִּי אֶתְכֶם לִי לְעָם וְהָיִיתִי לָכֶם לֵאלֹהִים״ (ו׳, ז). המשמעות של פסוק זה היא יצירת יחסי ברית בין ה׳ לישראל, והוא מתייחס לברית של העם עם ה׳ בסיני. אבל עוד לפני כן, יתואר מסע העם מים סוף ועד רפידים, התחנה אחרונה של העם לפני הגיעם לסיני, ט״ו, כב – י״ח, כז. מקבץ הסיפורים כאן אינו לשם דיווח הקורות את ישראל בדרך מים סוף ועד סיני, אלא הסיפורים מכאן ועד הברית בסיני הם הכנה לברית, כפי שנראה להלן.

המסע עד סיני כולל חמישה סיפורים: שלושת הראשונים הם תיאורים של תלונות חוזרות של ישראל על מחסור במים ומחסור באוכל, והשניים האחרונים הם מלחמת עמלק ועצת יתרו למשה לייסוד מערכת משפט. תיאור זה הוא תיאור סלקטיבי מתוך הקורות את ישראל מים סוף ועד סיני. מסע ראשוני זה של העם שכבר אינו תחת איום מצרי, והולך לראשונה במדבר לאחר שנים רבות של חיים במצרים, היה יכול לכלול חומר רב ומרתק על הקורות את ישראל בדרך ובכל אחת מהתחנות המדובורות. אך במקום זאת, התורה מתרכזת בשני נושאים בלבד, והמטרה של הסיפורים תתברר להלן.

שלושת סיפורי התלונה הם:

ט״ו, כב-כז – מים סוף עד מרה ומשם לאילים:
תלונה במרה על מחסור במים והמתקת המים. מציאת מים ותמרים באילים.

ט״ז, א-לו – הנסיעה למדבר סין:
תלונה על מחסור באוכל, נתינת המן ושליו לעם.

י״ז, א-ז – ממדבר סין לרפידים:
תלונה על מחסור במים והוצאת מים מהצור.

שני סיפורים לאחר מכן עוסקים באינטראקציה של העם עם גורם נוכרי: עם עמלק במלחמה ועם יתרו מתוך שיתוף ואחווה.

י״ז, ח-טז – מלחמת עמלק.

י״ח, א-כז – עצת יתרו למשה בעניין סדרי משפט.

ישנם קשרים בין שני החלקים. התלונה השלישית ברפידים (י״ז, א) מתרחשת במקום שבו מתרחשת המלחמה עם עמלק (י״ז, ח). בשני הסיפורים הללו יש תפקיד חשוב לַמַּטֶּה (י״ז, ה, ט). בסיפור התלונה קוראים למקום מסה ומריבה, על שהעם ניסה את ה׳ (י״ז, ז), ואחרי המלחמה בעמלק, קוראים למזבח ה׳ נסי (י״ז, טו). בסיפור מסה ומריבה משה במכה בצור (י״ז, ו), ובסיפור עמלק הוא יושב על אבן (י״ז, יב).

ישנו קשר הפנימי בין החלקים, כאשר בשלושת סיפורי התלונה ישנם מוטיבים משותפים: ראשית, בשלושתם העם מתלונן והכתוב משתמש בשורש לו״ן (ט״ו, כד; ט״ז, ב, ז-ט, יא; י״ז, ג). שנית, בשלושת המקרים התלונה היא על משה (ובמדבר סין גם על אהרן) (ט״ו, כד; ט״ז, ב; י״ז, ב). שלישית, ה׳ נענה לבקשת העם בשלוש תלונותיהם ומספק להם את צורכיהם באופן מופלא: ממתיק להם מים במרה; מספק להם שליו ומן במדבר סין; ומוציא להם מים מהצור ברפידים. נציין כי בשני הסיפורים האחרונים (מדבר סין ורפידים), העם מביע געגוע למצרים או צער על כך שמשה הוציאם ממצרים (ט״ז, ג; י״ז, ג).

אך יש גם הבדל בין שני הסיפורים הראשונים במרה ובמדבר סין, לבין הסיפור השלישי ברפידים. בשני הסיפורים הראשונים ה׳ מנסה את העם ונותן להם מצוות לשמור. במרה נאמר ״שָׁם נִסָּהוּ״ (ט״ו, כה), אף שלא נאמר מה הניסיון. במדבר סין ה׳ מנסה את העם אם יקיים את מצוותו לגבי איסוף המן: ״לְמַעַן אֲנַסֶּנּוּ הֲיֵלֵךְ בְּתוֹרָתִי אִם לֹא״ (ט״ז, ד). גם במרה וגם במדבר סין מדובר על חוקים שה׳ מצווה בהם את ישראל. במרה לא נאמר מה החוקים: ״וַיֹּאמֶר אִם שָׁמוֹעַ תִּשְׁמַע לְקוֹל ה׳ אֱלֹהֶיךָ וְהַיָּשָׁר בְּעֵינָיו תַּעֲשֶׂה וְהַאֲזַנְתָּ לְמִצְוֹתָיו וְשָׁמַרְתָּ כָּל חֻקָּיו...״ (ט״ו, כו). במדבר סין מדובר על האיסור לקחת יותר ממנה אחת בכל יום, כאשר ביום שישי יש לקחת כפליים, אך לא לחלל את השבת (ט״ז, יט, כג-כו, כט). העם חוטא וה׳ מוכיח אותם: ״עַד אָנָה מֵאַנְתֶּם לִשְׁמֹר מִצְוֹתַי וְתוֹרֹתָי״ (ט״ז, כח).

לעומת זאת, בסיפור השלישי ברפידים, אין מדובר על מצוות כמו בשני הסיפורים הראשונים, וגם לא נאמר שה׳ מנסה את העם. עם זאת, מפתיע לראות שמוטיב הניסיון מופיע גם בסיפור זה, אך הפעם לא שה׳ ניסה את העם, אלא שהעם ניסה אם ה׳. משה שואל את העם: ״מַה תְּנַסּוּן אֶת ה׳״ (י״ז, ב), אך טיב הניסיון מתברר בסוף הקטע: ״וְעַל נַסֹּתָם אֶת ה׳ לֵאמֹר הֲיֵשׁ ה׳ בְּקִרְבֵּנוּ אִם אָיִן״ (י״ז, ז). סיפור זה הפוך לשני הסיפורים הקודמים. בסיפורים הקודמים ה׳ ניסה את העם אם ילך בתורתו, ובסיפור השלישי העם מנסה את ה׳ אם הוא נמצא בקרבו. ניסיונות אלה בוחנים את שני צדדי הברית בין העם לה׳. ישראל אמורים לקיים את מצוות ה׳, וכנגד זאת ה׳ אמור להיות בקרב העם. בשלושת הסיפורים, שני הצדדים בוחנים זה את זה: ה׳ בודק את העם, והעם את ה׳.

עתה מתברר מקומם של סיפורים אלה לפני הברית בסיני. יש המבינים את חשיבות הסיפורים בהדגשת התנאים הקשים של ישראל במדבר ובהצגת עורפו הקשה של העם.[1]

ואף שיש אמת בכך, אין זה עיקר כוונת התורה. סיפורים אלה הם הקדמה לברית בסיני: יש בהם תשתית ראשונה של חוקים שאותם ה׳ דורש שהעם ישמור, ולעומת זאת, העם בודק עד כמה ה׳ נמצא בקרבו, על פי תנאי הברית המתממשת ובאה, שה׳ יהיה איתם. בסיפורים אלה מדובר על התגלות ה׳: בסיפור המן ה׳ מתגלה בענן (ט״ז, ז, י), ובסיפור מי מריבה ה׳ ניצב על הצור בחורב (י״ז, ז) ובהתערבות פלאית במלחמת עמלק (י״ז, יא, טו). התגלות ה׳ היא הנושא המרכזי בפרק י״ט, טז-יט; כ׳, טז. יש בה חוקים (ט״ו, כה; ט״ז, כג), כהקדמה לנתינת המשפטים בסיני (כ״א-כ״ג). כמו כן, המיקום בחורב (י״ז, ו) מקדים את המיקום של סיפור מתן תורה. אולי גם הקרבת הקורבנות על ידי יתרו וזקני ישראל וסעודתם שם (י״ח, יב) מקדימות את הקורבנות של העם והאכילה בעת כריתת הברית עם ה׳ (כ״ד, ה, יא). סיפורים אלה בדרך מים סוף לסיני הם הגישושים לפני הברית: ה׳ בודק אם העם שומר את מצוותיו, והעם בודק אם ה׳ בקרבו.

לאור זה ברור מדוע התורה מדברת על מצוות עוד לפני סיני. נראה תמוה לדבר על חוק ומשפט שה׳ נתן לישראל במרה, ועל השבת שהוא נתן להם במדבר סין, ולא להמתין למתן המצוות בסיני. לכן יש להבין את חוקים ומשפטים אלה כקדימון על מנת לבדוק את היכולת ואת הרצינות של העם. לעומת זאת, התלונות של ישראל נובעות מחשש שה׳ אינו בקרבם, ומתוך רצון לוודא שהוא כן. לכן אפשר להבין את הסובלנות של ה׳ לתלונות, ואת ההיענות שלו לצרכים של העם. ה׳ נענה לתלונות העם כדי לתת מענה לחששותיהם, ולטעת בהם את התחושה שהוא שומר עליהם ושהוא בקרבם בטרם כריתת הברית. על הזיקה של סיפורים אלה לברית בסיני ניתן ללמוד מכך שבסיפור נס המים במסה ומריבה, ה׳ מצווה להכות בצור אשר ה׳ עומד עליו. צור זה שיצאו ממנו מים היה בחורב, הוא הר סיני. סיפור זה, אם כן, הוא סיפור של נס, אך גם של התגלות ה׳, והוא מתרחש באותו מקום שבו יסופר להלן על מעמד סיני והברית של ה׳ עם ישראל שם. בסיפור זה הסתפק העם "הֲיֵשׁ ה׳ בְּקִרְבֵּנוּ", ובתגובה לכך ה׳ מתגלה ונותן לעם מים במקום שבו יתגלה שוב וייתן לעם את לוחות הברית ואת המצוות.[2]

שני הסיפורים האחרונים הם סיפור מלחמת ישראל עם עמלק וסיפור העצה שנתן יתרו למשה כדי לייעל את סדרי המשפט. למרבה ההפתעה, ישנם כמה קשרים בין הסיפורים: ראשית, בשני המקרים יש מפגש בין ישראל לנוכרים. עמלק **בא** להילחם עם ישראל, ויתרו **בא** בשלום (י״ח, ז). שנית, בשני המקרים ישנו עימות: עמלק מתעמתים במלחמה, ויתרו מתעמת עם משה ומבקר אותו על שהוא משקיע מאמץ יתר בשיפוט העם, ומציע לו מערכת טובה יותר של חלוקת נטל. שלישית, בסיפור עמלק משה **ניצב** על ראש הגבעה (י״ז, ט), ובסיפור יתרו העם **ניצב** על משה (י״ח, יג, יד). רביעית, ידי משה היו **כבדות** בסיפור עמלק (י״ז, יב), ובסיפור יתרו נאמר שנטל המשפט היה **כבד** על משה (י״ח, יח). חמישית, בסיפור עמלק משה **ישב** על אבן (י״ז, כב), ובסיפור יתרו נאמר שמשה **יושב** במשפט (י״ח, יג, יד). שישית, בסיפור עמלק משה אומר ליהושע **לבחור** אנשי חיל להילחם בעמלק (י״ז, ט), ובסיפור יתרו משה **בוחר** אנשי חיל ונותן אותם ראשים על העם (י״ח, כה). הקשרים המפתיעים הללו בין שני הסיפורים מביעים קשר של ניגוד ביניהם. ההנגדה היא בין צד נוכרי שבא להילחם

נגד ישראל, וישראל נלחמים בהם מלחמת חורמה, לבין אינטראקציה חיובית וטובה עם הצד הנוכרי בסיפור יתרו. יתרו מגיע אחרי ששמע על כל מה שעשה ה׳ לישראל ונותן למשה עצות איך לשפוט את בני ישראל במשפט האלוהים בצורה יעילה יותר. מפגש זה עם נוכרי הוא חיובי וטוב.

נראה שהעיסוק ביחס לנוכרי בשני הסיפורים האלה נובע מהצורך בהבחנה בין ישראל לעמים שנעשית בסיפור מתן תורה. במתן תורה ה׳ אומר לישראל "וִהְיִיתֶם לִי סְגֻלָּה מִכָּל הָעַמִּים" (י"ט, ה), וישראל הם שייהפכו לממלכת כהנים וגוי קדוש (י"ט, ו). על רקע ההבחנה המהותית שתתרחש בין ישראל לעמים בעקבות ברית סיני, התורה מגדירה שני סוגים של נוכרים: בקצה האחד עמלק, המשמש דוגמה שלילית לנוכרי שיש להיות עוין לו לעולם, ובקצה השני יתרו, נוכרי שמאמין בה׳ ואף כדאי לשמוע בקולו בדברים מהותיים בתחום המשפט.

אם כן, חמשת הסיפורים הם הכנה לברית ה׳ עם ישראל בסיני. שלושת הראשונים מבררים את היחסים שבין ה׳ לישראל, והשניים האחרונים מבררים את סוגי היחסים בין ישראל לעמים שמהם הם עתידים להיות מובחנים בברית סיני.

מים סוף עד מרה, תלונות ישראל במרה על מחסור במים ובאילים, ט״ו, כב-כז

כב וַיַּסַּע מֹשֶׁה אֶת־יִשְׂרָאֵל מִיַּם־סוּף וַיֵּצְאוּ אֶל־מִדְבַּר־שׁוּר וַיֵּלְכוּ שְׁלֹשֶׁת־יָמִים בַּמִּדְבָּר וְלֹא־מָצְאוּ
כג כד מָיִם. וַיָּבֹאוּ מָרָתָה וְלֹא יָכְלוּ לִשְׁתֹּת מַיִם מִמָּרָה כִּי מָרִים הֵם עַל־כֵּן קָרָא־שְׁמָהּ מָרָה. וַיִּלֹּנוּ
כה הָעָם עַל־מֹשֶׁה לֵּאמֹר מַה־נִּשְׁתֶּה. וַיִּצְעַק אֶל־יהוה וַיּוֹרֵהוּ יהוה עֵץ וַיַּשְׁלֵךְ אֶל־הַמַּיִם וַיִּמְתְּקוּ
כו הַמָּיִם שָׁם שָׂם לוֹ חֹק וּמִשְׁפָּט וְשָׁם נִסָּהוּ. וַיֹּאמֶר אִם־שָׁמוֹעַ תִּשְׁמַע לְקוֹל יהוה אֱלֹהֶיךָ וְהַיָּשָׁר
בְּעֵינָיו תַּעֲשֶׂה וְהַאֲזַנְתָּ לְמִצְוֹתָיו וְשָׁמַרְתָּ כָּל־חֻקָּיו כָּל־הַמַּחֲלָה אֲשֶׁר־שַׂמְתִּי בְמִצְרַיִם לֹא־
אָשִׂים עָלֶיךָ כִּי אֲנִי יהוה רֹפְאֶךָ.

כז וַיָּבֹאוּ אֵילִמָה וְשָׁם שְׁתֵּים עֶשְׂרֵה עֵינֹת מַיִם וְשִׁבְעִים תְּמָרִים וַיַּחֲנוּ־שָׁם עַל־הַמָּיִם.

פירוש העניין

המשך המסע הוא מים סוף עד מדבר שור,[3] שהוא מדבר אֵתָם הנזכר בבמדבר ל״ג, ח (ראב״ע, פירוש א). המעבר מים סוף למדבר שור מיוצג בפועל ״וַיֵּצְאוּ״, בניגוד לפועל ״ויסע״, שבא בדרך כלל בתיאורי המסעות. השימוש בפועל ״וַיֵּצְאוּ״ בא לציין שלאחר שעברו את ים סוף הם יצאו מתחת יד המצרים.[4] יציאת העם למסע מצוינת בצורת הפועל החריגה ״וַיַּסַּע״, בבניין הפעיל, היינו שמשה הסיע אותם. ראב״ע (הפירוש הארוך) הבין שעמוד הענן הלך לפניהם עד הים, אך מהים עד בניית המשכן כבר לא היה ענן ומשה הסיע את העם על פי צו ה׳. ראב״ם ושד״ל חלקו על כך.[5] אפשר להבין אמירה זו שמשה היה צריך להתאמץ להסיע אותם (רש״י),[6] או להפך, העם הלך מייד אחרי הוראת משה (מכילתא ויסע דבשלח א, שיטת רבי אליעזר [הורוויץ, 152]). נראה כי הייחוס של הנסיעה למשה הוא משום שהתלונה של ישראל תהיה עוד מעט כלפי משה. כדי להסביר את הטענה כלפי משה, פעולת ההנהגה כאן מיוחסת למשה מנקודת המבט של העם.

המדבר אינו משופע במים, ולאחר הליכה של שלושה ימים במדבר העם מגיע למרה, שנקראת כך משום שהמים היו מרים ובלתי ניתנים לשתייה. הדגש על כך הוא באמצעות חזרה ארבע פעמים על השורש מר״ה בפסוק כג. דגש זה גם מבליט את גודל הנס וההצלה של ה׳ בהמשך הסיפור. אפשר כי ציפיית העם למים במשך שלושה ימים גרמה לאכזבה קשה כאשר הגיעו למקור מים שאינם ראויים לשתייה, מה שהוביל לשבירה. משך הזמן של שלושה ימים שבהם עם ישראל הלכו במדבר הוא משך הזמן שאותו ביקשו ישראל מפרעה על מנת לזבוח לה׳. והנה, לאחר שלושה ימים העם לא הגיע למקום זבח לאלוהים, אלא למקום יבש שאין בו מים. אכזבה כפולה ומכופלת.

דעה מקובלת היא שתלונת העם אל משה ״מַה נִּשְׁתֶּה״ היא תרעומת שלילית.[7] אך מסתבר שתלונתם אינה קנטרנית, ואין גנאי בבקשתם אלא צורך אמיתי למים (ראב״ם; אברבנאל).[8] הדבר עולה מהשוואת תלונת העם כאן במרה עם התלונה שבמדבר סין, ששם העם הביע דברים קשים נגד משה על שהוציאם ממצרים. משה מתפלל אל ה׳, ואת הפועל צעק יש לפרש כתפילה אליו.* ה׳ מראה למשה עץ, משה משליך אותו אל המים, ובאורח פלא המים הופכים למתוקים. ה׳ נענה לצורך של העם ומספק את צרכיו במדבר.

עיקר הסיפור אינו עניין הצמא למים, אלא נתינת החוק והאזהרה בצידו. עם נתינת המים לעם, מייד נאמר – ״שָׁם שָׂם לוֹ חֹק וּמִשְׁפָּט וְשָׁם נִסָּהוּ״ (כה). נושא הפסוק הוא ה׳, אשר שם לו, היינו לעם, חוק ומשפט, ושם ה׳ ניסה את העם.[9] לא כתוב מהם החוקים שמשה מצווה באותו מעמד את העם, וחכמים הציעו הצעות שונות.[10] רמב״ן מציע שמדובר על ״ההנהגות וישוב המדינות״, ולא על חוקי התורה. לדעת רשב״ם ושד״ל, לא מדובר על חוקים, אלא הכוונה היא שהוא הזהיר אותם באופן כללי לשמור את מצוות ה׳, כנאמר בפסוק הבא. מהגדרת המושגים חוק ומשפט המשמשים תדיר לחוקי התורה, סביר להניח שבכך מדובר. אין קושי

* ח׳, ח; י״ד, י, טו; י״ז, ד; במדבר י״ב, יג, ועוד.

להניח שעוד לפני מתן תורה כבר הועברו מספר מצוות מה׳ לעם, שאם לא כן, על מה נסובה האזהרה לשמור את מצוותיו וחוקיו של ה׳ בפסוק הבא? העובדה שישראל כבר נצטוו בחוקים מסוימים עוד בטרם ניתנה התורה עולה מהסיפור הבא, שבו העם מצווה לשבות ביום השבת (כג) ואל להם לצאת ממקומם ביום זה (כט). ישראל כבר נצטוו על ברית המילה (ד׳, כד-כו), על הפסח ועל המצות (י״ב-י״ג). לא נאמר מהן המצוות שמשה מצווה את העם במרה, אך מה שחשוב הוא עצם העובדה שהוא ציווה אותם, ומזהיר אותם שישמרו את מצוות ה׳, ואם יעשו זאת, ה׳ לא יביא מחלות לישראל כמו שהוא שם על מצרים: ״כִּי אֲנִי ה׳ רֹפְאֶךָ״. אדם האוכל ושותה כראוי נמנעת ממנו מחלה, כפי שעולה גם בכ״ג, כה: ״וּבֵרַךְ אֶת לַחְמְךָ וְאֶת מֵימֶיךָ וַהֲסִרֹתִי מַחֲלָה מִקִּרְבֶּךָ״.

פסוקים אלה הם חלק מהתלונות החוזרות והנשנות של העם, או אם ננקוט בגישה חיובית יותר, ניתן לראות פסוקים אלה כהדגמה של ישועת ה׳ את עמו כאשר הם פונים אליו.[11] כאמור, אין תרעומת של ה׳ על ישראל (ראב״ם על פסוק כד; אברבנאל).[12] פסוקים אלה משקפים את יחסי הברית בין ה׳ לישראל, שבמסגרתם העם מחויב לשמוע אל מצוות ה׳, ומנגד ה׳ שומר את ישראל. כאן באה ההבטחה שהעם לא יחלה. השמירה של ה׳ על ישראל עולה מהסיפור במרה שבו ה׳ הורה למשה מה לעשות כדי שימתקו המים. כאמור, סיפור זה מקדים את הסיפור הברית בסיני, ומטרתו להציג את יחסי הברית הנרקמים לפני שהברית תיכרת בפועל. כאשר העם יגיע לסיני, הוא כבר קיבל באופן מקדמי חלק מהמצוות ונכנס לברית עם ה׳ מתוך הבנה מה יידרש ממנו.[13]

המשך המשפט ״וְשָׁם נִסָּהוּ״, יכול להתייחס לניסיון של מציאת מים מרים. כמובן שלפי השיטה שהתלונה שלהם היא גנותם של ישראל, יש לומר שהם לא עמדו בניסיון (רש״י).[14] אך מתוך העמדה שהוצגה קודם, נראה שהעם עמד בניסיון. אפשר גם לפרש שהחוק והמשפט שנתן ה׳, בצירוף האזהרה להלן, הם ניסיון שה׳ נתן לישראל, ועליהם לעמוד בניסיון זה בעתיד (ראב״ע הפירוש הארוך; ריב״ש). הניסיון כאן הוא חלק מהבחינה של ישראל לקראת קבלת המצוות בברית במעמד הר סיני.

סיום הדברים בהצגת ה׳ עצמו: ״אֲנִי ה׳ רֹפְאֶךָ״, מהדהד את הצגת ה׳ הראשונית למשה כאשר הוא מצטווה לומר לבני ישראל ״אֲנִי ה׳״ (ו׳, ו, ח), כמו גם את מטרתן של מכות מצרים וקריעת ים סוף – שישראל ידעו את ה׳ (י׳, י; י״ד, לא). בעוד את המצרים ה׳ מכה, כלפי ישראל הוא רופא ומקיים אותם כעם בריתו.

הקטע מסתיים בבואם של העם לאילים (כז). לאחר הסיומת החיובית של הקטע הקודם לא מפליא שבתחנה זו העם מגיע למקום עם שפע מים, שנים עשר מעיינות. ייתכן שמספר זה משקף את הריבוי של ישראל, מעיין לכל שבט,[15] והם גם נהנו משבעים תמרים שהיו שם. השפע עולה מתיאור החניה על המים – ״וַיַּחֲנוּ שָׁם עַל הַמָּיִם״ (כז). קשה להכריע אם פסוק זה הוא סופה של הפסקה הקודמת או פתיחה לסיפור הבא. המסורה ראתה כנראה את הפסוק הזה כשייך לסיפור במדבר סין. אולם נראה יותר שהוא חתימה של הפסקה הקודמת, שכן הפסוק אינו נפתח ב״וַיִּסְעוּ״, כמו פסוק כב, וכמו ט״ז, א, אלא ב״וַיָּבֹאוּ״. בתיאורי המסעות

באים שני פעלים, הראשון "ויסעו מ", ואחר כך "ויחנו ב". ואילו כאן מופיע הפועל "וַיָּבֹאוּ", המקביל במשמעתו ל"וַיַּחֲנוּ". מכאן נראה שמשפט זה הוא חלק מתיאור המסע הקודם.[16] לפי חלוקה זו, הסיפור מתחיל ביציאה מים סוף, המשך הקטע עוסק במים מרים שהופכים לטובים, ומסתיים במציאת שפע של מים, כאשר הקטע כולו נחתם במילים "וַיַּחֲנוּ שָׁם עַל הַמָּיִם", להורות על השפע של מים לאחר המחסור. לאחר שה' נתן לישראל חוק ומשפט ואמר שהוא רופא לישראל אם ישמרו אותם, מסופר כיצד נהנו ישראל משפע מים ותמרים.[17]

מאילים למדבר סין: המן ושליו, ט״ז, א-לו

א וַיִּסְעוּ מֵאֵילִם וַיָּבֹאוּ כָּל־עֲדַת בְּנֵי־יִשְׂרָאֵל אֶל־מִדְבַּר־סִין אֲשֶׁר בֵּין־אֵילִם וּבֵין סִינָי בַּחֲמִשָּׁה
ב עָשָׂר יוֹם לַחֹדֶשׁ הַשֵּׁנִי לְצֵאתָם מֵאֶרֶץ מִצְרָיִם. וַיִּלּוֹנוּ כָּל־עֲדַת בְּנֵי־יִשְׂרָאֵל עַל־מֹשֶׁה וְעַל־
ג אַהֲרֹן בַּמִּדְבָּר. וַיֹּאמְרוּ אֲלֵהֶם בְּנֵי יִשְׂרָאֵל מִי־יִתֵּן מוּתֵנוּ בְיַד־יהוה בְּאֶרֶץ מִצְרַיִם בְּשִׁבְתֵּנוּ
עַל־סִיר הַבָּשָׂר בְּאָכְלֵנוּ לֶחֶם לָשֹׂבַע כִּי־הוֹצֵאתֶם אֹתָנוּ אֶל־הַמִּדְבָּר הַזֶּה לְהָמִית אֶת־כָּל־
הַקָּהָל הַזֶּה בָּרָעָב.

ד וַיֹּאמֶר יהוה אֶל־מֹשֶׁה הִנְנִי מַמְטִיר לָכֶם לֶחֶם מִן־הַשָּׁמָיִם וְיָצָא הָעָם וְלָקְטוּ דְּבַר־יוֹם בְּיוֹמוֹ
ה לְמַעַן אֲנַסֶּנּוּ הֲיֵלֵךְ בְּתוֹרָתִי אִם־לֹא. וְהָיָה בַּיּוֹם הַשִּׁשִּׁי וְהֵכִינוּ אֵת אֲשֶׁר־יָבִיאוּ וְהָיָה מִשְׁנֶה
עַל אֲשֶׁר־יִלְקְטוּ יוֹם יוֹם.

ו וַיֹּאמֶר מֹשֶׁה וְאַהֲרֹן אֶל־כָּל־בְּנֵי יִשְׂרָאֵל עֶרֶב וִידַעְתֶּם כִּי יהוה הוֹצִיא אֶתְכֶם מֵאֶרֶץ מִצְרָיִם.
ז וּבֹקֶר וּרְאִיתֶם אֶת־כְּבוֹד יהוה בְּשָׁמְעוֹ אֶת־תְּלֻנֹּתֵיכֶם עַל־יהוה וְנַחְנוּ מָה כִּי תַלִּינוּ עָלֵינוּ.
ח וַיֹּאמֶר מֹשֶׁה בְּתֵת יהוה לָכֶם בָּעֶרֶב בָּשָׂר לֶאֱכֹל וְלֶחֶם בַּבֹּקֶר לִשְׂבֹּעַ בִּשְׁמֹעַ יהוה אֶת־תְּלֻנֹּתֵיכֶם
אֲשֶׁר־אַתֶּם מַלִּינִם עָלָיו וְנַחְנוּ מָה לֹא־עָלֵינוּ תְלֻנֹּתֵיכֶם כִּי עַל־יהוה.

ט וַיֹּאמֶר מֹשֶׁה אֶל־אַהֲרֹן אֱמֹר אֶל־כָּל־עֲדַת בְּנֵי יִשְׂרָאֵל קִרְבוּ לִפְנֵי יהוה כִּי שָׁמַע אֵת תְּלֻנֹּתֵיכֶם.
י וַיְהִי כְּדַבֵּר אַהֲרֹן אֶל־כָּל־עֲדַת בְּנֵי־יִשְׂרָאֵל וַיִּפְנוּ אֶל־הַמִּדְבָּר וְהִנֵּה כְּבוֹד יהוה נִרְאָה בֶּעָנָן.
יא יב וַיְדַבֵּר יהוה אֶל־מֹשֶׁה לֵּאמֹר. שָׁמַעְתִּי אֶת־תְּלוּנֹּת בְּנֵי יִשְׂרָאֵל דַּבֵּר אֲלֵהֶם לֵאמֹר בֵּין הָעַרְבַּיִם
תֹּאכְלוּ בָשָׂר וּבַבֹּקֶר תִּשְׂבְּעוּ־לָחֶם וִידַעְתֶּם כִּי אֲנִי יהוה אֱלֹהֵיכֶם.

יג יד וַיְהִי בָעֶרֶב וַתַּעַל הַשְּׂלָו וַתְּכַס אֶת־הַמַּחֲנֶה וּבַבֹּקֶר הָיְתָה שִׁכְבַת הַטַּל סָבִיב לַמַּחֲנֶה. וַתַּעַל
טו שִׁכְבַת הַטָּל וְהִנֵּה עַל־פְּנֵי הַמִּדְבָּר דַּק מְחֻסְפָּס דַּק כַּכְּפֹר עַל־הָאָרֶץ. וַיִּרְאוּ בְנֵי־יִשְׂרָאֵל
וַיֹּאמְרוּ אִישׁ אֶל־אָחִיו מָן הוּא כִּי לֹא יָדְעוּ מַה־הוּא וַיֹּאמֶר מֹשֶׁה אֲלֵהֶם הוּא הַלֶּחֶם אֲשֶׁר
טז נָתַן יהוה לָכֶם לְאָכְלָה. זֶה הַדָּבָר אֲשֶׁר צִוָּה יהוה לִקְטוּ מִמֶּנּוּ אִישׁ לְפִי אָכְלוֹ עֹמֶר לַגֻּלְגֹּלֶת
יז מִסְפַּר נַפְשֹׁתֵיכֶם אִישׁ לַאֲשֶׁר בְּאָהֳלוֹ תִּקָּחוּ. וַיַּעֲשׂוּ־כֵן בְּנֵי יִשְׂרָאֵל וַיִּלְקְטוּ הַמַּרְבֶּה וְהַמַּמְעִיט.
יח יט וַיָּמֹדּוּ בָעֹמֶר וְלֹא הֶעְדִּיף הַמַּרְבֶּה וְהַמַּמְעִיט לֹא הֶחְסִיר אִישׁ לְפִי־אָכְלוֹ לָקָטוּ. וַיֹּאמֶר מֹשֶׁה
כ אֲלֵהֶם אִישׁ אַל־יוֹתֵר מִמֶּנּוּ עַד־בֹּקֶר. וְלֹא־שָׁמְעוּ אֶל־מֹשֶׁה וַיּוֹתִרוּ אֲנָשִׁים מִמֶּנּוּ עַד־בֹּקֶר וַיָּרֻם
כא תּוֹלָעִים וַיִּבְאַשׁ וַיִּקְצֹף עֲלֵהֶם מֹשֶׁה. וַיִּלְקְטוּ אֹתוֹ בַּבֹּקֶר בַּבֹּקֶר אִישׁ כְּפִי אָכְלוֹ וְחַם הַשֶּׁמֶשׁ
כב וְנָמָס. וַיְהִי בַּיּוֹם הַשִּׁשִּׁי לָקְטוּ לֶחֶם מִשְׁנֶה שְׁנֵי הָעֹמֶר לָאֶחָד וַיָּבֹאוּ כָּל־נְשִׂיאֵי הָעֵדָה וַיַּגִּידוּ
כג לְמֹשֶׁה. וַיֹּאמֶר אֲלֵהֶם הוּא אֲשֶׁר דִּבֶּר יהוה שַׁבָּתוֹן שַׁבַּת־קֹדֶשׁ לַיהוה מָחָר אֵת אֲשֶׁר־תֹּאפוּ
כד אֵפוּ וְאֵת אֲשֶׁר־תְּבַשְּׁלוּ בַּשֵּׁלוּ וְאֵת כָּל־הָעֹדֵף הַנִּיחוּ לָכֶם לְמִשְׁמֶרֶת עַד־הַבֹּקֶר. וַיַּנִּיחוּ אֹתוֹ

כה עַד־הַבֹּקֶר כַּאֲשֶׁר צִוָּה מֹשֶׁה וְלֹא הִבְאִישׁ וְרִמָּה לֹא־הָיְתָה־בּוֹ. וַיֹּאמֶר מֹשֶׁה אִכְלֻהוּ הַיּוֹם כִּי־
כו שַׁבָּת הַיּוֹם לַיהוה הַיּוֹם לֹא תִמְצָאֻהוּ בַּשָּׂדֶה. שֵׁשֶׁת יָמִים תִּלְקְטֻהוּ וּבַיּוֹם הַשְּׁבִיעִי שַׁבָּת לֹא
כז כח יִהְיֶה־בּוֹ. וַיְהִי בַּיּוֹם הַשְּׁבִיעִי יָצְאוּ מִן־הָעָם לִלְקֹט וְלֹא מָצָאוּ. וַיֹּאמֶר יהוה אֶל־מֹשֶׁה עַד־אָנָה
כט מֵאַנְתֶּם לִשְׁמֹר מִצְוֹתַי וְתוֹרֹתָי. רְאוּ כִּי־יהוה נָתַן לָכֶם הַשַּׁבָּת עַל־כֵּן הוּא נֹתֵן לָכֶם בַּיּוֹם הַשִּׁשִּׁי
ל לֶחֶם יוֹמָיִם שְׁבוּ אִישׁ תַּחְתָּיו אַל־יֵצֵא אִישׁ מִמְּקֹמוֹ בַּיּוֹם הַשְּׁבִיעִי. וַיִּשְׁבְּתוּ הָעָם בַּיּוֹם הַשְּׁבִעִי.

לא לב וַיִּקְרְאוּ בֵית־יִשְׂרָאֵל אֶת־שְׁמוֹ מָן וְהוּא כְּזֶרַע גַּד לָבָן וְטַעְמוֹ כְּצַפִּיחִת בִּדְבָשׁ. וַיֹּאמֶר מֹשֶׁה
זֶה הַדָּבָר אֲשֶׁר צִוָּה יהוה מְלֹא הָעֹמֶר מִמֶּנּוּ לְמִשְׁמֶרֶת לְדֹרֹתֵיכֶם לְמַעַן יִרְאוּ אֶת־הַלֶּחֶם
לג אֲשֶׁר הֶאֱכַלְתִּי אֶתְכֶם בַּמִּדְבָּר בְּהוֹצִיאִי אֶתְכֶם מֵאֶרֶץ מִצְרָיִם. וַיֹּאמֶר מֹשֶׁה אֶל־אַהֲרֹן קַח
לד צִנְצֶנֶת אַחַת וְתֶן־שָׁמָּה מְלֹא־הָעֹמֶר מָן וְהַנַּח אֹתוֹ לִפְנֵי יהוה לְמִשְׁמֶרֶת לְדֹרֹתֵיכֶם. כַּאֲשֶׁר
לה צִוָּה יהוה אֶל־מֹשֶׁה וַיַּנִּיחֵהוּ אַהֲרֹן לִפְנֵי הָעֵדֻת לְמִשְׁמָרֶת. וּבְנֵי יִשְׂרָאֵל אָכְלוּ אֶת־הַמָּן אַרְבָּעִים
לו שָׁנָה עַד־בֹּאָם אֶל־אֶרֶץ נוֹשָׁבֶת אֶת־הַמָּן אָכְלוּ עַד־בֹּאָם אֶל־קְצֵה אֶרֶץ כְּנָעַן. וְהָעֹמֶר עֲשִׂרִית
הָאֵיפָה הוּא.

פירוש העניין

מבנה הסיפור, תוכנו ומשמעותו

הסיפור נחלק לארבעה חלקים.

א-ג – תלונת העם,
ד-יב – תגובות לתלונה,
יג-כא – מתן שליו ומן, השבת,
לא-לו – המן, מראהו, טעמו, שמירת המן לדורות, משך זמן נתינת המן.

פרשה זו חושפת בבירור שמצוות השבת ניתנה לישראל לפני שהם קיבלו תורה, ושכשהם שמעו על מצוות השבת בעשרת הדיברות, היא כבר הייתה ידועה להם. כיצד אפשר להסביר את העובדה שהשבת ניתנה לפני מתן תורה? ומדוע נתינת המן לישראל נקשרה בהוראות בנושא השבת? כאמור, פרשיות אלה הן הקדמה לכניסה של ישראל וה׳ לברית בסיני, והן מניחות את העקרונות של תנאי הברית (ראו לעיל בעיוננו למשמעות הסיפורים מים סוף ועד רפידים). סיפור זה משקף היטב את יחסי הברית: מצד אחד חלקו של ה׳ בברית הוא לספק את צורכי ישראל, ובמקרה זה הוא מספק את המן, ומצד שני מצוות השבת ניתנה כאן כדי להורות לישראל את חלקם בברית – לשמור את מצוות ה׳. לכן המן ניתן לישראל בתורת ניסיון, לראות אם הם ישמרו את מצוות ה׳. כשישראל חוטאים ולא שומרים את השבת כראוי, אין הם נענשים, אלא כיאה להכנה של ישראל לקראת הברית, זו תקופת ניסיון והתנסות בתנאי הברית, ומשה מסביר לעם מה עליו לעשות. סיפור זה מפורט יותר מהסיפור במרה, אבל שומר על אותו מבנה. ה׳ נותן להם חוק ומשפט ומזהיר אותם לשמור את מצוות ה׳, ובתמורה מספק להם מים, מבטיח להם שמכות מצרים לא יבואו עליהם ושהוא יהיה רופאם.

תלונת העם, א-ג

מאילים נסע העם למדבר סין והגיע לשם בחמישה עשר לחודש השני, חודש לאחר היציאה ממצרים.[18] סיפור זה מתחיל שוב בתלונה של העם. התלונה הקודמת הייתה על מחסור במים, ותלונה זו היא על החשש למות ברעב. תלונה זו חמורה יותר מקודמתה. בתלונה הקודמת נאמר שהעם התלונן (ט״ו, כ), ובנוכחית כל העדה התלוננה (ב). בסיפור הקודם התלונה הייתה רק למשה, וכאן היא למשה ולאהרן. ייתכן שהסיבה לכך היא משום שהתלונה היא על שהוציאום ממצרים, וזה כולל גם את אהרן. מודגש שהתלונה הייתה במדבר (ב), אף שידוע מפסוק א שהם נמצאים כבר במדבר סין, וזה כדי ללמד שתנאי המדבר הקשים הם שגרמו לתלונת העם.[19]

ישראל מדמיינים את הטוב של ארץ מצרים ואת אכילת הבשר והלחם בשפע, ומאשימים את משה ואהרן על שהוציאום מארץ טובה להמיתם במדבר (ג). אף שאין מידע על מה שישראל אכלו בהיותם עבדים, דבריהם אינם עולים בקנה אחד עם תיאורי הסבל של השעבוד,[20] ולכן חושפים את כפיות הטובה שלהם.

בהאשימם את משה ואהרן, אין בדבריהם האשמה ישירה כלפי ה׳, שהרי הם מייחלים שה׳ ימיתם במצרים, במקום שהם ימותו במדבר ברעב. בניגוד לתלונה במרה, תלונה זו היא קנטרנית כלפי משה ואהרן באופן ישיר, וכנגד ה׳ באופן עקיף.

תלונה מעין זאת, הכוללת חרטה על היציאה ממצרים, העלו ישראל על הים כאשר המצרים רדפו אחריהם בעודם עומדים לפני הים (י״ד, יא–יב). בשני המקרים, העם מדבר על מוות בידי המצרים או ברעב, ועל העדפתו למות במצרים על ידי ה׳. בשני המקרים התלונות הן כלפי משה ואהרן ולא כלפי ה׳. בתלונה לפני ים סוף העם לא דיבר על ה׳, וכאן הוא מדבר על האפשרות שה׳ היה ממית אותם במצרים. לאחר שהם קיבלו את הרושם העז של כוחו של אלוהים בים סוף, הם אינם מתעלמים מה׳, להפך, הם מכירים בכוחו, אבל מאשימים את משה ואהרן.

תגובות לתלונה, ד–יב

משה אינו עונה לעם מייד. ה׳ פונה למשה ומודיע לו שייתן לעם לחם מן השמיים בכל יום (ד).[21] תגובה זו מלמדת שהצורך של העם בלחם היה אמיתי, על אף הדרך הקלוקלת שבה ביטא העם את צרכיו.[22] ייתכן שתגובת ה׳, שלא מבטא כעס כלפי העם אלא נותן להם את צורכיהם, היא מפני שהמסע במדבר רק החל. בנוסף לכך, ה׳ גם מנסה אותם (ד) אם ילכו בתורת ה׳ – כוונת הניסיון היא ככל הנראה לראות אם העם ישמור את המצוות שיבואו בהמשך, הקשורות באיסוף המן (רש״י). כאן רק נרמז שביום השישי העם ייקח כמות כפולה כהכנה ליום השביעי (ה), וכפי שיתבאר בהמשך, בשבת נאסר עליהם לאסוף מן. אפשרות נוספת היא שהניסיון הוא לבחון האם אחרי שיראו שה׳ מספק את צורכיהם, בכל זאת ישובו להתלונן או שמא יחדלו מכך (רשב״ם; רמב״ן. וכפי שעולה בדברים ח׳, ג).

בעקבות דברי ה׳ למשה, משה ואהרן פונים אל בני ישראל ומסבירים להם את התכלית של מה שעתיד להתרחש לאחר שה׳ שמע את תלונתם – שידעו שה׳ הוציא אותם ממצרים (ו) ושיראו את כבוד ה׳ (ז). אף שנאמר שבערב הם ידעו את ה׳ , ובבוקר הם יראו את כבודו, הכוונה כנראה לומר שבערב ובבוקר הם ידעו שה׳ הוציא אותם ממצרים ויראו את כבוד ה׳. בהקשר הזה אין הבחנה בין משמעות הפועל משורש יד״ע למשמעות הפועל משורש רא״ה, לשניהם משמעות של הבחנה, תפיסה.

לאחר שבפסוקים ו–ז משה ואהרן אומרים לעם את הלקחים שהם צפויים ללמוד, בפסוק ח מכין משה את העם לקראת מה שיהיה בפועל, כיצד במציאות לקחים אלה יופנמו: בערב ייתן להם בשר לאכול, ובבוקר הוא ייתן להם לחם לשבוע. אכן שני המשפטים דומים מאוד וניכר שפסוק ח מבאר את העקרונות שנקבעו בפסוקים ו–ז.[23]

פסוקים ו-ז	פסוק ח
(ו) **וַיֹּאמֶר מֹשֶׁה** וְאַהֲרֹן אֶל כָּל בְּנֵי יִשְׂרָאֵל	(ח) **וַיֹּאמֶר מֹשֶׁה**
עֶרֶב וִידַעְתֶּם כִּי ה׳ הוֹצִיא אֶתְכֶם מֵאֶרֶץ מִצְרָיִם	בְּתֵת ה׳ לָכֶם **בָּעֶרֶב** בָּשָׂר לֶאֱכֹל
(ז) **וּבֹקֶר** וּרְאִיתֶם אֶת כְּבוֹד ה׳	וְלֶחֶם **בַּבֹּקֶר** לִשְׂבֹּעַ
בְּשָׁמְעוֹ אֶת תְּלֻנֹּתֵיכֶם עַל ה׳	**בִּשְׁמֹעַ ה׳ אֶת תְּלֻנֹּתֵיכֶם אֲשֶׁר אַתֶּם מַלִּינִם עָלָיו**
וְנַחְנוּ מָה כִּי תַלִּינוּ עָלֵינוּ.	**וְנַחְנוּ מָה לֹא עָלֵינוּ תְלֻנֹּתֵיכֶם כִּי עַל ה׳**

בנתינת המן והשליו ה׳ שומע תלונתם ונענה לצורכיהם, ומעניק להם אוכל בעת שהותם במדבר. הכוונה כאן היא להראות שה׳ ממשיך להיטיב עם העם. הוא מוביל את העם בבטחה במדבר, מתוך מגמה שהעם יכיר בו וידע שהוא הוציא אותם ממצרים (ו) ונותן להם לחם מן השמיים במדבר (לב). אך מעבר לכך, המסר הזה הוא חשוב משום שנראה כי תלונתם למשה ואהרן שיקפה חוסר הבנה בדבר מקומו של ה׳ באירועים. משה ואהרן אינם אחראים על כל הטובה הזאת ועל הקשיים של העם, ולכן כל תלונה של העם היא תלונה על ה׳. משום כך המטרה של נתינת המן היא שישראל ידעו שה׳ הוציא אותם ממצרים, והוא זה שממשיך לספק להם מזון במדבר. אף שנאמר קודם שהאמינו בה׳ ובמשה עבדו (י״ד, לא), האמונה בה׳ לא הייתה מבוררת דיה. הם לא ידעו להבחין היטב בין מעשי ה׳ לבין מעשי משה שהוציאם ממצרים. בעיה זו תעלה במלוא חומרתה בסיפור חטא העגל, כפי שנראה. הדבר אינו מפליא, שכן העם נמצא בראשית הקשר עם אלוהים, והנאמנות שנדרשת ממנו היא ייחודית בהשוואה למה שהכירו מדרך עבודת העמים את אליליהם. העם עדיין לא הורגל באמונה הייחודית בה׳. משה מדגיש פעמיים (ז, ח) שהתלונה היא על ה׳, והוא מדגיש זאת לא כדי להתנער מהתלונה אלא כדי להעמיק את האמונה של העם בה׳, להבהיר להם שהוא המוציא אותם ממצרים, והוא האחראי על מה שעובר עליהם.

המפרשים נחלקו מה כוונת הכתוב שבבוקר הם יראו את כבוד ה׳ (ז). אפשרות אחת היא שהכוונה להורדת המן בבוקר (רש״י, רשב״ם וריב״ש; רמב״ן).[24] לדעת ראב״ע, (פירושו הארוך לפסוק ו) הכוונה לראיית כבוד ה׳ בענן כמתואר בפסוק י. לדעתו המילים ״עֶרֶב״ ו״בֹקֶר״ מתייחסות למתן השליו והמן, ובנוסף לזה, העם יראה את כבוד ה׳ בהתגלות בענן. ראב״ע סבור כי המילה ״בֹקֶר״ שייכת לפסוק הקודם, ובמילה ״וּרְאִיתֶם״ מתחיל היגד חדש. לפיכך הוא מפרש שבערב ובבוקר ידעו את ה׳ ויראו את כבוד ה׳. ברור כי מתן המן הוא עדות ראייה של העם את כבוד ה׳, כאמור בפירוש בפסוק ז. עם זאת, אין להתעלם מהתיאור לפיו העם פנה אל המדבר, ושם כבוד ה׳ נראה בענן (י). אכן במקומות רבים ״כבוד ה׳״ הוא התגלות ה׳ בענן או באש. כך בהתגלות ה׳ בענן בהר סיני (כ״ד, טז-יז), ובמשכן לאחר השלמת בנייתו

(מ', לד-לה). וכן הדבר בהתגלות ה' ביום השמיני של ימי המילואים (ויקרא ט', ו, כג-כד; י', א-ב), ועוד. השימוש באותה הלשון מחייבת לזהות בין "וּבֹקֶר וּרְאִיתֶם אֶת כְּבוֹד ה'" ל"וַיִּפְנוּ אֶל הַמִּדְבָּר וְהִנֵּה כְּבוֹד ה' נִרְאָה בֶּעָנָן". יש לומר שהענן והמן משמשים לאותה מטרה, שהעם ידע את ה'. הענן מראה להם בעיניים את מציאות ה' בקרבם, והמן הוא מימוש היחס הזה מאת ה'. ההיראות של ה' בענן נועדה ללמד אותם שהורדת המן היא מעשה ה', וכל זה כדי לחזק את אמונתם בו. כאמור, מטרת פרקים אלה היא להכין את הקרקע ליחסי הברית שיבואו אחר כך. על פי יחסי הברית, ה' הוא שומר על העם ונותן להם את מחייתם, ועל העם לציית לה' ולמצוותיו. יחסים אלה נקבעים בברית בסיני, והקדימון שלהם הוא בפרקים אלה. הברית בסיני תלווה בהתגלות של ה', כדי שישראל יראו שעימו הם כורתים ברית. זו הסיבה שההתגלות במן ובענן היא מהותית בסיפור זה: זוהי הצגה של ה' בפני העם לפני שייכנסו לברית.

העם יקבל את מבוקשו. בערב מובטח שהעם יאכל בשר ובבוקר יאכל לחם. נתינת הבשר והלחם בערב ובבוקר מלמדת על השגחת ה' הקבועה וסיפוק הצרכים התמידי. נשים לב שיש כאן גם הדהוד של הגעגוע למצרים: כנגד דבריהם על אכילת בשר ולחם במצרים (ג), ה' מספק להם בשר ולחם במדבר. רעיון זה מודגש בדברים ח', ג, המסביר שהמן מלמד את ישראל שהעם חי ממוצא פי ה': "וַיְעַנְּךָ וַיַּרְעִבֶךָ וַיַּאֲכִלְךָ אֶת הַמָּן אֲשֶׁר לֹא יָדַעְתָּ וְלֹא יָדְעוּן אֲבֹתֶיךָ לְמַעַן הוֹדִעֲךָ כִּי לֹא עַל הַלֶּחֶם לְבַדּוֹ יִחְיֶה הָאָדָם כִּי עַל כָּל מוֹצָא פִי ה' יִחְיֶה הָאָדָם". וראו שם פסוק טז.

לאחר שמשה מעביר לעם את הדברים, הוא מצווה את אהרן לומר לעם כי ה' קיבל את תלונתם ומצווה אותם להתקרב לפני ה' (ט-י). הכוונה היא שהם יתקרבו לענן שהלך לפניהם, מפני שבו ה' מתגלה, ולכן הם פונים אל המדבר (רש"י; ספורנו).[25] בזמן שאהרן אומר זאת לעם, הם מביטים לעבר המדבר ורואים את כבוד ה' הנראה בענן (י). עצם ראיית כבוד ה' איננה דבר חדש לישראל. כבר ביציאה ממצרים ה' נראה בענן, ועוד יותר במעבר ים סוף. אם הענן עזב את ישראל לאחר ים סוף, כדעת ראב"ע, הרי שכאן הענן שב, והעם ראה את התגלות ה'.[26] אם נסביר שהענן לא עזב את העם, הייחודיות כאן היא, ככל הנראה, של תופעה מיוחדת הקשורה בענן – אולי התקרבות יתרה של הענן לעם מהמדבר, המתרחשת לאחר פנייתם למדבר בעקבות דברי אהרן האומר להם להתקרב לפני ה'.

בפסוקים יא-יב, שוב נאמר שה' אומר שהוא שמע את תלונות בני ישראל וייתן להם מן. בפסוקים ד-ה ה' אמר זאת למשה, ובפסוק ו משה ואהרן אמרו לעם שה' שמע את תלונתם. כעת בפסוק יב ישנה חזרה על הדברים. אפשרות אחת להבין את החזרה הזו, היא שהדיבור של ה' למשה בפסוקים יא-יב התרחש קודם לכן, לפני פסוקים ו-ז.[27] לפי פירוש זה, יש לומר, כנראה, שכתיבת העניין כאן מחוץ למקומו נותנת תוקף למה שאמר משה לעיל.

אך מסתבר יותר שה' שוב מדבר עם משה בפסוקים יא-יב ואומר לו דברים דומים למה שאמר בפסוק ח, אלא שהפעם העם ראה שה' מדבר עם משה מתוך הענן (ראב"ע פירוש ב לפסוק יא). בפעם הראשונה ה' דיבר עם משה ללא נוכחות העם, ומשה העביר את המסר הזה לעם, ועתה ה' אומר שוב את הדברים למשה לעיני העם. הדיבור של ה' אל משה בענן

גורם לעם להבין שה׳ הוא המקור לכל הדברים שמשה מוסר להם, ולנוכחות של ה׳ בקרבם יש עכשיו מוחשיות יתרה. אף אם ישראל לא שמעו את דברי ה׳ למשה, הם ראו שמשה ניגש לענן על מנת שה׳ ידבר איתו, ומעתה ידעו שבכל פעם שמשה ידבר עימם, אין אלו אלא דברי ה׳. יתר על כן, העובדה שמשה אמר להם מראש שהם יראו את כבוד ה׳ (ז), כפי שאכן קורה מייד אחר כך, מלמדת לא רק שה׳ בקרבם, אלא שמשה הוא שליחו בלבד. כאשר העם שמע את דברי משה, הוא לא היה מודע כל הזמן באופן גלוי שה׳ הוא שאמר את הדברים למשה. הפעם, כרגיל, משה העביר להם את המסר מה׳, אבל לאחר מכן, בפסוקים יא-יב, הדברים מקבלים תוקף אלוהי, כאשר ה׳ יגיד זאת שוב למשה. עתה העם מבין שאף שמשה ואהרן הובילו את היציאה ממצרים, ה׳ הוא העומד מאחורי האירועים. כך משה מתקן ומדייק את תודעת העם – בניגוד למחשבתם שמשה הינו אחראי על המתרחש, הם לומדים שוב שה׳ הוא האחראי, ולכן תלונתם אינה על משה אלא על ה׳ (ז-ח).

מתן השליו והמן, והשבת, יג-ל

מייד באותו ערב, עלה שליו וכיסה את המחנה (יג1). אין תיאור של אכילת השליו, מכיוון שהשליו היה חד־פעמי, והגיע רק בערב הזה.[28] מטרת הבאת השליו הייתה למלא את תאוותו של העם, הזוכר בטעות אכילת בשר במצרים. עם נתינת השליו, ה׳ מראה את כוחו.[29] התיאור בכללו נסוב על המן, כי הוא היה קבוע משלב זה ואילך למשך כל זמן ההליכה והשהות במדבר. בהקשר למן עולה נושא השבת ומבטא באופן שלם את יחסי הברית בין ה׳ לעם. מלכתחילה ה׳ מבקש לנסות את ישראל אם ילכו בתורתו או לא. ניסיון זה יתרחש בהקשר של המן, וזו סיבה נוספת מדוע הסיפור מכאן ואילך נסוב סביב עניין המן בלבד. סיבה נוספת לעיסוק במן לעומת השליו, היא שהשליו עצמו אינו מאכל יוצא דופן, ואינו חריג בנוף של סיני, ואילו המן היה תופעה פלאית וייחודית, מזון לא מוכר וחדש, והסיפור גם מדגיש את הייחודיות שלו.[30]

כאשר ישראל קמו בבוקר הייתה שכבת טל על הארץ (יג2). מודגש שבערב היה שליו ובבוקר היה מן, כפי שנאמר מראש (ו-ח). הפסוק מתאר את הגילוי של המן: המן היה מכוסה בטל, ובהתנדף הטל, נגלתה לעיניהם שכבת המן על הארץ: ״דַּק מְחֻסְפָּס דַּק כַּכְּפֹר עַל הָאָרֶץ״ (יד). לא ברורה כוונת המילה ״מְחֻסְפָּס״, וכנראה משמעותה כבימינו – לא חלק. המן היה דק ככפור, היינו כעין טיפות של כפור מוזרות על הארץ. לא כתוב מהו המן, אלא מובא רק תיאור המראה שנגלה לעיניהם. בכך מתעצם פלא הדבר ומודגש עד כמה הוא היה בלתי מוכר ובלתי צפוי. כפי שאמר ה׳ – מדובר על לחם משמיים, לכן לא ניתן לכנותו בשם המוכר להם. כשבני ישראל רואים את המן הם אינם יודעים מה זה. כשראו מחזה חדש זה שלא הכירוהו, שאלו איש לרעהו ״מָן הוא?״ (טו). הם לא קראו לו ״מָן הוא״, אלא שאלו ״מָן הוא?״ – מה הוא הדבר הזה?[31] על כך ענה משה שזהו הלחם שה׳ נתן להם לאכול (טו). יש להדגיש שעדיין לא נאמר ששמו מן, וזה כתוב רק להלן בפסוק לא.

מייד עובר משה לצוות את העם כיצד לצרוך את המן (טז-כו). הוא מצווה את אותם ארבעה ציוויים ולאחר כל ציווי נאמר מה עשה העם ואם פעל כפי שציווה משה או לא.

הציווי הראשון הוא לקחת כמות שהיא נפח של עומר לכל אדם לפי מספר הנפשות בכל אוהל (טז). ישראל עשו כפי שציווה משה (יז-יח), היה מי שהרבה והיה מי שהמעיט, לפי מספר הנפשות באוהלו (ראב"ע; ריב"ש). יש מי פירש שהיה כאן נס, ולא משנה כמה אספו האנשים, בין אם הרבה בין אם מעט, נמצא בידם כמות של עומר.[32]

הציווי השני הוא לא להותיר מהאוכל עד בוקר (יט). חלק מהאנשים לא צייתו, וכתוצאה מכך עלו במן תולעים והוא הסריח. משה כעס על כך (כ). מכאן ולהבא הם לא שמרו את המן, אלא בכל יום אנשים לקטו כל אחד לפי צורכו. כאשר השמש הייתה חמה במהלך היום, מה שלא נלקט נמס (כא).

הציווי השלישי נוגע לאיסוף כפליים ביום שישי. ביום השישי לקטו העם כפליים (כב), אך לא מפורש שמשה ציווה אותם על כך. רק לאחר שבאו נשיאי העדה ואמרו שהעם אסף כפליים ביום שישי, הסביר משה שיש להכין ביום שישי כפליים ממה שהם אוספים בכל יום (כג). יש להדגיש שבפסוקים אלה לא נאמר במפורש למה יש לעשות זאת. ייתכן שמשה לא ציווה את העם על כך, לכן נשיאי העדה אומרים למשה שהעם אסף כפליים. אפשר שמשה ציווה את העם את מה ששמע, שיש להכין ביום שישי כפליים, אך שם לא ניתן הסבר, ומשום כך באו נשיאי העדה אל משה (ראב"ע).[33] עתה מבאר משה בשם ה׳: "שַׁבָּתוֹן שַׁבַּת קֹדֶשׁ לַה׳ מָחָר" (כג). נראה שאין כאן ציווי על יום שישי, או הסבר, משום שאם היה מופיע הסבר, הדבר היה מעקר את השיא החשוב – שהמן לא ניתן בשבת. מכיוון שזה עיקר הכתוב, העניין נשאר סתום מעט בתיאור של יום שישי, ככל הנראה כדי לתת את מרב הדגש והחשיבות לתיאור של מה שקרה בשבת.

האיסור לאסוף מָן בשבת הוא הציווי הרביעי. אסור לבשל ולאפות אותו, אלא יש להכין אותו ביום שישי ולשמור אותו לשבת. הפלא הוא שאף שבימי החול המן שנשאר עד למחרת הבאיש, ביום שישי כאשר אספו אותו והשאירו לשבת הוא לא הבאיש. ביום השבת ה׳ אומר למשה לאכול מהמן שהם השאירו כיוון שאין בחוץ מן לאסוף. משה מסיים את דבריו בניסוח חוק: "שֵׁשֶׁת יָמִים תִּלְקְטֻהוּ וּבַיּוֹם הַשְּׁבִיעִי שַׁבָּת לֹא יִהְיֶה בּוֹ" (כו). השבת מכונה כאן "שַׁבָּת לה׳", ונראה שזה משום שהשבת היא לה׳, היינו הוא נח בה, ולכן הוא לא מספק מן בשבת אך מספק כפליים ביום שישי.

משה מצווה את העם ארבעה ציוויים: השניים הראשונים ביחס לאיסוף המן. הראשון לאסוף כמות קבועה לכל אדם, והשני לא להותיר ממה שנאסף ליום המחרת. שני הציוויים האחרונים הם על איסוף המן בהקשר של שבת. הציווי השלישי הוא לאסוף כפול ביום שישי, והחוק הרביעי הוא לא לצאת ולאסוף ביום השביעי. ישנה סימטריה בין הציווי הראשון לשלישי ובין השני לרביעי. העם מקיים את הציווי הראשון והשלישי, אך יש החוטאים בקיום השני והרביעי. הדבר מדגיש את הצד של העם בקיום הברית, בשמירת מצוות ה׳ ועשיית רצונו, ולכן מופיע פירוט הנוגע למה שקיימו ולמה שהפרו, כמו גם תגובותיו של ה׳ לכך.

על אף הציווי של ה׳, חלק מהעם יצא ביום השביעי ללקוט מן אך הם לא מצאו אותו בשדה (כז). ה׳ בדבריו אל משה מתרעם על כך: ״עַד אָנָה מֵאַנְתֶּם לִשְׁמֹר מִצְוֹתַי וְתוֹרֹתָי״ (כח). התוכחה הזו היא על שאנשים יצאו ללקוט, על כוונתם לעשות נגד מה שציווה ה׳. הניסוח של דבר ה׳ אל משה ברבים מורה על כוונתו שמשה יאמר את הדברים האלה לעם. אף שלא נאמר שמשפט זה נאמר לעם, הדבר מובלע בכתובים, ומשה ממשיך ומורה לעם את הלכות השבת הנוגעות למן. מכיוון שה׳ נתן לעם את השבת על מנת לשבות בה, הוא מספק להם מן ביום שישי בכמות שתספיק ליומיים. על האנשים לשבת איש תחתיו ואסור להם לצאת ממקומם ביום השביעי. הפשט הוא שאסור להם לצאת ללקוט מן כפי שעשו (רש״י; ראב״ע), וחכמים למדו מהציווי לשבת איש תחתיו שאסור לצאת ארבע אמות מחוץ לתחום, כאשר מהציווי ״אַל יֵצֵא אִישׁ מִמְּקֹמוֹ״ למדו על איסור יציאה מחוץ לתחום (מכילתא ויסעד בשלח ה [הורוויץ, עמ׳ 170]).[34] ציווי זה נחתם בכך שהעם עשה כפי שמשה שציווה: ״וַיִּשְׁבְּתוּ הָעָם בַּיּוֹם הַשְּׁבִעִי״ (ל).

נוסח הצו על שמירת השבת דומה מאוד לניסוח של המצווה בעשרת הדיברות: ״שֵׁשֶׁת יָמִים תִּלְקְטֻהוּ וּבַיּוֹם הַשְּׁבִיעִי שַׁבָּת לֹא יִהְיֶה בּוֹ״ (ט״ז, כו); ״שֵׁשֶׁת יָמִים תַּעֲבֹד וְעָשִׂיתָ כָּל מְלַאכְתֶּךָ. וְיוֹם הַשְּׁבִיעִי שַׁבָּת לַה׳ אֱלֹהֶיךָ לֹא תַעֲשֶׂה כָל מְלָאכָה״ (כ׳, ח–ט). זיקה זו מורה שמצוות השבת כאן מקדימה את מצוות השבת שתינתן בעשרת הדיברות, ומופיעה בסיפור זה כהקדמה למצוות השבת. מדובר כאן בדיני השבת הנוגעים למן בלבד. אין כל רמז לאיסור המלאכה הגורף שיימסר לעם אחר כך.[35]

ה׳ מצווה: ״רְאוּ כִּי ה׳ נָתַן לָכֶם הַשַּׁבָּת״ (כט). הפועל ״רְאוּ״ יכול להתייחס לראיית המופת של המן, שביום שישי ייתנן להם כפליים, וייוותר לשבת, מה שאין כן בשאר ימים, ובשבת עצמה לא ירד מן (ראב״ע, פירוש הארוך). אפשר גם לפרש ש״רְאוּ״ הכוונה התבוננו והבינו שה׳ נתן לכם את השבת (שד״ל). כוונת הביטוי ״נָתַן לָכֶם הַשַּׁבָּת״ הוא שה׳ נתן לישראל את השבת כדי לשמור אותה (ראב״ע; שד״ל).[36]

המטרות של ארבעת החוקים בעניין המן תואמות את שתי המטרות של נתינת המן כפי שהעלינו לעיל. שני הציוויים הראשונים באים כדי להטמיע בעם האמונה שה׳ יספק להם בכל יום את צורכיהם. מתן מן חדש בכל יום ואיסופו בכל יום בכמות שמספיקה ליום אחד, מטמיעה בכל יום בקרב האנשים את התפיסה שה׳ הוא שמספק את צורכיהם, ובו בלבד הם תלויים. לכן עליהם לאסוף רק את הכמות הנדרשת לכל אדם בכל יום, ולכן גם אסור להותיר ממנו עד בוקר, מתוך אמונה וציפייה שגם למחרת ימלא ה׳ את מחסורם מחדש.[37] העם קיים את הציווי הראשון, וכל אחד לקח את הכמות הקצובה לכל אדם, אולם היו אנשים שהותירו מהמן למחרת ועברו על הציווי השני. הבאשת המן שנותר מכריחה את העם להאמין שה׳ יספק את צורכיהם בכל יום מחדש. מטרת שני החוקים האחרונים היא לבסס את חוק השבת. איסוף מַן בכמות כפולה בשישי, והאיסור לאסוף מן בשבת, נועדו לשמור על קדושת השבת, ובכך מוטמעת בעם ההבנה שהם כפופים לה׳ ומחויבים לשמור את מצוותיו. ארבעת החוקים משקפים את יחסי הברית בין ה׳ לישראל. שני החוקים הראשונים הם ההטבה שעושה ה׳ לעמו,

ושני החוקים האחרונים משקפים את הצד של ישראל בהתחייבות לה׳ לשמור את השבת. קיום המצוות הראשונות מבטא את האמונה של העם בה׳ שהוא נותן להם מן ומספק להם את צורכיהם. קיום מצוות השבת מבטא את קבלת ה׳ עליהם ה׳ לאל. העובדה שהם מקיימים את המצווה הראשונה והשלישית, אך יש אנשים שאינם מקיימים את השנייה והרביעית משקפת את הנכונות החיובית של העם, אך גם שהעם אינו מושלם. יש להדגיש שרק חלק מהעם לא קיים את המצווה השנייה והרביעית. ובעיקר יש להדגיש שלאחר שמשה גוער בהם על שיצאו ביום השביעי ללקוט, נאמר בפסוק החותם של האפיזודה הזו שהם שמרו את היום השביעי, בלשון המזכירה מאוד את השבת של ה׳ במעשה בראשית: "וַיִּשְׁבְּתוּ הָעָם בַּיּוֹם הַשְּׁבִעִי" (ל); "וַיִּשְׁבֹּת בַּיּוֹם הַשְּׁבִיעִי מִכָּל מְלַאכְתּוֹ אֲשֶׁר עָשָׂה" (בראשית ב׳, ב). כך יש להבין את השילוב בין נושא המן לנושא השבת: שניהם מבטאים את שני צדדי הברית: המן הוא מה שה׳ נותן לישראל, וישראל שומרים מצוותו ושובתים בשבת. כפי שאמרנו לעיל, הנושא הזה הוא הקדמה והכנה לברית בסיני. בפרק זה העם כבר מתנסה בברית, אך רק במצווה אחת.

המן, מראהו וטעמו, שמירת המן לדורות, משך זמן המן, לא-לו

פסוקים לא-לו הם הערות נוספות לאחר סיום הסיפור. ישראל קראו למאכל הזה מן, על שם ששאלו "מָן הוּא?", היינו מה הוא. השם של המן נגזר מהפלא הראשוני של העם בדבר מהותו של הדבר שנגלה לעיניהם. במהלך הסיפור התברר שהמן הוא אכן דבר פלא, לחם מן השמיים שמתנהג בצורה לא טבעית. אי אפשר לשמור אותו מיום ליום למחרת בכל ימות השבוע, אך ביום שישי ניתן וצריך לאסוף כפליים גם לשבת, אז הוא אינו מתקלקל אלא נשמר ליום נוסף, כאשר ביום השביעי המן לא יורד כלל. האופי הפלאי של המן עולה ממקורות אחרים המכנים את המן "לֶחֶם [מִ]שָּׁמַיִם" (תהילים ק"ה, מ; נחמיה ט׳, טו), ו"דְגַן שָׁמַיִם" (תהילים ע"ח, כד). כינויים אלה הם על פי ט"ז, ד.

המן מתואר כזרע של הצמח גד וצבעו לבן. הדמיון לגד, המזוהה עם הכוסברה, הוא רק בצורה ולא בצבע. טעמו של המן כצפיחית בדבש, היינו בצק שנילוש בדבש. לעומת הטעם המתוק של המן כאן, בבמדבר י"א, ח, נאמר שטעמו "כְּטַעַם לְשַׁד הַשָּׁמֶן". רשב"ם הסביר שהטעם המתוק הוא לפני שטוחנים את המן, אבל אחרי הטחינה יש לו טעם של שמן.

ה׳ מצווה את משה לשמור כמות של עומר מהמן למשמרת לדורות, כדי שיראו מהו הלחם שאכלו ישראל במדבר כשהוציא ה׳ את ישראל ממצרים. משה מצווה את אהרן לשים עומר מן בצנצנת ולהניח אותה לפני ה׳ למשמרת לדורות (לג). ציווי זה תואם את כוונת ה׳ בתחילת הסיפור לנסות את ישראל. עתה צנצנת המן היא עדות לישראל להאמין שה׳ הוא שמספק את צורכיהם. המן, שהחזיק רק כמה שעות בכל יום עד שהיה נמס ולמחרת התעפש, הוחזק בצנצנת למשמרת לזמן ארוך. זה היה עוד אחד מפלאי המן.

אהרן מצטווה לשמור את המן לפני ה׳ (לג), והוא מניח אותו לפני העדות (לד). הציווי הזה נאמר לאהרן לאחר בניית המשכן, עת היה אפשר להניח את המן לפני ה׳,[38] אך הוא

נכתב כאן משום שכאן רוכזו עניינים שונים הקשורים במן, גם אלה שאינם חלק מהסיפור. אומנם אפשר כי הציווי נאמר כאן והביצוע התקיים רק לאחר בניית המשכן.[39] גם הידיעה שישראל אכלו את המן במשך ארבעים שנה עד בואם לארץ נושבת, היא ארץ כנען, נאמרה מפרספקטיבה מאוחרת.[40]

האזכור של שמירת המן בצד העדות מבטא את הרעיון שה׳ שומר על ישראל ומספק את צורכיהם תדיר, ושרעיון זה יהיה לנגד העם תמיד. עובדה זו מופיעה כאן בגלל המשמעות התמידית של הרעיון שמשקף את חלקו של ה׳ בברית עם ישראל. עניין זה מתקשר בקשר הדוק לרעיון של היראות כבוד ה׳ ומתן המן לעיל. כבר הסברנו שראיית כבוד ה׳ יכולה להתייחס למתן המן, אך מתאים יותר שתתייחס להתגלות ה׳ בענן. מכיוון שהמשכן היה המקום של התגלות ה׳, הרי שלמשכן ולמן תפקיד משותף: לטעת בעם את התחושה שה׳ בקרבם. זו הסיבה שעניין העדות נזכר כאן אף שהמשכן טרם נבנה, כדי להביע את הרעיון הזה כפי שהוא ייזכר לדורות.

חתימת סיפור המן כתובה בתקבולת בדרך פיוטית, כדי לסיים את הפרשה ואת הנס של המן בשיא ובצורה מרשימה:[41]

וּבְנֵי יִשְׂרָאֵל אָכְלוּ אֶת הַמָּן אַרְבָּעִים שָׁנָה, עַד בֹּאָם אֶל אֶרֶץ נוֹשָׁבֶת,

אֶת הַמָּן אָכְלוּ, עַד בֹּאָם אֶל קְצֵה אֶרֶץ כְּנָעַן.

ביהושע ה׳, יא-יב, נאמר שהמן פסק לאחר שישראל אכלו מתבואת הארץ, לאחר שנכנסו אליה. אין סתירה בין שתי הידיעות האלה. המן פסק לרדת עם בוא ישראל לארץ כנען, כלומר כל עוד הם בהליכה לקראת הארץ. בפועל המן ליווה אותם עוד ימים ספורים כשנכנסו לארץ, עד שיכלו לאכול מתבואת הארץ (ראב״ע). בכניסת העם לארץ היה באפשרותם לאכול מתבואות הארץ וגם מן המן, והם בחרו לאכול מתבואת הארץ אף שהיה להם מן. מכך ניתן ללמוד על רצונם לנטוש את חיי המדבר ולהיכנס ולאכול מפרי הארץ הטובה.[42]

בסיפור מוזכרת מספר פעמים המידה עומר, והפסוק האחרון מסביר שמידת נפח העומר הוא עשירית האיפה. מידת עשירית האיפה לפי חכמים היא 43.2 ביצים (רש״י), מכאן שעומר הוא בין 2 ל־4 ליטר, לפי שיטות שונות.

ממדבר סין לרפידים – מסה ומריבה: תלונת העם על מחסור במים, י״ז, א–ז

א וַיִּסְעוּ כָּל־עֲדַת בְּנֵי־יִשְׂרָאֵל מִמִּדְבַּר־סִין לְמַסְעֵיהֶם עַל־פִּי יהוה וַיַּחֲנוּ בִּרְפִידִים וְאֵין מַיִם לִשְׁתֹּת
ב הָעָם. וַיָּרֶב הָעָם עִם־מֹשֶׁה וַיֹּאמְרוּ תְּנוּ־לָנוּ מַיִם וְנִשְׁתֶּה וַיֹּאמֶר לָהֶם מֹשֶׁה מַה־תְּרִיבוּן עִמָּדִי
ג מַה־תְּנַסּוּן אֶת־יהוה. וַיִּצְמָא שָׁם הָעָם לַמַּיִם וַיָּלֶן הָעָם עַל־מֹשֶׁה וַיֹּאמֶר לָמָּה זֶּה הֶעֱלִיתָנוּ
ד מִמִּצְרַיִם לְהָמִית אֹתִי וְאֶת־בָּנַי וְאֶת־מִקְנַי בַּצָּמָא. וַיִּצְעַק מֹשֶׁה אֶל־יהוה לֵאמֹר מָה אֶעֱשֶׂה
ה לָעָם הַזֶּה עוֹד מְעַט וּסְקָלֻנִי. וַיֹּאמֶר יהוה אֶל־מֹשֶׁה עֲבֹר לִפְנֵי הָעָם וְקַח אִתְּךָ מִזִּקְנֵי יִשְׂרָאֵל
ו וּמַטְּךָ אֲשֶׁר הִכִּיתָ בּוֹ אֶת־הַיְאֹר קַח בְּיָדְךָ וְהָלָכְתָּ. הִנְנִי עֹמֵד לְפָנֶיךָ שָּׁם עַל־הַצּוּר בְּחֹרֵב וְהִכִּיתָ
ז בַצּוּר וְיָצְאוּ מִמֶּנּוּ מַיִם וְשָׁתָה הָעָם וַיַּעַשׂ כֵּן מֹשֶׁה לְעֵינֵי זִקְנֵי יִשְׂרָאֵל. וַיִּקְרָא שֵׁם הַמָּקוֹם מַסָּה
וּמְרִיבָה עַל־רִיב בְּנֵי יִשְׂרָאֵל וְעַל נַסֹּתָם אֶת־יהוה לֵאמֹר הֲיֵשׁ יהוה בְּקִרְבֵּנוּ אִם־אָיִן.

פירוש העניין

משמעות הסיפור ומבנהו

סיפור זה הוא השלישי בסדרת סיפורי התלונה של ישראל, לאחר התלונה על המים המרים במרה ועל מחסור באוכל במדבר סין. בסיפור זה העם מגיע לרפידים ומתלונן שאין שם מים (א–ז).

בניגוד לשני הסיפורים הקודמים, שבהם ה׳ ניסה את העם, סיפור זה הוא ניסיון של ישראל את ה׳. ניסיונות אלה משמשים הכנה לקראת הברית המחייבת בסיני בין ה׳ לעם. ה׳ בוחן את העם אם ילך במצוותיו ומראה לו מה יידרש ממנו בהיותו בברית עם ה׳. לעומת זה, ה׳ מראה לישראל מה המשמעות של היותו עם ה׳, שה׳ שומר עליו ומספק את צרכיו. העם מנסה את ה׳ כדי להיווכח שה׳ בקרבו. בחינה זו של העם אל ה׳ היא הקדמה ליחסי הברית, שבהם ה׳ ישכון בקרב ישראל (שמות כ״ה, ח; מ׳, לד–לח). חטא העגל יגרום לקלקול הברית ולריחוק ה׳ מישראל, להובלתו על ידי מלאך במקום ה׳ (ל״ג, ג, ה), ובהתעקשות של משה שה׳ בעצמו ילך עם העם (ל״ג, טו). מכיוון שבסיפור זה העם מטיל ספק בחלקו של ה׳ בברית, האם בקרבו אם לאו, הסיפור כולל התגלות של ה׳, העומד על הצור שממנו ינבעו המים.

העובדה שה׳ לא יזם מראש נתינת מים לעם היא המשך הניסיון שלו את העם והעברת מסר שהוא שומר עליהם ובהתאם לכך יפתור את מצוקתם. אכן במקומות אחרים נאמר שה׳ ניסה את העם במסה (תהילים צ״ה, ח–יא).*

המיקום של נתינת המים לעם בחורב אינו מקרי. בחורב ה׳ יתגלה בפני העם, תיכרת ברית בין ה׳ לישראל, וה׳ ייתן לעם את המצוות. כאשר העם מסתפק האם ה׳ איתו, ה׳ מתגלה ונותן להם מים, באותו מקום שבו ייתן להם ה׳ בהמשך את מצוותיו. בכך העם מתוודע לה׳ ומתכונן לברית מלאה ומחייבת עם ה׳.

כמו בשני הסיפורים הקודמים, גם בסיפור זה ה׳ אינו כועס על העם. גם שאלת משה את העם: ״מַה תְּנַסּוּן אֶת ה׳״ אינה ביקורת קשה על העם. ההסבר לכך הוא שהאירוע הוא לפני כינון יחסי הברית בין ה׳ לישראל, וכחלק מתהליך כניסה של העם לברית אל ה׳, שתיכרת רק לאחר פירוט המשפטים של ה׳. לאחר כינון יחסי ברית, ניסיון מעין זה מבטא ביקורת קשה, כפי שאומר משה: ״לֹא תְנַסּוּ אֶת ה׳ אֱלֹהֵיכֶם כַּאֲשֶׁר נִסִּיתֶם בַּמַּסָּה״ (דברים ו׳, טז). אף על פי שבסיפור כאן אין תגובה כעוסה של ה׳, במקורות אחרים המזכירים את האירוע הזה, בדיעבד כעס ה׳ ניכר (דברים ט׳, כב; תהילים צ״ה, ח–יא; ע״ח, טו–טז).

הסיפור מתחיל בתיאור תלונת העם: ״**וַיָּרֶב** הָעָם עִם מֹשֶׁה... וַיֹּאמֶר לָהֶם מֹשֶׁה מַה **תְּרִיבוּן** עִמָּדִי מַה **תְּנַסּוּן** אֶת ה׳״ (ב), ומסתיים בקריאת שם המקום בהתאם: ״ וַיִּקְרָא שֵׁם הַמָּקוֹם **מַסָּה וּמְרִיבָה** עַל **רִיב** בְּנֵי יִשְׂרָאֵל וְעַל **נַסֹּתָם** אֶת ה׳״ (ז).

* אף כי בהמשך נאמר שה׳ כעס על העם והעניש אותם להישאר במדבר במשך ארבעים שנה.

הסיפור נחלק לשניים: התלונה: א-ג; צעקת משה אל ה׳, תשובת ה׳ והוצאת מים לעם מן הצור: ד-ז.

סיפור זה הוא בעל דמיון גדול לסיפור מי מריבה בשנת הארבעים (במדבר כ׳, ב-יג), על כך ראו בהרחבה בפירושנו לבמדבר.

סיפור התלונה ונס הוצאת המים מהצור

הסיפור מתחיל בדיווח על נסיעת ישראל ממדבר סין ״לְמַסְעֵיהֶם עַל פִּי ה׳״ (א). כלומר, העם נסע וחנה בכמה חניות, על פי ה׳ באמצעות עמוד הענן ועמוד האש, עד שחנו ברפידים. אכן בתיאור המסעות בבמדבר ל״ג, בין התחנה בבמדבר סין לרפידים, חנו ישראל בדפקה ובאלוש (יב-טו). המקרא מדלג כאן על התחנות האלה כדי לספר את הסיפור המשמעותי הבא שהתרחש ברפידים (ראב״ע). נראה כי הפסוק הזה מתייחס למסעות שלא נרשמו, ושנעשו על פי ה׳, כדי להורות שמסעות אלה עברו ללא תקלות מיוחדות. הבעיה החלה ברפידים. העם לא מצאו מים לשתות ומייד התלוננו, אף שעד כה היו להם מים.

תלונת העם מתוארת בשני שלבים: השלב הראשון הוא הגעת העם לרפידים, שם אין מים לעם לשתות (א). עדיין לא נאמר שהעם צמא למים, אך כצופים פני עתיד, הם רבים עם משה ודורשים ״תְּנוּ לָנוּ מַיִם וְנִשְׁתֶּה״ (ב). בניגוד למרה, ובייחוד בניגוד למדבר סין, שם התלונה הייתה כנגד משה ולא כנגד ה׳, כאן התלונה היא גם כנגד ה׳ ובהתאם לכך הם אומרים, ברבים: ״תְּנוּ לָנוּ״. כנראה תלונתם היא הן על משה הן על ה׳.[43] מכאן שהמסר של האירוע במדבר סין הופנם על ידם, הם יודעים שה׳ הוא המספק את צורכיהם, ועל כן הם מתלוננים כלפי ה׳ וכלפי משה.

תגובת משה על תלונתם היא: ״מַה תְּרִיבוּן עִמָּדִי מַה תְּנַסּוּן אֶת ה׳״ (ב). משה אומר שאין להם ריב איתו, כפי שכבר אמר להם בסיפור במדבר סין (ט״ז, ז-ח). לעומת זאת, על תלונתם כנגד ה׳, תגובתו של משה היא ״מַה תְּנַסּוּן אֶת ה׳״. היות שה׳ הבטיח שייתן להם את מחסורם, תלונתם כלפי ה׳ היא ניסיון שהם מנסים אותו. העם לא עונה על כך. יש להניח שבעקבות דברי משה, הציפייה הייתה שה׳ יספק את צורכיהם, אך בינתיים העם צמא למים ושוב מתלונן אל משה. הפעם התלונה מופנית אליו – מדוע העלה אותם ממצרים להמית אותם בצמא (ג). הפעם למשה אין מענה, כיוון שהעם צמא למים ואין לו יכולת להישאר זמן ממושך במדבר ללא מים. לכן הוא בעצמו צועק אל ה׳.[44] צעקה זו של משה אינה תפילה אל ה׳, אלא צעקת מצוקה מתוך חשש לחייו: ״עוֹד מְעַט וּסְקָלֻנִי״ (ד).[45]

ה׳ מצווה את משה לקחת אנשים מזקני ישראל ולעבור לפני העם (ה). החשש של משה מפני העם צריך להיענות בעמידה איתנה ואמיצה מולו. ייתכן שיש בכך ביקורת סמויה על החשש של משה מהעם, שעלול להביא לתחושה של הקטנת כוחו של ה׳ ולפקפוק ביכולתו לפתור את מצוקת העם. לכן השלב הראשון הוא הפגנת ביטחון בפני הזקנים והעם.[46] על משה לקחת את המטה שבו עשה את האותות במצרים (ה), וכך נרמז שעתיד להתרחש נס, אף כי

עדיין לא ברור מהו. זו הפעם הראשונה מאז בקיעת ים סוף שנס יתרחש באמצעות המטה. גם במרה וגם במדבר סין משה לא השתמש במטה. ה׳ מצווה את משה ללכת, אך אינו מצווה לו להיכן (ה). אולי משה ידע להיכן עליו ללכת, מכיוון שזה המקום שבו ה׳ התגלה אליו בסנה כשהורה לו להוציא את ישראל ממצרים. ייתכן שמשה זיהה את המקום כיוון שראה את ה׳ ניצב על הצור בחורב, כפי שנאמר מייד (ו). אפשר גם שהתגלות ה׳ הייתה באמצעות ענן, כמו בסיפור המן (ט״ז, י), ולפי הענן זיהה משה את המקום.[47] ה׳ הורה למשה להכות בסלע, מהסלע יצאו מים והעם שתה לעיני הזקנים (ו). העם לא ראה בעצמו את הנס עצמו של הוצאת המים מהצור. את הנס ראו זקני ישראל: ״וַיַּעַשׂ כֵּן מֹשֶׁה לְעֵינֵי זִקְנֵי יִשְׂרָאֵל״ (ו).

קשה להסביר כיצד העם, שהיה ברפידים, שתה מים שיצאו מחורב. אומנם אין לדעת מה המרחק מרפידים לחורב, אך מסתבר שהמקומות היו לא רחוקים. אפשר שהמים זרמו לרפידים מחורב, ואפשר שהביאו משם את המים (רמב״ן [על פסוק ה] מציע את שתי האפשרויות). על מים שהיו בחורב וירדו כנחל מעיד הכתוב בדברים ט׳, כא. יש להניח שנחל זה זרם עד מקום מחנה העם ברפידים. על היות מים בהר סיני ניתן ללמוד מהמעשה המובא בהמשך, שבו משה טחן העגל במים בהיותם בהר סיני (ל״ב, כ).

מהי המשמעות שמים יצאו מהצור בחורב אל העם שהיה ברפידים? העובדה שבחורב תינתן התורה, ושם יתגלה ה׳ לעם, חשובה כדי להבין שמקום זה הוא גם מקור של מים רבים. בסיני ה׳ מבטיח שהוא יהיה להם לאלוהים, ובסיפור זה העם הסתפק אם ה׳ בקרבם אם לא, ולאחר שה׳ התגלה, הוא נותן להם מים. נראה כי הכוונה בכך היא להכין את העם לקראת ההתגלות של ה׳ בסיני, שבה תיכרת הברית עם ישראל ויינתנו המצוות.

בפסוק ב נאמר שהעם רב עם משה וניסה את ה׳ אם הוא בקרבם, ועל שם האירוע נקרא המקום מסה ומריבה. ישראל נוכחו לראות שה׳ בקרבם כאשר הוא עשה עמהם נס ונתן להם מים, ובמקום הזה ייקבעו היחסים בין ה׳ לישראל בפרק י״ט-כ״ד. קריאת השם מאורגנת במבנה מצטלב: ״וַיִּקְרָא שֵׁם הַמָּקוֹם **מַסָּה וּמְרִיבָה** עַל **רִיב** בְּנֵי יִשְׂרָאֵל וְעַל **נַסֹּתָם** אֶת ה׳״ (ז).[48]

מלחמת עמלק, י״ז, ח–טז

ח ט וַיָּבֹא עֲמָלֵק וַיִּלָּחֶם עִם־יִשְׂרָאֵל בִּרְפִידִם. וַיֹּאמֶר מֹשֶׁה אֶל־יְהוֹשֻׁעַ בְּחַר־לָנוּ אֲנָשִׁים וְצֵא הִלָּחֵם
י בַּעֲמָלֵק מָחָר אָנֹכִי נִצָּב עַל־רֹאשׁ הַגִּבְעָה וּמַטֵּה הָאֱלֹהִים בְּיָדִי. וַיַּעַשׂ יְהוֹשֻׁעַ כַּאֲשֶׁר אָמַר־
יא לוֹ מֹשֶׁה לְהִלָּחֵם בַּעֲמָלֵק וּמֹשֶׁה אַהֲרֹן וְחוּר עָלוּ רֹאשׁ הַגִּבְעָה. וְהָיָה כַּאֲשֶׁר יָרִים מֹשֶׁה יָדוֹ
יב וְגָבַר יִשְׂרָאֵל וְכַאֲשֶׁר יָנִיחַ יָדוֹ וְגָבַר עֲמָלֵק. וִידֵי מֹשֶׁה כְּבֵדִים וַיִּקְחוּ־אֶבֶן וַיָּשִׂימוּ תַחְתָּיו וַיֵּשֶׁב
יג עָלֶיהָ וְאַהֲרֹן וְחוּר תָּמְכוּ בְיָדָיו מִזֶּה אֶחָד וּמִזֶּה אֶחָד וַיְהִי יָדָיו אֱמוּנָה עַד־בֹּא הַשָּׁמֶשׁ. וַיַּחֲלֹשׁ
יד יְהוֹשֻׁעַ אֶת־עֲמָלֵק וְאֶת־עַמּוֹ לְפִי־חָרֶב. וַיֹּאמֶר יהוה אֶל־מֹשֶׁה כְּתֹב זֹאת זִכָּרוֹן בַּסֵּפֶר וְשִׂים
טו טז בְּאָזְנֵי יְהוֹשֻׁעַ כִּי־מָחֹה אֶמְחֶה אֶת־זֵכֶר עֲמָלֵק מִתַּחַת הַשָּׁמָיִם. וַיִּבֶן מֹשֶׁה מִזְבֵּחַ וַיִּקְרָא שְׁמוֹ
יהוה נִסִּי. וַיֹּאמֶר כִּי־יָד עַל־כֵּס יָהּ מִלְחָמָה לַיהוה בַּעֲמָלֵק מִדֹּר דֹּר.

פירוש העניין

לאחר שלושת סיפורי התלונה, באים שני סיפורים המתארים יחסים שונים בין ישראל ועמים אחרים. הראשון הוא סיפור עמלק (י"ז, ח–טז) והשני הוא סיפור יתרו (י"ח). סיפור המלחמה בעמלק הוא הסיפור הראשון של עימות צבאי של ישראל לאחר היציאה ממצרים.

לפני שישראל עוזבים את רפידים, מסופר כי לפתע הגיחו עמלק על מנת להילחם עימם (ח). לא מסופר למה עמלק הגיעו ובאילו נסיבות.[49] פרטים נוספים על מה שעשו עמלק עולים בדברים כ"ה, יח, אבל כאן אין זה נושא הסיפור ולכן לא מובא רקע על עמלק או על מעשיו כלפי ישראל. עיקרו של הסיפור הוא להראות לעַם שה' עימו, וכך הוא יכול לעמוד באתגרים הקשים. כך יש להסביר את התמונה הייחודית של ניצחון ישראל על עמלק – כל עוד ידיו של משה אוחזות במטה ומורמות למעלה, התגברו ישראל על עמלק, וכשידיו היו למטה, הם הפסידו. הרמת המטה שבו עשה משה את האותות היא הסימן שניצחונם הוא בזכות העובדה שה' איתם. על כך נפרט להלן.

מלחמה זו מתרחשת ברפידים, באותו מקום שבו עשה ה' נס לישראל ונתן להם מים שיצאו מהצור בחורב.* בשני הסיפורים האלה משה פועל באמצעות המטה שלו (ה, ט), ובשניהם לצור/לאבן תפקיד מרכזי (ו, יב). בסיפור מסה ומריבה יצאו ממנו מים, ובסיפור עמלק משה ישב על אבן. באותו מקום שבו ה' נתן לישראל מים כדי לחיותם, הוא גם הגן עליהם מפני אויבים. סמיכות הסיפור הזה עם הסיפור של נס הוצאת המים מן הסלע במסה ומריבה מלמד שכמו שה' עושה ניסים בהובלת העם במדבר ובסיפוק צורכיהם, כך הוא משגיח על העם במלחמות עם אויביו.[50] מבחינה זו, סיפור זה מקדים את המלחמות של ישראל בכנענים. בהקשר זה נזכר שמו של יהושע ומקומו המרכזי במלחמה בעמלק, כרמז מקדים לקראת מקומו במלחמות בכנען. כך אפשר אולי להסביר את ההבדל בין מלחמתו של משה בעבר הירדן המזרחי, לבין מלחמה זו, שאותה מנהל יהושע.

אף על פי שהניצחון של ישראל תלוי בה', משה נערך למלחמה אנושית רגילה. הוא מצווה את יהושע לבחור לו חיילים ולהילחם בעמלק (ט1). נראה שהסיבה שיהושע דחה את הקרב למחרת היום נובעת מהצורך להתארגן ולהילחם. עם זאת, משה מודיע ליהושע שבמקביל להכנות לקרב הוא עצמו יעמוד על ראש הגבעה ומטה האלוהים בידו (ט2), זה המטה שמשה עשה בו את האותות במצרים, בים סוף ובמסה ומריבה. מובן מכך שהמלחמה עומדת להיות בהתערבות אלוהית. נציין שזו הפעם האחרונה שמטה זה יוזכר. יהושע מכונה כאן בשמו שעתיד ה' לתת לו בסיפור המרגלים (במדבר י"ג, טז), ובשם זה הוא יהיה מוכר אחר כך.**

* ראב"ע בפירושו הקצר: "על דעתי: כי זאת הגבעה הוא הצור שהכה, והוא הר סיני. ואל יקשה עליך: שאמר הכתוב שנסעו מרפידים ובאו אל מדבר סיני (שמות י"ט, ב), כי מחנה גדול היה, וראש מסע שני בסוף מסע ראשון, או קרוב ממנו, או הר סיני קרוב משניהם".

** רמב"ן הציע שמשה קרא לו יהושע עוד לפני סיפור המרגלים.

יהושע עושה כמצווה עליו, ומשה עולה עם אהרן וחור לראש הגבעה. להלן נראה שהם יסייעו למשה להחזיק את ידיו למעלה. הכתוב מגיע לעיקר הסיפור, והוא שכל עוד משה הרים את ידיו למעלה, ישראל גברו, וכאשר הוא הוריד את ידיו, עמלק גברו. הסיבה לכך שהוא הוריד את ידיו מוסברת בפסוק הבא: ידיו של משה היו כבדות, ולכן אהרן וחור הושיבו אותו על אבן ותמכו בידיו. רק כתוצאה מהתמיכה של אהרן וחור משה לא הוריד את ידיו יותר, והן נותרו יציבות למעלה עד שקיעת החמה, אז ניצח יהושע במלחמה את עמלק (יג). יוצא אפוא שסיבת הורדת הידיים הייתה הכבדות של ידי משה, וברגע שנמצאה לידיו תמיכה נאותה, שוב לא הוריד משה את ידיו ושוב לא התגבר עמלק על ישראל.

חכמים הבינו שכל עוד הרים משה את ידיו, ישראל הסתכלו כלפי מעלה והאמינו שה׳ הוא המושיע אותם, וכאשר הוריד את ידיו הם לא שמו פעמיהם לה׳ ואז היו מפסידים.[51] הסבר זה אינו עולה מפשוטו של מקרא, שכן העיקר חסר מן הספר. לא נאמר שישראל הסתכלו על משה כשהרים את ידיו, ולא כתוב שהם הפסיקו להסתכל כשהוריד את ידיו. הקושי להבין את העניין הביא את אברבנאל לומר שהרמת ידים היא התפילה לאלוהים, והורדת ידיו היא הפסקת התפילה. לכן כל עוד משה מתפלל ישראל ניצחו, אבל בגלל חטאם, כאשר משה לא התפלל אל ה׳ הם הפסידו. סיוע לדעה זו יש להביא מהעובדה שפעמים רבות התפילה מלווה בהרמת ידיים (ט׳, כט; מל״א ח׳, כב). דעה זו קשה מכמה היבטים, ולו משום שניתן להתפלל ללא ידיים מורמות, ואם כן, לא מובן מדוע המשכיות התפילה תלויה בהרמת הידיים. יתר על כן, אין שום סימן בכתובים שהרמת הידיים כרוכה בתפילה, לא של העם ולא של משה. רשב״ם ורבי יוסף קרא טענו שהרמת ידי משה היו סימן קונבנציונלי של ניצחון, והורדת ידיו הייתה סימן לחיילים לנוס. הסבר זה נוגד את הכתוב שסיבת הורדת הידיים הייתה הכובד שלהן. ובעיקר, הסבר זה מתעלם מהעובדה שמשה עושה זאת כאשר מטה האלוהים בידו, המטה שבו הוא עשה את האותות, והמוקד אפוא הוא בכך. לכן נראה לפרש שהרמת הידיים עם המטה הייתה סימן להשגחה אלוהית, ובהורדת הידיים תחושת ההשגחה של העם פחתה. המלחמה היא מלחמה אנושית, אולם המשמעות של הסיפור היא שהמלחמה האנושית מושפעת בצורה ישירה ומיידית מהשגחת ה׳. הניצחון בעת הרמת ידיו של משה וההפסד בהורדת ידיו הם בגדר נס,[52] הפועל על המציאות כאשר העם נלחם מלחמה טבעית לחלוטין. העם הכיר את המטה, ובאמצעות המטה שאותו מחזיק משה, למד העם שגם בהתנהלות הטבעית שלו מול אויבים, השגחת ה׳ היא המביאה לניצחון. לכן מודגש שזה מטה אלוהים, הנקרא כך רק כאשר החלו מכות מצרים (ד׳, כ). אומנם יש לציין כי העובדה שישראל הפסידו כל עוד ידי משה היו למטה מצביעה על כך שישראל היו חלשים מהעמלקים. משמעות הסיפור היא התלות של ישראל בה׳, שהתבטאה במטה: גם הניצחון וגם ההפסד תלויים בה׳.

הזיקה בין מלחמות ישראל באויביו למקומו של ה׳ באירועים אלה עולה מהפסוקים האחרונים בפרשה. פסוקים יד-טז הם תגובה של ה׳, שבעקבותיה מתברר שהמלחמה בישראל היא מלחמה בה׳. הנושא העיקרי העולה מהפרשה הוא הימצאות ה׳ עִם ישראל במלחמתם, כפועל יוצא מהברית בין ה׳ לישראל, כך שמי שנלחם בישראל נלחם בה׳.

ה׳ מצווה את משה לכתוב את האירוע לזיכרון בספר, ומבטיח כי הוא, ה׳, ימחה את זרעו של עמלק מתחת השמיים (יד). אף שהמלחמה של עמלק הייתה כנגד ישראל, בגלל יחסי ה׳ וישראל, העימות עם עמלק הופך להיות של ה׳. הכתיבה בספר היא כדי שהאירוע ייחרת לדורות, וכחלק מהזיכרון שלה׳ יש מלחמה תמידית עם עמלק. הזיכרון של האירוע כאן שונה מאשר הצו בדברים "זָכוֹר אֵת אֲשֶׁר עָשָׂה לְךָ עֲמָלֵק". שם הציווי הוא על העם לזכור, וכאן הזיכרון הוא שלה׳ יש מלחמה עם עמלק.[53] לפי ראב"ע הספר המדובר הוא ספר מלחמות ה׳ (פירוש הארוך),[54] ולפי רמב"ן הספר הוא התורה.[55] ואולי הכוונה ליריעה או לוח.[56] משה מצווה לשים את הדברים באוזני יהושע, העתיד להמשיך את משה במנהיגותו. מכאן עולה שכבר מתחילת הדרך, אמור היה יהושע להנהיג בפועל את המלחמות תחת משה.[57]

אירוע זה מונצח בבניית מזבח, וקריאת שמו "ה׳ נִסִּי", על שם הנס והפלא שה׳ עשה לישראל (טו).[58] נראה לפרש "נִסִּי" במובן של דגל, סימן שלי.[59] היינו, שה׳ מתעלה, כסימן העושה רושם על כל העמים (ישעיה י"א, י ביחס למלך יהודה).[60] וכדברי ספורנו – "ה׳ יהיה רוממותי". בדומה לכך גם גדעון קרא למזבח בשמו של ה׳: "ה׳ שָׁלוֹם" (שופטים ו׳, כד). המזבח הוא הנצחה של שם ה׳ במלחמתו בעמלק.

רבו הפירושים בהבנת הפסוק: "כִּי יָד עַל כֵּס יָהּ מִלְחָמָה לַה׳ בַּעֲמָלֵק מִדֹּר דֹּר" (טז). פירוש מקובל הוא שהמלחמה כנגד עמלק היא מלחמה נצחית, שבה כביכול ה׳ נשבע בידו על כיסאו שיש לו מלחמה בעמלק לכל הדורות. כך פירשו רבים, שהיד היא הרמת יד בשבועה.[61] הופמן פירש את ה"יָד" במובן של מצבת ניצחון (שמ"א ט"ו, יב), היינו המזבח הוא יד ושם לניצחונו של ה׳ על עמלק, שעמו יש לו מלחמה לדורות.[62]

פסוקים אלה הם הדגמה של היחסים של ישראל עם אויביהם כאשר ה׳ פועל לטובת ישראל. אין בפסוקים אלה הסבר מדוע יש לה׳ מלחמה עם עמלק לעולם בשל האירוע הזה. שאלה זו מקבלת מענה בהתייחסות לאירוע הזה בספר דברים כ"ה, ושם נדון בה. אך זאת יש לומר: לאחר שה׳ הראה את כוחו במצרים, הכניע את המצרים, ומטרתו "וְיָדְעוּ מִצְרַיִם כִּי אֲנִי ה׳" התממשה, המלחמה של עמלק בישראל מייד לאחר ניצחון ה׳ על מצרים היא פגיעה בשמו של ה׳, בעת ששם ה׳ היה גדול.[63]

מטרת הסיפור היא להראות מה קורה כאשר עם נוכרי בא להילחם עם ישראל. רק בזכות ה׳ ישראל מנצחים גם כאשר הם במצב נחות יותר, והדבר בא לידי ביטוי בניצחון של ישראל בהרמת ידי משה והפסדם בהורדת ידיו. בשל מערכת היחסים בין ה׳ לישראל, מלחמה בישראל היא מלחמה בה׳. סיפור זה כמו קודמיו הוא אפוא הכנה לכינון יחסי הברית בין ה׳ לישראל בסיני.

נראה כי יש מוטיבים הקושרים בין סיפור מסה ומריבה, סיפור עמלק וסיפור מתן תורה. בראשון הם ניסו את ה׳, בשני בעקבות הניצחון נאמר "ה׳ נִסִּי" ובשלישי התורה ניתנה בסיני. בראשון ה׳ עמד בצור, בשני משה עלה לראש הגבעה ובשלישי משה עלה להר אל האלוהים. ה׳ נתן לישראל מים ברפידים, סייע להם במלחמה בעמלק ונתן להם את הדיברות בסיני. בסיפור עמלק משה בנה מזבח וכתבו על ספר שלה׳ מלחמה בעמלק, גם בסיני בנו מזבח וכתבו את הברית. כאמור, סיפור המלחמה מוביל לקראת הברית בסיני.

יתרו שומע על גדולת ה׳ ומייעץ למשה בעניין סדרי משפט, י״ח, א–כז

א וַיִּשְׁמַע יִתְרוֹ כֹהֵן מִדְיָן חֹתֵן מֹשֶׁה אֵת כָּל־אֲשֶׁר עָשָׂה אֱלֹהִים לְמֹשֶׁה וּלְיִשְׂרָאֵל עַמּוֹ כִּי־הוֹצִיא
ב ג יהוה אֶת־יִשְׂרָאֵל מִמִּצְרָיִם. וַיִּקַּח יִתְרוֹ חֹתֵן מֹשֶׁה אֶת־צִפֹּרָה אֵשֶׁת מֹשֶׁה אַחַר שִׁלּוּחֶיהָ. וְאֵת
ד שְׁנֵי בָנֶיהָ אֲשֶׁר שֵׁם הָאֶחָד גֵּרְשֹׁם כִּי אָמַר גֵּר הָיִיתִי בְּאֶרֶץ נָכְרִיָּה. וְשֵׁם הָאֶחָד אֱלִיעֶזֶר כִּי־אֱלֹהֵי
ה אָבִי בְּעֶזְרִי וַיַּצִּלֵנִי מֵחֶרֶב פַּרְעֹה. וַיָּבֹא יִתְרוֹ חֹתֵן מֹשֶׁה וּבָנָיו וְאִשְׁתּוֹ אֶל־מֹשֶׁה אֶל־הַמִּדְבָּר
ו אֲשֶׁר־הוּא חֹנֶה שָׁם הַר הָאֱלֹהִים. וַיֹּאמֶר אֶל־מֹשֶׁה אֲנִי חֹתֶנְךָ יִתְרוֹ בָּא אֵלֶיךָ וְאִשְׁתְּךָ וּשְׁנֵי
ז בָנֶיהָ עִמָּהּ. וַיֵּצֵא מֹשֶׁה לִקְרַאת חֹתְנוֹ וַיִּשְׁתַּחוּ וַיִּשַּׁק־לוֹ וַיִּשְׁאֲלוּ אִישׁ־לְרֵעֵהוּ לְשָׁלוֹם וַיָּבֹאוּ
ח הָאֹהֱלָה. וַיְסַפֵּר מֹשֶׁה לְחֹתְנוֹ אֵת כָּל־אֲשֶׁר עָשָׂה יהוה לְפַרְעֹה וּלְמִצְרַיִם עַל אוֹדֹת יִשְׂרָאֵל
ט אֵת כָּל־הַתְּלָאָה אֲשֶׁר מְצָאָתַם בַּדֶּרֶךְ וַיַּצִּלֵם יהוה. וַיִּחַדְּ יִתְרוֹ עַל כָּל־הַטּוֹבָה אֲשֶׁר־עָשָׂה יהוה
י לְיִשְׂרָאֵל אֲשֶׁר הִצִּילוֹ מִיַּד מִצְרָיִם. וַיֹּאמֶר יִתְרוֹ בָּרוּךְ יהוה אֲשֶׁר הִצִּיל אֶתְכֶם מִיַּד מִצְרַיִם וּמִיַּד
יא פַּרְעֹה אֲשֶׁר הִצִּיל אֶת־הָעָם מִתַּחַת יַד־מִצְרָיִם. עַתָּה יָדַעְתִּי כִּי־גָדוֹל יהוה מִכָּל־הָאֱלֹהִים כִּי
יב בַדָּבָר אֲשֶׁר זָדוּ עֲלֵיהֶם. וַיִּקַּח יִתְרוֹ חֹתֵן מֹשֶׁה עֹלָה וּזְבָחִים לֵאלֹהִים וַיָּבֹא אַהֲרֹן וְכֹל זִקְנֵי
יִשְׂרָאֵל לֶאֱכָל־לֶחֶם עִם־חֹתֵן מֹשֶׁה לִפְנֵי הָאֱלֹהִים.

יג יד וַיְהִי מִמָּחֳרָת וַיֵּשֶׁב מֹשֶׁה לִשְׁפֹּט אֶת־הָעָם וַיַּעֲמֹד הָעָם עַל־מֹשֶׁה מִן־הַבֹּקֶר עַד־הָעָרֶב. וַיַּרְא
חֹתֵן מֹשֶׁה אֵת כָּל־אֲשֶׁר־הוּא עֹשֶׂה לָעָם וַיֹּאמֶר מָה־הַדָּבָר הַזֶּה אֲשֶׁר אַתָּה עֹשֶׂה לָעָם מַדּוּעַ
טו אַתָּה יוֹשֵׁב לְבַדֶּךָ וְכָל־הָעָם נִצָּב עָלֶיךָ מִן־בֹּקֶר עַד־עָרֶב. וַיֹּאמֶר מֹשֶׁה לְחֹתְנוֹ כִּי־יָבֹא אֵלַי הָעָם
טז לִדְרֹשׁ אֱלֹהִים. כִּי־יִהְיֶה לָהֶם דָּבָר בָּא אֵלַי וְשָׁפַטְתִּי בֵּין אִישׁ וּבֵין רֵעֵהוּ וְהוֹדַעְתִּי אֶת־חֻקֵּי
יז יח הָאֱלֹהִים וְאֶת־תּוֹרֹתָיו. וַיֹּאמֶר חֹתֵן מֹשֶׁה אֵלָיו לֹא־טוֹב הַדָּבָר אֲשֶׁר אַתָּה עֹשֶׂה. נָבֹל תִּבֹּל
יט גַּם־אַתָּה גַּם־הָעָם הַזֶּה אֲשֶׁר עִמָּךְ כִּי־כָבֵד מִמְּךָ הַדָּבָר לֹא־תוּכַל עֲשֹׂהוּ לְבַדֶּךָ. עַתָּה שְׁמַע
בְּקֹלִי אִיעָצְךָ וִיהִי אֱלֹהִים עִמָּךְ הֱיֵה אַתָּה לָעָם מוּל הָאֱלֹהִים וְהֵבֵאתָ אַתָּה אֶת־הַדְּבָרִים
כ אֶל־הָאֱלֹהִים. וְהִזְהַרְתָּה אֶתְהֶם אֶת־הַחֻקִּים וְאֶת־הַתּוֹרֹת וְהוֹדַעְתָּ לָהֶם אֶת־הַדֶּרֶךְ יֵלְכוּ
כא בָהּ וְאֶת־הַמַּעֲשֶׂה אֲשֶׁר יַעֲשׂוּן. וְאַתָּה תֶחֱזֶה מִכָּל־הָעָם אַנְשֵׁי־חַיִל יִרְאֵי אֱלֹהִים אַנְשֵׁי אֱמֶת
כב שֹׂנְאֵי בָצַע וְשַׂמְתָּ עֲלֵהֶם שָׂרֵי אֲלָפִים שָׂרֵי מֵאוֹת שָׂרֵי חֲמִשִּׁים וְשָׂרֵי עֲשָׂרֹת. וְשָׁפְטוּ אֶת־הָעָם
בְּכָל־עֵת וְהָיָה כָּל־הַדָּבָר הַגָּדֹל יָבִיאוּ אֵלֶיךָ וְכָל־הַדָּבָר הַקָּטֹן יִשְׁפְּטוּ־הֵם וְהָקֵל מֵעָלֶיךָ וְנָשְׂאוּ
כג אִתָּךְ. אִם אֶת־הַדָּבָר הַזֶּה תַּעֲשֶׂה וְצִוְּךָ אֱלֹהִים וְיָכָלְתָּ עֲמֹד וְגַם כָּל־הָעָם הַזֶּה עַל־מְקֹמוֹ יָבֹא
כד כה בְשָׁלוֹם. וַיִּשְׁמַע מֹשֶׁה לְקוֹל חֹתְנוֹ וַיַּעַשׂ כֹּל אֲשֶׁר אָמָר. וַיִּבְחַר מֹשֶׁה אַנְשֵׁי־חַיִל מִכָּל־יִשְׂרָאֵל
כו וַיִּתֵּן אֹתָם רָאשִׁים עַל־הָעָם שָׂרֵי אֲלָפִים שָׂרֵי מֵאוֹת שָׂרֵי חֲמִשִּׁים וְשָׂרֵי עֲשָׂרֹת. וְשָׁפְטוּ אֶת־
כז הָעָם בְּכָל־עֵת אֶת־הַדָּבָר הַקָּשֶׁה יְבִיאוּן אֶל־מֹשֶׁה וְכָל־הַדָּבָר הַקָּטֹן יִשְׁפּוּטוּ הֵם. וַיְשַׁלַּח מֹשֶׁה
אֶת־חֹתְנוֹ וַיֵּלֶךְ לוֹ אֶל־אַרְצוֹ.

פירוש העניין

מבנה הסיפור ומשמעותו

סיפור זה מספר על בואו של יתרו למשה לאחר ששמע על כל אשר עשה ה׳ לישראל. המפגש בין משה ליתרו נמשך יומיים, ובכל יום נושא הפגישה היה שונה. ביום הראשון יתרו מגיע עם משפחתו של משה ושומע ממשה על הנפלאות שעשה ה׳ לישראל. יתרו מגיב בהתפעלות, מקריב קורבנות לאלוהים ואוכל עם אהרן וזקני ישראל לפני האלוהים, מתוך שותפות ואחווה עם ישראל. ביום השני יתרו מבחין בכובד המטלה המוטלת על כתפי משה בבואו לשפוט את העם ומציע לו לחלק את הנטל עם שרים נוספים שימונו לשופטים וישפטו את העם עמו. משה מקבל את הצעת יתרו ויתרו חוזר לארצו. הסיפור נתון במסגרת ברורה: בתחילת הסיפור יתרו בא למשה להר אלוהים במדבר (א-ה), ובסוף הסיפור הוא חוזר לארצו (כז). הסיפור נחלק אפוא לשני חלקים:

א-יב – בואו של משה ליתרו, שמחתו והוקרתו על מה שעשה ה׳ לישראל,

א-ז – בואו של יתרו למשה,

ח – משה מספר ליתרו את הטובה שעשה ה׳,

ט-יב – יתרו שמח על כך, מוקיר זאת בקורבנות לה׳ וסועד עם זקני ישראל,

יג-כז – הצעת יתרו למשה לבנות מערכת משפטית הירכית, וקבלת ההצעה על ידי משה,

יג-כג – יתרו מציע למשה לחלק את עבודתו באמצעות יצירת הירכיה של שרים,

כד-כו – משה מקבל את הצעת יתרו ומיישמה,

כז – יתרו חוזר לארצו.

חלקו הראשון של סיפור יתרו הוא סיכום נאה לחלק הראשון של הספר, שבו גדולת ה׳ היא הנושא המרכזי. בחלקו הראשון, השמועה על גדולת ה׳ מגיעה ליתרו והוא עצמו מכיר בה ומוקיר את ה׳. החלק השני של סיפור יתרו מקדים את המערכת המשפטית שתופיע בחלק השני של הספר.[64]

משמעות נוספת של הסיפור עולה לאור זיקות בולטות בין סיפור יתרו (י״ח) לסיפור עמלק (י״ז, ח-טז). שניהם מתרחשים ברפידים (י״ז, א, ח; י״ט, ב), בהר האלוהים (י״ז, ו, ט-י), ושניהם מדברים על גוי שבא לישראל. גם על עמלק וגם על יתרו נאמר ״וַיָּבֹא״ (י״ז, ח; י״ח, ה); בשני הסיפורים נאמר על משה שישב (י״ז, יב; י״ח, יג, יד), ובשניהם נאמר שהיה למשה כבד (י״ז, יב; י״ח, יח). בשני הסיפורים נבחרו אנשים, בסיפור עמלק, להילחם, ובסיפור יתרו כדי לשפוט את העם (י״ז, ט: ״בְּחַר לָנוּ אֲנָשִׁים״; י״ח, כה: ״וַיִּבְחַר מֹשֶׁה אַנְשֵׁי חַיִל״). משה ניצב על ראש הגבעה בסיפור עמלק, ובסיפור יתרו נאמר שהעם ניצב עליו (י״ז, ט; י״ח, יד). עמלק בא להילחם עם ישראל, ויתרו בא בשלום (י״ח, ז) וסייע לישראל. בסיפור עמלק משה בונה מזבח (י״ז, טו), ויתרו מקריב עולות וזבחים לאלוהים (י״ח, יב). הסמיכות בין המלחמה

בעמלק להצלת הקיני, הקשורים לחותן משה, עולה גם בסיפור שאול (שמ"א, טו, ופסוק ז שם). עמלק מופיע יחד עם המדיינים בשעבוד של ישראל בימי גדעון (שופטים ו', ג, לג).[65] התייחסות לשני העמים מופיעה בסמיכות בדברי בלעם (במדבר כ"ד, כ-כא).

סיפור יתרו הוא היפוכו של סיפור עמלק. על רקע סיפור היציאה ממצרים, עמלק באו להילחם עם ישראל. לעומת זאת, יתרו שומע את כל הטובה שעשה ה' לישראל, מגיע על מנת לשמוע ממשה על כך עוד, מקריב קורבנות לאלוהים ומסייע לישראל להקים מערכת משפט טובה. משה נלחם בעמלק, אך נעזר ביתרו. משה מצווה לבחור אנשים על מנת להילחם בעמלק ושומע לעצת יתרו לבחור אנשים כדי לשפוט את העם. משמעות הסיפור היא להגדיר את טווח היחסים של הנוכרים לישראל בעקבות בחירת העם כעם ה' ומעמדם הייחודי בשל כך: עמלק נלחמים בישראל, ולעומתם יתרו אוהד את ישראל, מתפעל מהניסים ומסייע לעם.[66]

מקומו של סיפור יתרו

ראב"ע סבר שסיפור זה התרחש לאחר שנבנה המשכן.[67] ראיותיו הן שבסיפור נאמר שאכלו לחם עם "חֹתֵן מֹשֶׁה לִפְנֵי הָאֱלֹהִים" (יב), היינו כשהמשכן כבר בנוי. ראיה נוספת מספר דברים היא שרק לאחר שנאמר "רַב לָכֶם שֶׁבֶת בָּהָר הַזֶּה" (א', ט) נאמר שמשה מינה שרי אלפים (א', טז). ואי אפשר לומר שהעצה של יתרו הייתה לאחר כמה חודשים, כי כתוב אצלנו במפורש שזה היה למחרת הגעתו (יג). בבמדבר נאמר שמשה אמר לחובב "נֹסְעִים אֲנַחְנוּ" (י', כט), וזה היה בחודש השני, ואילו כאן נאמר שיתרו חזר לארצו (כז). נוסף לזה, משה שופט כאן את העם ומודיע להם את חוקי האלוהים ואת תורותיו (טז), וזה חייב להיות לאחר שתורה ניתנה. עוד נאמר שיתרו הגיע אל משה כשחנה בהר האלוהים (ה). אומנם ראיותיו של ראב"ע אינן מכריעות. המושג "לִפְנֵי הָאֱלֹהִים" כבר טבוע עוד לפני היות המשכן. כך בט"ז, ט נאמר "לִפְנֵי ה'", והמשכן טרם נבנה, ופירשנו לעיל שהכוונה לפני הענן. נראה כי האכילה של יתרו עם אהרן והזקנים "לִפְנֵי הָאֱלֹהִים" אינה לפני המשכן, אלא הכוונה שאכלו יחד לכבודו של אלוהים, והמושג מבטא שהסועדים חשים שאלוהים נוכח והם אוכלים לפניו (רלב"ג). וייתכן ש"לִפְנֵי הָאֱלֹהִים" הכוונה למקום שבו הקריבו לה' עולה וזבחים לאלוהים (יב) (חזקוני), או שזה היה ברצון אלוהים והסכמתו (אהרליך). ואכן לפעמים המושג לפני ה'/אלוהים מבטא עניין זה (בראשית י', ט; כ"ז, ז). אם כן, מתקבל על הדעת שסיפור יתרו מופיע במקומו הכרונולוגי (רש"י; רמב"ן).[68]

מקום החניה של ישראל הוא הר האלוהים. יתרו הלך לכיוון הר האלוהים, ובסמיכות לשם חנה העם. כפי שאמרנו לעיל, מסה ומריבה היו לא רחוקים מחורב, ונס הוצאת המים מהסלע היה בחורב.[69] ניתן לראות עוד מהסיפור במסה ומריבה שהעם היה גם בחורב (י"ז, ו), עוד לפני שכתוב שהם הגיעו לשם בי"ט, א.[70] לכן אין צורך לפרש שזמנו של הסיפור הוא לאחר מתן תורה. הסמיכות לפרשת עמלק חשובה, והיא עולה גם בשיטת ראב"ע וגם על פי ההבנה שהסיפור מסופר במקומו.

באשר לחזרת יתרו למקומו בסוף הסיפור, והדיווח שזה קרה בחודש השני של השנה השנייה (במדבר י', כט-לב), יש לומר שהסיפור כאן מתפרס על תקופה ארוכה. תחילת הסיפור בבואו של יתרו לרפידים, לפני שהגיעו לסיני, אולם סופו של הסיפור, שבו נאמר שיתרו חזר לארצו, היה לאחר שנה של שהות במחנה ישראל, בעת שישראל עזבו את סיני. רק אז עזב יתרו, כפי שמתואר בבמדבר י'. כאן מסופר באופן מרוכז על בואו של יתרו וחזרתו לביתו, אבל זמן חזרתו היה מאוחר יותר, ונכתב כאן כדי להציג באופן שלם את סיפורו.[71]

לפי האפשרות שהסיפור מובא במקומו לפני מתן תורה, חוקי האלוהים שיתרו מתייחס אליהם הם החוקים שנתן ה' עד כה: במרה נתן ה' חוק ומשפט (ט"ו, כה), ובמדבר סין ציווה על השבת (ט"ז, כג), כמו גם על כמה עניינים אזרחיים שבין אדם לחברו.[72]

חלקו הראשון של סיפור יתרו, א-יב

חלקו הראשון של הסיפור עוסק ברושם העז שעשו על יתרו מעשי ה' להצלת ישראל, ושהביאו אותו לבוא אל משה ולשמוע על כך יותר, להקריב קורבנות לאלוהים ולחגוג עם ראשי העם את הוקרתו לאלוהים. הקטע מעוצב במבנה המצביע על כך, באמצעות זיקה בין תחילתו לסופו:

א: וַיִּשְׁמַע **יִתְרוֹ** כֹהֵן מִדְיָן **חֹתֵן מֹשֶׁה** אֵת כָּל אֲשֶׁר עָשָׂה **אֱלֹהִים** לְמֹשֶׁה וּלְיִשְׂרָאֵל עַמּוֹ כִּי הוֹצִיא ה' אֶת יִשְׂרָאֵל מִמִּצְרָיִם.

יב: וַיִּקַּח **יִתְרוֹ** חֹתֵן **מֹשֶׁה** עֹלָה וּזְבָחִים **לֵאלֹהִים** וַיָּבֹא אַהֲרֹן וְכֹל זִקְנֵי יִשְׂרָאֵל לֶאֱכָל לֶחֶם עִם חֹתֵן מֹשֶׁה לִפְנֵי הָאֱלֹהִים.

תחילת הסיפור היא השמועה על מה שעשה אלוהים למשה ולישראל שהוציאם ממצרים, ולאחר שבא ושמע ממשה את הסיפור במלואו, בסופו של הסיפור מסופר שהקריב לה' קורבנות מתוך הערכה, כבוד והכרה בה'.

לאחר פתיחת הסיפור בשמועה ששמע יתרו כוהן מדיין על מעשה אלוהים[73] להוציא את ישראל ממצרים (ב), מייד ממשיך הסיפור לתאר באריכות את המניע של יתרו – להביא את ציפורה ובניה אל משה. מסתבר שבין הידיעה שמשה לקח את אשתו ובניו למצרים בשליחות ה' (ד', כ), לידיעה המופיעה כאן שיתרו מביא אותם למשה, משה שלח את בניו ואת אשתו לבית אביה. אפשר שבדרך למצרים משה החזיר את משפחתו לבית אביה,[74] אך סביר יותר כפי שמשמע בד', כ, שהם הגיעו למצרים, אך אחרי שמשה נכשל בשליחות הראשונה, ופרעה וישראל יצאו כנגדו, הוא השיבם למדיין.* שמות שני בניו מפורטים כאן, ואולי מפתיע גם

* המדרש (שמות רבה, ה', יט-כ [מירקין, חלק א, 101–102]), שאחרי השליחות הראשונה חזר משה למדיין למשך שישה חודשים, עד שה' נגלה אליו שוב ושלח אותו לפרעה להוציא את ישראל ממצרים. הופמן (קפד) סבור שמתוך חשש לחייהם הוא שלח אותם למדיין לאחר שנכשל בכישלון הראשון של שליחותו. וריב"ש על פסוק ב טוען שהם הגיעו למצרים אבל יתרו בא ולקחם משם.

שמוזכרות הסיבות לקריאת שמם. שם בנו הבכור וההסבר לשמו כבר נמסר בעת שנשא את ציפורה בב׳, כב. הסיבה לקריאת שמו, כשהיה גר בארץ נוכרייה, מוזכרת שוב כדי להראות שמשה יצא ממצב של גרות בארץ נוכרייה (ג). לא זו בלבד שאינו גר במדיין, אלא בינתיים הוא חזר למצרים והוציא את עמו מעבדות לחירות. שמו כאן נועד לתאר את היפוך המצב של משה, מאז שהגיע לשפל במדיין ועד עתה (רמב״ן). לבנו השני קרא אליעזר, משום ״כִּי אֱלֹהֵי אָבִי בְּעֶזְרִי וַיַּצִּלֵנִי מֵחֶרֶב פַּרְעֹה״ (ד). הכוונה היא למותו של פרעה שביקש להרוג את משה (ב׳, טו), ובעקבות זאת ה׳ דיווח לו שהוא מת ושהוא יכול לשוב למצרים (ד׳, יח). כנראה על שם הצלתו מידי פרעה הוא קרא לבנו אליעזר. אולם אין זה מקרה שאנו שומעים את השם רק עתה, שהרי רבות התרחש מאז שאותו פרעה מת, ובינתיים היו מכות מצרים, משה הוציא את ישראל משם וה׳ הציל את ישראל מיד מצרים. אין פלא אפוא שהפועל ״הִצִּיל״ יופיע עוד ארבע פעמים בדיאלוג בין משה ליתרו (ח, ט, י2). גילוי השם כאן נותן לו משמעות נוספת ורחבה. בהקשר הנוכחי, המילים ״וַיַּצִּלֵנִי מֵחֶרֶב פַּרְעֹה״ מתייחסות לישועת ה׳ שהוציא את עמו ממצרים בהנהגתו של משה, ולמעבר בים סוף בצל הסכנה שהייתה שם. לשון היחיד של משה בהקשר זה משקפת שוב היבט שלא שמענו עליו מאז תחילת הספר, והוא שאחריות היציאה ממצרים הייתה על כתפי משה. האחריות היא גדולה, וכפי שראינו, כישלונו הראשון של משה מול פרעה הביא אותו לעימות חריף עם ישראל. יש להניח שגם שילוחיה של ציפורה ובניו ממצרים חזרה למדיין היו על הרקע של הנהגת משה, שלא אפשרה את הימצאות משפחתו עימו.[75] עכשיו, עם בוא משפחתו אליו, אפשר להודות לה׳ על שהציל את העם, ובכלל זה את משה, מחרב פרעה. שני השמות גם יחד משקפים את המעבר שעשה משה ממצב של שפל, כשנאלץ לברוח ממצרים ולשהות כגר במדיין, ועד למצב של גדולה, כאשר הוא נגאל בידי ה׳ ממצרים תוך שהוא עומד בראש העם.

פסוקים ה-ו מתארים באריכות את ההכנות למפגש בין יתרו למשה. בפסוק א נאמר שיתרו שמע, בפסוקים ב-ג נאמר שיתרו לקח את ציפורה ואת שני בניה, ורק עתה בפסוק ה נאמר שיתרו בא אל משה. הוא מגיע שוב עם אשתו של משה ועם בניו כדי ללכת להר האלוהים, שם חונה משה (ה).[76] בפירוט תמוה ממשיך הכתוב לציין שיתרו מכין את משה להגעתם: הוא אומר לו שהוא חותנו, ושאשתו ובניו של משה באים אליו. את המסר הזה הוא כנראה שלח אליו באמצעות שליח (ו).[77] משה יוצא לקראתו, משתחווה לו כסימן לכבוד, נושק לו, הם מדברים איש לרעהו לשלום והולכים לאוהל, כנראה של משה (ז).[78] הכניסה לאוהל נותנת תחושה של המשך המפגש האישי של משה עם משפחתו, אבל המשך השיחה ביניהם לא ממשיכה את הקו הנוכחי של הסיפור.

לתיאור המפורט כאן יש חשיבות. אף על פי ששלוש פעמים הכתוב מדגיש שיתרו בא עם אשת משה ועם בניו, כאשר משה יוצא לקראת חותנו, אין הכתוב מספר דבר על המפגש של משה עם אשתו ובניו. חרף זאת, הכתוב מרחיב על המפגש עם יתרו: הוא משתחווה לו, מנשק אותו והם שואלים לשלום זה את זה. הדגש על הגעת אשת משה ובניו עם יתרו, ולאחר מכן התעלמות מהם, דורשת הסבר.

התורה אינה מתייחסת למפגש האישי של משה עם אשתו ובניו. הנושא של הסיפור הוא מה שמע יתרו ואיך הוא התייחס לה'. אך ההגעה של יתרו אל משה אינה לשם ה', אלא לשם הבאת משפחת משה אליו. זוהי עילת בואו של יתרו למשה, כפי שעולה באריכות הדברים בפסוקים ג-ו. כעת, הופך הנושא של הגעת אשת משה ובניו להיות משני להתפעלות של יתרו ממה שעשה ה' לישראל. היחס האישי בין משה ויתרו הוא רקע ליחסו של יתרו אל ה' שיבוא מייד: הרקע המשפחתי האישי, שמהווה את הסיבה להגעתו של יתרו, מעצים את התפנית שמקבל הביקור שלו, שבמקום להישאר בתחום המשפחתי, יהפוך לאירוע שבמוקד שלו נמצאת ההכרה של יתרו את ה'. נוכל עתה להבין את סדר הפסוקים ואת המשמעות העולה מהם. בתחילת הסיפור היה נראה שיתרו מגיע משום ששמע על מה שה' עשה לישראל (א), אולם אחר כך הסיפור עובר לעניין אשתו ובניו שהביא יתרו למשה (ב-ו), והוא הופך למוקד הביקור של יתרו. רק לאחר מכן מתברר במפתיע שהסיפור אינו עוסק בסיפור האישי. יתרו למעשה הגיע משום ששמע על מעשי ה', אבל עוטף זאת בהסבר שהוא הגיע על מנת להביא את משפחת משה. לכן הסיפור נסוב סביב הדברים שנאמרו על ידי שליח למשה לפני בואו אליו. רק אחר כך מתברר שהנושא הזה נדחק לקרן זווית כדי לפנות מקום לעניין מעשי ה' למצרים ולישראל. נראה שהשתלשלות הדברים משקפת את התהליך שעובר יתרו: משמועה, אולי סקרנות וחשדנות, וסיפור כיסוי לסיבת בואו למשה, ועד בהירות גדולה בעקבות התגלית של יתרו בדבר גדולת אלוהים. זו הסיבה לכך שיתרו מוצג בתחילת הסיפור ככוהן מדיין, כדי להראות את התהליך שהוא עובר מכוהן מדיין למקריב קורבנות לה'.

יתרו אומנם שומע מה עשה ה' לישראל (א), אך לאחר ששמע ממשה את סיפור הדברים, הרושם שנעשה עליו הוא עז (ח-י). כאשר הוא בא למשה, הוא מסביר שבואו הוא לשם הבאת משפחת משה אליו. אבל במפגש של יתרו עם משה חל השינוי – משה מספר ליתרו את כל אשר עשה ה' לישראל, ועתה יתרו מגיב לראשונה על כך: "וַיִּחַדְּ יִתְרוֹ עַל כָּל הַטּוֹבָה אֲשֶׁר עָשָׂה ה' לְיִשְׂרָאֵל, אֲשֶׁר הִצִּילוֹ מִיַּד מִצְרָיִם" (ט). כעת מגיב יתרו במילותיו על כל מה ששמע (י-יא), ומייד מברך את ה': "בָּרוּךְ ה' אֲשֶׁר הִצִּיל אֶתְכֶם מִיַּד מִצְרַיִם וּמִיַּד פַּרְעֹה, אֲשֶׁר הִצִּיל אֶת הָעָם מִתַּחַת יַד מִצְרָיִם" (י). ברכת ה' מופיעה בהקשר של הלל והודיה לה' על טובו (בראשית י"ד, כ; תהילים כ"ו, יב; כ"ח, ו; ל"א, כב).[79] ברכת יתרו מנוסחת בתקבולת שירית,[80] בניסוח נעלה התואם את התפעלותו ממעשי ה'. יחסו של יתרו בא לידי ביטוי גם בהערת התורה על יחסו של משה (ט), ושוב התורה חוזרת על כך בדברי הברכה של יתרו את ה' (י). יתרו מסכם את דבריו במסקנתו התיאולוגית: "עַתָּה יָדַעְתִּי כִּי גָדוֹל ה' מִכָּל הָאֱלֹהִים כִּי בַדָּבָר אֲשֶׁר זָדוּ עֲלֵיהֶם" (יא). כלומר יתרו הגיע להכרה בגדלותו של ה' על כל אלוהים, ובוודאי שעל אלוהי מצרים.[81] בנוסף, המצרים "זָדוּ" על ישראל, ולכן נענשו מידה כנגד מידה.[82] בכך יתרו מכיר לא רק בגדולתו של ה', אלא בהיותו עושה צדק (ריב"ש). שלוש פעמים בפסוקים אלה חוזר התיאור על אודות מעשי ה' למצרים והצלת ישראל. יתרו מוצג בתחילת הסיפור ככוהן מדיין, ועתה מסקנתו בדבר גדלות ה' מקבלת תוקף ומשמעות. לא לחינם משתמש יתרו בשם הפרטי של ה', מתוך הבנת מהותו של ה' אלוהי ישראל. יתרו הגיע ככוהן מדיין חותן משה, אבל

בסוף הסיפור הזה התורה מכנה אותו חותן משה בלבד, בשל הכרתו בה׳. אם כן, המטרה של ה׳ שפרעה ידע אותו, ושרישומו יהיה ניכר בכל הארץ, הושגה ביתרו כוהן מדיין.[83]

הכרת יתרו בגדולת ה׳ מסתיימת בהקרבת קורבנות ואכילת לחם בסעודת הקורבן לפני האלוהים, בהשתתפות אהרן וזקני ישראל (יב).[84] יתרו מקריב עולה וזבחים, העולה היא קורבן לה׳, הזבחים הם קורבן שלמים, ומהם אכלו יתרו והעם. לפי הדעה שהאירוע התרחש אחרי מתן תורה, ״לִפְנֵי הָאֱלֹהִים״ הכוונה לפני המשכן. ולפי הדעה שהסיפור נכתב במקומו, ״לִפְנֵי הָאֱלֹהִים״ הכוונה לענן או לתחושת הנוכחות של אלוהים, כאמור לעיל. השתתפות ראשי העם עם יתרו בסעודה היא חגיגה משותפת של אמונה והכרה בה׳. הגעתם של נציגי העם – אהרן וזקני ישראל – מבטאת את הקבלה של ישראל את יתרו.[85] קבלה זו ראויה שתיעשה בידי אנשים מרוחקים ולא על ידי משה, שהוא חתנו של יתרו.

הסיפור עוסק ביתרו, כחלק מהצגת היחס של הנוכרים למעשי ה׳: עמלק נלחם ויתרו בירך. הסיפור עוסק בתהליך שעובר יתרו – הוא שמע על מה שעשה ה׳ לישראל, אך מגיע למשה בכיסוי של נסיבות אישיות, עד שלבסוף מגיע להתפעלות ממעשי ה׳ לטובת ישראל. לאחר שמשה מספר לו על מה שה׳ עשה לישראל, התגובה של יתרו מודגשת בארבעה שלבים, בתגובתו הפנימית על שמחתו, הוא ממשיך ומברך את ה׳ על כל שעשה למען ישראל, ואז הוא מביע הכרה בגדולת ה׳ וייחודו על כל אלוהים. השלב האחרון הוא הקרבת קורבנות לאלוהים, ולבסוף קבלתו של יתרו על ידי העם.

חלקו השני של סיפור יתרו, יג–כז

גם חלק זה של הסיפור נתון במסגרת: הסיפור מתחיל בהצגה של משה היושב לשפוט את העם מהבוקר עד הערב, המשכו בהצעת יתרו לשנות את סדרי המשפט, וסיומו בשיפוט של השרים את העם בכל עת, לאחר שהתקבל השינוי שהציע:

(יג) וַיְהִי מִמָּחֳרָת וַיֵּשֶׁב **מֹשֶׁה לִשְׁפֹּט** אֶת הָעָם וַיַּעֲמֹד הָעָם עַל מֹשֶׁה **מִן הַבֹּקֶר עַד הָעָרֶב**.

(כו) **וְשָׁפְטוּ** אֶת הָעָם **בְּכָל עֵת** אֶת הַדָּבָר הַקָּשֶׁה יְבִיאוּן אֶל **מֹשֶׁה** וְכָל הַדָּבָר הַקָּטֹן יִשְׁפּוּטוּ הֵם.

חלקו השני של הסיפור, שבו יתרו מציע הצעות לגבי סדרי המשפט של ישראל, בא לאחר שיתרו הביע אמונה באלוהים בחלק הראשון, המהווה רקע להתקבלות הצעת יתרו.[86]

חלקו השני של הסיפור מתחיל למחרת (יג). הנושא משתנה ותפקידם של משה ויתרו בסיפור משתנה ואף מתהפך. בחלק הראשון משה סיפר ליתרו על מעשי ה׳ והשפיע עליו לעבוד את ה׳, ובחלק זה יתרו מסייע למשה בניהול צורכי העם.

לשאלת יתרו מדוע הוא שופט את העם לבדו במשך כל שעות היום (יד), משה עונה שהוא שופט במחלוקות בין איש לחברו על פי חוקי אלוהים ותורותיו (טו–טז). כבר ביארנו

שאף שהתורה טרם ניתנה, כבר נמסרו לעם חוקים במרה ובמדבר סין, וכפי שנראה בעיוננו במשפטים, ניכר שהיו לישראל כבר הנהגות משפטיות עוד בטרם ניתנו המצוות. בתגובה לדברי משה, יתרו מזהירו שהוא עשוי להתמוטט מכך, משום שהמטלה כבדה על איש אחד לעשותו. בנוסף לכך, הוא מבהיר שאין הדבר בעייתי רק מבחינתו של משה, אלא גם העם ייבול (יז-יח). יש להניח שהוא מתכוון שהעומס על משה יביא לכך שיהיו עיכובים רבים והם יגרמו לנזקים גם עבור העם המחכים להתדיינות בענייניהם. יתרו מביע דאגה לעם כולו שיסבול מכשלי חוסר היעילות של המערכת.

לאחר שיתרו קובע שמה שמשה עושה אינו טוב, הוא פותח בהצעתו לייעול, אך מייד מסייג: "וִיהִי אֱלֹהִים עִמָּךְ" (יט). זאת כדי להורות שיתרו מודע לכך שכל שינוי שיעשה משה צריך להיות ברצון ה׳, ושה׳ ימשיך להיות עימו (ריב"ש). בסיום דבריו שוב מתנה יתרו את הצעתו בהסכמה של אלוהים למהלך: "וְצִוְּךָ אֱלֹהִים" (כג). עיקר השינוי שיתרו מציע הוא שמשה לא ידון בכל הדינים המובאים, אלא עיקר תפקידו יהיה תיווך בין העם לאלוהים: "הֱיֵה אַתָּה לָעָם מוּל הָאֱלֹהִים וְהֵבֵאתָ אַתָּה אֶת הַדְּבָרִים אֶל הָאֱלֹהִים" (יט). משה ישאל את ה׳ את המשפטים להורות לישראל, במיוחד במקרים שהוא אינו יודע את הדין. כך אכן אירע במקרים מספר: משה לא ידע את הדין והוא העביר את השאלה לאלוהים.[87] מבחינה זו, סיפור זה מקדים את הסיפור הבא של מתן תורה, שבו משה יתווך בין ה׳ לבין העם וייתן להם את המצוות.

לאחר שהציע יתרו את העיקרון של השינוי, ההצעה עצמה מתפרטת לשתי הצעות: הצעה ראשונה היא שתפקידו קודם כול ללמד את העם את החוקים ואת התורות של ה׳ ולהזהיר אותם לקיימם (כ). אם משה יעשה זאת, העם יימנע מלטעות ומלחטוא וידע מראש כיצד לקיים את דברי ה׳.

ההצעה השנייה של יתרו היא שמשה ימנה שרים נוספים שישפטו את העם, כדי להוריד מעליו את העומס של נטל השיפוט. השופטים ימונו על פי הירררכיה – מקרים קטנים יובאו בפני שרי עשרות, ומקרים מורכבים יותר יועברו לבתי דין גבוהים יותר: שרי חמישים, שרי מאות ושרי אלפים. רק את המקרים הגדולים יובאו בפני משה (כב, כו). כמפורט בדברים (א׳, יז), כאשר השרים לא ידעו כיצד לפסוק, הם העבירו את המקרה למשה, ולכן יש להניח שהמנגנון פעל כך גם בשלבים מוקדמים יותר – כאשר דין לא הצליח להתברר בקרב השופטים בהירררכיה נמוכה, הם העבירו את הדבר להירררכיה גבוהה מהם. מסתברת הבנת ראב"ע, ששרי אלפים היינו שהם ממונים על אלף עובדים.[88] מתחת למעמד זה היו שרי מאות, שהיו ממונים על מאה איש כל אחד, וכן הלאה.[89] יתרו מציע שמשה יבחר אנשים מתאימים להיות שופטים. התכונות שעל משה לאתר הן: אנשי חיל, יראי אלוהים, אנשי אמת ושנאי בצע (ראו גם דברים א׳, טז-יז; ט"ז יח-כ; שמ"א י"ב, ג-ה; דה"ב י"ט, ו-ז). אלה הן תכונות יסוד הנצרכות על מנת שהשופטים יוכלו לעשות דין צדק: עליהם להיות אנשי חיל היכולים לעמוד בגבורה ולהציג פסקים ללא מורא, יראי אלוהים, אנשי אמת החותרים לבירור האמת, ואנשים ששונאים בצע ולא יתפתו לעוות את הדין בעבור בצע כסף.

יתרו חותם את דבריו בדברי עידוד, לפיהם אם משה יעשה כהצעתו ואלוהים יסכים לכך, משה יוכל לעמוד במשימותיו בלי לנבול. הדבר יהיה טוב גם לעם: "וְגַם כָּל הָעָם הַזֶּה עַל מְקֹמוֹ יָבֹא בְשָׁלוֹם", כלומר יחזור למקומו, לביתו, בשלום, לאחר שנעשה דין צדק בצורה יעילה, וכאשר המריבה נפתרה (כג). בקטע הקודם שאלו יתרו ומשה איש את רעהו לשלום (ז), ובקטע הזה יתרו צופה שלום לכל העם אם הצעתו תתקבל.

משה מקבל את עצות יתרו, ממנה את השרים לדרגותיהם השונות והם שופטים את העם. רק את הדבר הקשה הביאו השרים בפני משה. אף שכתוב שמשה בחר לו אנשי חיל, אין הכוונה שהוא לא בחר אנשים שהם בעלי המעלות שעליהם דיבר יתרו, אלא שהכתוב קיצר והזכיר רק את המידה הראשונה.[90]

מעניין שלא כתוב שמשה שאל את אלוהים האם ליישם את העצה הזו, אף שפעמיים מודגש שיתרו תולה את הצעתו באישור ה׳ (יט, כג). גם בספר דברים לא נאמר שה׳ ציווה זאת או שמשה שאל את אלוהים. אדרבה, משם עולה שכאשר משה הציע את המערכת המשפטית הזו, העם קיבלו זאת: "וַתַּעֲנוּ אֹתִי וַתֹּאמְרוּ טוֹב הַדָּבָר אֲשֶׁר דִּבַּרְתָּ לַעֲשׂוֹת" (א׳, יד). נמצא אפוא שסדרי הדין המשפטי נתונים להכרעה אנושית. יתרו הוא נוכרי שמציע את המבנה של דיוני השופטים, משה מקבל את העצה, בדברים נאמר שהדבר היה בהסכמת העם, אך אין לא כאן ולא בדברים התייחסות לשאילת ה׳ ולדעתו.[91] ניתן ללמוד מכך שהמצוות והחוקים הם של אלוהים, אבל ההליך המשפטי נתון להכרעה אנושית. אף שיתרו מתנה את ההצעה בהסכמת ה׳, הדגש על כך נועד להציגו בהמשך לקטע הקודם כמי שמאמין באלוהים ומקבל את ריבונותו. התרומה של יתרו לביסוס מערכת משפטית בריאה היא ההדגשה של ההיגיון והניסיון כראשונים במעלה בקביעת סדרי הדין. יתרו אף יודע להצביע על התכונות הרצויות לשופט שעליו לשפוט את חוקי ה׳ ותורותיו. התפקיד של משה הוא לשאול את ה׳ בדבר החוקים וכן ללמד את העם מהם חוקי ה׳ ולהזהיר אותם לקיימם. ההצעות של יתרו נובעות מחכמה וניסיון אנושי, ומערכת השפיטה האלוהית מקבלת היגיון אנושי עבור ניהולה.

הסיפור מסתיים בחזרתו של יתרו לארצו. כאמור, יתרו לא חזר מייד בסיום העצות שנתן. דרכו של הכתוב לסיים את הסיפור במקום אחד, ולא לפרוס אותו למקומות שונים ומפוזרים במקרא. הסיפור החל בבואו של יתרו ומסתיים בחזרתו, אף שזה אירע לאחר זמן ממושך (במדבר י׳, כט-לב).[92]

הברית בסיני, י״ט, א – כ״ד, יא

סיפור מעמד הר סיני ומתן תורה, המוביל לברית של ישראל עם ה׳, הוא שיאו של ספר שמות ושל התורה כולה. עוד לפני היציאה ממצרים ה׳ הכין את משה לכך שהיציאה ממצרים היא שלב אחד לפני יצירת זיקה של שייכות של העם אל ה׳: ״וְלָקַחְתִּי אֶתְכֶם לִי לְעָם וְהָיִיתִי לָכֶם לֵאלֹהִים״ (ו׳, ז). הליך כריתת הברית מתחיל בנקודת שיא זו: ״וּשְׁמַרְתֶּם אֶת בְּרִיתִי וִהְיִיתֶם לִי סְגֻלָּה מִכָּל הָעַמִּים. וְאַתֶּם תִּהְיוּ לִי מַמְלֶכֶת כֹּהֲנִים וְגוֹי קָדוֹשׁ״ (י״ט, ה-ו). ספר בראשית שואף לנקודה זו, בהבטחה חוזרת של ה׳ לאבות, ובמיוחד באופן מפורש במצוות ברית המילה לאברהם: ״וַהֲקִמֹתִי אֶת בְּרִיתִי בֵּינִי וּבֵינֶךָ וּבֵין זַרְעֲךָ אַחֲרֶיךָ לְדֹרֹתָם לִבְרִית עוֹלָם לִהְיוֹת לְךָ לֵאלֹהִים וּלְזַרְעֲךָ אַחֲרֶיךָ״ (בראשית י״ז, ז). כל המקרא מכאן ואילך מבוסס על כריתת הברית כאן, ההופכת את ישראל לעם ה׳ ומחייבת אותם ללכת בדרך ה׳.

ישראל מגיעים לסיני בחודש השלישי אחרי צאת ישראל ממצרים (א). הם עוזבים את סיני בחודש השני בשנה השנית, כלומר אחד עשר חודשים לאחר מכן (במדבר י׳, יא). כחמישים מפרקי התורה, שמות י״ט-מ׳, כל ספר ויקרא, ובמדבר א׳-י׳, עוסקים במתן תורה, במצוות, וסדרי המחנה בסיני טרם הליכתם לכיוון הארץ. התיאור הארוך של השהייה בסיני מדגים את החשיבות של סיני.

סיפור הברית בסיני נחלק לשלושה: ראשית, ההתגלות של ה׳ בסיני והשמעת עשרת הדיברות לעם כולו (י״ט-כ׳). שנית, פירוט המשפטים שהם החובה של ישראל בברית (כ״א-כ״ג). שלישית, כריתת הברית (כ״ד). לאחר ההתגלות של ה׳ בהר סיני לכל העם, שבה ה׳ השמיע לעם את עשרת הדיברות (י״ט, א – כ׳, טו), משה עולה לבדו לקבל את שאר המשפטים (כ׳, טז – כ״ד, ב). ברדתו הוא מעביר לעם את המשפטים שהוא שמע מה׳ (כ״ד, ג1). לאחר שהעם שמע את המשפטים וקיבל עליו את הברית (כ״ד, ג2), נכרתת ברית בין ה׳ לישראל (כ״ד, ד-יא).

מעמד הר סיני ומתן עשרת הדיברות, י"ט – כ', יז

א ב בַּחֹדֶשׁ הַשְּׁלִישִׁי לְצֵאת בְּנֵי־יִשְׂרָאֵל מֵאֶרֶץ מִצְרָיִם בַּיּוֹם הַזֶּה בָּאוּ מִדְבַּר סִינָי. וַיִּסְעוּ מֵרְפִידִים
ג וַיָּבֹאוּ מִדְבַּר סִינַי וַיַּחֲנוּ בַּמִּדְבָּר וַיִּחַן־שָׁם יִשְׂרָאֵל נֶגֶד הָהָר. וּמֹשֶׁה עָלָה אֶל־הָאֱלֹהִים וַיִּקְרָא
אֵלָיו יהוה מִן־הָהָר לֵאמֹר
כֹּה תֹאמַר לְבֵית יַעֲקֹב   וְתַגֵּיד לִבְנֵי יִשְׂרָאֵל.
ד ה אַתֶּם רְאִיתֶם אֲשֶׁר עָשִׂיתִי לְמִצְרָיִם וָאֶשָּׂא אֶתְכֶם עַל־כַּנְפֵי נְשָׁרִים וָאָבִא אֶתְכֶם אֵלָי. וְעַתָּה
אִם־שָׁמוֹעַ תִּשְׁמְעוּ בְּקֹלִי וּשְׁמַרְתֶּם אֶת־בְּרִיתִי וִהְיִיתֶם לִי סְגֻלָּה מִכָּל־הָעַמִּים כִּי־לִי כָּל־הָאָרֶץ.
ו וְאַתֶּם תִּהְיוּ־לִי מַמְלֶכֶת כֹּהֲנִים וְגוֹי קָדוֹשׁ אֵלֶּה הַדְּבָרִים אֲשֶׁר תְּדַבֵּר אֶל־בְּנֵי יִשְׂרָאֵל.
ז ח וַיָּבֹא מֹשֶׁה וַיִּקְרָא לְזִקְנֵי הָעָם וַיָּשֶׂם לִפְנֵיהֶם אֵת כָּל־הַדְּבָרִים הָאֵלֶּה אֲשֶׁר צִוָּהוּ יהוה. וַיַּעֲנוּ
כָל־הָעָם יַחְדָּו וַיֹּאמְרוּ כֹּל אֲשֶׁר־דִּבֶּר יהוה נַעֲשֶׂה וַיָּשֶׁב מֹשֶׁה אֶת־דִּבְרֵי הָעָם אֶל־יהוה.
ט וַיֹּאמֶר יהוה אֶל־מֹשֶׁה הִנֵּה אָנֹכִי בָּא אֵלֶיךָ בְּעַב הֶעָנָן בַּעֲבוּר יִשְׁמַע הָעָם בְּדַבְּרִי עִמָּךְ וְגַם־
בְּךָ יַאֲמִינוּ לְעוֹלָם וַיַּגֵּד מֹשֶׁה אֶת־דִּבְרֵי הָעָם אֶל־יהוה.
י יא וַיֹּאמֶר יהוה אֶל־מֹשֶׁה לֵךְ אֶל־הָעָם וְקִדַּשְׁתָּם הַיּוֹם וּמָחָר וְכִבְּסוּ שִׂמְלֹתָם. וְהָיוּ נְכֹנִים לַיּוֹם
יב הַשְּׁלִישִׁי כִּי בַּיּוֹם הַשְּׁלִשִׁי יֵרֵד יהוה לְעֵינֵי כָל־הָעָם עַל־הַר סִינָי. וְהִגְבַּלְתָּ אֶת־הָעָם סָבִיב לֵאמֹר
יג הִשָּׁמְרוּ לָכֶם עֲלוֹת בָּהָר וּנְגֹעַ בְּקָצֵהוּ כָּל־הַנֹּגֵעַ בָּהָר מוֹת יוּמָת. לֹא־תִגַּע בּוֹ יָד כִּי־סָקוֹל יִסָּקֵל
יד אוֹ־יָרֹה יִיָּרֶה אִם־בְּהֵמָה אִם־אִישׁ לֹא יִחְיֶה בִּמְשֹׁךְ הַיֹּבֵל הֵמָּה יַעֲלוּ בָהָר. וַיֵּרֶד מֹשֶׁה מִן־הָהָר
טו אֶל־הָעָם וַיְקַדֵּשׁ אֶת־הָעָם וַיְכַבְּסוּ שִׂמְלֹתָם. וַיֹּאמֶר אֶל־הָעָם הֱיוּ נְכֹנִים לִשְׁלֹשֶׁת יָמִים אַל־
תִּגְּשׁוּ אֶל־אִשָּׁה.
טז וַיְהִי בַיּוֹם הַשְּׁלִישִׁי בִּהְיֹת הַבֹּקֶר וַיְהִי קֹלֹת וּבְרָקִים וְעָנָן כָּבֵד עַל־הָהָר וְקֹל שֹׁפָר חָזָק מְאֹד
יז וַיֶּחֱרַד כָּל־הָעָם אֲשֶׁר בַּמַּחֲנֶה. וַיּוֹצֵא מֹשֶׁה אֶת־הָעָם לִקְרַאת הָאֱלֹהִים מִן־הַמַּחֲנֶה וַיִּתְיַצְּבוּ
יח בְּתַחְתִּית הָהָר. וְהַר סִינַי עָשַׁן כֻּלּוֹ מִפְּנֵי אֲשֶׁר יָרַד עָלָיו יהוה בָּאֵשׁ וַיַּעַל עֲשָׁנוֹ כְּעֶשֶׁן הַכִּבְשָׁן
יט כ וַיֶּחֱרַד כָּל־הָהָר מְאֹד. וַיְהִי קוֹל הַשֹּׁפָר הוֹלֵךְ וְחָזֵק מְאֹד מֹשֶׁה יְדַבֵּר וְהָאֱלֹהִים יַעֲנֶנּוּ בְקוֹל. וַיֵּרֶד
יהוה עַל־הַר סִינַי אֶל־רֹאשׁ הָהָר וַיִּקְרָא יהוה לְמֹשֶׁה אֶל־רֹאשׁ הָהָר וַיַּעַל מֹשֶׁה.
כא כב וַיֹּאמֶר יהוה אֶל־מֹשֶׁה רֵד הָעֵד בָּעָם פֶּן־יֶהֶרְסוּ אֶל־יהוה לִרְאוֹת וְנָפַל מִמֶּנּוּ רָב. וְגַם הַכֹּהֲנִים
כג הַנִּגָּשִׁים אֶל־יהוה יִתְקַדָּשׁוּ פֶּן־יִפְרֹץ בָּהֶם יהוה. וַיֹּאמֶר מֹשֶׁה אֶל־יהוה לֹא־יוּכַל הָעָם לַעֲלֹת
כד אֶל־הַר סִינָי כִּי־אַתָּה הַעֵדֹתָה בָּנוּ לֵאמֹר הַגְבֵּל אֶת־הָהָר וְקִדַּשְׁתּוֹ. וַיֹּאמֶר אֵלָיו יהוה לֶךְ־רֵד
כה וְעָלִיתָ אַתָּה וְאַהֲרֹן עִמָּךְ וְהַכֹּהֲנִים וְהָעָם אַל־יֶהֶרְסוּ לַעֲלֹת אֶל־יהוה פֶּן־יִפְרָץ־בָּם. וַיֵּרֶד מֹשֶׁה
אֶל־הָעָם וַיֹּאמֶר אֲלֵהֶם.

פירוש העניין

מבנה

סיפור מעמד הר סיני ומתן עשרת הדיברות נחלק לשלושה חלקים:

י"ט – הכנת העם לקראת המעמד בהר סיני והתגלות ה',
כ', א-יד – עשרת הדיברות,
כ', טו-יז – תגובת העם להתגלות ה' ותשובת משה.

פרק י"ט מכיל את הכנות העם לקראת הברית עם ה' ולקראת התגלות ה' בסיני. עד כה ציפה ה' שהעם ידע אותו דרך מעשיו בהפלת מצרים והצלת ישראל. עתה ידיעת ה' מתעצמת באמצעות התגלות גלויה שלו, במראה הענן והאש, בשמיעת קולות השופר ובמיוחד בשמיעת עשרת הדיברות. לקראת התגלות זו העם עובר הכנה, הכתובה באריכות גדולה לפני המעמד של עשרת הדיברות, כיאה להכנה לכריתת ברית בין ה' לישראל והכנת העם לקראת התגלות ה' בהר. העם עצמו ישמע את ה' מדבר עימו ויהיה צורך לשמור על מרחק בין ה' לעם. התיאור הארכני נועד לתת את התחושה המתאימה לקראת גודל האירוע. מטרה נוספת של המעמד היא לטעת בעם את האמונה שמשה הוא עבדו הנאמן של ה' (ט', יט-כ).

מכיוון שמדובר על ברית יסוד ביחסי ה' וישראל, יש צורך לבחון את הנכונות של העם להיכנס בברית, והעם צריך להתכונן לקראת ההתגלות וכריתת הברית. נוסף לכך, עוד לפני שה' ידבר עם העם ישירות בעשרת הדיברות, התיווך של משה הכרחי על מנת להעביר את ההכנות שה' מבקש מהעם ואת תשובות העם על נכונותו להיכנס בברית.

לאורך סיפור ההכנות למעמד עשרת הדיברות, ה' ידבר עם משה על ההר ומשה ידבר עם העם בתחתית ההר. לכן משה עולה ויורד מההר שלוש פעמים לפני עשרת הדיברות: בפעם הראשונה הוא עולה בפסוק ג ויורד בפסוק ז (אף שלא כתוב שירד). בפעם השנייה הוא עולה בפסוק ח2 (אף שלא כתוב שעלה), כדי להעביר לה' את תשובת העם (ח1). בהיותו למעלה אומר לו ה' את הדברים בפסוקים ט-יג, ושוב הוא יורד להגיד לעם את דברי ה' בפסוק יד, בפעם השנייה. משה שוב עולה אל ה' לאחר שה' קרא לו בפסוק כ, ה' מצווה שירד בפסוק כא, ובפסוק כה מדווח שמשה ירד, וזו הפעם השלישית.[1]

העליות והירידות של משה מספר פעמים תורמות לתחושת חשיבות האירוע והפיכתו לאירוע מורכב וארוך.[2] הן מלמדות גם על חשיבות התיווך של משה, ועל ההכנה המשמעותית שהעם צריך לעבור לקראת כריתת הברית עם ה'.[3] התיווך של משה לאורך כל השלבים של הכנת העם לקראת הברית מלמד על הפער שעליו צריך לגשר כדי ליצור את הקשר בין העם לאלוהים. יחסי הברית אינם בין שווים אלא בין אל לאדם, ויש צורך בהכנה מדוקדקת כדי שהעם יבין את המחויבות שלו ואת הזהירות שיש לנקוט בהתקרבות אל ה', המצריכה התקדשות מצד אחד, אך הימנעות מְקָרבת יתר מצד שני.[4]

מעמד התגלות ה׳ בהר סיני, י״ט

מבנה הסיפור:

לאחר התיאור של הגעת העם לסיני (א–ב), כאמור, משה עולה ויורד מההר פעמים מספר. בכל פעם שמשה עולה, ה׳ מעביר מסר אחד בתהליך ההכנה של העם, ואף מתגלה בהר לקראת השמעת הדיברות לאוזני העם:

1. דברי ה׳ למשה על מהות המעמד ותגובת העם, ג–ח,
2. דברי ה׳ אל משה בדבר מטרת הדיבור של ה׳ עמו, ט,
3. הוראות ה׳ אל משה בעניין התקדשות העם וקדושת ההר, י–טו,
4. התגלות ה׳ בהר, טז–יט,
5. אזהרה נוספת לבל יעלו ישראל בהר או ייגעו בו, כ–כה.

הגעת ישראל לסיני, א–ב

פסוק א מתאר את הגעת ישראל למדבר סיני בחודש השלישי. פסוק ב אינו המשך לפסוק א, אלא חוזר לתאר את המסע מרפידים, התחנה האחרונה של ישראל לפני בואם למדבר סיני. פסוק זה חוזר באופן חלקי על הנאמר בפסוק א ומוסיף שהעם חנה מול ההר. בעוד פסוק ב מתאר את המסע מרפידים בצורה הרגילה של תיאורי המסעות,[5] המטרה של פסוק א היא להצהיר בצורה חגיגית על ההגעה לסיני ועל ההכנות לקראת האירוע הגדול שיתרחש בו. זו הסיבה שיש בו תאריך, החודש השלישי לצאת ישראל ממצרים, ונוסח הדיווח הוא דרמטי: ״בַּיּוֹם הַזֶּה בָּאוּ מִדְבַּר סִינָי״ (א). פסוק זה גם קושר את יציאת מצרים לסיפור מתן תורה, כדי להזכיר שמטרת היציאה ממצרים הייתה לעבוד את ה׳ בהר האלוהים (ג׳, יב), שבו יהפכו ישראל לעמו של אלוהים (ו׳, ז).

דברי ה׳ למשה על המהות המעמד, ותגובת העם, ג–ח

״וּמֹשֶׁה עָלָה אֶל הָאֱלֹהִים״ (ג). הקדמת הנושא באה להנגיד בין ישראל שחנו נגד ההר למשה שעלה אל האלוהים. משפט זה מתאר את נוכחות ה׳, כנראה באמצעות התגלותו בענן על ההר.[6] לאחר שמשה עלה אל האלוהים, ה׳ קרא לו מן ההר. השימוש בפועל ״וַיִּקְרָא״ הוא משום שזו הפנייה הראשונה של אלוהים אליו במעמד זה. עליית משה להר לפני שה׳ קרא לו אולי משקפת את האינטרס הארצי לכרות ברית עם ה׳, ובהתאם, הצעד הראשון בכריתת הברית הוא אנושי.[7]

דברי ההקדמה של ה׳ למשה מעוצבים במבנה שירי, הנותן תוקף של דרמה לקראת מה שייאמר לו:

״כֹּה תֹאמַר לְבֵית יַעֲקֹב וְתַגֵּיד לִבְנֵי יִשְׂרָאֵל״ (ג).[8]

לפני שה׳ מציג את המטרה של המעמד בסיני, הוא מקדים תיאור היסטורי קצר של מה שעשה לישראל במצרים, ושלקח את ישראל אליו (ד). הפנייה לעם היא על מנת שיבין מתוך חוויותיו את טיב הקשר שהולך להיווצר בין העם לה׳. ה׳ הוציא את ישראל ממצרים והביאם על כנפי נשרים, היינו בדרך בטוחה וישרה, ללא מאמץ, כמו על כנפיו של נשר (דברים ל״ב, י-יא). הכוונה לדרך שעשו ישראל מרעמסס ועד כאן שהייתה רצופה בניסים להצלת ישראל ובסיפוק צורכיהם במדבר. גם בבריתות אחרות אנו מוצאים שיש הקדמה היסטורית המלמדת על כל הטוב שעשה ה׳ לישראל, המקדימה את הרקע של היחסים בין ה׳ לעם, שהם בסיס למיסוד יחסי ברית (למשל: יהושע כ״ד, ב-יג, יד-כח). לאחר המסע של ישראל במדבר, ה׳ לקח את העם אליו, היינו להר האלוהים, להיות לעם ה׳.[9]

ה׳ מציג מייד את החובה של ישראל בברית: לשמוע בקול ה׳, כלומר לקיים את מצוותיו ולשמור את ברית ה׳ שיכרות עימם עתה בסיני.[10] בתמורה ה׳ יעשה את ישראל לעם סגולה, היינו שהם יהיו שייכים לו באופן מיוחד, כמו אוצר, ויהיו מיוחדים לו מכל העמים (ה-ו).[11] ייחודם של ישראל הוא בהיותם ״מַמְלֶכֶת כֹּהֲנִים וְגוֹי קָדוֹשׁ״ (ו; וראו: ישעיה ס״א, ו). משפט יסודי זה מסביר את יחס העם לה׳ לאחר כריתת הברית. ה׳ לקח את ישראל לו לעם מכל העמים, ותפקידם הוא להיות משרתיו, כמו כוהנים שעוסקים בקודש (ראב״ע; רמב״ן), קרובים לה׳ כמו כוהנים (שד״ל), או כמו ממלכה של מכובדים (רש״י; ריב״ש). יחסים אלה מחייבים את ישראל להיות קדושים ונבדלים במעשיהם מכל העמים. יחסי הברית בין שני הצדדים אינם ברית בין שווים, אלא ה׳ כריבון בוחר בישראל מכל העמים והופכם להיות שלו, ובתמורה ישראל צריכים להישמע לו (ה). לפני מעמד הר סיני, ה׳ מבהיר לעם את התנאים של הכניסה לברית ואת המשמעות של ברית זו.[12] הברית תיכרת לקמן בכ״ד, ז-ח.

נאמר ״וַיָּבֹא מֹשֶׁה״ (ז), אף שלא מפורש שמשה ירד, כאשר הירידה נועדה להעביר את דברי ה׳ לזקני ישראל. גם בפסוק ח נראה שמשה עלה כדי להשיב לה׳ את תשובת העם.[13] משה קורא לזקני העם, שהם נציגיו, ומעביר להם את דברי ה׳ (ז). העם כולו עונה: ״כֹּל אֲשֶׁר דִּבֶּר ה׳ נַעֲשֶׂה״ (ח). כדי להיכנס בברית צריך הסכמה, וכאן ישראל מגלים את רצונם להיכנס בברית עם ה׳. התמונה המצטיירת היא שמשה דיבר עם הזקנים, בשל הקושי לדבר עם כל העם בבת אחת דברים משמעותיים מסוג זה, וכל אחד מהזקנים העביר את דברי משה לאנשים מקרב שבטו.[14] התשובה באה מאת כל העם העונים בחיוב להצעת ה׳ לישראל להיכנס עימו בברית. הסכמה זו של העם היא הסכמה ראשונית להיכנס בברית, אבל הברית עצמה נכרתת בהסכמת העם בכ״ד, ז, לאחר ששמעו את פירוט המשפטים (כ״ד, ג). בעקבות שמיעת המשפטים בעת כריתת הברית יאמר העם – ״כֹּל אֲשֶׁר דִּבֶּר ה׳ נַעֲשֶׂה וְנִשְׁמָע״ (כ״ד, ז).[15] משה חוזר אל ה׳ ומעביר לו את תשובתם החיובית (ח).

דברי ה׳ בעניין מטרת דיבורו עם משה, ט

לאחר השלב הראשון, שבו נקבעו החובות של ה׳ וישראל בברית, והנכונות של ישראל להיכנס בברית עם ה׳, ה׳ עובר לשלב שני, שבו הוא מתאר איך תיערך התקשורת בין ה׳ לישראל. ה׳

ידבר עם משה בעב הענן, כדי שהעם ישמע שה׳ מדבר עם משה ויאמין במשה לעולם. אך הדיבור עם משה הוא כאשר הענן עב, על מנת שמשה לא יראה את פני השכינה (רשב״ם). בכך יהיה על העם רושם גדול שהוא שומע את קולו של ה׳, והדבר יביא גם לחיזוק מעמדו של משה. מעמד זה מהווה את התקשורת הראשונית בין ה׳ לישראל, ומתוך כך, חייבת להיות התגלות של ה׳ לעם כולו, כדי להיכנס בברית. התגלות זו תהיה בעת השמעת עשרת הדיברות, אבל קודם לכן, באופן הדרגתי, ה׳ נחשף לעם, תחילה בדיבור ה׳ אל משה בענן. העם חווה את התגלות ה׳ ושומע את קולו, ומתוך כך יכול להתחייב אל דרישות ה׳ כלפיו.

התגלות ה׳ בענן נפוצה מאוד. כבר ביציאה ממצרים ה׳ הוביל את הדרך באמצעות התגלותו בענן (י״ג, כא; י״ד, כד). התגלות ה׳ הייתה בענן גם בסיפור המן (ט״ז, י). בהמשך תוזכר שוב התגלות של ה׳ בהר באמצעות ענן (טז, כ׳, יח, כא; כ״ד, טו; ל״ד, ה; דברים ד׳, יד; ה׳, יט). התגלות ה׳ במשכן לאחר שנבנה והוקם הייתה באמצעות ירידת ענן למשכן (מ׳, לה, לז). וכן הדבר במקומות רבים (למשל: מל״א ח׳, י, יב; יואל ב׳, ב; צפניה א׳, טו; תהילים י״ח, י-יב; צ״ז, ב; צ״ט, ז). לזה קשור גם הדימוי שה׳ רוכב על ענן (ישעיה י״ט, א; תהילים ס״ח, ה).

התוצאה של דיבור ה׳ עם משה לאוזני העם היא חיזוק מעמדו של משה: ״וְגַם בְּךָ יַאֲמִינוּ לְעוֹלָם״ (ט). משה מתפקד בסיפור זה כמתווך המעביר את דברי ה׳ לעם ואת דברי העם חזרה לאלוהים. גם בהמשך, תפקידו של משה כמתווך ממשיך להיות משמעותי, הן בהעברת המשפטים ששמע משה על ההר, הן בשמירת קשר הברית בין ה׳ לישראל. מכאן החשיבות לבסס את מעמדו של משה בסיפור זה. התוצאה של פעילות תיווך זו במעמד הר סיני: העובדה שה׳ מדבר עם משה כשהוא על ההר, מתוך האש, היא שמעמדו של משה כשליח ה׳ יהיה איתן לעולם. אפשר גם שמדובר כאן על ההכרה במשה כנביא (ראב״ע הפירוש הארוך).[16] משה אומר לעם גם את הדברים האלה ומכין אותם למה שעתיד להתרחש (ט2).

נושא האמונה של העם במשה עובר כחוט השני בסיפורים רבים מתחילת הספר. חששו של משה שהעם לא יאמין לו עלה כבר בעת המינוי שלו בסיפור הסנה (ד׳, א), אז נתן לו ה׳ אותות כדי שיאמינו בו (ד׳, ה). כאשר בא משה לעם בתחילה, מייד נאמר שהעם האמין (ד׳, לא), אך בעקבות תגובת פרעה העם דחה את משה (ה׳, כ-כא). התוצאה של הנס בים סוף הייתה שהעם האמין במשה (י״ד, לא), אך בדרך שוב התלונן העם על משה ועל שהוציא אותם ממצרים (ט״ז, ב-ג; י״ז, ג). עתה, עם כריתת הברית, ה׳ מבטיח למשה שהעם יאמין בו לעולם (ט). דבר זה מתממש כאשר העם פוחד לשמוע את דברי ה׳ ושולח את משה לקבל את הדברים עבורו (כ׳, טו-טז).

על איזה דיבור בין משה לה׳ מדובר? אפשרות אחת שמדובר על הדיברות עצמם (ראב״ע). אך המסתבר הוא דעת הסבורים שמדובר על הדברים שה׳ דיבר עם משה קודם עשרת הדיברות (רמב״ן).[17] דעה זו נובעת מכך שמשה היה עם העם למטה בעת עשרת הדיברות, ולא על ההר. באופן מדויק יותר נראה שהמימוש של פסוק זה הוא בפסוק כ, שם נאמר שה׳ ירד על ראש ההר, ואז קרא אל משה ודיבר עימו (כא-כד). לעומת זאת, בשאר הדיאלוגים בין משה לה׳ לא נאמר שה׳ ירד על ההר.

בסיומו של פסוק ט נאמר שמשה אמר את דברי העם אל ה׳, אף שלא נאמר שמשה אמר את הדברים לעם. ראב״ע מסביר זאת כעבר מוקדם, היינו שמשה כבר אמר את דברי העם אל ה׳, כאשר השיב לה׳ את תשובת העם בפסוק ח. רמב״ן מסביר שבפסוק ח נאמר שמשה בא עם תשובת העם אל ה׳, אבל לפני שמשה ענה, הוא אמר לו את הנאמר בפסוק ט, ואז משה העביר לה׳ את דברי העם שלעיל בפסוק ח1. אפשרות נוספת היא שמשה ירד ואמר לעם את דברי ה׳, וחזר אל אלוהים והעביר לו את דברי העם על כך שהם רוצים לשמוע את ה׳.[18]

הוראות ה׳ אל משה בעניין התקדשות העם וקדושת ההר, י–טו

לאחר השלב הראשון, שבו נקבעו החובות של ה׳ וישראל ביחסי הברית, ולאחר שה׳ הודיע כיצד תהיה התקשורת שלו עִם העָם, בא השלב השלישי, שהוא הכנת העם לקראת המעמד. התגלות ה׳ בעוד שלושה ימים מחייבת את העם להתקדש לקראתה. לא מפורש מהו טיבה של התקדשות זו. אולי הכוונה היא שיכינו את עצמם (אונקלוס; ירושלמי־יונתן; רש״י; רשב״ם). אולי הכוונה שמדובר בשמירת העם מטומאה, והיטהרות באמצעות רחיצה במים (ראב״ע),[19] או על פי מה שמתבהר מדברי משה לעם בהמשך, שהעם יימנע מיחסי אישות (רמב״ן).[20] התקדשות זו מזכירה את פעולות ההתקדשות של הכוהנים על מנת להיכנס לתפקידם ככוהנים (שמות כ״ט, ד; ויקרא ח׳, ו), והדבר מתאים למה שאמר ה׳ בתחילה, שהעם יהיה לו ממלכת כוהנים וגוי קדוש (ו).

התגלות ה׳ על הר סיני מצריכה ריחוק מההר כל עוד ה׳ מתגלה עליו, ולכן אסור לעלות על ההר ואפילו לנגוע בקצהו. חילול הקודש הזה, כמו במקרים אחרים, תוצאתו מוות בידי אדם, כעולה מפסוק יג1 (יב2–יג1). אפשר להבין את ״לֹא תִגַּע בּוֹ יָד כִּי סָקוֹל יִסָּקֵל אוֹ יָרֹה יִיָּרֶה״, כאיסור נגיעה בהר, ואם כן יג1 הוא חזרה על יב2.[21] אך אם נסבור שאין חזרה בפסוקים, הכוונה כאן היא לאיסור לגעת במי שעלה להר, ודרך הריגת הנוגע היא מבלי לגעת בו אלא בסקילה או בירית חיצים.[22] הגבלת ההר יכולה להיעשות בהתוויית גבול אשר מעבר לו אסור לעם לעבור,[23] בסימון גבול ממש או בתיאור הגבול לעם.

משיכה בקרן היובל היא השמעת קול ממושכת בקרן איל, והיא סימן לסיומה של ההתגלות, ולאחריה יהיה מותר לעלות בהר (יג).[24] אפשר שהמשיכה בקרן היובל היא על ידי תוקע בן אנוש ואפשר שמדובר בתקיעה בידי שמיים.[25] אכן, במקומות רבים התגלות ה׳ מלווה בקולות של שופר, וברור שאין הכוונה לתקיעה אנושית (זכריה ט׳, יד; תהילים מ״ז, ו). חשיבות הידיעה על סיום זמן קדושת ההר היא כדי לדעת ממתי העולה בהר לא יהיה חייב בעונש, שהרי העונש הוא בידי האדם. עניין זה בא להדגיש את חשיבות האירוע, שרק בסימן מפורש יהיה מותר לעלות בהר. אפשרות נוספת היא שהמגמה כאן היא לבטא את התפיסה שההר היה קדוש מפאת התגלות ה׳, לשם כריתת ברית בין ה׳ לישראל, ובסוף התגלות ה׳ ההר חוזר למצבו הרגיל. הדגש כאן הוא על חשיבות ההתגלות והברית, ולא על מקום ההתגלות.

כאשר משה יורד מההר, וכנראה מעביר את דברי ה׳ אל העם, הוא מקדש אותם והם מכבסים את בגדיהם. משה מזהיר אותם להיות מוכנים לשלושת ימים, ובינתיים לא לגשת

אל אישה (יד-טו). ה׳ לא אמר הוראה זו בפירוש, אך זה מובן מעצם הציווי להתקדש, ומשה חייב להבהיר עניין זה לעם במפורש.

התגלות ה׳ בהר, טז-יט

לאחר שלושה שלבי הכנה, פסוקים טז-כ מתארים את התגלותו של ה׳. בבוקר יום השלישי היו קולות, כנראה הכוונה לרעמים, יחד עם ברקים, קול שופר וענן כבד על ההר. כאמור, קודם כבר היה ענן על ההר (ט), אבל עכשיו מראה הענן היה הרבה יותר חזק ("עָנָן כָּבֵד"), וזהו ביטוי לנוכחות יותר מרשימה של ה׳. העם נחרד, היינו רעד מרוב פחד מהמחזה שראה והקולות ששמע, מה שגרם להם להימנע מלצאת מאוהליהם עד שמשה הוציאם לקראת האלוהים. תיאור זה מביע את המשמעות של המפגש בין העם לה׳ במעמד סיני. ה׳ משמיע את קולו, והעם יוצא לקראת אלוהים מן המחנה אל תחתית ההר שעליו שוכן ה׳.

פסוק יח חוזר ומתאר את המחזה על הר סיני. התיאור הקודם היה כשהעם נשאר באוהלים ולא ראה את המחזה, ואילו בפסוק יח מתואר המחזה שנגלה לעיניהם. ההר היה מכוסה בעשן שנגרם מירידת ה׳ להר באש, ודרכה של אש להוציא עשן רב, כמו עשן היוצא מכבשן. בפסוק טז נאמר שהעם נחרד, וכאן נאמר שההר נחרד, היינו ההר רעד מאוד. העם עומד בתחתית ההר, רואה את המחזה ושומע את הקולות. פעמים רבות המקרא מתאר הרעשת הארץ בהקשר של התגלות ה׳ באמצעות פעלים שונים (חיל; געש; רעש; רגז). אפשר כי התיאור של רעידת הארץ הוא מטאפורי (שופטים ה׳, ד; ישעיה ה׳, כה; נחום א׳, ה; חבקוק ג׳, י; תהילים י״ח, ח; מ״ו, ד; ס״ח, ט; ק״ד, לב),[26] אבל אפשר גם שהמטאפורה הופכת להיות ממשית – מעין רעידת האדמה בהר.

לאחר התיאור של מראה האש והעשן על סיני, הכתוב עובר לתאר את דרך השיחה בין משה לה׳: "וַיְהִי קוֹל הַשּׁוֹפָר הוֹלֵךְ וְחָזֵק מְאֹד מֹשֶׁה יְדַבֵּר וְהָאֱלֹהִים יַעֲנֶנּוּ בְקוֹל" (יט). צורת הפעלים "יְדַבֵּר" "יַעֲנֶנּוּ" מורה על שיח החוזר על עצמו בין ה׳ למשה. לאחר שהפסוק הקודם תיאר את המראה של התגלות ה׳ כמראה אש (יח), וקודם לכן בענן (ט), עתה הפסוק מתאר את קולו של ה׳ שנשמע כקול שופר ההולך ומתחזק בעוצמתו בדברו עם משה. העם לא הבין את הדברים שה׳ דיבר בקול השופר, אולם משה הבין אותם. משה דיבר עם ה׳, וכשה׳ ענה לו, הוא ענה לו בקול, כלומר ענה לו בקול השופר, כמו שכתוב בתחילת הפסוק. המילה "קול" בסוף הפסוק היא קול השופר המוזכר בתחילת הפסוק. הפסוק לא בא להגיד מי פתח בדיבור ומי ענה, אלא כיצד התבצעה התקשורת.

מהו השיח בין משה לה׳ שעליו מדבר הפסוק? אפשרות אחת היא שמדובר על עשרת הדיברות (רש״י, ראב״ע [בפירושו הארוך] ורלב״ג). אולם כפי שנראה, העם שמע את הדיברות ישירות מה׳. ולכן מדובר על דיאלוג בין ה׳ למשה לפני כן. אפשר כי מדובר בדיאלוג בין ה׳ למשה בפסוקים הבאים (כא-כד) (ריב״ש, רמב״ן, אברבנאל ושד״ל). פסוק יח מתאר את מראה כבוד ה׳ שראו העם במעמד סיני, ופסוק יט מתאר את מה ששמעו – את קול ה׳ בשופר שמדבר עם משה. פסוק יט הוא אפוא המשכו הישיר של פסוק יח.

אזהרה נוספת לבל יעלו ישראל בהר או יגעו בו, כ–כה

בפסוק כ נאמר שה׳ ירד על ראש ההר. הדבר נאמר כבר בפסוק יח, שם התיאור היה חלק מתיאור המראה, הקולות ואופן התקשורת של ה׳. עכשיו חוזר תיאור המעשה המציין שעם ירידת ה׳ על הר סיני הוא קרא למשה לראש ההר ומשה עלה.

הציפייה היא כי ה׳ יתחיל לדבר עם משה ויאמר לו את הדיברות. אולם במקום זאת, הוא אומר למשה לרדת שוב מההר, כדי להזהיר את העם שלא יעלו לראות ולא ימותו. דברים אלה הם חזרה על דברי ה׳ למשה בפסוקים יב-יג, ויתר על כן, יש בהם לכאורה הפסקה מפתיעה של ההתגלות. אומנם יש כאן הבהרה חדשה לגבי הכוהנים, שאף על פי שהם ניגשים אל הקודש בדרך כלל, במקרה זה הם יתקדשו ולא יעלו בהר.[27] פירוש זה מסתבר גם לפי מה שנאמר במפורש בפסוק כד, שהכוהנים לא יעלו. אפשר שהכוונה היא שהם יתקרבו אל ההר יותר משאר העם,[28] ובפסוק כד מודגש שהכוהנים לא עלו למעלה להר. ברור כי קטע זה הוא המשך אזהרתו של ה׳ לעיל, לבל יעלו ישראל בהר או יגעו בו (יב-יג), שכן בתגובה לדברי ה׳ כאן למשה לרדת להזהיר את העם, משה עונה לו שהעם אינו יכול לעלות להר, בדיוק מהסיבה שכבר "העידות בנו", כלומר, ציווית אותנו על כך (כג).

את האזהרה הנוספת של ה׳ אפשר להסביר בכמה אופנים:

אפשר שבעוד משה עולה על ההר, היו אנשים שהתחילו לעלות להר מתוך סקרנות, או שאולי אפילו הייתה תכונה כזו של אנשים שהתפתו לראות את התגלות ה׳. גם כשמשה ראה את האש בסנה הוא אמר: "אָסֻרָה נָּא וְאֶרְאֶה" (ג׳, ג). ולכן גם לאחר שמשה אומר לה׳ שהציווי שלו עדיין עומד, מה שמייתר את הצורך להזהיר את העם, ה׳ התעקש – "וַיֹּאמֶר אֵלָיו ה׳ לֶךְ רֵד", כדי לוודא שהעם לא יעלה.[29] כך או כך, החזרה על הנושא כאן מדגישה את האיסור החמור של העלייה להר ואת הייחודיות של ההתגלות.[30]

בפסוק כד נאמר שהכוהנים לא יעלו, אך אהרן יעלה עם משה. מה הכוונה שאהרן יעלה עם משה? ומתי משה עלה?

בפסוק כ קרא ה׳ למשה לעלות לראש ההר ומייד ביקש ממנו לרדת להזהיר את העם לבל יעלו, אך גם אמר לו לעלות ביחד עם אהרן (כד). משה ירד ואמר לעם את הדברים שאמר לו ה׳ (כה). מייד התחיל ה׳ לומר את עשרת הדיברות, אך לא נאמר שמשה ואהרן עלו להר, עד שה׳ התחיל לומר את הדיברות. אז היכן היה משה בעת עשרת הדברות?

אפשרות אחת היא שמשה כבר היה על ההר.[31] הדבר עולה מציווי ה׳ למשה ואהרן שיעלו להר, אף שלא נאמר שהם ביצעו זאת. על פי שיטה זו פסוק יט פירושו שמשה תיווך את דברי ה׳ אל העם. כך אפשר גם להסביר את דברי משה בדברים ה׳, ה: "אָנֹכִי עֹמֵד בֵּין ה׳ וּבֵינֵיכֶם בָּעֵת הַהִוא לְהַגִּיד לָכֶם אֶת דְּבַר ה׳". אפשרות אחרת היא שמשה היה למטה,[32] ויש ראיות חזקות לעמדה זו. ראשית מכיוון שלא כתוב שמשה עלה להר לפני עשרת הדיברות, וגם לא כתוב לאחר עשרת הדיברות שהוא ירד. ושנית, ראיה מכריעה עוד יותר היא שהעם ביקש ממשה שה׳ לא ידבר איתם יותר (כ׳, טז), וזה אפשרי רק אם משה היה למטה ליד העם.

נראה אפוא שמשה היה למטה, והעם שמע את קולו של ה׳ בכל עשרת הדיברות. כך יש להבין את הבקשה של העם ממשה: ה׳ אמור היה להמשיך לדבר עם העם בקולו, ולפרט את המשפטים, אלא שאז פנו ישראל למשה וביקשו ממנו שהוא ישמע את ה׳ (כ׳, טז), ואכן זה מה שקורה מייד. משה עולה להר – ״וַיַּעֲמֹד הָעָם מֵרָחֹק וּמֹשֶׁה נִגַּשׁ אֶל הָעֲרָפֶל אֲשֶׁר שָׁם הָאֱלֹהִים״ (כ׳, יח), ה׳ מדבר עימו (יט ואילך) ונותן לו את המשפטים: ״וְאֵלֶּה הַמִּשְׁפָּטִים אֲשֶׁר תָּשִׂים לִפְנֵיהֶם...״ (כ״א-כ״ג). בירדתו מההר משה מספר לעם את המשפטים ששמע מה׳ (כ״ד, ג) והעם מקבל את הדברים (ג2).

טענה זו משתלבת היטב עם דברי משה אל העם בספר דברים: ״פָּנִים בְּפָנִים דִּבֶּר ה׳ עִמָּכֶם בָּהָר מִתּוֹךְ הָאֵשׁ״ (ה׳, ד). פסוק ה, שבו נאמר שמשה ניצב בין העם לה׳ כדי למסור להם את דבר ה׳, מתייחס לדברים שנמסרו לאחר שהעם אמר שאינו רוצה לשמוע את קול ה׳ יותר, ואז משה עלה להר וקיבל את המשפטים. הדבר מפורש בהמשך הפסוק: ״כִּי יְרֵאתֶם מִפְּנֵי הָאֵשׁ וְלֹא עֲלִיתֶם בָּהָר לֵאמֹר״. ואכן, לאחר עשרת הדיברות בספר דברים, אומר משה לסיכום: ״אֶת הַדְּבָרִים הָאֵלֶּה דִּבֶּר ה׳ אֶל כָּל קְהַלְכֶם בָּהָר מִתּוֹךְ הָאֵשׁ הֶעָנָן וְהָעֲרָפֶל קוֹל גָּדוֹל וְלֹא יָסָף״ (יט). ושוב מפורש בפסוק כא שם: ״וַתֹּאמְרוּ הֵן הֶרְאָנוּ ה׳ אֱלֹהֵינוּ אֶת כְּבֹדוֹ וְאֶת גָּדְלוֹ וְאֶת קֹלוֹ שָׁמַעְנוּ מִתּוֹךְ הָאֵשׁ הַיּוֹם הַזֶּה רָאִינוּ כִּי יְדַבֵּר אֱלֹהִים אֶת הָאָדָם וָחָי״. כלומר, העם שמע את עשרת הדיברות בקולו של ה׳, ונמנע רק מלשמוע את המשפטים הנוספים, מעבר לעשרת הדיברות (כב-כד).[33]

לפי הבנה זו, הוראת ה׳ למשה ולאהרן לעלות להר יכולה להתפרש כעלייה מועטה בהר, מתוך הפרדה בין משה לאהרן, הכוהנים והעם, כפי שפירשו חז״ל. אפשרות אחרת היא שהכוונה היא לעליית משה בסיום עשרת הדיברות והמשפטים, כמתואר בכ״ד, א. בין אם נבין כך או אחרת, אפשר להסיק שזו הכוונה רק בדיעבד, לאחר שה׳ התחיל לומר את עשרת הדיברות בהיות משה למטה. אבל מהפסוק עצמו משתמע שהכוונה היא שלאחר שמשה ירד להזהיר את העם לא לעלות להר, מייד עליו לעלות למעלה, ויש להניח שכך הבין משה. נראה שהערפול הזה סביב כוונת ה׳ בציווי של משה לעלות, נועד לייצר תחושה שמשה אמור להיות למעלה, אבל בטרם עלה, עוד בהיותו למטה, ה׳ אמר את עשרת הדיברות. יצירת התחושה האמביוולנטית הזו, לפיה משה הבין שהוא אמור להיות למעלה, אך בסופו של דבר היה למטה עִם העם, נועדה להדגיש את הרעיון שלמרות גדולת משה, ולמרות שהוא שומע את דבר ה׳ ותפקידו לתווך בין העם לה׳, בסופו של דבר הוא בן אנוש. בסופו של דבר הוא נמצא יחד עם כל העם כשהם שומעים את עשרת הדיברות מפי ה׳. ייתכן שהספקות לגבי מיקומו של משה בהר, למעלה או למטה עִם העם, נועדו לחזק את התחושה של קרבתו של משה לה׳ מחד גיסא, ואת היותו אנושי וחלק מבני עמו, מאידך גיסא.

היותו של משה למטה עִם העָם כנראה באה לשקף את רוממותו של ה׳ על כל ישראל, ובכלל זה אפילו משה, כנאמר במדרש בשמות רבה: ״כך בקש הקב״ה לתן עשרת הדברות, היה משה עומד מצדו, אמר הקדוש ברוך הוא: אני גולה להם הרקיע ואומר ׳אנכי ה׳ אלהיך׳ הם אומרים מי אמר, הקב״ה או משה? אלא ירד ואחר כך אני אומר...״.[34]

בפסוק כה מדווח שמשה ירד אל העם ואמר אליהם, אך לא נאמר מה אמר. יש להניח שהכוונה שאמר להם את עניין הגבלת ההר שה׳ אמר לו בפסוקים כא-כד.

מיהם הכוהנים? לפי דעה אחת בחז״ל, ורוב הפרשנים בעקבותיהם, הכוונה לבכורים, ודעה אחרת היא שהכוונה לבני אהרן נדב ואביהו.[35]

עשרת הדיברות, כ׳, א–יד

א וַיְדַבֵּר אֱלֹהִים אֵת כָּל־הַדְּבָרִים הָאֵלֶּה לֵאמֹר.

ב אָנֹכִי יהוה אֱלֹהֶיךָ אֲשֶׁר הוֹצֵאתִיךָ מֵאֶרֶץ מִצְרַיִם מִבֵּית עֲבָדִים.

ג ד לֹא־יִהְיֶה לְךָ אֱלֹהִים אֲחֵרִים עַל־פָּנָי. לֹא־תַעֲשֶׂה לְךָ פֶסֶל וְכָל־תְּמוּנָה אֲשֶׁר בַּשָּׁמַיִם מִמַּעַל
ה וַאֲשֶׁר בָּאָרֶץ מִתָּחַת וַאֲשֶׁר בַּמַּיִם מִתַּחַת לָאָרֶץ. לֹא־תִשְׁתַּחֲוֶה לָהֶם וְלֹא תָעָבְדֵם כִּי אָנֹכִי
ו יהוה אֱלֹהֶיךָ אֵל קַנָּא פֹּקֵד עֲוֺן אָבֹת עַל־בָּנִים עַל־שִׁלֵּשִׁים וְעַל־רִבֵּעִים לְשֹׂנְאָי. וְעֹשֶׂה חֶסֶד
לַאֲלָפִים לְאֹהֲבַי וּלְשֹׁמְרֵי מִצְוֺתָי.

ז לֹא תִשָּׂא אֶת־שֵׁם־יהוה אֱלֹהֶיךָ לַשָּׁוְא כִּי לֹא יְנַקֶּה יהוה אֵת אֲשֶׁר־יִשָּׂא אֶת־שְׁמוֹ לַשָּׁוְא.

ח ט זָכוֹר אֶת־יוֹם הַשַּׁבָּת לְקַדְּשׁוֹ. שֵׁשֶׁת יָמִים תַּעֲבֹד וְעָשִׂיתָ כָּל־מְלַאכְתֶּךָ. וְיוֹם הַשְּׁבִיעִי שַׁבָּת לַיהוה
אֱלֹהֶיךָ לֹא־תַעֲשֶׂה כָל־מְלָאכָה אַתָּה וּבִנְךָ וּבִתֶּךָ עַבְדְּךָ וַאֲמָתְךָ וּבְהֶמְתֶּךָ וְגֵרְךָ אֲשֶׁר בִּשְׁעָרֶיךָ.
יא כִּי שֵׁשֶׁת־יָמִים עָשָׂה יהוה אֶת־הַשָּׁמַיִם וְאֶת־הָאָרֶץ אֶת־הַיָּם וְאֶת־כָּל־אֲשֶׁר־בָּם וַיָּנַח בַּיּוֹם
הַשְּׁבִיעִי עַל־כֵּן בֵּרַךְ יהוה אֶת־יוֹם הַשַּׁבָּת וַיְקַדְּשֵׁהוּ.

יב כַּבֵּד אֶת־אָבִיךָ וְאֶת־אִמֶּךָ לְמַעַן יַאֲרִכוּן יָמֶיךָ עַל הָאֲדָמָה אֲשֶׁר־יהוה אֱלֹהֶיךָ נֹתֵן לָךְ.

יג לֹא תִרְצָח

לֹא תִנְאָף

לֹא תִגְנֹב

לֹא תַעֲנֶה בְרֵעֲךָ עֵד שָׁקֶר.

יד לֹא תַחְמֹד בֵּית רֵעֶךָ לֹא תַחְמֹד אֵשֶׁת רֵעֶךָ וְעַבְדּוֹ וַאֲמָתוֹ וְשׁוֹרוֹ וַחֲמֹרוֹ וְכֹל אֲשֶׁר לְרֵעֶךָ.

פירוש העניין

חשיבותם של עשרת הדיברות

חשיבותם של עשרת הדיברות אינה רק בתוכנם, שכן למעט הדיבר האחרון – האיסור לא תחמוד, שאר הדיברות מופיעים במקומות אחרים בתורה.[36] חשיבותם העיקרית היא שהעם שמע את הדיברות ישירות מה׳, ושבדברים אלה ה׳ מציג את עצמו ישירות בפניהם. הצגה זו מחייבת את העם לשמור הוראותיו של ה׳ להימנע מדברים מסוימים ולעשות את מצוותיו.[37] בהמשך יפורטו איסורים רבים ומצוות רבות על ידי משה בשם ה׳, אך בניגוד אליהם, בעשרת הדיברות ה׳ מדבר ישירות עִם העַם. עשרת הדיברות כוללים יסודות על ייחודו של אלוהים ומצוות הנובעות מייחודו, שהן הוראות מוסריות בסיסיות. עשרת הדיברות הם אפוא תשתית דתית ואמונית: בהם התפרטו מצוות הקשורות לבין אדם למקום ולבין אדם לחברו, והם תמצית ויסוד של ההתחייבות של ישראל בבריתו עם ה׳.[38]

הסגנון של עשרת הדיברות תומך בכך. חלק גדול מהחוקים בתורה מתארים מצב מסוים ואת דינו. כך למשל: "מַכֵּה אִישׁ וָמֵת מוֹת יוּמָת" (כ"א, יב), או "גֹנֵב אִישׁ וּמְכָרוֹ וְנִמְצָא בְיָדוֹ מוֹת יוּמָת" (כ"א, טז), לעומת זאת, החוקים בעשרת הדיברות באים כאיסורים מוחלטים: "לֹא תִּרְצָח", "לֹא תִּגְנֹב". הניסוח של האיסורים המוחלטים בעשרת הדיברות בא להציג עקרונות, יותר מאשר פרקטיקה של היישום המשפטי בכל מצב.[39]

בדיבר הראשון ה׳ מציג עצמו בפני העם: "אָנֹכִי ה׳ אֱלֹהֶיךָ אֲשֶׁר הוֹצֵאתִיךָ מֵאֶרֶץ מִצְרַיִם מִבֵּית עֲבָדִים" (ב). הקשר בין העם לה׳ מבוסס בראש ובראשונה על חוויה קיומית ולא על תובנות תיאולוגיות.[40] החוויה של העם שה׳ הוציאו ממצב שפל נמצאת בבסיס קשר הברית בין ישראל לה׳. עשייה זו של ה׳ למען העם, לאחר שהעם ניאות להיכנס עם ה׳ בברית, היא המחייבת את ישראל בקיום מצוותיו.

חידושה של התורה הוא שיש אל אחד, ולפיכך אסור לעבוד אלים אחרים, ואף אסור לעשות פסלים ותמונות. אלוהי ישראל הוא אל קנא, ואין בו סובלנות כלפי עבודת אלוהים אחרים. תפיסה זו הייתה חידוש גדול בעולמם של ישראל, שהיו מוקפים בעובדי אלילים וחיו בתרבות זו. תפיסות אליליות האמינו שיש כמה אלים כאשר כל אחד מתאפיין בכוח משלו. בנוסף לכך, תפיסה אלילית סבורה שהאלים עצמם כפופים למערכות של חוקים. התורה מגלה ארבעה עקרונות תאולוגיים שהם חידוש: אלוהי ישראל הוא האל היחידי, הוא בעל כל הכוחות כולם, הוא שולט באופן מוחלט בהוויה כולה והוא אינו כפוף לשום מערכת אחרת.[41]

ייחודם של עשרת הדיברות הוא בכך שהם כוללים מצוות, המכונות היום ׳דתיות׳, לצד מצוות מהתחום החברתי. בחמשת הדיברות הראשונים ישנן הנמקות, ושם ה׳ מוזכר בהם שמונה פעמים. לעומת זאת, בחמשת הדיברות האחרונים אין הנמקות, ובחלק זה המילה "רֵעֶךָ" מופיעה ארבע פעמים. חמש המצוות הראשונות הן מצוות הכרה ואמונה בה׳, איסור לעבוד אלים אחרים ולעשות פסל ומסכה, איסור שבועה בשם ה׳ ומצוות שבת. מצוות כיבוד

הורים היא האחרונה בקבוצה הראשונה. אף שיש בה ממד אנושי חברתי, על פי ניסוחה היא מתאימה לקבוצה הראשונה. את הקישור של מצוות כיבוד הורים למצוות שהן בין אדם לבין קונו אסביר להלן, בעיוננו לדיבר זה. חמשת הדיברות האחרונים הם בתחום שבין אדם לרעהו: אסור רציחה, ניאוף, גנבה, עדות שקר בחברו וחימוד של מה ששייך לרעהו. המייחד את עשרת הדיברות הוא שגם המצוות וההנחיות המוסריות חברתיות הן חלק בלתי נפרד מן המערכת הדתית. זהו חידוש גדול. תפיסה זו מוטמעת היטב בדברי הנביאים, שביקרו את העם על מעשים שבין אדם לחברו, וקבעו כי חטאים בתחום בזה הם חטאים כלפי אלוהים.[42] אין הפרדה בין מצוות שבין אדם למקום למצוות שבין אדם לחברו. הכול כלול במערכת הברית בין ישראל לה׳.

נקודה נוספת ומהותית היא שהתורה אוסרת מחשבות שליליות מסוג מסוים, כמו למשל כאשר היא אוסרת על אדם לחמוד את מה ששייך לרעהו. אף שחכמים התקשו כיצד התורה יכולה לצוות על המחשבות ועל הלב, ניכר בפשוטו של מקרא שהתורה מכוונת את האדם להימנע ממחשבות שליליות הקשורות בחימוד מה ששייך לרעהו. כך גם במצוות אחרות בתורה, דוגמת "וְאָהַבְתָּ לְרֵעֲךָ כָּמוֹךָ" ו"לֹא תִשְׂנָא אֶת אָחִיךָ בִּלְבָבֶךָ" (ויקרא י"ט, יז-יח). התורה מבקשת את טוהר הלב והמחשבות, ואינה מסתפקת אך ורק במעשים טובים ונכונים.

על חשיבותם של עשרת הדיברות ניתן ללמוד מהציטוטים הרבים בדברי נביאים ובתהילים מעשרת הדיברות (שופטים ו׳, ח-י; הושע ד׳, א; ירמיה ז׳, ט; תהילים נ׳, ז, פ"א, ט-י). עשרת הדיברות מצוטטים שוב בדברים ה׳, ו-יח, ובפירושנו שם נעמוד על ההבדלים בין הנוסחים בשני המקורות.

חלוקת הדיברות לעשרה

כאן לא כתוב שמספר הדיברות הוא עשרה. הדבר כתוב בשמות ל"ד, כח; דברים ד׳, יג; י׳, ד. אין זה פשוט לקבוע את החלוקה בין הדיברות, והספק בעיקר נסוב סביב שני הדיברות הראשונים, ובהתאמה לכך בשני הדיברות האחרונים. הדעה המקובלת בחז"ל, ובעקבותיהם בקרב רוב הפרשנים, היא ש"אָנֹכִי" עד "עֲבָדִים" הוא הדיבר הראשון, ו"לֹא יִהְיֶה לְךָ" עד "מִצְוֹתָי", הוא הדיבר השני.[43] הדיברות הבאים הם: "לֹא תִשָּׂא", "זָכוֹר", "כַּבֵּד", "לֹא תִּרְצָח", "לֹא תִּנְאָף", "לֹא תִּגְנֹב", "לֹא תַעֲנֶה" ו"לֹא תַחְמֹד".

שיטה שנייה משתקפת בחלוקה של עשרת הדיברות לפסקאות, וכן בטעם עליון. לפי שיטה זו, מ"אָנֹכִי" עד "מִצְוֹתָי" זו פסקה אחת, ולפיכך גם דיבר אחד, אך בין "לֹא תַחְמֹד בֵּית רֵעֶךָ" ל"לֹא תַחְמֹד אֵשֶׁת רֵעֶךָ" יש פרשה סתומה, ולכן יש להחשיבם כשני דיברות. אפשרות זו אינה סבירה, שכן לא ניתן לחלק את האיסור "לֹא תַחְמֹד" לשני דיברות שונים על פי מושאי החימוד השונים.[44] לגבי הצירוף של "אָנֹכִי" ו"לֹא יִהְיֶה" לפסקה אחת, יש לומר שהדבר איננו משום שזה דיבר אחד, אלא מטעם אחר, למשל זה שהציע חזקוני, על מנת שנזכור ששני

הדיברות הראשונות נאמרו בדיבור אחד, כפי דברי חז"ל.[45] ואכן, חלוקת הפסקה הראשונה לשני דיברות משתקפת בחלוקת הפסוקים בטעם עליון לפי כתבי יד מסוימים.[46]

אפשרות שלישית היא שהדיבר הראשון הוא מ"אָנֹכִי" ועד "פָּנָי", והדיבר השני הוא האיסור לעשות פסל. כך עולה משיטת רבי ישמעאל בספרי, קיב (הורוויץ, 121): "ר' ישמעאל אומר בעבודה זרה הכתוב מדבר שנאמר 'כי דבר ה' בזה', שביזה על דבור ראשון שנאמר למשה מפי הגבורה 'אנכי ה' אלהיך לא יהיה לך אלוהים אחרים על פני'".[47]

אפשרות נוספת היא ש"אָנֹכִי" עד "עֲבָדִים" זו הקדמה לעשרת הדיברות. כך, הדיבר הראשון הוא "לֹא יִהְיֶה לְךָ אֱלֹהִים אֲחֵרִים עַל פָּנָי" והשני הוא "לֹא תַעֲשֶׂה לְךָ פֶסֶל" עד "מִצְוֹתָי".[48]

קשה להכריע בין השיטות השונות, ובפירושנו כאן נלך בעקבות הדעה המקובלת בחז"ל ובפרשנות, ש"אָנֹכִי" ו"לֹא יִהְיֶה לְךָ... מִצְוֹתָי" הם שני דיברות נפרדים, ו"לֹא תַחְמֹד" הוא הדיבר העשירי.

אומנם, ההיגיון של השיטה לפיה "אָנֹכִי ה' אֱלֹהֶיךָ" ו"לֹא יִהְיֶה לְךָ אֱלֹהִים אֲחֵרִים" הוא דיבר אחד, הוא בכך שהראשון עוסק בייחודו של ה' והצד השני של המטבע הוא שאסור לעבוד אלוהים אחרים, והדיבר השני עוסק באיסור לעשות ייצוג ממשי בצורת פסלים או תמונות. וכך נראה סביר יותר להכריע, שהדיבר הראשון עוסק בה' כאלוה (ב), ואילו הדיבר השני עוסק כולו באלוהים אחרים, באמונה בהם או בעשיית פסלים (ג-ו).

נגד האפשרות ש"אָנֹכִי ה' אֱלֹהֶיךָ" עד "עֲבָדִים" הוא הקדמה, והדיבר הראשון הוא "לֹא יִהְיֶה", יש להביא ראיה מהשימוש בשמות ה' בעשרת הדיברות. הצירוף "ה' אֱלֹהֶיךָ" מופיע חמש פעמים, כמספר הדיברות העוסקים ביחסים עם ה', פעם אחת בכל דיבר, בהנחה ש"אָנֹכִי ה' אֱלֹהֶיךָ..." הוא דיבר בפני עצמו (ב, ה, ז, י, יב).

מבנה עשרת הדיברות

עשרת הדיברות נחלקים באופן ברור לשניים, חמישה דיברות בכל החלק.[49] חמשת הדיברות הראשונים הם מצוות שבין אדם לאלוהים, ואילו חמשת האחרונים הם מצוות שבין אדם לחברו. חלוקה זו נתמכת בחלוקה סגנונית. חמשת הדיברות הראשונים באים ביחד עם הנמקה, ואילו החמישה האחרונים באים ללא הנמקה. בהתאם לעיסוק של חמשת הדיברות האחרונים, המילה "רֵעֶךָ" מופיעה ארבע פעמים (יג, יד3), ואילו שם ה' אינו מוזכר אפילו פעם אחת. לעומת זאת, בחמישה הדיברות הראשונים שם ה' מוזכר שמונה פעמים (ב, ה, ז2, י, יא, יב), וכאמור, חמש פעמים מוזכר הצירוף "ה' אֱלֹהֶיךָ".[50]

הפתיחה לעשרת הדיברות, כ׳, א

"וַיְדַבֵּר אֱלֹהִים אֵת כָּל הַדְּבָרִים הָאֵלֶּה לֵאמֹר". בפתיחה נאמר שה׳ דיבר בקולו את הדיברות, ובהמשך נגלה שהעם שמע את דבריו, אך לא היה יכול לעמוד בכך וביקש שמשה יתווך את המשך דברי ה׳. על פי חז״ל, ה׳ דיבר את שני הדיברות הראשונים, ולאחר מכן העם ביקש שמשה ידבר, ואת המשך הדיברות ה׳ אמר למשה בהר. הבסיס לדעה זו הוא שבשני הדיברות הראשונים ה׳ מדבר בגוף ראשון, ואילו מהדיבר השלישי ה׳ מוזכר בגוף שלישי.[51] כפי שנראה להלן, נקטנו בדרכם של פרשנים רבים שסוברים שהעם דווקא שמע ישירות מה׳ את כל עשרת הדיברות.

בפסוק הפתיחה לא כתוב אל מי דיבר ה׳. הסיבה לכך היא כדי לשקף את העובדה שיחסי הברית לא נוצרו עדיין, ואומנם ה׳ מדבר בקולו, אך כמה העם שומע או מקבל את הדברים ומוכן להיכנס ליחסי ברית, זאת אין לדעת עדיין. מידת ההיענות של העם תתברר בהמשך, לאחר שהעם ישמע ממשה את כל המשפטים שמשה שמע מה׳ בהיותו בהר. רק אחר כך העם יקבל את הברית עם ה׳ כשיגיד: "נַעֲשֶׂה וְנִשְׁמָע" (כ״ד, ז). כדי לשקף מצב זה, הדיבור של ה׳ מופיע בפסוק ללא נמען.

בשני הדיברות הראשונים בלבד ה׳ מדבר בגוף ראשון אל בני ישראל, משום ששני הדיברות הללו הם יסוד הברית: האמונה באל אחד והאיסור לעבוד אלוהים אחרים.[52] שאר המצוות נובעות מייחודו של ה׳. בשאר הדיברות ה׳ מדבר על עצמו בגוף שלישי, כמו בהרבה מקומות אחרים במקרא (למשל י״ט, יא; במדבר י״ד, כא).[53]

הדיבר הראשון: אנכי ה׳ אלוהיך, כ׳, ב

דיבר זה הוא היסוד שעליו מושתתת הברית בין ישראל לה׳. ה׳ מצהיר בדיבור ישיר בגוף ראשון בפנייה ישירה לישראל: "אָנֹכִי ה׳ אֱלֹהֶיךָ". ה׳ מזדהה בשמו ומצהיר שהוא האל של ישראל, היינו האדון שלהם. הוא אלוהי ישראל שהוציא את בני ישראל ממצרים, שם היו עבדים, והצלה זו של ישראל בידי ה׳ מבטאת את הרצון האלוהי לבחור בישראל להיות לו לעם, ומנגד את המחויבות של ישראל כלפי ה׳. הדיברות פותחים בדיבור ישיר של ה׳ אל בני ישראל, ותקשורת ישירה זו היא הבסיס לקשר בין העם לה׳.[54] עד כה שמע העם ממשה על זהותו של ה׳ ששלח אותו להציל את העם (ג׳, יד-יז; ו׳, ו-ח), ועתה ה׳ מתגלה לעם בקולו ובדיבור ישיר. הצגת ה׳ לישראל כמי שהוציא והציל אותם ממצרים מבססת את ההכרה של העם בה׳ מתוך התנסות אישית, ולא רק מתוך הכרה תיאולוגית בה׳ כבורא עולם או כאדון כל הכוחות (ראב״ע; ריה״ל).[55]

רבים הבינו דיבר זה כמצווה על האמונה בה׳. במכילתא (מסכתא דבחדש, ו [הורוויץ, 222]) הובן שיש בדיבר זה כוונה של ה׳ להציג עצמו בטרם ישית עליהם את מצוותיו:

׳לא יהיה לך אלהים אחרים על פני׳, למה נאמר? לפי שנאמר ׳אנכי ה׳ אלהיך׳, משל למלך בשר ודם שנכנס למדינה, אמרו לו עבדיו, גזור עליהם גזירות. אמר להם לאו, כשיקבלו מלכותי, אגזור עליהם גזירות. שאם מלכותי לא יקבלו, גזרותי לא יקבלו. כך אמר המקום לישראל: ׳אנכי ה׳ אלהיך׳ – ׳לא יהיה לך אלהים׳, אמר להם אני הוא שקבלתם מלכותי עליכם במצרים? אמרו לו, כן. וכשם שקבלתם מלכותי עליכם, קבלו גזרותי.

דברי הרמב״ם מפורסמים, והוא מגדיר דיבר זה כמצוות האמונה בה׳, בספר המצוות, מצוות עשה ראשונה:

היא הצווי אשר צונו להאמין האלהות, והוא שנאמין שיש שם עלה וסבה הוא פועל לכל הנמצאות. והוא אמרו יתברך: ״אנכי ה׳ אלהיך״. ובסוף גמרא מכות (כג ע״ב) אמרו: ״תרי״ג מצוות נאמרו לו למשה בסיני, מאי קראה ׳תורה צוה לנו משה׳, כלומר מנין תור״ה״, והקשו על זה ואמרו, ״תורה בגימטריא הכי הואי, שית מאה וחדסרי הואי״, והיתה התשובה ״׳אנכי׳ ו׳לא יהיה׳ מפי הגבורה שמעום״, הנה כבר התבאר לך כי ״אנכי ה׳״ מכלל שש מאות ושלש עשרה מצות, והוא צווי באמונה כמו שבארנו.[56]

ראב״ע (בפירושו הקצר) הגדיר זאת אחרת: ״׳אנכי׳ – שידענו ויאהבנו בכל לבו וידבק בו ויהי לנגדו תמיד, ולא תסור יראתו מעל פניו״. וריב״ש ניסח מצווה זאת באופן אחר: ״אנכי ה׳ אלהיך – זה דיבור ראשון, אנכי מצוה עליך שאהיה אדון שלך, ודיין שלך, כלומר: שתחזיקני לאדון ולדיין לך. ועתה נותן טעם לדבר, מפני זאת רוצה אני להיות אדון שלך ודיין שלך״.

ההבדלים בין תובנותיהם של חכמים אלה נובעים מכך שהדיבר הראשון אינו מנוסח כהוראה מה לעשות. גם אם לא נבין זאת כמצווה, עדיין אפשר להחשיב את המשפט הזה כדיבר נפרד וראשון, שכן בכל מקום פסוקים אלה נקראים: ״עֲשֶׂרֶת הַדְּבָרִים״. ואפשר ש״אָנֹכִי״, אף לשיטה שאין זו מצווה, הוא עדיין דיבר נפרד, בתורת הצהרה שהעם צריך לקבל. זו כנראה שיטת בה״ג, וכנראה גם השיטה במכילתא שהובאה לעיל, שנראה מדבריהם ש״אָנֹכִי ה׳ אֱלֹהֶיךָ״ אינו מצווה אלא תנאי לנתינת הגזרות, ותנאי זה לפי המדרש התקיים במצרים.

הדיבר השני: איסור לעבוד אלים אחרים, כ׳, ג–ו

דיבר זה הוא המשך ישיר של הדיבר הקודם. מכיוון שה׳ הוא אלוהי ישראל, נאסר על ישראל לעבוד אלים אחרים. ״עַל פָּנָי״ מורה שעבודה לאלים אחרים היא בגידה ישירה בה׳. דיבר זה כולל פירוט של שלושה איסורים: לא לעבוד אלוהים אחרים, לא לעשות פסלים ותמונות ולא להשתחוות להם או לעובדם. ההסבר לאיסור זה הוא שלה׳ אין דמות גוף, כפי שכתוב בדברים על המעמד בסיני: ״וַיְדַבֵּר ה׳ אֲלֵיכֶם מִתּוֹךְ הָאֵשׁ קוֹל דְּבָרִים אַתֶּם שֹׁמְעִים וּתְמוּנָה

אֵינְכֶם רֹאִים זוּלָתִי קוֹל" (דברים ד׳, יב). שוב מודגשת שהעובדה שבהר סיני ישראל לא ראו כל תמונה ולכן עליהם להימנע מלעשות כל פסל: "וְנִשְׁמַרְתֶּם מְאֹד לְנַפְשֹׁתֵיכֶם כִּי לֹא רְאִיתֶם כָּל תְּמוּנָה בְּיוֹם דִּבֶּר ה׳ אֲלֵיכֶם בְּחֹרֵב מִתּוֹךְ הָאֵשׁ. פֶּן תַּשְׁחִתוּן וַעֲשִׂיתֶם לָכֶם פֶּסֶל תְּמוּנַת כָּל סָמֶל תַּבְנִית זָכָר אוֹ נְקֵבָה. תַּבְנִית כָּל בְּהֵמָה אֲשֶׁר בָּאָרֶץ תַּבְנִית כָּל צִפּוֹר כָּנָף אֲשֶׁר תָּעוּף בַּשָּׁמָיִם. תַּבְנִית כָּל רֹמֵשׂ בָּאֲדָמָה תַּבְנִית כָּל דָּגָה אֲשֶׁר בַּמַּיִם מִתַּחַת לָאָרֶץ. וּפֶן תִּשָּׂא עֵינֶיךָ הַשָּׁמַיְמָה וְרָאִיתָ אֶת הַשֶּׁמֶשׁ וְאֶת הַיָּרֵחַ וְאֶת הַכּוֹכָבִים כֹּל צְבָא הַשָּׁמַיִם וְנִדַּחְתָּ וְהִשְׁתַּחֲוִיתָ לָהֶם וַעֲבַדְתָּם" (שם, טו-יט). עשיית פסל המדוברת כאן היא לשם עבודה זרה,[57] אך מהפסוקים בדברים שם משמע שהאיסור מכוון גם לעשיית פסל לשם עבודת ה׳.[58]

הרמב"ם מנה את שלושת האיסורים האלה כשלוש מצוות שונות, ואילו רמב"ן מנה אותם כאיסור אחד.[59] אם כן, לפי שיטת רמב"ם עשרת הדיברות אינם כוללים עשר מצוות, והדבר עולה ממה שאמרנו קודם שעשרת הדיברות הם עשרה דברים ולא עשר מצוות.

בסוף הדיבר מופיע נימוק לאיסורים שהוזכרו, הפותח במילים "כִּי אָנֹכִי ה׳ אֱלֹהֶיךָ". במילים אלה יש סגירה של הדיבר הראשון, הפותח באותן מילים. מכאן שצריך לראות את שני הדיברות הראשונים כקשורים זה לזה, והם שני צדדים של אותו מטבע. הצד החיובי הוא הדיבר "אָנֹכִי ה׳ אֱלֹהֶיךָ", וממנו נובע האיסור לעבוד אלים אחרים או לעשות פסלים. הנימוק לכך הוא שה׳ הוא אל קנא (וכן בדברים ד׳, כד; ל"ב, כא-כב). המושג קנאה מקורו ביחס בין איש לאשתו, והועתק ליחסו של ה׳ במקרה של עבודה לאלוהים אחרים.[60] בגידה בין בני זוג מופיע כמטאפורה של חטאי ישראל בעבודה זרה (למשל: ירמיה ג׳, א; יחזקאל ט"ז, טו-כו; הושע ב׳, ד-טו). המושג קנאה ביחס לה׳ נובע מיחסי הברית והאהבה ששוררים בין ישראל לה׳.

איסור זה הוא חמור ביותר, וה׳ עשוי להעניש את החוטאים, את בניהם, את נכדיהם ואת ניניהם (וכן הוא בל"ד, ז; במדבר י"ד, יח).[61] לאחר התיאור הקשה של העונש שה׳ עשוי להטיל גם על צאצאי החוטאים, מייד מוזכר שלעומת זאת ה׳ גם מיטיב לאלפים, היינו לאלפי דורות, למי שאוהב את ה׳ ושומר את מצוותיו. מידת הפורענות מצטברת לארבעה דורות, אבל מידת חסדו של ה׳ היא לאלפי דורות.[62]

הדיבר השלישי: איסור לשאת את שם ה׳, כ׳, ז

הדיבר השלישי הוא איסור לשאת את שמו של ה׳ לשווא בדיבור (תהילים ט"ז, ד; נ׳, טז). לשאת היינו להרים, ומילה זו באה גם בהקשר של נשיאת קול (מל"ב ט׳, כה; י"ט, ד; ירמיה ז׳, טז). מה משמעותה של המילה "שָׁוְא"? בדיבר התשיעי נאסר לתת עדות שקר בחברו: "לֹא תַעֲנֶה בְרֵעֲךָ עֵד שָׁקֶר" (יג), אך בדיבר המקביל בדברים נאמר: "לֹא תַעֲנֶה בְרֵעֲךָ עֵד שָׁוְא" (ה׳, יז). מכאן אפשר להסיק שהמילה שווא חופפת במשמעותה למילה שקר.[63] לפי זה, הדיבר השלישי חופף לאיסור בויקרא י"ט, יב: "וְלֹא תִשָּׁבְעוּ בִשְׁמִי לַשָּׁקֶר". הגמרא מבחינה בין שווא לשקר (שבועות כ ע"ב – כא ע"ב), בהתאם לכך, הרמב"ם הבחין להלכה בין שבועת שקר, שהיא שבועה על דבר שאינו אמת, לשבועת שווא, שהיא שבועה על דברי הבל או שבועה

על דבר שהוא מיותר או ברור (רמב"ם הלכות שבועות א הלכות ג-ז). לעומת זאת, אונקלוס תרגם את המילה שווא בפסוק פעם אחת "מגנא" ופעם שנייה "שקרא", וכך כלל את שני הסוגים בפסוק. מפשוטו של מקרא עולה שכל מי שנושא שם ה' לשווא עובר על איסור זה, ובכלל זה כמובן שבועה.[64] חכמים הבינו שהאיסור קיים רק בהזכרת שם ה' בשבועה.[65]

איסור זה מופיע מייד לאחר ההצהרה "אָנֹכִי ה' אֱלֹהֶיךָ", ואחרי האיסור החמור של עבודה זרה ועשיית פסל. מכאן יש להבין את החומרה של איסור נשיאת שם ה' לשווא. השבועה בשם ה' מבטאת את האמונה בו: "אֶת ה' אֱלֹהֶיךָ תִּירָא אֹתוֹ תַעֲבֹד וּבוֹ תִדְבָּק וּבִשְׁמוֹ תִּשָּׁבֵעַ" (דברים י', כ; ובדומה ו', יג. וראו: ישעיה י"ט, יח; מ"ח, א; ירמיה ד', ב; י"ב, טז; צפניה א', ה; תהילים ס"ג, יב; דה"ב ט"ו, יד). הנשבע בשם ה' מבטא את כניעתו לו: "כִּי לִי תִּכְרַע כָּל בֶּרֶךְ תִּשָּׁבַע כָּל לָשׁוֹן" (ישעיה מ"ה, כג). וכשהנביא דוחה את העם מלעבוד את ה', הוא אומר להם לא להישבע בשם ה' (הושע ד', טו). שבועה בשם ה' היא ביטוי לאמונה בו, ומי שנשבע לשווא או לשקר, פועל ההפך מכך ומביע חוסר אמונה בו. נשיאת שמו של ה' לשווא דומה במהותה לעבודה זרה.

הדיבר הרביעי: שבת, כ', ח-יא

הדיבר הרביעי הוא מצוות השבת. המילה "זָכוֹר" מצטרפת לפועל "לְקַדְּשׁוֹ", היינו לזכור לקדש את יום השבת. המילה "זכור" מכוונת לתודעת האדם, שישים ליבו לקדש את השבת.[66] קידוש השבת הוא להבחין אותו משאר ימים, כמו שהפסוקים מפרטים: שישה ימים מיועדים לעשיית מלאכה, וביום השבת יש לשבות לה' ולא לעשות בו כל מלאכה. אף שהמילה "זכור" מתייחסת לתודעת האדם ביחס לשבת, במשמעות של פועל זה ישנה גם עשיית פעולה. כמו למשל הצו לזכור את יום היציאה ממצרים וסמוך לו האיסור לאכול חמץ (י"ג, ג), גם כאן הצו לזכור את השבת לקדשו סמוך לאיסור מלאכה. מבחינה זו, הפער בין הצו "זָכוֹר" כאן לצו "שָׁמוֹר" בדברים ה', יב, אינו כה גדול.[67] ההוראה לעבוד שישה ימים ולקדש את השבת היא חיקוי ה' במעשה בראשית, שבו ה' יצר את העולם בשישה ימים, נח ביום השביעי וקידש אותו. הקביעה שה' בירך את יום השבת וקידש אותו – "עַל כֵּן בֵּרַךְ ה' אֶת יוֹם הַשַּׁבָּת וַיְקַדְּשֵׁהוּ" (יא), היא על פי שנאמר בבראשית: "וַיְבָרֶךְ אֱלֹהִים אֶת יוֹם הַשְּׁבִיעִי וַיְקַדֵּשׁ אֹתוֹ" (בראשית ב', ג). קידוש השבת על ידי ישראל הוא אפוא הכרה בה' כבורא עולם.

במקומות אחרים הודגשו רעיונות נוספים הקשורים בשבת. בשמות כ"ג, יב, הודגש העניין החברתי, ובעשרת הדיברות בדברים ה', טו, הודגש עניין יציאת מצרים. במלאכת המשכן הדגש של השבת הוא על קדושתה, במקביל לקדושת המשכן. במקומות אלה נדון בהיבטים הנוספים הללו. הפירוט של כל מי שצריך לשבות בשבת – "אַתָּה וּבִנְךָ וּבִתֶּךָ עַבְדְּךָ וַאֲמָתְךָ וּבְהֶמְתֶּךָ וְגֵרְךָ אֲשֶׁר בִּשְׁעָרֶיךָ" (י), אינו כמו במקומות אחרים, במטרה שכולם יזכו למנוחה (שמות כ"ג, יב; דברים ה', יד). כאן הפירוט בא להדגים את השביתה המוחלטת בשל קדושת השבת, הנובעת מבריאת העולם בידי ה' בשישה ימים ומנוחתו בשבת. בדברים, לאחר רשימת

השובתים נאמר "לְמַעַן יָנוּחַ עַבְדְּךָ וַאֲמָתְךָ כָּמוֹךָ". אך כאן ההסבר למנוחה הוא "כִּי שֵׁשֶׁת יָמִים עָשָׂה ה' אֶת הַשָּׁמַיִם וְאֶת הָאָרֶץ...". מעניין לציין שהאישה לא הוזכרה, וזאת משום שאינה שייכת לאיש ועומדת בזכות עצמה, ואישה כלולה בהוראה לאיש (שד"ל).

הדיבר החמישי: כיבוד הורים, כ', יב

הדיבר החמישי הוא חובת כיבוד אב ואם. הכוונה היא להעניק להורים גדולה וחשיבות ולהתנהג איתם בדרך ארץ. חכמים הבינו שיש לכבד אותם גם בממון.[68] המקיים מצווה זו יזכה לאריכות ימים בארץ. אין הכוונה שתכלית המצווה היא לזכות באריכות ימים, אלא זו התוצאה של קיומה (שד"ל). אפשר שיש כאן מידה כנגד מידה, מי שמכבד את הוריו ומיטיב עימהם, ומזכה אותם באריכות ימים במעשיו, כנגד זה הוא יזכה לאריכות ימים (אברבנאל). אך ראב"ע (בפירושו הארוך) הסביר ששכר זה הוא לציבור, שבשמירת מצווה זו יזכו ישראל שלא יגלו מאדמתם.

אולי מכיוון שלא לגמרי ברור מדוע דווקא על קיום מצווה זו זוכה אדם לאריכות ימים, ספורנו סבר "לְמַעַן יַאֲרִכוּן יָמֶיךָ" עולה על כל חמש המצוות עד כאן.[69] ואולי הוא נשען על כך שהבטחה דומה נאמרה בדברים י"א, כא, על קיום המצוות בכלל (י"א, כא). אך אין זה פשוטו של מקרא.

דיבר זה שייך לחלק הראשון של עשרת הדיברות, בהתבסס על מכנה משותף לשוני: במצווה זו, כמו בכל המצוות של חלק זה, כתוב השם "ה' אֱלֹהֶיךָ" (ב, ה, ז, י, יב). אך לא ברור מדוע מצווה זו שייכת לקבוצת המצוות שבין אדם לאלהיו ולא למצוות שבין אדם לחברו. רמב"ן הסביר שה משום שההורים שותפים עם ה' ביצירת האדם. ועל זה הדרך גם ראב"ע (בפירושו הקצר בהקדמה לעשרת הדיברות) הסביר: "בעבור שכבודם תלוי בכבוד שמים, כי הם הולידוהו בכח ה' והאכילוהו והלבישוהו, בעבור שאלה החמישה הם בין אדם לבורא, והאחרים בין אדם לחברו". אברבנאל כתב: "לפי שבאמרו כבד את אביך נכלל כבוד הקב"ה האב האמיתי והוא האחד היותר מיוחד שבשלושת השותפים שיש ביצירת האדם, וכמו שנאמר: 'הלא הוא אביך קנך הוא עשך ויכוננך'". ורבי יצחק עראמה הסביר שמיקומו באמצע בין שתי קבוצות של הדיברות מורה שהוא משותף לשתי הקבוצות.[70]

נראה שמצווה זו שייכת לחלק הראשון של הדיברות משום שהאמונה באלוהים תלויה בהעברת המסורת והאמונה בה' מההורים לבנים.[71] ואולי זה הבסיס להבין את מלאכי א', ו: "בֵּן יְכַבֵּד אָב וְעֶבֶד אֲדֹנָיו וְאִם אָב אָנִי אַיֵּה כְבוֹדִי וְאִם אֲדוֹנִים אָנִי אַיֵּה מוֹרָאִי". על האמונה בה' בהקשר של העברת הדברים מאב לבן ניתן ללמוד בדברים ו', ה-ז: "וְאָהַבְתָּ אֵת ה' אֱלֹהֶיךָ... וְשִׁנַּנְתָּם לְבָנֶיךָ"; וכן דברים י"א, יט; משלי א', ח-טו; ד', א-ד. והדברים עולים יפה בדברי דוד לשלמה, דה"א כ"ח, ט: "וְאַתָּה שְׁלֹמֹה בְנִי דַּע אֶת אֱלֹהֵי אָבִיךָ וְעָבְדֵהוּ בְּלֵב שָׁלֵם וּבְנֶפֶשׁ חֲפֵצָה כִּי כָל לְבָבוֹת דּוֹרֵשׁ ה' וְכָל יֵצֶר מַחֲשָׁבוֹת מֵבִין אִם תִּדְרְשֶׁנּוּ יִמָּצֵא לָךְ וְאִם תַּעַזְבֶנּוּ יַזְנִיחֲךָ לָעַד". את החשיבות של העברת המסורת מהאבות לבנים אפשר לראות גם בדברי גדעון: "וְאַיֵּה כָל נִפְלְאֹתָיו אֲשֶׁר סִפְּרוּ לָנוּ אֲבוֹתֵינוּ" (שופטים ו', יג).

הדיבר השישי: לא תרצח, כ׳, יג

רצח הוא הריגה בכוונה תחילה ולחינם (רשב״ם). זהו איסור מוסרי כלל אנושי המופיע כבר בהוראה לבני נח (בראשית ט׳, ה-ו). ושם מוסבר הטעם: ״כִּי בְּצֶלֶם אֱלֹהִים עָשָׂה אֶת הָאָדָם״ (ו). עיקרון זה מתייחס לאדם באשר הוא אדם שנברא בצלם אלוהים, לכן אסור לזלזל בחייו ולרצוח אותו. כמובן שמדובר כאן על רוצח לחינם, ולא להמתה של אדם כעונש על פי דין (רשב״ם; ריב״ש; שד״ל), או למצוות אחרות של המתה בדין, כמו מצוות מחיית עמלק ותושבי כנען (רלב״ג). איסור זה פותח את הרשימה השנייה של מצוות בין אדם לחברו, ופותח באיסור החמור ביותר, הנובע ממעלת אדם. הדיבר הראשון בקבוצה הראשונה הוא יסוד במעלתו של אלוהים, והדיבר הראשון בקבוצה השנייה הוא יסוד במעלת בן אנוש.

האיסור הזה והשניים הבאים אחריו מנוסחים באופן מוחלט בשתי מילים כל אחד, ובכך מאפיין הכתוב את האיסורים האלה כעקרונות מוחלטים וגורפים.

הדיבר השביעי: לא תנאף, כ, יג

הדיבר השביעי הוא איסור לשכב עם אשת איש (רש״י; רמב״ן; שד״ל). אף שהכתוב הוא בלשון זכר, האיסור הוא גם לאישה נשואה הנואפת. רב סעדיה גאון, ובעקבותיו ראב״ע, ריב״ש, ראב״ם ורלב״ג, הסבירו שאיסור ניאוף כולל כל ביאה על כל אחת מהעריות. ראב״ע מסביר שניאוף שווה במשמעותו לזנות, והסיק זאת מהכתוב בירמיה ג׳, ט: ״וַתִּנְאַף אֶת הָאֶבֶן וְאֶת הָעֵץ״. אבל צודק שד״ל שהשימוש שם הוא מטאפורי לעבודת אלילים שנמשלה לניאוף. אולם ספורנו, שפירש שאיסור הניאוף הוא באשת איש, סבר שזו רק דוגמה לאיסור ביאה, אבל בכלל האיסור כל ביאה פסולה.

בתרבויות זרות איסור הניאוף הוא כדי להגן על זכויות הגבר, ולכן לבעל הייתה סמכות לקבוע אם ייענשו אשתו והבוגד. אך לפי התורה הניאוף הוא עבירה גם כלפי אלוהים (מלאכי ב׳, יד-טז; משלי ב׳, יז; וראו גם ירמיה ז׳, ט), ולכן אין לבעל אפשרות להחליט מה דינם של החוטאים.[72] העבירה היא עבירה דתית, כפי שראינו לעיל, והחידוש של התורה הוא שגם עוולות בין אישיות וחברתיות הן בתחום שבין אדם לאלוהים.

הדיבר השמיני: לא תגנוב, כ׳, יג

הדיבר השמיני הוא האיסור לגנוב. אף שחכמים קבעו שמדובר בגונב נפשות,[73] ובעקבותיהם נקטו רש״י ורמב״ן בעמדה זו, פשוטו של מקרא הוא שהאיסור הוא על כל סוגי הגנבה (ראב״ע, בפירושו הארוך; ריב״ש; ראב״ם, המצטט גם את רס״ג; שד״ל). הרחיקו לכת אברבנאל וספורנו, שכתבו שבכלל זה גנבת ממון וגם גונב דעת הבריות, היינו מי שמשקר.

הדיבר התשיעי: איסור עדות שקר, כ, יג

אסור להעיד נגד אדם אחר עדות שקר. איסור זה נוגע לעדות שקר בהליך משפטי בבית דין. בניגוד לאיסורים הקודמים, שבהם הפגיעה היא באמצעות מעשה: בלקיחת נפש, בביאה אסורה או בגנבה, איסור זה עוסק בנזק שאדם גרם לחברו באמצעות דיבור. אולי משום כך הכליל אברבנאל באיסור עדות שקר גם לועג לחברו, מספר לשון הרע ומלבין חברו ברבים, וכן פירש ספורנו. גם פירוש זה מרחיק לכת.

הדיבר העשירי: לא תחמוד, כ׳, יד

שלושת האיסורים הראשונים הם במעשים, בדרגת חומרה יורדת. הדיבר הרביעי הוא בדיבור הגורם לנזק חברו והדיבר החמישי הוא איסור בתחום המחשבה: אסור לאדם לחמוד את מה ששייך לרעהו, כלול באיסור זה גם אשתו, עבדיו ורכושו של רעהו. אדם החומד את מה ששייך לחברו אינו גורם לו נזק ישיר.

חכמים הבינו שעובר על איסור חמדה רק אם עשה מעשה,[74] ויש סיוע להבנה זו מפשוטו של מקרא. בל״ד, כד, ה׳ מבטיח שאומות אחרות לא יחמדו את ארצם, ומשתמע שם שה׳ ימנע מהם לרשת את ארצם. ברור שהתוצאה של חימוד עשויה לגרום לגזל (ספורנו), אבל נראה יותר כי האיסור לחמוד מתייחס כבר לשלב הראשון של החימוד עצמו. כך עולה בדברים ז׳, כה; יהושע ז׳, כא; מיכה ב׳, ב. פשוטו של מקרא הוא שהתורה מצווה על הלב (ראב״ע לדברים ה׳, טז; רלב״ג לשמות כ׳, יד; ורבנו בחיי).[75] איסור חימוד נועד להביא לתיקונו של האדם, לזקק את מחשבתו ואת אישיותו. חברה שאנשיה אינם חומדים את אשר לחבריהם, ומסתפקים במה שיש להם, היא חברה מתוקנת יותר. אומנם, אין אפשרות להעניש על חמדת הלב, והדיבר הזה בעשרת הדיברות קובע עיקרון ערכי ולא דין שניתן לאכיפה.

תגובת העם להתגלות ה׳ ותשובת משה, כ׳, טו–יז

טו וְכָל־הָעָם רֹאִים אֶת־הַקּוֹלֹת וְאֶת־הַלַּפִּידִם וְאֵת קוֹל הַשֹּׁפָר וְאֶת־הָהָר עָשֵׁן וַיַּרְא הָעָם וַיָּנֻעוּ
טז וַיַּעַמְדוּ מֵרָחֹק. וַיֹּאמְרוּ אֶל־מֹשֶׁה דַּבֵּר־אַתָּה עִמָּנוּ וְנִשְׁמָעָה וְאַל־יְדַבֵּר עִמָּנוּ אֱלֹהִים פֶּן־נָמוּת.
יז וַיֹּאמֶר מֹשֶׁה אֶל־הָעָם אַל־תִּירָאוּ כִּי לְבַעֲבוּר נַסּוֹת אֶתְכֶם בָּא הָאֱלֹהִים וּבַעֲבוּר תִּהְיֶה יִרְאָתוֹ
עַל־פְּנֵיכֶם לְבִלְתִּי תֶחֱטָאוּ.

פירוש העניין

מייד לאחר עשרת הדיברות מסופר שהעם ראה את הקולות ואת הלפידים ואת ההר עשן ושמע את קול השופר. לראות את הקולות הכוונה היא להבחין בהם (ראב"ע כמו "ראה ריח בני", בראשית כ"ז, כז), השימוש החריג בפועל זה נועד להביע את ההפנמה העמוקה של המודעות להתגלות ה'. ההפנמה הזו הביאה את העם לתחושה של מורא וחרדה. אומנם קול השופר מוזכר בי"ט, טז, וזהו כנראה קולו של ה'. קול השופר וגם קול ה' מוזכרים בי"ט, יט. אולם קול ה' שנשמע בקריאת עשרת הדיברות היה כנראה באיכות אחרת, והטיל מורא גדול יותר. בתגובה למעמד הזה העם נרתע ונעמד רחוק מההר (כ', טו), מבקש שה' לא ידבר עימו יותר, ובמקום זאת מבקש שמשה יעביר לו את דבר ה'. החשש של העם לחייהם הוא מהתקרבות יתר אל הקודש (טז), בדומה לחשש העולה במקומות אחרים במקרים שיש בהם התקרבות יתר אל הקודש.[76] תגובה זו של העם נובעת מיראת ה' ומהכרה בגודל האירוע של התגלות ה'. תיאור מקביל של פסוקים אלה מופיע בהרחבה גדולה יותר בדברים ה', יט-כח, לאחר עשרת הדיברות (ה', ו-יח). בדברים, השיפוט החיובי של העם מפורש יותר: "וַיֹּאמֶר ה' אֵלַי שָׁמַעְתִּי אֶת קוֹל דִּבְרֵי הָעָם הַזֶּה אֲשֶׁר דִּבְּרוּ אֵלֶיךָ הֵיטִיבוּ כָּל אֲשֶׁר דִּבֵּרוּ. מִי יִתֵּן וְהָיָה לְבָבָם זֶה לָהֶם לְיִרְאָה אֹתִי וְלִשְׁמֹר אֶת כָּל מִצְוֹתַי כָּל הַיָּמִים לְמַעַן יִיטַב לָהֶם וְלִבְנֵיהֶם לְעֹלָם" (ה', כד-כה).

כאמור, דעה אחת בחז"ל היא שתגובה זו של העם הייתה לאחר הדיבר השני, והסירוב היה לשמוע את המשך הדיברות ישירות מה'. העם מבקש שמשה ישמע את ה' לבדו ויעביר את שאר הדיברות לעם בקולו שלו. לפי פירוש זה, משה עולה אל ה' לערפל לאחר הדיבר השני.[77] דעה זו נתמכת בעיקר מהניסוח של שני הדיברות הראשונים, שבהם ה' מדבר בגוף ראשון אל העם, ואילו בשאר הדיברות מדובר על ה' בגוף שלישי.[78] הסבר זה קשה ביותר, שכן לא סביר שתוך כדי שמיעת דברי ה' העם יפסיק את ה' מדיבורו.*

אפשרות שנייה היא שאת הבקשה הזו אמר העם לפני שהוא שמע את עשרת הדיברות, במסגרת התיאור של החרדה של העם בשל הקולות והברקים בי"ט, יז.[79] אבל קשה לקבל זאת, משום שהבקשה של העם בכ', טז, מניחה שהם כבר שמעו את דיבורו של ה', ואינם יכולים לשמוע עוד, בעוד שלפני הדיברות הם לא שמעו את קול דיבורו של ה', ואין הם יודעים שהם עתידים לשמוע את ה'. זאת ועוד, אם הם חששו מהקולות והברקים, מדוע הם מיקדו את בקשתם בחוסר היכולת שלהם לשמוע את ה', אם הם עדיין לא שמעו אותו? יתר על כן, בתגובה לחשש של העם מהקולות והברקים, משה החזיר את העם לעמוד לקראת אלוהים (י"ט, יז), ולעומת זאת תגובתו של משה כאן, מקבלת את חשש העם והוא ניגש לבדו אל הערפל. קשה לשלב בין שתי התגובות הסותרות של משה.

אפשרות שלישית היא שהפסוקים נכתבו כסדר התרחשותם, כעמדה אחרת בחז"ל וכרוב הפרשנים וכפשוטו של מקרא. לפי דעה זו, בקשת העם שלא לשמוע יותר את דברי ה' הייתה

* ועל דעה זו כתב רלב"ג (על פסוק יח): "ואולם מה שאמרו רבותינו ז"ל: 'אנכי' ו'לא יהיה לך', מפי גבורה שמענום – הוא נאמר על צד הדרש, כי הם בלי ספק שמעו אותם כולם מפי הגבורה, כמו שבארנו".

לאחר שהם שמעו את כל עשרת הדיברות ישירות ממנו.[80] כאמור, מפסוק טז עולה שבקשת העם ממשה היא לאחר ששמעו את קולו ה' מדבר איתם. לפי הבנה זו, העם היה צריך לשמוע את כל המשפטים המפורטים בפרקים כ"א-כ"ג ישירות מה', כמו את עשרת הדיברות, ולכך מתייחסת בקשת העם שלא לשמוע את המשפטים ישירות מה'.[81] אכן לאחר בקשת העם, משה עלה אל הערפל ושם קיבל מה' את כל המשפטים (כ', יח), וכשירד מההר, השמיע להם את המשפטים הללו (כ"ד, ג). כאמור, מדברי השחזור של משה את האירוע בדברים ה', כ-כח, עולה במפורש שהם שמעו את כל עשרת הדיברות מאת ה', ולאחר מכן פנה העם למשה בבקשה שלא לשמוע יותר את קול ה' (וכן עולה גם מדברים י', ד). כמו התיאור בשמות, לפיו המצוות של פרשת משפטים באות לאחר שמשה עולה לערפל אל האלוהים, כך גם בדברים: לאחר שה' מקבל בחיוב את טענת העם שהם יראים לשמוע את קול ה', משה מצטווה לעמוד עם ה' ולשמוע ממנו את "כָּל הַמִּצְוָה וְהַחֻקִּים וְהַמִּשְׁפָּטִים". שיקול נוסף להעדפת הסבר זה על קודמיו הוא שלפי ההסבר שבקשת העם היא לאחר עשרת הדיברות, משה קיבל את טענת העם, ואז מייד נאמר שהעם עמד מרחוק ומשה ניגש אל הערפל.

משה מרגיע את העם לבל יפחד ומסביר שמטרת המעמד היא ניסיון של ה' את ישראל (יז). הועלו כמה אפשרויות להבין זאת: האחת, שה' ניסה אותם בעצם המעמד, כיצד הם יגיבו, ואם ימשיכו ללכת בדרכיו (ראב"ע; ריב"ש; שד"ל). אפשרות אחרת היא ש"נַסּוֹת" הכוונה להעלות את ישראל, לשים אותם על נס (רש"י). יש שפירשו ש"לנסות" הכוונה להרגיל את העם לשמוע את קול ה' (ספורנו), ואפשרות נוספת היא ש"לנסות" פירושו להוכיח את ישראל (רשב"ם). מהו הניסיון שה' מנסה בו את ישראל? לפי שני הפירושים הראשונים שעלו ננסח כך: מטרת ההתגלות של ה' היא להעצים את ישראל ולהעלות אותם בזכות המעמד הנשגב. מטרה שנייה היא שישראל ייראו מה' וכך לא יחטאו. הניסיון כאן אינו ניסיון מסוים, אלא לוודא שהעם מקבל את הסמכות של ה'. העובדה שהם חוששים מה' ומתקשים לשמוע אותו מבטאת את היראה שלהם ממנו, ומכאן שהם מקבלים אותו. וכמו בדברים ה', כה, הדבר הוא לשבחם. בעקבות בקשת העם, בקטע הבא יעמוד העם מרחוק ומשה ייגש אל הערפל, ושם ידבר עימו ה'.

המשפטים, כ׳, יח – כ״ג, לג

הקדמה

משה קיבל את בקשת העם, ובעוד העם עומד מרחוק, ניגש אל הערפל ששם מצוי אלוהים: "וַיַּעֲמֹד הָעָם מֵרָחֹק וּמֹשֶׁה נִגַּשׁ אֶל הָעֲרָפֶל אֲשֶׁר שָׁם הָאֱלֹהִים" (יח). אף שלא כתוב שמשה עלה לערפל בהר, הדבר ברור מהעובדה שהענן שבו התגלה ה׳ היה על ההר, ועוד שלפני שירד משה מההר, ה׳ אומר לו שיעלה שוב, בכ״ד, א-ב. שם נאמר במפורש שה׳ אמר למשה "עֲלֵה", והלשון שם דומה ללשון המופיעה כאן: "וְנִגַּשׁ מֹשֶׁה לְבַדּוֹ אֶל ה׳" (כ״ד, ב).

בהיותו בערפל על ההר, משה שומע את החוקים הראשונים בדבר איסור עשיית אלוהי זהב וכסף, והלכות שונות הנוגעות לבניית מזבח. אחר כך ה׳ אומר למשה את שאר המשפטים: "וְאֵלֶּה הַמִּשְׁפָּטִים אֲשֶׁר תָּשִׂים לִפְנֵיהֶם" (כ״א, א). כל הנאמר מי״ט, יט עד כ״ג, לג, הוא דיבור ישיר של ה׳ למשה בהיותו בהר. כאמור, התוכנית הראשונה הייתה שהעם ישמע מאת ה׳ את כל המשפטים, ומשה ישמע את הדברים יחד עִם העָם (רשב״ם לכ׳, טו). רק בשל חוסר היכולת של העם לעמוד בגדולת המעמד, משה ניגש לבדו לשמוע מאת ה׳ ישירות את המשפטים, והוא תיווך אותם לעם והעביר אותם להם בכ״ד, ג. עתה מתברר שהתוכנית של ה׳ לחזק את מעמדו של משה במעמד סיני הייתה קריטי באופן מיידי – "וְגַם בְּךָ יַאֲמִינוּ לְעוֹלָם" (י״ט, ט), שהרי משה יקבל מאת ה׳ את פירוט כל המשפטים, והעם יקבל זאת ממשה. העם מקבל את הפירוט הגדול של המשפטים שמשה מעביר לו מאת ה׳ משום שמעמדו כאיש אלוהי שיכול לתקשר ישירות עם ה׳ עוצב במעמד הר סיני. נוסף לכך, כמובן שהם שמעו את קול ה׳ מדבר עימם. אלמלא שלב זה, יכולת התיווך של משה הייתה הרבה יותר מסובכת.

ראשית ה׳ אומר למשה שני חוקים על עבודה זרה ודיני מזבח (כ׳, יט-כג). לאחר מכן באה רשימה של משפטים שאותם אומר ה׳ למשה (כ״א-כ״ג). אכן במשפטים שונים ה׳ הוא הדובר (כ״א, יג, יד; כ״ב, כב-כג, כד, כו, כ״ג, ז, יג, יח, כ-כג, כו-לג). לאחר שמשה ירד מההר, הוא יעביר את המשפטים לעם (כ״ד, ג), והעם יקבל על עצמו לקיים את המשפטים ולהיות בברית עם ה׳ (כ״ד, ז).

מבנה המשפטים, מטרתם וסוגם

המצוות נחלקות לשלושה חלקים:

מצוות בין אדם למקום – כ׳, יט-כג.

דינים בתחום הפלילי והאזרחי בין אדם לרעהו – כ״א, ב – כ״ב, טז.

מצוות בין אדם למקום – כ״ב, יז – כ״ג, לג.

סדר זה משקף בצורה מיטבית את יחס התורה לדינים הפליליים והאזרחיים. ברור שחוקים הקשורים במערכת היחסים בין אדם לה׳ הם חלק מההתחייבות של העם בהיכנסם לברית עם ה׳. אבל גם בחמשת הדיברות האחרונים, וגם בחלקה הראשון של פרשת משפטים, באים חוקים המסדירים יחסים בתוך החברה, בדיני נפשות ובדיני ממונות. חוקים מעין אלה מצויים כמעט בכל חברה בעולם, אך בתורה הם חלק ממערכת היחסים בין ה׳ וישראל. מערכת יחסים זו מחייבת מערכת משפטית המקבעת חברה שבה החיים אינם הפקר ואינם מנוהלים בדרך של כל דאלים גבר. אשר על כן, אפשר להבין את תחילת מערכת החוקים הכוללת איסור עבודה זרה, וציוויים על בניית מזבח לה׳, ובאמצע חוקים העוסקים בדינים שבין אדם לחברו, כאשר סופה של מערכת החוקים חוזרת לעסוק בהלכות הקשורות בדינים שבין אדם למקום.

הזיקה בין תחילת המשפטים לסופם היא חזקה ומשמעותית.

ההתחלה מתייחסת לשלושה נושאים:

1. איסור עבודה זרה, כ׳, כ.
2. הלכות הנוגעות במזבח, כ׳, כא-כג.
3. חיוב לשחרר עבד בשנה השביעית, כ״א, ב.

אותם נושאים מופיעים בסדר הפוך בסופה של רשימת המשפטים:

3׳. עבודה שש שנים ומנוחה בשביעית; עבודה שישה ימים ומנוחה בשביעי, כ״ג, יא-יב.
2׳. דינים הקשורים בחגים שבהם יש עלייה לרגל והקרבת קורבנות – כ״ג, יד-יט.
1׳. איסור עבודה זרה, חובת השמדת עבודה זרה ואיסור לכרות בריתות עם עמי כנען – כ״ג, כד, לב-לג.

בתחילת הקובץ מופיעים חוקים על עבודה זרה ועל בניית מזבח בניסוח כללי. לעומת זאת, בסוף פרשת משפטים באים חוקי החגים, שחלקם נוגעים בשימוש במזבח, וחוקי עבודה זרה בהקשר של ההתמודדות עם עובדי עבודה זרה השוכנים בארץ, שאותה עתידים לכבוש. החוק האזרחי הראשון, המדבר על שחרור עבדים בשנה השביעית, יושב על תפיסה דומה, בהקשר הדתי של שנת השמיטה והשבת, לקראת סופה של פרשת משפטים.

המשפטים נחלקים לשני חלקים ברורים: החלק הראשון, כ״א, ב – כ״ב, טז, כולל חוקים בתחום שבין איש לרעהו, בתחום פגיעות בנפש ובגוף ופגיעות ברכושו של אדם. החלק השני, כ״ב, יז – כ״ג, לג, כולל חוקים בתחום הדתי, שבין אדם למקום (על מקומם של הפסוקים בכ״ג, א-ה בחלק זה נעמוד להלן). החלוקה לשניים דומה לחלוקת הדיברות לשני חלקים: החמישה הראשונים בתחום שבין אדם למקום, והחמישה האחרונים בין אדם לרעהו. כלומר, פרשת משפטים בנויה לפי אותו מבנה, בהיפוך סדר.

ישנם הבדלים משמעותיים בסגנון בין החלק הראשון לחלק השני: החלק השני בדרך כלל מנוסח בגוף שני לעם, כאשר ה׳ הוא הדובר. כך למשל: "וְגֵר לֹא תוֹנֶה וְלֹא תִלְחָצֶנּוּ כִּי גֵרִים

הֱיִיתֶם בְּאֶרֶץ מִצְרָיִם. כָּל אַלְמָנָה וְיָתוֹם לֹא תְעַנּוּן. אִם עַנֵּה תְעַנֶּה אֹתוֹ כִּי אִם צָעֹק יִצְעַק אֵלַי שָׁמֹעַ אֶשְׁמַע צַעֲקָתוֹ. וְחָרָה אַפִּי וְהָרַגְתִּי אֶתְכֶם בֶּחָרֶב וְהָיוּ נְשֵׁיכֶם אַלְמָנוֹת וּבְנֵיכֶם יְתֹמִים" (כ"ב, כ-כג); "וְאַנְשֵׁי קֹדֶשׁ תִּהְיוּן לִי" (שם, ל). נוכחות ה' דומיננטית לא רק בסגנון אלא גם במהות. בתוך החוקים ישנם איומים על העם שאם לא יקיימו את המצווה, ה' ישמע צעקת הזועק ויעניש את הפוגע (כ"ב, כב-כג; כו). זהו גם הסגנון של שני החוקים שבאים לפני המשפטים העוסקים בעבודה זרה ובמזבח: "לֹא תַעֲשׂוּן אִתִּי..." (כ', יט-כג). כאמור, גם בתוכנן מצוות אלה דומות לחלק השני של המשפטים. לעומת זאת, שם ה' לא נזכר בחלק הראשון, הוא לא הדובר, והעם אינו מופיע כנמען. החוקים מנוסחים באופן סתמי: "וְכִי יִמְכֹּר אִישׁ" (כ"א, ז); "וְכִי יְרִיבֻן אֲנָשִׁים" (כ"א, יח); "וְכִי יַכֶּה אִישׁ" (כ"א, כ). ההבדל בין הסגנונות נובע מההבדל בין התכנים השונים של החלקים. החלק הראשון הוא בתחום יחסים מציאותיים רגילים בתוך חברה, ואילו החלק השני הוא בדרך כלל חוקים ייחודיים הקשורים בתחום היחסים הישירים בין אדם לה'. עם זאת, מקומו של אלוהים לא נעדר גם מהחלק הראשון, אף שהוא תופס מקום שולי יותר (כ"א, ו, יג).

מקומם של החוקים בספר

ישנה התאמה בין החוקים והמבנה שלהם למקומם בספר שמות. הנמען של החוקים הוא העם היוצא ממצרים בדרכו להיכנס לארץ. לאחר הפתיחה בחזרה על איסור עבודה זרה ודיני מזבח, קובץ החוקים הפליליים פותח בדיני עבד עברי. נושא העבדות עניין את העם בהיותם עם של עבדים במשך שנים רבות. ביציאתם ממצרים נכון להבהיר לעם העבדים שהם יצאו מעבדות ולא ישובו אליה, וגם כאדונים יהיה אסור להם לרכוש עבדים לעולם. בעשרת הדיברות, החוק הראשון בתחום של בין אדם לחברו היה רצח, כי זו העבירה החמורה ביותר ברמה החברתית. חוקי המשפטים נאמרו כדי לשכנע את העם שמדובר בחוקים שהם רוצים לאמץ, ולכן ההתחלה רלוונטית לעברם הקרוב במצרים, שממנה יצאו לפני כחודשיים. לאחר שהעם חי חיי עבדות ולא חיי חברה תקינים, הדבר הראשון המשמעותי בחייהם הוא קיומם של חוק וסדר והתחייבויות הדדיות על גופו של הזולת ורכושו. זהו החלק הראשון של המשפטים.

הקובץ מסתיים בהכנת העם לכניסה לארץ. עליהם לשמוע בקול מלאך ה' שיוביל אותם לארץ. חל עליהם איסור לעבוד את אלוהי הכנענים, ומוטל עליהם להרוס את מצבותיהם, תוך חיזוק של העם לעבוד את ה'. בנוסף לכך, מופיעה הצהרה שה' לא יכבוש את כל הארץ, כדי שלא תישאר הארץ שממה וחיית השדה תרבה בארץ, ומכאן החשש והאזהרה שלא לכרות ברית ליושבי הארץ ולא לעבוד את אלוהיהם.

קובץ החוקים מתאים אפוא לנקודה ההיסטורית שהעם מצוי בה: העבדות במצרים משתקפת בחוק הראשון במשפטים, והסכנות שהעם עשוי לפגוש בעת הכניסה לארץ שאליה העם נוסע, עולות בחתימת הקובץ. מבנה זה משקף היטב את המבנה של ספר שמות, הפותח בעבדות ישראל במצרים וממשיך במסע לקראת של ישראל להגיע לארץ המובטחת. החוקים מתאימים אפוא במקומם באופן טבעי והדוק למבנה של ספר שמות.

מטרת החוקים

נראה כי החוקים בתחום הפלילי לא נועדו לתפקד כספר חוקים מפורט שעל פיו בלבד ידעו השופטים כיצד לפסוק דין. החוקים כתובים בקצרה ומציגים בדרך כלל רק את היסודות הכלליים של הדין, ללא הנחיות כיצד ליישם אותם. כמו כן, חסרים דברי הסבר לדינים והגדרות שמאפשרות להבחין בין מקרה למשנהו. כך למשל, אין התורה קובעת כיצד נקבע אם אדם הרג במזיד או בשוגג. דינו של רוצח הוא מיתה, אבל יש סוגים רבים של רצח, ואין פירוט דינים של סוגי הרצח וההריגה. התורה לא קבעה באיזו אופן תוכרע בבית הדין אשמתו של אדם. לכן נראה כי התורה לא ביקשה לתת כאן ספר חוקים, אלא הציגה עקרונות משפטיים שאותם צריך לפתח, לפרט ולשכלל על מנת להשתמש בהם בפועל בבתי הדין. פעילות זו התרחשה במשך אלפי שנים על ידי חכמים בתורה שבעל פה. נראה אפוא כי הנמען של קובץ החוקים הזה בעיקרו אינו הדיין, אלא דווקא האיש הפשוט.[1] ויש טעם בכך, שכן כל אדם חייב לדעת מה החוקים, להכיר את גבולות המותר והאסור, ואת אחריותו על מעשיו, על רכושו ועל בהמותיו. לאחר שאנשים ידעו את החוקים, הם יוכלו לדעת להיזהר ממצבים שונים, ואף לדעת מה לשאול ולבדוק, ואכן עוד לפני מתן תורה באו אנשים אל משה בשאלות (י"ח, יג-כז). לאחר שאדם יודע באופן כללי את החוק, את המותר ואת האסור, הוא יכול לבוא לבית דין ולפרוס את פרטי המקרה. הכרעות הדיינים נעשו על בסיס העקרונות המשפטיים הכתובים בתורה, אבל המציאות הכריחה פירוט רב בהרבה והתייחסות למגוון של מקרים ומצבים שלא נמצאים בתורה הכתובה.

הצד השני של המטבע הוא שהמשפטים האלה ככל הנראה לא נאמרו בחלל ריק. לעיתים המשפטים מביאים בחשבון נוהגים של ישראל לפני מתן תורה ומוסיפים עליהם. כך למשל, בדיני אמה עברייה נאמר: "וְאִם לִבְנוֹ יִיעָדֶנָּה כְּמִשְׁפַּט הַבָּנוֹת יַעֲשֶׂה לָּהּ" (כ"א, ט). התורה מניחה את הנוהג הקיים לגבי לקיחת נשים לאישה. הדבר בולט ביותר בדין שארה, כסותה ועונתה שאדם מחוייב לתת לאמתו אם הוא לוקח אישה נוספת (כ"א, י). דין זה, של שארה, כסותה ועונתה, מתייחס לכל הנשים שאדם נושא באופן חוקי, אבל הוא מוזכר בתורה רק במקרה צדדי של אדם שנשא לאישה את אמתו העברייה ולאחר מכן לקח אישה נוספת. אף שדין זה נוהג בכל אישה, הוא לא כתוב בשום מקום אחר. ככל הנראה דין זה נהג בישראל, ולכן התורה לא ראתה לנכון לציין אותו, אלא רק להבהיר שהוא חל גם במקרה שאולי ירצה אדם שלא להעניק לאמתו את זכויותיה. אותו עיקרון עולה בדין המשית עונש מוות על רוצח, אף אם הרוצח מנסה להגן על עצמו על ידי אחיזה במזבח ה' (כ"א, יד). הלכה זו מניחה נוהג שהיה מקובל, שרוצחים מצאו מפלט במזבח, והתורה אוסרת זאת. כמו כן הקביעה של ה' שיש להקצות לרוצחים בשוגג מקום לנוס אליו (כ"א, יג), מניחה את תופעת גואלי הדם המבקשים להתנקם במי שרצח את בני משפחתם. התורה מכירה בתופעה זו ואינה אוסרת אותה, אלא רק ממזערת את היקפיה. מכאן עולה שהתורה מניחה שקובץ החוקים אינו שלם וזקוק להשלמות, שיבואו בשלב מאוחר יותר. למשל, רגולציה של דין גואל הדם תופיע בבמדבר ל"ד.

אם כן, המשפטים אינם הקובץ העיקרי שעל פיו אמורים דיינים לשפוט. לדיינים יש נוהגים מוכרים שעל פיהם הם פסקו, והתורה ככל הנראה פירטה דינים חדשים, או דינים

שהחליפו נוהגים קיימים.[2] כך אפשר להבין מדוע התורה לא מתייחסת להלכות מרכזיות וברורות, כגון דין מילה ביום השמיני. דין זה ניתן לאברהם, וכבר ראינו שהיה נוהג כפי שהדבר משתקף בסיפור מילת ציפורה את בנה. הסיבה לכך שדין זה לא כלול בספר הברית, היא משום שהוא כבר היה נוהג. אין בפרשת משפטים דינים המתייחסים לדיני ירושה. כנראה מכיוון שלא היה בהם שינוי מהמקובל. השאלות בדבר ירושה עולות בהתייחס לתופעה חדשה, כאשר העם התכונן לרשת את הארץ ולחלק אותה לנחלות, ואגב שאלת ירושת הבת נושא זה עלה (במדבר כ״ז, א–יא; ל״ו, א–י).

כאמור, את ה"הַמִּשְׁפָּטִים" היה אמור לומר ה' לכל העם, אך בשל סירובם לשמוע את קולו, משה עלה להר ושמע אותם מה', כדי שישמיע אותם בעצמו לעם (כ', טז–יח). על סמך התחייבות זו נכרתה הברית של העם עם ה' (כ״ד, ד–ט). כלומר הניסוח של המשפטים כאן הוא כדי שהעם ישמע אותם ויסכים לקבל על עצמו לקיימם כדי להיכנס בברית עם ה'. המשפטים, כאמור, אינם מופנים לדיינים בעיקר, אלא לעם הרחב. הוכחה פשוטה וברורה לטיעון זה היא העובדה שהחוק הראשון בקובץ עוסק בדיני עבד עברי, שבו מתאים לפתוח את הקובץ אם הנמען הוא העם היוצא מעבדות. שאלה אקוטית המטרידה את החוק היא המעמד האישי של עבדים, ודין זה מתאים פחות לפתוח את הקובץ אם הנמענים הם דיינים היושבים על כס המשפט, ללא הקשר מציאותי מסוים. אין זה אומר שדיינים לא השתמשו בקובץ זה למען הכרעות בדין, אך לא לשם כך נכתבו המשפטים. הדיינים שהשתמשו בקובץ החוקים הזה כספר חוקים היו צריכים חומרים נוספים וכלים נוספים ליישום במציאות.

מתוך כך נוכל לדייק את דרך הלימוד של משפטים אלה. כפי שעלה קודם, המשפטים מנוסחים פעמים רבות כעיקרון כללי שלא מפורט כיצד הוא מיושם, לא ברמה המשפטית של דיני ראיות והליכי המשפט ולא בפירוט המקרים הרבים והמגוונים של הדינים השונים. חכמים במשך הדורות - במדרשי ההלכה, המשנה, התלמודים, ראשונים ואחרונים, הגדירו, דייקו והרחיבו את הדינים השונים כדי להתאימם לשימוש משפטי בחיי היום־יום. וזו אכן כוונת התורה, שמשפטים יקוימו ויושמו. המשפטים בניסוחם בתורה נאמרו לעם בעל פה על ידי משה ברצף אחד, כדי שישמעו אותם ויחליטו אם רצונם לקבלם כתנאי לכניסה לברית עם ה'. ואכן מייד הם מקבלים על עצמם את הדברים בצורה מחייבת כברית (כ״ד, ג–ז). השלב השני היה כתיבת המשפטים על ספר לשם כריתת ברית עליו (כ״ד, ד), אבל באותו המעמד העם שמע את המשפטים ללא הביאורים וההרחבות.

הכוונה בפירוש זה היא להסביר את ההלכות השונות כפי ששמעו אותן ישראל ממשה, וכפי שהבינו אותן ברדת משה מהר האלוהים בעת שאמר להם את המשפטים האלה, עוד בטרם אמר העם "נַעֲשֶׂה". ה' ניסח את המשפטים באופן הזה, למען העם שיצא ממצרים ועמד בתחתית ההר לאחר מעמד הר סיני. זהו ההקשר שהדברים נאמרו ונכתבו, וההקשר הזה הוא פשוטו של מקרא. הערך בלימוד המשפטים האלה על פי פשוטו של מקרא, ולא כמסורת תורה שבעל פה, הוא בהבנת הכוונה של ה' שעומדת מאחורי הניסוח הנוכחי, כפי שהבינו אותה ישראל, ועל פי הבנה זו קיבלו עליהם להיכנס עם ה' בברית.

דינים ראשונים: איסור עבודה זרה ודיני מזבח, כ׳, יח–כג

יח יט וַיַּעֲמֹד הָעָם מֵרָחֹק וּמֹשֶׁה נִגַּשׁ אֶל־הָעֲרָפֶל אֲשֶׁר שָׁם הָאֱלֹהִים. וַיֹּאמֶר יהוה אֶל־מֹשֶׁה כֹּה
כ תֹאמַר אֶל־בְּנֵי יִשְׂרָאֵל אַתֶּם רְאִיתֶם כִּי מִן־הַשָּׁמַיִם דִּבַּרְתִּי עִמָּכֶם. לֹא תַעֲשׂוּן אִתִּי אֱלֹהֵי כֶסֶף
כא וֵאלֹהֵי זָהָב לֹא תַעֲשׂוּ לָכֶם. מִזְבַּח אֲדָמָה תַּעֲשֶׂה־לִּי וְזָבַחְתָּ עָלָיו אֶת־עֹלֹתֶיךָ וְאֶת־שְׁלָמֶיךָ
כב אֶת־צֹאנְךָ וְאֶת־בְּקָרֶךָ בְּכָל־הַמָּקוֹם אֲשֶׁר אַזְכִּיר אֶת־שְׁמִי אָבוֹא אֵלֶיךָ וּבֵרַכְתִּיךָ. וְאִם־מִזְבַּח
כג אֲבָנִים תַּעֲשֶׂה־לִּי לֹא־תִבְנֶה אֶתְהֶן גָּזִית כִּי חַרְבְּךָ הֵנַפְתָּ עָלֶיהָ וַתְּחַלְלֶהָ. וְלֹא־תַעֲלֶה בְמַעֲלֹת
עַל־מִזְבְּחִי אֲשֶׁר לֹא־תִגָּלֶה עֶרְוָתְךָ עָלָיו.

פירוש העניין

החלוקה בין שני הדינים האלה למשפטים שיבואו אחר כך נקבעת מהפתיחה החדשה בכ״א, א: ״וְאֵלֶּה הַמִּשְׁפָּטִים״. החוקים הראשונים לפני המשפטים הם איסור עבודה זרה (כ) ודיני מזבח (כא-כג). לפני פירוט המשפטים בפרקים כ״א-כ״ג, יש חזרה ועיבוד של שני הדיברות הראשונים. הדיבר הראשון הוא הצגת ה׳ את עצמו כמי שהוציא את ישראל ממצרים (כ׳, ב), כאן שוב מציג ה׳ את עצמו, אבל עתה, לאחר מעמד הר סיני, הוא מתגלה אליהם כמי שנגלה אליהם מן השמיים באותו מעמד (יט). מייד בא איסור על עשיית אלוהי זהב וכסף (כ), כנגד הדיבר השני, שבו אסר ה׳ לעבוד אלוהים אחרים ואסר לעשות פסלים (כ׳, ג-ו). הצגה זו של ה׳ כמי שנגלה לעיני ישראל בהר סיני, והאיסור הנובע מכך לעשות אלוהי זהב וכסף, באה לפני פירוט המשפטים. זאת על מנת לכלול את כל המשפטים שיבואו מייד במסגרת דתית של עבודת ה׳ וקיום מצוותיו, לשם כריתת ברית עם ה׳.

ה׳ אומר למשה להגיד לישראל – ״אַתֶּם רְאִיתֶם כִּי מִן הַשָּׁמַיִם דִּבַּרְתִּי עִמָּכֶם״ (יט), ומייד אחר כך מזהיר אותם לבל יעשו אלוהי זהב וכסף (כ). הבסיס למצוות איסור עשיית פסלים הוא העובדה שישראל שמעו שה׳ דיבר איתם מן השמיים ולא התגלה אליהם באמצעות תמונה. החוויה של העם בשומעם את ה׳ מדבר עימהם מן השמיים אמורה למנוע מהם עשיית פסלים. באופן דומה כתוב בדברים ד׳, טו-טז: ״וְנִשְׁמַרְתֶּם מְאֹד לְנַפְשֹׁתֵיכֶם כִּי לֹא רְאִיתֶם כָּל תְּמוּנָה בְּיוֹם דִּבֶּר ה׳ אֲלֵיכֶם בְּחֹרֵב מִתּוֹךְ הָאֵשׁ. פֶּן תַּשְׁחִתוּן וַעֲשִׂיתֶם לָכֶם פֶּסֶל תְּמוּנַת כָּל״.

שני משפטים אלה מקבילים לשני הדיברות הראשונים. המשפט: ״אַתֶּם רְאִיתֶם כִּי מִן הַשָּׁמַיִם דִּבַּרְתִּי עִמָּכֶם״ (יט) מקביל לדיבר הראשון: ״אָנֹכִי ה׳ אֱלֹהֶיךָ אֲשֶׁר הוֹצֵאתִיךָ מֵאֶרֶץ מִצְרַיִם״ (ב). לפני ששמעו את ה׳ במעמד הר סיני, ההיכרות המשמעותית עם ה׳ הייתה כשהוציאם ממצרים. עתה, לאחר מעמד הר סיני, ה׳ מתגלה לישראל כמי שדיבר עימם בסיני. במקביל לדיבר השני, שהוא איסור עשיית פסלים (ד-ה), בא כאן האיסור על עשיית פסלים (כ).

לפני פירוט המשפטים בא דין נוסף, והוא החיוב לבנות לה׳ מזבח עשוי מאדמה, שעליו יקריב העם קורבנות (כ׳, כא-כג). מקומו של דין זה עשוי להיראות תמוה במבט ראשון, שכן דיני בניית המזבח באים אחר כך בכ״ז, א-ח. ואף על פי כן, עניין זה בא כאן בסמיכות לאיסור עבודה זרה.[3] לאחר שה׳ אמר שהוא דיבר איתם מן השמיים ואסר על שימוש בפסלים, באה ידיעה כיצד תהיה עבודת ה׳ לאור החידוש הזה: באמצעות הקרבת קורבנות במזבח שיבנו. לכן מודגש מזבח אדמה דווקא, בניגוד לפסלים שבדרך כלל עשויים ממתכות יקרות. העבודה את ה׳ היא באמצעות מזבח פשוט העשוי מאדמה, משום שלא צריך יותר ממזבח פשוט מאדמה כדי לעבוד את ה׳. אין כאן פירוט איך לבנות מזבח, אלא רק הגבלה של החומר שממנו עושים אותו. עבודה זו של העם תביא לברכת ה׳ על העובדים אותו: ״אָבוֹא אֵלֶיךָ וּבֵרַכְתִּיךָ״ (כא). החיוב לעשות מזבח מאדמה הוא במזבחות מחוץ למשכן, ואילו המזבח שבמשכן עשוי מעצי

שיטים מצופים נחושת (כ״ז, א–ח; ל״ח, א–ז), אף שכנראה פנים המזבח במשכן היה מלא באדמה או באבנים, ומבחינה זו הדבר מתאים להוראה כאן.[4]

הניסוח ״בְּכָל הַמָּקוֹם אֲשֶׁר אַזְכִּיר אֶת שְׁמִי״ אינו ברור. מה הכוונה המקום שה׳ יזכיר את שמו? המשפט הייחודי הזה קובע שאומנם ישראל יבנו מזבחות ויקריבו לה׳, אבל ה׳ יבחר רק את המקומות שהוא יעשה זכר לשמו, מקומות שכבודו שוכן בהם, ואז ה׳ יברך את העובדים אותו (ראב״ע, בפירושו הארוך).[5] גם ריב״ש פירש באופן דומה: ״אזכיר – אצווה להזכיר את שמי ולהשרות שכינתי, כגון בשילה, בנוב וגבעון״. ובדומה פירש שד״ל: ״בכל המקום אשר אזכיר את שמי – שאקבע לך להזכיר את שמי שאצוך לבנות לי שם מזבח ולהתפלל שם לפני ולתת תודה לשמי, וזה הוא ענין הזכרת שם האל, כאשר מצאנו לבד בך נזכיר שמך (ישעיה כ״ו, יג), ואנחנו בשם ה׳ נזכיר (תהילים כ׳, ח)״. אך לפי ראב״ע, הפועל ״אַזְכִּיר״ מתייחס לה׳, ולפי ריב״ש ושד״ל, הפועל מתייחס לישראל, כלומר ה׳ הוא המצווה את ישראל שיזכירו את שמו. פירוש מעין זה מופיע כבר בתרגום הארמי ירושלמי־ניאופיטי (בתרגום לעברית): ״בכל מקום שתזכירו את שמי בתפילה״.[6] המשמעות של הפסוק היא שאף שישראל יבנו מזבחות ויקריבו לה׳, העובדים את ה׳ אינם מתברכים באופן אוטומטי, והדבר תלוי ברצון ה׳ וקבלתו את העבודה ואת המזבח. בכל מקום שה׳ יסכים שיקריבו לו, הוא יבוא ויברך את העובדים אותו.

העולה מפסוק זה הוא שאין מקום אחד שיש להקריב בו. לפי פסוק זה, אילו היה אפשר להקריב רק במקום אחד, כפי שיעלה בהמשך ביחס למזבח במשכן, או כפי שעולה בספר דברים, היה נאמר שיש לזבוח במקום אחד. אבל כאן נאמר: ״בְּכָל הַמָּקוֹם אֲשֶׁר אַזְכִּיר אֶת שְׁמִי״, משמע שיש מקומות מספר שבהם הדבר יתאפשר. אומנם הדבר תלוי ברצון ה׳, אבל אין הדבר מוגבל למקום מסוים.[7] יש שהדגישו שהא הידיעה במילה ״הַמָּקוֹם״ באה לצמצם את מקום העבודה למקום אחד, המקום – מקום אחד.[8] אולם נראה שביטוי זה בא להורות על ריבוי מקומות, כמו בדברי אברהם לשרה: ״אֶל כָּל הַמָּקוֹם אֲשֶׁר נָבוֹא שָׁמָּה אִמְרִי לִי אָחִי הוּא״ (בראשית כ׳, יג).

ריבוי המקומות של בניית מזבח עומד בסתירה למה שמצווה בדברים י״ב, שיש להקריב רק במקום אשר יבחר ה׳. ההקשרים של שני החוקים שונים, ובהתאם לכך מטרתם שונה. ההקשר של החוק בדברים י״ב הוא לקראת הכניסה לארץ, והשאיפה היא לאחד את עבודת ה׳ למקום מרכזי אחד, מתוך מגמה שתהיה עבודה אחת לאל אחד, בניגוד לעבודת האלילים. ואילו הדין כאן מתייחס למעמד הר סיני, שבו החידוש המהפכני הוא שאין לעשות לה׳ פסלים. קטע זה נפתח בקביעה: ״אַתֶּם רְאִיתֶם כִּי מִן הַשָּׁמַיִם דִּבַּרְתִּי עִמָּכֶם״ (יט). עולה מכך שאסור לעשות אלוהי זהב וכסף, ועל כן עבודת ה׳ אפשרית רק במזבח העשוי מאדמה. הסיבה להכללת דין ההקרבה במזבח היא משום שאי אפשר לעשות פסלים על מנת לעובדו בכל מקום. התורה מבקשת להעביר מסר לפיו עבודת ה׳ אפשרית לא רק בסיני, שבו התגלה ה׳ מן השמיים, אלא בכל מקום. מה שמייחד מקומות אלה הוא שה׳ מזכיר בהם את שמו. שם יוכל העם לבנות לה׳ מזבח ולעבוד את ה׳, ושם ה׳ יברך את העובדים אותו. כלומר, אף שהתורה ניתנה במקום אחד, ואף שיש איסור לעשות פסלים, העבודה את ה׳ אפשרית בכל מקום.[9]

העקרונות השונים בשמות ובדברים עולים בהקשרים השונים, בהתאם להבדל בין הצרכים

התיאולוגיים של ישראל שיצאו ממצרים וגילו את החידוש בעבודת ה׳, לעומת אלו שייתקלו באתגרים החדשים עם הכניסה לארץ והחיים בה.

בהמשך להבחנה זו יש לגזור את העיקרון שעומד מאחורי הדין כאן. דין זה מתייחס לעיקרון של העבודה את ה׳ בכל מקום ברמה העקרונית. הלכה זו הייתה רלוונטית עד שנבנה המשכן,[10] וגם בתקופה שבה היה מותר לעבוד בבמות, לפני האיסור לעבוד את ה׳ בכל מקום, אלא במקום אשר יבחר ה׳. יש לזכור שהאבות הקימו מזבחות במקומות רבים (בראשית י״ב, ז, ח; י״ג, ד, יח; כ״ו, כה; ל״ג, כ; ל״ה, ז). דין זה מלמד שמה שעשו האבות היה נכון גם בתקופת המדבר. הדין לפיו מותר להקריב רק במקום אשר יבחר ה׳ בדברים י״ב, יחול רק בעתיד, ונכנס לתוקפו רק כשה׳ בחר מקום. זה יקרה בשילה, ואחר כך רק בימי שלמה במקדש בירושלים, מאוחר מאוד בתולדות ישראל על אדמתו. עד אז, הדין המופיע כאן – רלוונטי.[11]

איך אפשר להסביר את העיקרון הרעיוני של הדין כאן, שמותר להקריב לה׳ בכל מקום, לעומת הדין בדברים י״ב, לפיו ניתן להקריב לה׳ רק במקום אשר יבחר ה׳? מדוע הדין של הקרבה רק במקום אשר יבחר ה׳ לא נאמר כבר כאן? שאלה זו עולה במלוא חריפותה על פי דברי חז״ל: ״מכאן אמרו, עד שלא הוקם המשכן היו הבמות מותרות ועבודה בבכורות, משהוקם המשכן נאסרו הבמות ועבודה בכהנים. באו לגלגל הותרו הבמות. באו לשילה נאסרו הבמות, באו לנוב וגבעון הותרו הבמות. בא לירושלים נאסרו הבמות, מכאן ואילך לא הותרו״ (ספרי דברים סה, ח [הורוויץ־פינקלשטיין, 131]).[12] התפיסה שעולה בשמות, שלפיה ניתן לעבוד את ה׳ בכל מקום, מתאימה להקשרה: אף שה׳ התגלה בסיני, ניתן לעובדו בכל מקום. לכן גם מופיע הדגש שה׳ יבוא לברך את מי שיעבוד אותו בכל מקום. הפועל ״לבוא״ מציין התגלות. כדי לבטא את התפיסה שמלוא כל הארץ כבודו, יש עניין להתיר את עבודת ה׳ בכל מקום. לעומת זאת, בדברים עולה חשש אחר, שלפיו אם יעבדו ישראל את אלוהיהם בכל מקום, הדבר יהיה דומה לעבודת אלילים ויפגע באחדות ה׳. לפיכך ישראל מצטווים בעתיד לעבוד את ה׳ במקום אחד בלבד, כדי לבטא את אלוהותו המוחלטת והבלעדית של ה׳. מכאן ניתן להבין שיש אמת בשתי התפיסות הללו, ולשתיהן יש מקום. בתקופת הבמות משתקפת יותר התפיסה של ריבונותו של ה׳ בכל מקום, ואילו בתקופה שבהן הבמות נאסרו, משתקפת יותר התפיסה של בלעדיותו של ה׳ ואחדותו.

אגב הלכות אלה לגבי המזבח ניתנו עוד שתי הלכות. קודם לכן נאמר שיש לעשות מזבח מאדמה, וזאת בניגוד לפסלים היקרים (כא). אבנים הן בכלל אדמה ומותר לעשות מהן מזבח, אלא שאסור לסתתן על ידי ברזל. הברזל מחלל את האבן. לא רק שאסור לבנות את המזבח ממתכות, אלא אסור שמתכת תבוא במגע עם אבני המזבח. רשב״ם הבין איסור זה בהקשר של עשיית פסל, משום שכאשר חוצבים באבן בגזית, נוטים לצייר עליה ציורים.[13] אולם אם כך היה צריך לכתוב שאסור לצייר. נראה שההקשר לעשיית פסל הוא הנכון כאן, אבל הריחוק הוא ממתכות, שמהן עשויים פסלים פעמים רבות. אולי גם האיסור לחצוב באבן באמצעות ברזל נועד להשאיר את המזבח בפשטותו. בספר דברים כ״ז, ה–ו, נאמרה הלכה דומה, ותיאור בניית המזבח על ידי שלמה תואם איסור זה (מל״א ו׳, ז).[14]

האיסור האחרון לגבי המזבח, שאין לעשות מדרגות בעלייה אליו, כדי שערוות אדם לא תיגלה בעלייתו במדרגות, שכן עלייה במדרגות מצריכה הרחבת הפסיעות ופיסוק העולה. חכמים הבינו מכאן שיש לעשות כבש למזבח (משנה מידות ג, ג).[15]

המשפטים, כ"א, א–לג

פתיחה למשפטים, כ"א, א

א וְאֵלֶּה הַמִּשְׁפָּטִים אֲשֶׁר תָּשִׂים לִפְנֵיהֶם.

פירוש העניין

עתה ה' עובר לפירוט המשפטים: "וְאֵלֶּה הַמִּשְׁפָּטִים אֲשֶׁר תָּשִׂים לִפְנֵיהֶם" (כ"א, א). משה נמצא על ההר, ולאחר שה' מצווהו על איסור עבודה זרה, ומפרט את המצוות הקשורות למזבח, הוא אומר לו את המשפטים שעליו לומר לישראל. כאמור, כל הפרשה היא דברים שה' אומר למשה, כדי שהוא יעביר אותם אחר כך לעם (כ"ד, ג). "וְאֵלֶּה", הו' פירושה שאלה מצוות נוספות למצוות שנאמרו עד כאן: עשרת הדיברות, עבודה זרה ודיני מזבח.

"הַמִּשְׁפָּטִים אֲשֶׁר תָּשִׂים לִפְנֵיהֶם": עדיין אין ציווי גורף לקיים את הדינים, מכיוון שעדיין לא נכרתה הברית. על העם לדעת קודם מהם המשפטים. לאחר שישמע את המשפטים יאמר העם "נַעֲשֶׂה", ורק על סמך הסכמה זו, יכרות ה' ברית עם ישראל (כ"ד, א-יא). בשלב זה, משה מצטווה לשים את המצוות לפניהם, היינו להציע אותן לפני העם, כדי שיחליטו אם הם מוכנים לקבל אותם ולהיכנס בברית מחייבת.[16] הוכחה לפירוש זה היא הביטוי הדומה המופיע לפני מעמד הר סיני. לאחר שאלוהים אומר למשה להגיד לישראל את תנאי הברית בין ישראל לה', כתוב: "וַיָּשֶׂם לִפְנֵיהֶם אֵת כָּל הַדְּבָרִים הָאֵלֶּה" (י"ט, ז), היינו את דברי ה' הכוללים את ההצעה שהם יהיו ממלכת כוהנים של ה'. על כך עונה העם: "כֹּל אֲשֶׁר דִּבֶּר ה' נַעֲשֶׂה" (י"ט, ח). אותו מבנה קיים כאן אם כי בפער גדול מאוד של פסוקים. ה' אומר למשה לשים את המשפטים לפני העם (כ"א, א), ולאחר שמשה עושה זאת (כ"ד, ג1), הם אומרים: "וַיֹּאמְרוּ כָּל הַדְּבָרִים אֲשֶׁר דִּבֶּר ה' נַעֲשֶׂה" (כ"ד, ג2).[17]

מבנה החוקים

החוקים של ספר הברית נחלקים לשניים:

כ"א, ב – כ"ב, טז – חוקים הקשורים לפגיעות שבין אדם לחברו,

כ"ב, יז – כ"ג, לז – חוקים העוסקים בדינים שבין אדם לאלוהים.

חוקים בתחום בין אדם לחברו, כ"א, ב - כ"ב, טז

ב ג כִּי תִקְנֶה עֶבֶד עִבְרִי שֵׁשׁ שָׁנִים יַעֲבֹד וּבַשְּׁבִעִת יֵצֵא לַחָפְשִׁי חִנָּם. אִם־בְּגַפּוֹ יָבֹא בְּגַפּוֹ יֵצֵא אִם־
ד בַּעַל אִשָּׁה הוּא וְיָצְאָה אִשְׁתּוֹ עִמּוֹ. אִם־אֲדֹנָיו יִתֶּן־לוֹ אִשָּׁה וְיָלְדָה־לוֹ בָנִים אוֹ בָנוֹת הָאִשָּׁה
ה וִילָדֶיהָ תִּהְיֶה לַאדֹנֶיהָ וְהוּא יֵצֵא בְגַפּוֹ. וְאִם־אָמֹר יֹאמַר הָעֶבֶד אָהַבְתִּי אֶת־אֲדֹנִי אֶת־אִשְׁתִּי
ו וְאֶת־בָּנָי לֹא אֵצֵא חָפְשִׁי. וְהִגִּישׁוֹ אֲדֹנָיו אֶל־הָאֱלֹהִים וְהִגִּישׁוֹ אֶל־הַדֶּלֶת אוֹ אֶל־הַמְּזוּזָה וְרָצַע
אֲדֹנָיו אֶת־אָזְנוֹ בַּמַּרְצֵעַ וַעֲבָדוֹ לְעֹלָם.

ז ח וְכִי־יִמְכֹּר אִישׁ אֶת־בִּתּוֹ לְאָמָה לֹא תֵצֵא כְּצֵאת הָעֲבָדִים. אִם־רָעָה בְּעֵינֵי אֲדֹנֶיהָ אֲשֶׁר־לֹא
ט יְעָדָהּ וְהֶפְדָּהּ לְעַם נָכְרִי לֹא־יִמְשֹׁל לְמָכְרָהּ בְּבִגְדוֹ־בָהּ. וְאִם־לִבְנוֹ יִיעָדֶנָּה כְּמִשְׁפַּט הַבָּנוֹת
י יא יַעֲשֶׂה־לָּהּ. אִם־אַחֶרֶת יִקַּח־לוֹ שְׁאֵרָהּ כְּסוּתָהּ וְעֹנָתָהּ לֹא יִגְרָע. וְאִם־שְׁלָשׁ־אֵלֶּה לֹא יַעֲשֶׂה
לָהּ וְיָצְאָה חִנָּם אֵין כָּסֶף.

יב יג מַכֵּה אִישׁ וָמֵת מוֹת יוּמָת. וַאֲשֶׁר לֹא צָדָה וְהָאֱלֹהִים אִנָּה לְיָדוֹ וְשַׂמְתִּי לְךָ מָקוֹם אֲשֶׁר יָנוּס
שָׁמָּה.

יד טו וְכִי־יָזִד אִישׁ עַל־רֵעֵהוּ לְהָרְגוֹ בְעָרְמָה מֵעִם מִזְבְּחִי תִּקָּחֶנּוּ לָמוּת. וּמַכֵּה אָבִיו וְאִמּוֹ מוֹת יוּמָת.

טז וְגֹנֵב אִישׁ וּמְכָרוֹ וְנִמְצָא בְיָדוֹ מוֹת יוּמָת.

יז וּמְקַלֵּל אָבִיו וְאִמּוֹ מוֹת יוּמָת.

יח יט וְכִי־יְרִיבֻן אֲנָשִׁים וְהִכָּה־אִישׁ אֶת־רֵעֵהוּ בְּאֶבֶן אוֹ בְאֶגְרֹף וְלֹא יָמוּת וְנָפַל לְמִשְׁכָּב. אִם־יָקוּם
וְהִתְהַלֵּךְ בַּחוּץ עַל־מִשְׁעַנְתּוֹ וְנִקָּה הַמַּכֶּה רַק שִׁבְתּוֹ יִתֵּן וְרַפֹּא יְרַפֵּא.

כ כא וְכִי־יַכֶּה אִישׁ אֶת־עַבְדּוֹ אוֹ אֶת־אֲמָתוֹ בַּשֵּׁבֶט וּמֵת תַּחַת יָדוֹ נָקֹם יִנָּקֵם. אַךְ אִם־יוֹם אוֹ יוֹמַיִם
יַעֲמֹד לֹא יֻקַּם כִּי כַסְפּוֹ הוּא.

כב וְכִי־יִנָּצוּ אֲנָשִׁים וְנָגְפוּ אִשָּׁה הָרָה וְיָצְאוּ יְלָדֶיהָ וְלֹא יִהְיֶה אָסוֹן עָנוֹשׁ יֵעָנֵשׁ כַּאֲשֶׁר יָשִׁית עָלָיו
כג כד בַּעַל הָאִשָּׁה וְנָתַן בִּפְלִלִים. וְאִם־אָסוֹן יִהְיֶה וְנָתַתָּה נֶפֶשׁ תַּחַת נָפֶשׁ. עַיִן תַּחַת עַיִן שֵׁן תַּחַת
כה שֵׁן יָד תַּחַת יָד רֶגֶל תַּחַת רָגֶל. כְּוִיָּה תַּחַת כְּוִיָּה פֶּצַע תַּחַת פָּצַע חַבּוּרָה תַּחַת חַבּוּרָה.

כו כז וְכִי־יַכֶּה אִישׁ אֶת־עֵין עַבְדּוֹ אוֹ־אֶת־עֵין אֲמָתוֹ וְשִׁחֲתָהּ לַחָפְשִׁי יְשַׁלְּחֶנּוּ תַּחַת עֵינוֹ. וְאִם־שֵׁן
עַבְדּוֹ אוֹ־שֵׁן אֲמָתוֹ יַפִּיל לַחָפְשִׁי יְשַׁלְּחֶנּוּ תַּחַת שִׁנּוֹ.

כח וְכִי־יִגַּח שׁוֹר אֶת־אִישׁ אוֹ אֶת־אִשָּׁה וָמֵת סָקוֹל יִסָּקֵל הַשּׁוֹר וְלֹא יֵאָכֵל אֶת־בְּשָׂרוֹ וּבַעַל הַשּׁוֹר
כט נָקִי. וְאִם שׁוֹר נַגָּח הוּא מִתְּמֹל שִׁלְשֹׁם וְהוּעַד בִּבְעָלָיו וְלֹא יִשְׁמְרֶנּוּ וְהֵמִית אִישׁ אוֹ אִשָּׁה הַשּׁוֹר

ל לא יִסָּקֵל וְגַם־בְּעָלָיו יוּמָת. אִם־כֹּפֶר יוּשַׁת עָלָיו וְנָתַן פִּדְיֹן נַפְשׁוֹ כְּכֹל אֲשֶׁר־יוּשַׁת עָלָיו. אוֹ־בֵן יִגָּח
לב אוֹ־בַת יִגָּח כַּמִּשְׁפָּט הַזֶּה יֵעָשֶׂה לּוֹ. אִם־עֶבֶד יִגַּח הַשּׁוֹר אוֹ אָמָה כֶּסֶף שְׁלֹשִׁים שְׁקָלִים יִתֵּן
לַאדֹנָיו וְהַשּׁוֹר יִסָּקֵל.

לג לד וְכִי־יִפְתַּח אִישׁ בּוֹר אוֹ כִּי־יִכְרֶה אִישׁ בֹּר וְלֹא יְכַסֶּנּוּ וְנָפַל־שָׁמָּה שּׁוֹר אוֹ חֲמוֹר. בַּעַל הַבּוֹר יְשַׁלֵּם
כֶּסֶף יָשִׁיב לִבְעָלָיו וְהַמֵּת יִהְיֶה־לּוֹ.

לה וְכִי־יִגֹּף שׁוֹר־אִישׁ אֶת־שׁוֹר רֵעֵהוּ וָמֵת וּמָכְרוּ אֶת־הַשּׁוֹר הַחַי וְחָצוּ אֶת־כַּסְפּוֹ וְגַם אֶת־הַמֵּת
לו יֶחֱצוּן. אוֹ נוֹדַע כִּי שׁוֹר נַגָּח הוּא מִתְּמוֹל שִׁלְשֹׁם וְלֹא יִשְׁמְרֶנּוּ בְּעָלָיו שַׁלֵּם יְשַׁלֵּם שׁוֹר תַּחַת
הַשּׁוֹר וְהַמֵּת יִהְיֶה־לּוֹ.

לז כִּי יִגְנֹב־אִישׁ שׁוֹר אוֹ־שֶׂה וּטְבָחוֹ אוֹ מְכָרוֹ חֲמִשָּׁה בָקָר יְשַׁלֵּם תַּחַת הַשּׁוֹר וְאַרְבַּע־צֹאן תַּחַת
הַשֶּׂה.

כב א ב אִם־בַּמַּחְתֶּרֶת יִמָּצֵא הַגַּנָּב וְהֻכָּה וָמֵת אֵין לוֹ דָּמִים. אִם־זָרְחָה הַשֶּׁמֶשׁ עָלָיו דָּמִים לוֹ שַׁלֵּם
ג יְשַׁלֵּם אִם־אֵין לוֹ וְנִמְכַּר בִּגְנֵבָתוֹ. אִם־הִמָּצֵא תִמָּצֵא בְיָדוֹ הַגְּנֵבָה מִשּׁוֹר עַד־חֲמוֹר עַד־שֶׂה
חַיִּים שְׁנַיִם יְשַׁלֵּם.

ד כִּי יַבְעֶר־אִישׁ שָׂדֶה אוֹ־כֶרֶם וְשִׁלַּח אֶת־בְּעִירֹה וּבִעֵר בִּשְׂדֵה אַחֵר מֵיטַב שָׂדֵהוּ וּמֵיטַב כַּרְמוֹ
יְשַׁלֵּם.

ה כִּי־תֵצֵא אֵשׁ וּמָצְאָה קֹצִים וְנֶאֱכַל גָּדִישׁ אוֹ הַקָּמָה אוֹ הַשָּׂדֶה שַׁלֵּם יְשַׁלֵּם הַמַּבְעִר אֶת־הַבְּעֵרָה.
ו כִּי־יִתֵּן אִישׁ אֶל־רֵעֵהוּ כֶּסֶף אוֹ־כֵלִים לִשְׁמֹר וְגֻנַּב מִבֵּית הָאִישׁ אִם־יִמָּצֵא הַגַּנָּב יְשַׁלֵּם שְׁנָיִם.
ז אִם־לֹא יִמָּצֵא הַגַּנָּב וְנִקְרַב בַּעַל־הַבַּיִת אֶל־הָאֱלֹהִים אִם־לֹא שָׁלַח יָדוֹ בִּמְלֶאכֶת רֵעֵהוּ.
ח עַל־כָּל־דְּבַר־פֶּשַׁע עַל־שׁוֹר עַל־חֲמוֹר עַל־שֶׂה עַל־שַׂלְמָה עַל־כָּל־אֲבֵדָה אֲשֶׁר יֹאמַר כִּי־הוּא
זֶה עַד הָאֱלֹהִים יָבֹא דְּבַר־שְׁנֵיהֶם אֲשֶׁר יַרְשִׁיעֻן אֱלֹהִים יְשַׁלֵּם שְׁנַיִם לְרֵעֵהוּ.

ט כִּי־יִתֵּן אִישׁ אֶל־רֵעֵהוּ חֲמוֹר אוֹ־שׁוֹר אוֹ־שֶׂה וְכָל־בְּהֵמָה לִשְׁמֹר וּמֵת אוֹ־נִשְׁבַּר אוֹ־נִשְׁבָּה אֵין
י רֹאֶה. שְׁבֻעַת יהוה תִּהְיֶה בֵּין שְׁנֵיהֶם אִם־לֹא שָׁלַח יָדוֹ בִּמְלֶאכֶת רֵעֵהוּ וְלָקַח בְּעָלָיו וְלֹא יְשַׁלֵּם.
יא יב וְאִם־גָּנֹב יִגָּנֵב מֵעִמּוֹ יְשַׁלֵּם לִבְעָלָיו. אִם־טָרֹף יִטָּרֵף יְבִאֵהוּ עֵד הַטְּרֵפָה לֹא יְשַׁלֵּם.

יג יד וְכִי־יִשְׁאַל אִישׁ מֵעִם רֵעֵהוּ וְנִשְׁבַּר אוֹ־מֵת בְּעָלָיו אֵין־עִמּוֹ שַׁלֵּם יְשַׁלֵּם. אִם־בְּעָלָיו עִמּוֹ לֹא
יְשַׁלֵּם אִם־שָׂכִיר הוּא בָּא בִּשְׂכָרוֹ.

טו טז וְכִי־יְפַתֶּה אִישׁ בְּתוּלָה אֲשֶׁר לֹא־אֹרָשָׂה וְשָׁכַב עִמָּהּ מָהֹר יִמְהָרֶנָּה לּוֹ לְאִשָּׁה. אִם־מָאֵן יְמָאֵן
אָבִיהָ לְתִתָּהּ לוֹ כֶּסֶף יִשְׁקֹל כְּמֹהַר הַבְּתוּלֹת.

מבנה החוקים

החוקים מכ״א, יב – כ״ב, טז, עוסקים בנזקים של אדם לחברו ולרכושו. כל זה בא לאחר דיני עבד ואמה (כ״א, ב-יא), שאינם כלולים בקטגוריה זו. העובדה שחוקי העבדות באים מחוץ למבנה של החוקים היא הבלטה נוספת של מה שטענו לעיל, שהתורה פתחה את החוקים דווקא בהגבלות על עבדות, בעיקר כדי לדבר על מה שרלוונטי לעם לאחר שהיו עבדים שנים רבות במצרים.

החלק הראשון של החוקים, בכ״א, יב-יז, עוסק במקרים של אלימות שבגינם הפוגע חייב מיתה. לאחריהם החלק השני של החוקים, בכ״א, יח-לו, עוסק בנזקי גוף על ידי אדם או רכושו. החוקים בחלק השלישי, בכ״א, לז – כ״ב, יב, עוסקים בנזקים לרכושו של אדם: בעלי חיים, צומח או דומם. ההבחנה בין החלק השני לשלישי ניכרת בכך שכל המקרים בפסוקים יח-לו פותחים ב״וְכִי״, מה שהופך את כל החוקים בקבוצה זו לרצף אחד. לעומת זאת, החלק הבא פותח ב״כִּי״ (לז), בלי ו׳ החיבור, להורות שמדובר בפתיחה חדשה לקבוצת הלכות העוסקות בנזקי ממון (כ״א, לז – כ״ב, יד). הדין האחרון, דין מפתה בתולה, כ״ב, טו-טז, עוסק בנזק שנעשה בהסכמת הצדדים.

דיני עבד עברי ואמה עברייה, כ״א, ב–יא

עבד עברי, ב–ו

החידוש של התורה הוא שאם אדם קונה עבד עברי הוא אינו קונה אותו כעבד לעולם, כרכוש, אלא לתקופה קצובה של שש שנים בלבד, ובשנה השביעית העבד יוצא לחירות.[18] היציאה לחירות היא אחרי שש שנים של עבודה, ולא בשנת השמיטה.[19] הלכה זו מגבילה את כוחם של אדונים, ומאפשרת לאדם שבנסיבות בלתי רצויות נמכר לעבד, לצאת לחופשי לאחר זמן קצוב. יש שני מקרים שבהם אדם נמכר לעבד: הראשון, אם גנב ואין בידו לשלם, אז נמכר בגנבתו (כ״ב, ב), והשני, אם אדם מוכר עצמו בשל עוניו (ויקרא כ״ה, לט-מג).

נראה שיש זיקה מכוונת בין משך תקופת שש השנים של עבודת העבד והיציאה בשביעית, לדין שביתה בשבת לאחר עבודה במשך שישה ימים, ודין שנת שמיטה בשנה השביעית לאחר שש שנות עבודה בשדה. זיקה זו כוללת את דין שחרור עבדים במערכת דתית רחבה, נוסף לערכים האזרחיים של החוק. כפי שראינו לעיל, החוקים האזרחיים טבועים עמוק בתוך העולם הדתי של היחסים שבין אדם לאלוהים.

דין זה פותח את קובץ המשפטים בשל הרלוונטיות שלו לעם שהורגל בעבדות במשך מאות שנים.[20] גם עשרת הדיברות נפתחו בהוצאת ה׳ את ישראל מעבדות מצרים. לפיכך, הוצאת עבדים לעבדות בשנה השביעית היא חיקוי של דרכי ה׳. התורה מעמידה לישראל,

שהיו עבדים עד לפני חודשים ספורים, מערכת ערכית ומוסרית אחרת לחלוטין ממה שידעו והורגלו. בעוד שהם עבדו את פרעה ואת מצרים בפרך, התורה אוסרת על תופעה זו (ויקרא כ"ה, מג), ובנוסף לכך קובעת שעבדות קצובה בזמן, והאדון אינו רשאי להשאיר את העבד בבעלותו. הייחודיות של פתיחת החוקים בדיני עבדות ניכרת לאור העובדה שמייד לאחריהם באים החוקים החמורים של רצח, דינים נוספים שדינם מיתה, ואחר כך נזקי גוף. אם כן, לא מפאת חומרתם דיני עבדות מופיעים ראשונים.

אם האיש בא בגפו הוא יוצא בגפו. אפילו אם אדוניו נתן לו אישה ונולדו להם ילדים, האישה וילדיה נשארים בבית האדון והעבד יוצא בגפו, כפי שבא לבית האדון. כמובן, אם הוא הגיע לבית האדון עם אישה וילדים, הוא יוצא לחופשי ביחד עימם. חכמים הבינו שהאדון נתן לו אישה שהיא שפחה כנענית. הדבר ברור, שכן אין האדון יכול לתת לו אישה אלא מי שהיא בבעלותו, וברור שאם מדובר היה באישה ישראלית חופשית, האישה לא הייתה נשארת בבית האדון כאשר העבד היה משתחרר (ראב"ע).[21]

אם העבד רוצה להישאר עבד, וביוזמתו הוא מבקש את הדבר, הוא יישאר עבד עולם. הניגוד בין שני המקרים מלמד על הכוונה של התורה. התורה ביקשה את טובת העבד, ולכן הגבילה את תקופת עבודתו כעבד לשש שנים, אבל אם רצונו של האדם להמשיך להיות עבד, התורה מאפשרת זאת לטובתו. התורה שמה בפיו של העבד את אהבתו לאדונו, לאשתו ולבניו, מסיבות שמביאות אותו לרצות להמשיך להישאר עבד. אפשר לפרש שדווקא סיבות אלה,[22] ואף כולן גם יחד, הן תנאים לקבלת בקשתו של העבד. אולם אפשר שאלה דוגמאות לסיבות שונות ומגוונות של העבד לרצות ולהישאר עבד.

ההסכמה להמשך עבודתו של העבד איננה בינו ובין האדון בלבד, אלא חייבת להיות במעמד שופטים. אולי יש בכך כדי לוודא שהכול נעשה באמת ובתמים ברצונו של העבד, בלא לחצים של האדון, ואולי הדבר נובע מהיות העבדות עניין חברתי־כללי התלוי ברצון אלוהי, ולכן המעמד נעשה בצורה פומבית כדי שאם העבד יתחרט בהמשך, תהיה עדות שבדין נעשה עבד עולם וברצונו (שד"ל).

מביאים את העבד אל האלוהים, ואל הדלת או אל המזוזה, רוצעים את אוזנו במרצע ואז הוא עבד עולם.[23] "הָאֱלֹהִים" הם הדיינים,[24] וכך גם עולה מכ"ב, ז-ח. בכמה מקומות השם אלוהים מתייחס לבני אדם: בראשית ו', ב; תהילים פ"ב, א, ו; קל"ח, א. הפיכת עבד לעבד עולם מחייבת השגחה ופיקוח של בית דין. ראב"ע הסביר שהדיינים נקראו אלוהים "כי הם פקידי אלוהים בארץ". הבאת העבד לדיינים משמעה משפט בפני אלוהים.[25] הבנה זו היא חלק מהתפיסה המחודשת של התורה שהחוקים האזרחיים הם הלכות דתיות מאת ה'.

תכלית הרציעה היא לפרסם שהאיש הוא עבד עולם ברצונו, כדי למנוע מצבים שאנשים ייקחו עבדים לזמנים ממושכים שלא בהסכמת בית דין. הרציעה בדלת או במזוזה היא ככל הנראה כדי שהדבר לא ייעשה בחדרי חדרים אלא באופן גלוי (ראב"ע).[26] רשב"ם הסביר שהרציעה היא סימן של עבדות.[27] בכיוון זה ייתכן להסביר מדוע הרציעה נעשית בדלת: העבד איבד את החופש שלו, ומעתה אינו יכול לצאת מהדלת כאיש חופשי. וייתכן שהרציעה דווקא

באוזן היא כדי לסמל שמעתה הוא עבד עולם וחייב לשמוע בקול בעליו.[28] ואולי אין משמעות גדולה לרציעה בדלת או במזוזה, והרציעה נעשית שם משום שעל העץ הניקוב ייעשה יפה (ריב"ש). עבד לעולם בפשוטו הוא לכל ימי חייו (רשב"ם).[29] הדין במקורו היה לעולם, ואחר כך נאמר שזה עד היובל (ויקרא כ"ה, מ-מא), מה שצמצם את הדין הראשון (שד"ל).[30]

אמה עברייה, ז–יא

תנאיה של אישה הנמכרת לאמה משופרים מזה של האיש. התורה הגנה על האישה שנמכרה לאמה בדרכים שונות. מכיוון שמדובר באב המוכר את בתו, חייב להיות מדובר בבת קטנה שעדיין ברשות אביה, שכן אין אפשרות לאב למכור את בתו הגדולה שאינה תחת רשותו.[31] היא אינה יוצאת כמו עבד לאחר שש שנות עבודה, אלא האדון יישא אותה לאישה קודם לכן, או ישיא אותה לבנו. אם אינו מעוניין בכך (״רָעָה בְּעֵינֵי אֲדֹנֶיהָ אֲשֶׁר לוֹ יְעָדָהּ״), אז ״הֶפְדָּהּ״, היינו שיאפשר את פדיונה.[32] או שהיא תוכל לפדות עצמה, או אביה, או אחר יפדה אותה, תמורת השנים שיצאה לפני מלאת שש שנים.

אם האמה לא מצאה חן בעיני אדונה והוא אינו נושא אותה לאישה, אין הוא רשאי למוכרה לאחר. לפי פירוש זה, ״לְעַם נָכְרִי לֹא יִמְשֹׁל לְמָכְרָהּ״ הכוונה שאסור לו למכור אותה לאיש ישראלי זר לאחר שבגד בה כשלא לקח אותה לאישה (אונקלוס; רש״י; רשב״ם; ראב״ע [ראו למשל: בראשית ל״א, טו; ס״ט, ט; משלי ה׳, י; כ״ז, 2; איוב י״ט, טו; קהלת ו׳, ב]).[33] אפשרות אחרת היא שהנושא של הפסוק הוא ״אִישׁ״, ומשמעות הפסוק היא שאף שמותר לאדם למכור את בתו לאמה, אין הוא רשאי למוכרה לנוכרים (מכילתא דרבי ישמעאל, מסכתא דנזיקין ג [הורוויץ, 257]; לקח טוב; ר״י קרא; ריב״ש פירש לעבדו הכנעני, וכן: אברבנאל). שד״ל פירש ש״לְעַם נָכְרִי״ הכוונה לאיש משבט אחר. אין לאדון ממשלה על האמה שלו. מכירתה לאחר היא בגידה שלו בה,[34] בכך שלא קיים מצוות ייעוד, או לכל הפחות פדה אותה.

כאשר היא נישאת, היא הופכת להיות אישה חופשייה – ״כְּמִשְׁפַּט הַבָּנוֹת יַעֲשֶׂה לָּהּ״ (ט). ״מִשְׁפַּט הַבָּנוֹת״ הכוונה שזכויותיה הן כמו שאר בנות ישראל (ריב״ש). והנושא אותה חייב להעניק לה שאר, כסות ועונה, כמו שאר בנות ישראל הנישאות. אם לקח אישה נוספת, אם הוא מסרב להעניק לה את אחת משלוש אלה,[35] יכולה האמה לצאת בלא פדיון.[36] דין זה נאמר כדי להדגים שלאישה אכן יש ״מִשְׁפַּט הַבָּנוֹת״, והיא ככל אישה הנשואה לאיש. התורה מודעת לכך שהאדון קנה אותה בכסף ועשוי שלא לרצות לתת לה את המגיע לה, בגלל נחיתותה בעיניו. ואף שפשוט שהיא יוצאת בלא פדיון, שהרי היא נשואה לכל דבר, התורה מדגישה זאת בשל הנסיבות המיוחדות שבגינן נישואין אלה התממשו.

הפרשנים נחלקו במובן של שאר, כסות ועונה. רש״י אימץ את שיטת רבי יאשיה במכילתא, ששאר הוא מזונות (כמו ״וַאֲשֶׁר אָכְלוּ שְׁאֵר עַמִּי״, מיכה ג׳, ג), כסות היא ביגוד, ועונה הכוונה ליחסי אישות (כמו ״וַיִּשְׁכַּב אֹתָהּ וַיְעַנֶּהָ״, בראשית ל״ד, ב).[37] לעומת זאת, רשב״ם פירש שעונתה הכוונה למגורים – עונתה מלשון מעון.[38] רמב״ן (על פסוק ח) פירש את שלושתם כנוגעים ביחסי אישות: שאר – קירוב בשר (כמו: ״אֶל כָּל שְׁאֵר בְּשָׂרוֹ״, ויקרא

י״ח, ו; ״כִּי אִם לִשְׁאֵרוֹ הַקָּרֹב״, ויקרא כ״א, ב), כסות – הכוונה לכסות מיטתה, ועונתה – יחסי אישות.

התורה מפגינה רגישות גדולה כלפי האמה, וזאת מפאת החשש שהאדון ינצל אותה. לכן הקניין שלה על ידי האדון מנותב לנישואין עימה. התורה מחייבת את האדון להביא לנישואיה של האמה עימו או עם בנו, מתוך הבנה שיחסי אישות הם מה שעשוי לרצות האדון ביחס לאמה זו. לפיכך התורה מחייבת את נישואיה התקניים או את שחרורה. בהיותה נשואה היא אישה חופשייה לכל דבר ואינה מוגדרת כאמה, והתורה מצווה שאם הוא ייקח לו אישה אחרת עדיין לא ייפגע מעמדה.

שני החוקים האלה, על אודות עבד ואמה, אינם עוסקים בכל ההיבטים של דיני עבדות, אלא רק בדינים המסדירים את יציאת העבד והאמה מעבדות. לא בכדי השורש יצ״א מופיע שבע פעמים בשני דינים אלה (ב, ג*2, ד, ה, ז, יא). הדגש לגבי עבד הוא היציאה שלו לאחר שש שנות עבודה, והדגש בחוק האמה הוא נישואיה לאדון או לבנו והפיכתה לבת חורין במצב זה,[39] או יציאתה לחופשי אם זכויותיה לא יישמרו. התורה אינה עוסקת בזכויות האדון, או במקרים שהעבד ברח ואיך האדון יכול לשוב ולאכוף את זכויותיו וכדומה. מהעיסוק הבלעדי של החוקים בעניין יציאת העבדים מעבדות ניכר כי התורה ביקשה להדגיש את הרעיון של צמצום התופעה. החוק בדבר עבד עברי או אמה עברייה, בניסוח דומה לחוק כאן אך בהבדלים בפרטים, נמצא בדברים ט״ו, יב-יח, וחוק נוסף בעניין מופיע בויקרא כ״ה, לט-נד. בפירושינו לויקרא ולדברים נעמוד על כך.

דיני רוצח במזיד ובשגגה, כ״א, יב-יד

פסוקים אלה עוסקים בעונשם של רוצחים. דין זה נסמך על האיסור של רציחה בעשרת הדיברות (רשב״ם). ישנם שלושה ציוויים הקשורים להורג: הציווי הראשון הוא ״מַכֵּה אִישׁ וָמֵת מוֹת יוּמָת״ (יב). דין כללי זה לכאורה אינו מדויק, כי אחר כך הוא מתפרט לשני מקרים, ולבעיה זו נתייחס בהמשך. השימוש בלשון זכר הוא משום רגילות המעשה, אך הדין אמור גם באישה מכה וגם באישה מוכה.[40] גזר הדין הוא רק על ידי בית דין (ראב״ע).[41]

פסוק יג מדבר על רוצח בשוגג. ״וַאֲשֶׁר לֹא צָדָה״, הכוונה שלא הערים להורגו. במקרה זה נאמר בקצרה שה׳ יקצה מקום שבו הרוצח בשגגה יכול לנוס אליו, אך לא ברור לגמרי מה הכוונה, כי עדיין לא הוגדר דין ערי מקלט. דיני עיר מקלט מופיעים בבמדבר ל״ה, ט-לד, ודברים ד׳, מא-מג, י״ט, א-ג, ט-י; יהושע כ׳, א-ט. אך כבר כאן ברור שאין כוונה להמית את הרוצח בשוגג, אדרבה, הפסוק מכוון לכך שהרוצח בשוגג נמצא בסכנת מיתה, ולכן יש לגונן עליו. אף שגואל הדם אינו מוזכר כאן, ברור שלכך הכוונה.

לעומת הרוצח בשגגה, דינו של רוצח בכוונה תחילה הוא מוות. הפסוק מדגיש שבניגוד לרוצח בשגגה שה׳ ייעד לו מקום לנוס שמה, לרוצח במזיד אין מקלט במזבח ה׳: ״מֵעִם מִזְבְּחִי תִּקָּחֶנּוּ לָמוּת״ (יד).[42] ה׳ אומר זאת בגוף ראשון, מה שמלמד על חומרת הדין ועל החומרה

שבניסיון למצוא מקלט במזבח ה'. הפסוק מניח שהיה מקובל שאנשים ימצאו להם הגנה מפני גזר הדין, בהגיעם למזבח ה'. כך אכן עשו אדוניה ויואב כאשר שלמה רצה להענישם, מל"א, א', נ-נג; ב', כח.

המשפט הראשון מתייחס אפוא רק למקרה של מזיד, אולם זה לא נאמר בפסוק, ולהפך, רק בפסוק יד המקרא מזכיר במפורש מקרה של מזיד. אם כן, כיצד עלינו להבין את הפסוק "מַכֵּה אִישׁ וָמֵת מוֹת יוּמָת"? מהפסוק משמע שאם לא התכוון להמית אלא להכות, אך מת מהמכה, דינו מות יומת. נראה שיש להבין את המשפט ככותרת כללית שמטרתה לציין שדינו של רוצח הוא מיתה, בלי קשר לכוונות שלו. בכך התורה מלמדת את חומרת העבירה: מגיע לכל אדם למות אם הכה אחר ומת. אחר כך הפסוקים מדייקים זאת באמצעות הבחנה בין מזיד לשוגג, ובכך מלמדת את החשיבות היתרה של חיי אדם, גם אם אין מיישמים הפועל את העונש הזה. הבנה זו משתלבת היטב בטענה לעיל, שקובץ החוקים לא בא לשרת דיינים אלא נועד לציבור רחב, כדי שילמד ממנו עקרונות משפטיים, מוסריים ודתיים.

דין רוצח מובא כאן בקצרה, והוא מפורט הרבה יותר בויקרא כ"ד, יז, כא; במדבר ל"ה, ט-לד; דברים י"ט, ד-יג. מסתבר שלא את פרטי המקרים והדינים ביקשה כאן התורה להדגיש, אלא את העיקרון החדש של חשיבות ערך חיי האדם, לעומת מה שהכירו ישראל ביחס אליהם בעת שעבודם במצרים, ולעומת מה שהכירו מחוקי העמים של תקופתם.[43] כך נבין גם את השינוי בסגנון החוקים. עד כה הסגנון היה הצגת מקרה והדין שלו, למשל: המקרה הוא "כִּי תִקְנֶה", והדין הוא ש"וּבַשְּׁבִעִת יֵצֵא". אולם כאשר הכתוב עובר לדינו רוצח, הדגש אינו על המעשה שיש לעשות במקרה מסוים, אלא לקבוע עקרונית את האיסור המוחלט לרצוח, ולא מה דינו של אדם שרצח.

דינים נוספים שעונשם מיתה, כ"א, טו-יז

לאחר הדין החמור של רוצח, באים מקרים שאומנם הם חמורים פחות מרצח, אך דינם זהה – מוות. אדם שהכה את אביו או את אימו חייב מיתה, אף שלא הרגם (טו). דין זה מובא כאן משום שהוא יוצא מן הכלל ביחס לחוק שנאמר קודם. יש חומרה מיוחדת בהכאת הורים, שאפילו אם לא הרגם, אלא רק הכה אותם, חייב מיתה.[44]

אדם שגנב אדם אחר, היינו חטף אותו, ומכר אותו ונמצא בידו, היינו שהוכח שהוא גנב ומכר אותו, דינו מיתה (טז) (ריב"ש; חזקוני). רוב הפרשנים פירשו שהאיש שנחטף נמצא ביד החוטף, קודם שמכר את החטוף (רש"י; ראב"ע, הפירוש הארוך).[45] רמב"ן פירש שאינו חייב עד שיימצא ברשותו של קונה. אפשר אולי להציע שיש שתי אפשרויות, האחת – גנב אדם ומכרו, והשנייה – שלא מכר אותו, אלא השאיר אותו בידו. בשני המקרים דין של גונב אדם הוא מוות. לפירוש זה הו' ("וְנִמְצָא") באה במשמעות של או, כמו "וּמַכֵּה אָבִיו וְאִמּוֹ".[46] חוק מקביל מצוי בדברים כ"ד, ז.

הדין השלישי הוא של אדם שקילל את אביו ואת אימו, וחייב מיתה (יז). השורש קל"ל בא כניגוד לשורש כב"ד (שמ"א ב', ל; שמ"ב ו', כב), שבו השתמשה התורה כדי לבטא את היחס החיובי להורים (כ', יב).[47] קללת ההורים היא השפלתם, ההפך מכיבודם. חכמים הבינו שהקללה היא בשם המפורש (מל"ב ב', כד),[48] אבל על פי פשוטו אפשר שגם קללה בלא שם ה' נכללת בדין (ראב"ע, פירושו הארוך). דין דומה, בניסוח חריף יותר, מצוי בויקרא כ', ט; דברים כ"ז, טז.

שלושת הדינים האלה מופיעים כאן משום שבדומה לרוצח, גם הם חייבים מיתה. לאחר דיני עבד ואמה באה רשימת חוקים שהעונש עליהם הוא החמור ביותר – מוות. בתוך הרשימה הזו הסדר הוא לפי חומרת העבירה. תחילה דובר על רצח, לאחר מכן על הכאת אביו או אימו, לאחר מכן גנבת אדם, ולבסוף פעולה שאינה בידיים אלא בפה – קללה. כך ניתן להסביר מדוע בין דין הכאת הורים לקללתם בא דין של גונב נפש.[49]

חומרת החוקים של מכה אביו ואימו וקללתם מתבססת על הופעתה של מצוות כיבוד אב ואם בעשרת הדיברות. לאחר דין רוצח, ודינים נוספים השייכים לאביו ואימו הקשורים לעשרת הדיברות, נראה כי גם דין גונב איש ומכרו קשור לעשרת הדיברות, לאיסור "לֹא תִּגְנֹב". ומכאן אולי ראיה לסוברים שאיסור גנבה בעשרת הדיברות עוסק בגונב את הנפש (רשב"ם על פסוק יב-יז).

נזקי גוף, כ"א, יח-לב

הכאה שמביאה לפגיעה גופנית, יח-יט

אם אדם הכה את חברו באבן או באגרוף וגרם לנזק גופני וגם לעלויות כספיות, המכה חייב לשלם. מדובר בעלויות עקיפות שנגרמו לו מכך שנאלץ לשבת ולא לעבוד (שבתו), ועלויות רפואתו (ורפא ירפא). זאת במקרה שלאחר זמן המוכה הצליח לקום ממיתת חוליו וחזר ללכת על משענתו, היינו שלא יישען כדרך החולים (ראב"ע, פירושו הקצר), או שילך על משענתו כדרך החולים שנרפאו (רמב"ן), ויוכל להתהלך בחוץ. ואונקלוס תרגם "על בוריו", היינו שיקום מלא.[50] במקרה זה "וְנִקָּה", היינו שאין לו דין מוות, כמו במקרה של הורג את הנפש.[51] עולה מכאן שאם הייתה התדרדרות והמוכה לא קם והתהלך בחוץ אלא מת, דין המכה הוא של רוצח ודינו מיתה (רשב"ם).

דין מכה עבדו או אמתו, כ-כא

אם אדם הכה את עבדו או את אמתו ומתו – "נָקֹם יִנָּקֵם", היינו שמעשיו כלפיהם יופנו אליו, וימיתו אותו על מעשהו. דין הורג עבדו ואמתו שווה לדין הורג כל אדם. כתוב "נָקֹם יִנָּקֵם" כדי להראות שהעבד שווה לאדון, ואם הוא מת יש לנקום את נקמתו ולהמית אותו כדין

כל הורג את הנפש, לאחר שיועמד לדין.[52] לעומת זאת, אם העבד לא ימות, וישוב לאיתנו לאחר זמן ("אִם יוֹם אוֹ יוֹמַיִם יַעֲמֹד"),[53] במקרה של מכה אדם אחר, הוא חייב לו תשלומי שבת ורפואה. במקרה זה הוא אינו חייב לשלם את הנזק לעבד, משום שהעבד עצמו שייך לו מבחינה כספית – "כִּי כַסְפּוֹ הוּא".

מבחינה פלילית העבד הוא כמו אזרח לעניין פגיעת נפש, אך לעניין ממון הוא שייך לאדון. כמובן שלפי זה, אם אדם הכה את עבדו של אדם אחר, הוא יהיה חייב בתשלומים אלה. אם כן, אי־התשלום לעבד אינו מורה על מעמדו הנמוך מבחינת "שווי" חייו לעומת אזרח, שכן חייו שווים לחיי אזרח. ההבדל נובע הוא שכיוון שאינו עצמאי אלא עבד, אין לו ממון נפרד מאדונו.

ישנה הסכמה בקרב חכמים ופרשנים שמדובר בעבד שאינו יהודי. והדבר מסתבר, שכן עבד עברי אינו קניין כספו של אדונו, הוא אינו רכושו של בעל הבית. חיזוק לכך אפשר לראות שכאשר בתחילת הפרשה דיברה התורה על עבד עברי, היא ציינה זאת במפורש, ועל כן סביר שאם כתוב עבד סתם, הכוונה לעבד שאינו עברי.[54]

ניצים שפגעו באישה הרה, כב-כה

מקרה זה הוא מורכב. במקרה זה הנפגעת לא הייתה מעורבת בריב, ולא הייתה כוונה מצד הניצים לפגוע בה. לא האישה נפגעה, אלא העובר שבקרבה – "וְלֹא יִהְיֶה אָסוֹן", היינו לאישה. מדובר באישה נשואה, והדין הוא שהמזיק משלם כפי שקבע הבעל ("כַּאֲשֶׁר יָשִׁית עָלָיו בַּעַל הָאִשָּׁה"), "וְנָתַן בִּפְלִלִים", היינו שהסכום יהיה באישור בית דין.[55] יש שהבינו ש"כַּאֲשֶׁר יָשִׁית עָלָיו בַּעַל הָאִשָּׁה", היינו שהבעל יתבע אותו. ראב"ע (הפירוש הקצר) הבין שבפני המזיק יש שתי אפשרויות: או לתת את הסכום שבעל האישה ביקש על מנת לרצות אותו, ואם לא – ייתן בפלילים, במשפט. וכך גם במכילתא מסכתא דנזיקין ח (הורוויץ, 276): "דבר אחר: 'כאשר ישית עליו בעל האשה' – שומע אני כל שירצה? תלמוד לומר: 'ונתן בפלילים', מגיד שאינו משלם אלא על פי דיינין, שנאמר: 'ונתן בפלילים', אין פלילים אלא דיינין, שנאמר: 'ואויבינו פלילים' (דברים ל"ב, לא). וכתיב: 'כי יחטא איש לאיש ופללו אלהים' (שמ"א ב', כה)".

מדין זה למדנו על האחריות של הפוגע, גם אם כלל לא הייתה לו כוונה לפגוע. מקרה זה הוא פחות משוגג, כיוון ששוגג כולל מקרים שהייתה לו כוונה לפגוע אבל לא כפי התוצאה. לעומת זאת, כאן מדובר שהנפגעת לא הייתה מעורבת כלל, ולפוגע לא הייתה כוונה לפגוע בה. התורה קובעת שגם במקרה זה יש אחריות על הפוגע. בנוסף, לא ברור אם הפגיעה בעוברים היא נזק בנפש, אם משום שעדיין לא נולדו ואם משום שלא ברור שהם יהיו בני קיימא.

במקרה שהאישה ניזוקה ("אִם אָסוֹן יִהְיֶה"), העונש של הפוגע יהיה כפי פגיעתו: אם הרג נפש הוא יומת כדין הורג את הנפש, וזאת גם כנראה אם במקרה שלא התכוון להרוג את האישה.[56] ואם הייתה פגיעה באיבריה, עונשו יהיה מידה כנגד מידה: "עַיִן תַּחַת עַיִן שֵׁן תַּחַת שֵׁן יָד תַּחַת יָד רֶגֶל תַּחַת רָגֶל. כְּוִיָּה תַּחַת כְּוִיָּה פֶּצַע תַּחַת פָּצַע חַבּוּרָה תַּחַת חַבּוּרָה" (כד-כה). עיקרון דומה של מידה כנגד מידה מופיע בויקרא כ"ד, כ, ובדברים י"ט, כא. ישנה דעה

אחת בחז"ל היא שישלם באיבריו כנגד הפגיעה בה,[57] אך הדעה הרווחת בחז"ל היא שמדובר בתשלום ממון כנגד הפגיעה באיבר.[58] להסבר זה של חז"ל יש כמה ראיות מהכתובים: "וּמַכֵּה נֶפֶשׁ בְּהֵמָה יְשַׁלְּמֶנָּה נֶפֶשׁ תַּחַת נָפֶשׁ".[59] ראיה נוספת לכך היא שבדין איש שהכה את רעהו באבן או באגרוף, הדין הוא שהמזיק ייתן לניזק דמי שבתו, ולא שיעשה בו כאשר הכה אותו, כ"א, יח-יט (רבנו חננאל; רמב"ן).

רס"ג הסביר את ההיגיון בדברי חז"ל, בכך שאי אפשר להעניש באיברים באופן הגון.[60] שכן למשל, אם הנפגע נפגע בחלק ממאור עיניו, כיצד אפשר להעניש את הפוגע באותו אופן? או אם היה הפוגע חסר עין אחת, והוא הוציא עין אחת לאדם אחר, אם יענישו אותו בהוצאת עינו, הוא יהיה עיוור, כך שהנזק שיארע לו גדול יותר מהנזק שגרם לחברו.

לפי ההבנה הזו של חז"ל, יש להסביר את הכתוב "עַיִן תַּחַת עַיִן", בכך שאף שזה לא הדין בפועל, היה ראוי שכך יהיה (ראב"ע, הפירוש הארוך).[61] יש להניח שישראל הכירו את המקובל בתקופתם, שבה שררה הבחנה בין המעמדות: אם האיש הנפגע היה בעל מעמד גבוה, העונש היה איבר כנגד איבר, אך אם הנפגע היה ממעמד נמוך, העונש היה כספי.[62] התורה חידשה שמעמדו של אדם אינו פקטור בהלכות נזיקים, ולחיי האדם, באשר הוא אדם, יש ערך גבוה ללא קשר למעמדו. זוה הסיבה לכך שהתורה לא כתבה תשלום ממון, כדי שלא ייווצר רושם מוטעה כביכול התורה אינה מעריכה פגיעה באדם כדבר חמור. התורה כתבה שהעונש הראוי לפגיעה כזו היא פגיעה באיבר הפוגע, כנגד האיבר שבו שפגע. אבל כיוון שביצוע החוק הזה אינו יכול להיות מוצדק, רמזה התורה, וכך הבינו חכמים, שהתשלום הוא ממון. לא כעיקרון, אלא למעשה.

שד"ל, המסכים עקרונית עם פירוש חז"ל, סבור שהדבר מסור לבית דין, ובמקרים שונים הם יכולים לקבוע איבר תחת איבר ממש, אם למשל האדם הוא בעל ממון והתשלום אינו כבד עליו.[63]

פגיעה באיברי עבדו או אמתו, כ"א, כו-כז

אדם ששיחת את עין עבדו או אמתו או פגע בשן של מי מהם, חייב לשחרר אותם. הפגיעות בעין או בשן הן דוגמאות לנזק גופני (ראב"ע, בפירושו הקצר).[64] שחרור העבד בגלל הפציעה נדמה כלא קשור לעבירה שנעשתה. הסיבה לשחרור היא משום שהוא אינו יכול לשלם לעבד, שהרי העבד הוא רכושו. אבל מעבר לכך, הזיקה בין העבירה לדין שחרור העבד היא משום שהתורה רצתה למנוע התעמרות של אדונים בעבדיהם. אדון שפגע באופן זה בעבדו, לא התנהג בצורה הראויה, ולכן אינו רשאי להחזיק בעבדו.

דין זה מחולק לשני מקרים: הדין הראשון הוא הוצאת עינו של העבד או האמה (כו), והדין השני הוא הפלת שן העבד או האמה (כז). הדין זהה לחלוטין – לחופשי ישלחנו תחת עינו/שנו (כו/כז). הפירוט של אותו דין לשני מקרים נפרדים משונה, משום שהיה אפשר לנסח בפשטות 'כי יכה את עין או את שן...'. כנראה הכתוב רוצה להציג את שני הדינים ביחס יורד מבחינת הנזק. הפלת שן היא נזק קטן יחסית שאינו מונע את המשך התפקוד התקין

של העבד. התורה ביקשה לומר שאפילו אם מפיל את שינו של העבד, יש בכך התעמרות בעבד וניצול מעמדו של האדון, ומשום כך אין הפוגע יכול להמשיך להיות אדון והוא חייב לשחרר את העבד לחירות.

בהמתו של אדם הורגת אדם אחר, כ״א, כח-לב

כאשר שורו של אדם נגח אדם אחר (״אִישׁ אוֹ אִשָּׁה״), אם הוא שור תם, שלא היה רגיל לנגוח, בעל השור אינו אחראי והוא עצמו אינו נענש, אבל השור הנוגח ייסקל.[65] אסור ליהנות מנבלת השור הנסקל, כגון למכור את נבלת השור לגוי (רשב״ם).[66] האיסור ליהנות מנבלת השור הנוגח לאחר שנסקל הוא על מנת להטמיע את החשיבות של חיי אדם.[67] גם צורת ההמתה של השור בסקילה מטמיעה את החשיבות של חיי אדם.

מקרה שני עוסק בשור שכבר נגח בעבר, ועתה שוב הרג אדם. השור הזה ״הוּעַד בִּבְעָלָיו״ שכך עשה, היינו שהזהירו אותו קודם לכן.[68] במקרה זה רובצת אחריות על הבעלים מכיוון שלא שמר על השור שמירה מעולה. הדין הוא שהשור ייסקל ודינו של בעל השור הוא מוות. אפשר שהכוונה היא שמדובר במיתה על ידי בית דין (אברבנאל), אבל במכילתא, וכן רשב״ם וראב״ע, סברו שמדובר במיתה בידי שמיים.[69] במקרה זה אפשר להשית כופר על בעל השור המועד, והוא נפטר מעונש המוות בכופר זה. לדעת רש״י, המשמעות של המילה ״אִם״ אינה מבטאת תנאי, שכן לדעתו חייבים להשית כופר. יש הסבורים שהכופר הוא אופציונלי (ריב״ש; רמב״ן; אברבנאל). לדעת שד״ל, הדבר מסור לבית דין אם יראו שהוא ראוי להתכפר באמצעות הכופר, והדבר תלוי ברצונה של משפחת הנרצח. לפי רמב״ן, הדבר תלוי ברצונו של הרוצח, אם הוא רוצה כפרה או לא. יש כאן שתי שיטות עם מי הכופר בא להיטיב – עם הרוצח, או עם משפחת הנרצח. מדוע דווקא במקרה זה הותר הכופר במקום עונש המוות? במקרים של רצח, הכופר נאסר במפורש בבמדבר ל״ה, לא: ״וְלֹא תִקְחוּ כֹפֶר לְנֶפֶשׁ רֹצֵחַ אֲשֶׁר הוּא רָשָׁע לָמוּת כִּי מוֹת יוּמָת״. הכופר הוא אינטרס של הרוצח, אבל גם של משפחת הנרצח, המעוניינת לפחות בפיצוי כספי על האסון שנגרם להם. במקרה של רצח רגיל הכופר לא הותר, אולם במקרה זה, שאדם לא רצח אלא לא שמר כראוי על בהמתו, הדבר הותר (ראב״ע הפירוש הקצר). לפי ההבנה שמדובר כאן בעונש בידי שמיים, קל יותר להבין זאת. חכמים נחלקו אם הכופר המושת עליו הוא לפי ערכו של הנהרג או לפי ערכו של בעל השור.[70]

דין זה שווה גם אם השור נגח ילד או ילדה (לא).[71] ייתכן שהפירוט הזה מופיע כאן כדי לסתור את הטענה האפשרית של בעל השור שהילדים לא היו זהירים או שהם היו צריכים להיות תחת השגחת הוריהם.[72]

הדין שונה אם השור נגח עבד או אמה. נראה כי גם כאן מדובר על עבדים שאינם ישראלים. דינם של עבדים מישראל שווה לדינם של בני חורין (ראב״ם). במקרה שהשור נגח עבד או אמה והרגם, בעל השור הנוגח ישלם 30 שקלים לבעלים. מקרה זה מחזק את האפשרות לראות בכופר מסלול עיקרי, ואם כן, אין למי לשלם את הכופר אלא לאדון של

העבדים, שכן העבדים הם רכושו, והרוצח מפצה אותו על נזקו. גם במקרה זה השור נסקל מהטעמים שהעלינו לעיל.

המדובר כאן הוא בשור שנגח, אבל זו רק דוגמה. הדין חל בכל צורת היזק של הבהמה, וגם שור הוא רק דוגמה, והכוונה לכל בהמה.[73]

נזקים שנעשו על ידי רכושו של אדם לרכושו של אחר, כ"א, לג – כ"ב, ה

דין כורה בור שגרם לנזק לבעל חיים, לג-לד

הדין הבא הוא מקרה שבו אדם פתח בור שהיה מכוסה או שכרה בור ולא כיסה אותו, ונפלו לשם שור או חמור ומתו.[74] גם כאן כמו במקרה הקודם, התורה קובעת שיש אחריות לאדם על מעשיו, ואם אדם יָצַר גורם של סכנה, הוא נושא באחריות. "בַּעַל הַבּוֹר" הוא זה שכרה או פתח את הבור (ולאו דווקא הוא הבעלים של הבור), צריך לשלם את הערך על הבהמה שמתה בבור. זהו פיצוי מלא על הנזק, ולכן הנבלה המתה הולכת למי שחפר את הבור (רשב"ם; ראב"ם; חזקוני; אברבנאל; שד"ל).[75] גם דין זה של בור הוא דוגמה לכל מיני גורמי נזקים שאדם שם ברשות הרבים.[76]

שור שנגח שור, לה-לו

המקרה המדובר כאן הוא שור שנגח שור, היינו שהכה בו מכה אנושה והשור מת. מדובר במקרה שבו השור אינו מועד להזיק. הדין הוא שיש למכור את השור המזיק ואת נבלת השור המת, ולחלק את הסכום לשניים, בין המזיק לניזק (לה). כך המזיק משלם חצי מהנזק. ההיגיון הוא שמדובר על שור תם, והאחריות על המעשה מוגבלת.

לעומת זאת, במקרה שהשור הנוגח מועד להזיק, כלומר נגח כמה פעמים בעבר, ולכן בעליו ידע שעליו לשמור על שורו שמירה מעולה ולא עשה זאת, האחריות שלו מלאה והוא חייב בנזק שלם. במקרה זה המת יהיה שייך למזיק (רמב"ן; שד"ל).[77]

התורה מדברת על נגיחה, כיוון שזה הנזק המצוי, אבל בדין זה כלולה כל צורה של נזק.[78]

גנב שור או שה וטבח או מכר, כ"א, לז – כ"ב, ג

דין זה עוסק בגנב, והוא כולל ארבעה מקרים:

כ"א, לז: גנב שור או שה וטבחו או מכרו.
כ"ב, א: בא לגנוב במחתרת והרגוהו.
כ"ב, ב: בא לגנוב וזרחה עליו השמש.
כ"ג, ג: גנב והגנבה נמצאה בידו.

מקרה ראשון, לז: אדם גנב שור או שה ואז מכר או טבח אותם. הדין הוא שעליו לשלם פי חמישה כנגד הבקר, ופי ארבעה כנגד השה (לז). לפי דעה אחת במכילתא, ההבחנה בין תשלומי חמישה לשור לעומת ארבעה לשה היא משום שעם מות השור בעל הבית הושבת ממלאכה, ולכן הפיצוי גבוה יותר.[79] שד"ל, בעקבות הרמב"ם, סבר שהתורה החמירה בשה ובבקר משום שהם בשדה וקל יותר לגונבם, והסיבה לכך שהחמירה יותר בבקר מאשר בשה, היא משום שקל יותר לגנוב בקר כי הוא רועה לבד, לעומת הצאן שהם רבים יחדיו וקל יותר לבעלים לשומרם. ההחמרה של דין טבח ומכר היא משום שאדם רוצה את הבהמה שלו שאותה הוא גידל. ראב"ם פירש שהתורה החמירה במקרה שהוא הוציא את הבהמה מרשותו.[80]

המקרה השני הוא אם הגנב יימצא במחתרת, היינו שחתר לתוך רשות הנגזל והרגו את הגנב, אין לרצח דמים, היינו ההורג אינו חייב על כך, בניגוד לדין הורג את נפש (רש"י). המחתרת היא דוגמה של חדירה לתוך הבית, אך דין זה קיים בכל כניסה לרשות נגזל,[81] ומכיוון שבלילה בא, ובמחתרת, לא ברור אם בא גם להרוג (רשב"ם). יש מפרשים "אֵין לוֹ דָּמִים" היינו אין לו עוון רציחה, מכיוון שהגנב אין לו דמים, הוא נחשב כמת ללא דמים (רש"י; שד"ל). ראב"ע (בפירוש הקצר) פירש שאין מי שידרוש את דמו של הנרצח, ורשב"ם פירש "אֵין לוֹ דָּמִים", היינו שאין לו תשלום (דמים – ממון) על ההריגה. לפי רש"י ורשב"ם, "לוֹ" הכוונה לרוצח, ואילו לפי ראב"ע "לוֹ" הכוונה לנרצח.

אם השמש זרחה על הגנב, כלומר היה גלוי וברור שלא בא להרוג, אסור להורגו.[82] מקרה זה הוא היפוכו של המקרה הקודם, ששם היה הגנב במחתרת וכוונותיו לא היו ברורות. במקרה הנוכחי, הגנב חייב בתשלום על גנבתו, בסכום שעלה בפסוק לז, או בסכום העולה בפסוק הבא, לפי המקרה המדובר. אם אין לגנב מה לשלם, הוא עדיין חייב לשלם, ויעשה זאת במכירתו לעבד, ובדמי המכירה ישלם לנגזל.

הדין הרביעי הוא במקרה שגנב, אך לא טבח או מכר, והחפץ שגנב עדיין בידו. במקרה זה עליו לשלם פי שניים (כ"ב, ג). דין זה נוגע לכל דבר שגנב, ובכלל זה שור ושה המדוברים במקרה הראשון, שבהם יש דין מיוחד אם טבח או מכר. אין כאן דין ארבעה וחמישה כמו טבח ומכר, שכן הנגנב מקבל חזרה את בהמתו שעליה טרח ועמל (ריב"ש). תשלומי הכפל כנראה נועדו להרתיע את הגנב לבל יגנוב, וזוהי מידה כנגד מידה: הוא חייב להחזיר את שגנב, וגם מפסיד כערך מה שביקש להפסיד את חברו (שד"ל). אם היה צריך להחזיר את ערך הגנבה בלבד, הוא לא היה מורתע מלבצע זממו. ברם הגנב יהיה מורתע מלטבוח או למכור, שכן אז ישלם ארבעה או חמישה (שד"ל).

דין השולח בהמתו לרעות בשדה אחר, ד

המילה "בְּעִירוֹ" פירושה בהמתו (בראשית מ"ה, יז; במדבר כ', ד). "בִּעֵר" משמעו – ירעה את בהמותיו ויאכילם. אם אדם שולח את בהמותיו לרעות בשדה של מישהו אחר, ושם הבהמה שלו אכלה תבואה או הזיקה תבואה, בעל הבהמה חייב לשלם ב"מֵיטַב שָׂדֵהוּ וּמֵיטַב כַּרְמוֹ". יש מפרשים שזה מיטב שדהו של המזיק (רש"י; ראב"ע פירושו הקצר), אך רשב"ם פירש שישערו

את הנזק של הניזק, כאילו התבואה הייתה מגיעה למחירה המקסימלי, היינו מיטב של הניזק (וכן ריב"ש וחזקוני).[83] בעוד שור שנגח חייב את מלוא התשלום רק אם הוא מועד לנגוח, כאשר מדובר על היזק אכילה, הבהמה מועדת לאכול תמיד, ולכן תמיד בעל הבהמה שהזיקה חייב לשלם את מלוא התשלום. התשלום במיטב שדהו ומיטב כרמו הוא משום שבדרך כלל לא ניתן לשער את הנזק המדויק, מה בדיוק אכלה הבהמה, כמה יבול היה באותו אזור שבו אכלה ומה היה טיב היבול באותו מקום. לכן התורה קובעת "מֵיטַב", היינו שמשערים באותו אזור שהבהמה הזיקה, תשלום כנגד הערך הגבוה שהיה יכול להינזק במקום זה. כך הניזק לא יוצא מופסד. ואפשר שהתשלום ב"מֵיטַב" הוא בתורת קנס על המזיק.[84] התשלום הגבוה הזה נועד למנוע שהניזק יפסיד, וגם נועד להרתיע בעלי בהמות שישמרו על בהמותיהם, שאם לא כן, ישלמו ערך גבוה של הנזק.

הֶזק על ידי הבערת אש, ה

אדם הגורם נזק לאחר על ידי אש, חייב לשלם את הנזק שגרם. החידוש במקרה זה הוא שהאדם עשה את הפעולה הראשונה, אך כדי שיהיה נזק, פעמים רבות צריך סיוע של הרוח ותנאים אקלימיים מתאימים. אף על פי שהנזק הוא לא רק תוצאה בלעדית של פעולתו, המזיק חייב לשלם את הנזק. דבר זה נלמד מסגנון הפתיחה: "כִּי תֵצֵא אֵשׁ וּמָצְאָה קֹצִים וְנֶאֱכַל גָּדִישׁ...", גם במקרה שאין כוונה להזיק בהבערה, וגם אם לא היו תנאים התורמים לנזק בעת שהבעיר את הבעירה, עדיין האחריות היא שלו. זאת משום שאדם צריך להביא בחשבון שאם הוא מבעיר אש, הוא עשוי לאבד עליה שליטה. רש"י הסיק מהמילים "כִּי תֵצֵא" שאפילו אם האש יצאה מעצמה הוא חייב. רשב"ם נטה לכך שיש יותר רשלנות מצד המבעיר: "שלא שמר בעל האש את אשו יפה, והזיק על ידי רוח מצוי". ראב"ע (בפירושו הקצר) מתאר את האחריות של המבעיר בכך "שלא נשמר להסיר הקוצים", ומדגיש שבעל האש אינו מזיד. מבעיר אינו משלם במיטב שדהו משום שהרשלנות הייתה פחותה מהמקרה הקודם.[85]

התורה הציבה את הדין הקודם מול הדין הזה כניגוד, אף שסוג הנזק אינו זהה, באמצעות משחק מילים. משחק המילים הוא בין "כִּי יַבְעֶר... וְשִׁלַּח אֶת בְּעִירֹה", במשמעות של שלח את בהמותיו למרעה, ובין "הַמַּבְעִר אֶת הַבְּעֵרָה", במשמעות של שרף (ראב"ע פירושו הקצר על פסוק ה). הזיקה בין נזק מרעה לנזק אש מופיעה בבמדבר כ"ב, ד, והשורש לח"ך המתייחס לאכילת בהמות מושאל לפעולת שריפה: מל"א י"ח, לח; ישעיה ה', כד.[86]

שומרים, ו–ח; ט–יב

פסוקים אלה עוסקים בשני מקרים של אחריות שומרים. המקרה הראשון (ו–ח) הוא מקרה שבו אדם נתן לרעהו כסף או כלים שישמור עליהם, והם נגנבו מבית השומר. במקרה זה אין אחריות של השומר על החפצים, כיוון שלא נדרשה ממנו שמירה מיוחדת, והדברים היו שמורים בביתו עם שאר חפציו. אם אירע לו דבר כזה, השומר ניגש אל האלוהים, היינו אל הדיינים, כנראה לשם שבועה (רשב"ם; ראב"ע)[87] כפי שמתברר מפסוק י, ומצהיר שלא הוא

ששלח ידו ברכוש רעהו. בכך הוא נפטר מתשלום, אלא אם מתברר שהוא פשע ברכוש חברו. כמובן שאם הגנב נמצא, הגנב משלם כפל לבעל הכלים.

נאמר שהשומר ניגש אל האלוהים ונשבע. הכוונה כאן היא לשופטים, המכונים בכמה מקומות אלוהים.[88] נראה שנקראו כך כאן, וכן בפסוק ח – "עַד הָאֱלֹהִים יָבֹא דְּבַר שְׁנֵיהֶם אֲשֶׁר יַרְשִׁיעֻן אֱלֹהִים", משום שלהכרעה האנושית של הדיינים יש תוקף של החלטת אלוהים, היות שהדיינים מוציאים לאור את משפטי ה׳.[89] כמו כן, השבועה היא חמורה כאילו היא לפני אלוהים, ובאופן זה על האדם להתייחס לשבועתו בפני הדיינים.

עם האזכור של עניין השבועה, נוסף דין כללי בהתייחס למחלוקות.[90] הרחבה זו קובעת עיקרון של שבועה לפני הדיינים, במקרים שבהם יש חשדות לעשיית פשע, כמו גם במקרה שאדם טוען שאבדתו בידי חברו, "אֲשֶׁר יֹאמַר כִּי הוּא זֶה", היינו שמצביע ואומר לאחר שדבר הנמצא בידו שייך לו (ח).[91]

הדין הבא, העוסק אף הוא בעניין שומר, פותח בצורה דומה: "כִּי יִתֵּן אִישׁ אֶל רֵעֵהוּ חֲמוֹר אוֹ שׁוֹר אוֹ שֶׂה וְכָל בְּהֵמָה לִשְׁמֹר" (ט). ניכר כי ההבדל בין דין זה לדין הקודם הוא שהקודם דיבר על נתינת כסף או כלים לשמור, ואילו דין זה עוסק במתן בהמה לשמור. על כן הנזק הראשון שמדובר עליו בדין השני הוא במקרה שהבהמה מתה, נשברה או שנשבתה. מקרים אלה אינם שייכים בכסף או בכלים, ולכן עולים רק בדין שמירת בהמות. גם במקרה זה על השומר להישבע שהוא לא גרם לנזקים אלה, והוא פטור מתשלום על הנזקים האלה. אין לו אחריות עליהם כיוון שהנזקים האלה באו עליו באונס. מדובר כאן במקרה שבו פרטי האירוע אינם מבוררים: "אֵין רֹאֶה". משמע שאם יש עדות לאחריותו או אי־אחריותו של השומר, אם יש בה כדי להכריע, אין צורך בשבועה. אבל אם לא, "שְׁבֻעַת ה׳ תִּהְיֶה בֵּין שְׁנֵיהֶם", כלומר, העניין יוכרע באמצעות שבועה.[92] ראב"ע תיאר את שבועת ה׳ כ"מפרדת בין שניהם". שם ה׳ מוזכר כאן בפעם היחידה בפרשת משפטים, כדי להורות על החומרה של השבועה. עניין זה עולה גם במקרה שנטרפה הבהמה, ואז השומר צריך להביא עדות לכך כדי שלא ישלם, אבל אם אין לכך עדות, ככל הנראה חוזר דין השבועה. אפשרות זו אינה מפורשת, כי אם הבהמה נטרפה, השומר יכול להביא את שאריות הטרפה וכך להוכיח שנטרפה (רשב"ם). לאחר שהשומר נשבע, כתוב "וְלָקַח בְּעָלָיו וְלֹא יְשַׁלֵּם". את מה ייקח? אם מדובר בטרפה, ייקח את המת, אבל אם נשבה ואין טרפה, ייקח בעל הבית את השבועה.[93] חז"ל פירשו ייקח את השבועה,[94] כנראה משום המקרה של נשבה (שד"ל). אכן הפועל "לָקַח" יכול להתייחס לקבלת מילים (תהילים ו׳, י; משלי ב׳, א; ד׳, י).[95]

אם הבהמה נגנבה, הדין הוא שהשומר חייב לשלם לרעהו את ערך הבהמה (יא). מה ההבדל בין הדין הקודם שבו אינו חייב לשלם על הגנבה, אלא נשבע שלא שלח ידו, לבין מקרה זה שבו חייב בתשלום? על פי חז"ל, המקרה הקודם מדבר בשומר חינם והמקרה הזה מדבר בשומר שכר. בשומר שכר האחריות על השומר כבדה יותר, ולכן הוא חייב גם במקרה של גנבה, לעומת שומר חינם שפטור.[96] אולם על פי פשוטם של מקראות אין בפסוקים אזכור לשני סוגי שומרים אלה, וההבדל היחיד שהמקרא מזכיר הוא מה ניתן לשמירה, מיטלטלין

בדין הראשון ובהמה הדין השני. פשוטו של מקרא הוא כדברי רשב"ם, שהדין הראשון עוסק בשמירת כלים והשני בשמירה בהמה. את הכלים השומר שמר בביתו עם שאר חפציו, ואכן מודגש שם: "וְגֻנַּב מִבֵּית הָאִישׁ", לעומת זאת, במקרה של בהמה, השומר אינו יכול להכניס אותה לביתו כשהסכים לשמור, ולמעשה הוא התחייב בשמירה מעולה יותר היות שהיא בחוץ. כבר המכילתא מציעה אפשרות זו לחלק בין הפסקאות, ודוחה אותה (מכילתא טו [הורוויץ, עמ' 301]). דברי המשנה בבא מציעא ג', א, באו להוציא מסברה זו: "המפקיד אצל חברו בהמה או כלים ונגנבו". ראב"ע הסביר שהמקרה של שומר חינם שעסקה בו התורה הוא מקרה של שמירת כלים, מכיוואותה ל שאין טורח בשמירתם, אבל במקרה של שומר שכר התורה הביאה דוגמה של בהמות, מכיוון ששמירתן בדרך כלל בשכר, מפאת טורח השמירה.

שואל ושוכר, יג–יד

עתה עוברת התורה לדין שואל. לא נאמר מה שאל השואל. מכיוון שהמקרה המתואר הוא "נִשְׁבַּר אוֹ מֵת", באותו ניסוח של פסוק ט, נראה שמדובר בשאלת בהמה. דינו של שואל חמור יותר משומר, מכיוון שהוא אינו עושה טובה לבעל הבהמה, אלא בעל הבהמה מיטיב עם השואל. במקרה זה האחריות של השואל גדולה יותר,[97] ולכן חייב בתשלום הבהמה אם הבהמה נשברה או מתה. אבל אם הבעלים היו יחד עם השואל בעת שהשתמש בבהמה, הכוונה שגם הוא השתמש בבהמה באותה עת, השואל פטור (רשב"ם).[98] ראב"ע מסביר בפירוש הארוך: "וכי ישאל - על דרך הפשט: בעליו אין עמו – ויוכל לטעון על השואל שהכביד על בהמתו". ובניסוח אחר הסבירו ריב"ש ושד"ל, שאם בעליו עימו, על הבעלים לשמור שלא תמות או תישבר.

אבל אם הוא לא שואל אלא שוכר את בהמת חברו בתשלום, אז "בָּא בִּשְׂכָרוֹ", היינו שילם על מה שלקח, ומשום כך נפטר בשכרו ששילם על הנזקים שעשה באונס. חכמים נחלקו מה דין שוכר בגנבה ואבדה, אם חייב כשומר שכר או פטור כשומר חינם (בבא קמא מה ע"ב).

ריב"ש פירש ש"אִם שָׂכִיר בָּא בִּשְׂכָרוֹ", הוא לא דין חדש העוסק בשוכר בהמה, אלא המשך של דין שואל. על מה שנאמר קודם, אם הבעלים היו עם השואל הוא פטור. לעומת זאת, אם השואל שכר את הבעלים, והמשכיר היה עם השואל, השואל חייב אם הבהמה נשברה או מתה. הסיבה לכך היא שבניגוד למקרה הקודם, הבעלים אינו יכול לטרוח לשמור על בהמתו, כיוון שהוא שכיר באותו זמן.[99] גם ראב"ם פירש בשם אביו שדין זה הוא המשך דין שואל. לדעתו משאיל הבהמה שכר לעבודה את השואל, ולפיכך הוא פטור מתשלום דמי השכירות. זאת משום שהשואל בא בשכרו, היינו שמקוזזים בין פטור תשלום הבהמה המתה לחובת השוכר לשלם לשואל את דמי השכירות.[100]

דין מפתה, טו–טז

אם איש פיתה בתולה והיא הסכימה לשכב עימו, האיש חייב לשאת אותה לאישה.[101] אם אביה מסרב לנישואין אלה, המפתה חייב לשלם לאבי הנערה תשלום בסכום של מוהר הבתולות.[102]

מדין אונס בדברים כ"ב, כט, חכמים למדו שהסכום הוא חמישים כסף.[103] ראב"ם מסביר: "יגמור להתקשר עמה בנשואין של בעל כדי לכסות על בושתה ובושת אביה, ואם אביה מואס (בו) להתקשר (עמו), לו הבחירה ולא ינצל המפתה מן העונש אלא יהיה נענש על חטאו ששוקל את המוהר שחיסר לאב במעשיו שהסיר בהם את הבתולים ממנה". לפי חכמים, גם הנערה יכולה לסרב להינשא למפתה (בבלי כתובות לט ע"ב). רמב"ן כותב: "והמשפט הישר שיהו הנשואין בידם ולא בידו, שהוא ישאנה על כרחו שלא יהו בנות ישראל הפקר לבעלי הזרוע". דין זה שייך רק בנערה בתולה, שכן דין נערה מאורסה הוא כדין אישה נשואה (דברים כ"ב, כג-כז), אף שהעונש על השוכב עם מאורסה חמור משל מי ששוכב עם נשואה.[104]

דין זה נראה שלא במקומו ושייך לכאורה לדינים בענייני יחסים אסורים בין גברים לנשים (דברים כ"ב, כב – כ"ג, א). מדוע נכלל דין זה בהקשרו הנוכחי? ראב"ע הסביר (בפירושו הארוך): "וכי – השלים לדבר על גניבת ממון, ועתה ידבר על גניבת הלב, הוא המפתה, כי ההוה לפתות הנערות שאין דעתן שלימה".[105] החל מדין הורג את הנפש בכ"א, יב, ועד כאן מדובר בנזקים שאדם או רכושו עושים לאדם אחר או לרכושו. סדר הדינים הוא פחות או יותר על פי חומרתם. ההלכות מתחילות בסדרה של דינים שעונשם מות יומת, ובהם דינים של הרג, מכה אביו ואימו ומקללם. ההמשך הוא דינים שבהם יש הכאת איברים, ושם יש עונש של מידה כנגד מידה. אחר כך מדובר בפיצוי כספי על נזקים: נזק לבהמות, נזק לאדם, נזק של בור לחיה, נזק של חיה לחיה, דיני גנבה והלכות שמירה, ובכולם העונש הוא כספי. נראה שההכללה של דין זה בהקשרו הנוכחי היא משום שמדובר בתשלום, במקרה שהאב אינו מסכים שהמפתה יישא את בתו. נוסף לכך, המפתה אינו מזיק בעל כורחו של הניזק, להפך, האישה הסכימה, אך הוא פיתה אותה לכך, כמו כן, השידול נעשה בדיבור, ולא במעשה כמו הנזקים האחרים. דין מפתה כלול בהקשר זה מכיוון שהנזק הוא כספי ומשום שאין נזק לנפש כמו דין של אונס. מקרה זה ראוי אפוא שיהיה אחרון ברשימת הנזקים.

חוקים בתחום שבין אדם למקום, כ״ב, יז - כ״ג, לג

יז מְכַשֵּׁפָה לֹא תְחַיֶּה.

יח כָּל־שֹׁכֵב עִם־בְּהֵמָה מוֹת יוּמָת.

יט כ זֹבֵחַ לָאֱלֹהִים יָחֳרָם בִּלְתִּי לַיהוה לְבַדּוֹ. וְגֵר לֹא־תוֹנֶה וְלֹא תִלְחָצֶנּוּ כִּי־גֵרִים הֱיִיתֶם בְּאֶרֶץ
כא כב מִצְרָיִם. כָּל־אַלְמָנָה וְיָתוֹם לֹא תְעַנּוּן. אִם־עַנֵּה תְעַנֶּה אֹתוֹ כִּי אִם־צָעֹק יִצְעַק אֵלַי שָׁמֹעַ אֶשְׁמַע
כג צַעֲקָתוֹ. וְחָרָה אַפִּי וְהָרַגְתִּי אֶתְכֶם בֶּחָרֶב וְהָיוּ נְשֵׁיכֶם אַלְמָנוֹת וּבְנֵיכֶם יְתֹמִים.

כד כה אִם־כֶּסֶף תַּלְוֶה אֶת־עַמִּי אֶת־הֶעָנִי עִמָּךְ לֹא־תִהְיֶה לוֹ כְּנֹשֶׁה לֹא־תְשִׂימוּן עָלָיו נֶשֶׁךְ. אִם־חָבֹל
כו תַּחְבֹּל שַׂלְמַת רֵעֶךָ עַד־בֹּא הַשֶּׁמֶשׁ תְּשִׁיבֶנּוּ לוֹ. כִּי הִוא כְסוּתֹה לְבַדָּהּ הִוא שִׂמְלָתוֹ לְעֹרוֹ בַּמֶּה
יִשְׁכָּב וְהָיָה כִּי־יִצְעַק אֵלַי וְשָׁמַעְתִּי כִּי־חַנּוּן אָנִי.

כז כח כט אֱלֹהִים לֹא תְקַלֵּל וְנָשִׂיא בְעַמְּךָ לֹא תָאֹר. מְלֵאָתְךָ וְדִמְעֲךָ לֹא תְאַחֵר בְּכוֹר בָּנֶיךָ תִּתֶּן־לִּי. כֵּן־
ל תַּעֲשֶׂה לְשֹׁרְךָ לְצֹאנֶךָ שִׁבְעַת יָמִים יִהְיֶה עִם־אִמּוֹ בַּיּוֹם הַשְּׁמִינִי תִּתְּנוֹ־לִי. וְאַנְשֵׁי־קֹדֶשׁ תִּהְיוּן
לִי וּבָשָׂר בַּשָּׂדֶה טְרֵפָה לֹא תֹאכֵלוּ לַכֶּלֶב תַּשְׁלִכוּן אֹתוֹ.

כג א ב לֹא תִשָּׂא שֵׁמַע שָׁוְא אַל־תָּשֶׁת יָדְךָ עִם־רָשָׁע לִהְיֹת עֵד חָמָס. לֹא־תִהְיֶה אַחֲרֵי־רַבִּים לְרָעֹת
ג וְלֹא־תַעֲנֶה עַל־רִב לִנְטֹת אַחֲרֵי רַבִּים לְהַטֹּת. וְדָל לֹא תֶהְדַּר בְּרִיבוֹ.

ד כִּי תִפְגַּע שׁוֹר אֹיִבְךָ אוֹ חֲמֹרוֹ תֹּעֶה הָשֵׁב תְּשִׁיבֶנּוּ לוֹ.

ה כִּי־תִרְאֶה חֲמוֹר שֹׂנַאֲךָ רֹבֵץ תַּחַת מַשָּׂאוֹ וְחָדַלְתָּ מֵעֲזֹב לוֹ עָזֹב תַּעֲזֹב עִמּוֹ.

ו ז לֹא תַטֶּה מִשְׁפַּט אֶבְיֹנְךָ בְּרִיבוֹ. מִדְּבַר־שֶׁקֶר תִּרְחָק וְנָקִי וְצַדִּיק אַל־תַּהֲרֹג כִּי לֹא־אַצְדִּיק רָשָׁע.
ח וְשֹׁחַד לֹא תִקָּח כִּי הַשֹּׁחַד יְעַוֵּר פִּקְחִים וִיסַלֵּף דִּבְרֵי צַדִּיקִים.

ט וְגֵר לֹא תִלְחָץ וְאַתֶּם יְדַעְתֶּם אֶת־נֶפֶשׁ הַגֵּר כִּי־גֵרִים הֱיִיתֶם בְּאֶרֶץ מִצְרָיִם.

י יא וְשֵׁשׁ שָׁנִים תִּזְרַע אֶת־אַרְצֶךָ וְאָסַפְתָּ אֶת־תְּבוּאָתָהּ. וְהַשְּׁבִיעִת תִּשְׁמְטֶנָּה וּנְטַשְׁתָּהּ וְאָכְלוּ
יב אֶבְיֹנֵי עַמֶּךָ וְיִתְרָם תֹּאכַל חַיַּת הַשָּׂדֶה כֵּן־תַּעֲשֶׂה לְכַרְמְךָ לְזֵיתֶךָ. שֵׁשֶׁת יָמִים תַּעֲשֶׂה מַעֲשֶׂיךָ
יג וּבַיּוֹם הַשְּׁבִיעִי תִּשְׁבֹּת לְמַעַן יָנוּחַ שׁוֹרְךָ וַחֲמֹרֶךָ וְיִנָּפֵשׁ בֶּן־אֲמָתְךָ וְהַגֵּר. וּבְכֹל אֲשֶׁר־אָמַרְתִּי
יד טו אֲלֵיכֶם תִּשָּׁמֵרוּ וְשֵׁם אֱלֹהִים אֲחֵרִים לֹא תַזְכִּירוּ לֹא יִשָּׁמַע עַל־פִּיךָ. שָׁלֹשׁ רְגָלִים תָּחֹג לִי בַּשָּׁנָה.
אֶת־חַג הַמַּצּוֹת תִּשְׁמֹר שִׁבְעַת יָמִים תֹּאכַל מַצּוֹת כַּאֲשֶׁר צִוִּיתִךָ לְמוֹעֵד חֹדֶשׁ הָאָבִיב כִּי־בוֹ
טז יָצָאתָ מִמִּצְרָיִם וְלֹא־יֵרָאוּ פָנַי רֵיקָם. וְחַג הַקָּצִיר בִּכּוּרֵי מַעֲשֶׂיךָ אֲשֶׁר תִּזְרַע בַּשָּׂדֶה וְחַג הָאָסִף

יז בְּצֵאת הַשָּׁנָה בְּאָסְפְּךָ אֶת־מַעֲשֶׂיךָ מִן־הַשָּׂדֶה. שָׁלֹשׁ פְּעָמִים בַּשָּׁנָה יֵרָאֶה כָּל־זְכוּרְךָ אֶל־פְּנֵי
יח יט הָאָדֹן יהוה. לֹא־תִזְבַּח עַל־חָמֵץ דַּם־זִבְחִי וְלֹא־יָלִין חֵלֶב־חַגִּי עַד־בֹּקֶר. רֵאשִׁית בִּכּוּרֵי אַדְמָתְךָ
תָּבִיא בֵּית יהוה אֱלֹהֶיךָ לֹא־תְבַשֵּׁל גְּדִי בַּחֲלֵב אִמּוֹ.

כ כא הִנֵּה אָנֹכִי שֹׁלֵחַ מַלְאָךְ לְפָנֶיךָ לִשְׁמָרְךָ בַּדָּרֶךְ וְלַהֲבִיאֲךָ אֶל־הַמָּקוֹם אֲשֶׁר הֲכִנֹתִי. הִשָּׁמֶר מִפָּנָיו
כב וּשְׁמַע בְּקֹלוֹ אַל־תַּמֵּר בּוֹ כִּי לֹא יִשָּׂא לְפִשְׁעֲכֶם כִּי שְׁמִי בְּקִרְבּוֹ. כִּי אִם־שָׁמוֹעַ תִּשְׁמַע בְּקֹלוֹ
כג וְעָשִׂיתָ כֹּל אֲשֶׁר אֲדַבֵּר וְאָיַבְתִּי אֶת־אֹיְבֶיךָ וְצַרְתִּי אֶת־צֹרְרֶיךָ. כִּי־יֵלֵךְ מַלְאָכִי לְפָנֶיךָ וֶהֱבִיאֲךָ
כד אֶל־הָאֱמֹרִי וְהַחִתִּי וְהַפְּרִזִּי וְהַכְּנַעֲנִי הַחִוִּי וְהַיְבוּסִי וְהִכְחַדְתִּיו. לֹא־תִשְׁתַּחֲוֶה לֵאלֹהֵיהֶם וְלֹא
כה תָעָבְדֵם וְלֹא תַעֲשֶׂה כְּמַעֲשֵׂיהֶם כִּי הָרֵס תְּהָרְסֵם וְשַׁבֵּר תְּשַׁבֵּר מַצֵּבֹתֵיהֶם. וַעֲבַדְתֶּם אֵת יהוה
אֱלֹהֵיכֶם וּבֵרַךְ אֶת־לַחְמְךָ וְאֶת־מֵימֶיךָ וַהֲסִרֹתִי מַחֲלָה מִקִּרְבֶּךָ.

כו כז לֹא תִהְיֶה מְשַׁכֵּלָה וַעֲקָרָה בְּאַרְצֶךָ אֶת־מִסְפַּר יָמֶיךָ אֲמַלֵּא. אֶת־אֵימָתִי אֲשַׁלַּח לְפָנֶיךָ וְהַמֹּתִי
כח אֶת־כָּל־הָעָם אֲשֶׁר תָּבֹא בָּהֶם וְנָתַתִּי אֶת־כָּל־אֹיְבֶיךָ אֵלֶיךָ עֹרֶף. וְשָׁלַחְתִּי אֶת־הַצִּרְעָה לְפָנֶיךָ
כט וְגֵרְשָׁה אֶת־הַחִוִּי אֶת־הַכְּנַעֲנִי וְאֶת־הַחִתִּי מִלְּפָנֶיךָ. לֹא אֲגָרְשֶׁנּוּ מִפָּנֶיךָ בְּשָׁנָה אֶחָת פֶּן־תִּהְיֶה
ל הָאָרֶץ שְׁמָמָה וְרַבָּה עָלֶיךָ חַיַּת הַשָּׂדֶה. מְעַט מְעַט אֲגָרְשֶׁנּוּ מִפָּנֶיךָ עַד אֲשֶׁר תִּפְרֶה וְנָחַלְתָּ
לא אֶת־הָאָרֶץ. וְשַׁתִּי אֶת־גְּבֻלְךָ מִיַּם־סוּף וְעַד־יָם פְּלִשְׁתִּים וּמִמִּדְבָּר עַד־הַנָּהָר כִּי אֶתֵּן בְּיֶדְכֶם
לב לג אֵת יֹשְׁבֵי הָאָרֶץ וְגֵרַשְׁתָּמוֹ מִפָּנֶיךָ. לֹא־תִכְרֹת לָהֶם וְלֵאלֹהֵיהֶם בְּרִית. לֹא יֵשְׁבוּ בְּאַרְצְךָ פֶּן־
יַחֲטִיאוּ אֹתְךָ לִי כִּי תַעֲבֹד אֶת־אֱלֹהֵיהֶם כִּי־יִהְיֶה לְךָ לְמוֹקֵשׁ.

דין מכשפה, כ״ב, יז

כוונת האיסור להחיות מכשפה היא שיש להמיתה, ואף שהציווי מנוסח בלשון נקבה, בכלל דין זה גם מכשף זכר.[106] דין דומה מוזכר בדברים י״ח, י, ושם מוזכר מכשף זכר. איסור מנחש ומעונן בא בויקרא י״ט, כו, ואיסור הליכה לאובות ולידעונים בויקרא י״ט, לא, ושוב שם בכ׳, ו, כז, ובאופן מלא יותר בדברים י״ח, ט-יד.

רש״י הבין שהעונש ניתן על ידי בית דין בלבד. ריב״ש טען שעל כל אחד לפגוע במכשפה, מכיוון שהיא עלולה לעשות כשפים כדי להינצל או שתזיק קודם שיעמידוה למשפט. ורמב״ן הציע: ״והטעם, מפני שהיא טמאת השם רבת המהומה והשוטים נפתים אחריה החמיר בה בלאו, וכן בכל מרובי התקלה, כגון שאמר במסית: ׳לא תחמול ולא תכסה עליו׳ (דברים י״ג, ט), ואמר ברוצח: ׳ולא תקחו כפר לנפש רצח׳ (במדבר ל״ה, לא)״. ראב״ע (פירושו הקצר) כתב שאם המכשפה אינה יהודייה, התורה אוסרת לקנות ממנה ולמכור לה, לבל תיהנה מישראל. יש להדגיש שדין זה מתייחס למכשפים בלבד ולא למי שעושה מעשים של אחיזת עיניים (רלב״ג).[107]

שוכב עם בהמה, כ״ב, יח

האיסור לשכב עם בהמה הוא חמור והעונש על כך הוא מוות. האיסור חוזר בויקרא י״ח, כג; כ׳, טו-טז; דברים כ״ז, כא. אפשר שזה ממנהגי עבודה זרה (שד״ל) או שזו השחתה מאוסה ומתועבת (רש״ר).

זובח לאלוהים אחרים, כ״ב, יט

התורה אוסרת הקרבת קורבנות לאלוהים אחרים. עונשו של העושה זאת הוא חרם, היינו שישמידו אותו. חר״מ הוא השורש שבו התורה משתמשת בציווייה על השמדת עמי כנען (דברים כ׳, יז-יח). פסילי עבודה זרה מכונים ״חֵרֶם״: ״וְלֹא תָבִיא תוֹעֵבָה אֶל בֵּיתֶךָ וְהָיִיתָ חֵרֶם כָּמֹהוּ שַׁקֵּץ תְּשַׁקְּצֶנּוּ וְתַעֵב תְּתַעֲבֶנּוּ כִּי חֵרֶם הוּא״ (דברים ז׳, כו). איסור זה מופנה לישראל, אך ראב״ע סבר שהאיסור מופנה אל הגר, משום שהתורה כבר הזכירה איסור זה בדיבר השני של עשרת הדיברות (בפירוש הארוך על פסוק יט). אולם אין מניעה שעניין שמופיע בעשרת הדיברות יישנה במשפטים (רמב״ן). איסור זה חל גם במקרה שהזובח לאלוהים אחרים זובח גם לה׳ ומאמין בו (חזקוני; ספורנו).

אם דין שוכב עם בהמה קשור לעבודה זרה, הרי ששלושת החוקים דלעיל עוסקים בעניין אחד. במקומות אחרים שלושת העניינים האלה מכונים ״תּוֹעֵבָה״ (דברים י״ח, ט-י; י״ג, טו; י״ז, ג-ד; ויקרא י״ח, כב-כג).[108]

אזהרות על הגר, היתום והאלמנה, כ״ב, כ-כג

אסור להונות את הגר וללחוץ אותו, והנימוק הוא ״כִּי גֵרִים הֱיִיתֶם בְּאֶרֶץ מִצְרָיִם״. המילה ״תוֹנֶה״, באה משורש ינ״י ומשמעה עושק. האיסור בא גם בויקרא י״ט, לג. ״לֹא תִלְחָצֶנּוּ״ היינו לא תדכא אותו[109] (ג׳, ט; דברים כ״ו, ז; שופטים ב׳, יח; ד׳, ג). הגר חלש משום שהוא זר למקום וקל להונותו (ריב״ש). ישראל אמורים ללמוד לקח מהקורות אותם במצרים ולא לעשות לאחרים את מה שנעשה להם. בהתאם לכך, השימוש במילה ״תִלְחָצֶנּוּ״ מהדהד את מה שעשו המצרים לישראל (ג׳, ט).

אפשר שגר כאן הוא גר תושב (ראב״ע, פירושו הקצר). מסתבר כדעה זו בשל הנימוק ״כִּי גֵרִים הֱיִיתֶם בְּאֶרֶץ מִצְרָיִם״. חכמים הבינו שמדובר באדם שהתגייר – גר צדק (וכן: רשב״ם; רלב״ג).[110] ראב״ם פירש שמדובר על גר תושב, אך סיכם שהכוונה לשניהם.

חכמים למדו שמדובר כאן בהונאת דברים (בבא מציעא נח ע״ב) ופירשו כן כדי ליצור הבחנה בין ״תוֹנֶה״ ל״תִלְחָצֶנּוּ״ (רש״י), ומשום שיש איסור להונות כל אדם מישראל בממון (רשב״ם). אכן אין מניעה שהתורה חזרה והזהירה שוב שאין להונות את הגרים, בגלל החשש הגדול שיונו גר ומחמת הקלות שבה ניתן להונותו. כאמור, החוקים כאן אינם מנוסחים לדיין אלא לכלל הציבור, הלומד עקרונות של משפט וערכי מוסר. נראה שפשוטו של מקרא אמור בעושק ממוני (שד״ל).

אין הפסקה של פרשה סתומה בין דין זה לדין הקודם, המורה שיש להחרים את מי שזובח לאלוהים אחרים, ודין זה אף פותח בו׳. יש לפרש ו׳ זו כניגוד לדין לקודם: ישראל שזבח לאלוהים אחרים יוחרם, ללא משוא פנים לבן ישראל, אך אין להפלות את הגר ולאפשר יחס שלילי אליו.[111]

התורה מצרפת להתייחסות לגר, שהוא דמות חלשה בחברה הכללית, דמויות חלשות נוספות: האלמנה והיתום. האיסור האמור לגביהם כאן הוא ״לֹא תְעַנּוּן״, במובן של לייסר, להציק, להחליש. הפעלים שבשורשים ינ״י, לח״צ, ענ״ה קרובים במשמעותם. גם הפועל ״עַנֵּה״ בא בהקשר של שעבוד מצרים (בראשית ט״ו, יג; שמות א׳, יא-יב). האיסור אמור לגבי אלמנה ויתום משום שהם מוחלשים יותר ופגיעים יותר, וקרוב שינצלו את חולשתם.[112] ראב״ם בשם אביו ורמב״ן מציינים שהכוונה גם לאלמנה עשירה, כי דמעתה מצויה ונפשה שפלה. התורה אוסרת על פגיעה בהם גם בדברים י׳, יח; כ״ז, יט.

מייד אחר כך בא איום על מי שיפגע בגר, באלמנה וביתום: ה׳ יענה לצעקתם של הצועקים אליו, יכעס על הפוגעים ויהרוג אותם והעונש יהיה מידה כנגד מידה – נשות הפוגעים תהיינה אלמנות ובניהם יהיו יתומים (כב-כג). איום זה תואם את שאמרנו לעיל, שקובץ החוקים אינו מיועד להיות ספר הלכות לדיינים אלא מיועד לציבור הרחב, על מנת שידעו את משפטי ה׳ ודרכיו המוסריות ואת תגובתו החריפה למי שנוקט מעשים אלה. לכן חוקים אלו, שהיו יכולים להופיע ברשימות החוקים בחלק החברתי, אינם מופיעים שם אלא מצויים בחלק החוקים העוסקים במצוות במישור האלוהי. לכן בחוק זה מופיע – באופן חריג – איום של ה׳ בדיבור בגוף ראשון נגד החוטא בעבירה זו. מעבר להתנהגויות החברתיות

והמוסריות, הפגיעה בחלשים בחברה היא עבירה דתית כנגד אלוהים. דבר דומה מצוי בהלכות ריבית וביחס ללווים עניים להלן.

דין מלווה, כ״ב, כד-כו

דין מלווה ממשיך את הדין הקודם ואוסר יחס פוגעני כלפי קבוצה חלשה נוספת – העניים. אסור למלווה להיות נושה את הלוואתו, היינו לתבוע את החזר ההלוואה בחוזקה. איסור שני הוא האיסור לקחת נשך, היינו ריבית: אין להלוות בריבית אם הלווה איחר את התשלום או כדי להאריך את משך תקופת ההלוואה (רשב״ם). בעוד האיסור האחרון כתוב בלשון יחיד: ״לֹא תִהְיֶה לוֹ כְּנֹשֶׁה״, האיסור השני כתוב ברבים: ״לֹא תְשִׂימוּן עָלָיו נֶשֶׁךְ״. אפשר כי גיוון זה אינו משמעותי,[113] אולם ייתכן שלשון הרבים מופנית גם לבית הדין ולעדים (ראב״ע).[114] רש״י הסביר מדוע ריבית קרויה נשך: ״נשך – ריבית, שהוא כנשיכת נחש, שנושך חבורה קטנה ברגלו ואינו מרגיש, ופתאום הוא מבטבט ונופח עד קדקדו. כך ריבית אינו מרגיש, ואינו נזכר [בכמה כ״י: ניכר] עד שהריבית עולה, ומחסרו ממון הרבה״. האיסור לקחת ריבית מופיע גם בויקרא כ״ה, לה-לח; דברים כ״ג, כ-כא.

אם המלווה נוטל את בגדו של הלווה כמשכון-עירבון על ההלוואה, על המלווה להחזירו ללווה בלילה, משום שזהו בגדו היחיד ואין להשאירו ללא כסות בלילה. כוונת הנימוק הזה היא לעורר את החמלה על העניים (שד״ל). כמובן מדובר בעני שאין לו מה ללבוש, אבל אם יש ללווה מה ללבוש, אין חיוב להחזיר לו את המשכון (ריב״ש; אברבנאל). פירוט הגבלות אלה בעניין המשכון מצוי בדברים כ״ד, י-יג.

שוב מופיע תיאור דומה לדין הקודם, שבו ה׳ מדבר ואומר: ״וְהָיָה כִּי יִצְעַק אֵלַי וְשָׁמַעְתִּי כִּי חַנּוּן אָנִי״ (כו). ה׳ הוא הדובר בפנייה ישירה אל העם. שוב עולה בצורה ברורה שחוק זה מנוסח כהנחיות מוסריות לעם כיצד יש לנהוג ועליהם לקלוט את היסוד המוסרי-דתי של הדין. מעבר לזה אפשר לראות את חמלת ה׳ על העניים, באמצעות הפתיחה: ״אִם תַּלְוֶה אֶת **עַמִּי**״, והחמלה שה׳ מבקש שהעם יאמץ: ״אֶת הֶעָנִי **עִמָּךְ**״. ההתייחסות ללווה בשם ״עַמִּי״ באה להטמיע את יחסו של ה׳ אל עמו, וכדי שהעם יפנים זאת באה ההכפלה של ציון הלווה: ״הֶעָנִי עִמָּךְ״. בניגוד לדין הקודם, במקרה זה לא כתוב במפורש שהמלווה ייענש, אבל כך משתמע מההבטחה שה׳ ישמע את צעקת העני.

דין זה מנומק בכך שה׳ חנון, מפני שבדין היה ללווה להחזיר. ואומנם רשב״ם (וכן ריב״ש) מדייק שדין זה אמור לפנים משורת הדין, מה שאין כן בדין אלמנה ויתום, שבו נאמר: ״כִּי אִם צָעֹק יִצְעַק אֵלַי שָׁמֹעַ אֶשְׁמַע צַעֲקָתוֹ״ (כב). שם ה׳ שומע בדין, ולא מתוך רחמים, ואילו כאן הוא שומע משום שהוא חנון: ״וְהָיָה כִּי יִצְעַק אֵלַי וְשָׁמַעְתִּי כִּי חַנּוּן אָנִי״ (כו).

״אִם כֶּסֶף תַּלְוֶה אֶת **עַמִּי**״ – האיסור להלוות בריבית אמור רק לגבי ישראל, ואפילו לגרים מותר להלוות בריבית (ראב״ע, פירושו הקצר). כך נלמד במפורש מדברים כ״ג, כ-כא; שם מפורש שאסור להלוות בריבית לישראל אך מותר להלוות לנוכרי.

ר׳ ישמעאל אומר ש״אִם כֶּסֶף תַּלְוֶה״ – אין הכוונה שיש רשות להלוות אלא שחובה להלוות.[115] ראב״ם מסביר, בשם אביו, שבפסוק נכתב ״אִם״ כי אין מצווה להלוות, אלא שאם מבקשים מהאדם, חלה עליו מצווה. אברבנאל הסביר שהמצווה העיקרית היא לתת ולא להלוות, ולכן כתוב ״אִם״. מדובר אפוא במקרה שאדם לא נתן ממון במתנה, כעדיפות הראשונה, ובמקום זאת הלווה סכום כסף. תכלית הדין היא לאסור על האדם להיות נושה ולקחת נשך, ולחייבו להחזיר משכון, שהוא בגד, בלילה (ולא לדון בחובת מתנה או הלוואה).

איסור לקלל אלוהים ונשיא, כז

נחלקו תנאים אם ״אֱלֹהִים״ בפסוק הוא שם קודש או חול, היינו ה׳ או הדיינים, שכן בשם זה מכנה התורה גם את הדיינים (ח). רבי עקיבא נקט כדעה הראשונה, ורבי ישמעאל כדעה השנייה.[116] כדעת רבי עקיבא סבר אברבנאל. כדעה שמדובר על דיינים נקטו אונקלוס; ירושלמי־ניאופיטי; ירושלמי־יונתן; רשב״ם; ראב״ע בפירושו הארוך; וריב״ש. רש״י, בעקבות מסקנת הבבלי בסנהדרין סו ע״א, סבר שהכוונה גם לה׳ וגם לדיינים. האיסור לקלל את ה׳ מופיע גם בויקרא כ״ד, טז. כיוון שחלקו השני של הפסוק עוסק בנשיא, אפשר לשער שחלקו הראשון עוסק בדיינים. ברם, הקשרו של דין זה וסמיכותו לדינים הבאים, העוסקים בחובות לה׳, מורים כי האיסור לקלל את אלוהים מכוון כלפי שמיים – אף שפסוק זה מדבר על ה׳ בגוף שלישי, ובפסוקים הבאים ה׳ הוא הדובר.

חציו השני של הפסוק אוסר לקלל נשיא. על פי פשוטו של מקרא, אין הכוונה דווקא למלך (כדעת ראב״ע וספורנו) אלא לנשיאי השבטים (במדבר א׳, א-כ). כמובן האיסור לקלל את נשיא השבט כולל כל מנהיג של העם בעתיד, ובכלל זה מלך או כל מנהיג אחר (רמב״ן).

מתנות לה׳, כח-כט

פסוקים אלה עוסקים בשלושה סוגים של מתנות: מלאה, דמעה, בכור. המלאה היא תבואה או פירות שבשלו, היינו הביכורים – ״פֶּן תִּקְדַּשׁ הַמְלֵאָה״ (דברים כ״ב, ט); ״וְכַמְלֵאָה מִן הַיָּקֶב״ (במדבר י״ח, כז).[117] קשה יותר להבין מהו הדמע, המופיע רק כאן. אפשר להבין שהכוונה לחלק המובחר שיש להפריש.[118] רבים הבינו שהכוונה לנוזלים – בניגוד ל״מְלֵאָתְךָ״ המתייחסת לתבואה בצורת מוצק (רס״ג; מנחם במחברת; ריב״ג, שורשים; רשב״ם; ראב״ע). לפי המכילתא, מלאה היא ביכורים, ודמעה היא תרומה.[119]

חובה נוספת היא לתת את הבכור של האדם לה׳, כלומר לעבודת הקודש במקדש (ספורנו). לאחר שהלוויים נבחרו לעבוד במשכן תחת הבכורות, הם נפדו (במדבר ג׳, מ-נא; שמות י״ג, יג, טו). הבכור הוקדש לה׳ משום שעם מכת בכורות, שבה לא נפגעו הבכורות של ישראל, ה׳ לקח לו את הבכור (י״ג, טו). יש לתת לה׳ גם את בכורות הבקר והצאן. נאמר כאן שיש לתיתם ביום השמיני, לאחר שהיו שבעה ימים עם האם. בויקרא כ״ב, טז הניסוח הוא: ״וּמִיּוֹם הַשְּׁמִינִי וָהָלְאָה״ (ויקרא כ״ב, כז). רש״י, בעקבות המכילתא,[120] פירש כאן על פי הניסוח שם, אך ראב״ע ושד״ל הסבירו שבמדבר היו יכולים להקריב בכור ביום השמיני, כפי

שנאמר כאן, ובויקרא נאמר שמי שרחוק מהמקום יכול להביאו גם אחרי היום השמיני. אף שהדבר לא נאמר כאן, מסתבר שהכוונה היא שיש לתת אותו לה' כקורבן (י"ג, טו). הדינים הובאו כאן בקיצור משום שהם מסתמכים על הידוע בשמות י"ג.

חיוב להיות אנשי קודש ואיסור אכילת טרפה, ל

לאחר שדיבר הכתוב על הבהמות המותרות (שורך וצאנך), שמהן יש להביא את הבכורות, ביקש הכתוב לומר שבשר טרפה אסור באכילה. הניגוד נלמד מהו' הפותחת את הפסוק ("וְאַנְשֵׁי"), המנגידה למה שנאמר קודם לכן. בשר טרפה נאסר משום שישראל מצווים להיות קודש לה'.
לעומת מרבית הפרשנים, הקושרים את עניין הקדושה לאיסור אכילה בהמשך הפסוק, ספורנו הציע שעניין הקדושה קשור למה שנאמר לעיל בסמוך בעניין הבכורות. כשישראל נותנים את הבכורות לה', הם הופכים להיות אנשי קודש. הצו החיובי להיות קדושים רחב הרבה יותר והוא הוראה כללית לישראל, כפי שעולה בתחילת מעמד הר סיני, שם הותוותה ההנחיה הכללית לישראל להיות "מַמְלֶכֶת כֹּהֲנִים וְגוֹי קָדוֹשׁ" (י"ט, ו). הציווי לעם להיות קדושים מקבל פירוש רחב ביותר בויקרא, בעיקר בי"ט-כ'. כשישראל יהיו קודש – הם יהיו לה', שייכים לו וקרובים אליו: "וְאַנְשֵׁי קֹדֶשׁ **תִּהְיוּן לִי**". כל זה נובע מכך שה' הוא קודש (ויקרא י"א, מד-מה; י"ט, ב; כ', כו). לכן כאשר ישראל הם קודש, הם מתקרבים לה' ושייכים לו. כדברי רבי ישמעאל: "כשאתם קדושים הרי אתם שלי".[121]

הציווי "וְאַנְשֵׁי קֹדֶשׁ תִּהְיוּן לִי" אינו מתייחס לאיסור אכילת טרפה בהמשך הפסוק בלבד. משמעות הפסוק היא: מכיוון שישראל הם אנשי קודש, אל להם לאכול טרפה. הטרפה אינה ראויה לאכילה, אך אפשר לתת אותה לכלב.[122] הבחירה בפעולת ההשלכה באה להטמיע שאט נפש כלפי הטרפה, ולכך מצטרפת ההתייחסות לכלב דווקא, שנחשב בישראל בימי התורה לחיה בזויה (שמ"א י"ז, מג; כ"ד, יד; שמ"ב ג', ח; ט', ח; ט"ז, ט; מל"א כ"ב, לח; מל"ב ח' יג; משלי כ"ו, יא; איוב ל', א, ועוד). כמובן הקדושה מחייבת איסור מאכלות אסורים, כמפורש במקומות אחרים. הקישור בין האיסור לאכול מאכלות אסורים ובין הקדושה מצוי במקומות נוספים: ויקרא י"א, מד-מה; דברים י"ד, כא. דברים י"ד, ג-כא, ובחתימה: "כִּי עַם קָדוֹשׁ אַתָּה לַה' אֱלֹהֶיךָ".

דינים בענייני צדק במשפט, כ"ג, א-ג

האיסור הראשון ברצף הדינים העוסקים במשפט הוא: "לֹא תִשָּׂא שֵׁמַע שָׁוְא". מובנה של המילה "תִשָּׂא" הוא הרמת קול בדיבור. "שֵׁמַע" הוא דבר ששומעים אותו. אם כן, כוונת האיסור היא: אל תרים קול בשקר, כלומר אין לשקר (בראשית כ"א, טז; כ"ז, לח; במדבר כ"ג, יח). ראב"ע, ריב"ש ושד"ל סבורים שמדובר על הוראה כללית לאדם, לבל יוציא דבר שקר מפיו. מדרש במכילתא, ובעקבותיו רש"י, ראו בכך אזהרה כללית בעניין קבלת לשון הרע.[123] אונקלוס פירש שמדובר על הוראה לדיינים שלא יקבלו עדות שקר וכן פירשו רש"י, רשב"ם וריב"ש. המשך הפסוק הוא איסור לְחָבוֹר לרשע ולהיות עד שמסייע לעשיית חמס, היינו עושק וקיפוח

ולאו דווקא גזל. על פי פשוטו נראה אפוא ששני חלקי הפסוק עוסקים בעדות שקר. ואומנם שני הפסוקים הבאים מופנים לדיינים ומורים על עשיית משפט צדק, וזהו חיזוק להצעתנו.

לפי הדעות הגורסות שחלקו הראשון של פסוק א מתייחס לכלל, אפשר כי ההוראה "לֹא תִהְיֶה אַחֲרֵי רַבִּים לְרָעֹת" היא הנחיה כללית שלא ללכת אחרי רבים לעשות דברים רעים כי אם ללכת בדרך טובה אף אם האדם במיעוט.[124] ברם נראה יותר כי הפסוק כולו עוסק בהוראה לדיין שלא לבטל דעתו מפני דעת רוב הדיינים שפוסקים לחיוב (רשב"ם; ראב"ם). המשך הפסוק הוא הוראה דומה, אבל הפעם ההוראה היא שלא לתת טיעון לטובת דעת הרבים ובכך להטות את הדין אחרי דעת הרבים (ריב"ש; ספורנו). אפשר שהוראה זו מופנית לעדים (שד"ל).

עד כאן הונח הדגש כנגד הנטייה ללכת אחרי הרבים במקום ללכת בדרך אמת. האיסור האחרון הפוך והוא בא נגד הנטייה להעדיף את הדל ולהעדיפו בשל דלותו. יש לעשות אפוא דין צדק בכל מקרה, כמובא בויקרא י"ט, טו: "לֹא תַעֲשׂוּ עָוֶל בַּמִּשְׁפָּט לֹא תִשָּׂא פְנֵי דָל וְלֹא תֶהְדַּר פְּנֵי גָדוֹל בְּצֶדֶק תִּשְׁפֹּט עֲמִיתֶךָ". וראו גם: דברים ט"ז, יט.

השבת אבדה ועזרה לחמור רובץ על משאו של שונאו, ד–ה

אם אדם רואה שור או חמור תועה בדרך, עליו להשיבו לבעליו אף אם הלה הוא אויבו (ד). דוגמה שנייה לאותו עיקרון, המחייבת מידה גדולה יותר של עשייה למען שונא, היא מקרה שבו העזרה אינה רק לאדם והיא גם כוללת חמלה כלפי בעל החיים הרובץ תחת משאו (ה). אל לו לרואה להתעלם, אלא עליו לעזור לתקן את משא החמור ולהקל עליו. אפשר להבין "חָדַלְתָּ מֵעֲזֹב לוֹ" כשאלת תמיהה (רש"י) ואפשר גם שהפירוש של המילה "תחדל" – הוא "הימנע מלהשאירו לבדו אלא עזור לו" (ראב"ע; חזקוני). בידינו שתי אפשרויות להבנת השימוש הכפול בשורש עז"ב. משמעו של המופע הראשון הוא אל תניח, אל תשאיר, ואילו במופע השני, המשמעות היא לעזור, לתקן (נחמיה ג', ח).[125] אפשר גם להבין את שני המופעים במשמעות הנפוצה של המילה, ואזי פירוש הפסוק הוא "עזוב את משא הבהמה", היינו שחרר את המשא מעליו (ראב"ע; שד"ל).[126] לפנינו אפוא משחק מילים של המילה "עָזֹב": באותו פועל התורה ניסחה את מה שלא נכון לעשות וגם את מה שנדרש לעשות. הלכות אלה נאמרו במקרה של אדם שונא, כי במקרים כאלה הנטייה היא שלא לסייע, אך הציווי שייך בכל אדם (ריב"ש).

הפסוקים ו–ח חוזרים לעסוק בענייני משפט, כמו א–ג, וביניהם באו הלכות השבת אבדה ועזרה לבעלים שחמורו רובץ תחת משאו; בשני המקרים מדובר בבעל חיים של שונאו (ד–ה). אפשר להסביר בדוחק שדינים אלה באו כאן, בין האיסור להדר דל בריבו ובין האיסור להטות משפט אביון, מכיוון שכולם מדובר באיסור העדפה. התורה ביקשה שאדם יהיה נכון לסייע גם לאויבו ושהשנאה לא תקלקל את השורה.[127]

דין השבת אבדה המקביל לפסוק ד מצוי בדברים כ"ב, א–ג. ודין סיוע לפריקה וטעינה המקביל לפסוק ה מצוי בדברים כ"ב, ד.

המשך דיני צדק במשפט, ו–ט

פסוקים ו–ח הם המשך ישיר של פסוקים א-ג, המצווים את הדיינים לעשות משפט צדק. כמו הפסוקים לעיל, גם בהוראות כאן הציוויים אמורים בגוף שני לדיין. לא ברור מהי כוונת הציווי: "לֹא תַטֶּה מִשְׁפַּט אֶבְיֹנְךָ בְּרִיבוֹ" (ו). ייתכן שזו חזרה על הנאמר בפסוק ג: "וְדָל לֹא תֶהְדַּר בְּרִיבוֹ". אפשר כי כוונת הפסוק היא שדין זה הוא איסור להפלות את הדל, ואיסור זה הוא ההפך מהאיסור לבכר דל בפסוק ג (חזקוני; אברבנאל; שד"ל). ויש שפירשו דין זה ככולל את שני המצבים: לא להעדיף את הדל אך גם לא להפלותו (ריב"ש).

עתה באה הוראה כללית לדיין להתרחק מדבר שקר, ועל כן על הדיין לחקור את העדים היטב עד שהאמת תתברר (ז). הוראה זו באה כדי לתת מוטיבציה אמיתית לדיין לחקור ולהגיע לחקר האמת. לעיתים, על פי סדרי הדין אפשר להגיע להכרעה, אף אם ברור לדיין שהדין איננו אמיתי, הגם שהדברים הוכחו בצורה מספקת לכאורה. לכן באה הוראה כללית: להתרחק מהשקר. רשב"ם הדגים הוראה זו במקרה שבו לדיין נראה שהדין מרומה והעדים מרמים, אך הוא איננו יכול להכחישם; עליו להתרחק מדין זה ולא לדון בו. לאור זה מתבהר גם הדין הבא, בהמשך הפסוק, שאינו אלא יישומו של הכלל כאן: "וְנָקִי וְצַדִּיק אַל תַּהֲרֹג". לכאורה הדבר ברור, אלא אם נפרש שמדובר במקרה שבו הדין נוטה להרשעת צדיק, והדיין יודע שהלה אינו אשם. הפסוק מורה שאסור לו לדיין להמית אדם שלא כדין, אף אם מהראיות נראה שהלה אשם ולא ניתן להכחישן. הוראה זו נותנת לדיין את האמת כשיקול-על, העומד מעבר לדיני הראיות, שאותם ניתן לעיתים לעוות ולהטות. ההוראה הזו באה בדברים ישירים של ה' בגוף ראשון החותם: "כִּי לֹא אַצְדִּיק רָשָׁע". ראב"ע פירש שאם הדיין יודע על מתדיין אחד שהוא רשע, אין לו להניח שהוא רשע גם בדין זה ולנטות להרשיעו – וה' מבטיח שהוא יעשה את הדין עם הרשע.

החוק הבא הוא האיסור לקחת שוחד, ועימו אזהרה כיצד השוחד עלול לעוור את הפיקח ואף את הצדיק (ח). השוחד עשוי להטות את הדין, אף שאין כוונה להטותו, אלא מתוך נטיית הלב לראות את טובת נותן השוחד ולהתבונן מנקודת מבט לא אובייקטיבית.[128] מן הקביעה שה' איננו נוטל שוחד אפשר גם להבין שעצם לקיחת השוחד פסולה, אפילו אם הוא איננו מטה את לב הדיין (דברים י' יז; דה"ב י"ט, ז). איסור לקיחת שוחד מופיע גם בדברים ט"ז, יט; כ"ז, כה.

כל הדינים הללו, העוסקים בענייני משפט, היו יכולים לבוא גם בחלק הראשון של הפרשה, העוסקת בדינים אזרחיים, אך הם באו כאן דווקא משום שהבסיס לעשיית משפט צדק והאזהרות לעדים ולדיינים – מקורם מאת ה' ולא בתקינות חברתית ומוסרית. קולו של ה' נשמע במפורש בסופו של פסוק ז וכך גם החוקים בדבר הסיוע לאויב ולשונא. הבסיס לדינים אלו אינו מוסרי-חברתי, אלא בראש ובראשונה הוראות אלוהיות של אלוהי ישראל, שבהן ה' מציג מערכת משפטים כחלק מהברית בינו לעם שנבחר להיות ממלכת כוהנים וגוי קדוש.

הדין הבא הוא איסור ללחוץ את הגר (ט). התורה מציינת זירוז לכך מתוך החוויה של העם שהיה גר במצרים ויודע את נפש הגר (ט). דין זה חוזר על האיסור שמנוסח בהרחבה מסוימת בכ״ב, כ. אפשר שהעניין נכפל כאן כדי לחזק את הדבר (מכילתא;[129] רש״י; ראב״ם). אולם נראה יותר שהאזהרה שם אמורה לכל ישראל, ואילו כאן האזהרה היא לדיין (ראב״ע הפירוש הקצר; ריב״ש; רלב״ג; אברבנאל; שד״ל). ציווי דומה לדיין בעניין זה בא גם בדברים א׳, טז: ״וּשְׁפַטְתֶּם צֶדֶק בֵּין אִישׁ וּבֵין אָחִיו וּבֵין גֵּרוֹ״; כ״ד, יז: ״לֹא תַטֶּה מִשְׁפַּט גֵּר יָתוֹם״; כ״ז, יט: ״אָרוּר מַטֶּה מִשְׁפַּט גֵּר יָתוֹם וְאַלְמָנָה״. לאחר האזהרות לדיינים לעשות משפט צדק, יש להיזהר במשפט הגרים כאשר הם באים להתדיין עם ישראל, ואין להעדיף את הצד המתדיין שמישראל. העניין הובא כאן כדי ללמד שאין זה צדק מוסרי־חברתי בלבד, אלא צדק מוסרי־דתי, בדיבור ישיר של ה׳: ״וְאַתֶּם יְדַעְתֶּם״.

שמיטה, י–יא

מצוות השמיטה פותחת בו׳ החיבור אף שלכאורה אין קשר בינה ובין מה שנאמר לעיל בסמוך. אפשר שטעם הדבר הוא שמטרתה של מצווה זו, כפי שהיא מנוסחת כאן, הוא כדי שיאכלו אביוני העם (יא), והדאגה לאביון כבר עלתה לעיל (ו) (ראב״ע הפירוש הארוך).

לאחר שש שנות עבודה באדמה ואיסוף התבואה, מצווה האדם לשמוט את האדמה, כלומר לא לעבוד בה אלא לנטוש אותה. כך יש לעשות גם בפירות הכרם והזיתים, ובכלל זה כל פירות האילן. בשמיטה כל אדם יכול לבוא ולקחת מהיבול, וכך יוכלו אביוני העם לאכול בחופשיות מתבואת הארץ (רש״י; רשב״ם; רמב״ן; שד״ל). ראב״ע מסביר שההוראה ״תִּשְׁמְטֶנָּה״ – כוונתה שמיטת כספים (על פי דברים ט״ו, ב), ו״וּנְטַשְׁתָּהּ״ היינו שאסור לזרוע ויש לנטוש את התבואה (וכן ספורנו). ריב״ש מדגיש שמדובר גם על נטישת התבואה לטובת הגרים, ובעצם לכל מי שזקוק לכך. נראה שיש עניין מסוים בנתינת האפשרות לחיית הארץ לאכול מהתבואה (ראב״ם).

טעמה של השביתה בשנה השביעית כאן שונה מטעם השמיטה בויקרא כ״ה, ב–ז, יח–כב: שם מנומק הדין בכך שהשנה השביעית היא שנת שבתון לארץ, מפאת הקדושה לה׳; ואילו כאן טעם הדין הוא סוציאלי. לכן בויקרא הדגש הוא על מנוחת הארץ: ״וְשָׁבְתָה הָאָרֶץ... וּבַשָּׁנָה הַשְּׁבִיעִת שַׁבַּת שַׁבָּתוֹן יִהְיֶה לָאָרֶץ שַׁבָּת לַה׳... וְהָיְתָה שַׁבַּת הָאָרֶץ לָכֶם לְאָכְלָה...״; ולעומת זאת, בשמות הדגש הוא על נטישת הארץ. בויקרא המטרה היא שביתת הארץ; ואילו בשמות המטרה היא נטישת הארץ לטובת הנזקקים. מבחינה זו, דינים אלה הם המשך ישיר של הפסוקים הקודמים. מכיוון שלעיל בסמוך, נמנו מצוות שיש בהן דאגה לחלש, מצוות השמיטה הוזכרה לפני מצוות השבת, והשבת באה מייד אחר כך.

שבת, יב

לאחר שדובר על עבודה באדמה במשך שש שנים ושביתה בשנה השביעית, הוזכרה מצוות השבת, הנפתחת באותה תבנית ניסוח:

(י–יא) וְשֵׁשׁ שָׁנִים תִּזְרַע אֶת אַרְצֶךָ... וְהַשְּׁבִיעִת תִּשְׁמְטֶנָּה וּנְטַשְׁתָּהּ

(יב) שֵׁשֶׁת יָמִים תַּעֲשֶׂה מַעֲשֶׂיךָ וּבַיּוֹם הַשְּׁבִיעִי תִּשְׁבֹּת

ששת ימים הם ימי המעשה, וביום השביעי יש לשבות. כמו תכלית השמיטה, גם תכלית השבת כפי שעולה כאן היא סוציאלית, למען ינוחו כל אלה שעובדים בשירות האדם ואף הגר: "לְמַעַן יָנוּחַ שׁוֹרְךָ וַחֲמֹרֶךָ וְיִנָּפֵשׁ בֶּן אֲמָתְךָ וְהַגֵּר".[130] שוב, כמו במצוות השמיטה, גם במצוות השבת נראה שהתורה ביקשה לדאוג לרווחתם ולשלומם של בעלי החיים של ישראל.

נראה שהצבת מצוות השבת במקום זה היא מחמת ההקשר של פסוקים אלה, הדואגים לחלש, לעבדים ולגרים (חזקוני; אברבנאל). במקומות אחרים טעמה של שמירת השבת הוא קדושתה: ה׳ ברא את השמיים ואת הארץ ונח בשביעי, ולכן ישראל מצויים לנוח בשביעי (שמות כ׳, ח–יא). לעומת זאת, כאן ובמקומות אחרים תכליתה של השבת היא מנוחת האדם, האנשים והבהמות שברשותו (דברים ה׳, יב–טו). על טעם אחר לשבת בהקשר של קדושת ישראל והמשכן ראו להלן בפירושנו לל״א, יב–יז.

שלושה רגלים, יג–יט

מקומו של פסוק יג מעורר תהיות. תחילתו היא מעין סיכום של כל החוקים שנאמרו עד כאן: "וּבְכֹל אֲשֶׁר אָמַרְתִּי תִּשָּׁמֵרוּ". חלקו השני של הפסוק קשור בעניין עבודה זרה ואוסר על ישראל להזכיר שם אלוהים אחרים. לפנינו שלוש אפשרויות להבנת מקומו של הפסוק. ייתכן שהפסוק כולו הוא סיכום לחוקים שנאמרו עד כאן: חלקו הראשון של הפסוק הוא סיכום של המשפטים שנאמרו לעיל; וחלקו השני, הכולל האיסור להזכיר שמות אלוהים אחרים, הוא מעין סגירה של המצווה הראשונה בקובץ, האיסור לעשות אלוהי כסף וזהב (כ׳, כ) או סגירה של הדיבר השני: "לֹא יִהְיֶה לְךָ אֱלֹהִים אֲחֵרִים..." (כ׳, ד), ועתה נוסף שאף אין להזכיר את שמותם (רשב״ם).

אפשרות שנייה היא לראות את הפסוק כולו כפתיחה לפסוקים הבאים (ריב״ש).[131] לפי פירוש זה, הצו: "וּבְכֹל אֲשֶׁר אָמַרְתִּי אֲלֵיכֶם תִּשָּׁמֵרוּ" אינו מתייחס לחוקים שבאו לעיל אלא להמשך הפסוק בלבד, היינו "לֹא תַזְכִּירוּ" (וכן פירש רמב״ן). האזהרה שלא להזכיר שמות אלוהים אחרים באה כאן כדי להורות שאפילו בשעת שמחה של שלושת הרגלים, שעליהם ידובר מייד, יש להיזהר. הסבר זה קשה שכן מהמילים "וּבְכֹל אֲשֶׁר אָמַרְתִּי" משתמע שהכוונה למה שה׳ אמר כבר – ולא למה שהוא עתיד לומר בסמוך.

אפשרות שלישית היא שהפסוק משמש פסוק מעבר: חלקו הראשון הוא הוראה כללית לשמור את החוקים שעד הֵנה; והוא גם משמש מבוא לחלק הבא, העוסק במצוות המחזקות את הקשר בין העם לה׳. אפשרות זו מתקבלת ביותר על הדעת.[132]

שד״ל הבין את סדר הפרשה כך: לאחר האזהרה על בניית צלמים והצו לבנות לה׳ מזבח (כ׳, כ–כג), ביארה התורה את המשפטים שבין אדם לחברו, ועתה חזרה להזהיר ולצוות בעניין האלילים ועל כבוד ה׳. ייתכן לדייק יותר את הדברים: עד כאן, מתחילת פרשת משפטים,

מדובר על דינים בתחום הפלילי והאזרחי (כ״א, א – כ״ב, טז), ובחלק השני – באזהרות ואיסורים בתחומים שבין אדם להי (כ״ב, יז ואילך). מכ״ג, יג ואילך באות הוראות חיוביות שהן לכבודו של ה׳, באמצעות חגיגת שלושת הרגלים ועלייה לרגל. לפני המצוות החיוביות של עבודת ה׳ באה אזהרה על הזכרת אלוהים אחרים, וזאת משום שהעבודה החיובית של ה׳ ברגלים היא החלופה האמיתית לעבודה זרה.

האיסור להזכיר שמות אלוהים אחרים הוא איסור להישבע בשמם (ראב״ע). השבועה בשם ה׳ משקפת אמונה בו, והשבועה בשם אלוהים אחרים משקפת אמונה בהם.[133] ריב״ש, רמב״ן, אברבנאל ושד״ל הבינו באופן מילולי שאסור להזכיר את שמות אלוהים אחרים, אבל שד״ל סייג זאת וכתב שאסור להזכיר רק ״דרך כבוד לתהלה ולתפארת או דרך תפלה ותחנה, ולא שתהיה הזכרת שם האלילים אסורה בהחלט״.[134]

מצוות שלושה רגלים באות כאן בעיקר כדי להפגיש את האדם עם ה׳, ולכן התורה מתייחסת אליהם בצורה כוללנית – כמצווה חוזרת שיש לקיימה שלוש פעמים בשנה לכבודו של ה׳: ״שָׁלֹשׁ רְגָלִים תָּחֹג לִי בַּשָּׁנָה״ (יד). ואכן לאחר האזכור המפורט של שלושת הרגלים, באה תכלית המצווה בצורה מפורשת יותר: ״שָׁלֹשׁ פְּעָמִים יֵרָאֶה כָּל זְכוּרְךָ אֶל פְּנֵי הָאָדֹן ה׳״ (יז). התכלית של שלושת הרגלים היא להיראות לפני ה׳, לעמוד לפני האדון ה׳ ולחוג לפניו את הרגלים שנתן לישראל. אם כן, בשלושה מועדים מרכזיים וחשובים של השנה על האדם להיראות לפני ה׳ ולהכיר באדנותו (יז) וזהו הביטוי המעשי החיובי של הברית בין ה׳ וישראל. כנגד האיסור לעבוד עבודה זרה (יג), התורה מציעה את עבודת ה׳ ברגלים.[135] אדנות ה׳ מתקיימת בשעה שהעם בא לרגל כעבד לפני אדונו (ראב״ע בפירושו הקצר). היבט נוסף של אדנותו הוא שה׳ מפרנס את ישראל (רמב״ן על פסוק טו-טז). אדנות ה׳ על ישראל נובעת מכך שה׳ הוא אדון הארץ (רשב״ם). ספורנו (על פסוק יז) מרחיב בעניין זה ומפנה לפסוק: ״כִּי לִי הָאָרֶץ כִּי גֵרִים וְתוֹשָׁבִים אַתֶּם עִמָּדִי״ (ויקרא כ״ה, כג), ולכן ראוי להודות לה׳ בהקשר החקלאי – בעת האביב, הקציר והאסיף.

זהו ההסבר הכולל למצוות שלושת הרגלים ועתה בא הסבר מיוחד לכל חג שבגינו יש לחוג אותו. שלושת הרגלים הם חגים, כפי שעולה מהציווי: ״תָּחֹג לִי״ (יד).

החג הראשון הוא חג המצות. העם מחויב לאכול מצות במשך שבעה ימים בחודש האביב,[136] משום שבזמן הזה יצאו ישראל ממצרים. רק לגבי חג המצות יש פירוט של הלכה מעשית – לאכול מצות במשך שבעה ימים – ואילו לגבי שני החגים האחרים לא נזכר ציווי מעשי. התיאור של מצוות חג המצות אינו שלם כאן והפסוק מפנה לציווי קודם: ״כַּאֲשֶׁר צִוִּיתִךָ״ – והכוונה לאמור בי״ב, טז-כ; י״ג, ו-י. בהקשר של חג המצות נזכר שוב עניין המפגש עם ה׳: ״וְלֹא יֵרָאוּ פָנַי רֵיקָם״ (טו). רבים הבינו שכוונת הפסוק היא שחובה לבוא לראות את פני ה׳ עם קורבן ואין לבוא בידיים ריקות.[137] אבל נראה יותר שהכוונה היא שפני ה׳ לא ייראו ריקם, היינו שהפסוק עוסק באנשים עצמם העולים לרגל (ראב״ע; חזקוני). דגש זה בא באזכור החג הראשון ולא בשני החגים הבאים – מחמת הקיצור שבתיאורם ומכיוון שמייד אחר כך

נכתב באריכות עניין ההיראות את פני האדון ה' (יז). בניגוד לחג הקציר ולחג האסיף, שהקשרם חקלאי, בחג המצות הדבר אינו כך ועולה בו ההיבט ההיסטורי של היציאה ממצרים בלבד.

הרגל השני הוא חג הקציר, חג השבועות, ובו חוגגים את "בִּכּוּרֵי מַעֲשֶׂיךָ אֲשֶׁר תִּזְרַע בַּשָּׂדֶה" (טז). מדובר בביכורי קציר חיטים, כמפורש בפרשה המקבילה בל"ד, כב: "וְחַג שָׁבֻעֹת תַּעֲשֶׂה לְךָ בִּכּוּרֵי קְצִיר חִטִּים". אף שדין ביכורים נוהג גם בפירות, ישנו חג מיוחד לביכורי קציר חיטים שכן מהחיטה מכינים את הלחם, מאכלו הבסיסי של האדם. לכן החג מכונה כאן: "בִּכּוּרֵי מַעֲשֶׂיךָ". לביכורי החיטים ישנו אפוא חג מיוחד, המשקף את הקשר של האדם לה' בביכורי מאכלו העיקרי שבעבורו עיקר מעשיו וטרחתו. כמו בביכורי הפירות, יש לומר שבביכורים האדם שמח במיוחד, ולכן בעת הזאת עליו לייחס את העשייה החקלאית לה' – באמצעות ביכורי החיטים. ובלשונו של ריב"ש (על פסוק יד): "וחג הקציר - בשעת שאדם מתחיל לקצור קצירו שמח, כדכתיב: 'שמחו לפניך כשמחת בקציר כאשר יגילו בחלקם שלל' (ישעיה ט', ב). ותעשו שם חג, כדי שתהיה השמחה לשמים". לא נאמר כאן מה ייעשה בפירות הביכורים: בפסוק יט נאמר שיש להביא את הביכורים לבית ה' ופירוט העניין יבוא בדברים כ"ו, א-יא.

החג השלישי הוא חג האסיף, בסוף השנה החקלאית, כאשר אוספים את רוב התבואה מן השדות אל הבתים. מועד מיוחד זה, שבו האדם חש שהוא מכניס הביתה את פרי עמלו, בסופו של הקיץ ולקראת החורף של השנה החדשה, הוא זמן ראוי לבוא שוב לפני ה'. חג הסוכות הוא צאת השנה, וברור שמבחינה חקלאית חודש תשרי הוא החודש שבו מונים את חילוף השנה (אברבנאל). גם באסיף יש שמחה מיוחדת, כאשר האדם מכניס לביתו את עמלו בכל חודשי הקיץ, ובעת שמחה זו עליו לבוא לפני ה' ולחוג שם. ריב"ש (על פסוק יד) כותב: "וחג האסיף - כשאדם אסף תבואתו, וכונס קיצו, ומוסק את זיתו, אז הוא שמח, ותעשו אז חג, כי אני רוצה להתערב בשמחתם. ולכך נאמר בחג הסוכות במקום אחר: 'והיית אך שמח' (דברים ט"ז, טו), כלומר: מאחר שאספת את הכל, אין לך מחשבה כי אם לשמו".

בסיום דיני חובת העלייה לרגל באים ארבעה דינים נוספים. הדין הראשון הוא שבעת קורבן הפסח, לא יהיה חמץ ברשותו של המקריב (יח1).[138] הדין השני הוא שאסור להלין את "חֵלֶב חַגִּי", היינו החלקים המוקרבים על המזבח, לאחר הלילה של יום ההקרבה (יח2). "חַגִּי" – היינו הקורבן שמובא בחג הפסח של ה' (רשב"ם; ראב"ע; שד"ל), כפי שנאמר גם בשמות י"ב, י. שתי הלכות אלה נוגעות לחג הפסח. הדין השלישי נוגע לחג הביכורים שהוזכר קודם לכן (טז). לעיל דובר על חג ביכורי קציר חיטים, ועתה התורה מדייקת שיש להביא את ביכורי האדמה לבית ה' (יט1). מהפרשה בדברים (כ"ו, ב) משמע שיש להביא את ביכורי פירות שבעת המינים (רשב"ם). הדין הרביעי והאחרון הוא האיסור לבשל גדי בחלב אימו (יט2). כמו במקומות רבים, אין הכוונה דווקא לגדי, אלא לכל בשר, ואין הכוונה דווקא בחלב אימו אלא בכל חלב (רש"י; רשב"ם). רשב"ם מסביר שהאזהרה באה כאן משום שברגלים מבשלים בשר לרוב.[139] האיסור בא שלוש פעמים במקרא: פעם שנייה הוא מוזכר בחידוש הברית בפרשת כי תשא (ל"ד, כו), במסגרת חזרה על מצוות רבות שהוזכרו כאן; ופעם נוספת בדברים י"ד,

כא. בדרך מדרש הלכה למדו חכמים משלושת מופעי הציווי על איסור נפרד לאכילה, בישול בלא אכילה, והנאה ללא בישול ואכילה.[140]

לקראת הכניסה לארץ, כ–לג

הדינים האחרונים של אוסף המשפטים הם הנחיות ביחס לכיבוש הארץ והתמודדות עם תושביה. גם הם, כמו המשפטים לעיל, באים בדיבור ישיר של ה׳ אל העם. לשם הכניסה לארץ יצאו ישראל ממצרים, ותוכנית זאת משתקפת בהכנה לכך בחתימת אוסף המשפטים, לפני קבלת הברית וכריתת הברית בפרק הבא (כ״ד). סגנון דינים אלה שונה מאוד מהמשפטים עד כאן, וזאת משום שקטעים אלה הם הכנה של ישראל לקראת הכניסה לארץ; ובהתאם לכך הם משלבים הלכות, אזהרות, עידוד ותיאור העתיד להתרחש, לשם חיזוק העם לקראת הבאות. כאמור, מבנה אוסף המשפטים הוא שהם פותחים בהלכות עבד עברי, הקשורות לנקודת המוצא של ישראל במצרים, והקובץ מסתיים בהלכות הנוגעות בכיבוש הארץ והסכנות הכרוכות בחיים בארץ, ובהמשך מסע העם לעבר הארץ, התחנה הסופית.

קטע זה נחלק לשניים, כמשתקף מהמבנה המשותף ומהחזרה על מוטיבים משותפים: הקטע הראשון בפסוקים כ–כו, והשני בפסוקים כז–לג.* לשני הקטעים מבנה דומה: הקטע הראשון נפתח בפסוק: ״הִנֵּה אָנֹכִי **שֹׁלֵחַ** מַלְאָךְ **לְפָנֶיךָ**״ (כ), והשני נפתח בפסוק: ״אֶת אֵימָתִי **אֲשַׁלַּח לְפָנֶיךָ**... **וְשָׁלַחְתִּי** אֶת הַצִּרְעָה **לְפָנֶיךָ**״ (כז–כח). שני הקטעים מסתיימים באזהרה שלא לעבוד עבודה זרה. סיום הקטע הראשון הוא: ״לֹא תִשְׁתַּחֲוֶה **לֵאלֹהֵיהֶם וְלֹא תָעָבְדֵם** וְלֹא תַעֲשֶׂה כְּמַעֲשֵׂיהֶם כִּי הָרֵס תְּהָרְסֵם וְשַׁבֵּר תְּשַׁבֵּר מַצֵּבֹתֵיהֶם״ (כד); וסיום הקטע השני הוא: ״לֹא תִכְרֹת לָהֶם **וְלֵאלֹהֵיהֶם** בְּרִית. לֹא יֵשְׁבוּ בְּאַרְצְךָ פֶּן יַחֲטִיאוּ אֹתְךָ לִי **כִּי תַעֲבֹד אֶת אֱלֹהֵיהֶם**״ (לב–לג). שני הקטעים מכילים גורם שה׳ ישלח כדי לנצח את הכנענים: המלאך בקטע הראשון (כ), והצרעה בקטע השני (כו, כז). בקטע הראשון המלאך יכחיד את עמי כנען; בקטע השני ה׳ יטיל בהם מהומה והצרעה תגרש אותם. שני הקטעים כוללים אזהרה מפני עבודת אלוהי העמים בארץ (כד, לב–לג).

הצורך בשני הקטעים הוא משום שהם עוסקים בשלבים שונים של ההתמודדות עם עמי כנען והסכנות הכרוכות בכל שלב. הקטע הראשון עוסק בכיבוש הארץ ובסכנות הטמונות במפגש עם תושביה (כ–כו). בקטע זה, תפקידו של המלאך הוא להביא את העם אל הארץ ושם ה׳ יכחיד את תושביה. מדובר במפגש הראשון של ישראל עם הכנענים, ולקראת המפגש הראשוני הזה, ה׳ מזהיר את העם שלא יעבוד את אלוהיהם. כבר בכיבוש הראשוני, על ישראל להשמיד את העבודה הזרה של יושבי הארץ (כד). אם כך ייעשה, ה׳ מבטיח לישראל ברכה בארץ (כה–כו). הקטע השני עוסק בחיים בארץ לאחר כיבושה ובסכנות הכרוכות בשכנות עם תושבי הארץ (כז–לג). קטע זה מדבר על כך שה׳ יגרש את תושבי הארץ ויסייע לישראל

* ישנה פרשה סתומה דווקא בין פסוק כה לפסוק כו, אבל טעם ההפסקה כאן, שהוא גם הפסקה בין העולים לתורה, הוא כדי לסיים בדבר טוב, והוא: ״והסירותי מחלה מקרבך״, ולהתחיל בדבר טוב: ״לא תהיה לך משכלה״.

בכיבושה כשיכניס מהומה ופחד בקרב תושביה (כז). אבל זאת יעשה ה׳ בהדרגתיות, לבל תרבה חיית השדה בארץ. רק בסופו של התהליך, כאשר העם יפרה בארץ, כל הארץ תהיה בידיהם ויתרחש הגירוש הסופי של תושבי הארץ (לא). כיוון שבינתיים ידורו תושבי הארץ בשכנות לישראל, יש סכנה שהאחרונים יושפעו מדרכם של הראשונים, ולכן ה׳ מצווה שלא לכרות ברית עם יושבי הארץ – לא עימם ולא עם אלוהיהם. רק כך אפשר להבין מדוע תיאור גבולות הארץ מופיע בחלק השני: כיוון שהפסוקים מדברים על ההדרגתיות של כיבוש הארץ, יש צורך להזכיר את הגבולות הסופיים והעתידיים של הארץ שישראל אמורים לכבוש במהלך השנים.

השלב הראשון של כיבוש הארץ, כ-כו

החלק הראשון מתחיל בהליכה לכיוון הארץ. ה׳ מבטיח שישלח מלאך לשמור על העם בדרך עד שיביאם למקום שהוא הכין לישראל.[141] ה׳ לא מכנה את הארץ בשמה, ובמקום זאת אומר: ״הַמָּקוֹם אֲשֶׁר הֲכִנֹתִי״ (כ), וזאת כדי להדגיש את הקרבה הגדולה של ה׳ לישראל לאחר שתיכרת הברית; ה׳ הכין בעבורם מקום ותפקיד המלאך הוא לשמור על העם בדרך. מלאך ה׳ מעביר לעם את ציוויי ה׳, ולכן ה׳ מצווה לציית למה שהלה אומר. אם כך יעשה העם, ה׳ ינהג באיבה כלפי אויבי ישראל ויצרור את הצוררים אותם. אך אם ימרה העם את דברי המלאך, הוא לא יסלח לפשעיהם, כי שמו של ה׳ בקרב המלאך. המלאך הוא נציגו של ה׳, הוא שליחו, ושמו של ה׳ בקרבו. אפשר כי ההסבר ״כִּי שְׁמִי בְּקִרְבּוֹ״ נסב על תחילת המשפט, כלומר ״הִשָּׁמֶר מִפָּנָיו וּשְׁמַע בְּקֹלוֹ כִּי שְׁמִי בְּקִרְבּוֹ״ (רש״י); ואפשר כי הדברים מתייחסים למילים ״כִּי לֹא יִשָּׂא לְפִשְׁעֲכֶם״ – ״כִּי שְׁמִי בְּקִרְבּוֹ״ (ריב״ש). השימוש במילה ״שֵׁם״ בהקשרים אלה הוא כדי להרחיק הגשמה, כדי שלא יטעו לחשוב שה׳ מוגבל חלילה או נמצא במקום מסוים בלבד (דברים י״ב, ה, יא, כא; י״ד, כג, כד; ט״ז, ב, ו, יא; כ״ו, ב; שמ״ב ו׳, ב; מל״א ה׳, יט; ח׳, יז; ח׳, מד; ט׳, ג; מל״ב, כ״ג, כז; ישעיה י״ח, ז; ל׳, כז; ירמיה ז׳, יא).

כאשר המלאך יביא את העם לארץ ויכחיד את תושביה, העם יפגוש את אלוהי הכנענים; ומחשש שהם ילמדו ממעשיהם, ה׳ מזהיר את ישראל שלא יעבדו אלוהים אחרים אלו אלא ישברו את מצבותיהם. אף שהאזהרה שלא לעבוד אלוהים אחרים באה כבר בעשרת הדיברות (כ׳, ב-ו), ושוב לפני המשפטים (כ׳, כ), האיסור בא שוב כאן בשל ההקשר החדש: הכניסה לארץ, ההתערבות הצפויה של ישראל בקרב עובדי אלילים והסכנה שילמדו ממעשיהם (רמב״ן). חיוב זה נאמר בהדגשה יתרה: ״הָרֵס תְּהָרְסֵם וְשַׁבֵּר תְּשַׁבֵּר״; זהו רצף של ארבעה פעלים, אשר מבליטים את חומרת האיסור ואת הסכנה הגדולה שטמונה בהשפעת הכנענים על ישראל. אכן ההשפעה של הכנענים על ישראל עולה בתחילתו של ספר שופטים (ב׳, יא – ג׳, ו) ובסיפורי השופטים השונים (ג׳, ז; ו׳, כה-לא; ח׳, לג; י׳, ו, י, יג, טז). במקום זאת מציע ה׳ לישראל לעבוד אותו – והתוצאה תהיה ברכה באוכל ובמים והסרת כל מחלה מקרבם (כה), כלומר הם לא יחלו כלל, ואולי הכוונה שאם יחלו, הוא ירפאם. הברכה כוללת גם את ההבטחה שלא תהיה משכלה בקרב ישראל, היינו שאישה לא תפיל את ולדותיה. וכן שלא תהיה אישה עקרה ובני האדם יגיעו לשיבה טובה ולא ימותו טרם זמנם (כו).

זהותו של המלאך נתונה במחלוקת פרשנים. הדבר קשה במיוחד משום שלאחר שה׳ חזר בו מכוונתו להשמיד את ישראל בעקבות חטא העגל, הוא נשאר מרוחק מישראל ואמר למשה שלא הוא ילך בקרב העם אלא מלאכו (ל״ג, ב-ג). אם כן, מהו היחס בין ההבטחה שה׳ ישלח מלאך כאן, לפני חטא העגל, ובין ההחלטה לשלוח מלאך לאחר חטא העגל?

אפשרות ראשונה היא שהמלאך כאן זהה למלאך שעליו דיבר ה׳ בעקבות חטא העגל (ל״ג, ב-ג), וכך פירש רש״י. לדעתו, כאן ה׳ בישר לעם שהם עתידים לחטוא ושמלאך ילך בקרב העם והוא לא ילך בקרבם. ברם הסבר זה קשה, שכן הליכת המלאך לפני העם בעקבות חטא העגל היא ביטוי לריחוק של ה׳, אך כאן לא נשמעת נימת הסתייגות או ריחוק. להפך, המלאך שעתיד ללכת בקרב העם מבטא את קרבת ה׳. יתר על כן, קשה להניח שלפני שנכרתה ברית, ה׳ יחשוף את המצב המשברי ביחסי הברית; קשה להניח שיחשוף את חטא העם קודם שחטא.

אפשרות שנייה היא שמדובר על מלאך ממש, שאכן הגיע ליהושע, כמתואר ביהושע ה׳, יד (רשב״ם; רמב״ן). הקושי בפירוש זה הוא שכאן נאמר שה׳ ישלח לפני העם מלאך לשמור אותו בדרך ולהביאו אל הארץ, עוד לפני שיכחיד את הכנעני, ואילו המלאך הגיע ליהושע רק לפני הכיבוש החל ולא קודם לכן. ראב״ע פירש שמדובר כאן על מלאך שמימי, אך לא זיהה אותו עם המלאך שבא ליהושע וסבר שזהו מיכאל.

אפשרות שלישית היא שמדובר במלאך בשר ודם. יש האומרים שהכוונה למשה (שד״ל), ואחר כך למחליפו יהושע (חזקוני; ר״י כספי), או לנביא בכלל (ריב״ש; רלב״ג).[142] הלוי מכונה ״מַלְאָךְ״ בתיאורו של הנביא מלאכי (ב׳, ז), וגם נביא נקרא ״מַלְאַךְ הָאֱלֹהִים״ (שמ״ב י״ד, כ). ואומנם הקשיים שצוינו לגבי ההסברים הקודמים אינם קיימים בפירוש זה, שלפיו נוכחות המלאך בקרב העם היא הביטוי של נוכחות ה׳. הסיבה שבגינה לא הוזכר שמו של משה היא הרצון להימנע מיצירת בלעדיות למשה כנציגו של ה׳: משה הוא אומנם המנהיג שעליו מדבר ה׳ כאן, אך בהמשך יהושע יחליפו.

לפי אפשרות רביעית, והיא המסתברת ביותר, הכוונה לכבוד ה׳ בעצמו, המתגלה בדרכים שונות. כבר ראינו שה׳ התגלה בעמוד ענן ובעמוד אש (י״ב, כא), ועמוד הענן אף נקרא ״מַלְאַךְ״ (י״ד, יט). משה מתאר את יציאת מצרים על ידי מלאך בבמדבר כ׳, טז: ״וַנִּצְעַק אֶל יְהוָה וַיִּשְׁמַע קֹלֵנוּ וַיִּשְׁלַח מַלְאָךְ וַיֹּצִאֵנוּ מִמִּצְרָיִם״. אם כן, הכוונה כאן איננה לישות מסוימת, אלא להתגלות ה׳ בדרכים שונות, ובכללן באמצעות משה. כך גם עולה בבראשית כ״ד, ז; מ״ח, טז; במדבר כ׳, טז; ישעיה ס״ג, ט.[143] אכן בתיאור מעשי המלאך, מדובר על כך שהוא ישמור על העם בדרך אל הארץ (כ) ויביאנו אל הארץ (כ, כג), ומייד נאמר שה׳ יכחיד את תושבי הארץ (כג). יש אפוא זהות בין המלאך ובין משלחו. נראה כי השילוב בין האפשרות השלישית לרביעית הוא ההצעה המשכנעת ביותר. לפי כל הפירושים (לבד מפירוש רש״י), הישות המוזכרת כאן משקפת את נוכחות ה׳ בקרב ישראל ברמה הגבוהה ביותר.

השלב השני, הורשה הדרגתית של הארץ, כז-לג

קטע זה ממשיך את הקטע הקודם ועוסק בהיאחזותם של ישראל בארץ לאחר ההתמודדות הראשונית בכיבושה. ה׳ ישלח את אימתו לפני ישראל ויגרום למהומה בקרב הכנעני, והתוצאה תהא שהללו יפנו עורף לישראל ויברחו מפניהם (רש״י). גם הפסוק הבא מדבר על גירוש האויבים, על ידי צרעה שה׳ ישלח בהם. אך ה׳ לא יגרש את הכנענים בבת אחת, שכן ישראל אינם מרובים דיים ואין בכוחם ליישב את כל הארץ מייד; אם כל הכנענים יגורשו, הארץ תהיה שממה וחיית השדה תרבה בארץ. במקום זאת, ה׳ יגרש את הכנענים מעט מעט, עד שישראל ירבו וינחלו בפועל את הארץ כולה. בסופו של תהליך כיבוש הארץ, גבולות הארץ יתפרסו מים סוף בדרום מזרח ועד הים התיכון במערב; וממדבר, והכוונה כנראה למדבר סיני, בדרום מערב, ועד הנהר, שהוא נהר פרת, בצפון (לא). גבולות אלה דומים לגבולות הארץ המופיעים בברית בין הבתרים (בראשית ט״ו, יח-כא).

עתה, משמתברר שתושבי הארץ ימשיכו להתגורר בארץ זמן ממושך לאחר שישראל ייכנסו ארצה, ה׳ מזהיר שלא לכרות ברית עם תושבי הארץ ועם אלוהיהם. סכנת ההיטמעות של ישראל בקרב הכנענים גדולה, וישראל אמורים להיזהר מליצור יחסי ברית עימם. עם זאת, אל להם להשאיר את תושבי הארץ לגור בשטחם. הוראה זו אינה סותרת את אמירתו של ה׳ שהוא יגרש את תושבי הארץ אט־אט. ישראל יכבשו שטחים בארץ וירחיבו את גבולם בהדרגתיות, ובאותם שטחים שיכבשו אל להם להשאיר את תושבי הארץ. מאידך גיסא, בשטחים שישראל טרם כבשו, ימשיכו הכנענים לשבת עד שתהליך כיבוש הארץ יסתיים. גם בשטחים שייכבשו, לא תמיד תהא ידם של ישראל תקיפה דיה כדי להכרית מקרבם את הכנענים; ועל כן, הגויים הנשארים בארץ עשויים להפוך למוקש – למכשול – לישראל, כמתואר היטב בתחילת ספר שופטים (ב׳, ב-ג). הוראה זו, שלא להשאיר את הכנענים בשטחים שיכבשו ישראל, עולה ביתר הרחבה בדברים ז׳, א-ה; כ׳, י-יח.

כמו זהותו המסופקת של המלאך בפסקה הקודמת, גם זהותה של הצרעה בחלק זה אינה ברורה. הצרעה מוזכרת בעוד שני מקומות במקרא: בנאום של משה בדברים בטרם הכניסה לארץ (דברים ז׳, ב), ובתיאור יהושע על הצלחת הכיבוש של שני מלכי האמורי בעזרת הצרעה (יהושע כ״ד, יב). רס״ג וראב״ע סברו שהצרעה היא מחלה, סוג של צרעת.[144] הדעה המקובלת היא שמדובר בדבורה ארסית (רש״י; ר״י כספי).[145] פירוש זה מקבל חיזוק מהקביעה שהצרעה תכריע גם את הנשארים והנסתרים (דברים ז׳, כ, ב). יש שפירשו, וכך נראה, שהצרעה היא מטפורה לפחד ולאימה שיטיל ה׳ על הכנענים מבלי שיוכלו להתגונן.[146]

כריתת ברית עם ה׳ בסיני, כ״ד, א-יא

א וְאֶל־מֹשֶׁה אָמַר עֲלֵה אֶל־יהוה אַתָּה וְאַהֲרֹן נָדָב וַאֲבִיהוּא וְשִׁבְעִים מִזִּקְנֵי יִשְׂרָאֵל וְהִשְׁתַּחֲוִיתֶם
ב ג מֵרָחֹק. וְנִגַּשׁ מֹשֶׁה לְבַדּוֹ אֶל־יהוה וְהֵם לֹא יִגָּשׁוּ וְהָעָם לֹא יַעֲלוּ עִמּוֹ. וַיָּבֹא מֹשֶׁה וַיְסַפֵּר לָעָם
אֵת כָּל־דִּבְרֵי יהוה וְאֵת כָּל־הַמִּשְׁפָּטִים וַיַּעַן כָּל־הָעָם קוֹל אֶחָד וַיֹּאמְרוּ כָּל־הַדְּבָרִים אֲשֶׁר־דִּבֶּר
ד יהוה נַעֲשֶׂה. וַיִּכְתֹּב מֹשֶׁה אֵת כָּל־דִּבְרֵי יהוה וַיַּשְׁכֵּם בַּבֹּקֶר וַיִּבֶן מִזְבֵּחַ תַּחַת הָהָר וּשְׁתֵּים עֶשְׂרֵה
ה מַצֵּבָה לִשְׁנֵים עָשָׂר שִׁבְטֵי יִשְׂרָאֵל. וַיִּשְׁלַח אֶת־נַעֲרֵי בְּנֵי יִשְׂרָאֵל וַיַּעֲלוּ עֹלֹת וַיִּזְבְּחוּ זְבָחִים
ו ז שְׁלָמִים לַיהוה פָּרִים. וַיִּקַּח מֹשֶׁה חֲצִי הַדָּם וַיָּשֶׂם בָּאַגָּנֹת וַחֲצִי הַדָּם זָרַק עַל־הַמִּזְבֵּחַ. וַיִּקַּח סֵפֶר
ח הַבְּרִית וַיִּקְרָא בְּאָזְנֵי הָעָם וַיֹּאמְרוּ כֹּל אֲשֶׁר־דִּבֶּר יהוה נַעֲשֶׂה וְנִשְׁמָע. וַיִּקַּח מֹשֶׁה אֶת־הַדָּם וַיִּזְרֹק
ט עַל־הָעָם וַיֹּאמֶר הִנֵּה דַם־הַבְּרִית אֲשֶׁר כָּרַת יהוה עִמָּכֶם עַל כָּל־הַדְּבָרִים הָאֵלֶּה. וַיַּעַל מֹשֶׁה
י וְאַהֲרֹן נָדָב וַאֲבִיהוּא וְשִׁבְעִים מִזִּקְנֵי יִשְׂרָאֵל. וַיִּרְאוּ אֵת אֱלֹהֵי יִשְׂרָאֵל וְתַחַת רַגְלָיו כְּמַעֲשֵׂה
יא לִבְנַת הַסַּפִּיר וּכְעֶצֶם הַשָּׁמַיִם לָטֹהַר. וְאֶל־אֲצִילֵי בְּנֵי יִשְׂרָאֵל לֹא שָׁלַח יָדוֹ וַיֶּחֱזוּ אֶת־הָאֱלֹהִים
וַיֹּאכְלוּ וַיִּשְׁתּוּ.

פירוש העניין

מקומו של סיפור הברית בסיני בהקשרו

פרק כ"ד, המתאר את כריתת הברית בין ה' לישראל, הוא שיאו של סיפור תהליך הברית בסיני (י"ט-כ"ד). הפרשנים נחלקו אימתי התקיימה ברית זו.[1] לדעת רש"י, הברית נכרתה עוד לפני עשרת הדיברות, ובכלל זה כל הנאמר כאן, כולל בניית המזבח וזריקת הדם.[2] לדעתו, התורה ניתנה בו' בסיון, והברית נכרתה בה' בחודש. הדברים נכתבו כאן, אך אין מוקדם ומאוחר בתורה. מכיוון שפירש כך, "הַמִּשְׁפָּטִים" בפסוק ג קדמו לפרשת משפטים ולמתן תורה, ולכן הוא מפרש בדוחק שהכוונה היא לשבע מצוות בני נח, שבת, כיבוד אב ואם ופרה אדומה.[3] הדעה הרווחת היא שכל הנאמר כאן אמור לפי הסדר והתרחש לאחר קבלת עשרת הדיברות, לאחר שמשה עלה ושמע מה' את המשפטים, ועתה ירד לספר אותם לעם.[4] היתרון של פירוש זה הוא שבפסוק ג נאמר שמשה סיפר לעם את דברי ה' ואת כל המשפטים, וקשה להניח שהכוונה לדבר אחר ממה שהתורה מגדירה כמשפטים (כ"א, א).[5] מעבר לכך, על פי שיטה זו, הסדר המתקבל הוא שלאחר שהעם שמע את עשרת הדיברות ואת המשפטים, הוא ניאות לקבל עליו את הברית עם ה', ואזי היא נכרתת.

בשל הגיוון הגדול של הכתובים מהגעת ישראל לסיני ועד כריתת הברית ואריכות התיאורים, כדאי לחזור ולהבחין בסדר הכתובים. הסיפור בסיני החל במעמד ההתגלות של ה' בסיני (י"ט). ה' מכין את העם להיכנס בברית, ובשלב ראשון העם מוכן להיכנס בברית (י"ט, ח). הכניסה בברית כרוכה בהכרה של העם את ה', ולכן לפני עשרת הדיברות ישנה התגלות של ה' לעיני העם (י"ט, טז-יט). לאחר מכן ה' משמיע את עשרת הדיברות לישראל (כ', א-יח). כיוון שהעם מבקש שה' לא יוסיף לדבר עימו, אלא משה ישמע מה' את הדברים (כ', טז), משה ניגש אל הערפל אשר שם אלוהים (כ', יח) וה' אומר לו את כל המשפטים שעליו למסור לישראל. תיאור המשפטים שה' אמר למשה בא בפירוט גדול (כ', יט – כ"ג, לג). בכ"ד, ג, נאמר שמשה סיפר לעם את כל המשפטים, והעם התחייב ללכת על פיהם (כ"ד, ג). התחייבות זו של העם נעשתה לאחר שהעם שמע את המוטל עליו בברית, להבדיל מההסכמה הראשונית שקדמה למעמד הר סיני. מייד לאחר הסכמת העם, פונה הכתוב לתאר את כריתת הברית הפורמלית בין העם לה' (כ"ד, ד-יא). זהו השיא של הסיפור בסיני. מעמד ההתגלות של ה' בסיני הוא הכנה לברית שנכרתת כאן. לאחר שהעם שמע את קולו של ה', חזה בהתגלותו בהר סיני, שמע את המשפטים, קיבל על עצמו לקיים את המצוות ולהיכנס בברית מחייבת עם ה' – עתה מקבל העם על עצמו להיות עם ה' וכורת ברית בסיני.

כאשר נגלה ה' למשה בסנה ומינה אותו להוציא את העם ממצרים, הוא אמר לו: "בְּהוֹצִיאֲךָ אֶת הָעָם מִמִּצְרַיִם תַּעַבְדוּן אֶת הָאֱלֹהִים עַל הָהָר הַזֶּה" (ג', יב). גם משה התייחס לכך בדבריו לפרעה (ה', ג; ז', טז, כו; ח', ד, טז, כא-כג; ט', א, יג; י', ג, ט, כד-כו י"ב, לא-לב). עתה מתממש הדבר, וישראל עובדים את ה' על הר האלוהים. גם מה שלא נאמר בסנה אך נאמר בעת המינוי השני של משה מתקיים עתה: "וְלָקַחְתִּי אֶתְכֶם לִי לְעָם וְהָיִיתִי לָכֶם לֵאלֹהִים" (ו', ז) – היינו כריתת ברית בין ה' לישראל.

הברית

משה עודנו נמצא על ההר, מאז עלה לשמוע מה' את כל המשפטים (כ', יח). לאחר שה' סיים להשמיע למשה את המשפטים, טרם ירידתו מההר, הוא אומר לו כי אחרי שירד לעם ויכרות את הברית עם ישראל, הוא יעלה שוב אליו; עלייה זו תהא עם אהרן, נדב ואביהוא ושבעים הזקנים – כולם ישתחוו מרחוק (א) ואזי יעלה משה לבדו (ב).[6] תיאור הביצוע של צו זה בא בפסוק ט. התחביר של פסוק א אינו רגיל. ראשית, הנושא חסר בפסוק, וכן המושא קודם לפועל: "וְאֶל מֹשֶׁה אָמַר". חריגות אלה נובעות מן הסמיכות לפסוק: "וְאֵלֶּה הַמִּשְׁפָּטִים אֲשֶׁר תָּשִׂים לִפְנֵיהֶם" (כ"א, א). את המשפטים ה' ציווה למשה לשים לפני ישראל, והציווי עתה לעלות להר הוא למשה בלבד. לכן, כדי להנגיד זאת למה שאמר ה' למשה בעבור כל ישראל, הוקדם המושא לפועל. אם כן, את הדברים הבאים אמר ה' למשה לבדו – ולמען אלה שיתלוו לעלייתו – אך לא אל כל העם, שלא יעלה בהר (ב).

כאן אין מצוין לשם מה נדרש משה לעלות שוב אל ההר, אך הדבר מתברר בהמשך: משה צריך לעלות בסיום מעשה הברית, יחד עם אהרן, נדב ואביהוא והזקנים, שהם נציגי העם, כדי שיראו את אלוהי ישראל (ט-י). הניסוח "שִׁבְעִים מִזִּקְנֵי יִשְׂרָאֵל" מורה שהיו זקנים נוספים, שמתוכם נבחרו שבעים המייצגים את העם.

משה בא לעם לאחר שהיה עם ה' בהר ומספר להם "אֵת כָּל דִּבְרֵי ה' וְאֵת כָּל הַמִּשְׁפָּטִים" (ג1). בפסוק נאמר "וַיָּבֹא מֹשֶׁה", והכוונה היא שהוא ירד מההר.[7] "הַמִּשְׁפָּטִים" הם כל מה ששמע משה בהר לאחר שניגש אל הערפל (כ', יח), מכ"א עד כ"ג: מ"וְאֵלֶּה הַמִּשְׁפָּטִים" עד "כִּי יִהְיֶה לְךָ לְמוֹקֵשׁ". מהם "דִּבְרֵי ה'"? ייתכן שיש חפיפה בין "דִּבְרֵי ה'" ל"מִּשְׁפָּטִים",[8] ויש המבחינים בין שני המונחים וטוענים ש"דִּבְרֵי ה'" הם הדברים שנאמרו לפני המשפטים, היינו כ', יט-כג וכ"ג, כ-כה.[9] מסתבר יותר שהכוונה לעשרת הדיברות שנקראים "דְּבָרִים" (כ', א; ל"ד, כח; דברים ד', יג; ה', ה, יט; י', ד) (שד"ל). לפי הסבר זה, סדר הפסוק מדויק: תחילה ניתנו עשרת הדיברות ואחר כך המשפטים. אם כן, הכוונה לכל המצוות שה' אמר: עשרת הדיברות והמצוות בפרשת משפטים (ובכללן מה שאמר ה' לפני המשפטים, כ', יט-כג).

הכתוב אינו מפרט את כל המצוות שמשה אמר לעם, לאחר שהפירוט בא בדברי ה' למשה; לא מסופר אלא שמשה מסרן לעם. לאחר שמשה מסר את כל המשפטים שציווה ה', השיב העם בחיוב וענה שהוא מוכן לקיים את כל המשפטים: "וַיַּעַן כָּל הָעָם קוֹל אֶחָד וַיֹּאמְרוּ כָּל הַדְּבָרִים אֲשֶׁר דִּבֶּר ה' נַעֲשֶׂה" (ג2). כל העם מגיב בחיוב ועונה שהוא נכון להיכנס בברית – כולו ולא רק נציגיו החשובים. אם כן, העם כולו היה שותף למעמד ההתגלות של ה', העם כולו שמע את המשפטים מאת משה, והעם כולו קיבל על עצמו לקיים את משפטי ה'. אכן הסכמה זו איננה הטקס של כריתת הברית.

כיאה לחוזה המחייב את הצדדים, משה כותב את דברי ה' (ד1), דהיינו המשפטים שה' אמר לו, ובכללם גם עשרת הדיברות.[10] מה שכתב כאן משה הוא מה שנקרא "סֵפֶר הַבְּרִית" בפסוק ז (ראב"ע בפירושו הארוך לפסוק ד).

העניין ממשיך למחרת (ד) וזאת משום שההתרחשויות ביום זה היו רבות: משה ירד וסיפר לעם את המשפטים והם הסכימו לקבלם, משה כתב את המצוות – והיום בא לסיומו. מעבר היום לא רק משקף את ריבוי האירועים ביום המחרת, אלא מורה שטקס הברית נעשה בשיקול דעת, על פני זמן של יומיים ולילה ביניהם.[11]

בבוקר משכים משה ובונה מזבח ושתים עשרה מצבות, כנגד שנים עשר שבטי ישראל (ד2). גם יהושע נטל שתים עשרה אבנים כנגד השבטים (יהושע ד׳, ב-ג, ח, ט, כ) ובנה אותן מעבר לירדן לזיכרון הנס; ואף אליהו בנה מזבח ובו שתים עשרה אבנים, ובמפורש נאמר שמניין זה הוא כנגד השבטים (מל״א י״ח, לא). תפקיד המצבה הוא לסמן ולציין דבר־מה או לציין זיכרון. כך למשל מקימים מצבה על קבר (בראשית ל״ה, כ) והיא יכולה לסמן גבול או הסכם (בראשית ל״א, מה-נב). אף יעקב בנה מצבה כדי לסמן את מקום התגלות ה׳ ולציין את התחייבותו (בראשית כ״ח, יח, כב). בפסוק לא התבאר מה מבטאות המצבות שבנה משה, אך העובדה שהוא הקים שתים עשרה מצבות מלמדת שהן מייצגות את השבטים ובאות כנראה לבטא את הסכמתו הנצחית של העם לבוא בברית עם ה׳ (רשב״ם).

משה שולח את נערי בני ישראל והם מקריבים קורבנות (ה). הכוהנים עדיין לא יועדו לעבודת הקורבנות, ומקובל לומר שהבכורות היו בשלב זה כמעין כוהנים.[12] אפשר שמדובר באנשים אחרים שיועדו לעבודות אלו.[13] העובדה שמקריבי הקורבנות היו "נַעֲרֵי בְּנֵי יִשְׂרָאֵל" מלמדת על השייכות של כל העם כולו בכריתת הברית.

נערי בני ישראל מקריבים עולה וזבח שלמים, כחלק מכריתת הברית בין העם לה׳. כך גם מצאנו בתהילים נ׳, ה: "אִסְפוּ לִי חֲסִידָי כֹּרְתֵי בְרִיתִי עֲלֵי זָבַח". קורבן העולה מוקרב כליל לה׳, מתוך הוקרה לאלוהי ישראל. קורבן זבח השלמים הוא קורבן שחלקו הוקרב על המזבח וחלקו אכלו ישראל. אכן האכילה בסוף כריתת הברית מצוינת בסוף הסיפור: "וַיֹּאכְלוּ וַיִּשְׁתּוּ" (יא) ובכך נדון בהמשך. המילה "פָּרִים" באה בסוף המשפט וקשה להבין אם רק השלמים באו מפרים או גם העולות – ונחלקו בכך אמוראים בבבלי חגיגה ו ע״ב. על פי חלוקת הטעמים, רק קורבנות השלמים הוקרבו מפרים (רש״י שם),[14] והדבר מסתבר שכן רבים נדרשו לאכול מהשלמים (ראב״ע).

עתה מתארים הפסוקים את עיקר טקס הברית (ו-ח). משה לוקח את דם הקורבנות: חציו הוא שם באגנות וחציו הוא זורק על המזבח (ו). משה קורא לעם את הכתוב בספר הברית, ועל כך עונה העם: "כֹּל אֲשֶׁר דִּבֶּר ה׳ נַעֲשֶׂה וְנִשְׁמָע" (ז). אף שישראל כבר הביעו כמה פעמים את נכונותם לציית למצוות ה׳, לפני התגלות ה׳ בהר סיני (י״ט, ח), ושוב עתה לאחר שמשה השמיע להם את המשפטים (כ״ד, ג) – ההצהרה "נַעֲשֶׂה וְנִשְׁמָע" היא חלק מהותי בטקס הברית, שבו העם מתחייב לה׳. אחר כך נוטל משה את הדם ששם באגנות (ראב״ע) וזורקו על העם תוך כדי אמירה: "הִנֵּה דַם הַבְּרִית אֲשֶׁר כָּרַת ה׳ עִמָּכֶם עַל כָּל הַדְּבָרִים הָאֵלֶּה" (ח).[15] מעשה הברית עצמו כולל אפוא הצהרה־התחייבות של העם לשמור את אשר נאמר בספר הברית וזריקת דם הברית על העם. זריקת דם הברית על המזבח, שמייצג את ה׳, משמעותה כביכול שחצי הדם נזרק לה׳ (ספורנו).[16] בכך הפכו ה׳ וישראל לבעלי ברית. ראשית, משה התיז את הדם

על המזבח, ובכך הביע את רצון ה׳ להיכנס בברית; אחר כך, העם הביע את רצונו – באופן מילולי – לציית למצוות ה׳, ורק אחר כך משה היזה עליהם את הדם והביאם בברית עם ה׳.

הזאת הדם על הכוהנים ועל המזבח מקדישה אותם לעבודת המזבח ויוצרת זיקה בין הכוהנים למזבח (שמות כ״ט, כ-כא; ויקרא ח׳, ל). בדומה, התזת הדם על העם ועל המזבח מקדישה אותם להיות בברית עם ה׳. התזת הדם הופכת את העם ואת המזבח, המייצג את ה׳, לישות אחת הבאה בברית אחת. הברית בין ישראל לה׳ היא ברית דם המסמלת חיים. חזקוני ראה את נושא הדם כקשור לדרך כריתת בריתות, שבה היו עוברים כורתי הברית בין בתרי בהמה: ״הנה דם הברית – שנתחלק לשני חצאין שכן דרך כורתי העגל אשר כרתו לשנים ויעברו ביון בתריו (ירמיה ל״ד, יח)״, וכך נעשה גם בברית בין הבתרים (בראשית ט״ו, יז-יח). נוסף לכך, זריקת הדם על ישראל היא הקדשתם למעמד חדש של ממלכת כוהנים וגוי קדוש לה׳.

חוסר השוויון בין שני צדדי הברית משתקף בחוסר הצהרה של ה׳ על חלקו בברית בזמן שהדם נזרק על המזבח. לעומת זאת, אף שכבר פעמים־מספר הביע העם את רצונו ללכת בעקבות מצוות ה׳, ברגע כריתת הברית נדרשת התייחסות מחייבת מצידו.

במרכזה של הברית, העם מגיב על קריאת ספר הברית ואומר: ״נַעֲשֶׂה וְנִשְׁמָע״ (ז). ספר הברית כולל כאמור את עשרת הדיברות ואת המשפטים.[17] משמעותו של המושג ״נַעֲשֶׂה וְנִשְׁמָע״ היא לציית. משמעו של ״נַעֲשֶׂה״ הוא ציות, וגם ״נִשְׁמָע״ בא כאן במשמעות זו. לשתי המילים פירוש אחד אפוא ואין להבחין ביניהן, כאילו אחת מורה על עשייה ואחת על שמיעה (שמות ט״ו, כו; כ״ג, כב; ויקרא כ״ו, יד; דברים ה׳, כד; ז׳, יב; י״ג, יט; ט״ו, ה; כ״ו, יד; כ״ז, י; ל׳, ח).[18] הצירוף של שני הפעלים יוצר ביטוי המורה על ציות חזק מאשר זה המתואר על ידי כל אחד מהפעלים לבדו – ואכן צירוף זה מופיע בסדר הפוך בדברים ה׳, כד, ומבטא את אותה משמעות.

לאחר כריתת הברית בין ישראל לה׳, עלו משה, אהרן, נדב ואביהוא ושבעים איש מזקני ישראל להר (ט), כפי שה׳ ציווה את משה לעשות לפני רדתו מההר, כשקיבל את המשפטים (כ״ד, א-ב). כפי שציווה ה׳, נאסר על העם לעלות. כאן לא מפורש עד להיכן עלו אהרן ויתר האישים הנכבדים, אולם בצו ה׳ מפורש שכל המשלחת תשתחווה אל ה׳ בעלייתה, ואז רק ייגש משה אל ה׳ (א-ב). במקרים רבים במקרא, אם הדבר מפורט בצו, לא תמיד הוא יפורט בביצוע, והוא הדין להפך.

ואומנם לא נאמר כאן שחברי המשלחת השתחוו, בפרט משום שהעיקר אינו ההשתחוויה כי אם שיא נוסף בעניין כריתת הברית: ״וַיִּרְאוּ אֵת אֱלֹהֵי יִשְׂרָאֵל וְתַחַת רַגְלָיו כְּמַעֲשֵׂה לִבְנַת הַסַּפִּיר וּכְעֶצֶם הַשָּׁמַיִם לָטֹהַר״ (י). לאחר כריתת הברית, המכובדים בעם עלו עד לנקודה מסוימת בהר, ומשם ראו את אלוהים.[19] עד כה הם שמעו את קול ה׳ וראו את מראה ההתגלות בהר, אך עתה, משכרתו את הברית, הגיעה השעה שיראו את ה׳ שעימו הם כורתים ברית.[20] בפסוקים לא נאמר שחברי המשלחת ראו את ה׳ אלא את אלוהים; כלומר מה שראו היה התגלות ברמה נחותה. המחזה של כבוד אלוהי ישראל שראו לא היה לעיני כל העם אלא רק

לעיני ראשיו: משה, אהרן ובניו נדב ואביהוא, ונציגיו המכובדים של העם – שבעים הזקנים. העם עצמו היה מנוע מלראות את אלוהים. עוד מודגש בפסוק שחברי המשלחת ראו את אלוהי ישראל. עכשיו, משנכרתה הברית, ה׳ מתואר בכינוי שייכות לישראל.

אף שכתוב בפסוק שנציגי העם ראו את אלוהי ישראל, הפסוק אינו מתאר את אלוהים אלא את מה ש״תַּחַת רַגְלָיו״, היינו הדום רגליו שתחת כיסא הכבוד.[21] יתר על כן, אף מה שראו אינו מתואר בפירוט: כל שנאמר הוא שמה שראו נציגי העם היה כמעשה לבנת הספיר, היינו דבר מה המזכיר את לבנת הספיר שצבעה לבן, היינו צבע אור בצבע הספיר (רס״ג; רשב״ם). ראב״ע הבין ש״לִבְנַת״ אינו הצבע אלא לבנה בצבע אדום. עוד נאמר שהמחזה היה כמראה השמיים לטוהר, כלומר מראה זך ונקי.

עד כה נאסר לעלות בהר וישראל הוזהרו על כך. עתה עולים המכובדים שבעם – אהרן, נדב ואביהוא ושבעים מזקני ישראל – ולכן נצרך הכתוב להבהיר שה׳ לא שלח ידו באצילי בני ישראל, היינו במכובדים שעלו בהר וראו את אלוהים, כיוון שעשו זאת ברצון ה׳ וברשותו. הכתוב חוזר ומפרש: ״וַיֶּחֱזוּ אֶת הָאֱלֹהִים״ (יא). תיאור מסוג זה איננו מצוי עוד במקרא (למעט הדברים האמורים במשה שראה את אחוריו של ה׳, ל״ד, כג), ולפנינו אפוא מקרה חריג וייחודי: ראיית אלוהים על ידי אנשים נוספים לבד ממשה. נראה כי חריגה זו נובעת מכך שלאחר כריתת הברית, העם התעלה לדרגה גבוהה מאוד ולכן היה מסוגל לעמוד בראיית אלוהים. התכלית היא ככל הנראה לסיים את כריתת הברית במחזה ממשי יותר, שבו נציגות חשובה של העם תראה את אלוהים ותפנים את המשמעות של הברית שכרתו עימו, מתוך הכרה מסוימת – גבוהה יותר – במהות גדולתו. וכדברי רשב״ם: ״וכאן חלק להם הקב״ה כבוד, ומפני כריתת הברית נראה להם״.

הראייה המוזכרת בסוף פסוק יא (״וַיֶּחֱזוּ אֶת הָאֱלֹהִים״) אינה ראייה נוספת או שונה ממה שנאמר בפסוק י ובידינו שתי אפשרויות להבנת האמירה הנוספת בפסוק יא. אפשר שהדברים נאמרו בקשר לחלקו הקודם של הפסוק, היינו שה׳ לא שלח ידו אף שהם חזו את אלוהים. ייתכן גם שהדברים קשורים להמשך הפסוק, ״וַיֹּאכְלוּ וַיִּשְׁתּוּ״, היינו שהאכילה והשתייה היו בהקשר של ראיית אלוהים, וכפי שנסביר מייד.

הסיפור מסתיים בתיאור האכילה והשתייה (יא). כורתי בריתות נהגו לאכול ולשתות יחדיו מאותה בהמה בסעודה משותפת לאחר שכרתו את הברית. עתה אוכלים נציגי העם את קורבנות השלמים שהקריבו כמתואר בפסוק ה. על פי ההקשר, יש שהסבירו את האכילה והשתייה כביטוי לכך שהעולים להר לא מתו לאחר שראו את אלוהים (רס״ג, מופיע בפירוש ראב״ם),[22] ויש שהדגישו שבאכילה ובשתייה הללו טמונה הבחנה בין משה, שלא אכל ארבעים יום וארבעים לילה, ובין נציגי העם, שמייד אכלו, ובכך לסמן את מגבלות נציגי העם אף שראו את אלוהים (ראב״ע, הפירוש הקצר; ריב״ש). פירוש מקובל הוא שהאכילה והשתייה הן ביטוי של שמחה בראיית אלוהים, כפי שנאמר גם בדברים כ״ז, ז: ״וְזָבַחְתָּ שְׁלָמִים וְאָכַלְתָּ שָּׁם וְשָׂמַחְתָּ לִפְנֵי ה׳ אֱלֹהֶיךָ״.[23] אף חזקוני ציין עניין זה, אך הוסיף את עיקרו של הדבר: ״כדרך כורתי ברית״. האכילה והשתייה הן כאמור חלק מטקס כריתת הברית, ואכן כאשר יעקב

ולבן כורתים ברית הם אוכלים ושותים (בראשית ל״א, נד), וכן מצאנו גם בברית בין יצחק ואבימלך (בראשית כ״ו, כח-ל). כך גם כאן, ישראל אוכלים מקורבן השלמים, המשותף להם ולה׳: לאלוהים ניתן החלק שעל המזבח, ועתה ישראל אוכלים את חלקם. האכילה המשותפת מבטאת את האחדות והשותפות בין כורתי הברית.[24]

המשכן: משה עולה להר, ציווי על בניית המשכן, חטא העגל, ביצוע בניית המשכן ושכינת ה', וסדר האירועים כ"ד, יב – מ', לח

חלק זה נחלק לחמישה חלקים עיקריים:

ציווי למשה ועלייתו להר לקבל את הלוחות – כ"ד, יב-יח.
ציווי ה' למשה על בניית המשכן וכליו, ובגדי הכוהנים והקדשתם – כ"ה, א – ל"א, יז.
חטא העגל ותוצאותיו – ל"א, יח – ל"ד, לה.
בניית המשכן וכליו ובגדי הכוהנים – ל"ה-ל"ט.
הקמת המשכן והנחת הכלים במקומם, שכינת כבוד ה' במשכן – מ'.

ההיגיון במבנה זה אינו סדר ההתרחשות בלבד אלא הוא עניין מהותי. צו ה' לבנות לו מקדש מתבסס על העובדה שנכרתה ברית בין ה' לישראל: העם ישמור את מצוות ה', וה' יהפוך להיות האלוה של ישראל. לאחר כריתת הברית והתחייבות ישראל לשמור את הברית, ה' מממש את חלקו בברית ומצווה לבנות משכן כדי שישכון בקרב ישראל. חטא העגל הוא הפרת הברית מצד ישראל עם ה', ובעקבות זאת ה' מבקש לכלות את ישראל ולהסיר שכינתו מהם. משמעות הדבר היא שה' לא ישכון בקרב ישראל במשכן. אם הברית הייתה בטלה לאחר הפרתה על ידי העם, מלאכת המשכן הייתה מתייתרת, ולכן לא הייתה השכנת כבוד ה' בקרב ישראל; ומשום שאין ברית, אין גם לוחות העדות, והתוכנית של ה' לבניית משכן הייתה מתבטלת מעיקרה. לאחר התערבות משה, בתהליך ארוך, ה' מתרצה ונכון לחדש את הברית עם ישראל. לאחר חידוש הברית, מקבלים ישראל לוחות שניים ובמסגרת חידוש הברית ישנה חזרה על מצוות ה' לישראל. או אז משה חוזר לתוכנית הראשונה ומעביר לעם בפירוט את תוכניות בניית המשכן; לאחר בנייתו והקמתו, ה' משרה את שכינתו במשכן, בקרב ישראל.

הבנה זו תלויה בקריאת הפרשיות לפי סדר המשקף את מהלך התרחשותן. קיימת עמדה שלפיה הפרשיות אינן כתובות כסדר ההתרחשות. חכמים במדרש, שבעקבותיהם צעד רש"י, סברו שהציווי על בניית המשכן, בפרשיות תרומה ותצוה (כ"ה, א – ל"א, יז), היה לאחר חטא העגל.[1] לפי דעה זו, כאשר משה עלה להר בציווי ה', בכ"ד, יב-יח, הוא עלה רק לשם קבלת לוחות הברית; וכשירד מההר, ישראל חטאו בחטא העגל. לאחר חידוש הברית עם ה' בעקבות החטא, משה עלה שוב להר ושם קיבל את הלוחות השניים וכן את הציווי על בניית המשכן, כנאמר בפרשות תרומה ותצוה; וכשירד, ציווה את העם על כך.*

* כך רש"י כתב על ל"א, יח: "ויתן אל משה – אין מוקדם ומאוחר בתורה: מעשה העגל קדם לציווי מלאכת המשכן ימים רבים, שהרי בשבעה עשר בתמוז נשתברו הלוחות, וביום הכפורים נתרצה הקב"ה לישראל, ולמחרת התחיל בנדבת המשכן, והוקם באחד בניסן". וכן רש"י על ל"ג, יא.

לא ברור מדוע רש"י נקט עמדה זו, שהשלכותיה עולות בפירוש ספורנו, שהלך אף הוא בגישה זו, וממנו עולה הסבר מהותי לציווי על המשכן רק לאחר חטא העגל. בעלייה של משה, בכ"ד, יח, הוא עלה רק לשם קבלת הלוחות; ורק אחרי שחטאו בעגל, עלה שוב להר במשך ארבעים יום על מנת לרצות את ה', ולאחר שנתרצה ה' – עלה לקבל לוחות שניים ואז הצטווה על מלאכת המשכן.[2] לדעת ספורנו, לפני חטא העגל, שכינת ה' בקרב ישראל לא הייתה באמצעות בניית משכן לה' אלא באמצעות מזבח אדמה בלבד. כך עולה מהציווי על בניית מזבח אדמה, וכלשון ספורנו על כ', ב:

> מזבח אדמה תעשה לי – וגם כן לא תצטרך לעשות היכלות של כסף וזהב ואבנים יקרות למען אקרב אליכם, אבל יספיק "מזבח אדמה". בכל המקום אשר אזכיר את שמי – שאבחר לבית ועד לעבדי, כענין "הזכירו כי נשגב שמו" (ישעיה י"ב, ד). אבוא אליך וברכתיך – לא תצטרך למשוך השגחתי אליך באמצעיים של זהב וכסף וזולתם, כי אומנם אני "אבוא אליך וברכתיך".

בשל הציווי על בניית המשכן, ה' ציווה על בחירת הכוהנים, כדי שיעבדו במשכן; אבל אלמלא חטאו, לא היו הכוהנים משרתים אלא כל העם היה "מַמְלֶכֶת כֹּהֲנִים וְגוֹי קָדוֹשׁ".[3]

הסברו של ספורנו מושך במיוחד, שכן הוא מבהיר בצורה טובה את הציווי על בניית המזבח עוד לפני הציווי על המשכן. הלוא אם הכוונה הראשונה הייתה לבנות משכן, מדוע יצווה ה' על מזבח בנפרד מהציווי הכללי על משכן וכליו? הסברו של ספורנו מבהיר את ההבטחה שהעם כולו יהיה ממלכת כוהנים, בעוד אחרי בניית המשכן מדובר על כוהנים ייעודיים ממשפחת אהרן וצאצאיו.

בפשוטם של מקראות, הסיבה לקבל טיעון זה היא שבעלייה הראשונה ה' מורה למשה לעלות אליו להר כדי לקבל את הלוחות: "וַיֹּאמֶר ה' אֶל מֹשֶׁה עֲלֵה אֵלַי הָהָרָה וֶהְיֵה שָׁם וְאֶתְּנָה לְךָ אֶת לֻחֹת הָאֶבֶן וְהַתּוֹרָה וְהַמִּצְוָה אֲשֶׁר כָּתַבְתִּי לְהוֹרֹתָם" (כ"ד, יב) – ואינו אומר לו שיצווהו על בניית המשכן. כיוון שבניית המשכן היא אירוע משמעותי הנפרס על פני פרקים כ"ה-מ', קשה להבין מדוע ה' לא אמר למשה שהוא מזמין אותו להר כדי להורותו על כך. לפי הסבורים שבעלייה הראשונה טרם עלתה תוכנית בניית המשכן, המקראות מוסברים היטב; ברם לפי זה לא ברור מדוע הדברים אינם כתובים כסדר וכל הציווי על מלאכת המשכן אינו מופיע במקומו. לפי שיטה זו, הציווי צריך היה להופיע לפני פרשות ויקהל-פקודי, ואין כל סיבה נראית לעין להעביר את כל חטיבת הציווי על מלאכת המשכן (פרקים כ"ה – ל"א, יז) מחוץ למקומה ובכך ליצור הטעיה גדולה מאוד. ברור שהסדר הנוכחי הגיוני מבחינת סדר ההתרחשויות, כפי שביארנו. זהו שיקול מכריע המורה כי יש לקבל את דעת רוב הפרשנים הגורסים שהפרשות כתובות לפי סדר התרחשותן.[4]

ציווי למשה לעלות להר, כ״ד, יב–יח

יב וַיֹּאמֶר יהוה אֶל־מֹשֶׁה עֲלֵה אֵלַי הָהָרָה וֶהְיֵה־שָׁם וְאֶתְּנָה לְךָ אֶת־לֻחֹת הָאֶבֶן וְהַתּוֹרָה וְהַמִּצְוָה
יג יד אֲשֶׁר כָּתַבְתִּי לְהוֹרֹתָם. וַיָּקָם מֹשֶׁה וִיהוֹשֻׁעַ מְשָׁרְתוֹ וַיַּעַל מֹשֶׁה אֶל־הַר הָאֱלֹהִים. וְאֶל־הַזְּקֵנִים
אָמַר שְׁבוּ־לָנוּ בָזֶה עַד אֲשֶׁר־נָשׁוּב אֲלֵיכֶם וְהִנֵּה אַהֲרֹן וְחוּר עִמָּכֶם מִי־בַעַל דְּבָרִים יִגַּשׁ
טו טז אֲלֵהֶם. וַיַּעַל מֹשֶׁה אֶל־הָהָר וַיְכַס הֶעָנָן אֶת־הָהָר. וַיִּשְׁכֹּן כְּבוֹד־יהוה עַל־הַר סִינַי וַיְכַסֵּהוּ הֶעָנָן
יז שֵׁשֶׁת יָמִים וַיִּקְרָא אֶל־מֹשֶׁה בַּיּוֹם הַשְּׁבִיעִי מִתּוֹךְ הֶעָנָן. וּמַרְאֵה כְּבוֹד יהוה כְּאֵשׁ אֹכֶלֶת בְּרֹאשׁ
יח הָהָר לְעֵינֵי בְּנֵי יִשְׂרָאֵל. וַיָּבֹא מֹשֶׁה בְּתוֹךְ הֶעָנָן וַיַּעַל אֶל־הָהָר וַיְהִי מֹשֶׁה בָּהָר אַרְבָּעִים יוֹם
וְאַרְבָּעִים לָיְלָה.

פירוש העניין

לאחר שנכרתה הברית בין ה' לישראל, ה' מבקש לתת להם את הלוחות שעליהם כתובות התורה והמצווה. נתינה זו של הלוחות היא תולדה של כריתת הברית. לשם כך מצטווה משה שוב לעלות להר ולקבל את הלוחות (יב). בשהותו בהר, ה' מצווה אותו גם על בניית משכן,[5] כדי שה' ישכון בתוך ישראל (כ"ה, ז). בארון שיונח בקודש הקודשים של המשכן יונחו הלוחות האלה, הנקראים גם "הָעֵדֻת" (כ"ה, כב). אף שבהקשר זה לא כתוב במפורש שה' ייתן למשה הוראות לגבי בניית המשכן, הדבר רמוז, כיוון שזו הפעם הראשונה שבה התגלות ה' באה באמצעות פועל משורש שכ"ן: "וַיִּשְׁכֹּן כְּבוֹד ה' עַל הַר סִינַי" (טז). מופע זה מקדים את בניית המשכן ושכינת ה' בקרב ישראל: "וְעָשׂוּ לִי מִקְדָּשׁ וְשָׁכַנְתִּי בְּתוֹכָם" (כ"ה, ח) ואת שכינת ה' בסיום הבנייה: "כִּי שָׁכַן עָלָיו הֶעָנָן וּכְבוֹד ה' מָלֵא אֶת הַמִּשְׁכָּן" (מ', לה).

פסוקים יב-יח הם הקדמה לפרקים כ"ה – ל"א, יח, שם יצווה ה' על הקמת המשכן וכל הכרוך בו. כ"ד, יב מתחיל בציווי ה' למשה לעלות להר כדי שה' ייתן לו לוחות אבן; ול"א, יח מסתיים בנתינת הלוחות למשה.

(כ"ד, יב) וַיֹּאמֶר ה' אֶל מֹשֶׁה עֲלֵה אֵלַי הָהָרָה וֶהְיֵה שָׁם **וְאֶתְּנָה לְךָ** אֶת **לֻחֹת** הָאֶבֶן וְהַתּוֹרָה וְהַמִּצְוָה אֲשֶׁר **כָּתַבְתִּי** לְהוֹרֹתָם:

(ל"א, יח) **וַיִּתֵּן אֶל מֹשֶׁה** כְּכַלֹּתוֹ לְדַבֵּר אִתּוֹ בְּהַר סִינַי שְׁנֵי **לֻחֹת** הָעֵדֻת לֻחֹת אֶבֶן **כְּתֻבִים** בְּאֶצְבַּע אֱלֹהִים:

ה' מצווה את משה לעלות להר – והפעם כדי לתת לו לוחות אבן, שעליהם כתב ה' את התורה והמצווה (יב). במעשה הברית נאמר שמשה עלה להר (כ"ד, ט); בינתיים משה ירד, אף שזה לא נאמר במפורש, ועתה משה מצטווה לעלות שוב.[6] הכתיבה על הלוחות היא כתיבה אלוהית, אך אין לדעת את טיבה של כתיבה זו. ה' מצווה את משה "וֶהְיֵה שָׁם" – והכוונה היא לשהות ממושכת אך לא נִמר כאן מה אורכה. בפסוק יח נאמר שמשה שהה שם ארבעים יום וארבעים לילה. ניסוח דברי ה' קשה במקצת: "וְאֶתְּנָה לְךָ אֶת לֻחֹת הָאֶבֶן וְהַתּוֹרָה וְהַמִּצְוָה אֲשֶׁר כָּתַבְתִּי לְהוֹרֹתָם" (יב). רמב"ן מסביר: לחת האבן – אשר כתבתי, והתורה והמצווה – להורותם.[7]

יש שלוש אפשרויות להבנת הלשון "הַתּוֹרָה וְהַמִּצְוָה". אפשרות ראשונה היא שהתורה והמצווה הן שאר המצוות שאינן עשרת הדיברות. לפי זה, יש לפרש שעל הלוחות היו כתובות – או אמורות היו להיכתב – כל המצוות, גם אלו שבפרשת משפטים. ואומנם כך סבור ספורנו, שבלוחות הראשונים היו כתובות גם שאר מצוות. רש"י הסביר זאת באופן אחר – ששאר המצוות הן פירוט של עשרת הדיברות, והם כללים שלהן, אך לדעתו לא נכתבו מצוות נוספות על הלוחות. אפשרות שנייה היא דעת רמב"ן, שהתורה והמצווה הן שאר המצוות, והן לא נכתבו על הלוחות, ואילו על לוחות האבן נכתבו רק עשרת הדיברות. אפשרות שלישית היא שהתורה והמצווה הן עשרת הדיברות. המושגים הוסברו בדרכים שונות. למשל, אפשר להבין ש"תּוֹרָה" היא הוראות לעשייה חיובית, כגון "אָנֹכִי" ו"כַּבֵּד", ואילו "מִצְוָה" היינו

איסורים והכוונה היא לשאר המצוות בעשרת הדיברות.[8] אפשר גם ש"תּוֹרָה" היא הדיבר הראשון, ו"מִצְוָה" היא שאר תשעת הדיברות.[9] יש להבין שהתורה והמצווה הן שני שמות עצם השווים במשמעותם (הנדיאדיס), והכוונה לעשרת הדיברות, שנכתבו על הלוחות, כפי שעולה במפורש ממה שנאמר לגבי הלוחות השניים (ל"ד, כח).

הלוחות הושמו בארון ולא השתמשו בהם להורות את ישראל מתוכם. הציווי "לְהוֹרֹתָם" מתייחס לתוכני התורה והמצווה. מטרת הלוחות היא כשמם, לוחות העדות, היינו לוחות המעידים על הברית, לוחות שה' נתנם ואף כתב עליהם את הדיברות. את המצוות עצמן כבר לימד משה את העם (ג) וכבר כתבן (ד). משה כתב טופס אחד וה' כתב טופס שני: הוא נותן אותו לעדות לישראל שישמרוהו בארון, כדלהלן.

יהושע, משרת משה, מלווה אותו בעלייתו להר (יג), אולי כדי לשרתו ולסייע לו עד שיעלה אל ה'. בעלייה הקודמת להר עלו לצד משה, גם אהרן, נדב ואביהוא ושבעים זקנים. זו הפעם היחידה שבה עלו אישים אלה לבד ממשה, משום שאותה עלייה הייתה במסגרת כריתת הברית – ולכן נדרשה גם נציגות של העם לבד ממשה. בעלייה הנוכחית אין כל טעם לכך שמישהו נוסף יעלה מלבד משה, אך הפעם הוא עולה בלוויית יהושע. אפשר שלאחר מתן תורה מעמדו של משה כאיש אלוהים התעצם, והיה צורך שיעלה אל ה' באופן מכובד יותר, עם בן לוויה. יהושע כמובן לא עלה עם משה עד למעלה, כמדויק בהמשך הפסוק: "וַיַּעַל מֹשֶׁה אֶל הַר הָאֱלֹהִים" (יג). יהושע נשאר אפוא במעלה ההר, לא עם משה אך רחוק מהעם – שכן הוא לא הבין את אשר מתרחש בתחתית ההר כשהעם חטאו בעגל (ל"ב, יג).[10]

מייד לאחר שנאמר שמשה ויהושע עלו, מסופר שלפני עלייתו, הכין משה את הזקנים לתקופת היעדרותו (יד). דיבורו של משה לזקנים כמובן היה לפני שעלה, אך תחילה נאמר שמשה עלה, כדי לסמוך את עלייתו לצו ה'. אם הדברים היו כתובים לפי סדר ההתרחשות, הייתה נוצרת השהיה מתמיהה של עליית משה. משה יודע שהוא עתיד לשהות בהר זמן ממושך, אף שהוא טרם יודע מה יהיה משכו, והוא אומר לזקנים: "שְׁבוּ לָנוּ בָזֶה עַד אֲשֶׁר נָשׁוּב אֲלֵיכֶם" (יד). אפשרות אחת היא להבין הוראה זו באופן פשוט: משה אומר לזקנים לחכות לו וליהושע עד שישובו; ואולי התכוון לומר כי אף שבעלייה הקודמת הם עלו איתו, הפעם הם לא יעלו (ריב"ש; חזקוני; אברבנאל; ספורנו). אפשר להבין שמשה מצווה את הזקנים למלא את מקומו בשפיטת העם (רש"י; רמב"ן). אפשר גם שבמילים "שְׁבוּ לָנוּ בָזֶה" משה ממנה אותם להנהיג את העם עד שובו. הזקנים כבר מונו להיות שופטים, אבל היו מביאים למשה את המקרים הקשים. עתה אומר משה לזקנים שיהיו אחראים על ענייני המשפט, ואת הדברים הקשים יפנו לאהרן ולחור. לא ידוע מי היה חור ויש להניח שהיה שופט מומחה. במלחמת עמלק הוזכר שמשה עלה עם חור ועם אהרן לראש הגבעה, והם סייעו לו להרים את ידיו ולהביא את ישראל לניצחון על עמלק (י"ז, יב). בסיפור זה קורה ההפך: משה עולה להר, אך אהרן וחור נשארים עם העם ומחליפים את משה בהנהגת העם. הוראות אלה מלמדות עד כמה היה העם תלוי במשה ועד כמה תקופת היעדרותו דרשה הכנה מיוחדת. הדבר מקדים את חטאו של העם כאשר משה בושש לרדת מההר. אולם, הוראות אלה שנתן משה לזקנים

מציגות בביקורת את מחשבת העם כאשר משה בושש לרדת מההר, ומורות כי הם לא שעו להכנה מראש שנקט משה לקראת המצב הזה.

מכיוון שתיאור העלייה להר נקטע לטובת דברי משה לזקנים קודם עלייתו, חזר הכתוב והזכיר את עלייתו להר כדי להמשיך את הסיפור מנקודה זו (טו). המראה שהתגלה הוא שהענן כיסה את ההר (טו) ושכבוד ה' שכן על הר סיני (טז1). שוב נאמר: "וַיְכַסֵּהוּ הֶעָנָן שֵׁשֶׁת יָמִים" (טז2).[11] נחלקו חכמים אם הכוונה שהענן כיסה את ההר או את משה.[12] ראב"ע בפירושו הארוך נקט שהענן כיסה את משה, אך אין זה מסתבר, שכן רק בפסוק הבא, בתום שישה ימים, קרא ה' אל משה. לכן מדויק פירוש רש"י, שלפיו הכוונה היא שהענן כיסה את ההר. הדבר נשנה כאן לאחר שכבר נאמר בפסוק הקודם, כדי לציין שהענן כיסה את ההר במשך שישה ימים לפני היום השביעי, שבו ה' קרא למשה מתוך הענן.[13]

בפסוקים לא נאמר מדוע צריך היה משה לחכות שישה ימים עד שה' יקרא לו לתוך הענן ביום השביעי. נראה שהמבנה של שישה ימים ושיא ביום השביעי מבטא מבנה של הכנה. כמו בששת ימי המעשה הקודמים לשבת הקדושה, גם כאן, משה מכין עצמו לקראת הפגישה עם אלוהים במשך שישה ימים, כדי להיפגש עימו פגישה נשגבה ביום השביעי. אפשר גם לראות את ששת הימים האלה כמקבילים לששת ימי הבריאה שלאחריהם שבת. במקביל, במשך שישה ימים ה' הכין את התוכניות למשכן, וביום השביעי קרא למשה.[14] העולה מתיאור זה הוא שהמפגש של משה עם ה' הוא מפגש אינטימי וגלוי יותר של ה', שהרי עליותיו של משה להר עד כאן לא הצריכו הכנה מעין זאת. חשיבותה של עלייה זו להר נובעת מכך שהיא מתקיימת לאחר שנכרתה ברית של ה' עם ישראל, ומשה עולה עתה כבעל ברית. מפגש זה אינטימי יותר אפוא מחמת המעמד החדש של ישראל ביחס לה'; בשל המעמד השונה של ישראל ביחסיו עם ה', גם מעמדו של משה משתנה. יתר על כן, מפגש זה עם ה' הוא קרוב יותר: ה' נותן למשה את הלוחות שבהם הוא כתב את עשרת הדיברות כעדות על לוחות שפסל; מתרחש בו מפגש פלאי בין שמיים לארץ כאשר הלוחות עוברים מה' למשה, מהעולם השמימי לעולם הארצי. זו נקודת הקרבה האפשרית ביותר של אדם עם ה', שבה אדם מקבל חפץ מה'. מפגש כה קרוב והדוק מצריך הכנות מתאימות ותקופה של שישה ימים, לפני המפגש הקדוש ביום השביעי.

משה ממתין מחוץ לענן שישה ימים, וביום השביעי ה' קורא לו מתוך הענן (טז). גם בנקודה זו המקרא עוצר את שטף תיאור המעשה כדי לתאר שוב את המראה שנגלה לעיני ישראל. הם ראו את מראה כבוד ה' כאש אוכלת בראש ההר (יז). מראה זה מזכיר את מראה הסנה שראה משה. בשני המקרים מדובר במראה אש המייצגת את ה'. בסנה, הייתה זו התגלות ראשונה שחוללה את היציאה ממצרים, וראייה זו של האש עתה, באותו מקום, היא ראייה של העם שכרת ברית עם ה', בסופו של תהליך היציאה ממצרים. העברת נקודת המבט למה שראו ישראל מדגישה את תפקידו המיוחד של משה, שלא רק רואה את המראה אלא נקרא לעלות אל ה' – ונקודת המבט שבה לתיאור האופן שבו משה נכנס לתוך הענן (יח). זהו ההבדל בין משה לעם: הם ראו את כבוד ה' ומשה נכנס לתוך הענן שבו שוכן ה'. החזרה על "וַיַּעַל אֶל

הָהָר" (יח) באה לציין את המעבר של משה מחוץ לענן במעלה ההר לתוך הענן. לאחר התיאור המרשים של כבוד ה׳, שוב מודגש שמשה עלה ונכנס לתוך הענן כדי להדגיש את ייחודיותו.

נוכל עתה להבחין בשמות השונים של ה׳ במפגשים של משה עימו. עד עתה, ברוב הפעמים נאמר שמשה עלה לאלוהים. כך בתחילת המעמד של הר סיני: "וּמֹשֶׁה עָלָה אֶל הָאֱלֹהִים" (י"ט, ג). בייחוד יש לציין את היכנסו למשה לערפל לפני שה׳ מוסר לו את המשפטים לאחר עשרת הדיברות: "וּמֹשֶׁה נִגַּשׁ אֶל הָעֲרָפֶל אֲשֶׁר שָׁם הָאֱלֹהִים" (כ׳, יח). כך גם בעלייה של משה במעמד הברית: "וַיַּעַל מֹשֶׁה... וַיִּרְאוּ אֵת אֱלֹהֵי יִשְׂרָאֵל... וַיֶּחֱזוּ אֶת הָאֱלֹהִים" (כ"ד, ט-יא). לעומת זאת, במפגש שלפנינו, שבו ה׳ קורא למשה לשהייה ממושכת ולמתן הלוחות, מדובר על כניסת משה לענן שבו שכן כבוד ה׳: "וַיַּעַל מֹשֶׁה אֶל הָהָר... וַיִּשְׁכֹּן כְּבוֹד ה׳ עַל הַר סִינַי..." (טז-יז). כנראה, בעלייה זו הברית כבר נכרתה עם ה׳ ומשה יכול היה לראות התגלות בהירה יותר של ה׳; בייחוד מפני שעלה לבדו.

העם ראה אש אוכלת בראש ההר, ומראה זה היה בתוך הענן; כלומר שוב התגלות ה׳ היא באמצעות אש וענן (יז). כאן מדויק יותר שמראה ה׳ הוא אש, והענן כבר היה על ההר ותפקידו למסך את המראה.[15] אבל גם הופעת כבוד ה׳ היא בענן, וכך נאמר בסיום בניית המשכן: "וַיְכַס הֶעָנָן אֶת אֹהֶל מוֹעֵד וּכְבוֹד ה׳ מָלֵא אֶת הַמִּשְׁכָּן. וְלֹא יָכֹל מֹשֶׁה לָבוֹא אֶל אֹהֶל מוֹעֵד כִּי שָׁכַן עָלָיו הֶעָנָן וּכְבוֹד ה׳ מָלֵא אֶת הַמִּשְׁכָּן" (מ׳, לד-לה). כך גם עולה מתיאור עמוד הענן והאש כשיצאו בני ישראל ממצרים (י"ג, כא), וכן בקריעת הים (י"ד, כד) ובמעמד הר סיני (י"ט, טז-יח).

התיאור מסתיים בידיעה שמשה שהה בהר ארבעים יום וארבעים לילה (יח2).[16] בספר דברים אומר משה כי הוא לא אכל ולא שתה במשך תקופה זו (דברים ט׳, ט). פרשנים ומדרשים הציעו שלל הסברים למה שעשה משה על ההר ארבעים יום ולילה.[17] נראה ששהות זו לא עסקה במצוות המוטלות על העם, שהרי משה כבר קיבל את המצוות והמשפטים בעלייתו הקודמת להר וכבר מסרם לעם והעם קיבל על עצמו לעשותם. במקרא להלן מתוארים שני דברים שה׳ מסר למשה במשך הימים הללו: לוחות העדות והציוויים השונים לגבי בניית המשכן. ציוויים אלה יפורטו להלן.

ציווי על בניית המשכן וכליו ובגדי הכוהנים, כ״ה, א – ל״א, יז

משמעות המשכן

בהיותו על ההר כדי לקבל את הלוחות, משה מצטווה לבנות משכן, והציווי כולל הוראות מפורטות מאוד כיצד לבנותו. במקום המקודש ביותר, בקודש הקודשים, הונח ארון שבו שמו את לוחות העדות, ועל שם זה הוא נקרא ״אֲרוֹן הָעֵדֻת״ (כ״ה, כב). המשכן נבנה כדי שיכיל את לוחות העדות, כמשכן לעדות על הברית בין ה׳ לישראל.[1] על פי זה, המשכן כולו קרוי ״מִשְׁכַּן הָעֵדֻת״ (ל״ח, כא; במדבר א׳, נג; ט׳, טו; י׳, יא).

המשכן הוא משכנו של ה׳ בתוך ישראל, כדברים המפורשים של ה׳: ״וְעָשׂוּ לִי מִקְדָּשׁ וְשָׁכַנְתִּי בְּתוֹכָם״ (כ״ה, ח); ״וְשָׁכַנְתִּי בְּתוֹךְ בְּנֵי יִשְׂרָאֵל וְהָיִיתִי לָהֶם לֵאלֹהִים. וְיָדְעוּ כִּי אֲנִי ה׳ אֱלֹהֵיהֶם אֲשֶׁר הוֹצֵאתִי אֹתָם מֵאֶרֶץ מִצְרַיִם לְשָׁכְנִי בְתוֹכָם אֲנִי ה׳ אֱלֹהֵיהֶם״ (כ״ט, מה-מו). רעיון זה בא לידי ביטוי מובהק בהשראת כבוד ה׳ באמצעות ענן בתוך המשכן לאחר שהושלמה בנייתו: ״וַיְכַס הֶעָנָן אֶת אֹהֶל מוֹעֵד וּכְבוֹד ה׳ מָלֵא אֶת הַמִּשְׁכָּן. וְלֹא יָכֹל מֹשֶׁה לָבוֹא אֶל אֹהֶל מוֹעֵד כִּי שָׁכַן עָלָיו הֶעָנָן וּכְבוֹד ה׳ מָלֵא אֶת הַמִּשְׁכָּן... כִּי עֲנַן ה׳ עַל הַמִּשְׁכָּן יוֹמָם וְאֵשׁ תִּהְיֶה לַיְלָה בּוֹ לְעֵינֵי כָל בֵּית יִשְׂרָאֵל...״ (מ׳, לד-לח). בהתאם לתכלית זו, המבנה נקרא ״מִשְׁכָּן״ והשם ״מִשְׁכָּן״ מוזכר בפרקים אלה למעלה מחמישים פעמים.

על הארון הייתה כפורת ועליה שני כרובים. ממקום זה דיבר ה׳ עם משה ונועד איתו: ״נוֹעַדְתִּי לְךָ שָׁם וְדִבַּרְתִּי אִתְּךָ מֵעַל הַכַּפֹּרֶת מִבֵּין שְׁנֵי הַכְּרֻבִים אֲשֶׁר עַל אֲרוֹן הָעֵדֻת אֵת כָּל אֲשֶׁר אֲצַוֶּה אוֹתְךָ אֶל בְּנֵי יִשְׂרָאֵל״ (כ״ה, כב). על שם תפקיד זה של המשכן הוא נקרא ״אֹהֶל מוֹעֵד״: ״...פֶּתַח אֹהֶל מוֹעֵד לִפְנֵי ה׳ אֲשֶׁר אִוָּעֵד לָכֶם שָׁמָּה לְדַבֵּר אֵלֶיךָ שָׁם. וְנֹעַדְתִּי שָׁמָּה לִבְנֵי יִשְׂרָאֵל וְנִקְדַּשׁ בִּכְבֹדִי״ (כ״ט, מב-מג).[2] שם זה מוזכר למעלה משלושים פעמים בפרקים אלה.

המשכן הוא גם המקום שבו ישראל מקריבים לה׳ את קורבנותיהם. קורבנות התמיד שבכל יום מוזכרים בשמות כ״ט, לח-מא. בספר שמות איננו מוצאים התייחסות לקורבנות אחרים, לא קורבנות היחיד ולא קורבנות הציבור הבאים במועדים. תיאור קורבנות היחיד בא במרוכז בויקרא א׳-ז׳, כ״ב, יז-כה, וקורבנות הציבור מוזכרים בעיקר בבמדבר כ״ח-כ״ט, ובויקרא כ״ב, יז – כ״ג, מד. לאי־האזכור של קורבנות אלה בספר שמות נתייחס בהרחבה בהמשך. מעבר לאי־האזכור של קורבנות אלה בשמות, ייתכן שמיקומו של המזבח בחצר מלמד על אי־מרכזיות הקורבנות במשכן. העובדה שהקורבנות לא הוזכרו בספר שמות, בצירוף מיקומו של המזבח בחצר, שהוא המקום השלישי בקדושתו, מלמדת שהקרבת הקורבנות היא תכלית משנית ביחס להשראת השכינה במשכן: מכיוון שנוכחות ה׳ בולטת במשכן, זהו מקום אידיאלי להקריב בו. הקורבנות אינם צורך גבוה, שכן ההקרבה נעשית בחוץ. זהו צורך אנושי, ולכן

הוא נעשה במקום שבו אנשים יכולים לשהות ולהקריב בעצמם את קורבנותיהם, למען עצמם וכדי שיחוו חוויה של עבודת ה'. המקרא חוזר ומדגיש פעמים רבות את חוסר הצורך של ה' בקורבנות (ראו להלן בעיוננו בעניין המזבח, כ"ז, א-ח).

מעבר למה שמפורש בכתובים, שהמשכן הוא מקום להשראת שכינה בישראל, פרשנים רבים נתנו למשכן הסברים אלגוריים, ולעיתים הציעו הסברים אלגוריים מפורטים לכל כלי וכלי ולכל הפרטים במשכן ובכלים.[3] אולם יותר ממה שגישות אלו מפרשות את המקראות, הן מיישמות על הפסוקים גישות מחוץ לעולם המקרא. קשה לדעת מהי הכוונה בכל פרט ופרט ואיזו משמעות יש לפרטי הכלים השונים. בעקבות פרשני הפשט, נוכל להסביר את תפקידי הכלים ומשמעותם כפי שהם עולים מפשטי המקראות.

סדר האירועים של בניית המשכן וחטא ישראל בעגל

חלקי הפרשה

א. ציווי ה' לאסוף תרומות לבניית המשכן וכליו ובגדי הכוהנים, ומטרת המשכן: שה' ישכון בישראל – כ"ה, ב-ז.

ב. בניית המשכן וכליו ועשיית בגדי הכוהנים, כ"ה, י – כ"ח, מג.

1. פירוט הציוויים לבנות את כלי המשכן והמשכן – כ"ה, י – כ"ז, יט.
   - א) ארון – כ"ה, י-כב.
   - ב) שולחן – כ"ה, כג-ל.
   - ג) מנורה – כ"ה, לא-מ.
   - ד) יריעות המשכן – כ"ו, א-יד.
   - ה) קרשי המשכן – כ"ו, טו-ל.
   - ו) פרוכת ומסך – כ"ו, לב-לז.
   - ז) מזבח הנחושת – כ"ז, א-ח.
   - ח) החצר – כ"ז, ט-יט.

ג. ציווי שישראל ייקחו שמן לנר התמיד – כ"ז, כ-כא.

ד. ציווי לעשות בגדים לכוהנים – כ"ח, א-ה.

ה. פירוט הציוויים לעשות את בגדי הכוהנים – כ"ה, ו-מ.

1. אפוד – כ"ח, ו-יד.
2. חושן משפט – כ"ח, טו-ל.
3. מעיל – כ"ח, לא-לה.
4. ציץ – כ"ח, לו-מג.

ו. הקדשת הכוהנים – כ"ט, א-לז.

ז. קורבנות התמיד על המזבח – כ"ט, לח-מו.

ח. כלים נוספים, מחצית השקל והכנת שמן המשחה וקטורת הסמים – ל', א-לח.
   1. מזבח קטורת הזהב – ל', א-י.
   2. מחצית השקל – ל', יא-טז.
   3. כיור – ל', יז-כא.
   4. שמן המשחה – ל', כב-לג.
   5. קטורת הסמים – ל', לד-לח.

ט. מינוי בצלאל ואהליאב לאחראיים על המלאכה – ל"א, א-יא.

י. ציווי על שמירת השבת – ל"א, יב-יז.

בסיום הציווי של ה' למשה לבנות את המשכן וכליו הוא נותן לו את לוחות העדות (ל"א, יח).

המשכן בנוי משלושה מרחבים: קודש הקודשים, הקודש והחצר. בתוך קודש הקודשים מונח הארון; בקודש מונחים השולחן, המנורה, ומזבח הקטורת; ובחצר נמצאים מזבח הנחושת והכיור. סדר הכלים הוא לפי מיקום הנחתם בסדר יורד. ראו איורים 1 ו־2 בנספח האיורים.

תרומה לבניית המשכן, כ"ה, א–ט

א ב וַיְדַבֵּר יהוה אֶל־מֹשֶׁה לֵּאמֹר. דַּבֵּר אֶל־בְּנֵי יִשְׂרָאֵל וְיִקְחוּ־לִי תְּרוּמָה מֵאֵת כָּל־אִישׁ אֲשֶׁר
ג ד יִדְּבֶנּוּ לִבּוֹ תִּקְחוּ אֶת־תְּרוּמָתִי. וְזֹאת הַתְּרוּמָה אֲשֶׁר תִּקְחוּ מֵאִתָּם זָהָב וָכֶסֶף וּנְחֹשֶׁת. וּתְכֵלֶת
ה ו וְאַרְגָּמָן וְתוֹלַעַת שָׁנִי וְשֵׁשׁ וְעִזִּים. וְעֹרֹת אֵילִם מְאָדָּמִים וְעֹרֹת תְּחָשִׁים וַעֲצֵי שִׁטִּים. שֶׁמֶן
ז לַמָּאֹר בְּשָׂמִים לְשֶׁמֶן הַמִּשְׁחָה וְלִקְטֹרֶת הַסַּמִּים. אַבְנֵי־שֹׁהַם וְאַבְנֵי מִלֻּאִים לָאֵפֹד וְלַחֹשֶׁן.
ח ט וְעָשׂוּ לִי מִקְדָּשׁ וְשָׁכַנְתִּי בְּתוֹכָם. כְּכֹל אֲשֶׁר אֲנִי מַרְאֶה אוֹתְךָ אֵת תַּבְנִית הַמִּשְׁכָּן וְאֵת תַּבְנִית
כָּל־כֵּלָיו וְכֵן תַּעֲשׂוּ.

פירוש העניין

מייד לאחר כריתת הברית ועליית משה להר לקבל את הלוחות, כאשר משה עודנו על ההר, הוא מקבל הוראות מה׳ לבנות לו משכן כדי שישכון בתוך בני ישראל.[4] ראשית לכול, משה מקבל הוראה לאסוף תרומות מהעם לשם בניית המשכן. התרומות הן מתכות יקרות ערך (ג); בדים (ד); עורות ועצים (ה); שמן ובשמים בעבור שמן למאור, ובשמים ושמן לשמן המשחה ולקטורת הסמים (ו); ואבנים טובות עבור האפוד והחושן (ו). תרומתו של העם יוצרת זיקה הדוקה בינו ובין המשכן, והנוכחות של ה׳ בתוכם, במשכן (ח), נזקפת לזכות העם.

ריב״ש שואל מדוע הוזכרו כאן השמן והבשמים והלוא הם אינם נצרכים לבניין המשכן אלא להפעלתו הסדירה. ואומנם יש לציין ששאר המוצרים שנדרשו לתפעולו הסדיר של המשכן לא הוזכרו כאן, למשל קמח לעשיית לחם התמיד או כבשים להקרבה על המזבח. ריב״ש מסביר שהבשמים והשמן הם צורך הבנייה: שמן המשחה נדרש כדי להכשיר את הכלים לייעודם; והקטורת והמאור נדרשים מכיוון שבלעדיהם הבית אינו מתוקן לכניסת ״מלך״.

בהמשך הפרקים ה׳ יתאר בפרוטרוט כיצד לבנות את המשכן ואת הכלים ואף יראה למשה את מראם, ועל פי זה יורה משה לעם כיצד לבנות את המשכן וכליו באופן מדויק. משכנו של ה׳ אפשרי רק במקום שנעשה בדיוק על פי ציוויו ולפי רצונו. העובדה שה׳ הוא שמצווה על בניית המשכן וכליו נועדה להטמיע בקרב העם את הייחוד של מקדש ה׳, שרק בו הוא שוכן. הנחיה זו מונעת את האפשרות של בניית מקדשים אלטרנטיביים, גם לכבודו של ה׳, וכך נשמר ייחודו של ה׳. בכל התרבויות היו מקדשים רבים לאלים. ה׳ מופיע בפני העם כאל יחיד, בעל הכוחות כולם, וכדי לשמור על ייחודו – מן ההכרח שיהיה משכן אחד שבו הוא שוכן, מקום אחד בלבד, שבו מצויים לוחות הברית, העדות לברית.

ה׳ אומר למשה שהוא מראה לו את תבנית המשכן ואת תבנית כל הכלים, ועל פי מראה זה יש לעשותם (ט). אמירה זו ביחס למראה השמימי שה׳ הראה למשה תבוא גם בהקשר של עשיית המנורה (כ״ה, מ), הקרשים (כ״ו, ל) והמזבח (כ״ז, ח). לפי חז״ל, ה׳ הראה לו את תבנית המשכן עשויה באש:[5] אפשר שהראה לו מראה ממש של המשכן ושל הכלים,[6] ואפשר שהראה לו את הדברים במראה הנבואה.[7] אף שלהלן יבואו הנחיות מפורטות כיצד לבנות את המשכן ואת הכלים, התיאורים אינם מספקים כדי לבנות את הכלים בדיוק. לשם כך, הראה ה׳ למשה את תבנית המשכן וכליו – ובצירוף הוראות העשייה, ידע משה כיצד לבנותם.

סדר תיאור המשכן ככלל הוא לפי סדר החשיבות, מבפנים החוצה. תחילה הארון והכפורת, בקודש הקודשים; אחר כך המנורה והשולחן בקודש; אחר כך המזבח והכיור שבחצר; ואחר כך מבנה המשכן והחצר ובגדי הכוהנים. מזבח הזהב אינו כתוב בתיאור כלי הקודש, ועל כך נעמוד להלן.

ארון, י–כב

י יא וְעָשׂוּ אֲרוֹן עֲצֵי שִׁטִּים אַמָּתַיִם וָחֵצִי אָרְכּוֹ וְאַמָּה וָחֵצִי רָחְבּוֹ וְאַמָּה וָחֵצִי קֹמָתוֹ. וְצִפִּיתָ אֹתוֹ
יב זָהָב טָהוֹר מִבַּיִת וּמִחוּץ תְּצַפֶּנּוּ וְעָשִׂיתָ עָלָיו זֵר זָהָב סָבִיב. וְיָצַקְתָּ לּוֹ אַרְבַּע טַבְּעֹת זָהָב וְנָתַתָּה
יג עַל אַרְבַּע פַּעֲמֹתָיו וּשְׁתֵּי טַבָּעֹת עַל־צַלְעוֹ הָאֶחָת וּשְׁתֵּי טַבָּעֹת עַל־צַלְעוֹ הַשֵּׁנִית. וְעָשִׂיתָ בַדֵּי
יד עֲצֵי שִׁטִּים וְצִפִּיתָ אֹתָם זָהָב. וְהֵבֵאתָ אֶת־הַבַּדִּים בַּטַּבָּעֹת עַל צַלְעֹת הָאָרֹן לָשֵׂאת אֶת־הָאָרֹן
טו טז בָּהֶם. בְּטַבְּעֹת הָאָרֹן יִהְיוּ הַבַּדִּים לֹא יָסֻרוּ מִמֶּנּוּ. וְנָתַתָּ אֶל־הָאָרֹן אֵת הָעֵדֻת אֲשֶׁר אֶתֵּן אֵלֶיךָ.
יז יח וְעָשִׂיתָ כַפֹּרֶת זָהָב טָהוֹר אַמָּתַיִם וָחֵצִי אָרְכָּהּ וְאַמָּה וָחֵצִי רָחְבָּהּ. וְעָשִׂיתָ שְׁנַיִם כְּרֻבִים זָהָב
יט מִקְשָׁה תַּעֲשֶׂה אֹתָם מִשְּׁנֵי קְצוֹת הַכַּפֹּרֶת. וַעֲשֵׂה כְּרוּב אֶחָד מִקָּצָה מִזֶּה וּכְרוּב־אֶחָד מִקָּצָה
כ מִזֶּה מִן־הַכַּפֹּרֶת תַּעֲשׂוּ אֶת־הַכְּרֻבִים עַל־שְׁנֵי קְצוֹתָיו. וְהָיוּ הַכְּרֻבִים פֹּרְשֵׂי כְנָפַיִם לְמַעְלָה סֹכְכִים
כא בְּכַנְפֵיהֶם עַל־הַכַּפֹּרֶת וּפְנֵיהֶם אִישׁ אֶל־אָחִיו אֶל־הַכַּפֹּרֶת יִהְיוּ פְּנֵי הַכְּרֻבִים. וְנָתַתָּ אֶת־הַכַּפֹּרֶת
כב עַל־הָאָרֹן מִלְמָעְלָה וְאֶל־הָאָרֹן תִּתֵּן אֶת־הָעֵדֻת אֲשֶׁר אֶתֵּן אֵלֶיךָ. וְנוֹעַדְתִּי לְךָ שָׁם וְדִבַּרְתִּי
אִתְּךָ מֵעַל הַכַּפֹּרֶת מִבֵּין שְׁנֵי הַכְּרֻבִים אֲשֶׁר עַל־אֲרוֹן הָעֵדֻת אֵת כָּל־אֲשֶׁר אֲצַוֶּה אוֹתְךָ
אֶל־בְּנֵי יִשְׂרָאֵל.

פירוש העניין

הארון היה עשוי עץ שיטים וצורתו מלבן: שתיים וחצי אמות אורכו, אמה וחצי רוחבו, ואמה וחצי גובהו. הוא צופה זהב מבפנים ובמחוץ.[8] הקיף אותו זר זהב מסביב. ארבע טבעות נוצקו לשני צידי הארון, כדי להשחיל בהם בדי עצי שיטים מצופים זהב, שעל ידם היה נישא הארון. הבדים נשארו בקביעות מחוברים לארון. לא נאמר מה אורך הבדים ומהו מקום הטבעות. רש"י סבר שהטבעות היו בחלק העליון של הארון סמוך לכפורת.[9] רמב"ן ואברבנאל סברו שהטבעות היו בתחתית הארון, וכך כשנשאו את הארון, היה הארון מעל כתפי הנושאים, דרך כבוד. הטבעות היו לצידי רוחב הארון, כעולה במנחות צח ע"א-ע"ב (ורש"י שם, ד"ה כך היה מונח, וד"ה ובדיו מנלן); ברייתא דמלאכת המשכן ז', ב (רש"י ורשב"ם, על פסוק יב).[10] ראו איור 3 בנספח האיורים.

הארון נועד כדי שיניחו בתוכו את העדות, היינו לוחות הברית (טז). בהתאם לכך לעיתים נקרא הארון "ארון הברית" או "ארון ברית ה'/אלוהים". הארון הוא עיקרו של המשכן כולו והוא נמצא בקודש הקודשים. בפרק כ"ד, ה' קורא למשה לעלות להר על מנת שייתן לו את לוחות האבן. הלוחות הם עדות לברית ולא המקור שממנו לומדים וקוראים, ולכן העדות הזו נשמרה ולא הייתה גלויה לעין הציבור.

בניגוד לשאר הכלים שכתוב בהם "וְעָשִׂיתָ" בגוף שני, בדברי ה' אל משה, רק על הארון נאמר "וְעָשׂוּ", בגוף שלישי – לבני ישראל או לבוני הארון. אכן אין הבדל עקרוני בין צורת הפעלים, שכן בין כך ובין כך משה לא בנה את הכלים; כאשר ציווי נאמר בלשון יחיד, הוא מופנה למשה כמי שאחראי על הבנייה ולא כמי שבונה בפועל. ובכל זאת, האם יש משמעות לשינוי צורת הפעלים? לגבי הכלי העיקרי החשוב ביותר, ביקשה התורה לייחס את העשייה לישראל, כדי להדגיש את חלקם בבניית הכלי העיקרי.[11] אם הפועל "וְעָשׂוּ" מתייחס לבנאים ולא לישראל, נראה שהדגש שונה במקצת. מכיוון שה' דיבר אל משה דרך הכרובים, הכוונה היא להמעיט במשהו את ייחוס הבנייה למשה – ותחת זאת לייחסה למי שבנה בפועל את הארון, בניגוד לשאר הכלים שבהם הציוויים נאמרו בגוף שני למשה.

מכסה הארון נקרא "כַפֹּרֶת" והיה עשוי זהב טהור, מקשה אחת. הכפורת הייתה תואמת למידות הארון: שתיים וחצי אמות אורך ואמה וחצי רוחב. על שני קצות הכפורת מלמעלה נעשו שני כרובים ופניהם פנו זה לזה. כל כרוב היה בעל כנפיים שכיסו את הכפורת מלמעלה. אין לדעת בדיוק כיצד נראו הכרובים. בעקבות חז"ל, רבים סברו שהיו להם פני תינוק או אדם.[12] רשב"ם הציע שהכרובים היו דמות עופות גדולים בעלי כנפיים, על פי יחזקאל כ"ח, יד (וכן סבר חזקוני); ראב"ם סבר שהיו אלו דמויות אדם בעלי כנפיים; ואילו ריב"ש סבר שהיו בדמות מלאכים ובפירושו לבראשית ג', כד כתב שהם מלאכים בדמות שוורים. סיוע לכך עולה מיחזקאל א', י, שם נאמר שאחד הצדדים הוא "פְּנֵי שׁוֹר", ובמקום זאת כתוב ביחזקאל י', יד, "פְּנֵי הַכְּרוּב".[13] כל ההסברים מסופקים ואין לדעת איך נראו הכרובים.

דיבור ה׳ עם משה היה מעל הכפורת מבין שני הכרובים, ושם היה נועד ה׳ אל משה כדי לצוותו ולמסור הוראות לבני ישראל (כ״ה, כב).[14] כך מתואר בבמדבר ז׳, פט: ״וּבְבֹא מֹשֶׁה אֶל אֹהֶל מוֹעֵד לְדַבֵּר אִתּוֹ וַיִּשְׁמַע אֶת הַקּוֹל מִדַּבֵּר אֵלָיו מֵעַל הַכַּפֹּרֶת אֲשֶׁר עַל אֲרֹן הָעֵדֻת מִבֵּין שְׁנֵי הַכְּרֻבִים וַיְדַבֵּר אֵלָיו״. ממקומות אחרים נראה שהכרובים הם מקום השכינה של ה׳. כך נאמר בשמ״א ד׳, ד: ״אֲרוֹן בְּרִית ה׳ צְבָאוֹת יֹשֵׁב הַכְּרֻבִים״ (וכן בשמ״ב ו׳, ב-ג; מל״ב י״ט, טו; ובתהילים י״ח, יא; פ׳, ב; צ״ט, א). הכרובים הם ״הכסא״ ועליהם ישב ה׳. בדה״א כ״ח, ב, עולה שהארון הוא הדום רגלי ה׳: ״אֲנִי עִם לְבָבִי לִבְנוֹת בֵּית מְנוּחָה לַאֲרוֹן בְּרִית ה׳ וְלַהֲדֹם רַגְלֵי אֱלֹהֵינוּ וַהֲכִינוֹתִי לִבְנוֹת״.

לארון ולכרובים היה תפקיד כפול: הארון שימש כמקום אחסון של לוחות העדות, והכפורת לא שימשה רק ככיסוי הארון אלא הייתה הבסיס לכרובים, וביניהם ה׳ דיבר עם משה.[15] לפנינו אפוא שני כלים בעלי שתי תכליות שונות: הארון כמקום אחסון ללוחות, והכרובים כמקום שבו שוכן ה׳, ומשם מדבר עם משה.[16] מדוע נבנה כלי אחד אף שבעצם הוא שני כלים שלהם שתי מהויות? נראה כי שני חלקי הארון משקפים את יחסי הברית בין ה׳ לישראל. הארון הוא מקומם של הלוחות, המבטאים את ההתחייבות של ישראל בברית עם ה׳, לשמור את חוקיו ואת משפטיו. כנגד זה הכפורת והכרובים מבטאים את הנוכחות של ה׳ בקרב ישראל. אלה הם שני צדדי הברית בין ה׳ לישראל. כשישראל שומרים את הנאמר בלוחות, ה׳ לוקח את ישראל לו לעם, שוכן בקרבם ומדבר עם משה מבין הכרובים. אם ישראל אינם שומרים את הכתוב בלוחות, שכינת ה׳ עשויה לסור מישראל. אם כן, מובן כי מדובר בשני כלים שיוצרים כלי אחד. הארון והכפורת עם הכרובים מתמצתים את שני חלקי הברית בין ה׳ לישראל. אלה שני כלים שהם אחד, המבטאים את ההתחייבות ההדדית של ה׳ וישראל.

אולי הבחנה זו בדבר היחס בין הארון לכפורת מסבירה את ההבדל בין החומרים שמהם נעשו. הארון היה עשוי עץ ומצופה זהב, ואילו הכרובים והכפורת היו עשויים זהב טהור.[17] הכפורת והכרובים הם כלי של ה׳, הנושא את דברו, ולכן בהתאם לחשיבותם הם עשויים זהב טהור. לעומתם, הארון הוא כלי המבטא את חובת ישראל לעבודת ה׳. הארון משקף את מה שישראל עושים בציווי ה׳ – וכדי שלא ייראה שהם עושים זאת למען ה׳, בנוי הארון מעץ. אילו היה הארון עשוי זהב, היה אפשר לטעות ולחשוב שישראל עושים את המצוות למען ה׳ ולצורכו. ואומנם כל כלי שבו נעשית עבודה למען ה׳ עשוי מעץ ורק מצופה זהב. כך למשל מזבח הקטורת והשולחן: מכיוון שבכלים אלה העם עושה עבודה למען ה׳, הם עשויים מעץ. זהו סמל לכך שהעבודה שנעשית בהם אינה צורך ה׳. העובדה שהמנורה עשויה זהב טהור תוסבר להלן.

רק על הארון נאמר שבדיו יהיו בטבעות ולא יסורו ממנו. אין התייחסות כזו לא לבדי מזבח הזהב ולא לבדי השולחן.[18] נראה לי שקביעות הבדים בארון מורה שהארון הוא נייד ולא קבוע במקומו, גם כאשר הוא שרוי במקום קבע. מכיוון שעל הארון הייתה מונחת הכפורת, חשוב להבהיר שכבוד ה׳ אינו קבוע – ומלוא כל הארץ כבודו.[19]

אפשר כי מסיבה זו קיימת הבחנה בין טבעות הארון לטבעות השולחן ומזבח הזהב. על טבעות הארון כתוב: "וְיָצַקְתָּ לּוֹ אַרְבַּע טַבְּעֹת זָהָב" (יב). אך בשולחן הפועל הוא: "וְעָשִׂיתָ לּוֹ אַרְבַּע טַבְּעֹת זָהָב" (כו), אם כי בתיאור הביצוע התורה משתמשת בפועל "וַיִּצֹק" (ל"ז, יג) והיא משתמשת באותו פועל במזבח הקטורת: "וּשְׁתֵּי טַבְּעֹת זָהָב תַּעֲשֶׂה לּוֹ" (ל', ד). אפשר כי הפעלים השונים משמשים לאותו סוג של חיבור הטבעות לכלים, אך בעוד שבארון היה צורך להתיך את הטבעות בזהב הארון, לגבי הכלים האחרים היה אפשר לחברן גם בצורות אחרות. אולי לכך התכוון חזקוני כשכתב על טבעות הארון: "לפי פשוטו הם טבעות קטנות שהיו מן הארון עצמו". כך או כך, ייתכן שהלשון השונה מורה על הבדל מהותי בין הטבעות בארון לבין הטבעות בכלים האחרים. מכיוון שהניידות היא חלק מהותי בארון, הטבעות שבהן השחילו את הבדים היו יצוקות בארון, כחלק ממנו, מה שלא היה הכרחי בכלים האחרים. לעומת זאת, גם בשולחן וגם במזבח הזהב לא היה כך: הטבעות לא היו יצוקות ואפשר היה להדביקן בדרך אחרת. גם אם לא הייתה הבחנה בדרך החיבור של הטבעות בכלים, אפשר כי השימוש בפעלים השונים מורה על המהות השונה של טבעות הארון לעומת טבעות השולחן ומזבח הקטורת.

מקומו של הארון הוא בקודש הקודשים (כ"ו, לג-לד). ביצוע עשיית הארון והכפורת מתואר בל"ז, א-ט. משה שם את לוחות הברית בארון והניח את הארון במשכן בקודש הקודשים במ', כ; ואחר כך שם את פרוכת המסך המפרידה בין הקודש לקודש הקודשים (שם כא). הדיבור של ה' למשה מבין שני הכרובים מתרחש לראשונה בבמדבר ז', פט.

שולחן, כג-ל

כג כד וְעָשִׂיתָ שֻׁלְחָן עֲצֵי שִׁטִּים אַמָּתַיִם אָרְכּוֹ וְאַמָּה רָחְבּוֹ וְאַמָּה וָחֵצִי קֹמָתוֹ. וְצִפִּיתָ אֹתוֹ זָהָב

כה טָהוֹר וְעָשִׂיתָ לּוֹ זֵר זָהָב סָבִיב. וְעָשִׂיתָ לּוֹ מִסְגֶּרֶת טֹפַח סָבִיב וְעָשִׂיתָ זֵר־זָהָב לְמִסְגַּרְתּוֹ סָבִיב.

כו כז וְעָשִׂיתָ לּוֹ אַרְבַּע טַבְּעֹת זָהָב וְנָתַתָּ אֶת־הַטַּבָּעֹת עַל אַרְבַּע הַפֵּאֹת אֲשֶׁר לְאַרְבַּע רַגְלָיו. לְעֻמַּת

כח הַמִּסְגֶּרֶת תִּהְיֶיןָ הַטַּבָּעֹת לְבָתִּים לְבַדִּים לָשֵׂאת אֶת־הַשֻּׁלְחָן. וְעָשִׂיתָ אֶת־הַבַּדִּים עֲצֵי שִׁטִּים

כט וְצִפִּיתָ אֹתָם זָהָב וְנִשָּׂא־בָם אֶת־הַשֻּׁלְחָן. וְעָשִׂיתָ קְּעָרֹתָיו וְכַפֹּתָיו וּקְשׂוֹתָיו וּמְנַקִּיֹּתָיו אֲשֶׁר יֻסַּךְ

ל בָּהֵן זָהָב טָהוֹר תַּעֲשֶׂה אֹתָם. וְנָתַתָּ עַל־הַשֻּׁלְחָן לֶחֶם פָּנִים לְפָנַי תָּמִיד.

פירוש העניין

לאחר תיאור הארון, שהוא הכלי בעל החשיבות הגדולה במשכן ומקומו בקודש הקודשים, התורה עוברת לתאר את הכלים שהיו בקודש: השולחן והמנורה (כ״ו, לה; מ׳, כב). מזבח הקטורת, שהיה גם הוא בקודש, הובא רק בסוף התיאור המשכן בל׳, א-י, ושם נדון על מיקומו החריג. ראו איור 4.

גם השולחן היה עשוי עצי שיטים ומצופה זהב. אורכו היה שתי אמות, רוחבו אמה, וגובהו אמה וחצי. לשולחן היה זר סביב, וסביב השולחן הייתה מסגרת ברוחב טפח וגם עליה היה זר (אברבנאל), ואפשר שהיה זר אחד על המסגרת ולא על השולחן עצמו (רש״י; ראב״ע). מתחת למסגרת, על ארבע רגלי השולחן, היו ארבע טבעות, ושם השחילו את בדי העץ המצופים זהב שבהם נשאו את השולחן. בניגוד לארון, לא נאמר שיש להשאיר את הבדים בשולחן וגם לא נאמר שהטבעות יהיו יצוקות.

לשולחן נעשו ארבעה כלים: קערות, כפות, קשוות ומנקיות. לא ברור מהם כלים אלה. קערות הן כנראה תבניות לעשיית לחם.[20] הכפות הן כעין כוסות שבהן היו שמים לבונה והיו מניחים ליד לחם הפנים (ויקרא כ״ז, ז).[21] לדעת חכמים, הקשוות הן יתדות של זהב מצידי השולחן שבהן סמכו את מערכות הלחמים.[22] המנקיות הן קנים שהיו אחוזים בקשוות לצידי השולחן (רש״י). "אֲשֶׁר יֻסַּךְ בָּהֵן", היינו שהקנים היו בין שכבות הלחמים ויצרו רווח בין לחם ללחם, וכעין מכסה להם.[23] מנקיות אלה היו עשויות זהב.

על השולחן היו מניחים את לחם הפנים. במשנה בזבחים י״א, ד מובא: "בן זומא אומר: 'ונתת על השלחן לחם פנים לפני תמיד' שיהא לו פנים" ועל פי זה נחלקו חכמים. רש״י על אתר פירש "פָּנִים" מלשון "פינות וזוויות", הקרנות של הלחם שהיו מקפלים. ובפירוש לפסוק כט פירש: "שיש לו פנים ורואים לכאן ולכאן לצדי הבית מזה ומזה".[24] רשב״ם פירש שמדובר בלחם שראוי להניח לפני שרים, היינו לחם נאה ומשובח. דעת תרגום ירושלמי-יונתן וראב״ע מתקבלת ביותר, ולפיה "לֶחֶם פָּנִים" היינו שהלחם יהיה לפני ה׳ תמיד, "לֶחֶם **פָּנִים לְפָנַי** תָּמִיד".[25] לחם התמיד מוזכר גם בבמדבר ד׳, ז. המילה "תָּמִיד" מוסבת גם על הקטורת (ל׳, ח) וגם על העולה (כ״ט, מב).

כאן לא נתפרש כיצד היו מונחים הלחמים ומה היה מניינם – וזאת משום שכאן מדובר על ייצור הכלים ולא על השימוש בהם – ועניינים אלו נתבארו בויקרא כ״ד, ה-ט. שם נאמר שבשולחן היו שתים עשרה חלות: שתי מערכות שבכל אחת מהן שש חלות. את החלות היו עורכים מדי שבת, וכשהיו מחליפים את החלות, הכוהנים היו אוכלים אותן במקום קדוש (ויקרא כ״ד, ט).

ביצוע בניית השולחן מתואר בל״ז, י-טז. מקומו של השולחן הוא מחוץ לפרוכת, היינו בקודש, בצידו הצפוני (כ״ו, לה; מ׳, כב). השולחן נקרא "שֻׁלְחַן הַפָּנִים" בבמדבר ד׳, ז, משום שהונח בו לחם הפנים. בויקרא כ״ד, ו הוא נקרא "הַשֻּׁלְחָן הַטָּהֹר" וכן נקרא "שֻׁלְחַן הַמַּעֲרֶכֶת" (דה״ב כ״ט, יח, וראו דה״א כ״ח, טז). בזמן נשיאת השולחן, נדרש שהלחם יישאר עליו (במדבר ד׳, ז).

מנורה, לא-מ

לא וְעָשִׂיתָ מְנֹרַת זָהָב טָהוֹר מִקְשָׁה תֵּיעָשֶׂה הַמְּנוֹרָה יְרֵכָהּ וְקָנָהּ גְּבִיעֶיהָ כַּפְתֹּרֶיהָ וּפְרָחֶיהָ מִמֶּנָּה
לב יִהְיוּ. וְשִׁשָּׁה קָנִים יֹצְאִים מִצִּדֶּיהָ שְׁלֹשָׁה קְנֵי מְנֹרָה מִצִּדָּהּ הָאֶחָד וּשְׁלֹשָׁה קְנֵי מְנֹרָה מִצִּדָּהּ
לג הַשֵּׁנִי. שְׁלֹשָׁה גְבִעִים מְשֻׁקָּדִים בַּקָּנֶה הָאֶחָד כַּפְתֹּר וָפֶרַח וּשְׁלֹשָׁה גְבִעִים מְשֻׁקָּדִים בַּקָּנֶה
לד הָאֶחָד כַּפְתֹּר וָפָרַח כֵּן לְשֵׁשֶׁת הַקָּנִים הַיֹּצְאִים מִן־הַמְּנֹרָה. וּבַמְּנֹרָה אַרְבָּעָה גְבִעִים מְשֻׁקָּדִים
לה כַּפְתֹּרֶיהָ וּפְרָחֶיהָ. וְכַפְתֹּר תַּחַת שְׁנֵי הַקָּנִים מִמֶּנָּה וְכַפְתֹּר תַּחַת שְׁנֵי הַקָּנִים מִמֶּנָּה וְכַפְתֹּר
לו תַּחַת־שְׁנֵי הַקָּנִים מִמֶּנָּה לְשֵׁשֶׁת הַקָּנִים הַיֹּצְאִים מִן־הַמְּנֹרָה. כַּפְתֹּרֵיהֶם וּקְנֹתָם מִמֶּנָּה יִהְיוּ
לז לח כֻּלָּהּ מִקְשָׁה אַחַת זָהָב טָהוֹר. וְעָשִׂיתָ אֶת־נֵרֹתֶיהָ שִׁבְעָה וְהֶעֱלָה אֶת־נֵרֹתֶיהָ וְהֵאִיר עַל־עֵבֶר
לט מ פָּנֶיהָ. וּמַלְקָחֶיהָ וּמַחְתֹּתֶיהָ זָהָב טָהוֹר. כִּכָּר זָהָב טָהוֹר יַעֲשֶׂה אֹתָהּ אֵת כָּל־הַכֵּלִים הָאֵלֶּה.
וּרְאֵה וַעֲשֵׂה בְּתַבְנִיתָם אֲשֶׁר־אַתָּה מָרְאֶה בָּהָר.

פירוש העניין

המנורה הייתה עשויה כולה מקשה אחת של זהב טהור, ובכלל זאת ירכה, היינו בסיס המנורה, וכן הקנה, היינו גוף המנורה באמצעה, שממנו יצאו שישה קנים. הגביעים המשוקדים הם כמין כוסיות בצורת שקד; הכפתורים הם צורות עגולות או אליפטיות; והפרחים הם צורות של פרחים, כנראה שושנה.[26] כל אלה נעשו לנוי. יש מפרשים שצורות אלה הן ציורים משוקעים בקנים.[27] מהקנה המרכזי יצאו לשני צדדים שישה קנים, שלושה מכל צד. לפי רש"י, הקנים היו ישרים ויוצאים באלכסון מהקנה המרכזי.[28] לפי ראב"ע, הקנים היו מעוגלים.

בכל אחד משׁשת הקנים היו שלושה גביעים משוקדים, כפתור ופרח, ובקנה האמצעי היו ארבעה גביעים, כפתור ופרח. כל זוג קנים היוצאים מהקנה המרכזי היה מחובר לכפתור בקנה המרכזי (לה). כפתורים אלה שונים מן הכפתורים שהוזכרו קודם לכן כקישוט בקנים (לג).

על גבי שבעת הקנים היו שבעה נרות, היינו שבע קעריות קטנות, שבהן היו שמים שמן ופתילות. את הנרות היו מדליקים, ופתילות הנרות היו מכוונות "וְהֵאִיר עַל עֵבֶר פָּנֶיהָ" (לז), כנגד פני המנורה, היינו הקנה המרכזי (רש"י). אכן רשב"ם, ריב"ש ושד"ל פירשו שכל הנרות היו מכוונים לכיוון הצד הקדמי של המנורה, פני המנורה, היינו לכיוון השולחן.[29] רלב"ג ואברבנאל הסבירו (על לז) שהלהבה המרכזית פנתה למערב, וששת הנרות פנו לכיוון האמצע. חכמים במנחות פח ע"ב נחלקו אם הנרות היו מקשה אחת עם המנוֹרה, אם לאו.

מלקחיים הם צבתות שבאמצעותם היו מושכים את הפתילות כדי להוציאן מהנר. באמצעות המחתות היו מנקים את הנרות וקולטים את שאריות הפיח שבהם. אף כלים אלה היו עשויים זהב טהור.

משקלה של המנורה היה כיכר זהב טהור. מעשה המנורה הוזכר בקצרה בבמדבר ח׳, א-ד. ה׳ מורה למשה לבנות את המנורה כפי שהראה לו אותה בהר. אמירה זו נאמרה למשה בשני מקרים נוספים: בקרשי המשכן (כ"ו, ל) ובמזבח הנחושת (כ"ז, ח). היא נצרכת משום שעל פי התיאור לבדו לא ניתן להבין היטב מהו המראה המדויק של המנורה וכיצד יש לבנותה. אפילו ממדיה של המנורה לא ניתנו.[30] מדברים אלה של ה׳ למשה עולה שתבנית המשכן היא השתקפות מדויקת ושלמה של מה שה׳ הראה את משה בהר, וכי היא משקפת באופן מדויק את רצונו של ה׳ ואינה פרי עשייה אנושית.

מהעובדה שה׳ הראה למשה את המנורה בהר, הבין רש"י שמשה התקשה להבין כיצד לעשותה, ולכן הראה לו ה׳ מראה של מנורת אש בהר (במדבר ח׳, ד). תחילת הפרשה אמורה בצורת סביל: "תֵּעָשֶׂה הַמְּנוֹרָה", כלומר ה׳ אמר למשה שיזרוק כיכר לאש, והמנורה תיעשה מאליה.[31] ראב"ע הוכיח בצדק שעשיית המנורה היא בידי אדם: "וַיַּעַשׂ אֶת הַמְּנֹרָה" (ל"ז, יז; וכן במדבר ח׳, ד).[32]

מקומה של המנורה הוא מעבר לפרוכת, היינו בקודש, בצידו הדרומי, מול השולחן (כ"ו, לה; מ׳, כד). על פי הכתוב בכ"ו, לה: "וְאֶת הַמְּנֹרָה נֹכַח הַשֻּׁלְחָן", הבין רשב"ם (על פסוק לא) שתכלית המנורה היא להאיר את השולחן; אך אין להבין זאת מפסוק זה, שבא לציין את

מיקומה של המנורה בלבד ולא את מטרתה. אברבנאל (על כ"ז, כ-כא) הסביר שאור המנורה היה לשימוש משה כשנכנס להתנבא, או לצורך אהרן כשנכנס להקטיר קטורת, להעלות נרות או לערוך את לחם הפנים, אבל לא לצורך ה' – ולכן מודגש שהמנורה היא מחוץ לפרוכת ולא בתוך קודש הקודשים (על כך ראו להלן).

העובדה שהמנורה עשויה זהב טהור טעונה הסבר. הארון והשולחן עשויים עץ ומצופים זהב וכן מזבח הקטורת. רק הכפורת שעל הארון הייתה זהב טהור כמו המנורה. קשה להסביר תופעה זו. נראה לי שהזהב הטהור במנורה הוא חלק מתפקיד המנורה להאיר. גם השמן הוא נוזל נקי וזהוב, וגם להבות האש שבמנורה. בהתאמה לזוך האש והאור, גם המנורה – כמו השמן – עשויה זהב טהור. ראו איור 5.

בבוקר היה הכוהן מיטיב את הנרות, כלומר מנקה אותם, ובערב היה מדליקם (כ"ז, א-ב; ויקרא כ"ד, ב-ג; במדבר ח', ב-ג). פעולה זו נאמרה גם אגב מצוות הקטרת הקטורת (ל', ז-ח). נראה כי בעת הקמת המשכן, בפעם הראשונה, הדליק משה את הנרות (מ', כה).

לגבי כל הכלים ניתנו הסברים אלגוריים שונים, אך באשר למנורה רבו ההסברים מסוג זה. חכמים הבינו שאור המנורה הוא עדות שהשכינה שורה בישראל, ואש זו דומה לעמוד האש שהאיר לישראל במשך שהותם במדבר.[33] הגמרא מדגישה שמטרת האור היא להורות על כך לכל באי עולם, ובאופן מיוחד הגמרא מבינה שהעניין מתייחס לנר המערבי. למנורה חשיבות גדולה גם בתפיסות קבליות.[34]

ביצוע בניית המנורה מתואר בל"ז, יז-כד.

יריעות: המשכן, האוהל והמכסה, כ"ו, א–יד

א וְאֶת־הַמִּשְׁכָּן תַּעֲשֶׂה עֶשֶׂר יְרִיעֹת שֵׁשׁ מָשְׁזָר וּתְכֵלֶת וְאַרְגָּמָן וְתֹלַעַת שָׁנִי כְּרֻבִים מַעֲשֵׂה
ב חֹשֵׁב תַּעֲשֶׂה אֹתָם. אֹרֶךְ הַיְרִיעָה הָאַחַת שְׁמֹנֶה וְעֶשְׂרִים בָּאַמָּה וְרֹחַב אַרְבַּע בָּאַמָּה הַיְרִיעָה
ג הָאֶחָת מִדָּה אַחַת לְכָל־הַיְרִיעֹת. חֲמֵשׁ הַיְרִיעֹת תִּהְיֶיןָ חֹבְרֹת אִשָּׁה אֶל־אֲחֹתָהּ וְחָמֵשׁ יְרִיעֹת
ד חֹבְרֹת אִשָּׁה אֶל־אֲחֹתָהּ. וְעָשִׂיתָ לֻלְאֹת תְּכֵלֶת עַל שְׂפַת הַיְרִיעָה הָאֶחָת מִקָּצָה בַּחֹבָרֶת וְכֵן
ה תַּעֲשֶׂה בִּשְׂפַת הַיְרִיעָה הַקִּיצוֹנָה בַּמַּחְבֶּרֶת הַשֵּׁנִית. חֲמִשִּׁים לֻלָאֹת תַּעֲשֶׂה בַּיְרִיעָה הָאֶחָת
וַחֲמִשִּׁים לֻלָאֹת תַּעֲשֶׂה בִּקְצֵה הַיְרִיעָה אֲשֶׁר בַּמַּחְבֶּרֶת הַשֵּׁנִית מַקְבִּילֹת הַלֻּלָאֹת אִשָּׁה אֶל־
ו אֲחֹתָהּ. וְעָשִׂיתָ חֲמִשִּׁים קַרְסֵי זָהָב וְחִבַּרְתָּ אֶת־הַיְרִיעֹת אִשָּׁה אֶל־אֲחֹתָהּ בַּקְּרָסִים וְהָיָה
הַמִּשְׁכָּן אֶחָד.

ז וְעָשִׂיתָ יְרִיעֹת עִזִּים לְאֹהֶל עַל־הַמִּשְׁכָּן עַשְׁתֵּי־עֶשְׂרֵה יְרִיעֹת תַּעֲשֶׂה אֹתָם.
ח אֹרֶךְ הַיְרִיעָה
הָאַחַת שְׁלֹשִׁים בָּאַמָּה וְרֹחַב אַרְבַּע בָּאַמָּה הַיְרִיעָה הָאֶחָת מִדָּה אַחַת לְעַשְׁתֵּי עֶשְׂרֵה יְרִיעֹת.
ט וְחִבַּרְתָּ אֶת־חֲמֵשׁ הַיְרִיעֹת לְבָד וְאֶת־שֵׁשׁ הַיְרִיעֹת לְבָד וְכָפַלְתָּ אֶת־הַיְרִיעָה הַשִּׁשִּׁית אֶל־מוּל
י פְּנֵי הָאֹהֶל. וְעָשִׂיתָ חֲמִשִּׁים לֻלָאֹת עַל שְׂפַת הַיְרִיעָה הָאֶחָת הַקִּיצֹנָה בַּחֹבָרֶת וַחֲמִשִּׁים לֻלָאֹת
יא עַל שְׂפַת הַיְרִיעָה הַחֹבֶרֶת הַשֵּׁנִית. וְעָשִׂיתָ קַרְסֵי נְחֹשֶׁת חֲמִשִּׁים וְהֵבֵאתָ אֶת־הַקְּרָסִים בַּלֻּלָאֹת
יב וְחִבַּרְתָּ אֶת־הָאֹהֶל וְהָיָה אֶחָד. וְסֶרַח הָעֹדֵף בִּירִיעֹת הָאֹהֶל חֲצִי הַיְרִיעָה הָעֹדֶפֶת תִּסְרַח עַל
יג אֲחֹרֵי הַמִּשְׁכָּן. וְהָאַמָּה מִזֶּה וְהָאַמָּה מִזֶּה בָּעֹדֵף בְּאֹרֶךְ יְרִיעֹת הָאֹהֶל יִהְיֶה סָרוּחַ עַל־צִדֵּי
הַמִּשְׁכָּן מִזֶּה וּמִזֶּה לְכַסֹּתוֹ.

יד וְעָשִׂיתָ מִכְסֶה לָאֹהֶל עֹרֹת אֵילִם מְאָדָּמִים וּמִכְסֵה עֹרֹת תְּחָשִׁים מִלְמָעְלָה.

פירוש העניין

מהות כיסוי המשכן

פסוקים אלה מתארים את יריעות המשכן. היריעה התחתונה נקראת כאן "מִּשְׁכָּן" (א, ו) משום שהיא יוצרת את המבנה של המשכן – להבדיל מהקרשים שנקראים תמיד "קַרְשֵׁי הַמִּשְׁכָּן" (ולא "המשכן"). כינוי היריעה התחתונה בשם המבנה כולו משקף את התפיסה הגורסת שעיקר המבנה הוא היריעות. היה מקום לחשוב שדווקא הקרשים משמעותיים יותר, כיוון שהם מעניקים צורה ויציבות למבנה ומפני שהם עיקר ההפרדה מהמתחמים מבחוץ. אולם בניגוד לכך, התפיסה העולה כאן היא שהיריעות הן עיקר מבנה המשכן – שהוא בעיקרו אוהל עשוי בדים ולא מבנה מוצק.[35]

המשכן נקרא גם "אֹהֶל" ואומנם עובדה זו קשורה גם בכך שכיסוייו עשויים בד. כיצד ניתן להסביר זאת? כנראה גם לאחר שישראל נכנסו לארץ, ואף משהוקם למשכן מבנה אבנים, עדיין כיסו היריעות את המבנה כמו במדבר. כך אומר דוד כאשר הוא מבקש מנתן לבנות מקדש לה׳: "וַאֲרוֹן הָאֱלֹהִים יֹשֵׁב בְּתוֹךְ הַיְרִיעָה" (שמ"ב ז׳, ב). שם זה נשתמר גם הרבה לאחר שהמקדש נבנה: "הַרְחִיבִי מְקוֹם אָהֳלֵךְ וִירִיעוֹת מִשְׁכְּנוֹתַיִךְ" (ישעיה נ"ד, ב); "כִּי שֻׁדְּדָה כָּל הָאָרֶץ פִּתְאֹם שֻׁדְּדוּ אֹהָלַי רֶגַע יְרִיעֹתָי" (ירמיה ד׳, כ); " אָהֳלִי שֻׁדָּד וְכָל מֵיתָרַי נִתָּקוּ בָּנַי יְצָאֻנִי וְאֵינָם אֵין נֹטֶה עוֹד אָהֳלִי וּמֵקִים יְרִיעוֹתָי" (ירמיה י׳, כ; וראו גם דה"א י"ז, א). ראו איור 6.

נראה כי מהות המשכן היא כיסויי הבד שלו. משכן ה׳ צריך להיות נייד, כדי לבטא את ריבונות ה׳ על כל היקום ואת האפשרות התיאורטית שהמשכן יהיה בכל מקום. לכן יש להימנע מקביעתו במקום אחד. מסיבה זו, גם אחרי שישראל נכנסו לארץ, הם המשיכו להשתמש ביריעות המשכן – ובכך ביטאו רעיון עקרוני זה. הבדים משקפים אפוא את רעיון הניידות המהותי למשכן; על כן הבדים הם העיקר ולא המבנה הקשיח של המבנה, ולכן גם היריעה התחתונה נקראת משכן. עקרון הניידות מצוי גם בבדי הארון, הכלי המרכזי במשכן, בהיותם חלק אינטגרלי של הארון – ולכן אסור להסירם מהארון. כנראה משום כך באות היריעות לפני הקרשים. הכיסוי המהותי הוא היריעות. בניגוד לקרשים שתפקידם לייצב ולקבע את המבנה כמקום מוגן ויציב, היריעות מבטאות את העיקרון התיאולוגי של הניידות ואת ריבונותו של ה׳ בכל מקום.

שלושה כיסויים היו למשכן. הראשון נקרא כאמור "מִּשְׁכָּן" והוא הכיסוי התחתון (א-ו).[36]
יריעה זו נקראת "מִּשְׁכָּן" גם בבמדבר, יח-יט. מעליו היה כיסוי שני שנקרא "אֹהֶל" (ז-יג).
כיסוי שלישי הונח ככיסוי עליון ונקרא "מִכְסֶה לָאֹהֶל" (יד). תיאורי שתי היריעות בנויים
במבנה מעטפת דומה.

תיאור יריעת המשכן פותח:	**וְאֶת הַמִּשְׁכָּן תַּעֲשֶׂה** עֶשֶׂר יְרִיעֹת (א).
ומסתיים:	**וְעָשִׂיתָ חֲמִשִּׁים קַרְסֵי זָהָב**
	וְחִבַּרְתָּ אֶת הַיְרִיעֹת אִשָּׁה אֶל אֲחֹתָהּ בַּקְּרָסִים
	וְהָיָה הַמִּשְׁכָּן אֶחָד (ו).
תיאור יריעת האוהל פותח:	**וְעָשִׂיתָ** יְרִיעֹת עִזִּים **לְאֹהֶל עַל הַמִּשְׁכָּן** (ז).
ומסתיים:	**וְעָשִׂיתָ קַרְסֵי נְחֹשֶׁת חֲמִשִּׁים**
	וְהֵבֵאתָ אֶת הַקְּרָסִים בַּלֻּלָאֹת
	וְחִבַּרְתָּ אֶת הָאֹהֶל וְהָיָה אֶחָד (יא).

יריעת משכן, א–ו

הציווי נפתח במילים: "וְאֶת הַמִּשְׁכָּן תַּעֲשֶׂה", בהיפוך סדר המושא והפועל בהשוואה לציוויים בדבר הכלים עד כה: "וְעָשׂוּ/וְעָשִׂיתָ אֲרוֹן/שֻׁלְחָן/מְנֹרַת זָהָב" (כ"ה י, כג, לא). הקדמת מושא לפועל באה לעיתים קרובות כדי להדגיש את המושא לעומת מושאים שבהם דובר עד כה. החילוף בין פועל למושא כאן בא כנראה לסמן חלק חדש: בחלק הקודם התורה תיארה את בניית כלי הקודש, ועתה מתחיל קטע חדש. לעומת כלי הקודש שתוארו עד כאן, עתה פונה הכתוב לתאר את מבנה המשכן.[37]

הכיסוי הראשון היה ארוג מחוטים שהיו שזורים מארבעה חוטים דקים: חוט שש, היינו פשתן, ושלושה חוטי צמר הצבועים אחד תכלת, אחד ארגמן ואחד תולעת שני. נחלקו חכמים מכמה חוטים היה שזור כל חוט.[38] שזירת החוטים יצרה צורות של כרובים, והייתה "מַעֲשֵׂה חֹשֵׁב", היינו מלאכת אומן (ראב"ם). ראב"ע הסביר שהכוונה שהיא שהאומן יכול "להוציא דברים חדשים מדעתו בכח מחשבתו" (פירוש הקצר לל"א, ד). רש"י ורמב"ם סברו שהכוונה לצורת האריגה של הציורים שעל היריעה. לפי רש"י, בצד אחד היה ציור אחד, ובצד שני היה ציור אחר. לפי רמב"ם, משני הצדדים היה אותו ציור, והאריגה הייתה של חוטי היריעה – ולא רקמה על גבי היריעה.[39]

המשכן היה עשוי עשר יריעות: רוחב כל יריעה ארבע אמות ואורכה עשרים ושמונה אמות. יש לחבר חמש מהיריעות יחד, כנראה על ידי תפירה (רש"י); ויריעה גדולה כזו נקראת "מַחְבֶּרֶת". את חמש היריעות האחרות חיברו יחדיו למחברת נוספת. שתי המחברות האלה חוברו זו לזו באמצעות חמישים לולאות מתכלת שנעשו בחוברת האחת, וחמישים לולאות מקבילות כאלה עשו בחוברת השנייה. כל זוג לולאות מקבילות בשתי החוברות חוברו זו לזו באמצעות קרסי זהב, היינו ווים, שהם טבעות סגורות. כך חוברו כל היריעות ויצרו יריעת בד אחת גדולה שאורכה המלא ארבעים אמות: עשר יריעות, שבכל אחת ארבע אמות מחוברות יחד. רוחבה של היריעה הוא כרוחב יריעה אחת – עשרים ושמונה אמות. רוחב היריעה היה לרוחב המשכן.

חיבור שתי המחברות זו לזו הופך את המשכן לאחד: "וְהָיָה הַמִּשְׁכָּן אֶחָד" (ו). שוב עולה שהיריעה היא המשכן, וכאשר שני חלקי יריעות הבד מחוברים, המשכן הוא אחד (רשב"ם).

מודגש שוב שהמשכן הוא אוהל בד. הסבר זה נתמך מפסוק יא, שבו מתואר בדומה לזה שבחיבור שתי המחברות האוהל נהיה אחד.

גובה המשכן היה עשר אמות, רוחבו עשר אמות ועובי הקרשים אמה בכל אחת מהדפנות; סך הכול שלושים ושתיים אמות. אכן רוחב היריעות היה עשרים ושמונה אמות. כלומר היריעות לא הגיעו עד הקרקע, אלא עד שתי אמות מעליה.

בפסוקים אלה לא נאמר כיצד הניחו את היריעה על הקרשים, והדבר עולה בתיאור הפרוכת להלן כ"ו, לג. כאמור היו עשר יריעות של ארבע אמות כל אחת, סך הכול ארבעים אמות. יריעה זו חוברה משתי חוברות של חמש יריעות כל אחת, כלומר כל אחת הייתה בת עשרים אמות, שחוברו על ידי ווים. אורך המשכן היה עשרים אמות, דהיינו חוברת אחת שהייתה בת עשרים אמה הגיעה עד עשרים אמה מפתח המשכן, כלומר עד סוף חלק הקודש במשכן. הקרסים מוקמו בדיוק מעל הפרוכת, ועשרים האמה הנותרות של החוברת השנייה כיסו את קודש הקודשים ואת הדופן המערבית של המשכן. ההפרדה בין הקודש לקודש הקודשים הייתה ניכרת אפוא בהסתכלות על הכיסוי החיצוני; שם היו הווים שחיברו בין שתי החוברות של היריעה.

יריעת אוהל על המשכן, ז–יג

עד עתה עסקנו ביריעת הבסיס הנקראת "מִּשְׁכָּן" (א–ו), ועתה פונה הכתוב לתאר את היריעה שמעליה – העשויה יריעות עיזים (ז–יג) וקרויה "אֹהֶל עַל הַמִּשְׁכָּן" (ז). יריעה זו הורכבה מאחת עשרה יריעות ברוחב ארבע אמות ובאורך שלושים אמה כל אחת. חמש יריעות כאלה חוברו זו לזו, והשש הנותרות חוברו גם כן אחת אל אחת, כלומר החוברת בעלת חמש היריעות הייתה בת עשרים אמות, והחוברת בת שש היריעות הייתה בת עשרים וארבע אמות. כמו היריעה הראשונה, שתי המחברות של יריעות העיזים חוברו זו לזו באמצעות חמישים לולאות מקבילות בשתי המחברות, ובעזרת קרסים, אלא שהקרסים כאן היו עשויים מנחושת.

שלושים אמות האורך של היריעות היו לרוחב המשכן. גובה המשכן היה עשר אמות; עובי הקרשים אמה בכל צד, ורוחב המשכן עשר אמות – סך הכול שלושים ושתיים אמות. היריעה באורך שלושים אמות הייתה היריעה משני צידי המשכן, צפון ודרום, עד גובה אמה מהרצפה, בגובה האדנים, כך שמקצה היריעה נראו אדני הכסף של הקרשים. רוחב היריעות היה עשוי מאחת עשרה יריעות של ארבע אמות כל אחת, ושתי החוברות, זו של חמש היריעות וזו של שש היריעות, באמצעות קרסי נחושת; סך הכול ארבעים וארבע אמות. חוברת אחת הייתה בת עשרים אמות והשנייה בת עשרים וארבע אמות. גם יריעה זו הייתה מונחת כך שהקרסים היו על הפרוכת שבין הקודש לקודש הקודשים. שש היריעות היו פרוסות כנגד הקודש. היינו עשרים אמות על המשכן מלמעלה וארבע אמות השתלשלו בצד מזרח שהוא פתח המשכן; על כך נאמר שיש לכפול את היריעה השישית העודפת, כך שתשתלשל שתי אמות בצד מזרח, שהוא פתח המשכן. אורך המשכן היה שלושים אמה, ונוסף עליו עשר אמות

האורך של הצלע המערבית של המשכן ושתי אמות עובי הקרשים בצד מערב ובצד מזרח; סך הכול ארבעים ושתיים אמה. נותרו אפוא שתי אמות והן הסתרכו על אחורי המשכן, היינו על רצפת הדופן המערבית.

כאמור, היריעה הראשונה נקראת "מִשְׁכָּן". לאחר שמחברים את שתי החוברות באמצעות הקרסים נוצרת יריעה אחת הנקראת "אֹהֶל": "וְחִבַּרְתָּ אֶת הָאֹהֶל וְהָיָה אֶחָד" (יא).

מכסה על האוהל, יד

על שני הכיסויים הקודמים היה מכסה נוסף, או לפי אפשרות אחרת שני מכסים (יד). נחלקו בכך ר' יהודה ור' נחמיה בשבת כח ע"א. לפי דעה אחת, היה מכסה אחד שהיה עשוי גם מעורות אילים וגם מעורות תחשים (וכן בברייתא דמלאכת המשכן פרק ג);[40] ולדעה שנייה, היו שני מכסים לאוהל – אחד מעורות אילים מאודמים ואחד על גביו מעורות תחשים.[41] גודלו של מכסה זה לא נמסר במקרא, ובברייתא דמלאכת המשכן (פרק ג') פירשו שאורכו היה שלושים אמה ורוחבו עשר אמות, כגודל גג המשכן (וכן פירש רש"י); אך במדרש הגדול מופיע שהמכסה כיסה גם את הדפנות.[42] אפשר שמטרת הכיסוי הייתה להגן מפני הגשם (ראב"ע, הפירוש הארוך; אברבנאל), למחסה ולמסתור (רלב"ג).

ביצוע יצירת יריעות המשכן מתואר בל"ו, ח-יט. ראו איור 6.

קרשי המשכן, טו-ל

טו טז וְעָשִׂיתָ אֶת־הַקְּרָשִׁים לַמִּשְׁכָּן עֲצֵי שִׁטִּים עֹמְדִים. עֶשֶׂר אַמּוֹת אֹרֶךְ הַקָּרֶשׁ וְאַמָּה וַחֲצִי הָאַמָּה
יז רֹחַב הַקֶּרֶשׁ הָאֶחָד. שְׁתֵּי יָדוֹת לַקֶּרֶשׁ הָאֶחָד מְשֻׁלָּבֹת אִשָּׁה אֶל־אֲחֹתָהּ כֵּן תַּעֲשֶׂה לְכֹל קַרְשֵׁי
יח יט הַמִּשְׁכָּן. וְעָשִׂיתָ אֶת־הַקְּרָשִׁים לַמִּשְׁכָּן עֶשְׂרִים קֶרֶשׁ לִפְאַת נֶגְבָּה תֵימָנָה. וְאַרְבָּעִים אַדְנֵי־כֶסֶף
תַּעֲשֶׂה תַּחַת עֶשְׂרִים הַקָּרֶשׁ שְׁנֵי אֲדָנִים תַּחַת־הַקֶּרֶשׁ הָאֶחָד לִשְׁתֵּי יְדֹתָיו וּשְׁנֵי אֲדָנִים תַּחַת־
כ כא הַקֶּרֶשׁ הָאֶחָד לִשְׁתֵּי יְדֹתָיו. וּלְצֶלַע הַמִּשְׁכָּן הַשֵּׁנִית לִפְאַת צָפוֹן עֶשְׂרִים קָרֶשׁ. וְאַרְבָּעִים אַדְנֵיהֶם
כב כָּסֶף שְׁנֵי אֲדָנִים תַּחַת הַקֶּרֶשׁ הָאֶחָד וּשְׁנֵי אֲדָנִים תַּחַת הַקֶּרֶשׁ הָאֶחָד. וּלְיַרְכְּתֵי הַמִּשְׁכָּן יָמָּה
כג כד תַּעֲשֶׂה שִׁשָּׁה קְרָשִׁים. וּשְׁנֵי קְרָשִׁים תַּעֲשֶׂה לִמְקֻצְעֹת הַמִּשְׁכָּן בַּיַּרְכָתָיִם. וְיִהְיוּ תֹאֲמִם מִלְּמַטָּה
כה וְיַחְדָּו יִהְיוּ תַמִּים עַל־רֹאשׁוֹ אֶל־הַטַּבַּעַת הָאֶחָת כֵּן יִהְיֶה לִשְׁנֵיהֶם לִשְׁנֵי הַמִּקְצֹעֹת יִהְיוּ. וְהָיוּ
שְׁמֹנָה קְרָשִׁים וְאַדְנֵיהֶם כֶּסֶף שִׁשָּׁה עָשָׂר אֲדָנִים שְׁנֵי אֲדָנִים תַּחַת הַקֶּרֶשׁ הָאֶחָד וּשְׁנֵי אֲדָנִים תַּחַת
כו כז הַקֶּרֶשׁ הָאֶחָד. וְעָשִׂיתָ בְרִיחִם עֲצֵי שִׁטִּים חֲמִשָּׁה לְקַרְשֵׁי צֶלַע־הַמִּשְׁכָּן הָאֶחָד. וַחֲמִשָּׁה בְרִיחִם
כח לְקַרְשֵׁי צֶלַע־הַמִּשְׁכָּן הַשֵּׁנִית וַחֲמִשָּׁה בְרִיחִם לְקַרְשֵׁי צֶלַע הַמִּשְׁכָּן לַיַּרְכָתַיִם יָמָּה. וְהַבְּרִיחַ
כט הַתִּיכֹן בְּתוֹךְ הַקְּרָשִׁים מַבְרִחַ מִן־הַקָּצֶה אֶל־הַקָּצֶה. וְאֶת־הַקְּרָשִׁים תְּצַפֶּה זָהָב וְאֶת־טַבְּעֹתֵיהֶם
ל תַּעֲשֶׂה זָהָב בָּתִּים לַבְּרִיחִם וְצִפִּיתָ אֶת־הַבְּרִיחִם זָהָב. וַהֲקֵמֹתָ אֶת־הַמִּשְׁכָּן כְּמִשְׁפָּטוֹ אֲשֶׁר
הָרְאֵיתָ בָּהָר.

פירוש העניין

שלד המשכן היה עשוי קרשים. היו אלו עצי שיטים עומדים, היינו שהועמדו בניצב. כל קרש היה בן עשר אמות אורך ואמה וחצי רוחב. בצדדים צפון ודרום היו עשרים קרשים (יח; כ); בצד מערב שישה קרשים (כב); שני קרשים נוספים היו בפינות, בפינה הצפונית־מערבית ובפינה הדרומית־מערבית; סך הכול שמונה קרשים בצד מערב (כג). מידות המשכן היו אפוא כך: גובה המשכן היה עשר אמות; אורכו שלושים אמות, היינו בצדדים צפון ודרום (רש״י על טז); ורוחבו תשע אמות בצדדי מערב ומזרח (רש״י ורשב״ם על פסוק כב). המקרא איננו מוסר מה היה עוביים של הקרשים, ונחלקו בכך תנאים.[43] לרוב השיטות, עובי הקרשים היה אמה מלמטה, ולפי דעה מקובלת העובי נותר אמה גם למעלה. קרשי הפינות היו כמו כל הקרשים בני אמה וחצי, אמה אחת הייתה במקביל לעובי הדופן הצפונית והדרומית, ואמה וחצי מכל קרש פינתי הייתה בחלל הרוחב של המשכן – וכך ברוחב הפנימי של המשכן היו עשר אמות, שישה קרשים שרוחב כל אחד מהם אמה וחצי, ובסך הכול תשע אמות, ועוד חצי אמה מכל קרש בזווית (רש״י; רשב״ם פסוק כג-כד), בסך הכול, החלל הפנימי של המשכן היה בן עשר אמות, והרוחב החיצוני שתים עשרה אמות. שיטת ראב״ע היא שהמידה החיצונית של רוחב המשכן הייתה עשר אמות, והמידה הפנימית של הרוחב הייתה תשע אמות, ולפיכך סבר ראב״ע שקרשי הזוויות היו אמה על אמה. הוא הסתפק מה הייתה צורת הקרשים של הזוויות, ריבוע או עיגול.[44]

בחלק התחתון של כל קרש היו שתי ידות, היינו שתי רגליים, שנוצרו בחריצת העץ. ידות אלה הוכנסו בתוך אדנים, ובהם היו מגרעות כגודל הידות (יז). כאשר בנו את הידות, הן נראו כשלבים של סולם (רש״י; רשב״ם). אישה אל אחותה משולבות, היינו הידות (לא הקרשים); משולבות – היינו שתי ידות מקבילות כמו שלבים של סולם.[45] סך הכול היו ארבעים אדנים בצד דרום לעשרים הקרשים, ועוד עשרים אדנים בצד צפון לעשרים הקרשים (יט, כ). בצד מערב היו שישה עשר אדנים לשמונת הקרשים (כה), ועוד ארבעה אדנים לארבעה עמודים שהיו בין הקודש לקודש הקודשים. סך הכול מאה אדני כסף. ראו איורים 7-10.

לפסוק כד שני פירושים אפשריים. לפי פירוש אחד, הפסוק עוסק בכל הקרשים – וכולם חייבים להיות צמודים מלמטה ("וְיִהְיוּ תֹאֲמִם מִלְּמַטָּה") ועד ראשם ("וְיַחְדָּו יִהְיוּ תַמִּים עַל רֹאשׁוֹ"), כך שלא יהיה רווח ביניהם (כד). בראש העמודים הייתה טבעת שחיברה את העמודים (כך פירש רש״י; רמב״ן). פירוש אחר הוא שהפסוק עוסק בקרשי הזוויות, שבהם נדרש שיתאמו מלמטה הן את הכותל המערבי הן את הכתלים בצפון ובדרום, וכן יהיו תואמים את הקרשים בכתלים, בזוויות, גם למעלה (רשב״ם על פסוק כג; אברבנאל; ספורנו).

ישנה מחלוקת מהי הטבעת. בברייתא דמלאכת המשכן עולה שלכל עמוד היו שני חריצים, ובאמצעות טבעות שהוכנסו בכל שני עמודים צמודים, הוצמדו כל הקרשים.[46] על פי פשט המקרא, טבעות אלה היו רק בקרשי הזוויות, והן הצמידו את הדפנות הסמוכות של האורך והרוחב (כך ראב״ע; ריב״ש; ואברבנאל).

הקרשים חוברו זה לזה באמצעות בריחים, שהיו מוטות עץ מצופים זהב. בכל דופן של המשכן היו חמישה בריחים, והם הושחלו בטבעות שהיו בכל אחד מהקרשים (כו-כז). הבריחים הושחלו בשתי הצלעות, היינו בדופן הצפונית והדרומית, וכן בירכתיים, כלומר בצלע המערבית. היו אלו בריחים שהושחלו בטבעות חיצוניות. מלבד זאת היה גם בריח מרכזי אחד שעבר בתוך הקרשים (כח). לדעת חכמים, כל אחד מארבעה בריחים חיבר חצי מהדופן בלבד, ובהמשכו בריח נוסף חיבר את שאר חצייה של הדופן. באמצע היה בריח שחיבר את כל הדופן, מקצה לקצה – כך שהיו בכל דופן שלושה בריחים שחיברו את הדופן (רש"י).[47] לעומת זאת, דעת רשב"ם היא שהבריח התיכון הוא נוסף על חמשת הבריחים, היינו שהיו שישה בריחים לאורך כל דופן.[48] בניגוד לחמשת הבריחים שהיו חיצוניים, הבריח התיכון הושחל בתוך הקרשים.[49] לדעת ראב"ע, הבריח התיכון לא הושחל בתוך הקרשים, אלא היה חיצוני לקרשים. ועל כן פירש ראב"ע ש"בְּתוֹךְ" אין משמעותו בתוך העצים דווקא, אלא אפשר לפרשו במשמעות של "על", כמו "בְּתוֹךְ הַתְּכֵלֶת וּבְתוֹךְ הָאַרְגָּמָן" (שמות ל"ט, ג). הסיבה לפירושו זה היא שלדעתו לא היה עובי של אמה בקרשים, וכן שאם הבריח היה מושחל בתוך הקרשים, לא היה צריך לצפותו זהב.

יש לצפות את הקרשים בזהב. הטבעות צריכות להיות מזהב ואילו הבתים של הבריחים והבריחים צריכים להיות מצופים זהב (כט).

העמדת הקרשים כמתואר מאפשרת את הקמת המשכן (ל) על ידי הנחת היריעות עליהם. בפסוקים נאמר שמשה צריך לעשות זאת על פי מה שה׳ הראה לו בהר – והוראה זו נדרשת מפני שלמרות הפירוט של עשיית המשכן, עדיין לא מעט פרטים אינם ברורים לגמרי על פי התיאור המילולי, ועל כן היה צורך בציור הדבר, כפי שהראה ה׳ למשה.

ביצוע בניית קרשי המשכן מתואר בל"ו, כ-לד.

פרוכת ומסך, לא-לז

לא וְעָשִׂיתָ פָרֹכֶת תְּכֵלֶת וְאַרְגָּמָן וְתוֹלַעַת שָׁנִי וְשֵׁשׁ מָשְׁזָר מַעֲשֵׂה חֹשֵׁב יַעֲשֶׂה אֹתָהּ כְּרֻבִים.
לב לג וְנָתַתָּה אֹתָהּ עַל־אַרְבָּעָה עַמּוּדֵי שִׁטִּים מְצֻפִּים זָהָב וָוֵיהֶם זָהָב עַל־אַרְבָּעָה אַדְנֵי־כָסֶף. וְנָתַתָּה
אֶת־הַפָּרֹכֶת תַּחַת הַקְּרָסִים וְהֵבֵאתָ שָׁמָּה מִבֵּית לַפָּרֹכֶת אֵת אֲרוֹן הָעֵדוּת וְהִבְדִּילָה הַפָּרֹכֶת
לד לָכֶם בֵּין הַקֹּדֶשׁ וּבֵין קֹדֶשׁ הַקֳּדָשִׁים. וְנָתַתָּ אֶת־הַכַּפֹּרֶת עַל אֲרוֹן הָעֵדֻת בְּקֹדֶשׁ הַקֳּדָשִׁים.
לה וְשַׂמְתָּ אֶת־הַשֻּׁלְחָן מִחוּץ לַפָּרֹכֶת וְאֶת־הַמְּנֹרָה נֹכַח הַשֻּׁלְחָן עַל צֶלַע הַמִּשְׁכָּן תֵּימָנָה וְהַשֻּׁלְחָן
תִּתֵּן עַל־צֶלַע צָפוֹן.

לו לז וְעָשִׂיתָ מָסָךְ לְפֶתַח הָאֹהֶל תְּכֵלֶת וְאַרְגָּמָן וְתוֹלַעַת שָׁנִי וְשֵׁשׁ מָשְׁזָר מַעֲשֵׂה רֹקֵם. וְעָשִׂיתָ
לַמָּסָךְ חֲמִשָּׁה עַמּוּדֵי שִׁטִּים וְצִפִּיתָ אֹתָם זָהָב וָוֵיהֶם זָהָב וְיָצַקְתָּ לָהֶם חֲמִשָּׁה אַדְנֵי נְחֹשֶׁת.

פירוש העניין

הפרוכת היא יריעת בד שהפרידה בין הקודש לקודש הקודשים (לג). המילה "פָּרֹכֶת" היא מהשורש פר"ך, שמשמעותו הבסיסית היא פיצול, הפרדה. מכאן שתפקידה העיקרי של הפרוכת הוא להפריד בין הקודש לקודש הקודשים. על כן, רק לאחר שדובר על הפרוכת ונקבעה ההבדלה בין הקודש וקודש הקודשים באמצעות הפרוכת, ניתן לדבר על מיקום הכלים: הארון ועליו הכפורת בתוך קודש הקודשים (לג-לד); השולחן והמנורה מחוץ לפרוכת, היינו בקודש, השולחן בצד צפון ומולו המנורה בצד דרום (לה).[50] רמב"ן מדגיש שסדר הדברים כאן אינו כסדר שהדבר התבצע: כאן לאחר שמתוארת שימת הפרוכת, נכתב על הכנסת הארון והכפורת; ואילו בביצוע משה שם תחילה את הארון והכפורת ורק לאחר מכן שם את הפרוכת (שמות מ', ג-ד; כ-כא). הסיבה לכך שכאן נכתב תחילה על שימת הפרוכת היא כדי לבאר קודם כול את יצירת מתחם קודש הקודשים – שכן רק אחר כך יכולים כלי קודש הקודשים להיכנס למקומם הראוי. בפועל כנראה שמו תחילה את הארון והכפורת, ולאחר מכן את הפרוכת, אולי כדי ששימת הארון תהיה לפני יצירת קודש הקודשים על ידי הפרוכת – וכך לא נכנסו למתחם המקודש ביותר במקום שאפשר היה להימנע מהדבר.

הפרוכת הייתה עשויה מאותם חומרים כמו היריעה התחתונה של המשכן: תכלת, ארגמן, תולעת שני ושש. כמו היריעה של המשכן, גם הפרוכת הייתה "מַעֲשֵׂה חֹשֵׁב" וצוירו עליה צורות של כרובים (לא). ברוחב המשכן, בין הקודש לקודש הקודשים, העמידו ארבעה עמודים עשויים מעצי שיטים ומצופים זהב. כמו בקרשי המשכן, גם הם נתחבו באדנים (לב); אך בניגוד לקרשי המשכן, שבהם לכל קרש היו שני אדנים, לכל אחד מקרשי הפרוכת היה אדן אחד – מפני שהעמודים האלה היו קטנים במידתם מקרשי המשכן. אדנים אלה היו עשויים כסף, כמו אדני הקרשים של המשכן. על העמודים חיברו ווים עשויים מזהב, ועליהם תלו את הפרוכת.[51] ווי העמודים היו כעין מזלג, ועליהם שמו את שפת הפרוכת (רשב"ם). מיקום הפרוכת היה מתחת לקרסים (לג), אלה שחיברו בין שתי היריעות, ומיקום הקרסים סימן את ההבחנה בין הקודש לקודש הקודשים. לא נאמר מה גודלה של הפרוכת מכיוון שברור שהיא מילאה את כל החלל בין הקודש לקודש הקודשים (רש"י; ראב"ם). גם מיקום העמודים לא התבאר וראב"ם סבר ששניים מהם היו סמוכים לצד הדרומי ושניים לצד הצפוני, וביניהם היה חלל פנוי. גם לא ברור אם העמודים היו מחוץ לפרוכת או בפנים (אברבנאל), וכן לא נאמר מה היה גובהם – ויש להניח שמילאו את כל החלל עד היריעות.

המסך הונח בפתח אוהל מועד בכניסתו מצד מזרח (לו). המילה "מָסָךְ" באה משורש סכ"ך, היינו כיסוי, סוכך – כלומר מכסה את מה שבמשכן. תפקידו העיקרי של המסך הוא לכסות, לעומת הפרוכת שתפקידה העיקרי לחצוץ ולהפריד. הפרוכת נקראת לעיתים "פָּרֹכֶת הַמָּסָךְ", משום שגם היא מכסה ומסתירה את מה שבפנים, אבל המסך נקרא רק כך, משום שתפקידו הבלעדי הוא לכסות.

המסך עשוי מאותם חומרים של הפרוכת: תכלת, ארגמן, תולעת שני ושש, ובניגוד לפרוכת שהייתה "מַעֲשֵׂה חֹשֵׁב", היה המסך "מַעֲשֵׂה רֹקֵם", הפחות מ"מַעֲשֵׂה חֹשֵׁב".[52] רבים מסבירים ש"מַעֲשֵׂה רֹקֵם" היינו שהציורים על המסך היו מצד אחד כרקמה במחט, ואילו ב"מַעֲשֵׂה חֹשֵׁב" הציורים היו משני עברי הבד.[53] כמו כן לא נאמר שהיו ציורים של כרובים במסך.

בניגוד לפרוכת, שהייתה תלויה על ארבעה עמודים, המסך היה תלוי על חמישה עמודי עצי שיטים מצופים זהב, שגם וויהם היו מזהב. מספר העמודים הגדול יותר כאן הוא משום שעמודים אלה לא עמדו מתחת לכיסוי המשכן ובתוכו, אלא מחוץ למשכן; כדי להחזיק את הפרוכת נדרש אפוא מספר עמודים גדול יותר.[54] בניגוד לאדנים של קרשי המשכן ושל עמודי הפרוכת, האדנים של עמודי המסך היו עשויים נחושת – משום שהמסך היה כיסוי לחלק פחות בקדושתו, לכיוון החצר. יתר על כן, המסך לא היה חלק מהמשכן, כפי שכתבנו, אלא עמד מחוץ לגבולותיו.

תיאור הכנת הפרוכת והמסך מצוי בל"ו, לה-לח. ראו איור 11.

מזבח, כ"ז, א–ח

א וְעָשִׂיתָ אֶת־הַמִּזְבֵּחַ עֲצֵי שִׁטִּים חָמֵשׁ אַמּוֹת אֹרֶךְ וְחָמֵשׁ אַמּוֹת רֹחַב רָבוּעַ יִהְיֶה הַמִּזְבֵּחַ וְשָׁלֹשׁ
ב ג אַמּוֹת קֹמָתוֹ. וְעָשִׂיתָ קַרְנֹתָיו עַל אַרְבַּע פִּנֹּתָיו מִמֶּנּוּ תִּהְיֶיןָ קַרְנֹתָיו וְצִפִּיתָ אֹתוֹ נְחֹשֶׁת. וְעָשִׂיתָ
ד סִּירֹתָיו לְדַשְּׁנוֹ וְיָעָיו וּמִזְרְקֹתָיו וּמִזְלְגֹתָיו וּמַחְתֹּתָיו לְכָל־כֵּלָיו תַּעֲשֶׂה נְחֹשֶׁת. וְעָשִׂיתָ לּוֹ מִכְבָּר
ה מַעֲשֵׂה רֶשֶׁת נְחֹשֶׁת וְעָשִׂיתָ עַל־הָרֶשֶׁת אַרְבַּע טַבְּעֹת נְחֹשֶׁת עַל אַרְבַּע קְצוֹתָיו. וְנָתַתָּה אֹתָהּ
ו תַּחַת כַּרְכֹּב הַמִּזְבֵּחַ מִלְּמָטָּה וְהָיְתָה הָרֶשֶׁת עַד חֲצִי הַמִּזְבֵּחַ. וְעָשִׂיתָ בַדִּים לַמִּזְבֵּחַ בַּדֵּי עֲצֵי
ז שִׁטִּים וְצִפִּיתָ אֹתָם נְחֹשֶׁת. וְהוּבָא אֶת־בַּדָּיו בַּטַּבָּעֹת וְהָיוּ הַבַּדִּים עַל־שְׁתֵּי צַלְעֹת הַמִּזְבֵּחַ
ח בִּשְׂאֵת אֹתוֹ. נְבוּב לֻחֹת תַּעֲשֶׂה אֹתוֹ כַּאֲשֶׁר הֶרְאָה אֹתְךָ בָּהָר כֵּן יַעֲשׂוּ.

פירוש העניין

לאחר שתוארו המשכן והכלים בקודש הקודשים ובקודש, עובר הכתוב לתאר את מה שנמצא בחצר, מחוץ למשכן – ובראש ובראשונה את המזבח, הוא מזבח העולה, אף שכאן הוא איננו מכונה בשם זה ונתייחס לכך להלן. מיקומו המדויק של המזבח לא צוין כאן. בציווי בניית הכיור נאמר שהכיור היה בין המזבח ובין אוהל מועד (ל׳, יח), ובציווי להעמיד את המשכן נאמר שמיקום מזבח העולה הוא לפני פתח משכן אוהל מועד (מ׳, ו-ז; וכן שם כט).

המזבח היה עשוי מעצי שיטים מצופה נחושת (א-ב). צורתו ריבוע שצלעו חמש אמות; וגובהו שלוש אמות (א).[55] בארבע פינות המזבח היו קרנות, היינו חלקים מורמים בפינות המזבח (ב). בפסוקים לא התפרש מהי צורת הקרנות. מהמילים ״מִמֶּנּוּ תִּהְיֶיןָ קַרְנֹתָיו״ מובן שהקרנות הן חלק מהמזבח ואינן מחוברות אליו.[56] כמו המזבח עצמו, גם כל כלי המזבח המפורטים עשויים נחושת: סירים, יעים, מזרקות, מזלגות ומחתות (ג). מכאן עולה החשיבות הפחותה של המזבח בהשוואה לכלים בתוך המשכן, שהיו עשויים זהב טהור או מצופים זהב.

למזבח יש לעשות מכבר, כמו כברה, דהיינו רשת מנחושת; על הרשת הזו, בקצות המזבח, היו ארבע טבעות מנחושת (ד). המכבר היה מתחת לכרכוב (ד בחצי גובהו של המזבח (ה). לא ברור מה מטרת המכבר. ר׳ אברהם העלה בשם אביו, רמב״ם, מסורת מרבי יצחק גיאת שהמזבח היה חלול באמצע ושם הייתה הרשת שקלטה את הדשן (לפי גישה זו, המכבר לא הקיף את המזבח, אלא היה רשת בתוכו). רלב״ג הציע שהיה באמצע גובה המזבח להבדיל בין הדמים הנתונים למעלה כקורבן חטאת ובין הדמים הנתונים למטה כקורבן עולה. שד״ל, בעקבות תרגום ירושלמי-יונתן, פירש שהרשת הייתה מסביב המזבח כדי לקלוט בשר ועצים שנפלו מהמזבח. כן לא ברור מהו הכרכוב, ומלשון חז״ל משמע שמדובר בבליטה המקיפה את המזבח, מעל המכבר.[57] למזבח יש לעשות בדים ולצפותם נחושת; בשעת נשיאת המזבח היו שמים את הבדים בטבעות שהיו בצידי המזבח (ו-ז). המזבח עצמו היה חלול, וכנראה כשחנו מילאוהו עפר (רשב״ם). ריב״ש מסביר שהמזבח היה חלול כדי שיהיה קל לשאת אותו. את המזבח בנו באמצעות לוחות עץ מצופים נחושת (ח).

לא נאמר כאן, וגם לא בתיאור בניית המזבח (בל״ח, א-ז), שהיה למזבח כבש ששימש כדי לעלות אליו. רש״י, בעקבות המכילתא, מסביר שהדבר נלמד מהכתוב: ״וְלֹא תַעֲלֶה בְמַעֲלֹת עַל מִזְבְּחִי״ (כ׳, כג),[58] וכן קובע ראב״ע בפירושו לפסוק א וחולק על דעת המכחישים הסבורים שלמזבח לא היה כבש.[59] אולם נראה שאי־אזכור הכבש בתיאור המזבח הוא עניין משמעותי וניתן להסיק מכך שהכבש אינו חלק מכלי הקודש ואינו אלא צורך מעשי כדי לעלות למזבח.[60] נראה שלאי־אזכורו של הכבש יש טעם מהותי בהבנת עניינו של המזבח. לארבעה כלים במשכן היו עבודות מיוחדות: על השולחן שמו את לחם הפנים; במנורה הדליקו את הנרות; במזבח הקטורת הקטירו קטורת לריח; ועל מזבח הנחושת הקריבו קורבנות. בתיאור הכלים נאמר באופן מפורש וקצר מהי מהותם של הכלים: על השולחן נאמר שיש לשים עליו את לחם הפנים (כ״ה, ל), בתיאור עשיית המנורה נאמר שיש להדליק עליה נרות (כ״ה, לז)

ובמזבח הקטורת נאמר שיש להקריב עליו קטורת (ל׳, ז-ח). לעומת זאת, במזבח הנחושת אין אזכור לגבי העבודה בו ולכך הוקדשה פרשייה נפרדת (כ״ט, לח-מו). אם כן, בתיאור מזבח הנחושת יש שתי חריגות: ראשית, הכבש לא הוזכר כאן ולא בשום מקום אחר בתורה; שנית, עבודת המזבח לא נרשמה כאן, אף לא בקצרה, שלא כמו בכלים האחרים.

נראה שהסבר אחד לשתי החריגות האלה. מכיוון שעל המזבח נעשית העבודה המשמעותית ביותר לאדם, ומכיוון שעל הקורבנות נאמר שהם לריח ניחוח לה׳, היה צורך להראות שהם אינם צורך ה׳. כדי להטמיע תחושה זו לא נאמר מהי העבודה על המזבח; כך מתקבל הרושם שלמזבח יש קיום גם ללא עבודה עליו וכי העבודה בו אינה מהותית לה׳. אם כן, כדי להדגיש את הקיום העצמי של המזבח, ללא קורבנות, נעדר הכבש מתיאורו – עד שנמצאנו אומרים שהמזבח עומד לעצמו ואינו משמש לתכלית כלשהי. לשון אחרת: כשם שלא ניתנה עבודת המזבח בפרשייה זו, כך לא ניתן גם המרכיב שבאמצעותו ניתן לעלות למזבח. ואומנם תופעה זו, שיש מזבח ואין מקריבים עליו, אינה מוזרה כפי שהדבר נראה במבט ראשון. הדבר עולה מהמזבח שבנו שניים וחצי השבטים בעבר הירדן שלא לשם הקרבת קורבנות (יהושע כ״ב, י, כג, כו). את המזבח הם בנו לעֵד וזהי אפשרות העולה גם כאן, דהיינו שמדובר במזבח שלא לשם הקרבה, כדי להביע כאן את הרעיון שה׳ אינו זקוק להקרבה על המזבח. חיזוק לעניין זה יעלה בעיוננו בייחודו של מזבח הקטורת להלן.

הבנה זו נתמכת בתופעה נוספת: המזבח איננו מכונה כאן ״מִזְבַּח הָעֹלָה״ כפי שהוא נקרא במקומות רבים,[61] וגם לא ״מִזְבַּח הַנְּחֹשֶׁת״ (ל״ח, ל; ל״ט, לט).[62] השם ״מִזְבַּח הַנְּחֹשֶׁת״ הוא על שם ציפוי הנחושת עליו, להבדיל ממזבח הזהב, שהיה בתוך הקודש. בתיאור שבפרשיות המשכן בספר שמות רווח בעיקר השם ״מִזְבַּח הָעֹלָה״ (ל׳, כח; ל״א, ט; ל״ה, טז; ל״ח, א; מ׳, ו, י, כט). מזבח העולה נקרא על שם שמקריבים עליו בכל יום את עולת התמיד, בבוקר ובערב. הדבר התמוה הוא שבתיאור הראשון של המזבח, הוא מכונה מזבח סתם, בלא השם הרווח ״מִזְבַּח הָעֹלָה״ (כ״ז, א*2; ה*2, ו, ז). אפשר לומר שהמזבח לא נקרא כאן מזבח העולה משום שעדיין לא דובר על קורבן עולת התמיד (כ״ט, לח-מב), שיבוא רק לאחר שידובר על הקדשת הכוהנים (כ״ט, א-לז). אלא שהסבר זה אינו מספק, שכן בהליך הקדשת הכוהנים מדובר על הקרבת עולה במזבח, ודרכו של מקרא שיסביר קודם לכן על מה מדובר. כך, כאשר קוראים את כ״ט, יח, על הקרבת עולה במזבח, אך מתבקש שהמקרא יכתוב קודם לכן, בתיאור בניית המזבח, שמדובר על מזבח העולה. נראה אפוא שהמקרא תיאר את בניית המזבח מבלי לציין את ייעודו כמקום שמקריבים עליו – ואף נמנע בכוונה מלכנות את המזבח כמזבח העולה.

דומה כי הצעתנו לגבי מהותו של תיאור המזבח מסבירה גם עניין זה. המזבח אינו מכונה כאן ״מִזְבַּח הָעֹלָה״ כדי לתת לו – בשלב ראשון – קיום עצמאי ללא הקרבת קורבנות. עניין הקורבנות יעלה אחר כך, אבל ראשית לכול, הרושם מתיאור המזבח הוא שזהו כלי שנושא ההקרבה טרם עולה בשלב ההוראות על בנייתו. נראה כי מסיבה זו גם לא נזכר יסוד המזבח בציווי ה׳, באשר על היסוד שופכים את דם הקורבן והוא מוזכר במפורש במעשה הקורבנות (כ״ט, יב, וכן ויקרא ד׳, ל, לד; ה׳, ט; ח׳, טו; ט׳, ט).[63]

הסבר זה רלוונטי ביותר לאור מחשבת העם שבקורבנותיו הוא מיטיב עם ה׳, וכנגד זאת נביאים ומזמורים חוזרים על כך שה׳ אינו זקוק לקורבנות אדם. כך למשל בשמ״א ט״ו, כב: ״וַיֹּאמֶר שְׁמוּאֵל הַחֵפֶץ לַה׳ בְּעֹלוֹת וּזְבָחִים כִּשְׁמֹעַ בְּקוֹל ה׳ הִנֵּה שְׁמֹעַ מִזֶּבַח טוֹב לְהַקְשִׁיב מֵחֵלֶב אֵילִים״; בישעיה א׳, יא-יז: ״לָמָּה לִּי רֹב זִבְחֵיכֶם יֹאמַר ה׳ שָׂבַעְתִּי עֹלוֹת אֵילִים וְחֵלֶב מְרִיאִים וְדַם פָּרִים וּכְבָשִׂים וְעַתּוּדִים לֹא חָפָצְתִּי. כִּי תָבֹאוּ לֵרָאוֹת פָּנָי מִי בִקֵּשׁ זֹאת מִיֶּדְכֶם רְמֹס חֲצֵרָי. לֹא תוֹסִיפוּ הָבִיא מִנְחַת שָׁוְא קְטֹרֶת תּוֹעֵבָה הִיא לִי חֹדֶשׁ וְשַׁבָּת קְרֹא מִקְרָא לֹא אוּכַל אָוֶן וַעֲצָרָה. חָדְשֵׁיכֶם וּמוֹעֲדֵיכֶם שָׂנְאָה נַפְשִׁי הָיוּ עָלַי לָטֹרַח נִלְאֵיתִי נְשֹׂא. וּבְפָרִשְׂכֶם כַּפֵּיכֶם אַעְלִים עֵינַי מִכֶּם גַּם כִּי תַרְבּוּ תְפִלָּה אֵינֶנִּי שֹׁמֵעַ יְדֵיכֶם דָּמִים מָלֵאוּ. רַחֲצוּ הִזַּכּוּ הָסִירוּ רֹעַ מַעַלְלֵיכֶם מִנֶּגֶד עֵינָי חִדְלוּ הָרֵעַ. לִמְדוּ הֵיטֵב דִּרְשׁוּ מִשְׁפָּט אַשְּׁרוּ חָמוֹץ שִׁפְטוּ יָתוֹם רִיבוּ אַלְמָנָה״; בהושע ו׳, ו: ״כִּי חֶסֶד חָפַצְתִּי וְלֹא זָבַח וְדַעַת אֱלֹהִים מֵעֹלוֹת״; בעמוס ה׳, כא-כה: ״שָׂנֵאתִי מָאַסְתִּי חַגֵּיכֶם וְלֹא אָרִיחַ בְּעַצְּרֹתֵיכֶם. כִּי אִם תַּעֲלוּ לִי עֹלוֹת וּמִנְחֹתֵיכֶם לֹא אֶרְצֶה וְשֶׁלֶם מְרִיאֵיכֶם לֹא אַבִּיט. הָסֵר מֵעָלַי הֲמוֹן שִׁרֶיךָ וְזִמְרַת נְבָלֶיךָ לֹא אֶשְׁמָע. וְיִגַּל כַּמַּיִם מִשְׁפָּט וּצְדָקָה כְּנַחַל אֵיתָן. הַזְּבָחִים וּמִנְחָה הִגַּשְׁתֶּם לִי בַמִּדְבָּר אַרְבָּעִים שָׁנָה בֵּית יִשְׂרָאֵל״; במיכה ו׳, ו-ח: ״בַּמָּה אֲקַדֵּם ה׳ אִכַּף לֵאלֹהֵי מָרוֹם הַאֲקַדְּמֶנּוּ בְעוֹלוֹת בַּעֲגָלִים בְּנֵי שָׁנָה. הֲיִרְצֶה ה׳ בְּאַלְפֵי אֵילִים בְּרִבְבוֹת נַחֲלֵי שָׁמֶן הַאֶתֵּן בְּכוֹרִי פִּשְׁעִי פְּרִי בִטְנִי חַטַּאת נַפְשִׁי. הִגִּיד לְךָ אָדָם מַה טּוֹב וּמָה ה׳ דּוֹרֵשׁ מִמְּךָ כִּי אִם עֲשׂוֹת מִשְׁפָּט וְאַהֲבַת חֶסֶד וְהַצְנֵעַ לֶכֶת עִם אֱלֹהֶיךָ״; ובתהילים נ׳, ח-טו: ״לֹא עַל זְבָחֶיךָ אוֹכִיחֶךָ וְעוֹלֹתֶיךָ לְנֶגְדִּי תָמִיד. לֹא אֶקַּח מִבֵּיתְךָ פָר מִמִּכְלְאֹתֶיךָ עַתּוּדִים. כִּי לִי כָל חַיְתוֹ יָעַר בְּהֵמוֹת בְּהַרְרֵי אָלֶף. יָדַעְתִּי כָּל עוֹף הָרִים וְזִיז שָׂדַי עִמָּדִי. אִם אֶרְעַב לֹא אֹמַר לָךְ כִּי לִי תֵבֵל וּמְלֹאָהּ: הַאוֹכַל בְּשַׂר אַבִּירִים וְדַם עַתּוּדִים אֶשְׁתֶּה. זְבַח לֵאלֹהִים תּוֹדָה וְשַׁלֵּם לְעֶלְיוֹן נְדָרֶיךָ. וּקְרָאֵנִי בְּיוֹם צָרָה אֲחַלֶּצְךָ וּתְכַבְּדֵנִי״. תהילים נ״א, יב-יט: ״... אֲדֹנָי שְׂפָתַי תִּפְתָּח וּפִי יַגִּיד תְּהִלָּתֶךָ. כִּי לֹא תַחְפֹּץ זֶבַח וְאֶתֵּנָה עוֹלָה לֹא תִרְצֶה. זִבְחֵי אֱלֹהִים רוּחַ נִשְׁבָּרָה לֵב נִשְׁבָּר וְנִדְכֶּה אֱלֹהִים לֹא תִבְזֶה״. וכן בירמיה ו׳, כ; ז׳, כא-כג; בהושע ח׳, יא-יג; בתהילים מ׳, ו-ח; ובמשלי כ״א, ג. ראו איור 12.

החשש שמא ישראל יאמצו תפיסות מוטעות לגבי הקרבת קורבנות הוא העומד אפוא מאחורי ההצגה המצמצמת את מקום הקורבנות בתיאור הראשוני של המזבח. נוסף לאמור לעיל לגבי הכבש ולהיעדר ההתייחסות לקורבנות התמיד כאן, כמו בשאר הכלים, העובדה שהמזבח מצוי בחצר ומצופה נחושת – ולא זהב כמו שאר הכלים – קשורה בחשיבות הפחותה שלו ביחס לשאר הכלים. המעטת החשיבות של המזבח מעבירה לעם את התפיסות הנכונות באשר ליחס של ה׳ לקורבנות.

ביצוע בניית המזבח מתואר בל״ח, א-ז

חצר המשכן, ט–יט

ט וְעָשִׂיתָ אֵת חֲצַר הַמִּשְׁכָּן לִפְאַת נֶגֶב־תֵּימָנָה קְלָעִים לֶחָצֵר שֵׁשׁ מָשְׁזָר מֵאָה בָאַמָּה אֹרֶךְ לַפֵּאָה
י, יא הָאֶחָת. וְעַמֻּדָיו עֶשְׂרִים וְאַדְנֵיהֶם עֶשְׂרִים נְחֹשֶׁת וָוֵי הָעַמֻּדִים וַחֲשֻׁקֵיהֶם כָּסֶף. וְכֵן לִפְאַת צָפוֹן
בָּאֹרֶךְ קְלָעִים מֵאָה אֹרֶךְ וְעַמֻּדָו עֶשְׂרִים וְאַדְנֵיהֶם עֶשְׂרִים נְחֹשֶׁת וָוֵי הָעַמֻּדִים וַחֲשֻׁקֵיהֶם כָּסֶף.
יב, יג וְרֹחַב הֶחָצֵר לִפְאַת־יָם קְלָעִים חֲמִשִּׁים אַמָּה עַמֻּדֵיהֶם עֲשָׂרָה וְאַדְנֵיהֶם עֲשָׂרָה. וְרֹחַב הֶחָצֵר
יד לִפְאַת קֵדְמָה מִזְרָחָה חֲמִשִּׁים אַמָּה. וַחֲמֵשׁ עֶשְׂרֵה אַמָּה קְלָעִים לַכָּתֵף עַמֻּדֵיהֶם שְׁלֹשָׁה
טו, טז וְאַדְנֵיהֶם שְׁלֹשָׁה. וְלַכָּתֵף הַשֵּׁנִית חֲמֵשׁ עֶשְׂרֵה קְלָעִים עַמֻּדֵיהֶם שְׁלֹשָׁה וְאַדְנֵיהֶם שְׁלֹשָׁה.
וּלְשַׁעַר הֶחָצֵר מָסָךְ עֶשְׂרִים אַמָּה תְּכֵלֶת וְאַרְגָּמָן וְתוֹלַעַת שָׁנִי וְשֵׁשׁ מָשְׁזָר מַעֲשֵׂה רֹקֵם עַמֻּדֵיהֶם
יז אַרְבָּעָה וְאַדְנֵיהֶם אַרְבָּעָה. כָּל־עַמּוּדֵי הֶחָצֵר סָבִיב מְחֻשָּׁקִים כֶּסֶף וָוֵיהֶם כָּסֶף וְאַדְנֵיהֶם נְחֹשֶׁת.
יח אֹרֶךְ הֶחָצֵר מֵאָה בָאַמָּה וְרֹחַב חֲמִשִּׁים בַּחֲמִשִּׁים וְקֹמָה חָמֵשׁ אַמּוֹת שֵׁשׁ מָשְׁזָר וְאַדְנֵיהֶם
יט נְחֹשֶׁת. לְכֹל כְּלֵי הַמִּשְׁכָּן בְּכֹל עֲבֹדָתוֹ וְכָל־יְתֵדֹתָיו וְכָל־יִתְדֹת הֶחָצֵר נְחֹשֶׁת.

פירוש העניין

בתיאור עשיית החצר מובאת רק בניית גבולות החצר, ובקביעת מחיצותיו נוצרת החצר. צורת החצר מלבנית: מאה אמות בפאה הדרומית ובפאה הצפונית (ט, יא), וחמישים אמות בפאה המערבית והמזרחית (יב, יג). גובה מחיצת החצר הוא חמש אמות (יח). חוטי יריעות הקלעים של החצר היו עשויים מחוטי שש בלבד, ולא משישה סוגים של חוטים, כיריעות המשכן (ט). יריעות החצר נקראו "קְלָעִים" משום שקלעו אותן, בניגוד ליריעות המשכן שאותן ארגו.

בצד צפון ובצד דרום היו עשרים עמודים בכל צד. בתחתית כל העמודים היו אדני נחושת (י, יא), כמו האדנים של עמודי המסך, שהוא פתח המשכן, ובניגוד לקרשי המשכן, שתחתיהם היו אדני כסף. בראש כל עמוד היה וו; על הווים תלו את הקלעים. בעמודים היו חישוקים, היינו טבעות (י, יא), ומסתבר שתפקידם היה להדק את הקלעים לעמודים (רלב"ג). הווים והחישוקים היו עשויים כסף (י). הקלעים הם באורך מאה אמות. מכיוון שרוחב החצר הוא חמישים אמה, חצי מאורך החצר, מספר העמודים בצד מערב הוא עשרה (יב), מחצית ממספר העמודים בצפון ובדרום. הקלעים בצד מערב הם באורך חמישים אמות (יב). צד מזרח של החצר אף הוא חמישים אמה (יג), אך יש בו גם פתח לחצר. שער החצר הוא באמצע הפאה המזרחית, המחיצות משני צדדי הפתח נקראות "כָּתֵף". הקלעים בכל כתף הם חמש עשרה אמות, ובכל כתף שלושה עמודים (יד, טו). גודל שער החצר הוא עשרים אמות, ולו ארבעה עמודים, לעומת הקלעים העשויים משש משזר בלבד. השער, הקרוי "מָסָךְ", היה עשוי תכלת, ארגמן, תולעת שני ושש. המסך הוא מעשה רוקם, כמו המסך של המשכן (טז). סך הכול היו בחצר המשכן שישים עמודים (עשרים בפאות האורך – הדרום והצפון; עשרה בצד מערב; ובצד מזרח שישה בפאות, ובפתח החצר ארבעה). כך יוצא שהרווח בין עמוד לעמוד היה חמש אמות.[64]

משמעו של פסוק יח אינו פשוט. מרבית הפרשנים פירשוהו כך: אורך החצר הוא מאה אמה, מתוך זה מרחב הסמוך לצלע המזרחי, בגודל חמישים על חמישים אמה, ובקצהו המערבי הניחו את המשכן לכיוון מערב. כלומר לאחר חמישים אמה מכיוון צלע מזרח, הניחו את המשכן.[65] פירוש אחר הוא שהרוחב הוא לעולם חמישים; זוהי המשמעות של חמישים בחמישים, והמידה הזאת קבועה ואינה מתקצרת או מתרחבת.[66] הפירוש הפשוט הוא זה של תרגום ירושלמי־יונתן, שלפיו הכוונה חמישים אמה לדופן מערב וחמישים אמה לדופן מזרח (בתרגום לעברית): "ארך החצר מאה אמה ורחב חמישים למערב וחמישים למזרח וקומה חמש אמות שש משזר ואדניהם נחושת".[67] הצורך להדגיש נקודה זו – שגם מצד מזרח וגם מצד מערב יש חמישים אמה – הוא משום שדופן מזרח מתפצלת לשלוש: שתי כנפיים והמסך. לכן בא הכתוב להדגיש שעם זאת, סך כל הדופן עולה חמישים אמה.[68]

הפסוק האחרון קובע שכל כלי המשכן, היינו הכלים שבהם השתמשו כדי לבנות את המשכן וכליו, היו עשויים מנחושת – ובכלל זה יתדות המשכן והחצר. היתדות החזיקו את

יריעות המשכן ואת קלעי החצר. אכן לא ברור היכן היו תקועות היתדות, ונראה כי היו תוחבים אותן בארץ (רשב"ם; וכן תוספת של ר' יוסף קרא בתוך דברי רש"י).[69]

בפסוקים לא נאמר ממה היו עשויים עמודי החצר ויש להניח שהם עשויים מעצי שיטים.[70] כן לא נכתבו מידותיהם, לבד ממידת גובהם שהייתה ככל הנראה חמש אמות (יט).* המשכן, שגובהו עשר אמות, התרומם אפוא למעלה מגובה החצר. גם לא נאמר כיצד חוברו הקלעים לעמודים, ויש להניח שהיה זה באמצעות מיתרים.[71]

ביצוע בניית החצר מתואר בל"ח, ט-כ. ראו איור 13.

* זהו פשוטו של הפסוק, וזו שיטת רבי יהודה, אבל שיטת רבי יוסי היא שחמש האמות הכתובות בפסוק הן יתרות על גובה המשכן שהיה עשר אמות, ולכן סבור שגובה קלעי החצר היה חמש עשרה אמות. זבחים נט ע"ב – ס ע"א. לדעת אברבנאל, עוביים של העמודים היה טפח וחצי.

נר תמיד, כ–כא

כ וְאַתָּה תְּצַוֶּה אֶת־בְּנֵי יִשְׂרָאֵל וְיִקְחוּ אֵלֶיךָ שֶׁמֶן זַיִת זָךְ כָּתִית לַמָּאוֹר לְהַעֲלֹת נֵר תָּמִיד.
כא בְּאֹהֶל מוֹעֵד מִחוּץ לַפָּרֹכֶת אֲשֶׁר עַל־הָעֵדֻת יַעֲרֹךְ אֹתוֹ אַהֲרֹן וּבָנָיו מֵעֶרֶב עַד־בֹּקֶר לִפְנֵי יהוה
חֻקַּת עוֹלָם לְדֹרֹתָם מֵאֵת בְּנֵי יִשְׂרָאֵל.

פירוש העניין

לאחר סיום התיאור של המשכן וכליו, מתחילה יחידה חדשה. מכאן ואילך ידובר על הכוהנים – בגדיהם, הקדשתם, קורבן התמיד והשלמות נוספות. הנושא הראשון של חלק זה הוא תפקידו של אהרן בעריכת הנרות. מעניין כי בחלק זה, העוסק בבגדי הכוהנים ובהקדשתם, המקום של "בְּנֵי יִשְׂרָאֵל" מוזכר רבות (כ"ח, א, י, יב, כא, כט, ל, לח; כ"ט, כח*2, מג, מה), בוודאי לעומת מקומם בתיאור בניית המשכן וכליו. בהתאם לכך, גם בקטע זה העוסק בנרות מודגש התפקיד של בני ישראל.

בתחילת פרשת תרומה ציווה ה' את משה להורות לעם להביא חומרים למלאכת המקדש, ובכלל זה גם שמן למאור (כ"ה, ו). אך לא התפרט שם איזה שמן, מה ייעשה בשמן, איפה הנרות יודלקו ושהנרות יהיו דלוקים תמיד (ריב"ש), וכל זה בא כאן (כ"ז, כ). וגם מובא כאן שהבאת השמן היא חוק עולם, ולא הבאה חד־פעמית, כמו החומרים של בניית המשכן (רשב"ם).

פרשיית המנורה מופיעה כאן לכאורה מכיוון שהיא עוסקת בפעולות שהן חובת הכוהנים, שהיא הנושא של הפרשיות הבאות. כך ראב"ע מסביר שלאחר שהושלם התיאור של המשכן וכליו, עבר משה לדבר על הכוהנים ועבודתם, והתחיל בעבודת נרות המנורה. אברבנאל מסביר בדרך דומה, ומפרט מעט יותר. העיקר הוא הציווי על עבודת הכוהנים, והכתוב פתח בחובת הדלקת הנרות כדי להקדים את הצורך בקידוש הכוהנים ובעשיית בגדים להם. הסבר זה אינו פותר את השאלה, שכן אם העניין הובא רק כדוגמה לצורך בכוהנים, מדוע דווקא דין זה הובא כאן, ולא אחד משאר תפקידי הכוהנים – הקטרת הקטורת במזבח הזהב, שימת הלחם על שולחן הפנים, או אף הקרבת קורבנות התמיד במזבח הנחושת? הקושי הגדול של האזכור של הבאת השמן כאן הוא המרחק מבניית המנורה. היה אפשר לצפות שדין הבאת השמן יוזכר בסמיכות לציווי על בניית המנורה (כ"ה, לא-מ), או לחלופין, לאחר תיאור הליך הקדשת הכוהנים (כ"ט, א-לז). אכן כך הדבר בעניין הקורבנות: תיאור בניית המזבח הובא בכ"ז, א-ח, ולאחר תיאור הליך הקדשת הכוהנים מייד מתואר דין הקרבת קורבן התמיד (כ"ט, לח-מב). לפי זה, המיקום הטבעי של דין נר התמיד הוא לכאורה לפני פרשיית קורבן התמיד או לאחריה. מדוע אפוא דין נר התמיד מוזכר כאן לפני שדובר על הקדשת הכוהנים לעבודתם?

ההסבר המשכנע ביותר הוא שהדגש בפסוקים אלה אינו על פעולת אהרן בעריכת הנרות, כפי שמקובל לחשוב בדרך כלל, אלא על הציווי שבני ישראל יתרמו לעולם את השמן למאור נר התמיד. אף שזו הפעם הראשונה שנאמר שהכוהן עושה עבודה, העיקר הוא שהעם הוא זה שצריך לספק את השמן, וזה מודגש בתחילת בקטע הקצר ובסופו, באזכור "בְּנֵי יִשְׂרָאֵל" בתחילת פסוק כ ובסוף פסוק כא.

ההדגשה שבני ישראל מביאים את השמן עולה מהשוואה לפסקה מקבילה בבמדבר ח', ב-ג. שם מודגש פעמיים שאהרן הוא המעלה את הנרות: "בְּהַעֲלֹתְךָ אֶת הַנֵּרֹת", "הֶעֱלָה נֵרֹתֶיהָ". לעומת זאת, כאן העלאת הנרות אינה מיוחסת לאהרן, אלא לעצם תופעת הנרות הדולקים: "לְהַעֲלֹת נֵר תָּמִיד". לאהרן מיוחס התפקיד של עריכת הנרות והכנתם, וחישוב שיעור שהשמן

שצריך לדליקה כל הלילה. הדגש כאן הוא על נתינת השמן על ידי העם לטובת הדלקת הנרות, מה שלא מוזכר כלל בבמדבר.

הבחנה זו מודגשת יותר דווקא בהשוואה לפרשה דומה מאוד לזו, בויקרא כ״ד, ב-ד:

שמות כ״ז, כ-כא	ויקרא כ״ד, ב-ד
(כ) וְאַתָּה תְּצַוֶּה אֶת בְּנֵי יִשְׂרָאֵל וְיִקְחוּ אֵלֶיךָ שֶׁמֶן זַיִת זָךְ כָּתִית לַמָּאוֹר לְהַעֲלֹת נֵר תָּמִיד. (כא) בְּאֹהֶל מוֹעֵד מִחוּץ לַפָּרֹכֶת אֲשֶׁר עַל הָעֵדֻת יַעֲרֹךְ אֹתוֹ אַהֲרֹן וּבָנָיו מֵעֶרֶב עַד בֹּקֶר לִפְנֵי ה׳ חֻקַּת עוֹלָם לְדֹרֹתָם מֵאֵת בְּנֵי יִשְׂרָאֵל.	(ב) צַו אֶת בְּנֵי יִשְׂרָאֵל וְיִקְחוּ אֵלֶיךָ שֶׁמֶן זַיִת זָךְ כָּתִית לַמָּאוֹר לְהַעֲלֹת נֵר תָּמִיד. (ג) מִחוּץ לְפָרֹכֶת הָעֵדֻת בְּאֹהֶל מוֹעֵד יַעֲרֹךְ אֹתוֹ אַהֲרֹן מֵעֶרֶב עַד בֹּקֶר לִפְנֵי ה׳ תָּמִיד חֻקַּת עוֹלָם לְדֹרֹתֵיכֶם. (ד) עַל הַמְּנֹרָה הַטְּהֹרָה יַעֲרֹךְ אֶת הַנֵּרוֹת לִפְנֵי ה׳ תָּמִיד.

שתי הפרשיות דומות (בהבדלים מזעריים), למעט השורה האחרונה בשתיהן, המסגירה את מטרתן השונה. בויקרא כ״ד הדגש הוא על עבודת הכוהן, ובהתאם לכך פעולת הכוהן לערוך את הנרות נאמרה פעמיים (ג, ד), ובכך אף חותמת את הפרשייה; לעומת זאת, עריכת הכוהנים את הנרות כתובה פעם אחת בשמות כ״ז, ובמקום זאת, הדגש הוא על הבאת השמן על ידי ישראל, בכך פותחת הפרשייה ובכך היא מסתיימת. ההבדלים בין שתי הפרשיות מלמדים על הדגש המיוחד של כל אחת. הפרשייה בויקרא כ״ד באה בהקשר של חובת הכוהנים לערוך את הנרות, אך בשמות כ״ז הדגש אינו על עבודת הכוהנים, אלא על הבאת השמן על ידי העם לשם עבודת הכוהנים לערוך את המנורה.

עתה אפשר להבין מדוע קטע זה מובא לפני התיאור של ייחוד הכוהנים בבגדי כהונתם והקדשתם לתפקידם. הכוהנים מבצעים את מלאכת הנרות בשליחותם של ישראל, המאפשרים את קיומם של השמן והנרות. אם כן, בתחילת הפרשות המדברות על ייחוד הכוהנים והקדשתם, בא קטע קצר המדגיש דווקא את חשיבותו ומרכזיותו של העם. לעומת הרושם העולה מהקדשת הכוהנים ומעשיית בגדיהם המיוחדים, חוק הבאת השמן לנרות ממתן את ייחודם של הכוהנים ומציגם כשליחי העם המבצעים את עבודתם עבורם.

הציווי פותח במילים: ״וְאַתָּה תְּצַוֶּה״, לעומת כל הציוויים עד כאן שנאמרו בלשון: ״וְעָשִׂיתָ״. רמב״ן מסביר שהציווי עד כה היה למשה, אבל כאן הציווי הוא למשה לצוות את בני ישראל שהם יביאו את השמן. בפועל הנשיאים הם שהביאו את השמן (ל״ה, כז-כח). הצו שישראל יביאו את השמן נאמר לדורות, ואילו הבנייה של המשכן עד כה היא חד־פעמית. ספורנו מסביר שעד כה נאמר במלאכת המשכן ״וְעָשִׂיתָ״, וברור שאין הכוונה שמשה יעשה בעצמו, אלא שיצווה לאומנים לעשות את הכלים. אבל עכשיו שאמר כאן ״וְאַתָּה תְּצַוֶּה״, גם

בעניין הקדשת הכוהנים (כ"ח, א), וגם בדיבורו לכל חכמי לב (כ"ח ג), הכוונה שמשה יורה להם את הדבר בעצמו.

על פי דברי רמב"ן, לא היה לישראל דרך להכין שמן במדבר, אלא אם היה להם שמן שמור. הוא מסביר כי המילים "וְיִקְחוּ אֵלֶיךָ" מורות שמשה יבדוק אם השמן הוא זך וכתית.[72] אך נראה שהמילה "אֵלֶיךָ" אינה נושאת את המשמעות הזו, משום שהדבר נאמר גם בפרה אדומה: "וְיִקְחוּ אֵלֶיךָ פָרָה אֲדֻמָּה תְּמִימָה" (במדבר י"ט, ב). התלמוד הבבלי במנחות פו ע"ב אומר בשם ר' שמואל בר נחמני שהדגש כאן הוא שהמאור אינו צורך עליון, אלא לצורך בני אדם: "'אליך', ולא לי, לא לאורה אני צריך".

הכוונה במילים נר תמיד היא שהוא ידלוק אומנם בקביעות, אך לא בהכרח בכל הזמן. זאת לפי השיטה שהכוהן הדליק את הנרות בלילה והם היו דולקים כל הלילה עד הבוקר (רש"י; ראב"ע בפירושו הארוך; שד"ל). זהו פשוטו של מקרא, כפי שעולה בשני מקומות (כ"ז, כא; ויקרא כ"ד, ג). לפי הסבר זה, אהרן ובניו צריכים לערוך את הנרות מערב עד בוקר, היינו לשים די שמן כדי שהנרות ידלקו כל הלילה. יש שפירשו ש"תָּמִיד" הכוונה שהנרות אכן יהיו דלוקים כל הזמן. רמב"ן, בעקבות מדרש הלכה, סבר שהנר המערבי דלק כל הזמן,[73] ואילו רמב"ם סבר שהדליקו את הנרות פעמיים, בבוקר ובערב, והם דלקו תמיד.[74]

המיקום של המנורה בקודש נאמר ביחס לפרוכת שמסתירה את ארון העדות: "בְּאֹהֶל מוֹעֵד מִחוּץ לַפָּרֹכֶת אֲשֶׁר עַל הָעֵדֻת" (כא). מכך עולה שהנרות מצויים שם משום שזה אוהל מועד, המקום שבו ה' מתוועד עם ישראל, אך מודגש שזה מחוץ לפרוכת, והאור אינו צורך ה'.[75] ראב"ע בבמדבר ח', ב, מסביר שהדלקת הנרות בלילה היא כדי שלא יהיה חושך במשכן, וכך ה' ידבר עם משה בכל עת.

הפעולה שצריכים הכוהנים – אהרן ובניו, היינו אהרן או בניו (ראב"ע הפירוש הקצר; חזקוני)[76] – לעשות היא עריכת הנרות, כלומר הכנת הנרות, דישון המנורה והדלקת הנרות, ולשער כמה שמן צריך כדי שיישארו דולקים מערב עד בוקר (ראב"ע). בקטע המקביל בויקרא כ"ד, ג, נזכר רק אהרן בעריכת הנרות ואין אזכור של בניו, וכן משמע מבמדבר ח', א-ג. אברבנאל אומר שמצווה מן המובחר שעריכת הנרות תיעשה בידי הכוהן הגדול. דין זה נוהג לעולם, "מֵאֵת בְּנֵי יִשְׂרָאֵל", שהם צריכים לספק את השמן תמיד.

הבאת השמן למאור נזכרה בל"ה, כז-כח, אבל על ידי הנשיאים, שכן הנשיאים הם נציגי העם, ובשמם הם הביאו את השמן.

הקדמה לעשיית בגדי הכוהנים, כ״ח, א–ה

א וְאַתָּה הַקְרֵב אֵלֶיךָ אֶת־אַהֲרֹן אָחִיךָ וְאֶת־בָּנָיו אִתּוֹ מִתּוֹךְ בְּנֵי יִשְׂרָאֵל לְכַהֲנוֹ־לִי אַהֲרֹן נָדָב
ב וַאֲבִיהוּא אֶלְעָזָר וְאִיתָמָר בְּנֵי אַהֲרֹן. וְעָשִׂיתָ בִגְדֵי־קֹדֶשׁ לְאַהֲרֹן אָחִיךָ לְכָבוֹד וּלְתִפְאָרֶת.
ג וְאַתָּה תְּדַבֵּר אֶל־כָּל־חַכְמֵי־לֵב אֲשֶׁר מִלֵּאתִיו רוּחַ חָכְמָה וְעָשׂוּ אֶת־בִּגְדֵי אַהֲרֹן לְקַדְּשׁוֹ
ד לְכַהֲנוֹ־לִי. וְאֵלֶּה הַבְּגָדִים אֲשֶׁר יַעֲשׂוּ חֹשֶׁן וְאֵפוֹד וּמְעִיל וּכְתֹנֶת תַּשְׁבֵּץ מִצְנֶפֶת וְאַבְנֵט וְעָשׂוּ
ה בִגְדֵי־קֹדֶשׁ לְאַהֲרֹן אָחִיךָ וּלְבָנָיו לְכַהֲנוֹ־לִי. וְהֵם יִקְחוּ אֶת־הַזָּהָב וְאֶת־הַתְּכֵלֶת וְאֶת־הָאַרְגָּמָן
וְאֶת־תּוֹלַעַת הַשָּׁנִי וְאֶת־הַשֵּׁשׁ.

פירוש העניין

בניית המשכן כוללת את קידוש מעמד הכוהנים מתוך בני ישראל, כדי שישמשו בקודש וישרתו את ה׳ במתחם המקודש. פירוש המילה כוהן הוא משרת. ה׳ מצווה את משה לקחת את אהרן אחיו ואת ארבעת בניו להיות כוהנים. כמו בקטע הקודם על נר התמיד, גם כאן מודגש שהכוהנים נבחרו מתוך בני ישראל (א). אף שהכוהנים נבחרו כמשרתי ה׳, והם זוכים למעלת כהונה, הם באו מתוך ישראל. שוב מודגשת הזיקה של הכוהנים לישראל. ייתכן שכוונת הצו ״הַקְרֵב אֵלֶיךָ״ היא שמשה כבר נשא בתפקיד כוהן גדול, ועתה הוא מצטווה לצרף אליו את אהרן שישמש בתפקיד זה (ראב״ע, הפירוש הקצר והארוך).

בחירת אהרן ובניו ככוהנים של ה׳ מצריכה עשיית בגדי קודש (ב), היינו בגדים שהכוהנים משרתים בהם בקודש (ריב״ש; ראב״ע בפירושו הארוך). אפשר גם לפרש שהבגדים הם בגדי קודש משום שהקדישו אותם במשיחתם בשמן (כ״ט, כא; ויקרא ח׳, ל). בגדים אלה הם ״לְכָבוֹד וּלְתִפְאָרֶת״ (ב). אפשר כי זהו כבודם ותפארתם של הכוהנים (ראב״ע; רמב״ן), אך מסתבר שהכוונה שזה לכבודו של ה׳ (ספורנו).[77]

הצו ״וְעָשִׂיתָ״ אינו מכוון למשה, אלא לאנשי מקצוע שהם חכמי לב, שיש בהם רוח חוכמה, ואותם יצווה משה לעשות את הבגדים ״לְקַדְּשׁוֹ לְכַהֲנוֹ לִי״ (ג). באמצעות לבישת הבגדים, הכוהנים מתקדשים כדי לכהן לפני ה׳. לבישת הבגדים היא אחת הפעולות שמקדישה את הכוהנים לתפקידם (כ״ט, ד-ו; ויקרא ח׳, ז-ט). בתהליך זה הם ילבשו את הבגדים במשך שבעה ימים (כ״ט, ל). מכך שלבישת הבגדים היא שלב שמקדש את הכוהנים, משמע שקדושת הכוהנים אינה בהם עצמם, אלא בתפקידם בשירות ה׳. לכן לבישת הבגדים היא המקדשת אותם, כבאה לומר שאין קדושת הכוהן בעצמותו, אלא רק כשהוא לובש את הבגדים.[78] וכניסוחו של רש״י: ״והיתה להם כהונה, משמע שעל ידי בגדים הויה כהונה״.[79] כוהן שעבד בלא בגדים הוא כזר: ״בזמן שבגדיהם עליהם – כהנתם עליהם; אין בגדים עליהם – אין כהנתם עליהם, אלא הרי הם כזרים״.[80] לא פלא למצוא בחז״ל את הדין שכוהן ששימש בלא בגדים חייב מיתה, כפועל יוצא של הרעיון כאן. מסיבה זו אפשר להבין מדוע נושא הכוהנים אינו מתחיל באנשים עצמם ובזרעם, ואפילו לא בתהליך הקדשתם, אלא דווקא בבגדים. לא הכוהנים הם העיקר כאן, אין הם משרתים בזכות עצמם, אלא הם משרתי ה׳ מאחר שנבחרו על ידי ה׳ לשרתו. כדי לבטא רעיון זה, נושא הבגדים תופס מקום מרכזי. ראו איור 14.

בגדי כוהן גדול הם: 1. אפוד. 2. חושן. 3. מעיל. 4. ציץ. 5. כתונת. 6. מצנפת. 7. אבנט. 8. מכנסיים. אולם ה׳ מונה רק שישה בגדים שיש לעשות: 1. חושן 2. אפוד 3. מעיל. 4. כתונת תשבץ. 5. מצנפת. 6. אבנט. הציץ והמכנסיים לא נכללו ברשימה זו: הציץ אולי משום שזה לא בגד, אלא תכשיט הקשור במצנפת; והמכנסיים מפני שאינם בגד לכבוד ולתפארת, אלא משום צניעות לכסות את הערווה (רשב״ם). בגדי הכוהנים ייעשו מזהב, תכלת, ארגמן, תולעת שני ושש.

ארבעה בגדים ייחודיים לכוהן גדול – אפוד, חושן, מעיל וציץ, וארבעת הבגדים האחרים הם גם בגדי כוהן הדיוט (אלא שהכובע של כוהן גדול נקרא מצנפת, ושל כוהן הדיוט נקרא מגבעת). עיקר התיאור של הבגדים מתרכז בבגדי כוהן הגדול (ו-לט), ואילו בגדי בני אהרן מתוארים רק בקצרה (מ-מא). עיקר התיאור הוא הבגדים הייחודיים של כוהן הגדול, ואילו ארבעת הבגדים האחרים מתוארים בקצרה גם בתיאור בגדי כוהן גדול. הבגדים העיקריים של הכוהן הגדול הם האפוד, החושן, המעיל והציץ. התפקיד של בגדים אלה הוא מרכזי לא בעבודת ה׳, אלא בקשר שבין ה׳ לעם, כפי שנראה להלן. ואילו התפקיד של בגדי כוהן הדיוט הוא לאפשר להם לעבוד את עבודת המקדש.

הבחנה זו בין כוהן גדול לכוהן הדיוט היא חשובה, אבל אין להפריז ולומר שרק בגדי אהרן הם בגדי קודש.[81] המושג ״בִּגְדֵי קֹדֶשׁ״ נאמר בדרך כלל על בגדי כוהן גדול: כ״ח, ב; כ״ט, כט; ל״ט, א; ויקרא ט״ז, ד, לב. ויש הופעות שבהן קיימת הבחנה בין בגדי קודש של אהרן לבגדי בניו: ל״א, י; ל״ה, יט; ל״ט, מא; מ׳, יג. אך יש מקום אחד שמפורש שגם בגדי כוהן הדיוט הם בגדי קודש: ״וְעָשׂוּ בִגְדֵי קֹדֶשׁ לְאַהֲרֹן אָחִיךָ וּלְבָנָיו לְכַהֲנוֹ לִי״ (שמות כ״ח, ל). בסיום מלאכת המשכן חוזר שוב לתאר את התרומה של בני ישראל ומצוינים החומרים לבגדים שהם בגדי קודש, ואין הבחנה בין בגדי כוהן גדול לבגדי כוהן הדיוט: ״וְכֹל אֲשֶׁר נָדְבָה רוּחוֹ אֹתוֹ הֵבִיאוּ אֶת תְּרוּמַת ה׳ לִמְלֶאכֶת אֹהֶל מוֹעֵד וּלְכָל עֲבֹדָתוֹ וּלְבִגְדֵי הַקֹּדֶשׁ״ (ל״ה, כא). במקומות שמדובר רק על בגדי אהרן, ברור שהבגדים האלה ייקראו בגדי קודש. לעומת זאת, בפסוקים שבהם מדובר על הבגדים של כוהן גדול וגם של כוהן הדיוט ויש הבחנה ביניהם שרק בגדי כוהן גדול נקראים בגדי קודש, אין זאת משום שבגדי כוהן הדיוט אינם בגדי קודש, אלא שבאופן יחסי לבגדי כוהן גדול הם פחותים בקדושתם. בגדי אהרן מתייחדים בקדושתם המיוחדת בגלל האפוד, החושן, המעיל והציץ, לעומת קדושתם הפחותה של בגדי בניו.

האפוד וחושן המשפט, ו-ל

האפוד וחושן המשפט הם שני בגדים נפרדים. תיאור עשית האפוד מתחיל במילים: ״וְעָשׂוּ אֶת הָאֵפֹד״ (ו), ופתיחה דומה יש בעשיית חושן המשפט: ״וְעָשִׂיתָ חֹשֶׁן מִשְׁפָּט״ (טו). כך גם בתיאור עשיית הבגדים האלה (ל״ט, ב; לט, ח). במקומות רבים הם נזכרים כשני בגדים נפרדים (כ״ה, ז; כ״ח, ד; כ״ט, ה; ל״ה, ט). עם זאת, שני הבגדים מחוברים ואין להפרידם: ״וְלֹא יִזַּח הַחֹשֶׁן מֵעַל הָאֵפוֹד״ (כ״ח, כח; ל״ט, כא). תיאור החיבור של החושן לאפוד תופס מקום מרכזי ורחב בתיאור עשיית החושן (כ״ח, כב-כח; ל״ט, טו-כא).[82]

הזיקה בין שני הבגדים היא גדולה ומשמעותית. בשני הבגדים האלה שיבצו אבנים שעליהן כתובים שמות שבטי בני ישראל. באפוד חוברו שתי אבני שוהם ועל כל אבן כתבו שישה משמות השבטים (י). על החושן שמו שתים עשרה אבנים טובות מסוגים שונים ועל כל אבן כתבו שם אחד משבטי בני ישראל (כא). הזיקה המשמעותית ביותר היא שתכלית

האבנים שעליהן רשומים השמות של בני ישראל הייתה לזיכרון (יב; כט-ל): אבני האפוד על כתפו של אהרן (יב), ואבני החושן על ליבו (כט-ל).

מדוע צריך שני בגדים הכוללים אבנים שבהן כתובים שמות בני ישראל? ומדוע צריך שני בגדים שהם לזיכרון? האם יש משמעות שאבני האפוד הן על כתפי אהרן ואילו אבני החושן הן על ליבו? ומה היחס בין שני הבגדים הבלתי נפרדים האלה?

המפתח לשאלות הוא ההבדל בין רעיון הזיכרון של אבני האפוד ובין רעיון הזיכרון של אבני החושן. על אבני האפוד נאמר: "אַבְנֵי זִכָּרֹן לִבְנֵי יִשְׂרָאֵל" (יב), לעומת זאת על אבני החושן נאמר: "לְזִכָּרֹן לִפְנֵי ה׳ תָּמִיד" (כט). ההבדל בין שני הזיכרונות הוא משמעותי. בחושן הזיכרון הוא של ה׳ את בני ישראל. לעומת זאת, אבני האפוד הם זיכרון לבני ישראל. זיכרון לפני ה׳, היינו שה׳ יזכור את ישראל, כמו בתקיעת החצוצרות לפני מלחמה ובעת הקרבת קורבנות: "וְכִי תָבֹאוּ מִלְחָמָה בְּאַרְצְכֶם עַל הַצַּר הַצֹּרֵר אֶתְכֶם וַהֲרֵעֹתֶם בַּחֲצֹצְרֹת **וְנִזְכַּרְתֶּם לִפְנֵי ה׳ אֱלֹהֵיכֶם** וְנוֹשַׁעְתֶּם מֵאֹיְבֵיכֶם. וּבְיוֹם שִׂמְחַתְכֶם וּבְמוֹעֲדֵיכֶם וּבְרָאשֵׁי חָדְשֵׁכֶם וּתְקַעְתֶּם בַּחֲצֹצְרֹת עַל עֹלֹתֵיכֶם וְעַל זִבְחֵי שַׁלְמֵיכֶם **וְהָיוּ לָכֶם לְזִכָּרוֹן לִפְנֵי אֱלֹהֵיכֶם** אֲנִי ה׳ אֱלֹהֵיכֶם" (במדבר י׳, ט-י). גם בחושן הצירוף דומה: "לְזִכָּרֹן לִפְנֵי ה׳ תָּמִיד", היינו שישראל ייזכרו לפני ה׳, והוא ייטיב עימם. לעומת זאת, המשמעות של המילה "זִכָּרֹן" באבני האפוד היא שהן עדות, אות וסימן, כמו: "וְהָיָה לְךָ לְאוֹת עַל יָדְךָ וּלְזִכָּרוֹן בֵּין עֵינֶיךָ" (י״ג, ט); "כְּתֹב זֹאת זִכָּרוֹן בַּסֵּפֶר... כִּי מָחֹה אֶמְחֶה אֶת זֵכֶר עֲמָלֵק" (י״ז, יד), וכן למשל במדבר י״ז, ה: "זִכָּרוֹן לִבְנֵי יִשְׂרָאֵל לְמַעַן אֲשֶׁר לֹא יִקְרַב אִישׁ זָר אֲשֶׁר לֹא מִזֶּרַע אַהֲרֹן הוּא לְהַקְטִיר קְטֹרֶת לִפְנֵי ה׳". כאן אבני האפוד הן עדות של בני ישראל, כלומר האבנים מייצגות את בני ישראל. כשבא אהרן לפני ה׳, הוא בא כנציג של ישראל, וכדי לסמן זאת, הוא בא עם שמות בני ישראל חרותים על האבנים שבכתפי האפוד. עובדה זו צריכה להיות ניכרת ובהירה גם לאהרן, שהוא מייצגו של העם, וגם לבני ישראל, שהם שולחים את אהרן עבורם לעמוד לפני ה׳.

לאור הבחנה יסודית זו ברור מדוע אבני האפוד הן על כתפי אהרן ואילו אבני החושן מונחות על ליבו. האבנים שעליהן שמות בני ישראל באפוד הן זיכרון, אות המייצג את בני ישראל ואת נוכחותם. אהרן מייצג את ישראל ונושא אותם על כתפיו בבואו לעמוד לפני ה׳. כשם שבני קהת נושאים בכתפיהם את כלי הקודש (במדבר ז׳, ט; וראו ישעיה מ״ו, ז), וכמו שה׳ נושא את ישראל על כתפיו (ישעיה מ״ט, כב), אהרן, הנציג של ישראל, נושא באופן סמלי את ישראל על כתפיו. אהרן חייב להיות מודע להיותו נציג של ישראל, ולפיכך באופן סמלי הוא נושא אותם, את שמותם, על כתפיו בכל עבודותיו. לעומת זאת, כאשר אהרן בא לעבוד לפני ה׳, הוא נושא את העם על ליבו, כמי שמתפלל אל ה׳ בעבורם. ייתכן שכך יש להבין את דברי ספורנו: "לזכרן לפני ה׳ תמיד – שיזכר ה׳ זכותם ויפקוד את בניהם לשלום בזכותם. משפט בני ישראל על לבו – שיתפלל עליהם שיזכו במשפט" (כט-ל). כלומר אהרן מתפלל לפני ה׳ על מנת שבני ישראל יצאו זכאים במשפט ה׳. אם כן, שמות בני ישראל על האבנים שבאפוד הם עבור אהרן ועבור ישראל סימן ואות להם. לעומת זאת, השמות של שבטי ישראל בחושן המשפט הם עבור ה׳ שיזכור את ישראל.

חיבור שני הבגדים האלה יחד הוא החיבור בין המודעות של אהרן וישראל שהם עומדים לפני ה׳, ואהרן מייצג את עמידתם לפני ה׳, ובין הזיכרון של ה׳ את ישראל. אלו הם יחסי הברית ההדדיים בין ה׳ לישראל. תופעה דומה זו מצויה גם בארון ובכפורת, כפי שראינו לעיל. הארון והכפורת הם כלי אחד המורכב משני כלים, המייצגים את יחסי הברית. כך גם האפוד וחושן המשפט מייצגים את יחסי הברית בין ה׳ לישראל. כמו שהארון והכפורת הוא הראשון בכלים ועומד בקודש הקודשים, כך גם האפוד וחושן המשפט באים ראשונים, מכיוון שהם מייצגים את מהות הקשר בין ישראל לבין ה׳.

בחושן המשפט מצויים האורים והתומים, ונדון בכך בהסבר להלן על חושן המשפט.

אפוד, ו–יד

ו ז וְעָשׂוּ אֶת־הָאֵפֹד זָהָב תְּכֵלֶת וְאַרְגָּמָן תּוֹלַעַת שָׁנִי וְשֵׁשׁ מָשְׁזָר מַעֲשֵׂה חֹשֵׁב. שְׁתֵּי כְתֵפֹת חֹבְרֹת
ח יִהְיֶה־לּוֹ אֶל־שְׁנֵי קְצוֹתָיו וְחֻבָּר. וְחֵשֶׁב אֲפֻדָּתוֹ אֲשֶׁר עָלָיו כְּמַעֲשֵׂהוּ מִמֶּנּוּ יִהְיֶה זָהָב תְּכֵלֶת
ט וְאַרְגָּמָן וְתוֹלַעַת שָׁנִי וְשֵׁשׁ מָשְׁזָר. וְלָקַחְתָּ אֶת־שְׁתֵּי אַבְנֵי־שֹׁהַם וּפִתַּחְתָּ עֲלֵיהֶם שְׁמוֹת בְּנֵי
י יִשְׂרָאֵל. שִׁשָּׁה מִשְּׁמֹתָם עַל הָאֶבֶן הָאֶחָת וְאֶת־שְׁמוֹת הַשִּׁשָּׁה הַנּוֹתָרִים עַל־הָאֶבֶן הַשֵּׁנִית
יא כְּתוֹלְדֹתָם. מַעֲשֵׂה חָרַשׁ אֶבֶן פִּתּוּחֵי חֹתָם תְּפַתַּח אֶת־שְׁתֵּי הָאֲבָנִים עַל־שְׁמֹת בְּנֵי יִשְׂרָאֵל
יב מֻסַבֹּת מִשְׁבְּצוֹת זָהָב תַּעֲשֶׂה אֹתָם. וְשַׂמְתָּ אֶת־שְׁתֵּי הָאֲבָנִים עַל כִּתְפֹת הָאֵפֹד אַבְנֵי זִכָּרֹן לִבְנֵי
יִשְׂרָאֵל וְנָשָׂא אַהֲרֹן אֶת־שְׁמוֹתָם לִפְנֵי יהוה עַל־שְׁתֵּי כְתֵפָיו לְזִכָּרֹן.

יג יד וְעָשִׂיתָ מִשְׁבְּצֹת זָהָב. וּשְׁתֵּי שַׁרְשְׁרֹת זָהָב טָהוֹר מִגְבָּלֹת תַּעֲשֶׂה אֹתָם מַעֲשֵׂה עֲבֹת וְנָתַתָּה
אֶת־שַׁרְשְׁרֹת הָעֲבֹתֹת עַל־הַמִּשְׁבְּצֹת.

פירוש העניין

הבגד הראשון המוזכר הוא האפוד (כ"ח, ו-יב), ורק אחר כך בא הציווי על החושן (כ"ח, טו-ל). זהו הסדר גם בביצוע עשיית הבגדים (אפוד: ל"ט, ב-ז; חושן: ל"ט, ח-כא), וגם בהוראה הכללית בכ"ה, ז. לעומת זאת, בציווי הכללי על עשיית הבדים, בכ"ח, ד, מוזכר קודם החושן ואחר כך האפוד. ההסבר לכך כנראה הוא שמבחינת החשיבות החושן, שבו גם האורים והתומים, גדול מהאפוד,[83] אבל החושן היה על האפוד, ולכן האפוד, כבגד הבסיס, הוזכר למעשה קודם. ראו איור 15.

השורש של "אֵפֹד" הוא אפ"ד, היינו חג"ר: "וַיִּתֵּן עָלָיו אֶת הָאֵפֹד וַיַּחְגֹּר אֹתוֹ בְּחֵשֶׁב הָאֵפֹד וַיֶּאְפֹּד לוֹ בּוֹ" (ויקרא ח', ז). לא התברר מהו בדיוק האפוד. פרשנים הבינו שמדובר במעין סינר, העוטף את החלק התחתון של הגוף. האפוד היה עשוי מתכלת, ארגמן, תולעת שני ושש שנשזרו יחדיו. הבד היה "מַעֲשֵׂה חֹשֵׁב", היינו אריגה כמו יריעות המשכן והפרוכת (ו). מהאפוד יצאו שתי כתפות, והן חיברו את החלק הקדמי של האפוד לחלקו האחורי (ז). חשב האפוד הוא כנראה הקשר, מעין חגורה בחלק העליון של האפוד במותן. הוא היה עשוי מהחומרים שמהם היה עשוי האפוד (ח). על שתי אבני השוהם חקקו את השמות של שבטי בני ישראל, שישה משמות השבטים על האבן האחת, והשישה הנותרים על האבן השנית. סדר השמות הוא כתולדותם, היינו לפי סדר הלידה שלהם (ט-י). רש"י וראב"ע סברו בפשטות לפי סדר הלידה: ראובן, שמעון, לוי, יהודה, דן, נפתלי, ועל האבן השנייה: גד, אשר, יששכר, זבולון, יוסף, בנימין.* האותיות צריכות להיות פיתוחי חותם, היינו חקוקות באבנים (רש"י),[84] והיו צריכות להיות משובצות בתוך משבצות זהב, ומשבצת הזהב צריכה להקיף את האבן (=מוסבות) (יא). משבצות זהב אלה, שהכילו את שתי האבנים, היו קשורות באמצעות שרשראות זהב טהור. את השרשראות יש לקבוע במשבצות – במגבלות המשבצות (רש"י), היינו בקצה המשבצות, לעשות אותן מעשה עבות, היינו שהשרשראות יהיו קלועות בחוט זהב (רש"י), או שהכוונה היא שטבעות השרשרת יהיו מחוברות זו לזו (ראב"ם)[85] (יג-יד). תיאור זה של השרשראות כתוב בתווך שבין תיאור האפוד ובין תיאור החושן, מכיוון שבאמצאות שרשראות אלה חיברו את החושן לאפוד (רש"י על פסוק יד).

* יש עוד שלוש שיטות בסוטה לו ע"א-ע"ב. דעת רב כהנא היא שהסדר הוא סדר השבטים כמו בברכות והקללות בהר עיבל והר גריזים (דברים כ"ז, יב-יג). דעה אחרת סבורה שרק באבן השנייה הסדר הוא כסדר הלידה, לפיכך, באבן הראשונה יהודה, ראובן, שמעון לוי, דן, נפתלי, ובאבן השנייה: גד, אשר, יששכר, זבולון, יוסף, בנימין. ר' חנינא בן גמליאל סבור שהסדר הוא סדר השבטים שבשמות א', א-ה, באבן אחת: ראובן, שמעון, לוי, יהודה, יששכר, זבולון. ובאבן השנייה: בנימין, דן, נפתלי, גד, אשר, יוסף. לפי רמב"ם, הלכות כלי המקדש, ט', ט על האבן בצד הימנית הסדר היה: ראובן, לוי, יששכר, נפתלי, גד, יהוסף, ועל האבן השנייה: שמעון, יהודה, זבולון, דן אשר, בנימין. וראו דבריו של ראב"ם: "למדה הקבלה שהחרות אל האבן הימנית 'ראובן לוי יששכר נפתלי גד יהוסף' ועל האבן השמאלית 'שמעון יהודה זבולון דן אשר בנימין', וזה מורה שיחס תולדותם מקובל כזה, ופשט המקרא בתולדותם בויצא יעקב אינו כזה; וקשה זה עלי".

מסביב לאבנים היה צריך לעשות משבצות מזהב שבתוכן ישבו אבני השוהם (יא). האבנים שחקוקים בהן שמות בני ישראל הושמו על כתפות האפוד (יב). המטרה בכך היא שאהרן יישא את השמות של בני ישראל לזיכרון לפני ה׳. אפשר להבין שהם יהיו זיכרון לזכות בני ישראל לפני ה׳ (רש״י; רשב״ם; ספורנו),[86] ואפשר להבין שהם יהיו זיכרון לכוהן, שיזכור את בני ישראל בעת שהוא עובד בעבורם את עבודת המקדש (רלב״ג; אברבנאל).[87] נקטנו לעיל כפירוש זה, והוספנו שישראל צריכים לדעת שאהרן הוא שליחם. הפירוש השני ממשיך את הקו שהעלינו קודם, שאף על פי שהכוהן הוקדש יותר מבני ישראל, הכוונה היא שידע שהדבר אינו בעצמותו, אלא בעבור ה׳, וכשליח של ישראל הוא חלק מהם ושליחם בעבודת ה׳.

ביצוע עשיית האפוד מתואר בל״ט, ב–ז.

חושן המשפט, טו–ל

טו וְעָשִׂיתָ חֹשֶׁן מִשְׁפָּט מַעֲשֵׂה חֹשֵׁב כְּמַעֲשֵׂה אֵפֹד תַּעֲשֶׂנּוּ זָהָב תְּכֵלֶת וְאַרְגָּמָן וְתוֹלַעַת שָׁנִי
טז יז וְשֵׁשׁ מָשְׁזָר תַּעֲשֶׂה אֹתוֹ. רָבוּעַ יִהְיֶה כָּפוּל זֶרֶת אָרְכּוֹ וְזֶרֶת רָחְבּוֹ. וּמִלֵּאתָ בוֹ מִלֻּאַת אֶבֶן
יח אַרְבָּעָה טוּרִים אָבֶן טוּר אֹדֶם פִּטְדָה וּבָרֶקֶת הַטּוּר הָאֶחָד. וְהַטּוּר הַשֵּׁנִי נֹפֶךְ סַפִּיר וְיַהֲלֹם.
יט כ וְהַטּוּר הַשְּׁלִישִׁי לֶשֶׁם שְׁבוֹ וְאַחְלָמָה. וְהַטּוּר הָרְבִיעִי תַּרְשִׁישׁ וְשֹׁהַם וְיָשְׁפֵה מְשֻׁבָּצִים זָהָב יִהְיוּ
כא בְּמִלּוּאֹתָם. וְהָאֲבָנִים תִּהְיֶיןָ עַל־שְׁמֹת בְּנֵי־יִשְׂרָאֵל שְׁתֵּים עֶשְׂרֵה עַל־שְׁמֹתָם פִּתּוּחֵי חוֹתָם אִישׁ
כב עַל־שְׁמוֹ תִּהְיֶיןָ לִשְׁנֵי עָשָׂר שָׁבֶט. וְעָשִׂיתָ עַל־הַחֹשֶׁן שַׁרְשֹׁת גַּבְלֻת מַעֲשֵׂה עֲבֹת זָהָב טָהוֹר.
כג כד וְעָשִׂיתָ עַל־הַחֹשֶׁן שְׁתֵּי טַבְּעוֹת זָהָב וְנָתַתָּ אֶת־שְׁתֵּי הַטַּבָּעוֹת עַל־שְׁנֵי קְצוֹת הַחֹשֶׁן. וְנָתַתָּה
כה אֶת־שְׁתֵּי עֲבֹתֹת הַזָּהָב עַל־שְׁתֵּי הַטַּבָּעֹת אֶל־קְצוֹת הַחֹשֶׁן. וְאֵת שְׁתֵּי קְצוֹת שְׁתֵּי הָעֲבֹתֹת
כו תִּתֵּן עַל־שְׁתֵּי הַמִּשְׁבְּצוֹת וְנָתַתָּה עַל־כִּתְפוֹת הָאֵפֹד אֶל־מוּל פָּנָיו. וְעָשִׂיתָ שְׁתֵּי טַבְּעוֹת זָהָב
כז וְשַׂמְתָּ אֹתָם עַל־שְׁנֵי קְצוֹת הַחֹשֶׁן עַל־שְׂפָתוֹ אֲשֶׁר אֶל־עֵבֶר הָאֵפוֹד בָּיְתָה. וְעָשִׂיתָ שְׁתֵּי טַבְּעוֹת
זָהָב וְנָתַתָּה אֹתָם עַל־שְׁתֵּי כִתְפוֹת הָאֵפוֹד מִלְּמַטָּה מִמּוּל פָּנָיו לְעֻמַּת מַחְבַּרְתּוֹ מִמַּעַל לְחֵשֶׁב
כח הָאֵפוֹד. וְיִרְכְּסוּ אֶת־הַחֹשֶׁן מִטַּבְּעֹתָו אֶל־טַבְּעֹת הָאֵפוֹד בִּפְתִיל תְּכֵלֶת לִהְיוֹת עַל־חֵשֶׁב הָאֵפוֹד
כט וְלֹא־יִזַּח הַחֹשֶׁן מֵעַל הָאֵפוֹד. וְנָשָׂא אַהֲרֹן אֶת־שְׁמוֹת בְּנֵי־יִשְׂרָאֵל בְּחֹשֶׁן הַמִּשְׁפָּט עַל־לִבּוֹ
ל בְּבֹאוֹ אֶל־הַקֹּדֶשׁ לְזִכָּרֹן לִפְנֵי־יהוה תָּמִיד. וְנָתַתָּ אֶל־חֹשֶׁן הַמִּשְׁפָּט אֶת־הָאוּרִים וְאֶת־הַתֻּמִּים
וְהָיוּ עַל־לֵב אַהֲרֹן בְּבֹאוֹ לִפְנֵי יהוה וְנָשָׂא אַהֲרֹן אֶת־מִשְׁפַּט בְּנֵי־יִשְׂרָאֵל עַל־לִבּוֹ לִפְנֵי יהוה
תָּמִיד.

פירוש העניין

חושן המשפט הוא אריג שעליו משובצות שתים עשרה אבנים טובות. בד החושן היה עשוי מאותו בד כמו האפוד: חוטים של זהב, תכלת, ארגמן, תולעת שני, ושש שזורים יחדיו, וכמוהו עשוי מעשה חושב. גודלו של החושן היה ריבוע, זרת אורכו וזרת רוחבו (טז), כאשר מידת הזרת היא כחצי אמה.[88] החושן היה רבוע כפול, היינו שבצד אחד הוא היה ארוך בגודל שתי זרתות (כנראה אמה), ואז קיפלו אותו לשניים, וכך היה בגודל זרת על זרת. בין שני הכפלים הכניסו את האורים והתומים (ל). הבגד נקרא חושן משפט, משום שבתוכו נמצאים האורים והתומים, ובנשיאת החושן, נשא אהרן את משפט בני ישראל: "וְנָשָׂא אַהֲרֹן אֶת מִשְׁפַּט בְּנֵי יִשְׂרָאֵל עַל לִבּוֹ לִפְנֵי ה' תָּמִיד" (ל). בגד זה קרוי חושן המשפט "לפי שנתנו בחשן האורים והתומים שמגידין משפט ישראל וצורכיהם, כדכתיב: 'ושאל לו במשפט האורים' (במדבר כ"ז, כא) לכן קרוי משפט" (רשב"ם על פסוק טו). ראו איור 16.

בתוך שקעים בחושן שנוצרו באמצעות משבצות זהב, שיצרו מסגרות של זהב, מילאו שתים עשרה אבנים טובות. האבנים היו מסודרות בארבעה טורים, ובכל טור שלוש אבנים. כל אבן הייתה נתונה בתוך משבצת זהב (יז-כ). על כל אבן רשמו שם של שבט משבטי ישראל (כא). לפי רש"י ורמב"ם, סדר השבטים הוא כסדר הלידה של בני יעקב (רש"י על פסוק כא; רמב"ם, הלכות כלי המקדש, ט', ז),[89] ואילו אברבנאל סבר שהסדר של שמות השבטים היה כסדר החניה.

על החושן שמו טבעות בארבעה קצות החושן. בשתי הטבעות העליונות השחילו את שרשראות הזהב בטבעות שעל החושן, ואת השרשראות חיברו אל הטבעות שהיו בכתפות האפוד בצד הקדמי של הגוף (יד, כב-כה). בשתי הטבעות שבחלק התחתון של החושן, משני קצותיו, השחילו פתילי תכלת ואותם קשרו לטבעות בחשב האפוד (כז-כח). באופן הזה החושן לא יתנתק מהאפוד (כח).

פסוקים כט-ל מבארים את תכלית חושן המשפט. על הביאור של פסוק כט כבר עמדנו. כאמור לעיל, אהרן נושא את שמות בני ישראל שעל חושן המשפט על ליבו תמיד, ובכך הוא שליח של העם בעבודתו לפני ה', כדי שה' יזכור את ישראל וייטיב עימם. בעבודתו של אהרן הוא נציג העם, כדי שהיא תהיה לזיכרון לפני ה', ובעקבות כך תהיה לזכות לישראל.

פעמיים נזכר ששמות בני ישראל הם על לב אהרן (כט, ל), ופעם נוספת נאמר שהאורים והתומים הם על לב אהרן (ל). הלב מבטא את עצמיות האדם, את פנימיותו, אישיותו (ירמיה כ', יב) ומחשבותיו (ירמיה ל', כד; ל"ב, לה). הלב הוא מקום רגשות האדם (ישעיה ס', ה; תהילים כ"ז, ג) ומקום תודעתו. הלב מביע שלמות כוונות ורצונות (דברים ו', ה). הלב הוא גם מקום הפנייה אל ה' בתפילה (ירמיה כ"ט, יג; תהילים פ"ד, ג; שם קי"ט, י, קמה). לפיכך אולי הכוונה היא שאהרן בכל אישיותו מייצג את ישראל בפני ה' כדי שיזכור אותם. בעבודתו הוא מפנה את ליבו לעבודתו כלפי ה', ובזכות זאת ה' זוכר לטובה את ישראל.[90] הבנה זו היא על דרך מה שכתוב בשיר השירים (ח', ג): "שִׂימֵנִי כַחוֹתָם עַל לִבֶּךָ כַּחוֹתָם עַל זְרוֹעֶךָ". החושן, המייצג את ישראל, הוא כחותם על ליבו של אהרן, בעובדו בשמם במשכן ה'.

זו תכלית הימצאות האבנים בחושן, כפי עולה בפסוק כט, עתה נעמוד על משמעותו של פסוק ל. קיימת כפילות בין שני הפסוקים המצביעה על כך שיש כפל מטרות של החושן. פסוק כט מקביל לחלקו השני של פסוק ל.

(כט) וְנָשָׂא אַהֲרֹן אֶת שְׁמוֹת בְּנֵי יִשְׂרָאֵל בְּחֹשֶׁן הַמִּשְׁפָּט עַל לִבּוֹ
בְּבֹאוֹ אֶל הַקֹּדֶשׁ לְזִכָּרֹן לִפְנֵי ה' תָּמִיד:
(ל1) וְנָתַתָּ אֶל חֹשֶׁן הַמִּשְׁפָּט אֶת הָאוּרִים וְאֶת הַתֻּמִּים וְהָיוּ עַל לֵב אַהֲרֹן
בְּבֹאוֹ לִפְנֵי ה'
(ל2) וְנָשָׂא אַהֲרֹן אֶת מִשְׁפַּט בְּנֵי יִשְׂרָאֵל
עַל לִבּוֹ לִפְנֵי ה' תָּמִיד:

בפסוק כט נאמר שאהרן נושא את שמות בני ישראל, ואילו בחלקו השני של פסוק ל נאמר שהוא נושא את משפט בני ישראל. בפסוק כט המטרה היא שהדבר יהיה על ליבו של אהרן לשם זיכרון לפני ה' תמיד, ואילו בפסוק ל לא כתוב שזה לזיכרון לפני ה', אלא רק שיהיה על ליבו לפני ה' תמיד. ניכר כי מדובר בשני דברים שונים. לכן יש להסיק שפסוק כט הוא חתימה לפרשת החושן (טו-כח), ואילו פסוק ל הוא חתימה לעניין האורים והתומים שהושמו בתוך החושן. עמדנו על טיבו של החושן, ועתה יש להסביר את עניין האורים והתומים.

עניין זה סבוך ביותר. אין ודאות לגבי האורים והתומים, והם אינם מבוארים בכתובים. הכוהן מאופיין בכך שהוא נושא את האורים והתומים (דברים ל"ג, ח: "תֻּמֶּיךָ וְאוּרֶיךָ לְאִישׁ חֲסִידֶךָ"). במקומות אחרים האורים והתומים נזכרים, כצמד או בנפרד, בהקשר של שאלת את ה'. בסיפור מינוי יהושע המושג משפט נקשר באופן ברור לאורים: "וְלִפְנֵי אֶלְעָזָר הַכֹּהֵן יַעֲמֹד וְשָׁאַל לוֹ בְּמִשְׁפַּט הָאוּרִים לִפְנֵי ה'" (במדבר כ"ז, כא). גם בסיפורים על שאול ודוד עולה שהאורים והתומים שימשו לשאלה את ה' ולקבלת הנחיות ממנו בעניינים שונים (שמ"א כ"ח, ו). במקום אחר דוד שואל באפוד, ואף שלא כתוב אורים ותומים, נראה שלכך הכוונה: שמ"א כ"ג, ט-יב; ל', ז. גם מעזרא ב', סג (=נחמיה ז', סה) עולה תפקיד דומה של האורים והתומים. במקומות אחרים שבהם יש שאלה בה', הבינו הפרשנים שזה היה באמצעות האורים והתומים.[91] כך תפסו חז"ל והמפרשים את תפקיד האורים והתומים.[92]

לפי זה, תפקיד האורים והתומים הוא לשאול בה' להכרעה בעניינים, ולפיכך, הכוונה של הפסוק: "וְנָשָׂא אַהֲרֹן אֶת מִשְׁפַּט בְּנֵי יִשְׂרָאֵל", היא שישראל יוכלו דרך האורים והתומים לשאול ולקבל את חוקי ה' ואת הוראותיו.[93] תרגום ירושלמי־יונתן מדגיש את השאלות בתחום המשפט ובתחומים אחרים (על פסוק טו, ובתרגום לעברית): "ועשית חשן משפט אשר בו מודיע משפטיהם של ישראל שנעלמים מן הדיינים ומערכות ניצחון מלחמותיהם ולכפר על הדיינים, מעשה אומן כמו מעשה אפוד תעשנו זהב תכלת וארגמן ותולעת שני ושש משזר תעשה אותו".

לפי הבנה זו, נוכל לעמוד על המורכבות שיש בחושן המשפט. לבגד זה יש שני תפקידים, לאבני החושן ולאורים והתומים שבתוכו. אבני החושן מסמלות את ישראל, ואהרן הנושא אותן

עליו מסמל בכך שהוא נציג העם, כדי שזיכרון העם יעלה לפני ה׳ בעת עבודתו בשמם במשכן. החושן הוא חלק מעבודת העם את ה׳. לעומת זאת, האורים והתומים היו הכלי שבאמצעותו קיבל העם הוראות מה׳ – העם שאל את ה׳, וה׳ הורה לעם הוראות. כלומר חושן המשפט הוא כלי תקשורת בין העם לה׳. אבני החושן מייצגות את העם בעבודתו בפני ה׳, ובכך הן ממנות את הכוהן לפנות בשם העם בעת עבודתו אל ה׳, ובזכות זה ה׳ יזכור אותם.

אם כן, חושן המשפט הוא בגד כהונה המשמש לתקשורת דו־כיוונית: של העם לה׳ ושל ה׳ לעם. אולי יש לדייק עתה שאבני החושן מייצגות את העם, והאורים והתומים מייצגים את משפט ה׳. חושן המשפט מבטא אפוא את יחסי הברית בין ה׳ לישראל.

לאור הבחנה זו, נבין מדוע אין הוראות של ה׳ כיצד לייצר את האורים והתומים,[94] אף שיש ציווי להכניס אותם לתוך החושן (כ״ח, ל), ומתואר שכך משה עשה: ״וַיָּשֶׂם עָלָיו אֶת הַחֹשֶׁן וַיִּתֵּן אֶל הַחֹשֶׁן אֶת הָאוּרִים וְאֶת הַתֻּמִּים״ (ויקרא ח׳, ח). אם כן, מניין היה החפץ הזה? ייתכן שמשה קיבל חפץ זה מה׳ (אפשרות אחת ברמב״ן). הסבר זה מתיישב יפה על פי הסברנו את שני הצדדים בחושן המשפט.

לבסוף, ראוי לשאול כמה שאלות ולבחון מחדש את עניין האורים והתומים. ראשית, מדוע לא כתוב במפורש בפרשיית הציווי של יצירת החושן, בנייתו והכנסת האורים והתומים לתוכו, שדרכו היו ישראל יכולים לשאול את ה׳ שאלות? הרי אין מניעה עקרונית לציין נקודה מהותית זו במפורש. כך למשל בבניית הכרובים נאמר במפורש שה׳ ידבר עם משה בין שני הכרובים. יתר על כן, מדוע אין כל הסבר מהם האורים והתומים? ואם רשום עליהם שם ה׳, כדעה הנפוצה, מדוע דבר זה לא הוזכר בתורה? הנה על הציץ נאמר במפורש שרשום עליהם השם המפורש, ומדוע זה לא נאמר על האורים והתומים? שימוש העם באורים ובתומים כאמצעי לשאלה בה׳ אינו מכריח את הקביעה שלשם כך נועדו האורים והתומים מראש. ועוד יש לשאול, אם התפקיד המרכזי של האורים והתומים היה שישראל ישאלו דרכם בה׳, מדוע אהרן נשא אותם תמיד עליו בעבודתו את עבודת הקודש? ואם התפקיד היה למסור את דבר ה׳, מדוע אהרן נשא אותו דווקא על ליבו?

שאלות ותמיהות אלה מובילות לאפשרות שהמילה ״מִשְׁפָּט״ כאן אינה עשיית דין והכרעה, כמו במרבית המקומות, אלא במשמעות של נתינה לאדם מה שמגיע לו, כך למשל במל״א ח׳, נט: ״לַעֲשׂוֹת מִשְׁפַּט עַבְדּוֹ וּמִשְׁפַּט עַמּוֹ יִשְׂרָאֵל דְּבַר יוֹם בְּיוֹמוֹ״. פירוש המילה משפט כאן הוא כמו שהבין רד״ק בפירושו לפסוק זה: ״משפט במקום זה כמו ׳משפט הבנות יעשה לה׳ (שמות כ״א, י), והדומה לו, כלומר לתת לנו דבר יום ביומו מה שאנו צריכים, להשפיע לנו הטובה, ולשמרנו מרעה״.[95] יש להוסיף על דבריו גם את דברים כ״א, יז: ״כִּי הוּא רֵאשִׁית אֹנוֹ לוֹ מִשְׁפַּט הַבְּכֹרָה״, ירמיה ל״ב, ח: ״כִּי לְךָ מִשְׁפַּט הַיְרֻשָּׁה וּלְךָ הַגְּאֻלָּה״; תהילים קמ״ו, ז: ״עֹשֶׂה מִשְׁפָּט לָעֲשׁוּקִים נֹתֵן לֶחֶם לָרְעֵבִים״. דוגמה נוספת היא משלי כ״ט, כו: ״רַבִּים מְבַקְשִׁים פְּנֵי מוֹשֵׁל וּמֵה׳ מִשְׁפַּט אִישׁ״. ההקשר של פסוק זה לתחום המשפט אינו עולה יפה בפסוק. אך פירושו כפי שפירש רבי משה קמחי, שרבים מבקשים את פניו של המושל בעבור מתנותיו ועזרה ממנו, אך באמת מה׳ משפט איש, היינו ביד ה׳ לתת לאדם ולרוממו. לפי הבנה זו,

המשמעות של המילה משפט בעניין האורים והתומים היא הצרכים של ישראל והטוב המיוחל להם. לפי זה, הכוונה שאהרן נושא את החושן שעליו אבנים המייצגות את שבטי ישראל, והוא נושא אותן על ליבו כמי שמכוון בעבודתו לה׳ שיפעל למען מילוי חסרונם של ישראל, ושה׳ יעשה עמהם טוב. פירוש חריג זה כבר נמצא כנראה בחזקוני (אף שלא שמו לב אליו): "ישא ויזכיר לפני הקב"ה מה שהחשן מגיד שהם צריכים, כמו: ׳וזה יהיה משפט הכוהנים׳ (דברים י"ח, ג), ׳עשות משפט עבדו ומשפט עמו ישראל׳ (מל"א ח׳, נט)".[96]

רב האי גאון סבר שהאבנים עצמן הן האורים והתומים.[97] כנגד פירוש זה יצא ראב"ע (בפירושו הקצר) בטענה שמפורש שמשה נתן את האורים והתומים אל החושן.[98] אין לנו מידע מה בין האורים לתומים, ורש"י סבר שהשם המפורש היה כתוב שם.[99]

רמב"ן מסביר שלאחר שאלת הכוהן, האותיות האירו את התשובה. רמב"ם סבור גם הוא שהאותיות היו מתנוצצות מול עיני הכוהן, אך הכוהן היה יודע ברוח הקודש ובמראה הנבואה להבין את התשובה: "...ואינו שואל בקול רם, ולא מהרהר בלבו, אלא בקול נמוך, כמו שמתפלל בינו לבין עצמו. ומיד רוח הקדש לובשת את הכהן, ומביט בחשן, ורואה במראה הנבואה..." (הלכות כלי המקדש והעובדים בו, י׳ יא; וראו בפירוט דברי ראב"ם; וכן דעת אברבנאל: "ונשא אהרן את משפט בני ישראל על לבו כי השמות שהיו מונחים בחשן היו סבה אל שתשוטט מחשבת הכהן והשמות הקדושים ההם היו מגיעים אליו הנבואה ויגיד העתידות").

ביצוע עשיית חושן המשפט מתואר בל"ט, ח-כא, והכנסת האורים והתומים בתוך החושן מתוארת בויקרא ח׳, ח.

מעיל האפוד, לא-לה

לא לב וְעָשִׂיתָ אֶת־מְעִיל הָאֵפוֹד כְּלִיל תְּכֵלֶת. וְהָיָה פִי־רֹאשׁוֹ בְּתוֹכוֹ שָׂפָה יִהְיֶה לְפִיו סָבִיב מַעֲשֵׂה
לג אֹרֵג כְּפִי תַחְרָא יִהְיֶה־לּוֹ לֹא יִקָּרֵעַ. וְעָשִׂיתָ עַל־שׁוּלָיו רִמֹּנֵי תְּכֵלֶת וְאַרְגָּמָן וְתוֹלַעַת שָׁנִי עַל־
לד לה שׁוּלָיו סָבִיב וּפַעֲמֹנֵי זָהָב בְּתוֹכָם סָבִיב. פַּעֲמֹן זָהָב וְרִמּוֹן פַּעֲמֹן זָהָב וְרִמּוֹן עַל־שׁוּלֵי הַמְּעִיל
סָבִיב. וְהָיָה עַל־אַהֲרֹן לְשָׁרֵת וְנִשְׁמַע קוֹלוֹ בְּבֹאוֹ אֶל־הַקֹּדֶשׁ לִפְנֵי יהוה וּבְצֵאתוֹ וְלֹא יָמוּת.

פירוש העניין

המעיל הוא הבגד שמתחת לאפוד. הוא היה עשוי כולו תכלת (לא). המעיל נקרא מעיל האפוד, היינו המעיל שעליו אהרן לובש את האפוד (רש"י). המעיל צריך שיהיה סגור כולו ויש לו פתח רק במקום שבו מכניסים את הראש. בפה של המעיל – הוא הפתח שאהרן מכניס בו את ראשו – יש שפה ארוגה מסביב כדי שהבגד לא ייקרע.[100] השפה תהיה כפי תחרא – היינו כמו פתח הראש בשריון (אונקלוס). בשולי המעיל מלמטה יש לחבר לסירוגין פעמונים וקישוט בצורת רימון,[101] וכך פירש רש"י (על פסוק לג), אך לדעת רמב"ן הפעמונים היו בתוך הרימונים (פירשו לפסוק לא). העיגולים בצורת הרימונים היו עשויים מתכלת וארגמן ותולעת שני, והפעמונים היו עשויים זהב.

התיאור של המעיל מסתיים בחובה שהמעיל יהיה על אהרן כאשר יבוא לשרת, כאשר יבוא אל הקודש לשרת לפני ה׳ וכאשר יצא יישמע קול נקישת הפעמונים (לה). לא מפורש מהי תכלית שמיעת קולו של הכוהן. אפשר שהתכלית היא שבכניסתו וביציאתו יישמע קול וידעו אחרים לא להתקרב, שכן אסור לאדם להיות באוהל מועד לכפר בקדש עד צאתו, כפי שנאמר בויקרא ט"ז, יז (רשב"ם). ראב"ע (הפירוש הקצר) הסביר שהמטרה היא שה׳ ישמע את קולו של הכוהן בבואו לשרת בקודש. ריב"ש פירש שהקול הוא כדי לכבד את ה׳ בכניסה וביציאה, כדרך של כבוד שבו מודיע הנכנס על בואו (וכן רמב"ן). ואברבנאל פירש שהקול מביא לריכוז של הכוהן בעבודתו, וגם שידעו האנשים בחוץ שהוא חי. חזקוני אומר שרעש הפעמונים הוא כדי שהעם ידע מתי הכוהן עובד, ובאותו זמן יכוונו ליבם לאביהם שבשמיים, וגם כדי שיהיה נבדל בעבודתו מעבודת שאר הכוהנים.

בסוף הפסוק נאמר "וְלֹא יָמוּת", ונחלקו פרשנים מה הכוונה. לפי רש"י, המילים מוסבות על תחילת הפסוק, היינו שהבגדים יהיו עליו בבואו אל הקודש, שכן אם יבוא בלעדיהם הוא חייב מיתה. רמב"ן מפרש זאת רק על עניין הפעמונים, שאם ייכנס למקדש בלי הפעמונים, כאילו נכנס ללא רשות, ואז יהיה חייב על כך מיתה.

נחלקו פרשנים בדבר צורתו של המעיל. לדעת הרמב"ם המעיל היה פתוח בצדדים.[102] לדעת רמב"ן המעיל היה סגור מן הצדדים, אך פתוח מלפנים. לדעת שניהם לא היו למעיל שרוולים, ולדעת ראב"ד למעיל היו שרוולים. אורך המעיל היה כנראה עד קרסולי הכוהן (רמב"ן לפסוק כא).[103]

עשיית המעיל מתוארת בל"ט, כב-כו. ראו איור 17.

ציץ, כתונת, מצנפת, ואבנט, לו–לט

לו לז וְעָשִׂיתָ צִּיץ זָהָב טָהוֹר וּפִתַּחְתָּ עָלָיו פִּתּוּחֵי חֹתָם קֹדֶשׁ לַיהוה. וְשַׂמְתָּ אֹתוֹ עַל־פְּתִיל תְּכֵלֶת וְהָיָה
לח עַל־הַמִּצְנָפֶת אֶל־מוּל פְּנֵי־הַמִּצְנֶפֶת יִהְיֶה. וְהָיָה עַל־מֵצַח אַהֲרֹן וְנָשָׂא אַהֲרֹן אֶת־עֲוֺן הַקֳּדָשִׁים
אֲשֶׁר יַקְדִּישׁוּ בְּנֵי יִשְׂרָאֵל לְכָל־מַתְּנֹת קָדְשֵׁיהֶם וְהָיָה עַל־מִצְחוֹ תָּמִיד לְרָצוֹן לָהֶם לִפְנֵי יהוה.
לט וְשִׁבַּצְתָּ הַכְּתֹנֶת שֵׁשׁ וְעָשִׂיתָ מִצְנֶפֶת שֵׁשׁ וְאַבְנֵט תַּעֲשֶׂה מַעֲשֵׂה רֹקֵם.

פירוש העניין

הציץ היה תכשיט בצורת טס של זהב ואותו שם אהרן על מצחו. הוא גם נקרא "נֵזֶר הַקֹּדֶשׁ" (כ"ט, ו; ל"ט, ל), והיה אפוא מעין כתר. על הציץ חקקו את המילים "קֹדֶשׁ לַה'" (בשם המפורש), כנראה באופן שהכתב בולט החוצה (גיטין כ ע"א). על כתרו של הכוהן הגדול רשום לעין כול שהוא קודש לה', ועל אף גדולתו ורוממותו הוא משרתו של ה' ועבדו. אכן הכוהנים הוקדשו לעבודת ה' בימי המילואים (כ"ט, כא, לג; ויקרא ח', יב, ל), וכך גם נאמר: "וַיִּבָּדֵל אַהֲרֹן לְהַקְדִּישׁוֹ קֹדֶשׁ קָדָשִׁים" (דה"א כ"ג, יג). וראו גם: ויקרא כ"א, ו (ראב"ם). לציץ חיברו פתיל תכלת כדי להלביש את הציץ על מצח אהרן.

באמצעות נשיאת הציץ על מצח אהרן, הוא נשא את עוון הקודשים שבני ישראל מקדישים לה', וכדי שהקודשים יהיו לרצון העם לפני ה' תמיד. ההסבר המקובל הוא שהציץ מביא לסליחה על קורבנות שנעשו בטומאה.[104] ונראה ביותר הסברו של רשב"ם: "לפי פשוטו, לא דיבר הכתוב בטומאת קדשים. אלא כך פירושו: כל קרבנות שיביאו ישראל, או עולה או חטאת או אשם לכפר עליהם, שיסייע הציץ עם הקרבן להזכירן לפני הקב"ה, שיהיה לרצון ולזכרון לבני ישראל להתכפר להם". לפי רשב"ם, הקורבנות מכפרים, והציץ והחושן מזכירים לה' לקבל את הקורבנות של ישראל. נראה לי שיש לנסח את הדברים כך: הציץ על מצח אהרן מבטא באופן קבוע שכל המעשים הם קודש לה' וכך מתכפר להם, גם על הטעויות שהם עושים בעבודה. אולי בזכות שהכוהן הוא קודש לה', כל המעשים שנעשים באמצעותו יגרמו לדברים להיות לרצון לפני ה' (שד"ל).

נאמר שהציץ יהיה על מצחו של הכוהן הגדול תמיד. רש"י (לח) אומר שהדבר אינו אפשרי שהציץ יהיה תמיד על מצחו, ולכן שלא כטעמי המקרא, הוא מפרש שהמילה קשורה להמשך, היינו שתמיד לרצון להם. אך פשוטו כדברי ראב"ע (בפירושו הקצר), שתמיד הכוונה כל זמן שהוא בא למקדש. ואכן כבר פירשנו לעיל שתמיד אינו כל הזמן דווקא אלא בקביעות.

השם "צִיץ" הוא אולי משום שהיה מצוי על ציצת הראש (ראב"ע), או משום שנותנו על המצח במקום שבני אדם רואים, מהשורש צי"ץ, כמו "מֵצִיץ מִן הַחֲרַכִּים" (שיר השירים ב', ט) (רשב"ם). ואולי נקרא כך משום שהוא "מאיר ומזהיר, כמו 'וְנֹצְצִים כְּעֵין נְחֹשֶׁת קָלָל' (יחזקאל א', ז), 'וְעָלָיו יָצִיץ נִזְרוֹ' (תהילים קל"ב, יח)" (חזקוני).

הכתונת הייתה הבגד התחתון מתחת למעיל הצמוד לגוף. היא עשויה כולה משבצות מרובעות של שש ומעשה רקם, כמו מסך פתח האוהל ומסך שער החצר (לט). לפי הבבלי יומא עב ע"ב, היו לכתונת שרוולים. לגבי אורך הכתונת, לפי רמב"ם היא הגיעה עד מעל העקב.[105] רש"י ביומא כ"ג ע"ב פירש שהאורך הוא כמידת קומתו של הכוהן, "היינו שיהא שווה לארץ".

המצנפת היא הכובע שחבש הכוהן והיה עשוי שש.[106] המקרא אינו מפרש מה צורת המצנפת, ונחלקו בכך פרשני ימי הביניים.[107]

האבנט הוא מעין חגורה והוא עשוי מעשה רוקם, כמו שנאמר לגבי מסך פתח האוהל (כ"ו, לו) ומסך שער החצר (כ"ז, טז). שם נאמר שהבד היו עשוי "תְּכֵלֶת וְאַרְגָּמָן וְתוֹלַעַת שָׁנִי

וְשֵׁשׁ מָשְׁזָר". כך היה עשוי גם האבנט, אף כי הדבר לא כתוב כאן, הדבר מפורש בתיאור עשיית האבנט בל"ט, כט (ראב"ע). הרמב"ם אומר שרוחב האבנט היה כשלוש אצבעות ואורכו שלושים ושתיים אמה, והיה כורך על גופו כריכה אחר כריכה.[108] ראו איורים 18–21.

בגדי בני אהרן, מ

מ וְלִבְנֵי אַהֲרֹן תַּעֲשֶׂה כֻתֳּנֹת וְעָשִׂיתָ לָהֶם אַבְנֵטִים וּמִגְבָּעוֹת תַּעֲשֶׂה לָהֶם לְכָבוֹד וּלְתִפְאָרֶת.

פירוש העניין

עד כה דובר על בגדי אהרן בלבד, ועתה הכתוב מפרט בקצרה את בגדי בני אהרן. עד כה תוארו שבעה בגדים של אהרן: אפוד, חושן, מעיל, ציץ, כתונת, מצנפת ואבנט, ועתה מוזכרים שלושה בגדי בני אהרן: כותנת, אבנטים ומגבעות.

הכותנות של בני אהרן זהות לכותנת אהרן.[109] הכובע של בני אהרן נקרא מגבעת ואילו הכובע של אהרן נקרא מצנפת. בל"ט, כח, הכובע נקרא "פַּאֲרֵי הַמִּגְבָּעֹת". אף שיש שני שמות שונים, רש"י סבר שמצנפת ומגבעת אחת הן.[110] אך מכיוון שיש שמות שונים מסתבר שמדובר על כובעים שונים,[111] או על צורת לבישה שונה.[112] ראב"ע (בפירושו הקצר לפסוק מ) מסביר: "כי הגבעות נקראו כן בעבור רומם וגבהותם". הכובע הוא בגד בולט ולכן נאמר על המגבעות שהן לכבוד ולתפארת.[113] וברור שגם המצנפת הייתה לכבוד ולתפארת, אלא הכוונה שגם בגדי בני אהרן הם לכבוד ולתפארת, כפי שמפורש בבגדי אהרן בכ"ח, ב: "וְעָשִׂיתָ בִגְדֵי קֹדֶשׁ לְאַהֲרֹן אָחִיךָ לְכָבוֹד וּלְתִפְאָרֶת".

גם באבנטים של בני אהרן נאמר הציווי באופן כללי, בלי פירוט או שינוי מהאבנט של אהרן. ולכן מסתבר שלאהרן ולבניו היו אבנטים דומים (ראב"ע הפירוש הקצר). זהו פשוטו של מקרא.[114] האבנט היה עשוי כלאיים, כמו גם האפוד והחושן: התכלת הארגמן ותולעת השני הם צמר ואילו השש משזר היה פשתן, ולכן נחלקו חכמים אם אבנט בני אהרן היה זהה לאבנט של אהרן (בבלי יומא ו ע"א). לפי הדעה שזה אותו אבנט, והוא כלאיים, אף שאין לזה יסוד בפשוטו של מקרא, הבחינו פרשנים בין אבנט הכוהנים, שהיה מותר ללובשו רק בשעת עבודה, ובין אבנט הכוהן הגדול, שהיה לבוש בבגדים בכל זמן, גם שלא בשעת עבודה.[115]
ראו איור 22–23.

הלבשת אהרן ובניו ומינוים, וחובת לבישת מכנסיים, מא–מג

מא וְהִלְבַּשְׁתָּ אֹתָם אֶת־אַהֲרֹן אָחִיךָ וְאֶת־בָּנָיו אִתּוֹ וּמָשַׁחְתָּ אֹתָם וּמִלֵּאתָ אֶת־יָדָם וְקִדַּשְׁתָּ אֹתָם
מב מג וְכִהֲנוּ־לִי. וַעֲשֵׂה לָהֶם מִכְנְסֵי־בָד לְכַסּוֹת בְּשַׂר עֶרְוָה מִמָּתְנַיִם וְעַד־יְרֵכַיִם יִהְיוּ. וְהָיוּ עַל־אַהֲרֹן
וְעַל־בָּנָיו בְּבֹאָם אֶל־אֹהֶל מוֹעֵד אוֹ בְגִשְׁתָּם אֶל־הַמִּזְבֵּחַ לְשָׁרֵת בַּקֹּדֶשׁ וְלֹא־יִשְׂאוּ עָוֺן וָמֵתוּ
חֻקַּת עוֹלָם לוֹ וּלְזַרְעוֹ אַחֲרָיו.

פירוש העניין

בסיום תיאור הבגדים עובר הכתוב לציווי להלביש את אהרן ובניו בבגדים שתוארו, למשוח אותם ולמלא את ידם (מא), ועל כך ידבר הפרק הבא בהרחבה. צירוף שלוש הפעולות כאן הופך את אהרן ובניו לכוהנים לה׳: לבישת הבגדים, מילוא ידי הכוהנים ומשיחתם. לאחר ציון שלוש הפעולות האלה נאמר "וְקִדַּשְׁתָּ אֹתָם". ראב"ע הבין שקידשת אותם זו פעולה נפרדת של אמירה בדיבור שהם קדושים (בפירושו הארוך; ובעקבותיו חזקוני). אך ההבנה הפשוטה שעם עשיית הפעולות המנויות קודם בפסוק ייהפכו אהרן ובניו לקדושים (אברבנאל).

רק עתה, לאחר הסיכום של תיאור הבגדים והקביעה כיצד יש להקדיש את הכוהנים, לבד מלבישת הבגדים, בא הכתוב ומוסיף בגד נוסף, את המכנסיים, גם לאהרן וגם לבניו (מב). המטרה של לבישת המכנסיים היא לכסות את בשר הערווה, מהמותניים ועד הירכיים, כדי שלא יהיה עליהם עוון בבואם לאוהל מועד או בעבודתם במזבח. כלומר אם ייכנסו לעבוד במקדש בלי מכנסיים המכסים את ערוותם, הם יהיו חייבים מיתה. עניין זה עולה גם מהציווי שלא לעלות למזבח במעלות כדי שלא תתגלה הערווה (כ׳, כג) (ראו ראב"ם; רמב"ן בפירושו לפסוק לה).

הציווי על המכנסיים בא רק לאחר פסוקי הסיכום של בגדי אהרן ובניו, לאחר האמירה הכללית שבלבישת הבגדים במשיחתם ובמילוי ידיהם ייהפכו להיות כוהנים לה׳. מדוע המכנסיים באים רק לאחר הסיום בנפרד משאר הבגדים? הפרדה זו מצביעה על הבדל מהותי בין המכנסיים לשאר הבגדים. לבישת הבגדים האחרים היא חלק מהותי בהפיכת אהרן ובניו לכוהנים משרתי ה׳. לעומת זאת, המכנסיים אינם חלק מבגדי כהונה, ומטרתם שונה, והיא למנוע חילול המקדש בגילוי ערוותם. אי־לבישת מכנסיים היא חמורה ביותר, ותוצאתה מיתה, אבל לא משום שלא עבד ככוהן במקדש, אלא משום שביזה את המקדש. יוצא שאם כוהן גדול עבד בלא שבעת הבגדים (חוץ ממכנסיים) וכוהן הדיוט עבד בלא שלושה בגדים (חוץ ממכנסיים), הוא חייב מיתה משום שלא עבד ככוהן במקדש ה׳ כפי שה׳ ציווה. לבישת הבגדים עושה את האדם כוהן ראוי לעבודה. אבל זה נכון רק לגבי הבגדים העליונים. אבל אי־לבישת מכנסים פוגמת לא משום שאינו לובש בגדי כהונה שמכשירים אותו לעבודת כהונה, אלא משום שביזה את המקדש. לכן אף שאנו סופרים שמונה בגדים לכוהן גדול וארבעה לכוהן הדיוט, זו הכללה של כל הבגדים, אבל מהות המכנסיים ומהות שאר הבגדים שונה. חוק זה הוא חוק עולם לאהרן ולבניו. אבל נראה יותר שמילים אלה מכוונות לכל עניין עשיית הבגדים, שהם חוק לעולם לאהרן ולזרעו (אברבנאל).

רש"י לומד מכאן שמחוסר בגדים חייב מיתה, אבל העיר על דבריו חזקוני שכתוב זה נאמר רק על לאי־לבישת מכנסיים ולא על מי שלא לבש בגדים אחרים. דין מחוסר בגדים נלמד ממקום אחר.

הקדשת הכוהנים והמזבח, כ״ט, א–לז

א וְזֶה הַדָּבָר אֲשֶׁר תַּעֲשֶׂה לָהֶם לְקַדֵּשׁ אֹתָם לְכַהֵן לִי לְקַח פַּר אֶחָד בֶּן־בָּקָר וְאֵילִם שְׁנַיִם תְּמִימִם.
ב וְלֶחֶם מַצּוֹת וְחַלֹּת מַצֹּת בְּלוּלֹת בַּשֶּׁמֶן וּרְקִיקֵי מַצּוֹת מְשֻׁחִים בַּשָּׁמֶן סֹלֶת חִטִּים תַּעֲשֶׂה אֹתָם.
ג ד וְנָתַתָּ אוֹתָם עַל־סַל אֶחָד וְהִקְרַבְתָּ אֹתָם בַּסָּל וְאֶת־הַפָּר וְאֵת שְׁנֵי הָאֵילִם. וְאֶת־אַהֲרֹן וְאֶת־
בָּנָיו תַּקְרִיב אֶל־פֶּתַח אֹהֶל מוֹעֵד וְרָחַצְתָּ אֹתָם בַּמָּיִם.

ה וְלָקַחְתָּ אֶת־הַבְּגָדִים וְהִלְבַּשְׁתָּ אֶת־אַהֲרֹן אֶת־הַכֻּתֹּנֶת וְאֵת מְעִיל הָאֵפֹד וְאֶת־הָאֵפֹד וְאֶת־
ו הַחֹשֶׁן וְאָפַדְתָּ לוֹ בְּחֵשֶׁב הָאֵפֹד. וְשַׂמְתָּ הַמִּצְנֶפֶת עַל־רֹאשׁוֹ וְנָתַתָּ אֶת־נֵזֶר הַקֹּדֶשׁ עַל־הַמִּצְנָפֶת.
ז ח וְלָקַחְתָּ אֶת־שֶׁמֶן הַמִּשְׁחָה וְיָצַקְתָּ עַל־רֹאשׁוֹ וּמָשַׁחְתָּ אֹתוֹ. וְאֶת־בָּנָיו תַּקְרִיב וְהִלְבַּשְׁתָּם כֻּתֳּנֹת.
ט וְחָגַרְתָּ אֹתָם אַבְנֵט אַהֲרֹן וּבָנָיו וְחָבַשְׁתָּ לָהֶם מִגְבָּעֹת וְהָיְתָה לָהֶם כְּהֻנָּה לְחֻקַּת עוֹלָם וּמִלֵּאתָ
יַד־אַהֲרֹן וְיַד־בָּנָיו.

י יא וְהִקְרַבְתָּ אֶת־הַפָּר לִפְנֵי אֹהֶל מוֹעֵד וְסָמַךְ אַהֲרֹן וּבָנָיו אֶת־יְדֵיהֶם עַל־רֹאשׁ הַפָּר. וְשָׁחַטְתָּ
יב אֶת־הַפָּר לִפְנֵי יהוה פֶּתַח אֹהֶל מוֹעֵד. וְלָקַחְתָּ מִדַּם הַפָּר וְנָתַתָּה עַל־קַרְנֹת הַמִּזְבֵּחַ בְּאֶצְבָּעֶךָ
יג וְאֶת־כָּל־הַדָּם תִּשְׁפֹּךְ אֶל־יְסוֹד הַמִּזְבֵּחַ. וְלָקַחְתָּ אֶת־כָּל־הַחֵלֶב הַמְכַסֶּה אֶת־הַקֶּרֶב וְאֵת
יד הַיֹּתֶרֶת עַל־הַכָּבֵד וְאֵת שְׁתֵּי הַכְּלָיֹת וְאֶת־הַחֵלֶב אֲשֶׁר עֲלֵיהֶן וְהִקְטַרְתָּ הַמִּזְבֵּחָה. וְאֶת־בְּשַׂר
הַפָּר וְאֶת־עֹרוֹ וְאֶת־פִּרְשׁוֹ תִּשְׂרֹף בָּאֵשׁ מִחוּץ לַמַּחֲנֶה חַטָּאת הוּא.

טו טז וְאֶת־הָאַיִל הָאֶחָד תִּקָּח וְסָמְכוּ אַהֲרֹן וּבָנָיו אֶת־יְדֵיהֶם עַל־רֹאשׁ הָאָיִל. וְשָׁחַטְתָּ אֶת־הָאָיִל
יז וְלָקַחְתָּ אֶת־דָּמוֹ וְזָרַקְתָּ עַל־הַמִּזְבֵּחַ סָבִיב. וְאֶת־הָאַיִל תְּנַתֵּחַ לִנְתָחָיו וְרָחַצְתָּ קִרְבּוֹ וּכְרָעָיו
יח וְנָתַתָּ עַל־נְתָחָיו וְעַל־רֹאשׁוֹ. וְהִקְטַרְתָּ אֶת־כָּל־הָאַיִל הַמִּזְבֵּחָה עֹלָה הוּא לַיהוה רֵיחַ נִיחוֹחַ
אִשֶּׁה לַיהוה הוּא.

יט כ וְלָקַחְתָּ אֵת הָאַיִל הַשֵּׁנִי וְסָמַךְ אַהֲרֹן וּבָנָיו אֶת־יְדֵיהֶם עַל־רֹאשׁ הָאָיִל. וְשָׁחַטְתָּ אֶת־הָאַיִל
וְלָקַחְתָּ מִדָּמוֹ וְנָתַתָּה עַל־תְּנוּךְ אֹזֶן אַהֲרֹן וְעַל־תְּנוּךְ אֹזֶן בָּנָיו הַיְמָנִית וְעַל־בֹּהֶן יָדָם הַיְמָנִית
כא וְעַל־בֹּהֶן רַגְלָם הַיְמָנִית וְזָרַקְתָּ אֶת־הַדָּם עַל־הַמִּזְבֵּחַ סָבִיב. וְלָקַחְתָּ מִן־הַדָּם אֲשֶׁר עַל־הַמִּזְבֵּחַ
וּמִשֶּׁמֶן הַמִּשְׁחָה וְהִזֵּיתָ עַל־אַהֲרֹן וְעַל־בְּגָדָיו וְעַל־בָּנָיו וְעַל־בִּגְדֵי בָנָיו אִתּוֹ וְקָדַשׁ הוּא וּבְגָדָיו
כב וּבָנָיו וּבִגְדֵי בָנָיו אִתּוֹ. וְלָקַחְתָּ מִן־הָאַיִל הַחֵלֶב וְהָאַלְיָה וְאֶת־הַחֵלֶב הַמְכַסֶּה אֶת־הַקֶּרֶב וְאֵת
יֹתֶרֶת הַכָּבֵד וְאֵת שְׁתֵּי הַכְּלָיֹת וְאֶת־הַחֵלֶב אֲשֶׁר עֲלֵיהֶן וְאֵת שׁוֹק הַיָּמִין כִּי אֵיל מִלֻּאִים הוּא.
כג כד וְכִכַּר לֶחֶם אַחַת וְחַלַּת לֶחֶם שֶׁמֶן אַחַת וְרָקִיק אֶחָד מִסַּל הַמַּצּוֹת אֲשֶׁר לִפְנֵי יהוה. וְשַׂמְתָּ
כה הַכֹּל עַל כַּפֵּי אַהֲרֹן וְעַל כַּפֵּי בָנָיו וְהֵנַפְתָּ אֹתָם תְּנוּפָה לִפְנֵי יהוה. וְלָקַחְתָּ אֹתָם מִיָּדָם וְהִקְטַרְתָּ
כו הַמִּזְבֵּחָה עַל־הָעֹלָה לְרֵיחַ נִיחוֹחַ לִפְנֵי יהוה אִשֶּׁה הוּא לַיהוה. וְלָקַחְתָּ אֶת־הֶחָזֶה מֵאֵיל

כו הַמִּלֻּאִים אֲשֶׁר לְאַהֲרֹן וְהֵנַפְתָּ אֹתוֹ תְּנוּפָה לִפְנֵי יהוה וְהָיָה לְךָ לְמָנָה. וְקִדַּשְׁתָּ אֵת חֲזֵה הַתְּנוּפָה
וְאֵת שׁוֹק הַתְּרוּמָה אֲשֶׁר הוּנַף וַאֲשֶׁר הוּרָם מֵאֵיל הַמִּלֻּאִים מֵאֲשֶׁר לְאַהֲרֹן וּמֵאֲשֶׁר לְבָנָיו.

כח וְהָיָה לְאַהֲרֹן וּלְבָנָיו לְחָק־עוֹלָם מֵאֵת בְּנֵי יִשְׂרָאֵל כִּי תְרוּמָה הוּא וּתְרוּמָה יִהְיֶה מֵאֵת בְּנֵי־
כט יִשְׂרָאֵל מִזִּבְחֵי שַׁלְמֵיהֶם תְּרוּמָתָם לַיהוה. וּבִגְדֵי הַקֹּדֶשׁ אֲשֶׁר לְאַהֲרֹן יִהְיוּ לְבָנָיו אַחֲרָיו לְמָשְׁחָה
ל בָהֶם וּלְמַלֵּא־בָם אֶת־יָדָם. שִׁבְעַת יָמִים יִלְבָּשָׁם הַכֹּהֵן תַּחְתָּיו מִבָּנָיו אֲשֶׁר יָבֹא אֶל־אֹהֶל מוֹעֵד
לא לב לְשָׁרֵת בַּקֹּדֶשׁ. וְאֵת אֵיל הַמִּלֻּאִים תִּקָּח וּבִשַּׁלְתָּ אֶת־בְּשָׂרוֹ בְּמָקֹם קָדֹשׁ. וְאָכַל אַהֲרֹן וּבָנָיו
לג אֶת־בְּשַׂר הָאַיִל וְאֶת־הַלֶּחֶם אֲשֶׁר בַּסָּל פֶּתַח אֹהֶל מוֹעֵד. וְאָכְלוּ אֹתָם אֲשֶׁר כֻּפַּר בָּהֶם לְמַלֵּא
לד אֶת־יָדָם לְקַדֵּשׁ אֹתָם וְזָר לֹא־יֹאכַל כִּי־קֹדֶשׁ הֵם. וְאִם־יִוָּתֵר מִבְּשַׂר הַמִּלֻּאִים וּמִן־הַלֶּחֶם עַד־
הַבֹּקֶר וְשָׂרַפְתָּ אֶת־הַנּוֹתָר בָּאֵשׁ לֹא יֵאָכֵל כִּי־קֹדֶשׁ הוּא.

לה לו וְעָשִׂיתָ לְאַהֲרֹן וּלְבָנָיו כָּכָה כְּכֹל אֲשֶׁר־צִוִּיתִי אֹתָכָה שִׁבְעַת יָמִים תְּמַלֵּא יָדָם. וּפַר חַטָּאת תַּעֲשֶׂה
לז לַיּוֹם עַל־הַכִּפֻּרִים וְחִטֵּאתָ עַל־הַמִּזְבֵּחַ בְּכַפֶּרְךָ עָלָיו וּמָשַׁחְתָּ אֹתוֹ לְקַדְּשׁוֹ. שִׁבְעַת יָמִים תְּכַפֵּר
עַל־הַמִּזְבֵּחַ וְקִדַּשְׁתָּ אֹתוֹ וְהָיָה הַמִּזְבֵּחַ קֹדֶשׁ קָדָשִׁים כָּל־הַנֹּגֵעַ בַּמִּזְבֵּחַ יִקְדָּשׁ.

פירוש העניין

מקומה של הפרשה

לקראת סיום תיאור עשיית בגדי אהרן מוגדרת מטרתם: "וְהִלְבַּשְׁתָּ אֹתָם אֶת אַהֲרֹן אָחִיךָ וְאֶת בָּנָיו אִתּוֹ וּמָשַׁחְתָּ אֹתָם וּמִלֵּאתָ אֶת יָדָם וְקִדַּשְׁתָּ אֹתָם וְכִהֲנוּ לִי" (כ"ח, מא). עתה מייד מתואר איך יש לקדש את הכוהנים ולמלא את ידם.[116] פרשייה זו מתארת לא רק את מילוי ידם של הכוהנים, אלא גם את חיטוי המזבח וכפרתו, את הכשרתו לקבל את הקורבנות של העם ואת הכשרת הכוהנים לעבוד במזבח. בהתאם לכך, מייד לאחר מכן בא הצו על קורבנות התמיד (כ"ט, לח–מא), שיביאו להתגלות ה' לישראל ולשכינתו בתוכם (כ"ט, מב–מז). רצף זה בין הציווי על הקדשת הכוהנים והמזבח לציווי על קורבן התמיד עולה באמצעות סמיכות הפרשיות והפתיחות המשותפות במילה "וְזֶה": "**וְזֶה** הַדָּבָר אֲשֶׁר תַּעֲשֶׂה לָהֶם לְקַדֵּשׁ אֹתָם לְכַהֵן לִי" (כ"ט, א); "**וְזֶה** אֲשֶׁר תַּעֲשֶׂה עַל הַמִּזְבֵּחַ" (כ"ט, לח).

תיאור מילוי כל ההוראות של בניית המשכן ועשיית בגדי הכוהנים הוא בספר שמות, לעומת זאת מילוי ההוראות בדבר הקדשת אהרן מסופר בויקרא ח'. ההסבר הראשוני לכך הוא שהקדשת הכוהנים כרוכה בהקרבת קורבנות, ואת זה ניתן לעשות רק לאחר שמשה ילמד את דרך הקרבת הקורבנות בויקרא א'–ז'.[117] להלן בעיוננו לפרשת קורבן התמיד נראה שיש לכך הסבר עמוק ומהותי יותר להבנת פרשת המילואים. בתיאור הביצוע של ימי המילואים בויקרא ח'–ט', לאחר שבעת ימי המילואים מתואר השיא, והוא היום השמיני, אף על פי שאין כל אזכור ליום השמיני בשמות. הסבר לכך ראו להלן בפרק: "הקדשת המשכן והכוהנים וימי המילואים", ובפירושנו לספר ויקרא.

ישנם הבדלים נוספים בין הצו כאן לביצוע שם,[118] ונעמוד עליהם בעיוננו לפרשת המילואים בויקרא.[119]

המשמעות של ימי המילואים

ה' מצווה את משה על הפעולות המקדשות את אהרן ובניו לכוהנים (א–לז). בימי המילואים אהרן עדיין אינו כוהן, ולכן אינו משמש ככוהן. משה עורך בימים אלו את כל פעולות הקורבנות ומתפקד ככוהן.[120]

הליך הכשרת הכוהנים בימי המילואים לעבוד במשכן ובמזבח כולל שלוש פעולות מהותיות: 1) לבישת בגדי הכהונה. 2) הקרבת פר החטאת. 3) הקרבת איל המילואים. מה היחס בין שלוש פעולות אלה ומה התכלית של כל אחת מהן בהליך השלם של מילוי ידי הכוהנים לעבוד בבית ה' ולשרת בו?

הליך לבישת בגדי הכהונה הופך את אהרן ובניו מאנשים רגילים לכוהנים משרתי ה'. לבישת הבגדים כמוה כהכנסת אהרן ובניו להיות כוהנים, אבל קידושם וייעודם לעבודת

הקודש נעשית במשיחתם בשמן, כמו שנעשה לכל כלי המקדש. אכן בסיומו של הליך לבישת הבגדים והמשיחה בשמן נאמר: "וְהָיְתָה לָהֶם כְּהֻנָּה לְחֻקַּת עוֹלָם וּמִלֵּאתָ יַד אַהֲרֹן וְיַד בָּנָיו" (ט).

הקרבת פר החטאת אינה עושה בכוהנים שום פעולה. אין בהקרבת קורבן החטאת בימי המילואים שום פעולה שנעשית בידי אהרן ובניו למעט סמיכת הידיים. את כל שאר הפעולות בקורבן זה עושה משה, שכן אהרן ובניו עדיין אינם מוכשרים לעבוד במשכן. סמיכת הידיים נעשית כנראה בשם העם, כדי לסמן שהפר מיועד לקורבן. התפקיד של פר החטאת מפורש בתיאור הביצוע בויקרא ח׳, טו: "וַיִּשְׁחָט וַיִּקַּח מֹשֶׁה אֶת הַדָּם וַיִּתֵּן עַל קַרְנוֹת הַמִּזְבֵּחַ סָבִיב בְּאֶצְבָּעוֹ וַיְחַטֵּא אֶת הַמִּזְבֵּחַ וְאֶת הַדָּם יָצַק אֶל יְסוֹד הַמִּזְבֵּחַ וַיְקַדְּשֵׁהוּ לְכַפֵּר עָלָיו". תפקיד דומה של פר החטאת מפורש בסופה של הפרשה: חיטוי המזבח והפיכת המזבח לקודש קודשים: "וְחִטֵּאתָ עַל הַמִּזְבֵּחַ בְּכַפֶּרְךָ עָלָיו" (לו). יסודו של קורבן חטאת הוא פעולת חיטוי, וכך גם כאן. בדרך כלל הקורבן מחטא את המזבח מטומאה שנגרמה מחטא. כאן אין חטא כזה, והחיטוי הוא הפעולה הראשונה שיש לעשות כדי לאפשר להקריב עליו קורבנות. חוץ מהפעולה הייחודית של כפרת המזבח, כמו בכל הכלים יש למשוח את המזבח בשמן לשם קידושו לעבודת הקודש (מ׳, י׳).

אם כן, בלבישת הבגדים ובמשיחה הפכו אהרן ובניו לכוהנים, ובאמצעות פר החטאת המזבח מחוטא ומוכשר להקריב עליו קורבנות. אבל עדיין לא הוכשרו הכוהנים לעבוד בעבודת הקורבנות על המזבח, וזו התכלית של איל המילואים. איל המילואים הוא הקושר בין המזבח לכוהנים, ומאפשר לכוהנים לעבוד במזבח ולאכול מזבחיו. נותנים מדם האיל על תנוך אוזן ימין, בוהן יד ימין ובוהן רגל ימין של אהרן ובניו, ולאחר מכן זורקים את הדם על המזבח. אחר כך לוקחים מהדם שעל המזבח, מערבבים אותו עם שמן המשחה ומזים מתערובת זו על אהרן ובגדיו ועל בניו ובגדיהם. התוצאה של פעולה זו היא "וְקָדַשׁ הוּא וּבְגָדָיו וּבָנָיו וּבִגְדֵי בָנָיו אִתּוֹ" (כא). המשמעות של הזיית דם האיל על המזבח ומאותו דם גם על אהרן ובניו היא קישור בין הכוהנים למזבח, יצירת זיקה ביניהם. מעתה יכולים הכוהנים לעבוד עבודת מזבח. הנפת האימורים, המנחה ושוק הימין בידי אהרן מכשירה את הכוהנים לאכול את חזה התנופה והשוק מקורבנות השלמים ואת אכילת המנחות: "וְקִדַּשְׁתָּ אֵת חֲזֵה הַתְּנוּפָה וְאֵת שׁוֹק הַתְּרוּמָה אֲשֶׁר הוּנַף וַאֲשֶׁר הוּרָם מֵאֵיל הַמִּלֻּאִים מֵאֲשֶׁר לְאַהֲרֹן וּמֵאֲשֶׁר לְבָנָיו" (כז). קורבן איל המילואים נועד אפוא להכשיר את הכוהנים לעבודת המזבח, ולאחר שהם נקשרו במזבח באמצעות הנפת האמורים והשוק והנפת החזה על ידי משה, הם זוכים לאכול את החזה והשוק מקורבנות השלמים.

כאמור, הזאת דם פר החטאת על המזבח מקדשת את המזבח. מלבד זאת המזבח גם נמשח בשמן ככל הכלים של המשכן (מ׳, י; ויקרא ח׳, י). ונוסף לכך היזו על המזבח משמן המשחה שבע פעמים (ויקרא ח׳, יא). המזבח הוא חריג מכל כלי המשכן, שהוקדשו במשיחת שמן בלבד (מ׳, א–טז). החריגה הזו של המזבח היא משום הייחוד של המזבח לעומת שאר הכלים. הכלים במשכן הם לשם ה׳ בלבד. אולם המזבח נועד שישראל יקריבו שם את הקורבנות שלהם. זהו

כלי של ה׳ שדרכו העם יכול לפנות אל ה׳, ולכן הוא צריך הכשרה מיוחדת שתאפשר לישראל להשתמש בו לשם הקרבת קורבנותיהם, ולכן הוא צריך חיטוי והקדשה ייחודית.

מבנה הפרשייה

שלבי הקדשת הכוהנים:

1. הכנת הקורבנות ורחיצת הכוהנים במים (א–ד).
2. לבישת אהרן את הבגדים ומשיחתו (ה–ז), והלבשת בני אהרן (ח–ט).
3. הקרבת פר החטאת (י–יד).
4. הקרבת איל העולה (טו–יח).
5. הקרבת איל המילואים (יט–כז).
6. הלכות נוספות (כח–לד).
7. חזרה על התהליך הנזכר במשך שבעה ימים (לה–לז).

הכנת הקורבנות ורחיצת הכוהנים במים, א–ד

בתחילה ה׳ מצווה את משה להכין את מה שצריך לשם ההקדשה. עליו לקחת פר בן בקר אחד ושני אילים, אחד יהיה לעולה ואחד הוא איל המילואים. עם זה עליו להביא לחם מצות וחלות מצות בלולות בשמן ורקיקי מצות משוחים בשמן, כולם עשויים מסולת ומוקרבים בסל אחד. במקביל יש לקרב את אהרן ואת בניו לפתח אוהל מועד לאחר שטבלו במים (א–ד). הטבילה היא של כל הגוף במים,[121] שלא כרחיצה שבכל יום, שהיא רק של ידיים ורגליים (ל׳, יט–כא). ראב״ע סובר שרחצו את הכוהנים בכיור (פירושו לויקרא ח׳, ו–ח). אפשר להבין שסובר שמדובר כאן על רחיצת רגליים וידיים, או שאם מדובר ברחיצת כל גופם, סובר ראב״ע שבכיור רחצו גם את כל גופם.

לבישת אהרן את הבגדים ומשיחתו והלבשת בני אהרן, ה–ז; ח–ט

עתה מצטווה משה להלביש את אהרן את הבגדים חוץ מהאבנט (ה–ו). לאחר לבישת הבגדים יש לצקת את שמן המשחה על ראשו של אהרן ולמשוח אותו (ז).

השלב הבא הוא הלבשת בני אהרן בבגדי הכהונה: כתונות, אבנטים ומגבעות (ח–ט). אין אזכור כאן של המכנסיים, וגם לא אצל אהרן קודם לכן. אפשר כי משום הצניעות, משה לא הלבישם במכנסיים והם עשו זאת בעצמם.[122] אך מסתבר יותר הוא מה שהסברנו לעיל, שהמכנסיים אינם בגדי כהונה, אלא בגד שנועד למנוע את ביזוי המקדש. לעומת זאת שאר הבגדים הם בגדי כהונה, שבלבישתם הופכים אהרן ובניו לכוהנים, ולכן בטקס המילואים שבהם מוקדשים הכוהנים, מוזכרים רק בגדי כהונה ללא המכנסיים. בשלב זה גם מוזכרת חגירת אהרן באבנט יחד עם בניו (ט). הציווי על האבנט לאהרן לא בא ביחד עם שאר הבגדים שהלבישו את אהרן, אלא יחד עם הלבשת בניו. מכיוון שבביצוע הלבשת הבגדים אין הפרדה

כזו (ויקרא ח׳, ז, יג), כנראה צודק רשב״ם שאין לדקדק בכך.[123] מסתבר שקודם הלבישו את אהרן ואז משחו אותו (ה-ז), ואחר כך הלבישו את בניו.

לא נאמר כאן שה׳ ציווה על משיחת בני אהרן, והדבר גם לא כתוב בתיאור הביצוע בויקרא ח׳. ברם כמה פעמים נאמר הציווי למשוח את בני אהרן ומסופר על מילוי הציווי הזה (כ״ח, מא; ל׳, ל; מ׳, טו; ויקרא ז׳, לה). יש להדגיש שבקורבן איל המילואים נאמר במפורש שהיזו דם ושמן מעל המזבח על בני אהרן: ״וְלָקַחְתָּ מִן הַדָּם אֲשֶׁר עַל הַמִּזְבֵּחַ וּמִשֶּׁמֶן הַמִּשְׁחָה וְהִזֵּיתָ עַל אַהֲרֹן וְעַל בְּגָדָיו, וְעַל בָּנָיו וְעַל בִּגְדֵי בָנָיו אִתּוֹ וְקָדַשׁ הוּא וּבְגָדָיו וּבָנָיו וּבִגְדֵי בָנָיו אִתּוֹ״ (כא; וכך מפורט גם בביצוע: ויקרא ח׳, ל). אבל אלה שתי פעולות שונות. בעבודת איל המילואים היזו על אהרן ובניו ועל בגדיהם. אין מדובר כאן במשיחה אלא בהזיה. משמעות הפעולה הזו היא שהכוהנים הוכשרו לזבוח ולאכול מהקורבנות, כפי שהסברנו לעיל. אבל מה בדבר המשיחה בשלב הראשון של לבישת הבגדים?

נראה שיש הבדל בין אהרן לבניו. ברור כי גם הבנים נמשחו על מנת לקדש אותם ואת בגדיהם בנפרד מבני ישראל, כפי שמפורש כמה פעמים, כפי שהפנינו לעיל. אבל בפרק זה, בשלב לבישת הבגדים, מדובר ביציקת שמן על ראשו של אהרן. יציקת שמן על הראש ואחר כך משיחת שמן נעשית רק לכוהן גדול, ולא לבניו, משום שהוא הכוהן המשיח ויש לו מעמד גבוה ומובחר. על בני אהרן לא יצקו שמן אלא רק משחו אותם בשמן. ומדויק בפסוק לגבי אהרן: ״וְיָצַקְתָּ עַל רֹאשׁוֹ וּמָשַׁחְתָּ אֹתוֹ״ (ז), וכן הדבר בביצוע: ״וַיִּצֹק מִשֶּׁמֶן הַמִּשְׁחָה עַל רֹאשׁ אַהֲרֹן וַיִּמְשַׁח אֹתוֹ לְקַדְּשׁוֹ״ (ויקרא ח׳, יב). יש לשים לב שאין מדובר כאן במשיחת בגדי אהרן, ואכן לא מדובר במשיחת בניו או בגדיהם. במ׳, יג-טו, מפורש שמשחו את אהרן ואת בגדיו, ואת בני אהרן ואת בגדיהם: ״וְהִלְבַּשְׁתָּ אֶת אַהֲרֹן אֵת בִּגְדֵי הַקֹּדֶשׁ וּמָשַׁחְתָּ אֹתוֹ וְקִדַּשְׁתָּ אֹתוֹ וְכִהֵן לִי. וְאֶת בָּנָיו תַּקְרִיב וְהִלְבַּשְׁתָּ אֹתָם כֻּתֳּנֹת. וּמָשַׁחְתָּ אֹתָם כַּאֲשֶׁר מָשַׁחְתָּ אֶת אֲבִיהֶם וְכִהֲנוּ לִי וְהָיְתָה לִהְיֹת לָהֶם מָשְׁחָתָם לִכְהֻנַּת עוֹלָם לְדֹרֹתָם״.[124] יש אפוא להבחין בין שלוש פעולות: משיחה לשם הקדשת הכלים כמו גם אהרן ובניו, יציקת אהרן בשמן ומשיחתו לשם היותו כוהן משיח, והתזת דם ושמן מאיל המילואים לשם עבודתם של הכוהנים במזבח.

תיאור זה מסתיים בקביעה ״וְהָיְתָה לָהֶם כְּהֻנָּה לְחֻקַּת עוֹלָם וּמִלֵּאתָ יַד אַהֲרֹן וְיַד בָּנָיו״ (ט), אף שהתהליך השלם של מינוי הכוהנים לא הסתיים, שכן עוד לפנינו ההליך של איל המילואים. בפעולת לבישת הבגדים על ידי אהרן ובניו ובמשיחתם בשמן הם הפכו לכוהנים של ה׳, ובכך משה מילא את ידם. מילוי הידיים כאן פירושו מינוים לכוהנים, וזה נעשה עתה עם לבישת הבגדים ועם המשיחה שלהם ושל הבגדים. מבחינה זו הקביעה כאן מדויקת: ״וְהָיְתָה לָהֶם כְּהֻנָּה לְחֻקַּת עוֹלָם וּמִלֵּאתָ יַד אַהֲרֹן וְיַד בָּנָיו״ (ט). אם כן, המובן של מילוי הידיים כאן הוא המינוי להיות כוהנים בלבד, ועדיין אין הם רשאים לעבוד בעבודת הקורבנות, וזה יתאפשר אחרי איל המילואים, כפי שהסברנו לעיל. ראיה שמילוי הידיים הוא בלבישת הבגדים ובמשיחה יש בכ״ח, מא: ״וְהִלְבַּשְׁתָּ אֹתָם וּמָשַׁחְתָּ אֹתָם וּמִלֵּאתָ אֶת יָדָם וְקִדַּשְׁתָּ אֹתָם וְכִהֲנוּ לִי״. יש בפסוק שתי פעולות: ״וְהִלְבַּשְׁתָּ״, ״וּמָשַׁחְתָּ״, ושתי הפעולות מביאות שתי תוצאות: ״וּמִלֵּאתָ אֶת יָדָם״, ״וְקִדַּשְׁתָּ״. זאת כמובן כנגד אלה שסבורים שמילוי הידיים כולל את כל

פעולת ימי המילואים,[125] ועליהם קשה מדוע אמירה זו נאמרה באמצע ההליך, מעבר לקשיים שבחוסר ההבחנה בין הפעולות בימי המילואים. כמובן מילוי הידיים לא נעשה אחרי הפעם הראשונה שלבשו את הבגדים, אלא רק אחרי שהפעולה הזו תחזור על עצמה במשך שבעה ימים (ראב״ע, הפירוש הקצר).

הקרבת פר החטאת, י–יד

השלב הבא הוא הקרבת הקורבנות (י–כז). תחילה מדובר על הקרבת פר החטאת (י–יד). בתחילה משה מצווה להקריב את הפר, היינו להביא אותו ולהגיש אותו (י). אולם כבר נאמר בפסוק ג שיש לעשות זאת. אפשר לומר שהכוונה שקודם הכוונה הייתה להביא אותם ולהכינם, אולי לפני פתח חצר המשכן, וכאן הכוונה להביאם פנימה, לפני אוהל מועד (רמב״ן בפסוק ג, י). אפשר שהכוונה לאותה פעולה, שאכן נעשתה קודם לכן, והכתוב חזר על נקודה זו כדי להמשיך ולתאר את העבודה בפר (ראב״ע, הפירוש הארוך על פסוק י).

ראשית אהרן ובניו סומכים את ידיהם על ראש הפר (י), לסמן שהם הבעלים של הקורבן, שהם מביאים אותו,[126] ואז שוחטים אותו (יא). תיאור החטאת כאן הולם במרבית הפרטים את קורבן החטאת כמתואר בויקרא. כמו כל קורבן חטאת, ישנה הזיה של דם הפר על קרנות המזבח, ואת שאר הדם מזים על יסוד המזבח (יב; ויקרא ד׳, כה). ובכלל זה הקטרת החלב המכסה את הקרב, היותרת על הכבד, את שתי הכליות והחלב אשר עליהן (יג; ויקרא ד׳, ח–ט).

יש פרטים הדומים לחטאת פנימית ואחרים לחטאת חיצונית. קורבן חטאת זה דומה לחטאת פנימית בכך ששורפים באש מחוץ למחנה את בשר הפר, את עורו ואת פרשו (יד). וכמו חטאות פנימיות, קורבן חטאת זה הוא בפר, לעומת חטאות חיצוניות שהן בשעירה, בשעיר, בכבשה, בעוף או במנחה. אולם שלא כחטאות פנימיות, שאת הדם מזים על מזבח הזהב ועל הפרוכת שמבדילה את קודש הקודשים מהקודש, את הדם של פר ימי המילואים מזים על המזבח החיצון, כמו חטאת חיצונית. לכן, בדרך כלל, פרשנים ראו קורבן זה חטאת חיצונית וקבעו שקורבן זה יוצא דופן, שכן נשרף כולו ולא נאכל, כמו חטאת פנימית.[127] יש שהסבירו שהחריגה הזו מדין חטאת חיצונית היא שהכוהנים אינם אוכלים מקורבן זה מכיוון שעדיין לא הושלמה הכשרתם לכוהנים,[128] או משום שקורבנות אלה הם הקורבנות של הכוהן עצמו ולכן הוא אינו יכול לאוכלו (חזקוני על פסוק יד). אף כי יש אמת בהסברים אלה, הדבר דורש בירור נוסף.

כפי שנראה בעיוננו לויקרא ולבמדבר י״ט, קורבן חטאת אינו מלשון חטא,[129] אלא מלשון חיטוי.[130] כאשר הקורבן בא על חטא, תפקיד הקורבן לחטא את המזבח מפני הטומאה שדבקה במשכן בשל החטא. כאשר מדובר על חטא העם או של הכוהן המשיח, צריך חיטוי ברמה גבוהה יותר, משום שהחטא חמור יותר, ולכן צריך חיטוי של המזבח הפנימי והזיית דם על הפרוכת, ולכן החטאת היא פנימית. אבל בפר בימי המילואים אין מדובר על טומאה מחטא, אלא על הכשרה ראשונית של המזבח לעבודת הקורבנות. לכן הזיית הדם היא על המזבח החיצון, כיוון שחטאת זו באה לחטא ולהכשיר מזבח זה לעבודה. אין מדובר בחטאת

חיצונית, בגלל סוג החטא. זו אינה חטאת על חטא, שמתכפר בהזיה על המזבח החיצון או על המזבח הפנימי, לפי חומרת החטא, אלא להפך, חטאת זו באה לחטא את מזבח החיצון. הסיבה שאין אוכלים את החטאת הזו, אלא כולה נשרפת, היא משום שהיא לא באה על חטא, ולכן אין אכילת כוהנים כלל. מכיוון שאין טומאה של המשכן בגלל חטא, אין הזיה של דם לכיוון הפרוכת. התפקיד הבלעדי של קורבן החטאת כאן הוא חיטוי המזבח העולה והכשרתו לעבודה, וזה התפקיד של הזיית דם החטאת על המזבח. מפורש בפסוק לו-לז, שקורבן זה הוא לשם חיטוי המזבח והקדשתו כדי להקריב עליו קורבנות: "וּפַר חַטָּאת תַּעֲשֶׂה לַיּוֹם עַל הַכִּפֻּרִים וְחִטֵּאתָ עַל הַמִּזְבֵּחַ בְּכַפֶּרְךָ עָלָיו וּמָשַׁחְתָּ אֹתוֹ לְקַדְּשׁוֹ. שִׁבְעַת יָמִים תְּכַפֵּר עַל הַמִּזְבֵּחַ וְקִדַּשְׁתָּ אֹתוֹ וְהָיָה הַמִּזְבֵּחַ קֹדֶשׁ קָדָשִׁים כָּל הַנֹּגֵעַ בַּמִּזְבֵּחַ יִקְדָּשׁ". הדבר גם מפורש בתיאור הביצוע של קורבן החטאת בויקרא ח׳, טו: "וַיִּתֵּן עַל קַרְנוֹת הַמִּזְבֵּחַ סָבִיב בְּאֶצְבָּעוֹ וַיְחַטֵּא אֶת הַמִּזְבֵּחַ וְאֶת הַדָּם יָצַק אֶל יְסוֹד הַמִּזְבֵּחַ וַיְקַדְּשֵׁהוּ לְכַפֵּר עָלָיו".

הקרבת איל העולה, טו-יח

הקורבן השני הוא איל שנשרף כולו על המזבח, והוא קורבן עולה, העולה ריח ניחוח לה׳ (טו-יח). אהרן ובניו מביאים את הקורבן וסומכים את ידיהם עליו לאות שהוא בא בשמם (טו) ולאחר מכן זורקים את דמו על המזבח, כמו בכל קורבן עולה (ויקרא א׳, ה, יא, טו). לא נאמר במפורש מה תפקידו של קורבן העולה, לא כאן ולא בתיאור הביצוע בויקרא ח׳. ניתן אולי ללמוד על תפקידו של קורבן זה מתוך אזכורים של קורבנות עולה בהקשרים אחרים. נזיר שנטמא מביא קורבן חטאת על כך, ועימו קורבן עולה (במדבר ו׳, יא, יד). גם בסוף ימי נזרו, עם קורבן חטאת ושלמים הנזיר מביא קורבן עולה (במדבר ו׳, יד). כך גם בעבודת יום הכיפורים, חוץ מהפר והשעירים, בא גם קורבן עולה (ויקרא ט״ז, ג, ה). גם יולדת מביאה קורבן חטאת ועימו קורבן עולה (ויקרא י״ב, ו). בכל המקרים האלה קורבן העולה אינו הקורבן העיקרי, אלא הוא מלווה את הקורבנות העיקריים. אברבנאל בפרשת נזיר מסביר שקורבן העולה הוא כדי להידבק באלוהיו. צודק ריב״ש שהמטרה של העולה היא לרצות את ה׳: "לאחר שהביאו ונתכפר להם, מביאין עולה לדורון כדי שירצו". לאור דברי ריב״ש, אבל באופן הפוך ממנו, נראה כי תפקיד קורבן העולה לבטא קשר עם ה׳, ליצור קרבה בקורבן שכולו כליל לה׳, כדי להקדים ולאפשר את הפעולה האחרת של חטאת, או במקרה זה של מילואים, שגם יש בו יסוד של חטאת־חיטוי, כפי שנראה להלן.[131]

הקרבת איל המילואים, יט-כז

השלב הבא הוא קורבן האיל השני, הוא איל המילואים (יט-כא). לאחר שאהרן ובניו הפכו כוהנים לה׳, תפקידו של איל המילואים להפוך את הכוהנים להיות עובדים בעבודת הקורבנות ולתת להם זכאות לאכול מקורבנות השלמים את חזה התנופה ואת שוק. מביאי הקורבן הם אהרן ובניו: "מֵאֵיל הַמִּלֻּאִים מֵאֲשֶׁר לְאַהֲרֹן וּמֵאֲשֶׁר לְבָנָיו" (כז); "מֵאֵיל הַמִּלֻּאִים אֲשֶׁר לְאַהֲרֹן" (כו).

השלב הראשון הוא סמיכת ידי אהרן ובניו על איל המילואים (יט). סמיכת הידיים היא לאות שקורבן זה בא מטעמם. לאחר שחיטת האיל, נותנים את דם האיל על התנוך אוזן ימין ועל הבהונות של יד ימין ורגל ימין של אהרן ובניו (כ1). פעולה דומה של נתינת דם על התנוך ועל בהונות יד ורגל ימין עושים למצורע שנטהר (ויקרא י"ד, יד-יז). בשני המקרים מדובר על מעבר. המצורע עובר ממצב של מצורע שהוא מחוץ למחנה למצב של אדם טהור שיכול להיכנס למחנה. והכוהן עובר למצב של התקדשות לשם מעבר לסטטוס אחר של קדושה שתאפשר עבודת קורבנות.[132] ומייד זורקים את הדם גם על המזבח סביב (כ2). לאחר מכן, לוקחים מהדם שנזרק על המזבח, מערבבים בשמן המשחה ומזים על אהרן, על בגדיו, על בני אהרן ועל בגדיהם (כא). פעולה זו מקדשת את אהרן ובניו ובגדיהם (כא). הכוונה שהיא מקדשת אותם לעבודת הקורבנות, שכן כדי להיות כוהנים הם הוקדשו בלבישת הבגדים ובמשיחתם. הייעוד של אהרן ובניו בנתינת הדם נעשה בד בבד עם פעולה דומה שנעשית גם על המזבח, בכך כבר נוצר קישור בין אהרן ובניו למזבח.[133] פעולת ההזיה על אהרן ובניו בדם שנזרק על המזבח, יחד עם שמן המשחה שהוזה על המזבח, יוצרת זיקה הדוקה בין אהרן ובניו למזבח, ובכך מעתה מוקדשים אהרן ובניו לעבוד את עבודת הקורבנות על המזבח. להלן נראה שהזאת הדם יש בה גם כפרה על הכוהנים, נסביר זאת להלן בפסוק לג.

השלב הבא הוא הליך שיאפשר לכוהנים לאכול מקורבנות שהוגשו למזבח (כב-כז). בשלב זה יש לקחת את כל החלקים שיעלו על המזבח – האמורים, היינו החלב, האליה, החלב המכסה את הקרב, יותרת הכבד ושתי הכליות עם החלב אשר עליהן, יחד עם שוק הימין (כב). לחלקים אלה יש לצרף מן המנחות שהובאו בסל המצות: כיכר הלחם, וחלת לחם בלולה בשמן ורקיק אחד (כג). הלחמים הוגשו אולי כדי לייצג את הקורבנות השונים שקרבים על המזבח.[134] את כל החלקים מהקורבן ומהלחמים יש לשים על כפי אהרן ועל כפי בניו, ויחד עם משה מניפים אותם תנופה לה' (כד). המשמעות של תנופה היא ההקדשה של חלקים אלה לה'.[135] כל זה מוקרב על המזבח לריח ניחוח לה' (כה). לאחר זאת, משה מניף את החזה של האיל תנופה לפני ה' ואוכלו (כו). פעולות אלה מאפשרות לכוהנים לאכול את השוק ואת החזה בקורבנות השלמים (כז-כח).

איך שתי ההנפות, זו של אהרן ובניו את השוק וזו של משה את החזה, מביאות לתוצאה זו? כדי להבין זאת טוב יותר, צריך להקדים ולהסביר את היחס בין קורבן המילואים לקורבן שלמים.[136] הקשר לקורבן שלמים אינו מוטל בספק, כמפורש שבעקבות הקרבת איל המילואים הכוהנים אוכלים את החזה והשוק מזבח השלמים (כח). חכמים כבר עמדו על כך שהמילואים הוא שלמים.[137] לעומת זה, יש לא מעט הבדלים בין מילואים לשלמים: 1. בקורבן שלמים מותר גם לזרים לאכול (דברים ט"ז, יד), אך את המילואים אוכלים אהרן ובניו בלבד (לג). 2. קורבן שלמים נאכל גם מחוץ לחצר המשכן, אך את בשר המילואים מותר לאהרן ולבניו לאכול במקום קדוש בפתח אוהל מועד בלבד (לא-לב). 3. בשר זבח השלמים נאכל במשך שני ימים (ויקרא ז', יז), ואילו את בשר המילואים מותר לאכול יום אחד עד בוקר (לד). הבדלים אלה מובנים בנקל לאור ההבנה שקורבן מילואים זה דומה לשלמי ציבור.[138] שלמי ציבור אינם

קודשים קלים אלא קודשי קודשים. לכן כשלמי ציבור, זמן האכילה הוא יום ולילה, ולא שני ימים כשלמי יחיד, ואוכלים אותם זכרי כהונה ובמקום קדוש.[139] הסיבה שהמילואים דומים יותר לשלמי ציבור היא משום שהמילואים באים לא כקורבן פרטי של אהרן ובניו, אלא לטובת הציבור, על מנת שהכוהנים יוכלו לשרת בעבודת הקורבנות בשם העם. לכן המילואים אינם קודשים קלים, אלא קודשי קודשים.

הבדל נוסף בין שלמים למילואים הוא שבקורבן שלמים האימורים קרבים על המזבח, ומביאי הקורבן אוכלים את בשר זבח השלמים, והכוהנים אוכלים את החזה והשוק. לעומת זאת, בקורבן איל המילואים, ביחד עם האימורים גם השוק קרב על המזבח, משה קיבל החזה, ואת שאר הבשר אוכלים הכוהנים.

קורבן מילואים מופיע כקטגוריה נפרדת מקורבן שלמים: "זֹאת הַתּוֹרָה לָעֹלָה לַמִּנְחָה וְלַחַטָּאת וְלָאָשָׁם וְלַמִּלּוּאִים וּלְזֶבַח הַשְּׁלָמִים" (ויקרא ז׳, לז). ולכן יש להסיק שקורבן המילואים הוא אומנם מעין קורבן שלמים, אבל שונה ממנו. אבל אין להסתפק בהגדרה פורמלית, אלא יש להסביר את השינויים על רקע הזיקה בין הקורבנות. קורבן המילואים נועד לאפשר לכוהנים לאכול את החזה ואת השוק מקורבנות השלמים, אם כן, הזיקה בין הקורבנות היא מהותית. איך להסביר בכל זאת את ההבדלים? ואיך להסביר את ההנפות השונות שתוארו לעיל? חשוב גם להבין מדוע נבחר קורבן המילואים, שהוא מעין שלמים, על מנת להיות חלק חשוב בהכשרת הכוהנים בעבודת המזבח? מדוע לא נבחר קורבן אחר?

בקורבן שלמים הבעלים אוכלים את הבשר. בדומה לכך, בקורבן המילואים, אהרן ובניו מביאים את הקורבן, ולכן כמו בעלים בקורבן שלמים, הם אוכלים את בשר הקורבן (לא-לב).[140] הם אינם מתפקדים ככוהנים עדיין. בימי המילואים משה הוא שמתפקד ככוהן, ולפי דין השלמים, שהכוהן אוכל את החזה, משה אוכל את החזה של המילואים. אם כן, ההתאמה של קורבן המילואים לקורבן השלמים היא גדולה מאוד, אלא שיש בו היפוך תפקידים: משה מתפקד בקורבן זה ככוהן, ואהרן ובניו הם בתפקיד הבעלים.

הבדל אחד משמעותי דורש הסבר. בקורבן המילואים משה אומנם אוכל את החזה, אך השוק שנאכל בקורבן שלמים על ידי אהרן לא ניתן כאן למשה, אלא הוא מוקרב על המזבח. הבדל זה קשור לשתי הנפות שונות שמתרחשות: אהרן ובניו מניפים את האימורים עם השוק, והם נשרפים על המזבח; ואילו משה מניף את החזה, והוא אוכלו. ההסבר מצוי בהבדל שבין השוק לחזה שניתנים לכוהנים בקורבן שלמים.

בקורבן שלמים, על פי פשוטו של מקרא, רק החזה מונף על ידי הבעלים, ואז ניתן לכוהנים, בעוד השוק אינו מונף אלא ניתן לכוהנים ישירות (ויקרא ז׳, ל-לב).[141] משמעות ההנפה היא העברה מרשות לרשות. לכן את החזה מניפים הבעלים ומעבירים אותו לה׳, והוא מועבר לכוהנים על ידי המזבח – כלומר על ידי ה׳. אכן הדבר מדויק: "יָדָיו תְּבִיאֶינָה אֵת אִשֵּׁי ה׳ אֶת הַחֵלֶב עַל הֶחָזֶה יְבִיאֶנּוּ אֵת הֶחָזֶה לְהָנִיף אֹתוֹ תְּנוּפָה לִפְנֵי ה׳" (ויקרא ז׳, ל). כלומר לאחר שהחזה הונף לה׳, ה׳ הוא שנותן אותו לכוהן. ואכן הדבר מדויק שהנתינה לכוהן כתובה בלשון סבילה ולא שהבעלים נותנים לכוהן: "וְהָיָה הֶחָזֶה לְאַהֲרֹן וּלְבָנָיו" (ויקרא ז׳, לא). לעומת זאת,

הבעלים אינם מניפים את השוק, אלא נותנים אותו ישירות לכוהנים מאיתם. והדבר שוב מדויק בניסוח: "וְאֵת שׁוֹק הַיָּמִין תִּתְּנוּ תְרוּמָה לַכֹּהֵן מִזִּבְחֵי שַׁלְמֵיכֶם" (ויקרא ז׳, לב). הכתוב מדבר בגוף שני לבעלים. וכך יש להסביר שהחזה נקרא "חֲזֵה הַתְּנוּפָה" משום שהבעלים מעבירים אותו לה׳, והשוק נקרא "שׁוֹק הַתְּרוּמָה" משום שהבעלים נותנים אותו לכוהנים. לאור הבחנה זו, ראב"ע מבאר (לג-לד): "שוק הימין לזורק הדם והחזה לכל הכהנים". הבעלים נותנים את השוק לכוהן שעבד, ואילו החזה שניתן לה׳, מוענק לכל הכוהנים. משום שהבעלים מניפים אותו, הכוהנים אוכלים את החזה ואת השוק, אך את החזה הם קיבלו מאת ה׳.[142]

לאור הבחנה זו נציע בזהירות הסבר להבדל בין השוק לחזה בקורבן המילואים. החלוקה בשלמים, שהחזה ניתן על ידי ה׳ לכוהנים והשוק ישירות מאת הבעלים, משתקפת במילואים. שתי ההנפות, של השוק ושל החזה, הן העברה של חלקים אלה לאכילת הכוהנים מעתה בכל קורבן שלמים. השוק מורם על ידי אהרן ובניו, כבעלים של השוק. והדבר דומה לשלמים, שהבעלים נותנים את השוק ישירות לכוהנים. השוק לא נאכל, אלא עולה על המזבח, משום שאין כוהן שיאכל אותו, שכן עדיין לא הסתיימה תקופת המילואים, ואהרן ובניו עדיין אינם כוהנים, והם משמשים בקורבן זה כבעלים ולא ככוהנים. החזה הוא חלק שניתן מה׳ לכוהנים, ולכן הוא מורם בקורבן השלמים כדי להעביר אותו לכוהנים. כאן משה מרים את החזה ואוכל אותו, כמחליפו של הכוהן. מכאן ולהבא הכוהנים יאכלו את החזה ואת השוק. החזה מונף וניתן להם על ידי המזבח לה׳, והשוק, שאינו מונף, עובר באופן ישיר מהבעלים לכוהנים.

הסברנו מדוע השוק לא נאכל על ידי הכוהנים, אך מדוע הוא לא עובר למשה, שמתפקד ככוהן, כפי שהחזה עובר אליו? ההסבר יכול להיות שמשה אומנם כוהן, כנראה משום קרבתו לה׳, ובאופן טבעי אין ראוי ממנו לשמש ככוהן. אבל הוא מינוי בלעדי (וכנראה זמני) של ה׳, ואינו מופרש מתוך העם לתפקיד זה. משום כך, יש להבין שמשה הוא כוהן מבחינתו של ה׳, אבל לא מצד העם, ולכן אינו יכול להיות נציגם בעבודת הקורבנות. לכן החלק שניתן מאת הבעלים ישירות לכוהן, השוק, אינו מועבר למשה, כי הוא כוהן ה׳, אך איננו הנציג של ישראל בעבודת ה׳ כמו אהרן, כפי שהסברנו את מעמדו בהבנת האפוד, החושן והציץ.

מדוע נבחר קורבן השלמים כבסיס לקורבן המילואים המכשיר את הכוהנים לעבודת הקורבנות? ייתכן שהעיקר בקורבן המילואים הוא לאפשר לכוהנים לאכול מקורבנות השלמים את השוק ואת החזה. אך נראה שהבחירה בשלמים היא מפני שבקורבן זה שותפים העם, הכוהנים וה׳. איל המילואים נועד לחבר וליצור זיקה בין המזבח לכוהנים כדי שהכוהנים יוכלו לעבוד בו ולהיות שותפים במזבח, וכך יוכלו לאכול מהקרב על המזבח. אין מתאים מקורבן השלמים לבטא רעיון זה. אהרן ובניו מביאים את קורבן המילואים וממנו מזים דם על המזבח, נותנים אותו על הכוהנים ושוב לוקחים דם מהמזבח בתערובת עם שמן המשחה ומזים על אהרן ועל בניו. ההזיה של דם המזבח ושמן המשחה שבו נמשח המזבח על אהרן ובניו יוצרת זיקה וקשר בין הכוהנים למזבח ומעתה הם יכולים לעבוד במזבח. יצירת קשר זה על ידי הדם דומה לקשר של ברית שנעשה באמצעות התזת דם הברית על העם ועל המזבח בעת כריתת הברית בין ה׳ לישראל (כ"ד, ו, ח).[143] הקורבן המתאים ביותר ליצור את הזיקה הזו

הוא קורבן השלמים, שעל גביו בנוי קורבן המילואים. ייחודו של קורבן השלמים הוא שחלקו מוקרב לה׳, חלקו נאכל על ידי הבעלים וחלקו נאכל על ידי הכוהנים. החלק שנאכל על ידי הכוהנים ניתן להם הן מאת ה׳ הן מאת הבעלים. יותר מכל הקורבנות, קורבן זה משקף את השותפות בין כל הצדדים לאחדות אחת שבאה לידי ביטוי בקורבן אחד: ה׳, הכוהנים והעם. לא לחינם הסביר רבי יהודה: ״כל המביא שלמים – מביא שלום לעולם. דבר אחר: שלמים – שהכל שלום בהן, הדם והאמורין למזבח, החזה ושוק לכוהנים, העור והבשר לבעלים״.[144]

הלכות נוספות, כח-לד

עתה באות שתי הלכות הנוגעות לדורות הבאים (כח-כט). ההלכה הראשונה היא שמעתה נקבע חוק שהכוהנים זכאים לאכול את החזה ואת השוק מקורבן שלמים (כח). כאשר ישראל מביאים קורבן שלמים כתרומה לה׳ (״תְּרוּמָתָם לַה׳״), הם גם תורמים לכוהנים, מודגש פעמיים שהתרומה היא לכוהנים מאת בני ישראל: ״**מֵאֵת בְּנֵי יִשְׂרָאֵל** כִּי תְרוּמָה הוּא וּתְרוּמָה יִהְיֶה **מֵאֵת בְּנֵי יִשְׂרָאֵל**״.

הלכה שנייה היא שבבגדי הכהונה יימשחו הכוהנים הגדולים בדורות הבאים, ובכך תתמלא ידם, היינו שכך ימונו לתפקיד הכוהן הגדול (כט). ״בָנָיו״ כאן לא במשמעות של בניו הישירים, שהם כוהני הדיוט, כמו בכל מקום, אלא הכוונה לצאצאיו הכוהנים הגדולים. יש שתי אפשרויות להבין את הביטוי ״לְמָשְׁחָה בָהֶם״.[145] אפשרות אחת שהכוונה למשוח אותם בשמן המשחה (רמב״ן; רלב״ג; אברבנאל); אפשרת אחרת שזו מליצה הבאה מפעולת המשיחה בשמן המשחה, אבל כוונת הביטוי – להתגדל בבגדים, במובן של שררה (רש״י; רשב״ם). גם בדורות הבאים, ההליך של לבישת הבגדים הוא במשך שבעה ימים רצופים, בכל יום ילבש הכוהן את הבגדים, ורק בסופם הכוהן יהיה כוהן גדול (ל). מכאן משתמע שעניין לבישת הבגדים והמשיחה הוא לדורות הבאים, אך מינוי כוהנים גדולים בדורות הבאים לא יצריך את עבודת המילואים (ספורנו).[146]

עתה חוזר הכתוב להלכות משלימות בעניין איל המילואים (לא-לד). הדין הראשון הוא שהבישול של בשר המילואים יהיה במקום קדוש, ואכילת המילואים והלחם שהוגש כמנחה תהיה במקום קדוש, בפתח אוהל מועד (לא-לב). הלכה נוספת היא שאסור לזר לאכול מהמילואים (לג2), והלכה שלישית היא שמותר לאכול רק ביום ועד הבוקר, ואת הנותר יש לשרוף, כי זה קודש (לד). כל זה כדין שלמי ציבור.

בדברים אלה עולה היבט נוסף וחדש של המילואים: ״וְאָכְלוּ אֹתָם אֲשֶׁר כֻּפַּר בָּהֶם לְמַלֵּא אֶת יָדָם לְקַדֵּשׁ אֹתָם״ (לג1). במה כופר? בוודאי שלא באכילה. מסתבר שהכפרה אינה בהקרבת איל המילואים, אלא הכוונה לנתינת דם המילואים והתזת הדם. אכן גם במקומות אחרים התזת הדם מכפרת (למשל: ויקרא ט״ז, טז). כפרה אינה דווקא מחטאים אלא מטומאה בכלל. הכפרה היא גם טיהור (ויקרא ט״ז, יט: ״וְהִזָּה עָלָיו מִן הַדָּם בְּאֶצְבָּעוֹ שֶׁבַע פְּעָמִים וְטִהֲרוֹ וְקִדְּשׁוֹ מִטֻּמְאֹת בְּנֵי יִשְׂרָאֵל״). הזאת הדם מכפרת את הקודש, וכאן גם את אהרן ובניו. אין חטא מסוים שיש לכפר עליו, אלא מדובר בכפרה ראשונה מטהרת כדי להיכנס לתפקיד הכוהן שעובד על

המזבח. המושג כפרה יסודו במשמעות של כיסוי, וההוראה פירושה כאן לכיסוי אהרן ובניו בדם על מנת לחטא אותם. כך יש להבין שהמושג כפרה קשור לפר החטאת בנוגע למזבח, שהרי אין חטא במזבח: "וּפַר חַטָּאת תַּעֲשֶׂה לַיּוֹם עַל הַכִּפֻּרִים וְחִטֵּאתָ עַל הַמִּזְבֵּחַ בְּכַפֶּרְךָ עָלָיו" (לו). כפרה זו אפשרה את מילוי ידם של אהרן ובניו: "כֻּפַּר בָּהֶם לְמַלֵּא אֶת יָדָם לְקַדֵּשׁ אֹתָם" (לג).

החזרה על פעולות ההקדשה למשך שבעה ימים, לה–לז

לקראת סיום הפרשה בא ציווי של ה' למשה שהוא יעשה כסדר המתואר לעיל במשך שבעה ימים, ורק בסיום שבעת ימי המילואים "תְּמַלֵּא יָדָם" של אהרן ובניו (לה).[147] כך יש להבין את פשוטו של הפסוק (רש"י; רשב"ם; אברבנאל).[148] את עבודת הכוהן בשבעת ימי המילואים עשה משה, משום שאהרן ובניו עדיין לא היו כוהנים לעבודת ה', ובסיום שבעת הימים ואילך הם ייכנסו לתפקידם לשרת בקודש. בתיאור הביצוע בויקרא נוסף על כך שהם לא יצאו מאזור פתח אוהל מועד במשך שבעה ימים (ויקרא ח', לג–לה).[149] אף ששם פחות מפורש מכאן שהליך המילואים התרחש במשך שבעה ימים, הדבר מוזכר במילים שם: "כִּי שִׁבְעַת יָמִים יְמַלֵּא אֶת יֶדְכֶם" (ויקרא ח', לג).[150]

הפרשייה מסתיימת בהוראה לעשות פר חטאת כדי לחטא את המזבח ולכפר עליו במשך שבעה ימים, וכן יש למשוח את המזבח במשך שבעה ימים (לו). יש לציין, שמשיחת שאר הכלים לא נאמרה כאן, משום שפרשייה זו מתרכזת במזבח. נראה ששאר הכלים נמשחו רק פעם אחת, אך המזבח נמשח במשך שבעת ימים, כמו בהליך של שבעת ימי המילואים.[151] החזרה על כל פעולות ימי המילואים במשך שבעה ימים היא משום שהמזבח הוא קודש קודשים. כך גם נקרא המזבח במ', י. שאר הכלים נקראים קודש קודשים בל', כט, אך מכונים קודש במ', ט. אין הכוונה שקודש קודשים הוא כפירוש המילולי שלו, שכן קודש קודשים הוא המקום שבו מצויים הארון והכפורת בלבד (כ"ו, לג, לד), אלא הכוונה שיש למזבח קדושה יתרה, משום שכל הנוגע במזבח יקדש.[152] באופן דומה לכך נאמר גם על המשכן וכליו ועל מזבח הקטורת, הכיור וכנו, שהנוגע בהם יקדש (ל', כט).[153] ואולי המזבח מכונה קודש קודשים משום שזה מקום שמכפר על חטאי העם,[154] והוא מביא להתקשרות בין העם לה', כפי שמודגש להלן מג–מו.

כוונת הדין אינה נהירה כל צורכה. פשוטו של מקרא הוא שמי שנוגע במזבח הופך להיות קדוש, כי קדושה מדבקת, אך משום שזה נעשה באיסור, מייד הנוגע מת.[155] דין דומה מצוי בל', כט; וכן במנחה (ויקרא ו', יא), ובבשר החטאת (ויקרא ו', כ). מבנה המשפט דומה למה שכתוב בטומאה: "כֹּל הַנֹּגֵעַ בָּהֶם יִטְמָא" (ויקרא י"א, כו; ובדומה: י"א, כז; ט"ו, כב; כ"ב, ה; י"ט, כב).[156] אין ספק שטומאה מידבקת. גם מיחזקאל מ"ו, כ, משמע שקדושה מידבקת: "וַיֹּאמֶר אֵלַי זֶה הַמָּקוֹם אֲשֶׁר יְבַשְּׁלוּ שָׁם הַכֹּהֲנִים אֶת הָאָשָׁם וְאֶת הַחַטָּאת אֲשֶׁר יֹאפוּ אֶת הַמִּנְחָה לְבִלְתִּי הוֹצִיא אֶל הֶחָצֵר הַחִיצוֹנָה לְקַדֵּשׁ אֶת הָעָם". וכן עולה מיחזקאל מ"ב, יד, ומ"ד, יט.[157] אולם חכמים לא קיבלו את העיקרון שקדושה מידבקת, ולפיכך פירשו אחרת את העניין בכל ההופעות.[158] לגבי המזבח עלה הפירוש שהכוונה היא שאדם שירצה לגעת במזבח צריך קודם

לכן לקדש ולטהר את עצמו (רשב"ם; ריב"ש; חזקוני; פירוש זה כבר נמצא בלקח טוב).[159] ראב"ע פירש שאסור לאיש זר לגעת במזבח, אלא אם הוא יקדש, היינו שהוא קדוש, היינו כוהן. וחכמים פירשו שהכוונה שאם דבר הראוי לעלות על המזבח נגע במזבח, הוא קדוש וחייב לעלות במזבח.[160]

לפי אברבנאל, הפסוקים האלה העוסקים בפר כוונתם לפר אחר מזה שהוזכר קודם בי-יד.[161] לדעתו יש צורך בפר שני משום שהפר הראשון היה עבור אהרן, והפר הזה הוא לשם כפרת המזבח.[162] אך צודקים שאר הפרשנים שזהו אותו פר שדובר עליו בי-יד (רש"י; ראב"ע הפירוש הקצר). גם בביצוע המילואים בויקרא ח' עולה שיש פר אחד. החזרה כאן על הפר שהוזכר קודם היא משום שעד כה דובר על מה שנעשה ביום הראשון. בפסוק לה, הכתוב ביאר שכל מה שנאמר קודם על משה יש לעשות במשך שבעה ימים. עתה פירט הכתוב שגם כפרת המזבח צריכה להיעשות במשך שבעה ימים רצופים. מדוע הידיעה על פר החטאת אינה כלולה בכל מעשי היום בפסוק לה, וצריך היה לפרטה בנפרד (לו)? נראה שהצורך בפירוט נפרד הוא משום האופי השונה בין שאר הפעולות ובין פר החטאת. לבישת הבגדים את אהרן ואת בניו ומשיחתם היא לשם מילוי ידיהם. גם קורבנות האילים, העולה והמילואים הם לשם מילוי ידי הכוהנים והכשרתם לעבוד במזבח ולאכול מקורבנות המזבח. אבל הקורבן של פר החטאת הוא לשם חיטוי המזבח בלבד, ואינו חלק מהכשרת הכוהנים. משום כך, פסוק לה מציין את הפעולות שאהרן ובניו צריכים לעשות במשך שבעה ימים, ועתה צריך לומר שגם הפעולות לחיטוי המזבח צריכות להיעשות במשך שבעה ימים רצופים. הסבר זה מדויק בתחביר של פסוק לו, הפותח במושא "וּפַר חַטָּאת", להורות את החיבור והיחס לפסוק הקודם. נוסף לכך, אולי הצורך להדגיש זאת גם לגבי המזבח, מכיוון שהייתה יכולה לעלות מחשבה שיש הבחנה בין הכשרת הכוהנים לעבודה להכשרת המזבח לעבודה. מכיוון שהכוהנים הם בני אדם, והם יוצאים מחברת בני אדם רגילים להיות כוהנים לה', מובן מדוע צריך הליך ארוך של שבעה ימים להשיג מטרה זו. אבל היה אולי היה אפשר לומר שחיטוי המזבח הוא מעשה חד־פעמי, שבעקבותיו המזבח מחוטא. פסוק זה מדגיש שכשם בפעולות הכשרת הכוהנים הייתה צריכה להיעשות במשך שבעה ימים, כך גם הכשרת המזבח. הסבר נוסף לאזכור הפר בסוף הפרשייה הוא שהפסקה הבאה מדברת על עבודת קורבנות התמיד במזבח בכל יום. כהקדמה לכך, התורה חזרה בסוף פרשת המילואים על עניין חיטוי המזבח, לפני שנושא ההקרבה על המזבח יפורט.

עולת התמיד, לח–מו

לח לט וְזֶה אֲשֶׁר תַּעֲשֶׂה עַל־הַמִּזְבֵּחַ כְּבָשִׂים בְּנֵי־שָׁנָה שְׁנַיִם לַיּוֹם תָּמִיד. אֶת־הַכֶּבֶשׂ הָאֶחָד תַּעֲשֶׂה
מ בַבֹּקֶר וְאֵת הַכֶּבֶשׂ הַשֵּׁנִי תַּעֲשֶׂה בֵּין הָעַרְבָּיִם. וְעִשָּׂרֹן סֹלֶת בָּלוּל בְּשֶׁמֶן כָּתִית רֶבַע הַהִין וְנֵסֶךְ
מא רְבִיעִת הַהִין יָיִן לַכֶּבֶשׂ הָאֶחָד. וְאֵת הַכֶּבֶשׂ הַשֵּׁנִי תַּעֲשֶׂה בֵּין הָעַרְבָּיִם כְּמִנְחַת הַבֹּקֶר וּכְנִסְכָּהּ
מב תַּעֲשֶׂה־לָּהּ לְרֵיחַ נִיחֹחַ אִשֶּׁה לַיהוה. עֹלַת תָּמִיד לְדֹרֹתֵיכֶם פֶּתַח אֹהֶל־מוֹעֵד לִפְנֵי יהוה אֲשֶׁר
מג מד אִוָּעֵד לָכֶם שָׁמָּה לְדַבֵּר אֵלֶיךָ שָׁם. וְנֹעַדְתִּי שָׁמָּה לִבְנֵי יִשְׂרָאֵל וְנִקְדַּשׁ בִּכְבֹדִי. וְקִדַּשְׁתִּי אֶת־אֹהֶל
מה מוֹעֵד וְאֶת־הַמִּזְבֵּחַ וְאֶת־אַהֲרֹן וְאֶת־בָּנָיו אֲקַדֵּשׁ לְכַהֵן לִי. וְשָׁכַנְתִּי בְּתוֹךְ בְּנֵי יִשְׂרָאֵל וְהָיִיתִי לָהֶם
מו לֵאלֹהִים. וְיָדְעוּ כִּי אֲנִי יהוה אֱלֹהֵיהֶם אֲשֶׁר הוֹצֵאתִי אֹתָם מֵאֶרֶץ מִצְרַיִם לְשָׁכְנִי בְתוֹכָם אֲנִי
יהוה אֱלֹהֵיהֶם.

פירוש העניין

בניית מזבח העולה תוארה בכ"ז, א-ח, אך תיאור הקורבנות שמוקרבים על המזבח נדחה לאחר שדובר על הקדשת המזבח ומילוי ידי הכוהנים (כ"ט). עולת התמיד היא הקורבן הקבוע בכל יום. בכל יום מקריבים שני כבשים, אחד בבוקר ואחד בין הערביים (לט, מא). יחד עם קורבן הבהמה, יש להקריב עישרון קמח סולת מעורב בשמן כתית במידה של חצי ההין, וכן מנסכים על המזבח רביעית ההין יין, ואת כל זה מקריבים עם עולת התמיד בבוקר ופעם נוספת עם קורבן התמיד בערב (מ-מא). בימי חגים הוסיפו על זה קורבנות נוספים, הקרואים משום כך מוספים (במדבר כ"ח-כ"ט).

מקריבים את קורבנות התמיד לדורות אל פתח אוהל מועד לפני ה' (מב1). הציון שהקורבנות הם לפני ה' כוונתו למיקום המזבח, שעמד בדיוק לפני פתח המשכן, ומולו הפרוכת שכיסתה את קודש הקודשים שבתוכו הארון ועליו הכפורת והכרובים. ציון זה בא אפוא להבליט את הזיקה של הקורבן שנעשה בחצר לה' לקודש הקודשים. הקורבנות שנעשים לה' בכל יום מאפשרים את התגלות ה' במשכן: "אֲשֶׁר אִוָּעֵד לָכֶם שָׁמָּה לְדַבֵּר אֵלֶיךָ שָׁם. וְנֹעַדְתִּי שָׁמָּה לִבְנֵי יִשְׂרָאֵל" (מב2-מג). אומנם כתוב שה' נועד לדבר שם עם משה (מב2), אך מייד נאמר שה' נועד שם לבני ישראל (מג). אפשרות אחת להבין את היחס בין שני המשפטים היא שבאמצעות ההתוועדות, שהיא הדיבור של ה' אל משה, ה' נועד עם בני ישראל, משום שמשה הוא נציג העם. הביטוי המעשי של "וְנֹעַדְתִּי שָׁמָּה לִבְנֵי יִשְׂרָאֵל" הוא מה שכתוב קודם, שה' דיבר עם משה.[163] אפשרות אחרת היא להבין שפסוק מב מדבר על ההתוועדות עם משה באמצעות דיבור, ובפסוק מג מדובר על דבר אחר והוא התוועדות שנייה שהייתה ישירה עם בני ישראל ולא בדיבור, אלא בהתגלות ה' לעיני ישראל: "וְנֹעַדְתִּי שָׁמָּה לִבְנֵי יִשְׂרָאֵל". אכן התגלות זו מתממשת לעיני ישראל עם סיום הקמת המשכן (מ', לד-לח).[164] התוועדות ה' באוהל מועד עולה גם בבמדבר י"ז, יט.

אפשרות אחת להבין את הצירוף "וְנִקְדַּשׁ בִּכְבֹדִי" (מג2) היא שהכוונה להתגלות ה' ביום השמיני: "וַיֵּרָא כְבוֹד ה' אֶל כָּל הָעָם" (ויקרא ט', כג).[165] אבל נראה יותר שהכוונה לשכינת ה' במקדש לאחר שהוקם, התגלות זו היא שקידשה את המשכן להיות מעונו של ה': "וַיְכַס הֶעָנָן אֶת אֹהֶל מוֹעֵד וּכְבוֹד ה' מָלֵא אֶת הַמִּשְׁכָּן" (מ', לד).[166]

עניין זה מפורט יותר בפסוק הבא: "וְקִדַּשְׁתִּי אֶת אֹהֶל מוֹעֵד וְאֶת הַמִּזְבֵּחַ וְאֶת אַהֲרֹן וְאֶת בָּנָיו אֲקַדֵּשׁ לְכַהֵן לִי" (מד). פסוק זה הוא חתימה לכל התיאור של בניית המשכן, בגדי הכוהנים והקדשתם, בניית המזבח והקדשתו והקורבנות אשר עליו (כ"ה-כ"ט). אבל שכינת ה' אינה מוגבלת למשכן. המשמעות של השכינה במשכן היא שה' שוכן בתוך בני ישראל, ובכך הוא אלוה שלהם: "וְשָׁכַנְתִּי בְּתוֹךְ בְּנֵי יִשְׂרָאֵל וְהָיִיתִי לָהֶם לֵאלֹהִים" (מה). אמירה זו היא סגירת מעגל עם הצגת המטרה של המשכן, כפי שאמר ה' בציווי של בנייתו: "וְעָשׂוּ לִי מִקְדָּשׁ וְשָׁכַנְתִּי בְּתוֹכָם" (כ"ה, ח).

ההבטחה של ה' "וְהָיִיתִי לָהֶם לֵאלֹהִים" (מה2) מופיעה לראשונה בפרשת ברית המילה (בראשית י"ז, ח), שם מוצג לראשונה רעיון הברית בין ה' לישראל, והחלק של ה' בברית הוא

להיות לישראל לאלוהים. שוב בהקשר של ברית בין ה' לישראל, הבטחה זו מופיעה בדברי ה' למשה בעת המינוי השני של משה להוציא את ישראל ממצרים, והמטרה בהוצאת העם ממצרים היא לכרות ברית עם ה' (ו', ז). בלשון קצת שונה הדבר גם נאמר בהקדמה להתגלות ה' בהר סיני, שתוצאת הברית עם ה' היא: "וִהְיִיתֶם לִי סְגֻלָּה מִכָּל הָעַמִּים" (י"ט, ה). עתה שוב משפט זה נאמר כחלק ממימוש יחסי הברית. ה' יהיה לישראל לאלוהים, אך עתה הדבר מקבל מוחשיות בשכינת ה' במשכן: "וְשָׁכַנְתִּי בְּתוֹךְ בְּנֵי יִשְׂרָאֵל וְהָיִיתִי לָהֶם לֵאלֹהִים" (מה). קישור זה בין הברית לשכינה של ה' במקדש עולה גם בויקרא כ"ו, יא-יב: "וְנָתַתִּי מִשְׁכָּנִי בְּתוֹכְכֶם וְלֹא תִגְעַל נַפְשִׁי אֶתְכֶם. וְהִתְהַלַּכְתִּי בְּתוֹכְכֶם וְהָיִיתִי לָכֶם לֵאלֹהִים וְאַתֶּם תִּהְיוּ לִי לְעָם".

מכיוון שהביטוי "וְהָיִיתִי לָכֶם לֵאלֹהִים" נלקח מההקשר של ברית עם של ישראל עם ה', מייד מנוסחת גם החובה של ישראל בברית: הידיעה שה' הוא אלוהי ישראל ושהוא הוציאם ממצרים. היציאה ממצרים הייתה כדי להפוך את ישראל לעם ה', וזה מפורש כאן: "אֲשֶׁר הוֹצֵאתִי אֹתָם מֵאֶרֶץ מִצְרַיִם לְשָׁכְנִי בְתוֹכָם" (מו). המטרה של היציאה ממצרים, וספר שמות בכללו, היא להביא לברית בין ה' לישראל, ומשמעות הברית הזאת היא שה' הוא אלוהי ישראל והוא שוכן בתוכם. הקטע מסתיים בהצהרה: "אֲנִי ה' אֱלֹהֵיהֶם" (מו).

השכינה השורה במשכן ובישראל נקשרת בקורבנות התמיד שישראל מקריבים בכל יום. כלומר תפקיד קורבנות התמיד הוא להביא להשראת שכינה תמידית במשכן ובישראל. הבחנה זו תאיר באור חדש את קורבן התמיד אל מול שאר הקורבנות. הפתיחה של הפסקה "וְזֶה אֲשֶׁר תַּעֲשֶׂה עַל הַמִּזְבֵּחַ" (לח) ממשיכה בתיאור קורבנות התמיד בלבד, שני כבשים בכל יום. אבל על המזבח מעלים קורבנות רבים, כמתואר בויקרא א'-ז', קורבנות המוספים שבמועדים, וקורבנות אחרים כגון יולדת, נזיר ועוד. אך אין רמז בפסוק זה לכל העושר של הקורבנות המוקרבים על המזבח, והכתוב הסתפק בתיאור קורבנות התמיד בלבד. איך יש להבין את ההתעלמות מכל שאר הקורבנות שקרבים על המזבח?

נראה שיש הבדל מהותי בין קורבנות התמיד לשאר הקורבנות. תכלית שאר הקורבנות היא לאותו עניין שהם באים עליהם, למועדים, לנדרים ונדבות, לטהרה, לכפרה מחטאים ועוד. לעומת זאת, התפקיד של עולת התמיד שונה לחלוטין, ותפקידו להביא לנוכחות ה' בקרב ישראל.

עתה נוכל להתקדם עוד צעד בהבנת קורבן התמיד והשראת כבוד ה' במשכן. על פי קשר בין קורבן התמיד למבנה הברית שהוצג בסיום התיאור של קורבן התמיד, יש להבחין שעולת התמיד מבטאת את הצד של ישראל בברית, היינו את הקבלה של ה' כאל, והשראת ה' בתוך ישראל היא הצד של ה' בברית, "וְהָיִיתִי לָהֶם לֵאלֹהִים".

מבחינת התיאור של נושא המזבח והקורבנות בספר שמות עולה שביסוד הדברים התכלית המרכזית של המזבח היא להביא את קורבן התמיד ובכך לבטא את יחסי הברית עם ישראל. קורבן התמיד מבטא את הקבלה של ישראל את ה' כאלוהיהם, והתגובה של ה' לכך היא השראת שכינה בקרב ישראל, המבטאת את צידו של ה' בברית "וְהָיִיתִי לָהֶם לֵאלֹהִים". שימושים אחרים במזבח עולים בספר ויקרא ובספר במדבר. דבר זה מקבל חיזוק מכך שכאשר

משה הקים את המשכן הוא גם עשה את השימושים השונים בכלים. הוא ערך את הלחמים (מ׳, כג), הדליק את המנורה (מ׳, כה) והקטיר קטורת (מ׳, כז), וכאשר הוא העמיד את המזבח הוא גם הקריב עליו את קורבן עולת הבוקר ואת המנחה (מ׳, כט) – זו התכלית היסודית של המזבח.

הניסוח כאן של התוועדות ה׳ במשכן דומה למה שנאמר על הכפרות והכרובים: "וְנָתַתָּ אֶת הַכַּפֹּרֶת עַל הָאָרֹן מִלְמָעְלָה וְאֶל הָאָרֹן תִּתֵּן אֶת הָעֵדֻת אֲשֶׁר אֶתֵּן אֵלֶיךָ. **וְנוֹעַדְתִּי לְךָ שָׁם וְדִבַּרְתִּי אִתְּךָ מֵעַל הַכַּפֹּרֶת** מִבֵּין שְׁנֵי הַכְּרֻבִים אֲשֶׁר עַל אֲרוֹן הָעֵדֻת אֵת כָּל אֲשֶׁר אֲצַוֶּה אוֹתְךָ אֶל בְּנֵי יִשְׂרָאֵל" (כ"ה, כא-כב). ובניסוח דומה נאמר כאן לגבי קורבן התמיד אשר על המזבח: "**אֲשֶׁר אִוָּעֵד לָכֶם שָׁמָּה לְדַבֵּר אֵלֶיךָ שָׁם. וְנֹעַדְתִּי שָׁמָּה לִבְנֵי יִשְׂרָאֵל** וְנִקְדַּשׁ בִּכְבֹדִי". המתח בין הפסוקים האלה גדול, האם ה׳ נועד לדבר עם משה מעל הכפורת או שנועד לדבר עם משה במזבח? התנאים ראו סתירה בין הפסוקים וביקשו להכריע ביניהם (ראו רש"י על מב).[167] אכן אין דרך לפשר בין המקראות, אבל גם אין להכריע ביניהם, אלא להבין מה הכוונה בכפילות הזו. הבנת כל אמירה בהקשרה תבהיר את העניין.

בהקשר של הכפורת נאמר שה׳ נועד עם משה לדבר איתו שם מבין שני הכרובים שעל הכפורת, והדיבור שם הוא כדי שה׳ יצווה את משה מה להורות לבני ישראל. לעומת זאת, במזבח נאמר שה׳ נועד לדבר עם משה, אך לא נאמר מה תוכן הדיבור, אלא מפורש שה׳ נועד גם לבני ישראל, וזה באמצעות השכינה של ה׳.

מהי תכלית הכפילות של ההתוועדות דרך הכפורת ודרך המזבח? יש לשים לב שבשני הכלים האלה ובהקשר של ההתוועדות של ה׳ מצוי רעיון הברית. הארון, המכיל את לוחות העדות, מביע את הצד של ישראל בהתחייבות לשמור את מצוות ה׳, והכפורת מייצגת את הצד של ה׳ בברית להיות אלוהים לישראל, שבא לידי ביטוי בהתוועדות של ה׳ עם משה מעל הכפורת. גם המזבח משמר את היחסים הללו: ישראל מקריבים קורבנות תמיד על המזבח, ומבטאים בכך את קבלת ה׳ עליהם כאל, וכנגד זאת, ה׳ מתוודע אליהם באש על המזבח. ההבדל העיקרי אפוא בין הארון והכפרות ומה שהם מייצגים ובין המזבח ומה שהוא מייצג הוא שהארון והכפורת משמרים את ההתחייבות של ישראל לקבל את הברית, ואילו המזבח מבטא את נאמנות העם בעבודת התמיד עליו בכל יום מחדש. הארון והכפורת נסתרים מעיני מעם, והם יסוד ותשתית לקשר הברית בין ה׳ לישראל, ואילו המזבח הוא הביטוי היום־יומי של ברית זו והניכר לעיני העם בהקריבם קורבנות בכל יום ובהתגלות גלויה של ה׳. נראה אפוא לטעון שקטע זה המדבר על קורבנות התמיד, והתגובה של ה׳ בהשראת שכינה בישראל, הוא שיאו של פרשת הבנייה של המשכן בפרקים כ"ה-כ"ט.

לא פלא שהפסקת קורבן התמיד בעת החורבן הייתה אירוע כואב וקשה (דניאל ח׳, יא-יב; י"א, לא; י"ב, יא). אחת הסיבות לצום שבעה עשר בתמוז היא הפסקת קורבן התמיד (משנה תענית ד׳, ו). ההפסקה בהקרבת התמיד היא למעשה הסרת נוכחות ה׳ מעל ישראל בעת חורבן בית המקדש.[168]

דין קורבן התמיד חוזר בבמדבר כ"ח, א-ח, בשינויים קטנים אך משמעותיים, ובפירושנו שם עמדנו על משמעות ההבדלים.

מזבח הקטורת, ל, א–י

א ב וְעָשִׂיתָ מִזְבֵּחַ מִקְטַר קְטֹרֶת עֲצֵי שִׁטִּים תַּעֲשֶׂה אֹתוֹ. אַמָּה אָרְכּוֹ וְאַמָּה רָחְבּוֹ רָבוּעַ יִהְיֶה
ג וְאַמָּתַיִם קֹמָתוֹ מִמֶּנּוּ קַרְנֹתָיו. וְצִפִּיתָ אֹתוֹ זָהָב טָהוֹר אֶת־גַּגּוֹ וְאֶת־קִירֹתָיו סָבִיב וְאֶת־קַרְנֹתָיו
ד וְעָשִׂיתָ לּוֹ זֵר זָהָב סָבִיב. וּשְׁתֵּי טַבְּעֹת זָהָב תַּעֲשֶׂה־לּוֹ מִתַּחַת לְזֵרוֹ עַל שְׁתֵּי צַלְעֹתָיו תַּעֲשֶׂה
ה עַל־שְׁנֵי צִדָּיו וְהָיָה לְבָתִּים לְבַדִּים לָשֵׂאת אֹתוֹ בָּהֵמָּה. וְעָשִׂיתָ אֶת־הַבַּדִּים עֲצֵי שִׁטִּים וְצִפִּיתָ
ו אֹתָם זָהָב. וְנָתַתָּה אֹתוֹ לִפְנֵי הַפָּרֹכֶת אֲשֶׁר עַל־אֲרֹן הָעֵדֻת לִפְנֵי הַכַּפֹּרֶת אֲשֶׁר עַל־הָעֵדֻת אֲשֶׁר
ז אִוָּעֵד לְךָ שָׁמָּה. וְהִקְטִיר עָלָיו אַהֲרֹן קְטֹרֶת סַמִּים בַּבֹּקֶר בַּבֹּקֶר בְּהֵיטִיבוֹ אֶת־הַנֵּרֹת יַקְטִירֶנָּה.
ח ט וּבְהַעֲלֹת אַהֲרֹן אֶת־הַנֵּרֹת בֵּין הָעַרְבַּיִם יַקְטִירֶנָּה קְטֹרֶת תָּמִיד לִפְנֵי יהוה לְדֹרֹתֵיכֶם. לֹא־תַעֲלוּ
י עָלָיו קְטֹרֶת זָרָה וְעֹלָה וּמִנְחָה וְנֵסֶךְ לֹא תִסְּכוּ עָלָיו. וְכִפֶּר אַהֲרֹן עַל־קַרְנֹתָיו אַחַת בַּשָּׁנָה מִדַּם
חַטַּאת הַכִּפֻּרִים אַחַת בַּשָּׁנָה יְכַפֵּר עָלָיו לְדֹרֹתֵיכֶם קֹדֶשׁ־קָדָשִׁים הוּא לַיהוה.

פירוש העניין

מזבח הקטורת עשוי עצי שיטים מצופים זהב, אורכו ורוחבו אמה, וגובהו שתי אמות. גם על מזבח זה יש קרנות בפינות למעלה, והוא מוקף בזר זהב. מתחת לזר יש שתי טבעות זהב, בשתי הצלעות משני הצדדים, ובהן משחילים בדים על מנת לשאת את המזבח. הבדים עשויים עצי שיטים מצופים זהב (א-ה).

המזבח נועד להקטרת קטורת עליו בבוקר ובערב. בבוקר כאשר אהרן מיטיב את הנרות, ובין הערביים כאשר הוא מעלה את הנרות (ז). אף שכתוב שההקטרה נעשית בידי אהרן, גם בני אהרן יכולים לעשות עבודה זו. כך עולה במפורש מבמדבר י״ז, ה; דה״ב כ״ו, יח.[169] גם בהדלקת הנרות, אף שנאמר בבמדבר ח׳, ב-ג שהיא על ידי אהרן, בכ״ז, כא נאמר שההדלקה היא על ידי אהרן וגם על ידי בניו. עניין הקטורת עלה כבר בעת שה׳ ציווה על התרומות למשכן (כ״ה, ו).

מזבח זה מיועד רק להקטרת קטורת, רק על פי המתכונת המתוארת בל׳, לד-לח. כל קטורת אחרת היא קטורת זרה ואסורה להקרבה (ט). אסור להעלות עליו קורבנות אחרים מן הבהמה או נסכים. אף שאין מקריבים על מזבח זה, מזים עליו, ולא על מזבח העולה, את דם החטאות הפנימיות ואת דם חטאת הכיפורים (י). המזבח הוא קודש קודשים לה׳. אפשר להבין שקדושתו יתרה משאר כלים (אברבנאל), או שקדושתו המיוחדת היא שהוא מקודש רק להקטרת קטורת על פי המתכונת המסוימת ולא לכל עבודה אחרת (רש״י). ראו איור 24.

מיקומו של מזבח הקטורת הוא בתוך המשכן, בקודש, לפני הפרוכת המכסה את הכפורת (המכסה את ארון העדות), ששם נועד ה׳ עם משה (ו). הגדרת המיקום של מזבח הקטורת משמעותית להבנת מהותו. לכאורה המיקום לפני הפרוכת מספיק כדי להגדיר את מקום המזבח, ולעומת זאת, הציון שהמזבח הוא לפני הכפורת, שבה נועד ה׳ עם משה, אינו לצורך הבנת מיקומו של המזבח, אלא כנראה בא להוסיף הבנה הקשורה למהותו של המזבח. הבחנה זו נתמכת בכך שהמיקום לא הוגדר על פי הארון, אלא דווקא על פי הכפורת אשר עליו.

פרשה זו לא נאמרה ביחד עם הכלים שבתוך ההיכל, עם המנורה והשולחן, והבנת מהותו של מזבח הקטורת קשורה בכך. כדאי לציין שבתיאור בניית המשכן והכלים, מזבח הקטורת נזכר לאחר השולחן והמנורה (ל״ז, י-כט), וכן בתיאור הבאת המשכן וכליו למשה (ל״ט, לו-לח), ובתיאור הקמת המשכן וכליו (מ׳, כב-כז). מדוע לא באה פרשה זו יחד עם תיאור הכלים שבתוך המשכן, המנורה והשולחן, ונדחתה למקום מרוחק כל כך מתיאור הכלים בכ״ה-כ״ו? מדוע הובאה לאחר תיאור הבגדים של הכוהן, הקדשת המזבח והכוהנים ומילוי ידם, ומייד לאחר תיאור עבודת קורבן התמיד במזבח?

ראב״ע מסביר שהצו על מזבח הקטורת בא לאחר מצוות הקורבנות על מזבח הנחושת כדי להזהיר שלא יעלו קורבנות על מזבח זה, אלא קטורת בלבד.[170] אולם היה אפשר לתאר את המזבח במקומו עם שאר הכלים של המשכן ולהזהיר שלא להעלות עליו קורבנות אף לפני שדובר במפורש על קורבן התמיד. לדעת הרמב״ם, התפקיד של מזבח הקטורת הוא

ליצור ריח טוב במקדש כדי למנוע את ריח הבשר של עבודת הקורבנות, ולהביא לריח טוב במקדש ובבגדי הכוהנים העובדים במקדש.[171] על פי דבריו, מזבח הקטורת מצוי לאחר קורבן התמיד משום שתפקידו קשור לקורבנות המזבח במזבח העולה.[172] ספורנו (פירושו לפסוק א) מסביר את המיקום של מזבח הקטורת על פי הבחנה בין מהותו של מזבח הקטורת לשאר כלי המשכן. לדעתו, שאר הכלים ובגדי הכהונה הם לשם בניית משכן שה׳ ישרה את שכינתו בתוכו, או להוריד את מראה כבוד ה׳ כמו קורבנות התמיד; ואילו המטרה של מזבח הקטורת היא לכבד את ה׳ לאחר שקיבל את הקורבנות של העם במזבח העולה.

על בסיס דברים אלו נלך צעד קדימה בהבנת מהותו של מזבח הקטורת לאור מיקומו המיוחד. ראשית יש לבדוק את הקשר בין מזבח הקטורת לקורבנות התמיד.[173] הקשר בין הקטורת לקורבן התמיד בא לידי ביטוי בכמה נקודות משמעותיות: ראשית, מדובר בשני מזבחות. זמני ההקטרה, בבוקר ובין הערביים, הם הזמנים של קורבנות התמיד (ל׳, ז). אף שהפסוק תולה את זמן הקטרת הקטורת בזמן ההטבה של הנרות וההדלקה שלהם (ז–ח), הזמנים מכוונים גם לזמני הקורבנות. כמו קורבן התמיד, גם על הקטורת נאמר שהיא תמיד (ח).[174] העובדה שמזים עליו דם חטאות כמו שמזים על המזבח החיצון, מלמדת על הקשר בין שני המזבחות. הפסוק כאן מציין את ההזאה של דם הכיפורים פעם בשנה. במקומות אחרים נאמר שמזים עליו דם חטאות חמורות, הנקראות חטאות פנימיות, משום שמזים את דם החטאת על המזבח הפנימי, היינו מזבח הזהב שבתוך המשכן (ויקרא ד׳, ז, יח). נראה שהדבר המהותי ביותר בקשר שבין שני המזבחות הוא ששניהם מפיצים ריח. על העולה נאמר שהקורבן הוא "לְרֵיחַ נִיחֹחַ אִשֶּׁה לַה׳" (כ"ט, מא), ותפקידו העיקרי של מזבח הקטורת הוא לנדף ריח קטורת מיוחד.

נראה כי מזבח הקטורת נזכר לאחר קורבן התמיד, ולא כמצופה עם שאר כלי המשכן, משום שהקטורת קשורה באופן מהותי לקורבן התמיד. מכיוון שהתגלות ה׳ כרוכה בקורבנות התמיד, ביקשה התורה להבהיר שה׳ אינו זקוק לקורבן, ואף אם נאמר שהוא "לְרֵיחַ נִיחֹחַ לַה׳", לא בגלל ריח הניחוח הוא משכין את שכינתו בישראל. הקורבן מחולל זיקה של העם לה׳, ובעקבות זאת ה׳ נוכח בישראל, אך אין זאת משום שריחות הקורבנות ערבים לו, אלא משום שהקורבן הוא ביטוי לנאמנות העם, כפי שעלה קודם בהבנת קורבן התמיד. מזבח הקטורת מחזק רעיון זה ושולל את הטעות שהקורבן הוא צורך גבוה. בזמן שהקורבנות, שהם ריח ניחוח לה׳, מוקרבים במזבח שלפני ה׳, מזבח הקטורת, שהוא כעין מחיצה בין מזבח התמיד לכפורת, שהיא מקום התגלות ה׳, מפיץ את ריח הקטורת. בעצם יש ריח אחר באופן תמידי החוצץ בין ריחות קורבנות מזבח העולה לאוהל מועד, והריח של העולה אינו מגיע למשכן פנימה. כדי להדגיש זאת יותר, על קטורת זו לא נאמר שהיא ריח ניחוח לה׳, ואין כל אזכור של הריח בתיאורים של המזבח, בציווי ובביצוע, ואף לא במתכונת עשיית הקטורת (לד–לח). ברור שלקטורת היה ריח מיוחד, בגלל האיסור המפורש לעשות כמתכונת הקטורת על מנת להריח בה (ל׳, לז). המיסוך של הקטורת הוא באמצעות הריח, וגם במראה העשן המיתמר ממנה. הסבר זה מסביר מדוע מזבח הקטורת בא רק לאחר קורבן התמיד. מזבח הקטורת נלווה

לקורבן התמיד ומשלים את ייעודו. עתה גם מובן מדוע אין נדבה במזבח הקטורת, כדי שלא יחשוב אדם שהוא עושה למען ה׳ בהקריבו זבח במזבח הפנימי.

לפי הסבר זה מובן מדוע מודגש המיקום של המזבח ״לִפְנֵי הַפָּרֹכֶת אֲשֶׁר עַל הָעֵדֻת״, וכן מובן גם מדוע התורה הרחיבה ומזכירה שוב את העדות: ״אֲשֶׁר עַל הָעֵדֻת אֲשֶׁר אִוָּעֵד לְךָ שָׁמָּה״ (ל׳, ו). ה׳ אומר שהוא נועד לבני ישראל בשל העדות ולא בשל ריח ניחוח של הקורבן. מזבח הקטורת תורם להבנה זו, שבאמצעות הקטורת המוקטרת עליו ברור שה׳ אינו זקוק לריח הניחוח של הקורבן. חיזוק נוסף יש לכך בחזרה על רעיון זה בתיאור עשיית הקטורת בל׳, לו. שם לא נאמר לתת את הקטורת על המזבח שבקודש, אלא לתת את הקטורת ״לִפְנֵי הָעֵדֻת בְּאֹהֶל מוֹעֵד אֲשֶׁר אִוָּעֵד לְךָ שָׁמָּה״, המיקום של נתינת הקטורת הוא לפני העדות, ולא על המזבח, שממנו הכתוב מתעלם.

עניין זה יסביר הלכה מעניינת מאוד, והיא שאם אין מזבח קטורת, עדיין מקריבים קטורת במקום של המזבח לפני הכפורת (זבחים נט ע״א: ״מזבח שנעקר מקטירין במקומו״). מה שאין כן במזבח העולה, שאם אין מזבח, אין מקריבים כלל. להורות שהעיקר במזבח הקטורת הוא המיקום, ועשן הריח באותו מקום, ולא המזבח עצמו שאינו מהותי בעבודה זו.

כאמור לעיל, חיזוק לטענה שעולה כאן לגבי מזבח העולה הוא מיקומו בחצר ולא במשכן. כדי להרחיק את נושא הקורבנות מה׳, ולטעת את התחושה בקרב העם שאין הם מקריבים למען ה׳ בתוך משכנו, אלא למענם בחצר החיצונית למשכן. המזבח הוא עצמאי מהמשכן.[175] היו בישראל מזבחות ללא מקדש, וגם לאחר חורבן המקדש עדיין הקריבו קורבנות (ירמיה מ״א, ה).[176] הדבר עולה גם בציווי על הלכות מזבח (כ׳, כא–כב) עוד לפני שעלה הציווי על המשכן.

נראה כי יש היבט נוסף למזבח הקטורת. בין מזבח העולה למזבח הקטורת יש העדפה למזבח הקטורת. מזבח זה עשוי מזהב, בעוד מזבח העולה עשוי נחושת; מזבח הקטורת הוא בפנים בתוך המשכן, ואילו מזבח העולה הוא בחוץ. ישנו תפקיד נוסף למזבח הקטורת מלבד הקטורת, שכן בחטאות פנימיות וביום הכיפורים, את הדם היו מזים על מזבח זה. כלומר כאשר החטאים היו חמורים, הכפרה מתרחשת במזבח הזהב. נראה אפוא שמזבח הקטורת הוא ה״ייצוג״ הפנימי של מזבח העולה. בחטאים חמורים היה צריך להזות על מזבח פנימי, והזאה על מזבח החיצון לא היה בה מספיק כדי לכפר. המזבח הפנימי קשור למזבח החיצון בקשר אמיץ, ולכן רק אחרי שהוזכר המזבח החיצון, אפשר לדבר על המזבח הפנימי, שבא מכוח החיצון.

לפי הבנה זו אפשר להסביר עניין נוסף. מדוע כלי זה נקרא מזבח, והרי אין זובחים עליו? ההסבר השכיח הוא שהוא נקרא כך בשל הדמיון החיצוני למזבח.[177] אכן גם לו יש קרנות, כמו למזבח החיצון. אבל לפי הסברנו, שהוא הייצוג של מזבח החיצון ועליו מזים בחטאים חמורים, הוא מתפקד כמזבח אף שאין זובחים עליו.

תיאור הבנייה של מזבח הזהב מופיע בל״ז, כה–כח. ראו איור 25.

מחצית השקל – כופר נפש, יא–טז

יא יב וַיְדַבֵּר יהוה אֶל־מֹשֶׁה לֵּאמֹר. כִּי תִשָּׂא אֶת־רֹאשׁ בְּנֵי־יִשְׂרָאֵל לִפְקֻדֵיהֶם וְנָתְנוּ אִישׁ כֹּפֶר
יג נַפְשׁוֹ לַיהוה בִּפְקֹד אֹתָם וְלֹא־יִהְיֶה בָהֶם נֶגֶף בִּפְקֹד אֹתָם. זֶה יִתְּנוּ כָּל־הָעֹבֵר עַל־הַפְּקֻדִים
יד מַחֲצִית הַשֶּׁקֶל בְּשֶׁקֶל הַקֹּדֶשׁ עֶשְׂרִים גֵּרָה הַשֶּׁקֶל מַחֲצִית הַשֶּׁקֶל תְּרוּמָה לַיהוה. כֹּל הָעֹבֵר
טו עַל־הַפְּקֻדִים מִבֶּן עֶשְׂרִים שָׁנָה וָמָעְלָה יִתֵּן תְּרוּמַת יהוה. הֶעָשִׁיר לֹא־יַרְבֶּה וְהַדַּל לֹא יַמְעִיט
טז מִמַּחֲצִית הַשָּׁקֶל לָתֵת אֶת־תְּרוּמַת יהוה לְכַפֵּר עַל־נַפְשֹׁתֵיכֶם. וְלָקַחְתָּ אֶת־כֶּסֶף הַכִּפֻּרִים
מֵאֵת בְּנֵי יִשְׂרָאֵל וְנָתַתָּ אֹתוֹ עַל־עֲבֹדַת אֹהֶל מוֹעֵד וְהָיָה לִבְנֵי יִשְׂרָאֵל לְזִכָּרוֹן לִפְנֵי יהוה
לְכַפֵּר עַל־נַפְשֹׁתֵיכֶם.

פירוש העניין

מיקומה של פרשה זו כאן הוא משום שהיא עוסקת בכפרה על ישראל, כהמשך לנושא הכפרה בחיטוי מזבח העולה והכפרה במזבח הקטורת. בפרשת מזבח העולה נאמר: "וּפַר חַטָּאת תַּעֲשֶׂה לַיּוֹם עַל הַכִּפֻּרִים וְחִטֵּאתָ עַל הַמִּזְבֵּחַ **בְּכַפֶּרְךָ** עָלָיו... שִׁבְעַת יָמִים **תְּכַפֵּר** עַל הַמִּזְבֵּחַ" (כ"ט, לו-לז). והכפרה במזבח הקטורת: "**וְכִפֶּר** אַהֲרֹן עַל קַרְנֹתָיו... מִדַּם חַטַּאת **הַכִּפֻּרִים** אַחַת בַּשָּׁנָה **יְכַפֵּר** עָלָיו לְדֹרֹתֵיכֶם קֹדֶשׁ קָדָשִׁים הוּא לַה'" (ל', י). נתינת מחצית השקל היא לשם כופר נפש: "וְנָתְנוּ אִישׁ **כֹּפֶר** נַפְשׁוֹ..." (יב); "לָתֵת אֶת תְּרוּמַת ה' **לְכַפֵּר** עַל נַפְשֹׁתֵיכֶם. וְלָקַחְתָּ אֶת כֶּסֶף **הַכִּפֻּרִים** מֵאֵת בְּנֵי יִשְׂרָאֵל... וְהָיָה לִבְנֵי יִשְׂרָאֵל לְזִכָּרוֹן לִפְנֵי ה' **לְכַפֵּר** עַל נַפְשֹׁתֵיכֶם" (טו-טז). על הנושא העיקרי של פרשייה זו ככפרה נרחיב להלן.

חובה על כל זכר מישראל מבן עשרים שנה ומעלה לתת מחצית השקל כאשר סופרים את העם.[178] אין להוסיף על סכום זה ואין להפחית ממנו, אלא על כולם לתת בשווה. הכסף שנאסף הוא לעבודת אוהל מועד, ובפועל עשו בכסף זה את האדנים לקרשי המשכן ולעמודי הפרוכת, ואת הווים של העמודים (ל"ח, כז-כח). בתחילת הציווי על מלאכת המשכן ציווה ה' את משה לצוות את העם לתרום תרומה לבניית המשכן "כָּל אִישׁ אֲשֶׁר יִדְּבֶנּוּ לִבּוֹ" (כ"ה, ב). בחומרים שנאספו בנו את המשכן כולו. הגבייה הזו של מחצית השקל היא חובה על כולם ועל כולם בשווה. העם תורם לבניית המשכן, ובכך מתממש הרעיון שה' שוכן בתוך ישראל, שתרמו לבניית המשכן. העיקרון הוא שהמשכן יהיה שייך לכל העם, ולכן בא הציווי לכל הגברים לתרום, וכך כל העם כולו שותף באופן שווה בבניית המשכן. מתוך כך אפשר להבין שמה שעשו עם כספי מחצית השקל הוא האדנים, שהם התשתית והיסוד של המשכן – את הבסיס של המשכן תרמו כל העם בשווה.

במקום לספור את האנשים, נספרות מחציות השקל שנאספו. ספירה של העם ולא של המטבעות עלולה להביא למגפה בעם (יב), ואכן כך היה בימי דוד, כאשר ספר את העם (שמ"ב כ"ד). נתינת מחצית השקל היא כדי שיכופר לעם, כפי שמודגש שלוש פעמים: "**לְכַפֵּר** עַל נַפְשֹׁתֵיכֶם. וְלָקַחְתָּ אֶת כֶּסֶף **הַכִּפֻּרִים**... **לְכַפֵּר** עַל נַפְשֹׁתֵיכֶם" (טו-טז). על מה צריך כפרה? מה הבעיה בספירת העם, וכיצד בעיה זו נפתרת במתן מחצית השקל? על מה מחצית השקל מכפרת?

רש"י הבין שהספירה גורמת לעין הרע לשלוט באנשים הנספרים. מניין המטבעות הוא דרך לעקוף את מניין האנשים.[179] לדעת אברבנאל, המטרה היא איסוף כסף לצורכי המשכן, והדרך לאסוף כסף היא שכאשר רוצים לספור את העם כדי למנוע היזק של עין הרע, הצדקה הזאת יכולה להציל ככופר על נפשם, וזו הייתה הזדמנות לאסוף את מחצית השקל. כנגד גישה זו המתמקדת בעין הרע, יש להבהיר כי אין במקרא מענה כלשהו לעניין עין הרע או לעולם מאגי מסוג זה.[180] ספורנו הסביר שספירת אנשים מזכירה את העוונות שלהם, ולפיכך מחצית השקל מכפרת על עוונותיהם. שד"ל הסביר שספירת אנשים כרוכה בתחושה של גאווה. רשב"ם וחזקוני סברו שבכסף המובא למשכן מביאים קורבנות שהם כפרה על ישראל.[181] רשב"ם לא

ציין כל בעיה בעצם הספירה. חזקוני ציטט את חז"ל שאין ברכה בדבר הנספר, והקורבנות שנקנים בכסף הם כפרה על ישראל.

המפתח להבנת עניין זה היא ההבחנה שה' אינו מצווה כאן על ספירת האנשים, אלא אומר שכאשר הם ייספרו, יש להביא מחצית השקל. אפשר לספור את העם למטרות שונות, כמו שעולה מדברי רשב"ם ואברבנאל לעיל, אלא שהמטרה היא להתרים כסף למשכן. הטעם העיקרי בספירת העם היא בהכנות לקראת יציאה לקרב. דברי ה' רומזים על ספירה למטרה זו. ראשית, מדובר על ספירת גברים מבן עשרים שנה ומעלה, כספירת הגברים יוצאי הצבא בבמדבר א', ב–ג (ושם יש אזכור ליוצאי צבא עוד פעמים רבות). הספירה של העם היא כדי למנוע נגף. מילה זו באה בהקשר של מכות טבע או מחלות (ז', כז; י"ב, יג) ובהקשר של מפלה במלחמות (ויקרא כ"ו, יז; במדבר י"ד, מב; דברים א', מב; כ"ח, ז, כה; שופטים כ', לב).[182] רש"י (על פסוק יב) פירש שמדובר על מכת דבר, ואילו ראב"ע וחזקוני הציעו שמדובר בתופעה ארצית, כמגפה במלחמה.[183] פירושו של רש"י מתאים למה שהוא מגדיר כבעיה של הספירה שגורמת עין הרע. לפי ההקשר הצבאי של הקטע שהעלינו, מתאים יותר פירושו של ראב"ע, שהנגף הוא המוות או המפלה במלחמה. עתה נוכל להבין שנתינת מחצית השקל היא לשם כופר כדי לא להיפגע במלחמה. אם הסכנה שהתורה מדברת עליה היא סכנת המלחמה ולא סכנת הספירה, התורה אומרת שלפני ספירה לקראת הסכנה של שעת מלחמה, על העם לתת תרומה לה', כדי שזה יהיה לזיכרון לפני ה', לכפר עליהם, כדי שלא יינזקו וכדי שיצליחו במלחמתם.[184] התרומה של האנשים למשכן תהיה כפרה עליהם ותצילם ממוות.

מפורש פעמיים שהתרומה לעבודת אוהל מועד היא המכפרת עליהם: "לָתֵת אֶת תְּרוּמַת ה' לְכַפֵּר עַל נַפְשֹׁתֵיכֶם" (טו); "וְנָתַתָּ אֹתוֹ עַל עֲבֹדַת אֹהֶל מוֹעֵד וְהָיָה לִבְנֵי יִשְׂרָאֵל לְזִכָּרוֹן לְכַפֵּר עַל נַפְשֹׁתֵיכֶם" (טז).[185] הכסף הניתן למשכן יהיה לזיכרון לפני ה'. באמצעות המשכן שנתרם בכספם של העם, ה' יזכור את העם לטובה, יכפר עליהם ויצילם מרעה. לא פלא שמעבודות השונות במשכן, הכסף שימש לעשיית האדנים, שהם קבועים במשכן, לזיכרון תמידי. הכלים שנוצרו מכסף השקלים, שהם לזיכרון לפני ה', מצטרפים לאפוד ולחושן, שגם הם לזיכרון לפני ה'. כך גם החצוצרות, שבהן תוקעים לפני המלחמה כדי להיזכר לפני ה' בעת המלחמה (במדבר י', ט). לשם כך משמש כסף מחצית השקל, כפי שנראה להלן.

לאור הסבר זה נבין את מיקומו של הקטע לאחר הקדשת המזבח, קורבנות התמיד ומזבח הקטורת. לאחר סיום מלאכת בניין המשכן בא הציווי על מחצית השקל כדי להסביר את יתרונותיו של המשכן. עתה נאמר שכפרה באה לא רק בזכות העבודה במזבח, כפי שעלה עד כאן (כ"ט, לו; ל', י), אלא גם באמצעות תרומה לעבודת אוהל מועד. הכסף שניתן הוא כופר נפש – עולה הזיכרון לפני ה' ומכפר על נפשות ישראל.

יש להבין אם הייתה ספירה אחת או שתיים. ציווי של ה' למשה לספור את העם יבוא בתחילת ספר במדבר (א'–ב'), וסכום הנספרים שם הוא שש מאות אלף ושלושת אלפים וחמש מאות וחמישים (במדבר א', מו; ב', לב). יש להדגיש שלא כתוב שספרו את העם בספר שמות, אך בתיאור התרומות שתרמו בני ישראל נאמר שבמחציות השקל שנאספו עשו את האדנים

ואת הווים לעמודים. הסכום שנאסף הוא מאה כיכר ואלף ושבע מאות ושבעים וחמישה שקל, שהם שש מאות אלף ושלושת אלפים וחמש מאות וחמישים (ל"ח, כה-כו). מאה כיכר הם שלוש מאות אלף שקל (כיכר הוא שלושת אלפים שקלים). ועוד נאספו 1775 שקלים, סה"כ: 301,775 מחציות שקלים שתרמו 603,550 אנשים. אם כן, מספר התורמים מחצית השקל זהה למספר האנשים שנספרו בתחילת ספר במדבר. בין שני האירועים עבר מספר חודשים לא מבוטל. בספר במדבר הספירה הייתה בחודש השני של השנה השנייה, ואילו האיסוף של מחציות שקל היה לאחר חטא העגל ולאחר שמשה ירד עם לוחות שניים, כלומר בערך פער של שלושה חודשים.

אפשר כי ספרו את העם פעם אחת, ועל ספירה זו מסופר פעמיים, פעם ראשונה כאן בהקשר של הכסף שנאסף לטובת בניית המשכן, ופעם שנייה בספר במדבר לצורך היערכות העם למלחמה ולארגון המחנה. הבנה זו מסתברת ביותר, משום שמספר הנספרים זהה בדיוק בשני המקומות.[186] אפשרות שנייה היא שמדובר בשתי ספירות שונות, למטרות שונות ובזמנים שונים, אחת לפני בניית המשכן ואחת לפני יציאתם לדרך מסיני.[187] מה שתומך בטיעון זה הוא שמסופר שאספו את מחציות השקל לשם בניית המשכן, שנבנה בחודש הראשון של השנה השנייה, ואילו בבמדבר ישנו ציווי מפורש של ה' לספור את העם חודש לאחר שהמשכן נבנה. אף כי פערי הזמן כנראה קטנים מאוד, האדנים נתרמו לפני שה' ציווה על הספירה בבמדבר. מכיוון שמדובר על פערים קטנים של זמן, אין מניעה שהמספר זהה בין שתי הספירות. הבעיה היא ששבט לוי לא נספר בספירה בבמדבר, ולפי זה יש לומר שגם בספירת האנשים בשמות הם לא נספרו, וכך אכן סובר ראב"ע,[188] וזה על סמך מה שנאמר בדברים י', ח. הדבר מסתבר, שכן בניית המשכן הייתה לאחר חטא העגל, ובעקבות כך כנראה נבחרו הלוויים.[189] מסתבר אפוא שהיו שתי ספירות של העם, והן היו זהות בשל מיעוט הזמן ביניהם.

כך או כך, המטרות של שתי הספירות שונות. כאן הספירה היא באמצעות איסוף כסף לשם בניית המשכן, שתהיה כפרה לבני ישראל, ואילו בבמדבר המטרה של הספירה היא לשם היערכות לקראת סידור המחנה והמלחמה על הארץ.[190] הספירה בבמדבר א'-ב' היא מרכיב בהכנות לקראת המסע לעבר כיבוש הארץ (במדבר א'), ומבטאת גם את הרעיון שהעם חונה סביב משכן ה' (במדבר ב'). שני הרעיונות האלה מקופלים בפרשייה כאן: מטרת הספירה היא המלחמה, כמו בבמדבר א', אך לצד זה, התרומה למשכן מכפרת על העם ושומרת עליו, כמו הרעיון העולה בבמדבר ב'. ההסבר לעיל, שהתרומה של מחצית השקל לעבודת המשכן היא כופר על נפשם בצאתם למלחמה לקראת סכנותיה, קושר את שני האירועים יחדיו: את בניית המשכן ואת היציאה למלחמה.

חכמים הבינו שהדין לתת מחצית השקל כאשר סופרים את העם הוא לדורות.[191] אולם רלב"ג טען שמצווה זו היא חד-פעמית, ומראה שבכל שאר הספירות בבמדבר א', בפרשת פינחס, וספירת הבאים לצבא על ידי שאול, לא נתנו מחצית השקל.[192] חכמים סמכו על הפרשייה כאן כדי לקבוע שיש חובה להביא מחצית השקל תרומה למקדש גם כאשר אין סופרים את העם.[193] חכמים הבינו שיש איסור לספור אנשים.[194] אולם את האיסור אין לומדים

מהפסוקים כאן אלא משמ"א י"א ח, או משמ"א ט"ו ד, ויש מי שלומד מהושע ב׳, א. אכן נראה שלא עולה מפרשייה זו איסור לספור את העם, אלא שכאשר סופרים את העם, יש לקחת מהנספרים מחצית השקל (רמב"ן על פסוק יב).

כיור, יז–כא

יז יח וַיְדַבֵּר יהוה אֶל־מֹשֶׁה לֵּאמֹר. וְעָשִׂיתָ כִּיּוֹר נְחֹשֶׁת וְכַנּוֹ נְחֹשֶׁת לְרָחְצָה וְנָתַתָּ אֹתוֹ בֵּין־אֹהֶל
יט כ מוֹעֵד וּבֵין הַמִּזְבֵּחַ וְנָתַתָּ שָׁמָּה מָיִם. וְרָחֲצוּ אַהֲרֹן וּבָנָיו מִמֶּנּוּ אֶת־יְדֵיהֶם וְאֶת־רַגְלֵיהֶם. בְּבֹאָם
אֶל־אֹהֶל מוֹעֵד יִרְחֲצוּ־מַיִם וְלֹא יָמֻתוּ אוֹ בְגִשְׁתָּם אֶל־הַמִּזְבֵּחַ לְשָׁרֵת לְהַקְטִיר אִשֶּׁה לַיהוה.
כא וְרָחֲצוּ יְדֵיהֶם וְרַגְלֵיהֶם וְלֹא יָמֻתוּ וְהָיְתָה לָהֶם חָק־עוֹלָם לוֹ וּלְזַרְעוֹ לְדֹרֹתָם.

פירוש העניין

לאחר שלוש הפרשיות שעסקו בכפרה, מוזכר הכיור. הכיור אינו אחד מכלי הקודש של אוהל מועד, אלא כלי הנצרך כדי שהכוהנים יוכלו לעבוד בטהרה, ולכן הוא מוזכר לאחר שהושלם התיאור של המשכן וכליו.[195] עם זאת, יש בו קדושה ולכן הוא נמשח (מ׳, יא). לאחר שדובר בפרק כ״ט על רחיצה וטהרה, מוזכר הכיור שבו מקדשים ידיים ורגליים. לפי ראב״ע, כנראה רחצו בכיור גם את כל הגוף, ייתכן גם שרחיצת הכוהנים בעת הקדשתם הייתה רחיצת ידיים ורגליים. כך או כך, מתאים הכיור להיות במקום זה.[196]

הכיור הוא הכלי שבאמצעותו היו הכוהנים רוחצים את ידיהם ואת רגליהם לפני בואם לעבוד במזבח או באוהל מועד – להקטרת הקטורת, להדלקת המנורה ולעריכת לחם הפנים.[197] עבודת הקודש מחייבת עבודה בטהרה, לכן על הכוהנים להיטהר בקידוש ידיים ורגליים לפני עבודתם במשכן.[198] אם לא יעשו זאת, הם ימותו. לא רק הביאה לאוהל מועד מחייבת רחיצה, אלא גם העבודה במזבח שבחצר. חוק זה הוא לעולם (כא).

הכיור עומד בחצר, ולפיכך עשוי מנחושת. מיקומו בין המשכן למזבח. חכמים הציעו שהוא לא היה מול פתח אוהל מועד, אלא דרומה יותר.[199] מתחת לכיור היה כַּן מנחושת שאליו זרמו המים מן הכיור. אין התורה מפרטת את צורת הכיור.

בניית הכיור מופיעה בל״ח, ח. ראו איור 26.

שמן המשחה, כב–לג

כג וַיְדַבֵּר יהוה אֶל־מֹשֶׁה לֵּאמֹר. וְאַתָּה קַח־לְךָ בְּשָׂמִים רֹאשׁ מָר־דְּרוֹר חֲמֵשׁ מֵאוֹת וְקִנְּמָן־בֶּשֶׂם
כד מַחֲצִיתוֹ חֲמִשִּׁים וּמָאתָיִם וּקְנֵה־בֹשֶׂם חֲמִשִּׁים וּמָאתָיִם. וְקִדָּה חֲמֵשׁ מֵאוֹת בְּשֶׁקֶל הַקֹּדֶשׁ וְשֶׁמֶן
כה זַיִת הִין. וְעָשִׂיתָ אֹתוֹ שֶׁמֶן מִשְׁחַת־קֹדֶשׁ רֹקַח מִרְקַחַת מַעֲשֵׂה רֹקֵחַ שֶׁמֶן מִשְׁחַת־קֹדֶשׁ יִהְיֶה.
כו כז וּמָשַׁחְתָּ בוֹ אֶת־אֹהֶל מוֹעֵד וְאֵת אֲרוֹן הָעֵדֻת. וְאֶת־הַשֻּׁלְחָן וְאֶת־כָּל־כֵּלָיו וְאֶת־הַמְּנֹרָה וְאֶת־
כח כט כֵּלֶיהָ וְאֵת מִזְבַּח הַקְּטֹרֶת. וְאֶת־מִזְבַּח הָעֹלָה וְאֶת־כָּל־כֵּלָיו וְאֶת־הַכִּיֹּר וְאֶת־כַּנּוֹ. וְקִדַּשְׁתָּ אֹתָם
ל וְהָיוּ קֹדֶשׁ קָדָשִׁים כָּל־הַנֹּגֵעַ בָּהֶם יִקְדָּשׁ. וְאֶת־אַהֲרֹן וְאֶת־בָּנָיו תִּמְשָׁח וְקִדַּשְׁתָּ אֹתָם לְכַהֵן לִי.
לא לב וְאֶל־בְּנֵי יִשְׂרָאֵל תְּדַבֵּר לֵאמֹר שֶׁמֶן מִשְׁחַת־קֹדֶשׁ יִהְיֶה זֶה לִי לְדֹרֹתֵיכֶם. עַל־בְּשַׂר אָדָם לֹא
לג יִיסָךְ וּבְמַתְכֻּנְתּוֹ לֹא תַעֲשׂוּ כָּמֹהוּ קֹדֶשׁ הוּא קֹדֶשׁ יִהְיֶה לָכֶם. אִישׁ אֲשֶׁר יִרְקַח כָּמֹהוּ וַאֲשֶׁר
יִתֵּן מִמֶּנּוּ עַל־זָר וְנִכְרַת מֵעַמָּיו.

פירוש העניין

לאחר שדובר לעיל על משיחת המזבח, הכוהנים ובגדיהם (כ״ט, ז, כא, לו), התורה מצווה כיצד לעשות את שמן המשחה. שמן המשחה מיועד למשוח את המשכן וכליו, וכן את אהרן ובניו ובגדיהם על מנת לקדש אותם (כו-כח, ל). שמן המשחה נזכר בכ״ה, ו. תערובת שמן המשחה היא קדושה – ״מִשְׁחַת קֹדֶשׁ״ (כה), היינו שתהיה מיועדת למשוח בה את הדברים המקודשים (ראב״ם; אברבנאל), ואולי הכוונה שהשמן עצמו במתכונת הזו הוא קדוש. המשיחה בשמן המשחה מקדשת את מה שנמשח והופכת אותו להיות קודש קודשים (כט1). מי שנוגע בכלים שהוקדשו יקדש (כט2). ההסברים לכך דומים למחלוקת שעלתה בעניין הנוגע במזבח (כ״ט, לז). האפשרות הסבירה היא שמי שנוגע בכלים הופך גם הוא להיות קדוש, משום שהקדושה מידבקת (ראב״ע בפירוש הארוך),[200] כך הסביר ראב״ע גם לגבי הנוגע במזבח. אפשרות שנייה היא לפרש שהקדושה אינה מידבקת, והכוונה היא שמי שנוגע חייב קודם כול להיטהר (רשב״ם; חזקוני; אברבנאל). רש״י סבר שהקדושה אינה מידבקת באדם, אבל גם ראה במה שכתוב תוצאה ולא הוראה (כפירוש רשב״ם), ולפיכך פירש שהנגיעה בקודש הופכת את הדבר להיות קדוש רק אם הוא ראוי לקבל קדושה.

לעומת הכלים שהופכים במשיחתם לקודש קודשים (כט), כאשר התורה מצווה על משיחת אהרן ובניו, אין היא אומרת שהם קודש קודשים ומי שנוגע בהם יקדש. זאת משום שהקדשתם היא להיות כוהנים לה׳ ולא קדושה עצמית בגוף: ״וְקִדַּשְׁתָּ אֹתָם לְכַהֵן לִי״ (ל), לעומת המשכן וכליו שהם קדושים בעצמם.

שמן המשחה עשוי מתערובת של שמן עם צמחי בושם משובחים: מור דרור, קינמון בושם, קנה בושם, קידה (כג-כד). ה׳ אומר למשה לומר לבני ישראל ששמן משחת קודש יהיה לדורות (לא), אך לא נאמר כיצד עשו את המשחה.[201]

בגין קדושת שמן המשחה, אסור לעשות כמוהו לשימוש חול, ומי שירקח את המרקחת הזאת וייתן את השמן על איש זר דינו כרת (לב-לג). בשל חומרת העניין, חזרה התורה על כך פעמיים בפירוט אזהרה ועונש. בפסוק לב ישנן שתי אזהרות: ״עַל בְּשַׂר אָדָם לֹא יִיסָךְ״; ״וּבְמַתְכֻּנְתּוֹ לֹא תַעֲשׂוּ כָּמֹהוּ״. העונש על העוברים על כך בא בפסוק לג בהיפוך סדר: ״אִישׁ אֲשֶׁר יִרְקַח כָּמֹהוּ״; ״וַאֲשֶׁר יִתֵּן מִמֶּנּוּ עַל זָר״.

הציווי ששמן משחת קודש יהיה לדורות בא להכליל את הכוהנים בכל הדורות (לא). רש״י ורמב״ן הבינו שמדובר גם על מלכים.[202] ראב״ע פירש ש״זָר״ הכוונה כל מי שאינו מבני אהרן.[203] זהו פשוטו של מקרא, וכך משמע, שהרי אין רמז בפסוקים למשיחה למי שאינו כוהן. וכן עולה מכמה מקומות שזר הוא מי שאינו מבני אהרן, למשל, במדבר א׳, נא: ״וְהַזָּר הַקָּרֵב יוּמָת״. וכן: ויקרא כ״ב, י: ״וְכָל זָר לֹא יֹאכַל קֹדֶשׁ״; במדבר י״ז, ה: ״לְמַעַן אֲשֶׁר לֹא יִקְרַב אִישׁ זָר אֲשֶׁר לֹא מִזֶּרַע אַהֲרֹן הוּא״.[204] לגבי משיחת שלמה (מל״א א׳, לט), ראב״ע טען שזו הוראת שעה (פירוש הארוך לפסוק לג). נראה יותר שנושא המלכות לא עלה על הפרק עדיין, ואין כוונת התורה למנות מלך, ולכן אינו מוזכר בפרשייה זו.[205] לאחר שה׳ אפשר למנות מלך,

יישמו את דרך המשיחה של כוהן על המלכה של מלכים (שמ"א י', א; י"א, טו; ט"ז, יג; שמ"ב ב', ד; ה', ג; מל"א א', לט, ועוד). ואז הצטרף למושג כוהן משיח (ויקרא ד', ה, טז; ו', טו) גם המושג מלך משיח (שמ"א, ב', לה; שמ"א כ"ד, ו), על שם שהם נמשחים בשמן.

הנשיאים הם שהביאו את המצרכים לעשות את שמן המשחה (ל"ה, כח). הכנת שמן המשחה מופיעה בל"ז, כט. הציווי על משיחת המשכן, כליו, הכוהנים ובגדיהם מופיע במ', ט-טו, והביצוע במ', טז.

קטורת הסמים, לד-לח

לד וַיֹּאמֶר יהוה אֶל־מֹשֶׁה קַח־לְךָ סַמִּים נָטָף וּשְׁחֵלֶת וְחֶלְבְּנָה סַמִּים וּלְבֹנָה זַכָּה בַּד בְּבַד יִהְיֶה.
לה לו וְעָשִׂיתָ אֹתָהּ קְטֹרֶת רֹקַח מַעֲשֵׂה רוֹקֵחַ מְמֻלָּח טָהוֹר קֹדֶשׁ. וְשָׁחַקְתָּ מִמֶּנָּה הָדֵק וְנָתַתָּה מִמֶּנָּה
לז לִפְנֵי הָעֵדֻת בְּאֹהֶל מוֹעֵד אֲשֶׁר אִוָּעֵד לְךָ שָׁמָּה קֹדֶשׁ קָדָשִׁים תִּהְיֶה לָכֶם. וְהַקְּטֹרֶת אֲשֶׁר
לח תַּעֲשֶׂה בְּמַתְכֻּנְתָּהּ לֹא תַעֲשׂוּ לָכֶם קֹדֶשׁ תִּהְיֶה לְךָ לַיהוה. אִישׁ אֲשֶׁר־יַעֲשֶׂה כָמוֹהָ לְהָרִיחַ
בָּהּ וְנִכְרַת מֵעַמָּיו.

פירוש העניין

פסקה זו מתארת את החומרים שמהם יש לעשות את קטורת הסמים, ואותה יעלו על מזבח הזהב, כמתואר בל׳, א-י. הקטורת הוזכרה בכ״ה, ו. הקטורת נעשית מערבוב של בשמים: נטף, שחלת וחלבנה. הרשימה מתחילה במילה ״סַמִּים״, ואלו יפורטו מייד, ונחתמת באותה מילה כסיכום (רשב״ם).[206] חכמים הוסיפו על ארבעת הסממנים המנויים בתורה עוד שבעה, ובסך הכול אחד עשר סממנים.[207] יש לערב את הסמים שנזכרו עם לבונה זכה. הלבונה היא כנראה עיקר הקטורת. משקל כל החומרים יהיה שווה, או שכל רכיב יירקח לבדו לפני הערבוב (״בַּד בְּבַד יִהְיֶה״). יש לערבב את הכול כמרקחת ושיהיה ״מְמֻלָּח״, היינו שיש להוסיף מלח או לערבב היטב. מייד נאמר ״טָהוֹר קֹדֶשׁ״. אולי זה נאמר כאן מפני שיש אבקה דקה, וצריך לנהוג בה בקדושה שלא יאבד חומר (אברבנאל).

את החומרים האלה יש לכתוש לאבקה דקה ולתת אותה ״לִפְנֵי הָעֵדֻת בְּאֹהֶל מוֹעֵד אֲשֶׁר אִוָּעֵד לְךָ שָׁמָּה קֹדֶשׁ קָדָשִׁים תִּהְיֶה לָכֶם״ (לו). לא נאמר שיש לשים את הקטורת על מזבח הקטורת, אלא לפני העדות, שם ה׳ נועד עם משה. מכך יש שהבינו שמדובר על הקטרת הקטורת ביום הכיפורים בתוך קודש הקודשים, כמתואר בויקרא ט״ז, יב-יג (רשב״ם). אבל נראה כי פשוטו של מקרא מתכוון להקטרת הקטורת שבכל יום על מזבח הזהב (רש״י; ראב״ע בפירוש הקצר והארוך).[208] פירוש זה מסתבר יותר, שכן לא סביר שלא תוזכר בפסוקים הקטורת שבכל יום. לפי פירוש זה, לא הוגדר שמקום ההקרבה הוא על מזבח הזהב, אלא לפני העדות באוהל מועד, שמשם ה׳ נועד למשה. הגדרה זו מתאימה למה שאמרנו לעיל לגבי מזבח הקטורת, שהמזבח אינו מהותי אלא הקטורת שמקריבים עליו, כמיסוך לקורבנות התמיד המוזכרים מייד לפני כן. הקטורת היא סניף של קורבן העולה, כפי שהסברנו לעיל. הקטורת היא קודש קודשים (לו), ורק שימוש של קדושה מותר, ויש להקפיד במצוותו (אברבנאל).

כמו שמן המשחה, אסור לעשות גם כמתכונת קטורת הסמים; יש להשאיר את מתכונת הסמים הזאת כקטורת שהיא קודש לה׳, ולא לעשות בה שום שימוש חול (״לְהָרִיחַ בָּהּ״), והדבר כמי שמחלל את הקודש (אברבנאל). אין איסור להריח את הקטורת. האיסור הוא לעשות קטורת כזו לא למטרת קודש אלא למטרת חול של הרחה (ראב״ע, הפירוש הקצר). ומי שיעבור על צו זה עונשו כרת (לז-לח).

תיאור עשיית הקטורת מופיע בל״ז, כט.

מינוי בצלאל ואהליאב לעשיית המשכן וכליו, ל"א, א–יא

א ב ג וַיְדַבֵּר יהוה אֶל־מֹשֶׁה לֵּאמֹר. רְאֵה קָרָאתִי בְשֵׁם בְּצַלְאֵל בֶּן־אוּרִי בֶן־חוּר לְמַטֵּה יְהוּדָה. וָאֲמַלֵּא
ד אֹתוֹ רוּחַ אֱלֹהִים בְּחָכְמָה וּבִתְבוּנָה וּבְדַעַת וּבְכָל־מְלָאכָה. לַחְשֹׁב מַחֲשָׁבֹת לַעֲשׂוֹת בַּזָּהָב וּבַכֶּסֶף
ה ו וּבַנְּחֹשֶׁת. וּבַחֲרֹשֶׁת אֶבֶן לְמַלֹּאת וּבַחֲרֹשֶׁת עֵץ לַעֲשׂוֹת בְּכָל־מְלָאכָה. וַאֲנִי הִנֵּה נָתַתִּי אִתּוֹ אֵת
ז אָהֳלִיאָב בֶּן־אֲחִיסָמָךְ לְמַטֵּה־דָן וּבְלֵב כָּל־חֲכַם־לֵב נָתַתִּי חָכְמָה וְעָשׂוּ אֵת כָּל־אֲשֶׁר צִוִּיתִךָ. אֵת
ח אֹהֶל מוֹעֵד וְאֶת־הָאָרֹן לָעֵדֻת וְאֶת־הַכַּפֹּרֶת אֲשֶׁר עָלָיו וְאֵת כָּל־כְּלֵי הָאֹהֶל. וְאֶת־הַשֻּׁלְחָן וְאֶת־
ט כֵּלָיו וְאֶת־הַמְּנֹרָה הַטְּהֹרָה וְאֶת־כָּל־כֵּלֶיהָ וְאֵת מִזְבַּח הַקְּטֹרֶת. וְאֶת־מִזְבַּח הָעֹלָה וְאֶת־כָּל־כֵּלָיו
י וְאֶת־הַכִּיּוֹר וְאֶת־כַּנּוֹ. וְאֵת בִּגְדֵי הַשְּׂרָד וְאֶת־בִּגְדֵי הַקֹּדֶשׁ לְאַהֲרֹן הַכֹּהֵן וְאֶת־בִּגְדֵי בָנָיו לְכַהֵן.
יא וְאֵת שֶׁמֶן הַמִּשְׁחָה וְאֶת־קְטֹרֶת הַסַּמִּים לַקֹּדֶשׁ כְּכֹל אֲשֶׁר־צִוִּיתִךָ יַעֲשׂוּ.

פירוש העניין

פרשת התוכנית של בניית המשכן כליו ועשיית בגדי הכוהנים מסתיימת במינוי האומנים הממונים על המלאכה. ה׳ פונה למשה: ״רְאֵה קָרָאתִי בְשֵׁם בְּצַלְאֵל...״ (ב). הציווי ״רְאֵה״ בא לתת יותר תשומת לב לחשיבות המינוי של בצלאל בן אורי בן חור משבט יהודה. המשמעות של הצירוף ״קָרָאתִי בְשֵׁם״ היא לבחור – ה׳ בחר בבצלאל (שופטים כ״א, ט; ישעיה מ״ג, א; מ״ה, ג-ד).[209] כמובן שבחירת ה׳ בבצלאל בניסוח הזה מראה על מעלתו (ראב״ע). באותה לשון אומר משה לעם: ״רְאוּ קָרָא ה׳ בְּשֵׁם בְּצַלְאֵל בֶּן אוּרִי בֶן חוּר לְמַטֵּה יְהוּדָה״ (ל״ה, ל). כמו שה׳ נתן תיאור מפורט ומדויק של בניית המשכן וכליו, ובגדי הכוהנים, הוא גם בחר את עושי המשכן. בחירת ה׳ בבצלאל מחזקת את התפיסה שהמשכן הוא משכנו של ה׳, והוא נבנה על פי תוכניותיו של ה׳ בידי האומנים שה׳ בחר בהם.[210] רמב״ן מגדיר את הפלא שבדבר, שכן ישראל במצרים לא עסקו במלאכות אלה ואף לא ראו אותן בכלל. דברים אלה מצטרפים לדגש להלן, שמקור חוכמתו של בצלאל הוא מה׳.

מייד ה׳ מתאר את תכונותיו המתאימות של בצלאל, ומדגיש שהוא נטע בו את התכונות האלה: ״וָאֲמַלֵּא אֹתוֹ״ (ג). הביטוי הזה מורה על השראת תכונות מיוחדות של ה׳ עליו: ״רוּחַ אֱלֹהִים, בְּחָכְמָה וּבִתְבוּנָה וּבְדַעַת וּבְכָל מְלָאכָה״. בצורה דומה ורחבה יותר מתאר ישעיהו את החוטר מגזע ישי: ״וְנָחָה עָלָיו רוּחַ ה׳ רוּחַ חָכְמָה וּבִינָה רוּחַ עֵצָה וּגְבוּרָה רוּחַ דַּעַת וְיִרְאַת ה׳״ (ישעיה י״א, ב). כדי לעשות את משכן ה׳, ביוצר־האומן חייבת להיות ״רוּחַ אֱלֹהִים״. אין הכוונה לרוח נבואה,[211] אלא לחוכמה מיוחדת יוצאת דופן שמקורה מאלוהים, כמו מה שנאמר על יהושע, דברים ל״ד, ט: ״וִיהוֹשֻׁעַ בִּן נוּן מָלֵא רוּחַ חָכְמָה כִּי סָמַךְ מֹשֶׁה אֶת יָדָיו עָלָיו״. בשני המקרים, ה׳ נתן באנשים אלה חוכמה מיוחדת. ״רוּחַ אֱלֹהִים״ שה׳ מילא בה את בצלאל מתפרטת מייד בפסוק: חוכמה, תבונה ודעת בכל מלאכות היצירה הנדרשות לבניית המשכן והכלים. אלה הן תכונות שבאות לידי ביטוי בכישורים המקצועיים באומנות. הבנה זו מתבהרת בפסוק ד: ״לַחְשֹׁב מַחֲשָׁבֹת לַעֲשׂוֹת בַּזָּהָב וּבַכֶּסֶף וּבַנְּחֹשֶׁת״, ובשאר המלאכות המתוארות בהמשך הפסוקים.

לצד בצלאל, נתן ה׳ איתו את אהליאב בן אחיסמך משבט דן. הם היו הראשים שהובילו צוות של אומנים, חכמי לב, שבהם נתן ה׳ חוכמה לעשות המשכן כפי שה׳ ציווה (ו). שוב מודגש שהחוכמה היא מאת ה׳ (״וּבְלֵב כָּל חֲכַם לֵב נָתַתִּי חָכְמָה״ [ו]), כדי להסביר שהמלאכה נעשית מכיוון שהאומנים עושי המלאכה היו בעלי חוכמה אלוהית לעשותה. בתכונות דומות מתואר גם חירם, בונה מקדש שלמה (מל״א ז׳, יד). ואף ה׳ יצר את העולם בתכונות האלה על פי משלי ג׳, יט-כ.[212] עד כה חזר כמה פעמים שהתוכנית של בניית המשכן ועשיית הבגדים היא מאת ה׳, עד לדיוק בפרטים קטנים, ועתה נוסף שגם הביצוע הוא משום שה׳ נתן באומנים חוכמה. לכן גם מודגש בסוף הקטע: ״כְּכֹל אֲשֶׁר צִוִּיתִךָ יַעֲשׂוּ״ (יא). אף על פי שמדובר באומנים מומחים, הם לא עשו עבודת יצירה משלהם, אלא עשו את המשכן כפי שציווה ה׳. יש להדגיש שהציוויים לעשות את המשכן, עם כל הפירוט שלהם, מצריכים

פעולות מתוחכמות ומקצועיות שאותן יכלו לבצע האנשים המדוברים, במיוחד שכפי שראינו לא פעם ההוראות אינן שלמות, וברור שכדי לבצע את התוכנית במדויק ובאופן שיהיה נאה ומשובח, נדרשים כישורים מיוחדים. התורה אכן מזכירה חוכמה אנושית, הנפרדת ממה שה׳ נתן: "וּבְלֵב כָּל חֲכַם לֵב נָתַתִּי חָכְמָה" (ו). אפשר לפרש שה׳ נתן את החוכמה ולכן הוא חכם לב (רשב"ם), אבל מסתבר יותר לפרש שה׳ נתן עודף ותוספת חוכמה למי שכבר היה חכם לב (רלב"ג; אברבנאל).[213]

המקרא מונה באופן מפורט את מה שיבנו. סדר הדברים המוזכרים כאן אינו כסדר שבא בציווי, אלא כסדר הבנייה של הכלים בל"ו, ח – ל"ח, ח. ויש לשים לב שמזבח הקטורת בא עם שאר כלי אוהל מועד לאחר השולחן והמנורה (ח), שלא כמו בצו ה׳. לא הוזכרה כאן בניית החצר, ובגדי אהרן ובניו הוזכרו אך לא פורטו כאן (י). כן הוזכרו שמן המשחה וקטורת הסמים (יא): "וְאֵת שֶׁמֶן הַמִּשְׁחָה וְאֶת קְטֹרֶת הַסַּמִּים לַקֹּדֶשׁ". "לַקֹּדֶשׁ" יכול להיות מוסב על הקטורת שהוזכרה מייד קודם, והכוונה שהקטורת הועלתה בהיכל (רש"י), ואפשר שהמילה מכוונת לשמן המשחה בתחילת הפסוק, ואז הכוונה שהשמן בא למשוח את כל כלי הקודש ואנשי הקודש (שד"ל). בהחלט אפשר שהמילה נאמרה גם על שמן המשחה וגם על קטורת הסמים, ושניהם לצורך הקודש (ראב"ע, הפירוש הארוך). מהתיאור של עשיית הקטורת ושמן המשחה נראה כפירוש שד"ל, שכן שם המילה "קֹדֶשׁ" הוקצתה לשמן המשחה בלבד, בעוד הקטורת אופיינה בתואר "טָהוֹר": "וַיַּעַשׂ אֶת שֶׁמֶן הַמִּשְׁחָה קֹדֶשׁ וְאֶת קְטֹרֶת הַסַּמִּים טָהוֹר" (ל"ז, כט).

נוספה כאן גם עשיית בגדי שרד, שלא הוזכרו עד כה בציווי ה׳ (י). בגדים אלה נזכרים שוב בעת שמשה ציווה את העם על איסוף תרומות: "אֶת בִּגְדֵי הַשְּׂרָד לְשָׁרֵת בַּקֹּדֶשׁ אֶת בִּגְדֵי הַקֹּדֶשׁ לְאַהֲרֹן הַכֹּהֵן וְאֶת בִּגְדֵי בָנָיו לְכַהֵן" (ל"ה, יט). ושוב בעת איסוף התרומות: "וּמִן הַתְּכֵלֶת וְהָאַרְגָּמָן וְתוֹלַעַת הַשָּׁנִי עָשׂוּ בִגְדֵי שְׂרָד לְשָׁרֵת בַּקֹּדֶשׁ" (ל"ט, א). ופעם רביעית כאשר הביאו את כל הכלים והבגדים למשה: "אֶת בִּגְדֵי הַשְּׂרָד לְשָׁרֵת בַּקֹּדֶשׁ אֶת בִּגְדֵי הַקֹּדֶשׁ לְאַהֲרֹן הַכֹּהֵן וְאֶת בִּגְדֵי בָנָיו לְכַהֵן" (ל"ט, מא). רש"י כתב שאי אפשר לומר שאלה בגדי כוהנים, המוזכרים בנפרד בהמשך הפסוק.[214] כמו כן, בשאר האזכורים של בגדי השרד, בגדי השרד נזכרו בנפרד מבגדי הכוהנים (ל"א, י; ל"ה, יט; ל"ט, א, מא). בגדי השרד הם ככל הנראה הבדים שבהם כיסו את הכלים, כפי שנאמר בבמדבר ד׳, ו, ח, יג (רס"ג בתפסיר; לקח טוב; רשב"ם; ראב"ע [בפירושו הארוך]; ריב"ש; ראב"ם; חזקוני; רלב"ג; שד"ל).

ישנה לכאורה הבחנה בין בגדי אהרן לבגדי בניו: בגדי אהרן הם בגדי קודש, ואילו בגדי בניו הם לְכַהֵן (י). מזה היה אפשר אולי להסיק שבגדי אהרן בלבד הם בגדי קודש, ואילו בגדי בניו אינם קודש. אבל נראה יותר שאין הכוונה שבגדי בני אהרן אינם קדושים, אלא שבגדי אהרן מאופיינים יותר כבגדי קודש, ובגדיו הם קדושים יותר. כך יש לאהרן את האפוד, את החושן ואת הציץ, המיוחדים בקדושתם. גם בגדי בני אהרן הם קדושים, שהרי גם בניו נמשחו כשהם מלובשים בבגדיהם, כמו שנמשחו אהרן ובגדיו (מ׳, יג-טו). אפשר גם לפרש שהמילה קודש בפסוק מכוונת לאהרן ולבניו, והמילה לְכַהֵן אף היא בשימוש דומה: "וְאֶת בִּגְדֵי הַקֹּדֶשׁ

[לְכַהֵן] לְאַהֲרֹן הַכֹּהֵן וְאֶת בִּגְדֵי [הַקֹּדֶשׁ] בָנָיו לְכַהֵן".[215] ראו דיוננו לעיל בתת הפרק: "הקדמה לעשיית בגדי הכוהנים, כ"ח, א-ה" (עמ' 418).

כנראה אין זה מקרה שהשמות בצלאל (בצילו של ה') ואהליאב (באוהל אב=ה'), קשורים למשמעויות של קירוי וכיסוי, לאור תפקידם לבנות את משכן ה'. שמו של אהליאב מתקשר לאוהל מועד, והמילה צל מבטאת חסות בצל מנהיג (שופטים ט', טו; יחזקאל ל"א, ו, יז; איכה ד', כ), ותחת הנהגת ה' ושמירתו (תהילים י"ז, ח; ל"ו, ח; נ"ז, ב; צ"א, א).[216]

משה מעביר לעם את הידיעה שבצלאל ואהליאב יבצעו את מלאכת הבנייה בל"ה, ל – ל"ו, א. ומשה קורא לבצלאל ואהליאב לבצע את מלאכת הבנייה בל"ו, ב.

השבת, יב–יז

וַיֹּאמֶר יהוה אֶל־מֹשֶׁה לֵּאמֹר. וְאַתָּה דַּבֵּר אֶל־בְּנֵי יִשְׂרָאֵל לֵאמֹר אַךְ אֶת־שַׁבְּתֹתַי תִּשְׁמֹרוּ כִּי יב יג
אוֹת הִוא בֵּינִי וּבֵינֵיכֶם לְדֹרֹתֵיכֶם לָדַעַת כִּי אֲנִי יהוה מְקַדִּשְׁכֶם. וּשְׁמַרְתֶּם אֶת־הַשַּׁבָּת כִּי קֹדֶשׁ יד
הִוא לָכֶם מְחַלְלֶיהָ מוֹת יוּמָת כִּי כָּל־הָעֹשֶׂה בָהּ מְלָאכָה וְנִכְרְתָה הַנֶּפֶשׁ הַהִוא מִקֶּרֶב עַמֶּיהָ.
שֵׁשֶׁת יָמִים יֵעָשֶׂה מְלָאכָה וּבַיּוֹם הַשְּׁבִיעִי שַׁבַּת שַׁבָּתוֹן קֹדֶשׁ לַיהוה כָּל־הָעֹשֶׂה מְלָאכָה בְּיוֹם טו
הַשַּׁבָּת מוֹת יוּמָת. וְשָׁמְרוּ בְנֵי־יִשְׂרָאֵל אֶת־הַשַּׁבָּת לַעֲשׂוֹת אֶת־הַשַּׁבָּת לְדֹרֹתָם בְּרִית עוֹלָם. טז
בֵּינִי וּבֵין בְּנֵי יִשְׂרָאֵל אוֹת הִוא לְעֹלָם כִּי־שֵׁשֶׁת יָמִים עָשָׂה יהוה אֶת־הַשָּׁמַיִם וְאֶת־הָאָרֶץ יז
וּבַיּוֹם הַשְּׁבִיעִי שָׁבַת וַיִּנָּפַשׁ.

פירוש העניין

הוראות ה' בדבר בניית המשכן וכליו ובגדי הכהונה מסתיימות בציווי ה' לשמור את השבת.[217] הפתיחה "וְאַתָּה דַּבֵּר" מורה על האחריות של משה ללמד את העם על השבת. נושא איסור מלאכה ושמירת השבת כבר עלה בספר כמה פעמים: בפעם הראשונה נאסר על ישראל לאסוף מן בשבת (ט"ז, כב-ל), בפעם השנייה נזכרה השבת בעשרת הדיברות (כ', ח-יא) ובפעם השלישית בספר הברית (כ"ג, יב). להלן יחזור שוב נושא השבת בקובץ החוקים לאחר חטא העגל (ל"ד, כא). הציווי של ה' את משה בעניין השבת בא כאן בהקשר של בניית המשכן, ושוב חוזר עניין השבת בציווי של משה את העם לפני התחלת בניין המשכן (ל"ה, א-ג). לפי ההקשרים השונים האלה עולים דגשים שונים של השבת. טעם השבת כאן דומה למה שנזכר בעשרת הדיברות: ה' ברא את העולם במשך שישה ימים, וביום השביעי שבת, על כן ישראל חייבים לשמור את השבת (כ', יא; יז).

שתי שאלות עולות עקב אזכור השבת כאן: 1. מה חדש בעניין השבת שלא עלה עד כה? 2. מדוע החובה לשמור את השבת נקשרה בבניית המשכן?

ראשית, במקורות עד כאן לא נזכר עונש למי שלא מקיים את השבת, וכאן מפורש שלוש פעמים שדינו מוות (יד, טו). אזכור העונש מתקשר לחידוש העיקרי של הקטע, והוא שכאן נאמר שהשבת היא ברית בין ה' לישראל: "לַעֲשׂוֹת אֶת הַשַּׁבָּת לְדֹרֹתָם בְּרִית עוֹלָם. בֵּינִי וּבֵין בְּנֵי יִשְׂרָאֵל אוֹת הִוא לְעֹלָם" (טז-יז), והיא אות לברית בין ה' לבין ישראל (יג, יז). ניתן להבין את טיבה של השבת כברית מתוך כפילות בין חלקו הראשון (יג-יד) של הקטע לחלקו השני (טו-יז).[218]

יג-יד	טו-יז
(יג) אַךְ אֶת שַׁבְּתֹתַי תִּשְׁמֹרוּ כִּי אוֹת הִוא בֵּינִי וּבֵינֵיכֶם לְדֹרֹתֵיכֶם לָדַעַת כִּי אֲנִי ה' מְקַדִּשְׁכֶם: (יד) וּשְׁמַרְתֶּם אֶת הַשַּׁבָּת כִּי קֹדֶשׁ הִוא לָכֶם מְחַלְלֶיהָ מוֹת יוּמָת כִּי כָּל הָעֹשֶׂה בָהּ מְלָאכָה וְנִכְרְתָה הַנֶּפֶשׁ הַהִוא מִקֶּרֶב עַמֶּיהָ:	(טו) שֵׁשֶׁת יָמִים יֵעָשֶׂה מְלָאכָה וּבַיּוֹם הַשְּׁבִיעִי שַׁבַּת שַׁבָּתוֹן קֹדֶשׁ לַה' כָּל הָעֹשֶׂה מְלָאכָה בְּיוֹם הַשַּׁבָּת מוֹת יוּמָת: (טז) וְשָׁמְרוּ בְנֵי יִשְׂרָאֵל אֶת הַשַּׁבָּת לַעֲשׂוֹת אֶת הַשַּׁבָּת לְדֹרֹתָם בְּרִית עוֹלָם: (יז) בֵּינִי וּבֵין בְּנֵי יִשְׂרָאֵל אוֹת הִוא לְעֹלָם כִּי שֵׁשֶׁת יָמִים עָשָׂה ה' אֶת הַשָּׁמַיִם וְאֶת הָאָרֶץ וּבַיּוֹם הַשְּׁבִיעִי שָׁבַת וַיִּנָּפַשׁ:

הציווי לשמור את השבת נאמר בפרשייה שלוש פעמים, פעמיים בחלקה הראשון: "אַךְ אֶת שַׁבְּתֹתַי תִּשְׁמֹרוּ" (יג); "וּשְׁמַרְתֶּם אֶת הַשַּׁבָּת" (יד). ושוב בחלקה השני, בלשון דומה: "וְשָׁמְרוּ בְנֵי יִשְׂרָאֵל אֶת הַשַּׁבָּת לַעֲשׂוֹת אֶת הַשַּׁבָּת" (טז). פעמיים נאמר שהשבת היא קודש, בחלק הראשון: "כִּי קֹדֶשׁ הִוא לָכֶם" (יד); ובחלק השני: "שַׁבַּת שַׁבָּתוֹן קֹדֶשׁ לַה'" (טו). בשני החלקים

נזכר עונש על מי שמחלל את השבת ועושה בה מלאכה, בחלק הראשון: "מְחַלְלֶיהָ מוֹת יוּמָת כִּי כָּל הָעֹשֶׂה בָהּ מְלָאכָה וְנִכְרְתָה הַנֶּפֶשׁ הַהִוא מִקֶּרֶב עַמֶּיהָ" (יד), ובחלק השני: "כָּל הָעֹשֶׂה מְלָאכָה בְּיוֹם הַשַּׁבָּת מוֹת יוּמָת" (טו). ופעמיים נאמר שהשבת היא אות בין ה' ובין בני ישראל, בחלק הראשון: "כִּי אוֹת הִוא בֵּינִי וּבֵינֵיכֶם לְדֹרֹתֵיכֶם" (יג), ובחלק השני: "בֵּינִי וּבֵין בְּנֵי יִשְׂרָאֵל אוֹת הִוא לְעֹלָם" (יז).

מתוך הכפילויות מתגלות שתי סיבות שונות לשמירת השבת ומתוך כך שתי מהויות שונות של השבת: בחלק הראשון על ישראל לשמור את השבת **כי ה' קידש אותם**: "כִּי אֲנִי ה' מְקַדִּשְׁכֶם" (יג), ומשום קדושתם, השבת היא קודש להם, ועליהם לשמור אותה ולא לחלל אותה: "וּשְׁמַרְתֶּם אֶת הַשַּׁבָּת כִּי קֹדֶשׁ הִוא לָכֶם" (יד). בחלק השני הם צריכים לשמור את השבת, **כי השבת קודש לה'**: "שַׁבַּת שַׁבָּתוֹן קֹדֶשׁ לַה'" (טו), וזאת משום שה' ברא את העולם ונח בשביעי: "כִּי שֵׁשֶׁת יָמִים עָשָׂה ה' אֶת הַשָּׁמַיִם וְאֶת הָאָרֶץ וּבַיּוֹם הַשְּׁבִיעִי שָׁבַת וַיִּנָּפַשׁ" (יז). בהתאמה לכך בעשרת הדיברות מצוות השבת מדגישה רק את עניין השבת כהכרה בה' בבורא עולם, שברא את העולם בשישה ימים ונח בשביעי, והשבת מכונה: "וְיוֹם הַשְּׁבִיעִי שַׁבָּת לַה' אֱלֹהֶיךָ" (כ', י).

גם האות שונה בשני החלקים. בחלק הראשון שמירת השבת היא אות על שה' קידש את ישראל: "כִּי אוֹת הִוא בֵּינִי וּבֵינֵיכֶם לְדֹרֹתֵיכֶם לָדַעַת כִּי אֲנִי ה' מְקַדִּשְׁכֶם" (יג), לעומת זאת בחלק השני האות הוא על שה' הוא בורא העולם: "בֵּינִי וּבֵין בְּנֵי יִשְׂרָאֵל אוֹת הִוא לְעֹלָם כִּי שֵׁשֶׁת יָמִים עָשָׂה ה' אֶת הַשָּׁמַיִם וְאֶת הָאָרֶץ וּבַיּוֹם הַשְּׁבִיעִי שָׁבַת וַיִּנָּפַשׁ" (יז). בשמירת השבת בחלק הראשון הם ממששים את קדושתם, ואילו בחלק השני, בשמירת השבת הם מכירים בה' כבורא עולם, משום שה' שבת ביום השביעי של הבריאה. מצד אחד שמירת השבת מבטאת את הידיעה של ישראל שה' קידש אותם, ומצד אחר בשמירת השבת ישראל מכירים בהיות ה' ריבון העולם שברא. שני היבטים אלה של השבת כפי שעלו בשני החלקים משקפים את יחסי הברית ההדדית בין ה' לישראל: השבת משקפת את היחס של ה' לישראל בכך שעשה אותם קדושים, והיא משקפת את היחס של ישראל ביחס אל ה' כאל בורא העולם.[219]

לאור שתי מהויות אלה של השבת מובנת כפילות הציווי לשמור את השבת, וכפילות העונש על מי שאינו מקיימה, וכמובן שהאות שונה וטעם הקדושה שונה. בפסוק יג, ה' מדבר בגוף ראשון ואומר "שַׁבְּתֹתַי". מכיוון שהחלק הראשון מדבר על ההיבט שה' מקדש את ישראל, ומשום שקידש אותם, משייך ה' את השבת אליו – "שַׁבְּתֹתַי" – אלה השבתות של ה' שהוא נותן לישראל בהיותם קדושים. ההבחנה בין שתי מהויות השבת תסביר את ההבחנה בניסוח של העובר על דין השבת. בחלק הראשון נאמר "מְחַלְלֶיהָ מוֹת יוּמָת" (יד). מכיוון שלפי מהות זו של השבת, שמירתה היא משום שהעם התקדש על ידי ה', ולכן עליו לשמור את השבת. עבירה על השבת היא חילול הקודש. לעומת זאת, לפי מהות השבת, שה' נח בשבת לאחר שברא את העולם בשישה ימים, מנוחת העם מבטאת את ההכרה של העם בכך, לכן העובר על דין השבת מנוסח: "כָּל הָעֹשֶׂה מְלָאכָה בְּיוֹם הַשַּׁבָּת" (טז), מכיוון שלא עשה מה שה' עשה ולא נח, אלא עשה מלאכה.

לאור ההבחנה בין שתי המהויות של השבת ניתן להבין את אזכורה כאן בהקשר של בניית המשכן. פרשנים הבינו כי אזכור השבת כאן בא לקבוע שאף שבניין המשכן הוא מלאכת קודש, עבודת בנייתו נאסרה בשבת (רש"י; רשב"ם; ראב"ע; ריב"ש; רמב"ן; אברבנאל; ספורנו).[220] הדבר עולה מהפתיחה "וְאַתָּה דַּבֵּר", משמע שזה נסמך לדיבורים של ה' למשה קודם לכן בעניין המשכן והמשך להם.[221] כך גם הוסברה תחילת הצו: "אַךְ אֶת שַׁבְּתֹתַי תִּשְׁמֹרוּ", היינו אף שה' ציווה לבנות את המשכן, עדיין יש צורך לשמור על השבת. אף כי ההסבר הפשוט של המילה "אַךְ" הוא לשם חיזוק, במשמעות של "אכן", ולא למעט. הוכחה לטיעון זה היא שכאשר משה מעביר את המצוות השבת לעם, הוא עושה זאת עוד לפני שהוא מתחיל להורות להם על בניית המשכן, הוא אומר להם שבשבת עליהם לחדול מבנייה. ראב"ע הרחיב והסביר זאת מעבר לבניית המשכן, ואמר שההוראה הזו נאמרה על כל מלאכת קודש לעתיד, שאסור לעשותה בשבת (ראב"ע בפירושו הקצר לפסוק יג).

נראה שהקשר בין השבת לבניית המשכן הוא מהותי יותר, כפי שעולה מקישורים מפתיעים ביניהם. עשו את המשכן (כ"ה, ח), ויש "לַעֲשׂוֹת אֶת הַשַּׁבָּת" (טז).[222] השבת היא קודש (טו), והמילה קודש נאמרה רבות במשכן, בכלים, בבגדי הכוהנים, בשמן המשחה ובקטורת הסמים (כ"ו, לד; כ"ח, ב, כט, לו, מא, מג; כ"ט, ו, כז, לז, מג, מד; ל', י, כה, כט, ל, לא-לב, לו). יש מי שניסה להסביר שהמשכן והשבת הם קדושה המתבטאת בתחומים שונים: המשכן בקדושת המקום והשבת נזכרה משום שמהותה קדושת הזמן.[223]

מעבר להסברים נכונים אלה, נראה כי לאור ההבחנה בין שתי מהויות השבת אפשר להבין את הקשר בין השבת לעבודת המשכן. כפי שהשבת משקפת את שני צדדי הברית בין ה' לישראל ובין ישראל לה', כך גם המשכן משקף את שני צדדי הברית. הברית בין ה' לישראל במשכן משתקפת במיוחד בארון. כפי שראינו לעיל, הארון המכיל את לוחות הברית, מבטא את ההתחייבות של העם לשמור את מצוות ה', ואילו הכפורת והכרובים שעליו משקפים את הזיקה של ה' לעם באמצעות הדיבור של ה' למשה. זו גם החלוקה בין האפוד ובין החושן, כפי שראינו לעיל. אם כן, גם קדושת השבת משקפת את הברית בין ישראל לה', וגם קדושת המשכן משקפת את יחסי הברית.

הקשר בין המשכן לשבת גדול יותר. ה' מורה על הקדשת המשכן ומקדיש את ישראל. הקדשת אוהל מועד, אהרן ובניו, אפשרה את השכינה של ה' בקרב ישראל ואת הדיבור של ה' עם ישראל באמצעות משה (כ"ט, מג-מו). לעומת זה, ה' קידש את ישראל, ובשמירת השבת מתקדשים ישראל. אהרן מתקדש בהליך מיוחד בימי המילואים, הכלים מתקדשים במשיחתם, ואילו ישראל מתקדשים בשמירת השבת. על כן השבת היא אופן נוסף שבו מתממשת הקדושה מאת ה'. ההבדל בין קדושת ישראל באמצעות השבת לקדושה ששורה בישראל בזכות המשכן הוא שבאמצעות השבת כולם מתקדשים בשווה, אין הבחנה בין היררכיות שונות בעם, לעומת הקדושה במשכן, שיש הבחנה חדה בין הכוהן הגדול לשאר הכוהנים ובין כלל הכוהנים לישראל. ביום השביעי, בשמירת השבת כולם מתקדשים על ידי ה'.

לפי הנאמר נוכל להבין עוד תופעה סגנונית בולטת בקטע. פסוקים יג-יד מנוסחים בגוף שני, בדיבור ישיר של ה׳ לישראל, ואילו פסוקים טו-יז מנוסחים בגוף שלישי על ישראל. הדיבור בגוף ישיר של ה׳ אל העם הוא על שה׳ מקדש את ישראל, ומשום קדושתם הם שומרים את השבת. ובשל קרבה זו, הדיבור של ה׳ הוא ישיר אל בני ישראל. הקטע השני, המדבר על שמירת השבת כחלק מהבעת האמונה שה׳ כבורא עולם, נאמר כמו רוב הקטעים בפרשיות אלה בגוף שלישי.

נעבור לכמה פרטים בפרשייה הדורשים הבהרה. בחלק הראשון יש שני ציוויים לשמור את השבת: "אֶת שַׁבְּתֹתַי תִּשְׁמֹרוּ" (יג); "וּשְׁמַרְתֶּם אֶת הַשַּׁבָּת" (יד). האמירה הראשונה מדגישה את העובדה ששמירת השבת היא משום שישראל קדושים, והשנייה מדגישה שהשבת היא קודש. האמירה השנייה באה למנוע טעות, שאף שישראל קדושים הם עדיין חייבים לשמור על קדושת השבת, וקדושתם ומעלתם אינה פוטרת אותם משמירת שבת.

המינוח "לַעֲשׂוֹת אֶת הַשַּׁבָּת" (טז) מוזר, שכן הציווי כאן הוא הימנעות ממלאכה, ולא עשייה אקטיבית. מכאן הבין ראב"ע (בפירושו הקצר) שהכוונה להכנות שצריך אדם לעשות לקראת השביתה ממלאכה.[224] על פי פשוטו הכוונה: "וְשָׁמְרוּ" – ייזהרו לשמור, לקיים את השבת, כמו מה שנאמר: "וְעָשִׂיתָ חַג שָׁבֻעוֹת לַה׳ אֱלֹהֶיךָ" (דברים ט"ז, י). "לַעֲשׂוֹת" אין הכוונה לעשות דבר מסוים, אלא לקיים.[225] הצירוף "וְשָׁמְרוּ... לַעֲשׂוֹת" מצוי במובן זה גם בבראשית י"ח, יט. ואולי הכוונה להורות בכך, שהימנעות ממלאכה צריכה להיות לשם השבת, לשם קיומה. השימוש בשורש עש"ה בעניין השבת נועד להנגיד את העשייה בשישה ימים (טו, יז) לעצירת העשייה בשבת, שאף היא מכונה עשייה, ואת חילול השבת בעשיית מלאכה בשבת (יד, טו), לעומת ההימנעות מעשיית מלאכה, המקבלת עתה את אותו פועל מעשי.

ה׳ נותן למשה את לוחות הברית, יח

יח וַיִּתֵּן אֶל־מֹשֶׁה כְּכַלֹּתוֹ לְדַבֵּר אִתּוֹ בְּהַר סִינַי שְׁנֵי לֻחֹת הָעֵדֻת לֻחֹת אֶבֶן כְּתֻבִים בְּאֶצְבַּע אֱלֹהִים.

פירוש העניין

בכ״ד, טו, עלה משה להר סיני ושהה שם במשך ארבעים יום ולילה (כ״ד, יח), וכל הנאמר מכ״ה, א עד ל״א, יז, הוא דיבור רצוף של ה׳ אל משה בהיותו על ההר. לפני שעלה, ה׳ אמר למשה שיעלה ושם יקבל את לוחות העדות: ״עֲלֵה אֵלַי הָהָרָה וֶהְיֵה שָׁם וְאֶתְּנָה לְךָ אֶת לֻחֹת הָאֶבֶן וְהַתּוֹרָה וְהַמִּצְוָה אֲשֶׁר כָּתַבְתִּי לְהוֹרֹתָם״ (כ״ד, יב). בתום ארבעים יום, לאחר שה׳ סיים להעביר לו את כל הדברים בדבר בניית המשכן, הוא מסר למשה את שני לוחות העדות, כפי שאמר לו. על שני לוחות העדות כתב ה׳ את עשרת הדברים (כ׳, ב-יד), ואותם שמעו ישראל במעמד הר סיני, כפי שעולה מל״ד, כח.

עשרת הדיברות נכתבו באצבע אלוהים (ראו גם: ל״ב, טז; דברים ט׳, י). זהו דימוי אנושי של כתיבה באצבע לכתיבה אלוהית פלאית (ראב״ע; רלב״ג). לוחות הברית הם הדבר היחיד שהם מעשה ידי ה׳ שירדו לעולם לפיזי של בני האדם וניתנו מה׳ לבן אנוש. אולי משום כך, הנושא של המשפט (ה׳) אינו כתוב במפורש בפסוק. ריב״ש כתב שהכתב באצבע אלוהים בא להורות שהכתב אינו נמחק, כלומר שאין הפרה לתורה והיא לא תתבטל לעולם.

חטא העגל, ל"ב - ל"ד

המשמעות של סיפור חטא העגל

חטא העם בעשותו עגל הוא נקודת השפל של העם, לאחר השיא הגדול של מעמד הר סיני. ה' התגלה לעיני כל העם בסיני והציג עצמו כאלוה שהוציא אותם ממצרים, ומייד אסר עליהם לעשות פסלים. כמה שבועות לאחר מכן, ובאותו מקום שבו נכחו בהתגלות ה' ושמעו את האיסור מפורשות, הם עוברים על ציווי ה'. בדבריהם: "אֵלֶּה אֱלֹהֶיךָ יִשְׂרָאֵל אֲשֶׁר הֶעֱלוּךָ מֵאֶרֶץ מִצְרָיִם" (ל"ב, ד) הם סותרים חזיתית את המשפט הראשון של עשרת הדיברות: "אָנֹכִי ה' אֱלֹהֶיךָ" (כ', ב). בזמן שעל ההר משה מקבל את הלוחות ואת הציוויים לבנות את המשכן, בעקבות רצון העם לכרות ברית עם ה', בתחתית ההר העם מפר את הברית. משה יורד מהר, ובמקום לתת לעם את לוחות העדות שכתב ה', הוא שובר אותם בתחתית ההר, במקום שבו הפר העם את הברית.

תגובת ה' המיידית היא החלטתו להכרית את ישראל (ל"ב, י). רק בתהליך ממושך ומורכב מצליח משה לשנות את רוע הגזרה (ל"ב, יא – ל"ד, ט) ולחדש את הברית בין ה' לישראל. סיפור זה מראה את מלוא המשמעות של הפרת הברית עם ה' לאחר שהיא נכרתה, את העונש החמור המגיע לעם מפר הברית ואת התהליך המורכב לחדש אותה.

מיקומו של הסיפור, בין הציווי של ה' למשה לבנות את המשכן לביצוע בניית המשכן, הוא מהותי בהבנתו. לאחר שה' התגלה לעם בסיני והעם כרת ברית עם ה', משה עלה להר כדי לקבל את לוחות הברית, שבהם כתב ה' את עשרת הדיברות. בהר קיבל משה הוראות לבנות משכן, שבו יהיו לוחות הברית ובו ישכון ה'. בחטא העגל עם ישראל הפר את הברית, ולפיכך הלוחות נשברו וה' אמר שיימנע מלשכון בישראל. ממילא עונש זה מונע את בניית המשכן. גם לאחר שה' שומע בקול משה ומחליט שלא להכרית את ישראל, עדיין מרחפת סכנת הפרת הברית, שמשמעה שה' לא ישכון בקרב ישראל. החטא הרחיק את ה' מישראל, והתוכנית של שכינת ה' בקרב ישראל השתבשה. בסדרה ארוכה של דיאלוגים של משה עם ה', ה' מתרצה ומחדש את הברית עם העם, מצווה את משה על פיסול לוחות חדשים, שעליהם ה' יכתוב את עשרת הדיברות, והוא נכון לשכון בקרב ישראל. התוכנית לבניית משכן מתחדשת; משה יורד מההר ומורה לעם לבנות את המשכן. חטא העגל מדגים אפוא את הסכנה הגדולה של הפרת הברית, וכיצד חטא העם מטיל ספק בהשכנת שם ה' בקרבו.

חטא העם נבע מהיעדרות משה. משה היה המתווך הגדול, מי שהוציא את העם ממצרים והביא אותם להר סיני. חשיבות משה כמתווך במעמד הר סיני ובהעברת המצוות של ה' לעם היא מהותית. לא פלא אפוא שבהיעדרו, הרגיש העם מצוקה וחזר לאמונות שהכיר לפני התגלות ה' בסיני. יש להדגיש שדרישת ה' מהעם להאמין בו ולא לעשות פסלים, היא חידוש שלא

היה מוכר בעולם בכלל, ובמצרים בפרט, שם העם שהה במשך דורות. על כן אפשר להבין שכאשר נעלם משה, המתווך הגדול של האמונה החדשה בעולם, חזר העם לתפיסות שהכיר.

סיפור חטא העגל הוא מורכב ביותר וקשה להבנה בנקודות משמעותיות בסיפור. להלן נראה כיצד הסיפור משתלשל משלב לשלב, נעמוד על המשמעות של כל שלב בהבנת המהלך הכללי, ונראה כיצד מערכת יחסים של העם עם ה׳ כמעט הסתיימה בשלב החטא, עד שבסופו של דבר חזר ה׳ לכרות ברית מחודשת עם העם ושכן בקרבו. אולם להלן בעיוננו לפרק ל״ד נראה שיש הבדלים בין הברית לפי התוכנית הראשונית, לפני שהעם חטא, לברית המחודשת.

הסיפור אינו מתרכז בעם החוטא ובחטא, אלא בעיקר בשיח בין ה׳ ומשה. כך למשל, לאחר התיאור של חטא העם בפירוט בפסוקים א-ו, הפסוקים מתארים באריכות את הדיאלוג בין ה׳ למשה בדבר תוכניותיו של ה׳ לכלות את ישראל, וניסיונות משה לשנות את תוכניתו ל״ב, ז – ל״ד, י. בירדת משה מההר, התיאור נסוב באופן מובהק רק על מעשי משה, הן בהריסת העגל ושריפתו, הן בהתארגנות שלו לפגוע ב־3,000 מישראל. בכל התיאור הזה נעדרת תגובת העם למעשי משה, לא לשבירת העגל, וגם לא לקריאה של משה "מִי לַה׳ אֵלָי", וכן לא נכתב כיצד הגיב העם לתוכנית של משה להרוג בהם. אין אזכור בכתוב אם נלחמו אנשים בבני לוי שנענו לקריאת משה והרגו בעם. גם בהמשך הסיפור, שבו משה מתדיין עם ה׳ על האופן שבו ינהיג את ישראל, העם אינו חלק פעיל בנעשה. אף שחטא העם מחולל את הסיפור, הסיפור אינו מתרכז בעם. הסיפור עוסק בעיקר בתגובות של ה׳ לחטא העם, והוא בא לתאר את יחסי ה׳ וישראל בעקבות חטאם. רק בשל התערבותו של משה, ולא בגלל העם, הברית של ה׳ עִם העַם מתחדשת. סיפור זה בא ללמד על התגובה של ה׳ כלפי הפרת הברית, וכיצד אך בקושי, ובזכות הקרבה של משה אל ה׳, ובתהליך ממושך, ה׳ מתרצה.

מקומו של סיפור העגל, בין הציווי על המשכן לתיאור בנייתו, מלמד שני דברים: ראשית, שהשכינה של ה׳ במשכן בתוך ישראל תלויה בקיום חלקם בברית; שנית, בהנחה שהעגל נתפס על ידי העם ככס ה׳ במקום הכרובים, עולה כי המשכן וכליו באופן שבו ה׳ ציווה בסיני הוא האופן היחיד שמאפשר שכינת ה׳, ולא באף דרך אחרת.

פעולתו של משה היא מול ה׳: לרכך את כעסו ולבטל את החלטתו הקשה להכרית את ישראל, ובמאמץ מרובה לחדש את יחסי הברית בין ה׳ לישראל. ומנגד משה פועל נמרצות נגד עבודה זרה, ונגד החוטאים בכך, ובכלל זה גם עימות חזיתי מול אהרן אחיו.

מבנה הסיפור

הסיפור כולל ארבעה חלקים עיקריים: (1) החטא, (2) התגובה לחטא – שבירת הלוחות, השמדת העגל ומתן העונש, (3) הליך הריצוי (4) חידוש הברית.

הסיפור מתחיל בחטא העם (ל״ב, א-ו). לאחר חטא העם יש להסיר ולהשמיד את העגל. ה׳ מבקש להכרית גם את העם, ובעקבות בקשות משה, ה׳ מתרצה שלא לעשות זאת (ל״ב, ז-כט). אך עדיין אין סליחה וכפרה לעם. משה מנסה לשכנע את ה׳ לסלוח לעם, אך ה׳ מסרב

ומבשר לו שאינו מוכן להיות בקרב העם. העם מוריד את תכשיטיו, כאות לאבלות וכביטוי לניתוק הברית של ה׳ עם ישראל. משה בונה אוהל מועד תמורת המשכן, שבו ידבר עם ה׳ (ל״ב, ל – ל״ג, יא). מנקודת שפל זו ביחס ה׳ לעם, משה פועל כדי שה׳ יחדש את הברית עם ישראל וישכון בתוכו. בזכות מציאת חינו של משה בעיני ה׳ והעמקת ידיעת ה׳ של משה, ה׳ מתרצה להפצרותיו של משה, לאחר משא ומתן והליך מורכב (ל״ג, יב – ל״ד, י). בעקבות זאת ה׳ מחדש את הברית, ושוב משה עולה להר לאחר שפסל לוחות שניים, שבו ה׳ יכתוב את עשרת הדיברות, ושוב הוא נותן למשה מצוות. כשמשה יורד עם הלוחות, קרנו פניו בשל ההתעלות של משה והתקרבותו לה׳, ומעתה יהיה משה עם מסווה. כשידבר עם העם וימסור להם את דברי ה׳ הוא יסיר את המסווה (ל״ד, יא-לה). עתה ניתן לשוב ולבנות את המשכן, ובו יניחו את הלוחות ובו ה׳ ישכון בקרב ישראל (ל״ה-מ׳).

פירוט חלקי הסיפור:

1. החטא – ל״ב, א-ו.
2. השמדת העגל ומתן העונש – ל״ב, ז-כט.
   א. בתגובה לחטא ה׳ מבקש לכלות את העם, ותגובת משה לכך – ז-יד.
   ב. משה שובר את הלוחות, הורס את העגל ומעניש את עובדיו – טו-כט.
3. הליך הריצוי – ל״ג, ל – ל״ד, ט.
   א. משה מבקש מה׳ שיסלח לעם, וה׳ מטיל מגפה על העם – ל-לה.
   ב. גזרת ה׳ על כך שלא יהיה בקרב העם והורדת העדיים – ל״ג, א-ו.
   ג. התגלות ה׳ למשה באוהל מחוץ למחנה – ז-יא.
   ד. בקשת משה מה׳ שיודיע לו את דרכיו והיענות ה׳ – יב-יד.
   ה. בקשת משה מה׳ שה׳ ילך עם ישראל ותשובת ה׳ – טו-יז.
   ו. בקשת משה שה׳ שיראה כבודו והיענות ה׳ – יח-כג.
   ז. ציווי ה׳ אל משה בדבר לוחות שניים – ל״ד, א-ח.
   ח. בקשת משה שה׳ שילך בקרב העם והסכמת ה׳ – ט-י.
4. חידוש הברית – ל״ד, י-לה.
   א. מצוות – יא-כו.
   ב. ציווי ה׳ למשה לכתוב את לוחות הברית – כז-כח.
   ג. העברת משה לעם את אשר שמע בהר, וקרינת אור פני משה – כט-לה.

1. החטא - ל"ב, א-ו

א וַיַּרְא הָעָם כִּי־בֹשֵׁשׁ מֹשֶׁה לָרֶדֶת מִן־הָהָר וַיִּקָּהֵל הָעָם עַל־אַהֲרֹן וַיֹּאמְרוּ אֵלָיו קוּם עֲשֵׂה־לָנוּ
אֱלֹהִים אֲשֶׁר יֵלְכוּ לְפָנֵינוּ כִּי־זֶה מֹשֶׁה הָאִישׁ אֲשֶׁר הֶעֱלָנוּ מֵאֶרֶץ מִצְרַיִם לֹא יָדַעְנוּ מֶה־הָיָה
ב ג לוֹ. וַיֹּאמֶר אֲלֵהֶם אַהֲרֹן פָּרְקוּ נִזְמֵי הַזָּהָב אֲשֶׁר בְּאָזְנֵי נְשֵׁיכֶם בְּנֵיכֶם וּבְנֹתֵיכֶם וְהָבִיאוּ אֵלָי.
ד וַיִּתְפָּרְקוּ כָּל־הָעָם אֶת־נִזְמֵי הַזָּהָב אֲשֶׁר בְּאָזְנֵיהֶם וַיָּבִיאוּ אֶל־אַהֲרֹן. וַיִּקַּח מִיָּדָם וַיָּצַר אֹתוֹ
ה בַּחֶרֶט וַיַּעֲשֵׂהוּ עֵגֶל מַסֵּכָה וַיֹּאמְרוּ אֵלֶּה אֱלֹהֶיךָ יִשְׂרָאֵל אֲשֶׁר הֶעֱלוּךָ מֵאֶרֶץ מִצְרָיִם. וַיַּרְא
ו אַהֲרֹן וַיִּבֶן מִזְבֵּחַ לְפָנָיו וַיִּקְרָא אַהֲרֹן וַיֹּאמַר חַג לַיהוה מָחָר. וַיַּשְׁכִּימוּ מִמָּחֳרָת וַיַּעֲלוּ עֹלֹת וַיַּגִּשׁוּ
שְׁלָמִים וַיֵּשֶׁב הָעָם לֶאֱכֹל וְשָׁתוֹ וַיָּקֻמוּ לְצַחֵק.

פירוש העניין

חטא העגל מתחיל כשהעם מרגיש שמשה מתעכב בהר. התארגנות העם בלשון "וַיִּקָּהֵל הָעָם", רומזת להתארגנות שלילית (במדבר ט"ז, ג; י"ז, ז; כ', ב). נראה כי העם לא ידע כמה זמן משה אמור לשהות בהר, ותקופת ההיעדרות הממושכת שלו הותירה חלל בעם, ותחושה שאין להם מי יוביל אותם בדרך: "אֲשֶׁר יֵלְכוּ לְפָנֵינוּ", וזאת כתחליף למשה: "כִּי זֶה מֹשֶׁה הָאִישׁ אֲשֶׁר הֶעֱלָנוּ מֵאֶרֶץ מִצְרַיִם לֹא יָדַעְנוּ מֶה הָיָה לוֹ" (א). הביטוי "זֶה מֹשֶׁה הָאִישׁ" מורה אולי על תחושת ריחוק העם ממשה (כמו בעזרא ה', ה).[1] העם ביקש לעשות פסל במקום משה. לא ברור כיצד הפסל ישמש במקום הנהגה אנושית. נראה שהתקשורת עם העגל הייתה באמצעות כישופים למיניהם, וכך חשבו שיקבלו מענה לצורכיהם בדרך.[2] אף שהם קוראים לעגל אל: "אֵלֶּה אֱלֹהֶיךָ" (ד), אין זה אומר בהכרח שהם פונים אליו ככזה, שהרי באותן מילים הם אמרו על משה: "אֲשֶׁר הֶעֱלָנוּ מֵאֶרֶץ" (א). ובאותן מילים גם ה' פונה למשה כמי שהוציא את העם ממצרים: "לֶךְ רֵד כִּי שִׁחֵת עַמְּךָ אֲשֶׁר הֶעֱלֵיתָ מֵאֶרֶץ מִצְרָיִם" (ל"ב, ז).

לעומת זאת, דברי העם לעגל: "אֵלֶּה אֱלֹהֶיךָ" (ד), עומדים כנגד הצגת ה' עצמו בעשרת הדיברות: "אָנֹכִי ה' אֱלֹהֶיךָ אֲשֶׁר הוֹצֵאתִיךָ מֵאֶרֶץ מִצְרַיִם" (כ', ב). ומשתמע מכך שהעגל אינו תחליף למשה אלא תחליף לה'. סיפור בניית העגל מסתיים בבניית מזבח לפניו, הקרבת עולות ושלמים, וכן אכילה ושתייה לפניו. פעולות אלה מזכירות את הפעולות של כריתת הברית עם ה' (כ"ד, ד, ה, יא). גם במקומות אחרים במקרא משמע שעבודת העגל הייתה עבודה זרה: הושע ח', ד-ו; י', ה; י"ג, ב; תהילים ק"ו, יט-כ.

יש פרשנים שפירשו שהעגל בעיני העם הוא תחליף למשה, ואדרבה, כוונת העם אולי הייתה לכבוד ה',[3] בעוד אחרים הדגישו את האפשרות שהעם יצר אלוהים תמורת ה'.[4] לשני ההסברים יסוד חזק בפסוקים,[5] ולכן נראה יותר לפרש כי בעיני העם יש טשטוש מסוים בין משה לה'. הרי משה הוא זה אשר הכיר להם את ה', עשה בפניהם את האותות המופתים, והורה להם את המצוות שיהיו חייבים בהן. משה הוא זה שערך את כריתת הברית עם ה', ולכן בהיעדרו הרגיש העם את היעדרות ה'. בבניית עגל הם שבו להרגיש את היות ה' בקרבם. בלבול העם בין משה לה' כבר עלה בתלונות של ישראל בדרך מים סוף. כאשר היה חסר להם מים, הם התלוננו על משה ואהרן, ומשה ניסה להפריד בין ה', שהוציא את העם מצרים, ובינם (ט"ז, ז). על כן לא ייפלא שהאמונה בה' הייתה תלויה באופן כה משמעותי בנוכחות של משה בקרבם, ולכן בהיעדר משה, האמונה בה' נפגעה באופן ישיר.

בכל אופן, העם חטא בחטא חמור כשהפר את צו ה' ועשה פסל. הוא עבר מפורשות על הדיבר השני, והראה חוסר הפנמה של הדיבר הראשון: "אָנֹכִי ה' אֱלֹהֶיךָ אֲשֶׁר הוֹצֵאתִיךָ מֵאֶרֶץ מִצְרַיִם" (כ', א). אין זה מפתיע שהעם נטה לעבודת אלילים, מאחר שהעולם כולו היה כרוך אחרי עשיית פסלים ועבודה של עצמים מוחשיים. זה עתה מתגלה להם לראשונה שעבודת ה' היא ללא פסל או תמונה, ואין פלא שבמשבר הראשון שלהם חזרו למוכר להם, בטרם שמעו את בשורת ה' בסיני. עבודת העגל הייתה נפוצה במצרים, ומהשהייה הארוכה במצרים אימצו

ישראל את הפולחן הזה.[6] על אף החומרה של החטא, עיקר העוון היה שהם עברו על הדיבר השני ועשו פסל. הם לא ביקשו במעשה העגל לעבוד אלוהים אחרים תמורת ה׳. תימוכין להבנה זו יש בדברי ה׳ אל משה: ״סָרוּ מַהֵר מִן הַדֶּרֶךְ אֲשֶׁר צִוִּיתִם״ (ל״ב, ח), אבל הוא לא אומר שהם סרו ממנו. הם אומנם עברו עבירה חמורה, אך לא נטשו במעשה העגל את ה׳.[7]

להסבר זה יש אחיזה במוכר לנו מהמזרח הקדום. השור היה סמל לאדנות, לכוח ולפריון. הוא נעבד כאל או היה המושב שעליו עמדו פסלי אלים.[8] נתגלו ציורים של אלים היושבים על גבי שור.[9] נראה כי יש להבין שהעם בנה את העגל כמעין כיסא כבוד לה׳.[10] אולם, להבדיל מתרבויות המזרח הקדום, לא היה על העגל דבר, מה שמשקף אולי את ההפנמה של העם בדבר חוסר הגשמיות של ה׳. מבחינה זו, העגל שימש באופן פסול כמעין תחליף לכרובים, שהם כס כבוד ה׳.

הפנייה של העם לאהרן שיעשה להם אלוהים שילכו לפניהם נאמרה לאור התפקיד שייעד משה לאהרן בטרם עלה להר, כאשר אמר לזקנים שאם יש להם עניינים שלא יוכלו לפתור, עליהם לפנות לאהרן ולחור (כ״ד, יד). העם מבקש מאהרן שיעשה לו אלוהים. אהרן מבקש מהם שייתנו לו תכשיטים מבני משפחתם, מאוזני הנשים, הבנים והבנות. אולי חשב אהרן שלא בקלות ייתנו העם את התכשיטים שבגופם.[11] אולם בקשתו נענתה מייד. הפסוק מדגיש את הפעילות האקטיבית של אהרן ביצירת הפסל: ״וַיִּקַּח... וַיָּצַר... וַיַּעֲשֵׂהוּ״. אהרן יוצר את עגל המסכה, ומייד העם מגיב ואומר: ״אֵלֶּה אֱלֹהֶיךָ יִשְׂרָאֵל אֲשֶׁר הֶעֱלוּךָ מֵאֶרֶץ מִצְרָיִם״ (ד).

שיתוף הפעולה של אהרן עִם העָם נראה מפתיע לאור כל מה שאנו יודעים על אהרן. מה חשב אהרן? בשלב זה של הסיפור אין אנו יודעים. בהמשך יתברר שאהרן פעל מתוך כורח כשאימת העם עליו (כב-כד). לאחר שיצא העגל, והעם אמר: ״אֵלֶּה אֱלֹהֶיךָ יִשְׂרָאֵל אֲשֶׁר הֶעֱלוּךָ מֵאֶרֶץ מִצְרָיִם״ (ד), נאמר מייד ״וַיַּרְא אַהֲרֹן״ (ה), אך לא כתוב מה ראה. האם ראה, התרשם ופעל מתוך שיתוף פעולה והזדהות עם העם, או שראה שלא יוכל לעמוד בפרץ. מסתבר כאפשרות השנייה, והדברים עולים בקנה אחד עם התנהלותו מול העם. ראשית הוא דוחה את החג של העם למחרת, וניכר שהוא ביקש להרוויח זמן. שנית, כאשר הוא מצהיר על תוכן החג הוא אומר: ״חַג לַה׳ מָחָר״. כלומר, הוא מבקש להדגיש שהפסל שנעשה אינו אלא לשם עבודת ה׳. בכך נראה שהוא ביקש למזער את גודל החטא.[12] מסתבר שבניית העגל והטקס סביבו גרמו לעם לשמוח. אך אהרן ביקש לוודא שהשמחה היא סביב עבודת ה׳. בני ישראל לא סתרו את דברי אהרן, אלא הקריבו עולות ושלמים וקמו ״לְצַחֵק״ (ו), היינו שעשו שמחה ומחולות לפני ה׳.[13]

2. התגובה לחטא – שבירת הלוחות, השמדת העגל ומתן העונש – ל"ב, ז–כט

ז ח וַיְדַבֵּר יהוה אֶל־מֹשֶׁה לֶךְ־רֵד כִּי שִׁחֵת עַמְּךָ אֲשֶׁר הֶעֱלֵיתָ מֵאֶרֶץ מִצְרָיִם. סָרוּ מַהֵר מִן־הַדֶּרֶךְ
אֲשֶׁר צִוִּיתִם עָשׂוּ לָהֶם עֵגֶל מַסֵּכָה וַיִּשְׁתַּחֲווּ־לוֹ וַיִּזְבְּחוּ־לוֹ וַיֹּאמְרוּ אֵלֶּה אֱלֹהֶיךָ יִשְׂרָאֵל אֲשֶׁר
ט הֶעֱלוּךָ מֵאֶרֶץ מִצְרָיִם. וַיֹּאמֶר יהוה אֶל־מֹשֶׁה רָאִיתִי אֶת־הָעָם הַזֶּה וְהִנֵּה עַם־קְשֵׁה־עֹרֶף הוּא.
י יא וְעַתָּה הַנִּיחָה לִּי וְיִחַר־אַפִּי בָהֶם וַאֲכַלֵּם וְאֶעֱשֶׂה אוֹתְךָ לְגוֹי גָּדוֹל. וַיְחַל מֹשֶׁה אֶת־פְּנֵי יהוה
אֱלֹהָיו וַיֹּאמֶר לָמָה יהוה יֶחֱרֶה אַפְּךָ בְּעַמֶּךָ אֲשֶׁר הוֹצֵאתָ מֵאֶרֶץ מִצְרַיִם בְּכֹחַ גָּדוֹל וּבְיָד חֲזָקָה.
יב לָמָּה יֹאמְרוּ מִצְרַיִם לֵאמֹר בְּרָעָה הוֹצִיאָם לַהֲרֹג אֹתָם בֶּהָרִים וּלְכַלֹּתָם מֵעַל פְּנֵי הָאֲדָמָה שׁוּב
יג מֵחֲרוֹן אַפֶּךָ וְהִנָּחֵם עַל־הָרָעָה לְעַמֶּךָ. זְכֹר לְאַבְרָהָם לְיִצְחָק וּלְיִשְׂרָאֵל עֲבָדֶיךָ אֲשֶׁר נִשְׁבַּעְתָּ
לָהֶם בָּךְ וַתְּדַבֵּר אֲלֵהֶם אַרְבֶּה אֶת־זַרְעֲכֶם כְּכוֹכְבֵי הַשָּׁמָיִם וְכָל־הָאָרֶץ הַזֹּאת אֲשֶׁר אָמַרְתִּי
יד אֶתֵּן לְזַרְעֲכֶם וְנָחֲלוּ לְעֹלָם. וַיִּנָּחֶם יהוה עַל־הָרָעָה אֲשֶׁר דִּבֶּר לַעֲשׂוֹת לְעַמּוֹ.

טו וַיִּפֶן וַיֵּרֶד מֹשֶׁה מִן־הָהָר וּשְׁנֵי לֻחֹת הָעֵדֻת בְּיָדוֹ לֻחֹת כְּתֻבִים מִשְּׁנֵי עֶבְרֵיהֶם מִזֶּה וּמִזֶּה הֵם
טז יז כְּתֻבִים. וְהַלֻּחֹת מַעֲשֵׂה אֱלֹהִים הֵמָּה וְהַמִּכְתָּב מִכְתַּב אֱלֹהִים הוּא חָרוּת עַל־הַלֻּחֹת. וַיִּשְׁמַע
יח יְהוֹשֻׁעַ אֶת־קוֹל הָעָם בְּרֵעֹה וַיֹּאמֶר אֶל־מֹשֶׁה קוֹל מִלְחָמָה בַּמַּחֲנֶה. וַיֹּאמֶר
אֵין קוֹל עֲנוֹת גְּבוּרָה   וְאֵין קוֹל עֲנוֹת חֲלוּשָׁה
קוֹל עַנּוֹת אָנֹכִי שֹׁמֵעַ.

יט וַיְהִי כַּאֲשֶׁר קָרַב אֶל־הַמַּחֲנֶה וַיַּרְא אֶת־הָעֵגֶל וּמְחֹלֹת וַיִּחַר־אַף מֹשֶׁה וַיַּשְׁלֵךְ מִיָּדָו אֶת־הַלֻּחֹת
כ וַיְשַׁבֵּר אֹתָם תַּחַת הָהָר. וַיִּקַּח אֶת־הָעֵגֶל אֲשֶׁר עָשׂוּ וַיִּשְׂרֹף בָּאֵשׁ וַיִּטְחַן עַד אֲשֶׁר־דָּק וַיִּזֶר עַל־
כא פְּנֵי הַמַּיִם וַיַּשְׁקְ אֶת־בְּנֵי יִשְׂרָאֵל. וַיֹּאמֶר מֹשֶׁה אֶל־אַהֲרֹן מֶה־עָשָׂה לְךָ הָעָם הַזֶּה כִּי־הֵבֵאתָ
כב כג עָלָיו חֲטָאָה גְדֹלָה. וַיֹּאמֶר אַהֲרֹן אַל־יִחַר אַף אֲדֹנִי אַתָּה יָדַעְתָּ אֶת־הָעָם כִּי בְרָע הוּא. וַיֹּאמְרוּ
לִי עֲשֵׂה־לָנוּ אֱלֹהִים אֲשֶׁר יֵלְכוּ לְפָנֵינוּ כִּי־זֶה מֹשֶׁה הָאִישׁ אֲשֶׁר הֶעֱלָנוּ מֵאֶרֶץ מִצְרַיִם לֹא יָדַעְנוּ
כד כה מֶה־הָיָה לוֹ. וָאֹמַר לָהֶם לְמִי זָהָב הִתְפָּרָקוּ וַיִּתְּנוּ־לִי וָאַשְׁלִכֵהוּ בָאֵשׁ וַיֵּצֵא הָעֵגֶל הַזֶּה. וַיַּרְא
כו מֹשֶׁה אֶת־הָעָם כִּי פָרֻעַ הוּא כִּי־פְרָעֹה אַהֲרֹן לְשִׁמְצָה בְּקָמֵיהֶם. וַיַּעֲמֹד מֹשֶׁה בְּשַׁעַר הַמַּחֲנֶה
כז וַיֹּאמֶר מִי לַיהוה אֵלָי וַיֵּאָסְפוּ אֵלָיו כָּל־בְּנֵי לֵוִי. וַיֹּאמֶר לָהֶם כֹּה־אָמַר יהוה אֱלֹהֵי יִשְׂרָאֵל שִׂימוּ
אִישׁ־חַרְבּוֹ עַל־יְרֵכוֹ עִבְרוּ וָשׁוּבוּ מִשַּׁעַר לָשַׁעַר בַּמַּחֲנֶה וְהִרְגוּ אִישׁ־אֶת־אָחִיו וְאִישׁ אֶת־רֵעֵהוּ
כח כט וְאִישׁ אֶת־קְרֹבוֹ. וַיַּעֲשׂוּ בְנֵי־לֵוִי כִּדְבַר מֹשֶׁה וַיִּפֹּל מִן־הָעָם בַּיּוֹם הַהוּא כִּשְׁלֹשֶׁת אַלְפֵי אִישׁ.
וַיֹּאמֶר מֹשֶׁה מִלְאוּ יֶדְכֶם הַיּוֹם לַיהוה כִּי אִישׁ בִּבְנוֹ וּבְאָחִיו וְלָתֵת עֲלֵיכֶם הַיּוֹם בְּרָכָה.

פירוש העניין

א. בתגובה לחטא ה' מבקש לכלות את העם, ותגובת משה, ז–יד

חטא העם התרחש בעוד משה על ההר. ה' פונה אל משה ומצווהו לרדת מההר, ולפני שירד הוא מסביר לו את טיב החטא של העם (ז–ח). ה' מכנה את העם "עַמְּךָ", ומייחס למשה את הוצאתם מצרים, "אֲשֶׁר הֶעֱלֵיתָ מֵאֶרֶץ מִצְרָיִם" (ז), בכך מבטא ה' את ריחוקו מהעם בשל חטאו. משפט זה של ה' מנוגד לניסוח שלו בעשרת הדיברות: "אָנֹכִי ה' אֱלֹהֶיךָ אֲשֶׁר הוֹצֵאתִיךָ" (כ', ב). בניסוח זה ה' מבטל את שייכות העם אליו. אולי הניסוח של ה' הוא אירוני וקשור בחטא העם שנבע מתחושתם שמשה, שהעלה אותם מארץ מצרים, בושש לרדת מההר. באותה לשון של העם, מייחס גם ה' את יציאת העם ממצרים למשה.

תרעומת ה' על העם היא גם בשל העובדה שהם חטאו מייד לאחר שה' התגלה אליהם בסיני ("סרו מהר"). ה' מצטט בדבריו את שני הדיברות הראשונים שאמר לישראל, שעליהם עברו ישראל:

ל"ב, ח	כ', ב, ד–ה
עָשׂוּ לָהֶם עֵגֶל מַסֵּכָה וַיִּשְׁתַּחֲווּ לוֹ וַיִּזְבְּחוּ לוֹ וַיֹּאמְרוּ אֵלֶּה אֱלֹהֶיךָ יִשְׂרָאֵל אֲשֶׁר הֶעֱלוּךָ מֵאֶרֶץ מִצְרָיִם:	(ב) אָנֹכִי ה' אֱלֹהֶיךָ אֲשֶׁר הוֹצֵאתִיךָ מֵאֶרֶץ מִצְרַיִם מִבֵּית עֲבָדִים. (ד–ה) לֹא תַעֲשֶׂה לְךָ פֶסֶל וְכָל תְּמוּנָה... לֹא תִשְׁתַּחֲוֶה לָהֶם וְלֹא תָעָבְדֵם

אנלוגיה זו לעשרת הדיברות מצביעה על כך שישראל עברו על שני הדיברות הראשונים. בתגובה לדברי ה' אלה משה אינו עונה, ונראה שיש הפוגה בדיבור, שכן בפסוק הבא נאמר שוב: "וַיֹּאמֶר ה' אֶל מֹשֶׁה" (ט). למשה לא היה מענה על עצם החטא כפי שתיארו ה', פיו מלא מים. אין מחלוקת בין משה לה' על העובדות.

ה' מתחיל דיבור חדש: "רָאִיתִי אֶת הָעָם הַזֶּה וְהִנֵּה עַם קְשֵׁה עֹרֶף הוּא. וְעַתָּה הַנִּיחָה לִּי וְיִחַר אַפִּי בָהֶם וַאֲכַלֵּם וְאֶעֱשֶׂה אוֹתְךָ לְגוֹי גָּדוֹל" (ט–י). ה' פותח את דבריו באופן דומה לפתיחת תיאור החטא של העם. תיאור החטא מתחיל במילים: "וַיַּרְא הָעָם כִּי בֹשֵׁשׁ מֹשֶׁה לָרֶדֶת מִן הָהָר", וה' פותח באופן דומה: "רָאִיתִי אֶת הָעָם הַזֶּה". ה' מכנה את העם: "הָעָם הַזֶּה" כביטוי של ריחוק, כנגד מה שאמרו העם: "כִּי זֶה מֹשֶׁה הָאִישׁ" (א). ה' מכנה את העם "קְשֵׁה עֹרֶף", היינו עקשן, שאינו מקבל מרות ואינו מסוגל ללכת בעקבות מצוות ה'. אם העם אינו מסוגל לקיים את מצוות ה' ולעמוד בתנאי הברית עימו, אין לה' אלא לכלות את העם. אך הוא

מתכוון להשאיר את משה כאבי האומה הנבחרת ולהמשיך את ישראל ממנו ומצאצאיו בלבד. ההבטחה "וְאֶעֱשֶׂה אוֹתְךָ לְגוֹי גָּדוֹל" היא המשך ההבטחה שהבטיח ה' לאבות (בראשית י"ב, ב; י"ח, יח; מ"ו, ג). כלומר לא תתבטל ההבטחה לאבות, אלא שההמשכיות של ישראל תהיה דרך משה. ברור כי החטא של העם מייד לאחר מעמד הר סיני מעורר אכזבה קשה, ומכאן המסקנה שהוא אינו מסוגל לקיים את חלקו בברית עם ה'. ה' מבקש ממשה: "וְעַתָּה הַנִּיחָה לִּי", אולי בלשון כבוד למשה (חזקוני), ואולי משום שיש למשה יכולת להשפיע על ה' ולכן אומר לו שלא יתפלל אליו (ראב"ע). ייתכן שבכך רומז ה' למשה שיש בכוחו לשנות את דעתו (רש"י; ריב"ש), וכנראה זה על דרך שגרת הלשון (רמב"ן).

כשה' בישר למשה על חטא העם הוא שתק, אבל על רצון ה' לכלות את ישראל הוא מגיב בתחינה אל ה': "וַיְחַל מֹשֶׁה אֶת פְּנֵי ה' אֱלֹהָיו" (יא). משה טוען בפני ה' שלוש טענות: טענה ראשונה היא על ישראל בעצמם: אחרי שה' הוציא את ישראל ממצרים בכוח גדול וביד חזקה, אל לו לה' לכעוס על חטאם, שכן ישראל הוא עמו של ה' (יא). הטענה השנייה עוסקת בה'. בטענה זו מביע משה את חששו שמעמדו של ה' ייפגע בעיני המצרים. משה חותם טענה זו בבקשה ישירה: "שׁוּב מֵחֲרוֹן אַפֶּךָ וְהִנָּחֵם עַל הָרָעָה לְעַמֶּךָ" (יב) – שה' יחזור בו מכעסו על העם ויסלח להם על הרעה שהם עשו. שתי הטענות האלה פותחות במילה "לָמָּה" (יא, יב). החזרה על מילת השאלה פעמיים נותנת תחושה של רצף אינטנסיבי של טענות משה. הטענה השלישית היא זכות אבות. משה מזכיר את אבות ישראל, אברהם, יצחק ויעקב, שה' נשבע להם שהוא ירבה את זרעם ככוכבי השמיים וייתן להם את ארץ ישראל ואת הארץ ינחלו לעולם. היינו שההבטחה של ה' לישראל היא נצחית. על כן אין מקום להכרית את העם ולהשאיר רק את משה, שהרי ישנה ההבטחה שה' הבטיח לאבות שהוא ירבה את זרעם (יג). בתגובה לטענות של משה, ה' מתחרט על הרעה שהתכוון לעשות לעמו (יד).

בדיאלוג בין ה' למשה יש משחק מילים של המילה "עם", המעצים את הרעיון המרכזי של הדיאלוג. הקטע נפתח בדברי ה' למשה ובשיוך ישראל למשה: "כִּי שִׁחֵת **עַמְּךָ** אֲשֶׁר הֶעֱלֵיתָ מֵאֶרֶץ מִצְרָיִם" (ז). משה מתקן זאת בשאלתו אל ה', ומשייך את העם לה': "לָמָה ה' יֶחֱרֶה אַפְּךָ **בְּעַמֶּךָ** אֲשֶׁר הוֹצֵאתָ מֵאֶרֶץ מִצְרַיִם" (יא), ושוב חותם את הטענה השנייה ביחסו את ישראל לה': "וְהִנָּחֵם עַל הָרָעָה **לְעַמֶּךָ**" (יב). בפסוק החותם, ה' מתחרט על כוונתו, ובאופן מכוון העם מכונה עתה עמו של ה': "וַיִּנָּחֶם ה' עַל הָרָעָה אֲשֶׁר דִּבֶּר לַעֲשׂוֹת **לְעַמּוֹ**" (יד). הקטע מתחיל בריחוק של ה' מהעם, ולאחר התעקשותו של משה בדבריו שהעם הוא עמו של ה', ה' לא רק מתחרט על העונש, אלא הטרמינולוגיה גם היא משתנה בהתאם.

ב. משה שובר את הלוחות, הורס את העגל ומעניש את עובדיו, טו–כט

לאחר ששכנע משה את ה' שלא יכלה את ישראל, הוא יורד מההר עם שני לוחות העדות בידיו. על פי פשוטו של מקרא, הלוחות היו כתובים משני עבריהם, היינו שהם היו כתובים פנים

ואחור, ולא שאותו כתב נראה משני עברי הלוחות בדרך נס (ראב"ע בפירוש הקצר והארוך; ריב"ש).[14] מודגש שהלוחות היו מעשה אלוהים, היינו שהוא פסל אותם וכתב עליהם בחריטה. תיאור זה מפורט יותר את מה שכבר עלה בל"א, יח. התיאור חוזר כאן שוב כדי להעצים את ההפסד הגדול עם שבירת הלוחות מידי משה מייד אחר כך.[15] כאן נרמז שהלוחות השניים שיחליפו את הראשונים לא יהיו במעלת הייחוד הזאת.

משה ירד מההר, וברדתו פגש את יהושע שהיה במקום מסוים במעלה ההר. בעליית משה להר נאמר שיהושע עלה עמו (כ"ד, יג), אך למעלֶה ההר משה עלה לבדו (כ"ד, יז–יח). ברדתו מההר, במפגש המחודש ביניהם, יהושע מדבר על הקולות העולים מהמחנה. יהושע סובר שאלה קולות של מלחמה, ומשה מתקנו שאלה אינם קולות של מלחמה.[16] להבדיל מיהושע, משה יודע מה' מה מתרחש במחנה, ואומר בסגנון פיוטי: "אֵין קוֹל עֲנוֹת גְּבוּרָה וְאֵין קוֹל עֲנוֹת חֲלוּשָׁה" (יח). אלה הם שני סוגי הקולות הנשמעים בעת מלחמה, או קולות ניצחון או קולות הפסד. משה מבשר לו שהוא שומע "קוֹל עַנּוֹת", קול שירה וניגונים. הדיאלוג של משה ויהושע, שלכאורה אינו מקדם את העלילה, נועד לבשר על הרושם העז שעשה האירוע בתחתית ההר. תשובת משה באה ליצור מתח ודרמה באוזני יהושע. לדיאלוג הזה יש מטרה נוספת. הדיאלוג מציג את יהושע כמי שאינו יודע מה קורה במחנה, אבל משקף שמשה אכן יודע. ואף שיודע, בכל זאת ההפתעה של משה בראותו מה שראה היא עצומה.

כאשר משה יורד מההר, מה שנגלה לעיניו מתואר בפועל "וַיַּרְא", וזו נקודת מבט שלישית בסיפור. הסיפור התחיל בחטא העם, כשראה שמשה בושש לרדת מההר ("וַיַּרְא הָעָם כִּי בֹשֵׁשׁ מֹשֶׁה לָרֶדֶת", א). הסיפור ממשיך בתגובת ה', הפותחת בכך שראה את מה שעשה העם ("רָאִיתִי אֶת הָעָם הַזֶּה וְהִנֵּה עַם קְשֵׁה עֹרֶף הוּא", ט). ועתה נקודת המבט השלישית מיוצגת באותו הפועל ("וַיַּרְא אֶת הָעֵגֶל וּמְחֹלֹת", יט). אף שמשה יודע מה עולל העם, כאשר הוא מתקרב אל המחנה ומתגלה לעיניו מראה העגל והמחולות, מתוך חרון אפו הוא זורק את הלוחות ושובר אותם. תגובה זו של משה עשויה להפתיע לאור דבריו לה' על ההר, במיוחד שיש להסביר את שבירת הלוחות לא רק כפעולה הנובעת מכעס,[17] אלא במשמעות של שבירת הברית בין ה' לישראל.[18] מקום השלכת הלוחות ושבירתם, "תַּחַת הָהָר", אינו מקרי – שם עמדו ישראל בשומעם את עשרת הדיברות (י"ט, יז), שם קיבלו את הברית ושם גם נשברו הלוחות. שבירת הלוחות משקפת את השבר בברית בין העם לה'. לאחר שהעם חטא בחטא עשיית פסל, התערערה הברית שנכרתה עם ה' בפרק כ"ד. אכן כאשר הברית עם ה' מתחדשת, ה' מצווה את משה לפסול לוחות שניים. לא ניתן להמשיך כרגיל, גם לדעתו של משה. יחסי הברית עם ה' במשבר חמור, ויש צורך לתקנם.

אין סתירה בין תגובת משה לדברי ה' בהיותו על ההר להתנהגותו בתחתית ההר. כאמור לעיל, משה לא ענה לה' כשסיפר לו על החטא, משום שהכיר בחטא החמור של העם, ומתוך כך פעל מול העם, להעמיד אותם על חטאם ועל שהפרו את הברית עם ה', ואף להעניש על כך. לעומת זה, מול ה', הוא בא על מנת שיסלח לעם ויחזור בו מכוונותיו להכרית את העם ולהתרחק מהם. הוא בא כנציג ה' אל העם להעניש אך גם לתקן, והוא בא אל ה' כנציג העם

לרצות את ה׳, שיסכים לחדש את הברית עם העם. אין משה מבקש להכרית את העם, על כך כבר שכנע את ה׳, אבל תיקוןהברית דורש בראש ובראשונה הפנמה שהברית הופרה.[19]

ראשית משה לוקח את העגל, שורף אותו באש וטוחן אותו לעפר דק, ואז מפזר את האפר על המים. בפעולות אלה משה משמיד לגמרי את העגל. לאחר מכן משה משקה את בני ישראל את המים עם אבק עגל הזהב, ומנכיח להם את אפסותו של הפסל, שהפך לעפר שאין בו ממש, ואותו שותים ישראל ומכניסים לקרבם כמי שתייה רגילים. שתיית המים עם אבק הפסל ממחישה לכול שאין בו ממש.[20]

בשלב הבא משה פונה לאהרן, שאותו השאיר משה לטפל בעניינים המשפטיים בהיעדרו, וקובל בפניו מדוע סייע לעם לבנות את עגל הזהב. ברור למשה שאהרן לא עשה זאת אלא מתוך לחץ של העם, ולכן הוא שואל אותו מה עשה העם שהביא אותו לעשות את העגל ולגרום לעם לחטא גדול (כא). אף שמשה מבין שהעם הוא האשם העיקרי, הוא מאשים את אהרן בהאשמה חמורה שהוא עשה את מעשה החטא. אהרן אכן מאשים את העם: ״אַתָּה יָדַעְתָּ אֶת הָעָם כִּי בְרָע הוּא״, היינו שדבר רע שולט בהם וברצונם, ולכן אהרן לא ראה דרך להניא את העם מלעשות עגל. אף על פי כן, כאשר הוא מצטט את דברי העם אליו, הוא ממעיט מחומרת מעשיו של העם (כד). הוא מצטט את דבריהם מילה במילה כמעט (א). הוא משמיט את מילת הפתיחה של העם אליו: ״קוּם״, וגם הוא לא אומר שהעם נקהל עליו (״וַיִּקָּהֵל הָעָם עַל אַהֲרֹן״). בעוד בתיאור המעשה נאמר שהעם הביא לו את התכשיטים ועל אהרן נאמר: ״וַיִּקַּח מִיָּדָם״, בתיאור המעשה בפי אהרן לא נאמר שהוא לקח. בתיאור המעשה נאמר: ״וַיָּצַר אֹתוֹ בַּחֶרֶט וַיַּעֲשֵׂהוּ עֵגֶל מַסֵּכָה״ – פעולת יצירה של אהרן, אך בתיאור המעשה של אהרן למשה אין תיאור יצירתי של אהרן. להפך, נאמר שהוא השליך את הנזמים לאש והעגל נעשה, ובכך המעיט אהרן גם מחומרת מעשיו. אהרן לא בא לתאר מציאות אחרת ממה שהייתה, היינו כאילו שהעגל נעשה מעצמו, אלא שהמעיט בפרטי המעשה כדי להמעיט בחומרת המעשה, בלי להצדיקו.[21] משה אכן רואה את חטאת העם, שהוא ״פָּרֻעַ״, היינו שהוא גלוי, שנתגלה קלונם,[22] או במשמעות של פרוץ, הרוס,[23] או במשמעות של משוחרר, כלומר משוחרר ממחויבות לה׳.[24] משה גם ראה את האחריות של אהרן בהביאו את העם למצב הזה.[25] בספר דברים הביקורת על אהרן מפורשת יותר, שם מתואר שה׳ כעס על אהרן וביקש להמיתו, אך בזכות תפילותיו של משה הדבר נמנע: ״וּבְאַהֲרֹן הִתְאַנַּף ה׳ מְאֹד לְהַשְׁמִידוֹ וָאֶתְפַּלֵּל גַּם בְּעַד אַהֲרֹן בָּעֵת הַהִוא״ (דברים ט׳, כ).[26] החטא הזה הוא גנות לישראל, ולאהרן אחריות על כך, ועתה הם לשמצה – לגנות, בקמיהם – בקרב אויבי ישראל,[27] או בקרב ישראל,[28] אולי בעיני הדורות הבאים אחרי הדור החוטא.[29]

עתה עובר משה לשלב הענשת החוטאים. ראשית הוא עומד בשער המחנה, דבר המורה על הכנה לקראת עימות, וקורא: ״מִי לַה׳ אֵלָי״ (כו). המושג ״שַׁעַר הַמַּחֲנֶה״ לקוח ממבנה עיר קדומה, שבה שער העיר היה מקום המסחר והמשפט. מחנה ישראל היה בנוי ככל הנראה במבנה מסודר, שבו כניסה מרכזית, ושם היה מקום המשפט וההתארגנות, ומסתבר שהיו מספר שערים נוספים במחנה (כז). בני לוי נאספו ובאו למשה (כו). הדבר מלמד שני דברים:

ראשית, שמעשה העגל נתפס כמעשה שהוא נגד ה׳, ושנית, שהעם אחז בדרכו גם לאחר שמשה בא והרס את העגל. בני לוי הנאמנים לה׳ נאספו אליו, ואילו החוטאים הרבים בעם ישראל, כנראה, נשארו במריים.[30] במצוות ה׳ (״כֹּה אָמַר ה׳ אֱלֹהֵי יִשְׂרָאֵל״) משה מצווה את בני לוי לצאת למסע הרג, אפילו של קרובים וחברים (כז), וכך הם עושים, וכשלושת אלפים איש נהרגו (כח). לפי המכילתא, ה׳ אמר זאת במצווה: ״זֹבֵחַ לָאֱלֹהִים יָחֳרָם״ (כ״ב, יט),[31] אך רמב״ן חלק על כך וטען שהציווי של ה׳ היה כאן למשה, אף שהדבר לא מפורש בכתובים.[32] יש שהדגישו שהלוויים לא הרגו אנשים בלי הבחנה, אלא רק לאחר שהתברר להם שמדובר בחוטאים.[33] אבל דבר זה אינו מפורש בכתובים. נראה שהעם בכללו חטא, ומי שנהרג היה בין החוטאים,[34] אבל מרבית החוטאים לא מתו בגין טענות של משה אל ה׳ לעיל, לבל ימותו כל העם. לא נראה שהייתה התנגדות של העם למעשיהם של בני לוי. אולי הדבר משום שמרבית העם לא היה אדוק בעבודת העגל, ואולי משום שכפי שאמרנו לעיל, העם לא עבד את העגל כתחליף לעבודת ה׳, ובמעשיהם לא היה מרד בו, ולכן הם לא נלחמו, אלא קיבלו עליהם את הדין.[35]

בסיכום הדברים, משה אומר לבני לוי: ״מִלְאוּ יֶדְכֶם הַיּוֹם לַה׳״.[36] משמעות המושג ״מלא יד... לה׳״ יכול להיות: התמניתם לתפקיד, להיות אלה שמבצעים את העונש של ה׳ בבני ישראל (חזקוני). ואולי הכוונה שהם מילאו בשלמות את צו ה׳, כמו ״מִלְאוּ אַחֲרֵי ה׳״ (במדבר ל״ב, יב) (רשב״ם), או שבזכות מעשיהם הם עתה ראויים להיות כוהנים לה׳ (רש״י), שכן קדושת הכוהנים היא מילוי ידיים (כ״ט, ט, לה). משה אומר ללוויים שהם עשו את צו ה׳ להרוג איש את אחיו ואת קרובו שחטאו, ובמעשה שלהם הם התקדשו לה׳. אולי כאן טמונה בחירת הלוויים במקום הבכורות (ריב״ש), אף כי הקדשת הלוויים בשום מקום לא נקראת מילוי ידיים.

עתה זוכים הלוויים גם בברכה מאת ה׳, שהם עתה הובדלו להיות משרתי ה׳ (ראב״ע; חזקוני; ריב״ש; אברבנאל), או אולי ברכת ה׳ היא שכר על מעשיהם (ראב״ם).

3. הליך הריצוי, ל״ב, ל - ל״ד, י

ל וַיְהִי מִמָּחֳרָת וַיֹּאמֶר מֹשֶׁה אֶל־הָעָם אַתֶּם חֲטָאתֶם חֲטָאָה גְדֹלָה וְעַתָּה אֶעֱלֶה אֶל־יהוה אוּלַי
לא אֲכַפְּרָה בְּעַד חַטַּאתְכֶם. וַיָּשָׁב מֹשֶׁה אֶל־יהוה וַיֹּאמַר אָנָּא חָטָא הָעָם הַזֶּה חֲטָאָה גְדֹלָה וַיַּעֲשׂוּ
לב לג לָהֶם אֱלֹהֵי זָהָב. וְעַתָּה אִם־תִּשָּׂא חַטָּאתָם וְאִם־אַיִן מְחֵנִי נָא מִסִּפְרְךָ אֲשֶׁר כָּתָבְתָּ. וַיֹּאמֶר
לד יהוה אֶל־מֹשֶׁה מִי אֲשֶׁר חָטָא־לִי אֶמְחֶנּוּ מִסִּפְרִי. וְעַתָּה לֵךְ נְחֵה אֶת־הָעָם אֶל אֲשֶׁר־דִּבַּרְתִּי
לה לָךְ הִנֵּה מַלְאָכִי יֵלֵךְ לְפָנֶיךָ וּבְיוֹם פָּקְדִי וּפָקַדְתִּי עֲלֵיהֶם חַטָּאתָם. וַיִּגֹּף יהוה אֶת־הָעָם עַל אֲשֶׁר
עָשׂוּ אֶת־הָעֵגֶל אֲשֶׁר עָשָׂה אַהֲרֹן.

לג א וַיְדַבֵּר יהוה אֶל־מֹשֶׁה לֵךְ עֲלֵה מִזֶּה אַתָּה וְהָעָם אֲשֶׁר הֶעֱלִיתָ מֵאֶרֶץ מִצְרָיִם אֶל־הָאָרֶץ אֲשֶׁר
ב נִשְׁבַּעְתִּי לְאַבְרָהָם לְיִצְחָק וּלְיַעֲקֹב לֵאמֹר לְזַרְעֲךָ אֶתְּנֶנָּה. וְשָׁלַחְתִּי לְפָנֶיךָ מַלְאָךְ וְגֵרַשְׁתִּי אֶת־
ג הַכְּנַעֲנִי הָאֱמֹרִי וְהַחִתִּי וְהַפְּרִזִּי הַחִוִּי וְהַיְבוּסִי. אֶל־אֶרֶץ זָבַת חָלָב וּדְבָשׁ כִּי לֹא אֶעֱלֶה בְּקִרְבְּךָ
ד כִּי עַם־קְשֵׁה־עֹרֶף אַתָּה פֶּן־אֲכֶלְךָ בַּדָּרֶךְ. וַיִּשְׁמַע הָעָם אֶת־הַדָּבָר הָרָע הַזֶּה וַיִּתְאַבָּלוּ וְלֹא־
ה שָׁתוּ אִישׁ עֶדְיוֹ עָלָיו. וַיֹּאמֶר יהוה אֶל־מֹשֶׁה אֱמֹר אֶל־בְּנֵי־יִשְׂרָאֵל אַתֶּם עַם־קְשֵׁה־עֹרֶף רֶגַע
ו אֶחָד אֶעֱלֶה בְקִרְבְּךָ וְכִלִּיתִיךָ וְעַתָּה הוֹרֵד עֶדְיְךָ מֵעָלֶיךָ וְאֵדְעָה מָה אֶעֱשֶׂה־לָּךְ. וַיִּתְנַצְּלוּ בְנֵי־
יִשְׂרָאֵל אֶת־עֶדְיָם מֵהַר חוֹרֵב.

ז וּמֹשֶׁה יִקַּח אֶת־הָאֹהֶל וְנָטָה־לוֹ מִחוּץ לַמַּחֲנֶה הַרְחֵק מִן־הַמַּחֲנֶה וְקָרָא לוֹ אֹהֶל מוֹעֵד וְהָיָה כָּל־
ח מְבַקֵּשׁ יהוה יֵצֵא אֶל־אֹהֶל מוֹעֵד אֲשֶׁר מִחוּץ לַמַּחֲנֶה. וְהָיָה כְּצֵאת מֹשֶׁה אֶל־הָאֹהֶל יָקוּמוּ כָּל־
ט הָעָם וְנִצְּבוּ אִישׁ פֶּתַח אָהֳלוֹ וְהִבִּיטוּ אַחֲרֵי מֹשֶׁה עַד־בֹּאוֹ הָאֹהֱלָה. וְהָיָה כְּבֹא מֹשֶׁה הָאֹהֱלָה
י יֵרֵד עַמּוּד הֶעָנָן וְעָמַד פֶּתַח הָאֹהֶל וְדִבֶּר עִם־מֹשֶׁה. וְרָאָה כָל־הָעָם אֶת־עַמּוּד הֶעָנָן עֹמֵד פֶּתַח
יא הָאֹהֶל וְקָם כָּל־הָעָם וְהִשְׁתַּחֲווּ אִישׁ פֶּתַח אָהֳלוֹ. וְדִבֶּר יהוה אֶל־מֹשֶׁה פָּנִים אֶל־פָּנִים כַּאֲשֶׁר
יְדַבֵּר אִישׁ אֶל־רֵעֵהוּ וְשָׁב אֶל־הַמַּחֲנֶה וּמְשָׁרְתוֹ יְהוֹשֻׁעַ בִּן־נוּן נַעַר לֹא יָמִישׁ מִתּוֹךְ הָאֹהֶל.

יב וַיֹּאמֶר מֹשֶׁה אֶל־יהוה רְאֵה אַתָּה אֹמֵר אֵלַי הַעַל אֶת־הָעָם הַזֶּה וְאַתָּה לֹא הוֹדַעְתַּנִי אֵת אֲשֶׁר־
יג תִּשְׁלַח עִמִּי וְאַתָּה אָמַרְתָּ יְדַעְתִּיךָ בְשֵׁם וְגַם־מָצָאתָ חֵן בְּעֵינָי. וְעַתָּה אִם־נָא מָצָאתִי חֵן בְּעֵינֶיךָ
יד הוֹדִעֵנִי נָא אֶת־דְּרָכֶךָ וְאֵדָעֲךָ לְמַעַן אֶמְצָא־חֵן בְּעֵינֶיךָ וּרְאֵה כִּי עַמְּךָ הַגּוֹי הַזֶּה. וַיֹּאמַר פָּנַי יֵלֵכוּ
טו טז וַהֲנִחֹתִי לָךְ. וַיֹּאמֶר אֵלָיו אִם־אֵין פָּנֶיךָ הֹלְכִים אַל־תַּעֲלֵנוּ מִזֶּה. וּבַמֶּה יִוָּדַע אֵפוֹא כִּי־מָצָאתִי
חֵן בְּעֵינֶיךָ אֲנִי וְעַמֶּךָ הֲלוֹא בְּלֶכְתְּךָ עִמָּנוּ וְנִפְלֵינוּ אֲנִי וְעַמְּךָ מִכָּל־הָעָם אֲשֶׁר עַל־פְּנֵי הָאֲדָמָה.

יז וַיֹּאמֶר יהוה אֶל־מֹשֶׁה גַּם אֶת־הַדָּבָר הַזֶּה אֲשֶׁר דִּבַּרְתָּ אֶעֱשֶׂה כִּי־מָצָאתָ חֵן בְּעֵינַי וָאֵדָעֲךָ
יח יט בְּשֵׁם. וַיֹּאמַר הַרְאֵנִי נָא אֶת־כְּבֹדֶךָ. וַיֹּאמֶר אֲנִי אַעֲבִיר כָּל־טוּבִי עַל־פָּנֶיךָ וְקָרָאתִי בְשֵׁם יהוה
כ לְפָנֶיךָ וְחַנֹּתִי אֶת־אֲשֶׁר אָחֹן וְרִחַמְתִּי אֶת־אֲשֶׁר אֲרַחֵם. וַיֹּאמֶר לֹא תוּכַל לִרְאֹת אֶת־פָּנָי כִּי לֹא־

כא כב יְרָאַנִי הָאָדָם וָחָי. וַיֹּאמֶר יהוה הִנֵּה מָקוֹם אִתִּי וְנִצַּבְתָּ עַל־הַצּוּר. וְהָיָה בַּעֲבֹר כְּבֹדִי וְשַׂמְתִּיךָ
כג בְּנִקְרַת הַצּוּר וְשַׂכֹּתִי כַפִּי עָלֶיךָ עַד־עָבְרִי. וַהֲסִרֹתִי אֶת־כַּפִּי וְרָאִיתָ אֶת־אֲחֹרָי וּפָנַי לֹא יֵרָאוּ.

לד א וַיֹּאמֶר יהוה אֶל־מֹשֶׁה פְּסׇל־לְךָ שְׁנֵי־לֻחֹת אֲבָנִים כָּרִאשֹׁנִים וְכָתַבְתִּי עַל־הַלֻּחֹת אֶת־הַדְּבָרִים
ב אֲשֶׁר הָיוּ עַל־הַלֻּחֹת הָרִאשֹׁנִים אֲשֶׁר שִׁבַּרְתָּ. וֶהְיֵה נָכוֹן לַבֹּקֶר וְעָלִיתָ בַבֹּקֶר אֶל־הַר סִינַי
ג וְנִצַּבְתָּ לִי שָׁם עַל־רֹאשׁ הָהָר. וְאִישׁ לֹא־יַעֲלֶה עִמָּךְ וְגַם־אִישׁ אַל־יֵרָא בְּכׇל־הָהָר גַּם־הַצֹּאן
ד וְהַבָּקָר אַל־יִרְעוּ אֶל־מוּל הָהָר הַהוּא. וַיִּפְסֹל שְׁנֵי־לֻחֹת אֲבָנִים כָּרִאשֹׁנִים וַיַּשְׁכֵּם מֹשֶׁה בַבֹּקֶר
ה וַיַּעַל אֶל־הַר סִינַי כַּאֲשֶׁר צִוָּה יהוה אֹתוֹ וַיִּקַּח בְּיָדוֹ שְׁנֵי לֻחֹת אֲבָנִים. וַיֵּרֶד יהוה בֶּעָנָן וַיִּתְיַצֵּב
ו עִמּוֹ שָׁם וַיִּקְרָא בְשֵׁם יהוה. וַיַּעֲבֹר יהוה עַל־פָּנָיו וַיִּקְרָא יהוה יהוה אֵל רַחוּם וְחַנּוּן אֶרֶךְ אַפַּיִם
ז וְרַב־חֶסֶד וֶאֱמֶת. נֹצֵר חֶסֶד לָאֲלָפִים נֹשֵׂא עָוֺן וָפֶשַׁע וְחַטָּאָה וְנַקֵּה לֹא יְנַקֶּה פֹּקֵד עֲוֺן אָבוֹת
ח ט עַל־בָּנִים וְעַל־בְּנֵי בָנִים עַל־שִׁלֵּשִׁים וְעַל־רִבֵּעִים. וַיְמַהֵר מֹשֶׁה וַיִּקֹּד אַרְצָה וַיִּשְׁתָּחוּ. וַיֹּאמֶר
אִם־נָא מָצָאתִי חֵן בְּעֵינֶיךָ אֲדֹנָי יֵלֶךְ־נָא אֲדֹנָי בְּקִרְבֵּנוּ כִּי עַם־קְשֵׁה־עֹרֶף הוּא וְסָלַחְתָּ לַעֲוֺנֵנוּ
וּלְחַטָּאתֵנוּ וּנְחַלְתָּנוּ.

י וַיֹּאמֶר הִנֵּה אָנֹכִי כֹּרֵת בְּרִית נֶגֶד כׇּל־עַמְּךָ אֶעֱשֶׂה נִפְלָאֹת אֲשֶׁר לֹא־נִבְרְאוּ בְכׇל־הָאָרֶץ וּבְכׇל־
הַגּוֹיִם וְרָאָה כׇל־הָעָם אֲשֶׁר־אַתָּה בְקִרְבּוֹ אֶת־מַעֲשֵׂה יהוה כִּי־נוֹרָא הוּא אֲשֶׁר אֲנִי עֹשֶׂה עִמָּךְ.

פירוש העניין

א. הקדמה: משמעות הדיאלוגים בין משה לבין ה׳

התהליך שבו משה מצליח להביא לכפרת העם ולחידוש יחסי הברית בין ה׳ לישראל הוא ארוך, מורכב וסתום. בטרם נעמוד על הפרטים של סיפור הדברים, נבאר את המהלך בכללותו.

לאחר החטא והעונש של העם, משה עולה להר כדי לנסות לשכנע את ה׳ לכפר על חטא העם, אך ה׳ מסרב (ל״ב, לא-לג). ניסיונו הראשון של משה להביא לכפרת העם נכשל. ולא זו בלבד, מסתבר שהמצב חמור יותר. מתברר שה׳ אינו מתכוון להשרות שכינתו בתוך ישראל, ובמקום זאת הוא ישלח מלאך להנחות את העם בדרך ולהביאם לארץ כנען. הברית בין ה׳ לישראל נפגמה, הלוחות נשברו והתוכנית לבנות משכן התבטלה. לאור ריחוק ה׳ מהעם, משה עושה לו אוהל מועד מחוץ למחנה, והתגלות ה׳ עימו היא שם לעיני ישראל, אך לא בקרבם. על אף ההחלטה של ה׳ שהעם ימשיך במסעו לקראת הכניסה לארץ, הנתק בין ה׳ לישראל נותר בעינו. העם נזוף, והדבר משתקף בדיבור ה׳ שמתקיים בזמן שמשה היה למטה עִם העַם מחוץ למחנה. מנקודה נמוכה זו משה מנסה לשנות את יחסו של ה׳ לישראל ולחדש את הברית.

למרות כישלון משה בבקשתו הראשונה, אין הוא מוותר, ובהליך הכולל כמה שלבים, מנסה לשנות את יחסו של ה׳ לעם עד שהוא מצליח (ל״ג, יב – ל״ד, י). אילולא מהלך זה של משה לחדש את הברית, ה׳ לא ילך בקרב העם, לא יהיו לוחות שניים ולא יהיה משכן. ה׳ ימשיך לדבר עם משה באוהל מחוץ למחנה. בעקבות ההשתדלות של משה, ה׳ יכרות עם ישראל ברית מחודשת, משה יקבל לוחות שניים, ה׳ ילך בקרב ישראל, והתוכנית לבניית משכן תתחדש.

לאחר הסירוב של ה׳ לבקשת משה לכפר על ישראל, כל הדיאלוגים שבהם משתדל משה לשכנע את ה׳, בל״ג, יב – ל״ד, ג, מתרחשים בעוד משה באוהל למטה בתחתית ההר.[37] לאחר הליך ממושך של שכנוע, ה׳ מתרצה, ורק בל״ד, ב, ה׳ יצווה את משה לעלות לחידוש הברית ולקבלת לוחות שניים (ל״ד, ב).

נעבור במבט על ובאופן כללי על מהלך הדיאלוגים בין משה לה׳, ונבחן כיצד הוא מתפתח משלב לשלב. קשה מאוד להבין את תהליך הבקשות של משה, ומה ה׳ מסכים למשה בכל שלב ומה לא, עד שהתהליך מסתיים בחידוש הברית ובהסכמת ה׳ לשכון בקרב ישראל. חוסר הבהירות של בקשות משה נובע משום שלאור סירוב ה׳ לבקשה הישירה של משה (ל״ב, לג-לד), משה נוקט בבקשות זהירות ועקיפות. בנוסף לכך, משה משתמש בקרבתו אל ה׳ כדי לבקש קרבה נוספת אליו, ובאמצעות קרבה זו הוא שואף לקרב את העם אל ה׳. לכן בד בבד עם הבקשות עבור העם, משה גם מבקש בקשות הקשורות ביחסיו האישיים עם ה׳. נושא הקרבה של משה אל ה׳ עלה כבר בתגובה הראשונה של ה׳ לחטא, שבה הוא ביקש להשמיד את ישראל ולהמשיך את העם מצאצאי משה. משה שכנע את ה׳ לבל יממש תוכנית זו. שוב

מעלתו של משה עלתה בסיפור כאשר דרש משה למחול לישראל, ואם לא, משה מבקש שה׳ ימחק אותו מספרו, וה׳ מסרב לבקשה זו. עכשיו, כשגורלו של משה עלה פעמיים בסיפור, משה משלב בין מעלתו אצל ה׳ לניסיון להעלות את קרנו של העם בעיניו, כדי להשפיע על ה׳ לשנות את החלטתו. כך יש להבין את השילוב בין מעמד העם בסיפור ובין נושא הקרבה בין משה לה׳, כפי שעולה לאורך הסיפור.[38]

הדיאלוגים של משה עם ה׳ כוללים חמש בקשות וחמישה מענים:

בקשה ראשונה של משה מה׳ למחול על חטא העם ולכפר עליהם – ל״ב, לא-לב.
סירוב ה׳ לבקשת משה – ל״ב, לג-לד.
בקשה שנייה של משה – יב-יג.
תשובת ה׳ – יד.
בקשה שלישית של משה – טו-טז.
תשובת ה׳ – יז.
בקשה רביעית של משה – יח.
תשובת ה׳ – ל״ג, יט – ל״ד, ג.
בקשה חמישית של משה – ל״ד, ט.
תשובת ה׳ – י-כו.

בקשת משה השנייה היא לדעת את דרכי ה׳, ובכך לדעת את ה׳ כדי למצוא חן בעיניו (ל״ב, יב-יג). בקשה זו של משה היא באופן בלעדי בקשה להתקרבות יתרה אל ה׳. בסוף דבריו משה נותן טעם להתקרבות זו: ״וּרְאֵה כִּי עַמְּךָ הַגּוֹי הַזֶּה״. משה מסביר שהמניע שלו לרצות להתקרב אל ה׳ היא בעבור העם ולמענו, אבל עדיין משה אינו אומר מה הוא רוצה להשיג למען העם. ה׳ עונה שהוא ינחה אותו את משה, בלי להזכיר את העם (ל״ב, יד).

על כך מגיב משה, בבקשתו השלישית, שאם פני ה׳ אינם הולכים, שלא יעלה את העם מסיני. שוב משה מערב את קרבתו לה׳ באותו הֶקֶשר, ואומר שהוא יָדַע שהוא ועמו מצאו חן בעיני ה׳ אם ה׳ ילך עימם, ואז תהיה הבחנה בין ישראל לעמים (ל״ב, טו-טז). שוב משה מנצל את הקרבה שלו לה׳ כדי לבקש מה׳ שיראה לו את ההעדפה שלו כלפיו, אך גם מגניב בדבריו את ההעדפה שלו לעם, והם יראו זאת רק אם ה׳ ילך עימם. יש כאן פרמטר נוסף, והוא היחס המועדף של ישראל לעומת שאר העמים. ה׳ עונה לו על כך בחיוב (ל״ב, יז), אלא שהוא מסייג את דבריו שהסיבה להיענותו ללכת עם העם היא רק משום שהוא מצא חן בעיני ה׳, ולא שהעם מצא חן בעיניו.

הפנייה הרביעית היא המורכבת מכולן. בעקבות דברי ה׳, משה מבקש: ״הַרְאֵנִי נָא אֶת כְּבֹדֶךָ״ (יח). בקשה זו היא סטייה מהנושא של נוכחות ה׳ בקרב ישראל. תשובת ה׳ היא הסכמה חלקית שמשה יראה אותו. משה בבקשה זו כנראה מנסה להתקרב עוד יותר לה׳, ומתוך התקרבות זו הוא מצפה שה׳ יתרצה לעם. כאמור, ה׳ כבר הסכים להנחות את העם,

אבל רק משום קרבתו של משה אליו, בלי שום העדפה לעם. אך מעבר לכך לא דובר עדיין על כריתת ברית מחודשת של ה׳ עם ישראל.

כאשר ה׳ עובר על פני משה, ומשה שומע ממנו את מידות ההנהגה של ה׳, משה מעביר לה׳ את בקשתו החמישית: ״אִם נָא מָצָאתִי חֵן בְּעֵינֶיךָ אֲדֹנָי יֵלֶךְ נָא אֲדֹנָי בְּקִרְבֵּנוּ כִּי עַם קְשֵׁה עֹרֶף הוּא וְסָלַחְתָּ לַעֲוֹנֵנוּ וּלְחַטָּאתֵנוּ וּנְחַלְתָּנוּ״ (ל״ד, ט). בזכות קרבתו אל ה׳, משה מבקש שה׳ ילך בקרב העם. משה כנראה ויתר על כך שנכונותו של ה׳ ללכת בקרב ישראל תהיה בזכות העם. לעומת זאת, הוא מבקש שה׳ יסלח לעוונם וינחיל אותם בארץ. בקשת הסליחה מתבססת על המידות של ה׳ כפי ששמע אותן משה מה׳. לכך ה׳ מסכים, ומתרצה לכרות ברית מחודשת עם ה׳. אך עדיין נותר ריחוק של ה׳ מהעם, וה׳ התרצה בזכות משה בלבד, ולא בזכות העם.

בתהליך ארוך, משה מצליח לחדש את הברית בין ה׳ לישראל ולשכנע את ה׳ שילך בתוך ישראל. הצלחת משה הושגה בזכות הקרבה שלו אל ה׳, אך גם קרבה זו אינה מספיקה, ומשה מבקש קרבה נוספת אל ה׳, ורק בעקבותיה ה׳ מתרצה. אך כפי שנראה, הברית המחודשת של ה׳ עם ישראל פחותה במעמדה מהברית הראשונה, והקרבה שנוצרת בעקבות הברית השנייה אינה כקרבת ה׳ לישראל בעקבות הברית הראשונה.

לאחר שעמדנו באופן כללי על התקדמות המהלך בין שלב לשלב בסיפור, נעבור לניתוח מפורט של הכתובים.

ב. משה מבקש מה׳ שיסלח לעם, והמגפה שה׳ מטיל על העם, ל–לה

למחרת החטא, משה אומר לעם שהם חטאו בחטא חמור ושיעלה לה׳ על מנת להשתדל ולהביא כפרה לעם על חטאתם (ל). משה עולה לה׳ ומתוודה על חטא העם ומבקש שה׳ יסלח לעם (לא). אך עם זאת, משה דורש ומאיים, אך חסר החלק החיובי של האיום, והוא נלמד מההקשר: אם ה׳ יסלח הרי הדבר טוב (רש״י).[39] יש להניח שמשה השמיט את החלק הזה של המשפט כדי שהדבר לא יישמע כתנאי בוטה מדי.[40] את הצד המהותי, שהוא התנאי השלילי, אומר משה במפורש: שאם ה׳ לא יסלח לעם, שה׳ ימחק אותו מספרו אשר כתב. ניכר שמשה מעמיד את קרבתו לה׳ ואת היחס של ה׳ אליו, ובמלוא כובד משקלו מאלץ את ה׳ לכפר על ישראל. באופן מרוכך יותר אפשר להבין שאין מדובר באולטימטום, אלא יותר שמשה אומר שאם לא יכפר על העם, הרי שחייו איבדו את תכליתם מבחינתו ואין הוא רוצה לחיות יותר.[41] דברים אלה של משה מבטאים בצורה חדה את אהבתו הגדולה לעם ישראל.[42]

מהו ספרו של ה׳? אפשרות אחת היא שמדובר על ספר התורה (רש״י). אולם עדיין לא דובר על כתיבת ספר התורה. הדעה הסבירה היא שמדובר באופן ציורי על ספרי החיים והמתים של ה׳ (ישעיה ד׳, ג; יחזקאל י״ג, ט; תהילים ס״ט, כח; דניאל ז׳, י; י״ב, א, ד).[43] באופן דומה לאפשרות זו, אפשר גם שהכוונה שמחייה מהספר פירושה המתה, ועל כך אמר ה׳ שהוא יעניש רק את החוטאים (ראב״ם; רמב״ן; רלב״ג; אברבנאל).

דרישת משה עשויה להיראות מוזרה במבט ראשון לאחר דו־השיח בין משה לה׳ בל״ב, יא-יד. שם ה׳ רצה לכלות את העם, ובעקבות תחינת משה והסבריו, ה׳ התחרט על תוכניתו (יד). בשל קושי זה, הסבירו ראב״ע (בפירושו הארוך לפסוק יא) וראב״ם (בפירושו לפסוק ל) שדברים אלה של משה אל העם ודברי משה אל ה׳ ותשובתו (ל-לד) קדמו למה שכתוב קודם: ״וַיִּנָּחֶם ה׳ עַל הָרָעָה אֲשֶׁר דִּבֶּר לַעֲשׂוֹת לְעַמּוֹ״ (יד). אבל אפשר להסביר בפשטות את הדברים בסדר שהם כתובים. בתחילת הסיפור, תוכניתו של ה׳ הייתה לכלות את העם ולהמשיך את המסע יחד עם משה בלבד. משה הניא את ה׳ מתוכנית זאת, וה׳ קיבל את עמדת משה, אולם ה׳ לא שב מכעסו, ועדיין תגובת ה׳ לחטא העם תלויה ועומדת. עתה מבקש משה לרכך את כעסו של ה׳.[44] מעבר לזה, חטא העם הוא הפרת הברית עם ה׳, כפי שהדבר משתקף בשבירת הלוחות, ועדיין לא חודשה הברית. כדי להמשיך את המסע, יש צורך בחידוש הברית, כפי שיקרה בנתינת הלוחות השניים, לכן משה פונה לה׳ בציפייה לחידוש הברית ולמתן לוחות שניים (ראב״ע, הפירוש הארוך לפסוק ל).

שלוש תגובות של ה׳ לדברי משה. ראשית ה׳ דוחה את איומו של משה וקובע שהוא יעניש רק את מי שחטא, ואדם שלא חטא לא ייענש תמורת מי שחטא (לג). זו תפיסת הצדק שה׳ מציב לאולטימטום של משה. עוד אומר ה׳ שמשה ימשיך להוביל את העם בדרך ״אֶל אֲשֶׁר דִּבַּרְתִּי לָךְ״ (לד1) – היינו לארץ כנען. תוכנית המסע לארץ ממשיכה. מזה אפשר להבין שלא חל נתק מוחלט ביחסי הברית של ה׳ עם ישראל. אך זאת בהסתייגות משמעותית: אף שהתוכנית ממשיכה, היא תהיה עתה ללא נוכחות ה׳ בקרב העם, ובמקומו מלאך ה׳, נציגו של ה׳, יוביל את העם (לד2). הדבר השלישי הוא שעונש הכליה עדיין מרחף על ישראל: ״וּבְיוֹם פָּקְדִי וּפָקַדְתִּי עֲלֵיהֶם חַטָּאתָם״ (לד2).

ה׳ סירב לבקשת משה שחטא העם יכופר. וכך מייד מסופר שה׳ נגף בעם על חטא עשיית העגל וגם אשמתו של אהרן צפה ועולה שוב בהקשר לייחוס העגל, ״אֲשֶׁר עָשָׂה אַהֲרֹן״ (לה). לא ברור באיזו מגפה מדובר. אפשרות אחת היא שבעוד ה׳ מדבר עם משה הוא גם נגף בעם.[45] הסבר זה מעט קשה משום שאין פרטים בסיפור על מה היה, כמה נפגעו ואיך. אפשרות אחרת שהכוונה היא לא למגפה חדשה, אלא חזרה על הפעולה של בני לוי בהריגתם שלושת אלפי איש (כח).[46] אפשרות נוספת היא שלא הייתה כאן מגפה בעם, אלא פסוק זה הוא דיווח של מגפות שיתרחשו בהמשך בגין מעשה העגל.[47]

ג. גזרת ה׳ על כך שלא יעלה בקרב העם והורדת העדיים, ל״ג, א-ו

דברי ה׳ למשה בל״ג, א-ג, נאמרו יחד עם דבריו בהיות משה על ההר בל״ב, ל-לד. הדיבור של ה׳ הפסיק כדי לספר על המגפה בעם (לה), ועתה ממשיך הדיבור בחזרה על מה שנאמר לעיל ובהרחבות נוספות.[48] נושא המשך הנסיעה בהנהגת מלאך ביטא שם את כעס ה׳ על ישראל, שכן בקשת משה למחילה לא התקבלה, ואילו בפסוקים אלה הדבר חוזר כדי להרחיב

ולהדגים ביתר פירוט את הריחוק של ה׳ מישראל, באמצעות הורדת העדיים ובהשראת השכינה של ה׳ באוהל מועד מחוץ למחנה.

לאחר ל״ב, לד, שוב נכתב ביתר פירוט שה׳ מצווה את משה לעזוב את סיני, יחד עִם העַם שהעלה ממצרים אל הארץ שה׳ הבטיח לאבותיהם. אף שהבטחת ה׳ לאבות לא התבטלה (א), איכות הקשר של ה׳ עם העם נפגמה, כפי שנראה להלן. בדברי ה׳ עולה הריחוק שלו מהעם, שכן שוב מכנה את העם "אֲשֶׁר הֶעֱלִיתָ מִצְרָיִם" (א). שוב ה׳ אומר שישלח לפני העם מלאך לגרש את עמי כנען (ב). עד שיבואו אל הארץ שה׳ הבטיח, שהיא ארץ טובה (ג). ה׳ מטיח בפניהם שלא ילך בקרבם, ובמקומו הוא שולח מלאך. לעיל אומנם ה׳ כבר דיבר על מלאך (ל״ב, לד), אבל עתה כאשר מדובר על שליחת מלאך, ה׳ אומר במפורש שהוא לא יעלה בקרב העם, כלומר יחסיו עם העם לא חזרו לקדמותם.[49] עוד נוסף כאן שתפקיד המלאך הוא גם לגרש את הכנענים (ב), ולעיל ה׳ אמר שתפקיד המלאך להנחות את העם בדרך (ל״ב, לד). ה׳ מסביר שהוא לא יעלה בקרב העם, כי העם הוא קשה עורף, וזה לטובת ישראל, כדי שה׳ לא יכלה את העם.

כמובן שאין זהות בין האמירה של ה׳ כאן למה שאמר לפני החטא, שהוא ישלח מלאך לשמור על ישראל בדרך ולהביא אותו אל הארץ (כ״ג, כ-כה).[50] ההבטחה שם היא חיובית ומשקפת נוכחות ה׳ בקרב ישראל: "כִּי שְׁמִי בְּקִרְבּוֹ" (כ״ג, כא). אולם אחרי חטא העגל, שם ה׳ אינו בקרבו של המלאך. להפך, מלאך זה משקף ריחוק של ה׳ מהעם והחלפת נוכחות קרובה של ה׳ בקרב ישראל במלאך: "וְשָׁלַחְתִּי לְפָנֶיךָ מַלְאָךְ... כִּי לֹא אֶעֱלֶה בְּקִרְבְּךָ" (ג).[51] כלומר מלאך זה בא במקום נוכחותו של ה׳ במשכן,* ולפיכך משה מתאמץ לשנות את החלטת ה׳ ולהביאו לשוב ולהשרות שכינתו בקרב ישראל.

בהמשך הפסקה בכ״ג, ה׳ מזהיר את העם שמשום ששמו של ה׳ בקרב המלאך לכן צריך זהירות יתרה, ומייד באה אזהרה שלא ישתחוו לאלוהים אחרים ולא יעבדו אותם, אלא יש לשבר את מצבותיהם (כ״ג, כד). אולם העם עשה בדיוק ההפך מכך: הוא בנה את העגל, השתחווה לו, בנה לו מזבח ועבד שם את העגל (ל״ב, א-ו). לא פלא אפוא שההבטחה הראשונה של שליחת המלאך ששם ה׳ בקרבו עתה אינה רלוונטית יותר.

העם שומע את החלטת ה׳, מתאבל ומוריד את התכשיטים מעליו כמנהג האבלים (רשב״ם; ראב״ע בפירושו הקצר לפסוק ד; ר״י כספי; אברבנאל).[52] אף שהדבר אינו מפורש, כנראה משה ירד מההר ואמר להם את דברי ה׳. שוב ה׳ פונה אל משה ואומר לו להגיד לעם

* ראב״ע בפירוש הארוך לפסוק ג: "כי לא אעלה בקרבך – לא יעשה משכן, כי לא אשכון בתוך בני ישראל". וכן שד״ל. רמב״ן (לפסוקים ג-ד) פירש כך, אך גם הוסיף שהיה שינוי, שהתוכנית הראשית הייתה שהמלאך ילווה אותם גם אחרי המלחמה בכנענים, ואילו עכשיו ה׳ מתכוון לשלוח מלאך רק לצורך הכיבוש. ספורנו (לפסוק ג) מפרש שהצו של ה׳ למשה לעלות הוא משום שהוא לא יעלה בקרב העם, ולכן אל להם להמתין לה׳.

שהוא עם קשה עורף, ושעליו להוריד את העדיים מעליו (ה). ציווי זה תמוה לאור העובדה שכבר נאמר קודם שישראל הורידו את העדיים.

יש להניח שה׳ אמר למשה שעל ישראל להוריד את העדיים עוד בהיותו על ההר, יחד עם מה שאמר לו בפסוקים לג-לד. חזרה זו נובעת מכך שהתורה מציגה את הורדת העדיים כנובעת משתי סיבות: ראשית, כשהעם שמע שה׳ לא ילך בקרבו הוא הוריד את עדיו ביוזמתו לאות אבלות. אך ה׳ שב ומצווה על כך כביטוי של ריחוקו מהעם וניתוקו מהברית בהר חורב. הורדת העדיים מהר חורב, היינו התכשיטים שלבשו בעת ההתגלות בהר, מבטאת את ירידת מעמדו של העם, שכבר אינו יכול ללבוש את העדיים אחר חטא העגל. כאשר העם מוריד את העדיים מיוזמתו, זה נעשה לשם אבלות, ולא כתוב שהעדיים האלה היו על העם בעת מעמד ההתגלות בהר חורב, אלא תכשיטיהם בכלל. אבל כאשר ה׳ מצווה אותם על כך, נאמר שהם הורידו את העדיים שלבשו בעת המעמד בהר חורב, כדי לסמן את ירידת המעמד של העם מאז הר חורב. ייתכן שהורדת התכשיטים בציווי ה׳ מסמלת גירושים, להפך מלבישת תכשיטים המסמלת נישואין (יחזקאל כ״ג, מ, לעומת ט״ז, לט).[53] אם כן, הדבר כתוב פעמיים כדי לשקף את שני ההיבטים של הורדת העדיים המשלימים זה את זה.[54]

בתיאור הורדת העדיים בציווי ה׳ כביטוי לירידת מעלת העם, ה׳ אומר: ״וְאֵדְעָה מָה אֶעֱשֶׂה לָּךְ״ (ה). כדי שה׳ ידע מה יעשה לעם, וכדי לדבר על פתח של תקווה במערכת היחסים בין העם לה׳, צריך שהעם יתחרט. חרטה זו באה לידי ביטוי באבלות על שה׳ אינו הולך בקרבם. ויש לדייק שהצער שלהם לא הוזכר בעניין העונש בנפגעים הרבים שהיו, אלא כששמעו על הריחוק מה׳. וזה פתח התיקון: הם התרחקו מה׳, ועתה הם אבלים על שה׳ רחוק מהם.

ד. התגלות ה׳ למשה באוהל מחוץ למחנה – ז-יא

משה לקח את האוהל, העמיד אותו מחוץ למחנה ישראל וקרא לו אוהל מועד, על שם ההתוועדות של ה׳ עימו שם (ז). הקדמת הנושא ״מֹשֶׁה״ לפועל באה לקשור את המעשה הזה למעשה הקודם. הורדת העדיים מסמלת את הריחוק של ה׳, והוצאת האוהל אף היא מבטאת זאת. הא הידיעה לפני המילה ״אֹהֶל״ מרמזת שהיה זה אוהל ידוע. אפשר שמדובר על האוהל של משה,[55] ואולי באוהל זה התגלה ה׳ למשה לפני שנבנה המשכן, ועתה הוציא את האוהל מחוץ למחנה. הוצאת האוהל מחוץ למחנה נועדה ליצירת מקום מפגש והתוועדות של ה׳ עם משה.

מה היחס בין האוהל הזה, שהיה מקום התוועדות של ה׳ עם משה, למשכן ה׳, שאף הוא מקום התוועדות עם משה? ראב״ע (הפירוש הארוך על פסוק ז) מסביר שאוהל זה היה מקום ההתוועדות של משה עם ה׳ באופן זמני, בשל חטא העגל ושבירת הלוחות, מלאחר שירד משה עם לוחות שניים ועד שנבנה המשכן. אפשרות שנייה שמציע ראב״ע היא שמדובר על אוהל מועד עצמו לאחר שנבנה, אך לפני שהקימו את הדגלים ואת סידור המחנה, אוהל מועד היה מחוץ למחנה. לפי שיטה זו, סיפור זה אירע לאחר ירידתו מההר עם הלוחות השניים.

לפי שני הפירושים, סיפור הוצאת האוהל אינו נמצא במקומו מבחינת סדר האירועים, ולא ברור מדוע סיפור זה נכתב כאן ולא לאחר ירידת משה עם הלוחות השניים.[56] פירוש נוסף שהציע ראב"ע הוא שסיפור זה התרחש אחרי קריעת ים סוף.[57] גם לפי פירוש זה לא ברור מדוע הסיפור נכתב כאן.

ההסבר הסביר הוא שהתגלות ה' למשה באוהל מועד מחוץ למחנה היא יישום של מה שאמר ה' למשה שהוא לא יהיה בקרב ישראל בשל חטא העם בעבודת העגל (ג-ה).[58] משום שה' לא יעלה בקרב ישראל, הדיבור עם משה אינו יכול להישמע בתוך המחנה. לכן משה מעביר אוהל אל מחוץ למחנה, ושם ה' מדבר עימו. העם ראה את המחזה וראה נוכחות של אלוהים, אבל היא לא הייתה בקרבם אלא מחוצה להם, מחוץ למחנה. לכן מודגש שמשה נטה את האוהל מחוץ למחנה והרחק ממנו (ז). כאשר ירד הענן על האוהל לדבר עם משה שנכנס לאוהל, שוב מודגש כיצד העם ראה את עמוד הענן, כשכל אחד עומד בפתח אוהלו. העם קם על רגליו והשתחווה לה' כל אחד בפתח אוהלו אבל במרחק ניכר מאוהל מועד (י). כלומר יש התרחקות, אך אין ניתוק מוחלט מהעם. הוא רואה ומשתחווה לה', אך מרחוק. מי שרצה לבקש את ה' בתפילה, יצא מחוץ למחנה על מנת להתפלל אל ה' (ז). העם הרגיש את מציאות ה', ותקשורת מסוימת עם ה' הייתה אפשרית, אבל היא הייתה מרוחקת ונזופה. יחס העם מלמד על יראה וכבוד כלפי ה' ומשה שליחו, וזהו יחס מתקן לעומת חטא העגל.

הקטע מסתיים בתיאור שעל אף הריחוק של ה' מישראל, התקשורת של משה עם ה' הייתה אינטימית. למשה הייתה אפשרות גישה קבועה לאוהל מועד, וטיב הדיבור של ה' עימו לא השתנה. ה' דיבר עם משה בדיבור ישיר וקרוב, כמו שאדם מדבר אל רעהו: "וְדִבֶּר ה' אֶל מֹשֶׁה פָּנִים אֶל פָּנִים כַּאֲשֶׁר יְדַבֵּר אִישׁ אֶל רֵעֵהוּ" (יא). התגלות ה' למשה מחוץ למחנה, הרחק מעיני העם הרואים את ההתגלות למשה מרחוק, היא מימוש התוכנית של ה'. לאחר שמשה שכנע אותו שלא יְכַלֶּה את העם, עדיין ה' אומר שלא ילך בקרב העם, ובמקום זאת מלאך ה' יהיה בקרב העם. הקשר עם משה נשגב וייחודי, ולכן מודגש בפסוק הקשר הבלתי־אמצעי של ה' עם משה, וקשר זה חשוף לעם. מציאות זו אמורה להישאר קבועה. בסיום דברי ה' אליו, משה חוזר למחנה ויושב בו. משפט זה מציג את משה כמצוי בתווך בין שני העולמות, בין עולמו של ה' למחנה ישראל. הזיקה הכפולה הזו מאפשרת את המשך הדיאלוג של משה כמתווך בין העם לה', וממקום זה ניגש משה לחדש את יחסי הברית. כך יוצא שסיפור הדיבור של ה' עם משה באוהל מועד הוא גם התוצאה של הריחוק של ה' מישראל, אך גם הבסיס לחידוש הקשר. דווקא הקשר האינטימי של משה עם ה', שה' מדבר איתו פנים אל פנים, שהוא התחליף לקשר עם העם, יהיה הגורם המרכזי שבו ישתמש משה להשפיע על ה' לחזור ולשכון בתוך ישראל, כפי שנראה להלן.

פסקה זו היא המשך ישיר של חטא העגל, מחד גיסא, ושל תיאור בניית המשכן בכ"ה-ל"א, מאידך גיסא. בתיאור המשכן נזכר כמה פעמים המושג "אֹהֶל מוֹעֵד" (כ"ז, כא; כ"ח, מג; כ"ט, ד, י, יא, ל, לב, מב, מד, ל', טז, יח, כ, כו, לו; ל"א, ז). על כן ברור שמדובר בסיפור שקשור להתגלות ה' באוהל מועד, שה' נכח בו ונועד עם משה בו. המשכן נקרא אוהל מועד

משום שה׳ נועד לבני ישראל באמצעות דיבור עם משה בין הכרובים: "אֲשֶׁר אִוָּעֵד לָכֶם שָׁמָּה לְדַבֵּר אֵלֶיךָ שָׁם. וְנֹעַדְתִּי שָׁמָּה לִבְנֵי יִשְׂרָאֵל וְנִקְדַּשׁ בִּכְבֹדִי" (כ"ט, מב-מג). הדיבור אל משה קשור בארון שבו גם לוחות הברית: "וְנוֹעַדְתִּי לְךָ שָׁם וְדִבַּרְתִּי אִתְּךָ מֵעַל הַכַּפֹּרֶת מִבֵּין שְׁנֵי הַכְּרֻבִים אֲשֶׁר עַל אֲרוֹן הָעֵדֻת" (כ"ה, כב), ובו ה׳ שכן לאחר שנבנה (מ׳, לד-לח). אוהל מועד בסיפור זה נקרא כך הוא מכיוון שהוא תחליף למשכן, שהרי בינתיים ה׳ ביטל את התוכנית שהוא ישכון במשכן. שיתוף השם הוא מכוון, להראות שאוהל זה ממלא תפקיד במקום המשכן, בהיעדר תוכנית לבנות אותו. המשמעות של דברי ה׳ היא שבעקבות החטא הוא התרחק מישראל ולא יהיה בקרב ישראל יותר, שהמשכן המיועד לא ייבנה, אין לוחות הברית, ועם ישראל לא ייוועד במשכן שבתוך המחנה.[59] מכיוון שה׳ התרחק מעמו אך לא נטש אותו, הפתרון להובלת העם הוא באמצעות מלאך, כפי שראינו. הפתרון לדיבור ה׳ עם משה הוא הקמת אוהל מועד, שאינו בקרב העם אלא רחוק מהמחנה, ושם ידבר ה׳ עם משה.

יש להבהיר שעל אף שיתוף השם, באוהל מועד זה שמחוץ למחנה הייתה רק התוועדות עם משה, ולא הייתה עבודה אחרת של קורבנות או עבודות אחרות. מלבד ההתוועדות של משה עם ה׳, כל מי שביקש את ה׳ יצא לאוהל זה (ז). הכוונה כנראה לכל מי שרצה לפנות את ה׳ בתפילה.[60]

הסיפור מסתיים בתיאור שיהושע בן נון, משרתו של משה, לא עזב את האוהל. משה הלך וחזר מהמחנה לאוהל, אך יהושע לא חזר למחנה כלל ונשאר באופן קבוע באוהל. נראה שההסבר מדוע לא עזב את האוהל הוא מה שנאמר שהוא "נַעַר". מילה זו אינה מציינת את גילו של יהושע, שהרי הוא לא היה נער בזמן זה, אלא שהיה משרת את משה,[61] במובן של שירות פולחני באוהל מועד, העולה גם מאזכור "נַעֲרֵי בְּנֵי יִשְׂרָאֵל" בהקשר של הקרבת קורבנות (כ"ד, ה).[62] משה בנה אוהל מועד שבו שוכן ה׳, וקדושת המקום דורשת שמירה ושלא יישאר שומם. על כן יהושע מונה כמשרת בקודש לשמור על המקום.

ה. בקשת משה מה׳ שיודיע לו את דרכיו והיענות ה׳, יב-יד

דברי משה אל ה׳ כאן הם המשך לדבריו בפסוקים א-ה. שם ה׳ ציווה את משה להמשיך בנסיעה ולהעלות את העם אל ארץ כנען: "לֵךְ **עֲלֵה** מִזֶּה אַתָּה **וְהָעָם**", ושה׳ לא יעלה בקרב העם, אלא מלאך ימלא את מקומו (א-ג). משה עתה מגיב לדבריו: "רְאֵה אַתָּה אֹמֵר אֵלַי **הַעַל** אֶת **הָעָם** הַזֶּה", שאף שאמר לו ה׳ להעלות את העם, הוא לא אמר לו את מי ה׳ ישלח עימו (יב). משה מתכוון שאף ה׳ אמר לו שישלח מלאך (ל"ב, לד; ל"ג, ב), הוא לא חשף את זהותו של המלאך.[63] אבל נראה שמשה מתכוון בשאלתו שהוא אינו מעוניין במלאך שילך לפני העם, אלא שה׳ ילך בקרבו (רש"י; רשב"ם). משה אינו אומר זאת בדרך מפורשת וחזיתית משום כבוד ה׳, ואולי מכיוון שסירב לו ה׳ בפנייתו הקודמת שיסלח לעם (ל"ב, לב-לד). מייד משה ממשיך ומקשה על ה׳ ואומר שהתוכנית לשלוח מלאך במקום שה׳ ילך בקרב העם אינה מתיישבת עם מה שאמר ה׳ לו: "יְדַעְתִּיךָ בְשֵׁם וְגַם מָצָאתָ חֵן בְּעֵינָי" (יב). אומנם לא נאמר בשום מקום שה׳

אמר למשה דברים אלו, ואפשר שמשה מצטט משפט שנאמר אך לא כתוב בתורה,[64] ואפשר גם שכוונת משה היא לדברי ה׳ אליו במינויו השני, שעד אז: "וּשְׁמִי ה׳ לֹא נוֹדַעְתִּי לָהֶם" (ו׳, ג), ומייד נודע ה׳ להם בשמו: "לָכֵן אֱמֹר לִבְנֵי יִשְׂרָאֵל אֲנִי ה׳" (ו׳, ו). בהמשך ה׳ אמר שהוא יוציא את ישראל ממצרים, ייקח אותם לו לעם ויביא אותם לארץ (ו׳, ו–ח).[65] שם ה׳ נודע לישראל בדבריו למשה, בהבטחה להוציאם ממצרים, להביאם לארץ ולהיות להם לאלוהים. עתה אומר משה שהבטחה זו נסתרת שכן ה׳ לא יהיה בקרבם. ה׳ גם לא אמר בשום מקום שמשה או ישראל מצאו חן בעיניו. נראה כי הבחירה במשה כמנהיג, הוצאת ישראל ממצרים והבחירה בהם משמעותן מציאת חן, גם אם הדברים לא נאמרו במילים אלה. לאור דברים אלה, טענת משה היא שדברי ה׳ שלא יהיה בקרב ישראל אינם תואמים את דבריו במעמד הסנה ואת הבטחתו שנאמרה במינוי השני של משה להוציא את ישראל ממצרים.

לאחר שטען משה במרומז שריחוקו של ה׳ סותר את דבריו למשה ולעם לפני יציאת מצרים, משה מבקש: "עַתָּה אִם נָא מָצָאתִי חֵן בְּעֵינֶיךָ הוֹדִעֵנִי נָא אֶת דְּרָכֶךָ וְאֵדָעֲךָ לְמַעַן אֶמְצָא חֵן בְּעֵינֶיךָ וּרְאֵה כִּי עַמְּךָ הַגּוֹי הַזֶּה" (יג). תוכן בקשתו של משה מסופק, ורבו בו הפירושים.[66] הכוונה בבקשת משה "הוֹדִעֵנִי נָא אֶת דְּרָכֶךָ" היא לדרך שה׳ מנהיג ומתנהג עם בני אדם. התשובה לשאלה זו מופיעה בתיאור המידות של ה׳, בל״ד, ו–ז. הבנה זו עולה בבירור בתהילים ק״ג, ז–ח: "יוֹדִיעַ דְּרָכָיו לְמֹשֶׁה לִבְנֵי יִשְׂרָאֵל עֲלִילוֹתָיו. רַחוּם וְחַנּוּן ה׳ אֶרֶךְ אַפַּיִם וְרַב חָסֶד". אפשר כי הבקשה כאן אינה רק ידיעה אינפורמטיבית של מידות ה׳, אלא הכרה וידיעה לעומק את דרכו. בעקבות חטא העגל ה׳ התרחק, ולכן משה מבקש קרבה מחודשת של ה׳ והכרת דרכו באופן אינטימי. המטרה בכך היא "לְמַעַן אֶמְצָא חֵן בְּעֵינֶיךָ", מתוך מחשבה שההיכרות של משה עם דרכו של ה׳ והקרבה האינטימית תביא את משה למצוא חן בעיני ה׳. הדגש הוא על משה, אבל המטרה היא שדרך יצירת חיבור איכותי יותר עם משה, הקשר של ה׳ לעם יחזור לקדמותו, ה׳ ילך בקרב העם וינחה אותו: "וּרְאֵה כִּי עַמְּךָ הַגּוֹי הַזֶּה" (יג).[67] אף שעיקר כוונת משה להביא את ה׳ ללכת בקרב העם כבראשונה שלו, הוא אינו יכול לדבר על כך ישירות. ולכן משה הולך בדרך עקיפה: בזכות הקשר הקרוב שלו עם ה׳, תבוא הארת פנים גם לעם.

לבקשת משה ה׳ נענה בחיוב: "פָּנַי יֵלֵכוּ וַהֲנִחֹתִי לָךְ" (יד). יש שהבינו שכאן שינה ה׳ את עמדתו, ובמקום מלאך שינחה את העם ויוביל את העם בדרך (ל״ב, לד; ל״ג, ב), ה׳ אומר שהוא ינחה אותם (רשב״ם), וזה יקרה באמצעות המשכן.[68] אולם יש להדגיש שדברי ה׳ אינם מכוונים לישראל אלא למשה בלבד: "וַהֲנִחֹתִי לָךְ". נראה אפוא שה׳ לא קיבל את בקשת משה במלואה. הוא אינו מדבר על הנוכחות שלו בקרב ישראל, אלא על יחס גלוי וחיובי למשה לבדו.

ו. בקשת משה מה׳ שה׳ ילך עם ישראל ותשובת ה׳, טו–יז

לכן אפשר להבין את תגובת משה לדברי ה׳: "אִם אֵין פָּנֶיךָ הֹלְכִים אַל תַּעֲלֵנוּ מִזֶּה" (טו).[69] מכיוון שה׳ אמר שינחה את משה לבדו, משה מגיב שאם כך, אל לו לה׳ להעלות את ישראל מסיני להמשך הדרך לכנען. משה רוצה שה׳ ידבר במפורש על יחס גלוי וחיובי לעם, ולא רק

כלפיו.[70] משה מוסיף: "וּבַמֶּה יִוָּדַע אֵפוֹא כִּי מָצָאתִי חֵן בְּעֵינֶיךָ אֲנִי וְעַמֶּךָ הֲלוֹא בְּלֶכְתְּךָ עִמָּנוּ וְנִפְלֵינוּ אֲנִי וְעַמְּךָ מִכָּל הָעָם אֲשֶׁר עַל פְּנֵי הָאֲדָמָה" (טז). משה מסביר שהייחוד של ישראל מכל העמים האחרים הוא בלכתו של ה' עם ישראל, בנוכחותו בקרבם. שוב משה משתמש בקשר שלו עם ה' כדי להרחיב את מציאת החן לעם כולו: "וּבַמֶּה יִוָּדַע אֵפוֹא כִּי מָצָאתִי חֵן בְּעֵינֶיךָ", הוא מדבר על עצמו, ומייד מוסיף : "אֲנִי וְעַמֶּךָ", שוב נראה שמשה יודע שהדרך לכרות את הברית מחדש בין ה' לעם עוברת ביחס של ה' אליו.

ה' מסכים גם לבקשה זו של משה: "גַּם אֶת הַדָּבָר הַזֶּה אֲשֶׁר דִּבַּרְתָּ אֶעֱשֶׂה כִּי מָצָאתָ חֵן בְּעֵינַי וָאֵדָעֲךָ בְּשֵׁם" (יז). אך ה' מדגיש שהסיבה לכך היא שמשה מצא חן בעיניו, והוא ידע אותו בשמו של ה', ולכן ילך בקרב ישראל. ההסכמה של ה' היא בזכות משה לבדו ולא בזכות העם.[71] עניין הבדלת ישראל מעמים אחרים אינו עולה בדברי ה', וניכר שהשינוי בעמדת ה' היא בזכותו של משה בלבד.[72]

ז. בקשת משה מה' שיראה את כבודו והיענות ה', יח–כג

בקשותיו של משה לא הסתיימו, והוא ממשיך ומבקש: "הַרְאֵנִי נָא אֶת כְּבֹדֶךָ" (יח). משה מבקש לראות את ה',[73] אך כתוב כבוד ה' כדי למנוע הגשמה יתרה (ט"ז, ז, י; כ"ד, טז, יז; מ', לד; ויקרא ט', ו, כג; במדבר י"ד, י, כא; ט"ז, יט; י"ז, ז; ועוד). משה ראה שכל בקשותיו נענו, ולפיכך ביקש לראות את ה' יותר ממה שראה אותו עד כה – בסנה, בעת כריתת הברית (כ"ד, י, יב), בהתגלות בהר או באוהל מועד (רש"י). בקשה זו אינה סטייה מעיקרה של הפרשה, אלא היא משתלבת בבקשות משה להביא את ה' להיות בקרב העם. מהותה של סדרת הבקשות היא שה' יכרות ברית עם ישראל (רשב"ם; שד"ל). אך כפי שראינו עד כה, ה' סירב למחול על חטא העם, ורק בזכות הקשר הייחודי של משה עם ה', הוא משתכנע לקבל את העם. את הבקשה הזו יש לראות באופן הזה. משה אומנם מבקש לראות את ה', אבל ציפייתו היא שהקשר האינטימי הזה עם ה' יביא לקרבה של ה' לישראל. וכפי שיתברר בהמשך, כאשר משה יראה את אחורי ה', אז יבקש מה' שיסלח לעם ויחדש את הברית.

על כך ענה ה': "וַיֹּאמֶר אֲנִי אַעֲבִיר כָּל טוּבִי עַל פָּנֶיךָ וְקָרָאתִי בְשֵׁם ה' לְפָנֶיךָ וְחַנֹּתִי אֶת אֲשֶׁר אָחֹן וְרִחַמְתִּי אֶת אֲשֶׁר אֲרַחֵם" (יט). דברים אלה מכוונים להתגלות ה' למשה, בהמשך כאשר ה' יעבור על פניו ויגיד לו את מידותיו, יתברר מתי ה' חונן ומרחם (ל"ד, ו).[74] הכוונה במילים "אַעֲבִיר כָּל טוּבִי" היא שהמפגש הזה של ה' עם משה ייטיב עימו. אולי הכוונה לאיכות המראה, לגדולת המראה, ואפשר שהכוונה שאין לחשוש במראה זה מהסכנה שה' הזהירו מפניה ("כִּי לֹא יִרְאַנִי הָאָדָם וָחָי"). אפשר לפרש שהכוונה היא שהמידות שה' יגלה הן מידות טובות (ראב"ע, הפירוש הקצר; ריב"ש). בכל אופן, ה' יעבור על פני משה, אבל אין זה ה' ממש, שהרי לא ניתן לראותו ולהיוותר בחיים, אלא הוא יֵרָאֶה את טובו ואת מידותיו.

ה' אומר למשה: "הִנֵּה מָקוֹם אִתִּי" בקרבת ה', ושם יעמוד על משה על הצור (כא). עד כה הדיבור היה עם משה בהיותו באוהל. כאן משה אינו יכול לראות את ה', ולשם כך

יצטרך לעלות שוב להר ושם יראה.[75] אכן להלן בל"ד, ב, ה' אומר למשה לעלות להר. ה' נענה לבקשת משה בהסתייגות. משה אינו יכול לראות את פני ה', משום שאף אדם אינו יכול לראות את ה' ולחיות, אפילו לא משה; לפיכך ה' מצווה את משה לעמוד על הצור, ושם ה' יכסה את משה בכפו (ייתכן כי מדובר בענן),[76] וכאשר יעבור ה', הוא יסיר את כפו מעל משה, וכך משה יראה את אחוריו של ה'. יש להבין את המושגים פנים ואחור בנוגע לה' כדרגות שונות של התגלות.[77]

חידוש הברית בין ה' לישראל היא תוצאת הקרבה של משה אל ה', שבאה לשיאה בראיית משה את ה'. בקשה זו של משה באה להגדיל את הסיכוי שבזכות קרבה יתרה זו, ה' יתרצה ויסכים להיות בקרב העם.[78]

ח. ציווי ה' אל משה בדבר לוחות שניים, ל"ד, א–ח

בטרם התגלות ה' למשה כדי שמשה יראה את אחוריו, ה' ציווה את משה לפסול לוחות אבנים חדשים, במקום הלוחות הראשונים שמשה שבר ברדתו מהר סיני. על הלוחות האלה ה' יכתוב את עשרת הדיברות כפי שכתב על הלוחות הראשונים (א). שוב צריך משה לעלות להר סיני, שוב יעלה לבדו ושוב אסור בעת הזאת לאף אחד להיות על ההר, אפילו לא הצאן והבקר (ב–ג).[79] ה' התרצה לבקשות משה והסכים לחדש את הברית עימו, לכתוב על הלוחות השניים ולתת אותם לעם.

נפתח בדיון במקומו של מפגש זה בהליך כריתת הברית. ה' כבר נאות ללכת עם ישראל ולחדש עימם את הברית, כפי שעולה בהסכמתו בל"ג, יז, ובהוראתו למשה לפסול לוחות ולעלות להר על מנת שה' יכתוב את עשרת הדיברות על הלוחות (ל"ד, א–ב). אם כן, מדוע יש צורך במפגש נוסף על ההר? לא ניתן לומר שהפגישה הזו נועדה רק לממש את בקשת משה לראות את ה', שכן כבר ראינו שבקשה זו כרוכה בבקשה שה' ילך בקרב ישראל. ואכן כאשר נפגש משה עם ה' על ההר, הוא ביקש שה' יסלח לעם ותבע ממנו ללכת בקרבם. אם כן, מדוע היה צריך את המפגש הזה אם ה' כבר נאות לכך? לאור ההסכמה של ה' לכרות ברית מחודשת, מה טיבו של המפגש בינו למשה על ההר?

יש לציין שאף שה' נכון לכרות ברית עם העם, הוא עדיין לא אמר זאת במפורש. הוא גם לא אמר שהוא ילך בקרב העם וגם לא אמר שסלח לעם. כל זה יתרחש רק לאחר שמשה יראה את ה' ויבקש זאת ממנו וה' ייענה לבקשתו (ט–י). אבל עדיין יש לשאול, מדוע ה' לא נענה במפורש לפני שמשה עלה להר? מה קורה על ההר שלא קרה למטה כאשר דיבר משה עם ה'?

נראה שהברית יכולה להיכרת רק במפגש בלתי אמצעי של משה עם ה'. אף שכבר יש נכונות של ה' ללכת בקרב העם, עדיין לא נכרתה על כך ברית. במפגש על ראש ההר ה' מתחייב ללכת בקרב העם. הסבר זה משתלב היטב עם סדר הדברים בכריתת הברית הראשונה בפרק כ"ד. סדר הדברים שם הוא שהעם קיבל על עצמו להיות בברית עם ה', באומרם "כֹּל אֲשֶׁר דִּבֶּר ה' נַעֲשֶׂה וְנִשְׁמָע" (כ"ד, ז). רק אחר כך נכרתה הברית, בזריקת דם הברית על העם (כ"ד, ח).

הברית מסתיימת כשנציגי העם ראו את אלוהי ישראל: "וַיִּרְאוּ אֵת אֱלֹהֵי יִשְׂרָאֵל..." (כ"ד, י). בסיפור כאן אין מעשה של ברית, מכיוון שזו כבר נכרתה, אלא מדובר על חידוש הברית. אף שיש נכונות של ה' לכרות ברית עם ישראל, כפי שה' אמר למשה (ל"ג, יז; ל"ד, א–ג), בהקבלה לנכונות העם להיכנס בברית עם ה' (כ"ד, ז), בעיוננו לעיל הראינו שמעשה הברית לא הסתיים עד למפגש בין הצדדים, כאשר נציגי העם רואים את ה'. כך גם בכריתת הברית השנייה, חידוש הברית יסתיים כשמשה, נציג העם, יראה את ה', ואז הברית תחול כמו בפעם הראשונה במפגש בין הצדדים. בברית בכ"ד, היו אלה משה, אהרן ושבעים איש מזקני ישראל שראו את ה'. בחידוש הברית לאחר חטא העגל, צריך שוב מפגש בין כורתי הברית, אבל הפעם, שבעים האיש, וכל שכן אהרן, אינם עולים להר, אלא רק משה. משה לבדו הוא הנציג הראוי של העם, ורק בזכותו מתחדשת הברית, ולכן אין אף אחד עימו במפגש עם ה'. רק אחרי שמשה רואה את ה', הוא יכול לבקש במפורש את בקשתו, וה' ניאות במפורש לכרות ברית עם ישראל.

יש הבדל משמעותי בין הלוחות הראשונים ללוחות השניים. ה' עשה את הלוחות הראשונים, כתב עליהם את הדיברות ונתנם למשה (כ"ד, יב; ל"ב, טז). לעומת זאת, ה' ציווה את משה לפסול את הלוחות השניים: "פְּסָל לְךָ שְׁנֵי לֻחֹת אֲבָנִים כָּרִאשֹׁנִים", וכך עושה משה: "וַיִּפְסֹל שְׁנֵי לֻחֹת אֲבָנִים כָּרִאשֹׁנִים" (ד). הלוחות השניים הם מעשי ידיו של משה. יתר על כן, משה מפסל את לוחות האבנים למטה בהר ועולה עם הלוחות למעלה, ואילו את הלוחות הראשונים ה' פסל בהר ונתנם למשה, והוא הורידם למטה. הלוחות השניים נחצבו בעולם בני האדם, לעומת הראשונים שנפסלו בעולם האלוהי. הבדלים אלה משקפים ירידה ברמת הלוחות, ולמעשה ירידה באיכות יחסי הברית בין ה' לישראל, בשל חטא העגל. חטא העם הביא לריחוקו של ה' מישראל, וכאשר הברית מתחדשת, אין היא חוזרת להיות כבראשונה אלא נופלת ברמתה. עם זאת, הכתב על הלוחות היה דומה, לכן יש להבין שמבחינה מהותית זו עדיין אותה ברית, אך רמת הקרבה של ה' לישראל נפגמה.

התגלות ה' מתחילה ברדתו בענן (ה). כך גם היה בהתגלויות קודמות: בהתגלותו בעמוד ענן לפני המחנה בעת הנסיעה במדבר (י"ג, כא), בים סוף (י"ד, כד), בהר סיני (י"ט, טז), בעליית משה לשמוע את המשפטים (כ', יח), וכן בעליית משה להר לקבל לוחות ראשונים (כ"ד, טו–יח). עם רדת ה' בענן נאמר: "וַיִּתְיַצֵּב עִמּוֹ שָׁם" (ה). התחביר של פסוקית זו מאפשר שלושה פירושים: שה' ניצב עם משה (רמב"ן), או שהענן ניצב עם משה (אברבנאל; שד"ל), או שמשה ניצב עם ה' (רשב"ם; ראב"ע בפירושו הקצר; ספורנו). נראה שהפירוש האחרון הוא הנכון, כפי שה' אמר כבר למשה בל"ג, כא: "וְנִצַּבְתָּ עַל הַצּוּר". חלקו האחרון של הפסוק, "וַיִּקְרָא בְשֵׁם ה'", יכול להתפרש בשני אופנים. אפשר כי משה קרא בשמו של ה' (אונקלוס; רש"י; אברבנאל), ואפשר כי ה' קרא בשמו שלו, וכך פירשו רוב הפרשנים (רשב"ם; ראב"ע הפירוש הארוך; ריב"ש; ראב"ם; ר"י כספי; ספורנו; שד"ל). פירוש זה הוא הסביר, שכן הוא תואם את דברי ה': "וְקָרָאתִי בְשֵׁם ה' לְפָנֶיךָ" (יט). הסבר הפסוק הוא אפוא שלאחר שעלה משה, ה' ירד על ההר, ומשה ניצב על ה', כנראה על הצור, כמבואר בפסוק כא, ואז קרא ה' בשמו שלו בטרם הוא עובר על פני משה, כמתואר בפסוק הבא.

ה׳ עבר על פני משה, כמו שאמר שיעשה: ״וְהָיָה בַּעֲבֹר כְּבֹדִי״ (ל״ג, כב). תוך כדי שעבר על פני משה, ה׳ קרא: ״ה׳ ה׳ אֵל רַחוּם וְחַנּוּן אֶרֶךְ אַפַּיִם וְרַב חֶסֶד וֶאֱמֶת. נֹצֵר חֶסֶד לָאֲלָפִים נֹשֵׂא עָוֹן וָפֶשַׁע וְחַטָּאָה וְנַקֵּה לֹא יְנַקֶּה פֹּקֵד עֲוֹן אָבוֹת עַל בָּנִים וְעַל בְּנֵי בָנִים עַל שִׁלֵּשִׁים וְעַל רִבֵּעִים״ (ו-ז). במחזה זה ובדברים אלה מתקיימות שתי בקשתיו של משה: הוא ביקש ״הוֹדִעֵנִי נָא אֶת דְּרָכֶךָ״, ובמילים אלה שמע משה מה׳ על דרכיו ועל מידותיו; הוא ביקש לראות את כבודו של ה׳, ואת הדברים האלה שמע משה מה׳, בעוד ה׳ עובר על פניו. דברים אלה אינם חדשים, והם מופיעים בניסוח שונה בעשרת הדיברות, בדיבר השני בעניין עבודה זרה (כ׳, ה).

משה קד מייד והשתחווה: ״וַיְמַהֵר מֹשֶׁה וַיִּקֹּד אַרְצָה וַיִּשְׁתָּחוּ״ (ח). ההשתחוויה המיידית של משה מבליטה את אדנות ה׳. דווקא לאור התקרבות משה לה׳ וראייתו במראה שאיש לא ראה, ואף שה׳ מדבר עם משה כמו שאדם מדבר עם רעהו, הפער בין משה לה׳ הוא עצום, ולפיכך משה משתחווה ארצה. ייתכן גם שמכיוון שה׳ רק עבר על פני משה, משה לא רצה לאבד את הרגע שיש לו להשתחוות. ברגע מיוחד זה, משה לא היה עסוק בלראות ״יותר״, אלא רק להביע את כניעתו לפני האדון ה׳.

לא נאמר כאן מה שפורט לעיל, והוא שה׳ יסוכך על משה כדי שמשה לא יראה את פני ה׳, ורק כאשר ה׳ יעבור, משה יוכל לראות את אחורי ה׳, והדברים מפורשים בדברי ה׳ שאמר למשה קודם לכן (כב). לאחר שמשה ראה את אחורי ה׳ הוא ישתנה לעולם, כפי שיתואר בסוף הסיפור.

מקובל על הפרשנים שיש שלוש עשרה מידות.[80] אולם בצדק ר״י כספי ערער על כך, והסתפק מדוע ישנה הסכמה רחבה על כך, וגם שד״ל טען שלפי הפשט אין הכרח לומר שיש שלוש עשרה מידות. אין הסכמה מהן שלוש עשרה המידות. שד״ל העלה שתים עשרה אפשרויות שונות שהועלו בפרשנות, הציע בעצמו אפשרות נוספת וישנן שיטות נוספות שהוא לא הביא.[81] הרבה פירושים נאמרו על מידות ה׳, וכאן נבאר רק את מובנן הפשוט. ״ה׳״ הראשון שייך לפועל ׳קרא׳ שלפניו, היינו ויקרא ה׳: ״ה׳ אֵל רַחוּם...״.[82] ה׳ שהוא ״אֵל רַחוּם״ והוא ״אל חנון״. המשמעות של שני התארים דומה. המילה ״רַחוּם״ מתקשרת למידת החמלה, לרגש החמלה, ואלו המילה ״חַנּוּן״ היא התוצאה של יחס זה, והוא מתן חנינה, הצלה.[83] ״אֶרֶךְ אַפַּיִם״ הוא ביטוי מטאפורי של הארכת אפו של ה׳, היינו שאינו ממהר לכעוס. ״אף״ הוא מטאפורה לכעס. המילים חסד ואמת מופיעות כצמד במקומות רבים,[84] ומשמעות הצירוף ״רַב חֶסֶד וֶאֱמֶת״ פירושו מרבה לעשות חסד בנאמנות.[85] ״נֹצֵר חֶסֶד לָאֲלָפִים״ – ה׳ שומר את חסדו לאלפי דורות, בזכות אבותיהם. הוא ״נֹשֵׂא עָוֹן וָפֶשַׁע וְחַטָּאָה״, היינו סולח על העוונות הפשעים והחטאים. עם זאת, ״נַקֵּה לֹא יְנַקֶּה״, הוא אינו מוחל לגמרי את העוון, ואף לדור הבנים ובני הבנים, ואף לבניהם הוא פוקד את עוונות אבותיהם.[86]

במשפט אחד ניתן להגדיר את המידות השונות כך: ה׳ מבקש להיטיב ומשתמש במידות שונות כדי לנקות את החוטאים. מידת הרחמים שלו גדולה ורחבה, עם זאת, הוא גם מעניש את החוטאים, אף שהעונשים של ה׳ כבדים פחות מחסדיו של ה׳, וה׳ אינו נוטר לעולם. כך גם עולה מהפרשנות של המידות האלה בתהילים ק״ג, ז-יח: ״יוֹדִיעַ דְּרָכָיו לְמֹשֶׁה לִבְנֵי יִשְׂרָאֵל

עֲלִילוֹתָיו. רַחוּם וְחַנּוּן ה׳ אֶרֶךְ אַפַּיִם וְרַב חָסֶד. לֹא לָנֶצַח יָרִיב וְלֹא לְעוֹלָם יִטּוֹר. לֹא כַחֲטָאֵינוּ עָשָׂה לָנוּ וְלֹא כַעֲוֹנֹתֵינוּ גָּמַל עָלֵינוּ. כִּי כִגְבֹהַּ שָׁמַיִם עַל הָאָרֶץ גָּבַר חַסְדּוֹ עַל יְרֵאָיו. כִּרְחֹק מִזְרָח מִמַּעֲרָב הִרְחִיק מִמֶּנּוּ אֶת פְּשָׁעֵינוּ. כְּרַחֵם אָב עַל בָּנִים רִחַם ה׳ עַל יְרֵאָיו... וְחֶסֶד ה׳ מֵעוֹלָם וְעַד עוֹלָם עַל יְרֵאָיו וְצִדְקָתוֹ לִבְנֵי בָנִים״.[87]

פרשנים נחלקו מי אומר את מידות ה׳. אפשרות אחת היא שמשה אמר אותן,[88] אולם רוב הפרשנים פירשו שה׳ הוא שקרא בשמו, והוא שאמר את המידות.[89] וכך מסתבר, שהרי ה׳ אמר מראש שהוא יקרא בשמו: ״וְקָרָאתִי בְשֵׁם ה׳ לְפָנֶיךָ״ (ל״ג, יט). וכן מסתבר מהתחביר של הפסוק, שה׳ הוא נושא.

ט. בקשת משה שה׳ ילך בקרב העם והסכמת ה׳, ט–י

לאחר שה׳ נגלה למשה, ולאחר שאמר לו את מידותיו, חסר הדבר המהותי שכל הסיפור נסוב סביבו: חידוש קשר הברית עם ה׳. הסיפור מסתיים בהסכמת ה׳ לחדש את הברית עם ישראל, ובציוויו לפסול לוחות אבנים ולעלות להר סיני.

בעוד משה משתחווה לה׳ מפני כבוד ה׳, הוא פונה אליו שוב, בתחינה שילך בקרב העם ויסלח לעוונם: ״אִם נָא מָצָאתִי חֵן בְּעֵינֶיךָ אֲדֹנָי יֵלֶךְ נָא אֲדֹנָי בְּקִרְבֵּנוּ כִּי עַם קְשֵׁה עֹרֶף הוּא וְסָלַחְתָּ לַעֲוֹנֵנוּ וּלְחַטָּאתֵנוּ וּנְחַלְתָּנוּ״ (ט). הבסיס לבקשה של משה אינה שמגיע לעם שה׳ יסלח לו, אלא משום שמשה מצא חן בעיני ה׳, למרות היות העם קשה עורף. הבקשה מסתמכת על מידותיו של ה׳, כפי שגילה ה׳ למשה: ״וְסָלַחְתָּ לַעֲוֹנֵנוּ וּלְחַטָּאתֵנוּ״. ומכיוון שה׳ סלחן הוא יכול ללכת בקרב העם (רשב״ם). משה הכליל את עצמו בחטא ובעוון של העם (״עווננו חטאתנו״). מכיוון שעיקר הבקשה של משה שה׳ יסלח לעם מפני שהוא מצא חן בעיני העם, שבשמו משה פונה לה׳, ולכן החטא חל גם עליו. בשל הקרבה של ה׳ למשה, הסליחה חלה על כל העם. בקשת משה היא שה׳ ילך בקרב העם, עד שהוא ינחיל את העם בארץ (״וּנְחַלְתָּנוּ״). לאורך הפרשה כולה, אין לעם זכות העומדת לו שבגינה ה׳ סולח לעם ומחדש את הברית עימו. הכול בזכותו של משה, בזכות מציאת חינו בעיני ה׳ וקרבתו אל ה׳.

משמעות סליחת ה׳ היא חידוש הברית בין ה׳ לישראל, וחזרה להיות בקרבם (רשב״ם; ריב״ש; ספורנו). ה׳ מתרצה לבקשת משה, מוכן לכרות ברית עם ישראל ומבטיח שיעשה לעיני עם ישראל נפלאות שלא היו כדוגמתן, וכל העם יראו את מעשי ה׳ הגדול שכמוהם לא היו ״בְכָל הָאָרֶץ וּבְכָל הַגּוֹיִם״ (י). הפועל היוצא של הברית, ושל הנכונות של ה׳ להיות בקרב העם, הוא **הנפלאות** שה׳ יעשה, וזאת כמענה לבקשת משה: ״**וְנִפְלֵינוּ** אֲנִי וְעַמְּךָ מִכָּל הָעָם אֲשֶׁר עַל פְּנֵי הָאֲדָמָה״ (ל״ג, טז).[90] אפשר כי הנפלאות הן עצם הבחירה בהם מכל העמים (רש״י), או היות ה׳ בקרבם והיותו עם משה (רמב״ן על פסוק ח). אפשרות אחרת היא שהנפלאות הן קרינת פני משה (רשב״ם; ראב״ע; ריב״ש). הבסיס להסבר זה הוא שבהמשך הפסוק נאמר שהמעשה הוא דבר שעשה ה׳ במשה, ״אֲשֶׁר אֲנִי עֹשֶׂה עִמָּךְ״. וכשהעם יראה שקרנו עור פני משה וייראו מלהתקרב אליו, ״וַיִּירְאוּ מִגֶּשֶׁת אֵלָיו״ (ל״ד, ל), אז יתממשו דברי ה׳ ״וְרָאָה... כִּי

נוֹרָא הוּא". אחרים הבינו שהנפלאות הן הניסים שה' יעשה איתם, כגון בקיעת הארץ בסיפור קורח וקריעת הירדן (ראב"ם).[91] מסתבר שהכוונה לנפלאות שה' יעשה איתם בהמשך המסע במדבר, ובעיקר במלחמות בעת הכניסה לארץ וכיבושה מידי האויבים.[92]

את הדברים האחרונים של ה': "אֲשֶׁר אֲנִי עֹשֶׂה עִמָּךְ" יש לפרש שהכוונה לחידוש הברית או לניסים ולנפלאות שה' יעשה עם ישראל. אין לפרש "עִמְּךָ" כנפלאות שה' יעשה עם משה, אלא עם ישראל. משמעות הביטוי אולי שה' עושה בזכות משה (ספורנו), או שהכוונה שעושה עם ישראל ומשה נזכר כנציג העם (ר"י כספי). מעמדו של משה כמתווך עלה מאוד, והקשר בין העם לה' נזקף לזכותו. יש להזכיר שכל הנאמר עתה הוא דיאלוג בין משה לה' בעוד משה על ההר. סיפור ירידתו של משה מההר הוא בפסוקים כט-לה.

כפועל יוצא של חידוש הברית, בפסוקים הבאים יחזרו החוקים שה' מצווה את ישראל לקיימם במסגרת הברית עם ה'.[93] יש לציין שה' לא אמר שהוא יהיה בקרב ישראל במפורש, והדבר זועק משום שהוא מדבר על משה שהוא בקרב העם: "הָעָם אֲשֶׁר אַתָּה בְקִרְבּוֹ", בעוד משה ביקש: "יֵלֶךְ נָא אֲדֹנָי בְּקִרְבֵּנוּ". שינוי זה אינו מקרי, אלא משקף שטיב הנוכחות של ה' בקרב ישראל ירד ברמתו. אף שהברית עם ה' מתחדשת, היא פחותה ברמתה מהברית הראשונה.

4. חידוש הברית - ל״ד, יא-לה

יא שְׁמָר־לְךָ אֵת אֲשֶׁר אָנֹכִי מְצַוְּךָ הַיּוֹם הִנְנִי גֹרֵשׁ מִפָּנֶיךָ אֶת־הָאֱמֹרִי וְהַכְּנַעֲנִי וְהַחִתִּי וְהַפְּרִזִּי
יב וְהַחִוִּי וְהַיְבוּסִי. הִשָּׁמֶר לְךָ פֶּן־תִּכְרֹת בְּרִית לְיוֹשֵׁב הָאָרֶץ אֲשֶׁר אַתָּה בָּא עָלֶיהָ פֶּן־יִהְיֶה לְמוֹקֵשׁ
יג יד בְּקִרְבֶּךָ. כִּי אֶת־מִזְבְּחֹתָם תִּתֹּצוּן וְאֶת־מַצֵּבֹתָם תְּשַׁבֵּרוּן וְאֶת־אֲשֵׁרָיו תִּכְרֹתוּן. כִּי לֹא תִשְׁתַּחֲוֶה
טו לְאֵל אַחֵר כִּי יהוה קַנָּא שְׁמוֹ אֵל קַנָּא הוּא. פֶּן־תִּכְרֹת בְּרִית לְיוֹשֵׁב הָאָרֶץ וְזָנוּ אַחֲרֵי אֱלֹהֵיהֶם
טז וְזָבְחוּ לֵאלֹהֵיהֶם וְקָרָא לְךָ וְאָכַלְתָּ מִזִּבְחוֹ. וְלָקַחְתָּ מִבְּנֹתָיו לְבָנֶיךָ וְזָנוּ בְנֹתָיו אַחֲרֵי אֱלֹהֵיהֶן
יז וְהִזְנוּ אֶת־בָּנֶיךָ אַחֲרֵי אֱלֹהֵיהֶן. אֱלֹהֵי מַסֵּכָה לֹא תַעֲשֶׂה־לָּךְ.

יח אֶת־חַג הַמַּצּוֹת תִּשְׁמֹר שִׁבְעַת יָמִים תֹּאכַל מַצּוֹת אֲשֶׁר צִוִּיתִךָ לְמוֹעֵד חֹדֶשׁ הָאָבִיב כִּי בְּחֹדֶשׁ
יט כ הָאָבִיב יָצָאתָ מִמִּצְרָיִם. כָּל־פֶּטֶר רֶחֶם לִי וְכָל־מִקְנְךָ תִּזָּכָר פֶּטֶר שׁוֹר וָשֶׂה. וּפֶטֶר חֲמוֹר תִּפְדֶּה
כא בְשֶׂה וְאִם־לֹא תִפְדֶּה וַעֲרַפְתּוֹ כֹּל בְּכוֹר בָּנֶיךָ תִּפְדֶּה וְלֹא־יֵרָאוּ פָנַי רֵיקָם. שֵׁשֶׁת יָמִים תַּעֲבֹד
כב וּבַיּוֹם הַשְּׁבִיעִי תִּשְׁבֹּת בֶּחָרִישׁ וּבַקָּצִיר תִּשְׁבֹּת. וְחַג שָׁבֻעֹת תַּעֲשֶׂה לְךָ בִּכּוּרֵי קְצִיר חִטִּים וְחַג
כג הָאָסִיף תְּקוּפַת הַשָּׁנָה. שָׁלֹשׁ פְּעָמִים בַּשָּׁנָה יֵרָאֶה כָּל־זְכוּרְךָ אֶת־פְּנֵי הָאָדֹן יהוה אֱלֹהֵי יִשְׂרָאֵל.
כד כִּי־אוֹרִישׁ גּוֹיִם מִפָּנֶיךָ וְהִרְחַבְתִּי אֶת־גְּבֻלֶךָ וְלֹא־יַחְמֹד אִישׁ אֶת־אַרְצְךָ בַּעֲלֹתְךָ לֵרָאוֹת אֶת־
כה פְּנֵי יהוה אֱלֹהֶיךָ שָׁלֹשׁ פְּעָמִים בַּשָּׁנָה. לֹא־תִשְׁחַט עַל־חָמֵץ דַּם־זִבְחִי וְלֹא־יָלִין לַבֹּקֶר זֶבַח חַג
כו הַפָּסַח. רֵאשִׁית בִּכּוּרֵי אַדְמָתְךָ תָּבִיא בֵּית יהוה אֱלֹהֶיךָ לֹא־תְבַשֵּׁל גְּדִי בַּחֲלֵב אִמּוֹ.

כז וַיֹּאמֶר יהוה אֶל־מֹשֶׁה כְּתָב־לְךָ אֶת־הַדְּבָרִים הָאֵלֶּה כִּי עַל־פִּי הַדְּבָרִים הָאֵלֶּה כָּרַתִּי אִתְּךָ
כח בְּרִית וְאֶת־יִשְׂרָאֵל. וַיְהִי־שָׁם עִם־יהוה אַרְבָּעִים יוֹם וְאַרְבָּעִים לַיְלָה לֶחֶם לֹא אָכַל וּמַיִם לֹא
כט שָׁתָה וַיִּכְתֹּב עַל־הַלֻּחֹת אֵת דִּבְרֵי הַבְּרִית עֲשֶׂרֶת הַדְּבָרִים. וַיְהִי בְּרֶדֶת מֹשֶׁה מֵהַר סִינַי וּשְׁנֵי
ל לֻחֹת הָעֵדֻת בְּיַד־מֹשֶׁה בְּרִדְתּוֹ מִן־הָהָר וּמֹשֶׁה לֹא־יָדַע כִּי קָרַן עוֹר פָּנָיו בְּדַבְּרוֹ אִתּוֹ. וַיַּרְא
לא אַהֲרֹן וְכָל־בְּנֵי יִשְׂרָאֵל אֶת־מֹשֶׁה וְהִנֵּה קָרַן עוֹר פָּנָיו וַיִּירְאוּ מִגֶּשֶׁת אֵלָיו. וַיִּקְרָא אֲלֵהֶם מֹשֶׁה
לב וַיָּשֻׁבוּ אֵלָיו אַהֲרֹן וְכָל־הַנְּשִׂאִים בָּעֵדָה וַיְדַבֵּר מֹשֶׁה אֲלֵהֶם. וְאַחֲרֵי־כֵן נִגְּשׁוּ כָּל־בְּנֵי יִשְׂרָאֵל
לג וַיְצַוֵּם אֵת כָּל־אֲשֶׁר דִּבֶּר יהוה אִתּוֹ בְּהַר סִינָי. וַיְכַל מֹשֶׁה מִדַּבֵּר אִתָּם וַיִּתֵּן עַל־פָּנָיו מַסְוֶה.
לד וּבְבֹא מֹשֶׁה לִפְנֵי יהוה לְדַבֵּר אִתּוֹ יָסִיר אֶת־הַמַּסְוֶה עַד־צֵאתוֹ וְיָצָא וְדִבֶּר אֶל־בְּנֵי יִשְׂרָאֵל אֵת
לה אֲשֶׁר יְצֻוֶּה. וְרָאוּ בְנֵי־יִשְׂרָאֵל אֶת־פְּנֵי מֹשֶׁה כִּי קָרַן עוֹר פְּנֵי מֹשֶׁה וְהֵשִׁיב מֹשֶׁה אֶת־הַמַּסְוֶה
עַל־פָּנָיו עַד־בֹּאוֹ לְדַבֵּר אִתּוֹ.

פירוש העניין

מצוות, יא-כו

הברית המחודשת כוללת רשימת מצוות (יא-כו) שרובן כלולות ברשימת המצוות שבסוף פרשת משפטים, אלה שמשה קיבל מה׳ בעלייתו להר (כ״ג, יד-לג). חוץ מציווי אחד, רשימה זו אינה כוללת מצוות חדשות, אף כי יש מצוות שנלקחו ממקומות אחרים וקיבלו ניסוח מחודש. סדר המצוות אינו זהה ומצורפת רשימה שבה אפשר לראות את הדומה והשונה בין רשימת של המצוות כאן למקבילותיהן:

ל״ד	כ״ג
(י) וַיֹּאמֶר הִנֵּה אָנֹכִי כֹּרֵת בְּרִית נֶגֶד כָּל עַמְּךָ אֶעֱשֶׂה נִפְלָאֹת אֲשֶׁר לֹא נִבְרְאוּ בְכָל הָאָרֶץ וּבְכָל הַגּוֹיִם וְרָאָה כָל הָעָם אֲשֶׁר אַתָּה בְקִרְבּוֹ אֶת מַעֲשֵׂה ה׳ כִּי נוֹרָא הוּא אֲשֶׁר אֲנִי עֹשֶׂה עִמָּךְ.	(כ) הִנֵּה אָנֹכִי שֹׁלֵחַ מַלְאָךְ לְפָנֶיךָ לִשְׁמָרְךָ בַּדָּרֶךְ וְלַהֲבִיאֲךָ אֶל הַמָּקוֹם אֲשֶׁר הֲכִנֹתִי.
(יא) שְׁמָר לְךָ אֵת אֲשֶׁר אָנֹכִי מְצַוְּךָ הַיּוֹם הִנְנִי גֹרֵשׁ מִפָּנֶיךָ אֶת הָאֱמֹרִי וְהַכְּנַעֲנִי וְהַחִתִּי וְהַפְּרִזִּי וְהַחִוִּי וְהַיְבוּסִי.	(כא) הִשָּׁמֶר מִפָּנָיו וּשְׁמַע בְּקֹלוֹ אַל תַּמֵּר בּוֹ כִּי לֹא יִשָּׂא לְפִשְׁעֲכֶם כִּי שְׁמִי בְּקִרְבּוֹ. (כב) כִּי אִם שָׁמוֹעַ תִּשְׁמַע בְּקֹלוֹ וְעָשִׂיתָ כֹּל אֲשֶׁר אֲדַבֵּר וְאָיַבְתִּי אֶת אֹיְבֶיךָ וְצַרְתִּי אֶת צֹרְרֶיךָ. (כג) כִּי יֵלֵךְ מַלְאָכִי לְפָנֶיךָ וֶהֱבִיאֲךָ אֶל הָאֱמֹרִי וְהַחִתִּי וְהַפְּרִזִּי וְהַכְּנַעֲנִי הַחִוִּי וְהַיְבוּסִי וְהִכְחַדְתִּיו.
(יב) הִשָּׁמֶר לְךָ פֶּן תִּכְרֹת בְּרִית לְיוֹשֵׁב הָאָרֶץ אֲשֶׁר אַתָּה בָּא עָלֶיהָ פֶּן יִהְיֶה לְמוֹקֵשׁ בְּקִרְבֶּךָ. (יג) כִּי אֶת מִזְבְּחֹתָם תִּתֹּצוּן וְאֶת מַצֵּבֹתָם תְּשַׁבֵּרוּן וְאֶת אֲשֵׁרָיו תִּכְרֹתוּן.	(כד)...כִּי הָרֵס תְּהָרְסֵם וְשַׁבֵּר תְּשַׁבֵּר מַצֵּבֹתֵיהֶם. (כה) וַעֲבַדְתֶּם אֵת ה׳ אֱלֹהֵיכֶם וּבֵרַךְ אֶת לַחְמְךָ וְאֶת מֵימֶיךָ וַהֲסִרֹתִי מַחֲלָה מִקִּרְבֶּךָ.
(יד) כִּי לֹא תִשְׁתַּחֲוֶה לְאֵל אַחֵר כִּי ה׳ קַנָּא שְׁמוֹ אֵל קַנָּא הוּא.	(כד) לֹא תִשְׁתַּחֲוֶה לֵאלֹהֵיהֶם וְלֹא תָעָבְדֵם וְלֹא תַעֲשֶׂה כְּמַעֲשֵׂיהֶם

(טו) פֶּן תִּכְרֹת בְּרִית לְיוֹשֵׁב הָאָרֶץ וְזָנוּ אַחֲרֵי אֱלֹהֵיהֶם וְזָבְחוּ לֵאלֹהֵיהֶם וְקָרָא לְךָ וְאָכַלְתָּ מִזִּבְחוֹ. (טז) וְלָקַחְתָּ מִבְּנֹתָיו לְבָנֶיךָ וְזָנוּ בְנֹתָיו אַחֲרֵי אֱלֹהֵיהֶן וְהִזְנוּ אֶת בָּנֶיךָ אַחֲרֵי אֱלֹהֵיהֶן.	(לב) לֹא תִכְרֹת לָהֶם וְלֵאלֹהֵיהֶם בְּרִית. (לג) לֹא יֵשְׁבוּ בְּאַרְצְךָ פֶּן יַחֲטִיאוּ אֹתְךָ לִי כִּי תַעֲבֹד אֶת אֱלֹהֵיהֶם כִּי יִהְיֶה לְךָ לְמוֹקֵשׁ.
(יז) אֱלֹהֵי מַסֵּכָה לֹא תַעֲשֶׂה לָּךְ.	(כ׳, כ) לֹא תַעֲשׂוּן אִתִּי אֱלֹהֵי כֶסֶף וֵאלֹהֵי זָהָב לֹא תַעֲשׂוּ לָכֶם (ל״ב, ז) עָשׂוּ לָהֶם עֵגֶל מַסֵּכָה
	(י) וְשֵׁשׁ שָׁנִים תִּזְרַע אֶת אַרְצֶךָ וְאָסַפְתָּ אֶת תְּבוּאָתָהּ. (יא) וְהַשְּׁבִיעִת תִּשְׁמְטֶנָּה וּנְטַשְׁתָּהּ וְאָכְלוּ אֶבְיֹנֵי עַמֶּךָ וְיִתְרָם תֹּאכַל חַיַּת הַשָּׂדֶה כֵּן תַּעֲשֶׂה לְכַרְמְךָ לְזֵיתֶךָ. (יג) וּבְכֹל אֲשֶׁר אָמַרְתִּי אֲלֵיכֶם תִּשָּׁמֵרוּ וְשֵׁם אֱלֹהִים אֲחֵרִים לֹא תַזְכִּירוּ לֹא יִשָּׁמַע עַל פִּיךָ. (יד) שָׁלֹשׁ רְגָלִים תָּחֹג לִי בַּשָּׁנָה.
(יח) אֶת חַג הַמַּצּוֹת תִּשְׁמֹר שִׁבְעַת יָמִים תֹּאכַל מַצּוֹת אֲשֶׁר צִוִּיתִךָ לְמוֹעֵד חֹדֶשׁ הָאָבִיב כִּי בְּחֹדֶשׁ הָאָבִיב יָצָאתָ מִמִּצְרָיִם.	(טו) אֶת חַג הַמַּצּוֹת תִּשְׁמֹר שִׁבְעַת יָמִים תֹּאכַל מַצּוֹת כַּאֲשֶׁר צִוִּיתִךָ לְמוֹעֵד חֹדֶשׁ הָאָבִיב כִּי בוֹ יָצָאתָ מִמִּצְרָיִם...
(יט) כָּל פֶּטֶר רֶחֶם לִי וְכָל מִקְנְךָ תִּזָּכָר פֶּטֶר שׁוֹר וָשֶׂה. (כ) וּפֶטֶר חֲמוֹר תִּפְדֶּה בְשֶׂה וְאִם לֹא תִפְדֶּה וַעֲרַפְתּוֹ כֹּל בְּכוֹר בָּנֶיךָ תִּפְדֶּה	(י״ג, יב) וְהַעֲבַרְתָּ כָל פֶּטֶר רֶחֶם לַה׳ וְכָל פֶּטֶר שֶׁגֶר בְּהֵמָה אֲשֶׁר יִהְיֶה לְךָ הַזְּכָרִים לַה׳. (יג) וְכָל פֶּטֶר חֲמֹר תִּפְדֶּה בְשֶׂה וְאִם לֹא תִפְדֶּה וַעֲרַפְתּוֹ וְכֹל בְּכוֹר אָדָם בְּבָנֶיךָ תִּפְדֶּה.
וְלֹא יֵרָאוּ פָנַי רֵיקָם.	(טו)...וְלֹא יֵרָאוּ פָנַי רֵיקָם.
(כא) שֵׁשֶׁת יָמִים תַּעֲבֹד וּבַיּוֹם הַשְּׁבִיעִי תִּשְׁבֹּת בֶּחָרִישׁ וּבַקָּצִיר תִּשְׁבֹּת.	(יב) שֵׁשֶׁת יָמִים תַּעֲשֶׂה מַעֲשֶׂיךָ וּבַיּוֹם הַשְּׁבִיעִי תִּשְׁבֹּת לְמַעַן יָנוּחַ שׁוֹרְךָ וַחֲמֹרֶךָ וְיִנָּפֵשׁ בֶּן אֲמָתְךָ וְהַגֵּר.
(כב) וְחַג שָׁבֻעֹת תַּעֲשֶׂה לְךָ בִּכּוּרֵי קְצִיר חִטִּים	(טז) וְחַג הַקָּצִיר בִּכּוּרֵי מַעֲשֶׂיךָ אֲשֶׁר תִּזְרַע בַּשָּׂדֶה
וְחַג הָאָסִיף תְּקוּפַת הַשָּׁנָה.	וְחַג הָאָסִף בְּצֵאת הַשָּׁנָה בְּאָסְפְּךָ אֶת מַעֲשֶׂיךָ מִן הַשָּׂדֶה.

(כג) שָׁלֹשׁ פְּעָמִים בַּשָּׁנָה יֵרָאֶה כָּל זְכוּרְךָ אֶת פְּנֵי הָאָדֹן ה׳ אֱלֹהֵי יִשְׂרָאֵל. (כד) כִּי אוֹרִישׁ גּוֹיִם מִפָּנֶיךָ וְהִרְחַבְתִּי אֶת גְּבֻלֶךָ וְלֹא יַחְמֹד אִישׁ אֶת אַרְצְךָ בַּעֲלֹתְךָ לֵרָאוֹת אֶת פְּנֵי ה׳ אֱלֹהֶיךָ שָׁלֹשׁ פְּעָמִים בַּשָּׁנָה.	(יז) שָׁלֹשׁ פְּעָמִים בַּשָּׁנָה יֵרָאֶה כָּל זְכוּרְךָ אֶל פְּנֵי הָאָדֹן ה׳.
(כה) לֹא תִשְׁחַט עַל חָמֵץ דַּם זִבְחִי וְלֹא יָלִין לַבֹּקֶר זֶבַח חַג הַפָּסַח.	(יח) לֹא תִזְבַּח עַל חָמֵץ דַּם זִבְחִי וְלֹא יָלִין חֵלֶב חַגִּי עַד בֹּקֶר.
(כו) רֵאשִׁית בִּכּוּרֵי אַדְמָתְךָ תָּבִיא בֵּית ה׳ אֱלֹהֶיךָ	(יט) רֵאשִׁית בִּכּוּרֵי אַדְמָתְךָ תָּבִיא בֵּית ה׳ אֱלֹהֶיךָ
לֹא תְבַשֵּׁל גְּדִי בַּחֲלֵב אִמּוֹ.	לֹא תְבַשֵּׁל גְּדִי בַּחֲלֵב אִמּוֹ.
	(כו) לֹא תִהְיֶה מְשַׁכֵּלָה וַעֲקָרָה בְּאַרְצֶךָ אֶת מִסְפַּר יָמֶיךָ אֲמַלֵּא. (כז) אֶת אֵימָתִי אֲשַׁלַּח לְפָנֶיךָ וְהַמֹּתִי אֶת כָּל הָעָם אֲשֶׁר תָּבֹא בָּהֶם וְנָתַתִּי אֶת כָּל אֹיְבֶיךָ אֵלֶיךָ עֹרֶף. (כח) וְשָׁלַחְתִּי אֶת הַצִּרְעָה לְפָנֶיךָ וְגֵרְשָׁה אֶת הַחִוִּי אֶת הַכְּנַעֲנִי וְאֶת הַחִתִּי מִלְּפָנֶיךָ. (כט) לֹא אֲגָרְשֶׁנּוּ מִפָּנֶיךָ בְּשָׁנָה אֶחָת פֶּן תִּהְיֶה הָאָרֶץ שְׁמָמָה וְרַבָּה עָלֶיךָ חַיַּת הַשָּׂדֶה. (ל) מְעַט מְעַט אֲגָרְשֶׁנּוּ מִפָּנֶיךָ עַד אֲשֶׁר תִּפְרֶה וְנָחַלְתָּ אֶת הָאָרֶץ. (לא) וְשַׁתִּי אֶת גְּבֻלְךָ מִיַּם סוּף וְעַד יָם פְּלִשְׁתִּים וּמִמִּדְבָּר עַד הַנָּהָר כִּי אֶתֵּן בְּיֶדְכֶם אֵת יֹשְׁבֵי הָאָרֶץ וְגֵרַשְׁתָּמוֹ מִפָּנֶיךָ.

רשימת המצוות כאן קצרה בהרבה מרשימת המצוות בפרשת משפטים. השאלות המתבקשות הן מדוע היה צורך לחזור על המצוות כאן, ומדוע דווקא מצוות אלו נמנו?

לאחר עליית משה להר לקבל את המצוות, הוא ירד והורה לעם את המצוות, והם היו נכונים לקבל את המצוות, ולפיכך נכנסו בברית עם ה׳ (כ״ד, ג-ח). לאחר שנכרתה ברית זו, משה עלה להר על מנת להוריד את הלוחות ואת התוכנית לבניית המשכן, שבו ה׳ ישכון בקרב ישראל לפי תנאי הברית (כ״ד, יב-יח). אולם ישראל הפרו את הברית בחטא העגל. לאחר שמשה שכנע את ה׳ לחדש את הברית, שב ה׳ ומורה לעם לשמור את מצוותיו, וכולל בציווי זה כמה מהמצוות שישראל חייבים לשמור כדי לעמוד בברית. עם זאת, אין חזרה על כל המצוות, שכן אין בכך צורך. הרי לא מכבר שמע העם אותן. במקום זאת, מוזכרת חובה

כללית של ישראל לקיים את כל המצוות: "שְׁמָר לְךָ אֵת אֲשֶׁר אָנֹכִי מְצַוְּךָ הַיּוֹם" (יא1). ואחר כך בא פירוט המצוות, בעיקר אלה שרלוונטיות בעקבות חטא העגל. בעקבות החטא, עיקר החשש הוא מהישנות העם בחטא עבודה זרה, בעיקר בעת כניסתם לארץ ובעקבות החשיפה שלהם לפולחן הכנעני. ולכן באה על כך אזהרה בפתח קובץ המצוות כאן (יא-יז). בעת שה׳ יגרש את עמי כנען מן הארץ, ה׳ מזהיר את ישראל לבל יכרתו ברית עם יושבי הארץ, מכיוון שברית זו עלולה להיות למכשול לישראל אם ילמדו ממעשיהם (יב, טו). לא זו בלבד שעליהם להימנע מלכרות ברית עימם, עליהם לשבר את העבודה הזרה מן הארץ, כדי לוודא שישראל לא ישתחוו לאל אחר, היינו לא יעבדו אלוהים אחרים ולא יזנו אחריהם (יג-יד). יחסי הברית עם תושבי הארץ עשויים להביא לנישואי תערובת עימם, ובנות תושבי הארץ שתילקחנה לנשים לבני ישראל עלולות לגרום להם לעבוד את אלוהיהן. ה׳ הוא אל קנא ואינו סובל שהעם עובד עבודה זרה (יד2). ישראל נחשפו לקנאת ה׳ בחטא העגל וזו אזהרה לבל יישנה הדבר.

הברית בין ה׳ לישראל ("הִנֵּה אָנֹכִי **כֹּרֵת בְּרִית**", י) עומדת כנגד האזהרה לבל יכרתו ברית עם עמי ארץ כנען ("פֶּן **תִּכְרֹת בְּרִית** לְיוֹשֵׁב הָאָרֶץ", יב, טו). גם בסיום מצוות הברית בפרשת משפטים יש אזהרות לגבי ברית עם תושבי כנען, ואזהרה שישראל לא יעבדו עבודה זרה (כ״ג, כד-כה, לב-לג), אך בחידוש הברית לאחר חטא העגל הנושא תופס מקום ניכר יותר. יתר על כן, בפרק כ״ג, המצוות הנוגעות לכיבוש הארץ הן מקיפות וכוללות עידוד לעם שיצליח במשימת הכיבוש, הבהרה של ה׳ שלא יכרית את כולם בבת אחת, ודברי ביטחון שבסופו של דבר העם יכבוש את הארץ בשלמותה, על גבולותיה הרחבים (כ״ג, כ-לא). ואילו כאן כל זה חסר, לבד מהאזהרה על עבודה זרה. מעבר לכך, בפרשת משפטים האזהרות לישראל לקראת הכניסה לארץ באות בסוף ספר הברית, לאחר המצוות הנוגעות לחגים ולעניינים אחרים ששייכים לתחום הקודש, ואילו עם חידוש הברית, בתחילה באות הלכות הנוגעות לעבודה זרה, ורק אחר כך מצוות הקשורות לחגים, בסדר הפוך מזה שמופיע בפרשת משפטים.

האיסור לכרות ברית עם תושבי הארץ בא גם בכ״ב, לב. הציווי להכרית את הכנענים מופיע גם בבמדבר ל״ג, נג; דברים ז׳, ב; כ׳, טז-יז. הציווי להכרית את העבודה הזרה: שמות כ״ג, כד; במדבר ל״ג, נב; דברים ז׳, ה. איסור התחתנות עם העמים והחשש מהשפעתם על ישראל: כ״ג, לג; דברים ז׳, ג-ד; כ׳, יח. בשופטים ב׳, יא-יג; ג׳, ה-ו, מתוארים חטאי העם בעבודה זרה ובנישואי תערובת.

מייד לאחר האזהרה על עבודה זרה, ישראל מצווים בציווי מוחלט: "אֱלֹהֵי מַסֵּכָה לֹא תַעֲשֶׂה לָּךְ" (יז). לציווי זה אין מקבילה בספר הברית בפרשת משפטים (כ״ג). המילה "מַסֵּכָה" אינה מופיעה בספר הברית וגם לא באיסור עבודה זרה בעשרת הדיברות. המילה לקוחה מסיפור חטא העגל: "וַיַּעֲשֵׂהוּ עֵגֶל מַסֵּכָה וַיֹּאמְרוּ אֵלֶּה אֱלֹהֶיךָ יִשְׂרָאֵל אֲשֶׁר הֶעֱלוּךָ מֵאֶרֶץ מִצְרָיִם" (ל״ב, ד), "עָשׂוּ לָהֶם עֵגֶל מַסֵּכָה" (ל״ב, ז).[94] משפט זה הוא הכלאה בין אזכור המסכה בסיפור חטא העגל לציווי בתחילת ספר הברית: "לֹא תַעֲשׂוּן אִתִּי אֱלֹהֵי כֶסֶף וֵאלֹהֵי זָהָב לֹא תַעֲשׂוּ לָכֶם" (כ׳, כ). פסוק זה מובא כאן משום שמצוות האלה באו לאחר חטא העגל ובתגובה לחטא.[95] האיסור לעשות אלוהי מסכה הוא החידוש העיקרי של המצוות בברית המחודשת.

הובהר מדוע עם חידוש הברית לאחר חטא העגל היה צורך לציין שוב את חטא עבודה זרה, שבגינו היה צורך בחידוש הברית. עתה נותר להבין מדוע בברית המחודשת כלולות הלכות, בעיקר בנושא החגים, שכבר נאמרו בשמות כ״ג, יד-יז. הפרת הברית הייתה עבירה של איסור עבודה זרה, ולא של משפטים אזרחיים אחרים שעלו בברית, לכן התיקון לברית הוא בהימנעות מעבודה זרה. החגים שבו ונזכרו משום שהם העבודה החיובית של ה׳, שישראל צריכים לקיימם, לעומת עבודת אלילי הנוכרים.[96] לעומת שאר המשפטים, שהם חובות אזרחיות שבין אדם לחברו, אף כי הם חלק מהברית עם ה׳, המקיים אותם אינו עובד את הפולחן של ה׳. לעומת זאת, בחגים בעת העלייה לרגל לראות את פני ה׳, העם עובד את ה׳, בהיפוך מעבודת העמים את אליליהם.

מכיוון שנושא החגים הובא בהקשר זה של עבודת ה׳ במסגרת חידוש הברית, הפסח בא ראשון, מכיוון שהוא הבסיס לברית, ובו חוגגים את הוצאת ה׳ את ישראל ממצרים ואת תחילת הקשר של ה׳ וישראל כעם. לעומת זאת, בספר הברית בפרשת משפטים הוזכרו קודם מצוות שמיטה (כ״ג, י-יא), השבת (יב), ואיסור הזכרת שם אלוהים אחרים (יג). מאחר שבפסח חוגגים את תחילת הקשר עם ה׳ כשהוציא את ישראל ממצרים, מייד אחר כך נזכרים דיני בכור בהמה, חמור ואדם, הנובעים מכך שהבכורות שייכים לה׳ בזכות הצלתם. מצוות בכור, הקשורה לברית עם ה׳ בעת היציאה ממצרים, לא הוזכרה בספר הברית, היא לקוחה מי״ג, יב-יג, ומוזכרת כאן שוב כיוון שהיא חלק מהעבודה של ה׳. הזיקה של דין בכור לפסח עולה גם ממשפט הסיום של דין פסח בספר הברית ״וְלֹא יֵרָאוּ פָנַי רֵיקָם״ (כ״ג, טו2). משפט זה מופיע עתה במצוות חידוש הברית רק לאחר דין בכור (כ2), מה שמלמד על הכללת פסוקי בכור בעניין הפסח כדי ליצור רצף הגיוני, המתאים לחיוב במצוות במסגרת חידוש הברית.

דין שבת, שהופיע לפני עניין הפסח בספר הברית (כ״ג, יב), נדחה כאן בגלל קדימות פסח ובכור, שהם חלק מהותי בחידוש הברית, אך הוזכר לפני שאר הרגלים. מייד אחר כך, כמו בפרשת משפטים, נזכרו דיני חג הקציר וחג האסיף (כב). דיני שלושה רגלים מסתיימים בשני המקומות בציווי הכללי לעלות לרגל שלוש פעמים בשנה: ״יֵרָאֶה כָּל זְכוּרְךָ אֶת פְּנֵי הָאָדֹן ה׳ אֱלֹהֵי יִשְׂרָאֵל״ (כ״ג, יז; ל״ד, כג). משפט מסכם זה מבהיר שוב את הטעם לחזרה על מצוות החגים בתיאור חידוש הברית: הרגלים הם מפגש העם עם ה׳. הכינוי של ה׳ ״הָאָדֹן אֱלֹהֵי יִשְׂרָאֵל״ מקבל משמעות מיוחדת כאשר עכשיו הברית מתחדשת לאחר שה׳ סבר להשמיד את העם ולנתקו מהברית.

הציווי לעלות לרגל להיראות בפני ה׳ הוא חלק מהעבודה החיובית של העם את ה׳. בשל הקושי לעזוב את הבתים ולעלות לרגל, במיוחד לאחר שה׳ ירחיב את גבולות הארץ, ה׳ מבטיח שבעת העלייה לרגל לא יחמדו אחרים את הארץ (כד). הבטחה זו נעדרת בפרק כ״ג. השינוי מתאים למה שחשפנו בעניין הדגשים השונים של שני קובצי החוקים בשתי הבריתות. בכ״ג ה׳ הבטיח שהארץ תיכבש מעט מעט, עד שהכול ייכבש, במסגרת עידוד העם לקראת הבאות. עתה, עם חידוש הברית, הדגש עבר לחשיבות של עבודת ה׳, גם בעת שה׳ ירחיב את הגבולות ויהיה מאתגר לעלות לרגל.

כמו בספר הברית, נספחו בסוף דיני החגים שלוש מצוות: האיסור להקריב קורבנות עם חמץ, איסור הלנת זבח הפסח לבוקר, ולבסוף האיסור לבשל גדי בחלב אימו (כה-כו).

כתיבת לוחות הברית מחדש, כז-כח

אחרי שה׳ התרצה ללכת בקרב ישראל ולחדש את הברית, משה מצטווה לכתוב את מצוות הברית ששמע עכשיו, בפסוקים יא-כו.[97] כתיבת דברי הברית כאן דומה לכתיבת המשפטים בידי משה בברית הראשונה (כ״ד, ד). משה מצטווה על כך בהיותו עדיין על ההר. הברית המחודשת היא ״אִתְּךָ... וְאֶת יִשְׂרָאֵל״. ביטוי מוזר זה משקף את השינוי שחל בברית של ה׳ עם ישראל. הברית הראשונה הייתה ברית עם ישראל (״דַם הַבְּרִית אֲשֶׁר כָּרַת עִמָּכֶם״, כ״ד, ח), אבל הברית השנייה הייתה בזכות משה, והביטוי ״אִתְּךָ... וְאֶת יִשְׂרָאֵל״ משקף את מרכזיותו של משה בחידוש הברית עם ה׳.[98]

משה שהה בהר ארבעים יום ולילה, בלא שאכל ושתה (כח), כמו פרק הזמן שהיה על ההר בעת קבלת הלוחות הראשונים (כ״ד, יח). אומנם שם לא נאמר שמשה לא אכל ושתה, אך בדברים ט׳, ט, נאמר שגם בעלייה הראשונה משה לא אכל ושתה במשך ארבעים היום. אי־האכילה והשתייה היא השלת צרכיו הגופניים של משה, כחלק מהתעלותו לקרבה גדולה לה׳, כפי שמנוסח בעוצמה ובפשטות בתחילת הפסוק: ״וַיְהִי שָׁם עִם ה׳״.[99]

בעת ששהה משה על ההר, ה׳ כתב את עשרת הדיברות על הלוחות שפסל משה (לח), כמו שאמר בל״ד, א, כמו שעשרת הדברים על הלוחות הראשונים נכתבו בידי ה׳ (ל״א, יח; ל״ב, טז),[100] וכך גם מפורש בדברים י׳, ב. שבירת הלוחות הראשונים בעת שירד משה מההר, כשראה את העם חוטאים בעגל, סימלה את שבירת הברית בין ה׳ לישראל, קבלת לוחות שניים, שעליהם כתב ה׳ שוב את עשרת הדיברות, היא חידוש הברית.

המפגש המחודש והמרוחק בין משה לעם, כט-לה

משה יורד מההר ובידו שני לוחות העדות (כט). תיאור ירידתו מזכיר את ירידתו הראשונה מההר עם הלוחות בעת שהעם חטא בחטא העגל (ל״ב, טו). משה יורד פעמיים, ובשתי הפעמיים בידיו לוחות העדות. פתיחת התיאור של הירידה השנייה ב״וַיְהִי״ מגבירה את הציפייה לראות מה יראה משה ברדתו מההר. הפעם העם אינו חוטא. כשמשה ירד בפעם הראשונה נאמר: ״וַיַּרְא אֶת הָעֵגֶל וּמְחֹלֹת״, ובפעם השנייה נאמר: ״וַיַּרְא אַהֲרֹן וְכָל בְּנֵי יִשְׂרָאֵל אֶת מֹשֶׁה וְהִנֵּה קָרַן עוֹר פָּנָיו״ (ל). משה ראה את העגל ואת המחולות שבהם היו מעורבים אהרן ובני ישראל, ובירידה השנייה אהרן ובני ישראל רואים כיצד קרן עור פני משה, ומשום כך יראו מלגשת אליו. משה קרא לעם, ואז חזרו אהרן והנשיאים, ורק בשלב שני חזר העם והתקרב למשה. החזרה בשני שלבים מלמדת עד כמה המחזה של קרינת פני משה היה מרשים ומרתיע. שתי הראיות מדגימות את ההיפוך של המצבים – החטא תוקן.

משה לא ידע שקרן עור פניו (כט), היינו שהם זהרו, קרנו אור.[101] ידיעה זו באה אולי כדי להסביר מדוע משה לא היה מוכן להתרחקות העם ממנו. באופן זה, נוצרת העלילה שבה העם ראה את משה והתרחק ממנו, ומשה לא היה מודע לשינוי שהתרחש בו.

פני משה קרנו משום שה׳ דיבר איתו: "קָרַן עוֹר פָּנָיו בְּדַבְּרוֹ אִתּוֹ" (כט). ה׳ דיבר עם משה פעמים רבות, אך הפעם הייתה זו התגלות מיוחדת ואינטימית, במהלך השכנוע של משה את ה׳ להיות בקרב ישראל. הפגישה הזו, שבה ראה משה את ה׳, השפיעה עליו רבות.[102] לא מופרך לטעון כי בזכות המפגש האינטימי עם ה׳ הוא כבר לא היה אותו האיש. נראה שלא עצם הדיבור של ה׳ משה הוא שגרם לקרינת עור פניו, שהרי גם בעבר ה׳ דיבר עם משה, ובייחוד יש לציין את העלייה של משה להר לקבל את המשפטים ואת תוכנית המשכן; מה שנשתנה כאן הוא שה׳ הראה למשה את אחוריו, תוך שהוא מדבר עימו ואומר לו את מידותיו: "ה׳ ה׳ אֵל רַחוּם...". בכך הוא נתעלה למדרגה אחרת במפגשו עם ה׳.

כאשר התקרבו אליו אהרן והנשיאים, משה דיבר עימם: "וַיְדַבֵּר מֹשֶׁה אֲלֵהֶם" (לא). לא נאמר מה אמר להם. אפשרות אחת היא שסיפר להם את המצוות ששמע מה׳.[103] אך האפשרות המסתברת היא שדיבר לאהרן ולנשיאים דברים טובים ומקרבים כדי שייגשו אליו, ואכן מייד לאחר מכן ניגשים כל ישראל אליו (רמב״ן). אחר כך, כשהתקרבו אליו בני ישראל, משה העביר להם את הציוויים של ה׳ מהר סיני: "וַיְצַוֵּם אֵת כָּל אֲשֶׁר דִּבֶּר ה׳ אִתּוֹ בְּהַר סִינָי" (לב). אילו מצוות כלולות בכך? את המצוות של פרשת משפטים כבר אמר משה לעם (כ״ד, ג) ועל סמך זה אמרו "נַעֲשֶׂה" (כ״ד, ג). לעומת זאת, משה עלה להר לאחר כריתת הברית כדי לקבל את הלוחות וכדי לקבל הוראות לגבי בניית המשכן (כ״ד, יב). משה לא אמר לעם את ההוראות של המשכן, משום שבינתיים הם חטאו וה׳ קבע שלא ילך איתם. עכשיו, לאחר שה׳ הסכים ללכת בקרב העם, יש להניח שמשה אמר להם את דברי ה׳ בהר סיני לגבי בניית המשכן, החל מפרק כ״ה ועד ל״א, יז. ועל כך נוספו ההלכות שה׳ חזר ואמר למשה בל״ד, יא-כו.[104]

כשמשה סיים לדבר אל העם הוא שם על פניו מסווה (לג), כדי שהעם לא יראה את פניו הקורנות. משה הוריד את המסווה כאשר ה׳ דיבר עימו, וגם כשדיבר לעם את דברי ה׳ הוא היה בפנים מגולות וקורנות. בכל שאר הזמן משה היה עם המסווה על פניו. קרינת פניו של משה היא מעין השתקפות של ה׳ באמצעות משה. התגלות ה׳ פעמים רבות היא באש, ועתה אור זה נדבק במשה.[105] ה׳ עבר על פניו של משה (ו), ופניו הושפעו מההתגלות הייחודית של ה׳ אליו. המראה של כבוד ה׳ הוא מראה של אש, כמו בסנה ובמעמד הר סיני. במפגש ה׳ עם משה משהו מזה דבק בו, וכמו שיש יראה מלגשת אל כבוד ה׳ המתגלה באש, על זו הדרך הייתה יראה מהמראה של פני משה שקרנו. על כן אפשר להבין את התגובה של העם שברחו מלראות את משה, כמו שכתוב: "כִּי לֹא יִרְאַנִי הָאָדָם וָחָי" (ל״ג, כ). משה הפך להיות מי שמתווך את נוכחות ה׳. דיבור ה׳ מתוך פיו של משה, בעוד פניו מקרינות, נתן לעם תחושה שה׳ נמצא בקרבם באמצעות משה. ולכן משה דיבר עם ה׳ בפנים גלויות על מנת לקבל את דבר ה׳, וכאשר הוא מסר לעם את דבר ה׳, הוא עשה זאת בפנים גלויות קורנות, בתיווך דברי ה׳ אליהם. בשאר הזמן היה על פניו של משה מסווה. אפשר שהמסווה נועד כדי שהם לא

יביטו באופן תמידי בהשתקפות של נוכחות ה׳, אלא בזמן שמשה מעביר את דבר ה׳. דבר זה נובע ממעמדם הנמוך יותר של העם, שאינם ראויים לראות מחזה זה באופן תמידי.[106]

לאור מקומו של משה בין העם לה׳, המילה ״דבר״ מופיעה בקטע זה שבע פעמים, ארבע פעמים על הדיבור של ה׳ אל משה, ושלוש פעמים על הדיבור של משה אל בני ישראל. ולאור תפקידו כמתווך, הדיבור של ה׳ אל משה (כט, לב, לד1, לה) בא לסירוגין עם הדיבור של משה אל בני ישראל (לא, לג, לד2).

פני משה קרנו משום שקרבתו לה׳ הביאה את ה׳ לשכון בתוך ישראל. האם יש משמעות להתרחשות הזו דווקא בעקבות חטא העגל? ומדוע מעכשיו התקשורת עם משה תהיה עם מסווה בזמנים שמשה לא מעביר את דבר ה׳, ואילו פניו גלויות וקורנות כאשר הוא מעביר לעם את דבר ה׳?

תפקידו של משה באיחוי הקרע בין ה׳ לעם הוא קריטי בסיפור. משה התעקש עם ה׳ שלא יכרית עם העם, ולאחר ששכנע את ה׳ בכך, הוא ממשיך להתעקש שה׳ יהיה בקרב העם, עד שה׳ משתכנע בכך. השינוי ביחס ה׳ לעם הוא בזכות הקשר המיוחד של ה׳ עם משה, משום שמשה מצא חן בעיני ה׳. בסיפור זה הקשר בין משה לה׳ מתהדק, ומשה הופך להיות עוד יותר קרוב לה׳, ובזכות זאת ה׳ מקבל את בקשת משה להיות בקרב העם. ההבטחה לאבות הייתה הסיבה שה׳ קיבל את טענת משה שלא להכרית ישראל. אך במהלך הסיפור מתברר שבזכות קרבת משה לה׳ בא השינוי בדעת ה׳ שהוא ילך בקרב העם. במסגרת זו, משה ידע עוד יותר את ה׳, ממה שראה כשעמד על הצור וממה ששמע את ה׳ מדבר עימו את מידותיו. משה הפך לאיש אלוהים ברמה גבוהה יותר. נוצרה בו הילה אלוהית שבן אנוש רגיל אינו מסוגל לראות בנוחות. עם התקרבות משה אל האלוהים, באופן רגיל אי אפשר להביט בפני משה, מכיוון שהיה זה כמו להביט בפני שכינה. לכן העם ראה את משה רק במסווה, אלא אם העביר לעם את דברי ה׳. קרינת פני משה נוטעת בעם את התחושה ששכינה מדברת עימו.

סיפור המסווה מתחיל ברדת משה מההר בפעם השנייה, והוא מופיע בעקבות סיפור העגל שאותו ראה משה ברדתו בפעם הראשונה. כך שאפשר לומר שסיפור המסווה הוא במידה מסוימת כנגד העגל, ופתרון לבעיה שגרמה לחטא העגל. בסיפור העגל ביקשו העם לראות את ה׳ באופן חזותי, מוחשי, כאשר משה בושש לרדת ממהר. הפסל שבו בחרו העם לממש את ה׳ הוא איסור חמור, וסיפור קרינת אור פני משה הוא פתרון לעניין זה. עתה באמצעות משה הם ראו אדם שפניו קרנו בגלל המפגש שלו עם אלוהים. וכך הייתה להם תחושה שה׳ נמצא בקרבם.[107] קרינת פני משה אפשרה את המשך הקשר בין ה׳ לעם.

בניית המשכן וכליו, ל"ה-ל"ט

מבנה ל"ה-מ'

סיפור חטא העגל נמצא בין צו ה' למשה לבנות את המשכן (כ"ה-ל"א) ובין הצו שמשה מעביר לעם וביצוע בניית המשכן (ל"ה-מ'). כאמור, חטא העגל ערער את הברית בין ה' לעם, ולפיכך בוטלה התוכנית שייבנה משכן ושה' ילך בקרב ישראל. לאחר שמשה פעל לשכנע את ה' לשוב ולחדש איברית, ומשה ירד עם הלוחות השניים, גם התוכנית לבניית המשכן מתחדשת. מכאן עד סופו של הספר מתואר הביצוע של בניית המשכן, הכלים ובגדי הכהונה (ל"ה-מ') כפי שציווה ה' לפני סיפור חטא העגל (כ"ה-ל"א).

לאחר שמשה מקהיל את העם לשמוע את ציוויי ה' (ל"ה, א), פרקים אלה נחלקים לשישה חלקים עיקריים:

א. מצוות השבת – ל"ה, ב-ג.

ב. תרומה למלאכת המשכן ומינוי האחראים על מלאכה זו – ל"ה, ד – ל"ו, ז.

1. ציווי משה לעם לתרום למלאכת המשכן – ד-כ.
2. תרומות העם – כא-כט.
3. מינוי בצלאל ואהליאב לאחראים על הבנייה וכניסתם לתפקידם – ל"ה, ל – ל"ו, ג.
4. המשך תיאור התרומות והפסקת התרומות על ידי בצלאל ואהליאב – ל"ו, ג-ז.

ג. בניית המשכן וכליו ועשיית בגדי הכוהנים – ל"ו, ח – ל"ט, לא.

1. בניית המשכן וכליו – ל"ו, ח – ל"ח, כ.
   - א) יריעות המשכן – ל"ו, ח-יט.
   - ב) קרשי המשכן – ל"ו, כ-לח.
   - ג) הארון – ל"ז, א-ט.
   - ד) השולחן – ל"ז, י-טז.
   - ה) המנורה – ל"ז, יז-כד.
   - ו) מזבח הקטורת, שמן המשחה וקטורת הסמים – ל"ז, כה-כט.
   - ז) מזבח העולה – ל"ח, א-ז.
   - ח) הכיור – ל"ח, ח.
   - ט) החצר – ל"ח, ט-כ.
2. התרומה שנאספה על ידי העם – ל"ח, כא – ל"ט, א.
3. בגדי הכוהנים – ל"ט, ב-לא.

א) האפוד ואבני השוהם – ל"ט, ב-ז.
ב) החושן – ל"ט, ח-כא.
ג) המעיל – ל"ט, כב-כו.
ד) כותנות, מצנפת ומגבעות, ואבנטים לאהרן ולבניו – ל"ט, כז-כט.
ה) הציץ – ל"ט, ל-לא.

4. חתימה: ישראל סיימו את כל מלאכת המשכן, כפי שציווה ה' – ל"ט, לב.

ד. הבאת המשכן, כל כליו והבגדים לפני משה – ל"ט, לג-מג.
ה. העמדת המשכן – מ', א-לג.

1. ציווי ה' להעמיד את המשכן וכליו, כל אחד במקומו, למשוח אותם ולהלביש את הכוהנים – מ', א-טו.
2. פירוט הביצוע של משה את צו ה' – מ', טז-לג.

ו. התגלות ה' במשכן – מ', לד-לח.

לאחר מצוות השבת, משה מצווה את העם לתרום לבניית המשכן, ובכלל זה מסופר על מינוי בצלאל ואהליאב לעיני העם (ל"ה, ד – ל"ו, ז). החלק הבא עוסק בבניית המשכן וכליו (ל"ו, ח – ל"ט, לב), כביצוע של מה שציווה ה' את משה בהר. בחלקים הבאים, קודם הביאו למשה את כל מה שנבנה ונעשה כדי שיאשר שהכול נעשה כפי שציווה ה' (ל"ט, לג-מג). אז מצווה ה' את משה להקים את המשכן (מ', א-טו). תיאור ההקמה מפורט, כל כלי הושם במקומו, ומשה החל את השימוש בכלים והלביש את אהרן ואת בניו (מ, טז-לג). כשהכול עמד במקום, מגיע השיא של פרשת המשכן ושל הספר כולו: התגלות ה' בענן בתוך המשכן (מ', לד-לח).

טעם הכפילות של צו בניית המשכן וביצועו וההבדלים ביניהם

התיאור המפורט של בניית המשכן, הכלים ובגדי הכוהנים חוזר על התיאור המפורט של הצו של ה' לבנות אותם, מה שיוצר אריכות גדולה מאוד. מדוע התורה פירטה את הכול פעמיים, ולא הסתפקה באמירה כללית כגון "וַיַּעֲשׂוּ אֵת כָּל אֲשֶׁר צִוָּה ה'"?

אפשרות אחת שהציע רלב"ג היא שהחזרה היא מאפיין טיפוסי של הסגנון המקראי ומתאים לתקופה שהתורה נכתבה.[1] הסבר זה אינו משכנע, שכן אף שיש פרשות שהחזרה אופיינית להן (כגון פרשת הנשיאים, במדבר ז'), במקרים רבים התורה מקצרת ואף משמיטה פרטים בעלילה בלי נטייה לפירוט. נביא דוגמה מספר שמות בהקשר דומה. ה' אומר למשה את כל המשפטים בהר סיני, ומשה משמיע אותם לעם ברדתו מההר (כ"ד, ג), אך המשפטים אינם מפורטים שוב מפי משה לעם. רמב"ן הסביר שכפילות התיאור נובעת מחשיבות המשכן ומחיבתו.[2] בניית המשכן היא אכן שיא שבו ממומשת הברית בין ה' לישראל, וה' שוכן בתוך ישראל. אברבנאל הסביר שהתכלית של החזרה היא להראות שמלאכת הביצוע נעשתה באופן מדויק לפי מה שה' ציווה.[3] אין מקום לשינוי או ליצירתיות, אף אם המטרה לכבד את ה'. המשכן חייב להיות אופן מדויק לפרטי פרטים כפי שה' ציווה.

נראה שלכפילות זו הסבר עמוק יותר. כדי להבין זאת, צריך לא רק לדון בעצם החזרה, אלא בהבדלים שבין הצו של ה׳ למשה לתיאור הביצוע. רוב הפרטים בתיאור הביצוע זהים למה שמתואר בציווי, למעט הבדלים קטנים שעליהם נעמוד להלן. ההבדל העקרוני הוא שסדר הביצוע של בניית המשכן וכליו שונה מצו ה׳. בצו ה׳ למשה, הוא ציווה קודם על הארון, השולחן, המנורה, ורק אחר כך על יריעות המשכן וקרשי המשכן. לעומת זאת, בתיאור הביצוע, תחילה עשו את היריעות של המשכן ואת קרשיו, ורק אחר כך את הכלים: הארון, השולחן, המנורה ומזבח הקטורת. הדעה המקובלת היא שהסדר בצו ה׳ למשה משקף את סדר החשיבות, הארון שהיה בקודש הקודשים, אחר כך שאר הכלים שהיו בקודש, ולבסוף המבנה של המשכן. אך סדר הבנייה משקף סדר מעשי, קודם המבנה ואחר כך הכלים שיוכנסו למבנה.[4] אבל הסבר זה אינו משכנע מספיק, שכן כאשר בנו את הכלים, עדיין לא שמו את הכלים במשכן, אלא רק לאחר שהראו הכול למשה.[5] יתר על כן, אם זה היה נכון, היה צריך להתחיל בבניית החצר, שזו הרחבה שהכילה את המשכן.

נראה ששני הסדרים השונים של בניית המשכן וכליו משקפים שתי נקודות תצפית שונות על המשכן: הצו של ה׳ משקף את נקודת התצפית של נוכחות ה׳ בקרב ישראל, ואילו מלאכת הביצוע משקפת את נקודת מבטו של העם. לכן בציווי ה׳ הסדר הוא לפי סדר החשיבות: ראשית הארון שמכיל את העדות לברית בין ה׳ לישראל והכרובים שדרכם ה׳ מדבר עם ישראל באמצעות משה, ואחר כך לפי סדר החשיבות – הכלים, המשכן והחצר. לעומת זאת, מבחינת העם, העיקר הוא שה׳ הולך בתוכם. מה שהם רואים בעיניהם הוא המשכן, ולא הכלים שבתוכו. אכן בסוף בניית המשכן, העם יראה את הענן, שהוא ייצוג של ה׳, שורה על המשכן ״כִּי עֲנַן ה׳ עַל הַמִּשְׁכָּן יוֹמָם וְאֵשׁ תִּהְיֶה לַיְלָה בּוֹ לְעֵינֵי כָל בֵּית יִשְׂרָאֵל בְּכָל מַסְעֵיהֶם״ (מ׳, לח). העם יודע על הכלים, ובוודאי יודע על חשיבות הארון והכרובים, אבל זה לא נחזה בעיניהם. המשכן הוא מה שהם רואים, והוא המחזה של שכינת ה׳ בתוכם, ואת זה הם רואים במבנה המשכן.

נוסיף על הסבר זה עוד נדבך: צו ה׳ מדגיש את הצורך שהבית ייבנה לפי תוכנית מדויקת. אך לעומת זאת, תיאור הבנייה בפועל מדגיש שנוכחות ה׳ בקרב ישראל תלויה בבנייה של ישראל את המשכן. כלומר יש חשיבות לתרומה של כל העם לטובת בניית המשכן. לכן גם יש צורך בדגש כפול: הן ההוראות מהו המשכן שה׳ רוצה לשכון בו, הן פירוט הבנייה של המשכן על ידי העם, מכיוון שבבנייה הזו הם מכינים לה׳ את מקום מושבו בקרבם. רק לאחר שהם יבנו, במומחיות, בדיוק ובנדיבות, ה׳ ישכון בקרב ישראל. אכן שני היבטים באים לידי ביטוי בסוף הבנייה. מצד אחד מודגשת הבנייה של בני ישראל (ל״ט, לב), ומצד אחר מודגש שמשה בדק שאכן הכול נעשה לפי צו ה׳ (ל״ט, מג). אחרי שהמשכן נבנה לפי הוראות ה׳, ובעשייה של העם, אפשר להקים את המשכן וה׳ ישכון בתוכו (מ׳).

השבת, התרומה ועושי המלאכה, ל״ה, א - ל״ו, ז

א וַיַּקְהֵל מֹשֶׁה אֶת־כָּל־עֲדַת בְּנֵי יִשְׂרָאֵל וַיֹּאמֶר אֲלֵהֶם אֵלֶּה הַדְּבָרִים אֲשֶׁר־צִוָּה יהוה לַעֲשֹׂת
אֹתָם.

ב שֵׁשֶׁת יָמִים תֵּעָשֶׂה מְלָאכָה וּבַיּוֹם הַשְּׁבִיעִי יִהְיֶה לָכֶם קֹדֶשׁ שַׁבַּת שַׁבָּתוֹן לַיהוה כָּל־הָעֹשֶׂה
ג בוֹ מְלָאכָה יוּמָת. לֹא־תְבַעֲרוּ אֵשׁ בְּכֹל מֹשְׁבֹתֵיכֶם בְּיוֹם הַשַּׁבָּת.

ד ה וַיֹּאמֶר מֹשֶׁה אֶל־כָּל־עֲדַת בְּנֵי־יִשְׂרָאֵל לֵאמֹר זֶה הַדָּבָר אֲשֶׁר־צִוָּה יהוה לֵאמֹר. קְחוּ מֵאִתְּכֶם
ו תְּרוּמָה לַיהוה כֹּל נְדִיב לִבּוֹ יְבִיאֶהָ אֵת תְּרוּמַת יהוה זָהָב וָכֶסֶף וּנְחֹשֶׁת. וּתְכֵלֶת וְאַרְגָּמָן
ז ח וְתוֹלַעַת שָׁנִי וְשֵׁשׁ וְעִזִּים. וְעֹרֹת אֵילִם מְאָדָּמִים וְעֹרֹת תְּחָשִׁים וַעֲצֵי שִׁטִּים. וְשֶׁמֶן לַמָּאוֹר
ט י וּבְשָׂמִים לְשֶׁמֶן הַמִּשְׁחָה וְלִקְטֹרֶת הַסַּמִּים. וְאַבְנֵי־שֹׁהַם וְאַבְנֵי מִלֻּאִים לָאֵפוֹד וְלַחֹשֶׁן. וְכָל־
יא חֲכַם־לֵב בָּכֶם יָבֹאוּ וְיַעֲשׂוּ אֵת כָּל־אֲשֶׁר צִוָּה יהוה. אֶת־הַמִּשְׁכָּן אֶת־אָהֳלוֹ וְאֶת־מִכְסֵהוּ אֶת־
יב קְרָסָיו וְאֶת־קְרָשָׁיו אֶת־בְּרִיחָו אֶת־עַמֻּדָיו וְאֶת־אֲדָנָיו. אֶת־הָאָרֹן וְאֶת־בַּדָּיו אֶת־הַכַּפֹּרֶת וְאֵת
יג יד פָּרֹכֶת הַמָּסָךְ. אֶת־הַשֻּׁלְחָן וְאֶת־בַּדָּיו וְאֶת־כָּל־כֵּלָיו וְאֵת לֶחֶם הַפָּנִים. וְאֶת־מְנֹרַת הַמָּאוֹר
טו וְאֶת־כֵּלֶיהָ וְאֶת־נֵרֹתֶיהָ וְאֵת שֶׁמֶן הַמָּאוֹר. וְאֶת־מִזְבַּח הַקְּטֹרֶת וְאֶת־בַּדָּיו וְאֵת שֶׁמֶן הַמִּשְׁחָה
טז וְאֵת קְטֹרֶת הַסַּמִּים וְאֶת־מָסַךְ הַפֶּתַח לְפֶתַח הַמִּשְׁכָּן. אֵת ׀ מִזְבַּח הָעֹלָה וְאֶת־מִכְבַּר הַנְּחֹשֶׁת
יז אֲשֶׁר־לוֹ אֶת־בַּדָּיו וְאֶת־כָּל־כֵּלָיו אֶת־הַכִּיֹּר וְאֶת־כַּנּוֹ. אֵת קַלְעֵי הֶחָצֵר אֶת־עַמֻּדָיו וְאֶת־אֲדָנֶיהָ
יח יט וְאֵת מָסַךְ שַׁעַר הֶחָצֵר. אֶת־יִתְדֹת הַמִּשְׁכָּן וְאֶת־יִתְדֹת הֶחָצֵר וְאֶת־מֵיתְרֵיהֶם. אֶת־בִּגְדֵי הַשְּׂרָד
לְשָׁרֵת בַּקֹּדֶשׁ אֶת־בִּגְדֵי הַקֹּדֶשׁ לְאַהֲרֹן הַכֹּהֵן וְאֶת־בִּגְדֵי בָנָיו לְכַהֵן.

כ וַיֵּצְאוּ כָּל־עֲדַת בְּנֵי־יִשְׂרָאֵל מִלִּפְנֵי מֹשֶׁה.

כא וַיָּבֹאוּ כָּל־אִישׁ אֲשֶׁר־נְשָׂאוֹ לִבּוֹ וְכֹל אֲשֶׁר נָדְבָה רוּחוֹ אֹתוֹ הֵבִיאוּ אֶת־תְּרוּמַת יהוה לִמְלֶאכֶת
כב אֹהֶל מוֹעֵד וּלְכָל־עֲבֹדָתוֹ וּלְבִגְדֵי הַקֹּדֶשׁ. וַיָּבֹאוּ הָאֲנָשִׁים עַל־הַנָּשִׁים כֹּל ׀ נְדִיב לֵב הֵבִיאוּ חָח
כג וָנֶזֶם וְטַבַּעַת וְכוּמָז כָּל־כְּלִי זָהָב וְכָל־אִישׁ אֲשֶׁר הֵנִיף תְּנוּפַת זָהָב לַיהוה. וְכָל־אִישׁ אֲשֶׁר־נִמְצָא
כד אִתּוֹ תְּכֵלֶת וְאַרְגָּמָן וְתוֹלַעַת שָׁנִי וְשֵׁשׁ וְעִזִּים וְעֹרֹת אֵילִם מְאָדָּמִים וְעֹרֹת תְּחָשִׁים הֵבִיאוּ.
כָּל־מֵרִים תְּרוּמַת כֶּסֶף וּנְחֹשֶׁת הֵבִיאוּ אֵת תְּרוּמַת יהוה וְכֹל אֲשֶׁר נִמְצָא אִתּוֹ עֲצֵי שִׁטִּים
כה לְכָל־מְלֶאכֶת הָעֲבֹדָה הֵבִיאוּ. וְכָל־אִשָּׁה חַכְמַת־לֵב בְּיָדֶיהָ טָווּ וַיָּבִיאוּ מַטְוֶה אֶת־הַתְּכֵלֶת
כו וְאֶת־הָאַרְגָּמָן אֶת־תּוֹלַעַת הַשָּׁנִי וְאֶת־הַשֵּׁשׁ. וְכָל־הַנָּשִׁים אֲשֶׁר נָשָׂא לִבָּן אֹתָנָה בְּחָכְמָה טָווּ
כז כח אֶת־הָעִזִּים. וְהַנְּשִׂאִם הֵבִיאוּ אֵת אַבְנֵי הַשֹּׁהַם וְאֵת אַבְנֵי הַמִּלֻּאִים לָאֵפוֹד וְלַחֹשֶׁן. וְאֶת־הַבֹּשֶׂם
כט וְאֶת־הַשָּׁמֶן לְמָאוֹר וּלְשֶׁמֶן הַמִּשְׁחָה וְלִקְטֹרֶת הַסַּמִּים. כָּל־אִישׁ וְאִשָּׁה אֲשֶׁר נָדַב לִבָּם אֹתָם
לְהָבִיא לְכָל־הַמְּלָאכָה אֲשֶׁר צִוָּה יהוה לַעֲשׂוֹת בְּיַד־מֹשֶׁה הֵבִיאוּ בְנֵי־יִשְׂרָאֵל נְדָבָה לַיהוה.

ל לא וַיֹּאמֶר מֹשֶׁה אֶל־בְּנֵי יִשְׂרָאֵל רְאוּ קָרָא יהוה בְּשֵׁם בְּצַלְאֵל בֶּן־אוּרִי בֶן־חוּר לְמַטֵּה יְהוּדָה.
לב וַיְמַלֵּא אֹתוֹ רוּחַ אֱלֹהִים בְּחָכְמָה בִּתְבוּנָה וּבְדַעַת וּבְכָל־מְלָאכָה. וְלַחְשֹׁב מַחֲשָׁבֹת לַעֲשֹׂת
לג בַּזָּהָב וּבַכֶּסֶף וּבַנְּחֹשֶׁת. וּבַחֲרֹשֶׁת אֶבֶן לְמַלֹּאת וּבַחֲרֹשֶׁת עֵץ לַעֲשׂוֹת בְּכָל־מְלֶאכֶת מַחֲשָׁבֶת.
לד לה וּלְהוֹרֹת נָתַן בְּלִבּוֹ הוּא וְאָהֳלִיאָב בֶּן־אֲחִיסָמָךְ לְמַטֵּה־דָן. מִלֵּא אֹתָם חָכְמַת־לֵב לַעֲשׂוֹת כָּל־
מְלֶאכֶת חָרָשׁ ׀ וְחֹשֵׁב וְרֹקֵם בַּתְּכֵלֶת וּבָאַרְגָּמָן בְּתוֹלַעַת הַשָּׁנִי וּבַשֵּׁשׁ וְאֹרֵג עֹשֵׂי כָּל־מְלָאכָה
לו א וְחֹשְׁבֵי מַחֲשָׁבֹת. וְעָשָׂה בְצַלְאֵל וְאָהֳלִיאָב וְכֹל ׀ אִישׁ חֲכַם־לֵב אֲשֶׁר נָתַן יהוה חָכְמָה וּתְבוּנָה
בָּהֵמָּה לָדַעַת לַעֲשֹׂת אֶת־כָּל־מְלֶאכֶת עֲבֹדַת הַקֹּדֶשׁ לְכֹל אֲשֶׁר־צִוָּה יהוה.

ב וַיִּקְרָא מֹשֶׁה אֶל־בְּצַלְאֵל וְאֶל־אָהֳלִיאָב וְאֶל כָּל־אִישׁ חֲכַם־לֵב אֲשֶׁר נָתַן יהוה חָכְמָה בְּלִבּוֹ
ג כֹּל אֲשֶׁר נְשָׂאוֹ לִבּוֹ לְקָרְבָה אֶל־הַמְּלָאכָה לַעֲשֹׂת אֹתָהּ. וַיִּקְחוּ מִלִּפְנֵי מֹשֶׁה אֵת כָּל־הַתְּרוּמָה
אֲשֶׁר הֵבִיאוּ בְּנֵי יִשְׂרָאֵל לִמְלֶאכֶת עֲבֹדַת הַקֹּדֶשׁ לַעֲשֹׂת אֹתָהּ וְהֵם הֵבִיאוּ אֵלָיו עוֹד נְדָבָה
ד בַּבֹּקֶר בַּבֹּקֶר. וַיָּבֹאוּ כָּל־הַחֲכָמִים הָעֹשִׂים אֵת כָּל־מְלֶאכֶת הַקֹּדֶשׁ אִישׁ אִישׁ מִמְּלַאכְתּוֹ אֲשֶׁר־
ה הֵמָּה עֹשִׂים. וַיֹּאמְרוּ אֶל־מֹשֶׁה לֵּאמֹר מַרְבִּים הָעָם לְהָבִיא מִדֵּי הָעֲבֹדָה לַמְּלָאכָה אֲשֶׁר־צִוָּה
ו יהוה לַעֲשֹׂת אֹתָהּ. וַיְצַו מֹשֶׁה וַיַּעֲבִירוּ קוֹל בַּמַּחֲנֶה לֵאמֹר אִישׁ וְאִשָּׁה אַל־יַעֲשׂוּ־עוֹד מְלָאכָה
ז לִתְרוּמַת הַקֹּדֶשׁ וַיִּכָּלֵא הָעָם מֵהָבִיא. וְהַמְּלָאכָה הָיְתָה דַיָּם לְכָל־הַמְּלָאכָה לַעֲשׂוֹת אֹתָהּ
וְהוֹתֵר.

לכידות ומבנה

אף שקטע זה כולל שלושה עניינים שונים, הם קשורים ליחידה אחת. הנושא הראשון הוא נושא השבת (ל״ה, ב-ג); הנושא השני הוא צו ה׳ להביא תרומות לעשיית המשכן, הכלים ובגדי כוהן, וביצוע הצו (ל״ה, ד-כט; ל״ו, ג-ז); הנושא השלישי הוא הצגת בצלאל ואהליאב בפני העם וניהול התרומות (ל״ה, ל – ל״ו, ב).

הנושא השני והשלישי כרוכים זה בזה בתוך סיפור העלילה, והם בעצם נושא אחד: תרומת חומרי גלם והתנדבות לעבוד בבניית המשכן. משה ציווה את העם על הבאת תרומות ועל התנדבות של עובדים לבניית המשכן (ל״ד, ד-יט), והעם הביא את התרומות (ל״ה, כא-כט). לאחר מכן הציג משה את בצלאל ואת אהליאב לעם (ל״ה, ל-לה) ונתן להם את כל התרומות כדי לעשות את המלאכה (ל״ו, ב-ג). העם המשיך להביא עוד תרומות עד שבאו החכמים האומנים ואמרו למשה שיש יותר מדי תרומות, ומשה העביר קול במחנה להפסיק לתרום (ל״ו, ד-ז). בתיאור הכתובים מובלט החלק של העם והאומנים בבניית המשכן.

נושא השבת נקשר ברצף העלילתי: משה מקהיל את העם ומורה להם שני ציוויים ברצף: לשמור את השבת (ל״ה, ב-ג) ולתרום לעבודת הקודש (ל״ה, ד-יט).

שלושת הנושאים האלה קשורים בקשר הדוק באמצעות מילות מפתח. בשלושת הנושאים מצויות מילות המפתח: מלאכה (18), עשה (18) וקודש (8).* מפתיע מאוד לראות שמילים אלו מופיעות גם בעניין השבת וגם בנושא המשכן, מה שמלמד על זיקה עמוקה בין הנושאים. שניהם קודש, במשכן יש לעשות מלאכה ובשבת אסור לעשות מלאכה, ועל כך נעמוד להלן. מילות מפתח נוספות פרוסות בעניין מלאכת אוהל מועד, מלבד שלוש המילים שציינו: הביאו/ויבואו, תרומה, לב, עבודה, ציווה, חכם/חכמה.

נחלק את הקטע לשלושה חלקים:

צו משה את בני ישראל לשמור שבת, לתרום למשכן ולהתנדב לעבודתו – ל״ה, א-כ,
ביצוע העם – ל״ה, כא – ל״ו, ב,
הפסקת התרומות – ל״ו, ג-ז.

* מלאכה: ל״ה, ב*2, כא, כד, כט, לא, לג, לה*2; ל״ו, א, ב, ג, ד, ה*2, ו, ז*2). עשה: ל״ה, א, ב*2, י, כט, לב, לג, לה*2; ל״ו, א*2, ב, ג, ד*2, ה, ו, ז. קודש: ל״ה, ב, יט*2, כא; ל״ו, א, ג, ד, ו.

צו משה את בני ישראל לשמור שבת, לתרום למשכן ולהתנדב לעבודתו - ל"ה, א-כ

פתיחה וסיום, א, כ

משה מקהיל את העם (ל"ה, א), המכונים כאן "כָּל עֲדַת בְּנֵי יִשְׂרָאֵל", כדי להורות להם שני ציוויים של ה' בעניין השבת ובעניין התרומות לבניית המשכן. בסיום שני הציוויים, יוצא העם מעם משה.[6] הקטע פותח וסוגר בתיאור הכינוס אל משה והפיזור של העם מאיתו במילים דומות:

(א) **וַיַּקְהֵל מֹשֶׁה אֶת כָּל עֲדַת בְּנֵי יִשְׂרָאֵל,**
(כ) **וַיֵּצְאוּ כָּל עֲדַת בְּנֵי יִשְׂרָאֵל מִלִּפְנֵי מֹשֶׁה.**

פסוק א הוא פתיחה לשני הנושאים – מצוות השבת: ל"ה, ב-ג; ומצוות התרומה: ל"ה, ד-יט.

משה מקהיל את כל עדת ישראל בעיקר כדי להשמיע להם את אשר ציווה ה' בעניין בניית המשכן בפרקים כ"ה-ל"א. בניית המשכן היא מטלה שכל העם קשור בה. השימוש בפועל הלא שכיח "וַיַּקְהֵל", עומד כנגד ההתקהלות של העם לחטוא בחטא העגל: "וַיִּקָּהֵל הָעָם עַל אַהֲרֹן..." (ל"ב, א). ההתקהלות השלילית של העם לעשות את העגל ("עֲשֵׂה לָנוּ אֱלֹהִים") עומדת כנגד ההתקהלות החיובית של העם לעשות את המשכן ("יָבֹאוּ וְיַעֲשׂוּ אֵת כָּל אֲשֶׁר צִוָּה ה'...", י).

משה אומר "אֵלֶּה הַדְּבָרִים", ובכך הוא מתכוון לכל מה שיגיד מכאן ואילך בעניין השבת וכן בציווי בעניין המשכן, הפותח בדומה לכך: "זֶה הַדָּבָר" (ד). אין הכוונה לעניין השבת בלבד, שכן הוא אומר "דְּבָרִים" ברבים.[7]

שבת, ל"ה, ב-ג

דברי משה עִם העָם מתחילים בעניין השבת, שבה סיים ה' את דבריו למשה כשהורה לו על בניית המשכן (ל"א, יב-יז). האזהרה שלא לעשות מלאכה בשבת באה בראש דברי משה בגלל הצד היישומי של דבריו, להורות שאסור לבנות את המשכן בשבת לפני שיתחילו בבנייה.[8]

מפורש כאן רק האיסור לבער אש בכל מושבות העם (ג). אם המטרה של אזכור השבת הייתה רק כדי להגביל את עשיית המשכן בימי החול בלבד, לא מובן מדוע התורה מציינת דווקא את האיסור של הדלקת אש, ובייחוד את האיסור במקומות היישוב של העם. נכון היה יותר לציין דוגמה ממלאכה שקשורה לבניית המשכן, ולא הבערת אש, שהייתה מלאכה זניחה יחסית במלאכת המשכן. יתר על כן, אם אזכור השבת הוא כדי להגביל את בניית המשכן לימי החול, לא מובן מדוע התורה הביאה דוגמה של מלאכה וציינה בפירוש שהאיסור הוא "בְּכֹל מֹשְׁבֹתֵיכֶם".

נראה שיש טעם אחר לאזכור השבת בהקשר של מלאכת המשכן, כפי שכבר פירשנו במצוות השבת שבאה בסוף צו ה׳ לבנות את המשכן (ל״א, יב-יז). שם ראינו שהשבת מוזכרת כדי לקבוע שכשם שה׳ מקדש את המשכן ואת הכוהנים, ישראל מתקדשים בשמירת השבת. לעיל ראינו ששמירת השבת מבטאת אמונה שה׳ הוא הבורא, שברא את העולם בשישה ימים ונח בשביעי, והשבת היא קודש לה׳ ("קֹדֶשׁ שַׁבַּת שַׁבָּתוֹן לַה׳"). לעומת זאת, שמירת השבת היא גם משום שה׳ קידש את העם, ובשמירת השבת הם קדושים ("כִּי אֲנִי ה׳ מְקַדִּשְׁכֶם"; כִּי קֹדֶשׁ הִוא לָכֶם", ל״א, יג, יד). השבת אפוא פועלת כמקבילה של המשכן. ה׳ מקדש את המשכן ואת הכוהנים, ובמקביל ה׳ מקדש את ישראל באמצעות שמירת השבת. כאן שולבו שני הטעמים האלה בקצרה: "וּבַיּוֹם הַשְּׁבִיעִי יִהְיֶה לָכֶם קֹדֶשׁ // שַׁבַּת שַׁבָּתוֹן לַה׳".

אם כן, הפתיחה של מלאכת המשכן במצוות השבת היא משום ששתי מצוות אלה דומות במטרתן: לקדש את ישראל. ישראל מתקדשים באמצעות שכינת ה׳ במשכן, והם מתקדשים גם בשמירת השבת. הקישור המהותי בין שתי המצוות בא לידי ביטוי בשימוש במילה 'קֹדֶשׁ' על בגדי הכוהנים (ל״ה, יט, כא), ועל המשכן כמקום קדוש (ל״ה, יט), וגם בניית המשכן היא עבודה של קודש וכן התרומות לשם כך (ל״ו, א, ג, ד, ו). ובמקביל לכך, השבת היא קדושה (ל״ה, ב). בניית המשכן נקראת מלאכה, ובשבת נאסרה מלאכה. ישראל והחכמים **עשו** את המשכן (למשל: ל״ה, לב, לג), והם מצטווים להימנע מעשיית מלאכה בשבת (ל״ה, ג). הקישור בין השבת למשכן הוא גם בשימוש במילה "עבודה" על המשכן ועל השבת (למשל: ל״ה, כא; ל״ד, כא), ועל הפסקת התרומות נאמר: "וַיִּכָּלֵא הָעָם מֵהָבִיא" (ל״ו, ו), כפי שעל השבת נאמר: "וַיְכֻלּוּ הַשָּׁמַיִם וְהָאָרֶץ" (בראשית ב׳, א, ב), אף שמילים אלה לא הוזכרו בפרשייה כאן.

לאור ההבנה של מטרת אזכור השבת במסגרת עבודת המשכן, גם חיוב שמירת השבת "בְּכֹל מֹשְׁבֹתֵיכֶם" הוא בהקשר של שמירת שבת משום קדושת ישראל, במקביל לקדושה במשכן.

למה מדובר כאן דווקא על איסור הבערת אש? יש שפירושו שאיסור הבערה נאמר כאן כדי להדגיש שאף שבימים טובים הותר לבשל (שמות י״ב, טז), בשבת הדבר נאסר (רשב״ם; ראב״ע בקצר ובארוך; רמב״ן). ויש שטענו שהבערה אינה נראית כמלאכה אלא כקלקול (ספורנו), לכן דווקא היא מפורשת (ריב״ש; חזקוני).[9] הסברים אלה רחוקים מפשוטו של מקרא. חסרונם העיקרי שהם אינם קושרים בין מצוות השבת לבניית המשכן. אם נרצה לפרש זאת בהקשר של המשכן, היה אפשר לומר שהאיסור הספציפי על הבערת האש קשור לשימוש באש בעת העבודה עם מתכות.[10] אבל עדיין לא מובן מדוע דווקא עניין זה הוזכר, והרי יש מלאכות רבות שבהן עשו את המשכן והכלים. כמו כן, האיסור של הבערת אש "בְּכֹל מֹשְׁבֹתֵיכֶם" מורה שאין מדובר באש של עושי המלאכה דווקא. יעקב פירש שאיסור זה של יצירת אש הוא כנגד הבריאה הראשונה של ה׳ את האור.[11]

יש להבין את אזכור איסור הבערה מתוך הזיקה בין השבת לבניית המשכן. השבת באה כאן כדי לקבוע שישראל מתקדשים בשמירת השבת, בהקבלה לקדושת המשכן והכוהנים. העם מתקדשים באמצעות המשכן, ואף מתקדשים במקומות מגוריהם בהימנעות מהבערת אש.

במשכן הבעירו אש בהקרבת הקורבנות ובהדלקת המנורה, ובכלל זה בשבת, התורה כאן קובעת שישראל קדושים בשמירת השבת, אך להם, שלא כבמשכן, אסור להבעיר אש במושבותיכם. הדגש על הבערת אש "בְּכֹל מֹשְׁבֹתֵיכֶם" הוא משום שנושא האש במשכן מצוי ברקע האיסור.[12]

צו משה לתרום למשכן ולהתנדב לבנייתו, ל"ה, ד-יט

לאחר מצוות השבת, משה מתחיל בדיבור חדש בעניין בניית המשכן. צו משה בעניין המשכן נחלק לשני חלקים:

תרומת חומרים למשכן – ד-ט.

מתנדבים בעלי מקצוע לעבודת המשכן – י-יט.

שתי הבקשות של משה מהעם טבועות בחותם דומה – תרומת החומרים: "כֹּל נְדִיב **לִבּוֹ יְבִיאֶהָ** אֵת תְּרוּמַת **ה'**" (ה); והתנדבות בעלי המלאכה לעבוד במלאכת המשכן: "וְכָל חֲכַם **לֵב** בָּכֶם **יָבֹאוּ** וְיַעֲשׂוּ אֵת כָּל אֲשֶׁר צִוָּה **ה'**" (י). התורמים הם נדיבי לב, והבונים המשתמשים בתרומות האלה לעשיית המשכן הם חכמי לב.

בתחילה משה מבקש מהעם להביא תרומות לעבודות המשכן (ה1). אחר כך הוא מפרט את חומרי הגלם הנצרכים: מתכות, עצים, בדים, שמן ובשמים (ה2-ט). פעמיים מדגיש משה שהתרומה היא "תְּרוּמָה לַה'". הוא פונה לרוח הנדיבות של העם: "כֹּל נְדִיב לִבּוֹ יְבִיאֶהָ". דברי משה מנוסחים באופן זהה למה שציווה ה' אותו על ההר (כ"ה, ב-ז).

משה ממשיך ומבקש מבעלי המלאכה, חכמי הלב, שיבואו לבנות את המשכן כפי שציווה ה' (י). כמו תרומת החומרים, גם בעלי המלאכה נקראים לבוא ולהתנדב, שלא כבצלאל ואהליאב שאותם מינה ה'. אחר כך משה מפרט את המשכן, הכלים ואת בגדי הכוהנים שעליהם לעשות (יא-יט). רשימה זו לקוחה ממה שאמר ה' למשה בל"א, ו-יא, בהקשר של מינוי בצלאל ואהליאב, אך בפירוט גדול יותר.

ברשימה זו משה מציין את המשכן עצמו קודם לכלים, כמו גם בצו ה' למשה בל"א, ז-יא. סדר זה משתקף בבנייה עצמה להלן, ונוגד את הסדר של דברי ה' למשה בפרקים כ"ה-ל"א, שם הכלים קדמו למשכן. על כך ראו הסברינו לעיל עמ' 523.

ביצוע העם את צו משה - ל"ה, כא – ל"ו, ב

הבאת התרומה, ל"ה, כא-כט

ישראל יוצאים מלפני משה (כ) כדי לבצע את מה שציווה אותם (כא-כט). העם מביא בנדיבות את התרומות המבוקשות. נדיבות הלב של התורמים מודגשת באמירה כפולה, המביעה התפעלות מנדיבות התורמים: "כָּל אִישׁ אֲשֶׁר נְשָׂאוֹ לִבּוֹ // וְכֹל אֲשֶׁר נָדְבָה רוּחוֹ" (כא). מודגש שהמטרה של הבאת התרומה היא למען ה', ובאופן ספציפי למלאכת המשכן: "הֵבִיאוּ אֶת תְּרוּמַת ה' לִמְלֶאכֶת אֹהֶל מוֹעֵד וּלְכָל עֲבֹדָתוֹ וּלְבִגְדֵי הַקֹּדֶשׁ" (כא).

יש חזרה נוספת על נדיבות הלב, והפעם מתוך הבחנה בין גברים לנשים שתרמו אף הן: "וַיָּבֹאוּ הָאֲנָשִׁים עַל הַנָּשִׁים כֹּל נְדִיב לֵב..." (כב). אפשר להבין את המילה "עַל" במשמעות של אחרי, היינו הנשים יזמו, והגברים באו אחריהן, ואפשר להבין ש"עַל" הכוונה הגברים עם הנשים.[13] כך או כך, אולי יש להסביר כי הכתוב מראה שכמו שגברים ונשים תרמו לעשיית עגל, כנגד זאת גברים וגם נשים באו לתרום לעבודת המשכן.[14] החזרה בפסוקים אלה (כא-כט) תשע פעמים על המילה "הֵבִיאוּ/לְהָבִיא" מדגישה שוב את התרומה הנדיבה של העם. דגש על המוטיבציה לתרום אפשר ללמוד מהשימוש פעמיים במילה "וַיָּבֹאוּ". היקף הנדיבות היה גדול, בדגש נפרד על הנשים שטוו את הבדים: "וְכָל אִשָּׁה חַכְמַת לֵב בְּיָדֶיהָ טָווּ... וְכָל הַנָּשִׁים אֲשֶׁר נָשָׂא לִבָּן אֹתָנָה בְּחָכְמָה טָווּ" (כה-כו). מפורט אפוא שהנשים השתתפו גם בתרומה וגם בעבודה. הנשיאים הביאו אבנים יקרות, בושם, שמן למאור ולשמן המשחה (כח). הקטע מסתיים בחזרה כללית על הבאת התרומה, שוב מתוך ציון נפרד: "אִישׁ וְאִשָּׁה", וכן הדגשה כפולה על נדיבות הלב: "אִישׁ וְאִשָּׁה אֲשֶׁר נָדַב לִבָּם"; "הֵבִיאוּ בְנֵי יִשְׂרָאֵל נְדָבָה לַה'" (כט). התלהבות העם בהבאת התרומות היא משום שהם תורמים לה', לשם המלאכה אשר ציווה ה' – היא מלאכת המשכן.

הבלטת נדיבות הלב בהבאת התרומות נעשית גם באמצעות הפתיחה והסגירה של הקטע במילים דומות:

(ל"ה, כא) וַיָּבֹאוּ כָּל **אִישׁ** אֲשֶׁר **נְשָׂאוֹ לִבּוֹ** וְכֹל אֲשֶׁר **נָדְבָה** רוּחוֹ אֹתוֹ **הֵבִיאוּ** אֶת תְּרוּמַת ה' **לִמְלֶאכֶת** אֹהֶל מוֹעֵד וּלְכָל עֲבֹדָתוֹ וּלְבִגְדֵי הַקֹּדֶשׁ.

(ל"ה, כט) כָּל **אִישׁ** וְאִשָּׁה אֲשֶׁר **נָדַב לִבָּם** אֹתָם **לְהָבִיא** לְכָל **הַמְּלָאכָה** אֲשֶׁר צִוָּה ה' לַעֲשׂוֹת בְּיַד מֹשֶׁה הֵבִיאוּ בְנֵי יִשְׂרָאֵל **נְדָבָה** לַה'.

הבהרנו לעיל שהתרומה של העם לבניין המשכן היא חלקם בברית, ובכך הם מביעים את רצונם ואת פועלם למען ישכון ה' בקרבם.

הצגת בצלאל ואהליאב והתנדבות החכמים בעלי המלאכה, ל"ה, ל – ל"ו, ב

כפי שראינו לעיל, משה ציווה על שתי התנדבויות: על תרומה של חומרי גלם, וזה תואר בהרחבה בפסוקים כא-כט; ועל התגייסות של חכמי לב, שהם בעלי מלאכה, שיבואו לבנות את המשכן. עתה עובר הכתוב לתאר את בוני המשכן.

ראשית, משה מציג בפני העם את בצלאל משבט יהודה ואת אהליאב משבט דן שאותם מינה ה' לעשות את מלאכת המשכן (ל-לה). ה' מילא את בצלאל ב"רוּחַ אֱלֹהִים בְּחָכְמָה בִּתְבוּנָה וּבְדַעַת וּבְכָל מְלָאכָה" (לא), ולכן הוא מתאים לנהל את מלאכת עבודת המשכן. ה' נתן לבצלאל גם יכולת להורות את המלאכה לאחרים (לד1).

כמובן שהם לא עבדו לבד. הם היו אחראים על מלאכת המשכן, וכל איש חכם לב שה' נתן בו חוכמה ותבונה לעשות את מלאכת הקודש התנדב לעבודה (ל"ו, א-ב). שלא כבצלאל

ואהליאב, שאותם מינה ה׳, שאר העובדים התנדבו לשם כך: "כֹּל אֲשֶׁר נְשָׂאוֹ לִבּוֹ לְקָרְבָה אֶל הַמְּלָאכָה לַעֲשֹׂת אֹתָהּ" (ב). אומנם ה׳ נתן חוכמה ותבונה לכל האנשים לעשות במלאכה, אך הם כבר היו קודם לכן בעלי כישרון: "וְכֹל אִישׁ חֲכַם לֵב אֲשֶׁר נָתַן ה׳ חָכְמָה וּתְבוּנָה בָּהֵמָּה" (ל"ו, א). בכך נראה שהתורה מבהירה שאין מדובר ביצירה אנושית, אלא ביצירה אלוהית שנעשית בידי אנשים שיש בהם רוח אלוהים, ושה׳ נתן בהם חוכמת לב לבנות כפי שציווה.

הפסקת התרומות, ל"ו, ג–ז

פעולת הבונים מתחילה בבדיקת התרומות שהתקבלו (ג). לאחר שלקחו את כל התרומות, מסופר שהעם הביאו עוד נדבות: "וְהֵם הֵבִיאוּ אֵלָיו עוֹד נְדָבָה בַּבֹּקֶר בַּבֹּקֶר" (ג).[15] כנראה כשראו העם שהעבודה מתחילה והחכמים בודקים את התרומות, גברה המוטיבציה שלהם לתרום עוד. החכמים פנו למשה ואמרו לו: "מַרְבִּים הָעָם לְהָבִיא" (ה) יותר ממה שצריך לעבודת המשכן. רוח ההתנדבות של העם למען ה׳ ובניית משכנו הייתה מעל ומעבר, עד שמשה נאלץ להוציא צו להפסקת התרומות (ז). התרומה של העם הייתה בשני שלבים: בשלב הראשון כאשר הם התבקשו, ובשלב שני לאחר שמונו בעלי המלאכה וקביעתם שהתרומות רבות מדי, ואף נותרה יִתרה של חומרים (ז). העם היה כה להוט לתרום למלאכת המשכן, שהיה צורך בצו מיוחד כדי לחדול אותו מכך.

גם קטע זה מסתיים בזיקה לקטע העוסק בתרומות (כא–כט). סיום הפרשה כולה מקביל הן לפתיחה (כא) הן לסיום (כט):

(ל"ה, כא) וַיָּבֹאוּ כָּל **אִישׁ** אֲשֶׁר **נְשָׂאוֹ לִבּוֹ** וְכֹל אֲשֶׁר **נָדְבָה** רוּחוֹ אֹתוֹ **הֵבִיאוּ** אֶת **תְּרוּמַת** ה׳ **לִמְלֶאכֶת** אֹהֶל מוֹעֵד וּלְכָל עֲבֹדָתוֹ וּלְבִגְדֵי הַקֹּדֶשׁ.

(ל"ו, ו) וַיְצַו מֹשֶׁה וַיַּעֲבִירוּ קוֹל בַּמַּחֲנֶה לֵאמֹר **אִישׁ** וְאִשָּׁה אַל יַעֲשׂוּ עוֹד **מְלָאכָה לִתְרוּמַת** הַקֹּדֶשׁ וַיִּכָּלֵא הָעָם **מֵהָבִיא:**

(ל"ה, כט) כָּל **אִישׁ וְאִשָּׁה** אֲשֶׁר נָדַב לִבָּם אֹתָם **לְהָבִיא** לְכָל **הַמְּלָאכָה** אֲשֶׁר צִוָּה ה׳ **לַעֲשׂוֹת** בְּיַד מֹשֶׁה הֵבִיאוּ בְנֵי יִשְׂרָאֵל נְדָבָה לַה׳.

(ל"ו, ו–ז) וַיְצַו מֹשֶׁה וַיַּעֲבִירוּ קוֹל בַּמַּחֲנֶה לֵאמֹר **אִישׁ וְאִשָּׁה** אַל יַעֲשׂוּ עוֹד **מְלָאכָה לִתְרוּמַת** הַקֹּדֶשׁ וַיִּכָּלֵא הָעָם **מֵהָבִיא:** (ז) וְהַמְּלָאכָה הָיְתָה דַיָּם לְכָל **הַמְּלָאכָה לַעֲשׂוֹת** אֹתָהּ וְהוֹתֵר:

לסיכום, כוונת הקטע בכללו להראות את ההתנדבות הגדולה של העם לתרומת בניית המשכן לשמו של ה׳. הדגש העיקרי הוא על תרומת חומרי הגלם, גם מגברים וגם מנשים, וכן על ההתנדבות של בעלי המלאכה לבנות ושל הנשים לטוות את הבדים. מינוי בצלאל ואהליאב הובא לידיעת העם כדי להציג את עבודתם כשליחות של העם בבניית המשכן.[16] המשכן הוא

המקום שה׳ ישכון בקרב ישראל, אך ישראל צריכים להיות ראויים לכך, הן בהתנהגות שלהם בהליכה במצוות ה׳, הן בהיותם בונים מרכושם ובעבודתם את המשכן. עם זאת, האחראים על הבנייה הם מינוי של אלוהים, שמילא אותם "רוּחַ אֱלֹהִים בְּחָכְמָה בִּתְבוּנָה וּבְדַעַת" (ל״ה, לא), וכן נתן ה׳ בשאר העובדים: "חָכְמָה וּתְבוּנָה בָּהֵמָּה לָדַעַת לַעֲשֹׂת אֶת כָּל מְלֶאכֶת עֲבֹדַת הַקֹּדֶשׁ" (ל״ו, א). גם הבנייה עצמה היא בהוראות מפורטות של ה׳.

בניית המשכן וכליו, ל"ו, ח - ל"ח, כ

המשכן ויריעות, ל"ו, ח–יט

ח וַיַּעֲשׂוּ כָל־חֲכַם־לֵב בְּעֹשֵׂי הַמְּלָאכָה אֶת־הַמִּשְׁכָּן עֶשֶׂר יְרִיעֹת שֵׁשׁ מָשְׁזָר וּתְכֵלֶת וְאַרְגָּמָן
ט וְתוֹלַעַת שָׁנִי כְּרֻבִים מַעֲשֵׂה חֹשֵׁב עָשָׂה אֹתָם. אֹרֶךְ הַיְרִיעָה הָאַחַת שְׁמֹנֶה וְעֶשְׂרִים בָּאַמָּה
י וְרֹחַב אַרְבַּע בָּאַמָּה הַיְרִיעָה הָאֶחָת מִדָּה אַחַת לְכָל־הַיְרִיעֹת. וַיְחַבֵּר אֶת־חֲמֵשׁ הַיְרִיעֹת אַחַת
יא אֶל־אֶחָת וְחָמֵשׁ יְרִיעֹת חִבַּר אַחַת אֶל־אֶחָת. וַיַּעַשׂ לֻלְאֹת תְּכֵלֶת עַל שְׂפַת הַיְרִיעָה הָאֶחָת
יב מִקָּצָה בַּמַּחְבָּרֶת כֵּן עָשָׂה בִּשְׂפַת הַיְרִיעָה הַקִּיצוֹנָה בַּמַּחְבֶּרֶת הַשֵּׁנִית. חֲמִשִּׁים לֻלָאֹת עָשָׂה
בַּיְרִיעָה הָאֶחָת וַחֲמִשִּׁים לֻלָאֹת עָשָׂה בִּקְצֵה הַיְרִיעָה אֲשֶׁר בַּמַּחְבֶּרֶת הַשֵּׁנִית מַקְבִּילֹת הַלֻּלָאֹת
יג אַחַת אֶל־אֶחָת. וַיַּעַשׂ חֲמִשִּׁים קַרְסֵי זָהָב וַיְחַבֵּר אֶת־הַיְרִיעֹת אַחַת אֶל־אַחַת בַּקְּרָסִים וַיְהִי
הַמִּשְׁכָּן אֶחָד.

יד טו וַיַּעַשׂ יְרִיעֹת עִזִּים לְאֹהֶל עַל־הַמִּשְׁכָּן עַשְׁתֵּי־עֶשְׂרֵה יְרִיעֹת עָשָׂה אֹתָם. אֹרֶךְ הַיְרִיעָה הָאַחַת
טז שְׁלֹשִׁים בָּאַמָּה וְאַרְבַּע אַמּוֹת רֹחַב הַיְרִיעָה הָאֶחָת מִדָּה אַחַת לְעַשְׁתֵּי עֶשְׂרֵה יְרִיעֹת. וַיְחַבֵּר
יז אֶת־חֲמֵשׁ הַיְרִיעֹת לְבָד וְאֶת־שֵׁשׁ הַיְרִיעֹת לְבָד. וַיַּעַשׂ לֻלָאֹת חֲמִשִּׁים עַל שְׂפַת הַיְרִיעָה
יח הַקִּיצֹנָה בַּמַּחְבָּרֶת וַחֲמִשִּׁים לֻלָאֹת עָשָׂה עַל־שְׂפַת הַיְרִיעָה הַחֹבֶרֶת הַשֵּׁנִית. וַיַּעַשׂ קַרְסֵי
יט נְחֹשֶׁת חֲמִשִּׁים לְחַבֵּר אֶת־הָאֹהֶל לִהְיֹת אֶחָד. וַיַּעַשׂ מִכְסֶה לָאֹהֶל עֹרֹת אֵילִם מְאָדָּמִים וּמִכְסֵה
עֹרֹת תְּחָשִׁים מִלְמָעְלָה.

פירוש העניין

כאשר ה׳ ציווה את משה לבנות את המשכן וכליו, הוא התחיל בתיאור הכלים: הארון והכפורת, המנורה והשולחן, ורק אחר כך ציווה ה׳ על המשכן והאוהל (כ״ה-כ״ז). לעומת זאת, מעשה המלאכה התחיל במשכן ובאוהל. הסברנו לעיל שההבדל נובע מנקודות תצפית שונות. ציווי ה׳ מתרכז במהות הכלים לפי חשיבותם, ואילו תיאור הבנייה מתרכז בנקודת התצפית של העם – הם רואים רק את המשכן, ומנקודת תצפיתם ה׳ שוכן במשכן.

תיאור בניית המשכן מתחיל בהיגד כללי: ״וַיַּעֲשׂוּ כָל חֲכַם לֵב בְּעֹשֵׂי הַמְּלָאכָה אֶת הַמִּשְׁכָּן...״ (ח). פסוק זה לקוח מל״ה, לה, והוא פסוק מעבר בין הקטע הקודם שדיבר על המינוי של האומנים ובין התחלת בניית המשכן על ידם.

הנוסח של עשיית המשכן, יריעות האהל והמכסה (ח-יט) זהה כמעט לציווי ה׳ על כך (כ״ו, א-יד), למעט כמה הבדלי ניסוח לא משמעותיים (כגון: ״אַחַת אֶל אֶחָת״ במקום ״אִשָּׁה אֶל אֲחֹתָהּ״).[17] פרטים הקשורים להקמת האוהל לא הובאו כאן, שכן משה יקים את האוהל וימקם את הכלים בסוף (מ׳, א-לג). כך גם הפרטים על קיפול היריעה השישית (כ״ו, ט2), הבאת הקרסים בלולאות (כ״ו, יא) ואופן הכיסוי של האוהל אמה מזה ואמה מזה (כ״ו, יב-יג), הקשורים כולם להקמת המשכן.[18]

הקרשים למשכן, ל״ו, כ–לד

כ כא וַיַּ֥עַשׂ אֶת־הַקְּרָשִׁ֖ים לַמִּשְׁכָּ֑ן עֲצֵ֥י שִׁטִּ֖ים עֹֽמְדִֽים׃ עֶ֥שֶׂר אַמֹּ֖ת אֹ֣רֶךְ הַקָּ֑רֶשׁ וְאַמָּה֙ וַחֲצִ֣י הָֽאַמָּ֔ה
כב רֹ֖חַב הַקֶּ֥רֶשׁ הָאֶחָֽד׃ שְׁתֵּ֣י יָדֹ֗ת לַקֶּ֙רֶשׁ֙ הָֽאֶחָ֔ד מְשֻׁלָּבֹ֖ת אַחַ֣ת אֶל־אֶחָ֑ת כֵּ֣ן עָשָׂ֔ה לְכֹ֖ל קַרְשֵׁ֥י
כג כד הַמִּשְׁכָּֽן׃ וַיַּ֥עַשׂ אֶת־הַקְּרָשִׁ֖ים לַמִּשְׁכָּ֑ן עֶשְׂרִ֣ים קְרָשִׁ֔ים לִפְאַ֖ת נֶ֥גֶב תֵּימָֽנָה׃ וְאַרְבָּעִים֙ אַדְנֵי־
כֶ֔סֶף עָשָׂ֕ה תַּ֖חַת עֶשְׂרִ֣ים הַקְּרָשִׁ֑ים שְׁנֵ֨י אֲדָנִ֜ים תַּֽחַת־הַקֶּ֤רֶשׁ הָֽאֶחָד֙ לִשְׁתֵּ֣י יְדֹתָ֔יו וּשְׁנֵ֧י אֲדָנִ֛ים
כה תַּֽחַת־הַקֶּ֥רֶשׁ הָאֶחָ֖ד לִשְׁתֵּ֥י יְדֹתָֽיו׃ וּלְצֶ֧לַע הַמִּשְׁכָּ֛ן הַשֵּׁנִ֖ית לִפְאַ֣ת צָפ֑וֹן עָשָׂ֖ה עֶשְׂרִ֥ים קְרָשִֽׁים׃
כו כז וְאַרְבָּעִ֥ים אַדְנֵיהֶ֖ם כָּ֑סֶף שְׁנֵ֣י אֲדָנִ֗ים תַּ֚חַת הַקֶּ֣רֶשׁ הָֽאֶחָ֔ד וּשְׁנֵ֣י אֲדָנִ֔ים תַּ֖חַת הַקֶּ֥רֶשׁ הָאֶחָֽד׃
כח כט וּלְיַרְכְּתֵ֥י הַמִּשְׁכָּ֖ן יָ֑מָּה עָשָׂ֖ה שִׁשָּׁ֥ה קְרָשִֽׁים׃ וּשְׁנֵ֤י קְרָשִׁים֙ עָשָׂ֔ה לִמְקֻצְעֹ֖ת הַמִּשְׁכָּ֑ן בַּיַּרְכָתָֽיִם׃
וְהָי֣וּ תוֹאֲמִם֮ מִלְּמַטָּה֒ וְיַחְדָּ֗ו יִהְי֤וּ תַמִּים֙ אֶל־רֹאשׁ֔וֹ אֶל־הַטַּבַּ֖עַת הָאֶחָ֑ת כֵּ֚ן עָשָׂ֣ה לִשְׁנֵיהֶ֔ם לִשְׁנֵ֖י
ל הַמִּקְצֹעֹֽת׃ וְהָיוּ֙ שְׁמֹנָ֣ה קְרָשִׁ֔ים וְאַדְנֵיהֶ֣ם כֶּ֔סֶף שִׁשָּׁ֥ה עָשָׂ֖ר אֲדָנִ֑ים שְׁנֵ֣י אֲדָנִ֔ים שְׁנֵ֣י אֲדָנִ֔ים תַּ֖חַת
לא לב הַקֶּ֥רֶשׁ הָאֶחָֽד׃ וַיַּ֥עַשׂ בְּרִיחֵ֖י עֲצֵ֣י שִׁטִּ֑ים חֲמִשָּׁ֕ה לְקַרְשֵׁ֥י צֶֽלַע־הַמִּשְׁכָּ֖ן הָאֶחָֽת׃ וַחֲמִשָּׁ֣ה בְרִיחִ֔ם
לג לְקַרְשֵׁ֥י צֶֽלַע־הַמִּשְׁכָּ֖ן הַשֵּׁנִ֑ית וַחֲמִשָּׁ֣ה בְרִיחִ֗ם לְקַרְשֵׁ֧י הַמִּשְׁכָּ֛ן לַיַּרְכָתַ֖יִם יָֽמָּה׃ וַיַּ֖עַשׂ אֶת־הַבְּרִ֣יחַ
לד הַתִּיכֹ֑ן לִבְרֹ֙חַ֙ בְּת֣וֹךְ הַקְּרָשִׁ֔ים מִן־הַקָּצֶ֖ה אֶל־הַקָּצֶֽה׃ וְֽאֶת־הַקְּרָשִׁ֞ים צִפָּ֣ה זָהָ֗ב וְֽאֶת־טַבְּעֹתָם֙
עָשָׂ֣ה זָהָ֔ב בָּתִּ֖ים לַבְּרִיחִ֑ם וַיְצַ֥ף אֶת־הַבְּרִיחִ֖ם זָהָֽב׃

פירוש העניין

תיאור עשיית קרשי המשכן זהה כמעט לציווי על הקרשים בכ״ו, טו-ל. לפסוק ל שם אין מקבילה כאן כיוון שהפסוק עוסק בהקמת המשכן ולא בבנייתו, כאמור, ההקמה תהיה על ידי משה בסוף הבנייה. גם דברי ה׳ למשה שבניית הקרשים הם ״אֲשֶׁר הָרְאֵיתָ בָּהָר״ (ל) רלוונטיים רק כאשר ה׳ דיבר אל משה, ואינם יכולים להיאמר לישראל, שלהם ה׳ לא הראה בהר.

הפרוכת והמסך, ל"ו, לה–לח

לה וַיַּעַשׂ אֶת־הַפָּרֹכֶת תְּכֵלֶת וְאַרְגָּמָן וְתוֹלַעַת שָׁנִי וְשֵׁשׁ מָשְׁזָר מַעֲשֵׂה חֹשֵׁב עָשָׂה אֹתָהּ כְּרֻבִים.
לו לז וַיַּעַשׂ לָהּ אַרְבָּעָה עַמּוּדֵי שִׁטִּים וַיְצַפֵּם זָהָב וָוֵיהֶם זָהָב וַיִּצֹק לָהֶם אַרְבָּעָה אַדְנֵי־כָסֶף. וַיַּעַשׂ
לח מָסָךְ לְפֶתַח הָאֹהֶל תְּכֵלֶת וְאַרְגָּמָן וְתוֹלַעַת שָׁנִי וְשֵׁשׁ מָשְׁזָר מַעֲשֵׂה רֹקֵם. וְאֶת־עַמּוּדָיו חֲמִשָּׁה
וְאֶת־וָוֵיהֶם וְצִפָּה רָאשֵׁיהֶם וַחֲשֻׁקֵיהֶם זָהָב וְאַדְנֵיהֶם חֲמִשָּׁה נְחֹשֶׁת.

פירוש העניין

תיאור עשיית הפרוכת זהה כמעט לתיאור הציווי על עשייתם בכ״ו, לא-לב, לו-לז. תיאור פרוכת המסך שם כולל ציוויים על ההעמדה של הפרוכת, וכן את המיקומים של הכלים בקודש הקודשים ובקודש (לג-לה). פרטים אלה חסרים בתיאור הבנייה, וכן אין פרטים לגבי ההקמה וההנחה של הכלים במקומם, מה שיתואר אחר כך בנפרד. מאותה סיבה נאמר על הפרוכת שם: "וְנָתַתָּה אֹתָהּ עַל אַרְבָּעָה עַמּוּדֵי שִׁטִּים" (כ״ו, לב), ואילו כאן מדובר רק על הבנייה, ולכן הניסוח הוא: "וַיַּעַשׂ לָהּ אַרְבָּעָה עַמּוּדֵי שִׁטִּים" (לו). כאן נאמר שלעמודי המסך היו חשוקים מצופים זהב (לח), מה שלא נאמר בצו ה׳. גם מפורט כאן שרק ראשי העמודים היו מצופים זהב (לח), מה שלא נאמר בצו ה׳.

הארון, ל״ז, א–ט

א וַיַּעַשׂ בְּצַלְאֵל אֶת־הָאָרֹן עֲצֵי שִׁטִּים אַמָּתַיִם וָחֵצִי אָרְכּוֹ וְאַמָּה וָחֵצִי רָחְבּוֹ וְאַמָּה וָחֵצִי קֹמָתוֹ.
ב ג וַיְצַפֵּהוּ זָהָב טָהוֹר מִבַּיִת וּמִחוּץ וַיַּעַשׂ לוֹ זֵר זָהָב סָבִיב. וַיִּצֹק לוֹ אַרְבַּע טַבְּעֹת זָהָב עַל אַרְבַּע
ד פַּעֲמֹתָיו וּשְׁתֵּי טַבָּעֹת עַל־צַלְעוֹ הָאֶחָת וּשְׁתֵּי טַבָּעֹת עַל־צַלְעוֹ הַשֵּׁנִית. וַיַּעַשׂ בַּדֵּי עֲצֵי שִׁטִּים
ה ו וַיְצַף אֹתָם זָהָב. וַיָּבֵא אֶת־הַבַּדִּים בַּטַּבָּעֹת עַל צַלְעֹת הָאָרֹן לָשֵׂאת אֶת־הָאָרֹן. וַיַּעַשׂ כַּפֹּרֶת זָהָב
ז טָהוֹר אַמָּתַיִם וָחֵצִי אָרְכָּהּ וְאַמָּה וָחֵצִי רָחְבָּהּ. וַיַּעַשׂ שְׁנֵי כְרֻבִים זָהָב מִקְשָׁה עָשָׂה אֹתָם מִשְּׁנֵי
ח קְצוֹת הַכַּפֹּרֶת. כְּרוּב־אֶחָד מִקָּצָה מִזֶּה וּכְרוּב־אֶחָד מִקָּצָה מִזֶּה מִן־הַכַּפֹּרֶת עָשָׂה אֶת־הַכְּרֻבִים
ט מִשְּׁנֵי קְצוֹתָיו. וַיִּהְיוּ הַכְּרֻבִים פֹּרְשֵׂי כְנָפַיִם לְמַעְלָה סֹכְכִים בְּכַנְפֵיהֶם עַל־הַכַּפֹּרֶת וּפְנֵיהֶם אִישׁ
אֶל־אָחִיו אֶל־הַכַּפֹּרֶת הָיוּ פְּנֵי הַכְּרֻבִים.

פירוש העניין

תיאור בניית הארון והכפורת זהה לציווי בנייתם (כ״ה, י-כא), מלבד כמה הבדלי נוסח חסרי משמעות. בתיאור הבנייה לא נכללו פרטים לגבי העמדת הכלים ותכליתם. פרטי העמדת הבדים והנחת העדות בארון (כ״ה, טו-טז) הושמטו בתיאור הבנייה. הקטע שם מסתיים בהעמדת הכפורת מעל הארון ושה׳ ידבר עם משה מעל הכפורת בין בדי הכרובים, להורות לעם את מה שה׳ מבקש לצוות את העם (כ״ה, כא-כב). התיאור הזה חסר כאן, שכן התיאור מתרכז בעשיית הכלים ולא בהעמדתם או בייעודם.

נאמר במפורש שבצלאל עשה את הארון (א). הוא עשה כנראה גם את שאר הכלים, אולם, ככל הנראה מפני חשיבותו, הדבר נקרא על שמו (ראב״ע, הפירוש הארוך), או אולי הוא עשה את הארון לבדו (רמב״ן על ל״ו, ח; אברבנאל). דברי משה בדברים י׳, ג: ״וָאַעַשׂ אֲרוֹן עֲצֵי שִׁטִּים״, אינם סותרים זאת, והכוונה שהם הוא הורה על עשייתו, ולכן המעשה נקרא על שמו.

השולחן, ל״ז, י–טז

י יא וַיַּעַשׂ אֶת־הַשֻּׁלְחָן עֲצֵי שִׁטִּים אַמָּתַיִם אָרְכּוֹ וְאַמָּה רָחְבּוֹ וְאַמָּה וָחֵצִי קֹמָתוֹ. וַיְצַף אֹתוֹ זָהָב
יב טָהוֹר וַיַּעַשׂ לוֹ זֵר זָהָב סָבִיב. וַיַּעַשׂ לוֹ מִסְגֶּרֶת טֹפַח סָבִיב וַיַּעַשׂ זֵר־זָהָב לְמִסְגַּרְתּוֹ סָבִיב.
יג יד וַיִּצֹק לוֹ אַרְבַּע טַבְּעֹת זָהָב וַיִּתֵּן אֶת־הַטַּבָּעֹת עַל אַרְבַּע הַפֵּאֹת אֲשֶׁר לְאַרְבַּע רַגְלָיו. לְעֻמַּת
טו הַמִּסְגֶּרֶת הָיוּ הַטַּבָּעֹת בָּתִּים לַבַּדִּים לָשֵׂאת אֶת־הַשֻּׁלְחָן. וַיַּעַשׂ אֶת־הַבַּדִּים עֲצֵי שִׁטִּים וַיְצַף
טז אֹתָם זָהָב לָשֵׂאת אֶת־הַשֻּׁלְחָן. וַיַּעַשׂ אֶת־הַכֵּלִים ׀ אֲשֶׁר עַל־הַשֻּׁלְחָן אֶת־קְעָרֹתָיו וְאֶת־כַּפֹּתָיו
וְאֵת מְנַקִּיֹּתָיו וְאֶת־הַקְּשָׂוֺת אֲשֶׁר יֻסַּךְ בָּהֵן זָהָב טָהוֹר.

פירוש העניין

תיאור עשיית השולחן זהה כמעט לציווי ה׳ למשה על עשייתו (כ״ה, כג-כט), לבד מהבדלי נוסח קטנים. לא נכלל כאן מה שנאמר שם על הייעוד של השולחן לשים עליו את לחם הפנים (כ״ו, ל).

המנורה, ל״ז, יז–כד

יז וַיַּעַשׂ אֶת־הַמְּנֹרָה זָהָב טָהוֹר מִקְשָׁה עָשָׂה אֶת־הַמְּנֹרָה יְרֵכָהּ וְקָנָהּ גְּבִיעֶיהָ כַּפְתֹּרֶיהָ וּפְרָחֶיהָ
יח מִמֶּנָּה הָיוּ. וְשִׁשָּׁה קָנִים יֹצְאִים מִצִּדֶּיהָ שְׁלֹשָׁה ׀ קְנֵי מְנֹרָה מִצִּדָּהּ הָאֶחָד וּשְׁלֹשָׁה קְנֵי מְנֹרָה
יט מִצִּדָּהּ הַשֵּׁנִי. שְׁלֹשָׁה גְבִעִים מְשֻׁקָּדִים בַּקָּנֶה הָאֶחָד כַּפְתֹּר וָפֶרַח וּשְׁלֹשָׁה גְבִעִים מְשֻׁקָּדִים
כ בְּקָנֶה אֶחָד כַּפְתֹּר וָפָרַח כֵּן לְשֵׁשֶׁת הַקָּנִים הַיֹּצְאִים מִן־הַמְּנֹרָה. וּבַמְּנֹרָה אַרְבָּעָה גְבִעִים
כא מְשֻׁקָּדִים כַּפְתֹּרֶיהָ וּפְרָחֶיהָ. וְכַפְתֹּר תַּחַת שְׁנֵי הַקָּנִים מִמֶּנָּה וְכַפְתֹּר תַּחַת שְׁנֵי הַקָּנִים מִמֶּנָּה
כב וְכַפְתֹּר תַּחַת־שְׁנֵי הַקָּנִים מִמֶּנָּה לְשֵׁשֶׁת הַקָּנִים הַיֹּצְאִים מִמֶּנָּה. כַּפְתֹּרֵיהֶם וּקְנֹתָם מִמֶּנָּה הָיוּ
כג כד כֻּלָּהּ מִקְשָׁה אַחַת זָהָב טָהוֹר. וַיַּעַשׂ אֶת־נֵרֹתֶיהָ שִׁבְעָה וּמַלְקָחֶיהָ וּמַחְתֹּתֶיהָ זָהָב טָהוֹר. כִּכָּר
זָהָב טָהוֹר עָשָׂה אֹתָהּ וְאֵת כָּל־כֵּלֶיהָ.

פירוש העניין

תיאור בניית המנורה זהה, למעט הבדלי נוסח קטנים, לצו ה׳ על בניית המנורה בכ״ה, לא-לט. גם כאן הושמטו הייעוד של המנורה – הדלקת נרותיה (המוזכרת בכ״ה, לז2), וכן דברי ה׳ למשה שיבנה את המנורה כפי שהראה לו בהר (כ״ה, מ).

מזבח הקטורת, שמן המשחה וקטורת הסמים, ל"ז, כה–כט

כה וַיַּעַשׂ אֶת־מִזְבַּח הַקְּטֹרֶת עֲצֵי שִׁטִּים אַמָּה אָרְכּוֹ וְאַמָּה רָחְבּוֹ רָבוּעַ וְאַמָּתַיִם קֹמָתוֹ מִמֶּנּוּ הָיוּ
כו קַרְנֹתָיו. וַיְצַף אֹתוֹ זָהָב טָהוֹר אֶת־גַּגּוֹ וְאֶת־קִירֹתָיו סָבִיב וְאֶת־קַרְנֹתָיו וַיַּעַשׂ לוֹ זֵר זָהָב סָבִיב.
כז וּשְׁתֵּי טַבְּעֹת זָהָב עָשָׂה־לוֹ מִתַּחַת לְזֵרוֹ עַל שְׁתֵּי צַלְעֹתָיו עַל שְׁנֵי צִדָּיו לְבָתִּים לְבַדִּים לָשֵׂאת
כח אֹתוֹ בָּהֶם. וַיַּעַשׂ אֶת־הַבַּדִּים עֲצֵי שִׁטִּים וַיְצַף אֹתָם זָהָב.

כט וַיַּעַשׂ אֶת־שֶׁמֶן הַמִּשְׁחָה קֹדֶשׁ וְאֶת־קְטֹרֶת הַסַּמִּים טָהוֹר מַעֲשֵׂה רֹקֵחַ.

פירוש העניין

תיאור עשיית מזבח הקטורת (כה-כח) זהה כמעט לצו ה׳ על בניית מזבח זה (ל׳, א-ה), למעט הבדלי נוסח קטנים. כרגיל, עניין הייעוד של מזבח הקטורת ומקומו שנזכרו שם (ל׳, ו-י) חסרים כאן.

מזבח הקטורת הוזכר כאן יחד עם המנורה והשולחן, הממוקמים בקודש. לעומת זאת, בצו ה׳ את משה, מזבח הקטורת הוזכר לאחר מזבח העולה (ל׳, א-י). המיקום שם הוא משום התפקיד של מזבח הקטורת, הקשור מהותית בקורבנות. כאן המזבח הוזכר לפי סדר החשיבות והמיקום של הכלים.

פסוק כט מזכיר בקיצור את עשיית שמן המשחה וקטורת הסמים, הכתובים בפירוט בל׳, כב-לח. כרגיל, חסר כאן הייעוד שלהם, וכמו כן חסר האיסור לעשות כמתכונת החומרים האלה והעונש על מי שיעבור על כך. חסרה גם דרך עשייתם המפורטת. קשה להבין מדוע עשייתם לא נרשמה כאן, אולי משום שהם לא נעשו על ידי בצלאל וצוותו.[19]

מזבח העולה, ל״ח, א–ז

א וַיַּעַשׂ אֶת־מִזְבַּח הָעֹלָה עֲצֵי שִׁטִּים חָמֵשׁ אַמּוֹת אָרְכּוֹ וְחָמֵשׁ־אַמּוֹת רָחְבּוֹ רָבוּעַ וְשָׁלֹשׁ אַמּוֹת
ב ג קֹמָתוֹ. וַיַּעַשׂ קַרְנֹתָיו עַל אַרְבַּע פִּנֹּתָיו מִמֶּנּוּ הָיוּ קַרְנֹתָיו וַיְצַף אֹתוֹ נְחֹשֶׁת. וַיַּעַשׂ אֶת־כָּל־כְּלֵי
הַמִּזְבֵּחַ אֶת־הַסִּירֹת וְאֶת־הַיָּעִים וְאֶת־הַמִּזְרָקֹת אֶת־הַמִּזְלָגֹת וְאֶת־הַמַּחְתֹּת כָּל־כֵּלָיו עָשָׂה
ד ה נְחֹשֶׁת. וַיַּעַשׂ לַמִּזְבֵּחַ מִכְבָּר מַעֲשֵׂה רֶשֶׁת נְחֹשֶׁת תַּחַת כַּרְכֻּבּוֹ מִלְּמַטָּה עַד־חֶצְיוֹ. וַיִּצֹק אַרְבַּע
ו טַבָּעֹת בְּאַרְבַּע הַקְּצָוֹת לְמִכְבַּר הַנְּחֹשֶׁת בָּתִּים לַבַּדִּים. וַיַּעַשׂ אֶת־הַבַּדִּים עֲצֵי שִׁטִּים וַיְצַף אֹתָם
ז נְחֹשֶׁת. וַיָּבֵא אֶת־הַבַּדִּים בַּטַּבָּעֹת עַל צַלְעֹת הַמִּזְבֵּחַ לָשֵׂאת אֹתוֹ בָּהֶם נְבוּב לֻחֹת עָשָׂה אֹתוֹ.

פירוש העניין

תיאור בניית מזבח העולה דומה מאוד לצו ה׳ על בניית המזבח (כ״ז, א–ח) בשינויים קלים. באופן טבעי, גם כאן חסרים דברי ה׳ למשה: ״כַּאֲשֶׁר הֶרְאָה אֹתְךָ בָּהָר כֵּן יַעֲשׂוּ״ (כ״ז, ח2).

הכיור, ל״ח, ח

ח וַיַּעַשׂ אֵת הַכִּיּוֹר נְחֹשֶׁת וְאֵת כַּנּוֹ נְחֹשֶׁת בְּמַרְאֹת הַצֹּבְאֹת אֲשֶׁר צָבְאוּ פֶּתַח אֹהֶל מוֹעֵד.

פירוש העניין

הכיור נעשה כפי שה׳ ציווה בל״א, יח. כרגיל, מה שנאמר שם לגבי ייעודו של הכיור ומיקומו (ל׳, יח-כא) לא מוזכר כאן. לעומת זאת, נאמר כאן מה שלא נאמר שם, שאת הכיור עשו ״בְּמַרְאֹת הַצֹּבְאֹת אֲשֶׁר צָבְאוּ פֶּתַח אֹהֶל מוֹעֵד״. היינו במראות נחושת, שבהן השתמשו הנשים לשימושן הפרטי. הן צבאו פתח האוהל, לשם תרומה זו של מראות הנחושת (רמב״ן), ואולי הכוונה שצבאו לשם התקרבות להשראת ה׳, אם בתפילה ואם מתוך התרגשות לחוות את הנוכחות של ה׳.[20] כפירוש זה אכן מסתבר מביטוי הזהה בשמ״א ב׳, כב. יש מפרשים ש״צֹּבְאֹת״ הן בעלות מלאכה שצבאו לבוא למלאכתן.[21] מראות אלה לא היו בכלל נחושת התנופה שהעם הביא (ל״ח, ל-לא). אין לדעת בבירור מדוע דווקא הכיור נעשה במראות אלה, ודרשות רבות הוצעו בעניין.[22] אוהל מועד לא נבנה עדיין, ולכן הכוונה לאוהל משה, שהוא קרא לו אוהל מועד (רמב״ן).[23] אכן מסופר בל״ג, ז, שכל מי שביקש את ה׳, יצא לאוהל מועד זה.

החצר, ל״ח, ט–כ

ט י וַיַּעַשׂ אֶת־הֶחָצֵר לִפְאַת ׀ נֶגֶב תֵּימָנָה קַלְעֵי הֶחָצֵר שֵׁשׁ מָשְׁזָר מֵאָה בָּאַמָּה. עַמּוּדֵיהֶם עֶשְׂרִים
יא וְאַדְנֵיהֶם עֶשְׂרִים נְחֹשֶׁת וָוֵי הָעַמּוּדִים וַחֲשֻׁקֵיהֶם כָּסֶף. וְלִפְאַת צָפוֹן מֵאָה בָאַמָּה עַמּוּדֵיהֶם
יב עֶשְׂרִים וְאַדְנֵיהֶם עֶשְׂרִים נְחֹשֶׁת וָוֵי הָעַמּוּדִים וַחֲשֻׁקֵיהֶם כָּסֶף. וְלִפְאַת־יָם קְלָעִים חֲמִשִּׁים
יג בָּאַמָּה עַמּוּדֵיהֶם עֲשָׂרָה וְאַדְנֵיהֶם עֲשָׂרָה וָוֵי הָעַמֻּדִים וַחֲשׁוּקֵיהֶם כָּסֶף. וְלִפְאַת קֵדְמָה מִזְרָחָה
יד טו חֲמִשִּׁים אַמָּה. קְלָעִים חֲמֵשׁ־עֶשְׂרֵה אַמָּה אֶל־הַכָּתֵף עַמּוּדֵיהֶם שְׁלֹשָׁה וְאַדְנֵיהֶם שְׁלֹשָׁה.
וְלַכָּתֵף הַשֵּׁנִית מִזֶּה וּמִזֶּה לְשַׁעַר הֶחָצֵר קְלָעִים חֲמֵשׁ עֶשְׂרֵה אַמָּה עַמֻּדֵיהֶם שְׁלֹשָׁה וְאַדְנֵיהֶם
טז יז שְׁלֹשָׁה. כָּל־קַלְעֵי הֶחָצֵר סָבִיב שֵׁשׁ מָשְׁזָר. וְהָאֲדָנִים לָעַמֻּדִים נְחֹשֶׁת וָוֵי הָעַמּוּדִים וַחֲשׁוּקֵיהֶם
יח כֶּסֶף וְצִפּוּי רָאשֵׁיהֶם כָּסֶף וְהֵם מְחֻשָּׁקִים כֶּסֶף כֹּל עַמֻּדֵי הֶחָצֵר. וּמָסַךְ שַׁעַר הֶחָצֵר מַעֲשֵׂה רֹקֵם
תְּכֵלֶת וְאַרְגָּמָן וְתוֹלַעַת שָׁנִי וְשֵׁשׁ מָשְׁזָר וְעֶשְׂרִים אַמָּה אֹרֶךְ וְקוֹמָה בְרֹחַב חָמֵשׁ אַמּוֹת לְעֻמַּת
יט קַלְעֵי הֶחָצֵר. וְעַמֻּדֵיהֶם אַרְבָּעָה וְאַדְנֵיהֶם אַרְבָּעָה נְחֹשֶׁת וָוֵיהֶם כֶּסֶף וְצִפּוּי רָאשֵׁיהֶם וַחֲשֻׁקֵיהֶם
כ כָּסֶף. וְכָל־הַיְתֵדֹת לַמִּשְׁכָּן וְלֶחָצֵר סָבִיב נְחֹשֶׁת.

פירוש העניין

תיאור עשיית עמודי החצר, הקלעים ומסך שער החצר דומה למתואר בדברי צו ה' על עשייתם בכ"ז, ט-יט. יש שינויים חסרי משמעות בתיאור, אך נוסף כאן שראשי העמודים מצופים כסף (יז, יט), מה שלא נאמר בציווי ה'. כמו כן, לא נאמר כאן שכלי העבודה היו נחושת, כפי שכתוב בכ"ז, יט, שכן כאן עסק הכתוב רק בחצר ולא בכלי העבודה.

פקודי המשכן, ל״ח, כא – ל״ט, א

כא אֵלֶּה פְקוּדֵי הַמִּשְׁכָּן מִשְׁכַּן הָעֵדֻת אֲשֶׁר פֻּקַּד עַל־פִּי מֹשֶׁה עֲבֹדַת הַלְוִיִּם בְּיַד אִיתָמָר בֶּן־אַהֲרֹן
כב כג הַכֹּהֵן. וּבְצַלְאֵל בֶּן־אוּרִי בֶן־חוּר לְמַטֵּה יְהוּדָה עָשָׂה אֵת כָּל־אֲשֶׁר־צִוָּה יהוה אֶת־מֹשֶׁה. וְאִתּוֹ
אָהֳלִיאָב בֶּן־אֲחִיסָמָךְ לְמַטֵּה־דָן חָרָשׁ וְחֹשֵׁב וְרֹקֵם בַּתְּכֵלֶת וּבָאַרְגָּמָן וּבְתוֹלַעַת הַשָּׁנִי וּבַשֵּׁשׁ.
כד כָּל־הַזָּהָב הֶעָשׂוּי לַמְּלָאכָה בְּכֹל מְלֶאכֶת הַקֹּדֶשׁ וַיְהִי ׀ זְהַב הַתְּנוּפָה תֵּשַׁע וְעֶשְׂרִים כִּכָּר וּשְׁבַע
כה מֵאוֹת וּשְׁלֹשִׁים שֶׁקֶל בְּשֶׁקֶל הַקֹּדֶשׁ. וְכֶסֶף פְּקוּדֵי הָעֵדָה מְאַת כִּכָּר וְאֶלֶף וּשְׁבַע מֵאוֹת וַחֲמִשָּׁה
כו וְשִׁבְעִים שֶׁקֶל בְּשֶׁקֶל הַקֹּדֶשׁ. בֶּקַע לַגֻּלְגֹּלֶת מַחֲצִית הַשֶּׁקֶל בְּשֶׁקֶל הַקֹּדֶשׁ לְכֹל הָעֹבֵר עַל־
כז הַפְּקֻדִים מִבֶּן עֶשְׂרִים שָׁנָה וָמַעְלָה לְשֵׁשׁ־מֵאוֹת אֶלֶף וּשְׁלֹשֶׁת אֲלָפִים וַחֲמֵשׁ מֵאוֹת וַחֲמִשִּׁים.
וַיְהִי מְאַת כִּכַּר הַכֶּסֶף לָצֶקֶת אֵת אַדְנֵי הַקֹּדֶשׁ וְאֵת אַדְנֵי הַפָּרֹכֶת מְאַת אֲדָנִים לִמְאַת הַכִּכָּר
כח כִּכָּר לָאָדֶן. וְאֶת־הָאֶלֶף וּשְׁבַע הַמֵּאוֹת וַחֲמִשָּׁה וְשִׁבְעִים עָשָׂה וָוִים לָעַמּוּדִים וְצִפָּה רָאשֵׁיהֶם
כט ל וְחִשַּׁק אֹתָם. וּנְחֹשֶׁת הַתְּנוּפָה שִׁבְעִים כִּכָּר וְאַלְפַּיִם וְאַרְבַּע־מֵאוֹת שָׁקֶל. וַיַּעַשׂ בָּהּ אֶת־אַדְנֵי
לא פֶּתַח אֹהֶל מוֹעֵד וְאֵת מִזְבַּח הַנְּחֹשֶׁת וְאֶת־מִכְבַּר הַנְּחֹשֶׁת אֲשֶׁר־לוֹ וְאֵת כָּל־כְּלֵי הַמִּזְבֵּחַ.
לט א וְאֶת־אַדְנֵי הֶחָצֵר סָבִיב וְאֶת־אַדְנֵי שַׁעַר הֶחָצֵר וְאֵת כָּל־יִתְדֹת הַמִּשְׁכָּן וְאֶת־כָּל־יִתְדֹת הֶחָצֵר
סָבִיב. וּמִן־הַתְּכֵלֶת וְהָאַרְגָּמָן וְתוֹלַעַת הַשָּׁנִי עָשׂוּ בִגְדֵי־שְׂרָד לְשָׁרֵת בַּקֹּדֶשׁ וַיַּעֲשׂוּ אֶת־בִּגְדֵי
הַקֹּדֶשׁ אֲשֶׁר לְאַהֲרֹן כַּאֲשֶׁר צִוָּה יהוה אֶת־מֹשֶׁה.

פירוש העניין

בסיום בניית המשכן וכליו באה הספירה של כלל החומרים שתרם העם. ספירת החומרים הייתה במצוותו של משה ונערכה על ידי הלוויים, בראשותו של איתמר בן אהרן הכוהן (כא). הספירה אומנם נעשתה בידי הלוויים אבל מייד הכתוב מזכיר שהבנייה נעשתה בידי בצלאל ואהליאב (כב-כג). נאספו חומרים מסוגים שונים, תכשיטים וכלים, ויש להניח שהיה צריך להפריד, למיין, לשקול ולהתיך אותם. הסיכום של כל התרומות שנאספו על ידי העם מדגיש שוב את העובדה שהמשכן נבנה בתרומות של ישראל ושכל כסף תרומתם הוקדש למטרה זו. הדגש שישראל בנו את המשכן יעלה שוב להלן, ל״ט, לב, מב-מג.

מעניין שסיכום זה בא אחרי בניית המשכן וכליו, אך לפני עשיית בגדי הכוהנים, אף שברשימת החומרים שנאספו כלולים הבדים שנאספו גם לבגדי כהונה. נראה כי הסיבה לכך היא שבסיום הבנייה של המשכן ביקשה התורה להציג את התרומה הכבירה של העם לצורך המשכן. הערך הכספי של הבגדים היה קטן יותר, והדגש בעיקר היה על המתכות היקרות, אך לא על העצים.

הזהב שהתנדבו העם היה במשקל של 29 כיכר ו־730 שקל.[24] אף שפורט מה עשו בכסף, לא פורט מה עשו בזהב, והדבר כלול בכך שהשתמשו בזהב "בְּכֹל מְלֶאכֶת הַקֹּדֶשׁ", היינו הכלים הקדושים ביותר, והכוונה לארון, לשולחן, למנורה ולמזבח הקטורת.

הכסף שנאסף היה במשקל 100 כיכר 1775 שקל. כיכר הוא 3000 שקלים, היינו שנאספו 301,775 שקלים, שאותם תרמו 603,550 הנספרים. מאה כיכר כסף יצקו לעשות את האדנים, וב־1775 שקלים של כסף עשו ווים לעמודים וציפוי לראשי העמודים. עשיית האדנים מכסף הכיפורים היא משמעותית. האדנים הם הבסיס שעליהם עומד המשכן, ובנייתם מכספי תרומה שהיא חובה בשווה על כל הזכרים בעם נועדה להביע את הזיקה השווה של כל אחד מישראל למשכן, שהוא לזיכרון לכל ישראל.[25]

הנחושת שנאספה מתרומות העם הייתה בכמות של 70 כיכר ו־2400 שקל. בנחושת עשו את אדני פתח אוהל מועד וציפו בה את מזבח העולה, את מכבר הנחושת של המזבח, את כל כלי המזבח, ואת אדני החצר ויתדות החצר.

אפשרות אחת היא שמה שנספר לעיל הוא מה שנאסף, ומה שנאסף היה בדיוק מה שהיה צריך. אבל הרי נאמר שהעם תרם כסף, ומה שנמנה כאן הוא רק כסף הכיפורים. אם כן צודק ריב״ש, שמה שנמנה כאן הם החומרים שהשתמשו למשכן, אבל העם תרמו יותר, ואת הנותר נתנו לאוצר המקדש (ריב״ש על פסוק כה; חזקוני על פסוק ל).

הקטע מסתיים במה שאספו מהבדים: מהתכלת, מהארגמן ומתולעת השני עשו את בגדי השרד (ראו לעיל ל״א, י) ואת בגדי אהרן ובניו (ל״ט, א). יש בפסוק הבחנה בין בגדי שרד לבגדי כהונה, ומסתבר כדעה שבגדי שרד הם הבדים שכיסו בהם את כלי המקדש (במדבר ד׳, ה). רש״י מדייק שאין אלה בגדי אהרן, שכן ברשימת החומרים של הבדים לא נאמר שיש

שש, ושש הוא מרכיב בבגדי אהרן, ולכן יש לומר שאלה היו בדים שכיסו בהם את הכלים (ראו דיוננו על כך על ל״א, י עמ׳ 474).

אף שחלוקת הפרקים קושרת את הפסוק (ל״ט, א) לנושא עשיית הבדים בל״ט, ב-לא, חלוקת הפרשיות קושרת פסוק זה לפרשת מניית החומרים (ל״ח, כד-לא). פסוק זה הוא אכן מעבר לנושא הבגדים בהמשך הפרק, ותעיד על כך חתימת הפסוק במשפט: ״כַּאֲשֶׁר צִוָּה ה׳ אֶת מֹשֶׁה״, החוזרת בסיומו של עשיית כל בגד. אולם כפי חלוקת המסורה, פסוק זה שייך לפרשת מניית החומרים, מכיוון שהפסוק מתחיל במושא ולא בפועל, המורה על המשך לנאמר קודם. משפט רגיל במקרא מתחיל בדרך כלל בפועל, וכאשר המושא בא בראש, הכוונה ליצור המשכיות למה שקדם. אם כך, סדר פרשיית מניית החומרים הוא לפי יוקרתם: זהב, כסף נחושת, והפרשייה חותמת בבדים.

עשיית בגדי כהונה, ל״ט, ב-לא

המשותף לתיאור של עשיית כל בגדי הכוהנים הוא שכולם חותמים במילים: ״כַּאֲשֶׁר צִוָּה ה׳ אֶת מֹשֶׁה״ (ה, ז, כא, כו, כט, לא). לפני רשימת הבגדים ישנה חתימה דומה בפסוק החתימה של החומרים (א), ושוב בחתימה של מלאכת עבודת המשכן (לב). סך הכול ברצף זה של הפסוקים המשפט מהדהד שמונה פעמים. החזרה על כך שהבגדים נעשו על צו ה׳ מתאימה לכוונה הכוללת של תיאור בניית המשכן, להבהיר כיצד הבנייה נעשתה באופן מדויק על פי ציווי ה׳. עניין זה הובא גם באמירות חוזרות בסיפור איסוף התרומות ומינוי העובדים (ל״ה, כ; ל״ו, א, ה).

אך יש להסביר מדוע עניין זה חוזר בכל בגד ובגד בנפרד. הרי אין היגד דומה על כל אחד מכלי המשכן. נראה לי כי הדגשה יתרה זו על כל אחד מהבגדים היא משום הטעות שעלולה להיווצר בבגדים דווקא. המשכן, ובו הכלים, הוא מקום קודש לה׳ באופן בלעדי. אולם בגדי הקודש לכוהנים, שאומנם באים משום עבודתם במשכן ה׳, עשויים ליצור תחושה של מעלה יתרה בכוהנים בעצמם, ולכן הייתה חשיבות יתרה להדגיש דווקא בבגדים, שאותם לובשים הכוהנים, שבגדיהם נעשו על פי ציווי ה׳.

האפוד ואבני השוהם, ל״ט, ב–ז

ב ג וַיַּעַשׂ אֶת־הָאֵפֹד זָהָב תְּכֵלֶת וְאַרְגָּמָן וְתוֹלַעַת שָׁנִי וְשֵׁשׁ מָשְׁזָר. וַיְרַקְּעוּ אֶת־פַּחֵי הַזָּהָב וְקִצֵּץ
פְּתִילִם לַעֲשׂוֹת בְּתוֹךְ הַתְּכֵלֶת וּבְתוֹךְ הָאַרְגָּמָן וּבְתוֹךְ תּוֹלַעַת הַשָּׁנִי וּבְתוֹךְ הַשֵּׁשׁ מַעֲשֵׂה חֹשֵׁב.
ד ה כְּתֵפֹת עָשׂוּ־לוֹ חֹבְרֹת עַל־שְׁנֵי קְצוֹתָיו חֻבָּר. וְחֵשֶׁב אֲפֻדָּתוֹ אֲשֶׁר עָלָיו מִמֶּנּוּ הוּא כְּמַעֲשֵׂהוּ
זָהָב תְּכֵלֶת וְאַרְגָּמָן וְתוֹלַעַת שָׁנִי וְשֵׁשׁ מָשְׁזָר כַּאֲשֶׁר צִוָּה יהוה אֶת־מֹשֶׁה.

ו וַיַּעֲשׂוּ אֶת־אַבְנֵי הַשֹּׁהַם מֻסַבֹּת מִשְׁבְּצֹת זָהָב מְפֻתָּחֹת פִּתּוּחֵי חוֹתָם עַל־שְׁמוֹת בְּנֵי יִשְׂרָאֵל.
ז וַיָּשֶׂם אֹתָם עַל כִּתְפֹת הָאֵפֹד אַבְנֵי זִכָּרוֹן לִבְנֵי יִשְׂרָאֵל כַּאֲשֶׁר צִוָּה יהוה אֶת־מֹשֶׁה.

פירוש העניין

תיאור מעשה האפוד דומה לציווי ה׳ על כך (כ״ח, ו-ח), אלא שכאן פירט כיצד שִׁזְרו זהב בבגד (ג): רקעו את הזהב, קיצצו ממנו פתילים ושילבו אותם בתוך התכלת והארגמן, תולעת השני והשש. תיאור עשיית אבני השוהם נמסר כאן באופן מקוצר וחסר לעומת צו ה׳ בכ״ח, ט-יד.

החושן, ל״ט, ח–כא

ח ט וַיַּעַשׂ אֶת־הַחֹשֶׁן מַעֲשֵׂה חֹשֵׁב כְּמַעֲשֵׂה אֵפֹד זָהָב תְּכֵלֶת וְאַרְגָּמָן וְתוֹלַעַת שָׁנִי וְשֵׁשׁ מָשְׁזָר.
י רָבוּעַ הָיָה כָּפוּל עָשׂוּ אֶת־הַחֹשֶׁן זֶרֶת אָרְכּוֹ וְזֶרֶת רָחְבּוֹ כָּפוּל. וַיְמַלְאוּ־בוֹ אַרְבָּעָה טוּרֵי אָבֶן
יא יב טוּר אֹדֶם פִּטְדָה וּבָרֶקֶת הַטּוּר הָאֶחָד. וְהַטּוּר הַשֵּׁנִי נֹפֶךְ סַפִּיר וְיָהֲלֹם. וְהַטּוּר הַשְּׁלִישִׁי לֶשֶׁם
יג יד שְׁבוֹ וְאַחְלָמָה. וְהַטּוּר הָרְבִיעִי תַּרְשִׁישׁ שֹׁהַם וְיָשְׁפֶה מוּסַבֹּת מִשְׁבְּצוֹת זָהָב בְּמִלֻּאֹתָם. וְהָאֲבָנִים
עַל־שְׁמֹת בְּנֵי־יִשְׂרָאֵל הֵנָּה שְׁתֵּים עֶשְׂרֵה עַל־שְׁמֹתָם פִּתּוּחֵי חֹתָם אִישׁ עַל־שְׁמוֹ לִשְׁנֵים עָשָׂר
טו טז שָׁבֶט. וַיַּעֲשׂוּ עַל־הַחֹשֶׁן שַׁרְשְׁרֹת גַּבְלֻת מַעֲשֵׂה עֲבֹת זָהָב טָהוֹר. וַיַּעֲשׂוּ שְׁתֵּי מִשְׁבְּצֹת זָהָב
יז וּשְׁתֵּי טַבְּעֹת זָהָב וַיִּתְּנוּ אֶת־שְׁתֵּי הַטַּבָּעֹת עַל־שְׁנֵי קְצוֹת הַחֹשֶׁן. וַיִּתְּנוּ שְׁתֵּי הָעֲבֹתֹת הַזָּהָב
יח עַל־שְׁתֵּי הַטַּבָּעֹת עַל־קְצוֹת הַחֹשֶׁן. וְאֵת שְׁתֵּי קְצוֹת שְׁתֵּי הָעֲבֹתֹת נָתְנוּ עַל־שְׁתֵּי הַמִּשְׁבְּצֹת
יט וַיִּתְּנֻם עַל־כִּתְפֹת הָאֵפֹד אֶל־מוּל פָּנָיו. וַיַּעֲשׂוּ שְׁתֵּי טַבְּעֹת זָהָב וַיָּשִׂימוּ עַל־שְׁנֵי קְצוֹת הַחֹשֶׁן
כ עַל־שְׂפָתוֹ אֲשֶׁר אֶל־עֵבֶר הָאֵפֹד בָּיְתָה. וַיַּעֲשׂוּ שְׁתֵּי טַבְּעֹת זָהָב וַיִּתְּנֻם עַל־שְׁתֵּי כִתְפֹת הָאֵפֹד
כא מִלְּמַטָּה מִמּוּל פָּנָיו לְעֻמַּת מַחְבַּרְתּוֹ מִמַּעַל לְחֵשֶׁב הָאֵפֹד. וַיִּרְכְּסוּ אֶת־הַחֹשֶׁן מִטַּבְּעֹתָיו אֶל־
טַבְּעֹת הָאֵפֹד בִּפְתִיל תְּכֵלֶת לִהְיֹת עַל־חֵשֶׁב הָאֵפֹד וְלֹא־יִזַּח הַחֹשֶׁן מֵעַל הָאֵפֹד כַּאֲשֶׁר צִוָּה
יהוה אֶת־מֹשֶׁה.

פירוש העניין

תיאור עשיית החושן נמסר כאן באופן זהה לציווי ה׳ את משה (כ״ח, טו-כח), למעט שלא נרשמה כאן משמעות החושן בלבישת אהרן אותו. כאן הבגד נקרא חושן (ח, כא) ולא חושן המשפט, כמו בציווי ה׳ (כ״ח, טו כט, ל). כמו בשאר הכלים, ייעוד הבגדים הושמט בתיאור עשייתם, גם המילה משפט, המשקפת את המטרה של החושן, הושמטה. מאותה סיבה גם האורים והתומים, שנזכרו בצו ה׳ (כ״ח, ל), אינם מוזכרים כאן, וגם משום שה׳ לא ציווה על עשייתם.

המעיל, ל"ט, כב-כו

כב כג וַיַּעַשׂ אֶת־מְעִיל הָאֵפֹד מַעֲשֵׂה אֹרֵג כְּלִיל תְּכֵלֶת. וּפִי־הַמְּעִיל בְּתוֹכוֹ כְּפִי תַחְרָא שָׂפָה לְפִיו סָבִיב
כד כה לֹא יִקָּרֵעַ. וַיַּעֲשׂוּ עַל־שׁוּלֵי הַמְּעִיל רִמּוֹנֵי תְּכֵלֶת וְאַרְגָּמָן וְתוֹלַעַת שָׁנִי מָשְׁזָר. וַיַּעֲשׂוּ פַעֲמֹנֵי זָהָב
כו טָהוֹר וַיִּתְּנוּ אֶת־הַפַּעֲמֹנִים בְּתוֹךְ הָרִמֹּנִים עַל־שׁוּלֵי הַמְּעִיל סָבִיב בְּתוֹךְ הָרִמֹּנִים. פַּעֲמֹן וְרִמֹּן
פַּעֲמֹן וְרִמֹּן עַל־שׁוּלֵי הַמְּעִיל סָבִיב לְשָׁרֵת כַּאֲשֶׁר צִוָּה יהוה אֶת־מֹשֶׁה.

פירוש העניין

תיאור עשיית המעיל דומה לצו ה׳ (כ״ח, לא-לה), בהבדלי נוסח לא משמעתיים, למעט המטרה של הפעמון והרימון, שנזכרה בצו ה׳ ולא כאן (כ״ח, כה2). כאן נאמר רק שהפעמונים היו עשויים זהב טהור.

כותנות, מצנפת ומגבעות, מכנסיים ואבנט, ל"ט, כז–כט

כז כח וַיַּעֲשׂוּ אֶת־הַכָּתְנֹת שֵׁשׁ מַעֲשֵׂה אֹרֵג לְאַהֲרֹן וּלְבָנָיו. וְאֵת הַמִּצְנֶפֶת שֵׁשׁ וְאֶת־פַּאֲרֵי הַמִּגְבָּעֹת
כט שֵׁשׁ וְאֶת־מִכְנְסֵי הַבָּד שֵׁשׁ מָשְׁזָר. וְאֶת־הָאַבְנֵט שֵׁשׁ מָשְׁזָר וּתְכֵלֶת וְאַרְגָּמָן וְתוֹלַעַת שָׁנִי מַעֲשֵׂה
רֹקֵם כַּאֲשֶׁר צִוָּה יהוה אֶת־מֹשֶׁה.

פירוש העניין

עשיית בגדים אלה דומה לצו ה׳ לעשות את הבגדים (כ״ח, לט-מג). אף כי כצפוי, חסרה מטרת לבישת הבגדים הרשומה בצו ה׳ (כ״ח, מ2-מא; מב2-מג). כמו כן, בעוד הציווי לעשות בגדים לבני אהרן בא בהוראה נפרדת (כ״ח, מ), כאן בתיאור אחד בא עשיית בגדי אהרן ובגדי בניו (כז). כמו כן, בצו ה׳, המכנסיים הוזכרו בנפרד משאר הבגדים (כ״ח, מב), מהסיבה שהסברנו לעיל, וכאן באו כולם ברצף אחד (כח).

בצו ה׳ נאמר לעשות אבנט ולא נאמר איך לעשותו (כ״ח, לט), וכאן התפרש שהאבנט עשוי שש משזר, תכלת וארגמן ותולעת שני, וזה נעשה מעשה רוקם (כט). חכמים נחלקו אם האבנטים של בני אהרן זהים לאבנט אהרן.[26] כיוון שהמקרא אינו מבחין בין האבנטים, נראה שהיו זהים (ראב״ע בפירושו הקצר לכ״ח, מ).

הציץ, ל״ט, ל-לא

ל לא וַיַּעֲשׂוּ אֶת־צִיץ נֵזֶר־הַקֹּדֶשׁ זָהָב טָהוֹר וַיִּכְתְּבוּ עָלָיו מִכְתַּב פִּתּוּחֵי חוֹתָם קֹדֶשׁ לַיהוה. וַיִּתְּנוּ
עָלָיו פְּתִיל תְּכֵלֶת לָתֵת עַל־הַמִּצְנֶפֶת מִלְמָעְלָה כַּאֲשֶׁר צִוָּה יהוה אֶת־מֹשֶׁה.

פירוש העניין

תיאור עשיית הציץ דומה למה שציווה ה׳ (כ״ח, לו-לז), מלבד כמה שינויי נוסח לא משמעותיים. אך נוסף כאן שהציץ הוא ״נֵזֶר הַקֹּדֶשׁ״ (ל) (ראו גם שמות כ״ט, ו; ויקרא ח׳, ט). הציץ כאן מוזכר כאחרון הבגדים, ואילו בפרק כ״ח הוא מוזכר כאחרון בגדי כוהן גדול, ולפני בגדי כוהן הדיוט. ייתכן שהסדר שם משקף את החלוקה בין כוהן גדול להדיוט, בעוד שכאן הוא מנה את הבגדים כולם, לפי סדר עשייתם, את הבגדים הזהים של כוהן הדיוט וכוהן גדול יחד, והציץ נמנה אחרון משום שאינו בגד.

סיום בניית המשכן ואישור משה - ל"ט, לב-מג

לב וַתֵּכֶל כָּל־עֲבֹדַת מִשְׁכַּן אֹהֶל מוֹעֵד וַיַּעֲשׂוּ בְּנֵי יִשְׂרָאֵל כְּכֹל אֲשֶׁר צִוָּה יהוה אֶת־מֹשֶׁה כֵּן עָשׂוּ.

לג וַיָּבִיאוּ אֶת־הַמִּשְׁכָּן אֶל־מֹשֶׁה אֶת־הָאֹהֶל וְאֶת־כָּל־כֵּלָיו קְרָסָיו קְרָשָׁיו בְּרִיחָו וְעַמֻּדָיו וַאֲדָנָיו.
לד לה וְאֶת־מִכְסֵה עוֹרֹת הָאֵילִם הַמְאָדָּמִים וְאֶת־מִכְסֵה עֹרֹת הַתְּחָשִׁים וְאֵת פָּרֹכֶת הַמָּסָךְ. אֶת־
לו לז אֲרוֹן הָעֵדֻת וְאֶת־בַּדָּיו וְאֵת הַכַּפֹּרֶת. אֶת־הַשֻּׁלְחָן אֶת־כָּל־כֵּלָיו וְאֵת לֶחֶם הַפָּנִים. אֶת־הַמְּנֹרָה
לח הַטְּהֹרָה אֶת־נֵרֹתֶיהָ נֵרֹת הַמַּעֲרָכָה וְאֶת־כָּל־כֵּלֶיהָ וְאֵת שֶׁמֶן הַמָּאוֹר. וְאֵת מִזְבַּח הַזָּהָב וְאֵת
לט שֶׁמֶן הַמִּשְׁחָה וְאֵת קְטֹרֶת הַסַּמִּים וְאֵת מָסַךְ פֶּתַח הָאֹהֶל. אֵת ׀ מִזְבַּח הַנְּחֹשֶׁת וְאֶת־מִכְבַּר
מ הַנְּחֹשֶׁת אֲשֶׁר־לוֹ אֶת־בַּדָּיו וְאֶת־כָּל־כֵּלָיו אֶת־הַכִּיֹּר וְאֶת־כַּנּוֹ. אֵת קַלְעֵי הֶחָצֵר אֶת־עַמֻּדֶיהָ
וְאֶת־אֲדָנֶיהָ וְאֶת־הַמָּסָךְ לְשַׁעַר הֶחָצֵר אֶת־מֵיתָרָיו וִיתֵדֹתֶיהָ וְאֵת כָּל־כְּלֵי עֲבֹדַת הַמִּשְׁכָּן
מא לְאֹהֶל מוֹעֵד. אֶת־בִּגְדֵי הַשְּׂרָד לְשָׁרֵת בַּקֹּדֶשׁ אֶת־בִּגְדֵי הַקֹּדֶשׁ לְאַהֲרֹן הַכֹּהֵן וְאֶת־בִּגְדֵי בָנָיו
מב מג לְכַהֵן. כְּכֹל אֲשֶׁר־צִוָּה יהוה אֶת־מֹשֶׁה כֵּן עָשׂוּ בְּנֵי יִשְׂרָאֵל אֵת כָּל־הָעֲבֹדָה. וַיַּרְא מֹשֶׁה אֶת־
כָּל־הַמְּלָאכָה וְהִנֵּה עָשׂוּ אֹתָהּ כַּאֲשֶׁר צִוָּה יהוה כֵּן עָשׂוּ וַיְבָרֶךְ אֹתָם מֹשֶׁה.

פירוש העניין

אף שיש פרשה פתוחה בין פסוק לב לפסוק לג, יש לראות רצף ביניהם, שכן הפועל "וַיָּבִיאוּ" בפסוק לג נסמך על הנושא "בְּנֵי יִשְׂרָאֵל" בפסוק לב. פסוק לב מדווח על סיום העשייה של המשכן, ופסוקים לג-מא הם נושא חדש, המתאר את הבאת כל עבודת המשכן למשה לאישורו. פסוק לב קובע שישראל בנו את המשכן לפי ההוראות של ה', והדבר חוזר בפסוק מב, אבל הדבר לא הסתיים עד שמשה יאשר זאת, שהרי הוא קיבל את התוכניות מה'. תמיכה בשייכות פסוק לב לפסוקים הבאים אפשר ללמוד מהזיקה בין הפתיחה (לב): "וַתֵּכֶל כָּל עֲבֹדַת מִשְׁכַּן אֹהֶל מוֹעֵד וַיַּעֲשׂוּ בְּנֵי יִשְׂרָאֵל כְּכֹל אֲשֶׁר צִוָּה ה' אֶת מֹשֶׁה כֵּן עָשׂוּ", לחתימה (מב-מג): "כְּכֹל אֲשֶׁר צִוָּה ה' אֶת מֹשֶׁה כֵּן עָשׂוּ בְּנֵי יִשְׂרָאֵל אֵת כָּל הָעֲבֹדָה... כֵּן עָשׂוּ".

ישראל סיימו לבנות את המשכן ועשו זאת על פי מה שציווה ה' (לב). כמובן, שחציו השני של המשפט קודם לחציו הראשון. הפסוק משתמש בכפילות בשמות "מִשְׁכַּן" ו"אֹהֶל מוֹעֵד" משום שבחתימת מלאכת המשכן נכון לציין את שני התפקידים העיקריים של משכן – מקום משכנו של ה' בקרב ישראל, ואוהל מועד כמקום ההתוועדות של ה' עם ישראל, באמצעות משה.

בדיווח על השלמת בניית המשכן, הבנייה מיוחסת לבני ישראל: "וַיַּעֲשׂוּ בְּנֵי יִשְׂרָאֵל" (לב). זו פעם ראשונה שהבנייה מיוחסת לעם. קביעה זו נכונה שהרי ישראל תרמו את החומרים לבנייה, בעלי מלאכה מקרב ישראל התנדבו לבנות, וגם הבנייה באחריות בצלאל ואהליאב הייתה בשם העם. עניין זה עולה בכך שסוגר הפסוק חוזר על תחילתו: "וַיַּעֲשׂוּ בְּנֵי יִשְׂרָאֵל... כֵּן עָשׂוּ". דגש זה יחזור עוד פעמיים בפסוקי החתימה (מב-מג). אף שישראל בנו את המשכן, הם עשו זאת על פי הוראות ה' כפי שהעביר אותן אליהם משה.

בסיום עשיית המשכן, כליו ובגדי הכוהנים, ישראל הביאו אותם לבחינתו של משה שהכול נעשה כפי צו ה' ובאישורו. הפסוקים מתארים בפרוטרוט את כל אשר עשו והביאו למשה לבחינתו (לג-מא). הם הביאו את המשכן, דהיינו היריעה התחתונה (כ"ו, א-ו; ל"ו, ח-יג), וה"אֹהֶל", הוא היריעה שמעליה העשויה עורות אילים (כ"ו, ז-יג; ל"ו, יד-יח).[27] מסתבר שהעושים במלאכה הם שהביאו את הכול למשה, כנציגם של העם, כפי שהבנייה כולה כאן מיוחסת לעם כולו. יחד עם כל הדברים, הביאו גם את לחם הפנים, את נרות המערכה ואת השמן למאור (לו, לז). הנרות הם כדי השמן, שלא היו דלוקים, משום שביום לא הדליקו את הנרות, ולכן קראו להם כאן מערכה, שהיו ערוכים במנורה (שד"ל). הם הביאו גם את קטורת הסמים ואת שמן המשחה (לח), שאותם לא עשו האומנים.

חתימת הרשימה מקבילה לפתיחתה:

לב: "וַתֵּכֶל כָּל עֲבֹדַת מִשְׁכַּן אֹהֶל מוֹעֵד **וַיַּעֲשׂוּ בְּנֵי יִשְׂרָאֵל כְּכֹל אֲשֶׁר צִוָּה ה' אֶת מֹשֶׁה כֵּן עָשׂוּ".**
לג: "וַיָּבִיאוּ אֶת הַמִּשְׁכָּן אֶל **מֹשֶׁה".**

מב: "כְּכֹל אֲשֶׁר צִוָּה ה' אֶת מֹשֶׁה כֵּן עָשׂוּ בְּנֵי יִשְׂרָאֵל אֵת **כָּל הָעֲבֹדָה".**
מג: "וַיַּרְא מֹשֶׁה אֶת כָּל הַמְּלָאכָה".
וְהִנֵּה עָשׂוּ אֹתָהּ כַּאֲשֶׁר צִוָּה ה' כֵּן עָשׂוּ".

הפסקה פותחת בקביעה שהמלאכה הסתיימה, והיא נעשתה על פי צו ה׳ את משה (לב). ומייד נאמר שהם הביאו את המלאכה למשה (לג). הקטע נחתם שוב בקביעה שהם עשו את המלאכה כפי שה׳ ציווה (מב), וכנגד הבאת המלאכה למשה בתחילת הקטע, נאמר בסופו שמשה ראה שכל המלאכה נעשתה על פי צו ה׳ למשה (מג). פסוק מג חותם את הפסקה בקביעה שמשה ראה את המלאכה, והעיקר היא מסקנתו הפותחת במילה: ״וְהִנֵּה״, ורומזת לבידוק מלאכת העם. מסקנת משה היא: ״וְהִנֵּה עָשׂוּ אֹתָהּ כַּאֲשֶׁר צִוָּה ה׳ כֵּן עָשׂוּ״. כמו בפסוק לב, גם פסוק מג הפועל ״עשה״ חוזר פעמיים, להדגיש את תוכן הדברים: ״וְהִנֵּה עָשׂוּ אֹתָהּ... כֵּן עָשׂוּ״.

הקביעה שהכול נעשה על פי צו ה׳ חוזרת פעם אחת מבחינת עשיית הכלים בידי העם (מב), ופעם נוספת הדבר נאמר לאחר בחינת משה את כל המלאכה וראייתו שהכול נעשה על פי מה שציווה ה׳ אותו (מג). ההיגד המופיע פעמיים נועד בראש ובראשונה להראות את כוונת העם לעשות על פי צו ה׳ ולהראות באופן נפרד שכך היה. אבל נראה שיש בכך כוונה עמוקה יותר, והיא להציג את העם כבוני משכן ה׳, כפי שציווה ה׳. אומנם יש כוונה נפרדת בדגש שמשה בדק את מה שבנו. ישראל בוני המשכן צריכים לבנות אותו מתוך רצונם בהשראת שכינת ה׳ בתוכם. זהו הצד שלהם בברית. ברם, ישנו דגש שה׳ ישכון בקרב ישראל רק במשכן שהוא ציווה על בנייתו. נראה שהדגש הכפול משקף את שני צדדי הברית, את הצד של העם העושה את מה שה׳ מצווה ורוצה שה׳ ישכון בתוכו, ואת הצד של ה׳ בברית, לשכון בתוך ישראל. שני הצדדים מביאים לשכינת ה׳ בקרב ישראל.

הצורך בראיית משה את כל המלאכה ובאישורו שהכול נעשה כפי שה׳ ציווה נובע מכך שה׳ לא הסתפק בתיאורים מה לבנות, אלא הראה לו את התבנית של מה שה׳ מבקש: ״כְּכֹל אֲשֶׁר אֲנִי מַרְאֶה אוֹתְךָ אֵת תַּבְנִית הַמִּשְׁכָּן וְאֵת תַּבְנִית כָּל כֵּלָיו וְכֵן תַּעֲשׂוּ״ (כ״ה, ט); ״וּרְאֵה וַעֲשֵׂה בְּתַבְנִיתָם אֲשֶׁר אַתָּה מָרְאֶה בָּהָר״ (כ״ה, מ); ״וַהֲקֵמֹתָ אֶת הַמִּשְׁכָּן כְּמִשְׁפָּטוֹ אֲשֶׁר הָרְאֵיתָ בָּהָר״ (כ״ו, ל); ״כַּאֲשֶׁר הֶרְאָה אֹתְךָ בָּהָר כֵּן יַעֲשׂוּ״ (כ״ז, ח). אף שמדובר באומנים מומחים, ובידם הסברים מה לבנות ואיך, הבנייה צריכה להיות בדיוק על פי מה שה׳ הראה למשה בהר, ולכן צריך אישור של משה שמה שנעשה הוא בדיוק כפי מה שה׳ הראה לו. כשראה שכך היה, משה מברך אותם על עשייתם: ״וַיְבָרֶךְ אֹתָם מֹשֶׁה״ (ל״ט, מג). הדרך סלולה אפוא להקמת המשכן, וזה יתואר בפרק מ׳.

סיום מלאכת המשכן והברכה של משה את העם מזכירים את סיום בריאת העולם וברכת ה׳ את השבת:[28]

שמות ל״ט, לב, מג; מ׳, ט, י, יג לג	בראשית א׳, לא; ב׳, א-ג
וַתֵּכֶל כָּל עֲבֹדַת מִשְׁכַּן אֹהֶל מוֹעֵד... (ל״ט, לב) וַיַּרְא מֹשֶׁה אֶת כָּל הַמְּלָאכָה וְהִנֵּה עָשׂוּ אֹתָהּ כַּאֲשֶׁר צִוָּה ה׳ וַיְבָרֶךְ אֹתָם מֹשֶׁה (מג) וְקִדַּשְׁתָּ אֹתוֹ/ וְהָיָה קֹדֶשׁ (מ׳, ט, י, יג) וַיְכַל מֹשֶׁה אֶת הַמְּלָאכָה (מ׳, לג)	וַיְכֻלּוּ הַשָּׁמַיִם וְהָאָרֶץ וְכָל צְבָאָם וַיַּרְא אֱלֹהִים אֶת כָּל אֲשֶׁר עָשָׂה וְהִנֵּה טוֹב מְאֹד... וַיְבָרֶךְ אֱלֹהִים אֶת יוֹם הַשְּׁבִיעִי וַיְקַדֵּשׁ אֹתוֹ וַיְכַל אֱלֹהִים בַּיּוֹם הַשְּׁבִיעִי מְלַאכְתּוֹ

זיקה מפורשת בין בריאת העולם לבניית המקדש מצויה בתהילים ע"ח, סט: "וַיִּבֶן כְּמוֹ רָמִים מִקְדָּשׁוֹ כְּאֶרֶץ יְסָדָהּ לְעוֹלָם". מה המשמעות של אנלוגיה זו בין בריאת העולם לעשיית המשכן? האפשרויות הרעיוניות להבין זאת רבות ומגוונות, וקשה להכריע ביניהן. ה' ברא את העולם כדי לתת לאדם מקום מגורים, ואילו משה בנה את המשכן כדי שיהיה מקום משכנו של ה'.[29] אולי כוונת האנלוגיה להאיר את בניית המשכן כבריאה חדשה, וישראל מופקדים על התחלה חדשה של העולם.[30] אפשר לראות במקדש עולם קטן,[31] ואפשר לראות את העולם כמקום משכנו של ה' וגם את המשכן הממלא תפקיד זהה, ככתוב בישעיה ס"ו, א: "כֹּה אָמַר ה' הַשָּׁמַיִם כִּסְאִי וְהָאָרֶץ הֲדֹם רַגְלָי אֵי זֶה בַיִת אֲשֶׁר תִּבְנוּ לִי וְאֵי זֶה מָקוֹם מְנוּחָתִי". אפשר לראות בבניית המשכן את המשך הבריאה: בריאת העולם מקבלת את השלמתה כאשר נבנה המשכן, וה' שוכן בתוכו.[32]

נראה כי יש לעמוד על כך שה' מברך את השבת בבריאה, ומשה מברך את ישראל לאחר בניית המשכן, וכן ה' קידש את השבת בבריאה, ומשה קידש את כלי הקודש בתיאור עשיית המשכן. אלה הם יסודות מהותיים בבריאה ובמשכן. שיא הבריאה הוא השבת, ואותה ה' בירך וקידש. במקביל לכך, משה בירך את ישראל וקידש את המשכן. עתה מתווסף קישור בין השבת למשכן, כפי שכבר עמדנו על כך. השבת קדושה והמשכן קדוש. ישראל יכולים להתקדש בקדושת השבת בזכות שמירתה, והם מתקדשים באמצעות קידוש המשכן וכליו המצוי בקרבם. מטרת הקישור בין הבריאה למשכן היא להציג את היסודות שישראל מתקדשים בהם, את השבת ואת המשכן, קדושת הזמן וקדושת המקום.

הקמת המשכן והתגלות ה׳ בו, מ׳

א ב וַיְדַבֵּר יהוה אֶל־מֹשֶׁה לֵּאמֹר. בְּיוֹם־הַחֹדֶשׁ הָרִאשׁוֹן בְּאֶחָד לַחֹדֶשׁ תָּקִים אֶת־מִשְׁכַּן אֹהֶל
ג ד מוֹעֵד. וְשַׂמְתָּ שָׁם אֵת אֲרוֹן הָעֵדוּת וְסַכֹּתָ עַל־הָאָרֹן אֶת־הַפָּרֹכֶת. וְהֵבֵאתָ אֶת־הַשֻּׁלְחָן וְעָרַכְתָּ
ה אֶת־עֶרְכּוֹ וְהֵבֵאתָ אֶת־הַמְּנֹרָה וְהַעֲלֵיתָ אֶת־נֵרֹתֶיהָ. וְנָתַתָּה אֶת־מִזְבַּח הַזָּהָב לִקְטֹרֶת לִפְנֵי
ו אֲרוֹן הָעֵדֻת וְשַׂמְתָּ אֶת־מָסַךְ הַפֶּתַח לַמִּשְׁכָּן. וְנָתַתָּה אֵת מִזְבַּח הָעֹלָה לִפְנֵי פֶּתַח מִשְׁכַּן
ז ח אֹהֶל־מוֹעֵד. וְנָתַתָּ אֶת־הַכִּיֹּר בֵּין־אֹהֶל מוֹעֵד וּבֵין הַמִּזְבֵּחַ וְנָתַתָּ שָׁם מָיִם. וְשַׂמְתָּ אֶת־הֶחָצֵר
ט סָבִיב וְנָתַתָּ אֶת־מָסַךְ שַׁעַר הֶחָצֵר. וְלָקַחְתָּ אֶת־שֶׁמֶן הַמִּשְׁחָה וּמָשַׁחְתָּ אֶת־הַמִּשְׁכָּן וְאֶת־
י כָּל־אֲשֶׁר־בּוֹ וְקִדַּשְׁתָּ אֹתוֹ וְאֶת־כָּל־כֵּלָיו וְהָיָה קֹדֶשׁ. וּמָשַׁחְתָּ אֶת־מִזְבַּח הָעֹלָה וְאֶת־כָּל־כֵּלָיו
יא וְקִדַּשְׁתָּ אֶת־הַמִּזְבֵּחַ וְהָיָה הַמִּזְבֵּחַ קֹדֶשׁ קָדָשִׁים. וּמָשַׁחְתָּ אֶת־הַכִּיֹּר וְאֶת־כַּנּוֹ וְקִדַּשְׁתָּ אֹתוֹ.
יב יג וְהִקְרַבְתָּ אֶת־אַהֲרֹן וְאֶת־בָּנָיו אֶל־פֶּתַח אֹהֶל מוֹעֵד וְרָחַצְתָּ אֹתָם בַּמָּיִם. וְהִלְבַּשְׁתָּ אֶת־אַהֲרֹן
יד אֵת בִּגְדֵי הַקֹּדֶשׁ וּמָשַׁחְתָּ אֹתוֹ וְקִדַּשְׁתָּ אֹתוֹ וְכִהֵן לִי. וְאֶת־בָּנָיו תַּקְרִיב וְהִלְבַּשְׁתָּ אֹתָם כֻּתֳּנֹת.
טו וּמָשַׁחְתָּ אֹתָם כַּאֲשֶׁר מָשַׁחְתָּ אֶת־אֲבִיהֶם וְכִהֲנוּ לִי וְהָיְתָה לִהְיֹת לָהֶם מָשְׁחָתָם לִכְהֻנַּת עוֹלָם
לְדֹרֹתָם.

טז וַיַּעַשׂ מֹשֶׁה כְּכֹל אֲשֶׁר צִוָּה יהוה אֹתוֹ כֵּן עָשָׂה.

יז יח וַיְהִי בַּחֹדֶשׁ הָרִאשׁוֹן בַּשָּׁנָה הַשֵּׁנִית בְּאֶחָד לַחֹדֶשׁ הוּקַם הַמִּשְׁכָּן. וַיָּקֶם מֹשֶׁה אֶת־הַמִּשְׁכָּן וַיִּתֵּן
יט אֶת־אֲדָנָיו וַיָּשֶׂם אֶת־קְרָשָׁיו וַיִּתֵּן אֶת־בְּרִיחָיו וַיָּקֶם אֶת־עַמּוּדָיו. וַיִּפְרֹשׂ אֶת־הָאֹהֶל עַל־הַמִּשְׁכָּן
וַיָּשֶׂם אֶת־מִכְסֵה הָאֹהֶל עָלָיו מִלְמָעְלָה כַּאֲשֶׁר צִוָּה יהוה אֶת־מֹשֶׁה.

כ וַיִּקַּח וַיִּתֵּן אֶת־הָעֵדֻת אֶל־הָאָרֹן וַיָּשֶׂם אֶת־הַבַּדִּים עַל־הָאָרֹן וַיִּתֵּן אֶת־הַכַּפֹּרֶת עַל־הָאָרֹן
כא מִלְמָעְלָה. וַיָּבֵא אֶת־הָאָרֹן אֶל־הַמִּשְׁכָּן וַיָּשֶׂם אֵת פָּרֹכֶת הַמָּסָךְ וַיָּסֶךְ עַל אֲרוֹן הָעֵדוּת כַּאֲשֶׁר
צִוָּה יהוה אֶת־מֹשֶׁה.

כב כג וַיִּתֵּן אֶת־הַשֻּׁלְחָן בְּאֹהֶל מוֹעֵד עַל יֶרֶךְ הַמִּשְׁכָּן צָפֹנָה מִחוּץ לַפָּרֹכֶת. וַיַּעֲרֹךְ עָלָיו עֵרֶךְ לֶחֶם
לִפְנֵי יהוה כַּאֲשֶׁר צִוָּה יהוה אֶת־מֹשֶׁה.

כד כה וַיָּשֶׂם אֶת־הַמְּנֹרָה בְּאֹהֶל מוֹעֵד נֹכַח הַשֻּׁלְחָן עַל יֶרֶךְ הַמִּשְׁכָּן נֶגְבָּה. וַיַּעַל הַנֵּרֹת לִפְנֵי יהוה
כַּאֲשֶׁר צִוָּה יהוה אֶת־מֹשֶׁה.

כו כז וַיָּשֶׂם אֶת־מִזְבַּח הַזָּהָב בְּאֹהֶל מוֹעֵד לִפְנֵי הַפָּרֹכֶת. וַיַּקְטֵר עָלָיו קְטֹרֶת סַמִּים כַּאֲשֶׁר צִוָּה יהוה
אֶת־מֹשֶׁה.

כט וַיָּשֶׂם אֶת־מָסַךְ הַפֶּתַח לַמִּשְׁכָּן. וְאֵת מִזְבַּח הָעֹלָה שָׂם פֶּתַח מִשְׁכַּן אֹהֶל־מוֹעֵד וַיַּעַל עָלָיו אֶת־
הָעֹלָה וְאֶת־הַמִּנְחָה כַּאֲשֶׁר צִוָּה יהוה אֶת־מֹשֶׁה.

ל לא וַיָּשֶׂם אֶת־הַכִּיֹּר בֵּין־אֹהֶל מוֹעֵד וּבֵין הַמִּזְבֵּחַ וַיִּתֵּן שָׁמָּה מַיִם לְרָחְצָה. וְרָחֲצוּ מִמֶּנּוּ מֹשֶׁה וְאַהֲרֹן
לב וּבָנָיו אֶת־יְדֵיהֶם וְאֶת־רַגְלֵיהֶם. בְּבֹאָם אֶל־אֹהֶל מוֹעֵד וּבְקָרְבָתָם אֶל־הַמִּזְבֵּחַ יִרְחָצוּ כַּאֲשֶׁר
צִוָּה יהוה אֶת־מֹשֶׁה.

לג וַיָּקֶם אֶת־הֶחָצֵר סָבִיב לַמִּשְׁכָּן וְלַמִּזְבֵּחַ וַיִּתֵּן אֶת־מָסַךְ שַׁעַר הֶחָצֵר וַיְכַל מֹשֶׁה אֶת־הַמְּלָאכָה.

לד לה וַיְכַס הֶעָנָן אֶת־אֹהֶל מוֹעֵד וּכְבוֹד יהוה מָלֵא אֶת־הַמִּשְׁכָּן. וְלֹא־יָכֹל מֹשֶׁה לָבוֹא אֶל־אֹהֶל
לו מוֹעֵד כִּי־שָׁכַן עָלָיו הֶעָנָן וּכְבוֹד יהוה מָלֵא אֶת־הַמִּשְׁכָּן. וּבְהֵעָלוֹת הֶעָנָן מֵעַל הַמִּשְׁכָּן יִסְעוּ
לז לח בְּנֵי יִשְׂרָאֵל בְּכֹל מַסְעֵיהֶם. וְאִם־לֹא יֵעָלֶה הֶעָנָן וְלֹא יִסְעוּ עַד־יוֹם הֵעָלֹתוֹ. כִּי עֲנַן יהוה עַל־
הַמִּשְׁכָּן יוֹמָם וְאֵשׁ תִּהְיֶה לַיְלָה בּוֹ לְעֵינֵי כָל־בֵּית־יִשְׂרָאֵל בְּכָל־מַסְעֵיהֶם.

מבנה הפרק ותוכנו

עתה, לאחר שהושלמה בניית המשכן והכלים, ונעשו בגדי אהרן, ולאחר שבסיום הבנייה העם הראה למשה את כל אשר בנו (ל"ט, לג-מג), מגיע הפרק החותם את פרקי המשכן ואת ספר שמות בכללו. ה' מצווה להרכיב את המשכן, להעמיד כל כלי במקומו ולמשוח אותם ואת אהרן ובניו ובגדיהם, ומשה ממלא את ציוויו. לאחר מכן ה' משרה את שכינתו במשכן. זהו השיא של פרשיות המשכן ושל ספר שמות.

פרק זה מורכב משלושה חלקים:

1. א-טו – ציווי ה' למשה להקים את המשכן, להעמיד את הכלים במקומם, למשוח אותם ולקדש את הכוהנים.
   - א. א-ח – ציווי ה' למשה להקים את המשכן ולשים כל כלי במקומו.
   - ב. ט-טו – ציווי ה' למשה למשוח את המשכן ואת כליו ובכך לקדשם, וכן את אהרן, בניו ובגדיהם, כדי לקדשם לכהן לה'.
2. טז-לג – תיאור הביצוע של משה.
   - א. טז – משה ממלא את צו ה' למשוח את המשכן וכליו ואת הכוהנים ובגדיהם.
   - ב. יז-לג – משה ממלא את צו ה' להקים את המשכן ולהעמיד את הכלים, והוא מתחיל את השימוש בכלים.
3. לד-לח – השראת השכינה במשכן.

פרק החתימה מתאר את הציוויים של ה' על הקמת המשכן והקדשתו (א-טו), ואחר כך ביצוע הציוויים (טז-לג), כמבנה של ציווי ה' לבנות את המשכן (כ"ה-ל"א), ואחר כך פירוט הביצוע (ל"ה-ל"ט, לא). ה' מצווה את משה לעשות זאת ביום הראשון של החודש הראשון, הוא חודש ניסן (מ', ב, יז), כמעט שנה לאחר שיצאו ממצרים, ותשעה חודשים לאחר מעמד הר סיני.

הקדשת המשכן והכוהנים, ימי המילואים וחנוכת המזבח

בהקדשת המשכן וכליו, ה' מצווה גם לקדש את הכוהנים ברחיצתם במים, וכן על לבישת בגדים ומשיחתם בשמן (יב-טו). ה' מצווה על הליך הקדשה מפורט של הכוהנים בשמות כ"ט, וגם שם משה מצווה על הקדשת הכוהנים, ובכלל זה רחיצה (כ"ט, ד), לבישת בגדים (כ"ט, ה-ו, ח-ט) ומשיחה (ז). מלבד פעולות אלה, יש שם גם הליך של הקרבת קורבנות, ובכלל זה קורבן המילואים והזאת הדם על הכוהנים, וכל זה במשך שבעה ימים. תיאור קיום הציווי של ימי המילואים מובא בהרחבה בויקרא ח'-ט', ובכלל זה גם הרחיצה, לבישת הבגדים ומשיחתם (ויקרא ח', ו-ט, יב-יג), אך כאמור, הרחיצה, לבישת הבגדים ומשיחתם מתוארות גם בסוף

מלאכת המשכן (יב-טו). ההסבר לכפל התיאור עלה בעיוננו לשמות כ״ט. שם ראינו שהליך אחד של מילוי ידי הכוהנים כולל רחיצה, לבישת בגדים ומשיחה של אהרן ובניו (כ״ט, ד-ט), ואחר כך, בהליך שני של הקרבת קורבנות ובייחוד קורבן המילואים, שוב נאמר שהכוהנים מילאו את ידם (כ״ט, לג). הסברנו שיש שני הליכים למינוי אהרן ובניו: הראשון הוא לשם היותם מוקדשים לכוהנים לה׳ ולשרת את ה׳ במשכנו – הליך זה כולל רחיצה, לבישת בגדים ומשיחה בשמן. אך הליך זה אינו מכשיר את הכוהנים להקריב קורבנות בשם העם. לשם כך נועד איל המילואים, שבהליך הקרבתו הופכים הכוהנים למוקדשים לעבודת הקורבנות.

על פי הבחנה זו, ניתן להבין את החלוקה בין התיאור בשמות מ׳ לתיאור בויקרא ח׳-ט׳. בשמות מ׳ מדובר על בניית משכן והקדשת המשכן להשראת שכינת ה׳, ולשם כך צריכים כוהנים משרתי ה׳; אך אין כאן הקרבת קורבנות בשם העם, ונושא זה יעלה רק בספר ויקרא. כיוון שבשמות מדובר על הקמת משכן לה׳ לשם השראת שכינה, הקדשת הכוהנים כוללת את ההליך הראשון בלבד, של מילוי הידיים, היינו רחיצה, לבישת הבגדים ומשיחת אהרן ובניו. עתה הם מוקדשים להיות משרתי ה׳ במשכן. בפרק מ׳ אכן נאמר שהכוהנים רחצו (יב), לבשו את בגדיהם ומשחו אותם בשמן (יג, יד-טו). אך עדיין הם אינם מוקדשים לעבודת הקורבנות, וזה יתואר בויקרא ח׳-ט׳.

לאור שני התפקידים האלה של המשכן, ישנן שתי התגלויות שונות. המשכן בשמות נועד להיות משכן להשראת ה׳, ולכן תיאור בניית המשכן מסתיים בירידת ענן כבוד ה׳ במשכן, ובכל מסעותיהם ראו העם את הענן על המשכן ושה׳ שוכן בתוכם (מ׳, לד-לח). לעומת זאת, שבעת ימי המילואים והיום השמיני הם הכשרה של הכוהנים להיות עובדי המזבח. לפיכך שיאו של היום השמיני הוא בהתגלות האש האוכלת את הקורבנות שהכוהנים הקריבו שם, לאות שה׳ מקבל את המזבח כמקום אשר ישראל מקריבים עליו קורבנות.

כך נוכל גם להבין מדוע בספר שמות אין אזכור של היום השמיני של ימי המילואים, אך הוא מתואר בהרחבה בויקרא ט׳. היום השמיני של ימי המילואים הוא היום שבו ה׳ קיבל את העבודה במזבח, ומעתה יוכלו ישראל לעבוד אותו שם, והיבט זה שייך לספר ויקרא. לעומת זאת, תפקיד המשכן בספר שמות הוא להוות מקום שבו ה׳ ישרה שכינתו בקרב ישראל, ולכן נושא ההתגלות סביב העבודה במזבח לא נכלל בספר שמות. שמות כ״ט מתאר את שבעת ימי המילואים, הכוללים את ההכשרה של הכוהנים לעבודת המזבח, אבל תחילת העבודה הזו תהיה רק בויקרא. בשמות כ״ט יש ציווי של ה׳ לגבי הקדשת הכוהנים להיות משרתי מזבח, וזה ימומש בספר ויקרא, ובו יש גם תיאור של מינוי הכוהנים להיות משרתי ה׳, תיאור השייך לספר שמות.

אירוע נוסף הקשור להקדשת המשכן ומילוי ידי הכוהנים בימי המילואים הוא חנוכת המזבח על ידי הנשיאים בבמדבר ז׳. גם שנים עשר ימים אלה, שבהם הקריבו הנשיאים לחנוכת המזבח, מסתיימים בהתגלות של ה׳ באמצעות דיבור עם משה (במדבר ז׳, פט). חנוכת המזבח על ידי הנשיאים מכשירה אותו לשמש מקום שבו הם יקריבו קורבנות. לעומת ימי המילואים, שבהם מתקבל המזבח על ידי ה׳ כמקום שישראל יכולים להקריב עליו, והכוהנים מתמנים

לעבוד עליו את עבודת המזבח, בחנוכת המזבח בבמדבר ז׳, העם חונך את המזבח ומקבל אותו כמקום שבו הם מקריבים לה׳ את קורבנותיהם, וכמקום שבו הם יכולים להתקשר עם ה׳. ראו על כך בפירושנו לבמדבר.[1]

הסבר זה מבאר את טיב הפיזור של תיאורי הקדשת המשכן במקומות שונים. ספר שמות מתרכז בהיבט של המשכן כמקום משכנו של ה׳ בקרב ישראל, ולא לשם עבודת הקורבנות של העם. כיוון שבספר שמות העיקר הוא שכינת ה׳ במשכן, תפקיד הכוהנים הוא לשרת את ה׳, להדליק את מנורה, לשים לחם בשולחן, להקטיר קטורת במזבח הזהב, וגם להקריב את קורבנות התמיד. קורבן התמיד הוא קורבן לה׳ בכל יום. וגם זה מתואר כאן בשמות, הן בתוכנית בניית המשכן כ״ט, לח-מט, הן בתחילת תפעול המשכן (מ׳, י, כט). לשם עבודות אלה, ובכלל זה קורבנות התמיד, הוקדשו הכוהנים בלבישת הבגדים ובמשיחתם בשמן, ככתוב בשמות (כ״ט, ד-ט; מ׳, יב-טו). עבודת הקורבנות שהיא לצורך העם או לרצונו של העם, אינן עיקרו של התיאור בספר שמות, אלא היא עיקרם של ימי המילואים (כ״ט, י-לז; ויקרא ח׳-ט׳), לשם כך הוקדשו הכוהנים בימי המילואים, ולשם כך הם גם לבשו את הבגדים ונמשחו בשמן. כיוון שיש שני היבטים בעבודת הכוהנים, לבישת הבגדים ומשיחתם בשמן נזכרות פעמיים, פעם בהיבט של משכן שבו ה׳ שוכן (כ״ט, ד-י; מ׳, יב-טז) ופעם בהיבט שהכוהנים הם שליחי העם לעבוד במזבח ולהקריב את קורבנותיהם (ויקרא ח׳, ו-י, יב-יג). כדאי לציין שבימי המילואים משה מושח בשמן גם את המשכן וכליו (ח׳, י-יא). נפרש שם אם מדובר באותה משיחה כמו בשמות מ׳ או שזו משיחה שנייה, ובכל מקרה, משיחת המשכן והכלים היא לשם הקדשת המשכן לשמש מקום הקרבה של קורבנות העם, שלא כמשיחה בשמות מ׳, שהיא לשם הקדשת המשכן ולהשראת שכינת ה׳ בו.

לסיכום, ישנם שלושה הליכים הקשורים בהקדשת המשכן ועובדיו וחנוכת המזבח: הראשון הוא הקדשת המשכן והכלים לשם השראת שכינת ה׳ בתוכו, באמצעות ירידת ענן ה׳ על המשכן. תיאור זה הוא עיקרו של תיאור בניית המשכן בשמות, ושיאו בפרק מ׳. השני הוא הכשרת הכוהנים המשכן ובעיקר המזבח לשם הקרבת קורבנות בימי במילואים. תיאור זה הוא בשמות כ״ט ובויקרא ח׳-ט׳. עיקרו קבלת ה׳ את המזבח כמקום הקרבת ישראל את קורבנותיהם, באמצעות הורדת האש על המזבח. ההליך השלישי הוא חנוכת המזבח, והוא מבטא את קבלת העם את המזבח כמקום שבו הוא יקריב את קורבנותיו לה׳. תיאור זה הוא בבמדבר ז׳. קורבנות הנשיאים מסתיימים בהתגלות ה׳ בדיבור אל משה מבין שני הכרובים.

הבנה זו מעוררת את שאלת הסנכרון הכרונולוגי של שלושת ההליכים האלה, המפוזרים בשלושה ספרים שונים. בשמות מ׳, א, יז, נאמר שבראשון בניסן הקים משה את המשכן. מובן מכאן שהתגלות ה׳ בענן הייתה ביום זה, לאחר שמשה השלים את הקמת המשכן. אבל בשמות כ״ט ובויקרא ח׳ נאמר שימי המילואים היו שבעה ימים, וביום השמיני כבוד ה׳ התגלה ואש אכלה את מה שהקריבו על המזבח. אך התורה אינה מפרשת, לא בשמות כ״ט ולא בויקרא ח׳-ט׳, מה התאריך של ימים אלה. מה היחס בין שני התיאורים של הקמת המשכן לשבעת ימי המילואים והיום השמיני?

הדעה הרווחת בחז״ל היא ששבעת ימי המילואים החלו בכ״ג באדר, והיום השמיני, שבו ה׳ התגלה באש על המזבח, הוא א׳ בניסן, ובו ביום שבו ענן ה׳ ירד למשכן.[2] אבל שתי הידיעות האלה סותרות, שכן כדי לעשות את קורבנות שבעת ימי המילואים, היה צריך שהמשכן יהיה בנוי, והרי הוא הוקם רק בראשון בניסן. לכן חז״ל פירשו שבמשך שבעה ימי המילואים משה הקים את המשכן ופירק אותו. וכך עשו את עבודת ימי המילואים, וביום השמיני הוא הקים את המשכן ולא פירקו יותר. שיטה זו קשה, שכן מלבד שלא כתוב בתורה שמשה פירק והרכיב בכל יום את המשכן, וחמור מכך שה׳ לא ציווה על כך, הבעיה היא שנאמר בויקרא שהכוהנים לא יצאו מאוהל מועד במשך שבעה ימים, וזה סותר את האפשרות שמשה פירק את המשכן בכל יום.[3] יתר על כן, בימי המילואים, משה משח את המשכן, את הכלים אהרן ובניו ואת בגדיהם (ויקרא ח׳, ז–יג), ואם כפי דעת חכמים ימי המילואים היו לפני א׳ בניסן, איך אפשר להבין שביום זה ציווה ה׳ למשוח את המשכן וכליו, ואת אהרן ובניו ובגדיהם?!

דעה אחרת היא שמשה הקים את המשכן בא׳ בניסן וביום זה החלו ימי המילואים, והיום השמיני של ימי המילואים היה בח׳ בניסן. זוהי שיטת רבי עקיבא והשיטה שבה נקט ראב״ע.[4] כלומר א׳ בניסן היה גם יום הקמת המשכן וגם היום הראשון לימי המילואים, כמתואר בשמות כ״ט, וויקרא ח׳–ט׳. דעה זו מסתברת יותר בפשוטי המקראות, משום שרק לאחר הקמת המשכן בא׳ בניסן ותחילת תפקודו ניתן לעשות את הקורבנות, ובכללם איל המילואים, כדי למלא ידי הכוהנים. לפי שיטה זו, הנשיאים לא התחילו להביא את קורבנותיהם בא׳ בניסן, כשיטת חז״ל שהובאה קודם, אלא כשנשלמו ימי המילואים, בח׳ בניסן. דהיינו כשהושלמו שנים עשר ימי חנוכת המזבח בי״ט בניסן.[5] קשה על שיטת הראב״ע, שכן בבמדבר ז׳, א נאמר שהנשיאים החלו להביא את קורבנותיהם ביום כלות משה להקים את המשכן, ולא בסיום ימי המילואים, ויום כלות משה להקים את המשכן הוא א׳ בניסן. הדרך לפתור את הבעיה לשיטה זו, כדי שהדברים יסתדרו עם במדבר ז׳, היא לפרש ש״בְּיוֹם כַּלּוֹת מֹשֶׁה״ אינו יום ממש, היינו א׳ בניסן, אלא תקופת ניסן, ורק בחודש השני החלו הנשיאים להביא את קורבנותיהם. לפי זה, הנשיאים הביאו את קורבנותיהם לאחר שהסתיימו ימי המילואים.[6] הקושי בהסבר זה הוא ש״בְּיוֹם כַּלּוֹת מֹשֶׁה״ בקושי רב מתבאר כפירוש זה, ומסתבר כי פשוטו של מקרא הוא שהכוונה ביום ראשון בניסן. דבר מטריד נוסף לפי שיטה זו הוא שבימי חנוכת המזבח גם חגגו את הפסח בי״ד ניסן.[7]

ככל שהפכנו בכך, לא נמצאה שיטה שתסביר באופן המניח את הדעת את הדרך לסנכרן את הזמנים בין שלושת האירועים של הקמת המשכן, ימי המילואים וחנוכת המזבח. שלושת האירועים נכתבו בשלושה ספרים שונים, ועל פי מקומם מתבארים ההיבטים השונים שלהם. נראה שהתורה לא ביארה כיצד שלושת היסודות האלה משתלבים במציאות, וככל הנראה כל ניסיון למזג בין האירועים נועד לכישלון. ייתכן שהמתח בין שלושת הרעיונות האלה, שמתפרסים על ספרים שונים ומדגישים עקרונות שונים, הוא מכוון, והם אף לא באו בסדר כרונולוגי, כדי להדגיש את העקרונות הרעיוניים של כל אחד ואת היחסים ההדדיים במישור

הרעיוני ביניהם, וכל עיקרון מופיע בספר שונה המתאים לעיקרון המופיע בו. דווקא העובדה שמיזוג ההליכים השונים אינו אפשרי, מבליטה את העצמאות של כל הליך בפני עצמו ואת העיקרון הנפרד והבלתי תלוי שלו.

הציווי על הקמת המשכן, העמדת הכלים ומשיחתם והקדשת הכוהנים, א–טו

ציווי ה׳ למשה להקים את המשכן ולשים כל כלי במקומו, א–ח

בפסוק א ה׳ מצווה את משה להקים את "מִשְׁכַּן אֹהֶל מוֹעֵד". כמו בל"ט, לב, הכינוי הכפול מבטא את התפקיד כפול של השראת שכינת ה׳ בקרב ישראל ושל התוועדות ה׳ עם ישראל באמצעות משה. "מִשְׁכַּן אֹהֶל מוֹעֵד" – הכוונה להעמיד את קרשי המשכן ולחבר אותם, ולפרוס עליהם את היריעות (ב). אחר כך בא שלב נתינת הכלים במשכן, לפי סדר חשיבותם. משה מצטווה לשים את הארון ולשים מחיצה את הפרוכת (ג), אחר כך את השולחן ונתינת לחם הפנים עליו ואת המנורה והדלקתה (ד), ואחר כך את מזבח הקטורת (ה). מודגש שמיקומו של מזבח הקטורת לפני ארון העדות, ועל כך הרחבנו לעיל בעניין מזבח הקטורת. מעניין כי להבדיל מהמנורה, שיש ציווי להדליק את נרותיה, ומהשולחן, שיש ציווי לערוך את לחם הפנים עליו, בציווי על העמדת מזבח הקטורת לא נאמר במפורש שיש להקטיר עליו קטורת, אף כי כתוב בקצרה "לִקְטֹרֶת", שפירושו להקטיר קטורת, ולא שהמזבח מיועד לקטורת.

לאחר מכן משה מצטווה לשים את המסך לפתח המשכן (ה). לאחר סיום העמדת הכלים בתוך המשכן הציווי עובר לכלים מחוץ למשכן, ולפי סדר החשיבות מוזכר קודם מזבח העולה, שמיקומו לפני הפתח של המשכן (ו). גם כאן אין ציווי על ייעוד המזבח להקרבת הקורבנות. לאחר מכן נזכר הכיור, שמיקומו בין המשכן למזבח, וכאן נכתב שיש לשים בכיור מים (ז). בסוף מופיע הציווי לשים את החצר, הכוונה לעמודי החצר ולירועותיו, וכן את מסך הפתח של החצר (ח).

לגבי הארון, השולחן, המנורה והכיור נאמר שעל משה להתחיל את תפקוד הכלים, וייתכן שהדבר נאמר בקצרה גם על מזבח הקטורת. בתוך הארון יש לשים את העדות, היינו את לוחות הברית, על השולחן יש לערוך את הלחמים, את נרות המנורה יש להדליק, בתוך הכיור יש לשים מים ועל מזבח הזהב יש להקטיר קטורת. לעומת זאת, לא נאמר שעל מזבח העולה יש להקריב את קורבן התמיד. אומנם בביצוע צו זה משה נתן קטורת (כו), ועשה את קורבנות הבוקר והמנחה על המזבח (כט). אולי אפשר להציע שכדי להוציא מטעות נפוצה, שהעיקר במשכן הוא הקרבת הקורבנות, לא נאמר כאן ציווי על הקורבנות במפורש. מסיבה זו, ובשל הקשר של מזבח הקטורת למזבח התמיד, גם הציווי על הקטרת הקטורת הוצנע.

ציווי ה׳ למשה למשוח את המשכן וכליו ואת אהרן ובניו ובגדיהם, ט–טו

לאחר הרכבת המשכן ונתינת כל הכלים במקומם, משה מצטווה למשוח את המשכן ואת כל כליו, ובכך הכול הופך להיות קדוש (ט–יא). בדברי ה׳ יש ציווי על משיחת המשכן, אך כלי המשכן לא פורטו, אלא באו בכללה: ״וְאֶת כָּל אֲשֶׁר בּוֹ״. הכוונה לארון, לשולחן, למנורה ולמזבח הקטורת. עם זאת, ישנו פירוט של הכלים שמחוץ למשכן, של מזבח העולה והכיור (י–יא). בציווי של ה׳ יש שני פעלים: ״וּמָשַׁחְתָּ״ ו״וְקִדַּשְׁתָּ״. הפועל הראשון הוא פעולה שמשה צריך לעשות, והשני אינו פעולה נפרדת, אלא שבאמצעות המשיחה, התוצאה היא שהמשכן והכלים מתקדשים.

לעומת משיחת כל הכלים, שבזכותה הם הופכים קודש, (ט), על מזבח העולה לאחר המשיחה נאמר ״וְהָיָה הַמִּזְבֵּחַ קֹדֶשׁ קָדָשִׁים״ (י). גם בל׳, לז, נקרא המזבח קודש קודשים. אולם בל׳, כט, כל הכלים נקראים קודש קודשים, וזה כולל גם את הכיור, שקדושתו בוודאי אינה כקדושת הכלים במשכן וכקדושת המזבח, ולכן נראה שאין קדושה מיוחדת למזבח.[8] ראב״ע פירש בכ״ט, לז: ״קדש כאחד הקדשים״.[9] רמב״ן הסביר שהמזבח נקרא קודש קודשים משום שמקריבים עליו גם קורבנות שהם קודש קודשים.[10] ואולי הציון ״קֹדֶשׁ קָדָשִׁים״ על המזבח הוא כפי שהצענו לעיל, המזבח מכונה כך משום שבעבודה שעליו מתכפרים חטאי העם והוא מביא להתקשרות בין העם לה׳.[11]

בפסוקים יב–טו ה׳ מצווה את משה לקדש את אהרן ובניו על מנת להיות עובדי ה׳: ״וְקִדַּשְׁתָּ אֹתוֹ וְכִהֵן לִי״. קידושם של אהרן ובניו כולל שלוש פעולות: רחיצה במים, לבישת הבגדים ומשיחה בשמן. ישנם שני ציוויים נפרדים, אחד על אהרן (יג) ואחד על בניו (יד–טו). מסדר הפסוקים נראה כי בשלב ראשון רחצו את אהרן ואת בניו, אחר כך הלבישו את אהרן ומשחו אותו ואחר כך הלבישו את בניו ומשחו אותם. התוצאה של פעולות אלה היא ״וְכִהֵן לִי״, ופעולות אלה הופכים אותם לכוהנים לעולם: ״וְהָיְתָה לִהְיֹת לָהֶם מָשְׁחָתָם לִכְהֻנַּת עוֹלָם לְדֹרֹתָם״ (טו).

משה מבצע את ציווי ה׳, טז–לג

משה ממלא את צו ה׳ למשוח את המשכן וכליו ואת הכוהנים ובגדיהם, טז

פסוק טז קובע שמשה עשה ככל אשר ציווה אותו ה׳, וכמו בפסוקים קודם לכן (ל״ט, לב, מג), פעמיים בפסוק מופיע הפועל ״עָשָׂה״: ״וַיַּעַשׂ מֹשֶׁה... כֵּן עָשָׂה״. משפט זה קובע בכלליות שמשה מילא אחר ציווי ה׳, אבל לא נאמר איזה צו הוא קיים. אפשרות אחת שפסוק זה הוא קביעה כללית על הקמת הכלים במקומם, המנוסחת כאן בצורה כללית והיא מתפרטת בפסוקים הבאים.[12] לפי הבנה זו, התורה מדגישה את קיום הציווי במדויק, ולכן הדבר בא בניסוח כללי בפסוק טז, ובפירוט בפסוקים יז–לג. האמירה הכללית בפסוק טז, והפירוט בפסוקים יז–לג

הם חלק המגמה של התורה להדגיש בצורה חדה וחוזרת שהביצוע של משה הוא על פי צו ה׳. אולם למרבה ההפתעה, לפי הסבר זה, אף שה׳ ציווה גם על המשיחה של הכלים ושל אהרן ובניו והלבשתם בבגדי כהונה, לא נכתב שמשה ביצע זאת. יש לתמוה מדוע מופיע צו ה׳ ולא מופיע ביצוע. אף שכתוב שמשה ביצע זאת בויקרא ח׳, י-יב, אין הדבר מתיר את הקושי, שכן צו ה׳ כאן נותר ללא תגובה של משה, וזה סותר את מגמת התורה להדגיש כאן שמשה עשה את אשר ציווה אותו ה׳.[13]

נראה לי שפסוק טז קובע שמשה עשה את אשר ה׳ ציווה אותו בפסוקים הקודמים. יש שתי אפשרויות להבין זאת: אפשרות אחת היא שהפסוק הזה מוסב על שני הציוויים של ה׳, ואחר כך בפסוקים יז-לג שוב חוזר הכתוב לפרט את הביצוע לגבי העמדת המשכן והכלים בלבד. אפשרות נוספת היא שפסוק טז קובע שמשה קיים את צו ה׳ השני, בעניין משיחת המשכן וכליו, הכוהנים ובגדיהם (ט-טו), ואחר כך בפסוקים יז-לג מסופר שמשה ביצע את הצו הראשון של ה׳, להקים את המשכן ואת הכלים (ב-ח). לפי זה מתקבל המבנה המתהפך הבא:

ב-ח – צו ה׳ את משה להקים את המשכן, למקם את הכלים ולהתחיל את פעולתם,

ט-טו – צו ה׳ את משה למשוח את המשכן וכליו, אהרן ובניו ובגדיהם,

טז – משה מבצע את הצו ה׳ למשוח את המשכן וכליו, אהרן ובניו ובגדיהם,

יז-לג – משה מבצע את צו ה׳ ומקים את המשכן, מעמיד את הכלים, ומתחיל את פעולתם.

בא׳ בניסן משח משה את המשכן ואת כל הכלים, וכן את אהרן ובניו ובגדיהם. ביצוע זה של צו ה׳ כתוב בפסוק טז באמירה הכללית שמשה עשה את כל מה שה׳ ציווה אותו. אכן כך מסתבר, שכן הפסוקים הבאים מתארים כיצד משה העמיד את המשכן והכלים, והחל השימוש בהם, אך אין אזכור למשיחת הכלים ולמשיחת אהרן, בניו ובגדיהם. קשה להסביר מדוע פירטה התורה את העמדת המשכן וכלים כל אחד בנפרד, אבל לא פירטה את המשיחה. האפשרות הסבירה בעיניי היא שהעיקר כאן בשמות הוא העמדת המשכן וכליו לשם השראת שכינה, ולכן הסתפק הכתוב בהכללה שמשה עשה את אשר הצטווה, והכוונה למשיחת המשכן וכליו, אהרן ובניו והכוהנים, אך מה שקשור לעצם העמדת המשכן ותחילת תפעולו התורה הרחיבה ופירטה. מה עוד שנושא המשיחה ולבישת הבגדים יעלה במפורש בויקרא ח׳, י. אך יש לזכור שמשיחת המשכן והכוהנים בויקרא ח׳, ובשמות מ׳, נועדה למטרות שונות של המשכן, כפי שעמדנו על כך לעיל. המשיחה בשמן בשמות מ׳ נועדה להכשיר את המשכן להשראת ה׳ בתוכו, והמשיחה בשמן בויקרא ח׳ נועדה להכשיר את המזבח להקרבת קורבנות עליו. משיחת הכוהנים בשמות היא משום שהם משרתי המשכן וצריכים לטפל בכלים, ולכן משיחתם אינה מודגשת, ואילו משיחת הכוהנים בויקרא ח׳ נועדה להכשרתם להיות עובדי מזבח, להקריב את הקורבנות של העם, ולכן שם היא מופיעה במפורש.

משה ממלא את צו ה׳ להקים את המשכן, להעמיד את הכלים ולהתחיל את שימושם, יז–לג

תיאור הקמת המשכן פותח בחגיגיות: "וַיְהִי בַּחֹדֶשׁ הָרִאשׁוֹן בַּשָּׁנָה הַשֵּׁנִית בְּאֶחָד לַחֹדֶשׁ הוּקַם הַמִּשְׁכָּן" (יז). פתיחה חגיגית זו תואמת את שיאן של פרשיות המשכן, שלהן הוקדשו תיאורים מפורטים של ציוויים על בניית המשכן וביצועם. הקמת המשכן ושכינת ה׳ בתוכו הן השיא של סיפור ההתגלות בסיני, והברית בין ה׳ לישראל בעקבותיה. התגלות ה׳ בסיני ממשיכה עכשיו באופן קבוע בנוכחות ה׳ במשכן שבקרב ישראל.[14] לאחר תיאור חגיגי זה, בא תיאור מפורט של הקמת כל כלי וכלי בנפרד.

שלא כקביעה הכללית לגבי משיחת הכלים והקדשתם, תיאור הקמת המשכן על ידי משה וכל אחד מהכלים בנפרד מפורט מאוד (יח–לג). בסוף כל שלב בהקמת המשכן וכליו, נאמר כפזמון חוזר שבע פעמים שמשה עשה את מה שה׳ ציווה אותו: "כַּאֲשֶׁר צִוָּה ה׳ אֶת מֹשֶׁה" (יט, כא, כג, כה, כז, כט, לב). נראה שמשה עצמו הוא שעשה את כל הפעולות. הדבר עולה מהאמירה החוזרת שהוא מבצע הפעולות, וכן ממה שכתוב שמשה רחץ את ידיו ואת רגליו בכיור (לא). העמדת המשכן וכליו בידי משה היא משום שהמשכן חייב להיות בדיוק כפי שה׳ ציווה אותו, והוא היחיד שראה במראה שה׳ הראה לו בהר את תבנית המשכן וכליו (כ״ה, ט, מ; כ״ז, ח; במדבר ח׳, ד). לפיכך, כל מה שנבנה הובא לאישורו של משה, שאכן הכול נעשה כפי שציווה ה׳ (ל״ט, לג–מג). מעבר לכך, ההעמדה הסופית של משכן ה׳ נעשית בידי האדם הקרוב ביותר אל ה׳, ולכן הוא נציגו הנאמן של העם לבנות לה׳ את משכנו. הפירוט הרב של הקמת כל הכלים הוא מרכיב חשוב בתיאור החגיגי של האירוע הדרמטי, הקמת המשכן.

בפסוק יז דובר על המשכן כמושג כולל של כל המבנה וכל אשר בו. הפעולה הראשונה היא הקמת המשכן (יח), והכוונה כאן ליריעה התחתונה, הקרויה משכן, שהייתה עשויה שש משזר, תכלת, ארגמן ותולעת שני. אחר כך הוא נתן את אדני המשכן, קרשיו ובריחיו, וכן הקים את העמודים. עליהם משה פרס את יריעת האוהל, השכבה השנייה של היריעות, שהייתה עשויה עורות עיזים. קודם משה העמיד את יריעת המשכן, ואחר כך העמיד מתחתיה את העמודים (יח). אין לדעת כיצד זה נעשה. אפשר כי אנשים החזיקו ביריעה זו ואחרים שמו את העמודים (ספורנו), או שהעמידו את יריעת המשכן ביתדות ובחוטים בלבד עד שהכניסו את הקרשים (ראב״ע). נראה כי העמדת יריעת המשכן לפני שהעמידו המבנה של המשכן, היא משום שהעיקר הוא יריעת המשכן. המשכן הוא מבנה נייד פשוט ביותר, ללא המבנה היציב של הקרשים. על עניין זה עמדנו בהרחבה כאשר דיברנו על המשכן לעיל עמ׳ 395. אחר כך משה כיסה את המשכן והעמודים ביריעת האוהל (יט).

הכלי ראשון שמשה העמיד הוא הארון, ובתוכו שם את לוחות הברית, הרכיב עליו את הבדים, נתן עליו את הכפורת והכניס את הארון אל המשכן, ואז הרכיב את הפרוכת שסככה את ארון העדות (כ–כא). לפי ל״ז, ה, בשלב הבנייה כבר שמו את הבדים על הארון. הבדים הושמו שם, אבל בשלב ההקמה היה עניין לשים את הבדים בארון. משה שם את השולחן

באוהל מועד בצד הצפוני מחוץ לפרוכת, היינו במתחם ה"קודש", וערך על השולחן את לחם התמיד (כב-כג). אחר כך הכניס את המנורה לאוהל מועד והניח אותה מול השולחן, בצד הדרומי, והדליק את הנרות (כד-כה). אחר כך הכניס את מזבח הזהב, הניח אותו ממול הפרוכת והקטיר עליו קטורת סמים (כו-כז).[15] אז שם את המסך של פתח המשכן, ובכך הפריד בין מתחם הקודש למתחם החצר (כח). בשלב הבא שם משה את מזבח העולה והקריב עליו את עולת הבוקר ואת עולת המנחה. האפשרות הסבירה היא שמשה עצמו הקריב את הקורבנות, שהרי הפועל בגוף שלישי לאורך הפרשה מוסב עליו וכן כפי שראינו, בימי המילואים משה תפקד ככוהן (כ"ט, לז).[16] לאחר מכן שם את הכיור בין המזבח לאוהל מועד ושם בתוכו מים (ל). בדרך כלל כתוב שבכיור רחצו אהרן ובניו, אבל כאן נאמר שגם משה רחץ ממנו (לא-לב), משום שבהקמת המשכן עשה משה פעולות של כוהנים: הוא שם את לחם הפנים, העלה את הנרות, העלה קטורת והקריב קורבן עולה. על כן כתוב כאן שהכיור שימש את משה לטהרה בעבודת הקודש שלו ככוהן. לבסוף הקים משה את החצר מסביב למשכן ולמזבח, היינו את עמודי החצר ואת הקלעים, ובפתח שם את מסך שער החצר (לג). ובכך הסתיימה הקמת המשכן על ידי משה: "וַיְכַל מֹשֶׁה אֶת הַמְּלָאכָה" (לג2). מודגש שמשה סיים את המלאכה, שכל הקמת המשכן נעשתה בידיו, שהרי רק לו ה' הראה בדיוק איך לעשות את הדברים, והכול צריך להיות כפי רצון ה', לקראת השראת שכינה ה' במשכן.

השראת השכינה במשכן, לד-לח

לאחר שמשה סיים להקים את המשכן ולהעמיד את כל הכלים במקומם, הגיע רגע השיא: ה' שכן על אוהל מועד. שכינת ה' באוהל מועד נראתה בפועל לעיני כול, בענן ה' שכיסה את אוהל מועד הכוונה לכיסוי האוהל מבחוץ, וגם שכבוד ה', הוא הענן, מלא את המשכן בפנים.[17]

ענן ה' היה קבוע על המשכן במשך היום, ובלילה נראה הענן כמו אש על משכן (לח). תיאור הקמת המשכן הוא השיא מבחינת העשייה האנושית את המשכן, ותיאור השראת השכינה במשכן הוא השיא של שכינת ה' בתוך המשכן בקרב ישראל. שתי הפעולות האלה משקפות את יחסי הברית בין מעשה ישראל לעשות רצון ה', המאפשר נוכחות ה' בקרבם, לחלקו של ה' בברית, להיות אלוהים לישראל.

הענן והאש מייצגים את נוכחות ה'. הדבר עלה כבר בצאת ישראל ממצרים, ששם נאמר: "וַה' הֹלֵךְ לִפְנֵיהֶם יוֹמָם בְּעַמּוּד עָנָן לַנְחֹתָם הַדֶּרֶךְ וְלַיְלָה בְּעַמּוּד אֵשׁ לְהָאִיר לָהֶם לָלֶכֶת יוֹמָם וָלָיְלָה" (י"ג, כא). גם בקריעת ים סוף, נוכחותו של ה' נראתה בעמוד אש וענן: "וַיַּשְׁקֵף ה' אֶל מַחֲנֵה מִצְרַיִם בְּעַמּוּד אֵשׁ וְעָנָן" (י"ד, כד). מה שחשוב להבנת ההתגלות במשכן הוא ההתגלות של ה' בהר סיני. התגלות ה' בהר סיני הייתה בענן ובאש: "וַיְהִי קֹלֹת וּבְרָקִים וְעָנָן כָּבֵד עַל הָהָר" (י"ט, טז); "וְהַר סִינַי עָשַׁן כֻּלּוֹ מִפְּנֵי אֲשֶׁר יָרַד עָלָיו ה' בָּאֵשׁ וַיַּעַל עֲשָׁנוֹ כְּעֶשֶׁן הַכִּבְשָׁן" (י"ט, יח). ההתגלות של ה' בענן ובאש על הר סיני מוזכרת גם בתיאור התגלות ה' לאחר כריתת הברית של ישראל עם ה': "וַיְכַס הֶעָנָן אֶת הָהָר. וַיִּשְׁכֹּן כְּבוֹד ה' עַל הַר סִינַי

וַיְכַסֵּהוּ הֶעָנָן שֵׁשֶׁת יָמִים... וּמַרְאֵה כְּבוֹד ה׳ כְּאֵשׁ אֹכֶלֶת בְּרֹאשׁ הָהָר״ (כ״ד, טו-יז). האש אף היא ייצוג של ה׳ במקומות רבים, החל מברית בין הבתרים, ועד מראה המרכבה בהתגלות ה׳ יחזקאל א׳, ד; תהילים י״ח, יג.

החגיגיות של שכינת ה׳ באוהל מועד באה לידי ביטוי בתקבולת שירית של תיאור ההתגלות (לד):

וַיְכַס הֶעָנָן אֶת אֹהֶל מוֹעֵד // וּכְבוֹד ה׳ מָלֵא אֶת הַמִּשְׁכָּן

המילים ״וַיְכַס הֶעָנָן״ מקבילות ל״כְבוֹד ה׳״ בצלע השנייה. המילים ״אֹהֶל מוֹעֵד״ בצלע הראשונה מקבילות למילה ״מִּשְׁכָּן״ בצלע השנייה, והן מייצגות קונוטציות שונות, האחת משקפת את תפקיד המשכן שבו ה׳ שוכן, ואילו ׳אוהל מועד׳ – את ההתוועדות של ה׳ עם ישראל. הניסוח השירי בא לציין את רגע השיא מלא ההוד על שה׳ שכן במשכן. בגלל השראת השכינה על ידי כניסת הענן למשכן, משה לא היה יכול להיכנס לאוהל מועד.

בפסוק לה שוב השכינה של ה׳ כתובה בשורה שירית נשגבה, באופן כפול בתקבולת:

וְלֹא יָכֹל מֹשֶׁה לָבוֹא אֶל אֹהֶל מוֹעֵד – כִּי שָׁכַן עָלָיו הֶעָנָן // וּכְבוֹד ה׳ מָלֵא אֶת הַמִּשְׁכָּן.

פסוק זה חוזר על הנאמר בפסוק הקודם, וכך מודגשת נקודת השיא של השראת השכינה. שכינה זו באה לידי ביטוי גלוי לעם גם בחוסר היכולת של משה להיכנס לאוהל מועד. בתיאור ההקמה של מקדש שלמה מצוי תיאור דומה של ענן שמילא את הבית בעת השלמת בנייתו, ואי אפשר היה להיכנס למקדש בשל כך (מל״א ח׳, יא-יב; דה״ב ה׳, יג-יד; ראו גם במקדש יחזקאל, שבו הענן מילא את הבית, מ״ג, ד-ה). הכוונה היא שעתה משה אינו יכול להיכנס (רשב״ם; ראב״ע), אבל ברגע שה׳ יקרא לו, הוא ייכנס, וזה יתרחש כמתואר בויקרא א׳, א: ״וַיִּקְרָא אֶל מֹשֶׁה וַיְדַבֵּר ה׳ אֵלָיו מֵאֹהֶל מוֹעֵד״ (ריב״ש; רמב״ן). מאז ייכנס משה לדבר עם ה׳ – במדבר ז׳, פט: ״וּבְבֹא מֹשֶׁה אֶל אֹהֶל מוֹעֵד לְדַבֵּר אִתּוֹ וַיִּשְׁמַע אֶת הַקּוֹל מִדַּבֵּר אֵלָיו מֵעַל הַכַּפֹּרֶת אֲשֶׁר עַל אֲרֹן הָעֵדֻת מִבֵּין שְׁנֵי הַכְּרֻבִים וַיְדַבֵּר אֵלָיו״. וכן בתיאור התגלות ה׳ בהר סיני, ה׳ קרא למשה (י״ט, ג; י״ט, יח-כ), ושוב לאחר כריתת הברית בעליית משה להר הוא חיכה בחוץ עד שה׳ קרא לו להיכנס בענן (כ״ד, טז). לעומת זאת, כאשר ה׳ התגלה באש בסנה, ה׳ עצר את משה מלהתקרב (ג׳, ד-ה).

לא ברור אם משה לא היה יכול להיכנס אל האוהל בגלל הענן, ואולי בשל סמיכותו,[18] אך נראה יותר להסביר כי הוא לא נכנס בשל היראה שממנה חש בשל ההתגלות,[19] או משום שעדיין לא היה רשאי להיכנס.[20] אכן בעת התגלות משה יכול להיכנס או להתקרב רק ברשות (ריב״ש), כאמור לעיל. משה הקים את אוהל מועד, אך ברגע שכבוד ה׳ נכנס לאוהל מועד, אפילו משה לא היה יכול להיות שם. ואף שהמשכן הוא המקום שה׳ נועד עם משה כדי להתוועד עם בני ישראל, ואף דיבר עימו פנים בפנים, אפילו משה לא היה יכול להיכנס לאוהל מועד בלא שה׳ קרא לו.

המתואר כאן דומה במיוחד למתואר בעליית משה להר לאחר כריתת הברית עם ה׳, כדי לקבל את הלוחות ואת התוכנית של המשכן (רמב״ן). שם מתואר שה׳ כיסה את ההר בענן, אז עלה משה, וכשה׳ אמר לו, הוא נכנס לתוך הענן:

שמות מ׳, לד, לח; ויקרא א׳, א	שמות כ״ד, טו-יז
(לד) **וַיְכַס הֶעָנָן אֶת** אֹהֶל מוֹעֵד **וּכְבוֹד ה׳** מָלֵא אֶת **הַמִּשְׁכָּן**. (לח) כִּי עֲנַן ה׳ עַל הַמִּשְׁכָּן יוֹמָם **וְאֵשׁ תִּהְיֶה לַיְלָה בּוֹ** **לְעֵינֵי כָל** בֵּית **יִשְׂרָאֵל** בְּכָל מַסְעֵיהֶם. (ויקרא א׳, א) **וַיִּקְרָא אֶל מֹשֶׁה** וַיְדַבֵּר ה׳ אֵלָיו מֵאֹהֶל מוֹעֵד לֵאמֹר.	(טו) וַיַּעַל מֹשֶׁה אֶל הָהָר **וַיְכַס הֶעָנָן** **אֶת** הָהָר. (טז) **וַיִּשְׁכֹּן כְּבוֹד ה׳** עַל הַר סִינַי וַיְכַסֵּהוּ הֶעָנָן שֵׁשֶׁת יָמִים. (יז) וּמַרְאֵה כְּבוֹד ה׳ **כְּאֵשׁ** אֹכֶלֶת בְּרֹאשׁ הָהָר **לְעֵינֵי** בְּנֵי **יִשְׂרָאֵל**. (טז) **וַיִּקְרָא אֶל מֹשֶׁה** בַּיּוֹם הַשְּׁבִיעִי מִתּוֹךְ הֶעָנָן.

תיאור ההתגלות של ה׳ במשכן דומה להתגלותו על הר סיני, אך ההתגלות במשכן היא התגלות קבועה של ה׳, והיא נוכחת גם במסעותיהם, והיא שמובילה ומנחה את העם בדרך. רמב״ן סבר שעניין המשכן הוא שכבוד ה׳ ששכן על הר סיני שוכן מעתה תמיד במשכן המְהַלֵּך.[21]

תיאור הענן והאש על המשכן כמובילי הדרך של העם הוא גם המשך של התיאור של הענן ועמוד האש שהלכו לפני ישראל בעת היציאה ממצרים (י״ג, כא-כב). גם בתיאור שם, הענן והאש ייצגו את הנוכחות של ה׳. עתה הענן עבר לשכון על המשכן, והוא ממשיך, הפעם בהיותו קשור למשכן, להתוות את דרך הנסיעה ואת משך השהייה בכל תחנה. תיאור זה של הענן והאש המובילים את העם במסעיהם יחזור בבמדבר ט׳, טו-כג; י׳, יא-כח. ההבדל הוא שהענן והאש בדרך ממצרים לסיני מייצגים את ה׳, ואילו עתה הענן והאש קשורים במשכן, המייצג לא רק את הנוכחות של ה׳, אלא את הברית בין העם לה׳, בהיות לוחות הברית בתוך הארון במשכן. לפני הברית בסיני, הענן והאש ייצגו את ה׳ ברצונו להוציא את העם ממצרים להציל את העם, ועתה ההנחיה של העם היא תולדה של הברית עם ה׳.

כל זה היה לעיני ישראל בכל מסעיהם. בכך לעם הייתה תחושה קבועה של נוכחות ממשית של ה׳ בתוכם, גם ביום וגם בלילה, גם בעת החניה וגם בעת הנסיעה של העם. אולי אין זה מקרה שישראל מכונים כאן בית ישראל:[22] עתה שה׳ בתוכם, הם מאוחדים סביב נוכחות מוחשית של ה׳ בתוכם. ספר שמות נחתם בביטוי נעלה של יחסי הברית בין ה׳ לישראל.

הערות

מבוא

1. הוצעו הצעות רבות לחלוקת ספר שמות, לסקירה של החלוקות השונות, ראו: R. Davidson, T. Arrais and C. Vogel, "Revisiting the Literary Structure(s) of Exodus", in: L. S. Baker et. al. (eds.), *Exploring the Composition of the Pentateuch (Bulletin for Biblical Research Supplements, 27), Pennsylvania: Eisenbrauns, 2020, 173-194* חלוקה דומה של הספר לשניים, ראו: M. S, Smith, "The Literary Arrangement of the Priestly Reduction of Exodus: A Preliminary Investigation", *CBQ (1996), 25-50.* על חלוקה של הספר לשניים בפרק י"ח, שבו החלק הראשון של הפרק הוא סיכום של החלק הראשון של הספר, וחלק השני של הפרק הוא הקדמה לחלק השני של הספר, ראו: E. E, Carpenter, "Exodus 18: Its Structure, Style, Motifs and Function in the Book of Exodus", in: E. E. Carpenter (ed.), *A Biblical Itinerary: In Search of Method, Form and Content: Essays in Honor of George W. Coats (JSOTsup, 240), Sheffield: Academic Press, 1977, 91-108*
2. J. D. Levenson, *The Death and Resurrection of the Beloved Son: The Transformation of Child Sacrifice in Judaism and Christianity, New Haven and London: Yale University Press, 1993, 37-38, 96.*
3. דרוזמן, 332.
4. י' הופמן, יציאת מצרים באמונת המקרא, תל אביב: אוניברסיטת תל אביב, תשמ"ג; ש"א ליונשטם, מסורת יציאת מצרים בהשתלשלותה, ירושלים: מגנס, תשמ"ג; R. Hendel, "The Exodus in Biblical Memory", *JBL 120 (2001), 601-622*
4. הבחנה בחשיבות המדבר עלתה במדרש תנחומא פרשת שמות יד: "'וינהג את הצאן אחר המדבר', אמר רבי יוחנן: למה היה רודף למדבר? לפי שראה שישראל נתעלו מן המדבר, המן והשלו מן המדבר, המשכן מן המדבר, התורה מן המדבר, המן והשלו מן המדבר, השכינה מן המדבר, הכהנה ומלכות מן המדבר, הבאר מן המדבר, ענני כבוד מן המדבר".
6. כך למשל המדרש במכילתא דרבי ישמעאל, מסכתא דבחדש, יתרו (הורוויץ, 222): "ומפני מה לא ניתנה תורה בארץ ישראל? שלא ליתן פתחון פה לאומות העולם לומר, לפי שניתנה תורה בארצו לפיכך לא קבלנו עלינו. דבר אחר, שלא להטיל מחלוקת בין השבטים, שלא יהא זה אומר בארצי נתנה תורה, וזה אומר בארצי ניתנה תורה, לפיכך ניתנה תורה במדבר, דימוס פרהסיא, במקום הפקר". וראו בדומה תנחומא במדבר חקת כא: "דבר אחר, למה נתנה תורה במדבר? שאלו נתנה להם בארץ, היה שבטו שנתנה בתחומו, מדין ואומר, אני קודם בה, לכך נתנה במדבר שיהו הכל שווין בה". המדרש בבמדבר רבה א, ז (מירקין, חלק א, 16–17): "למה 'במדבר סיני'? מכאן שנו חכמים: בג' דברים ניתנה התורה: באש ובמים ובמדבר... ולמה ניתנה בג' דברים הללו? אלא מה אלו חינם לכל באי העולם, כך דברי תורה חינם הם שנאמר: 'הוי כל צמא לכו למים' (ישעיה נ"ה, א). דבר אחר: ...אלא כל מי שאינו עושה עצמו כמדבר הפקר אינו יכול לקנות החכמה והתורה, לכך נאמר 'במדבר סיני'". בבלי עירובין נד ע"א ממשיך רעיון זה: "אמר רב מתנה: מאי דכתיב "וממדבר מתנה"? – אם משים אדם עצמו כמדבר זה, שהכל דשין בו – תלמודו מתקיים בידו, ואם לאו – אין תלמודו מתקיים בידו. אמר ליה: אם אדם משים עצמו כמדבר זה שהכל דשין בו – תורה ניתנה לו במתנה". ובניסוח מדרשי נאמר בתנחומא בשלח א: "והקיפן במדבר ארבעים שנה. אמר הקדוש ברוך הוא: אם אני מוליכן דרך פשוטה, עכשיו מחזיקין איש איש בשדה ובכרם ובטלין מן התורה, אלא אני מוליכן דרך המדבר ויאכלו מן המן וישתו מי באר, והתורה מישבת בגופן". רש"ר הירש למד מכך שהתורה נתנה במדבר שהארץ אינה ערך אידיאלי אלא צורך קיומי, לדעתו "במדבר קיבל את התורה ובכך היה לעם במדבר, בלא ארץ ובלא אחוזת אדמה, היה לגוף אשר נשמתו תורתו...". רש"ר הירש, איגרת צפון, ירושלים תש"ט, איגרת ח עמ' ל. ההפך מכך כתב הרב קוק, אורות, ארץ ישראל, א.
7. תופעה זו גרמה לספקות רבות ביחס לאירועים המתוארים, ראו למשל: N. P. Lemche, *Ancient Israel: A New History of Israelite Society, Sheffield 1988, 31* על דיון בחומר הארכאולוגי ממצרים לגבי שעבוד מצרים, ראו: E. S. Frerichs and L. H. Lesko (eds.), *Exodus: The Egyptian Evidence, Winona Lake: Eisenbrauns, 1977*

8. דיון בנושא זה ראו: G. Wheeler, "Ancient Egypt's Silence about the Exodus", *Andrews University Seminar Studies* 40 (2002), 257-264
9. סיכום שתי הגישות העיקריות לגבי זמן יציאת מצרים, ראו: האוטמן, 1: 175–179.
10. J. K. Hoffmeier, *Israel in Egypt: The Evidence for the Authenticity of Exodus Tradition, New York and Oxford*: *Oxford University Press*, 1996, 53-68, 112-116; מיירס, 8–10.
11. M. Bietak and G. Rensburg, "Egypt and the Exodus", in J. Merrill and H. Shanks (eds.), *Ancient Israel: From Abraham to the Roman Destruction of the Temple, Washington: Biblical Archaeology Society*, 2021 (4th Edition), 17-58 here 29-30
12. מ' גרינברג, "עברים", אנציקלופדיה מקראית ו, ירושלים תשל"ב, 50.
13. *ANET*, 378. וראו הערה 18.
14. T. O. Lambdin, "Egyptian Loan Words in the Old Testament", Journal of the American Oriental Society 73 (1953), 145-155; י"מ גרינץ, "מונחים קדומים בתורת כהנים", לשוננו לט (תשל"ה), 5–20; י"מ גרינץ, "מונחים קדומים בתורת כהנים (המשך)", לשוננו לט (תשל"ה), 163–181. סרנה, 157, 182, 183. B. J. Noonan, "Egyptian Loanwords as Evidence for the Authenticity of the Exodus and Wilderness Traditions", J. K. Hoffmeier, et. al. (eds), *"Did I not Bring Israel Out of Egypt?": Biblical, Archaeological, and Egyptological Perspectives on the Exodus Narratives* (*Bulletin for Biblical Research Supplements*), *Winona Lake Eisenbrauns*, 2016, 49-68.
15. T. J. Meek, *Hebrew Origins: The Origins of the Hebrew People, Law, God, Priesthood, Prophecy, Monotheism*, New York 1936, 32-33; Hoffmeier, "Egyptian Religious Influences on Early Israel", J. K. Hoffmeier, et. al. (eds), *"Did I not Bring Israel Out of Egypt?": Biblical, Archaeological, and Egyptological Perspectives on the Exodus Narratives* (*Bulletin for Biblical Research Supplements*), *Winona Lake Eisenbrauns*, 2016, 25
16. ראו הערכים: ש' אחיטוב, "רעמסס", "רעמסס ב", "רעמסס ג", אנציקלופדיה מקראית ו, ירושלים תשל"ו, 389–400.
17. ש' אחיטוב, "פתום", אנציקלופדיה מקראית ו, ירושלים תשל"ב, 639–641.
18. Meek, Hebrew Origins, 32; B. J. Noonan, "Egyptian Loanwords as Evidence for the Authenticity of the Exodus and Wilderness Traditions", J. K. Hoffmeier, et. al. (eds), *"Did I not Bring Israel Out of Egypt?"*, (*Bulletin for Biblical Research Supplements*), *Winona Lake Eisenbrauns*, 2016, 49-68.
19. הולט, מגפות מצרים א, 95–98; קיטשן, אמינות, 249.
20. גרינץ, מונחים קדומים בתורת כהנים (המשך), לשוננו לט (תשל"ט), 173–174.
21. על פולחן השור במצרים, ראו: A. M. Dodson, "Bull Cults", in: S. Ikram, *Divine Creatures: Animal Mummies in Ancient Egypt, Cairo and New York: The American University in Cairo Press*, 2005, 72-105
22. כדאי לציין שגם המצרים לא ציינו את שמות המלכים של אויביהם. ראו: הופמייר, ישראל במצרים, 109–111.
23. כך בתרגום יונתן-ירושלמי על י"ג, יז (בתרגום לעברית ש' ויזר, תרגום יונתן המבואר והמדויק): "והיה כששלח פרעה את העם לא נחם ה' דרך ארץ פלשתים כי קרוב הוא, כי אמר ה' פן יתהו העם בראותם אחריהם שמתו במלחמה, מאתיים אלף איש בני חיל משבט אפרים אוחזים במגינים ורמחים וכלי זין, וירדו לגת לבוז מקני פלשתים, ועל שעברו את גזרת ה' ויצא ממצרים שלושים שנה לפני הקץ, נתנו ביד הפלשתים והרגום. הם היו העצמות היבשות שהחיה ה' על ידי יחזקאל הנביא בבקעת דורא. ואם יראו כן, ייראו וישובו למצרים". וראו מכילתא מסכתא דויהיה בשלח, פתיחתא (הורוויץ 76); בבלי סנהדרין צ"ב ע"ב; פסיקתא דרב כהנא, ויהי בשלח (מהדורת בובר, עו); שמות רבה כ, יא (מירקין, חלק א, 240).
24. על מיקומו של הר סיני והמסלול של מסע ישראל במדבר נעשו מחקרים רבים, ראו סיכום השיטות: מ' הראל, מסעי סיני, תל אביב 1973.

עבודות ישראל למצרים

1. יעקב, 10.

2. אונקלוס; רש"י; רשב"ם; ראב"ע.
3. וכן בשבעים. וסרנה, 7.
4. כך העלה גם המדרש בשמות רבה א, יד (מירקין, חלק א, 27): "אמר לו הקב"ה רשע, מי שנתן העצה הזאת טפש הוא, היה לך להרוג את הנקבות, אם אין נקבות, זכרים מניין ישאו נשים? אשה אחת אינה יכולה ליטול שני אנשים, אבל איש אחד יכול ליטול עשר נשים, או מאה, הוי: 'אך אוילים שרי צען חכמי יעצי פרעה עצה נבערה' (ישעיה י"ט, יא)".
5. בשמות רבה א', יח (מירקין, חלק א, 32): "וכל הבת תחיון – מה צורך לפרעה לקיים הנקבות, אלא כך היו אומרים: נמית הזכרים ונקח הנקבות לנשים, לפי שהיו המצרים שטופי זמה". גרינברג העלה שהם רצו שבסופו של דבר האוכלוסייה של ישראל תהיה מורכבת מנשים בלבד, ואז לא תתאפשר מרידה במצרים, אך יישארו הנשים הן ככוח עבודה, הן לצורך רבייה. גרינברג, שמות, 24. האוטמן העלה שהגברים נושאים את הזהות שלהם כעם, ואילו נשים יכולות להיטמע בהם. האוטמן, שמות א, 261.
6. J. Nohrnberg, *Like Unto Moses: The Constituting of an Interpretation* (Bloomington, IN: Indiana University Press, 1995), 243.
7. האוטמן, 1: 262-261.
8. חכם, 1: י; האוטמן, 1: 223.
9. בניגוד לדעת יעקב, פסוק טו הוא המשך של פס' יב. יעקב, 18.
10. בניגוד לדעת האוטמן, הסובר שאלה היו המניעים של פרעה, האוטמן, א: 222.
11. האוטמן, 1: 223.
12. האוטמן, 1: 223.
13. R. C. Culley, "Structural Analysis: Is It Done with Mirrors?" *Union Seminary Review*, 28 (1974): 165–181, here 174.
14. האוטמן, 1: 225-224.

סיפור לידת משה

1 רשב"ם ורמב"ן ("ועל דרך הפשט..."). ואין הכרח על פי הפשט שעמרם ויוכבד נפרדו ועתה יש נישואין שניים, כדעת המדרש, שמות רבה א, יט (מירקין, חלק א, 33); וכן רש"י.
2. אף שהשימוש במילה 'תבה' ייחודית כאן ולתיבת נח, אין סיבה לחשוב שיש כוונה מיוחדת לקשר בין הסיפורים.
3. אוסוולד, 84.
4. פרתהיים, 39-38.
5. הגמרא בסוטה יב ע"ב הסבירה שהיא ידעה שהוא עברי משום שהיה נימול. רמב"ן חלק על פירוש זה.
6. האוטמן, 1: 267.
7. ראו גם: C. J. Exum, "'You Shall Let Every Daughter Live': A Study of Exodus 1.8–2.10," in *A Feminist Companion to Exodus to Deuteronomy*, ed. A. Brenner (Sheffield: Sheffield Academic Press, 1994), 37–61; C. J. Exum, *Plotted, Shot, and Painted: Cultural Representations of Biblical Women* (JSOTsup, 215) (Sheffield: Sheffield Academic Press, 1996), 80–100.
8. ראו אנציקלופדיה מקראית, "מדין", ד, טור 690.
9. יעקב, 43; ליבוביץ, שמות, 36-35.
10. סרנה, 12.
11. סרנה, 13-12.

מינוי משה לשליחות

1. בדרך כלל, עם הפועל 'זעק' בא מושא שופטים, למשל: ג', טו; ו', ו; י', י', י, יד. וכן בפועל הדומה 'צעק': בראשית ד', י; מ"א, נה; שמות ח', ח. בניגוד לדעת יעקב, שהם זעקו אל ה' כעולה מדברים כ"ו, ז. יעקב, 45.
2. השבעים מוסיף: "ויודע אליהם".

3. יש מקומות שסיני אינו מזוהה עם חורב (י״ז, ו), שם מוזכר חורב, וזה לפני שהגיעו לסיני בי״ט, א. ייתכן שחורב הוא שם כללי יותר של האזור שבו מצוי סיני. ראו סרנה, 14; אלכסנדר, 81-82.
4. לקח טוב: ״על שהיה עתיד ליתן תורה לישראל מהר סיני״. דוזמן, 124.
5. וכן גם ביחזקאל א׳, ד, יג, כז.
6. חכמים דנו מדוע דווקא מדובר בסנה: מכילתא דרשב״י על ג׳, ב, ח (אפשטיין־מלמד, 1-2); שמות רבה ב, ה (מירקין, חלק א, 61). ראו דיון אצל: ליבוביץ, 44-49.
7. הליכה ללא נעלים היא אחד מסימני האבלות (שמ״ב ט״ו, ל; יחזקאל כ״ד, יז); וסימן של שבויים (ישעיה כ׳, ב-ד). המכנה המשותף הוא שהיא סימן שפלות. ראו: סרנה, 15.
8. מ׳ שילוח, ״ויאמר... ויאמר״, א׳ וייזרו ב״צ לוריא (עורכים), ספר קורנגרין: מאמרים בחקר התנ״ך, תל אביב תשכ״ד, 251-276. כנגד האפשרות שיש מתח בין שני הפסוקים.
9. שד״ל; יעקב, 51; אלכסנדר, 117. אבל הפירוש הרווח הוא שמלאך נגלה מתוך האש: שמות רבה ב, ה (מירקין, חלק א, 61); רמב״ן.
10. כמו המדרש שמפרש ״אביך״ – עמרם. תנחומא, פרשת שמות טז (מהדורת בובר, עמ׳ ה). שמות רבה, ג, א (מירקין, חלק א, 67). ראב״ע ורמב״ן פירשו שזה מתייחס למה שכתוב בהמשך, לפי ראב״ע, אברהם שהוא אביך, ורמב״ן, הכוונה לשלושת האבות.
11. על היחס בין חששו של משה לראות את ה׳ ובין האמור בהמשך: ״ותמונת ה׳ יביט״ עמדה הגמרא ברכות ז ע״א.
12. ראב״ע ואברבנאל סבורים שמשה מתכוון גם לעניין קטנותו לעמוד מול פרעה.
13. רש״י.
14. יעקב, 61.
15. עסיס, שופטים, 481-486.
16. בראשית כ״ו, ג; ל״א, ג; דברים ל״א, כג; יהושע א׳, ה; ג׳, ז; שופטים ו׳, טז.
17. וכן יעקב, 63; קאסוטו, 22.
18. שמות רבה ג, ד (מירקין, חלק א, 71); חכם, מח.
19. כך פירשו רש״י, ושד״ל. ובווריאציה לכך גם רשב״ם. לדעת רמב״ן, זה לך האות – הכוונה שהאות לבני ישראל שאכן ה׳ שלח את משה, וזה יתבהר סופית במעמד הר סיני.
20. כעין זה, חכם, מח; האוטמן, שמות, 1: 365.
21. רשב״ם, ריב״ש, אברבנאל. קאסוטו, 22. לדעת סגל הם ידעו את ה׳, ושאלת משה היא על המשמעות של השם, מ״צ סגל, מסורת ובקורת: אסופת מאמרים בחקר המקרא, ירושלים: החברה לחקר המקרא, 1957, 50-51. אפשר גם ששאלת העם את משה היא שיספר יותר על השם, כדי לבדוק את האמינות של משה, שכן ידיעת השם, יכולה לחשוף איזו התגלות קיבל משה, האוטמן, 1: 366.
22. C. R. Seitz, “The Call of Moses and the ‘Revelation’ of the Divine Name: Source-Critical Logic and Its Legacy,” in C. R Seitz, *Word Without End: The Old Testament as Abiding Theological Witness* (Waco, TX: Baylor University Press, 2005), 236–237.
23. ראב״ע בפירושו הארוך; רמב״ם, מורה נבוכים א, סג (מהדורת שוורץ עמ׳ 163); רמב״ן.
24. דייוויס, 273.
25. חכם, נ; דיוויס, 274.
26. רמב״ם, מורה נבוכים א, סג (מהדורת שוורץ, עמ׳ 163).
27. וראו ניסוחים קרובים לכך: דרייבר, 24, 40-41; האוטמן, 1: 95. רבים חלקו על הסבר זה משום הקשר המובהק של השם ״אהיה״ עם שם הוויה, לכך יש מענה להלן.
28. ל״ד, ח. משנה יומא ו, ב. בברכת כוהנים היו מזכירים את השם המפורש בבית המקדש, בבלי סוטה לח ע״א. לאחר מותו של שמעון הצדיק פסקו כוהנים מלהזכיר את שמו בברכת כוהנים, בבלי יומא לט ע״ב.
29. ון סיטרס, חיי משה, 48,
30. מל״ב כ״ג, לד; בראשית ב׳, כ; ג׳, כ.
31. סרנה, 18.
32. בשמות רבה ג, ח (מירקין, חלק א, 75-76).

33. שד"ל הסביר שאילו הבקשה הייתה לצאת ממצרים, משה לא היה מסכים לשליחות, ופרעה היה הורגו.
34. ראב"ע הסביר שזה לא סותר את שה' אמר לו "ושמעו לקולך", משום ששם היה מדובר על הזקנים, וכאן משה שואל על העם. להסברים אחרים ראו אברבנאל.
35. פרשנים שונים ניסו בדרך כלל להקהות את הניגוד בין שאלת משה לדברים של אלוהים קודם לכן. ראב"ע מסביר שאולי הם לא יאמינו בלב. הרמב"ן מציע שה' לא אמר לו שהעם יאמין, אלא שראוי שיאמין, ועל כך ביקש משה אותות כדי לוודא שיאמין. ריב"ש פירש שהם יאמינו בתחילה, אבל לא אחרי שפרעה יסרב. אברבנאל מסביר שהם יאמינו לדבריו, אבל ירצו אות על כך.
36. בניגוד לדעת ראב"ע, הסובר שמראה הסנה היה אות למשה, והוא כבר לא היה צריך אותות, ואלה אותות לישראל.
37. ראו רש"י; רמב"ן; והסברים נוספים אצל ראב"ע, אברבנאל וספורנו. הסברים על דרך הדרש ראו במדרש שמות רבה ג, יב (מירקין, חלק א, 78); שבת צז ע"א; סנהדרין קי ע"א. במצרים העתיקה המטה היה סמל לסמכות מלכותית וכוח. הנחש ייצג אלה מצרית, ראו: סרנה, 20.
38. דברים ה', טו; ו', כא; ז', ח, יט; ט', כו; י"א, ב; כ"ו, ח; ל"ד, יב.
39. הדם עצמו הוא הבסיס לחיים, ולכן אסור לאכול את הדם: ויקרא י"ז, י-יד; בראשית ט', ד-ו.
40. שמות רבה א, כו (מירקין, חלק א, 41). אפשרות אחת בראב"ע, פירוש ארוך; ריב"ש.
41. וכן קאסוטו, 31.
42. ראו ראב"ע ורמב"ן.
43. ואונקלוס פירש שלח ביד אדם כשר, ראוי: "כען ביד מן דכשר למשלח".
44. לא פלא שהמדרש הוסיף על כך, שמות רבה ג, יד (מירקין, חלק א, 80-81): "ויאמר משה אל ה' בי ה' – אמר משה להקדוש ברוך הוא אתה אדון העולם ובי את רוצה שאהיה שליח? הרי 'לא איש דברים אנכי וגו''. אמרו חכמים: שבעה ימים קודם היה הקדוש ברוך הוא מפתה למשה שילך בשליחותו, ולא היה רוצה לילך עד מעשה הסנה, הדא הוא דכתיב: 'לא איש דברים אנכי' – חד. 'מתמול' – שניים, 'גם' – שלושה, 'משלשום' – ארבעה, 'גם' – חמישה, 'מאז' – ששה, 'דברך' – שבעה". וכן רש"י. ורמב"ן פירש כפשוטו אך כתב שמשה, מרוב שלא רצה ללכת, לא התפלל על כבדות הפה, אלא סירב ללכת.
45. כך מדרש רבה שמות ד', יד: "ידעתי כי דבר ידבר הוא – לפי שאמרת: 'לא איש דברים אנכי', לכך 'דבר ידבר הוא', ומה שאתה סבור שהוא מצר, לא כן אלא שמח, שמאמר: 'וראך ושמח בלבו'". וכן אברבנאל.
46. לא נראית דעתו של יעקב (97), שהדמות של משה כפי שמוצגת בפרקים ג'-ד' היא כדי להראות שהנביא פועל מתוך שליחות וגם פועל בסופו של דבר מתוך בחירה חופשית.
47. המדרש מתאר שהוא ביקש ממנו רשות, שכן הוא נשבע לו שיישאר. נדרים סה ע"א; שמות רבה ה', ד (מירקין, חלק א, 88); רש"י. אברבנאל לא סבר כך.
48. בתרגום השבעים נוסף בסוף פסוק יח: "ואחרי הימים הרבים ההם וימת מלך מצרים". בפירושו הארוך הסביר ראב"ע שפסוק יט הוא עבר מוקדם, לפני פס' יח.
49. ראב"ם על פס' יט נדחק לומר כך: "ויאמר ה' אל משה [וג'] כי מתו – לפי הבנתי נסע משה ע"ה ממעמדו לשוב למדין ומעיו ששים במה שהכיר והשיג והוא מחשב בענין שליחותו, וכשבקש רשות מאת יתרו (להפטר) ונתן לו (יתרו) רשות הטרידה את מחשבתו דאגת מצב האנשים שמיראתם יצא ממצרים, לכן בא אליו הדיבור, להודיע לו מה שיניח דעתו מדאגה זו באומרו (לו) כי מתו - ויהיה טעם מאמר לך שוב מצרימה (כלומר) 'שוב והשקט ממה שאתה מחשב בו'".
50. יעקב, 96.
51. וכן ספורנו. ורש"י פירש בכורי היינו שהוא הגדול שבעמים. וראב"ע בפירושו הקצר פירש שהוא העם הראשון שיעבוד את ה'.
52. ספורנו.
53. ראו גם האוטמן, 1: 432.
54. יש החושבים שאין מדובר על הדם אלא על העורלה: רש"י; הופמן, נח.
55. ראב"ם.
56. רשב"ם; ראב"ע.
57. ראו רשב"ם; ראב"ע; ריב"ש.

58. עמדו על כך לקח טוב ראב"ע, בפירושו הקצר, וכן חזקוני בפירושם לפס' כה. סרנה הדגיש את הקשר בין ברית המילה (ד', כד-כו) לבכור (ד', כב-כו) כאן, ובין ברית המילה (י"ב, מג-מט) לבכור (י"ג, א, יא-טו) בעת היציאה ממצרים. סרנה, 20.

עמידתו של משה בפני העם ובפני פרעה

1. הבנה זו עמדה כנראה לפני בעל המדרש, שבו מציג פרעה את עמו כאל: מדרש רבה שמות ה', ב: "אמר להם, מתחילה שקר אתם אומרים, כי אני הוא אדון העולם, ואני בראתי עצמי את נילוס, שנאמר: 'לי יארי ואני עשיתני' (יחזקאל כ"ט, ג)".
2. קאסוטו הסביר שבפנייה הראשונה הם באו כנציגי ה', ואילו בפנייה השנייה כנציגי העם בלבד. אולם הסבר זה אינו סביר, שכן אין משמעות להחלפת השולח באמצע הדיאלוג, מעבר לזה, גם בפנייה השנייה שם ה' מוזכר. קאסוטו, 43. וראו גם: יעקב, 123.
3. ראו למשל J. H. Breasted, *Ancient Records of Egypt: The Nineteenth Dynasty* (Chicago: University of Chicago Press, 1906), 181.
4. ראב"ע, הפירוש הארוך. יעקב העלה שהוא אמר זאת לזקנים. יעקב, 130.
5. יש שהציעו שאת המשפט הזה אומר פרעה בליבו ולא למשה ואהרן. ראו דייוויס, 393.
6. מבנה הירכי זה של מפקחים, מצרים בדרג גבוה ואחרים בדרגה נמוכה יותר מקרב העבדים, מצוי בממלכת מצרים החדשה, ראו: קיטשן, אמינות, 248.
7. האוטמן משער שהם פונים לפרעה משום שהם לא ידעו שפרעה גזר את הגזרה, האוטמן, 1: 480. אבל אין צורך בכך. אין מניעה שהם ידעו כי פרעה גזר ובכל זאת ביקשו להקל את רוע הגזרה.
8. פרתהיים, 85.
9. המדרש נתן תשובה אחרת, מדרש רבה שמות ה', א: "אמרו רבותינו, הלכו עמהן הזקנים, והיו מגנבין את עצמן ונשמטין אחד אחד, שנים שנים, והלכו להן. כיון שהיגע לפלטרין של פרעה, לא נמצא אחד, שכן כתיב: 'ואחר באו משה ואהרן', והיכן הזקנים? אלא שהלכו להן. אמר להם הקדוש ברוך הוא: כך עשיתם? חייכם שאני פורע לכם. אימתי? בשעה שעלה משה ואהרן עם הזקנים להר סיני לקבל התורה, החזירן הקדוש ברוך הוא, שנאמר: 'ואל הזקנים אמר שבו לנו בזה' (כ"ד, יד)".
10. יש שסברו שיצא ממצרים משום שהדיבור של ה' לא היה במצרים (לקח טוב). או שיצא מחוץ לכרך (שכל טוב). לפי רשב"ם שב למקום שדיבר עימו קודם, או למקום שתבוא אליו הנבואה (רלב"ג). או שחזר למקום ההתגלות בחורב (חכם). נראה לי שיש לפרש שהוא שב לדבר עם ה', ולאו דווקא שהלך ממקום למקום (סרנה, 30).
11. וכן רש"י; כך מבינה הגמרא את דברי משה ומייחסת לו חטא, סנהדרין יא ע"א. ראב"ע הסביר שלמשה חרה על שבגללו הורע לישראל. ורמב"ן הסביר שמשה חשב שה' יתערב למען ישראל מייד, והנה לדעתו עברו ימים רבים, ועל כך התרעם משה.
12. בניגוד לדעת האוטמן 1: 483.

מינוי מחודש של משה ועמידתו לפני העם ולפני פרעה

1. קשה הוא הסברו של יעקב (164), שהנאמר בו', יב, הוא המשך לדבריו בד', י. בווריאציה אחרת, לדעת ריב"ש (בפירושו לו', כט), הציווי למשה, והתגובה שלו הוא ערל שפתיים, הוא חזרה על הדיאלוג בסנה, והחזרה כאן היא כדי להקדים את השיח של עם משה.
2. האוטמן, 1: 585-586, 496-497. לפי צ'ילדס בצורתו הנוכחית, הסיפור בו', ב ואילך הוא אשרור למינוי בג' ואילך. צ'ילדס, 114.
3. אכן המדרש אף העצים זאת יותר כשסבר שמשה חזר למדיין אחרי השליחות הראשונה, ואחרי שישה חודשים אלוהים אמר לו לשוב, שמות רבה ה, יט-כ (מירקין, חלק א, 101-102).
4. ראו אוסוולט, 161-162.
5. כך גם דעת האוטמן, 1: 494. לעומת זאת אחרים רואים את המופת של התנין כמבוא לעשר המכות, כך למשל: קאסוטו, 62-64; צ'ילדס, 132; חכם, קעב.
6. צימרלי, אני ה', 1-28; סרנה, 31. וראו גם צ'ילדס, 113; אוסוולד, 159; בניגוד לדעתם של חוקרים רבים, למשל: דרייבר, 42; נות, 60.

7. נוסחה זו מוכרת היטב במזרח הקדום כנוסחת הצגה עצמית ולא כגילוי שם. ראו: ראו גרינברג, להבין את שמות, 103–104; סרנה, 31.
8. ומחוץ לתורה ביחזקאל י׳, ה. השם ״שדי״ בנפרד מופיע: במדבר כ״ד, ד, טז; ישעיה י״ג, ו; יחזקאל א׳, כד; י׳, ה; יואל א׳, טו; תהילים צ״א, א; ובאיוב פעמים רבות; רות א׳, כ, כא.
9. אוסוולד, 157. אף שאונקלוס תרגם כאן הודעתי: ״ושמי ה׳ לא הודעית להון״.
10. אפשר שהמילה ׳ידע׳ היא במשמעות של כריתת ברית (כמו עמוס ג׳, ב; ירמיה כ״ד, ז; יחזקאל כ׳, ה).
11. ראב״ע בפירושו הארוך; ראב״ם; שד״ל; גרינברג, להבין את שמות, 105.
12. צ׳ילדס, 115; פרופ, 1, 283.
13. ספרונו.
14. יעקב, 145–147.
15. גר, שמות ו׳, ג, 407–408.
16. דוגמת דברים אלו אמר רבנו מיוחס בן אליהו: ״אני ה׳ – הוי יודע שאני ה׳, שם הגדול והיכולת, שיש כח וגבורה לפני לעשות נפלאות... ושמי ה׳ – מופסק בטעם, כלומר, ועיקר שמי לפי גדולתי הוא ה׳ בעל הגבורות. ואע״פ שידעו שאמרתי לאברהם אני ה׳ אשר הוצאתיך (ברא׳ ט״ז, ז), וכן ליצחק וליעקב בטיב השם הזה לא נודעתי להם, כלומר לא הראיתי להם גברות, ולא עשיתי להם נסים לדעת ששמי ה׳ עושה נפלאות. וכן מצינו בכל מקום, כשהמקום עושה נסים ומופתים, מתהלל ששמו ה׳ שהוא שם הגדולה והגבורה. כעניין וידעו מצאים כי אני ה׳ בנטותי את ידי (שמ׳ ז׳, ה). אודיעם את ידי ואת גבורתי וידעו כי שמי ה׳ וידעתם כי אני ה׳ המוציא אתכם (שם ו׳, ו). וכיוצא בהם רבים. ולהלן הוא אומר: אני ה׳ ולמדנו שזה השם הוא שם הגבורה והיכולת והמקרא קצר הוא והטעמים מוכיחים״. פירוש ר׳ מיוחס בן אליהו על שמות (א׳ וו׳ גרעענוף), בודפשט תרפ״ט, 11. וראו: צימרלי, אני ה׳, 1–28; צ׳ילדס, 114–115.
17. וראו גם: גרינברג, להבין את שמות, 103–106.
18. רב שמואל חפני גאון, ראב״ע קיבל את דעתו.
19. על פי האכדית šadû.
20. ראו: *Theological Dictionary of the Old Testament (TDOT)* 14, 420-422
21. ראו רופא, בלעם, 61.
22. פרופ, 1: 760–761; האוטמן, 1: 101–102.
23. קרוס, מיתוס כנעני, 47–48. F. M. Cross, *Canaanite Myth and Hebrew Epic: Essays in the History of the Religion of Israel* (Cambridge, MA: Harvard University Press).
24. חכמים דיברו על ארבע לשונות גאולה. ירושלמי פסחים י, א: ״מניין לארבעה כוסות רבי יוחנן בשם ר׳ ר׳ בנייה כנגד ארבע גאולות (שמות ו) לכן אמור לבני ישראל אני ה׳ והוצאתי אתכם וגו׳ ולקחתי אתכם לי לעם וגומר והוצאתי והצלתי וגאלתי ולקחתי רבי יהושע בן לוי אמר כנגד ארבעה כוסות של פרעה (בראשית מ׳) וכוס פרעה בידי ואשחט אותם אל כוס פרעה ואתן את הכוס על כף פרעה ונתת כוס פרעה בידו וגו׳״. בראשית רבה פ״ח, יא, יג (תיאודור אלבק עמ׳ 1081): וכוס פרעה בידי – מאיכן קבעו חכמים ד׳ כוסות שלפסח? ר׳ חונה בשם ר׳ בניה: כנגד ד׳ גאולות, שנאמר: והוצאת (שמות ו׳, ו), והצלתי, וגאלתי, ולקחתי (ז)...״; שמות רבה ו, ד (מירקין, חלק א, 112). ארבעת הפעלים האלה מתייחסים לשלב של השחרור מהשעבוד, וכן ספורנו על פס׳ ו: ״והוצאתי אתכם מתחת סבלות מצרים – מיום התחלת המכות ישקוט השעבוד״. גרסת הראב״ד בירושלמי היא: ״ור׳ טרפון היה מביא חמישי כנגד ׳והבאתי׳״. ראו בפירוש ירושלמי כפשוטו (של ר״ש ליברמן). ושם העלה שזו מחלוקת בין סורא, שם שתו ארבע כוסות, לפומבדיתא, שם שתו חמש כוסות, ושזה גם המנהג בארץ ישראל.
25. אף שאונקלוס תרגם באופן זהה, ד׳, י: ״ארי יקיר ממלל ועמיק לישן אנא״; ו׳, יב: ״ואנא יקיר ממלל״. גם טיגאי (כבד פה, 57–67) סבר שיש חפיפה בין המושגים. באונקלוס התרגום הוא ״יקיר ממלל״ (כבד דיבור), בתרגום ירושלמי ניאופיטי מופיע ״חגר ממלל״, וביונתן: ״קשי ממלל״. גרינברג (להבין את שמות, 108) סבור שערל שפתיים אינו מורה על חוסר יכולת לדבר, אלא שמשה אינו מתאים או שאינו מסוגל לשכנע את פרעה. לדעת פרופ, בד׳, י, ״כבד פה״, הכוונה שיש לו בעיה פיזית (211), ואילו ״ערל שפתיים״ הכוונה שאין שאינו מתאים להיות הדובר של ה׳ (274).
26. דוזמן, 169.
27. לדעת דייוויס (450), ז׳, א–ז, הם ההמשך הטבעי של פסוקים אלה.

28. אף ריב"ש חש בחזרה, אך הוא לא פירש שזה מינוי חדש, אלא שזו חזרה לתחילת הדברים, כסיכום למינוי של משה בסנה.
29. הופמן, עד.
30. רמב"ן הסביר שהתחיל בראשון ושמעון, כדי שלא נחשוב שהייחוס של לוי הוא בשל היותו בכור. וכן: קאסוטו, 55; האוטמן 1, 515-516.
31. בתרגום השבעים ובירושלמי ניאופיטי נאמר שיוכבד הייתה בת דודתו של עמרם. אך זה עומד בסתירה לנאמר בבמדבר כ"ו, נט.
32. ויש הסבורים שהמטרה של השושלת להקדים את הבחירה של אהרון וצאצאיו. דוזמן, 169, 171-172.
33. כעין זה רשב"ם.
34. דייוויס, 461.
35. וראו מכילתא דרבי ישמעאל בא פרשה ג.
36. אהרליך, 147. האוטמן, 1: 522. וכן כתב רמב"ן, אך הציע הסבר אחר לקישור לפסוק כז.
37. רש"י, על כט; רשב"ם וראב"ע על ל. וכן יעקב, 171.
38. כעין זה מופיע בפירוש שדוחה ראב"ע.
39. אונקלוס; רש"י; ריב"ש.
40. המדרש בשמות רבה ח', א (מירקין, חלק א, 118), גם מסביר את זה כפשוטו. ה' מכנה את משה אלוהים, כנגד מחשבתו של פרעה שהוא בעצמו אלוהים. וכן הוא במדרש תנחומא פרשת וארא, ט.
41. ראו צ'ילדס, 118; האוטמן, שמות, 1: 524.
42. סרנה, 36.
43. האוטמן, 1: 485.
44. ראב"ע; אברבנאל.
45. אברבנאל.
46. ראב"ע הדגיש שציון הגיל בא להורות על מעלתם; וספורנו העלה שעל אף זקנתם הזדרזו לעשות רצון ה'; והופמן (עט) ציין שהגיל מראה שהם היו בעלי ניסיון.
47. דרייבר, 41; דייוויס, 477; אוסוולד, 176. וכן יעקב (254). הוא הראה שבדיבור של ה' למשה נאמר "ויאמר ה'... לאמור" (ח), לעומת זאת בכל עשר המכות המילה "לאמר" נעדרת (252). ראו גם גרינברג, להבין את שמות, 111-112, 117. זאת כנגד האפשרות שסיפור זה הוא חלק מסיפור המכות: נות, 71; צ'ילדס, 132; דוזמן, 201.
48. דייוויס, 515.
49. רש"י; לקח טוב; שכל טוב; סרנה, 37.
50. Crocodylus niloticus. התנין היה נפוץ במצרים ומתואר באומנות הקדומה של מצרים. בתרגום השבעים המילה מתורגמת: דרקון. וכן דעת רבים: יעקב, 253; קאסוטו, 62; אלכסנדר, 203. פרופ (322) סבור שהתנין הוא הקוברה, שהיה הסמל של המלוכה במצרים. פרופ מדגיש שחילוף בין נחש לתנין נעשה רק בכתובים פואטיים. על הסמליות של התנין בתרבות מצרים כתב איירה (תנין, 281): "בעל חי שאי אפשר לעמוד בפניה, כוח ראשוני בלתי ניתן לאילוף, הוא הורס לחלוטין, סופית וללא רחמים. אינו לא מקיא ברצון את טרפו. אולם התנין הוא גם סמל להתחדשות ולידה מחדש: אל בורא ששוכן בביצות האוקיינוס הקדום שממנו נולדת השמש. במיוחד תנין בולע את שמש הערב, כדי להפיח אותה מחדש בכל בוקר".
51. ראב"ע; ורלב"ג. אבל הגמרא בשבת צז ע"א אומרת שזה היה נס בתוך נס, היינו שלאחר שחזרו התנינים להיות מטות, אז מטה אהרן בלע את מטות החרטומים. וכן רש"י.
52. "תנין, תנים", אנציקלופדיה מקראית ח, ירושלים: מוסד ביאליק, תשמ"ב, 619-621.
53. ייתכן מאוד שאזכור של התנין בישעיה נ"א, ט-י; ותהילים ע"ד, יג-טו, מתייחס למצרים. ראו: היידל, בראשית הבבלי, 108-109.
54. יעקב, 215.
55. ראב"ע (הפירוש הקצר לפסוק ט) סובר שיש מטה אחד, והוא מטה משה שבו עשה אהרן את האותות.

עשר המכות והמופתים והיציאה ממצרים

1. פרתהיים, 108.

2. תנחומא בא, ד. וראו דברי רלב"ג, התועלת השנייה בסוף פרשת וארא (מהדורת ברנר־כהן עמ' 205-206).
3. נעשו ניסיונות להסביר את הריאליה של המכות במצרים. ראו: הולט, מגפות מצרים א; מגפות מצרים ב; קיטשן, אמינות, 249-251.
4. רשב"ם בפירושו לז' כו; יעקב, 180-181; קאסוטו, 61; גרינברג, להבין את שמות, 138-141; אוסוולד, 183-185.
5. רשב"ם ז', כו: "שני פעמים היה משה מתרה את פרעה בשני מכות, ובשלישי לא היה מתרה. וכן כל הסדר, בכל שלש מכות אינו מתרה: בדם ובצפרדעים התרה, בכנים לא התרה. בערוב ובדבר התרה, בשחין לא התרה. בברד ובארבה התרה (בחשך לא התרה)". ורלב"ג שם.
6. קאסוטו, 61.
7. המדרש הבין שמצרים היו עובדים ליאור, כך בתנחומא וארא י"ג, יד; שמות רבה ט', ט (מירקין, חלק א, 128): "על המים אשר ביאר ונהפכו לדם, למה לקו המים תחילה בדם? מפני שפרעה והמצרים עובדים ליאור, אמר הקדוש ברוך הוא אכה אלוה תחילה, ואחר כך עמו". וכן בבראשית רבה (תיאודור־אלבק, עמ' 1090) פרשת מקץ פרשה פ"ט: "[והנה עמד על היאר] אמר ר' יוחנן הרשעים מתקיימים על אלהיהם, ופרעה חלם והנה עומד על היאור, אבל הצדיקים אלהיהן מתקיימים עליהן, והנה ה' נצב עליו (בראשית כ"ח יג)". וכן רש"י על פסוק יז. פינגן, שלח את עמי, 49; קאסוטו, 65; אלינג, מצרים, 106; סרנה, 39.
8. שמות רבה ט', ט: "מפני מה הביא הקדוש ברוך הוא עליהן דם? מדה כנגד מדה, שכך אמר לאברהם (בראשית ט"ו, יד) 'וגם את הגוי אשר יעבדו דן אנכי וגו''. סרנה, 39.
9. לפי תרגום ירושלמי־ניאופטי הוא הלך להתקרר שם, לפי ראב"ע הלך להתרחץ. לפי תרגום יונתן הלך לשם על מנת לעסוק במעשי כשפים. לפי רשב"ם זו דרך השרים, להתרחץ או לטייל על הנהר (ריב"ש; ואברבנאל).
10. תנחומא וארא יד: "למה היה יוצא המימה? לפי שהיה אותו רשע משתבח ואומר שהוא אלוה ואינו יוצא לנקביו, לפיכך היה יוצא המימה בהשכמה, שלא יראוהו בני אדם שעומד בקלון. לכך אמר הקדוש ברוך הוא למשה, עמוד בהשכמה בשעה שהוא נצרך, תפוש אותו ואמור לו כה אמר ה'..."; שמות רבה ט', ח (מירקין, חלק א, 127).
11. אברבנאל; יעקב, 205.
12. אלכסנדר, 174.
13. תרגום אונקלוס; רש"י; ראב"ע. אפשרות אחרת היא שהכוונה לשוחות בתוך עצים ומי מעיין היוצאים מאזורים סלעיים. ראו: נות, 73. יש מפרשים שהכוונה לעבודה זרה שלהם שהיו עשויים מעצים ואבנים. המדרש בשמות רבה (ט', יא [מירקין, חלק א, 130]) דורש שהעצים והאבנים הכוונה לעבודה זרה שלהם. ובהסתמך על ירמיה ב', כז. מכיוון שבמצרים לא היו מצויים כלי אבן ועץ, גם קאסוטו הלך בכיוון זה, ושיער שמדובר במים שהיו שופכים על הפסילים שלהם, קאסוטו, 65-66.
14. זוהי הדעה הרווחת בפרשנות. אולם אברבנאל סבר שגם משה וגם אהרן הכו במטה שלהם. משה הכה על מי היאור והם הפכו לדם, ואילו בהכאת אהרן שאר מימי מצרים הפכו לדם. ובדרך זו גם פירש יעקב, 207, 256; קאסוטו, 65.
15. אין הבדל עקרוני בין נטיית מטה לנטיית יד. ראו: סטוארט, 207.
16. וכן אלכסנדר, 173.
17. וכן יעקב, 258.
18. דוזמן, 220.
19. יש הסבורים שהצפרדע הייתה אל במצרים. הוא היה מוכר במיתולוגיה המצרית כנותן כוח של חיים, וכנגד זאת, שהצפרדע סימלה את חידוש החיים, כאן היא באה כמכה אימתנית, החודרת לכל בית, קאסוטו, 67; נות, 75. כנגד פירוש זה יצא האוטמן, שמות 2, 44. באזור כנען לא הייתה לצפרדע כל משמעות. לא פלא שהצפרדע מוזכרת במקרא רק בהקשר של מכות מצרים (תהילים ע"ז, מה; ק"ה, ל).
20. נות, 75; דייוויס, 522.
21. לפי ראב"ע (בפירושו הארוך), שהחרטומים הוציאו צפרדעים ממקום מוגדר או ממים מועטים, וכך היה הדבר ניכר לעיני הרואים.
22. דוזמן (222) הדגיש שבאמצעות הפנייה של משה לפרעה הוא הופך לשותף פעיל בקביעת גורלו.

23. י' פלמוני, "כנים, כנם", אנציקלופדיה מקראית ד, ירושלים: מוסד ביאליק, תשכ"ג, 190–192. ריב"ש פירש: "תולעים ופודש ושאר יתושין שתולדותם מן העפר".
24. וכן יעקב, 264–265.
25. מחלוקת תנאים בדבר בשמות רבה י"א, ג (מירקין, חלק א, 140): "למה הביא עליהם ערוב, לפי שהיו אומרים לישראל צאו והביאו לנו דובים ואריות ונמרים כדי להיות מצירים בהם לפיכך הביא עליהם חיות מעורבבות, דברי ר"י, ר' נחמיה אמר מיני צרעין ויתושין, ונראין דבריו של ר"י לפי שבצפרדעים כתיב וימותו הצפרדעים לפי שלא היה בהן הנאה בעורותיהן, אבל ערוב שהיה הנאה בעורותיהן לפיכך לא נשאר בהן עד אחד, שאלו היו צרעין ויתושין היה להן שיסריחו". וכן בתרגום השבעים; ובדומה תרגם עקילס.
26. תרגום ירושלמי־יונתן; רש"י; ראב"ע; ריב"ש; רמב"ן בפירושו לפס' יח.
27. ר' יוסף קרא; רשב"ם.
28. שד"ל; וכן בשבעים מתרגם "כלב־זבוב", Stomoxys calcitrans. וכן קאסוטו, 72; צ'ילדס, 156. לפי אברבנאל: "חיות שרצים ונחשים ותולעים מזיקים נושכים וממתים הנערים וגם בני אדם הגדולים, והם באים בערבוביא על כן קראם ערוב. ויעד שיבואו אל הבתים וייכנסו בהם".
29. וכן דעת ראב"ע על ז', כד, בפירוש הארוך; ור"י כספי ח', יח. ודעת חכמים שגם במכת הדם הייתה הבחנה בין ישראל למצרים. למשל: תנחומא וארא יג; שמות רבה ט', י (מירקין, חלק א, 128). כנראה כוונת המדרשים האלה שכך היה בשלוש המכות הראשונות. ראב"ע מציין שזו דעת יפת, בפירוש הארוך על ז', כט; אברבנאל על פסוק כט; שד"ל על ז', יז.
30. רבנו ישועה (מופיע בראב"ע) וכן הפירוש הראשון של רש"י, שמשה לא אמר זאת לפרעה, ופרעה כינה אותם אלוהי מצרים, אבל בתורה כתב "תועבה למצרים".
31. וכן פרופ, 1: 330. דייוויס (555) מציין שתפיסה זו הייתה קיימת רק בתקופה מאוחרת יותר.
32. סרנה, 43.
33. רש"י, על פס' ט; גרינברג, להבין את שמות, 126; פרופ, 331.
34. צ'ילדס, 157.
35. סיכום האפשרויות השונות לזהותה של המחלה ראו: האוטמן, כרך ב, 76.
36. האוטמן, 2: 75. הסבר אחר לקאסוטו, 76.
37. האוטמן, 2, 85–86.
38. דוזמן, 236.
39. דילמן, 96; קאסוטו, 73; נות, 80; אוסוולד, 216.
40. תהילים צ"ו, ג.
41. ולא כדעת גרינברג, שההתראה הזו נובעת מכך שלא היה רצון לפגוע בבעלי החיים אלא בצמחייה בלבד. גרינברג, להבין את שמות, 128; וכן דוזמן, 237. גישה זו נסתרת מכך שמכת דבר היא פגיעה בלעדית בחיות.
42. ראו לעיל עמ' 129 בפירוש לסיפור ההתגלות בסנה, ולהלן בסיפור ההתגלות בהר סיני עמ' 302.
43. אפשר לפרש "קולות אלהים" במובן קולות חזקים, כמו "רוח אלהים". כך רלב"ג בפירוש המילות. וראו על כך: D. Winton Thomas, "A Consideration of Some Unusual Ways of Expressing the Superlative in Hebrew," *VT* 3 (1953): 209–224.
44. על מוטיב הארץ במכה זו ראו: מיירס, 85.
45. הופמן, קג. רס"ג הסביר שמשה אמר דברים אלו לפרעה, כדי להגיד לו שהחיטה עדיין לא נפגעה, ואם ישלח את העם, הרי שלא יפסיד את החיטה (מובא אצל ראב"ע ורמב"ן, ופירש הוא בכיוון זה בווריאציה אחרת).
46. וכן שמות רבה י"ג, ה (מירקין, חלק א, 156).
47. ראו: עסיס, יואל, 131–140.
48. כנגד דעת דוזמן, 241.
49. פרתהיים, 128.
50. דייוויס, 671.

51. יעקב, 286; פרתהיים, 129–130.
52. יש שסברו משום כך שמכת חושך אינה מכה עצמאית אלא חלק ממכת בכורות. ראו דוזמן, 243, 245. תחילת המכה בהטיית ידו של משה וסיומה בחיזוק לב פרעה מלמדים שמכת חושך היא מכה שלמה העומדת בפני עצמה, אף שהיא קשורה למכות בסמיכות. צ׳ילדס (131) סבר שמכת חושך היא חלק ממכת ארבה, הכוללת דו־שיח בין משה לפרעה, מה שנעדר במכת חושך.
53. עם זאת, אפשר שפרעה קרא למשה בעיצומה של המכה. אם נפרש כך, יש להניח שעל אף עוצמת החושך, באמצעות תאורה מלאכותית הצליח פרעה לשלוח אליו את עבדיו.
54. האוטמן (2: 149) מנסח ששמירת החוק היא מה שהצילה את ישראל מהמכה והרגה את המצרים.
55. רש״י, ראב״ע ור״י כספי על פס׳ ד; רשב״ם על פס׳ א; ריב״ש; גרינברג, להבין את שמות, 134; סרנה, 52; האוטמן, 2: 132; דייוויס, 2: 5.
56. רש״י על פס׳ ד, רשב״ם ורמב״ן על פס׳ א; סרנה, 52; האוטמן, 2: 130.
57. ראב״ע בפירושו הארוך לפס׳ א; יעקב, 288.
58. קאסוטו (90) סבור שאין חידוש בדברים אלה, ודברים אלה אמר משה בליבו מתוך זיכרונו של דברים שאמר לו ה׳. לקאסוטו קדם אברבנאל. חוקרים רבים סבורים שפסוקים א–ג אינם במקומם. ראו למשל: גרינברג, להבין את שמות, 154.
59. דאובה, חוק מקראי, 49–50.
60. הגמרא אומרת שכלים אלו נתנו להם כשכר עבודתם, בבלי סנהדרין צא ע״א.
61. רבנו חננאל על י״א, ב: ״אין שאלה זו כשאלה האמורה בכלים (שמות כ״ב, יג) שהוא שאלה על מנת להחזיר. אלא צוה שישאלו מהם במתנה. והקדוש ב״ה יתן להם חן בעיני המצרים ויתנו להם. ואין זה גנבת דעת שיצוה בה הקדוש ב״ה חס ושלום. אבל היה הדבר מותר להם שהרי העבודה שעשו להם אין לה ערך ואין לשכר המלאכה ולשוויה סוף ותכלית. והלא דין תורה היא בעבד שעבד את אדוניו שבע שנים שהוא חייב בהענקה שנאמר (דברים ט״ו, יג–יד) ׳וכי תשלחנו חפשי מעמך לא תשלחנו ריקם. העניק תענק לו מצאנך מגרנך ומיקבך׳. על אחת כמה וכמה המצרים שהיתה אצלם עבודת ישראל של רד״ו שנים״. וכן קאסוטו, 27. קדמו: דאובה, חוק מקראי, 50.
62. שלא כדעת נות (94), שפסוקים ד–ז הם דברי משה לישראל.
63. המכילתא מסביר שבכור השפחה מת משום שגם פשוטי העם המצרי שמחו על הסבל של ישראל תחת מצרים, מכילתא דרבי ישמעאל מסכת דפסחא, יג (הורוויץ, 43–44); רש״י. בכור הבהמה – מכיוון שהמצרים עבדו את בהמותיהם, וכדי שלא יגידו שמכת בכורות באה בגלל בהמותיהם, הכה גם בהם. מכילתא דרשב״י שם. ורש״י הסביר שמכיוון המצרים עבדו את בהמותיהם, הוא נפרע גם מהן.
64. דוזמן (254), הסביר שה׳ הוא עדיין הדובר בפסוק ח, והדובר של ״והשתחוו לי״ הוא ה׳. וכן אלכסנדר, 208. אבל זה קשה שכן בסופו של הפסוק אי אפשר לייחס את המילים ״ואחרי כן אצא״ לה׳. ועוד, אף שה׳ הוא הדובר בפסוק ד, אבל בפסוק ז, מדובר על ה׳ בגוף שלישי. לכן נראה שבפסוק ח משה הוא הדובר. וכן האוטמן, 2: 135; פרופ, 1: 345. אבל האפשרות לייחס את הדיבור בראשית הפסוק גם לה׳ היא מכוונת מבחינה תחבירית.
65. רש״י וראב״ע פירשו שהוא יוצא בחורי אף ממנו לאחר שפרעה אמר לו שלא יוסיף לראותו שוב לאחר מכת חושך (כח). אולם לפי הסברנו, העמידה החזקה יותר של משה באה משום הבשורה החדשה על מכת בכורות.
66. לקח טוב; שכל טוב; רשב״ם; ריב״ש; סרנה, 53; דייוויס, 2: 17. יש המפרשים זאת על ההווה או העתיד: רמב״ן סבר שה׳ חיזק את ליבו עכשיו, ולמרות האזהרה על מכת בכורות הוא לא הוציא את בני ישראל. גם רש״י פירש זאת על ההווה, אך פירש שחיזוק הלב כאן כולל גם את חיזוק ליבו של פרעה בים סוף. ורמב״ן חלק עליו, וכן האוטמן, 2: 135.
67. יעקב, 327. הדעה שזה קורבן ראו למשל: דוזמן, 266–267.
68. סרנה (53) הסביר שידיעה זו נכתבה משום שהיא יוצאת דופן מכלל החוקים שנמסרו במדבר.
69. פרופ, 2: 390.
70. כיוון זה בא לידי ביטוי מעשי בדעה שבזמן הזה היו צריכים למול: מכילתא מסכתא דרבי ישמעאל דפסחא ה (הורוויץ 14); שמות רבה יז, ג; יט, ה (מירקין, חלק א, 207, 225). רש״י על פסוק ו.

71. לפי תרגום ירושלמי־ניאופיטי ותרגום ירושלמי־יונתן, הבית צריך להכיל לפחות עשרה אנשים. ובמשנה פסחים ח׳, ז, נחלקו התנאים: רבי יהודה אוסר מינוי על יחיד, ורבי יוסי מתיר. וראו משנה פסחים ט׳, י, ותוספתא פסחים ד׳, ג.

72. תרגום ירושלמי־יונתן על י״ב, יג: ״ויהי אדם ניכסת פיסחא וגזירת מהולתא מערב לכון למעבד מיניה את על בתיא דאתון שריין תמן ואחמי ית זכות אדמא ואיחוס עליכון ולא ישלוט בכון מלאך מותא דאתיהב ליה רשותא למחבלא במיקטלי בארעא דמצרים (=ויהיה דם זבח הפסח וכריתת המילה מעורב לכם לעשות ממנו אות על הבתים שאתם שוכנים שם. ואראה את זכות הדם ואחמול עליכם ולא ישלוט בכם מלאך המוות שנתנה לו רשות להשחית בהורגי בארץ מצרים). ובפרקי דרבי אליעזר, כט: ״והיו לוקחים דם מילה ודם הפסח, והיו נותנין על משקוף בתיהן, וכשעבר הקדוש ברוך הוא לנגוף את מצרים, וראה את דם הברית ודם הפסח, נתמלא רחמים על ישראל, שנאמר (יחזקאל ט״ז, ז) ׳ואעבר עליך ואראך מתבוססת בדמיך ואמר לך בדמיך חיי בדמיך חיי׳״.

73. הוצעו הסברים סמליים לכך. יש שראו בכך סמל לאחדות האומה, B. Bäntsch, *Exodus-Leviticus-Numeri* (Göttingen: Vandenhoeck & Ruprecht, 1903), 95; גם הירש (קט) סבר שהצלי מסמל את ישראל, וסבר שהצלייה באוויר בשיפוד מסמלת את הגרות של ישראל, ללא קרקע.

74. רעיא מהימנא מ״א, א: ״רזא דא זוהמא מקמי ברית קדישא ולאתהנאה בההוא ריחא דנדיף טוי נורף ועל דא לא אתיא אלא על שבעא״. ומפרש הגר״א: ״ר״ל לקיטת הניצוצות משם כמו בסוד הקרבן ריח ניחוחי וסוד פיטום הקטרת, ולכן דווקא צלי אש ולא מבושל ולא נא, כדי ליהנות בריח כמש״ו ולא מן האכילה רק מהריח דבר שהנשמה נהנה ממנו, וז״ש וע״ד לא אתיא אלא כו׳, ר״ל שלא ליהנות מהאכילה״. הגאון אליהו מווילנא, רעיא מהימנא, קאניגסבערג, אלבערט ראסבאך: [תרי״ח], 12.

75. אולי אכילת מצות ולא חמץ היא משום הדמיון לקורבן, אף שהפסח אינו קורבן, כאמור (כ״ג, יח; כ״ט, ב; ל״ד, כה; ויקרא ב׳, ה, יא; ו׳, ט-י; י׳, יב). ראו פרופ 2: 393.

76. יעקב, 312.

77. בניגוד לדעת רבים ש״היום הזה״ הכוונה לחג המצות, ליום 15, למשל: דרייבר, 93. לדעת צ׳ילדס (197-196) ודוזמן (270), פסוק זה מתייחס גם לפסח וגם למצות.

78. רבי ישמעאל למד מהמילים ״אך היום הראשון״ שהכוונה שבי״ד בחודש, כאשר שוחטים את הפסח, לא יהיה חמץ. בבלי פסחים ה ע״א.

79. מכך למדו את דין שמירת החיטים משעת הקצירה: רי״ף פסחים י״ב, ע״א: ״מבעי ליה לאיניש לנטורא קמחא דפסחא בעידן קצירה, דאמר קרא ושמרתם את המצות״. רש״י; ראב״ע פירושו הארוך.

80. וכן סרנה, 60. ר״י כספי ואברבנאל הציעו שהסיבה לכך היא כדי שישראל לא יפגשו את המצרים בחוץ בשעת צרתם, והדבר יגרום לריבים. אברבנאל אף ציטט מפרשים שהציעו שהסיבה שלא יצאו היא כדי שישראל לא יראו בכורות מתים וירך לבבם. וגם הציע שיהיו בבתים כדי שלא יהיו נפוצים, ובעת היציאה כולם יהיו מזומנים לצאת.

81. רש״י וראב״ע, בעקבות המכילתא דרבי ישמעאל (מסכתא דפסחא בא, יב (הארוואוויטץ, 39), הסבירו את הכפילות בכך שפסוק כה מגביל את קיום מצוות הפסח רק מהכניסה לארץ. לדעתם, החיוב בפסח בשנה השנייה היה חיוב יוצא מן הכלל והיה רק בשנה זו, אולי משום העיכוב בהר סיני. דעה זו סותרת את דברי הספרי במדבר סז (הורוויץ, 62): ״בגנות ישראל הכתוב מדבר שלא עשו אלא פסח זה״. וראו רמב״ן במדבר ט׳, א. נראה לי שהציווי לעשות פסח היה גם במדבר, והדגש כאן על הקיום בארץ בא לומר שאפילו בכניסה לארץ, כשתושלם הגאולה, יש לעשות את הפסח.

82. מוראוקה, 35; דייוויס, 2: 113.

83. וכן האוטמן, 2: 199; פרופ, 2: 411. לפי דייוויס (2, 118) אין חשיבה על כך, אלא בעת הזאת הם רק רוצים שישראל יצאו.

84. דאובה (חוק מקראי, 52-53) שיער שבקשת הברכה בעת שהוא משחרר את ישראל מעבדות דומה להבטחה שה׳ יברך את המשחרר את עבדו: ״לא יקשה בעינך בשלחך אתו חפשי מעמך כי משנה שכר שכיר עבדך שש שנים וברכך ה׳ אלהיך בכל אשר תעשה״ (דברים ט״ו, יח).

85. אונקלוס תרגם: וְאַף נוּכְרָאִין סַגִּיאִין סְלִיקוּ עִמְּהוֹן״. שמות רבה י״ח, י (מירקין, חלק א, 218): ״הכשרים שבמצרים באו ועשו פסח עם ישראל ועלו עמהם, שנאמר: ׳וגם ערב רב עלה עמהם׳ (שמות י״ב, לח), וכל מי שרצו שלא יגאלו ישראל מתו עם הבכורים...״.

86. המכילתא דרבי ישמעאל (מסכתא דפסחא, בא , יד [הורוויץ, 50]) מפרש שארבע מאות ושלושים שנה זה מברית בין הבתרים, וארבע מאות שנה זה מהולדת יצחק. ובתרגום ובשומרוני: "ומושב בני ישראל ואבתם אשר ישבו בארץ כנען ובארץ מצרים", ובווריאציה דומה בתרגום השבעים. גרסה זו משתקפת בעדות חכמים על תרגום השבעים בבבלי מגילה ט ע"א. וכן פירשו רש"י; רשב"ם; ראב"ע בפירושו הארוך. ראב"ע בפירושו הקצר מביא את שיטת רס"ג כי ארבע מאות ושלושים שנה הן מהיום שיצא אברהם מחרן או מאור כשדים. וכן דעת ריב"ש לפי פשוטו של מקרא, לאחר שמביא את דעת חז"ל, וכן דעת ראב"ם.
87. צ'ילדס, 202.
88. לדעת האוטמן (2: 207), אין הבדל בין תושב לשכיר.
89. כך אפשר להבין את ההלכה שמי שנימול בעצמו אבל לא מל את בניו אינו יכול קיים את הפסח.
90. בראשית י"ז, יד; במדבר ט', יג.
91. משנה פסחים ח', ג.
92. לפי בעל הטורים, זה משום שהפסח נאכל על השובע, ואם היה שובר עצם היה נראה כרעב.
93. כן האוטמן, 2: 143. בניגוד להצעה הדחוקה של ראב"ע, שפסוק זה מתייחס למה שעשו ישראל את הפסח במדבר סיני (במדבר ט').
94. וכן פרופ, 2: 420.
95. יעקב, 359.
96. אך ראב"ע פירש שהחג הוא רק מאז היותם בארץ, שכן במדבר לא התחייבו בקיום המועדים (ראב"ע פירוש הקצר).
97. כך תרגום ירושלמי־נאופיטי: "ותתנון לבניכון ביומא ההוא למימר מן בגלל מצוותא דפטירא"; כך דעת ראב"ע, וכן יוצא מדברי ריב"ש. אולם רש"י, בעקבות חז"ל, הבין שהכוונה לקורבן הפסח. וכן רלב"ג; אברבנאל; יעקב, 365. אלא שעניין הפסח לא הוזכר בפסוקים אלה. במכילתא דרבי ישמעאל מסכתא דפסחא, יז (הורוויץ, 64); וכן מכילתא דרשב"י בא יג ו (אפשטיין־מלמד, 39); תנחומא יב. וכן אברבנאל, ופירש שפסוק ו, המדבר על חג המצות, הוא עניין אחר. מכיוון שהשאלה לבנים כאן לדעה זו היא על הפסח, וכן פשוטו של מקרא על השאלה של הבנים בי"ב, כו, לכן פירשו את ההבדל בין השאלות ביחס לשואלים שונים: חכם, רשע, תם ושאינו יודע לשאול. כך רש"י בי"ג, ה. אולם, לאמיתו של דבר, כאמור, ההסבר לבנים בי"ב, כו הוא על הפסח, בי"ג, ח, על חג המצות, ובי"ג, יד, על קיום מצוות בכור. שאלת הבנים בדברים ו', כ, אינה על הפסח כלל, אלא שאלה כללית של הבנים מהן המצוות.
98. שד"ל; חכם, א: ריח.
99. האוטמן, 2: 212.
100. זה בפירוש א, ואחר כך הביא את דברי חז"ל שהכוונה לתפילין וכתב: "ובעבור שהעתיקו כן חכמינו ז"ל, בטל הפירוש הראשון, כי אין עליו עדים נאמנים כאשר יש לפירוש השני". ופירוש ב כתב על כיוון זה: "ואין זה דרך נכונה", ואימץ את פירוש חכמים.
101. כך ראב"ע (בפירושו הארוך): "מימים ימימה – כמו ימים תהיה גאולתו (ויקרא כ"ה, כט) – משנה לשנה". וכן שד"ל. ואונקלוס תרגם "מזמן לזמן".
102. וכן בתרגום יונתן־נאופיטי פסוק יב: "ותפרש כל פתח ולדא קדם ה'". אפשר גם להבין שיש לעשות פעולה אקטיבית של קידוש, וכך שיטת בית רבי יהודה הנשיא בבבלי בנזיר ד ע"ב. כך ריב"ש, וכן ראב"ע בשם יפת, ושד"ל, על פסוק א.
103. עם זאת, יש לציין את דברי המכילתא דרשב"י (מהדורת אפשטיין־מלמד, 37): "וידבר ה' אל משה לאמר קדש לי – אין קדש לי אלא הפריש. יכול אם מפרישו אתה הרי הוא מקודש, ואם לאו אינו מקודש, ת"ל הוא בין שאתה מפרישו בין שאין אתה מפרישו".
104. הופמן, קנ.
105. וכן רמב"ם, מורה נבוכים, ג', לט. וראו תוספתא בכורות א', ד: "היה ר' מאיר אומר: כל המקיים מצות פטר חמור, מעלין עליו הכתוב כאילו קיים מצות בהמה טמאה כולה. כל המבטל פטר חמור, מעלין עליו כאילו ביטל מצות בהמה טמאה כולה". מקור תנאי זה מסביר את הסתירה בין הדין כאן למה שכתוב בבמדבר י"ח, טו, שדין בכור שייך בכל בהמה טמאה. העיקרון בדברי ר' מאיר הוא שיש לפדות בכור של כל בכור בהמה טמאה, אולם בפועל הציווי חל רק על חמור, כי זו החיה היחידה שהייתה בשימוש

משמעותי בישראל. ראו דיון אם בכורי בהמה אחרים כלולים בבבלי בכורות ה ע״ב. וראו ספרי במדבר קיח (הורוביץ, 138).

106. הופמן, קמט-קנ.

107. בבלי בכורות ד ע״ב ריש לקיש סבר שהבכורות שיצאו ממצרים קדשו, אבל אלה שנולדו במדבר לא קדשו, רק אלה שנכנסו לארץ. ולדעת רבי יוחנן כל הבכורות קדשו מכאן ואילך, גם אלה שנולדו במדבר. לפי דעת ר׳ יוחנן, הגמרא מסבירה: ״ההוא [הפסוק והיה כי יביאך] מיבעי ליה תנא דבי ר׳ ישמעאל: עשה מצוה זו שבשבילה תיכנס לארץ״. וזה בדרך דרש, אך פשוטם של דברים כפי שהסברנו לעיל. ובמכילתא דרשב״י י״ג, יא, דרשו: ״כי יביאך – עשה מצווה זו האמורה בעניין שבשכרה תיכנס לארץ״ (אפשטיין־מלמד, 42).

סיפור מעבר ים סוף

1. האוטמן 2: 249.
2. וכעין זה אומר אברבנאל על פס׳ טז-יז: ״ולא אכבד בפרעה ובכל חילו במכת המות כמכת בכורות שהיו שוכבים על מטותיהם ומתים שמה בלתי מזוינים כי הנצחון לאלה אינו דבר גדול אבל עתה בהיות פרעה ברכבו ופרשיו אכבד בהם באופן הריגתם״.
3. חוקרים רבים הסבירו סיפור זה בהקשר של מיתולוגיה של ניצחונו של ה׳ על כוחות הים, למשל: דוזמן, 298-300. ראו: C. Kloos, *Yhwh's Combat with the Sea: A Canaanite Tradition in the Religion of Ancient Israel*, (Amsterdam and Leiden: Brill, 1986), 127–214. כנגד גישה זו ראו גם: F. M. Cross and D. N. Freedman, "The Song of Miriam," *Journal of Near Eastern Studies* 14 (1955): 237–250, here 239.
4. שמות רבה כ׳, יא (מירקין, חלק א, 240); קאסוטו, 107; האוטמן, 2: 250.
5. על דרך זו ראו: A. H. Gardiner, "The Ancient Military Roed Between Egypt and Palestine," *The Journal of Egyptian Archaeology* 6 (1920): 99–116. הרן הציע שדרך החוף המוכרת אינה דרך פלשתים אלא דרך זו נקראה דרך מצרים, והיו בה מבצרים מצריים רבים. דרך זו הייתה על החוף הצפוני של סיני ועד לעזה ובהמשך למגידו. לדעתו, דרך ארץ פלשתים היא דרך דרומית יותר שהגיעה עד קדש ברנע לבאר שבע ולחברון. הדרך שבה נסעו בני ישראל היא דרך המדבר, שהיא דרומית יותר. הרן, תקופות ומוסדות במקרא: עיונים היסטוריים, תל אביב: עם עובד, תשל״ג, 50-76.
6. ספורנו; סרנה, 69; פרופ, 1: 485; דייוויס, 2: 206
7. רמב״ן. כנגד אפשרות זו ראו דייוויס, 2: 206.
8. רש״י; ראב״ע. שניהם מזכירים חשש ממלחמה עם עמלק. יעקב, 377.
9. ולא כדעת רבים מן החדשים הרואים סתירה בין העובדה שהם יצאו חמושים לעובדה שאלוהים לא הוביל אותם דרך ארץ פלשתים. למשל: דוזמן, 303-304.
10. פירשנו בעקבות רש״י, דרך המדבר המובילה לים סוף. אפשר גם לפרש דרך המדבר של ים סוף, וכך ראב״ע.
11. ישנן השערות רבות מהו מיקומו של ים סוף. ראו: J. Simons, *The Geographical and Topographical Texts of the Old Testament: A Concise Commentary in XXXII Chapters* (Leiden: Brill, 1959), §423–427; מ׳ הראל, מסעי סיני, תל אביב: עם עובד – משרד הביטחון, 1968, 198-203. וראו שם סקירת מחקר, 90-117; G. I. Davies, *The Way of the Wilderness: A Geographical Study of the Wilderness Itineraries in the Old Testament* (Cambridge: University Press, 1979), 70–74; M. D. Oblath, *The Exodus Itinerary Sites: Their Location from the Perspective of Biblical Sources*, (New York: Peter Lang, 2004), 98–106.
12. לכן אין לראות סתירה בין ההיגדים שה׳ הוא זה שהנחה את העם בפסוקים יז-יח, ובין התיאור שעמוד האש והענן הובילו את העם במסע, כדעת רבים: למשל: דוזמן, 304, 306. המשמעות של הובלת העם על ידי ענן ואש היא שה׳ מוביל אותם, וזה מדויק בפסוק: ״וה׳ הולך לפניהם יומם...״.
13. משפט זה אינו סותר את שנאמר עד כה, שפרעה נתן לישראל לצאת ממצרים. העולה כאן הוא שפרעה נוכח לכך שישראל אינם מתכוונים לעמוד בתוכניתם לשוב למצרים על פי הרשות שנתנה להם, אלא הם מתכוונים לברוח. כך האוטמן, 2: 259; פרופ, 1: 492; דייוויס, 2: 249.

14. כך גם האוטמן, 2: 261. ואין כפילות בין פסוק ו לפסוק ז.
15. שד"ל; דייוויס, 2: 249–250.
16. דייוויס, 2: 250.
17. הנוסח השומרוני מוסיף לאחר ו', ט: "ולא שמעו אל משה מקוצר רוח ומעבודה קשה, ויאמרו אל משה חדל נא ממנו ונעבדה את מצרים כי טוב לנו עבד את מצרים ממותנו במדבר".
18. מכילתא דרבי ישמעאל, מסכתא דויהי בשלח, ב (הורוויץ, 91): "ויראו מאד ויצעקו בני ישראל אל ה' – מיד תפסו להם אומנות אבותם, אומנות אברהם יצחק ויעקב...".
19. בירושלמי סוכה ה', א הבינו דבר זה לא כהבטחה אלא כמצוות לא תעשה: "תני רשב"י, מקומו הוזהרו ישראל שלא לשוב ארץ מצרים שנאמר כי אשר ראיתם את מצרים היום לא תוסיפו לראותם עוד עד עולם. וה' אמר לכם לא תספון לשוב בדרך הזה עוד". ורמב"ן העיר שהפסוק בדברים מכוון למצווה, מה שאין כן כאן, שמדובר בהבטחה.
20. הופמן (קסא) פירש: "התייצבו – כלומר עמדו על עמדתכם, דהיינו היו אמיצים ואל תתייאשו". זאת כמובן בהמשך למה שאמר משה בתחילת הפסוק: "אל תיראו". וחכם פירש: "עמדו על מקומכם ואל תברחו מפני המצרים הבאים עליכם. ועוד: עמדו זקופים, ואל תכנעו לפניהם".
21. נות, 90; האוטמן, 2: 253; דוזמן, 314; דייוויס, 2: 253.
22. אונקלוס הוסיף בתרגומו "וה' אמר למשה קבילית צלותך מליל עם בני ישראל ויטלון". ובמכילתא דרבי ישמעאל בשלח פרשה ג (הורוויץ עמ' 97): "ר' אליעזר אומר: אמר הקב"ה למשה, משה, בני נתונים בצרה, הים סוגר ושונא רודף ואתה עומד ומרבה בתפילה? מה תצעק אלי שהיה אומר יש שעה לקצר ויש שעה להאריך...". לפי המדרש, תפילת משה לה' חסרה בפסוקים.
23. כך מוסיף אונקלוס: "ועאל בין משריא דמצראי ובין משריתא דישראל והוא עננא וקבלא למצראי ולישראל נהר כל ליליא". וכן ירושלמי־יונתן; ונאופיטי. וראו גם שד"ל. והשבעים לא גרס "ויאר", אלא "החושך והאפלה ויעבור הלילה". אבן ג'נאח, ספר השרשים, § אור, הסביר: "ויאר את הלילה" – החשיך את הלילה, כמו בלשון חז"ל "אור לארבעה עשר בודקים את החמץ", וכן ריב"ש. ראב"ע חלק על כך.
24. רש"י, ריב"ש וספורנו על פסוק כה. וראב"ם בשמו אמר שהענן והאש מעורבים יחד. ודומה לזה ריב"ש. אין טעם בפירושו של קאסוטו (117), שמדובר כאן בענן ואש אחרים שלא דובר עליהם בי"ג, כא.
25. מכילתא דרבי ישמעאל ויהי בשלח ה (הורוויץ, 108): "ויסר את אופן מרכבותיו וינהגהו – ר' יהודה אומר מחמת אש שלמעלה נשרפו גלגלים של מטה והיו מוטות ומרכבות רצות ונכנסות בעל כורחן.... ר' נחמיה אומר מקול רעם של מעלן נתזו צנורות מלמטן...". רש"י; ראב"ם; ספורנו; שד"ל. או מפני האדמה הבוצית: אברבנאל.
26. ריב"ש; ר"י כספי.
27. T. G. E. Powell, "The Introduction of Horse-Riding to Temperate Europe: A Contributory Note," *Proceedings of the Prehistoric Society* 37 (1971): 1–14; M. A. Littauer and J. H. Crouwel, *Wheeled Vehicles and Ridden Animals in the Ancient Near East* (Leiden: Brill, 1979), 11–12.
28. רשב"ם; חזקוני.
29. מכילתא דרבי ישמעאל מסכתא דויהי בשלח, ו (הורוויץ, 111).
30. וכן במכילתא דרבי ישמעאל, מסכתא דשירה (הורוויץ, 150–151). וכן פסק במגן אברהם בעקבות האר"י, שיש לומר את הפסוק "כי בא". וכן יעקב, 425.
31. י', פנקובר, נוסח התורה בכתר ארם צובה: עדות חדשה, רמת גן: אוניברסיטת בר אילן, תשנ"ג, 38–40.
32. כך גם באבודרהם, המסביר שבסידור התפילה הכפל של פסוק יח הוא משום שזה סימן של סיום השירה (אבודרהם, סדר שחרית של חול, עמ' סג). וכן הוא אצל רבי יעקב חזן מלונדרץ, עץ חיים: הלכות פסקים ומנהגים (מהדיר הרב י' ברודי), ירושלים, תשכ"ב, עח-עט. בית יוסף סימן נא. וכך גם כן בסידור תפילות כפי מנהג ק"ק של ארם צובה, ירושלים תשס"ז, כרך א, לה ע"ב.
33. כך דעת ראב"ע (הקצר והארוך לפס' יט), שהפסוק הוא חלק מהשירה. דייוויס, 2: 313.
34. וראו דברינו על יחס בין סיפור דבורה לשירת דבורה: עסיס, שופטים, 254–256.
35. כנגד הדעה שהשיר הוא שיר של הודיה או שיר ניצחון. לאפשרויות השונות ראו: צ'ילדס, 243–244. שיר ניצחון: F. M. Cross and D. N. Freedman, *Studies in Ancient Yahwistic Poetry* (Grand Rapids, MI:

31 ,(Eerdmans, 1975 . יש הקושרים את השיר למיתולוגיה כנענית של מלחמת ה׳ בים: קרוס, שירת הים, 142. ראו גם: דוזמן, 335. F. M. Cross, *Canaanite Myth and Hebrew Epic* (Cambridge, MA: Harvard University Press, 1973). אבל גישה זו מסופקת ביותר, כי אין שום אינדיקציה שהקונפליקט הוא בין ה׳ לים. להפך, באמצעות הים יש ניצחון על פרעה. על כך כתבו קרוס ופרידמן: עמ׳ 239. Cross and Freedman, "The Song of Miriam", *Journal of Near Eastern Studies* 14 (1955): 237–250. וכן ווטסון, 255. S. Watson, *Chaos Uncreated: A Reassessment of the Theme of 'Chaos' in the Hebrew Bible*. 255 (BZAW, 341) (Berlin: de Gruyter, 2005)).

36. צ׳ילדס, 249.
37. דוזמן, 297.
38. נעשו ניסיונות לחלק את המזמור לפי אמצעים צורניים וספרותיים, סיכום שיטות ראו: האוטמן, 2: 246. ראו גם הצעת קאסוטו, 119–120. אולם חלוקות אלה הן בדרך כלל צורניות, והן סובלות בדרך כלל מכך שאין בהן הלימה תוכנית.
39. אפשר לראות את פסוק יח, כחתימה של שני החלקים, ואז פסוק יז, הוא חתימה של החלק השני. ראו: מיירס, 2: 290.
40. ראב״ע. הוא קובע שמשה חיבר את השירה אך כל אחד מבני ישראל אמר אותה, והפועל "אשירה" מתייחס לכל מי שאמר את השירה. ותרגומים אונקלוס וירושלמי־נאופיטי, וירושלמי־יונתן, גרסו זאת ברבים, וכן בתרגום השבעים.
41. ראו בפירושי מילים על אפשרויות שונות.
42. ראו בפירושי המילים פירוש למילה זו.
43. פרופ 1: 515.
44. קאסוטו (121) הבין שכוונת פרעה הייתה להוריש אותם, היינו לקחת אותם חזרה להיות עבדים.
45. יעקב, 430.
46. אפשרות שמעלה פרופ, 1: 526.
47. ראב״ם; רלב״ג.
48. על פי תרגום השבעים.
49. אולי זו כוונת ריב״ש בדבריו: "נטית ימינך - עליהם להכותם, ונבלעו ונבערו מן העולם". ובדומה פירש ראב״ם: "תבלעמו - חוזר על המצרים השאלה להעדרם מן המציאות בטביעתם בים כעין מי שבליעתו הארץ". רמב״ן פירש שמתו על שפת הים, כמו בסיפור, ואחר כך במיתתם הפכו לעפר הארץ.
50. נות, 99.
51. וכן במכילתא דרבי ישמעאל מסכתא דשירה ט (הורוויץ, 146). מספר חוקרים סברו שהכוונה לירושלים: צ׳ילדס, 252; האוטמן, 2: 288; דייוויס, 2: 362, 369. כך גם במספר מקומות במקרא: בשמ״ב ט״ו, כה; ישעיה כ״ז, י. יעקב (433) הציע שמדובר על הר סיני.
52. וכן יעקב, 421, 431; קאסוטו, 122; מיירס, 121; פרופ, 1: 532.
53. וראו ראב״ע על בראשית מ״ח, כב; וראב״ע על ישעיה מ״א, יד. פרופ 1: 532.
54. אבל מדרשים ותרגומים סברו שמדובר כאן על מעבר ישראל בנהרות ארנון וירדן: מכילתא דרבי ישמעאל מסכתא דשירה, ט (הורוויץ, 148); אונקלוס; ירושלמי־יונתן; רש״י. רשב״ם סבר שכתוב פעמיים עד יעבור, אבל הכוונה בשניהם היא למעבר הירדן.
55. ראו פרתהיים, 164–165.
56. עסיס, ממשה ליהושע, 66–70.
57. ראו שד״ל.
58. מכילתא דרבי ישמעאל מסכתא דשירה י (הורוויץ, 149): "דבר אחר: תביאמו ותטעמו – נטיעה שאין בה נטישה, שנאמר: 'ובניתים ולא אהרס ונטעתים ולא אנטש' (ירמיה כ״ד, ו), 'ונטעתים על אדמתם ולא ינטשו עוד' (עמוס ט׳, טז)".
59. יעקב, 433; פרופ, 1: 568; דייוויס, 2: 367.
60. וכן נות, 100; את שתי האפשרויות העלה ראב״ע בפירושו הארוך.
61. וראו גם יעקב, 433. הוא סבור שגם מקדש ה׳ הכוונה להר סיני.
62. מיירס, 121.

63. על נושא זה ראו: V. Hurowitz, *"I Have Built You an Exalted House": Temple Building in the Bible in Light of Mesopotamian and Northwest Semitic Writings* (JSOTsup, 115) (Sheffield: JSOT Press, 1992), 332–334.
64. מרבית הפרשנים ראו זאת כעתיד. מכילתא דרשב"י (אפשטין־מלמד, 100) שמות ט"ו, יח: "ר' יוסי אומ' אילו אמרו ישראל 'ה' מלך עולם ועד' (תה' י טז) לא שלטה בהם אומה ומלכות, אלא 'ה' ימלוך לעולם ועד' לעתיד לבוא". וכן הוא מדרש הגדול שמות פרק טו פסוק יח. ואונקלוס תרגם זאת בהווה. והשיג עליו רמב"ן: "ואונקלוס נתיירא ממנו בעבור שהמלכות לאלהים היא לעולמי עד, ולפיכך עשאו לשון הוה 'ה' מלכותיה קאים לעלם ולעלמי עלמיא', כדרך 'מלכותך מלכות כל עולמים' (תהילים קמ"ה, יג). ולא הבינותי דעתו בזה, שהרי כתוב 'יהי כבוד ה' לעולם' (שם ק"ד, לא)...".
65. רשב"ם: "ה' ימלך – לאחר שתתישבו בארץ ישראל תוודע מלכותו של הק' בכל המלכיות". וכן ראב"ע הפירוש הארוך ט"ו, יח: "ה' ימלוך כאשר יבנה בית המקדש לשמו, אז תראה מלכותו בארץ". פרופ 1: 545.
66. וכן פירש רבנו מיוחס (עמ' 39) כעתיד במשמעות תמידיות, וכך גם פירש את כוונת אונקלוס.
67. דוזמן, 341.
68. דוזמן, 341.
69. על המשך השיר בטקסטים פרשניים מקומראן ראו: G. J. Brooke, "Power to Powerless: A Long-Lost Song of Miriam," BAR 20 (1994): 62–65.
70. נות, 122; מ' ברויאר, פרקי מועדות, כרך א, ירושלים תשמ"ו, 256-255. J. G. Janzen, "Song of Moses, Song of Miriam: Who Is Seconding Whom," *CBQ* 54 (1992): 211–220.

המסע מים סוף עד רפידים

1. סרנה, 83.
2. ראו גם דוזמן, 349-351.
3. שור היא חומה (בראשית מ"ט, כב; שמ"ב כ"ב, ל. אונקלוס), והמדבר נקרא כך אולי משום דרך המדבר ואולי משום שבדרך זו היו המצרים מגינים על גבולם, סרנה, 84.
4. יעקב, 435.
5. זו מחלקות במכילתא דרבי ישמעאל ויסע דבשלח א (הורוויץ, עמ' 152): "ויסע משה – אמר רבי יהושע נסיעה זו לא נסעו אלא על פי משה, ושאר כל המסעות כולן נסעו על פי הגבורה, שנאמר: 'על פי ה' יחנו ועל פי ה' יסעו' (במדבר ט', כב), אבל נסיעה זו לא נסעו אלא על פי משה, שנאמר: 'ויסע משה את ישראל' (שמות ט"ו, כב). ר' אליעזר אומר: על פי הגבורה נסעו...".
6. האוטמן, שמות 2, 305.
7. מכילתא דרבי ישמעאל ויסע דבשלח א (הורוויץ, עמ' 155). רש"י; לקח טוב.
8. קוטס, מרד, 51; צ'ילדס, 268.
9. כנגד האפשרות שמשה הוא הנושא של המשפט, למשל: יעקב, 437-438; קוטס, מרד, 49-50.
10. מכילתא דרבי ישמעאל ויסע דבשלח א (הורוויץ עמ' 156): "חק זה השבת ומשפט זה כיבוד אב ואם, דברי ר' יהושע, ר' אליעזר המודעי אומר חק אלו עריות, שנאמר: 'לבלתי עשות מחוקות התועבות (ויקרא י"ח, ל), ומשפט אלו דיני אונסין ודיני קנסיות ודיני חבלות". וראו גם בבלי שבת פז ע"ב; בבלי סנהדרין נו ע"ב: "עשר מצות נצטוו ישראל במרה, שבע שקיבלו עליהן בני נח והוסיפו עליהן דינין ושבת וכיבוד אב..."; רש"י.
11. דייוויס, 2: 412.
12. סרנה, 84.
13. גם פרופ (1: 581) עמד על היות הסיפור במרה חלק מיחסי הברית שה' נותן מים והעם שומר מצוות. זאת כנגד הסבורים שעניין החוק אינו מתקשר היטב לעניין המים, כך צ'ילדס, 269.
14. וכן חכם, א: רצב.
15. מכילתא דרבי ישמעאל מסכתא ד ויסע דבשלח א (הורוויץ, עמ' 159): "רבי אלעזר המודעי אומר: כיון שברא הקב"ה את עולמו ברא שם שנים עשר מובעין כנגד שנים עשר שבטי יעקב ושבעים תמרים כנגד

שבעים זקנים, ומה תלמוד לומר ויחנו שם על המים? מלמד שהיו עוסקים בדברי תורה שנתנו להם במרה". וכן תרגום ירושלמי־נאופיטי; ותרגום ירושלמי־יונתן.

16. האוטמן, 2: 304.
17. האוטמן, 2: 316.
18. רש"י, רשב"ם, ראב"ע לפסוק ב בפירוש ב, ריב"ש ואברבנאל הסבירו שאז נגמר להם האוכל שהוציאו ממצרים.
19. רמב"ן חולק על הפירוש שזה משום שהסתיים האוכל. וכן יעקב, 440.
20. במכילתא ישנה מחלוקת מה היו התנאים של ישראל במצרים. מכילתא דרבי ישמעאל מסכתא ד ויסע בשלח, א (הורוויץ, 160).
21. לחם יכול לבוא במשמעות אוכל (ויקרא ג', יא; ירמיה י"א, יט), ולכן ראב"ע סבר שהמילה "לחם" כוללת את השליו. וכך היא המשמעות של המילה לחם בערבית. אבל מכיוון שפסוק ח מבדיל בין לחם לבשר, נראה שגם בפסוק זה הכוונה היא ללחם ממש ולא לבשר, כפירושו הראשון של רמב"ן.
22. לעומת זאת, אירוע זה מאופיין בתהילים ע"ח, יח-כב, כחטא של חוסר אמונה בה' שבגינו ה' כעס על העם.
23. דייוויס, 2: 451.
24. סרנה, 87; האוטמן, 2: 332.
25. וראב"ע, שפירש שהענן עזב אותם לאחר ים סוף, מפרש שהכוונה שהם ילכו למדבר. אבל קשה מדוע המדבר מוגדר לפני ה'. שד"ל, שאימץ את דעת ראב"ע, הציע שאין הכוונה שילכו לשום מקום, אלא שישמעו את אשר יש לה' לומר להם, ואז נגלה הענן. וראב"ם פירש שהכוונה שיתקרבו במחשבותיהם אל ה', וכעין זה פירש אברבנאל.
26. שד"ל (פירושו לפסוק ט) שיער שלפני הקמת המשכן, הענן היה עִם העָם רק בנסיעה, ולא בחניה, ולכן באירוע המן, הענן לא היה, והגיע עתה כשאמר אהרן לעם: "קרבו לפני ה'".
27. בניגוד לדעה שפסוקים אלה נאמרו קודם לכן, על ידי ה' למשה: ריב"ש על פסוק יא; רמב"ן על פסוק יב; יעקב, 442, 449.
28. חזקוני. כנגד דעת רמב"ן (פירושו לפסוק יב), שהיה להם שליו בכל תקופת הנדודים במדבר, והוא על פי הבנת רמב"ן את דברי התלמוד בבבלי ערכין טו ע"ב, וכן רש"י שם. אבל התוספות בשם ר"י קרא חלק על כך, כמוכח מהסיפור בבמדבר י"א, שהאספסוף התאווה, היינו שלא היה להם בשר. ואכן גם בדברים ח' וגם בנחמיה מדברים על המן, אבל לא על השליו.
29. סרנה, 88.
30. סרנה, 88.
31. מכילתא דרבי ישמעאל מסכתא ויסע בשלח, ג (הורוויץ, 166) ; רשב"ם; ריב"ש; שד"ל. יש שסברו ש"מן" הוא שם עצם: רש"י; ראב"ע.
32. רש"י; אברבנאל; נות, 135; צילדס, 289.
33. וכן ר"י כספי ושד"ל; לדעת רש"י, רשב"ם וריב"ש, משה לא העביר להם את מצוות השבת, והפנייה של הנשיאים הייתה מה לעשות, האם להותיר מהמן עד בוקר, משום שהם חששו לעשות זאת. רשב"ם (פירושו לפסוק כג) הציע שמשה במכוון נמנע מלהסביר להם מדוע עליהם לאסוף כפליים ביום שישי, על מנת להפתיע אותם שהם ימצאו בשישי כפליים, כדי לבשר להם את קדושת השבת. הפירוש הראשון מסתבר יותר. ראשית, יש להניח שמשה העביר לעם את ציווי ה', ושנית, אם משה לא ציווה אותם, איך העם ידע לאסוף כפליים? ובדוחק יש להסביר שהם ראו שהייתה כמות כפולה בחוץ, ולכן אספו כפליים. יתר על כן, מתשובת ה' "הוא אשר דבר ה'" משמע שהם כבר ידעו זאת.
34. בבלי עירובין נא ע"א.
35. בניגוד לחוקרים הסבורים שסיפור המן היה לאחר מתן תורה, כלומר אחרי שניתנה מצוות השבת. קאסוטו, עמ' 130. דייוויס, 2: 465.
36. מביטוי זה למדו חז"ל בדרך דרש שהשבת היא מתנה, בבלי שבת י ע"א. וכך פירש כאן ספורנו; יעקב, 461.
37. ראב"ע, הפירוש הארוך לפסוק יט. על אף הדמיון בין הוראה זו להוראה בדבר הפסח, שאין להותיר אותו עד בוקר, הסיבה כאן שונה. בפסח הכוונה של הוראה זו היא להטמיע בישראל את האמונה שמיד לאחר הפסח הם עוזבים את מצרים, וכאן המשמעות היא לוודא את התלות היום־יומית של העם בה'.

38. מכילתא דרבי ישמעאל מסכתא דויסע בשלח ה (הורוויץ, 171); רש"י; רשב"ם; ראב"ע פירושו הקצר; שד"ל.
39. נות, 137; האוטמן, 2: 325.
40. אברבנאל: "ואמנם אמרו ובני ישראל אכלו את המן ארבעים שנה חשבו אנשים כי זה נכתב סמוך למיתת משה בבואם אל קצה ארץ כנען כי האמורי מבני כנען היה. ומהם אמרו שזה הפסוק כתב יהושע בתורה ואין הדבר כן. אבל משה רבינו כתב כל זה עם היותו עתיד להיות מפני הגבורה שצוהו לכתוב כן כמו שכתב 'ויעל משה וימת שם משה' כפי הדעת האמתי וכמו שאבארו במקומו בע"ה".
41. האוטמן, 2: 355.
42. עסיס, ממשה ליהושע, 114–115.
43. ר' יצחק עראמה; אברבנאל. לעומת זאת, ראב"ע ורמב"ן הבינו שהם פנו למשה ואהרן. בתרגום יונתן־נאופיטי, ובתרגום ירושלמי־יונתן בלשון יחיד: הב. כן בטקסט מקומראן 4Qpaleom, col. xvii. וכן בשבעים ובשומרוני.
44. כך פירש רמב"ן, שתלונתם היא בשני שלבים. אפשרות שגם מציע פרופ, 2: 603. ראב"ע פירש שאלה קבוצות שונות, לקבוצה אחת לא היה מים והם רבו עם משה (ב), ולקבוצה שנייה היה מים והם ניסו את ה' אם ייתן מים.
45. האוטמן, 2: 363. המכילתא ראה בכך תפילה, מכילתא דרבי ישמעאל ויסע דבשלח ו (הורוויץ, עמ' 174).
46. פירושו של רש"י הוא שיש כאן ביקורת על משה שהוציא לעז על ישראל. ור"י כספי פירש שיעבור לפני העם על מנת שיבחר זקנים.
47. חכם, שכא.
48. ראב"ע בפירושו הארוך: "ומשפט לשון הקדש, כאשר יזכיר שני דברים, יחל לעולם מהשני, שהוא קרוב, כמו: ואתן ליצחק את יעקב ואת עשו (יהושע כ"ד, ד) ואחר כן: ואתן לעשו (יהושע כ"ד, ד), וככה הזכיר תחילה מסה ואחר כך מריבה, ושב לפרש קריאת המריבה על ריב בני ישראל עם משה".
49. ניתנו לכך הסברים מדרשיים, למשל: מכילתא דרבי ישמעאל מסכתא דעמלק א (הורוויץ, 176); רש"י.
50. ראו רש"י. אברבנאל טען שסיפור זה הוא עונש על שישראל בחנו את ה' לשאול אם ה' בקרבם או לא (ובדרך זו גם הופמן, קעה). וכן הוא בתנחומא כי תצא ט. חטא של ישראל מוזכר בתרגום ירושלמי־יונתן לפסוק ח, אך התרגום מדבר על עבודה זרה של שבט דן (בתרגום לעברית): "והיה לוקח והורג אנשים מבית דן שלא היה ענן מקבל אותם מפני עבודה זרה אשר ביניהם". ואף שגם סיפור זה מראה את הנכוחות של ה' בקרב ישראל, כפי שפירשנו, בסיפור לא עולה שהאירוע הוא עונש, אין אזכור של חטא או של סליחה וכפרה. הסברים שונים על דרך הדרש ניתנו כדי להסביר מדוע באו עמלק להילחם בישראל.
51. משנה ר"ה ג, ח; מכילתא דרבי ישמעאל עמלק דבשלח א (הורוויץ, עמ' 179–180); רש"י ראב"ע הפירוש הארוך לפסוק יא.
52. שד"ל (יא) הסביר שהרמת ידיים היא ניצחון על דרך נס, להראות להעם שה' איתם.
53. יעקב, 483.
54. וכן חזקוני; ר"י כספי.
55. לפי השיטה שהתורה מגילות מגילות ניתנה, ואחר כך הצטרפה מגילה זו לספר התורה, כך הסביר ראב"ם. אחרים פירשו שהכוונה לפרשייה בספר דברים: רס"ג (מובא אצל ר' אברהם); אברבנאל; ספורנו.
56. שד"ל; חכם, שכח.
57. ר"י כספי על פס' יד.
58. רש"י; ראב"ע; ראב"ם; ר"י כספי. רש"י היה זהיר בפסוק והדגיש שמשה לא קרא למזבח ה' נסי. אולם פשוטו של מקרא הוא שמשה קרא למזבח ה' נסי, ואכן רשב"ם הסביר שזה כמו שאדם נקרא אליעזר או עמונאל. ובדומה למחלוקת זו כאן, כל גם המחלוקת בין רש"י לר' יוסף קרא בשופטים ו', כד. ואברבנאל פירש שמשה קרא לה' "ה' נסי". וכן ספורנו.
59. ריב"ש; ספורנו. שד"ל; הופמן, קפא; יעקב, 484.
60. במשמעות זו של המילה פירש שד"ל בדרך אחרת.
61. שיטת ר' אלעזר המודעי במכילתא דרבי ישמעאל, מסכתא דעמלק, ב (הורוויץ, 186); אונקלוס; רש"י; רשב"ם; ראב"ע; רמב"ן. ובשד"ל הצעה לפירוש נוסף, יד של עמלק על כס ה', ולכן מלחמה לה' בעמלק.

ובדומה בפירוש השני בחזקוני. וריב"ש פירש שהיד היא שהמנהיג שישב במלכות ישראל, ישב במלכותו על כיסא ה', ופירוש זה על פי בבלי סנהדרין כ ע"ב. ר' ישועה מפרש כך, מובא בפירוש הארוך אצל ראב"ע.

62. הופמן, קפא.

63. כך אומר המדרש, תנחומא כי תצא ט: "אמר רבי נחוניא, משל למה הדבר דומה? לאמבטי רותחת, שלא היתה בריה יכולה לירד בתוכה, בא בן בליעל אחד וקפץ לתוכה, אף על פי שנכווה, הקרה לפני אחרים. אף כאן כיון שיצאו ממצרים, הקדוש ברוך הוא, קרע הים לפניהם ונשתקעו המרים לתוכו. נפל פחדן על כל האומות, שנאמר: 'אז נבהלו אלפי אדום וגו' (שמות ט"ו, טו)... כיוון שבא עמלק ונזדווג להם, אף על פי שנטל שלו מתחת ידן, הקרן לפני אומות העולם".

64. ראו גם: E. Carpenter, "Exodus 18: Its Structure, Style, Motifs, and Function in the Book of Exodus," in E. Carpenter, ed., *A Biblical Itinerary: In Search of Method, Form and Content, Essays in Honor of George W. Coats* (JSOTsup, 240) (Sheffield: Sheffield Academic Press, 1997), 91–108. דוזמן, 362.

65. בדרך דרש המדרש הרחיב בקשר בין עמלק ליתרו, שהיו בעצה אחת עם פרעה ושניהם היו צריהם של ישראל. אך כשראה יתרו מה ה' עשה לעמלק חזר בתשובה, שמות רבה כ"ז, ו (מירקין, חלק ב, 13), וראו עניין היפוך בין יתרו לעמלק: שם, א. מדרשים אחרים שם משבחים את יתרו, ראו למשל שם כ"ז, ב, ג, ד.

66. ראב"ע הפירוש הקצר והארוך על פסוק א; רד"ק לשופטים א', טז; ראו גם שמות רבה כ"ז, א (מירקין, חלק ב, 9–10); ורבים מן החדשים, למשל: האוטמן, 2: 401.

67. ראב"ע בפירושו הקצר והארוך על פסוק א; וכן רש"י ורשב"ם בפירושם לפסוק יג; ורד"ק בפירושו לשופטים א', טז. J. Wellhausen, *Die composition des Hexateuchs und der historischen bücher des Alten Testaments* (Berlin: Druck und Verlag von Georg Reimer, 1899), 81. לדעת ג'ונסטון מקומו של הסיפור לפני במדבר י', כט. W. Johnstone, *Chronicles and Exodus: An Analogy and Its Application* (JSOTsup, 275) (Sheffield, 1998), 258.

68. וכן אצל אברבנאל דיון ארוך שם, ותשובות לטענות ראב"ע. מחלוקת זו היא כבר מחלוקת תנאים: "'וישמע': מה שמועה שמע ובא? מלחמת עמלק שמע ובא? שהיא כתובה בצידו, דברי רבי יהושע. ר' אלעזר המודעי אומר: מתן תורה שמע ובא, שבשעה שנתנה תורה לישראל זעו כל מלכי האדמה בהיכליהם, שנאמר: 'ובהיכלו כלו אומר כבוד'". *מכילתא דרבי ישמעאל מסכתא דעמלק* א (הורוויץ, עמ' 188). וראו גם בבלי זבחים קטז ע"א.

69. וכך גם פירש תרגום ירושלמי־יונתן: "למדברא דהוא שרי תמן סמיך לטוורא דאיתגלי עלוי יקרא דה' למשה מן שירויא" [=אל המדבר אשר הוא חונה שם סמוך להר שהתגלה עליו כבוד ה' למשה מתחילה].

70. וכן האוטמן, 2: 400. לדעת רמב"ן, יתרו הגיע להר האלוהים, בעוד משה והעם היו ברפידים. יתרו שלח להודיע למשה, ואז משה הגיע אליו.

71. שד"ל. רוב הפרשנים שהלכו בכיוון זה פירשו שכאן הוא חזר למקומו ושוב חזר לישראל: רמב"ן; ר"י אבן כספי.

72. רשב"ם לפס' יג.

73. בתרגום אונקלוס ובתרגום ירושלמי־נאופיטי כתוב שם הוויה. יש לכך עדות גם בקטעים של הפסוק בגניזה.

74. לפי המכילתא דרבי ישמעאל (מסכתא דעמלק, יתרו, א [הורוויץ, 190–191]) בפגישת אהרן ומשה בד', כז, הוא ייעץ לו לא ללכת עם אשתו וילדיו. ורש"י אימץ פירוש זה. אפשרות נוספת היא שלאחר שמלה את בנה במלון, ציפורה לא המשיכה עם משה בדרך, רשב"ם; רלב"ג.

75. רש"י; רשב"ם; ריב"ש; ואף שהשורש של"ח בא גם בהקשר של גירושין, ועל פי זה חז"ל פירשו שמשה גירש את ציפורה: מכילתא דרבי ישמעאל מסכתא דעמלק א (הורוויץ, 190). וראה הסברים נוספים אצל ראב"ע (פירושו הקצר), והוא נוטה לפירוש שהיא שלחה למשה מתנות, כמו "שלוחים לבתו" (מל"א ט', טז).

76. תרגום אונקלוס וירושלמי־יונתן הוסיפו שהכוונה להר שה' התגלה למשה בתחילה.

77. רש"י; סרנה, 98. ראב"ע בפירושו הקצר העלה ששלח אליו במכתב.

78. ראב"ע, בפירושו הקצר. המכילתא דרבי ישמעאל (מסכתא דעמלק, יתרו, א [הורוויץ, 193]) והתרגום ירושלמי־נאופיטי וירושלמי־יונתן תרגמו בית המדרש.

79. W. S. Towner, "'Blessed Be YHWH' and 'Blessed art Thou, YHWH': The Formulation of a Biblical Formula," *CBQ* 30 (1968): 386–399.
80. האוטמן, 2: 408.
81. ראב"ע.
82. ראו גם בבלי סוטה יא ע"א. וראו רש"י; רשב"ם; ריב"ש.
83. לא לחינם הבינו חז"ל שיתרו התגייר. כך בתרגום ירושלמי־יונתן לפסוק ו: "אמר למשה אנא חמוך יתרו אתי לוותך לאתגיירא ואין לא תקביל יתי בגיני קביל בגין אינתתך ותרין בנהא דעימה". וכן במכילתא דרבי ישמעאל מסכתא דעמלק ב (הורוויץ, עמ' 199–200). בבלי זבחים קטז ע"א; שמות רבה כ"ז, ט (מירקין, חלק ב, 16). תנחומא יתרו א. רש"י על פסוק כז. עם זאת, אין מקום להסיק שאם קיבל את ה' הוא אף התגייר. להפך, הסיפור מסתיים בחזרתו לארצו, ומשמע שנשאר כפי שהיה בגויותו, אילו הייתה כוונה לומר שהתגייר, היה מתאים יותר לסיים את הסיפור בהישארות יתרו עם ישראל.
84. בתרגום אונקלוס, וירושלמי־נאופיטי מופיע ה' תמורת אלהים. וכן בתרגום הסורי.
85. האוטמן, 2: 410, 412.
86. האוטמן, 2: 401, 412.
87. ויקרא כ"ד, יב; במדבר ט', ח; כ"ז, ה.
88. לפי ראב"ע היה אחד כזה בכל שבט, אבל אין מניעה לפרש שהיו יותר, כדעת רלב"ג ושד"ל.
89. וכן ר"י כספי; רלב"ג; אברבנאל, ושד"ל. שיטה זו עומדת כנגד גישת חכמים ובעקבותיהם פרשנים רבים, שעל כל עשרה אנשים מונה שופט, ובכיר יותר על כל חמישים וכן הלאה. לפי זה היו בעם ישראל 78,600 שופטים! וכך מכילתא דרבי ישמעאל מסכתא דעמלק יתרו, ב (הורוויץ, 198); רש"י.
90. בניגוד לדעת ספורנו על פסוק כה.
91. בניגוד לדעה שמשה שאל את אלוהים, כפי שטוען ראב"ם בפירושו לפסוק כד. דעה זו כבר עולה מהמכילתא דרבי שימעאל עמלק יתרו ב (הורוויץ, 199).
92. אבל דעת רמב"ן (בפירושו לפסוק א) שהוא חזר עתה, לפני מעמד הר סיני, אך הגיע שוב למשה לאחר מכן. וכאמור, לדעת ראב"ע כל הסיפור הזה התרחש מאוחר יותר, לאחר שנבנה המשכן.

מעמד הר סיני ומתן עשרת הדיברות

1. לפי שיטת רבי במכילתא על המילים "ויגד משה את דברי העם אל ה'", משה עלה וירד ארבע פעמים. ראו דברינו על ט2 להלן ובהערה 18.
2. ראו גם האוטמן, 2: 428–429.
3. על מרכזיות התיווך של משה: צ'ילדס, 355.
4. בניגוד לתחושתם של רבים שאין סדר והתפתחות בסיפור, למשל: דוזמן, 433.
5. לכן היחס בין הפסוקים הוא יחס של חזרה, והטעם הוסבר לעיל, ואין צורך לפרש כדעת ראב"ע, שפסוק ב הוא עבר מוקדם. וגם לא לדרוש את הנסיעה מרפידים כפירושו רש"י. או שבמקור פסוק ב קדם לו. לפי חוקרים רבים, הכפילות הייתה סימן למקורות שונים (למשל דרייבר, 113–114; פרופ, 2: 141), אולם גם בכך אין צורך אם מבינים את האמירה הדרמטית של פסוק א. ראו האוטמן, 2: 439.
6. רמב"ן. וראב"ע פירש: "ומשה עלה אל הר האלהים".
7. וראב"ע פירש ש"ויקרא אליו ה'" זה עבר מוקדם, היינו שקודם ה' קרא לו, ואז משה עלה. וכן ריב"ש ושד"ל.
8. ראב"ע בפירושו הקצר; וריב"ש. בניגוד לרש"י, ותרגום ירושלמי־יונתן.
9. רשב"ם. ריב"ש פירש: "להיות עובדים אותי". ושד"ל פירש: להיות ברשותי". או פירושו ואביא אתכם אליי לעבוד את ה' בהר האלהים: אונקלוס; ראב"ע הפירוש הקצר והארוך; רמב"ן.
10. זו דעת רש"י, ראב"ע בפירושו הארוך, רלב"ג וספורנו. לעומת זאת, רמב"ן סבר שהכוונה לברית של ה' עם אברהם בהקשר של ברית מילה בבראשית י"ז, א–יד. במכילתא דרבי ישמעאל מסכתא דבחדש יתרו ב (הארוויץ, 208), חלקו ר' אליעזר ור' עקיבא אם מדובר במצוות השבת או ברית מילה ועבודה זרה. כך שהמחלוקות היא אם הברית כבר קיימת או שמדובר בברית חדשה.
11. ובמכילתא דרבי ישמעאל מסכתא דבחדש יתרו ב (הורוויץ, 208): "סגולה – מה סגולתו של אדם חביבה עליו, כן תהיו חביבין עליי".

12. דוזמן, 440-441.
13. ראב"ע פירושו הארוך.
14. זוהי דעת ראב"ם. כאפשרות שנייה הוא מעלה את האפשרות, שלאחר שהוא דיבר עם הזקנים הוא עצמו העביר את הדברים לשאר העם, כמבואר בבבלי עירובין נד ע"ב.
15. כך גם צ'ילדס, 367; האוטמן, 2: 436.
16. ועל דעת המכילתא, ובעקבותיו רש"י, זה יביא לאמונה גם בנביאים שיבואו אחרי משה. מכילתא דרבי ישמעאל מסכתא דבחדש ב (הורוויץ, 210); רש"י; לקח טוב; שכל טוב.
17. וכן: לקח טוב, שכל טוב, ושד"ל.
18. זו שיטת רבי במכילתא דרבי ישמעאל מסכתא דבחדש ב (הורוויץ, 210); וכן רש"י; אברבנאל; קאסוטו, 157.
19. סרנה, 105.
20. גם לפי רמב"ן יש לכבס את הבגדים ולטבול, אך זה לדעתו אינו משתמע מהמילה "וקדשתם".
21. ראב"ע בפירושו הארוך; ראב"ם.
22. רשב"ם; וראב"ע בפירושו בפירשו הקצר.
23. השומרוני גרס כאן "ההר" במקום "העם", כמו בפסוק כג שכתוב "והגבלת את ההר". אין הכוונה בנוסח המסורה לעשות גבול סביב לעם, אלא לעשות לעם גבול על ההר לבל יעלו עליו, והמשמעות של שני הביטויים שווה, ראו ראב"ע הפירוש הארוך לפסוק יג.
24. מכילתא דרבי ישמעאל מסכתא דבחודש, ג; רש"י; רשב"ם; ריב"ש. רק שרשב"ם וריב"ש פירשו ש"במשוך בקרן היובל" היינו שהתקיעה תיפסק. לעומת זאת, ראב"ע פירש שהמשיכה בקרן היובל אינה סימן לסוף ההתגלות, ולכן פירש ש"המה יעלו בהר" הכוונה לשבעים הזקנים בעת ההתגלות של ה'. ובדומה לזה, נות, 158.
25. רס"ג, מובא אצל ראב"ע בפירושו הארוך. אך ראב"ע עצמו סבור: "כי קול השופר הוא פלא גדול, כי אין במעמד הר סיני גדול ממנו, כי קולות וברקים וענן כבד גם אש הם נראים בעולם, וקול שופר לא נשמע עד יום עשרת הדברים. והנה לא היה מקרן כבש".
26. ר"י אבן כספי; ר"י עראמה; אברבנאל. אפשר לפרש זאת בדרך של השאלה, היינו שאנשים חרדו כאשר ראו את ההר, כך ראב"ע הפירוש הארוך; ריב"ש, ראב"ם; יעקב, 539. השבעים גרס "העם" במקום "ההר".
27. רש"י; רשב"ם; רמב"ן.
28. ראב"ע, הפירוש הקצר וגם הארוך על פסוק כב, פירש זאת על האירוע של מעמד הר סיני, ופירש שהם ניגשים, היינו יותר קרוב מעם ישראל, אבל לא עלו למעלה להר.
29. כדברי ראב"ע בפירוש הקצר: "כי השם לבדו ידע כי צריכין היו ישראל שיעיד בהם פעם שנית". רשב"ם (פירושו לפסוק כג) פירש בפשטות שיש כאן אזהרה נוספת בשעת מעשה.
30. ראו האוטמן, 2: 460.
31. ראב"ע פירוש הקצר והארוך לפס' כה.
32. אברבנאל ושד"ל.
33. בדעה זו אחזו פרשנים רבים: אברבנאל; ספורנו; שד"ל. אף כי יש דעות, בעקבות חז"ל שהעם ומשה לא עמדו במקום אחד, אלא בהפרדה. העם עמד מאחור, לפניהם הזקנים, לפניהם אהרן, ולפניו משה. אבל יש להדגיש כי לכל הפרשנים האלה, משה שהה קרוב דיו לעם כדי שהעם יגיד לו שאין הם רוצים לשמוע את המצוות ישירות מה'. מכילתא דרבי ישמעאל מסכתא דבחדש ד (הורוויץ, 218), וכן רש"י על פס' כד; וראב"ע בפירושו הארוך על פסוקים כב וכד, וכן אברבנאל. וראו סרנה, 105.
34. שמות רבה כ"ח, ג (מהדורת מירקין, כרך ב, 19).
35. רש"י, רשב"ם, ראב"ע, ריב"ש, ושד"ל סבורים שאלה הבכורים; וחזקוני סבר שהם השרים והשופטים; ואילו רלב"ג סבר שהם בני אהרן. ראו מכילתא דרבי ישמעאל מסכתא דבחדש ד (הורוויץ, 217). וזו מחלוקת ר' יהושע בן קרחה ורבי בבבלי זבחים קטו ע"ב.
36. איסור עבודת אלילים: שמות כ', כ; כ"ג, כד; ל"ד, יד, יז; ויקרא י"ט, ד; כ"ו א; דברים ד', טו; ו', יד-יט; י"ב, כט – י"ג, יט; כ"ז, טו. שבועת שווא: ויקרא ה', כב; י"ט, יב. שבת: שמות ט"ז, כג, כו, כט; כ"ג, יב; ל"א, יג-יז; ל"ד, כא; ל"ה, ב-ג; ויקרא י"ט, ג; במדבר ט"ו, לב-לו. כיבוד אב ואם: שמות כ"א, טו, יז;

ויקרא י"ט, ג; כ', ט; דברים כ"א, יח-כב; כ"ז, טז. רצח: שמות כ"א, יב; ויקרא כ"ד, כא; במדבר ל"ה, ל; דברים י"ט, יא-יג; כ"ז, כד. ניאוף: ויקרא י"ח, כ; כ', י; דברים כ"ב, כב-כז. גניבה: שמות כ"א, טז; כ"א, לז-כ"ב, ג; ויקרא י"ט, יא; דברים כ"ד, ז. עדות שקר: שמות כ"ג, א; דברים י"ט, טז-כא.

37. החשיבות של עשרת הדיברות משתקפת בכך שבתפילה הקדומה היו אומרים אותם בכל יום לצד קריאת שמע, תמיד ה, א; ירושלמי ברכות א, ה: "דרב מתנא ור' שמואל תרוויהון אמרי בדין היה שיהיו קורין עשרת הדברות בכל יום ומפני מה אין קורין אותן מפני תרעומת המינין שלא יהו אומרים אלו לבדן ניתנו לו למשה בסיני"; ברכות יב ע"א. וגינזברג קבע שהמינים הם הנוצרים והדומים להם, ל', גינזברג, פירושים וחדושים בירושלמי, א, ניו יורק, 1971, 166. נמצא גם פפירוס במצרים שבו כתובים עשרת הדיברות לפני פרשת שמע, שכנראה נועד לתפילת שחרית. ראו: מ"צ סגל "הגומא של נש", מסורת ובקורת, ירושלים: קרית ספר, 1957, 227-236. נמצאו תפילין בקומראן שבהן כתובים עשרת הדיברות לצד פרשת שמע. י', ידין, "תפילין של ראש מקומראן (X Q Phyl 1-4)", ארץ ישראל ט (תשכ"ט), 60-85. וראו א"מ הברמן, "על התפילין בימי קדם", ארץ ישראל ג (תשי"ד), 174-177. וכן פסק ר' יעקב בן הרא"ש, בעל הטורים, אורח חיים, א: "וטוב לומר פרשת העקידה ופרשת המן ועשרת הדברות...". ובית יוסף שם: "דוקא בצבור אבל ביחד דליכא משום תרעומת המינים טוב לאמרם, שע"י כן יזכור מעמד הר סיני בכל יום ותתחזק אמונתו בזה". וכך הביא שולחן ערוך, אורח חיים, א, הלכה ה.

38. ויינפלד, עשרת הדברות, 31-32. ראב"ם הראה כיצד עשרת הדיברות הם שורשים לכל התורה כולה. ראו דבריו בפירושו לשמות, בסוף עשרת הדיברות. וכן הוא באזהרות רב סעדיה גאון. סידור רב סעדיה גאון (מהדורת י' דודזון, ש' אסף וי' יואל), ירושלים: ראובן מס, תשכ"ג, קפד-רטז.

39. מיירס, 165.

40. רבי יהודה הלוי, הכוזרי, מאמר א, יא-כה; וראב"ע בפירושו הארוך בפירושו לפסוק ב.

41. ראו: י' קויפמן, תולדות האמונה הישראלית, א, ירושלים-תל־אביב: מוסד ביאליק־דביר, תשל"ב, 297-303.

42. למשל ישעיה א', וירמיה ז', א-טו.

43. מכילתא דרבי ישמעאל מסכתא דבחדש ח (הורוויץ, 233). הוריות ח ע"א; מכות כג ע"ב; שיר השירים רבה א', ב. וכן ר' יוסף קרא (מופיע בדברי ריב"ש על פסוק א). וכן רמב"ם עשה א בספר המצוות. וכן רמב"ן בהשגותיו שם. ורמב"ן (דברים ה', ה) הציע שאת שני הדיברות הראשונות העם שמע והבין, אך בשאר הדיברות שמע קול ולא הבין את משמעו.

44. כדברי ראב"ע בפירושו הארוך, בהקדמתו לעשרת הדיברות. ומה שגרם לטעות הוא החלוקה של הדיבר הזה לשתי פסקאות, כדברי המנחת שי, על שמות כ', ד.

45. חזקוני בסוף פירושו לעשרת הדברות.

46. כך למשל בכתב ידִ מהגניזה הקהירית, כפי שחשף פנקובר: J. S. Penkower, "Maimonides and the Aleppo Codex," *Textus* 9 (1981): 39–128, here 116–117.

47. וכן פילון סעיף 65 וכן עולה מסעיף 51. פרקי פילון, מהדורת ד' רוקח (ספריית דורות), ירושלים תשל"ו, 92, 97. וכן יוספוס, קדמוניות היהודים, ספר שלישי ה, ה (מהדורת שליט, 83). וכן על שיטת החלוקה של טעם תחתון לפי מחקרו של הרב מ' ברויאר, "חלוקת עשרת הדיברות לפסוקים ולדברות", ב"צ סגל (עורך), עשרת הדיברות בראי הדורות, ירושלים: מגנס, תשמ"ו, 223-254. וכן בכתב יד מן הגניזה הקהירית, ראו פנקובר, שם.

48. שיטת בה"ג המובאת בהשגות רמב"ן לעשה א, ספר המצוות לרמב"ם. וכן ראב"ע בפירושו לדברים ה', טז: "דע, כי דעת כל הקדמונים כי הדבור הראשון הוא אנכי, ואם יש לשאול למה הפסיק המפסיק פסוק לא יהיה לך אלהים אחרים. וכבר פירשתי עשרת הדברים , כי סמכתי על דעתם. רק הישר בעיני שמלת 'אנכי' איננו מן העשרה, כי 'אנכי' הוא המְצַוֶּה". כפי שאומר, בפועל הוא סמך על דעת חכמים ומנה את "אנכי ה' אלהיך" כדיבר הראשון, ראב"ע שמות כ', א, בפירושו הקצר.

49. חכמים נחלקו כיצד היו כתובים הדיברות על שני הלוחות. ראו: ירושלמי שקלים ו', א (מט ע"ד), וירושלמי סוטה ח', ג (כב ע"ד). לדעת ריב"ש (ל"א, יח) הכתיבה על שני לוחות היא משום שהלוחות הם כשני עדים.

50. המכילתא תיאר קשרים בין הדיבר הראשון לחמישי, ובין השני לשישי וכן הלאה. מכילתא דרבי ישמעאל מסכתא דבחדש ח (הורוויץ, 233). פסיקתא רבתי (מהדורת איש שלום), ווינא תר"מ, פסקא כא (ק"ז ע"ב).

51. בבלי מכות כד ע"א; שיר השירים רבה א', ב (מהדורת דונסקי, יג).
52. יעקב, 556.
53. ראב"ע הפירוש הארוך לכ', א.
54. כדברים האלה נמצא בדברי חזקוני: "אנכי ה' אלהיך - אמר ר' לוי נראה להם הקב"ה לישראל כמו איקונין שיש לה פנים לכל צד ואלף בני אדם מביטים בה והיא מבטת בכולן, כך הקב"ה כשהיה מדבר כל אחד ואחד מישראל אומר עמי הוא מדבר. אנכי י"י אלהיכם אין כתיב, אלא אלהיך, למה לפי שהיה מדבר עם כל אחד ואחד כסדר שהם עומדים סביב ההר כדכתיב והגבלת את העם סביב לאמר (שמות י"ט, יב). ואל תתמה שהרי המן כל אחד היה טועמו לפי כחו, ומה המן כך, הדבור על אחת כמה וכמה".
55. לעיל הערה 40.
56. וראו רמב"ם הלכות יסודי התורה א', א-ו; וכן רמב"ן על שמות כ', ב, אך על פי המשך הפסוק: "אשר הוצאתיך מארץ מצרים" הוסיף את עניין ההשגחה של ה'; ר"י כספי.
57. רמב"ם, ספר המצוות, לא תעשה ב: "והמצווה השניה שהזהרנו מעות עבודה זרה להעבד. ואין חלוק בין שיעשה בידו או שיצוה לעשותם. והוא אמרו יתעלה, 'לא תעשה לך פסל וכל תמונה'".
58. כך הבין ריב"ש: "לא תעשה לך פסל וכל תמונה – אם תאמר לא אעבוד אלהים אחרים, אבל אתה אל מסתתר (ישעיה מ"ה, טו), ואין לראותך, 'כי לא יראך האדם וחי' (שמות ל"ג, כ), אעשה לי פסילים ותמונות, שיהו מצויים לי, ואעבוד אותם ואשתחוה להם לכבודך, ואז אזכור אותך, כמו שאמרו המינין. לכך נאמר: 'לא תעשה לך', ואם יעשו אותם אחרים, 'לא תשתחוה להם ולא תעבדם'. ובמקום אחר הוא אומר הטעם: 'כי לא ראיתם כל תמונה ביום דיבר ה' אליכם' (דברים ד', טו), אם כן מה תמונה תעשו, וכן הוא אומר: 'ואל מי תדמיון אל' (ישעיה מ', יח)".
59. ספר המצוות לרמב"ם, לא תעשה א, ב, ו. ובהשגות רמב"ן של על מצווה א.
60. רמב"ן קובע: "וקנא – שאקנא בנותן כבודי לאחר ותהלתי לפסילים. ולא נמצא בכתוב בשום מקום שיבא לשון קנאה בשם הנכבד רק בענין עבודה זרה בלבד".
61. רלב"ג ושד"ל. אבל חכמים הבינו שדורות הבנים ייענשו רק אם הם ילכו בחטאי אבותיהם: ברכות ז ע"א; סנהדרין כז ע"ב. רש"י; ראב"ע בפירושו הקצר; ריב"ש. דברי יחזקאל: "הנפש החוטאת היא תמות" (י"ח, ד), נוגדים את עשרת הדיברות. בניגוד לדעת חכמים, שהסבירו ש"פוקד עון אבות על בנים", אם אוחזים בדרכי אבות, ר' יוסי בר חנינא קבע שיחזקאל ביטל את דברי משה: "משה אמר 'פקד עון אבות על בנים' בא יחזקאל וביטלה, 'הנפש החוטאת היא תמות'" (בבלי מכות כד ע"א). על החוק בדברים: "לא יומתו אבות על בנים" (דברים כ"ד, טז), המדרש אומר שהדיבר השני הוא דברי ה', והפסוק בדברים הוא דברי משה לעומת דברי ה', שבעקבותיהם ביטל ה' את דבריו בעשרת הדיברות. בבמדבר רבה (וילנא) י"ט, לג דרשו: "כשאמר לו הקדוש ברוך הוא 'פוקד עון אבות על בנים' אמר משה רבש"ע כמה רשעים הולידו צדיקים יהיו נוטלין מעונות אביהם, תרח עובד צלמים ואברהם בנו צדיק וכן חזקיה צדיק ואחז אביו רשע וכן יאשיה צדיק ואמון אביו רשע וכן נאה שיהו הצדיקים לוקין בעון אביהם אמר לו הקדוש ברוך הוא למדתני, חייך שאני מבטל דברי ומקיים דבריך שנאמר (דברים כד) 'לא יומתו אבות על בנים ובנים לא יומתו על אבות', וחייך שאני כותבן לשמך שנאמר (מל"ב י"ד, ו) ככתוב בספר תורת משה אשר צוה ה' וגו'". רשב"ם וראב"ע הסבירו שההבדל הוא שבשמות זה דרכי ה', ובדברים אלה הוראות בניהול דין על ידי בני אדם, ראב"ע על דברים כ"ד, טז כותב: "תועי לבב שאלו: איך אמר הכתוב 'לא יומתו אבות', ובמקום אחר אמר: 'פוקד עון אבות' (שמות כ', ד). ושאלתם תוהו, כי לא יומתו [אבות על בנים] – מצוה על ישראל, ו'פוקד עון אבות' – הוא הפוקד". ויש שסברו שבעשרת הדיברות מדובר על עבודה זרה דווקא, כך במכילתא דרבי ישמעאל מסכתא דבחדש, ו (הורוויץ, 226): "דבר אחר כי אנכי אל קנא – בקנאה אני נפרע מהם מן עבודה זרה, אבל רחום וחנון בדברים אחרים". וכן עולה ברמב"ם, מורה נבוכים, א, לו; וכן רמב"ן. וכן: האוטמן, 3: 27. על נושא זה ראו: מ' וייס, "מבעיות 'תורת הגמול' במקרא", מקראות ככוונתם: לקט מאמרים, ירושלים: מוסד ביאליק, תשמ"ח, 458–512.
62. מכילתא דרבי ישמעאל מסכתא דבחדש ו (הורוויץ, 227).
63. כך הבינה הברייתא בשבועות כ ע"א.
64. כך פירש רמב"ן, ולפניו רב אחאי גאון, שאילתא נג. אברבנאל.
65. בבלי שבועות כא ע"א; רמב"ם ספר המצוות, לא תעשה סב. רש"י; ריב"ש; ספורנו; שד"ל.

66. וכדברי ראב"ע בפירושו הקצר: "וטעם זכור את יום השבת - שיזכור בכל יום חשבון ימי השבוע, עד שלא ישכח אי זה הוא יום השביעי, שהוא חייב לקדשו". אבל רשב"ם פירש שהצו "זכור" מתייחס לזיכרון של בריאת ה' את העולם בשישה ימים ומנוחתו בשביעי.

67. וראו ראב"ע בהקדמה לעשרת הדיברות בפירושו הארוך.

68. מכילתא דרבי ישמעאל מסכתא דבחדש ח (הורוויץ, 231). וכן להלכה רמב"ם הלכות ממרים ו', ג.

69. וכן ויינפלד, עשרת הדיברות, 84. ראיה לשיטה זו ניתן אולי למצוא במקבילה מבראשית ט"ז, ז, שם הפסוק מצרף מקבילה לתחילת הדיבר הראשון ולסוף הדיבר החמישי: "אני ה' אשר הוצאתיך מאור כשדים לתת לך את הארץ הזאת לרשתה".

70. וכן סרנה, 113. וכבר כתב כך פילון: "לאחר הציוויים על היום השביעי, הוא נותן הודייה חמישית, על כיבוד ההורים, ומעמידה על הגבול שבין שתי החמישיות: ביותה אחרונה של החמישייה הראשונה, שבה המצוות הקדושות ביותר, היא צמודה גם לחמישייה השנייה המקיפה את המצוות כלפי אדם. וזה הטעם לדעתי: מסתבר שטבע ההורים הוא על הגבול שבין ההוויה בת האלמוות ובת התמותה: בת תמותה – בשל קרבתם לבני אדם ולשאר בעלי החיים, מהיות גופם בר חלוף; בת אלמוות – בשל הידמותם בהולדה לאלוהים מוליד היקום". פילון, על עשרת הדיברות, 106-107 (מהדורת דניאל-נטף, ב, עמ' 206). וראו בבלי קידושין ל ע"ב.

71. מיירס, 164. וראו גם אברבנאל בסוף דבריו על מצווה זו: "ואפשר שלא אמר 'למען יאריכון ימך' ליעד שכר המכבד את אביו ואת אמו, אלא לעניין הקבלה אשר יקבל מפיהם באמונות האמיתיות...".

72. למשל חוקי חמורבי 119 (מלול, 137-139); חוקי אשור התיכונה 14-16 (מלול, 188-189); חוקי חת 197-198 (מלול, 256). וראו: גרינברג, החוק הפלילי, 21.

73. מכילתא דרבי ישמעאל מסכתא בחדש ח (הורוויץ, 232). בבלי סנהדרין פו ע"א. וכן A. Phillips, *Ancient Israel's Criminal Law: A New Approach to the Decalogue* (New York: Schoken, 1970), 130–141.

74. מכילתא דרבי ישמעאל מסכתא דבחדש ח (הורוויץ, 235). בבלי בבא מציעא ה ע"ב; רמב"ם הלכות גזלה ואבדה א', ט. עם זאת, גם לפי הרמב"ם התורה אסרה תאווה בלב, הלכות גזלה ואבדה א', י: "כל המתאוה ביתו או אשתו וכליו של חבירו וכן כל כיוצא בהן משאר דברים שאפשר לו לקנותן ממנו. כיון שחשב בלבו היאך יקנה דבר זה ונפתה בלבו בדבר עבר בלא תעשה שנאמר: 'לא תתאוה' ואין תאוה אלא בלב בלבד". גם חוקרים מודרנים סברו שמדובר בחמדה יחד עם גזלה בפועל: J. J. Stamm and M. E. Andrew, *The Ten Commandments in Recent Research*, Studies in Biblical Theology, Second Series, 2 (London: SCM, 1967), 101–103.

75. וכן יעקב, 575. :B. S. Jackson, "Liability for Mere Intention in Early Jewish Law," *HUCA* 42 (1971): 197–225.

76. כך במקומות אחרים: בראשית ל"ב, לא; שמות ל"ג, כ; שופטים ו', כב-כג; י"ג, כב.

77. מכילתא דרבי ישמעאל מסכתא דבחדש ד (הורוויץ, 218); הוריות ח ע"א; מכות כג ע"ב; שמות רבה ל"ג, ז (מירקין, חלק ב, 95); פסיקתא רבתי (איש שלום) פיסקא כב: "כמה דברות שמעו ישראל מפי הגבורה, רבי יהושע [בן לוי] אומר שתי דברות ורבנין אמרין כל הדברות שמעו ישראל מפי הגבורה, אחר כל הדברות מה כתב ויאמרו אל משה דבר אתה עמנו ונשמעה ואל ידבר עמנו אלהים פן נמות (שמות כ', טז) (או אני אומר אחר שני הדברות ויאמרו אל משה דבר אתה עמנו וגו'), מה ענה לה ר' יהושע בן לוי, פליג שאין מוקדם ומאוחר [בתורה, או אני אומר אחר שנים ושלשה דברות ויאמרו אל משה דבר אתה עמנו וגו', אמר] ר' עזריה ור' יהודה בי ר' שמעון ור"ש בי ר' יהושע בן לוי תורה צוה לנו משה מרשה קהילת יעקב (דברים ל"ג ד') כל התורה כולה שש מאות וי"ג מצות, ומניין תורה אינו עולה אלא שש מאות ואחת עשרה, [תרי"א] מצות דבר עמנו משה, אנכי ולא יהיה לך לא דבר עמנו משה". שיר השירים רבה א', יג (מהדורת דונסקי יג): "'פן תשכח את הדברים' – ר' יהושע בן לוי ורבנין. רבי יהושע בן לוי אומר: שני דבורים שמעו ישראל מפי הקב"ה, ורבנין אמרין: כל הדברות שמעו ישראל מפי הקב"ה. רבי יהושע דסכנין בשם רבי לוי אמר אעמון דרבנין: אחר כל הדברות כתיב 'דבר אתה עמנו ונשמעה' (שמות כ', טז). מה עביד ליה ר' יהושע בן לוי? פליג, שאין מוקדם ומאוחר בתורה. או אינו מדבר דבר אתה עמנו ונשמעה, אלא אחר שנים שלושה דברות? ר' עזריה ור' יהודה בר סימון בשם רבי יהושע בן לוי, תפסי

שיטתיה, אמרי: 'תורה צוה לנו משה', כל התורה כולה שש מאות ושלוש עשרה מצות הוי. בגימטריא 'תורה' עולה שש מאות ואחת עשרה מצות דבר עמנו משה, ברם אנכי ולא יהיה לך לא שמענו מפי משה, אלא מפי הקב"ה הוי: ישקני מנשיקות פיהו". תנחומא (הנדפס), וילך, ב. רש"י, על י"ט, יט. רמב"ם, מורה נבוכים, חלק שני, לג.

78. וכן ר' יוסף קרא (מופיע בדברי ריב"ש על פס' א). חזקוני על פסוק יד.
79. רמב"ן; וכן שד"ל לפסוק טו; יעקב, 576. רמב"ן מסביר שפסוקים אלה הם לפני עשרת הדיברות, בעוד המתואר בדברים ה', כ-ל, מתארים פנייה אחרת של העם אל משה לאחר עשרת הדיברות. ויש להדגיש שלפי שני פרשנים אלה, ישראל שמעו מאת ה' את כל עשרת הדיברות. ברם לדעתם של חלק מהחוקרים, קטע זה במקורו היה אחרי י"ט, יט. ראו קינן, הקסטויק, 152; וכן צ'ילדס, 353, נות, 153. ולפי דעתם, משה עלה להר לשמוע את כל עשרת הדיברות מה', והעם לא שמע אותם. ברדתו מההר, משה העביר את עשרת הדיברות לעם.
80. כך דעת רשב"ם על כ', טז, ראב"ע הפירוש הארוך על א, טז; ריב"ש על כ', א; רלב"ג בפירושו לפסוקים טו, יח; עקדת יצחק כ', יח, ובפירושו לדברים, שער פט; אברבנאל על כ', א; שד"ל לכ', א. הדעה שישראל שמעו ישירות את כל עשרת הדיברות מה' מופיעה כבר בדברי חז"ל: במכילתא דרבי ישמעאל מסכתא דבחודש (הורוויץ, עמ' 237). בפסיקתא רבתי (איש שלום) פיסקא כב, ושיר השירים רבה א', יג (מהדורת דונסקי, יג). רמב"ן ביקש לפשר בין העמדה בחז"ל שישראל שמעו רק את שני הדיברות הראשונים לפשוטו של מקרא שהם שמעו את כל עשרת הדיברות, והסביר שאת שני הדיברות הראשונים הם שמעו והבינו מה שה' אומר, ואילו את הדיברות האחרים הם שמעו קול ולא הבינו את דברי ה', ומשה הסביר להם, רמב"ן בפירושו לכ', ז.
81. כך רשב"ם קובע במפורש.

המשפטים

1. A. Phillips, *Essays on Biblical Law* (JSOTsup, 344) (Sheffield: Sheffield Academic Press, 2002), 49.
2. סרנה, 275; י' בן נון ש', ברוכי, מקראות: עיון רב תחומי בתורה, פרשת משפטים, תל אביב 2018, 44.
3. וראו רשב"ם.
4. האוטמן, 3: 102.
5. וכן גם בתרגום אונקלוס: "בְּכָל אֲתַר דְּאַשְׁרֵי שְׁכִינְתִּי לְתַמָּן אֶשְׁלַח בִּרְכְתִי לָךְ וַאֲבָרְכִנָּךְ". וכן בירושלמי־יונתן: "בכל אתרא דאשרי שכינתי ואנת פלח קדמי תמן אשלח עלך ברכתי ואיבריכינך". וכן פירש רס"ג, ודבריו מופיעים בדברי ראב"ם: "ואמר ר' סעדיה ז"ל שטעם מאמרו 'אזכיר' ולא אמר 'תזכיר' רמז שבחירת המקדש ומקום הקרבן לא יבחרו לדעתם אלא הוא יתעלה יבחר אותו להם לעתיד כמו שאמר דוד ע"ה כי בחר ה' בציון וג' והוא רצון המתרגם". ר' יאשיה בבבלי סוטה לח ע"א סבר שיש לקרוא את הפסוק בסדר אחר: "בכל מקום אשר אבוא אליך וברכתיך שם אזכיר את שמי, והכין אבוא אליך וברכתיך? בבית הבחירה שם אזכיר את שמי בבית הבחירה".
6. כיוון זה משתקף בפשיטתא.
7. ראב"ע, בפירושו הארוך; ריב"ש; ראב"ם בשם אביו; חזקוני; צ'ילדס, 447, 466.
8. גזניוס § 127e.
9. קאסוטו, 177–178.
10. וכן עולה ממדרש תנחומא (בובר) פרשת תולדות סימן ד: "כיצד היו הבכורות מקריבין, עד לא הוקם המשכן היה העבודה בבכורות, וכל מי שהיה מקריב היה ראוי להתברך, שנאמר מזבח אדמה וגו' אבא אליך וברכתיך".
11. האוטמן, 3: 102.
12. בבלי זבחים קיב ע"ב; וראו גם תוספתא זבחים י"ג.
13. וכן הוא ברמב"ם מורה נבוכים חלק ג, מה. ראב"ע פירש שהדבר נובע מקדושת המזבח. שכן אם חותכים את האבן, השאריות אינן בשימוש קודש, ויש בזה חילול (ראב"ע על ויקרא ז', יח). אבל הנראה כאן שהברזל מחלל את האבן. חכמים הסבירו על דרך הדרש שהמזבח מאריך ימי אדם והחרב מקצרת את חייו, משנה מידות ג, ד; וכן רש"י, ורמב"ן.

14. גם יהודה המקבי נזהר בזה כשבנה את המזבח מחדש: מקבים א ד׳, מז.
15. זה כנגד מה שהיה מקובל בהרבה מקומות במזרח הקדום, שהכוהנים היו עובדים במקדשים שלהם בעירום, ראו: קאסוטו, 173; סרנה, 117.
16. דרשות רבות יש על הצירוף ״תשים לפניהם״. ראו למשל: רש״י, וזו לקוחה משיטת ר׳ עקיבא במכילתא דרבי ישמעאל מסכתא דניזיקין א (הורוויץ, 246).
17. ראב״ע (הפירוש הקצר) פירש זאת בכך שזה סגנון התורה, ומביא לדוגמה גם את דברים ד׳, מד. אולם פסוק זה משקף בדיוק את הנאמר כאן, בהקדמה לפירוט המצוות, ולפני שהעם קיבל על עצמו רצון להיות בברית עם ה׳.
18. ראב״ע מציע שעברי הכוונה מבני עבר, היינו אדם שאינו ישראל, כלומר מבני ישמעאל ועשו. לפי דעה זו, קל יותר להבין שהוא נותן לעבד שפחה כנענית. אבל הוא מכריע כדעה הנפוצה. ובאמת כתוב: ״כי ימכר לך אחיך העברי״ (דברים ט״ו, יב), היינו ישראל. והדבר משתמע גם מירמיה ל״ד, ט.
19. מכילתא דרבי ישמעאל מסכתא דנזיקין א (הורוויץ, 249); ובספרא בהר ג, ו. ״תלמוד לומר ׳בשנת היובל הזאת׳ זו מוציאה עבדים ואין השביעית מוציאה עבדים״. וכן: רשב״ם; ראב״ע. וכן פסק רמב״ם, הלכות עבדים ב׳, ב. אבל בתרגום ירושלמי־יונתן על פסוק ז משמע שמדובר על שנת שמיטה (בתרגום לעברית): ״וכי ימכור איש בן ישראל את בתו קטנה לאמה לא תצא כצאת העבדים הכנענים המשתחררים בשן ועין אלא בשנת השמיטה ובסימנים וביובל ובמיתת אדוניה ופדיון כסף״. ריב״ש פירש שהכוונה לשנת השמיטה: ״ובשביעית – שאינו חורש וזורע וקוצר ובוצר, אינו צריך עבודה כל כך״. וכן אומר ריב״ש בפסוק יא. וכן פסק היראים, קסו.
20. לקח טוב על פסוק ב; חזקוני; אברבנאל. רבים קשרו את הדין הזה לדיבר הראשון, שבו נאמר שה׳ הוציא את ישראל מבית עבדים, ראו רמב״ן.
21. ור׳ רפאל בירדוגו פירש שהכוונה לאישה ישראלית, שהייתה אצלו משרתת או שכורה. ר׳ בירדוגו, משמחי לב, ירושלים: מכון הכתב, תש״ן, עמ׳ 60.
22. ראב״ע בפירושו הקצר והארוך. וזה על פי בבלי קידושין כב ע״א.
23. הכוונה לדלת או למזוזות הבית, כך הבינו כנראה רוב הפרשנים, ורלב״ג נקט בכך במפורש (בפירוש המילות). כנראה שאין הכוונה לשער העיר כהסברו של ראב״ע בפירושו הקצר, וכמוהו גם פירש אברבנאל.
24. אונקלוס; מכילתא דרבי ישמעאל מסכתא דנזיקין, ב (הורוויץ, 252); ובמכילתא דרשב״י, כא, ה-ו (אפשטיין-מלמד, 163): והגישו אל האלהים – מוליכו אצל שלושה ואומר דבריו לפניהם״. רש״י; רשב״ם; וראב״ע בפירוש הקצר: ״אל האלהים – הם הדיינים, והם הכהנים, או השופטים שהם המלכים, כי התורה ביד הכהנים (דברים ל״א, ט), ומשנה התורה ביד המלך (דברים י״ז, יח). ונקראו אלהים כי הם פקידי אלהים בארץ״. שד״ל.
25. רמב״ן הסביר שכך עושים כדי שאלוהים יהיה עימהם בדבר המשפט. וראו: קאסוטו, 186.
26. וכן אברבנאל. וחז״ל דרשו על זה שהרציעה באוזן היא מחמת שאדם ששמע באוזנו ״אני ה׳ אלהיך״ הלך וקנה לו אדון אחר. ירושלמי קידושין א׳, ב. במכילתא דרשו שכיוון שגנב אחרי שהאוזן שלו שמעה ״לא תגנוב״, יירצע איבר זה, מכילתא דרבי ישמעאל מסכתא דנזיקין ב (הורוויץ, 253). וכן בבלי קידושין כב ע״ב. רש״י מביא את שתי הדרשות בפירושו לפסור ו. התלמוד בקידושין שם קושר בין הדלת והמזוזה לפסיחת ה׳ על הבתים ביציאת מצרים כאשר ישראל שמו על המשקופים והמזוזות את דם הפסח. ראו פרופ, 2: 193.
27. יעקב, 619.
28. האוטמן, 3: 118.
29. חכמים הבינו שזה עד היובל: מכילתא דרבי ישמעאל מסכתא דנזיקין ב (הורוויץ, 254). בבלי קידושין טו ע״ב; רש״י; ראב״ע. הגר״א (אדרת אליהו, שמות כ״א, ו) הבין שפשוטו של מקרא הוא שהעבד הוא עבד לעולם, רק שהלכה עוקרת מקרא. לעומת זאת רמב״ן הבין שכוונת התורה במילים ״עבד עולם״ היא עד היובל.
30. ובן נון הציע שכאשר היובל נוהג זה עד היובל, וכשלא נוהג, הדין הוא כנאמר בשמות, שהוא עבד עולם. י׳ בן נון ש׳, ברוכי, מקראות: עיון רב תחומי בתורה, פרשת משפטים, תל אביב 2018, 144.

31. מכילתא דרבי ישמעאל מסכתא דנזיקין ג (הורוויץ, 254); רש"י; ראב"ע בפירושו הארוך.
32. מכילתא דרבי ישמעאל מסכתא דנזיקין ג (הורוויץ, 257): "אשר לא יעדה והפדה – מכאן אמרו, מצות ייעוד קודמת למצות פדייה".
33. רמב"ם הלכות עבדים ד', י'.
34. מכילתא דרבי ישמעאל מסכתא דנזיקין ג (הורוויץ, 257); רש"י; רשב"ם; ראב"ע; ריב"ש. לפי רש"י, הבגידה היא של האדון אבל גם של האב, "מאחר שבגד בה ומכה לזה". רמב"ן וספורנו פירשו רק על האב. ור' עקיבא במכילתא שם פירש בגדו מלשון בגד, אינו רשאי למכרה "מאחר שפרש בגדו עליה". וראו קידושין יח ע"ב.
35. רס"ג; אבן ג'נאח, ספר הרקמה, שער כה (מהדורת וילנסקי, רסו).
36. שיטת ר' אליעזר במכילתא דרשב"י, כא ט (אפשטיין-מלמד, 167); פירוש שני אצל ריב"ש; ראב"ם; חזקוני. אבל במכילתא דרבי ישמעאל מסכתא דנזיקין ג (הורוויץ, 259), פירש שהכוונה שהוא ייעד אותה לעצמו, לבנו או יפדה אותה. וכן ר' עקיבא במכילתא דרשב"י, שם; רש"י; רשב"ם; ראב"ע; רמב"ן; שד"ל.
37. וכן אונקלוס; ראב"ע, בפירוש הארוך; שד"ל. מכילתא דרבי ישמעאל מסכתא דנזיקין ג (הורוויץ, 258–259). במכילתא עוד שתי שיטות נוספות. דיון בנושא בבלי כתובות מז ע"ב – מח ע"א; ירושלמי כתובות ה', ז.
38. וכן ריב"ש.
39. וכדברי ספורנו על פסוק ז: "אין ראוי לאדם כשר לקנות עבריה לשפחה שלא מדעתה, אבל תהיה מקנתו לקחתה לאשה לו (ח) או לבנו (פסוק ט), וכסף דמיה יהיו נתונים לקדושין לאביה שהוא זכאי בהם, כפי מה שבא בקבלתם, זכרונם לברכה".
40. מכילתא דרבי ישמעאל מסכתא דניזיקין ד (הורוויץ, 261).
41. מכילתא דרבי ישמעאל מסכתא דניזיקין ד (הורוויץ, 261): "מות יומת – בהתריית עדים. אתה אומר: בהתריית עדים. או אינו אלא שלא בהתריית עדים? תלמוד לומר: על פי שנים עדים (דברים י"ז, ו). הא מה תלמוד לומר מות יומת? בהתריית עדים. מות יומת – בבית דין. אתה אומר בבית דין, או אינו אלא שלא בבית דין? תלמוד לומר: ולא ימת הרוצח עד עומדו (במדבר ל"ה, יב). הא מה תלמוד לומר מות יומת? בבית דין".
42. מכאן למדו חכמים שאם כוהן הרג, מבטלים ממנו את העבודה והוא יוצא להיהרג, מכילתא דרבי ישמעאל מסכתא דנזיקין ד (הורוויץ, 263). בבלי סנהדרין לה ע"ב.
43. ראו לעיל עמ' 315.
44. לפי חכמים, הדין המדובר הוא רק אם עשה בהם חבורה, מכילתא דרבי ישמעאל מסכתא דנזיקין ה (הורוויץ, 265); משנה סנהדרין יא, א; בבלי סנהדרין פר ע"ב.
45. רלב"ג פירש שמעשיו מוכיחים שביקש למכור, אף שלא עשה זאת עדיין.
46. רס"ג בתרגומו: "ומי שגנב נפש מבני ישראל ומכו או נמצא בידו"; אברבנאל. גם שד"ל העיד שכך סבר מתחילה, אך חזר בו משום שאין זה סביר שאדם שגנב מישהו ולא מכרו יהיה חייב מיתה. ראב"ם מצטט את רס"ג וחלוק עליו.
47. קאסוטו, 188; האוטמן, 3: 148.
48. מכילתא דרבי ישמעאל מסכתא דנזיקין ה (הורוויץ, 268). משנה סנהדרין ז, ח; סנהדרין סו ע"א. ראב"ם.
49. שד"ל על פסוק יז. רש"י (על פס' טז) הסביר את הסדר לפי חומרת העונש: מכה אביו ואימו וגונב את הנפש דינם בחנק, ואילו מקלל אביו ואימו דינו בסקילה. בתרגום השבעים פסוקים טו ויז באים זה לאחר זה מייד.
50. וכן רש"י. לפי חכמים הוא צריך להשתקם לגמרי, מכילתא ו (הורוויץ, 270). ונחלקו חכמים במשנה ויש על כך דיון בסנהדרין עח ע"א-ע"ב.
51. תרגום ירושלמי-יונתן.
52. אונקלוס; ירושלמי-יונתן. מכילתא דרבי ישמעאל מסכתא דנזיקין ז (הורוויץ, 273).
53. מכילתא דרבי ישמעאל מסכתא דנזיקין ז (הורוויץ, 274), מגדיר זאת כפרק זמן של 24 שעות. רש"י; ראב"ע, פירוש קצר; שד"ל.
54. תרגום יונתן (בתרגום לעברית): "וכי יכה איש את עבדו הכנעני". מכילתא דרבי ישמעאל מסכתא דנזיקין ז (הורוויץ, 271–272); רש"י; ריב"ש; רמב"ן.

55. אונקלוס; ירושלמי־יונתן; רש״י; רשב״ם; ראב״ע בפירושו הקצר; ריב״ש; שד״ל. ורס״ג תרגם בתפסיר (בתרגום לעברית): ״ויתן לו על פי מדת הצדק״.
56. חלקו חכמים בדבר, בבלי סנהדרין עט ע״א.
57. מכילתא דרבי ישמעאל מסכתא דנזיקין ז (הורוויץ, 273); בבלי בבא קמא פד ע״א.
58. מכילתא דרבי ישמעאל מסכתא דנזיקין ח (הורוויץ, 277); ספרא כ׳, ז (לויקרא כ״ד, כא); בבלי ב״ק פג ע״ב – פד ע״א. תרגום ירושלמי־נאופיטי; ירושלמי־יונתן.
59. מכילתא דרבי ישמעאל מסכתא דנזיקין ח (הורוויץ, 276-277).
60. וכן רבנו חננאל (מצוטט אצל רבנו בחיי על פסוק כד); וראב״ע, בפירושו הארוך לפסוק כד.
61. וכן רמב״ם, הלכות חובל ומזיק, א׳, ג: ״זה שנאמר בתורה ׳כאשר יתן מום באדם כן ינתן בו׳ אינו לחבול בזה כמו שחבל בחברו, אלא שהוא לחסרו אבר או לחבול כמו שעשה, לפיכך משלם נזקו״. ספורנו.
62. חמורבי חוקים 196-201. מלול, קובצי הדינים, 156: (196) ״כי (יכה) איש את עין רעה(ו) (ו)שיחת(ה) – את עינו ישחיתו. (198) אם את עין משכנם [איש ממעמד נמוך יותר – א״ע] ישחית ... 1 מנה כסף ישקול...״. דיני אר־נמ, 18-21, מלול, קובצי דינים, 51-52. דיני אשנונה, 42-46, מלול, קובצי דינים, 95-96. דיני חת, 7, מלול, קובצי דינים, 230. בשלושת הקבצים האחרונים, העונש על פגיעות גופניות הוא תמיד כסף. ראו גם בחוקי אשור התיכונה, 50, מלול קובצי דינים, 205.
63. וראו גם מדן, כי קרוב אליך, שמות, 370-371. הוא הביא את דברי המאירי ורבנו ירוחם שבמקרה של בעל אלים הרגיל לפגוע באשתו, פסקו שיש להעניש ב״עין תחת עין״ ממש. וכן פסק אור זרוע לגבי אדם שרגיל להיות אלים.
64. בבלי קידושין כד ע״א-ע״ב.
65. תופעה זו של שור שנגח אדם הייתה, ככל הנראה, נדירה מאוד, ראו: J. I. Finkelstein, *The Ox and the Gored*, Transactions of the American Philosophical Society (Philadelphia: The American Philosophical Society, 1981), 21.
66. מכיוון שהשור נסקל אי אפשר לאכול את בשרו, ולכן פירשו רשב״ם, חזקוני ואברבנאל שמדובר על אכילת נוכרי או כלב, והכוונה ליהנות מהנבלה. רש״י וראב״ם פירשו שהכוונה שנשחט כדין לאחר שנגזר ולפני שנסקל.
67. ראב״ם. הוא מסביר זאת בתורת קנס לבעלים על ששורו הרג מישהו, ומוסיף שיש בזה מוסר לאחרים על גודל עוון הרציחה, שמענישים גם את הבהמה על כך. חזקוני (על פסוק לב) הציע שייתכן שעונש זה הוא כדי שהבהמה לא תפגע יותר. וכן האוטמן, 3: 174. ואפשר שיש לזה דין של חרם, שאסור ליהנות ממנו (דברים י״ג, יח), יעקב, 665.
68. הסוגיה בבבלי ב״ק מא ע״א דנה כיצד ייתכן שיש שור מועד, אם הדין הוא שסוקלים שור תם.
69. מכילתא דרבי ישמעאל מסכתא דנזיקין י (הורוויץ, 285).
70. מכילתא דרבי ישמעאל מסכתא דנזיקין י (הורוויץ, 285).
71. כדברי רש״י, חייב להיות שמדובר כאן בקטינים, אחרת לא מובן מה שנאמר ״איש או אישה״ בפסוק כח.
72. אפשר שהדגש הזה הוא משום שחיי ילדים לא היו נחשבים בחברות שישראל שכנו בקרבם, פרופ, 2: 235.
73. מכילתא דרבי ישמעאל מסכתא דנזיקין י (הורוויץ, 280).
74. להסברים שונים מדוע לכתוב מקרה של כרה בור אם התורה מדברת על פתח בור, ראו בסוגיה בבלי ב״ק מט ע״ב – נ ע״א.
75. רש״י ורמב״ן פירשו על פי המכילתא המת יהיה לניזק, ואת הפרש הנזק בין ערך הנבלה לנזק ישלם המזיק לניזק.
76. בבלי בבא קמא ג ע״ב. רש״י; ראב״ע בפירושו הקצר. הגמרא שם לומדת מכך שצריך שהבור יהיה בו כדי להמית.
77. גם כאן פירשו חז״ל שזה לניזק (מכילתא דרבי ישמעאל מסכתא דנזיקין יב [הורוויץ, 290]; בבלי בבא קמא י ע״ב), והמזיק משלם את ההפרש. וכן רש״י.
78. מכילתא דרבי ישמעאל מסכתא דנזיקין יב (הורוויץ, 289).
79. שיטת רבי מאיר, מכילתא דרבי ישמעאל מסכתא דנזיקין יב (הורוויץ, 291). וכן תרגום ירושלמי־יונתן. רס״ג (מובא בראב״ע); רשב״ם; ראב״ע הפירוש הקצר; ריב״ש, אך הוסיף על כך גם את העבודה שהוא עמל יותר בגידולו של הבקר.

80. אם הודה על גנבתו מרצונו, לאחר שטבח ומכר, עליו להחזיר את שגנב ופטור מתשלומים נוספים (משנה כתובות ג׳, ט).
81. רמב״ם, הלכות גניבה, ט׳, ז-ח.
82. מכילתא דרבי ישמעאל מסכתא דנזיקין יג (הורוויץ, 293); רש״י. וראב״ע בפירוש הקצר, הסביר אם זרחה השמש, הכוונה שבעל הבית הרגו ביום.
83. דעות שונות ודיון ראו מכילתא דרבי ישמעאל מסכתא דנזיקין יד (הורוויץ, 296); ודיון בבבלי ב״ק ו ע״ב.
84. אהרליך, 180.
85. סרנה, 131.
86. יעקב, 686.
87. בבא קמא ס״ד ע״ב.
88. אונקלוס; רש״י; רשב״ם; ראב״ע. מכילתא דרבי ישמעאל מסכתא דנזיקין טו (הורוויץ, עמ׳ 300): ״אל האלהים – שומע אני לשאול באורים ותומים? ת״ל ׳אשר ירשיען אלהים, לא אמרתי אלא באלהים שהם מרשיעים״. בהווה אמינא המכילתא הבינה שאלהים הכוונה ממש, והדרך לשאול את אלוהים היא דרך אורים ותומים. אך המכילתא דחתה אפשרות זו. ייתכן שהרבים של ״ירשיעון״ נגרר אחרי ״אלהים״, אבל ייתכן ש״ירשיעון״ הכוונה לדיינים, ואם כן, זה עשוי להיות חיזוק לכך שהכוונה ב״אלהים״ היא דיינים. האזכור של שם ה׳ בפסוק י מורה שהשם ״אלהים״ אינו בא לציין את ה׳ אלא את הדיינים.
89. יוצא מדברי המכילתא בהערה הקודמת.
90. אברבנאל. שד״ל. באופן מרחיק לכת יותר קבע רבי חייא בר יוסף שיש כאן עירוב פרשיות. רש״י אימץ פרשנות זאת והסביר שהכוונה היא שהפסוק אינו שייך להקשר הנוכחי, אלא שייך לדין הלוואה בכ״ב, כד-כו: ״עירוב פרשיות – פסוק שהוא מפרשה אחרת נתערב בזו שאינו מקומו דהאי כי הוא זה באם כסף תלוה הוה ליה למכתביה דהתם קאי דאילו בהך פרשתא דפקדון בלא הודאה במקצת מחייב״. פירוש אחר לרבנו תם, שם תוספות ד״ה עירוב פרשיות.
91. ראו למשל שד״ל. ורשב״ם בין שמשפט זה נאמר על ידי העד שמעיד נגד השומר. וכן ראב״ע בפירושו הארוך. וחז״ל פירושו זאת רק על דין מודה במקצת, בבלי בבא קמא קז ע״א. וכן רש״י.
92. ראב״ם.
93. מכילתא דרבי ישמעאל מסכתא דנזיקין טז (הורוויץ, 304); ראב״ע; אברבנאל; שד״ל.
94. בבלי שבועות מה ע״א; ב״ק קו ע״ב; אונקלוס; ירושלמי-יונתן; רש״י; רשב״ם לפס׳ ט.
95. אהרליך, 181.
96. מכילתא דרבי ישמעאל מסכתא דנזיקין טז (הורוויץ עמ׳ 304); בבא מציעא צד ע״ב.
97. כדברי הגמרא ב״מ צד ע״ב: ״דכל ההנאה שלו״.
98. רשב״ם: ״ובמדרש חכמים אפילו במלאכה אחרת, אם הוא עמו במלאכה, פטור השואל מ׳ונשבר או מת׳״. בבלי ב״מ צה ע״ב. וכן רש״י. על הבנה זו אמר ריב״ש: ״וסברת הדין קשה, ודייקי רבותינו כמדומה, בהאי דקרא ׳עמו׳ דמשמע עם השואל, ולא אמר עמה דמשמע עם בהמתו. והסברא כיון דהבעלים משועבדים עמו בשעת משיכה, משעבד עצמו כל שכן ממונו, דומיא דמה שקנה עבד קנה רבו״.
99. וכן חזקוני ואברבנאל.
100. וכן בתרגום ירושלמי-יונתן.
101. לפי רש״י, המפתה מדבר על ליבה של הנערה, אבל לפי רמב״ן, פיתוי הוא שכנוע הנערה בדברי שקר (ראו שם).
102. המפתה אינו יכול לסרב, אך אחרי שנשא אותה, אין חובה שתישאר אשתו תמיד והוא יכול לגרשה, ריב״ש: ״מהר ימהרנה לו לאשה – על כרחו, אלא שיכול להוציאה בגט, מאחר שנתרצת לו״.
103. מכילתא דרבי ישמעאל מסכתא דנזיקין יז (הורוויץ, 309); בבלי כתובות לח ע״ב.
104. העונש במקרה של ארוסה הוא סקילה, ובנשואה חנק, שהוא עונש קל יותר. על הסיבה שהעונש בארוסה הוא חמור יותר כתב המהר״ל בבאר הגולה, בבאר השישי (פרק ב ד״ה ואחר כך אמר): ״הבא על נערה המאורסה, לפי שהוא חוטא בקדושה, שהנערה היא מקודשת לאחר, והנה בא עליה, לכך הוא חוטא בקדושה. ואינו כמו מי שבא על בעולת בעל, שכבר היא אשתו, ואין כאן שם קידושין. ואע״ג דלא פקע מינה קדושין הראשונים, מ״מ אין שם ׳מאורסה׳ עליה, רק ׳בעולת בעל׳. ולכך המיתה של ארוסה חמורה מבעולת בעל״. ובדומה רומז לזה: יעקב, 699.

105. וכן פרופ, 2: 253.
106. מכילתא דרבי ישמעאל מסכתא דנזיקין יז (הורוויץ, 309); ירושלמי־ניאופיטי. נכתב מכשפה כי דרך נשים היה בכך (בבלי סנהדרין סז ע"א; רשב"ם; ראב"ע, בפירוש הקצר; רמב"ם, מורה נבוכים ג', לז). ראו: מל"ב ט', כב; ישעיה מ"ז, יב; נחום ג', ד.
107. האוטמן (3, 212) הציע שעניין הכישוף באישה בא דווקא כאן, כדי להציג את תמונת הראי של ההלכה הקודמת. בדין הקודם דובר באיש המפתה אישה, אולי הקשרו של דין זה הוא באישה שמשתמשת בכשפים, בין השאר על מנת לפתות איש. והבנה זו כבר הציע ראב"ע בפירושו הארוך.
108. סרנה, 136.
109. שד"ל. רשב"ם פירש שהכוונה שילחץ את הגר לעשות מלאכה.
110. מכילתא דרבי ישמעאל מסכתא דנזיקין יח (הורוויץ, 311–312); משנה בבא מציעא ד', י.
111. כך פירש אברבנאל את הקשר בין דין זה לדין הקודם: "הנה הגר אף על פי שקודם גרותו היה זובח לאלהים אחרים כבר אינו עתה עובד עבודת גילולים ולכן אין ראוי שתונהו רוצה לומר שתגנהו בדברים אלו שהיה גר ועובד עבודת גלולים". ובדרך זו הלך אלשיך.
112. ר' ישמעאל סבר שהאיסור נוגע לכל אדם, ואילו רבי עקיבא סבר שהאיסור מתייחס רק לאלמנה ויתום, מכילתא דרבי ישמעאל מסכתא דנזיקין יח (הורוויץ, עמ' 313).
113. רס"ג בתפסיר מתרגם את שניהם בלשון יחיד (בתרגום לעברית): "אם תלוה למי מאנשי עמי מעות כסף, דהינו לחלש שעמך, אל תהיה לו כזר ולא תטיל עליו נשך".
114. מכילתא דרבי ישמעאל מסכתא דכספא יט (הורוויץ, 316). והירש (עמ' שיא) הרחיב זאת כהוראה לחברה כולה.
115. מכילתא דרבי ישמעאל מסכתא דכספא יט (הורוויץ, 315); רש"י.
116. אונקלוס; מכילתא דרבי ישמעאל מסכתא דכספא יט (הורוויץ, עמ' 317); רש"י.
117. מכילתא דרבי ישמעאל מסכתא דכספא יט (הורוויץ, 318).
118. קדרי; *DCH*.
119. מכילתא דרבי ישמעאל מסכתא דכספא יט (הורוויץ, 318).
120. מכילתא דרבי ישמעאל מסכתא דכספא יט (הורוויץ, עמ' 320).
121. מכילתא דרבי ישמעאל מסכתא דכספא כ (הורוויץ, 320).
122. היינו שהיא מותרת בהנאה, מכילתא דרבי ישמעאל מסכתא דכספא כ (הורוויץ, 321); אברבנאל.
123. מכילתא דרבי ישמעאל מסכתא דכספא כ (הורוויץ, 321).
124. יעקב, 712; קאסוטו, 206; חכם, 2: נט.
125. אבן ג'נאח, שורשים, § עזב, מביא בשם הגאון, כנראה רס"ג; רש"י; רשב"ם. ויעקב (714) פירש גם בתחילת הפסוק את השורש עז"ב באותה משמעות.
126. פירוש אחר לפסוק ראו: A. Cooper, "The Plain Sense of Exodus 23:5," *HUCA* 59 (1988): 1–22.
127. ראו גם שד"ל; וכן הופמן, שנא.
128. מכילתא רבי ישמעאל מסכתא דכספא כ (הורוויץ, 328); ריב"ש.
129. מכילתא דרבי ישמעאל מסכתא דנזיקין יח (הורוויץ, עמ' 311).
130. ראב"ם: "חיזוק בענין השבת והזכיר תכלית מתכליות השבת והיא המנוחה".
131. האוטמן, 3: 263.
132. סרנה, 144.
133. ראו על כך לעיל בפירוש לדיבר השלישי, איסור לשאת את שם ה' עמ' 312–313.
134. וכן פירש גם ספורנו: אבל באזהרת עבודה זרה לא יספיק להשמר מעבור עליה, אבל צריך להשמר אפילו מהזכיר שמה".
135. ראב"ע בפירושו הקצר על פסוק יד.
136. ראב"ע (הפירוש הארוך) דייק שהחיוב כאן הוא לאכול מצות במשך שבעה ימים.
137. מכילתא דרבי ישמעאל מסכתא דכספא כ (הורוויץ, עמ' 333); רש"י; ראב"ם; שד"ל.
138. מכילתא דרבי ישמעאל מסכתא דכספא כ (הורוויץ, 334); רש"י; רמב"ן.
139. רמב"ם שיער שבחגי עובדי האלילים היו אוכלים בשר וחלב, מורה נבוכים, ג', מח. ראיה לכך מצוייה בלוח אוגריתי המתאר את הולדת שחר ושלם האלים הנעימים, ושם מתבצע טקס שבו נאמר: "טב[ח] גד[י]

בחלב אננח בחמאת" (=טבחו גדי בחלב טלה בחמאה.): קאסוטו (212). ראו: S. B. Parker, ed., *Ugaritic Narrative Poetry* (Atlanta: 1997), 205–214, here 208.

140. מכילתא דרבי ישמעאל מסכתא דכספא כ (הורוויץ, 337).
141. ראב"ם פירש שהכוונה לארץ ישראל, כפי שעולה במפורש בפסוק כג. לעומת זאת רמב"ן פירש שהכוונה לבית המקדש.
142. וכן רמב"ם, מורה נבוכים ב, פרק לד.
143. הופמן, שסא; חכם, ב: עח; סרנה, 148.
144. ראב"ם; וראו בבלי סוטה לו ע"א.
145. ובתרגום השבעים, צרעה.
146. מלבי"ם על יהושע כ"ד, יב; קאסוטו, 215.

כריתת ברית עם ה' בסיני

1. מחלוקת זו היא מחלוקת תנאים במכילתא דרבי ישמעאל מסכתא דבחודש ג (הורוויץ, 211); ובבלי יומא ד ע"א. אבות דרבי נתן פרק א.
2. רש"י על י"ט, יא; כ"ד, א. וכן לקח טוב, ריב"ש וחזקוני על כ"ד, א. ושיטה זו על פי הבבלי שבת פח ע"א.
3. רש"י כ"ד, ג.
4. רשב"ם; ראב"ע, ראב"ם, רמב"ן, ר"י כספי; רלב"ג; אברבנאל; ספורנו; שד"ל.
5. טענת רמב"ן.
6. רשב"ם; ראב"ע בפירוש הארוך; ראב"ם; שד"ל.
7. ראב"ע, הפירוש הארוך.
8. כך ר"י כספי.
9. ראב"ע בפירושו הקצר; וכן אברבנאל. ראב"ם סבר שהכוונה רק לכ"ג, כ-כה, וספורנו סבר שהכוונה רק לכל הנאמר מי"ט-כ', כג. רש"י סבר שהכוונה למצוות פרישה והגבלה.
10. ראב"ע הפירוש הארוך; אברבנאל; שד"ל. לעומת זאת, רס"ג (מצוי בפירוש ראב"ם) ורש"י פירשו שהכוונה לכל הנאמר מבראשית עד מתן תורה. וכן לקח טוב.
11. ראו רמב"ן.
12. אונקלוס; יונתן־ירושלמי; רש"י רשב"ם; ריב"ש; ר"י כספי; אברבנאל ושד"ל. וכך במשנה זבחים י"ד, ד: "עד שלא הוקם המשכן היו הבמות מותרות ועבודה בבכורות"; ובתלמוד בבלי על משנה זו, זבחים קטו ע"ב. ראב"ע (הפירוש הקצר ובארוך), טען שאילו הבנים הבכורים של הזקנים.
13. לקח טוב: "אלו הזקנים הנערים במצוות"; ורמב"ן: "הם בחורי ישראל שלא טעמו טעם חטא, שלא נגעו אל אשה מעולם, כי הם הנבחרים בעם והקדושים בהם". גם הופמן (שעג) שיער שגם אחרים עסקו בעבודות הכהונה "כדי לבטא שישראל זה שלעתיד לבוא כולו נועד להיות ממלכת כהנים".
14. והלקח טוב הכריע שגם העולות היו פרים. וכן הופמן (שעג).
15. אברבנאל מציע אפשרות אחת שהוא זרק את הדם על המצבות המייצגות את העם. וכן סרנה, 151. רלב"ג הציע שהוא זרק את הדם על חלק מהעם.
16. וכן ראב"ע. יש שהבינו שהזריקה על המזבח היא לשם כפרה: אונקלוס ותרגום ירושלמי־יונתן (שניהם על פסוק ח); לקח טוב, על פסוק ו.
17. רשב"ם; ראב"ע בפירושו הקצר; ראב"ם; ספורנו. רש"י כתב שזה מה שכתוב מבראשית ועד מתן תורה. בשאלה זו נחלקו במכילתא דרבי ישמעאל מסכתא דבחדש פרשה ג (הורוויץ, עמ' 211): "ויקח ספר הברית ויקרא באזני העם – אבל לא שמענו מהיכן קרא באזניהם. רבי יוסי בר' יהודה אומר, מתחילת בראשית ועד כאן, רבי אומר: מצוות שנצטווה אדם הראשון ומצוות שנצטוו בני נח, ומצוות שנצטוו במצרים ומרה ושאר כל המצוות כולן. ר' ישמעאל אומר בתחילת העניין מה הוא אומר 'ושבת הארץ שבת לה', 'שש שנים תזרע שדך וגו' ' שמטים ויובלות ברכות וקללות. בסוף העניין מה הוא אומר? 'אלה החוקים והמשפטים והתורות".
18. וכן תרגם אונקלוס: "נעביד ונקביל". בווריאציה דומה פירש ספורנו: "נעשה לתכלית שנשמע בקולו". יש המוצאים מובן נפרד לכל פועל. למשל, רשב"ם פירש נעשה מה שה' ציווה עד כה, ונעשה הכוונה למה שה' יצווה. ראב"ע בפירוש הקצר פירש (וכן שד"ל): נעשה – מצוות עשה, נשמע – מצוות לא

תעשה. חכמים דרשו מכאן התחייבות לקיים לפני שהדבר מובן, בבלי שבת פח ע״א; תוספתא בבא קמא ז׳, ח–ט.

19. חכמים התקשו בעניין זה וניסו להקל מעט את הבנתו. רמב״ם הסביר שלא ראו בעניים אלא זו השגה שכלית, רמב״ם, מורה נבוכים, א׳, ד. ראב״ע הסביר שהם ראו זאת במראה הנבואה (פירושו הארוך לפסוק י) וכן ספורנו (על פסוק יא). לקח טוב (על פסוק יא) אומר שהם ראו את מלאכי השרת וחיות הקודש.

20. האוטמן, 3: 287.

21. אונקלוס; תרגום ירושלמי־יונתן; ראב״ע הפירוש הקצר; רמב״ן.

22. האוטמן, 3: 296.

23. אונקלוס; ירושלמי־ניאפיטי; ירושלמי־יונתן; וכן ראב״ע בפירושו הארוך; רמב״ן; ריב״ש; ספורנו. וכן: E. W. Nicholson, "The Interpretation of Exodus XXIV 9-11," *VT* 24 (1974): 77-97, here 93.

24. נות, 196.

המשכן

1. תנחומא תרומה ח: "[כ״ה, ח] ועשו לי מקדש ושכנתי בתוכם אימתי נאמר למשה הפרשה הזו של משכן ביום הכפורים עצמו אף על פי שפרשת המשכן קודמת למעשה העגל, א״ר יהודה בר׳ שלום אין מוקדם ומאוחר בתורה שנאמר (משלי ה׳, ו) ׳נעו מעגלותיה לא תדע׳, מטולטלות הן שביליה של תורה ופרשותיה. הוי ביום הכפורים נאמר למשה ׳ועשו לי מקדש׳, מנין שכן? עלה משה בששה בסיון ועשה ארבעים יום וארבעים לילה, ועוד עשה ארבעים ועוד עשה ארבעים, הרי מאה ועשרים, ואתה מוצא שביום הכפורים נתכפר להם ובו ביום א״ל הקדוש ב״ה ׳ועשו לי מקדש ושכנתי בתוכם׳, כדי שידעו כל האומות שנתכפר להם מעשה העגל, ולכך נקרא משכן העדות, שהוא עדות לכל באי העולם שהקב״ה שוכן במקדשכם, אמר הקדוש ב״ה, יבא זהב שבמשכן ויכפר על זהב שנעשה בו העגל שכתוב בו (שמות ל״ב) ׳ויתפרקו העם את כל נזמי הזהב וגו׳׳, ולכן מתכפרין בזהב. ׳וזאת התרומה אשר תקחו מאתם זהב׳, אמר הקדוש ברוך הוא (ירמיה ל׳, יז) ׳כי אעלה ארוכה לך וממכותיך ארפאך׳". וכן שמות רבה ל״ג, ג (מירקין, חלק ב, 90).

2. ספורנו על כ״ד, יח; וכן בפירושו לל״ג, ו.

3. פירושו לכ״ד, יח.

4. זו הדעה הרווחת: רמב״ן ל״ה, א ובפירושו לויקרא ח׳, א. דעה זו היא הדעה הפשוטה עד שחכמים לא היו צריכים לפרש דבריהם. כך עולה מדבריו של רשב״ם לל״ד, לב, ומדבריו של ראב״ע בפירושו הארוך לל״ג, ג. וראב״ם על כ״ד, יב, וכן עולה משיטת בעלי התוספות במושב זקנים על התורה (מהדורת ס׳ ששון), ירושלים תשמ״ו, על ל״ג, יז (עמ׳ ריד). וכן אברבנאל על ל״א, יח. ולפי דעתו כאן, ה׳ ציווה בעלייה הראשונה של משה גם על בניית המשכן וגם על בגדי הכוהנים והקורבנות. אולם בפירושו לירמיה ז׳, כב, הסביר שרק בעקבות חטא העגל ציווה ה׳ על מעשה הקורבנות. וגם שד״ל הבין שהפרשיות כתובות כסדרן, ראו פירושו לכ״ה, א; ל״ג, ג.

5. ראב״ע בפירושו הארוך על כ״ה, א.

6. ראב״ע, פירושו הקצר; ראב״ם; ר״י כספי, המדגיש שהיה למטה לפני שעלה שוב מספר לא יודע של ימים.

7. וכן שד״ל.

8. ראב״ע בפירושו הארוך.

9. ראב״ע בפירושו הקצר. ספורנו פירש שהתורה היא החלק העיוני, והמצווה היא החלק המעשי.

10. רש״י; וראב״ע הפירוש הקצר.

11. תנאים נחלקו מתי היו שישה ימים אלה, בבלי יומא ד ע״א–ע״ב.

12. מחלוקת ר׳ יוסי הגלילי ור׳ עקיבא בבבלי יומא ד ע״א–ע״ב.

13. כך אכן פירש ראב״ע בפירושו הקצר, בניגוד לדבריו בפירוש הארוך.

14. יעקב, 770. B. F. Batto, *Slaying the Dragon: Mythmaking in the Biblical Tradition* (Louisville, KY: Westminster John Knox, 1992, 120. דוזמן, 589.

15. מכך הסיק אברבנאל שכבוד ה׳ אינו הענן. וזה מדויק כאן, אך לא במקומות אחרים, כנזכר למעלה.
16. נחלקו חכמים בבבלי יומא ד ע״א-ע״ב אם השישה הימים כלולים בארבעים היום. וראו רש״י וראב״ע בפירושו הקצר, לפסוק טז
17. למשל: תרגום ירושלמי-יונתן הוא למד את התורה מה׳. שמות רבה מ״ז, ה (מירקין, חלק ב, 184-185); מדרש אגדה שמות כ״ד, יח (בובר, קסח).

הציווי על בניית המשכן וכליו, ובגדי הכוהנים

1. רמב״ן על ל״ח, א. וראו ראב״ע בפירושו הקצר לאותו פסוק.
2. ראו גם: האוטמן 3, 318-321.
3. פילון, על חיי משה, ב 88 (פילון האלכסנדרוני: כתבים, כרך ראשון [מהדורת ס׳, דניאל-נטף], ירושלים תשמ״ו, 289-290) הציע שהמשכן הוא סמל ליקום. חכמים ראו את המשכן כנגד היכל של מעלה או כנגד בריאת העולם, למשל: תנחומא פקודי, ב. חכמים פילוסופים ראו במקדש וכליו משמעות לפי תפיסות ומושגים פילוסופיים. דוגמה לכך היא רלב״ג, בחלק התועלות: ״התועלת בדעת בעניין המקדש וכליו״ (מקראות גדולות הכתר, שמות כרך ב, עמ׳ 237-242). אברבנאל בפירושו לכ״ה, י, לדעתו המשכן וכליו רומזים להדרכות לאדם. מלבי״ם על כ״ה, א, רמזי המשכן. לדעתו המשכן והכלים הם כנגד אברי האדם, והכוונה בכך ״שכל אחד יבנה מקדש בחדרי לבבו כי יכין עצמו להיות מקדש לה׳...״. גישות קבליות יישמו את תפיסותיהם על מבנה המשכן, ומשמעות הכלים על פי עשר הספירות, וכמראה של המבנה של הבריאה, זהר לפרשת תרומה, למשל על הפסוק: ״ועשית שנים רכובים זהב״, ובתחילת פרשת פקודי. וראו על משמעות המנורה למשל, להלן הערה 34. חוקרים מודרניים נטו ללכת אחרי התפיסה שעלתה אצל פילון וחז״ל.
4. ראב״ע בפירושו הארוך על פסוק א.
5. לקח טוב
6. רשב״ם וריב״ש.
7. ראב״ע הפירוש הארוך; ראב״ם.
8. הדעה הרווחת היא שהיו שלושה ארונות, ארון זהב בשכבה חיצונית, ארון מעץ בשכבה פנימית יותר, ובתוכו עוד ארון מזהב, נמצא שארון מעץ מוקף מפנים ומבחוץ בזהב. כך רש״י, ורלב״ג. זה על פי ברייתא דמלאכת המשכן ז׳, א; ירושלמי שקלים ו׳, א. אבל יש שם דעה נוספת של רשב״ל, שלא היו שלוש תיבות אלא אחת: ״רשב״ל אמר, תבה אחת עשאו וציפהו״.
9. וכן דעת ראב״ע בפירושו הארוך, רק שלדעתו היו גם טבעות לנוי בתחתית הארון.
10. לפי ספורנו (על פסוק יב) הטבעות היו לצידי אורך הארון.
11. רמב״ן: ״ויתכן שירמוז שיהיו כל ישראל משתתפין בעשיית הארון בעבור שהוא קדוש משכני עליון, ושיזכו כולם לתורה״. דברי רמב״ן לקוחים משמות רבה ל״ד, ב (מירקין, חלק ב, 98): ״אמר יהודה בר׳ שלום: אמר להם הקדוש ברוך הוא: יבואו הכל ויעסקו בארון כדי שיזו כולם לתורה...״.
12. בבלי סוכה ה ע״ב. רש״י; ראב״ע, בפירוש הארוך. אבל בפירושו לבראשית ג׳, כד, שכרובים הם מלאכים (בפירושו הקצר), ובארוך פירש שכרובים הם צורות, ובכל הופעה זו צורה אחרת. רד״ק ורלב״ג על מל״א ז׳, כט, פירשו שזו דמות אדם, כנראה בוגר.
13. ראו אייכלר, הארון והכרובים, 221-248.
14. עניין זה היה יכול לגרום לבלבול, שטועים היו עשויים לחשוב שהכרובים הם אל, כדרכם של עובדי עבודה זרה, וכך מדגיש רמב״ם, שהיו שני כרובים כדי למנוע טעות זאת, מורה נבוכים חלק ג פרק מה: ״ולו היתה צורה אחת, כלומר, צורת כרוב אחד, היתה בכך התעיה והיו חושבים שזאת צורת האלוה שאותו עובדים, כמו שהיו עושים עובדי עבודה זרה... ומכיוון שנעשו שני כרבים (שמות ל״ז, ז), עם האמירה המפורשת ׳ה׳ אלהינו ה׳ אחד (דברים ו׳, ד)... והושג ביטחון שלא יטעו לחשוב שהם אלוה שכן אלוה אחד והוא ברא את הריבוי הזה״.
15. הרן, המקרא ועולמו, 40-42.
16. חוקרים הבחינו שמדובר כאן בעצם על שני כלים: יעקב, 775; האוטמן, 3: 365.
17. ריב״ש וחזקוני הסבירו שאכן היה ראוי שהארון היה זהב טהור. רק משום הכובד שלו, והעובדה שנשאו אותו בכתף, עשו אותו מעץ מצופה זהב. ומציין שכך גם המזבח היה עשוי נבוב לוחות כדי שלא יהיה כבד. אך הסבר זה קשה, שכן המנורה הייתה כבדה, בהיותה עשויה זהב טהור, וגם אותה נשאו על הכתף.

18. חזקוני (על פסוק טו) הסביר זאת בפרקטיקה של נשיאת הכלים. הארון היה בקודש הקודשים ומכיוון שאף אחד לא נכנס זה לא הפריע. אבל בקודש היו הכוהנים הולכים, ולכן אם היו שם הבדים זה היה מפריע. אבל משמע מהתורה שאסור להוציא את הבדים מהארון, ונראה שיש סיבה לאי־הוצאת הבדים, ולא כמשתמע מחזקוני, שאין צורך בהוצאת הבדים.

19. גם במקדש שלמה הקנים נשארו בארון תמיד, מל"א ח', ח: "ויאריכו הבדים ויראו ראשי הבדים מן הקדש על פני הדביר ולא יראו החוצה ויהיו שם עד היום הזה". מפסוק זה למדו חכמים שהבדים היו נוגעים בפרוכת, באופן שהם נראו מתוך הקודש, ברייתא דמלאכת המשכן ז, ה; ירושלמי שקלים ו', א. בבלי מנחות מח ע"א: "...דוחקין ובולטין בפרוכת ודומין כמין שני דדי אשה, שנאמר 'צרור המור דודי לי בין שדי ילין'".

20. בבלי מנחות צז ע"א; רמב"ם, הלכות תמידין ומוספין ה', ח.

21. בבלי מנחות צז ע"א; רמב"ם הלכות בית הבחירה ג', יד.

22. בבלי מנחות צז ע"א; רמב"ם הלכות בית הבחירה, ג', יג. לדעת ראב"ע (פירושו הקצר) הם כוסות. ריב"ש פירש שאלה כלים שהיו לשים בהם את הבצק.

23. בבלי מנחות צז ע"א; רמב"ם הלכות בית הבחירה, ג', יד. וריב"ש פירש שהיו מנקים בהם את התנור ואת השולחן לשני ששמו את הלחם. "אשר יסך בהן", לדעת ריב"ש מלשון תיקון

24. ובדומה הרמב"ם בפירוש המשניות, שם כתב: "שיהא לו פנים הרבה", היינו שיקיפו את הלחם שישה פנים. וכן רלב"ג. ואף הוסיף שהלחם היה דק, היינו שאין לו עובי, וכולו פנים.

25. ותרגום ירושלמי־יונתן (מתורגם לעברית): "ותסדר את השולחן לחם הפנימי לפני תמיד".

26. תרגום השבעים; אונקלוס; ירושלמי־יונתן; ירושלמי־ניאופיטי.

27. תרגום אונקלוס; ירושלמי־יונתן; ירושלמי־ניאופיטי. ריב"ש על פס' כג: "שהגביעים מצוייר בהם שקדים, וגם כפתורים ופרחים".

28. וכן ריב"ש בפירושו לפסוק לד. וכן רמב"ם, הלכות בית הבחירה, ג', י (איור בהוצאת פרנקל והוצאת מקבילי); וראב"ם.

29. וכן בוולגטה על במדבר ח', ב.

30. מידות המנורה מצויות בברייתא דמלאכת המשכן י', ד. וכן בבבלי במנחות כח ע"ב. גובה המנורה מתחתיתה עד ראש הקנים היה 18 טפחים.

31. רש"י על פסוקים לא, מ. וזאת על פי בבלי מנחות כט ע"א.

32. וכן אברבנאל.

33. וראו C. Meyers, "Lampstand," *Anchor Bible Dictionary* 4 (New York, 1992), 141–143, here 142.

34. מ' אידל, "בינה, הספירה השמינית: המנורה בקבלה", בתוך: י' ישראלי (עורכת), לאור המנורה – גלגולו של סמל, ירושלים: מוזיאון ישראל, 1998, 129–131. ראו גם: פילון חיי משה ב 102–103 (פילון האלכסנדרוני: כתבים, כרך ראשון, בעריכת ס', דניאל־נטף, 293); ויוספוס, קדמוניות, ספר שלישי, ז (שליט, כרך א, 88). וכן בתרגום ירושלמי־יונתן על ל"ט, לז (בתרגום לעברית): "ואת המנורה ואת נרותיה נרות המערכה המסודרים כנגד שבעת הכוכבים הנהוגים במסילותיהם ברקיע ביום ובלילה ואת שמן המאור". על המשמעות של סמליות המנורה, ראו: האוטמן, 3: 410–411; י"ל לוין, "תולדות המנורה ומשמעותה בעת העתיקה", קתדרה 98 (תשס"א), 7–32.

35. וכך דברי רשב"ם: "עשר ירעות התחתונות קרויין משכן, כי תחתיהם הארון מקום השכינה שורה". ובספורנו: "קרא היריעות בשם משכן, כי בתוכם היו כסא שולחן ומנורה למשכן שכינה". ובספורנו על מ', יח: "ויקם משה את המשכן – עשר היריעות מעשה חושב שנקראו משכן הוקמו קודם הקמת הקרשים, אם בידי אדם מחזיקין בו, ואם על דרך נס, כדבריהם זכרונם לברכה, ועל זה הסדר נעשה והובא אל משה. כי אמנם אותן עשר יריעות הן היו עיקר בנין המשכן, ושאר הנכנס באותו הבנין, והם האדנים והקרשים והבריחים והעמודים והאהל, היו להעמיד המשכן ולכסותו". וכבר ראב"ע פירש כך על מ', יח.

36. רשב"ם; ראב"ע הפירוש הקצר והארוך; ספורנו. האוטמן, 3: 417.

37. יעקב, 788.

38. ברייתא דמלאכת המשכן פרק ב, לפי דעה אחת כל חוט שזור מעשרים וארבעה חוטים, וכן רש"י. ולדעת רבי נחמיה שם כל חוט היה שזור משלושים ושניים חוטים.

39. רמב"ם, הלכות כלי המקדש והעובדים בו ח', טו.

40. וכן אברבנאל.

41. וכן: רש"י; רשב"ם; רלב"ג.
42. מדרש הגדול על כ"ו, יד (מהדורת מרגליות, שמות ב, עמ' תקצא).
43. נחלקו בכך בברייתא דמלאכת המשכן, וכן במסכת שבת צח ע"ב. ר' נחמיה סבור שהם היו עבים למטה אמה, והקרשים היו מצירים והולכים עד שלמעלה היו בעובי אצבע, ורבי יהודה סבור שהיו בעובי אמה מלמטה עד למעלה. ולפי אברבנאל העובי היה דק לכל אורך הקרש, ומשום שהעובי היה דק, הכתוב לא אמר מה עוביים. יוספוס, קדמוניות, ספר שלישי, ו, ג (שליט, כרך א, 85), כתב שהעובי היה ארבע אצבעות. לפי חישובים של חוקרים, אם מדובר באמה מלמטה עד למעלה, המשקל של כל קרש היה למעלה מ־800 ק"ג, והמשקל של כל הקרשים היה למעלה מ־38,000 ק"ג, לא כולל המשקל של האדנים, הטבעות, וציפוי הזהב! ראו: M. M. Homan, *To Your Tents, O Israel: The Terminology, Function, Form, and Symbolism of Tents in the Hebrew Bible and Ancient Near East*, Culture and History of the Ancient Near East, 12 (Leiden: Brill, 2002), 139. אולי עובי הקרשים לא כתוב בתורה משום שהדבר היה תלוי ביכולות הבנייה. במשכן הקרשים היו דקים, כפי שעולה מדברי יוספוס, ופירוש אברבנאל, ואילו במבנה הקבוע בארץ בנו את הקרשים בעובי כמו שהבינו חכמים.
44. פירושו לפסוק יח בפירושו הארוך. ובפסוק ט שם.
45. ומפסוק זה למדו חכמים שהיו גם סינין שבאמצעותן חיברו את הקרשים זה לזה: "ושני הסינין יוצאין מתוך הקרשים שמשקיע הזכר בתוך הנקבה שנאמר: 'משולבות אשה אל אחותה'..." (ברייתא דמלאכת המשכן א, ג).
46. ברייתא דמלאכת המשכן א', ד; ורש"י.
47. ברייתא דמלאכת המשכן, א', ו.
48. רשב"ם על כו-כח.
49. ברייתא דמלאכת המשכן, א', ו; רש"י לפסוק כו. ולדעה זו היו שלושה בריחים, אחד לצד דרום, אחד לצד צפון, שניהם באורך של שלושים אמות, ואחד לצד מערב, שאורכו שתים עשרה אמות. התלמוד הבבלי בשבת צח ע"ב, חולק על הברייתא דמלאכת המשכן (תוס' שם ד"ה תנא בנס היה עומד), ולדבריו היה בריח תיכון אחד שעבר בתוך שלוש צלעות, ומכיוון שבן אנוש לא יכול לעשות זאת, קבעה הגמרא שזה היה בדרך נס.
50. אברבנאל מדייק מהכתוב "והבדילה לכם" שההבדלה אינה למשה, שהרי הוא נכנס תדיר אל קודש הקודשים לדבר עם ה' פנים אל פנים.
51. ברייתא דמלאכת המשכן ד', א; רש"י על לג.
52. ראב"ע בפירושו הארוך לפסוק לו.
53. רש"י; ראב"ם.
54. ריב"ש לפסוק ל.
55. חלקו בדבר בברייתא במלאכת המשכן י"א, ב, יש אומרים שהוא היה של שלוש אמות גובה, ויש אומרים שהוא היה של עשר אמות. ובברייתא ד שם, כתוב שהיה עשר אמות. וכן פסק הרמב"ם, הלכות בית הבחירה, ב', ה. וכך הכריע רש"י. המחלוקת מצויה גם בבבלי זבחים נט ע"ב.
56. רש"י; רשב"ם; ראב"ם. על פי בבלי זבחים נד ע"א, הקרנות היו חלולות.
57. רש"י ורשב"ם, על פי חולין כה ע"א; זבחים סב ע"א. חכמים נחלקו בדבר צורתו ומיקומו המדויק.
58. מכילתא דרבי ישמעאל מסכתא דבחדש יא (הורוויץ, עמ' 244): "ולא תעלה במעלות על מזבחי – מכאן אמרו, עשה כבש למזבח". משנה מידות ג', ג.
59. גם הקרן אורה, זבחים סג ע"א, התקשה בכך: "תוס' בד"ה כל כבשי כו' הקשו ממזבח הנחושת היכי עשו לו כבש ובאמת יפלא כי לא מצינו בתורה דבר מענין הכבש וכל כלי המזבח נאמרו ומטלטלין היו והכל היה מנחושת וכבש לא קאמר, ואטו בכל עת חנייתן עשו כבש מחדש, וגם ממה עשו, כי מאבנים לא נמצא רמז בכל כלי המשכן, ובתורה נאמר מצות הכבש אחר מצות מזבח אבנים, כמש"נ ואם מזבח אבנים כו' ולא תעלה במעלות על מזבחי, והדבר נפלא עד יגלו כלי המשכן".
60. אף כי להלכה הכבש מעכב, ראו זבחים סב ע"א; רמב"ם הלכות בית הבחירה, ב', יז.
61. ויקרא ד', ז, י, יח, כה, ל, לד.

62. מל״א ח׳, סד; מל״ב ט״ז, טו; דה״ב א׳, ו; ד׳, א; ז׳, ז; יחזקאל ט׳, ב. חז״ל קראו למזבח גם מזבח החיצון (למשל: משנה יומא ה׳, ה; משנה זבחים ד׳, א, ד, ועוד. להבדיל מהמזבח הפנימי, שהוא מזבח הזהב, למשל תוספתא חולין א׳, יד; בבלי יומא ל״ג, א.
63. כמו הכבש, גם יסוד המזבח הוא מהותי בזבח, ומזבח בלי יסוד פסול: בבלי זבחים סב ע״א; רמב״ם, הלכות בית הבחירה, ב׳, יז.
64. רשב״ם לפסוק יב.
65. רש״י; רשב״ם; שד״ל. וזה על פי בבלי עירובין כג ע״ב.
66. כן היא הערת תלמיד שד״ל, אברהם חי מיינסטער, על פירוש רבו שד״ל. ההערה הזו מופיעה במהדורה ראשונה של פירוש שד״ל, שמופיעה בכ״י לוצקי 672 (מופיע במהדורה אלקטרונית על התורה; חכם, 2: קעט.
67. וכן ראב״ע בפירוש הקצר והארוך לפסוק יח; קאסוטו, 257.
68. הקושי בכתוב הביא את תרגום השבעים לשנות את הניסוח: ״מאה במאה״ ולהשוות אותו ל״חמישים בחמישים״. והשומרוני פישט בדרך אחרת: ״ארך החצר מאה באמה ורחב חמשים באמה״.
69. ברש״י על פסוק יט: ״ואומר אני ששמן מוכיח עליהן שהן תקועין בארץ, לכך נקראו יתידות. ומקרא מסייעני: ׳אהל בל יצען, בל יצע יתידותיו לנצח׳ (ישעיה ל״ג, כ)״.
70. אברבנאל.
71. ברייתא דמלאכת המשכן ה׳, ג; רש״י על יט.
72. וזאת בספרא, אמור פרשתא יג, א: ״ויקחו אליך – אתה גזבר לדבר״.
73. ספרי במדבר נט (הורוויץ, 57); ספרא, אמור פרשתא יג, ז. וכן אברבנאל.
74. רמב״ם, הלכות תמידין ומוספין ג׳, י-יב. עדותו של יוסיפוס שבבית שני הנר דלק כל הזמן. נגד אפיון, א, כב, 199: ״לידם מצויה אש [התמיד], אשר לא תכבה לילה ויום״. א׳ כשר, יוספוס פלביוס, נגד אפיון, כרך א, ירושלים, מרכז זלמן שזר, תשנ״ז, לד, עמ׳ 202.
75. אברבנאל.
76. משנה תמיד ג, ט.
77. וכדברי הרמב״ם בספר המצוות, עשה לג: ״שאין אהרן לובש בגדים אלו לגדולתו אלא כמו מקיים מצוות המלך... ואע״פ שהם בתכלית היופי שהם מזהב שהם וישפה וזולתם מהאבנים הטובות והיפות, לא יכוין בהם היופי אלא לקיים הצווי שצוה השם יתעלה למשה לבד...״.
78. רמב״ם, הלכות כלי המקדש, י׳, ד. בבלי זבחים יז ע״ב; דין מיתה לכוהן שעבד בלא בגדים בבבלי סנהדרין פג ע״ב.
79. בבלי סנהדרין פג ע״ב, ד״ה וחגרתם אותם אבנט וגו׳. ורש״י כאן כתב: ״לקדשו לכהנו לי – לקדשו, להכניסו בכהונה על ידי הבגדים שיהא כהן לי״. וכן ראב״ם: ״לגדולה שתבוא קדושת כהונה גדולה בלבישת הבגדים ועוד יוסיף זה כדי להדגיש ולבאר״. רלב״ג: ״למדנו מזה שבגדי כהונה הם מקדשים הכהן הגדול לְכַהֵן לה׳ יתעלה, אבל בזמן שאין בגדי כהונה עליו – אינו מקודש לְכַהֵן, והרי הוא כזר שעבד שהוא חייב מיתה״.
80. רמב״ם, הלכות כלי המקדש, י׳, ד; ספר המצוות, עשה לג.
81. הרן, מקדשים, 173; פרופ, 2: 465, 490; גרוסמן, ויקרא, 576–582.
82. על פי הדגש בפשוטו של מקרא על החיבור בין הבגדים, שנועד לבל ייפרדו, לא פלא שחכמים למדו מכך שקיים איסור להפריד בין הבגדים, ומי שעושה זאת עובר על מצוות לא תעשה ולוקה. בבלי יומא עב ע״א; רמב״ם, הלכות כלי המקדש, ט׳, י.
83. רשב״ם על כ״ה, י; ראב״ע הפירוש הקצר ואברבנאל על פסוק ד.
84. לפי הכתב והקבלה (על פסוק ט) האותיות היו בולטות.
85. וכן תרגום ירושלמי-יונתן.
86. האוטמן, 3: 488. ותרגם ירושלמי-יונתן תרגם (בתרגום לעברית): ״מזכירין זכות לבני ישראל ונשא אהרן את שמות בני ישראל על שתי כתפיו לזכרון״.
87. קאסוטו, 262; סרנה, 179.

88. תוספתא כלים בבא מציעא ו', יב; רשב"ם; רמב"ם, הלכות כלי המקדש ט', ו. לפי רבי אליעזר הקליר, שליש אמה, עירובין כא ע"א תוס' ד"ה אחד.
89. סדר שונה מופיע בשמות רבה ל"ח, ט (מירקין, חלק ב, 121); ובתרגום ירושלמי-יונתן, ובחזקוני; סדר מעט שונה מצוי בירושלמי-נאופיטי.
90. וכן ספורנו הבין שעניין הלב הוא תפילה של הכוהן לה'. נושא זה עולה מדבריו של אברבנאל, אף שהוא בעיקר מדגיש כיצד השמות של בני ישראל על ליבו הם כדי שאהרן יחשוב על ישראל בעבודתו לפני ה'. וכן כבר לפניו אצל רלב"ג.
91. שופטים א', א; כ', יח, כג, כז, כח; שמ"ב ב', א; ה', יט. גם במקומות שהיה בהם גורל, הוא היה באמצעות האורים והתומים, יהושע ז', יד; במדבר כ"ו, נה; יהושע י"ד, א-ב; שמ"א י"ד, לו-לז, מא; וראו בבלי בבא בתרא קכב ע"א.
92. תרגום ירושלמי-יונתן; בבלי יומא עג ע"א; רש"י; רשב"ם; רמב"ם, הלכות כלי המקדש, י', יא; ראב"ם.
93. רש"י; רשב"ם; ראב"ע פירוש הארוך.
94. בניסיון למלא חלל זה, התרגום השומרוני מוסיף בתיאור עשיית האפוד בל"ט, כא: "ויעשו את הארים ואת התמים כאשר ציווה ה' את משה".
95. וכן רלב"ג.
96. וכן אהרליך, 192.
97. אוצר הגאונים, כרך ראשון מסכת ברכות (ערך ב"מ לוין), חיפה תרפ"ח, עמ' 5-6. וכן עולה מדברי רמב"ם, הלכות כלי המקדש והעובדים בו, י', י. וראו דברי הכתב והקבלה, על פסוק ל בשיטת רמב"ם.
98. וכן אברבנאל.
99. וכן רמב"ן. ראב"ע, בפירושו הארוך לפסוק ו, סבר שהיו בהם צורות של מלאכת השמיים.
100. מכך למדו חכמים שיש איסור לקרוע בגדי כהונה, בבלי יומא עב ע"א. רמב"ם, כלי המקדש והעובדים בו, ט', ג.
101. בבבלי זבחים פח ע"ב נחלקו כמה פעמונים היו, שבעים ושתיים או שלושים ושש.
102. רמב"ם, הלכות כלי המקדש, ט', ג. וכן ראב"ם ורמב"ן לפס' לא.
103. וכן: יוספוס, קדמוניות היהודים, ספר שלישי, ז, ד (שליט, 90).
104. רס"ג; רש"י; ריב"ש; וראב"ם; רלב"ג. ראו דיון בבבלי פסחים טז ע"ב.
105. רמב"ם, הלכות כלי המקדש, ח', יז.
106. לפי תרגום ירושלמי-יונתן, גם לכתונת וגם למצנפת היה תפקיד של כפרה (בתרגום לעברית): "ושבצת הכתונת שש לכפר על שפיכת דם נקי ותעשה המצנפת שש לכפר על גסי הרוח וחגורה תעשה מעשה רוקם".
107. רש"י על כ"ח, ד; ראב"ע הפירוש הארוך לז-מ; רמב"ן על כ"ח, לא, וסבור כדעת רמב"ם, הלכות כלי המקדש, ח', ב. וראו ראב"ד שם.
108. רמב"ם, הלכות כלי המקדש, ח', יט. וראב"ם.
109. רמב"ן על ל"ט, כו. בניגוד לדעת קאסוטו, 270. הוא הסיק שהכותנות של בני אהרן היו פשוטות יותר, בלי משבצות, ואת זאת הסיק מל"ט, כז. אבל שם הדבר נאמר גם על הכותונת של אהרן.
110. פירושו ל"ח, ד. ובמשנה יומא ז, ב, בגד כוהן הדיוט נקרא מצנפת.
111. ראב"ע, בפירושו הארוך על לז-מ. ראב"ד על דברי הרמב"ם בהערה הבאה. וכן חזקוני: "אך של כהן הדיוט קרוי מגבעות ושל כהן גדול קרויה מצנפת, וקטנה היא מן המגבעה כדי להניח מקום פנוי לתפילין בין הציץ למצנפת". גם אברבנאל הבדיל בין המצנפת למגבעת.
112. רמב"ם, הלכות כלי המקדש, ח', ב; רמב"ן על פסוק לא; וכן ראב"ם סבר שאת המצנפת היו מלפפים, כעולה מהשם, ואילו המגבעת הייתה קבועה וגבוהה. ואולי ניתן למצוא פשרה בין שתי השיטות בדבריו של יוספוס על כובע הכוהן הגדול. וכן עולה מדבריו של יוספוס ספר שלישי, ו (שליט כרך ראשון, 91).
113. כך פירש רשב"ם, שמגבעת היא לכבוד ולתפארת, אבל אפשר שזה מוסב על כל בגדי הכוהנים, כך פירוש ראשון אצל ראב"ם. וכן דעת רלב"ג, ואברבנאל.
114. חלקו חכמים בבבלי יומא יב ע"א, אם האבנט של כוהן הדיוט היה דומה לאבנט של כוהן גדול.
115. רמב"ם, הלכות כלי המקדש, ח', יא-יב. וכן רלב"ג על פסוק לט ואברבנאל. וראב"ד על הרמב"ם שם סבר שכל היום מותר לכוהן הדיוט – ללבוש את הבגדים כל עוד הוא במקדש.

116. ראב"ם בפירושו לפסוק א.
117. מילגרום, ויקרא א, 494.
118. ספרא, מילואים צו, ח.
119. תיאור אחר של כפרת המזבח מופיע ביחזקאל מ"ג, יח-כז.
120. חכמים נחלקו בדבר מהותה של כהונה זו של משה. ויקרא רבה, י"א, ו: "ר' יודן בשם רבי יוסי בר יהודה ור' ברכיה בשם ר' יהושע בן קרחה, כל מ' שנה שהיו ישראל במדבר לא נמנע משה מלשמש בכהונה גדולה, הה"ד (תהילים צ"ט, ו) 'משה ואהרן בכהניו'. רבי ברכיה בשם ר' סימון מייתי לה מן הדין קרא (דה"א כ"ג, יד): 'בני עמרם אהרן ומשה ויבדל אהרן להקדישו קדש קדשים הוא ובניו עד עולם להקטיר לפני ה' לשרתו ולברך בשמו עד עולם (לעמוד ולשרת בשם ה'). ומשה איש האלהים בניו יקראו על שבט הלוי'. א"ר אלעזר בר יוסי פשוט הוא לן שבחלוק לבן שימש משה כל שבעת ימי המילואים. ר' תנחום בשם ר' יודן תני כל שבעת ימי המילואים היה משה משמש בכהונה גדולה ולא שרתה שכינה על ידו הה"ד (ויקרא ט', כד): 'וירא כל העם וירונו ויפלו על פניהם'... ר' חלבו אמר כל ז' ימי המילואים היה משמש בכהונה גדולה וכסבור שלו היא, בז' אמר לו לא שלך היא אלא של אהרן אחיך היא הה"ד 'ויהי ביום השמיני'". וכן בפסיקתא דרב כהנא, פרשת פרה (מהדורת בובר, לח).
121. תרגום ירושלמי־יונתן; רש"י.
122. רמב"ן על פסוק ט.
123. באותו אופן הבין ראב"ם: "ומפני שלא הזכיר תחילה לבישת אהרן תיקנו כאן באומרו באבנט אהרן ובניו".
124. כך עולה שסבר ראב"ע בכ"ח, מא. ובכ"ט, ז מדייק ראב"ע בפירושו הארוך: "ולקחת... על ראשו – על ראש אהרן לבו, כי אהרן הכהן המשיח". וכן חזקוני. זוהי אפשרות ראשונה בפירוש רמב"ן (על ויקרא ח', יא). אפשרות שנייה שהוא מציע היא שבני אהרן לא נמשחו, ומה שכתוב במקומות השונים שיש למשוח אותם, הכוונה למשיחה שנעשתה בהליך של איל המילואים. אבל קשה מאוד לשיטה זו של רמב"ן, שהרי באיל המילואים לא נאמר שמשחו את בני אהרן, אלא שהיזו עליהם, ומעבר לכך, לא נאמר בשלב זה שמשחו את הבגדים. וצ"ע בדברי שד"ל על כ"ט, ז. ובספרא, במכילתא דמילואים על ח', י, אמרו: "ממנו נמשחו אהרן ובניו כל שמעת ימי המלואים". ובהמשך להבחנה זו, יציקת שמן על כוהן גדול נוהגת בכל כוהן גדול בדורות הבאים. לעומת זאת, משיחת הכוהנים היא חד־פעמית, כדי להפוך אותם לכוהנים, ולאחר מכן הם אינם נמשכים יותר.
125. למשל רלב"ג: "ומלאת יד אהרן ויד בניו – רוצה לומר שתשלים ידם ויכולתם לעבוד זאת העבודה אשר יעבדו בה באלו הקרבנות שתקריב עליהם, כי אחר זה יהיה להם רשות ויכולת לעבוד עבודתם". ובניסוח כמעט זהה נקט אברבנאל. באופן זה הבין ר' אליהו מזרחי את רש"י: "ומלאת – על ידי הדברים האלה", "ומלאת – על ידי הדברים האלה – הכתובים אחריו והקרבת ושחטת וכולי, לא שמילוי ידים לחוד והכתובים אחריו לחוד". וכן הבין שפתי חכמים את רש"י.
126. מילגרום, ויקרא 1, 152. וראו בעמ' 151, אפשרויות שונות להבין את העניין. אלה שראו בקורבן חטאת עניין של קורבן על חטא, הסבירו את הסמיכה גם בהקשר זה, ראו רלב"ג, שהסמיכה מעידה על התשובה, ואברבנאל שהסביר שזה וידוי ותשובה.
127. רש"י (על פסוק יד): "תשרף באש – לא מצינו חטאת חיצונה נשרפת אלא זו". חזקוני מזכיר עוד חטאות חיצוניות שנשרפות: "הרי מצינו עגל אהרן בפרשת שמיני, ופר שני של לוים שבפרשת בהעלותך, ושנים עשר צפירי חטאת שבעזרא, ופר לעתיד שביחזקאל, שכולם חטאות חיצונות נשרפות". רמב"ן אומר שזו הייתה הוראת שעה, והסביר שחטאת זו היא כפרה על חטא העגל, ולא הביאו אותה פנימה משום שהמשכן עדיין לא התקדש ולא שרתה שכינה. בעצם הוא מסביר שחטאת זו היא חטאת של כוהן משיח, ולכן זו חטאת פנימית, רק שמסיבה טכנית אי אפשר היה להכניס את דמה פנימה.
128. האוטמן, 3: 536.
129. רש"י לבמדבר י"ט, ט: "חטאת היא – לשון חיטוי, כפשוטו". שד"ל על ויקרא ד', ג: "אך נקרא חטאת כשעושין בו חיטוי על קרנות המזבח, ומפני שקוראים להזהה חיטוי כדברי הקרא: 'תחטאני באזוב' (תהילים נ"א, ט), על כן נקרא הקרבן הזה חטאת, לא מפני שבא על חטא". רש"י (על פסוק א) אומר שזה קורבן חטאת על חטא העגל. הוא הולך בכיוון זה שום שלדעתו הציווי על המשכן היה לאחר חטא העגל. גם רמב"ן (פירושו לפסוק יד), הסבור שהציווי כאן בא לפני חטא העגל, סבור שקורבן החטאת הוא על חטא העגל,

והציווי על הקורבן, אף שהחטא עדיין לא בא לעולם, הוא משום שהכול צפוי לפני ה'. המדרש בספרא מכילתא דמילואים ח', טו אומר שהחטאת היא שמא כאשר התנדבו למקדש, אנשים לחצו זה על זה לנדב, והם נדבו בלא רצון, ונמצא שנתרם למשכן מן הגזל. ורש"י מביא זאת בפירושו לפסוק טו, לאחר שכתב טעם אחר: "לכפר על המזבח מכל זרות ותעוב". וכן הוא בתרגום ירושלמי־יונתן (בתרגום לעברית): "וישחט משה את הפר ויקח משה את הדם ויתן על קרנות המזבח סביב באצבעו וימשח את המזבח מן כל ספק אונס וגזל מפני שחשב בלבו שמא לקחו נשיאי בני ישראל תרומה מאחיהם באונס ויקריבו לעבודת המשכן או שמא נמצא בבני ישראל שלא היה בלבו להביא לעבודה ושמע קול כרוז ופחד והביא בלא רצון על כן טהר אותו בדם הפר ואת מותר הדם יצק ליסוד המזבח וקידשו לכפר עליו".

130. נראה כי גם ריב"ש (פירושו לפסוק א) הבין שאין מדובר בחטא, ופירש שפר החטאת בא "כדי שיבאו נקיים וזכאין לפני הקב"ה". אלא שלדעתו פר החטאת הוא לא לשם חיטוי המזבח אלא עבור אהרן ובניו.

131. לוין, במדבר 1: 263; לוין, ויקרא, 52. קורבן זה לא בא לכפרה, כדעת כמה פרשנים. ראו: ספורנו על ויקרא ח', ב.

132. מילגרום, ויקרא 1, 529. יש שהסבירו שנתינת הדם על תנוך האוזן היא לרמוז שהכוהנים צריכים לשמוע למצוות ה', ונתינת הדם על הבוהן של היד ושל הרגל היא לרמוז שמעשיהם יהיו לשם ה'. כך ראב"ם, רלב"ג ואברבנאל על שמות כ"ט, כ. וכן דרייבר, 319–320.

133. לוין, ויקרא, 53. ובדומה לכך אומר רלב"ג: "הנה זה האופן כריתת ברית, וזה שקצת הדם נתן על אהרן ועל בניו באלו המקומות הנזכרים, וקצתו על המזבח.

134. לוין, ויקרא, 53.

135. ריב"ש: "והנפת אותם תנופה – כאדם שלוקח על ידיו לאמר: זה אני מדרין לפני הקב"ה, והמשרת לוקח ומקטיר. וכן חזה התנופה ושוק התרומה הדרין והניף לכהן, כי משה כיהן בשבעה ימי המילואים, והחזה והשוק היה לו למנה, כדכתיב: בצו את אהרון "ויקרא ח', כט).

136. רלב"ג ואברבנאל הסבירו כי ההיגד: "כי איל מלאים הוא" בא להסביר את החריגות מקורבן זה לקורבן השלמים, כי הוא קורבן ייחודי. כך הם מסבירים שהשוק עולה על המזבח, ורלב"ג אומר שמשפט זה מסביר את הייחוד שבקורבן, בנתינת דם על חלקי הגוף של אהרן ובניו.

137. ספרא, מכילתא דמילואים, צו, כ: "איל המלאים – שמְשַלֵם על הכל, מלמד שהמלואים שלמים לאהרן ולבניו". רש"י על כ"ט, כב: "כי איל מלואים הוא – שלמים, לשון שְלֵמות, שמושלם בכל".

138. רמב"ן על פסוק לא. וכך גם יוצא מרש"י, על פסוק לג: "כי קדש הם – קדש קדשים".

139. משנה זבחים ה, ה. רמב"ם, הלכות מעשה הקרבנות, ט', ג.

140. רש"י על פסוק לג.

141. כבר עמד על זה רמב"ן בויקרא ז', ל. אך לפי חכמים שניהם מונפים, בבלי מנחות סב ע"א, וראו ספרא צו פרשתא יא, יא.

142. מדן, כי קרוב אליך, שמות, 470–471; גרוסמן, ויקרא, 530–531. וראו: מילגרום, ויקרא 1, 473–481.

143. רלב"ג על פסוק יט: "הנה זה היה באופן כריתת ברית; וזה, שקצת הדם נתן על אהרן ועל בניו באלו המקומות הנזכרים, וקצתו על המזבח".

144. ספרא, דיבורא דנדבה, פרק טז, א–ב.

145. שתי האפשרויות מצויות כבר בספרי במדבר קיז (הורוויץ, 135).

146. הלכה למעשה נפסק שהמינוי של כוהן גדול נעשה רק על ידי סנהדרין, הרמב"ם, הלכות כלי המקדש, ד', טו. ומרש"י עולה שצריך גם מינוי של אחיו הכוהנים. בבלי יבמות סא ע"א ד"ה מינהו אין.

147. אפשרות אחת ששבעת ימים יש לחזור על פעולות הקורבנות, כך: אונקלוס; ירושלמי־ניאופיטי; ירושלמי־יונתן; אברבנאל. אפשרות נוספת היא שבמשך שבעה ימים יש גם לחזור ולמשוח את הכוהנים, כך בספרא, מכילתא דמלואים, צו, ט; ויקרא רבה, י, ח.

148. מילגרום, ויקרא, 1: 538. כנגד האפשרות שקורבנות האילים הקרבו ביום הראשון בלבד, למשל: גרוסמן, ויקרא, 555–560.

149. וראב"ע שם מעיר: "יש אומרים: לא תצאו שבעת ימים ובלילה יוצאים לצרכם. והנכון שיצאו בשעת הצורך ביום או בלילה". הכוונה להתפנות לצרכים.

150. וכן ספרא, מכילתא דמילואים, לו: "כי שבעת ימים ימלא את ידכם – כל שבעת ימי המלואים היה משה מעמיד את המשכן כל בוקר ובוקר, ומקרב קרבנותיו עליו ומפרקו". וכן תרגום ירושלמי־יונתן שם

(בתרגום לעברית): "ומפתח המשכן לא תצאו שבעת ימים עד יום מלאת ימי מלואיכם כי שבעת ימים יוקם המשכן ויפורק ויקריבו קרבנכם".

151. מילגרום, ויקרא 1, 516.

152. ורמב"ן על מ', י פירש: "והיה המזבח קדש קדשים – בעבור שיקריבו בו גם קדשי הקדשים אמר בו כן אף על פי שהיה בחצר. ואמר גם במשכן (שמות מ', ט) והיה קדש, כי לא נקרא קדש קדשים רק מקום משכן הארון, כמו שנאמר (שמות כ"ו, לג) 'והבדילה הפרכת לכם בין הקדש ובין קדש הקדשים'. ויתכן שאמר במזבח קדש קדשים בעבור שיקדש, כמו שאמר והיה המזבח קדש קדשים כל הנוגע במזבח יקדש (שמות כ"ט, לז)". ובאופן אחר פירש ראב"ע הפירוש הקצר והארוך: "וטעם קדש – כאחד הקדשים".

153. ובדומה כך נאמר למי שנוגע במנחה, ויקרא ו', יא, ולמי נוגע בחטאת, ויקרא ו', כ.

154. פרופ, 2: 470.

155. תרגום ירושלמי-יונתן (מתורגם לעברית): "שבעת ימים תכפר על המזבח וקדשת אותו והיה המזבח קדש קדשים כל אשר יגע במזבח יתקדש מבני אהרן אך מן שאר העם אי אפשר להם לנגע פן ישרפו באש לוהטת שיוצאת מן הקדשים".

156. מילגרום, ויקרא 1, 446.

157. כך פירש ר' אליעזר מבלגנצי בפירושו למ"ד, יט, מ"ו, כ. לעומת זאת ראו: רש"י ורד"ק.

158. דיון בפרשנים אלה ראו: M. Lockshin, "Why Is Holiness Not Contagious?," in A. L. Mittleman, ed., *Holiness in Jewish Thought* (Oxford: Oxford University Press, 2018), 54-66.

159. וכן: לוין, ויקרא, 246. דיון בשיטת רשב"ם ראו לוקשטיין, 57-61.

160. ספרא צו א, יא; בבלי זבחים פג ע"א-ע"ב (משנה וגמרא שם).

161. וכן גרוסמן, ויקרא, 569.

162. דרייבר, 324. מדן, כי קרוב אליך, במדבר, 468.

163. אולי זו כוונת רש"י. הוא מסביר בפסוק מג: "אתוועד עמם בדבור". אבל לא מצאנו שה' דיבר עם העם דרך המזבח. לכן נראה כי כוונתו שדיבר עם משה ומשה הוא נציגם, והדבר כאילו דיבר עם העם. לקח טוב מדגיש: "לדבר אליך – לא היה הדבור אלא למשה בלבד". וכן ראב"ע בפירושו הקצר. לא נראה שרש"י חולק על כך, ולכן כוונתו כפי שהסברנו.

164. ראב"ם; אברבנאל. ראב"ע בפירושו הקצר העלה שמילים אלה מרמזות למקום תפילה.

165. חזקוני. וכן פרופ: 2, 473. אחרים ראו את ההתקדשות של ה' באותו אירוע, אבל במיתת נדב ואביהו. כך דרשו במדרש (בבלי זבחים קטו ע"ב) שנקדש במכובדי, היינו בנדב ואביהו, על כך נאמר: "הוא אשר דבר ה' בקרובי אקדש" (ויקרא י', ג), ומסביר המדרש שה' אמר זאת כאן: "ונקדש בכבודי". וכן הוא בתרגום ירושלמי-יונתן.

166. רש"י; ראב"ע, הפירוש הצר והארוך; רלב"ג; אברבנאל.

167. רש"י כ"ט, מב: "יש מרבותינו למידין מכאן: שמעל מזבח הנחשת היה הקב"ה מדבר עם משה משהוקם המשכן. ויש מהם אומרים: מעל הכפרת, כמה שנאמר: ודברתי אתך מעל הכפרת (שמות כ"ה, כב)". ברייתא דמלאכת המשכן יד, ג: "מהיכן היתה שכינה מדברת עם משה? רבי נתן אומר: מעם מזבח הקטרת, שנאמר (ל', ו): 'ונתת אותו לפני הפרוכת אשר על העדות לפני הכפורת אשר על העדות אשר אועד לך שמה'. רבי שמעון בר יוחאי אומר: מאצל מזבח הקטרת, (ל', לו): 'ושחקת ממנה הדק ונתתה ממנה לפני העדות באהל מועד אשר אועד לך שמה'. תלמידו של רבי ישמעאל אומר: מאצל מזבח העולה, שנאמר (כ"ט, מה): 'עולת תמיד לדורותיכם פתח אוהל מועד לפני ה' אשר אועד לכם שמה לדבר אליך שם'". מאיר איש שלום, ברייתא דמלאכת המשכן, וינה תרס"ח, 85, מביא גרסה: "בן עזאי אומר מעל הכפורת". כנראה שגרסה זו הייתה לפני רש"י. ראו: חמשה חומשי תורה, אריאל, כרך שביעי, תצוה-פקודי, ירושלים תשס"ה, עמ' עד. ובספרי נשא נח (הורוויץ, 55) העמידו את דיבור ה' מאוהל מועד או מעל הכפורת: "ובבא משה אל אהל מועד לדבר אתו – למה נאמר לפי שהוא אומר 'וידבר ה' אליו מאהל מועד לאמר' (ויקרא א', א), שומע אני מאהל מועד ממש, תלמוד לומר: 'ונועדתי לך שם ודברתי אתך מעל הכפורת' (שמות כ"ה, כב). אי אפשר לומר מאהל מועד שכבר נאמר מעל הכפורת, ואי אפשר לומר מעל הכפורת שכבר נאמר מאהל מועד. כיצד יתקימו שני כתובים הללו? זו מדה בתורה, שני כתובים זה כנגד זה והרי הם סותרים זה על ידי זה, יתקיימו במקומם עד שיבא כתוב אחר ויכריע ביניהם. מה תלמוד

לומר 'ובבא משה אל אהל מועד לדבר אתו', מגיד הכתוב שהיה משה נכנס ועומד באהל מועד והקול יורד משמי שמים לבין שני הכרובים, והוא שומע את הקול מדבר אליו מבפנים".

168. ירושלמי תענית ד', ה.

169. משנה תמיד ו, ג. רמב"ם, הלכות תמידין ומוספין, ג', ד; וכן האוטמן, 3: 556.

170. ראב"ע, בפירושו הקצר לכ"ח, א; חזקוני ואברבנאל בפירושם לל', א.

171. רמב"ם, מורה נבוכים, ג', כה.

172. רמב"ן (על ל', א) נקט בגישה הפוכה. בגלל מעלת מזבח הקטורת הוא נזכר בסוף, לאחר שנאמר שה' שוכן בקרב ישראל.

173. וראו גם משך חכמה, פרשת תצווה, על ל', א ד"ה ועשית מזבח.

174. ראב"ע בפירושו הארוך: "קטרת תמיד – בעשותם עולות, על כן הזכיר לדרתיכם". וכן חזקוני.

175. מילגרום ויקרא 1: 517.

176. ראו: עסיס, יואל, 9-11.

177. אבן ג'נאח, ספר השרשים, § זבח: "אף על פי שלא היו מקריבין עליו זבח, לפי שהיה כתבנית המזבח, כמו שנאמר גם כן 'מזבח גדול למראה'". ראב"ם, פירושו לל', א. וכן פרופ, 2: 473.

178. יעקב (835) מציין שבכל פעם שהתורה כותבת "עשרים גרה", זה בהקשר של פדיון: שמות ל', יג; ויקרא כ"ז, כה; במדבר י"ח, טז.

179. וכן ריב"ש על פסוק יב. חזקוני (פירושו לפסוק יב) ניסח זאת בצורה רכה יותר: "שאין ברכה מצויה לא בדבר המנוי ולא בדבר המדוד, הבטיח כאן ולא יהיה בהם נגף מפני שהכפרה מונעת את המגפה".

180. הצירוף "עין רעה" במקרא מציין יחס של צער (דברים כ"ח, נד-נז) או יחס של אי-נתינה (דברים ט"ו, ט; משלי כ"ח, כב). המשמעות של הצירוף "עין טובה" הוא רצון לתת לאחר (משלי כ"ב, ט).

181. רשב"ם וחזקוני על פסוק יב.

182. וכן גם: כעונש של ה' (ל"ב, לה; במדבר י"ז, יא), או כתוצאה של עימותים בין בני אדם או עם בהמות (כ"א, כב, לה).

183. ראב"ע הפירוש הקצר וחזקוני על פסוק יב.

184. ראב"ע הפירוש הארוך בשם יפת בן עלי. יעקב (835) הסביר שזה כופר על כך שאולי לוחמים התחייבו על כך שהרגו נפשות במלחמה. מסופקני אם זו הכפרה שהתורה מכוונת אליה.

185. ושד"ל (על פסוק יב) כתב שהמשכן שבו כסף הכיפורים הוא שמכפר עליהם.

186. ריב"ש על ל"ח, כח; ועל במדבר א', א. חזקוני על פסוק יב.

187. ירושלמי שקלים א', א; רש"י בפירושו לפסוק טו; רלב"ג על פסוק יב, ועל במדבר א', א.

188. ראב"ע על ל"ח, כד, בפירושו הקצר. רמב"ן (יב) סבור שהלויים נספרו בספירה הראשונה. ורמב"ן נדחק לפרש שאכן מתו רבים בין המניין הראשון לשני, ונספרו הלויים בראשון אך לא בשני, ובני העשרים שנכנסו לספירה השנייה השלימו את הפערים שנוצרו בין שתי הספירות.

189. כך סבור ראב"ע (פירושו לבמדבר ג', א) שהלוויים נבחרו עוד בהר סיני, מייד לאחר חטא העגל ולפני שנבנה המשכן. רמב"ן (לבמדבר ג', יד) סבור שהבחירה הייתה במדבר סיני. וראו: עסיס, במדבר, 102-103, 106. ריב"ש קשר בין חטא העגל לבחירת הלויים בסמיכות הפרשיות בדברים ט', טז – י', יא. וכן האוטמן, 3: 615.

190. על המטרות של הספירה בבמדבר ראו בפירושנו לבמדבר, 91-100.

191. רש"י בפירושו לפסוק טו; רמב"ן בתחילת פירושו לפסוק יב.

192. ראב"ם על פסוק יב-יג; רלב"ג בפירושו לפסוק יב; אברבנאל בהקדמה לפרשת כי תשא. ומשמע מרשב"ם (יב) שהבין כדעה זו: "כשקיבצם משה לישראל להפריש תרומת המשכן, מנאן". וכך הבין לוקשין, פירוש התורה לרבינו שמואל בן מאיר, כרך א, ירושלים: חורב, תשס"ט, 310.

193. רמב"ם, הלכות שקלים א', א. ספר המצוות לרמב"ם, עשה קעא. ראב"ע, הפירוש הקצר פסוק טז, אומר שדה"ב כ"ד, ו, תומך בכך.

194. בבלי יומא כב ע"ב. הרמב"ם פוסק זאת להלכה בהלכות תמידין ומוספין, ד', ד, אך גם הוא לא סמך את האיסור על הפסוקים כאן, אלא סמך זאת על שמ"א ט"ו, א. חכמים השמיטו איסור זאת ממניין המצוות. כך הרמב"ם והרס"ג. ויש שהבינו שאין מדובר באיסור תורה אלא איסור דרבנן, ראו: חיד"א, עין זוכר, מערכת מ, כד; חוות יאיר סימן ט.

195. ריב"ש.
196. ראב"ע בפירושו לויקרא ח', ו-ח.
197. בגלל זאת סבר ראב"ם (יח) שמיקומו בין המזבח לאוהל מועד.
198. ואם לא רחצו עבודתם פסולה. בבלי זבחים טו ע"א; יט ע"ב. רמב"ם, הלכות ביאת המקדש, ה', א-ב.
199. בבלי זבחים נט ע"א. וכן ראב"ע בפירושו הארוך פסוק יח.
200. וכן הבין תרגום ירושלמי-יונתן (בתרגום לעברית): "כל הנוגע בהם מן הכוהנים יתקדש ומשאר השבטים יישרף באש לוהטת לפני ה'".
201. הרמב"ם, הלכות כלי המקדש והעובדים בו, א', ב: "וככה עשהו משה רבינו במדבר: לקח מן המור והקנמון והקדה, מכל אחד משלשתן חמש מאות שקל בשקל הקודש, ומקנה הבושם חמשים ומאתים, וזה שנאמר בתורה: 'וקנמן בשם מחציתו חמשים ומאתים', ששוקלים אותו בשני פעמים חמשים ומאתים בכל פעם. ושחק כל אחד ואחד לבדו, ועירב הכל, ושרה אותן במים זכין ומתוקין עד שיצא כל כחן במים, ונתן על המים שמן זית הין, והוא שנים עשר לוג, כל לוג ארבע רביעיות, ובישל הכל על האש עד שאבדו המים ונשאר השמן, והניחו בכלי לדורות".
202. רש"י בפירושו לפסוק לג; רמב"ן בפירושו ללא-לג. כך בבבלי כריתות ו ע"ב. רמב"ם, הלכות כלי המקדש והעובדים בו, א', ז.
203. בפירוש הקצר לפסוק לא, לג; ובפירוש הארוך לפסוק לא, לג.
204. לכן גם פירושו של יפת (מובא בראב"ע), שזר הכוונה לזר מבני ישראל, אינו פשוטו של מקרא.
205. נעסוק בזה בהרחבה בפירושנו לדברים י"ז.
206. רש"י הבין שסמים הראשון והשני הכוונה לסוגים אחרים, חמישה במספר. ועוד לבונה, הרי אחד עשר, להתאים לדברי חכמים שהיו אחד עשר סממנים.
207. בבלי כריתות ו ע"א; ירושלמי יומא ד', ה. הרמב"ם קבע ששאר הסממנים הם תורה למשה מסיני, הלכות כלי המקדש והעובדים בו, ב', א.
208. רמב"ן ואברבנאל הציעו את שני הפירושים.
209. וכן תרגם אונקלוס: "חֱזֵי דְּרַבִּיתִי". וכן שד"ל; יעקב, 841. וירושלמי-נאופיטי מלשון מינוי: "חמי משה דמנית וקראת". וכן סרנה, 200.
210. אברבנאל הלך בכיוון אחר. לדעתו הבחירה בבצלאל לא הייתה יכולה להיות מאת משה, משום קרבת משפחה של בצלאל למשה. חור הוא בן מרים, אחות משה, ורצו למנוע מצב: "שמא יאמרו ישראל משה עצמו מלך".
211. כך הבין תרגום ירושלמי-נאופיטי.
212. בבלי ברכות נה ע"א; פרקי דרבי אליעזר, פרק שלישי.
213. האוטמן, 3: 361.
214. דברי רש"י הם כנגד דברי בבלי יומא עב ע"ב, שבגדי שרד הם בגדי כהונה. לדעת רש"י דברי הגמרא הם על דרך הדרש, וכן רבנו בחיי אומר במפורש בפירושו לשמות ל"א, י, וכן יעקב (1036), והוא הוסיף שלכן אין ה' הידיעה בבגדים אלה, שלא כבכל שאר הפריטים בפרקים ל"ו, ל"ז, ול"ט. רמב"ן הלך בעקבות דעה זו, ופירש שהכוונה לבגדי אהרן, ובגדי שרד הם בגדי מלכות. חיזוק לדבריו הוא מביא מל"ט, א, שם נאמר שבגדי השרד הם "לשרת בקדש". אבל אברבנאל (על ל"ט, א) פירש שנכללו בבגדי שרד גם בגדי כוהן הדיוט, שהיו לשרת בקודש. וכן גם הרן הראה שמדובר על בגדי כוהנים בכלל הכוללים גם את בגדי אהרן וגם את בגדי בניו, הרן, מקדשים, 172-173. אריאל הציע שהכוונה לבגדי הלויים, ובגדי חול של כוהנים, ושל אחרים בעלי תפקידים במקדש, י', אריאל, "בגדי שרד: לכהנים וללויים", מעלין בקודש ה (תשס"ב), 13-56.
215. חכם, רעד.
216. יעקב, 842; האוטמן, 3: 361.
217. אולי משמעותי הדבר שהמילה שבת/ון כשם עצם מופיעה בקטע שבע פעמים. אף כי בפועל, השורש מופיע עוד פעם אחת.
218. מבנה אחר של כיאסמוס בקטע זה, ראו: מ', פארן, דרכי הסגנון הכהני בתורה: דגמים, שימושי לשון, מבנים, ירושלים: מגנס, תשמ"ט, 167-168. מבנה זה מחמיץ את ההבדלים המהותיים שבין שני החלקים.

219. אפשר כי הכוונה בברית היא גם שהעם מתחייב בזה לקיים את המצוות (רש"י על טו) ושה׳ בחר בישראל להיות עמו (רש"י; ורשב"ם על פסוק יג).
220. וכן מכילתא דרבי ישמעאל דשבתא א (הורוויץ 345); תורת כוהנים ויקרא י"ט, ל.
221. ראו רש"י: "ואתה, אף על פי שהפקדתיך לצוותם על מלאכת המשכן, אל יקל בעיניך לדחות את השבת מפני אותה מלאכה". יעקב, 845.
222. יעקב, 853.
223. סרנה, 201; האוטמן, 3: 588; מדן, במדבר, 553.
224. ובדומה לזה בתרגום ירושלמי־יונתן (בתרגום לעברית): "לעשות תפנוקי השבת לדורותיכם ברית עולם". ובדרך דרש לקח טוב פירש: "לעשות את השבת – כי מי שמשמר את השבת כאילו הוא עשאה". וספורנו כתב: "ושמרו בני ישראל את השבת – בעולם הזה. לעשות את השבת – ביום שכולו שבת".
225. חכם, רעז.

חטא העגל

1. J. Joosten, "The Syntax of zeh Mošeh (Ex 32,1.23)," *ZAW* 103 (1991): 412–415
2. רשב"ם על פסוק א; רלב"ג.
3. ראב"ע הפירוש הארוך, ריב"ש, חזקוני, רמב"ן, ר"י כספי, רלב"ג, אברבנאל, כולם על פסוק א. שד"ל על פסוק ד. ר׳ יהודה הלוי, ספר הכוזרי, מאמר א, צז.
4. רש"י על פסוק א: "אשר העלנו מארץ מצרים – והיה מורה לנו דרך נעלה בה, עתה צריכין הן לאלוהות אשר ילכו לפניהם". ודברים אלה הם על פי בבלי סנהדרין סג ע"א. רשב"ם על פסוק ד; ראב"ם פסוק ד: "שהיו מתכוונים לשלימות בתורה ושויון דעות בדת ומשה היה מדריכם בזה ומורה להם את הדרך מאתו יתעלה וכאשר בושש לבוא היו סבורים שנסתלק ואין בהם כח בעצמם ולא שלימות התורה ולכן ראו ברוע דעתם לחזור לדרך עבודה זרה שהיו מכירים אותה וסרו ממנה כדי שלא ישארו נעזבים בהעדר מהם מצבם הראשון מבלי להשיג את מטרתם השגה שלימה". האוטמן, 3: 625.
5. לקח טוב פתר זאת באומרו (ד): "מלמד שאוו לאלהות הרבה, ואמרי לה לטובה, שלא כפרו בעיקר, אלא שחיבבו עבודה זרה לכבוד".
6. ראו: M. A. Murray, *The Splendour That Was Egypt* (London: Sidgwick & Jackson, 1964), 98–99; J. N. Oswalt, "The Golden Calves and the Egyptian Concept of Deity," *Evangelical Quarterly* 45 (1973): 13–20; D. Kessler, "Bull Gods," in D. B. Redford, ed., *The Ancient Gods Speak: A Guide to Egyptian Religion* (New York: Oxford University Press, 2002), 29–34.. יש חוקרים הסבורים שעבודת העגל הגיעה לישראל מפולחן מסופוטמי: J. Lewy, "The Late Assyro-Babylonian Cult of the Moon and Its Culmination at the Time of Nabonidus," *HUCA* 19 (1945): 405–89; A. F. Key, "Traces of the Worship of the Moon God Sîn Among the Early Israelites," *JBL* 84 (1965): 20–26; L. Bailey, "The Golden Calf," *HUCA* 42 (1971): 97–115. ויש הקושרים את עבודת העגל לפולחן כנעני: W. F. Albright, *Archaeology and the Religion of Israel* (Baltimore, MD: Johns Hopkins University Press, 1946), 84–87, 149–150; H. Ringgren, *Israelite Religion*, trans. D. Green (Philadelphia: Fortress, 1966), 42–45.
7. סרנה, 204.
8. J. R. Spencer, "Golden Calf," *Anchor Yale Bible Dictionary*, vol. 2, (New York: Doubleday, 1992), 1068–1069; J. M. Sasson, "Bovine Symbolism in Exodus," *VT* 18 (1968): 380–387; האוטמן, 3: 624-627.
9. *ANEP*, nos. 531, 534, 537, 835.
10. H. Th. Obbink, "Jahwebilder," *ZAW* 47 (1929): 264–274; W. F. Albright, *From Stone Age to Christianity: Monotheism and Historical Process* (New York: Doubleday, 1957), 299–300. בעקבותיו הלכו גם בובר, משה, 143; נות, 247; קאסוטו, 284-285; סרנה, 203.
11. רש"י; ריב"ש; אברבנאל; האוטמן, 3: 611.
12. יעקב (937) טוען ששיתוף הפעולה שלו נבע משום אהבתו את השלום.

13. אין בפשוטו של מקרא זכר למעשים של גילוי עריות ושפיכות דמים (רש"י). ונראה שעבדו את ה' בפולחן אסור בלבד, מתוך שמחה, וראו שד"ל.
14. וכן ראב"ם; רלב"ג; שלא כמדרש חכמים בשבת קד ע"א; מגילה ב ע"א, ופירוש רש"י כאן.
15. רמב"ן (על פסוק טו) אומר שידיעה זו נאמרה כאן כדי לומר שלמרות מעלת הלוחות, לא נמנע משה מלשבור אותם.
16. רס"ג (פירושו לפסוק יח) הסביר שאלה הם דברי יהושע.
17. כדעת ראב"ע הפירוש הקצר לפסוק יט. ורשב"ם (יט) פירש שכשראה את העגל תשש כוחו והשליך את הלוחות מידו.
18. שד"ל על פסוק יט. סרנה, 207.
19. רבים ראו בכך סתירה ופירשו בדברים שונות. יש הרואים את ההבדל בכך שעתה משה ראה בעיניו את חטא העם. כך בדברים רבה ג', יב. ספורנו (בפירושו לפסוק יח) פירש שקודם ידע שחטאו, אבל עכשיו גם ראה את שמתחתם בחטא.
20. בדומה לכך ריב"ש: "וישק את בני ישראל – לפי הפשט: שלא נתכוין משה להשקותם, אלא לפזרו ולאבדו. אלא משנתנו במים, על כרחך שותין אותו, שאי אפשר להם שלא ישתו מן המים, ומתוך כך, על כרחם נראין כשותין אותו". וכן ראב"ם: "עשה (משה) ע"ה מה שעשה כדי למחות את זכרו (של עגל) ולהשמידו". וכן רלב"ג: "והשקה מהמים ההם בני ישראל, לפרסם להם שאין כח האלהות לזאת התמונה...". ואברבנאל פירש: "וידמה שכל מה שעשה משה בזה לא עשאו אלא לנבל ולבזות העגל בעיניהם". אך על פי הדמיון בין מעשה משה להשקאת סוטה במים המאררים, פרשנים, על פי בבלי עבודה זרה מד ע"א, סברו שמשה ביקש לבדוק מיהם החוטאים בעם. כך רש"י; רשב"ם; ראב"ע בפירושו הקצר והארוך. ועוד הוסיף ראב"ע שאם לא נפרש כך, לא נבין איך ידעו בני לוי מי עבד את העגל. ואף הוסיף ושיער ששתיית מים אלה שינתה משהו בפניהם של החוטאים. אך כל זה רחוק מפשוטו של מקרא, שאינו מדבר על שתיית המים כסימן, או שזה שימש את בני לוי לדעת במי לפגוע, או שהשתייה עשתה רושם כלשהו.
21. רשב"ם וריב"ש. רש"י פירש שאהרן לא יצר את צורת העגל, אלא רק השליך את הזהב, והעגל יצא מעצמו. וכן אברבנאל וספורנו. ובכך ביקש אהרן להראות שלא הוא עשה את צורת העגל. בימי התלמוד, מתוך דברי אהרן היו שלמדו את אמיתת העבודה הזרה מתוך שהעגל נעשה מעצמו, היינו שיש בו ממש, ומכאן הסיקה הגמרא במגילה כה ע"ב: "ר"ש בן אלעזר אומר: לעולם יהא אדם זהיר בתשובותיו שמתוך תשובה שהשיבו אהרן למשה ואמר פרקו המערערים שנאמר: 'ואשליכהו באש ויצא העגל הזה'". והוסיף על זה הבהרה לקח טוב: "כפרו המינין לומד מעצמו יצא, וכבר כתוב ויעשהו עגל מסכה, כלומר עשאו כמין עגל, כאשר בקשו ממנו".
22. רש"י; ריב"ש; ספורנו.
23. ראב"ע.
24. רשב"ם; ר"י כספי. ראו *HALOT*.
25. רלב"ג (על פסוק כו) אומר שמשה לא קיבל את התנצלות אהרן, ולכן אסף את בני לוי, שהם אנשים שנשמעו לו יותר מאהרן, ולא תעו אחרי העגל.
26. המשנה במגילה ד, י אומרת שמעשה העגל השני נקרא ולא מתרגם, והכוונה לפסוקים כא-כה (תוספתא מגילה ד', לו; ובבלי מגילה כה ע"ב). ועל פי התוספתא שם, גם פסוק לה, ומסביר התוספות יום טוב שזה משום כבודו של אהרן.
27. רש"י; ראב"ע הפירוש הקצר; ריב"ש; ראב"ם; רמב"ן. כמו "רבים קמים עלי" (תהילים ג', ב).
28. רלב"ג פירש זאת על הקמים כנגד אהרן שביקשו שיעשה הפסל. היינו שהמעשה היה לשמצה בקרב אלה שיזמו לעשות את הפסל.
29. אונקלוס; ירושלמי-ניאופיטי; ירושלמי-יונתן; לקח טוב. כמו: "והנה קמתם תחת אבותיכם" (במדבר ל"ב, יד).
30. כך ראב"ע בפירושו הקצר לפסוק כו: "ויעמד משה בשער המחנה – זה יורה, כי היו מערכות לקראת מערכות". וכן סרנה (208), הסבור שהייתה ההתפרעות בעם.
31. מכילתא דרבי ישמעאל מסכתא דפסחא יב (הורוויץ, 40); וכן רש"י; חזקוני.
32. וכן כבר לקח טוב.

33. ראב"ם; אברבנאל, המסביר שאלה הם אנשים שחטאו בפרהסיה. חזקוני (על פסוק כח) מסביר שאלה אנשים שהתכוונו לעבודה זרה ממש.
34. ר"י כספי על פסוק כז.
35. ראו גם: יעקב, 954.
36. ראב"ע מסביר שאת המשפט הזה אמר ידי משה לפני ששלח אותם לבצע את פעולת ההרג. רשב"ם מפרש שהפועל מתכוון לעבר. תרגום ירושלמי־יונתן הסביר זאת כצורת עתיד, אבל הסב זאת לאחר שהלויים הרגו בישראל, ופירש שהכוונה לפעולה אחרת של הקרבת קורבנות ככפרה על שפיכות דמים.
37. ר"י קרא (מצוטט בתוך הדר זקנים); ראב"ם; אברבנאל; קאסוטו, 302. שלא כדעת רמב"ן, על פסוק יב-טז.
38. J. Muilenburg, "Intercession of the Covenant Mediator (Exodus 31:1a, 12–17)," in T. F. Best, ed., *Hearing and Speaking the Word: Selections from the Works of James Muilenburg* (Chico, CA: Scholars Press, 1984), 188–190.
39. וכן רמב"ן; אברבנאל. תופעה זו מוכרת המקרא, למשל: אולי בראשית ד', ז; שמ"א י"ב, יד; תהילים כ"ז, יג.
40. פרופ, 2: 564.
41. האוטמן, 3: 673.
42. סרנה, 209.
43. רשב"ם; ראב"ע הפירוש הקצר והארוך; שד"ל.
44. רמב"ן על פסוק יא. וכן סרנה, 205.
45. רש"י; וכן גם רמב"ן בפירושו הראשון; רלב"ג.
46. ריב"ש.
47. ראב"ע הפירוש הקצר והארוך לפסוק לה פירש שהמגפה בעם הייתה לאחר שעזבו את סיני. וכן ראב"ם, וכן הוא אומר בשם אביו (על פסוק לד). אברבנאל וספורנו פירשו שהמגפה תהיה כאשר יהיה חטא אחר, בפירושם לפסוק לד. וחז"ל דרשו שבעתיד, כשייענש העם בכל חטא שיחטאו, ייענשו גם בגין חטא העגל. בבלי סנהדרין קב ע"א; שמות רבה מ"ג, ב (מירקין, חלק ב, 154); רש"י על פסוק לד.
48. ראב"ע הפירוש הקצר, על פסוק א-ב.
49. שלא כדעה שכבר בשלב זה נתרצה ה', ראו: רש"י על פסוק א. ותנחומא כי תשא, כו.
50. כדעת אברבנאל.
51. רש"י על ל"ב, לד; ראב"ע פירושו הארוך לפסוק ב. ופירושו הקצר לל"ב, לד.
52. על פי המדרש, פירש רש"י שהם הורידו שני כתרים שניתנו להם בסיני כנגד נעשה ונשמע. וראו בבלי שבת פח ע"ב. רבנו חננאל פירש באופן מרתק, שאלה הם הבגדים שדם הברית נזרק עליהם: "ועתה הורד עדיך מעליך - הם המלבושים שלהם שנזרק עליהם דם הברית. והוא דם הקרבנות שהקריבו הבכורות בסיני ונקראו עדי לישראל ותפארת וכבוד גדול. בהיות בהם הדם ההוא אות וסימן לקבלת בריתו של הקדוש ברוך הוא וכבר הזכרתי זה בסדר ואלה המשפטים" (מצוטט בפירוש רבנו בחיי, עמ' שלט). וגם רס"ג בתפסיר תרגם עדי כלבוש. לפי ראב"ם (על פסוק ד), העדיים הם כלי הנשק, שעימם יצאו ממצרים "וחמושים עלו בני ישראל מארץ מצרים"), ועכשיו מרוב ייאוש על חסרון ההשגחה, הם לא שמו עליהם את כלי נשקם. וכן תרגום אונקלוס לפסוק ה-ו, וכן בתרגום ירושלמי־יונתן.
53. דוזמן, 723.
54. ריב"ש מסביר שהם לא שמו, אבל ציווי ה' הוא להוריד אותם לגמרי. ראב"ם פירש שרק חלק הורידו את העדיים, ועתה ה' ציווה שכולם יורידו. חזקוני מפרש שהם הורידו ביוזמתם, אבל לאחר ציווי ה', הבושה של העם הייתה גדולה יותר. אברבנאל פירש שציווי ה' מכוון לשאר העדיים ולא רק לאלו שהיו עליהם.
55. רש"י; לקח טוב. ראב"ם הציע שזה האוהל שאליו הביא את יתרו (י"ח, ז).
56. כך גם קושיית רמב"ן.
57. ראב"ע בפירושו הקצר לפסוק ח. ופירש "והיה כצאת משה אל האהל – אחר שירד עם הלוחות השניות".
58. רשב"ם; ראב"ע הפירוש הקצר; ריב"ש; רמב"ן; ר"י כספי; אברבנאל; ספורנו; שד"ל – כולם בפירושם לפסוק ז.
59. ראב"ע פירושו הארוך לפסוק ג.

60. יעקב, 961. לדעת הרן, האוהל שימש מקום שנועד לריכוז והתעוררות לקראת גילוי שכינה. מ׳, הרן, מקרא ועולמו: מבחר מחקרים ספרותיים והיסטוריים, ירושלים: מגנס, תשס״ט, 124.

61. כדעת ראב״ע הפירוש הארוך; רמב״ן.

62. ראו גם ניקולסון, ריטואל של ברית, עמ׳ 81. קדרי, § נער.

63. ראו רמב״ן. או שהכוונה שה׳ לא פירש מה תהיינה איכויותיו של מלאך זה, כך ר״י כספי. ריב״ש וחזקוני פירשו, שה׳ לא אמר אם חזר בו מלשלוח מלאך והוא ילך בקרב העם או שלא חזר בו.

64. ראב״ע הפירוש הקצר לפסוק א. לדעתו ה׳ אמר למשה את זה בהיותו בהר.

65. רש״י סבור שהכוונה למה שאמר ה׳ למשה לפני מעמד הר סיני: ״הנה אנכי בא אליך בעב הענן וגם בך יאמינו לעולם״ (י״ט, ט). לקח טוב מסביר שהכוונה שה׳ לא הסכים למחות את שם משה מספרו. לפי ראב״ע (פירושו הקצר), הכוונה לכל האותות ומופתים שעשה ה׳ דרך משה, ולא לדברים ספציפיים שאמר לו. ראב״ם הביא בשם סבו, רבי מימון הדיין, שמשפט זה נאמר על ישראל כולו, שה׳ ידע את ישראל כשהוציאם ממצרים, והתפרסם יחסו המיוחד של ה׳ לישראל.

66. רש״י; לקח טוב; ראב״ע פירושו הקצר; ריב״ש; אברבנאל ואחרים. לעומת מרבית הפרשנים, שהבינו שמשה מבקש להבין דברים מטאפיזיים, רשב״ם פירש שמשה מבקש שה׳ בעצמו יודיע לישראל את הדרך: ״הודיעני נא את דרכך – אתה עצמך תהיה מודיע לנו את הדרך, שתראני דרכיך ואני אלך אחריך״.

67. לקח טוב; רשב״ם על יג; ספורנו. J. Muilenburg, "Intercession of the Covenant Mediator (Exodus 31:1a, 12–17)," in T. F. Best, ed., *Hearing and Speaking the Word: Selections from the Works of James Muilenburg* (Chico, CA: Scholars Press, 1984), 187–191.

68. ראב״ע הפירוש הקצר לפסוק א; שד״ל. קאסוטו, 303.

69. רש״י הבין שדברי משה אינם מוסיפים בקשה נוספת, אלא אישור לדברי ה׳.

70. ראב״ע הפירוש הקצר.

71. ראב״ע הפירוש הקצר פסוק א.

72. שלא כסוברים שהבקשה העיקרית כאן היא להפלות את ישראל מהעמים, ועל כך ה׳ הסכים, כך רש״י.

73. ראב״ע הפירוש הקצר והארוך; רמב״ן.

74. רש״י; רשב״ם; ראב״ע הפירוש הקצר והארוך; ריב״ש.

75. רש״י; ראב״ע פירושו הארוך. אומר שם שהצור הוא ראש ההר. רמב״ן.

76. לקח טוב; ראב״ע הפירוש הקצר; ריב״ש; רלב״ג.

77. למשל בניסוחו של ריב״ש: ״ופני לא יראו – שלא תראה באספקלריא המאירה כאדם שרואה את חבירו בפניו ומתבונן בו יפה. והיה בעבור כבודי – שיראה לך שאתרחק מעליך, שיהא נראה כאדם שרואה את חבירו להבדיל מרחוק ומאחריו. וכן אמרו רבותינו (בבלי יבמות מט ע״ב), משה אמר לא יראני האדם (ל״ג, כ)... ומשני: כאן באספקלריא המאירה, כאן בשאינה מאירה. אי נמי: אחורי קורא מה שעבר, ואף על פי שאין שם עורף, דומיא דבני אדם שמניחין אחריהם מה שעוברים. הכי נראה לי עיקר. שלא ראה משה בשכינה כלל, אלא ראה זהרורי אורו שהוא מזהיר במקום שעבר משם, דומיא דשמש להבדיל כשהוא מעריב ונכנס במערב תחת הארץ, ואין גוף השמש נראה, אבל עדיין הזיהרורים נראים, שמעריבים והולכים, לפי שהשמש מתרחק״.

78. רשב״ם קושר את התיאור הזה לעניין הברית בצורה אחרת. לדעתו ה׳ עובר על פני משה כמעשה המקובל בכריתת בריתות (ירמיה ל״ד, יח: ״העגל אשר כרתו לשנים ויעברו בין בתריו״. וראו גם בראשית ט״ו, יז).

79. ראב״ע סבור שהדגשה זו באה למעט את אהרן, שעלה במעמד הר סיני. ואילו רמב״ן סבר שזקני ישראל לא יעלו כפי שעלו (כ״ד, א). אולם בשתי ההזדמנויות האלה לא עלה משה לקבל את הלוחות. בקבלת הלוחות הראשונים עלה משה לבדו, ואחר כך מתבהר שיהושע עלה במעלה ההר, ולא למעלה עם משה. נמצא שקבלת הלוחות השניים, שבהם משה עלה לבדו, דומה לקבלת הלוחות הראשונים, שגם אז עלה משה לבדו.

80. בבלי ראש השנה י״ז ע״ב.

81. וראו בבלי ראש השנה יז ע״ב, תוס׳ ד״ה שלוש עשרה מדות ובהגהה שם; הרב מ׳ כשר, תורה שלמה, כרך כב, ירושלים: מכון תורה שלמה, תשכ״ז, 124-125.

82. כך פירש רס"ג; ורבנו ניסים (תוס' ד"ה שלוש ראש השנה יז ע"ב); תשובות הרמב"ם, כרך ב, רסז (מהדורת י', בלאו), ירושלים: מקיצי נרדמים, תש"ך, 505–509; וכן ראב"ם, מופיע בפירוש ראב"ע הארוך. אך ראב"ע (בפירוש הארוך) פירש שכפל שם ה' הוא רגיל במקרא בקריאה לאחר (בראשית כ"ב, יא; מ"ו, ב; שמות ג', ד. ורש"י דימה זאת ל"אלי אלי", בקריאה כפולה לה', תהילים כ"ב, ב.
83. תוספות שם.
84. בראשית כ"ד, כז, מט; ל"ב, יא; מ"ז, כט; יהושע ב', יד; שמ"ב ב', ו; ט"ו, כ, ועוד רבים.
85. חכם, שלג.
86. רש"י; ריב"ש; ראב"ם. בעקבות בבלי יומא פו ע"ו, הבינו רבים ש"ונקה לא ינקה" אלו שתי מידות שונות: "נקה" אם חוזרים בתשובה, ו"לא ינקה" אם אינם חוזרים בתשובה. על פי זה, גם בתפילה עוצרים אחרי המילה "ונקה". וראב"ע בפירושו הקצר הסביר על פי פשוטו וכיצד המשמעות של חז"ל עולה מפשוטו של מקרא.
87. נאמר בבבלי ראש השנה יז ע"ב: "מלמד שנתעטף הקדוש ברוך הוא כשליח צבור, והראה לו למשה סדר תפלה. אמר לו: כל זמן שישראל חוטאין, יעשו לפני כסדר הזה, ואני מוחל להם [...] אמר רב יהודה: ברית כרותה לשלש עשרה מדות שאינן חוזרות ריקם". בספרי דברים פיסקא מט (פינקלשטיין־הורוויץ, 114) הסבירו: "ללכת בכל דרכיו, אלו הן דרכי מקום (שמות ל"ד, ו) ה' אל רחום וחנון ואומר (יואל ג', ה) והיה כל אשר יקרא בשם ה' ימלט, וכי היאך איפשר לו לאדם לקרא בשמו של מקום אלא נקרא המקום רחום אף אתה היה רחום, הקדוש ברוך הוא נקרא חנון אף אתה היה חנון, שנאמר (תהילים קמ"ה, ח) חנון ורחום ה' וגו' ועשה מתנות חנם, נקרא המקום צדיק שנאמר (שם י"א, ז) כי צדיק ה' צדקות אהב אף אתה היה צדיק, נקרא המקום חסיד שנאמר (ירמיה ג', יב) כי חסיד אני נאם ה' אף אתה היה חסיד, לכך נאמר (יואל ג', ה) והיה כל אשר יקרא בשם ה' ימלט ואומר (ישעיה מ"ג, ז) כל הנקרא בשמי וגו' ואומר (משלי ט"ז, ד) כל פעל ה' למענהו". ומהגמרא שם עולה שזה תלוי בתשובה, עיי"ש.
88. תרגום ירושלמי־יונתן; אברבנאל
89. לקח טוב; רשב"ם; ראב"ע, הפירוש הארוך; ראב"ם; ריב"ש; ספורנו; שד"ל.
90. רש"י; רשב"ם.
91. תרגום ירושלמי־יונתן הפליג בנפלאות מימי בית שני בגלות בבל. גם רלב"ג פירש על נפלאות שה' יעשה לעם בעתיד.
92. ר' יצחק עראמה; מלבי"ם; סרנה, 217.
93. ראב"ע הפירוש הארוך. אבל רשב"ם, אברבנאל וספורנו פירשו שהברית היא שה' יהיה עימם.
94. ראב"ע; ריב"ש.
95. ריב"ש.
96. וראו ראב"ם; אברבנאל. סרנה (218) אף מציין שבחטא העגל ישראל עשו "חג לה'", אך עשו זאת באופן פגום, וכאן בא הציווי איך לעשות חג לה'.
97. רשב"ם; ראב"ע בפירושו הקצר לפסוק יא; רמב"ן; שד"ל. ואין מדובר בעשרת הדיברות כדעת המדרש בשמות רבה מ"ז, ב (מירקין, חלק ב, 181), ולקח טוב. שהרי על עשרת הדיברות ידבר בפסוק כח, ואותם כותב ה'. הלקח טוב סבור שמשה כתב את הלוחות השניים, בפירושו לפסוק כט, ומשום שהוא כתב קרנו פניו. ראו גם האוטמן, 3: 716. אומנם בפסוק כח הנושא של הפועל "ויכתוב" יכול להתפרש כמכוון למשה, שעליו מדובר בתחילת הפסוק, אך מל"ד, א, ברור שה' הוא שכתב על הלוחות: "פסל לך שני לחת אבנים כראשנים וכתבתי על הלחת את הדברים אשר היו על הלחת הראשנים אשר שברת". כך עולה במפורש גם מדברי משה בדברים י', ב-ד: "פסל לך... ועלה אלי... ואכתוב על הלחת את הדברים אשר היו על הלחת הראשנים אשר שברת... ואפסל שני לחת אבנים... ויכתב על הלחת...".
98. סרנה, 220.
99. לקח טוב: "ויהי שם עם ה' – נתקדש כמלאכי השרת". וראו גם אברבנאל.
100. רשב"ם; ראב"ע הפירוש הארוך; רמב"ן.
101. אונקלוס; ירושלמי־יונתן; רש"י; רשב"ם; ראב"ע; ריב"ש.
102. ראב"ע הפירוש הארוך לפסוק כט.
103. רש"י לפסוקים לא-לב על פי הגמרא בעירובין נד ע"ב.

104. רשב"ם; ראב"ע סבר שאמר להם רק את המצוות בל"ד, יא-כו. לפי ספורנו, אמר רק את הציוויים בעניין המשכן. לפי חזקוני, אמר את כל המצוות, כולל את המצוות בפרשת משפטים.
105. ראב"ע הפירוש הקצר, ראב"ם, רלב"ג, כולם לפסוק כט; סרנה, 221.
106. ראב"ע הפירוש הארוך לפסוק לג; חזקוני לפסוק לד.
107. עניין המסווה לדעת עמוס חכם, הוא כדי שיראו שהם אינם יכולים לראות את משה, בכלל כבוד ה' הנראה בו, ואינם יכולים לעשות פסל ותמונה שהם רואים. חכם עמ' שנב. ראב"ע (הפירוש הקצר לפסוק כט) הסביר שקרינת עור פני משה נעשתה כדי "להיות לעד נאמן שה' דיבר איתו". ריב"ש (לפסוק ל) הסביר שהלוחות הראשונים ניתנו בקולות חזקים, ומכיוון שהשניים נתנו בחשאי, קרינת עור פני משה היא עדות לקדושתם שניתנו מאת ה'.

בניית המשכן וכליו

1. רלב"ג מ', לד-לה: "וראוי שנעיין בהתרת ספק עמוק יקרה בזה הסיפור וברבים מסיפורי התורה. וזה, שהוא ראוי בתורה, מצד שלמותה, שלא יהיה בדבריה כפל ומוֹתר. ואנחנו רואים בזה המקום הֶכְפֵּל יְדַמֶּה שיהיה לבלתי צורך; כי היה די בשיאמר: 'ויעש בצלאל בן אורי בן חור את כל מלאכת המשכן כאשר צוה ה' את משה, ואתו אהליאב בן אחיסמך וגו''. וכבר מצאנו כמו זה ההכפל במקומות רבים מן התורה, ולא מצאנו עד היום בזה סיבה כוללת מספקת. ואפשר שנאמר שכבר היה מנהג האנשים ההם בזמן מתן תורה שיהיו סיפוריהם בזה האופן, והנביא ידבר לפי מנהגו". בהמשך נותן טעם כללי לאריכות וקיצור בתורה, שלא יחשוב הקורא שהקיצור והאריכות היא דרך כתיבה, אלא שבכל מקרה של אריכות וקיצור יש לחפש טעם.
2. רמב"ן ל"ו, ח: "ועל הכלל כל זה דרך חיבה ודרך מעלה, לומר כי חפץ השם במלאכה, ומזכיר אותה בתורתו פעמים רבות להרבות שכר לעוסקים בה...". חכם, 2: תד.
3. דבריו בסוף פרשת ויקהל. ר' אברהם סבע, צרור המור, על ל"ו, ח. פרתהיים, 265; האוטמן, 3: 317, 321; אלכסנדר, 651.
4. רשב"ם על כ"ה, י; ריב"ש וראב"ם על ל"ו, ח; חזקוני על כ"ה י; רמב"ן בפתיחה למלאכת המשכן. כך בבלי ברכות נה ע"א: "שכן א"ר שמואל בר נחמני א"ר יונתן: בצלאל על שם חכמתו נקרא בשעה שאמר לו הקדוש ברוך הוא למשה, לך אמור לו לבצלאל עשה לי משכן ארון וכלים, הלך משה והפך ואמר לו, עשה ארון וכלים ומשכן, אמר לו, משה רבינו, מנהגו של עולם אדם בונה בית ואחר כך מכניס לתוכו כלים, ואתה אומר עשה לי ארון וכלים ומשכן, כלים שאני עושה להיכן אכניסם, שמא כך אמר לך הקב"ה, עשה משכן ארון וכלים, אמר לו שמא בצל אל היית". דרשה זו אינה פשוטו של מקרא, שכן ה' ציווה את משה לפי הסדר של הכלים ואחר כך את המשכן. יתר על כן, משה הוא זה ששינה את הסדר, כפי שעולה מדבריו לעם כשפירט את העבודות שיש לעשות, שהקדים את יריעות המשכן ואת הקרשים (ל"ה, יא) לאילים (ל"ה, יב). ניסוחו של יעקב (1010) מתון יותר, הוא הדגיש שהצו הוא לפי סדר החשיבות, והביצוע משקף סדר מעשי.
5. הנצי"ב עמד על כך בל"ו, יג.
6. רשב"ם וראב"ע פירשו שהוא הקהיל אותם על מנת לאסוף את מחצית השקל.
7. כשיטת ראב"ע (בפירוש הקצר), כנגד שיטת רס"ג, שפירש שהכוונה למצוות השבת השקולה כנגד כל המצוות. כשיטת רס"ג משמע גם בדרך דרש במכילתא דרבי ישמעאל מסכתא דשבתא פרשה א (הורוויץ, עמ' 345): "ויאמר אליהם אלה הדברים – רבי אומר להביא ארבעים מלאכות חסר אחת שנאמרו לו למשה בעל פה".
8. וכן מכילתא דרבי ישמעאל מסכתא דשבתא א (הורוויץ 345); בתורת כהנים ויקרא י"ט, ל. וראו רש"י; רשב"ם; ראב"ע; ריב"ש; רמב"ן; אברבנאל; ספורנו על ל"א, יג. ורש"י; ראב"ע הפירוש הקצר לה, ב; ריב"ש, שלושתם על פסוק ב; רמב"ן וספורנו על פסוק א.
9. ובדרך מדרש ההלכה דנו חכמים בבבלי שבת ע ע"א אם הבערה ללאו יצאה או לחלק יצאה. וכן רש"י.
10. הייט, 329.
11. יעקב, 1013.

12. ובדומה לדברים אלה במכילתא דרבי ישמעאל מסכתא דשבתא א (הורוויץ, 346): "לא תבערו אש בכל מושבותיכם, למה נאמר? לפי שנאמר: 'אש תמיד תוקד על המזבח לא תכבה' (ויקרא ו', ו), שומע אני בין בחול בין בשבת. ומה אני מקיים מחלליה מות יומת? בשאר כל מלאכות, חוץ מן המערכה, ובמערכה, ומה אני מקיים לא תכבה? בשאר כל הימים חוץ מן השבת, תלמוד לומר: 'לא תבערו אש בכל מושבותיכם' – במושבות אי אתה מבעיר אבל אתה מבעיר בבית המקדש". דברי ראב"ם ורלב"ג קרובים לכך. ר' אברהם: "ויתכן שיהיה בכלל כוונתו שמותר להבעיר את האש במקדש על גבי המזבח שהוא אינו במקום המושב"; רלב"ג: "...והנה נתחדש בה אזהרה אחרת, והיא אומרו: לא תבערו אש בכל מֹשבֹתיכם ביום השבת (ל"ה, ג). והנה אמר 'מֹשבֹתיכם' – כי במקדש צוה שיבערו אש ביום השבת על המזבח".
13. שני פירושים אלה, ראב"ע הפירוש הקצר. אברבנאל פירש כאפשרות הראשונה וספורנו כאפשרות השנייה. ראב"ע שם הציע גם פירוש שהגברים ביקשו את רשות הנשים, וכן ריב"ש.
14. לקח טוב. פרופ, 2: 661.
15. אברבנאל פירש שהאומנים עצמם הם שהביאו בבוקר. אך אין נראה כך, משום שבעקבות זאת החכמים באו למשה ואמרו שזה יותר מדי, ואז משה פנה אל העם להפסיק לתרום.
16. מכך למד התלמוד הבבלי ברכות נה ע"א: "איו מעמידין פרנס על הצבור אלא אם כן נמלכים בצבור, שנאמר: 'ראו קרא ה' בשם בצלאל...'".
17. יעקב (1022) טוען שהניסוח "אשה אל אחותה" הוא פואטי יותר.
18. ולא כדעת ראב"ע בפירוש הקצר לפסוק טו, שעניין כפל היריעה הושמט כאן משום שהכתוב אחז בדרך קצרה.
19. ראב"ם ורמב"ן הציעו הסברים מדוע חסר תיאור עשייתם.
20. אונקלוס; ירושלמי־יונתן; ראב"ע בפירושו הקצר, פירוש שני.
21. פירוש ראשון אצל ראב"ע בפירושו הקצר; וראב"ם; שד"ל.
22. ראו: רש"י, על פי תנחומא, פקודי ח; ריב"ש. וראו גם רמב"ן.
23. וכן רבנו בחיי; אברבנאל, ספורנו ושד"ל.
24. כיכר הוא כ־3000 שקל, השקל הוא 20 גרה.
25. ראב"ע בפירושו הקצר והארוך לפסוק כד.
26. בבלי יומא יב ע"א.
27. רמב"ן.
28. על הקשר בין המקדש לבריאת העולם עמד מדרש תנחומא פקודי ב. M. Buber and F. Rosenzweig, *Scripture and Translation*, trans: L. Rosenwald with E. Fox, Indiana Studies in Biblical Literatur (Bloomington, IN: Indiana University Press, 1994), 62–63; ליבוביץ, שמות, 348-352, 487. מ' ויינפלד, שבת ומקדש ומלכות ה': לבעיית בית היוצר של בראשית א', א – ב', ג", בית מקרא סט (תשל"ז), 188-193; M. Fishbane, J. Blenkinsopp, "The Structure of P," CBQ 38 (1976): 275–292; *Text and Texture: A Literary Reading of Selected Texts* (New York: Schocken, 1979), 12; M. S. Smith, *The Pilgrimage Pattern in Exodus* (JSOTSup, 239) (Sheffield: JSOT, 1979), 116–117; N. M. Sarna, *Exploring Exodus: The Origins of Biblical Israel* (New York, 1996), 213–215; פרתהיים, 268-272; J. D. Levenson, *Creation and Persistence of Evil: The Jewish Drama of Divine Omnipotence* (Princeton, NJ: Princeton University Press, 1994), 78–87; J. Blenkinsopp, *The Pentateuch: An Introduction to the First Five Books of the Bible* (London: SCM, 1992), 218; E. E. Elnes, "Creation and Tabernacle: The Priestly Writer's 'Environmentalism,'" *Horizons in Biblical Theology* 16 (1994): 144–155; פרופ, 2: 675-676. יש שפקפקו באפשרות שיש קישור בין סיפור בריאת העולם לתיאור בניית המשכן. ראו: א' הורוויץ, בניית בתי מקדש במקרא לאור כתבים מסופוטמיים ושמיים צפון־מערביים, חיבור לשם קבלת תואר דוקטור, ירושלים תשמ"ג, 122; האוטמן, 3: 325.
29. ליבוביץ, שמו, 352.
30. E. Blum, *Studien zur Komposition des Pentateuch* (BZAW 189) (Berlin: de Gruyter, 1990), 311.
31. J. D. Levenson, *Creation and Persistence of Evil: The Jewish Drama of Divine Omnipotence* (Princeton, NJ: Princeton University Press, 1994), 86.

32. כך בפסיקתא דרב כהנא (מהדורת בובר ה ע"ב): "'ויהי ביום כלות משה להקים את המשכן', שהעולם הוקם עמו, ר' יהושע בן לוי בשם ר' שמעון בן יוחאי, להקים את המשכן לא נאמר, אלא הוקם המשכן, מה הוקם עמו? עולם הוקם עמו, שעד שלא הוקם המשכן היה העולם רותת משהוקם המשכן נתבסס העולם...". J. Blenkinsopp, *The Pentateuch: An Introduction to the First Five Books of the Bible* (London: SCM, 1992), 218. ובכיוון שונה בתנחומא פקודי ב: "ולמה המשכן שקול כנגד שמים וארץ? אלא מה שמים וארץ הם עדים על ישראל, דכתיב: 'העידותי בכם היום את השמים ואת הארץ' (דברים ל', יט), אף משכן עדות לישראל, שנאמר: 'אלה פקודי המשכן משכן העדות'. לכך נאמר: 'ה' אהבתי מעון ביתך ומקום משכן כבודך וגו'".

הקמת המשכן והתגלות ה' בו

1. עסיס, במדבר, 157–161.
2. זה לפי שיטת הספרי (מהדורת הורוויץ, עמ' 49): "בעשרים ושלושה באדר התחילו אהרן ובניו אהרן ובניו המשכן לימשח בראש חודש הוקם המשכן... בו ביום הקריבו הנשיאים את קרבנם...". וכן הוא בסדר עולם רבה (מהדורת רטנר, עמ' טז-יז): "התחילו ז' ימי המלואים בכ"ג באדר ובאחד בניסן שלמו... בו ביום התחילו הנשיאים להקריב...". וכן הוא בספרא צו (מכילתא דמילואים), לו: "ומפתח אהל מועד לא תצאו שבעת ימים מיכן אמרו בעשרים ושלשה באדר קרבו מילואי' עשרים ושלשה ושבעה הרי שלשים באחד בניסן שלמו מילואים כי שבעת ימים ימלא את ידיכם כל שבעה ימי המילואים היה משה מעמיד את המשכן כל בוקר ובוקר מקריב קרבנותיו עליו ומפרקו בשמיני העמידו ולא פירקו רבי יוסי ברבי יהודה אומר אף בשמיני העמידו ופירקו". וכן הוא בספרא שמיני, מכילתא דמילואים, וכן פירשו רש"י ורמב"ן, וכן רס"ג (מופיע בדברי ראב"ם למ', א).
3. בדוחק פתר רמב"ן (מ', א) בעיה זו בהסבירו שלדעת חז"ל המשכן היה בנוי כל היום וכל הלילה, ורק לפנות בוקר פירק משה את המשכן ומייד הרכיבו.
4. לשיטת רבי עקיבא, היום השמיני של המילואים הוא ח' בניסן. שכן לדעתו הטמאים שעליהם מדובר בט', ו הם מישאל ואלצפן, וכך הוא בבבלי סוכה כה ע"ב. ואם היה היום השמיני באחד בניסן, הם היו טהורים בארבעה עשר בניסן, אלא שכנראה שהשמיני הוא לחודש ניסן, ולכן לא היו טהורים לפסח. בשיטה זו נקט גם ראב"ע בשמות מ', ב (בפירוש הארוך). לפי זה, באחד בניסן החלו במקביל ימי המילואים וימי חנוכת המזבח. שיטת אברבנאל היא שימי המילואים החלו באחד בניסן, והיום השמיני הוא שמונה בניסן, ועד סוף אותו החודש המשיך משה למשוח את המשכן, את הכלים והמזבח. ורק בחודש השני, לאחר שנמנו העם והלוויים בפרקים א'-ד', הביאו הנשיאים את קורבנותיהם.
5. ראב"ע הפירוש הארוך למ', כה-לג.
6. בפירושו לבמדבר ז', הסביר אברבנאל את הקושי בסדר הזמנים בין פרק ז' לפרקים א'-ד', שפרק ז' הוא המשך של פרקים א'-ד', היינו בחודש השני. לפי זה, הנשיאים הביאו את קורבנם בחודש השני. אברבנאל מפרש את ז', א, "ביום כלות משה", לא על יום אחד אלא על הזמן הכללי שבו הקים את המשכן, היינו כל חודש ניסן.
7. בכך עוסק ראב"ע בפירושו הארוך למ', כה-לג.
8. אין נראה שהמזבח קדוש יותר משאר הכלים כדעת יעקב, 1043.
9. וכן חזקוני.
10. רמב"ן.
11. ראו לעיל, עמ' 448.
12. אברבנאל. רמב"ן סבור שאין בפרק זה דיווח על קיום המשיחה של המשכן והכוהנים, ומזה אפשר שסבר ככל הנראה שפסוק זה מכליל את קיום הצו משה להקים את המשכן כפי שהולך ומפרש. וכן סרנה, 236.
13. רמב"ן לפסוק יז כתב: "ולא הזכיר בכאן משיחת המשכן וכליו ולא משיחת אהרן ובניו וקרבנות המלואים, כי לא עשה אותם עד שסיים כל ההקמה ונצטוה בהם פעם שנית: קח את אהרן, כמו שמפורש בפרשת צו (ויקרא ח', ב)". לדעתו, התורה לא הזכירה את משיחת הכלים ואת משיחת אהרן ובניו ובגדיהם, משום שהוא לא משח אותם עד שסיים להקים את המשכן, ותיאור המשיחה מופיע בויקרא ח' ז-יג, בתיאור ימי המילואים, לאחר שה' ציווה שוב לעשות זאת בויקרא ח', ב. אבל לא ברור מדוע ה' צריך לצוות את משה שוב למשוח, לאחר שהוא ציווה אותו בשמות מ'.

14. רמב"ן להלן הערה 21.
15. רש"י (פסוק כז) כתב שאת העבודה הזו עשה אהרן ואילו את שאר העבודות עשה משה. ורמב"ן בפירושו לפסוק כז הציע שזו טעות סופר ברש"י.
16. רש"י. רמב"ן על פסוק כז. לדעת רשב"ם, אהרן ובניו הם שהקריבו את קורבן התמיד.
17. רמב"ן על פסוק לד.
18. יעקב, 1047.
19. ראב"ם.
20. רמב"ן.
21. רמב"ן תחילת פרק כ"ה. קאסוטו, 339; פרופ, 2: 688.
22. כך הם גם מכונים בט"ז, לא.

ביבליוגרפיה

בדרך כלל פריט שמוזכר פעם או פעמיים, יבוא בפרטים מלאים בהערות השוליים ולא כאן. כאן מוזכרים רק הפריטים המוזכרים פעמים רבות.

אבן ג'נאח, ספר הרקמה = ר' יונה אבן ג'נאח, ספר הרקמה (מהדורת וילנסקי), ירושלים תשכ"ד

אבן ג'נאח, ספר השרשים = ר' יונה אבן ג'נאח, ספר השרשים, ברלין תרנ"ו

אברבנאל = דון יצחק אברבנאל, פירוש על התורה (מהדורת צילום המבורג תמ"ז), ירושלים תשל"ו

אהרליך = א' אהרליך, מקרא כפשוטו: תורה, כרך א, ניו יורק 1969 (מהדורה ראשונה 1899–1901)

אוטסשניידר ואוסוולד = H. Utzschneider and W. Oswald. Exodus 1-15. International Exegetical Commentary on the Old Testament (IECOT). Stuttgart: Kohlhammer, 2015.

אוסוולד = H. Utzschneider and W. Oswald. Exodus 1-15. International Exegetical Commentary on the Old Testament (IECOT). Stuttgart: Kohlhammer, 2015.

אייכלר, הארון והכרובים = R. Eichler. *The Ark and the Cherubim*. Forschungen zum Alten Testament, 146. Tübingen: Mohr Sebeck, 2021.

איירה, תנין = C. J. Eyre. "Yet Again the Wax Crocodile: P. Westcer 3, 12ff." *The Journal of Egyptian Archaeology* 78 (1992): 280–281.

אלינג, מצרים = C. F. Aling. *Egypt and Bible History: From Earliest Times to 1000 B.C.* Grand Rapids, MI: Baker Book House, 1981.

אלכסנדר = T. D. Alexander. *Exodus*. Apollos Old Testament Commentary. London and Downers Grove: Apollos and InterVarsity, 2017.

אלמן, שחין = Y. Elman. "An Akkadian Cognate of Hebrew šᵉhîn." *Journal of the Ancient Near Eastern Society* 8 (1976): 33–34.

בובר, משה = מ', בובר, משה, ירושלים ותל אביב: שוקן, תשכ"ג

בחיי = רבנו בחיי על התורה (מהדיר: ח"ד שעוועל), שלושה כרכים, ירושלים: מוסד הרב קוק, תשכ"ו-תשכ"ח

בעל הטורים = רבי יעקב בן אשר, פירוש הטור הארוך על התורה, ירושלים: בפירוש וברמז, תשכ̄"ד

גזניוס = Gesenius' Hebrew Grammar. 2nd English edition by A. E. Cowley. Oxford, 1910.

גר, שמות ו', ג = W. R. Garr. "The Grammar and Interpretation of Exodus 6:3." *JBL* 111 (1992): 385–408.

גרוסמן, ויקרא = י' גרוסמן, תורת הקורבנות: מחוות של בשר ורוח, ירושלים 2021

גרינברג, החוק הפלילי = מ' גרינברג, "הנחות יסוד של החוק הפלילי", בתוך: תורה נדרשת, תל אביב 1984, 13-37

גרינברג, להבין את שמות = M. Greenberg. *Understanding Exodus: A Holistic Commentary on Exodus 1–11*. 2nd edition (1st edition 1969). Eugene, OR: Cascade, 2013.

דאובה, חוק מקראי = D. Daube. *Studies in Biblical Law*. Cambridge: University Press, 1947.

דוזמן = T. B. Dozeman. *Commentary on Exodus*. Eerdmans Critical Commentary. Grand Rapids, MI: Eerdmans, 2009.

דורהם = J. I. Durham. *Exodus*. Word Biblical Commentary. Waco, TX: Word, 1987.

דייוויס = G. I. Davies. *Exodus 1-18*. 2 vols. International Critical Commentary. London: T & T Clark, 2020.

דילמן = A. Dillmann. *Die Bücher Exodus und Leviticus*. KEHAT. Leipzig. 1880.

דרייבר = S. R. Driver. *The Book of Exodus*. The Cambridge Bible for Schools and Colleges. Cambridge: University Press, 1911.

האוטמן = C. Houtman. *Exodus*. Vols. 1–3. Historical Commentary on the Old Testament. Leuven: Peeters, 1993–2000.

הולט, מגפות מצרים א = G. Holt. "The Plagues of Egypt." *ZAW* 69 (1957): 84–104.

הולט, מגפות מצרים ב = G. Holt. "The Plagues of Egypt." *ZAW* 70 (1958): 48–59.

הופמייר, ישראל במצרים = J. K. Hoffmeier. *Israel in Egypt: The Evidence for the Authenticity of the Exodus Tradition*. New York: Oxford University Press, 1996.

הופמן = רד"צ הופמן, ספר שמות, ירושלים: מוסד הרב קוק, תש"ע

היידל, בראשית הבבלי = A. Heidel. *The Babylonian Genesis: The Story of Creation*. Chicago: University Press, 1972.

הירש = רש"ר הירש, חמישה חומשי תורה: ספר שמות, ירושלים תשע"ט

הכתב והקבלה = רבי יעקב צבי מקלנבורג, הכתב והקבלה: ביאור על חמישה חומשי תורה (בעריכה מ' צוריאל), ירושלים תשע"ה

הרן, מקדשים = M. Haran. *Temples and Temple-Service in Ancient Israel*. Oxford: Clarendon, 1978.

הרן, מקרא ועולמו = מ', הרן, מקרא ועולמו: מבחר מחקרים ספרותיים והיסטוריים, ירושלים: מגנס, תשס"ט

וינפלד, עשרת הדיברות = מ', וינפלד, עשרת הדיברות וקריאת שמע: גילגוליהן של הצהרות אמונה, תל אביב 2001

ון סיטרס, חיי משה = J. Van Seters. *The Life of Moses: The Yahwist as Historian in Exodus-Numbers*. Louisville, KY: Westminster John Knox, 1994.

חזקוני = ר' חזקיה בן מנוח, ראו תורת חיים

חכם = ע', חכם, שמות (א+ב), דעת מקרא, ירושלים: מוסד הרב קוק, תשנ"א

טיגאי, כבד פה = J. H. Tigay. "'Heavy mouth and Heavy of Tongue' on Moses' Speech Difficulty." *Bulletin of the American Schools of Oriental Research* 231 (1978): 57–67.

יעקב = B. Jacob. *The Second Book of the Bible: Exodus*. Translated by W. Jacob. New Jersey: Ktav, 1992.

ירושלמי־יונתן = E. G. Clarke. *Tagum Pseudo-Jonathan of the Pentateuch: Text and Concordance*. Hoboken: Ktav, 1984. לצורך פירוש זה השתמשתי בגרסה זו המופיעה בשינויים באתר על־התורה

ירושלמי־נאופיטי = אתר על־התורה, AlHaTorah.org

לוין, ויקרא = B. A. Levine. *Leviticus*. The JPS Torah Commentary. Philadelphia: Jewish Publication Society, 1989.

ליבוביץ, שמות = נ׳, ליבוביץ, עיונים חדשים בספר שמות: בעקבות פרשנינו הראשונים והאחרונים, ירושלים: ההסתדרות הציונית העולמית, תש״ל (מהדורה שנייה)

לקח טוב = ר׳ טוביה טוב עלם, מדרש לקח טוב (מהדיר שלמה בובר), וילנא: ראם, תר״מ

מדן, שמות = י׳ מדן, כי קרוב אליך: לשון מקרא ולשון חכמים, שמות, תל אביב 2014

מוראוקה = T. Muraoka. *Emphatic Words and Structures in Biblical Hebrew*. Jerusalem and Leiden: Magnes and Brill, 1985.

מחברת מנחם = מנחם אבן סרוק, מחברת מנחם, לונדון 1854

מיוחס – פירוש ר׳ מיוחס בין אליהו על שמות (א״ו, גרעענוף), בודפשט: מ׳ כהן, תרפ״ט

מיירס = C. Meyers. *Exodus*. New Cambridge Bible Commentary. Cambridge: University Press, 2005.

מילגרום, ויקרא = J. Milgrom. *Leviticus 1–16*. Anchor Bible. New York, 1991.

מכילתא = מכילתא דרבי ישמעאל (מהדורת הורוויץ־רבין), ירושלים תש״ל (פרנקפורט 1928–1931)

מכילתא דרשב״י = מכילתא דרבי שמעון בר יוחאי (יעקב נחום הלוי אפשטיין ועזרא ציון מלמד), ירושלים תשל״ט

מלול, קובצי הדינים = מ׳, מלול, קובצי הדינים ואוספים משפטיים אחרים מן המזרח הקדום, חיפה: פרדס, תש״ע

מקינטוש, השורשים פדה ופדד = A. A. Macintosh. "Exodus VIII 19, Distinct Redemption and the Hebrew Roots פדה and פדד." *VT* 21 (1971): 548–555.

מקראות גדולות = מקראות גדולות הכתר: ספר שמות (שני כרכים; מהדיר ועורך מ׳ כהן), רמת גן תשס״ז–תשע״ב

נות = M. Noth. *Exodus*: A Commentary. Old Testament Library. Philadelphia: Westminster Press, 1962.

נצי״ב = נפתלי צבי יהודה ברלין מוולוז׳ין, שמות, שני לתורת אלהים, העמק דבר, ירושלים תשנ״ט (וילנה תרל״ט)

סבע = ר׳ אברהם סבע, צרור המור השלם, בני ברק תש״ן (ונציה שכ״ז)

סטוארט = D. K. Stuart. *Exodus*. The New American Commentary. Nashville, TN: B&H, 2006.

ספורנו = תורת חיים, חמישה חומשי תורה: שמות (שני כרכים), ירושלים תשמ״ח-תשמ״ט

ספרא = ספרא דבי רב הוא ספר תורת כהנים (מהדורת א״ה ווייס), וינה 1862

ספרי במדבר = ספרי דבי רב (מהדורת חיים שאול הורוויץ), ירושלים תשכ״ו (לייפציג תרע״ז)

סרנה = N. M. Sarna. *Exodus*. The JPS Torah Commentary. Philadelphia: Jewish Publication Society, 1991.

עסיס, במדבר = א׳ עסיס, תורה כפשוטה: במדבר, ירושלים: מגיד, 2024

עסיס, יואל = א׳, עסיס, יואל: בין משבר לתקווה, ירושלים: מגיד, 2015

עסיס, ממשה ליהושע = א׳, עסיס, ממשה ליהושע ומנס לטבע: ניתוח ספרותי של פרקי הכיבוש בספר יהושע, ירושלים: מגנס, תשס״ה

עסיס, שופטים = א׳ עסיס, שופטים: בין כיבוש למלוכה, ירושלים: מגיד, 2022

עראמה = ר׳ יצחק עראמה, עקידת יצחק: שמות, ירושלים תשע״ו

פינגן, שלח את עמי = J. Finegan. *Let My People Go: A Journey Through Exodus*. New York: Harper & Row, 1963.

פסיקתא רבתי = מדרש פסיקתא רבתי (מהדורת מאיר איש שלום), תל אביב תשכ״ג (ווינא תר״ם)

פרופ = W. H. C. Propp. *Exodus 1-18*. Anchor Yale Bible Commentaries. New Haven and London: Yale University Press, 1999.

פרופ = W. H. C. Propp. *Exodus 19-40*. Anchor Yale Bible Commentaries. New Haven and London: Yale University Press, 2006.

פרתהיים = T. E. Fretheim. *Exodus*. Interpretation. Louisville, KY: Westminster John Knox, 1991.

צ׳ילדס = B. S. Childs. *The Book of Exodus: A Critical, Theological Commentary*. Old Testament Library. Louisville, KY: Westminster John Knox, 1974.

צימרלי, אני ה׳ = W. Zimmerli. *I Am Yahweh*. Translated by D. W. Stott. Atlanta, GA: John Knox Press, 1982.

קאסוטו = מ״ד קאסוטו, פירוש על ספר שמות, ירושלים: מגנס, תשכ״ט

קדרי, מילון = מ״צ קדרי, מילון העברית המקראית: אוצר לשון המקרא מאל״ף עד תי״ו, רמת גן תשס״ו

קוטס, מרד = G. W. Coats. *Rebellion in the Wilderness: The Murmuring Motif in the Wilderness Traditions of the Old Testament*. Nashville, TN: Abingdon, 1968.

קיטשן, אמינות = K. A. Kitchen. *On the Reliability of the Old Testament*. Grand Rapids, MI: Eerdmans, 2003.

ראב"ם = ר' אברהם בן הרמב"ם, פירוש על בראשית ושמות (ס"ד ששון), לונדון תשי"ח

ראב"ע = רבי אברהם אבן עזרא ראו מקראות גדולות

רד"ק ספר השורשים = ר' דוד קמחי, ספר השרשים, ברוליני 1847

רופא, בלעם = א' רופא, ספר בלעם, ירושלים תש"ם

ר"י כספי = ר' יוסף אבן כספי, משנה כסף, כרך א (מהדורת י"ה לאסט), פרסבורג תרס"ה

ריב"ש = ר' יוסף בכור שור, ראו מקראות גדולות

רלב"ג = ר' לוי בן גרשון, ראו מקראות גדולות

רמב"ם, מורה נבוכים = ר' משה בן מימון, מורה נבוכים (שני כרכים; מהדורת מ' שוורץ), תל אביב תשס"ג

רמב"ן = ר' משה בן נחמן, ראו מקראות גדולות

רס"ג, תפסיר = ר' סעדיה גאון, תורת חיים, חמישה חומשי תורה: ספר שמות, שני כרכים, ירושלים: מוסד הרב קוק, תשמ"ט

רשב"ם = ר' שמואל בן מאיר, ראו מקראות גדולות

רש"י = ר' שלמה יצחקי, ראו מקראות גדולות

שד"ל = ש"ד לוצאטו, פירוש לחמישה חומשי תורה, תל אביב תשכ"ו (פאדובה תרל"א)

שכל טוב = רבינו מנחם ב"ר שלמה, מדרש שכל טוב על ספר בראשית ושמות (מהדיר שלמה בובר), ברלין: איטצקאוופסקי, תר"ס

שמות רבה = שמות רבה (מהדורת מירקין), כרכים א–ב, תל אביב תשנ"ב

תנחומא = מדרש תנחומא (הנדפס), ירושלים: אשכול, תשל"ה (וארשה: ברגר, תרל"ט)

תנחומא (בובר) = מדרש תנחומא, מהדורת שלמה בובר, וילנה תרמ"ה

קיצורים

AJSLL = *American Journal of Semitic Languages and Literature*

BAR = *Biblical Archaeology Review*

BDB = F. Brown, S. R. Driver, and C. A. Briggs, *A Hebrew and English Lexicon of the Old Testament*, Oxford 1970

ANEP = *Ancient Near East in Pictures Relating to the Old Testament*, ed. J. B. Pitcard, Princeton, 1954

BZAW = Beihefte zur Zeitschrift für die alttestamentliche Wissenschaft

CAD = *The Assyrian Dictionary*, Chicago: The Oriental Institute of the University of Chicago, 1956–

CBQ = *Catholic Biblical Quarterly*

DCH = *The Dictionary of Classical Hebrew*, vols. 1–8, Sheffield, 1993–2016

HALOT = *The Hebrew and Aramaic Lexicon of the Old Testament*, vols. 1-5, Leiden, 1994–2000

HUCA = *Hebrew Union College Annual*

JBL = *Journal of Biblical Literature*

JSOTsup = *Journal for the Study of the Old Testament Supplement Series*

VT = *Vetus Testamentum*

ZAW = *Zeitschrift für die alttestamentliche Wissenschaft*

איורים לספר שמות

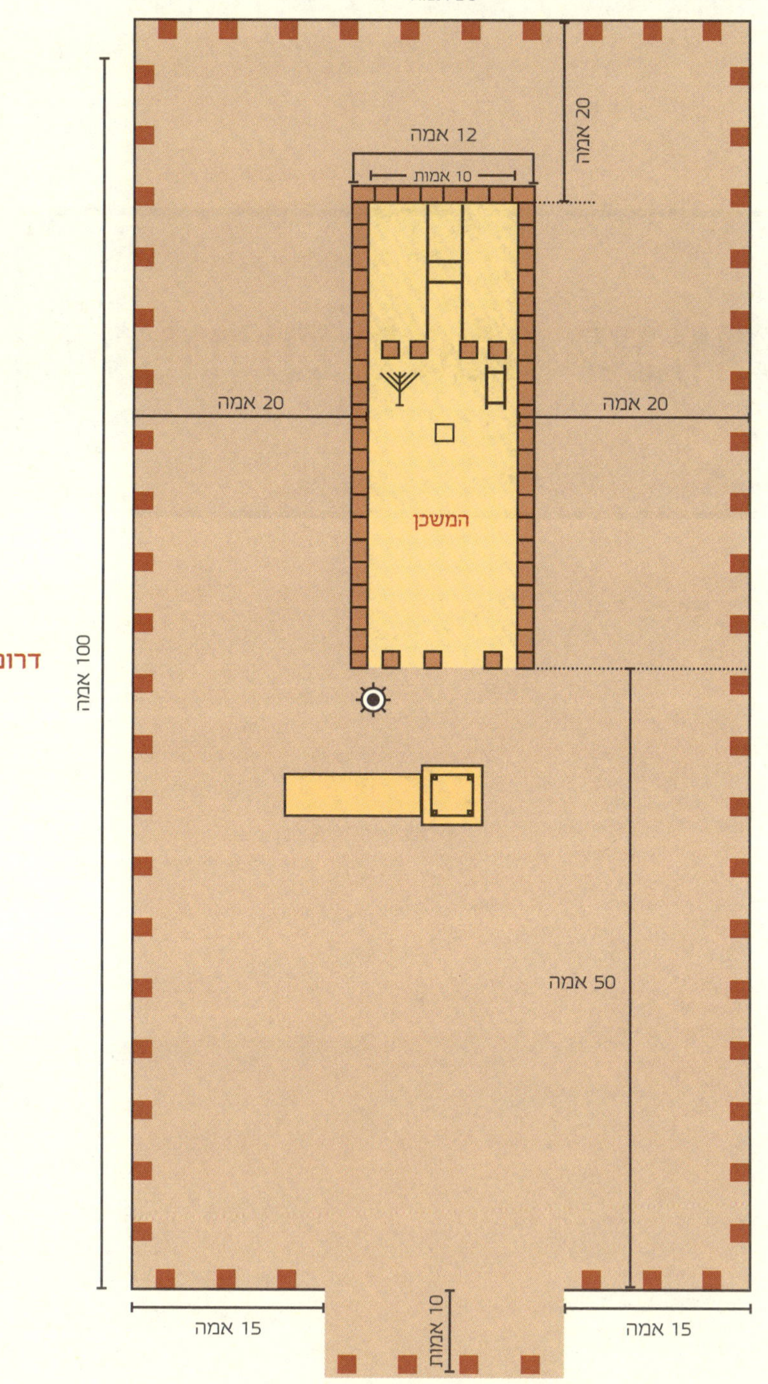

מערב
50 אמה
20 אמה
12 אמה
10 אמות
20 אמה
20 אמה
המשכן
דרום
100 אמה
צפון
50 אמה
15 אמה
10 אמות
15 אמה
מזרח

איור 1

איור 2

איור 3

איור 4

איור 5

איור 6

איורים 7-10

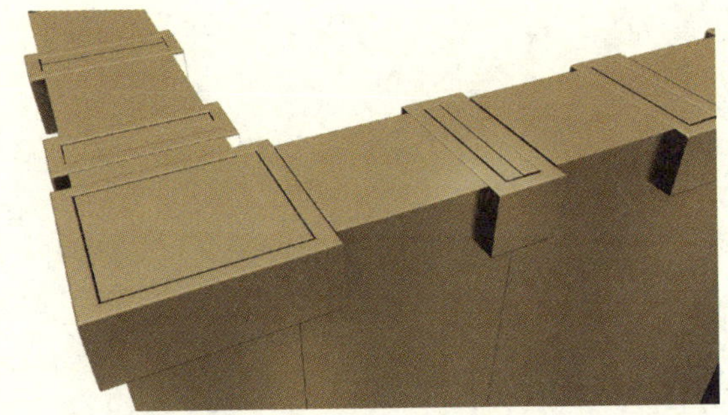

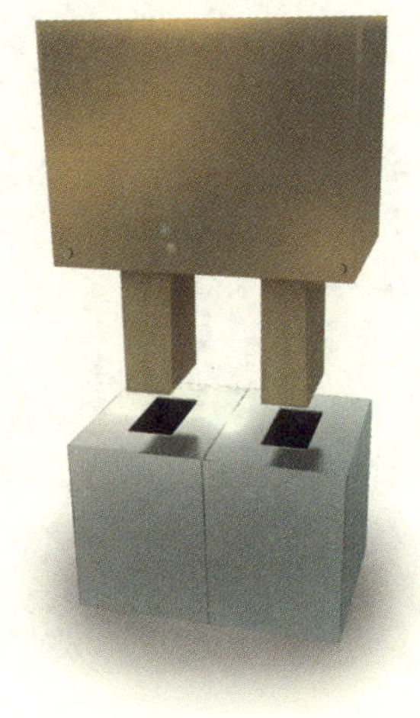

איור 11

איור 12

איור 13

איור 14

איור 15

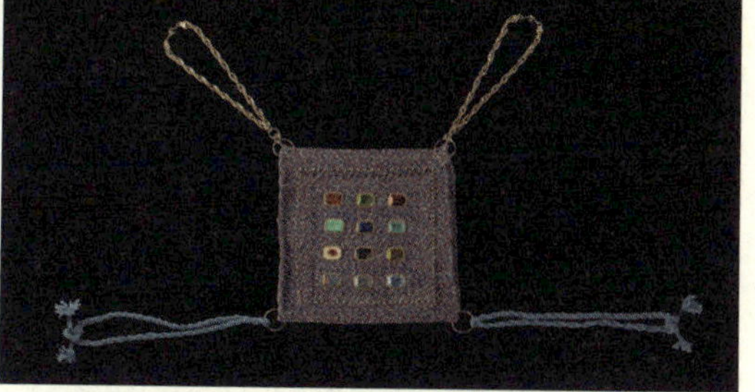

איור 16

איור 17

איור 18

איור 19

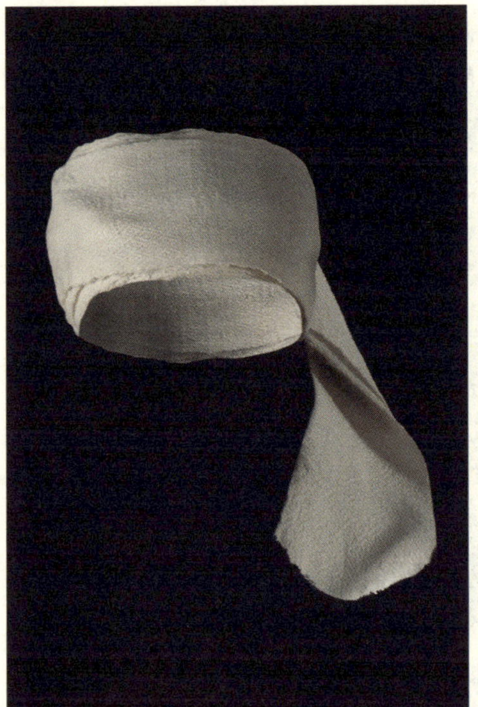

איור 20

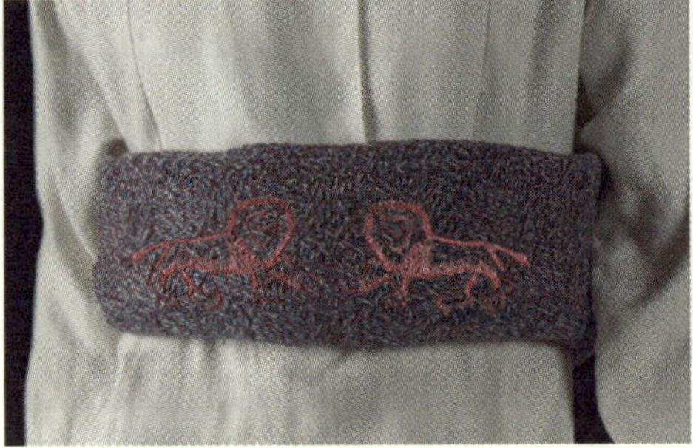

איור 21

איור 22

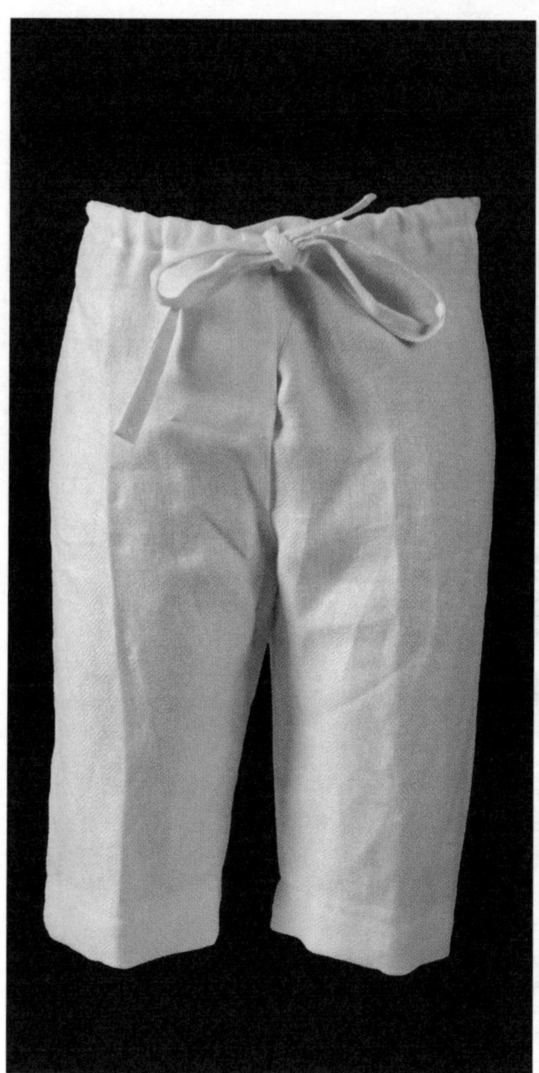

איור 23

איור 24

איור 25

איור 26